Michael Schillig
Konkretisierungskompetenz
und Konkretisierungsmethoden
im Europäischen Privatrecht

Schriften zum Europäischen
und Internationalen Privat-, Bank-
und Wirtschaftsrecht

EIW Band 28

Schriften zum Europäischen und
Internationalen Privat-, Bank-
und Wirtschaftsrecht

Herausgegeben von

Professor Dr. Horst Eidenmüller, LL.M. (Cambridge), München
Professor Dr. Dr. Stefan Grundmann, LL.M. (Berkeley), Berlin
Professor Dr. Susanne Kalss, LL.M. (Florenz), Wien
Professor Dr. Wolfgang Kerber, Marburg
Professor Dr. Karl Riesenhuber, M.C.J. (Austin/Texas), Bochum
Professor Dr. Heike Schweitzer, LL.M. (Yale), Florenz
Professor Dr. Hans-Peter Schwintowski, Berlin
Professor Dr. Reinhard Singer, Berlin
Professor Dr. Christine Windbichler, LL.M. (Berkeley), Berlin

EIW Band 28

De Gruyter Recht · Berlin

Michael Schillig

Konkretisierungskompetenz und Konkretisierungsmethoden im Europäischen Privatrecht

De Gruyter Recht · Berlin

Dr. iur. *Michael Schillig*, King's College London.

♾ Gedruckt auf säurefreiem Papier,
das die US-ANSI-Norm über Haltbarkeit erfüllt.

ISBN 978-3-89949-602-4

Bibliografische Information der Deutschen Nationalbibliothek

Die Deutsche Nationalbibliothek verzeichnet diese Publikation in der Deutschen Nationalbibliografie; detaillierte bibliografische Daten sind im Internet über http://dnb.d-nb.de abrufbar.

Printed in Germany
Umschlaggestaltung: Christopher Schneider, Laufen
Datenkonvertierung/Satz: jürgen ullrich typosatz, Nördlingen
Druck und Bindung: Hubert & Co., Göttingen

Vorwort

Die vorliegende Arbeit behandelt ein Grundlagenthema der Privatrechtsharmonisierung in der Europäischen Union, dass im Zuge einer gesteigerten Gesetzgebungs- und Rechtsprechungstätigkeit auf europäischer Ebene in den letzten Jahren viel Aufmerksamkeit erfahren und große praktische Bedeutung erlangt hat. Mit der zunehmenden Ausweitung und Verdichtung des europäischen Rechtsmaterials im Bereich des Privatrechts mehren sich Vorschriften, die im Interesse der Zukunftsoffenheit und Anpassungsfähigkeit relativ vage und wertungsoffen sind. Insoweit stellt sich vor dem Hintergrund der gemeinschaftsrechtlichen Kompetenzordnung die Frage, ob und unter welchen Voraussetzungen diese Regelungstechnik das Angleichungsziel überhaupt erreichen kann und welcher Ebene innerhalb des Mehrebenensystems der Gemeinschaft die Aufgabe der Konkretisierung zukommen soll. Noch dringender und von viel grundsätzlicherer Bedeutung ist freilich die Bestimmung derjenigen Methoden und Kriterien, die die Konkretisierungsentscheidungen zum Europäischen Privatrecht im Einzelfall rational begründbar, diskutierbar und vorallem konsensfähig machen können. Dabei kann es nicht um eine beschreibende Darstellung des hergebrachten, rein formalen, Methodenkanons gehen. Anzusetzen ist vielmehr bei den der europäischen Wirtschaftsverfassung und dem Sekundärrecht zugrundeliegenden Prinzipien und Werten.

Die Arbeit wurde im Sommersemester 2008 von der Juristischen Fakultät der Humboldt Universität zu Berlin als Dissertation angenommen. Rechtsprechung und Literatur konnten bis Mai 2009, danach nur noch vereinzelt, berücksichtigt werden. Dank gebührt zuallererst Herrn Professor Dr. Dr. Stefan Grundmann, LL.M., der das Thema angeregt und die Arbeit als Doktorvater betreut hat, ferner Herrn Professor Dr. Gerhard Dannemann, M.A. für die Erstellung des Zweitgutachtens. Besonders bedanken möchte ich mich bei Professor Dr. Jan Dalhuisen, LL.M. der mich seit meinem LL.M.-Studium am King's College in London in vielfacher Weise unterstützt und gefördert hat.

Nicht unerwähnt bleiben dürfen Dr. Ulf Hommel, Dr. Michael Scheuering und Dr. Michael Otto, die mich je auf ihre ganz eigene Art und Weise stets zur Fertigstellung der Arbeit gemahnten. And last but certainly not least, my thanks to Andrea Murray for her patience, support, guidance and, on occasions, her welcome distractions.

London, Mai 2009 *Michael Schillig*

Inhaltsverzeichnis

Abkürzungsverzeichnis XIX

Einleitung 1
I. Die Entfaltung des Problembewusstseins in historischer Perspektive 3
1. „Gemeinschaftsautonome Auslegung" im Vorabentscheidungsverfahren 3
2. Das Problem der Gemeinschaftskompetenz 5
II. Mehrdimensionalität der Problematik 5
III. Gang der Darstellung 8

1. Teil: Gemeinschaftsverfassungsrechtliche Grundlagen

Kapitel 1: Europäisches Privatrecht – Begriff und Rechtsquellen 11
I. Europäisches Privatrecht oder Gemeinschaftsprivatrecht 11
II. Gemeineuropäisches Privatrecht 16
III. Rechtsquellen 17

Kapitel 2: Die Verbandskompetenz der Gemeinschaft auf dem Gebiet des Privatrechts 21
I. Querschnittskompetenzen 22
1. Binnenmarktfinale Rechtsangleichungskompetenzen 23
a) Rechtsangleichungsmaßnahmen, die die Errichtung und das Funktionieren des Binnenmarktes zum Gegenstand haben . . . 23
b) Binnenmarkt und Stärkung des Verbrauchervertrauens 29
c) Artikel 94 und 95 EG 32
2. Artikel 308 EG 34
3. Artikel 13 EG 35
II. Sachbereichsbezogene Kompetenzen 35
1. Artikel 44 Abs. 2 lit. g) EG 35
2. Artikel 47 Abs. 2 EG (in Verbindung mit Art. 55 EG) 39
3. Artikel 137, 139 Abs. 2, 141 Abs. 3 EG 39
4. Artikel 153 EG 40
III. Allgemeine Kompetenzausübungsschranken – Subsidiaritätsprinzip und Erforderlichkeitsgrundsatz 41
1. Das Subsidiaritätsprinzip gemäß Artikel 5 Abs. 2 EG 41
a) Anwendbarkeit im Bereich der binnenmarktfinalen Rechtsangleichung 42

aa) Zielorientierter Ansatz 42
bb) Sachbereichsspezifischer Ansatz 43
cc) Stellungnahme 43
b) Materielle Vorgaben 44
2. Der Erforderlichkeitsgrundsatz gemäß Artikel 5 Abs. 3 EG 45
IV. Primärrechtliche Vorgaben bezüglich der Rechtsangleichungsintensität 46
1. Typen der Rechtsangleichung 46
a) Totalangleichung oder vollständige Harmonisierung 47
b) Teilangleichung 48
c) Mindestangleichung 50
2. Rechtsgrundlage und Rechtsangleichungsintensität 50
a) Insbesondere Artikel 94, 95 EG 51
aa) Optionelle Harmonisierung anstelle von Minimumharmonisierung 51
bb) Die Gegenansicht 53
cc) Die Rechtsprechung des Gerichtshofs 55
dd) Stellungnahme 58
b) Insbesondere Artikel 44 Abs. 2 lit. g) EG 62
V. Zusammenfassung 63

Kapitel 3: Die Verteilung der gemeinschaftsrechtlichen Organkompetenzen auf dem Gebiet des Privatrechts 64
I. Der Grundsatz des institutionellen Gleichgewichts 64
II. Gemeinschaftsrechtliche Rechtssetzung 66
1. Die Praxis der kommunitären Entscheidungsfindung 67
2. Insbesondere das Lamfalussy-Verfahren im Europäischen Kapitalmarktrecht 69
3. Handlungsformen 71
a) Die Verordnung gemäß Artikel 249 Abs. 2 EG 72
b) Die Richtlinie gemäß Artikel 249 Abs. 3 EG 73
aa) Umfang der Bindungswirkung 73
(1) Die ältere Literatur: Mindestmaß an mitgliedstaatlichen Gestaltungsmöglichkeiten 74
(2) Die herrschende Meinung in Literatur und Praxis . . . 74
(3) Stellungnahme 75
bb) Erweiterung der Wirkung von Richtlinien durch die Rechtsprechung des EuGH 77
(1) Unmittelbare Wirkung 77
(2) Richtlinienkonforme Auslegung 80
(3) Mitgliedstaatliche Staatshaftung 83
III. Zur Rolle der Gemeinschaftsgerichte 84
1. Das Vorabentscheidungsverfahren gemäß Artikel 234 EG 85
a) Die Perspektive des nationalen Gerichts 86
b) Die Perspektive des Gerichtshofs 89

aa) Das Verfahren vor dem EuGH 91
bb) Die Wirkungen des Vorabentscheidungsurteils 92
c) Insbesondere Gemeinschaftsrechtsauslegung und Gemeinschaftsrechtsanwendung – zur Funktionsteilung von EuGH und Vorlagegericht 94
2. Auslegung und Rechtsfortbildung sekundären Gemeinschaftsrechts 95
a) Die autonom-gemeinschaftsrechtliche Auslegung des Sekundärrechts 95
aa) Die Auslegung nach dem Wortlaut 96
bb) Die historische Auslegung 97
cc) Die systematische Auslegung 98
dd) Die teleologische Auslegung 100
b) Rechtsfortbildung im Sekundärrecht 101
aa) Sinnhaftigkeit der Unterscheidung von Auslegung und Rechtsfortbildung im Gemeinschaftsrecht 101
bb) Rechtsfortbildung im Bereich des Europäischen Privatrechts 102
cc) Grenzen der Rechtsfortbildungsbefugnis des EuGH 103
(1) Gemeinschaftsverfassungsrechtliche Grenzen 104
(2) Methodische Grenze 105
IV. Zusammenfassung 107

2. Teil: Rechtstheoretische Grundlagen

Kapitel 4: Unbestimmte Rechtsbegriffe, normative Begriffe, Generalklauseln – Versuch einer Eingrenzung und Begriffsbestimmung . . . 109
I. Vorüberlegung: Die denknotwendige Unbestimmtheit der Sprache und des Rechts 109
II. Das kontinental-europäische Verständnis von Lockerungen der gesetzlichen Entscheidungsdeterminierung am Beispiel der deutschsprachigen Methodenlehre 111
1. Unbestimmte Rechtsbegriffe, normative Begriffe und Typen 113
2. Generalklauseln – Versuche einer Begriffsbestimmung 116
a) Der normstrukturelle Ansatz 117
aa) Rechtssätze mit mindestens einem wertausfüllungsbedürftigen oder unbestimmten Begriff 117
bb) Besonders qualifizierte Vagheit 118
cc) Nichtsubsumierbarkeit 118
b) Gesetzgebungstechnischer Ansatz 119
c) Funktionaler Ansatz 120
aa) Rezeptions- oder Verweisungsfunktion 121
bb) Flexibilitäts- und Delegationsfunktion 121
cc) Funktional-historischer Ansatz 122
d) Stellungnahme 123

III. Die Problematik wertungsoffener Rechtssätze im englischen *Common Law* . . . 126
1. Die „good faith" – Debatte . . . 128
2. Die Behandlung durch die Rechtsprechung am Beispiel des „reasonableness" – Tests nach dem Unfair Contract Terms Act 1977 . . . 131
3. Die konzeptionelle Behandlung wertungsoffener Rechtssätze in der Literatur . . . 133
4. Fazit . . . 135
IV. Folgerungen und Bestandsaufnahme für das Europäische Privatrecht 136
1. Untauglichkeit des Generalklauselbegriffs . . . 136
2. Bestandsaufnahme . . . 137
a) Schuldrecht . . . 137
aa) Treu und Glauben . . . 138
bb) Angemessenheit und Verhältnismäßigkeit . . . 138
cc) Wesentlichkeit . . . 139
dd) Umstände des Einzelfalles . . . 139
ee) Grundsätzliche schuldrechtliche Konzepte . . . 139
b) Arbeitsrecht . . . 140
c) Lauterkeitsrecht . . . 141
d) Gesellschaftsrecht/Kapitalmarktrecht . . . 141
e) Markenrecht/Geschmacksmusterrecht . . . 143
V. Zusammenfassung . . . 143

Kapitel 5: Die Konkretisierung wertungsoffener Rechtssätze – Begriff und Methode . . . 144
I. Konkretisierung als Kompetenzproblem . . . 145
II. Konkretisierung und Subsumtionsmodell – Auslegung oder Anwendung . . . 149
1. Die Verortung der Konkretisierung bei der Zubereitung des Obersatzes . . . 150
a) Auslegung als Konkretisierungsvorgang . . . 150
b) Materiale Konkretisierungsansätze . . . 152
2. Konkretisierung als Rechtsanwendung . . . 152
3. Konkretisierung als In-Eins-Setzung von Auslegung und Rechtsanwendung . . . 153
4. Stellungnahme . . . 155
III. Methoden zur Konkretisierung wertungsoffener Rechtssätze . . . 157
1. Materiale Ansätze . . . 157
a) Außerrechtliche Maßstäbe . . . 157
b) Innerrechtliche Maßstäbe . . . 159
aa) Verfassungsrechtliche Wertordnung . . . 160
bb) Rechtsprinzipien . . . 160
cc) Analogie . . . 161
c) Fazit . . . 162
2. Judikativ-legislatorische Ansätze . . . 163

a) Formelle Anforderungen 163
b) Inhaltliche Anforderungen 164
c) Fazit 165
3. Dem Fallvergleich verpflichtete Ansätze 166
a) Typisierender Fallvergleich 167
aa) Spezifizierung 168
bb) Typisierung 168
b) Präjudizien-orientierter Ansatz 170
aa) Exkurs: Die Fallrechtsmethode des englischen Rechts 170
(1) Vertikale und horizontale Dimension der Präjudizienbindung 171
(2) Methode des Fallvergleichs 174
(3) Rechtsschöpfung durch die Gerichte? 177
bb) Konkretisierung anhand von Präjudizien 178
(1) Ermittlung der einschlägigen Präjudizien 178
(2) Herausarbeitung der ratio decidendi 178
(3) Fallvergleich 179
(4) Abstraktion 180
c) Fazit 180
4. Ergebnis 181
IV. Folgerungen für das Europäische Privatrecht 182
1. Konkretisierung als Kompetenzproblem 182
2. Konkretisierung als Methodenproblem 184
V. Zusammenfassung 185

3. Teil: Die Konkretisierung Europäischen Privatrechts als Kompetenzproblem

Kapitel 6: Zulässigkeit und Bindungswirkung wertungsoffener Rechtssätze im Sekundärrecht 187
I. Vertikale Kompetenzordnung 188
1. Argumente für eine nur eingeschränkte Zulässigkeit 188
2. Argumente für eine erweiterte Zulässigkeit 190
3. Stellungnahme 191
II. Horizontale Kompetenzordnung 192
1. Sachgebietsbedingte Verwendung 193
2. Politische Entscheidungsunfähigkeit des Gesetzgebers 194
III. Gemeinschaftsrechtlicher Bestimmtheitsgrundsatz 195
1. Der Bestimmtheitsgrundsatz im Allgemeinen 196
2. Hinreichende Bestimmtheit bei der Richtlinienumsetzung 196
3. „Inhaltliche Unbedingtheit“ und „hinreichende Genauigkeit“ als Voraussetzung der unmittelbaren Anwendbarkeit 198
4. Ergebnis 199
IV. Zur Anwendung auf die „Generalklauseln“ des Europäischen Privatrechts 199

1. Artikel 3 Klauselrichtlinie 199
2. Artikel 5 Richtlinie gegen unlautere Geschäftspraktiken 200
3. Artikel 19 Abs. 1 Finanzmarktrichtlinie 202
4. Artikel 3 Abs. 1 und 4 Abs. 1 Handelsvertreterrichtlinie 203
5. Ausblick: Übergreifende Generalklauseln in einem Gemeinsamen Referenzrahmen und einem eventuellen Verbrauchergesetzbuch 204
V. Zusammenfassung 205

Kapitel 7: Verteilung der Konkretisierungskompetenz zwischen EuGH und Mitgliedstaaten 206
I. Die grundsätzliche Konkretisierungszuständigkeit des EuGH und Ansätze zu ihrer Einschränkung 206
1. Primärrechtlich-institutioneller Ansatz 208
a) Argumente aus der Rechtsnatur der Richtlinie und dem Wesen der Rechtsangleichung 209
b) Subsidiaritätsprinzip und Erforderlichkeitsgrundsatz 211
c) Vorabentscheidungsverfahren 213
aa) Eingeschränkte Konkretisierungszuständigkeit des EuGH . 213
bb) Die Gegenansicht 214
cc) Die Rechtsprechung des EuGH 215
(1) Beispiel 1: Betriebsübergang im Reinigungsgewerbe . . 215
(2) Beispiel 2: Der Tatbestand der „irreführenden Werbung“ 217
(3) Beispiel 3: Artikel 3 der Klauselrichtlinie 219
dd) Stellungnahme 222
(1) Die Ungeeignetheit der Dichotomie von „Auslegung und Anwendung“ als Kriterium für die Verteilung der Konkretisierungskompetenz 222
(2) Der Grundsatz der einheitlichen Wirksamkeit des Gemeinschaftsrechts 223
d) Fazit 225
2. Sekundärrechtlich-materieller Ansatz 226
a) Die Bestimmung der Rechtsangleichungsintensität 226
aa) Formale bzw. regelungstechnische Aspekte 226
(1) Ausdrückliche mitgliedstaatliche Konkretisierungszuständigkeit 227
(2) Bestimmung des Anwendungsbereichs 227
(3) Definitionen und Exemplifikationen 230
(4) Parallele Vorschriften des Primär- und Verordnungsrechts 232
bb) Systematisch-teleologische Erwägungen 235
(1) Ausdrückliche Festlegung der Angleichungsintensität 235
(2) Allgemeine Öffnungsklauseln 236
(3) Spezielle Öffnungsklauseln, Wahlrechte und Ausnahmevorschriften 240

(4) Fazit: Rechtsangleichungsintensität entsprechend Rechtsgrundlage und Zielsetzung 244
b) Sachbereichsbezogene Erwägungen 246
aa) Einbettung in das nationale Recht 246
(1) Beispiel 1: Artikel 3 Abs. 1 Klauselrichtlinie 247
(2) Beispiel 2: Artikel 5 Abs. 1 Richtlinie unlautere Geschäftspraktiken 253
bb) Gemeinschaftsrechtliches Konkretisierungsmaterial 258
3. Rechtstatsächliche Überlegungen 259
a) Überlastung des EuGH 259
b) Ungeeignetheit des *Verfahrens* der Vorabentscheidung 260
c) Die Notwendigkeit eines zukünftigen sachgerechten „Konkretisierungsdialogs“ 261
II. Gemeinschaftsverfassungsrechtliche Konkretisierungsschranken . . . 264
1. Vertikale Konkretisierungsschranken 264
a) Suspendierung der Kompetenzgrenzen durch wertungsoffene Rechtssätze? 265
b) Beispiel: Immaterieller Schadensersatz gemäß Artikel 5 Abs. 2 Pauschalreiserichtlinie – Rechtssache C-168/00 (*Simone Leitner*) 266
2. Horizontale Konkretisierungsgrenzen 268
a) Beispiel 1: Schadensersatz gemäß Artikel 9 Produkthaftungsrichtlinie – Rechtssache C-203/99 (*Henning Veedfald*) 268
b) Beispiel 2: Immaterieller Schadensersatz gemäß Artikel 5 Abs. 2 Pauschalreiserichtlinie – Rechtssache C-168/00 (*Simone Leitner*) 270
3. Folgen eines Verstoßes gegen die Konkretisierungskompetenz . . . 270
III. Zusammenfassung 274

4. Teil: Die Konkretisierung Europäischen Privatrechts als Methodenproblem

Kapitel 8: Systematik und Teleologie Europäischen Privatrechts 277
I. Systemdenken und Sytembildung 277
II. Zur Übertragung des Systemgedankens auf das Europäische Privatrecht 279
III. Die maßgeblichen systematisch-teleologischen Wertungskriterien 282

Kapitel 9: Primärrechtskonforme Konkretisierung 284
I. Konkretisierung im Lichte der Grundfreiheiten 285
1. Struktur und Wirkungsweise der Grundfreiheiten 286
2. Zur Wirkung der Grundfreiheiten im Privatrechtsverhältnis 290
a) Nationales Privatrecht als Grundfreiheitenbeschränkung 290
b) „Unmittelbare Drittwirkung“ oder über Schutzpflichten vermittelte Drittwirkung der Grundfreiheiten 294
3. Grundrechtsbindung der Gemeinschaftsorgane, insbesondere des EuGH 298

a) Schutzpflichtdimension 299
b) Abwehrrechtliche Dimension 299
aa) Diskriminierungsverbot 299
bb) Beschränkungsverbot 299
4. Grundfreiheitenkonforme Konkretisierung 302
a) Schutzpflichtdimension – Die Frage des „Ob“ der gemeinschaftseinheitlichen Konkretisierung 302
aa) Schutzpflicht bezüglich nationalen Privatrechts 303
bb) Schutzpflicht bezüglich privatautonomen Handelns der Marktbürger 304
b) Eingriffsverbot – Das „Wie“ der gemeinschaftsrechtlichen Konkretisierung 306
aa) Totalharmonisierung am Beispiel der Lauterkeitsrechts . . 307
bb) Optionelle Harmonisierung, hohes Verbraucherschutzniveau und Zahlungsbereitschaft des Verbrauchers 310
II. Konkretisierung im Lichte der Gemeinschaftsgrundrechte 312
1. Der gemeinschaftsrechtliche Grundrechtsschutz 313
2. Die privatrechtliche Bedeutung der Gemeinschaftsgrundrechte . . 315
a) Grundrechtsbindung der Mitgliedstaaten im Rahmen von Öffnungsklauseln und Ausnahmevorschriften 316
b) „Unmittelbare Drittwirkung“ oder über Schutzpflichten vermittelte Drittwirkung der Gemeinschaftsgrundrechte 317
3. Grundrechtskonforme Konkretisierung 323
a) Kompetenzgrundlage und gemeinschaftsrechtlicher Grundrechtsschutz 323
b) Die Gemeinschaftsgrundrechte als Konkretisierungsmaßstab 325
aa) Güter und Dienstleistungen, „die der Öffentlichkeit [...] zur Verfügung stehen im Sinne von Art. 3 Abs. 1 lit. h) Richtlinie 2000/43/EG bzw. Art. 3 Abs. 1 Richtlinie 2004/113/EG 326
bb) Der Tatbestand der „vergleichenden Werbung“ gemäß Art. 2 c) Richtlinie 2006/114/EG 330
III. Das Zusammenwirken von Grundfreiheiten und Grundrechten . . . 333
1. Konkurrenzfall 333
a) Identisches Schutzgut 333
b) Verschiedene Schutzgüter 334
2. Kollisionsfall 335
IV. Zusammenfassung 337

Kapitel 10: Prinzipienorientierte Konkretisierung 338
I. Das Entdeckungsverfahren 338
II. Unterschiedliche „Prinzipiendichte“ in den einzelnen Rechtsgebieten 340
1. Lauterkeitsrecht: das „Verbraucherleitbild“ 340

2. Arbeitsrecht: „Gleichbehandlung der Geschlechter“ 343
3. Gesellschaftsrecht: Grenzüberschreitende Rechtssicherheit 345
a) Informationsmodell 345
b) Gleichbehandlungsgrundsatz 346
c) Verbot des Rechtsmissbrauchs 347
III. Insbesondere die Prinzipien des Europäischen Vertragsrechts 348
1. Der Schutz der informierten Vertragsentscheidung 349
2. Legitime Erwartungen, Verbraucherschutz als Rechtsprinzip . . . 352
3. Rücksichtnahme und Fairness („vertragliche Solidarität“) 355
IV. Die Konkretisierungseignung der Prinzipien des Europäischen Vertragsrechts 359
1. Rechtsfolgen des Widerrufs eines Realkreditvertrages – Rechtssache C-350/03 (*Schulte*) 359
a) Schutz der informierten Vertragsentscheidung 361
b) Legitime Erwartungen 362
c) Rücksichtnahme und Fairness 362
2. Zurechnung der Haustürsituation im Falle der Anlagevermittlung – Rs. C-229/04 (*Crailsheimer Volksbank*) 363
a) Schutz der informierten Vertragsentscheidung 364
b) Legitime Erwartungen 365
c) Rücksichtnahme und Fairness 365
3. Nutzungsersatz und Ersatz des Wertverlusts durch bestimmungsgemäße Ingebrauchnahme nach Widerruf im Fernabsatz, Art. 6 Abs. 1, Abs. 2 Fernabsatzrichtlinie 366
a) Schutz der informierten Vertragsentscheidung 369
b) Legitime Erwartungen 370
c) Rücksichtnahme und Fairness 370
4. Selbstvornahme der Mängelbeseitigung im Kaufrecht, Art. 3 Abs. 3, 5 Verbrauchsgüterkaufrichtlinie 370
a) Schutz der informierten Vertragsentscheidung 372
b) Legitime Erwartungen 373
c) Rücksichtnahme und Fairness 374
5. Nutzungsersatz bei Nacherfüllung – EuGH v. 17. 4. 2008 – Rs. C-404/06 (*Quelle*) 374
a) Schutz der informierten Vertragsentscheidung 378
b) Legitime Erwartungen 379
c) Rücksichtnahme und Fairness 379
6. Abschließende Bewertung 380
a) Prinzipien als Argumentationstopoi 380
b) Primärrechtskonformität 382
V. Zur Rolle des „Gemeinsamen Referenzrahmens“ und eines „optionellen Instruments“ 383
1. Funktion und Inhalt 385
2. „Gemeinsamer Referenzrahmen“ und „optionelles Instrument“ als Konkretisierungsmaßstab 387

a) Geltung, Wirksamkeit und Autorität des „Gemeinsamen Referenzrahmens" . . . 388
b) Autorität durch Verfahren – Diskurstheorie . . . 391
aa) Anforderungen an einen rationalen pragmatischen Diskurs – *Habermas* und *Alexy* . . . 391
bb) Zur Anwendung auf den Gemeinsamen Referenzrahmen 393
(1) Die Erstellung des Gemeinsamen Referenzrahmens . . 393
(2) Die Verabschiedung des Gemeinsamen Referenzrahmens . . . 396
c) Vertragliche Rationalität – *Adams* and *Brownsword* . . . 397
aa) Formelle, instrumentelle und materielle Rationalität . . . 397
bb) Zur Anwendung auf den Gemeinsamen Referenzrahmen . . . 398
d) Fazit . . . 403
3. Konkretisierung von „Gemeinsamem Referenzrahmen" und „optionellem Instrument" . . . 404
a) Konkretisierungszuständigkeit . . . 404
b) Konkretisierungsmaßstäbe . . . 405
VI. Zusammenfassung . . . 406

Kapitel 11: Rechtsvergleichende Konkretisierung . . . 407
I. Die Legitimität der Rechtsvergleichung als Konkretisierungsmethode . . . 407
1. Begriff und Abgrenzung . . . 407
2. Gemeinschaftsrechtliche Legitimationsgrundlagen . . . 408
a) Artikel 220 EG, Artikel 6 Abs. 2, 46 EU . . . 409
b) Artikel 288 Abs. 2 EG . . . 409
c) Artikel 94, 95 EG . . . 410
II. Zur rechtsvergleichenden Methode im Gemeinschaftsrecht . . . 411
1. Normative Anforderungen . . . 412
a) Funktionale Rechtsvergleichung . . . 412
b) Postmoderne Kritik . . . 415
2. Die „wertende Rechtsvergleichung" in der Rechtsprechung des EuGH . . . 417
a) „Wertende Rechtsvergleichung" im Primärrecht . . . 418
b) „Wertende Rechtsvergleichung" im Europäischen Privatrecht 419
c) Inspirations- und Kontrollfunktion am Beispiel der Rechtssache C-85/03 (*Mevrona*) . . . 421
d) Fazit . . . 424
III. Zur Rolle von rechtsvergleichend entwickelten Modellgesetzen . . . 425
1. Das CISG als Konkretisierungsmaßstab insbesondere der Verbrauchsgüterkaufrichtlinie . . . 426
2. UNIDROIT Principles und Principles of European Contract Law 428
a) Anwendungsbereich, Funktion und Inhalt . . . 428
b) PECL und UP als Konkretisierungsmaßstäbe . . . 430

aa) Autorität durch Verfahren 431
bb) Inhaltliche Richtigkeit 432
cc) Fazit 435
IV. Zusammenfassung 436

Kapitel 12: Konkretisierung unter Heranziehung ökonomischer Kriterien 437
I. Legitimität der Heranziehung ökonomischer Konketisierungskriterien 437
1. Folgenanalyse und Folgenbewertung als Rechtsanwendungsproblem 439
2. Die ökonomische Teleologie des EG-Vertrages 442
3. Die ökonomische Teleologie des Europäischen Privatrechts 445
4. Ergebnis 449
II. Methodische Grundlagen der ökonomischen Analyse des Rechts . . . 450
1. Methodischer und normativer Individualismus 450
2. Analytisch-deskriptives Instrumentarium 451
a) *Homo oeconomicus*-Modell und REM-Hypothese 451
b) Angebots- und Nachfrageverhalten, mikroökonomisches Gleichgewicht 453
c) Das *Coase*-Theorem und die Bedeutung von Transaktionskosten 455
3. Die normativen Kriterien der ökonomischen Analyse des Rechts 457
a) Wohlfahrtsökonomische Effizienzkriterien: *Pareto* und *Kaldor/Hicks* 457
b) Die Verhandlungslösung als Entscheidungsmodell 459
4. Die Erkenntnisse des *Behavioral Law and Economics*-Ansatzes 460
a) Verhaltensanomalien 460
b) Heuristischer Wert 462
III. Zur Rolle ökonomischer Kriterien im Rahmen der Konkretisierung 463
1. Die Kontrolle missbräuchlicher Klauseln in Verbraucherverträgen . 463
a) Inhaltliche Kriterien der Klauselkontrolle 466
b) Zur Anwendung im Rahmen des Artikel 3 Abs. 1 Klauselrichtlinie 467
c) Fazit 471
2. Betriebsübergang im Sinne von Artikel 1 Betriebsübergangsrichtlinie 471
3. Die Konkretisierung von Informationspflichten des Europäischen Privatrechts 474
a) Insbesondere Artikel 7 Abs. 1 Richtlinie unlautere Geschäftspraktiken 475
aa) Inhalt und Umfang der Informationspflicht 476
bb) Art und Weise der Informationsvermittlung 479
b) Fazit 481

4. Ökonomische Kriterien im Rahmen der Konkretisierung der Verbrauchsgüterkaufrichtlinie 481
a) Insbesondere die „geringfügige Vertragswidrigkeit“ im Sinne von Artikel 3 Abs. 6 Verbrauchsgüterkaufrichtlinie 483
b) Fazit 486
5. Ökonomische Analyse durch den EuGH – Rechtssache C-402/03 (*Skov/Bilka*) zur Auslegung der Produkthaftungsrichtlinie 487
6. Abschließende Bewertung 488
IV. Zusammenfassung 490

Kapitel 13: Das Zusammenwirken der einzelnen Konkretisierungskriterien 491
I. Rangfolge und Funktionszuweisung im System der Konkretisierungskriterien 491
II. Die primärrechtliche Wertungsebene 492
III. Gemeinschaftskompetenz, Grundfreiheiten und Rechtsvergleichung 493
IV. Grundfreiheiten, ökonomische Analyse und Verbraucherschutz . . . 494
V. Prinzipien des Europäischen Privatrechts 495

Literaturverzeichnis 497

Abkürzungsverzeichnis

a.F.	alte Fassung
a.a.O.	am angegebenen Ort
ABl. EG	Amtsblatt der Europäischen Gemeinschaften
ABl. EU	Amtsblatt der Europäischen Union
AC	Appeal Cases (Law Reports)
AcP	Archiv für civilistische Praxis
AGB	Allgemeine Geschäftsbedingungen
AGBG	Gesetz zur Regelung des Rechts der Allgemeinen Geschäftsbedingungen
Alabama L. Rev.	Alabama Law Review
All ER	All England Law Reports
Am. Econ. Rev.	The American Economic Review
Am. J. Comp. L.	American Journal of Comparative Law
AöR	Archiv für öffentliches Recht
ARSP	Archiv für Rechts- und Sozialphilosophie
Art.	Artikel
BB	Betriebsberater
BCC	British Company Cases
BCLC	Butterworths Company Law Cases
BGB	Bürgerliches Gesetzbuch
BGB-InfV	BGB-Informationspflichten-Verordnung
BGBl.	Bundesgesetzblatt
BGH	Bundesgerichtshof
BGHZ	Entscheidungen des Bundesgerichtshofs in Zivilsachen
BKR	Zeitschrift für Bank- und Kapitalmarktrecht
BT-Drucks.	Drucksachen des Deutschen Bundestages (Wahlperiode/Drucksachennummer)
BVerfG	Bundesverfassungsgericht
BVerfGE	Entscheidungen des Bundesverfassungsgerichts
bzw.	beziehungsweise
CMLRev	Common Market Law Review
DB	Der Betrieb
ders.	derselbe
dies.	dieselbe/dieselben
DNotZ	Deutsche Notar-Zeitung
DÖV	Die Öffentliche Verwaltung
DRiZ	Deutsche Richterzeitung
DVBl.	Deutsches Verwaltungsblatt
EBLR	European Business Law Review
EBOR	Business Organization Law Review
ECC	European Commercial Cases
ECU	European Currency Unit
ECLR	European Competition Law Review
EEA	Einheitliche Europäische Akte
EG	Europäische Gemeinschaft/EG-Vertrag

EGBGB	Einführungsgesetz zum Bürgerlichen Gesetzbuch
EGMR	Europäischer Gerichtshof für Menschenrechte
Einl.	Einleitung
ELJ	European Law Journal
ELRev	European Law Review
EMRK	Europäische Menschenrechtskonvention
endg.	endgültig
EPL	European Public Law
ERCL	European Review of Contract Law
ERPL	European Review of Private Law
EU	Europäische Union/EU-Vertrag
EuGeI	Europäisches Gericht der Ersten Instanz
EuGH	Gerichtshof der Europäischen Gemeinschaften
EU-GRCh	Charta der Grundrechte der Europäischen Union, ABl. EG 2000, C 364/01
EuGRZ	Europäische Grundrechte-Zeitschrift
EuR	Europarecht
EuVerf.	Vertrag über eine Verfassung für Europa, ABl. EU 2004, C 310/01.
EuZW	Europäische Zeitschrift für Wirtschaftsrecht
EVÜ	Römisches Übereinkommen über das auf vertragliche Schuldverhältnisse anzuwendende Recht v. 19. 6. 1980, konsolidierte Fassung ABl. EG 1998 Nr. C/34.
EWG	Europäische Wirtschaftsgemeinschaft
EWiR	Entscheidungen zum Wirtschaftsrecht
EWS	Europäisches Wirtschafts- und Steuerrecht
f., ff.	folgende bzw. mehrere folgende Seiten, Abschnitte oder Paragraphen
Fn.	Fußnote
FS	Festschrift
FSR	Fleet Street Reports
GG	Grundgesetz
GLJ	German Law Journal
GPR	Gemeinschaftsprivatrecht
GRUR	Gewerblicher Rechtsschutz und Urheberrecht
GRUR Int.	Gewerblicher Rechtsschutz und Urheberrecht – Internationaler Teil
GYIL	German Yearbook of International law
Hansa L. Rev.	Hansa Law Review
Harvard Int. L. J.	Harvard International Law Journal
Harvard L Rev	Harvard Law Review
HGB	Handelsgesetzbuch
Hofstra L. Rev.	Hofstra Law Review
Hrsg.	Herausgeber
HWiG	Gesetz über den Widerruf von Haustürgeschäften und ähnlichen Geschäften
ICQL	International and Comparative Law Quaterly
ILJ	Industrial Law Journal
InsO	Insolvenzordnung
Int. Rev. Law & Econ.	International Review of Law and Economics
Iowa L. Rev.	Iowa Law Review
IPR	Internationales Privatrecht
IPRax	Praxis des Internationalen Privat- und Verfahrensrechts
JjZRWiss	Jahrbuch junger Zivilrechtswissenschaftler
J. Law & Econ.	The Journal of Law and Economics
J. Legal Studies	The Journal of Legal Studies

Jnl Publ. Pol.	Journal of Public Policy
JöR	Jahrbuch für öffentliches Recht
JURA	Juristische Ausbildung
JuS	Juristische Schulung
JZ	Juristenzeitung
KB	King's Bench (Law Reports)
KOM	Kommissionsdokument
KSchG	Konsumentenschutzgesetz
L & P	Law & Philosophy
LQR	The Law Quaterly Review
LT	Law Times
MDR	Monatsschrift für das deutsche Recht
MJ	Maastricht Journal of European and Comparative Law
MLR	The Modern Law Review
MR	Master of the Rolls
n.F.	neue Fassung
NJW	Neue Juristische Wochenschrift
NVwZ	Neue Zeitschrift für Verwaltungsrecht
NYU L. Rev.	New York University Law Review
NZA	Neue Zeitschrift für Arbeitsrecht
NZG	Neue Zeitschrift für Gesellschaftsrecht
QB, QBD	Queen's Bench (Law Reports)
Q.J.Econ.	Quaterly Journal of Economics
PECL	Principles of European Contract Law
RabelsZ	Rabels Zeitschrift für ausländisches und internationales Privatrecht
RdA	Recht der Arbeit
Rn.	Randnummer
RG	Reichsgericht
RGZ	Entscheidungen des Reichsgerichts in Zivilsachen
RIW	Recht der Internationalen Wirtschaft
RTDC	Revue Trimestrielle de Droit Civil
S.	Seite oder Satz
S.I.	Statutory Instrument
Slg.	Sammlung
Stanford L.Rev.	The Stanford Law Review
TzBfG	Gesetz über Teilzeitarbeit und befristete Arbeitsverträge
u.a.	und andere/unter anderem
Univ. of Chicago L. Rev.	The University of Chicago Law Review
UP	UNIDROIT Principles of international commercial contracts
UWG	Gesetz gegen den unlauteren Wettbewerb
v.	von bzw. vom
verb. Rs.	verbundene Rechtssachen
VerbrKrG	Verbraucherkreditgesetz
vgl.	vergleiche
VO	Verordnung
VuR	Verbraucher und Recht
WLR	Weekly Law Reports
WM	Zeitschrift für Wirtschafts- und Bankrecht, Wertpapiermitteilungen
wrp	Wettbewerb in Recht und Praxis
Yale L.J.	The Yale Law Journal
YEL	Yearbook of European Law

ZEuP	Zeitschrift für Europäisches Privatrecht
ZEuS	Zeitschrift für Europarechtliche Studien
ZfRV	Zeitschrift für Rechtsvergleichung, Internationales Privatrecht und Europarecht
ZG	Zeitschrift für Gesetzgebung
ZGR	Zeitschrift für Unternehmens- und Gesellschaftsrecht
ZHR	Zeitschrift für das gesamte Handelsrecht und Wirtschaftsrecht
ZIP	Zeitschrift für Wirtschaftsrecht
zit.	zitiert
ZPO	Zivilprozessordnung
ZRP	Zeitschrift für Rechtspolitik
ZVglRWiss	Zeitschrift für vergleichende Rechtswissenschaft

Einleitung

Am 25. März 2007 feierten die Staats- und Regierungschefs der mittlerweile 27 Mitgliedstaaten in Berlin den 50. Jahrestag der Unterzeichnung der Römischen Verträge. Die aus diesem Anlass verabschiedete Berliner Erklärung betont zu Recht, dass die europäische Einigung in einzigartiger Weise Frieden und Wohlstand, Demokratie und Rechtsstaatlichkeit für die Menschen in der Europäischen Union gebracht hat.[1] Gleichwohl fanden die Feierlichkeiten auch unter dem Eindruck der gescheiterten Verfassungsreferenden in Frankreich und den Niederlanden vom 29. Mai bzw. 1. Juni 2005 statt, in denen die Völker zweier Gründungsstaaten den ambitionierten Vertrag über eine Verfassung für Europa zurückwiesen.[2] Wenn auch der Ausgang beider Referenden jeweils nicht durch eine grundsätzliche Ablehnung des Europäischen Einigungsprozesses motiviert war[3], so verdeutlichen sie doch eine zunehmende Distanz der Bevölkerung einerseits und der politischen Eliten andererseits im Hinblick auf das Projekt Europa.[4] Diese Diagnose wurde bestätigt durch das irische „Nein" vom Juni 2008 zum Vertrag von Lissabon,[5] mit dessen Unterzeichnung am 13. Dezember 2007 man zunächst die Europäische Verfassungskrise überwunden geglaubt hatte.[6] Die zunehmende Distanz der Bevölkerung gegenüber einzelnen europäischen Politikbereichen sowie Umfang und Geschwindigkeit des Integrationsprozesses insgesamt lässt sich nur überbrücken, indem man den Völkern Europas vor Augen führt, worum es bei der Europäischen Einigung eigentlich geht. Dazu ist aber erforderlich, dass zum einen klar ist, wie die Kompetenzen zwischen den Mitgliedstaaten und der Europäischen Union verteilt sind, welche Regelungsebene im Einzelfall für welche Sachfragen verantwortlich zeichnet und verantwortlich zeichnen muss.[7] Zum an-

---

1 Vgl. Berliner Erklärung v. 25. 3. 2007, abrufbar unter http://www.eu2007.de/de/News/download_docs/Maerz/0324-RAA/German.pdf.

2 Vorsichtig heißt es daher am Ende der Berliner Erklärung, dass die Europäische Union bis zu den Wahlen zum Europäischen Parlament 2009 „auf eine erneuerte gemeinsame Grundlage" gestellt werden soll.

3 Vgl. die detaillierte Analyse beider Referenden bei *Piris*, The Constitution for Europe, S. 9 ff.

4 *Piris*, The Constitution for Europe, S. 14.

5 Vertrag von Lissabon zur Änderung des Vertrags über die Europäische Union und des Vertrags zur Gründung der Europäischen Gemeinschaft, unterzeichnet in Lissabon am 13. Dezember 2007, ABl. EU 2007 Nr. C 306/1. Die Zukunft dieses Vertrags ist nach dem Scheitern des irischen Referendums derzeit ungewiss. Gleichwohl soll auf die entsprechenden Vorschriften in den folgenden Kapiteln kurz hingewiesen werden. Die Zitierung erfolgt nach der konsolidierten Fassung des Vertrages über die Europäische Union (EUV) und des Vertrages über die Arbeitsweise der Europäischen Union (AEUV), wie sie bei Inkraftreten des Vertrages von Lissabon vorliegen würde.

6 *De Búrca*, UCD Working Papers in Law, Criminology & Socio-Legal Studies Research Paper No. 03/2009. Dazu nunmehr auch BVerfG, 2 BvE 2/08 v. 30. 6. 2009.

7 *Piris*, The Constitution for Europe, S. 34.

deren geht es um die Bestimmung des Endziels des Europäischen Einigungsprozesses[8]: besteht dieses in der Schaffung und Stärkung eines Binnenmarktes mit umfassender Faktormobilität und unverfälschtem Wettbewerb, der die Staaten und Völker Europas immer reicher macht, so dass sie sich nicht gegenseitig umbringen.[9] Oder ist Endziel eine weitgehende politische Einigung hin zu einem föderalen staatsähnlichen Gebilde, getragen durch gemeinsame Werte (welche?)[10] und ein bestimmtes Sozialmodell und legitimiert durch ein europäisches Volk mit gemeinsamer Identität.[11]

Diese grundsätzlichen europaverfassungsrechtlichen Fragen sind auch für die weitere Entwicklung des Europäischen Privatrechts von aller größter Bedeutung. Dies zeigt sich an der derzeit mit Windeseile und großem Aufwand betriebenen Erarbeitung eines „Gemeinsamen Referenzrahmens“, der nach allgemeiner Meinung die Grundlage für ein künftiges Europäisches Zivilgesetzbuch bilden soll.[12] Die Kommission selbst hat die Frage nach der Kompetenz der Gemeinschaft für ein solches Instrument bisher weitgehend ausgeblendet. In der Literatur ist jedoch das Problem der Gemeinschaftskompetenz zur umfassenden Angleichung und Vereinheitlichung des Privatrechts seit der Bewusstwerdung der privatrechtlichen Relevanz des Gemeinschaftsrechts ein Dauerthema.[13] Inhaltlich wird gefordert, dass sich der „Gemeinsame Referenzrahmen“ nicht lediglich an einem neo-liberalen Konzept der Marktfreiheit orientiert, sondern ein wie auch immer definiertes Prinzip der sozialen Gerechtigkeit verwirklichen soll[14]; oder dass jedenfalls die maßgeblichen politischen Entscheidungen vorab in demokratischer Weise durch das Europäische Parlament getroffen werden.[15]

Beide Fragen stellen sich schließlich auch im Bereich der Rechtsanwendung und liegen dem Problem der Konkretisierung von „Generalklauseln“ und „unbestimmten Rechtsbegriffen“ des Europäischen Privatrechts zu Grunde. Durch welche Ebene soll die Präzisierung vager Rechtssätze erfolgen: durch die jeweiligen mitgliedstaatlichen Gerichte und Gesetzgeber oder den Gerichthofs als letztverbindlicher europäischer Entscheidungsinstanz? Unmittelbar schließt sich die weitere Frage nach denjenigen maßgeblichen Wertungskriterien an, welche die vorzunehmende Präzisierung im Einzelfall richtungweisend anleiten können und sollen.

---

8 *Piris*, The Constitution for Europe, S. 5; *Habermas*, Süddeutsche Zeitung v. 16. 6. 2008.
9 So *Chalmers u.a.*, EU Law, S. 84; in Anlehnung an *Haltern*, (2003) 9 ELJ, 14 (19 ff.).
10 In der Berliner Erklärung heißt es dazu: „Wir verwirklichen in der Europäischen Union unsere gemeinsamen Ideale“: Menschenwürde, „Frieden und Freiheit“, „Demokratie und Rechtsstaatlichkeit“, „Respekt und Verantwortung“, „Wohlstand und Sicherheit“, „Toleranz und Teilhabe, Gerechtigkeit und Solidarität“.
11 Vgl. etwa *Mancini*, (1998) 4 ELJ, 29 (39 f.); *De Búrca*, UCD Working Papers in Law, Criminology & Socio-Legal Studies Research Paper No. 03/2009.
12 Ausführlich Kapitel 10.
13 Statt aller *Weatherill*, ERPL 2005, 405 ff.
14 Vgl. *Study Group on Social Justice in European Private Law*, (2004) 10 ELJ, 653 ff.
15 *Wagner*, ZEuP 2007, 180 (211); *Hesselink*, (2004) 10 ELJ, 675 (689 ff.).

I. Die Entfaltung des Problembewusststeins in historischer Perspektive

Die Problematik der Verwendung unbestimmter und wertungsoffener Rechtssätze durch europäische Rechtsakte ist freilich nicht sogleich in das Bewusstsein der europäischen Privatrechtswissenschaft gedrungen. Erst allmählich wurde im Rahmen der fortschreitenden Entwicklung und Verdichtung des Europäischen Privatrechts auch die Tragweite der vorliegenden Problematik erkannt.[16]

1. „Gemeinschaftsautonome Auslegung" im Vorabentscheidungsverfahren

Der Bereich des Privatrechts, der als erster in das Visier der gemeinschaftsrechtlichen Angleichungsbemühungen geriet, war das Gesellschaftsrecht.[17] Die 1. gesellschaftsrechtliche Richtlinie (Publizitätsrichtlinie)[18] stammt aus dem Jahr 1968. Zehn Jahre später wurde mit Art. 2 Abs. 3 der 4. gesellschaftsrechtlichen Richtlinie (Bilanzrichtlinie)[19], wonach der Jahresabschluss ein den tatsächlichen Verhältnissen entsprechendes Bild der Vermögens-, Finanz- und Ertragslage der Gesellschaft vermitteln soll, an zentraler Stelle des Bilanzrechts europarechtlich ein Maßstab von „generalklauselartiger Weite" vorgegeben. Eine Diskussion der Problematik von Konkretisierungskompetenz und Konkretisierungsmethode fand jedoch zunächst nicht statt, ja überwiegend wurde die europarechtliche Dimension der nationalen handelsbilanzrechtlichen Vorschriften schlicht übergangen.[20] Erst mit dem Vorlagebeschluss des BGH vom 21. Juli 1994 und der Entscheidung des EuGH in der Rechtssache *Tomberger*[21] zur Problematik der phasengleichen Aktivierung von Dividendenansprüchen rückte die Frage, inwieweit die handelsbilanzrechtlichen Vorschriften europarechtlich determiniert sind, in den Mittelpunkt des Interesses. Diskutiert wurde hierbei, ob die Richtlinie aufgrund der Verwendung „skizzenhafter Rahmenvorschriften", „extrem unbestimmter Rechtsbegriffe"[22] bzw. von Begriffen, die einen „bereiten Interpretationsspielraum" einräumen, der eindeutige Aussagen aus europarechtlicher Sicht verbiete,[23] implizite

---

16 Vgl. aber *Bleckmann*, RIW 1987, 929 (934 f.); *ders.*, ZGR 1992, 364 (373 ff.).

17 Vgl. *Jung*, GPR 2003/04, 233.

18 1. gesellschaftsrechtliche Richtlinie 68/151/EWG v. 9. 3. 1968, ABl. EG 1968 L 65/8.

19 4. gesellschaftsrechtliche Richtlinie des Rates 78/660/EWG vom 25. 7. 1978 aufgrund von Art. 54 Absatz 3 Buchstabe g) des Vertrages über den Jahresabschluss von Gesellschaften bestimmter Rechtsform, ABl. EG 1978 Nr. 222/1; geändert durch Richtlinie 90/604/EWG des Rates vom 8. November 1990 zur Änderung der Richtlinie 78/660/EWG über den Jahresabschluss und der Richtlinie 83/349/EWG über den konsolidierten Abschluss hinsichtlich der Ausnahme für kleine und mittlere Gesellschaften sowie der Offenlegung in Ecu (Mittelstandsrichtlinie), ABl. EG 1990 Nr. L 317/57, und Richtlinie 90/605/EWG des Rates vom 8. November 1990 zur Änderung der Richtlinien 78/660/EWG und 83/349/EWG über den Jahresabschluss bzw. konsolidierten Abschluss hinsichtlich ihres Anwendungsbereichs (GmbH & Co. KG Richtlinie), ABL.EG 1990 Nr. L 317/60.

20 Vgl. *De Weerth*, RIW 1996, 763 m. N.

21 EuGH v. 27. 6. 1996 – Rs. C-234/94, (*Tomberger*), Slg. 1996, I-3133.

22 *Moxter*, BB 1995, 1463 f.

23 *Schulze-Osterloh*, ZGR 1995, 170 (187 f.).

Wahlrechte und Entscheidungsspielräume zugunsten der Mitgliedstaaten enthalte und folglich nur eine eingeschränkte Regelungsdichte und Angleichungsintensität aufweise.[24] Für diesen Fall wurde dann zugleich die Vorabentscheidungskompetenz des EuGH verneint.[25]

Ähnlich verlief die Diskussion hinsichtlich des Irreführungstatbestandes der Werberichtlinie vom 10. September 1984.[26] Da Art. 7 der Richtlinie einen weitergehenden Schutz durch die Mitgliedstaaten zuließ und das deutsche Recht nach allgemeiner Ansicht einen solchen weitergehenden Schutz auch gewährte, wurde die Werberichtlinie zunächst für das deutsche Recht überwiegend als irrelevant angesehen.[27] Dies änderte sich erst, als *Everling* im Jahre 1990 die Auffassung vertrat, Art. 7 beziehe sich lediglich auf die Sanktionen gegen irreführende Werbung, nicht jedoch den Tatbestand der irreführenden Werbung selbst, dessen Auslegung vielmehr allein dem Gerichtshof vorbehalten sei.[28] Als sich der EuGH kurze Zeit später in der *Nissan*-Entscheidung[29] dieser Auffassung scheinbar stillschweigend anschloß[30], war die Diskussion um die Angleichungsintensität der Werberichtlinie in vollem Gange.[31]

Hinsichtlich der Produkthaftungsrichtlinie vom 25. Juli 1985[32] wurde die Frage, inwieweit „mit der Benutzung bestimmter Begriffe, die nicht erschöpfend definiert werden – z. B. Fehler, Schaden, Verschulden – auf das je anwendbare nationale Recht Bezug genommen oder eine EG-autonome Auslegung solcher Begriffe erreicht werden soll“[33], von Anfang an diskutiert. Dabei wurde angenommen, dass „mangels ausreichender gemeinschaftlicher Vorgaben … eine vollständige autonome Interpretation derartiger Tatbestandsmerkmale nicht praktikabel“ wäre.[34] Zum Teil wird diese Auslegungsproblematik von der damit verbundenen Frage, ob und wann nationale Gerichte Auslegungsfragen der Produkthaftungsrichtlinie dem EuGH zur Vorabentscheidung vorlegen können bzw. müssen, unterschie-

---

24 Zusammenfassend *De Weerth*, RIW 1996, 763 ff.; *Hennrichs*, ZGR 1997, 66 (70 ff.).

25 *Moxter*, BB 1995, 1463 (1466); dazu *Hennrichs*, ZGR 1997, 66 (72).

26 Richtlinie 84/450/EWG des Rates v. 10. 9. 1984 zur Angleichung der Rechts- und Verwaltungsvorschriften der Mitgliedstaaten über irreführende Werbung, ABl. EG 1984 Nr. L 250/17 und Richtlinie 97/55/EG des Europäischen Parlamentes und des Rates v. 6. 10. 1997 zur Änderung der RL 84/450/EWG über irreführende Werbung zwecks Einbeziehung vergleichender Werbung, ABl. EG 1997 Nr. L 290/18; nunmehr Richtlinie 2006/114/EG des Europäischen Parlaments und des Rates v. 12. 12. 2006 über irreführende und vergleichende Werbung (kodifizierte Fassung), ABl. EU 2006 L 376/21.

27 Zusammenfassend *Köhler*, GRUR Int. 1994, 396.

28 *Everling* in: Irreführende Werbung in Europa – Maßstäbe und Perspektiven, 43 (51 ff.).

29 EuGH v. 16. 1. 1992, Rs. C-373/90 (*Strafverfahren gegen X*), Slg. 1992, I-131.

30 *Köhler*, GRUR Int. 1994, 396 (398).

31 Vgl. etwa *Meier*, EuZW 1994, 391 ff.; *Sack*, GRUR Int. 1998, 263 ff. m. N.; sowie Kapitel 7.

32 Richtlinie des Rates vom 25. 7. 1985 83/374/EWG zur Angleichung der Rechts- und Verwaltungsvorschriften der Mitgliedstaaten über die Haftung für fehlerhafte Produkte, ABl. EG Nr. L 210/29.

33 *Koch*, ZHR 152 (1988), 537 (541).

34 MüKo(3. Auflage)-*Cahn*, Vor § 1 ProdHaftG, Rn. 3.

den.[35] Mittlerweile hat der EuGH den abschließenden Charakter der Produkthaftungsrichtlinie für den angeglichenen Bereich ausdrücklich festgestellt.[36]

2. Das Problem der Gemeinschaftskompetenz

Die Handelsvertreterrichtlinie vom 18. Dezember 1986[37] wurde zunächst nur als Anlass zur Änderung der nationalen Vorschriften wahrgenommen, ohne dass eine eigenständige Würdigung der Richtlinie selbst erfolgte.[38] Erst 1994 machte *Canaris* darauf aufmerksam, dass möglicherweise der „EuGH als zukünftige privatrechtliche Superrevisionsinstanz" zur umfassenden Auslegung privatrechtlicher „Generalklauseln" berufen sein würde und setzte damit die Problematik auf die Tagesordnung der wissenschaftlichen Diskussion.[39] *Canaris* selbst verankerte das Problem vor allem im Primärrecht bei der vertikalen Kompetenzverteilung zwischen Gemeinschaft und Mitgliedstaaten im Hinblick auf das Prinzip der begrenzten Ermächtigung.[40] Damit trat eine Verlagerung von der Frage der Angleichungsintensität der konkreten Richtlinie hin zu allgemeinen Fragen der gemeinschaftsverfassungsrechtlichen Kompetenzordnung ein.

Canaris stand aber auch schon unter dem Eindruck der Klauselrichtlinie vom 5. April 1993.[41] Mit der Einführung einer europarechtlichen Missbrauchskontrolle für nicht ausgehandelte Klauseln in Verbraucherverträgen postierte die Richtlinie an zentraler Stelle der nationalen Vertragsrechte sektorenübergreifend eine „Generalklausel", die überwiegend als der bis dahin intensivste Eingriff in die nationalen Privatrechtsysteme angesehen wurde. Es ist daher nicht verwunderlich, dass gerade Art. 3 der Klauselrichtlinie den Anlass für eine differenzierte Aufarbeitung der Problematik bildete und auch anhand dieser Bestimmung die Vielschichtigkeit der Problematik erstmals voll ins Bewusstsein trat.[42]

II. Mehrdimensionalität der Problematik

Die Unbestimmtheit und Wertungsoffenheit von Rechtssätzen bedeutet eine Reduzierung der Entscheidungsdeterminierung durch das positive Recht im konkre-

---

35 *Magnus*, JZ 1990, 1100 (1103).

36 EuGH v. 25. 4. 2002 – Rs. C-52/00 (*Kommission ./. Frankreich*), Slg. 2002, I-3856, Rn. 14, 17; EuGH v. 25. 4. 2002 – Rs. C-154/00 (*Kommission ./. Griechenland*), Slg. 2002, I-3887, Rn. 10, 13; EuGH 25. 4. 2002 – Rs. 183/00 (*Gonzalez Sanchez ./. Medicina Asturiana SA*), Slg. 2002, I-3905, Rn. 23, 26.

37 Richtlinie des Rates vom 18. Dezember 1986 86/653/EWG zur Koordinierung der Rechtsvorschriften der Mitgliedstaaten betreffend die selbständigen Handelsvertreter, ABl. EG 1986 L 382/17.

38 Vgl. etwa *Eckert*, NZA 1990, 384; *Kindler*, RIW 1990, 358 ff.; anders *J. Schmidt*, ZHR 156 (1992), 512 ff.

39 *Canaris*, EuZW 1994, 417: „Sensibilisierung des Bewusstseins für ein Problemfeld, das zunehmend dringlicher wird".

40 *Canaris*, Handelsrecht, § 15 Rn. 21 f.

41 Richtlinie 93/13/EWG des Rates v. 5. 4. 1993 über missbräuchliche Klauseln in Verbraucherverträgen, ABl. EG 1993 Nr. L 95/29.

42 So etwa ausdrücklich *Remien*, RabelsZ 62 (1998), 627 (642).

ten Einzelfall. Die Bestimmung der für die Einzelfallentscheidung maßgeblichen Kriterien verlagert sich graduell weg vom demokratisch legitimierten Gesetzgeber hin zum Rechtsanwender, im Regelfall also dem Richter. Bis zu dessen Entscheidung muss der betroffene Bürger mit einer gewissen Rechtsunsicherheit leben. Im nationalen Verfassungsstaat sind damit die Grundsätze der Demokratie, der Gewaltenteilung und der Rechtsstaatlichkeit unmittelbar angesprochen.[43]

Im Mehrebenensystem der Gemeinschaft gestalten sich die Verhältnisse komplizierter. Die Gemeinschaft beruht auf dem Prinzip der begrenzten Ermächtigung, kann also nur insoweit tätig werden, als ihr die Kompetenz zur Rechtssetzung durch die Mitgliedstaaten als den „Herren der Verträge" ausdrücklich zugewiesen wurde. Hinzu kommt der Gedanke der Subsidiarität. Dem entspricht wiederum das Rechtsinstrument der Richtlinie, auf dem das materielle Europäische Privatrecht zum ganz überwiegenden Teil beruht. Denn danach werden den Mitgliedstaaten grundsätzlich nur bestimmte zu erreichende Ziele vorgegeben, während sie bezüglich deren Umsetzung in das innerstaatliche Recht frei bleiben. Das im Privatrechtsstreit zwischen den Parteien anwendbare Recht sind folglich grundsätzlich nicht die Richtlinienbestimmungen selbst – diesen kommt keine horizontale Direktwirkung zu[44] – sondern ist der nationale Umsetzungsrechtsakt. Dieser und auch das übrige nationale Recht[45] sind nun freilich im Lichte und anhand von Ziel und Zweck der Richtlinie – richtlinienkonform – zu interpretieren.[46] Dazu ist jedoch erforderlich, dass der Regelungsgehalt der Richtlinie selbst feststeht. Die Letztentscheidungsbefugnis für die Interpretation des Richtlinienrechts ist gemäß Art. 234 Abs. 1 lit. b) EG grundsätzlich dem EuGH im Rahmen des Vorabentscheidungsverfahrens übertragen, wobei letztinstanzliche Gerichte bei Entscheidungserheblichkeit einer auslegungsbedürftigen gemeinschaftsrechtlichen Vorschrift zur Vorlage verpflichtet sind.[47]

Das Richtlinienrecht im Bereich des materiellen Privatrechts ist, anders als die Verordnungen des Europäischen Internationalen Privat- und Zivilverfahrensrechts, in seiner Anwendbarkeit nicht auf grenzüberschreitende Sachverhalte beschränkt, sondern erfasst auch den reinen Inlandssachverhalt. Durch die Verwendung unbestimmter Rechtssätze mit geringer Intension und großer Extension[48] im Richtlinienrecht erhält der EuGH, vermittelt durch die Pflicht zur richtlinienkonformen Auslegung und die korrespondierende Vorlagebefugnis bzw. Vorlagepflicht nach Art. 234 Abs. 2 und 3 EG, die Möglichkeit, durch „Auslegung" auch rein innerstaatliche Sachverhalte in großem Umfang in den Anwendungsbereich des Gemeinschaftsrechts hereinzuholen und einer Lösung nach Gemeinschaftsrecht zuzuführen. Dies betrifft insbesondere Vorschriften wie den Missbräuchlichkeits-

43 Vgl. *Röthel*, Normkonkretisierung, § 4.
44 Ausführlich Kapitel 3.
45 Vgl. nur EuGH v. 5.10.2004 – verb. Rs. C-397/01, C-403/01 (*Pfeiffer*), Slg. 2004, I-8835, Rn. 115–118.
46 Vgl. Kapitel 3.
47 Vgl. Kapitel 3.
48 Zur Begrifflichkeit Kapitel 4.

tatbestand nach Art. 3 der Klauselrichtlinie im Vertragsrecht oder die neue zentrale „Generalklausel" des europäischen Lauterkeitsrechts in Art. 5 der Richtlinie 2005/29/EG über unlautere Geschäftspraktiken.[49] In ihrem Grünbuch zur Überprüfung des gemeinschaftlichen Besitzstandes im Verbraucherschutz hatte die Kommission sogar eine „übergreifende allgemeine Klausel" zur Festschreibung eines „verbindlichen Grundsatzes des guten Glaubens und der Redlichkeit in Vertragsangelegenheiten" für ein horizontales Verbraucherschutzinstrument ins Auge gefasste.[50] Nach einer eher durchwachsenen Reaktion der interessieten Öffentlichkeit im Konsultationsprozess[51] wurde eine entsprechende Klausel nicht in den Vorschlag für eine Richtlinie über Rechte der Verbraucher übernommen.[52] Freilich verpflichtet der nunmehr vorliegende endgültige akademische Entwurf eines Gemeinsamen Referenzrahmens (DCFR) die Vertragsparteien auf die Grundsätze des guten Glaubens und der Redlichkeit in Vertragsangelegenheiten,[53] und zwar vom Eintritt in Vertragsverhandlungen[54] bis hin zum Stadium der Vertragserfüllung.[55] Die Verwendung solcher „Generalklauseln" im Europäischen Privatrecht birgt die Gefahr einer schleichenden Europäisierung der Kerngebiete nationalen Privatrechts durch die Hintertür, entgegen dem Prinzip der begrenzten Ermächtigung[56] vorbei an den nationalen Gesetzgebern, ohne hinreichende Entscheidungsdeterminierung durch den Gemeinschaftsgesetzgeber und damit ohne hinreichende demokratische Legitimation.

Vermeidungsstrategien bestehen in primärrechtlich-institutioneller Hinsicht darin, unter Heranziehung der Grundsätze der Subsidiarität und Erforderlichkeit, der Berufung auf die Rechtsnatur der Richtlinie und die Besonderheiten des Vorabentscheidungsverfahrens die Konkretisierungskompetenz des EuGH und damit einhergehend die Vorlagepflicht letztinstanzlicher Gerichte zu beschränken. In sekundärrechtlich-materieller Hinsicht wird auf eine reduzierte Angleichungsintensität bei Verwendung unbestimmter Rechtssätze abgestellt, die den Mitgliedstaaten einen Umsetzungsspielraum einräumten. Hinzu kommen rechtstatsächli-

---

49 Richtlinie 2005/29/EG des Europäischen Parlaments und des Rates v. 11. 5. 2005 über unlautere Geschäftspraktiken im binnenmarktinternen Geschäftsverkehr zwischen Unternehmern und Verbrauchern und zur Änderung der Richtlinie 84/450/EWG des Rates, der Richtlinien 97/7/EG, 98/27/EG und 2002/65/EG des Europäischen Parlaments und des Rates sowie der Verordnung (EG) Nr. 2006/2004 des Europäischen Parlamentes und des Rates (Richtlinie über unlautere Geschäftspraktiken), ABl. EG 2005 Nr. L 149/22.

50 Vgl. Grünbuch: Die Überprüfung des gemeinschaftlichen Besitzstandes im Verbraucherschutz (Vorlage der Europäischen Kommission) v. 8. 2. 2007, KOM (2006) 744 endg., S. 13, 19.

51 Vgl. DG Health and Consumer Protection, Preparatory Work for the Impact Assessment on the Review of the Consumer Acquis, 6/11/2007, S. 60–62.

52 Vgl. Vorschlag für eine Richtlinie des Europäischen Parlaments und des Rates über Rechte der Verbraucher, KOM(2008) 614 endg.

53 *Study Group on a European Civil Code/Research Group on EC private law (Acquis Group)*, Principles, Definitions and Model Rules of European private Law: Draft Common Frame of Reference (DCFR), 85: "A recurring and important idea is that parties are expected to act in accordance with good faith and fair dealing."

54 Art. II.-3:301(2) DCFR.

55 Art. III.-1:103 DCFR.

56 Vgl. *Canaris*, Handelsrecht, § 15 Rn. 22.

che Überlegung im Hinblick auf eine mögliche Überlastung des EuGH sowie die methodische Frage danach, ob das Gemeinschaftsrecht bei seinem gegenwärtigen Stand überhaupt die zur gemeinschaftsautonomen Konkretisierung erforderlichen Wertungskriterien enthalte. All diese Ansätze zielen in ihrer Konsequenz darauf ab, die praktische Wirksamkeit des Europäischen Privatrechts zum Schutze der eigenen Privatrechtssysteme möglichst gering zu halten. Europäische Privatrechtsangleichungsmaßnahmen werden so gelegentlich als politische Erfolge gefeiert, meist aus Sicht der Wissenschaft kritisch analysiert und hinterfragt; in der praktischen Rechtsanwendung soll sich freilich möglichst wenig ändern. Vor dem Hintergrund der verfassungspolitischen Problematik in Europa ist dies äußerst unbefriedigend. Wird doch so dem Marktbürger auf europäischer Ebene (gesetzgeberische) Aktivität vorgegaukelt, während für ihn de facto weitgehend alles beim Alten bleibt. Der Akzeptanz der Europäischen Idee durch die Bürger ist dies abträglich.

Dementsprechend wird hier ein anderer Ansatz gewählt. Danach sind die Kompetenzvorschriften der Gemeinschaft für das Gebiet des Privatechts, wie auch sonst, in ihrer jeweiligen tatbestandlichen Begrenzung ernst zu nehmen. Der EuGH selbst hat hierfür mit seiner ersten Entscheidung zur Nichtigkeit der Tabakwerberichtlinie[57] die Grundlage geliefert.[58] Eine Gemeinschaftskompetenz aufgrund der binnenmarktfinalen Rechtsgrundlagen besteht nur insoweit, als die Rechtsangleichung der Beseitigung tatsächlicher Grundfreiheitenbeschränkungen bzw. spürbarer Wettbewerbsverzerrungen dient und erforderlich ist. Dies hat zuvörderst der Gemeinschaftsgesetzgeber zu beachten, bindet aber auch den Gerichtshof bei der Auslegung und Konkretisierung des Europäischen Privatrechts. Sind die gemeinschaftrechtlichen Eingriffsvoraussetzungen aber gegeben und ist der Gemeinschaftsgesetzgeber entsprechend tätig geworden, so ist dem Zweck der Maßnahme im Rahmen der Rechtsanwendung zur größtmöglichen Wirksamkeit zu verhelfen. Mitgliedstaatliche Gestaltungsspielräume sind damit nur eingeschränkt und in ganz spezifischen Ausnahmebereichen vereinbar.

III. Gang der Darstellung

Im Ersten Teil der Arbeit werden die gemeinschaftsverfassungsrechtlichen Grundlagen aufgearbeitet. Dabei ist zunächst der Begriff des Europäischen Privatrechts näher zu bestimmen und abzugrenzen, und sind dessen wesentliche Rechtsquellen zu bennen (Kapitel 1). In Kapitel 2 wird die Verbandskompetenz der Gemeinschaft auf dem Gebiet des Privatrechts untersucht und insbesondere der Frage nachgegangen, inwieweit die einzelnen Rechtsgrundlagen selbst Vorgaben für die Angleichungsintensität einer Maßnahme enthalten. Im 3. Kapitel geht es sodann um die Verteilung der Organkompetenzen zwischen Gerichtshof und Gemein-

57 EuGH v. 5. 10. 2000 – Rs. C-376/98 (*Deutschland/Parlament und Rat*), Slg. 2000, I-2247. Vgl. nunmehr aber EuGH v. 12. 12. 2006 – Rs. C-380/03 (*Deutschland/Parlament und Rat*), Slg. 2006, I-11573.
58 Ausführlich Kapitel 2.

schaftsgesetzgeber. Einzugehen ist dabei insbesondere auf die dem Gemeinschaftsgesetzgeber zur Verfügung stehenden Handlungsformen samt deren Charakteristika, sowie den Besonderheiten des Vorabentscheidungsverfahrens und der Methodenpraxis des Gerichtshofs.

Der Zweite Teil beschäftigt sich mit den rechtstheoretischen Grundlagen. In Kapitel 4 erfolgt im Hinblick auf deren Tauglichkeit für das Europäische Privatrecht eine Auseinandersetzung mit den meist unreflektiert verwendeten Kategorien „unbestimmter Rechtsbegriff“ und „Generalklausel“ unter Einbeziehung rechtsvergleichender Überlegungen. Kapitel 5 dient einer Strukturanalyse der unterschiedlichen Dimensionen des Problems der „Konkretisierung“ wertungsoffener Rechtssätze.

Im Dritten Teil wird die Konkretisierung wertungsoffener Rechtssätze als gemeinschaftsrechtliches Kompetenzproblem behandelt. Dabei stellt sich vor dem Hintergrund der vertikalen und horizontalen Kompetenzverteilung zunächst die Frage, inwieweit die Verwendung wertungsoffener Rechtssätze durch den Gemeinschaftsgesetzgeber überhaupt zulässig ist (Kapitel 6). Anschließend ist zu klären, wie die Konkretisierungskompetenzen zwischen Gerichtshof einerseits und mitgliedstaatlichen Gesetzgebern und Gerichten andererseits verteilt sind (Kapitel 7).

Der Vierte Teil schließlich beschäftigt sich mit der Konkretisierung wertungsoffener Rechtssätze als Methodenproblem. Es geht dabei um die Benennung derjenigen Wertungskriterien und Methoden, die den Konkretisierungsvorgang im Einzelfall rationalisieren und steuern. Nach Klärung der Frage, inwieweit Europäisches Privatrecht dem System- und Prinzipiendenken zugänglich ist (Kapitel 8), werden vier Ansätze näher betrachtet. In Kapitel 9 wird untersucht, welche Rolle den Grundfreiheiten und den EU-Grundrechten im Rahmen einer primärrechtskonformen Konkretisierung zukommt. Kapitel 10 geht der Frage nach, inwieweit die bisher am Europäischen Privatrecht entdeckten Prinzipien zu dessen Konkretisierung geeignet sind. Dabei ist auch auf die zukünftige Rolle eines „Gemeinsamen Referenzrahmens“ einzugehen. In Kapitel 11 werden Legitimität und Funktion der Rechtsvergleichung als Konkretisierungsmethode untersucht sowie der Stellenwert im Wege der Rechtsvergleichung entwickelter Modellgesetze bestimmt. Gegenstand von Kapitel 12 ist die Frage, welcher Nutzen den Argumentationsstrukturen der ökonomischen Analyse des Rechts im Rahmen der Konkretisierung zukommt. Kapitel 13 verdeutlicht das Zusammenwirken der einzelnen Konkretisierungskriterien und -methoden.

1. Teil: Gemeinschaftsverfassungsrechtliche Grundlagen

Kapitel 1: Europäisches Privatrecht – Begriff und Rechtsquellen

Zunächst gilt es, die Begriffe „Europäisches Privatrecht“, „Gemeinschaftsprivatrecht“ und „gemeineuropäisches Privatrecht“ zu klären und voneinander abzugrenzen (I., II.). Anschließend ist kurz auf die Rechtsgebiete und zugehörigen Rechtsquellen des Europäischen Privatrechts einzugehen (III.).

I. Europäisches Privatrecht oder Gemeinschaftsprivatrecht

Müller-Graff unterscheidet unter dem Gesichtspunkt der Herkunft ihrer Verbindlichkeit drei Ebenen, auf denen verbindende Elemente der Privatrechtsordnungen im institutionalisierten Europa vorkommen können: als gemeineuropäisches mitgliedstaatliches Zivilrecht ohne völkerrechtliche Verpflichtungen, als Konventionsprivatrecht außerhalb gemeinschaftsrechtlicher Verpflichtungen und als Gemeinschaftsprivatrecht.[1] Gemeinschaftsprivatrecht ist danach die Summe der privatrechtlichen Regelungen, die im Primärrecht, insbesondere dem EG-Vertrag, und dem auf seiner Grundlage gesetzten Sekundärrecht enthalten sind.[2] Synonym hierzu wird teilweise auch der Begriff des „Europäischen Privatrechts“ verwendet.[3] Mitunter versteht man „Europäisches Privatrecht“ jedoch umfassender: das „Gemeinschaftsprivatrecht“ ist danach nur eine Teilmenge; weitere Quellen sind das „in internationalen Konventionen niedergelegte Einheitsprivatrecht“ und der „gemeinsame Fundus der heute geltenden Rechtsordnungen“.[4]

---

1 *Müller-Graff* in: FS Börner, 1992, 303 (309); *ders.* in: *ders.* (Hrsg.), Gemeinsames Privatrecht in der Europäischen Gemeinschaft, S. 9 (21).

2 *Müller-Graff* in: FS Börner, 1992, 303 (313); *ders.* in: *ders.* (Hrsg.), Gemeinsames Privatrecht in der Europäischen Gemeinschaft, S. 9 (26); *ders.*, NJW 1993, 13; ebenso *Rittner*, JZ 1995, 849 (851 f.); *Schulze*, ZEuP 1993, 442 (444) und wohl auch die *Herausgeber der ZEuP*, vgl. Editorial, ZEuP 1993, 1(2).

3 *Riesenhuber*, System und Prinzipien, 2003, S. 31; *Paschke*, in: *dies./Iliopoulus* (Hrsg.), Europäisches Privatrecht, 1998, S. 1 (2); *Grundmann*, Europäisches Schuldvertragsrecht, S. 7 ff.

4 Editorial ZEuP 1993, 1 (2); ebenso *Basedow*, AcP 200 (2000) 445 (447 f.); *ders.*, JuS 2004, 89 ff.; *Gebauer*, Grundfragen, 1998, §§ 7, 8. Weitergehend *Jansen*, ZEuP 2005, 750 (759): „Privatrecht ist in Europa nicht nur eine Summe von Rechtsnormen, sondern ebenso ein Corpus überlieferten kulturellen Wissens hinsichtlich der gedanklichen Ordnung des Rechts.“

Die Begriffswahl ist letztlich Geschmackssache. Dies verdeutlichen die Ausführungen *Grundmanns*, der bewusst für seine Darstellung des „Bestandes an Vereinheitlichungsinstrumenten und -maßnahmen“ im Bereich des Schuldvertragsrechts den Begriff „Europäisches Schuldvertragsrecht“ und nicht den „farbloseren“ Begriff „Gemeinschaftsschuldvertragsrecht“ wählt; so werde „den Begriffen das ihnen zustehende Gewicht“ gegeben.[5] Auch hier soll daher unter „Europäischem Privatrecht“ grundsätzlich das im EG-Vertrag enthaltene und von den Gemeinschaftsorganen auf seiner Grundlage hervorgebrachte Privatrecht verstanden werden.[6] Dafür spricht auch, dass sich bezüglich einzelner privatrechtlicher Rechtsgebiete die Bezeichnung der jeweils ergangenen gemeinschaftsrechtlichen Rechtsakte und primärrechtlichen Grundlagen als „Europäisches Gesellschaftsrecht“[7], „Europäisches Schuldrecht“[8], „Europäisches Schuldvertragsrecht“[9], „Europäisches Wettbewerbsrecht“[10], „Europäisches Arbeitsrecht“[11] oder „Europäisches Urheberrecht“[12] weithin eingebürgert haben. Es liegt daher nahe, diese Rechtsgebiete und die zugehörigen primär- und sekundärrechtlichen Gemeinschaftsnormen unter dem Oberbegriff „Europäisches Privatrecht“ zusammenzufassen.[13] Der EG-Vertrag und die auf ihm beruhende Rechtssetzungskompetenz der Gemeinschaft bilden somit das äußerlich verbindende Element.[14]

Inhaltlich muss es sich um privatrechtliche Regelungen handeln, die folglich von solchen des öffentlichen Rechts abzugrenzen sind. Der EG-Vertrag setzt diese Unterscheidung etwa in Art. 238 EG und Art. 65 EG voraus, ohne jedoch selbst Anhaltspunkte für eine Abgrenzung vorzugeben.[15] Diese gestaltet sich für gemeinschaftsrechtliche Regelungen, wie auch sonst im Bereich der internationalen Rechtsangleichung und -vereinheitlichung,[16] als äußerst problematisch. Die Schwierigkeiten resultieren zum einen daraus, dass vielen Rechtsordnungen eine scharfe Trennung zwischen Privatrecht und öffentlichem Recht unbekannt ist;[17]

---

5 *Grundmann*, Europäisches Schuldvertragsrecht, S. 7f.

6 Vgl. *Riesenhuber*, System und Prinzipien, S. 31; *Paschke*, in: *dies./Iliopoulus* (Hrsg.), Europäisches Privatrecht, S. 1 (2); *Grundmann*, Europäisches Schuldvertragsrecht, S. 7ff.

7 Beispielsweise *Habersack*, Europäisches Gesellschaftsrecht; *Schwarz*, Europäisches Gesellschaftsrecht; *Grundmann*, Europäisches Gesellschaftsrecht.

8 Beispielsweise *Magnus* (Hrsg.), Europäisches Schuldrecht.

9 Beispielsweise *Grundmann*, Europäisches Schuldvertragsrecht; *Riesenhuber*, Europäisches Vertragsrecht.

10 Beispielsweise *Goyder*, EC Competition Law.

11 Beispielsweise *Krimphove*, Europäisches Arbeitsrecht; *Marlene Schmidt*, Das Arbeitsrecht der Europäischen Gemeinschaft; vgl. auch *Schiek*, Europäisches Arbeitsrecht, S. 17–19, die zwischen einer rechtsvergleichenden, völkerrechtlichen und einer Perspektive der Europäischen Union unterscheidet. Auch bei ihr steht die EU-rechtliche Perspektive jedoch im Mittelpunkt.

12 Beispielsweise *Walter* (Hrsg.), Europäisches Urheberrecht; *Tritton*, Intellectual Property in Europe.

13 Vgl. nunmehr auch *Basedow* (Hrsg.), European Private Law – Sources Bde. 1–3, 1998–2002.

14 *Riesenhuber*, System und Prinzipien, S. 31.

15 Vgl. *Riesenhuber*, System und Prinzipien, S. 42f.

16 Vgl. *Kropholler*, Internationales Einheitsrecht, S. 5f.

17 Vgl. *Taupitz*, ZEuS 1998, 17 (25); *v. Bar/Mankowski*, IPR I, § 4 Rn. 54. Vgl. jedoch zum englischen Recht *Slapper/Kelly*, English Law, S. 4: „In the 19th century, it was at least possible to claim, as AV Dicey did, that there was no such thing as public law in this distinct administrative sense and that zum anderen erfolgt die Grenzziehung in den einzelnen Mitgliedstaaten durchaus unterschiedlich.[18] Im Falle von Richtlinien wird die Abgrenzung dadurch erschwert, dass sie den Mitgliedstaaten die Wahl von Form und Mitteln freistellen und diesen somit regelmäßig die Freiheit belassen, ihrer Rechtstradition folgend, eine öffentlich-rechtliche oder privatrechtliche Umsetzung zu wählen.[19] So erfolgte die Umsetzung der Richtlinie 84/450 EWG über irreführende Werbung[20] in Frankreich beispielsweise als Straftatbestand.[21] Bei zahlreichen Richtlinien handelt es sich um gemischte Rechtsakte, etwa die Richtlinien zum Versicherungswesen, die soweit sie die staatliche Genehmigung von Prämien und Konditionen oder die Kompetenz von Aufsichtsbehörden regeln, dem öffentlichen Recht zugehörig sind, daneben aber auch versicherungsvertragliche Regelungen enthalten;[22] auch den Wohlverhaltensregeln nach Art. 19 Finanzmarktrichtlinie[23] kommt eine Doppelnatur als öffentlich-rechtlich aufsichtsrechtliche Verhaltensnormen einerseits und als privatrechtliche vertragliche oder vorvertragliche Pflichten andererseits zu.[24]

Die im deutschen Recht vorherrschende[25], und auch vom EuGH in seiner Rechtsprechung zum öffentlichen Dienst[26] und zum EuGVÜ[27] herangezogene modifizierte Subjektstheorie, nach der diejenigen Regelungen dem öffentlichen Recht

---

the powers of the State with regard to individuals were governed by the ordinary law of the land, operating through the normal courts. Whether such a claim was accurate or not when it was made – and it is unlikely – there certainly can be no doubt now that public law constitutes a distinct and growing area of law in its own right."

18 Vgl. *Hallstein*, RabelsZ 28 (1964), 211 (213 f.); *Riesenhuber*, System und Prinzipien, S. 42; *Michaels/Jansen*, Duke Law School Legal Studies Research Paper Series, Research Paper No. 137, 2007, 5 ff.

19 Sogenannte „funktionale Äquivalenz" von Privatrecht und öffentlichem Recht, vgl. *Herresthal*, in *Langenbucher* (Hrsg.), Europarechtliche Bezüge, § 2 Rn. 41; *Körber*, Grundfreiheiten und Privatrecht, S. 399 ff.

20 Richtlinie 84/450/EWG des Rates v. 10. 9. 1984 zur Angleichung der Rechts- und Verwaltungsvorschriften der Mitgliedstaaten über irreführende Werbung, ABl. EG 1984 Nr. L 250/17.

21 Vgl. Art. L.121-1 bis L.121-7 Code de la Consommation; vgl. hierzu auch die sogenannte *Nissan*-Entscheidung des EuGH v. 16. 1. 1992, Rs. C-373/90 (*Ermittlungsverfahren gegen X*), Slg. 1992, I-131.

22 Vgl. *Basedow*, JuS 2004, 89 (93).

23 Richtlinie 2004/39/EG des Europäischen Parlaments und des Rates vom 21. 4. 2004 über Märkte für Finanzinstrumente, zur Änderung der Richtlinie 85/611/EWG und 93/6/EWG des Rates und der Richtlinie 2000/12/EG des Europäischen Parlaments und des Rates und zur Aufhebung der Richtlinie 93/22/EWG des Rates, ABl. EU 2004, L 145/1.

24 Vgl. *Kalss*, in: *Riesenhuber* (Hrsg.), Europäische Methodenlehre, S. 387 (398 ff.).

25 Vgl. etwa *Maurer*, Allgemeines Verwaltungsrecht, § 3 Rn. 10; *Larenz/Wolf*, BGB Allgemeiner Teil, § 1 Rn. 27.

26 Vgl. EuGH v. 16. 12. 1960 – Rs. 44/59 (*Fiddelaar*), Slg. 1969, 1115 (1133 f.): „Eine der Vertragsparteien, nämlich die Kommission der EWG, die im Rahmen der ihr vom Vertrag erteilten Befugnisse handelte, besitzt gemäß Art. 210 dieses Vertrages Rechtspersönlichkeit. Diese Rechtspersönlichkeit ist angesichts der mit ihr verbundenen Befugnisse und Funktionen öffentlich-rechtlicher Natur. Somit ist der streitige Vertrag von einer juristischen Person des öffentlichen Rechts geschlossen worden. … Der streitige Vertrag untersteht nach alledem dem öffentlichen Recht …".

27 EuGH v. 14. 10. 1976 – Rs. 29/76 (*LTU ./. Eurocontrol*), Slg. 1976, 1541 Rn. 4: „Zwar können bestimmte Entscheidungen, die in Verfahren ergehen, in denen sich eine Behörde und eine Privatperson gegenüber stehen, unter das Übereinkommen fallen, doch verhält es sich anders, wenn die Behörde einen Rechtstreit im Zusammenhang mit der Ausübung hoheitlicher Befugnisse führt."

zugehören, die einseitig Hoheitsträger – als solche – berechtigen und/oder verpflichten, hilft daher häufig nicht weiter.[28] Unergiebig ist auch die Interessentheorie, nach der Rechtsnormen die vornehmlich dem Allgemeininteresse dienen, dem öffentlichen Recht, solche die überwiegend dem Individualinteresse dienen, dem Privatrecht zuzuordnen sind.[29] Gerade im Europarecht ist die auch ansonsten schwierige Abgrenzung von Allgemein- und Individualinteresse[30] besonders problematisch. Denn immer dann, wenn Regelgebung auf Gemeinschaftsebene die Verwirklichung des Gemeinsamen Marktes/Binnenmarktes erstrebt, wie insbesondere die auf Grundlage der Art. 94, 95 EG ergangenen Rechtsakte, dient die jeweilige Regelung immer auch, wenn nicht gar überwiegend, dem Allgemeininteresse.

Soweit das Problem überhaupt behandelt wird, erfolgt eine Abgrenzung letztlich entweder „pragmatisch" oder „funktional" für einzelne privatrechtliche Teilgebiete. Nach dem „pragmatischen Ansatz" *Riesenhubers* ist eine europarechtliche Regelung schon immer dann dem Privatrecht zuzuordnen, wenn eine privatrechtliche Umsetzung zumindest in Betracht kommt.[31] „Funktional" und rechtsgebietsbezogen erfolgt die Abgrenzung, wenn darauf abgestellt wird, ob eine Regelung als rechtlicher Rahmen für Schuldverträge fungiert und der betroffenen Partei in Abhängigkeit von Vertragsverhandlungen bzw. Vertragsschluss auferlegt wird;[32] ob es sich um vom EG-Gesetzgeber stammendes Recht der privaten Zweckverbände handelt;[33] oder ob die Verwertungsbedingungen des Produktionsfaktors Arbeit geregelt werden.[34]

Das Problem dieser Ansätze ist jeweils ihre uferlose Weite,[35] die eine trennscharfe Abgrenzung weitgehend nicht zulässt. Damit stellt sich aber allgemein die Frage, ob eine Trennung von europäischem Privat- und öffentlichem Recht überhaupt sinnvoll ist, und nicht besser eine hiervon unabhängige Kategoriebildung, wie etwa die des Europäischen Wirtschaftsrechts aus Sicht des passiven Marktbürgers,[36] gewählt werden sollte. Für die Beibehaltung der traditionellen Unterscheidung spricht jedoch, dass sie zumindest einen gewissen Annäherungswert[37] für diejenigen Sachbereiche liefern kann, in denen zum einen grundsätzlich den Marktbürgern die Regelung ihrer Angelegenheiten in freier Selbstbestimmung zu

---

28 Nach *Leisner*, JZ 2006, 869 (870 ff.), handelt es sich bei der Subjektstheorie in jeder ihrer Varianten stets nur um eine Tautologie.

29 Für deren ergänzende Heranziehung *Riesenhuber*, System und Prinzipien, S. 44; *Basedow*, JuS 2004, 89; dagegen dezidiert *Leisner*, JZ 2006, 869 (872): „In ‚Kombination' mit einer anderen Theorie angewendet infiziert das Interessenkriterium diese notwendig mit ihrer vollständigen Haltlosigkeit, entwertet aber insbesondere alle Formen der Subjektstheorie."

30 *Larenz/Wolf*, BGB Allgemeiner Teil, § 1 Rn. 24; *Maurer*, Allgemeines Verwaltungsrecht, § 3 Rn. 11; *Leisner*, JZ 2006, 869 (872).

31 Vgl. *Riesenhuber*, System und Prinzipien, S. 44.

32 Vgl. *Grundmann*, Europäisches Schuldvertragsrecht, S. 15.

33 Vgl. *Schwarz*, Europäisches Gesellschaftsrecht, S. 6.

34 Vgl. *Schiek*, Europäisches Arbeitsrecht, S. 28.

35 Vgl. *Basedow*, ZEuP 2000, 741 f.

36 Vgl. *Reich/Micklitz-Reich*, Europäisches Verbraucherrecht, S. 11.

37 Vgl. *Kropholler*, Internationales Einheitsrecht, S. 5.

überlassen ist,[38] so dass staatliche Regulierung, soweit sie über die Bereitstellung der nötigen rechtlichen Infrastruktur hinausgeht, im Hinblick auf konkretes Marktversagen rechtfertigunsgbedürftig ist; in denen es zum anderen im Falle eines Rechtsstreites grundsätzlich um einen angemessenen Ausgleich grundsätzlich gleichwertiger, jedoch konfligierender Interessen der Marktteilnehmer untereinander geht. Insoweit kommt der Einordnung als (Europäisches) Privatrecht eine wichtige Freiheitssicherungsfunktion im Hinblick auf den Gemeinschaftsgesetzgeber zu; im Hinblick auf Gemeinschafts- und mitgliedstaatliche Gerichte eine Verdeutlichungsfunktion in dem Sinne, dass bei der Auslegung der jeweiligen Vorschriften die berechtigten Interessen der nicht durch den jeweiligen Rechtsakt geschützten Partei nicht von vornherein vollständig ausgeblendet werden dürfen.

Für die Abgrenzung bleibt aber in der Tat nur ein pragmatischer Ansatz, der sich jedoch an den genannten Funktionen orientieren muss. Im Bereich des Richtlinienrechts ist zunächst erforderlich, auf den Inhalt der Umsetzungsbefehle im jeweiligen Sachbereich abzustellen.[39] Sodann erscheint es zweckmäßig, die positive Abgrenzung *Riesenhubers*, in eine negative umzukehren: Umsetzungsbefehle sind dem öffentlichen Recht zuzuordnen, wenn ausschließlich eine Umsetzung in Betracht kommt, bei der einem Beteiligten zur Erreichung des mit der Richtlinie angestrebten Zwecks die Befugnis zur Ausübung hoheitlicher Gewalt in dem Sinne einzuräumen ist, dass zur endgültigen Durchsetzung etwaiger Rechtsakte keine andere Instanz, insbesondere kein Gericht bemüht werden muss.[40] Alles andere gehört dann zum Europäischen Privatrecht. Diese Abgrenzung führt die auch vom EuGH angewandte Subjektstheorie auf ihren eigentlichen Kern, die Ausübung hoheitlicher Gewalt und damit Subordination, zurück.[41] Die weite Ausdehnung des Bereichs des Europäischen Privatrechts ist im Hinblick auf Freiheitssicherungsfunktion und Verdeutlichungsfunktion der Abgrenzung gerechtfertigt, da so Sensibilität für privatautonome Gestaltung der Marktbürger in größtmöglichem Umfang gefördert wird. Grenz- und Grauzonen[42] lassen sich freilich nicht vermeiden. Eine Annäherung an den traditionellen Kernbestand privatrechtlicher Rechtsgebiete, d.h. dem Recht der durch privatautonomes Handeln begründeten Obligationen einschließlich der Definierung der an diesen beteiligten Rechtssubjekten sowie der zugrundeliegenden Eigentumspositionen,[43] ist aber jedenfalls möglich.

---

38 Vgl. beispielsweise *Slapper/Kelly*, English Law, S. 4: „One corollary of the divide is that matters located within the private sphere are seen as purely a matter for individuals themselves to regulate, without the interference of the State, whose role is limited to the provision of the forum for deciding contentious issues and mechanisms for the enforcement of such decisions."
39 Vgl. *Riesenhuber*, System und Prinzipien, S. 43; *ders.*, Europäisches Vertragsrecht, Rn. 40.
40 Zur dieser Definition der „hoheitlichen Gewalt" vgl. *Leisner*, JZ 2006, 869 (873).
41 Vgl. *Leisner*, JZ 2006, 869 (870 ff.).
42 *V. Bar/Mankowski*, IPR I, § 4 Rn. 54.
43 *Michaels/Jansen*, Duke Law School Legal Studies Research Paper Series, Research Paper No. 137, 2007, 5; vgl. auch *Kropholler*, Internationales Einheitsrecht, S. 5.

II. Gemeineuropäisches Privatrecht

Während hier unter „Europäischem Privatrecht" die Summe der positiven, durch den Vertrags- und Gemeinschaftsgesetzgeber hervorgebrachten Rechtssätze mit privatrechtlichem Inhalt verstanden wird, bezeichnet der Begriff „gemeineuropäisches Privatrecht" regelmäßig die Summe der Regeln, die den europäischen Staaten aus rechtshistorischer und/oder rechtsvergleichender Sicht gemein sind und durch die europäische Privatrechtswissenschaft erarbeitet werden.[44] Besondere Bedeutung haben insoweit die von der *Commission on European Contract Law* (nach ihrem Begründer auch Lando-Kommission) vorgelegten *Principles of European Contract Law* (PECL) erlangt, die in leicht handhabbarer zusammengefasster Form bestehend jeweils aus Prinzip, dazugehörigem Kommentar und rechtsvergleichender Anmerkung zur Verfügung stehen.[45] Die Arbeit der Lando-Kommission wird nunmehr von der *„Study Group on a European Civil Code"* fortgeführt, die ebenfalls auf der Basis von Rechtsvergleichung Grundregeln für über den Sachbereich der PECL hinausgehende weitere Rechtsbereiche aufstellt. Zugleich werden die PECL im Hinblick auf deren Einpassung in einen „Gemeinsamen Referenzrahmen"[46] überarbeitet. Das Ergebnis dieser Bemühungen liegt nunmehr in Form ei-

---

44 Eine Vielzahl von Wissenschaftlergruppen beschäftigt sich mit der Aufdeckung der gemeinsamen Grundlagen des Privatrechts in den Mitgliedstaaten und darüber hinaus. Was die wichtigsten Gruppen anbelangt, so lassen sich drei grundsätzliche Ansätze unterscheiden. Beim sogenannten *Common Core* – Ansatz soll rechtsvergleichend ein *common core* von Gemeinsamkeiten der nationalen Privatrechtsordnungen erarbeitet werden. Gemeinsamkeiten und Unterschiede der untersuchten Privatrechte werden in einem rechtsvergleichenden Bericht abgebildet, ohne dass durch eigene Lösungen bestehende Differenzen überbrückt werden sollen. Hierher gehören das Projekt „The Common Core of European Private Law" (http://www.common-core.org/) und die „Commission on European Family Law" (http://www2.law.uu.nl/priv/cefl/). Beim sogenannten *Restatement* – Ansatz werden entsprechend den US-amerikanischen *Restatements* durch Rechtsvergleichung funktionale Grundprinzipien eines Europäischen Privatrechts aufgestellt. Die so ermittelten Prinzipienkataloge sollen zwar, mangels der erforderlichen Regelungsdichte, kein Gesetzesvorentwurf sein, aber nationalen wie europäischem Gesetzgeber bei neuen Vorhaben als Grundlage und Gerichten als Auslegungshilfe dienen. Die prominenteste Gruppe war insoweit die „Commission on European Contract Law". Weiterhin zu nennen sind die „European Group on Tort Law" (http://civil.udg.edu/tort/) und die Projektgruppe „Restatements of European Insurance Law". Beim Kodifikationsansatz schließlich geht es um die Erarbeitung detaillierter Regelwerke für Teilbereiche des Privatrechts, die entweder als Grundlage eines späteren politischen Kodifikationsprozesses oder Hilfsmittel bei der Verabschiedung neuer privatrechtlicher Regelungen auf Gemeinschaftsebene dienen, oder weitergehend, sogar schon die Kodifikation selbst sein soll. Ersteres ist Ziel der „Study Group on a European Civil Code" (http://www.sgecc.net/), die sich selbst als Nachfolger der Lando-Kommission versteht; letzteres Ziel der „Akademie Europäischer Privatrechtswissenschaftler" auch *Gandolfi*-Gruppe genannt. Vgl. im einzelnen zu Ziel, Arbeitsweise und Forschungsergebnissen der genannten und weiterer Gruppen *Wurmnest*, ZEuP 2003, 714ff.; *Heiderhoff*, Gemeinschaftsprivatrecht, S. 237ff.; *Zimmermann*, in: *Reimann/Zimmermann* (Hrsg.), The Oxford Handbook of Comparative Law, S. 540 (546ff.). Im Hinblick auf die Erarbeitung eines „Gemeinsamen Referenzrahmens" sind nun die Common-Core-Gruppe und die Study Group unter Beteiligung weitere Wissenschaftlergruppen, insbesondere der sogenannten Acquis-Group, in einem Experten-Netzwerk zusammengefasst, vgl. dazu unten Kapitel 10.

45 *Lando/Beale* (Hrsg.), Principles of European Contract Law, Part I and II, 2000; *Lando/Clive/Prüm/Zimmermann* (Hrsg.), Principles of European Contract law, Part III, 2003.

46 Vgl. Mitteilung der Kommission an das Europäische Parlament und den Rat: Ein kohärentes Europäisches Vertragsrecht, Ein Aktionsplan, KOM(2003), 68 endg.; Mitteilung der Kommission nes akademischen Entwurfs für den Gemeinsamen Referenzrahmens, sogenannter Draft Common Frame of Referenz (DCFR), vor.[47]

Im Unterschied zum Europäischen Privatrecht kommt dem gemeineuropäischen Privatrecht bei rechtspositivistischer Betrachtungsweise nicht der Charakter einer Rechts(geltungs)quelle zu, da es sich innerhalb des Stufenbaus[48] der supranationalen Rechtsordnung der Gemeinschaft nicht auf eine Delegation der Befugnis zur Normsetzung durch ein dafür kompetentes Organ in dem dafür vorgesehenen Verfahren zurückführen lässt.[49] Dem gemeineuropäischen Privatrecht könnte jedoch Bedeutung für das Europäische Privatrecht als Rechtserkenntnis- bzw. Rechtsgewinnungsquelle[50] zu kommen.

III. Rechtsquellen

Vorschriften mit privatrechtlichem Inhalt finden sich vereinzelt im Primärrecht. Zu nennen sind insbesondere Art. 81 f. EG[51], sowie Art 39[52] und Art. 141 EG[53], die ebenfalls als auch unter Privaten unmittelbar anwendbar angesehen werden.[54] Überwiegend basiert Europäisches Privatrecht jedoch auf Sekundärrecht, wobei die Richtlinie die bei weitem häufigste Handlungsform darstellt. Dies gilt für nahezu alle Sachgebiete des klassischen bürgerlichen und privaten Wirtschaftsrechts, auf denen der Gemeinschaftsgesetzgeber tätig geworden ist, so insbesondere dem Recht der Schuldverhältnisse[55], dem Gesellschafts-

---

an das Europäische Parlament und den Rat: Europäisches Vertragsrecht und Überarbeitung des gemeinschaftlichen Besitzstandes – weiteres Vorgehen, KOM(2004), 651 endg.

47 *Study Group on a European Civil Code/Research Group on EC private law (Acquis Group)*, Principles, Definitions and Model Rules of European private Law: Draft Common Frame of Reference (DCFR).

48 Vgl. zur Lehre vom Stufenbau unten Kapitel 5 I und IV.

49 Vgl. *Grundmann*, in: FS Fickentscher, S. 671 (683 ff.); *ders.* in: FS Buxbaum, S. 213 (225 f.); speziell für den Fall der PECL und Unidroit Principles *Canaris* in: *Basedow* (Hrsg), Europäische Vertragsrechtsvereinheitlichung und deutsches Recht, S. 6 (13).

50 Vgl. zu diesen Begriffen *Canaris* in: *Basedow* (Hrsg), Europäische Vertragsrechtsvereinheitlichung und deutsches Recht, 2000., S. 6 (8 ff.). Ausführlich zur Eignung der Prinzipienkataloge als Konkretisierungsmaßstab unten Kapitel 11.

51 Grundlegend EuGH v. 6. 4. 1962 – Rs. 13/61 (*de Geus/Bosch*), Slg. 1962, 97 (111 f.).

52 Vgl. EuGH v. 12. 12. 1974 – Rs. 36/74 (*Walrave*), Slg. 1974, 1405, Rn. 16/19; EuGH v. 15. 12. 1995 – Rs. C-415/93 (*Bosman*), Slg. 1995, I-4921 Rn. 83 ff.

53 Vgl. EuGH v. 8. 4. 1976 – Rs. 43/75 (*Defrenne* II), Slg. 1976, 5755, Rn. 4/6 ff.

54 Vgl. noch unten Kapitel 9.

55 Die bedeutendsten Rechtsakte sind:
die Haustürgeschäfte-Richtlinie (Richtlinie 85/577/EWG des Rates v. 20.12.1985 betreffend den Verbraucherschutz im Falle von außerhalb von Geschäftsräumen geschlossenen Verträgen, ABl. EG 1985 Nr. L 372/31); die Verbraucherkreditrichtlinie (nunmehr Richtlinie 2008/48/EG des Europäischen Parlaments und des Rates vom 23. 4. 2008 über Verbraucherkreditverträge und zur Aufhebung der Richtlinie 87/102/EWG des Rates, ABl. EU 2008 Nr. L 133/66); die Pauschalreise-Richtlinie (Richtlinie 90/314/EWG des Rates v. 13. 6. 1990 über Pauschalreisen, ABl. EG 1990 Nr. L 158/59); die Klauselrichtlinie (Richtlinie 93/13/EWG des Rates v. 5. 4. 1993 über missbräuchliche Klauseln in Verbraucherverträgen, ABl. EG 1993 Nr. L 95/29); die Timesharing-Richtlinie (nunmehr Richtlinie 2008/122/EG des Europäischen Parlaments und des Rates v. 14. 1. 2009 über den Schutz der Verbraucher im Hinblick auf bestimmte Aspekte von Teilzeitnutzungsverträgen, Verträgen über langfristige

recht[56], dem Arbeitsrecht[57], dem Lauterkeitsrecht[58], dem Recht des gewerblichen

---

Urlaubsprodukte sowie Wiederverkaufs- und Tauschverträgen, ABl. EU 2009 Nr. L 53/10); die Fernabsatz-Richtlinie (Richtlinie 97/7/EG des Europäischen Parlamentes und des Rates v. 20. 5. 1997 über den Verbraucherschutz bei Vertragsabschlüssen im Fernabsatz, ABL. EG 1997 Nr. L 144/19); die Preisangaben-Richtlinie (Richtlinie 98/6/EG des Europäischen Parlamentes und des Rates vom 16. 2. 1998 über den Schutz der Verbraucher bei der Angabe der Preise der ihnen angebotenen Erzeugnisse, ABl. EG 1998, Nr. L 80/27); die Unterlassungsklagen-Richtlinie (Richtlinie 98/27/EG des Europäischen Parlamentes und des Rates vom 19. 5. 1998 über Unterlassungsklagen zum Schutz der Verbraucherinteressen, ABl. EG 1998 Nr. L 166/51) die Verbrauchsgüterkauf-Richtlinie (Richtlinie 1999/44/EG des Europäischen Parlaments und des Rates v. 25. 5. 1999 zu bestimmten Aspekten des Verbrauchsgüterkaufs und der Garantien für Verbrauchsgüter, ABl. EG 1999 Nr. L 171/12). Die vorgenannten Richtlinien, mit Ausnahme der Verbraucherkreditrichtlinie bilden den Gegenstand der Überprüfung des gemeinschaftlichen Besitzstandes im Verbraucherschutz (vgl. Grünbuch: Die Überprüfung des gemeinschaftlichen Besitzstandes im Verbraucherschutz (Vorlage der Europäischen Kommission) v. 8. 2. 2007, KOM (2006) 744 endg.). Haustürgeschäfte-Richtlinie, Klausel-Richtlinie, Fernabsatz-Richtlinie und Verbrauchsgüterkaufrichtlinie werden im Vorschlag für eine Richtlinie des Europäischen Parlaments und des Rates über Rechte der Verbraucher, KOM(2008) 614 endg. konsolidiert. Zu nennen sind weiterhin die Finanzdienstleistungsfernabsatz-Richtlinie (Richtlinie 2002/65/EG des Europäischen Parlaments und des Rates v. 23. 9. 2002 über den Fernabsatz von Finanzdienstleistungen an Verbraucher und zur Änderung der Richtlinie 90/619/EWG des Rates und der Richtlinien 97/7/EG und 98/27/EG, ABl. EG 2002 Nr. L 271/16); die Zahlungsverzugs-Richtlinie (Richtlinie 2000/35/EG des Europäischen Parlaments und des Rates v. 29. 6. 2000 zur Bekämpfung des Zahlungsverzugs im Geschäftsverkehr, ABl. EG 2000 Nr. L 200/35); die Handelsvertreter-Richtlinie (Richtlinie 86/653/EWG des Rates v. 18. 12. 1986 zur Koordinierung der Rechtsvorschriften der Mitgliedstaaten betreffend die selbständigen Handelsvertreter, ABl. EG 1986 L 382/17); die Überweisungs-Richtlinie (Richtlinie 97/5/EG des Europäischen Parlaments und des Rates v. 27. 1. 1997 über grenzüberschreitende Überweisungen, ABl. EG 1997 Nr. L 43/25; vgl. auch Richtlinie 98/26/EG des Europäischen Parlaments und des Rates über die Wirksamkeit von Abrechnungen in Zahlungs- und Wertpapierliefer- und -abrechnungssystemen v. 19.5.1998, ABl. EG 1998 Nr. L 166/45); sowie die Produkthaftungs-Richtlinie (Richtlinie 85/374/EWG des Rates v. 25. 7. 1985 zur Angleichung der Rechts- und Verwaltungsvorschriften der Mitgliedstaaten für die Haftung für fehlerhafte Produkte, ABl. EG 1985 Nr. L 210/29).

56 Die gesellschaftsrechtlichen Richtlinien haben zum Gegenstand: die Offenlegung der rechtlichen und wirtschaftlichen Lage der Gesellschaft, die unbeschränkte Vertretungsmacht und die Beschränkung der Nichtigkeit (1. gesellschaftsrechtliche Richtlinie 68/151/EWG v. 9. 3. 1968, ABl. EG 1968 L 65/8; geändert durch Richtlinie 2003/58/EG v. 15. 7. 2003, ABl. EU 2003 L 221/13), die Kapitalaufbringung und -erhaltung (2. gesellschaftsrechtliche Richtlinie 77/91/EWG v. 13. 12. 1976, ABl. EG 1977 L26/1; geändert durch Richtlinie 2006/68/EG v. 6. 9. 2006, ABl. EU 2006 L 264/32); die Fusion und Spaltung (3. gesellschaftsrechtliche Richtlinie 78/855/EWG v. 9. 10. 1978, ABl. EG 1978 L 295/36; 6. gesellschaftsrechtliche Richtlinie 82/891/EWG v. 17. 12. 1982, ABl. EG 1982 L 378/47; jeweils geändert durch Richtlinie 2007/63/EG v. 13. 11. 2007, ABl. EU 2007 L 300/47), das Bilanzrecht, Konzernbilanzrecht und die Abschlussprüfung (4. gesellschaftsrechtliche Richtlinie 78/660/EWG v. 25. 7. 1978, ABl. EG 1978 L 222/11; 7. gesellschaftsrechtliche Richtlinie 83/349/EWG v. 13. 6. 1983, ABl. EG 1983 L 193/1; jeweils geändert durch Richtlinie 2006/46/EG v. 14. 6. 2006, ABl. EU 2006 L 224/1; sowie 8. gesellschaftsrechtliche Richtlinie 84/253/EWG v. 10. 4. 1984, ABl. EG 1984 L 126720), die grenzüberschreitende Eröffnung von Zweigniederlassungen (11. gesellschaftsrechtliche Richtlinie 89/666/EWG v. 21. 12. 1989, ABl. EG 1989 L 395/36); die Einmann-Kapitalgesellschaft (12. gesellschaftsrechtliche Richtlinie 89/667/EWG v. 21. 12. 1989, ABl. EG 1989 L 395/40), die Übernahme von börsennotierten Gesellschaften durch Anteilserwerb (Richtlinie 2004/25/EG v. 21. 4. 2004, ABl. EG 2004, L 142/12); die grenzüberschreitende Verschmelzung von Kapitalgesellschaften (Richtlinie 2005/56/EG v. 26. 10. 2005, ABl. EU 2005 L 310/1); und schließlich die Ausübung bestimmter Aktionärsrechte in börsennotierten Gesellschaften (Richtlinie 2007/36/EG v. 11. 7. 2007, ABl. EU 2007 L 184/17). Zum Europäischen Gesellschaftsrecht (in einem weiteren Sinne) kann man auch die kapitalmarktrechtlichen Richtlinien zählen, die sich insbesondere mit Regelungen für die Zulassung von Effekten zu geregelten Märkten und öffentlichen Angeboten (Richtlinie 2003/71/EG v. 4. 11. 2003, ABl. EG 2003 L 345/64), Trans-

Rechtsschutzes[59] und dem Urheberrecht.[60] Im Hinblick auf das internationale Pri-

---

parenzanforderungen in Bezug auf Informationen über Emittenten, deren Wertpapiere zum Handel an geregelten Märkten zugelassen sind (Richtlinie 2004/109/EG v. 15. 12. 2004, ABl. EU 2004 L 390/38); die Zulassung und Tätigkeitsbedingungen von Wertpapierfirmen (Richtlinie 2004/39/EG v. 21. 4. 2004, ABl. EG 2004 L145/1), sowie dem Marktmissbrauch (Richtlinie 2003/9/EG v. 28. 1. 2003, ABl. EG 2003 L96/16) beschäftigen; vgl. *Grundmann*, Europäisches Gesellschaftsrecht, § 1 Rn. 5f., *ders.*, ZIP 2004, 2401(2402). Hinzu kommen jeweils die im Wege des Lamfalussy-Verfahrens auf zweiter Stufe erlassenen Durchführungsbestimmungen. Dem Rechtsverkehr stehen daneben auch genuin-europäische, vom Recht der Mitgliedstaaten grundsätzlich unabhängige Organisationsformen zur Verfügung, so die Europäische Wirtschaftliche Interessenvereinigung (Verordnung (EWG) Nr. 2137/85 v. 25. 7. 1985, ABl. EG 1985 L 199, 1); die Europäische Aktiengesellschaft (Verordnung (EG) Nr. 2157/2001 v. 8. 10. 2001, ABl. EG 2001 L 294/1; ergänzt durch Richtlinie 2001/86/EG v. 8. 10. 2001, ABl. EG 2001 294/1, bezüglich der Beteiligung der Arbeitnehmer) sowie die Europäische Genossenschaft (Verordnung (EG) Nr. 1435/2003 ABl. EG 2003, L 207/1; ergänzt durch Richtlinie 2003/72/EG v. 22. 7. 2003, ABL. EG 2003, L 207/25 bezüglich der Beteiligung der Arbeitnehmer). Ein Vorschlag für das Statut einer Europäischen Privatgesellschaft liegt ebenfalls vor; vgl. Vorschlag für eine Verordnung des Rates über das Statut der Europäischen Privatgesellschaft, KOM(2008), 396.

57 Zu nennen ist insbesondere die neue, Art. 141 EG, ergänzende und frühere Gleichbehandlungsrichtlinien zusammenfassende Richtlinie 2006/54/EG des Europäischen Parlamentes und des Rats v. 5. 7. 2006 zur Verwirklichung des Grundsatzes der Chancengleichheit und Gleichbehandlung von Männern- und Frauen in Arbeits- und Beschäftigungsfragen, ABl. EU 2006 L 204/23. In diesen Zusammenhang gehören auch die Anti-Diskriminierungsrichtlinien: Richtlinie 2000/43/EG des Rates v. 29. 6. 2000 zur Anwendung des Gleichbehandlungsgrundsatzes ohne Unterschied der Rasse oder der ethnischen Herkunft, ABl. EG 2000 Nr. L 180/22; Richtlinie 2000/78/EG des Rates v. 27. 11. 2000 zur Festlegung eines allgemeinen Rahmens für die Verwirklichung der Gleichbehandlung in Beschäftigung und Beruf, ABl. EG 2000 Nr. L 303/16; sowie, jedoch außerhalb des Arbeitsrecht, Richtlinie 2004/113/EG des Rates vom 13. 12. 2004 zur Verwirklichung des Grundsatzes der Gleichbehandlung von Männern und Frauen beim Zugang zu und bei der Versorgung mit Gütern und Dienstleistungen, ABl. EG 2004 Nr. L 373/37. Genannt seien ferner die Arbeitszeitrichtlinie (Richtlinie 2003/88/EG des Europäischen Parlaments und des Rates v. 4. 11. 2003 über bestimmte Aspekte der Arbeitszeitgestaltung, ABl. EG 2003 Nr. L 299/9; vgl. auch den geänderten Vorschlag der Kommission v. 31. 5. 2005, KOM(2005) 246 endg.; Richtlinie 97/81/EG des Rates v. 15. 12. 1997 zu der von UNICE, CEEP und EGB geschlossenen Rahmenvereinbarung über Teilzeitarbeit, ABl. EG 1998 Nr. L 14/9; in der Fassung der Richtlinie 98/23/EG des Rates v. 7. 4. 1998 zur Ausdehnung der Richtlinie 97/81/EG auf das Vereinigte Königreich Großbritannien und Nordirland, ABl. EG 1998 Nr. L 131/10); die Nachweisrichtlinie (Richtlinie 91/533/EWG des Rates v. 14. 10. 1991 über die Pflicht des Arbeitgebers zur Unterrichtung des Arbeitnehmers über die für seinen Arbeitsvertrag oder sein Arbeitsverhältnis geltenden Bedingungen, ABl. EG 1991 Nr. L 288/32) sowie die Betriebsübergangsrichtlinie (Richtlinie 2001/23/EG des Rates v. 12. 3. 2001 zur Angleichung der Rechtsvorschriften der Mitgliedstaaten über die Wahrung von Ansprüchen der Arbeitnehmer beim Übergang von Unternehmen, Betrieben oder Unternehmens- oder Betriebsteilen, ABl. EG 2001 Nr. L 82/16).

58 Insbesondere Richtlinie 2005/29/EG des Europäischen Parlaments und des Rates v. 11. 5. 2005 über unlautere Geschäftspraktiken im binnenmarktinternen Geschäftsverkehr zwischen Unternehmern und Verbrauchern und zur Änderung der Richtlinie 84/450/EWG des Rates, der Richtlinien 97/7/EG, 98/27/EG und 2002/65/EG des Europäischen Parlaments und des Rates sowie der Verordnung (EG) Nr. 2006/2004 des Europäischen Parlamentes und des Rates (Richtlinie über unlautere Geschäftspraktiken), ABl. EG 2005 Nr. L 149/22; sowie nunmehr Richtlinie 2006/114/EG des Europäischen Parlaments und des Rates v. 12. 12. 2006 über irreführende und vergleichende Werbung (kodifizierte Fassung), ABl. EU 2006 L 376/21, die anstelle der Richtlinien 84/450/EWG über irreführende Werbung, ABl. EG 1984 Nr. L 250/17 und 97/55/EG zur Einbeziehung vergleichender Werbung, ABl. EG 1997 Nr. L 290/18 getreten ist.

59 Insbesondere Markenrichtlinie (Richtlinie 89/104/EWG des Rates vom 21. Dezember 1988 zur Angleichung der Rechtsvorschriften der Mitgliedstaaten über die Marken, ABl. EG 1989 Nr. L 40/1, berichtigt ABl. EG 1989 Nr. L 159/60) und Geschmacksmusterrichtlinie (Richtlinie 98/71/EG des Europäischen Parlaments und des Rates vom 13. Oktober 1998 über den rechtlichen Schutz von vat-[61] und Zivilverfahrensrecht[62] sowie das Kartellrecht[63] überwiegt jedoch Ver-

Mustern und Modellen, ABl. EG 1998 Nr. L 289/28) sowie Markenverordnung (Verordnung (EG) Nr. 40/94 des Rates vom 20. Dezember 1993 über die Gemeinschaftsmarke, ABl. EG 1994 Nr. L 11/1, samt Änderungen) und Geschmacksmusterverordnung (Verordnung (EG) Nr. 6/2002 des Rates vom 12. Dezember 2001 über das Gemeinschaftsgeschmacksmuster, ABl. EG 2002 Nr. L 3/1, berichtigt ABl. EG 2002 Nr. L 179/31, samt Änderungen).

60 Beispielsweise Richtlinie 91/250/EWG des Rates vom 14. Mai 1991 über den Rechtsschutz von Computerprogrammen, ABl. EG 1991 Nr. L 122/44; Richtlinie 96/9/EG des Europäischen Parlaments und des Rates vom 11. März 1996 über den rechtlichen Schutz von Datenbanken, ABl. EG 1996 Nr. L 77/20; Richtlinie 2006/115/EG des Europäischen Parlaments und des Rates vom 12. Dezember 2006 zum Vermietrecht und Verleihrecht sowie zu bestimmten dem Urheberrecht verwandten Schutzrechten im Bereich des geistigen Eigentums (kodifizierte Fassung), ABl. EU 2006 L 376/28; Richtlinie 98/44/EG des Europäischen Parlaments und des Rates vom 6. Juli 1998 über den rechtlichen Schutz biotechnologischer Erfindungen ABl. EG 1998 L 213/13; Richtlinie 2001/29/EG des Europäischen Parlaments und des Rates vom 22. Mai 2001 zur Harmonisierung bestimmter Aspekte des Urheberrechts und der verwandten Schutzrechte in der Informationsgesellschaft, ABl. EG 2001 Nr. L 167/10; Richtlinie 2001/84/EG des Europäischen Parlaments und des Rates vom 27. September 2001 über das Folgerecht des Urhebers des Originals eines Kunstwerks, ABl. EG 2001 Nr. L 272/32; Richtlinie 2004/48/EG des Europäischen Parlaments und des Rates v. 29. 4. 2004 zur Durchsetzung der Rechte des geistigen Eigentums, ABl. EG 2004 Nr. L 195/16; Richtlinie 2006/116/EG des Europäischen Parlaments und des Rates vom 12. Dezember 2006 über die Schutzdauer des Urheberrechts und bestimmter verwandter Schutzrechte (kodifizierte Fassung), ABl. EU 2006 L 372/12.

61 Verordnung (EG) Nr. 864/2007 des Europäischen Parlaments und des Rates vom 11. Juli 2007 über das auf außervertragliche Schuldverhältnisse anzuwendende Recht (Rom II), ABl. EU 2007 L 199/40; Verordnung (EG) Nr. 593/2008 des Europäischen Parlaments und des Rates vom 17. Juni 2008 über das auf vertragliche Schuldverhältnisse anzuwendende Recht (Rome I), ABl. EG 2008 Nr. L 177/6. Letztere Verordnung tritt an Stelle des Römischen EWG-Übereinkommens über das auf vertragliche Schuldverhältnisse anzuwendende Recht vom 19. 6. 1980 (EVÜ), BGBl. 1986 II, 810. Obwohl nicht auf der Grundlage von Art. 293 EG, sondern als selbständiges völkerrechtliches Übereinkommen zustande gekommen, wird es üblicherweise zum Europäischen Privatrecht gezählt (vgl. *Riesenhuber*, Europäisches Vertragsrecht, Rn. 45). Seit August 2004 besteht auch insoweit die Auslegungskompetenz des EuGH, vgl. *Hakenberg/Seyr*, ZEuP 2005, 832 (833).

62 Die durch den Amsterdamer Vertrag neu eingefügten Kompetenznorm der Art. 61 ff. EG wurden für eine Vielzahl von Rechtsakten, meist Verordnungen, genutzt. Genannt seien hier nur Verordnung (EG) Nr. 44/2001 v. 22. 12. 2002 über die gerichtliche Zuständigkeit und die Anerkennung und Vollstreckung von Entscheidungen in Zivil- und Handelssachen, ABl. EG 2001 Nr. L 12/1, die das im Jahre 1968 auf völkerrechtlicher Basis des Art. 293 EG geschlossene Übereinkommen von Brüssel (über die gerichtliche Zuständigkeit und die Vollstreckung gerichtlicher Entscheidungen in Zivil- und Handelssachen von 1968 (konsolidierte Fassung); ABl. EG 1998 Nr. C 27/1, ablöst; Verordnung (EG) Nr. 1346/2000 des Rates vom 29. 5. 2000 über Insolvenzverfahren, ABl. EG 2000 Nr. L 160/1; Verordnung (EG) Nr. 805/2004 des Europäischen Parlaments und des Rates vom 21. April 2004 zur Einführung eines europäischen Vollstreckungstitels für unbestrittene Forderungen, ABl. EU 2004 Nr. L 143/15; Verordnung (EG) Nr. 1896/2006 des Europäischen Parlaments und des Rates vom 12. Dezember 2006 zur Einführung eines Europäischen Mahnverfahrens, ABl. EU 2006 Nr. L 399/1; Verordnung (EG) Nr. 861/2007 des Europäischen Parlaments und des Rates vom 11. Juli 2007 zur Einführung eines europäischen Verfahrens für geringfügige Forderungen, ABl. EU 2007 Nr. L 199/1; Richtlinie 2008/52/EG des Europäischen Parlaments und des Rates vom 21. Mai 2008 über bestimmte Aspekte der Mediation in Zivil- und Handelssachen, ABl. EU 2008 Nr L 136/3.

63 Das europäische Kartellrecht basiert zum einen auf den unmittelbar anwendbaren Art. 81 ff. EG zum anderen auf einer Vielzahl von Verordnungen, etwa Verordnung (EG) Nr. 1/2003 des Rates v. 16. 12. 2002 zur Durchführung der in den Art. 81 und 82 des Vertrages niedergelegten Wettbewerbsregeln, ABl. EG 2003 L1/1; Verordnung (EG) Nr. 773/2004 der Kommission v. 7. 4. 2004 über die Durchführung von Verfahren auf der Grundlage der Art. 81 und 82 des Vertrages durch die Kommission, ABl. EG 2004 L123/18; Verordnung (EG) Nr. 139/2004 des Rates v. 20. 1. 2004 über die Kontrolle von Unternehmenszusammenschlüssen, ABl. EG 2004 L24/1.

ordnungsrecht. Da sich die beiden letztgenannten Rechtsgebiete ihrem Anwendungsbereich nach auf grenzüberschreitende Sachverhalte beschränken, sollen sie für die weitere Untersuchung außer Betracht bleiben.

Kapitel 2: Die Verbandskompetenz der Gemeinschaft auf dem Gebiet des Privatrechts

Art. 5 EG[1] enthält die „europarechtliche Schrankentrias“[2] für die Verbandskompetenz[3] der Gemeinschaft. Einen umfassenden Kompetenztitel für das materielle Privatrecht kennt der EG-Vertrag nicht.[4] Wird der Gemeinschaftsgesetzgeber in diesem Bereich tätig, so ist er auf die allgemeinen Kompetenzgrundlagen angewiesen. Daraus erklärt sich der vielfach beklagte fragmentarische und punktuelle Charakter des Europäischen Privatrechts.[5] Im Folgenden sollen die für das Europäische Privatrecht relevanten Kompetenzgrundlagen[6] der Gemeinschaft (I., II.) sowie die allgemeinen Kompetenzausübungsschranken des Subsidiaritäts- und Erforderlichkeitsprinzips dargestellt werden (III.). Im Anschluss daran wird der Frage

---

1 Art. 5 EUV enthält insoweit nur gewisse Präzisierungen, jedoch, abgesehen von einer verstärkten Einbeziehung der nationalen Parlamente im Hinblick auf das Subsidiritätsprinzip, keine Änderung in der Sache.

2 *Merten* in, *ders.* (Hrsg.), Die Subsidiarität Europas, S. 77 (78).

3 Vgl. zur im Europarecht schwierigen Abgrenzung von Verbands- und Organkompetenz *v. Bogdandy/Bast*, EuGRZ 2001, 441 (444); *Von der Groeben/Schwarze-Zuleeg*, Art. 5 EG Rn. 1; Calliess/Ruffert-*Calliess*, Art. 5 EGV Rn. 9 und nachfolgend Kapitel 3.

4 Vgl. *Deckert/Lilienthal*, EWS 1999, 121 (123). Mit Art. 65 EG wurde jedoch eine Kompetenz bezüglich des internationalen Privat- und Zivilverfahrensrechts in den Vertrag eingefügt, vgl. Calliess/Ruffert-*Rossi*, Art. 65 EGV Rn. 1.

5 Vgl. *Basedow*, AcP 200 (2000), 445 (450); *Hommelhoff*, AcP 192 (1992), 71 (102 ff.); *Müller-Graf*, NJW 1993, 13 (19); *Tröger*, ZEuP 2003, 525 (532 ff.); *Rittner*, JZ 1995, 849 (851).

6 Gemäß dem „Prinzip der begrenzten Ermächtigung“ in Abs. 1 ist zunächst für jeden verbindlichen Rechtsakt der Gemeinschaft nicht nur eine ausdrückliche, sondern die nach objektiven, gerichtlich überprüfbaren Kriterien mit Blick auf Ziel und Inhalt des Rechtsaktes richtige Kompetenzgrundlage zu finden; ständige Rechtsprechung, vgl. EuGH v. 26. 3. 1987 – Rs. 45/86 (*Kommission/Rat*), Slg. 1987, 1493 Rn. 11; EuGH v. 4. 10. 1991 – Rs. 70/88 (*Parlament/Rat*), Slg. 1991, I-4529 Rn. 9; EuGH v. 11. 6. 1991 – Rs. C-300/89 (*Kommission/Rat*), Slg. 1991, I-2867 Rn. 10 (Titandioxid); EuGH v. 10. 12. 2002 – Rs. C-491/01 (*The Queen/Secretary of Health es parte British American Tobacco and Imperial Tobacco*), Slg. 2002, I-11453 Rn. 93. Ausnahmsweise kann ein Rechtsakt dann auf mehrere Rechtsgrundlagen gestützt werden, wenn mit dem Rechtsakt gleichzeitig mehrere Ziele verfolgt werden, die untrennbar miteinander verbunden sind, ohne dass das eine im Verhältnis zum anderen zweitrangig ist oder mittelbaren Charakter hat. Grundsätzlich gilt es jedoch dann, wenn mehrere Ziele verfolgt werden, dass wesentliche oder überwiegende Ziel auszumachen, und allein die Rechtsgrundlage heranzuziehen, die die wesentliche oder überwiegende Zielsetzung erfordert. Ein Verstoß gegen diese Grundsätze führt jedoch nur dann zur Nichtigkeit des entsprechenden Rechtsaktes, wenn die Heranziehung mehrerer Rechtsgrundlagen dazu führt, dass der fragliche Rechtsakt aufgrund des falschen Verfahrens erlassen wurde, vgl. EuGH v. 27. 9. 1988 – Rs. 165/87 (*Kommission/Rat*), Slg. 1988, 5545 Rn. 11; EuGH v. 11. 6. 1991 – Rs. C-300/89 (*Kommission/Rat*), Slg. 1991, I-2867 Rn. 17–25 (Titandioxid); EuGH v. 17. 3. 1993 – Rs. C-155/91 (*Kommission/Rat*), Slg. 1993, I-939 Rn. 19 f.; EuGH v. 10. 12. 2002 – Rs. C-491/01 (*The Queen/Secretary of State for Health, ex parte British American Tobacco and Imperial Tobacco*), Slg. 2002, I-11453 Rn. 94–99.

nachgegangen, inwieweit sich aus diesen primärrechtlichen Grundlagen Vorgaben für die Angleichungsintensität eines Sekundärrechtsaktes ableiten lassen (IV).

I. Querschnittskompetenzen

Die im EG-Vertrag der Gemeinschaft zugewiesenen Kompetenzen lassen sich (u. a.)[7] nach ihrer Finalstruktur unterscheiden: (Querschnitts-)Kompetenzen, die ohne sachliche Begrenzung final auf ein zu erreichendes Ziel hin ausgerichtet sind, stehen solche gegenüber, die sich auf ein bestimmtes Sachgebiet beschränken.[8] Von den für das Privatrecht relevanten Kompetenznormen gehören zur ersteren Kategorie die final auf die Verwirklichung des Gemeinsamen Marktes bzw. Binnenmarktes ausgerichteten allgemeinen Rechtsangleichungskompetenzen[9] der Art. 94[10] und 95 EG[11] sowie die Vertragsabrundungskompetenz gemäß Art. 308 EG.[12] Auch die Anti-Diskriminierungskompetenz des Art. 13 EG[13] hat Querschnittscharakter.

Im Hinblick auf das Prinzip der begrenzten Ermächtigung sind die Art. 94 bzw. 95 EG, aber auch Art. 308 EG, besonders problematisch.[14] Gerade sie bedürfen daher der tatbestandlichen Konturierung und Eingrenzung.

---

7 Für weitere Einteilungskriterien vgl. *v. Bogdandy/Bast*, EuGRZ 2001, 441 (446ff.).

8 Vgl. etwa *Von der Groeben/Schwarze-Zuleeg*, Art. 5 EG Rn. 4. Freilich weisen auch die sachbezogenen Kompetenzen schon im Hinblick auf die Ziele der Art. 2 und 3 EG meist eine finale Struktur auf, *v. Bogdandy/Bast*, EuGRZ 2001, 441 (446).

9 Vgl. *Callies/Ruffert-Kahl*, Art. 94 EGV Rn. 3.

10 Auf Art. 94 EG wurden etwa gestützt die Haustürgeschäfte-Richtlinie, die Verbraucherkredit-Richtlinie (87/102/EG) in ihrer ursprünglichen Fassung, die Produkt-Haftungsrichtlinie, die Werbe-Richtlinie (84/450/EWG) in ihrer ursprünglichen Fassung, die Nachweis-Richtlinie, die Betriebsübergangs-Richtlinie und die Handelsvertreter-Richtlinie, wobei für letztere zusätzlich Art. 47 Abs. 2, Art. 55 EG herangezogen wurden.

11 Art. 95 EG ist die mit Abstand wichtigste Rechtsgrundlage im Bereich des allgemeinen Zivilrechts. Die Vorschrift diente als Rechtsgrundlage für die Klausel-Richtlinie, die Fernabsatz-Richtlinie, die Finanzdienstleistungsfernabsatz-Richtlinie, die Zahlungsverzugs-Richtlinie, die Verbrauchsgüterkauf-Richtlinie, die Pauschalreise-Richtlinie, die Timesharing-Richtlinie, die Überweisungs-Richtlinie, die e-commerce-Richtlinie, letztere zusätzlich gestützt auf Art. 47, 55 EG.

12 Art. 308 EG diente als Rechtsgrundlage für die Gleichbehandlungsrichtlinie 76/207/EG in ihrer ursprünglichen Fassung. Maßgeblich in diesem Bereich ist nunmehr Art. 141 Abs. 3 EG. Auch die Verordnungen über die Europäische Wirtschaftliche Interessenvereinigung, das Statut der Europäischen Aktiengesellschaft sowie die Europäische Genossenschaft finden ihre Rechtsgrundlage in Art. 308 EG.

13 Art. 13 EG diente bisher als Rechtsgrundlage für die Anti-Diskriminierungsrichtlinien 2000/43/EG (Rasse und ethnische Herkunft); 2000/78/EG (Beschäftigung und Beruf) und 2004/113/EG (Männer und Frauen bei Zugang zu und Versorgung mit Gütern und Dienstleistungen).

14 *V. Bogdandy/Bast*, EuGRZ 2001, 441 (446); *Götz*, 2001, 34 (35); *Weatherill*, (2005) 30 ELRev., 23 (24); vgl. auch *GA Fenelly*, Schlussanräge v. 15. 6. 2000 – Rs. C-376/98 (*Deutschland/Parlament und Rat*), Slg. 2000, I-2247 Rn. 4, und *Europäischer Rat*, Die Zukunft der Europäischen Union – Erklärung von Laeken v. 15. 12. 2001 (http://european-convention.eu.int/pdf/LKNDE.pdf).

1. Binnenmarktfinale Rechtsangleichungskompetenzen

Rechtsangleichung[15] bedeutet grundsätzlich die sachbezogene Annäherung nationaler Rechtsvorschriften an einen gemeinschaftsrechtlich definierten Standard.[16] Dabei lässt sich die Rechtsangleichung im engeren Sinne, die lediglich zu einer Annäherung der mitgliedstaatlichen Rechte führt, unterscheiden von der Rechtsangleichung im weiteren Sinne, die als Oberbegriff auch die Rechtsvereinheitlichung, etwa durch Setzung von Einheitsrecht, umfasst.[17] In den Art. 94 und 95 EG wird der Begriff „Angleichung“ in dem soeben beschriebenen weiteren Sinne verwendet.[18]

Der Begriff des Gemeinsamen Marktes ist im EG-Vertrag nicht definiert. Gemäß Art. 14 Abs. 2 EG umfasst der Binnenmarkt einen Raum ohne Binnengrenzen, in dem der freie Verkehr von Waren, Personen, Dienstleistungen und Kapital gemäß den Bestimmungen des Vertrages gewährleistet ist. Aus der sich an den Art. 2 und 3 EG orientierenden Rechtsprechung des EuGH ergibt sich, dass Kernaspekte sowohl des Gemeinsamen Marktes als auch des Binnenmarktes zum einen die Gewährleistung der Grundfreiheiten, zum anderen die Gewährleistung unverfälschten Wettbewerbs sind.[19]

a) Rechtsangleichungsmaßnahmen, die die Errichtung und das Funktionieren des Binnenmarktes zum Gegenstand haben

In materieller Hinsicht müssen die von der Gemeinschaft erlassenen Rechtsangleichungsmaßnahmen die Errichtung und das Funktionieren des Binnenmarktes

15 Der EG-Vertrag verwendet die Worte „Angleichung“ (Art. 94, 95, 3 lit. h) EG), „Koordinierung“ (Art. 44 Abs. 2 lit. g), 47 Abs. 2 EG) und „Harmonisierung“ (Art. 93 EG), ohne das damit ein inhaltlicher Unterschied verbunden wäre, vgl. zur Begründung etwa *Franzen*, Privatrechtsangleichung, S. 70 m. w. N.

16 Calliess/Ruffert-*Kahl*, Art. 94 EGV Rn. 1; *Deckert/Lilienthal*, EWS 1999, 121 (126); *Riesenhuber*, System und Prinzipien, S. 141.

17 *Riesenhuber*, System und Prinzipien, S. 141.

18 Dies ergibt sich für Art. 95 EG daraus, dass diese Vorschrift nicht auf das Regelungsinstrument der Richtlinie beschränkt ist, also auch mittels einer Verordnung die Schaffung von Einheitsrecht erlaubt, vgl. *Riesenhuber*, System und Prinzipien, S. 141. Im Hinblick auf Art. 94 EG wäre es verwunderlich, wenn innerhalb des Kapitels 3, dass mit „Angleichung der Rechtsvorschriften“ überschrieben ist, der Begriff „Angleichung“ nicht in einem einheitlichen Sinne verstanden werden sollte. Daraus, dass Art. 94 EG nur für den Erlass von Richtlinien herangezogen werden kann, ergibt sich nichts anderes; auch Richtlinien können so detailliert sein, dass dem nationalen Umsetzungsgesetzgeber kein Umsetzungsspielraum mehr verbleibt und die nationale Umsetzungsregelung durch die Richtlinie praktisch vorweggenommen wird, vgl. nachfolgend Kapitel 3.

19 Vgl. für den Binnenmarkt EuGH v. 5. 10. 2000 – Rs. C-376/98 (*Deutschland/Parlament und Rat*), Slg. 2000, I-8419, Rn. 82, 95; EuGH v. 11. 6. 1991 – Rs. C-300/89 (*Kommission/Rat*), Slg. 1991, 2867 Rn. 14; EuGH v. 13. 7. 1995 – Rs. 350/92 (*Spanien/Rat*), Slg. 1995, I-1985 Rn. 32; für den Gemeinsamen Markt EuGH v. 5. 5. 1982 – Rs. 15/81 (*Schul*), Slg. 1409 Rn. 33; für den engen Zusammenhang zwischen Grundreiheiten und dem Wettbewerbsaspekt vgl. auch EuGH v. 19. 3. 1991 – Rs. C-202/88 (*Frankreich/Kommission*), Slg. 1991, 1223 Rn. 41. Aus der Literatur etwa *Basedow*, in: FS Mestmäcker, S. 352 f.; MüKoUWG-*Leible*, Band 1, EG A, Rn. 65 f. Im übrigen ist fraglich, wie sich der Begriff des „Gemeinsamen Marktes“ zu demjenigen des „Binnenmarktes“ verhält, vgl. zu dieser Kontroverse *Callies/Ruffert-Kahl*, Art. 14 EGV, Rn. 6 ff.; *Franzen*, Privatrechtsangleichung, S. 94 ff.; *Deckert/Lilienthal*, EWS 1999, 121 (125 ff.) jeweils mit Nachweisen.

zum Gegenstand haben bzw. sich unmittelbar auf die Errichtung und das Funktionieren des Gemeinsamen Marktes auswirken. Dieses Erfordernis hat der EuGH in seinem Urteil zur Nichtigkeit der 1. Tabakwerberichtlinie maßgeblich konkretisiert.[20] Gegenstand der Nichtigkeitsklage der Bundesrepublik Deutschland war die auf Art. 57 Abs. 2, Art. 66 und Art. 100a EGV (nunmehr Art. 47 Abs. 2, Art. 55 und Art. 95 EG) gestützte 1. Tabakwerbe-Richtlinie.[21] Diese Richtlinie statuierte in Art. 3 Abs. 1 ein gemeinschaftsweites Verbot für jegliche Form der Werbung und des Sponsoring für Tabakerzeugnisse; Art. 3 Abs. 5 enthielt hiervon eng umgrenzte Ausnahmen; Art. 5 erlaubte den Mitgliedstaaten die Beibehaltung strengerer nationaler Vorschriften. Der EuGH erklärte Richtlinie 98/43/EG mangels geeigneter Rechtsgrundlage insgesamt für nichtig.[22]

Aus einer Zusammenschau der Art. 3 Abs. 1 lit. c) und 14 Abs. 2 EG leitet der EuGH ab, dass Art. 95 EG dem Gemeinschaftsgesetzgeber keine allgemeine Kompetenz zur Regelung des Binnenmarktes gewährt. Eine solche Auslegung widerspräche dem Wortlaut der genannten Bestimmungen und wäre unvereinbar mit dem Prinzip der begrenzten Ermächtigung nach Art. 5 Abs. 1 EG. Die bloße Feststellung von Unterschieden zwischen den nationalen Vorschriften genüge gerade nicht, um die Wahl des Art. 95 EG als Rechtsgrundlage zu rechtfertigen. Andernfalls könnte der EuGH die ihm nach Art. 220 EG obliegende gerichtliche Kontrolle der Wahl der Rechtsgrundlage nicht wirksam ausüben.[23] Der fragliche Gemeinschaftsrechtsakt müsse vielmehr tatsächlich zur Beseitigung von Hemmnissen des freien Warenverkehrs und der Dienstleistungsfreiheit bzw. von Wettbewerbsverzerrungen beitragen.[24] Dabei könne Art. 95 EG zwar auch herangezogen werden, um der Entstehung neuer Hindernisse für den Handel vorzubeugen; jedoch nur, soweit das Entstehen solcher Hindernisse wahrscheinlich ist.[25] Zielt der Rechtsakt auf die

---

20 EuGH v. 5. 10. 2000 – Rs. C-376/98 (*Deutschland ./. Parlament und Rat*), Slg. 2000, I-2247. Das Urteil ist zwar unmittelbar im Rahmen des Art. 95 EG ergangen. Die hierfür niedergelegten Grundsätze beanspruchen wegen des unmittelbaren Bezugs zu Art. 5 Abs. 1 EG jedoch auch im Rahmen des Art. 94 EG entsprechende Gültigkeit. Hinzu kommt, dass sich die Anwendungsbereiche von Art. 94 und 95 EG nach allgemeiner Ansicht weitgehend überschneiden und der wesentliche Unterschied vor allem in dem Bereichsvorbehalt des Art. 95 Abs. 2 EG besteht, vgl. *Schaub*, ZEuP 2003, 562 (567). Dies kommt auch dadurch zum Ausdruck, dass obwohl Produkthaftungsrichtlinie und die ursprüngliche Verbraucherkreditrichtlinie (87/102/EWG) ihre Rechtsgrundlage jeweils in Art. 94 EG haben, die jeweiligen Änderungsrichtlinien 1999/34/EG bzw. 90/88/EWG, sowie die Nachfolgerichtlinie zur Verbraucherkreditrichtlinie (2008/48/EG) jeweils auf Grundlage des Art. 95 EG ergingen.

21 Richtlinie 98/43/EG des Europäischen Parlaments und des Rates vom 6. 7. 1998 zur Angleichung der Rechts- und Verwaltungsvorschriften der Mitgliedstaaten über Werbung und Sponsoring zu Gunsten von Tabakerzeugnissen, ABl. EG 1998 Nr. L 213/9.

22 EuGH v. 5. 10. 2000 – Rs. C-376/98 (*Deutschland ./. Parlament und Rat*), Slg. 2000, I-2247 Rn. 118. Damit war zugleich das aus Furcht vor einer Rücknahme des Verfahrens C-376/98 eingeleitete Parallelverfahren C-74/99 für erledigt zu erklären, vgl. EuGH v. 5. 10. 2001 – Rs. C-74/99 (*The Queen/secretary of State for Health ex parte Imperial Tobacco*), Slg. 2000, I-8599 Rn. 5.

23 EuGH v. 5. 10. 2000 – Rs. C-376/98 (*Deutschland ./. Parlament und Rat*), Slg. 2000, I-2247 Rn. 83 f.

24 EuGH v. 5. 10. 2000 – Rs. C-376/98 (*Deutschland ./. Parlament und Rat*), Slg. 2000, I-2247 Rn. 95 ff.

25 EuGH v. 5. 10. 2000 – Rs. C-376/98 (*Deutschland ./. Parlament und Rat*), Slg. 2000, I-2247 Rn. 86.

Beseitigung von Wettbewerbsverzerrungen, so müssen diese spürbar sein.[26] Bestünde diese Voraussetzung nicht, wären der Zuständigkeit des Gemeinschaftsgesetzgebers praktisch keine Grenzen gezogen. Die Heranziehung des Art. 95 EG auch zur Beseitigung geringfügiger Wettbewerbsverzerrungen wäre mit dem Grundsatz der begrenzten Ermächtigung unvereinbar.[27]

Die Entscheidung ist im Schrifttum überwiegend auf Zustimmung gestoßen und wurde als wichtiger Schritt auf dem Weg zu einer klaren Abgrenzung der Kompetenzen von Gemeinschaft und Mitgliedstaaten nach dem EG-Vertrag gewürdigt.[28] Für die Heranziehung des Art. 95 EG als Kompetenzgrundlage ist danach zu prüfen,

- ob der Gemeinschaftsgesetzgeber tatsächlich die Verbesserung des Funktionierens des Binnenmarktes verfolgt, und nicht etwa Verbraucher- oder Gesundheitsschutz,
- ob durch die Divergenz der nationalen Rechtsvorschriften Hindernisse für den Handel mit Wahrscheinlichkeit entstehen und die fraglichen Maßnahmen ihre Vermeidung bezwecken, oder[29]
- ob die Unterschiedlichkeit der Regelungen zu spürbaren Wettbewerbsverzerrungen führt, auf deren Beseitigung der Rechtsakt abzielt.[30]

---

26 EuGH v. 5. 10. 2000 – Rs. C-376/98 (*Deutschland ./. Parlament und Rat*), Slg. 2000, I-2247 Rn. 106 unter Hinweis auf EuGH v. 11. 6. 1991 – Rs. C-300/89 (*Kommission/Rat*), Slg. 1991, 2867 Rn. 23 (Titandioxid).

27 EuGH v. 5. 10. 2000 – Rs. C-376/98 (*Deutschland ./. Parlament und Rat*), Slg. 2000, I-2247 Rn. 107.

28 Vgl. *Wägenbaur*, EuZW 2000, 701 (703): Der EuGH habe „dem Gemeinschaftsrecht und seiner Glaubwürdigkeit einen großen Dienst erwiesen".; *Hilf/Frahm*, RIW 2001, 128 (132) weisen darauf hin, dass der EuGH im Falle einer weiteren Kompetenzausdehnung der Gemeinschaft möglicherweise im Hinblick auf das Maastricht-Urteil des BVerfG eine Verfassungskrise heraufbeschworen hätte.; *Götz*, JZ 2001, 34 (36); *Streinz*, JuS 2001, 288: Das Urteil sei in die „grundlegenden Urteile des EuGH (wie z.B. Costa/ENEL, Nold, Cassis, Francovich) einzureihen".; *Editorial Comment*, (2000) 37 CMLRev. , 1301: Taking (the limits of) competences seriously); vgl. auch *Calliess*, Jura 2001, 311 (314): der EuGH sei seiner Rolle als „europäisches Verfassungsgericht" gerecht geworden; und *Weatherill*, in: *Cafaggi* (Hrsg.), Institutional Framework, S. 79 (91): Das Urteil sei „of highest significance".

29 Klargestellt in EuGH v. 12. 12. 2006 – Rs. C-380/03 (*Deutschland/Europäisches Parlament und Rat*), Slg. 2006, I-11573, Rn. 67; vgl. auch *Ludwigs*, (2007) 44 CMLRev., 1159 (1166).

30 Vgl. zu diesen Voraussetzungen *W.-H. Roth*, JZ 2001, 475 (477); ähnlich *Usher*, (2002) 39 CMLRev., 1519 (1536); *Barnard*, Substantive Law, S. 573; *Streinz-Leible*, Art. 95 EGV Rn. 14ff. Sind die Voraussetzungen für die Begründung der Kompetenz nach Art. 95 EG jedoch einmal erfüllt, so steht deren Heranziehung nicht entgegen, dass auch anderen Zielen, wie etwa dem Gesundheitsschutz oder Verbraucherschutz, bei den zu treffenden Maßnahmen maßgebende Bedeutung zukommt, vgl. EuGH v. 5. 10. 2000 – Rs. C-376/98 (*Deutschland ./. Parlament und Rat*), Slg. 2000, I-2247 Rn. 88. Der Gemeinschaftsgesetzgeber kann auch ergänzende, dem Binnenmarkt nicht unmittelbar dienende Vorschriften erlassen, soweit dies etwa zur Verhinderung von Umgehungen erforderlich ist (Rn. 100). Andererseits kann Art. 95 EG nicht als Rechtsgrundlage herangezogen werden, wenn der zu erlassende Rechtsakt nur nebenbei eine Harmonisierung der Marktbedingungen in der Gemeinschaft bewirkt, eigentlich aber andere Zwecke verfolgt, vgl. EuGH v. 4. 10. 1991 – Rs. C-70/88 (*Parlament ./. Rat*), Slg. 1991, I-4529, Rn. 17; EuGH v. 17. 3. 1993 – Rs. C-155/91 (*Kommission ./. Rat*), Slg. 1993, I-939, Rn. 19; EuGH v. 28. 6. 1994 – Rs. C-187/93 (*Parlament ./. Rat*), Slg. 1994, I-2857, Rn. 25.

Diese Voraussetzungen sind freilich noch immer relativ unbestimmt.[31] Damit kommt der Kontrolldichte, mit welcher der EuGH die von ihm selbst aufgestellten Anforderungen überprüft, entscheidende Bedeutung zu.[32] Insoweit hat der EuGH in seiner Folgerechtsprechung das mit dem 1. Tabakwerbe-Urteil gegebene Versprechen, die gemeinschaftsrechtlichen Kompetenzgrundlagen fortan ernst zu nehmen, bisher nicht erfüllt.[33] Insbesondere hat der EuGH die 2. Tabakwerberichtlinie[34], die sich auf ein Werbeverbot für Tabakerzeugnisse in Druckerzeugnissen, den „Diensten der Informationsgesellschaft", dem Rundfunk sowie dem Sponsoring beschränkt, entsprechend seinen Andeutungen im 1. Tabakwerbe-Urteil für kompetenzgemäß erklärt.[35] Formal hält der EuGH zwar an den im 1. Tabakwerbe-Urteil aufgestellten Voraussetzungen fest,[36] bejaht diese jedoch pauschal unter Hinweis auf unterschiedliche mitgliedstaatliche Regelungen ohne zu prüfen, ob diese Regelungen tatsächlich und konkret Grundfreiheitenbeschränkungen zur Folge haben.[37] Dies war im vorliegenden Fall schon deswegen unwahrscheinlich, weil, wie der EuGH beiläufig erwähnt[38], nationale Werbeverbote ausländische Erzeugnisse ausnehmen, so dass Produkte aus anderen Mitgliedstaaten nach den in ihrem Herkunftsland geltenden Vorschriften gemeinschaftsweit in

---

31 *Weatherill*, [2002] EBLR, 497 (507); anders *Calliess*, Jura 2001, 311 (316): „klare und handhabbare Grenzen".

32 *Götz*, JZ 2001, 34 (36).

33 Bereits im 1. Tabakwerbe-Urteil hatte der EuGH freilich pauschal und ohne nähere Begründung das wahrscheinliche Entstehen zukünftiger Behinderungen des Binnenmarktes im Hinblick auf Zeitungen und Zeitschriften behauptet, EuGH v. 5. 10. 2000 – Rs. C-376/98 (*Deutschland ./. Parlament und Rat*), Slg. 2000, I-2247 Rn. 96 f.; kritisch insoweit *Wägenbaur*, EuZW 2000, 701 (702). Vgl. auch EuGH v. 10. 12. 2002 – Rs. C-491/01 (*The Queen/Secretary of Health es parte British American Tobacco and Imperial Tobacco*), Slg. 2002, I-11453 Rn. 64–75; EuGH v. 14. 12. 2004 – Rs. C-434/02 (*Arnold Andre GmbH*), Slg. 2004, I-11825, Rn. 38–43; EuGH v. 14. 12. 2003 – Rs. C-210/03 (Swedish Match) Slg. 2004, I-11893, Rn. 37–41;EuGH v. 12. 7. 2005 – verb. Rs. C-154, 155/04 (*Alliance for Natural Health*), Slg. 2005, I-6451, Rn. 35–39. In den zuletzt genannten Entscheidungen ist der EuGH sichtlich bemüht, den aufgestellten Anforderungen im Hinblick auf tatsächliche Beschränkungen der Grundfreiheiten besser gerecht zu werden. So argumentiert der Gerichtshof etwa in verb. Rs. C-154, 155/04 damit, dass der Gerichtshof vor Erlass der fraglichen Richtlinie 2002/46/EG mit mehreren Rechtssachen befasst war, in denen Wirtschaftsteilnehmer in einem anderen Mitgliedstaat auf Hindernisse für den Vertrieb von Nahrungsergänzungsmitteln gestoßen waren, sowie damit, dass dem Richtlinienvorschlag zahlreiche Beschwerden der Wirtschaftsteilnehmer vorausgegangen seien. Vgl. auch *Weatherill*, ERCL 2006, 90 (105 ff.). Anders dagegen EuGH v. 6. 12. 2005 – Rs. C-66/04 (*Vereinigtes Königreich/Parlament und Rat*), Slg. 2005, I-10553, Rn. 42 f.: pauschaler Hinweis auf Unterschiede in den mitgliedstaatlichen Rechtsordnungen; vgl. weiterhin EuGH v. 2. 5. 2006 – Rs. C-217/04 (*Vereinigtes Königreich/Parlament und Rat*), Slg. 2006, I-3771.

34 Richtlinie 2003/33/EG des Europäischen Parlaments und des Rates v. 26. 5. 2003 zur Angleichung der Rechts- und Verwaltungsvorschriften der Mitgliedstaaten über Werbung und Sponsoring zugunsten von Tabakerzeugnissen, ABl. EU 2003 L 152/16.

35 EuGH v. 12. 12. 2006 – Rs. C-380/03 (*Deutschland/Europäisches Parlament und Rat*), Slg. 2006, I-11573.

36 EuGH v. 12. 12. 2006 – Rs. C-380/03 (*Deutschland/Europäisches Parlament und Rat*), Slg. 2006, I-11573 Rn. 37–41.

37 EuGH v. 12. 12. 2006 – Rs. C-380/03 (*Deutschland/Europäisches Parlament und Rat*), Slg. 2006, I-11573 Rn. 46–65.

38 EuGH v. 12. 12. 2006 – Rs. C-380/03 (*Deutschland/Europäisches Parlament und Rat*), Slg. 2006, I-11573 Rn. 59.

Verkehr gebracht werden konnten.[39] Indem der EuGH hierauf nicht eingeht, sondern das abstrakte Vorhandensein irgendwelcher Regelungsunterschiede genügen lässt, kappt er den zwischen Harmonisierungskompetenz und Grundfreiheiten bestehenden Nexus.[40] Art. 95 EG wird so zur konturenlosen allgemeinen Binnenmarktregulierungskompetenz.[41]

Dies ist vor dem Hintergrund des Prinzips der begrenzten Ermächtigung nicht hinnehmbar. Die bloße, unbegründete Behauptung von möglichen Grundfreiheitenbeschränkungen oder Wettbewerbsverzerrungen[42] aufgrund nationaler Rechtsunterschiede darf danach nicht genügen. Erforderlich muss vielmehr sein der konkrete und empirisch belegte Nachweis, das Unterschiede in den Rechtsordnungen der Mitgliedstaaten bezüglich eines bestimmten Sachbereichs Grundfreiheitenbeschränkungen oder Wettbewerbsverzerrungen hervorrufen oder wahrscheinlich hervorrufen werden; der Kommission obliegt damit die Sammlung konkreter empirischer Daten, die die Gebiete offen legen, in denen mangelnde Rechtsangleichung nachweisbar zu erhöhten Transaktionskosten führt, die die Errichtung oder das Funktionieren des Binnenmarktes spürbar erschweren.[43]

Insoweit hat das 1. Tabakwerbe-Urteil des EuGH bereits Wirkung gezeigt.[44] So hat die Kommission in ihrer Mitteilung zum europäischen Vertragsrecht vom 11.7.2001[45] ausdrücklich um Informationen gebeten, inwieweit das Vorhandensein unterschiedlicher Vertragsrechtsordnungen in Europa die Funktionsfähigkeit des Binnenmarktes beeinträchtigt. Als Hindernisse und Beeinträchtigungen grenzüberschreitender Geschäfte, die sich aus unterschiedlichen nationalen Vertragsrechten ergeben wurden im Aktionsplan: Ein kohärentes Vertragsrecht für Europa[46] etwa unterschiedliche Vertretungsbestimmungen ausländischer Unternehmen und unterschiedliche Formerfordernisse für den Vertragsabschluss, Unterschiede im Hinblick auf die Einbeziehung und Kontrolle allgemeiner Geschäftsbedingungen oder divergierende Bestimmungen hinsichtlich Eigentumsübertragung und Bestellung von Sicherheiten an beweglichen Sachen; aber auch die auf dem Grundsatz der Mindestharmonisierung beruhenden, verbleibenden nationalen Unterschiede im Bereich angeglichenen Verbraucherrechts, identifiziert.[47]

---

39 *Maierhöfer*, JZ 2007, 463 (464); *Ludwigs*, (2007) 44 CMLRev., 1159 (1168).

40 *Maierhöfer*, JZ 2007, 463 (464); *Ludwigs*, (2007) 44 CMLRev., 1159 (1168).

41 Vgl. *Maierhöfer*, JZ 2007, 463 (466); *Ludwigs*, (2007) 44 CMLRev., 1159 (1168), der allerdings im Hinblick auf den Beurteilungsspielraum des Gemeinschaftsgesetzgebers dem EuGH im Ergebnis zustimmt.

42 Vgl. z.B. Begründungserwägung 2 der Haustürgeschäfte-Richtlinie; Begründungserwägung 2 der Klausel-Richtlinie.

43 *Weatherill*, [2002] EBLR, 497 (509, 512); *ders.*, ERPL 2005, 405 (414); dagegen *Heiderhoff*, Gemeinschaftsprivatrecht, S. 6ff., insbesondere 11.

44 Vgl. *Weatherill*, in: *Cafaggi* (Hrsg.), Institutional Framework, S. 79 (100ff.); *ders.*, ERCL 2006, 90 (108); *Mak*, ERPL 2009, 55 (63).

45 KOM (2001) 398 endg. Rn. 23–32.

46 Mitteilung der Kommission an das Europäische Parlament und den Rat, Ein kohärentes Vertragsrecht für Europa, Ein Aktionsplan v. 12. 2. 2003, KOM (2003) 68 endg.

47 Vgl. KOM (2003) 68 endg. Rn. 25–51, insbesondere Rn. 34–37, 41ff., 50.; sowie Mitteilung der Kommission an das Europäische Parlament und den Rat: Europäisches Vertragsrecht und Überar-

In ihrer Folgenabschätzung[48] zum Vorschlag einer Richtlinie über Rechte der Verbraucher[49] beruft sich die Kommission nunmehr u. a. auf die Flash-Eurobarometer-Umfrage Nr. 224, wonach 60% der befragten Einzelhandelsunternehmen dem Sonderaufwand für die Einhaltung unterschiedlicher nationaler Rechtsvorschriften über den Abschluss von Geschäften mit Verbrauchern große Bedeutung für den grenzüberschreitenden Verkauf beimessen.[50] 46% aller Einzelhandelsunternehmen in der EU sind danach der Meinung, dass eine Harmonisierung der Verbraucherschutzvorschriften sich positiv auf ihren grenzüberschreitenden Umsatz auswirken würde. Auch eine im Auftrag von Clifford Chance Anfang 2005 durchgeführte Befragung[51] von 175 Unternehmen aus 8 Mitgliedstaaten ergab, dass ein signifikanter Anteil der befragten Unternehmen durchaus durch unterschiedliche vertragsrechtliche Bestimmungen bei grenzüberschreitender Geschäftstätigkeit beeinträchtigt oder von dieser sogar abgehalten wird.[52]

Damit ist auch bei Zugrundelegung der strengen Anforderungen des 1. Tabakwerbe-Urteils die Gemeinschaftskompetenz für eine weitere Harmonisierung des Privat- insbesondere des (Verbraucher-)Vertragsrechts zumindest nicht von vornherein ausgeschlossen.[53] Nicht geführt ist freilich der Nachweis, dass durch weitere Harmonisierung bis hin zu einem Europäischen Vertragsgesetzbuch auch tatsächlich der Binnenmarkt in relevanter Weise verbessert werden würde. So steht ja in den meisten Mitgliedstaaten auch bisher schon mit dem CISG ein neutrales Vertragsrecht zur Verfügung, von dem allerdings nur sehr zurückhaltend Gebrauch gemacht wird.[54] Auch können die mit weiterer Rechtsangleichung verbundenen Anpassungskosten den damit erzielten Nutzen leicht aufwiegen. Hier, also basierend auf konkreten empirischen Erhebungen, muss der immer wieder betonte politische Entscheidungsspielraum des Gemeinschaftsgesetzgebers ansetzen, indem Kosten und Nutzen einer weiteren Angleichung gegeneinander abgewogen werden. Dieser Beurteilungsspielraum kann freilich nur ein eingeschränkter sein, könnte doch der EuGH andernfalls, wie er im 1. Tabakwerbe-Urteil zutreffend

---

beitung des gemeinschaftsrechtlichen Besitzstandes – weiteres Vorgehen, KOM (2004) 651 endg. Abschnitt 2.1.1. (S. 4).

48 Commission Staff Working Document accompanying the proposal for a directive on consumer rights: Impact Assessment Report (abrufbar unter http://ec.europa.eu/consumers/rights/docs/impact_assessment_report_en.pdf), 11.

49 Vorschlag für eine Richtlinie des Europäischen Parlaments und des Rates über Rechte der Verbraucher, KOM(2008) 614 endg.

50 Flash Eurobarometer 224: Business attitudes towards cross-border sales and consumer protection, Summary, (2008), abrufbar unter http://ec.europa.eu/public_opinion/flash/fl_224_sum_en.pdf. Dem Grünbuch: Die Überprüfung des gemeinschaftlichen Besitztsandes im Verbraucherschutz (Vorlage der Europäischen Kommission) v. 8. 2. 2007, KOM (2006) 744 endg., S. 7, lag noch eine entsprechende Umfrage aus dem Jahre 2006 zugrunde (Eurobarometer 186), wonach die entsprechenden Zahlen bei 55% bzw. 43% lagen.

51 Abrufbar unter http://www.cliffordchance.com/expertise/publications/details.aspx?FilterName=URL&contentitemid=8354.

52 Zusammenfassend *Vogenauer/Weatherill*, (2005) 30 ELRev., 821 ff.

53 Vgl. *Vogenauer/Weatherill*, (2005) 30 ELRev., 821 (836).

54 Vgl. *Jansen*, JZ 2006, 536 (540).

ausführt, die ihm zugewiesene Aufgabe der Wahrung des Rechts bei der Auslegung und Anwendung des Vertrages nicht wirksam erfüllen.[55]

b) Binnenmarkt und Stärkung des Verbrauchervertrauens

Der nötige Binnenmarktbezug kann nicht nur über die Anbieterseite hergestellt werden. In neuerer Zeit wird die Bedeutung der Nachfragerseite zur Vollendung des Binnenmarktes immer stärker betont. In der Verbraucherpolitischen Strategie der EU (2007–2013) heißt es etwa: „Der Binnenmarkt ist der grundlegende Rahmen für die Verbraucherpolitik, die ihrerseits für die Verbesserung des Funktionierens des Binnenmarktes von wesentlicher Bedeutung ist."[56] Folglich müsse die Verbraucherdimension des Binnenmarktes und insbesondere der Einzelhandelsmärkte weiter gestärkt werden.[57] Der Verbraucher wird danach nicht in erster Linie geschützt, weil er unterlegen ist, sondern er wird geschützt, weil er verstärkt wirtschaftlich tätig werden soll. Man geht davon aus, dass der Verbraucher dann am ehesten grenzüberschreitend konsumiert, wenn er zuversichtlich, entspannt und voller Vertrauen in die Rechtslage ist.[58] „Zuversichtliche, gut informierte und mündige Verbraucher sind der Motor des wirtschaftlichen Wandels, da ihre Entscheidungen Innovation und Effizienz vorantreiben."[59] Die Stärkung des Verbrauchervertrauens begründet danach den Binnenmarktbezug und eröffnet die Kompetenzgrundlage des Art. 95 EG auch für ausschließlich verbraucherschützende Maßnahmen.[60]

---

55 EuGH v. 5. 10. 2000 – Rs. C-376/98 (*Deutschland ./. Parlament und Rat*), Slg. 2000, I-2247 Rn. 84. Deutlich auch GA Fennelly, Schlussanträge v. 15. 6. 2000 – Rs. C-376/98 (*Deutschland ./. Parlament und Rat*), Slg. 2000, I-2247 Rn. 4: „Als die Instanz, der die Gemeinschaftsorgane, die Mitgliedstaaten und die Unionsbürger ihr Vertrauen entgegen bringen, hat der Gerichtshof die schwierige Aufgabe die verfassungsmäßige Gewaltenteilung zwischen der Gemeinschaft und den Mitgliedstaaten auf der Grundlage objektiver Kriterien zu schützen." Anders EuGH v. 12. 12. 2006 – Rs. C-380/03 (*Deutschland/Europäisches Parlament und Rat*), Slg. 2006, I-11573, Rn. 42, 144, wo der weite Ermessenspielraum des Gemeinschaftsgesetzgebers betont wird.

56 Mitteilung der Kommission an den Rat, das Europäische Parlament und den Europäischen Wirtschafts- und Sozialausschuss v. 13. 3. 2007, Verbraucherpolitische Strategie der EU (2007–2013), KOM (2007), 99 endg., S. 4.

57 Mitteilung der Kommission an den Rat, das Europäische Parlament und den Europäischen Wirtschafts- und Sozialausschuss v. 13. 3. 2007, Verbraucherpolitische Strategie der EU (2007–2013), KOM (2007), 99 endg., S. 2.

58 *Heiderhoff*, ZEuP 2003, 769 (772); vgl. auch *W.-H. Roth*, JZ 2001, 475 (478). In Begründungserwägung 4 der Verbrauchsgüterkauf-Richtlinie heißt es ganz deutlich: „Dem Verbraucher, der die Vorzüge des Binnenmarkts dadurch nutzen möchte, dass er sich Waren in einem anderen Mitgliedstaat als seinem Wohnsitzland beschafft, fällt eine fundamentale Aufgabe bei der Vollendung des Binnenmarktes zu; … Die Schaffung eines Mindestsockels von Verbraucherrechten, die unabhängig vom Ort des Kaufs der Waren in der Gemeinschaft gelten, stärkt das Vertrauen der Verbraucher und gestattet es ihnen, die durch Schaffung des Binnenmarktes gebotenen Vorzüge besser zu nutzen".

59 Mitteilung der Kommission an den Rat, das Europäische Parlament und den Europäischen Wirtschafts- und Sozialausschuss v. 13. 3. 2007, Verbraucherpolitische Strategie der EU (2007–2013), KOM (2007), 99 endg., S. 1.

60 Vgl. etwa *Riesenhuber*, System und Prinzipien, S. 138; *Heiderhoff*, ZEuP 2003, 769 (772) und sehr weitgehend *Davies*, (2005) 30 ELRev 370ff. Vgl. Grünbuch: Die Überprüfung des gemeinschaftlichen Besitztsandes im Verbraucherschutz (Vorlage der Europäischen Kommission) v. 8. 2. 2007,

Fraglich ist ob die Einschränkungen des 1. Tabakwerbe-Urteils auch auf die Rechtsangleichung im Interesse der Nachfragerseite übertragbar sind. Teilweise wird vorgetragen, dass das Urteil keine explizite Aussage darüber enthalte, inwieweit Maßnahmen nach Art. 95 EG unter dem Gesichtspunkt des Verbrauchervertrauens begründet werden können[61]; oder jedenfalls einer Angleichung mit dem Ziel der Förderung der Rechtssicherheit und des Verbrauchervertrauens im grenzüberschreitenden Verkehr nicht entgegen stehe.[62]

Allerdings könnte gestützt auf den Gedanken des Verbrauchervertrauens praktisch jeder Unterschied der mitgliedstaatlichen Rechtsordnungen als Rechtfertigung für eine Angleichungsmaßnahme herangezogen werden. Damit hätte die Gemeinschaft wiederum eine unbegrenzte Harmonisierungskompetenz. Jedenfalls insoweit, als der Gemeinschaft eine solche gerade nicht zukommen soll, sind die Grundsätze des 1. Tabakwerbe-Urteils auch auf die Nachfragerseite übertragbar;[63] dies folgt letztendlich aus dem Prinzip der begrenzten Ermächtigung nach Art. 5 Abs. 1 EG. Will man daher den Gesichtspunkt des Verbrauchervertrauens zur Abstützung einer Maßnahme nach Art. 95 EG heranziehen, so ist der empirische Nachweis erforderlich, dass durch die konkrete Maßnahme tatsächlich das Verbrauchervertrauen in einer Weise gefördert wird, die die grenzüberschreitende Nachfrage der Verbraucher anregt.[64]

Im Grünbuch zur Überprüfung des gemeinschaftlichen Besitzstandes im Verbraucherschutz[65] sowie in ihrer Folgenabschätzung[66] zum Vorschlag einer Richtlinie

---

KOM (2006) 744 endg., S. 4: „Es gilt, die Zuversicht der Verbraucher in den Binnenmarkt zu stärken, indem ihnen EU-weit ein gleich hoher Schutz zugesichert werden kann. Die Verbraucher sollten sich auf gleichwertige Rechte berufen und gleichwertige Möglichkeiten nutzen können, um im Problemfall zu ihrem Recht zu kommen."; Vorschlag für eine Richtlinie des Europäischen Parlaments und des Rates über Rechte der Verbraucher, KOM(2008) 614 endg., 2: „Ziel dieses Vorschlags ist es, die Funktionsfähigkeit des Binnenmarktes für Geschäfte zwischen Unternehmen und Verbrauchern durch Stärkung des Vertrauens der Verbraucher in den Binnenmarkt … zu verbessern."

61 *Doehner*, Die Schuldrechtsreform vor dem Hintergrund der Verbrauchsgüterkauf-Richtlinie, S. 79.

62 *Riesenhuber*, System und Prinzipien, S. 138; *ders.* Europäisches Vertragsrecht, Rn. 149.

63 *W.-H. Roth*, JZ 2001, 475 (479); *ders.*, (2003) 40 CMLRev., 937 (944); die Gemeinschaftskompetenz insoweit bezweifelnd auch *Weatherill*, [2002] EBLR, 497 (512); *Unberath/Johnston*, (2007) 44 CMLRev., 1237 (1254 f.). Gleiches gilt für den Gesichtspunkt der Förderung der Rechtssicherheit im grenzüberschreitenden Verkehr, vgl. Grundmann, Europäisches Schuldvertragsrecht, 3.60 Rn. 15: „andernfalls bestünde für jeden ordentlich gefassten Rechtssetzungsakt aufgrund seiner klärenden Wirkung eine Kompetenz."

64 In diesem Sinne auch *Weatherill*, [2002] EBLR, 497 (512); *ders.*, [2004] EBLR 23 (27); *ders.*, ERPL 2005, 405 (417); *ders.*, in: *Cafaggi* (Hrsg.), Institutional Framework, S. 79; im Ergebnis wohl ähnlich *Doehner*, Die Schuldrechtsreform vor dem Hintergrund der Verbrauchsgüterkauf-Richtlinie, S. 81: „Um dem Prinzip der begrenzten Einzelermächtigung Rechnung zu tragen, sollte die Gemeinschaft über die Binnenmarktkompetenz allerdings nur solche schuldvertraglichen Beziehungen harmonisieren, die unmittelbaren Einfluss auf die Entscheidung des Konsumenten ausüben, im Ausland Waren oder Dienstleistungen nachzufragen."

65 Grünbuch: Die Überprüfung des gemeinschaftlichen Besitztsandes im Verbraucherschutz (Vorlage der Europäischen Kommission) v. 8. 2. 2007, KOM (2006) 744 endg., S. 8.

66 Commission Staff Working Document accompanying the proposal for a directive on consumer rights: Impact Assessment Report (abrufbar unter http://ec.europa.eu/consumers/rights/docs/impact_assessment_report_en.pdf), 11.

über Rechte der Verbraucher[67] beruft sich die Kommission insoweit auf eine Eurobarometer-Umfrage, wonach 56% der Verbraucher der Meinung waren, dass sie bei Käufen im Ausland weniger geschützt seien; gar 71% glaubten, es sei schwieriger, Probleme wie Beschwerden, Preisnachlässe, Garantieansprüche etc. zu lösen, wenn der Verkäufer in einem anderen Mitgliedstaat ansässig sei. Diese Studie gelangt zu dem Ergebnis, dass verbesserter Verbraucherinformation und verstärkten Verbraucherrechten eine Schlüsselrolle zur Stärkung des Verbrauchervertrauens und damit verbunden der Anregung grenzüberschreitender Geschäftstätigkeit zukomme.[68]

Hier gilt jedoch ähnliches wie für die Anbieterseite. Der Aufwand weiterer Rechtsangleichung kann sich, gemessen am erzielbare Nutzen leicht als unverhältnismäßig erweisen, dies vorallem auch deswegen, weil Sprachbarrieren, kulturelle Unterschiede im Hinblick auf Geschmack und Bräuche[69] oder die unterschiedliche Wahrnehmung von Unternehmen und deren Reputation möglicherweise die grenzüberschreitende Nachfrage viel gravierender einschränken als rechtliche Hindernisse.[70] Auch hier ist somit eine politische Entscheidung des Gemeinschaftsgesetzgebers gefragt, die allerdings stets den empirischen Nachweis der Binnemarktrelevanz der entsprechenden Maßnahme voraussetzt.

Im Übrigen kann sich gerade der Grundsatz der Mindestharmonisierung im Hinblick auf das Verbrauchervertrauen als kontraproduktiv erweisen, verbleiben doch trotz Angleichung meist erhebliche Rechtsunterschiede[71] und kann der Verbraucher, der den hohen Schutzstandard seines Heimatstaates gewöhnt ist, bei grenzüberschreitender Nachfrage durch den gemeinschaftsrechtlichen Mindeststandard gerade enttäuscht werden.[72] Dem entspricht es, wenn die Kommission in ihrem Vorschlag einer Richtlinie über die Rechte der Verbraucher zur Beseitigung der „Zersplitterung des gemeinschaftlichen Verbraucherrechts“ eine vollständige Harmonisierung der geregelten Bereiche propagiert.[73] Weiterhin ist zu beachten, dass nach Art. 6 Abs. 1 und 2 der Rom-I-Verordnung Verbraucher viel öfter als bisher bei grenzüberschreitender Nachfrage durch das Verbraucherrecht ihres Hei-

---

67 Vorschlag für eine Richtlinie des Europäischen Parlaments und des Rates über Rechte der Verbraucher, KOM(2008) 614 endg.

68 Vgl. Special Eurobarometer Nr. 252, Consumer Protection in the Internal Market, February/March 2006 (abrufbar unter http://ec.europa.eu/public_opinion/archives/ebs/ebs252_en.pdf), S. 111.

69 Vgl. Special Eurobarometer Nr. 252, Consumer Protection in the Internal Market, February/March 2006 (abrufbar unter http://ec.europa.eu/public_opinion/archives/ebs/ebs252_en.pdf), S. 111.

70 *Tonner/Tamm*, JZ 2009, 277 (288).

71 *Basedow*, JuS 2004, 89 (94).

72 Vgl. Grünbuch: Die Überprüfung des gemeinschaftlichen Besitztsandes im Verbraucherschutz (Vorlage der Europäischen Kommission) v. 8. 2. 2007, KOM (2006) 744 endg., S. 8: „Mit zu den Gründen, die Verbraucher davon abhalten, außerhalb ihres Wohnlandes einzukaufen, gehört die Befürchtung, nicht im gleichen Maße wie beim Kauf zu Hause geschützt zu sein.“

73 Vorschlag für eine Richtlinie des Europäischen Parlaments und des Rates über Rechte der Verbraucher, KOM(2008) 614 endg., Art. 4 und Erwägungen (6) – (8).

matstaates geschützt sind.[74] Einer Kompetenzbegründung über die Schaffung von Verbrauchervertrauen scheint damit weitgehend die Grundlage entzogen. Denn soweit die Verbraucher ohnehin ihrem Heimatrecht unterliegen, kann der Binnenmarkt durch die Harmonisierung der nationalen Verbraucherrechte nicht mehr gefördert werden.[75] In ihrer Folgenabschätzung[76] zum Vorschlag einer Richtlinie über Rechte der Verbraucher weist die Kommission dann auch zutreffend darauf hin, dass das mangelnde Vetrauen der Verbraucher in gleichwertigen Verbraucherschutz insbesondere wegen Art. 6 Abs. 1 der Rome-I-Verordnung weitgehend ein Problem fehlerhafter Wahrnehmung seitens der Verbraucher sei. Ob dies freilich durch weitergehende Rechtsangleichung wirksam beseitigt werden kann, erscheint zumindest zweifelhaft.

c) Artikel 94 und 95 EG[77]

Art. 94 EG bildet die Grundnorm der Rechtsangleichung, die gegenüber speziellen, sektoralen Rechtsangleichungskompetenzen der Gemeinschaft, wie auch gegenüber Art. 95 EG nur subsidiär zur Anwendung kommt.[78] Mit Einführung des Art. 95 EG hat Art. 94 EG an Bedeutung verloren, da er im Hinblick auf die geforderte Einstimmigkeit und die Beschränkung auf die Handlungsform der Richtlinie unter dem Aspekt der Integrationsdynamik nicht mithalten kann.[79] Für die auf ihn gestützten Richtlinien ist Art. 94 EG aber natürlich nach wie vor bedeutsam, wie neuere Entscheidungen des EuGH zur Produkthaftungsrichtlinie belegen.[80]

---

74 Nach Art. 5 Abs. 2 des Römischen Vertragsrechtsübereinkommens war der Verbraucher durch sein Heimatrecht geschützt, soweit dem Vertragsabschluss ein ausdrückliches Angebot oder eine Werbung im Heimatstaat des Verbrauchers vorausgegangen war und der Verbraucher in diesem Staat die zum Abschluss des Vertrages erforderlichen Rechtshandlungen vorgenommen hatte; oder wenn der Vertragspartner des Verbrauchers die Bestellung des Verbrauchers in diesem Staat entgegengenommen hat. Aktive Verbraucher waren nur geschützt, soweit die Auslandsreise des Verbrauchers durch den Verkäufer mit dem Ziel des Vertragsabschlusses veranlasst worden war. Nach Art. 6 Abs. 2 der Rome-I-Verordnung genügt es, dass die berufliche Tätigkeit des Unternehmers in irgendeiner Weise auf den Heimatstaat des Verbrauchers ausgerichtet worden ist. Vgl. auch *Lando/Nielsen*, (2008) 45 CMLRev., 1687 (1707 ff.).

75 Vgl. *G.-P. Calliess*, ZEuP 2006, 742 (752 f.). Aus Sicht der Anbieterseite scheint freilich Art. 6 der Rom-I-Verordnung das Auffinden von Grundfreiheitenbeschränkungen durch Verbraucherschutzrecht und damit die Kompetenzbegründung eher zu begünstigen, vgl. dazu Kapitel 9.

76 Commission Staff Working Document accompanying the proposal for a directive on consumer rights: Impact Assessment Report (abrufbar unter http://ec.europa.eu/consumers/rights/docs/impact_assessment_report_en.pdf), 8, insbesondere Fn. 8.

77 Nach dem Vertrag von Lissabon wird Art. 94 EG zu Art. 115 VAEU und Art. 95 EG entsprechend seiner größeren Bedeutung zu Art. 114 VAEU. Substantielle Änderungen sind dabei nicht vorgesehen.

78 Calliess/Ruffert-*Kahl*, Art. 94 EGV Rn. 3; *Deckert/Lilienthal*, EWS 1999, 121 (125); *Franzen*, Privatrechtsangleichung, S. 70.

79 *Callies/Ruffert-Kahl*, Art. 94 EGV, Rn. 19.

80 Etwa EuGH v. 25. 4. 2002 – Rs. C-52/00 (*Kommission ./. Frankreich*), Slg. 2002, I-3856; EuGH v. 25. 4. 2002 – Rs. C-154/00 (*Kommission ./. Griechenland*), Slg. 2002, I-3887; EuGH 25. 4. 2002 – Rs. 183/00 (*Gonzalez Sanchez ./. Medicina Asturiana SA*), Slg. 2002, I-3905; dazu noch unten Kapitel 7.

Art. 95 EG tritt als Generalrechtsangleichungskompetenz gegenüber spezielleren Vorschriften zurück, ist selbst aber zugleich gegenüber Art. 94 EG vorrangig.[81] An Handlungsformen steht das gesamte Repertoire des Art. 249 EG zur Verfügung. Der Rat entscheidet im Rahmen des Art. 95 EG grundsätzlich mir qualifizierter Mehrheit, Art. 205 Abs. 2 EG. Für die Beteiligung des Europäischen Parlaments gilt das Verfahren der Mitentscheidung nach Art. 251 EG.

Der mit der Einführung des Mehrheitsprinzips verbundenen Sorge einiger Mitgliedstaaten, durch die Rechtsangleichung würden hohe nationale Schutzniveaus zu Nichte gemacht, wird einerseits durch die Verpflichtung von Kommission, Europäischem Parlament und Rat auf ein hohes Schutzniveau[82], andererseits durch ein fein abgestuftes System Rechnung getragen, welches den Mitgliedstaaten erlaubt, nur unter engen Voraussetzungen strengere nationale Vorschriften beizubehalten oder einzuführen, Art. 95 Abs. 4–10 EG.[83]

---

81 Art. 94 EG kommt im wesentlichen nur noch im Rahmen der von Art. 95 Abs. 2 EG vorgesehenen Bereichsausnahmen Steuern, Freizügigkeit und Rechte und Interessen der Arbeitnehmer zur Anwendung.

82 „Hohes Schutzniveau" bedeutet dabei nicht das innerhalb der EU höchste Schutzniveau. Dies ergibt sich schon aus der von Art. 95 Abs. 4–6 EG vorgesehenen Möglichkeit von Beibehaltung bzw. Einführung weitergehender nationaler Schutzstandards; vgl. EuGH v. 13. 5. 1997 – Rs. C-233/94 (*Deutschland/Parlament und Rat*), Slg. 1997, I-2405 Rn. 49; EuGH v. 14. 7. 1998 – Rs. C-284/95 (*Safety Hi-Tech*), Slg. 1998, I-4301 Rn. 43, 49; EuGH v. 14. 7. 1998 – Rs. C-341/95 (*Bettati*), Slg. 1998, I-4355 Rn. 41, 47. Aber auch das arithmetische Mittel soll nicht ausreichen; vielmehr müsse das angestrebte Schutzniveau unter Berücksichtigung der wirtschaftlichen Vertretbarkeit über dem gemeinschaftlichen Durchschnitt liegen, vgl. Calliess/Ruffert-*Kahl*, Art. 95 EGV Rn. 27; *Streinz-Leible*, Art. 95 EGV Rn. 54ff.; *Mak*, ERPL 2009, 55 (65ff.).

83 Werden bereits während des Gesetzgebungsverfahrens mögliche Vorbehalte der Mitgliedstaaten offenbar, so „sind in geeigneten Fällen" die Harmonisierungsmaßnahmen mit einer sogenannten Schutzklausel zu verbinden, welche Mitgliedstaaten ermächtigt, aus einem oder mehreren der in Art. 30 EG genannten Gründe vorläufige Maßnahmen zu treffen, die einem gemeinschaftlichen Kontrollverfahren unterliegen. Ein Beispiel einer Schutzklausel nach Art. 95 Abs. 10 EG bilden Art. 3 Abs. 4–6 der e-commerce-Richtlinie. Zeigen sich mögliche Vorbehalte erst nach Erlass des Rechtsaktes, ist gemäß Art. 95 Abs. 4–6 EG zwischen der Beibehaltung und der Neueinführung strengerer mitgliedstaatlicher Vorschriften zu differenzieren. In beiden Fällen ist formelle Voraussetzung die Billigung durch die Kommission, Art. 95 Abs. 6 EG. Im Falle der Beibehaltung strengerer nationaler Vorschriften ist diese zu erteilen, wenn die Regelung zum Schutz wichtiger Erfordernisse im Sinne des Art. 30 EG sowie der Arbeitsumwelt oder Umwelt erforderlich ist, Art. 95 Abs. 4 EG, und keine willkürliche Diskriminierung, verschleierte Handelsbeschränkung oder Behinderung des Binnenmarktes darstellt, Art. 95 Abs. 6 EG. Die Neueinführung weitergehender Schutzstandards kann ausschließlich auf den Schutz von Umwelt und Arbeitsumwelt gestützt werden; eine Billigung kommt zudem nur dann in Betracht, wenn die Regelung aufgrund neuer, nach Erlass der Angleichungsmaßnahme erlangter wissenschaftlicher Erkenntnisse und aufgrund eines für diesen Mitgliedstaat spezifischen Problems erforderlich ist, Art. 95 Abs. 5 EG. Dieses Regime wird abgerundet durch eine Prüfungs- und gegebenenfalls Anpassungspflicht der Kommission, Art. 95 Abs. 7 und 8 EG, sowie die Möglichkeit zu einem beschleunigten Vertragsverletzungsverfahren. Vgl. allgemein zu Art. 95 Abs. 4–10 EG *Gundel*, JuS 1999, 1171; Calliess/Ruffert-*Kahl*, Art. 95 EGV Rn. 32; *Streinz-Leible*, Art. 95 EGV Rn. 62ff.

2. Artikel 308 EG[84]

Die als (begrenzte) Generalermächtigung[85], Kompetenzergänzungsvorschrift[86], Kompetenzabrundungskompetenz[87] oder Reserveermächtigung[88] bezeichnete Vorschrift gehört zu den umstrittensten des EG-Vertrages überhaupt. Die Tatbestandsvoraussetzungen der Vorschrift sind so ungenau, dass eine sachliche Eingrenzung des Anwendungsbereichs des Art. 308 EG bisher nur unzureichend gelungen ist.[89]

Dies gilt vor allem für das Tatbestandsmerkmal „im Rahmen des Gemeinsamen Marktes". Im Hinblick auf das 1. Tabakwerbe-Urteil des EuGH[90] wird man verlangen müssen, dass die jeweilige Maßnahme der Funktionsfähigkeit des Gemeinsamen Marktes dient, jedenfalls aber keine negativen Auswirkungen auf das System des gemeinsamen Marktes hat. Mit den in diesem Urteil niedergelegten Grundsätzen wäre es nicht vereinbar, wollte man dem Tatbestandsmerkmal „im Rahmen des Gemeinsamen Marktes" jegliche Bedeutung absprechen.[91] Die tatsächliche Förderung des Gemeinsamen Marktes wird man freilich nicht verlangen können, da Art. 308 EG, anders als Art. 95 EG, alle in Art. 3 EG genannten Ziele einbezieht und damit auch die Verfolgung nicht unmittelbar binnenmarktrelevanter Ziele, etwa der Sozialpolitik, ermöglicht.[92]

Aufgrund seiner strengen Subsidiarität hat Art. 308 EG mit Einführung des Art. 95 EG seine Bedeutung im Bereich des Privatrechts weitgehend eingebüßt.[93] Relevant bleibt Art. 308 EG jedoch weiterhin für die Schaffung neuer supranationaler Rechtsformen, wie die Europäische Aktiengesellschaft oder die Gemeinschaftsmarke, die parallel neben den mitgliedstaatlichen Rechtsinstituten bestehen.[94]

---

84 Art. 352 VAEU.
85 *Franzen*, Privatrechtsangleichung, S. 87; *Häde/Puttler*, EuZW 1997, 13.
86 *Geiger*, Art. 308 EGV Rn. 1.
87 *Deckert/Lilienthal*, EWS 1999, 121 (131); *Lorenz/Pühs*, ZG 1998, 142 (143).
88 *Schwartz*, in: FS Mestmäcker, 467 (468).
89 *Lorenz/Pühs*, ZG 1998, 142 (143); Calliess/Ruffert-*Rossi*, Art. 308 EGV Rn. 1.
90 EuGH v. 5. 10. 2000 – Rs. C-376/98 (*Deutschland ./. Parlament und Rat*), Slg. 2000, I-2247. Die Bedeutung dieses Urteils auch für Art. 308 EG betont *Calliess*, Jura 2001, 311 (316).
91 So etwa *Lohrenz/Pühs*, ZG 1998, 142 (144); zweifelnd auch *Franzen*, Privatrechtsangleichung, S. 89.
92 Art. 352 Abs. 1 VAEU verzichtet auf die Einschränkung „im Rahmen des Gemeinsamen Marktes" und stellt pauschal auf die Politikbereiche der Union ab. Weiterhin wird die Zustimmung des Europäischen Parlaments, nicht mehr nur dessen Anhörung, verlangt. Die nationalen Parlamente haben die Möglichkeit, die Einhaltung der Kompetenzgrenzen zu überwachen und mit einer begründeten Stellungnahme die Nichteinhaltung zu rügen, vgl. Art. 352 (2) VAEU und Art. 6 des Subsidiaritätsprotokoll, vgl. noch *Weatherill*, (2005) 30 ELRev. 2005, 23 ff.; sowie BVerfG, 2 BvE 2/08 vom 30. 6. 2009, Absatz-Nr. 325–329.
93 *Deckert/Lilienthal*, EWS 1999, 121 (132); *Lorenz/Pühs*, ZG 1998, 142 (147); *Franzen*, Privatrechtsangleichung, S. 92; Calliess/Ruffert-*Rossi*, Art. 308 EGV Rn. 10; *Schwarz*, Europäisches Gesellschaftsrecht, S. 132.
94 Vgl. *Schwarz*, Europäisches Gesellschaftsrecht, S. 133; EuGH v. 2. 5. 2006 – Rs. C-436-03 (*Parlament/Rat*), Slg. 2006, I-3733.

3. Artikel 13 EG[95]

Eine finale Querschnittskompetenz ist schließlich auch Art. 13 EG. Diese Antidiskriminierungs-Kompetenz erlaubt die Bekämpfung der dort ausdrücklich aufgeführten Diskriminierungstatbestände[96], hinsichtlich geschlechtsbezogener Diskriminierungen jedoch nur außerhalb des Arbeitsrechts.[97] Begrenzt wird Art. 13 EG ferner dadurch, dass der Gemeinschaftsgesetzgeber nur in denjenigen Bereichen zur Beseitigung von Diskriminierungen tätig werden kann, in denen ihm auch sonst eine Rechtssetzungszuständigkeit zusteht.[98] Art. 13 EG hat damit gegenüber den sonstigen Kompetenznormen akzessorischen Charakter.[99] Im Unterschied zu Art. 12 EG ist Art. 13 EG nicht unmittelbar anwendbar und begründet keine subjektiven Rechte, sondern bedarf der sekundärrechtlichen Aktivierung.[100] Hierzu steht das gesamte Instrumentarium des Art. 249 EG zur Verfügung.[101]

II. Sachbereichsbezogene Kompetenzen

Sachbereichsbezogene Kompetenzvorschriften, die explizit oder implizit eine Rechtsangleichungsbefugnis einschließen, sind die auf das Gesellschafts- und Unternehmensrecht beschränkte Kompetenz des Art. 44 Abs. 2 lit. g) EG[102], die die Aufnahme selbständiger Tätigkeiten betreffende Kompetenz des Art. 47 EG[103], die für das Arbeitsrecht bedeutsamen Art. 137 ff. EG[104], und schließlich Art. 153 EG[105] für den Bereich des Verbraucherschutzes.

1. Artikel 44 Abs. 2 lit. g) EG[106]

Art. 44 Abs. 2 lit. g) EG hat im Bereich des Gesellschaftsrechts große praktische Bedeutung erlangt, weite Teile des Rechts der Kapitalgesellschaften wurden auf dieser Grundlage gemeinschaftsrechtlich geregelt.[107]

---

95 Art. 19 VAEU verlangt auch die Zustimmung des Europäischen Parlaments.
96 Calliess/Ruffert-*Epiney*, Art. 13 EGV, Rn. 4.
97 Für geschlechtsbezogen Diskriminierungen im Bereich des Arbeitsrechts ist Art. 141 Abs. 3 EG *lex specialis*.
98 Vgl. *M. Schmidt*, Arbeitsrecht der EG, S. 13.
99 Calliess/Ruffert-*Epiney*, Art. 13 EGV, Rn. 6.
100 Vgl. *Streinz*, in: *Leible/Schlachter* (Hrsg.), Diskriminierungsschutz durch Privatrecht, S. 11 (23 f.); *Wernsmann*, JZ 2005, 224 (226 f.); Calliess/Ruffert-*Epiney*, Art. 13 EGV, Rn. 1.
101 *M. Schmidt*, Arbeitsrecht der EG, S. 19.
102 Alle, das materielle Gesellschaftsrecht angleichenden Richtlinien sind auf Grundlage des Art. 44 Abs. 2 lit. g) EG ergangen.
103 Art. 47 Abs. 2 EG in Verbindung mit Art. 55 EG bildet die Rechtsgrundlage für die Entsenderichtlinie (96/71/EG) und wurde neben Art. 94 bzw. Art. 95 EG auch für die Handelsvertreter-Richtlinie bzw. die e-commerce-Richtlinie mit herangezogen.
104 Art. 137 Abs. 2 EG ist Rechtsgrundlage beispielsweise für die Arbeitszeitrichtlinie; Art. 141 Abs. 3 EG ist nunmehr Rechtsgrundlage für die Gleichbehandlungsrichtlinie 2006/54/EG.
105 Allein auf Art. 153 Abs. 3 lit. b) EG gestützte Rechtsakte sind bisher noch nicht ergangen.
106 Art. 50 Abs. 2 lit. g) VAEU.
107 Vgl. dazu Kapitel 1 Fn. 56.

Art. 44 Abs. 2 lit. g) EG dient sowohl der Verwirklichung der Niederlassungsfreiheit als auch der Herstellung vergleichbarer gesellschaftsrechtlicher Bedingungen zum Schutz von Gesellschaftern und Dritten (Doppelfunktion).[108] Da zudem der Begriff der „Schutzbestimmung" weit, im Sinne praktisch jeder gesellschaftsrechtlichen Bestimmung[109], verstanden wird und auch deren Adressatenkreis nach der Daihatsu-Entscheidung des EuGH keine Einschränkung erfährt[110], wäre auf der Grundlage des Art. 44 Abs. 2 lit. g) EG praktisch die Angleichung aller Bereiche der nationalen Gesellschaftsrechte möglich.[111]

Insofern besteht auch hier ein Problem im Hinblick auf das Prinzip der begrenzten Ermächtigung. Dies wird freilich dadurch gemildert, dass Art. 44 Abs. 2 lit. g) EG die Kompetenz der Gemeinschaft für einen relativ umgrenzten Sachbereich, eben das Gesellschaftsrecht, einräumt. Im Hinblick auf eine sinnvollen Begrenzung der Gemeinschaftskompetenzen sollten Art. 44 Abs. 2 lit. g) EG und Art. 47 Abs. 2 EG[112], die beide systematisch im Kapitel über die Niederlassungsfreiheit verankert sind, einheitlich im Sinne der Grundsätze des 1. Tabakwerbe-Urteils ausgelegt werden. Art. 44 Abs. 2 lit. g) EG kann danach als Rechtsgrundlage nur dann herangezogen werden, wenn die ins Auge gefasste Angleichung mitgliedstaatlicher Schutzbestimmungen tatsächlich den Zweck hat und erforderlich ist, um konkrete Beeinträchtigungen des Binnenmarktes, insbesondere der Niederlassungsfreiheit, bzw. spürbare Wettbewerbsverzerrungen zu beseitigen.[113] Hierdurch erfährt das Tatbestandsmerkmal der „Erforderlichkeit" einen konkreten Bezugspunkt und wird zumindest beschränkt justiziabel.[114]

---

108 *Franzen*, Privatrechtsvereinheitlichung, S. 83; *Schön*, ZHR 160 (1996), 221 (225); *ders.*, in: *Everling/W.-H. Roth* (Hrsg.), Mindestharmonisierung, S. 55 (59). Vgl. auch EuGH v. 21. 6. 1974 – Rs. 2/74 (*Reyners/Belgien*), Slg. 1974, 631 Rn. 21, 23; EuGH v. 4. 12. 1997 – Rs. 97/96 (*Daihatsu*), Slg. 1997, I-6843 Rn. 18–20; vgl. hierzu *Schön*, JZ 1998. 194.

109 *Deckert/Lilienthal*, EWS 1999, 121 (124); *Franzen*, Privatrechtsangleichung, S. 85; Schön, ZHR 160 (1996), 221 (225); *Schwarze/Von der Groeben-Troberg/Tiedje*, Art. 44 EG Rn. 27.

110 Kritisch hierzu *Schön*, JZ 1998, 914 f. Zur Frage, ob zum Adressatenkreis auch Arbeitnehmer zu zählen sind, vgl. einerseits *Callies/Ruffert-Börner*, Art. 44 EGV Rn. 12; *Schwarze/Von der Groeben-Troberg/Tiedje*, Art. 44 EG Rn. 27 (bejahend); anderseits *Franzen*, Privatrechtsangleichung, S. 85 f. (verneinend).

111 *Deckert/Lilienthal*, EWS 1999, 121 (124); *Habersack*, Europäisches Gesellschaftsrecht, § 3 Rn. 20; Schwarz, Europäisches Gesellschaftsrecht, S. 127. Wegen des Bezugs zu den mitgliedstaatlichen Rechtsordnungen ist die Schaffung neuer supranationaler Rechtsformen auf der Grundlage des Art. 44 Abs. 2 lit. g) EG nicht möglich, vgl. EuGH v. 2. 5. 2006 – Rs. C-436-03 (*Parlament/Rat*), Slg. 2006, I-3733, Rn. 44 f. Verordnungen Nr. 2137/85 (EWIV), Nr. 2157/2001 (SE) und Nr. 1435/2003 (SCE) ergingen daher jeweils auf der Grundlage des Art. 308 EG; vgl. hierzu auch *Schwarze/Von der Groeben-Troberg/Tiedje*, Art. 44 EG Rn. 27.

112 Dazu EuGH v. 5. 10. 2000 – Rs. C-376/98 (*Deutschland ./. Parlament und Rat*), Slg. 2000, I-2247 Rn. 87.

113 Ähnlich bereits im Jahre 1968 *Lutter*, Europäische Handelsgesellschaft und Angleichung des nationalen Gesellschaftsrechts, S. 22 ff., der auf den Funktionszusammenhang mit den Zielen des Gemeinsamen Marktes hinweist und Art. 44 Abs. 2 lit. g) EG nur für Angleichungsmaßnahmen heranziehen will, die im Hinblick auf den Gemeinsamen Markt „notwendig" sind. Zurückhaltender *Grundmann*, Europäisches Gesellschaftsrecht, § 4 Rn. 99.

114 Zu dieser Problematik *Franzen*, Privatrechtsangleichung, S. 86.

Zu berücksichtigen ist jedoch ein weiteres. Die Niederlassungsfreiheit für mitgliedstaatliche Gesellschaften gemäß Art. 43, 48 EG wurde durch die Rechtsprechung des EuGH maßgeblich konkretisiert.[115] Danach sind die Mitgliedstaaten verpflichtet, auf Gesellschaften, die wirksam nach dem Recht eines anderen Mitgliedstaates gegründet sind, grundsätzlich das Recht des Gründungsstaates anzuwenden.[116] Rechtsvorschriften des Zuzugsstaates können im Einzelfall nur dann zur Anwendung kommen, soweit sie in nicht diskriminierender Weise gehandhabt werden, durch zwingende Gründe des Allgemeininteresses gerechtfertigt sind, die Verwirklichung des mit ihnen verfolgten Zwecks gewährleisten und nicht über das Hinausgehen, was zur Erreichung des Ziels erforderlich ist.[117] Aus Sicht der Unternehmen[118] können damit etwaige Beschränkungen der Niederlassungsfreiheit aufgrund unterschiedlicher mitgliedstaatlicher Gesellschaftsrechtsordnungen durch privatautonome Entscheidung weitgehend aus der Welt geschafft werden. Denn die Gründer können zunächst das Gründungsrecht frei wählen und grundsätzlich nach diesem Gründungsrecht überall innerhalb der Gemeinschaft tätig werden. Einer Gesellschaft steht im Hinblick auf das Recht des Gründungsstaates sogar frei, sich im Wege einer Sitzverlegung dem Recht eines anderen Mitgliedstaates zu unterwerfen, dies allerdings nur, soweit der Zuzugstaat, der insoweit nach Ansicht des EuGH nicht der Niederlassungsfreiheit unterliegt, die Aufnahme zulässt.[119] Gegenüber dem Gründungsstaat nicht durch die Niederlassungsfreiheit geschützt ist nach Ansicht des EuGH eine Sitzverlegung ohne Wechsel des Gesellschaftsrechtsstatuts.[120] Die vom EuGH insoweit vorgenommenen Differenzierungen sind weder durch rechtslogische noch teleologische Argumente gerechtfertigt und führen zu teilweise zirkulären und absurden Ergebnissen.[121] Allerdings fehlt derzeit für entsprechende Maßnahmen der Sitzverlegung und Aufnahme durch den Zuzugstaat weitgehend die rechtliche Infrastruktur. Aus Sicht

---

115 Vgl. EuGH v. 9. 3. 1999, Rs. C-127/97 (*Centros Ltd./Erhvervs-og Selskabsstyrelsen*), Slg. 1999, I-1459; EuGH v. 5. 11. 2002, Rs. C-208/00 (*Überseering B.V./Nordic Construction Baumanagement GmbH [NCC]*), Slg. 2002, I-9919; EuGH v. 30. 9. 2003, Rs. C-167/01 (*Kamer van Koophandel en Fabriken voor Amsterdam/Inspire Art Ltd.*), Slg. 2003, I-10155; EuGH v. 13. 12. 2005, C-411/03 (*SEVIC Systems AG*), Slg. 2005, I-10805; EuGH v. 16. 12. 2008 – Rs. C-210/06 (*Cartesio Oktató Szolgáltató bt*) Slg. 2008, I-00000.

116 *Kieninger*, ZEuP 2004, 685 (690); *Drygala*, ZEuP 2004, 337 (346). Nunmehr auch ausdrücklich in Bezug auf die persönliche Haftung der Gesellschafter und Geschäftsführer, BGH NJW 2005, 1648 (1649).

117 EuGH v. 30. 9. 2003, Rs. C-167/01 (*Kamer van Koophandel en Fabriken voor Amsterdam/Inspire Art Ltd.*), Slg. 2003, I-10155 Rn. 133; EuGH v. 9. 3. 1999, Rs. C-127/97 (*Centros Ltd./Erhvervs-og Selskabsstyrelsen*), Slg. 1999, I-1459 Rn. 34; im Anschluss an EuGH v. 30. 11. 1995, Rs. C-55/94 (*Gebhard*), Slg. 1995, 4165, Rn. 37.

118 Zu den unterschiedlichen im Gesellschaftsrecht zu berücksichtigen Interessengruppen vgl. *Lutter*, ZGR 2000, 1 (3 ff.): Gläubigerinteressen, Unternehmerinteressen, Anlegerinteressen.

119 EuGH v. 16. 12. 2008 – Rs. C-210/06 (*Cartesio Oktató Szolgáltató bt*) Slg. 2008, I-00000, Rn. 110, 112.

120 EuGH v. 16. 12. 2008 – Rs. C-210/06 (*Cartesio Oktató Szolgáltató bt*) Slg. 2008, I-00000, Rn. 109, 110.

121 Zu Einzelheiten vgl. *Gerner-Beuerle/Schillig*, Working Paper February 2009, abrufbar unter http://ssrn.com/abstract=1340964.

der Unternehmer kann Art. 44 Abs. 2 lit. g) EG damit vorallem noch zur Erleichterung solch grenzüberschreitender Strukturmaßnahmen zum Zuge kommen.[122]

Anders ist die Rechtslage bezüglich der Gesellschaftsgläubiger und der Investoren. Insoweit ist das Bedürfnis für eine Gesellschaftsrechtsharmonisierung durch die Entscheidungen zur Niederlassungsfreiheit und die damit einhergehende Wahlfreiheit eher noch größer geworden. Gläubiger und Investoren sind darauf angewiesen, sich vor einer Vertragsentscheidung über die ihnen nach dem Gründungsrecht eingeräumten Rechtspositionen zu informieren. Die dadurch verursachten, mitunter erheblichen Kosten, sind jedenfalls nicht von vornherein ungeeignet, Gläubiger und Investoren von grenzüberschreitender Geschäftstätigkeit abzuschrecken bzw. das durch die Niederlassungsfreiheit eingeräumte Recht der freien Bewegung unter dem Gründungsrecht zu entwerten.[123] Auch insoweit wird man nach dem 1. Tabakwerbe-Urteil aber den impirischen Nachweis verlangen müssen, dass entsprechende Friktionen nicht effektiver im Wege des Regulierungswettbewerbs durch den Markt selbst beseitigt werden und dass tatsächlich eine Grundfreiheitenbeschränkung vorliegt. Plausibel erscheinen Regulierungsmaßnahmen etwa im Hinblick auf börsennotierte Gesellschaften, deren transparente und rechtssichere Ausgestaltung Grundvoraussetzung für einen funktionierenden europäischen Kapitalmarkt ist.

Dem entspricht es, wenn sich die Kommission in dem im Mai 2003 vorgelegten Aktionsplan zur „Modernisierung des Gesellschaftsrechts und Verbesserung der Corporate Governance in der Europäischen Union"[124] zum einen auf die Stärkung von Gesellschafter- und Gläubigerrechten, insbesondere im Hinblick auf börsennotierte Gesellschaften[125]; zum anderen auf die Erleichterung grenzüberschreitender Strukturmaßnahmen wie Fusionen und Sitzverlegungen konzentrierte.[126] Zahlreiche der im Aktionsplan vorgesehenen Maßnahmen wurden inzwischen implementiert,[127] andere werden nach umfassender Folgenanalyse jedenfalls zunächst nicht weiterverfolgt.[128] Als zukünftige Agenda scheint sich Vereinfachung

---

122 Vgl. zur Anwendbarkeit der Niederlassungsfreiheit auf eine grenzüberschreitende Verschmelzung EuGH v. 13. 12. 2005, C-411/03 (*SEVIC Systems AG*), Slg. 2005, I-10805.

123 Vgl. *Drygala*, ZEuP 2004, 337 (355 ff.).

124 KOM (2003) 284 endg. vom 21. 5. 2003. Dem Aktionsplan liegt der „Bericht der hochrangigen Gruppe von Experten auf dem Gebiet des Gesellschaftsrechts über moderne gesellschaftsrechtliche Rahmenbedingungen in Europa" vom 4. 11. 2002 zu Grunde.

125 KOM (2003) 284 endg. vom 21. 5. 2003 para. 2.1.

126 KOM (2003) 284 endg. vom 21. 5. 2003 para. 2.2.

127 Etwa Richtlinie 2006/68/EG v. 6. 9. 2006 zur Vereinfachung der (2.) Kapitalrichtlinie; Richtlinie 2007/63/EG v. 13. 11. 2007, zur Vereinfachung der (3.) Verschmelzungs- und (6.) Spaltungsrichtlinie; Richtlinie 2006/46/EG v. 14. 6. 2006, zur Änderung der Bilanzrichtlinien; Richtlinie 2005/56/EG v. 26. 10. 2005 zur grenzüberschreitenden Verschmelzung von Kapitalgesellschaften; Richtlinie 2007/36/EG v. 11. 7. 2007, zu Aktionärsrechten in börsennotierten Gesellschaften.

128 Dies gilt etwa für eine umfassende Reform der (2.) Kapitalrichtlinie, vgl. KPMG, Feasibility Study on an alternative to the capital maintenance regime established by the Second Company law Directive 77/91/EEC of 13 December 1977 and an examination of the impact on profit distribution of the new EU-accounting regime, Main Report, 2008, abrufbar unter http://ec.europa.eu/internal_market/company/docs/capital/feasbility/study_en.pdf. Nicht weiterverfolgt wird derzeit die Regulierung der Proportionalität von Kapital und Kontrolle („one share one vote"), vgl. Com-

und Verbesserung des bestehenden Regelungsrahmens, insbesondere durch umfassende Folgenabschätzungen der bestehenden und zukünftiger Maßnahmen, herauszukristallisieren.[129] Rechtsangleichung auf der Grundlage des Art. 44 Abs. 2 lit. g) EG ist danach aber jedenfalls nicht (mehr) Selbstzweck sondern Mittel der Krisenbewältigung und zur Sicherung und Stärkung der Wettbewerbsfähigkeit der Gesellschaften in Europa.[130]

2. Artikel 47 Abs. 2 EG (in Verbindung mit Art. 55 EG)[131]

Im Rahmen der Art. 47 Abs. 2 EG (Art. 55 EG) stellt sich vor allem die Frage nach der kompetenzeröffnenden Intensität der einzelstaatlichen Niederlassungshindernisse bzw. nach dem relevanten Bezug der jeweiligen Vorschriften zur Niederlassungsfreiheit.[132] Durch das 1. Tabakwerbe-Urteil ist diese Frage einer Klärung zumindest näher gekommen. Die entsprechende Rechtsangleichungsmaßnahme muss demnach auch im Rahmen des Art. 47 Abs. 2 EG tatsächlich auf die Beseitigung einer konkreten Gefahr von Beeinträchtigungen der Niederlassungsfreiheit bzw. spürbarer Wettbewerbsverzerrungen durch Zugangs- und Ausübungsregelungen zielen.[133] Sind diese Voraussetzungen erfüllt, ist das Hinzutreten weiterer Aspekte von eigener kompetenzrechtlicher Relevanz grundsätzlich unschädlich.[134]

3. Artikel 137, 139 Abs. 2, 141 Abs. 3 EG[135]

Art. 137 EG ist die bedeutendste Kompetenzvorschrift der Gemeinschaft für Maßnahmen im Bereich der Sozialpolitik[136] – und damit für das Sozial- und Arbeitsrecht nach deutscher Terminologie.[137] Auf Art. 137 EG gestützte Maßnahmen können im Verhältnis zu den Mitgliedstaaten nur unterstützender und ergänzender Natur sein, die primäre Zuständigkeit für diese Sachbereiche verbleibt also bei

---

mission Staff Working Document, Impact Assessment on the Proportionality between Capital and Control in Listed Companies, COM(2007) 1707. Auf Eis liegen derzeit auch Vorschläge für eine 14. gesellschaftsrechtliche Richtlinie zur grenzüberschreitenden Sitzverlegung, vgl. Commission Staff Working Document, Impact Assessment on the Directive on cross-border transfer of the registered office, COM(2007) 1707. Im Lichte der *Cartesio*-Entscheidung des EuGH ist aber insoweit möglicherweise eine Reevaluierung angezeigt.

129 Vgl. *Directorate General for Internal market and Services*, Consultation and Hearing on Future Priorities for the Action Plan on Modernising Company Law and Enhancing Corporate Governance in the European Union: Summary Report, abrufbar unter http://ec.europa.eu/internal_market/company/docs/consultation/final_report_en.pdf. Zum Ganzen noch *Baums*, (2007) 8 EBOR 143 ff.

130 *Habersack*, NZG 2004, 1 (9).

131 Art. 53 (in Verbindung mit Art. 62) VAEU.

132 *Calliess/Ruffert-Bröhmer*, Art. 47 EGV Rn. 11 f.

133 EuGH v. 5. 10. 2000 – Rs. C-376/98 (*Deutschland ./. Parlament und Rat*), Slg. 2000, I-2247 Rn. 87.

134 EuGH v. 5. 10. 2000 – Rs. C-376/98 (*Deutschland ./. Parlament und Rat*), Slg. 2000, I-2247 Rn. 88.

135 Ohne Änderung in der Sache Art. 153, 155 Abs. 2, 157 Abs. 3 VAEU. Vgl. *Sypris*, (2008) 37 ILJ 219 (227).

136 *Geiger*, Art. 137 EGV, Rn. 1; Calliess/Ruffert-*Krebber*, Art. 137 EGV Rn. 1.

137 *M. Schmidt*, Arbeitsrecht der EG, S. 7.

den Mitgliedstaaten.[138] Eine umfassende Harmonisierung der genannten Bereiche ist der Kompetenz der Gemeinschaft daher entzogen.[139] Insoweit ist die Gemeinschaft weiterhin auf andere Kompetenzgrundlagen, insbesondere Art. 94, 95 und 308 EG, angewiesen.

Weitere für das Arbeitsrecht relevante Kompetenznormen finden sich in Art. 139 Abs. 2 EG[140] sowie in Art. 141 Abs. 3 EG. Da Art. 141 Abs. 3 EG nur geschlechtsbezogene Diskriminierungen im Bereich des Arbeitsrechts betrifft, ist er gegenüber Art. 13 EG *lex specialis*. Art. 13 EG erlaubt demgegenüber auch die Bekämpfung nicht geschlechtsbezogener Diskriminierungen im Arbeitsrecht sowie die Bekämpfung geschlechtsbezogener Diskriminierungen außerhalb des Arbeitsrechts.[141]

4. Artikel 153 EG[142]

Art. 153 EG eröffnet der Gemeinschaft die Möglichkeit, sich dem Verbraucherschutz als Hauptziel von Maßnahmen zu widmen.[143] Die Kompetenz der Gemeinschaft zur Verfolgung einer verbraucherschutzorientierten Politik ist jedoch insoweit begrenzt, als sie entweder nur als Sekundärziel im Rahmen von binnenmarktfinalen Maßnahmen zulässig oder den Verbraucherschutzpolitiken der Mitgliedstaaten nachgeordnet ist.[144]

Art. 153 Abs. 3 lit. a) EG ermächtigt die Gemeinschaft zur Verfolgung einer autonomen Verbraucherschutzpolitik (nur) im Rahmen des Art. 95 EG. Insoweit wird lediglich klargestellt[145], was sich bereits aus Art. 153 Abs. 2 EG und Art. 95 Abs. 3 EG ergibt, nämlich dass auch bei der Verwirklichung des Binnenmarktes Verbraucherschutzgesichtspunkte zu berücksichtigen sind. Durch die sogenannte Querschnittsklausel des Art. 153 Abs. 2 EG werden alle Gemeinschaftsorgane darauf verpflichtet, bei der Verfolgung anderer Gemeinschaftsziele den Erfordernissen des Verbraucherschutzes Rechnung zu tragen. Ein Vorrang des Verbraucherschutzes vor anderen Gemeinschaftszielen wird damit freilich nicht begründet. Der

---

138 *Geiger*, Art. 137 EGV, Rn. 1; Calliess/Ruffert-*Krebber*, Art. 137 EGV Rn. 3.

139 Calliess/Ruffert-*Krebber*, Art. 137 EGV Rn. 3.

140 Soweit sich die auf Gemeinschaftsebene von den Sozialpartnern geschlossenen Vereinbarungen auf die von Art. 137 EG erfassten Bereiche beziehen, kann deren Durchführung durch einen Beschluss des Rates nach Vorschlag der Kommission erfolgen. Voraussetzung hierfür ist ein gemeinsamer Antrag der Unterzeichnerparteien. Je nach dem ob die Vereinbarung einen Bereich betrifft, für den gemäß Art. 137 Abs. 2 lit. b) EG Einstimmigkeit des Rates vorgesehen ist, entscheidet er auch im Rahmen des Art. 139 Abs. 2 EG einstimmig oder mit qualifizierter Mehrheit.

141 Vgl. *Streinz*, in: *Leible/Schlachter* (Hrsg.), Diskriminierungsschutz durch Privatrecht, S. 11 (24).

142 Ohne sachliche Änderung Art. 169 VAEU.

143 *Schwarze/Von der Groeben-Berg*, Art. 153 EG Rn. 3; *Heiss*, ZEuP 1996, 625.

144 *Callies/Ruffert-Wichard*, EUV/EGV, Art. 153 EGV Rn. 3; vgl. auch *Heiss*, ZEuP 1996, 625.

145 Vgl. etwa *W.-H. Roth*, JZ 2001, 475 (477) Fn. 36; *Deckert/Lilienthal*, EWS 1999, 121 (131); Calliess/Ruffert-*Wichard*, Art. 153 EGV Rn. 13; *Schwarze/Von der Groeben-Berg*, Art. 153 EG Rn. 15. Vor der Einführung von Art. 95 Abs. 3 Satz 2 EG durch den Amsterdamer Vertrag bestand die Funktion der Verweisung darin, neben der Kommission auch die anderen Gemeinschaftsorgane auf ein hohes Verbraucherschutzniveau zu verpflichten. Vor diesem Hintergrund wurde Art. 129a Abs. 1 a) EGV zum Teil als Kompetenzgrundlage angesehen, vgl. *Micklitz/Reich*, EuZW 1992, 593 (596).

Verbraucherschutz wird lediglich zum abwägungserheblichen Belang, der mit kollidierenden Belangen in ein Verhältnis praktischer Konkordanz zu bringen ist.[146] Art. 95 EG kommt als Rechtsgrundlage für verbraucherschützende Vorschriften nur dann in Betracht, wenn diese tatsächlich den Zweck haben, die Voraussetzungen für die Errichtung und das Funktionieren des Binnenmarktes zu verbessern oder spürbare Wettbewerbsverzerrungen zu beseitigen.[147] Der Verbraucherschutz wird insoweit dem Binnenmarktziel untergeordnet und hat sich auf marktkomplementäre Mittel zu beschränken.[148]

Nicht-binnenmarktfinale Maßnahmen der Gemeinschaft auf dem Gebiet des Verbraucherschutzes lassen sich nur auf Grundlage des Art. 153 Abs. 3 lit. b) EG rechtfertigen. Hierbei ist die Gemeinschaft jedoch auf die Unterstützung, Ergänzung und Überwachung der Politik der Mitgliedstaaten beschränkt.[149] Eine völlige Vereinheitlichung der mitgliedstaatlichen Verbraucherschutzpolitiken ist somit nicht möglich; den Mitgliedstaaten müssen vielmehr Handlungsspielräume verbleiben.[150] Dies folgt schon daraus, dass die Gemeinschaft bei auf Art. 153 Abs. 3 lit. b) EG gestützten Maßnahmen den Mitgliedstaaten nur Mindeststandards vorgeben darf. Dabei gilt diese Beschränkung des Art. 153 Abs. 5 EG ausschließlich für Maßnahmen nach Art. 153 Abs. 3 lit. b) EG.[151]

III. Allgemeine Kompetenzausübungsschranken – Subsidiaritätsprinzip und Erforderlichkeitsgrundsatz

Sind die Voraussetzungen einer Kompetenznorm gegeben, so ist die jeweilige Maßnahme sodann grundsätzlich an Subsidiaritätsprinzip und Erforderlichkeitsgrundsatz zu messen.

1. Das Subsidiaritätsprinzip gemäß Artikel 5 Abs. 2 EG[152]

Von den einen als „Architekturprinzip einer zukünftigen föderalen Ordnung in Europa" gefeiert, von anderen als Instrument der Destabilisierung und Desinteg-

146 Vgl. Calliess/Ruffert-*Wichard*, Art. 153 EGV Rn. 21; *Schwarze/Von der Groeben-Berg*, Art. 153 EG Rn. 10, 14; *Stuyck*, (2000) 37 CMLRev., 367 (386 f.).
147 EuGH v. 5. 10. 2000 – Rs. C-376/98 (*Deutschland ./. Parlament und Rat*), Slg. 2000, I-2247 Rn. 84, 88, 106.
148 *Callies/Ruffert-Wichard*, Art. 153 EGV, Rn. 16; vgl. zum Ganzen auch *Heiss*, ZEuP 1996, 625 (630 ff.) und *Stuyck*, (2000) 37 CMLRev., 367 (389 ff.).
149 Dies schließt die Vorgabe bestimmter Schutzniveaus nicht aus, andernfalls wäre Abs. 5 sinnlos, vgl. Calliess/Ruffert-*Wichard*, Art. 153 EGV Rn. 19. Art. 153 EG selbst begründet jedoch keine positiven Handlungspflichten der Mitgliedstaaten im Bereich des Verbraucherschutzes, vgl. EuGH v. 7. 3. 1996 – Rs. C-192/94 (*El Corte Ingles SA/Rivero*), Slg. 1996, I-1281 Rn. 19 f.
150 *Callies/Ruffert-Wichard*, Art. 153 EGV, Rn. 19.
151 EuGH v. 25. 4. 2002 – Rs. C-52/00 (*Kommission ./. Frankreich*), Slg. 2002, I-3856, Rn. 15; EuGH v. 25. 4. 2002 – Rs. C-154/00 (*Kommission ./. Griechenland*), Slg. 2002, I-3887, Rn. 11; EuGH 25. 4. 2002 – Rs. 183/00 (*Gonzalez Sanchez ./. Medicina Asturiana SA*), Slg. 2002, I-3905, Rn. 24. Vgl. auch *Schwarze/Von der Groeben-Berg*, Art. 153 EG Rn. 19.
152 Vgl. Art. 5 Abs. 3 EUV.

ration auf dem Weg zurück in die nationalstaatliche Anarchie verdammt, ist Art. 5 Abs. 2 EG eine der problematischsten Vorschriften des EG-Vertrages.[153]

a) Anwendbarkeit im Bereich der binnenmarktfinalen Rechtsangleichung

Ausweislich seines Wortlautes findet Art. 5 Abs. 2 EG nur Anwendung in Bereichen, die nicht in die ausschließliche Zuständigkeit der Gemeinschaft fallen. Der EG-Vertrag kennt jedoch keinen, nach Sachmaterien geordneten Kompetenzkatalog vergleichbar den Art. 72ff. des Grundgesetzes.[154] Eine ausschließliche Gemeinschaftskompetenz liegt nach verbreiteter Ansicht dann vor, wenn in dem betreffenden Bereich Maßnahmen der Mitgliedstaaten aufgrund des EG-Vertrages ausgeschlossen sind, und zwar unabhängig davon, ob die Gemeinschaft von ihrer Kompetenz Gebrauch gemacht hat oder nicht.[155] Für die sektoriellen Kompetenzen der Verbraucher- und Sozialpolitik lassen sich aus dem Vertrag Anhaltspunkte für die Zuordnung gewinnen. Denn in Bereichen, in denen die Gemeinschaft lediglich einen Beitrag zur Tätigkeit der Mitgliedstaaten leistet, Art. 153 Abs. 1 EG, bzw. diese unterstützt und ergänzt, Art. 137 Abs. 1 EG, kann die Kompetenz der Gemeinschaft keine ausschließliche sein.

Die Zuordnung der Gemeinschaftskompetenzen zur Herstellung und Aufrechterhaltung des Binnenmarktes/Gemeinsamen Marktes, Querschnittskompetenzen also, die in zahlreiche, ganz unterschiedliche Sachgebiete hineinwirken[156], ist jedoch umstritten. Im wesentlichen[157] kommen zwei Lösungsansätze in Betracht.[158]

aa) Zielorientierter Ansatz

Die Kompetenzabgrenzung im Rahmen des Art. 5 Abs. 2 EG lässt sich zum einen zielorientiert bzw. instrumentell begreifen. Die Kompetenz zur Herstellung des Binnenmarktes im Wege der Rechtsangleichung wäre dann als ausschließliche Kompetenz der Gemeinschaft zu verstehen. Denn wo es darum geht, Beschränkungen der Grundfreiheiten und des unverfälschten Wettbewerbs durch Harmonisierung der mitgliedstaatlichen Gesetzgebung zu beseitigen, kann dies nur durch ein Tätigwerden der Gemeinschaft erreicht werden.[159]

---

153 Nach Inkrafttreten des Maastrichter Vertrages löste das Subsidiaritätsprinzip eine wahre Flut von Veröffentlichungen nicht nur, aber vor allem auch in Deutschland aus, vgl. nur die Nachweise bei *Müller-Graff*, ZHR 159 (1995), 34 (Fn. 3–7).

154 Der Terminus „ausschließliche“ Zuständigkeit findet nur einmal ausdrückliche Verwendung und zwar in Art. 106, wo es um die Befugnisse der Europäischen Zentralbank geht. Eine Definition der ausschließlichen und geteilten Kompetenz ist vorgesehen in Art. 2 VAEU; entsprechende Listen finden sich in Art. 3 bzw. 4 VAEU.

155 Vgl. *Jarass*, AöR 121 (1996), 173 (186); *Calliess*, Jura 2001, 311 (316); in diesem Sinne auch *Schwartz*, in: FS Everling, 1331 (1332). So auch Art. 2 Abs. 1 VAEU.

156 Vgl. *Jarass*, EuGRZ 1994, 209 (210); *ders.* AöR 121 (1996), 173 (178).

157 Ausführlich *Schwartz*, in: FS Everling, S. 1331 ff.

158 Vgl. *Müller-Graff*, ZHR 159 (1995), 34 (66).

159 So die *Kommission* (Mitteilung der Kommission an den Rat und das Europäische Parlament betr. das Subsidiaritätsprinzip vom 27. 10. 1992, Dok. SEK (92) 1990 endg., Anhang II 2b, abgedruckt in: *Merten* (Hrsg.), Subsidiarität, S. 112 (121); *Müller-Graff*, ZHR 159 (1995), 34 (69 f.); *Pescato-*

bb) Sachbereichsspezifischer Ansatz

Dem steht ein sachbereichsspezifischer Ansatz gegenüber. Hier wird danach gefragt, ob der von der Angleichungsmaßnahme betroffene Sachbereich, also z.B. das Recht der technischen Regeln, das Lebensmittelrecht oder das Privatrecht, im allgemeinen oder im Angleichungsausschnitt der Gemeinschaft ausdrücklich oder kraft Natur der Sache zur ausschließlichen Regelung zugewiesen ist und dies regelmäßig, aber jedenfalls für das Privatrecht, verneint.[160] Auch der EuGH folgt diesem Ansatz: Bereits in seinem Urteil zur Biopatentrichtlinie[161] überprüft der EuGH im Rahmen der Nichtigkeitsklage die auf Art. 100a EGV (nunmehr Art. 95 EG) gestützte Richtlinie 98/44/EG anhand von Art. 5 Abs. 2 EG und geht somit implizit davon aus, dass die Harmonisierungskompetenz des Art. 95 EG keine ausschließliche Zuständigkeit der EG darstellt, mit der Folge, dass das Subsidiaritätsprinzip zur Anwendung kommt. In *British American Tobacco* hebt der EuGH die Anwendbarkeit des Subsidiaritätsprinzips auf Art. 95 EG nunmehr ausdrücklich hervor.[162]

cc) Stellungnahme

Diese Ansicht ist aus rechtslogischen Gründen vorzugswürdig. Zwar ist richtig, dass nur die Gemeinschaft harmonisieren kann. Die Mitgliedstaaten müssen jedoch denknotwendig die Kompetenz haben, die harmonisierungsbedürftigen Sachbereiche zu regeln. Andernfalls könnten schon keine von Mitgliedstaat zu Mitgliedstaat unterschiedliche Regeln und damit auch kein Harmonisierungsbedarf bestehen.[163] Auch bliebe, betrachtete man die Binnenmarktkompetenzen als ausschließliche, für die Anwendung des Art. 5 Abs. 2 EG kaum noch Raum, eine Konsequenz die mit der Festschreibung des Subsidiaritätsprinzips als einem Strukturprinzip der Gemeinschaft mit dem Vertrag von Maastricht sicher nicht intendiert war.[164] Die binnenmarktfinale Rechtsangleichung auf dem Gebiet des Privatrechts ist somit uneingeschränkt am Subsidiaritätsprinzip des Art. 5 Abs. 2 EG zu messen.[165,166] Die

---

re, in: FS Everling, 1071 (1084); *GA Fennelly*, Schlussanträge v. 15. 6. 2000 – Rs. C-376/98 (*Deutschland/Parlament und Rat*), Slg. 2000 I-2247, Rn. 131ff., insbesondere Rn. 142; GA Jacobs, Schlussanträge v. 14. 6. 2001 – Rs. C-377/98 (*Niederlande/Parlament und Rat*) Slg. 2001, I-7084, Rn. 77ff. insbesondere Rn. 81.

160 Vgl. *Schwartz*, in: FS Everling, S. 1331 (1347); *von Borries*, EuR 1994, 263 (275); *Jarass*, EuGRZ 1994, 209 (210).

161 EuGH v. 9. 10. 2001 – Rs. C-377/98 (*Niederlande ./. Europäisches Parlament und Rat*), Sg. 2001 I-7079; Rn. 30–34.

162 EuGH v. 10. 12. 2002 – Rs. C-491/01 (*The Queen/Secretary of State for Health, ex parte British American Tobacco and Imperial Tobacco*), Slg. 2002, I-11453 Rn. 179; ebenso EuGH v. 12. 7. 2005 – verb. Rs. C-154, 155/04 (*Alliance for Natural Health*), Slg. 2005, I-6451, Rn. 103.

163 *Calliess*, Jura 2001, 311 (317); *ders./Ruffert-Calliess*, Art. 5 EGV Rn. 26.

164 *Franzen*, Privatrechtsangleichung, S. 59; *Jarass*, EuGRZ 1994, 209 (210).

165 Nach Art. 4 Abs. 2 lit. a) VAEU gehört der Binnenmarkt zu den geteilten Kompetenzen.

166 Eine weitere Frage, die sich hieran anschließt, besteht darin ob dann, wenn die Gemeinschaft von einer geteilten Kompetenz Gebrauch gemacht und einen konkreten Rechtsakt erlassen hat, nunmehr für diesen Bereich eine ausschließliche Zuständigkeit besteht, mit der Folge, dass das Subsidiaritätsprinzip nach Art. 5 Abs. 2 EG für Änderungen des in dem fraglichen Bereich bestehenden Gemeinschaftsrechts nicht mehr heranzuziehen ist; vgl. dazu Kapitel 7.

praktischen Auswirkungen sind freilich aufgrund der materiellen Vorgaben des Art. 5 Abs. 2 EG vernachlässigbar.[167]

b) Materielle Vorgaben

In materieller Hinsicht verlangt Art. 5 Abs. 2 EG entsprechend Nr. 5 des Protokolls Nr. 30 (Subsidiaritätsprotokoll) eine zweistufige Prüfung.[168] Zunächst ist zu prüfen, ob die mit der Gemeinschaftsmaßnahme verfolgten Ziele nicht ausreichend auf mitgliedstaatlicher Ebene erreicht werden können (sog. „Negativkriterium"). Insoweit ist zu fragen, ob das objektive Leistungspotenzial der einzelnen Mitgliedstaaten, ausgehend von den ihnen zur Verfügung stehenden tatsächlichen und finanziellen Mitteln, mit Blick auf das Ziel der in Betracht gezogenen Maßnahme tatsächlich unzureichend ist.[169] Ist diese Frage zu bejahen, müssen sodann kumulativ und kausal („daher") hierzu die Ziele der in Betracht gezogenen Maßnahme „wegen ihres Umfangs oder ihrer Wirkungen besser auf Gemeinschaftsebene erreicht werden können" (sog. „Positivkriterium").[170] Insoweit wird überwiegend eine Kosten-Nutzen-Analyse gefordert, bei der zusätzlicher Integrationsgewinn und mitgliedstaatlicher Kompetenzverlust gegeneinander abzuwägen sind.[171]

Betrachtet man vor diesem Hintergrund die privatrechtlichen Maßnahmen der marktintegrativen Rechtsangleichung, so ergibt sich folgendes Bild: Sind die Voraussetzungen der Kompetenznorm, etwa des Art. 95 EG, erfüllt, so vermag Art. 5 Abs. 2 EG die Gemeinschaftskompetenz nicht mehr zu begrenzen. Denn geht es darum, konkrete Beeinträchtigungen der Grundfreiheiten oder spürbare Wettbewerbsverzerrungen durch Rechtsangleichung zu beseitigen, so hat dies, ex ante betrachtet, regelmäßig nur bei einem Handeln der Gemeinschaft hinreichende Aussicht auf Erfolg.[172] Kompetenzbegrenzend wirkt somit die jeweilige Kompe-

---

167 Dies könnte sich nach dem Vertrag von Lissabon insoweit ändern, als Art. 5 Abs. 3 Satz 2 in Verbindung mit dem Subsidiaritätsprotokoll den nationalen Parlamenten vor Erlass eines Rechtsaktes ein Kontrollrecht zur Einhaltung des Subsidiaritätsprinzips einräumt, dass nach Erlass des Rechtsakts durch ein Klagerecht des nationalen Parlaments abgesichert ist, vgl. zu den enstprechenden Regelungen des gescheiterten Verfassungsentwurfs *Schroeter*, ZEuP 2006, 515 (531 f.).

168 Vgl. *von Borries*, EuR 1994, 263 (277); *Jarass*, EuGRZ 1994, 209 (210 f.), *ders.*, AöR 121 (1996), 173 (192); *Geiger*, Art. 5 EGV Rn. 8; *Lambers*, EuR 1993, 229 (235 ff.); *Hirsch*, in: FS Odersky, 197 (202); Calliess/Ruffert-*Calliess*, Art. 5 EGV Rn. 39.

169 Vgl. statt aller Calliess/Ruffert-*Calliess*, Art. 5 EGV, Rn. 41 ff. Umstritten ist, ob ein Tätigwerden der Mitgliedstaaten im Wege der intergouvernementalen Zusammenarbeit die Subsidiaritätsschranke zu Lasten des Gemeinschaftshandelns auslösen kann; bejahend *Lambers*, EuR 1993, 229 (236); *Hirsch*, in: FS Odersky, 197 (202); verneinend dagegen *Jarass*, EuGRZ 1994, 209 (211).

170 Dies scheint, bei Vorliegen des Negativkriteriums automatisch immer schon dann der Fall zu sein, wenn überhaupt eine effektive Regelung auf Gemeinschaftsebene möglich ist, vgl. *Jarass*, EuGRZ 1994, 209 (211); *Lambers*, EuR 1993, 229 (237).

171 Statt aller Calliess/Ruffert-*Calliess*, Art. 5 EGV, Rn. 49; ähnlich auch *Lambers*, EuR 1993, 229 (237); *Jarass*, EuGRZ 1994, 209 (211); *Geiger*, Art. 5 EGV Rn. 8.

172 *Grundmann*, Europäisches Schuldvertragsrecht, S. 94. Um Art. 5 Abs. 2 EG vor einem Bedeutungsverlust hinsichtlich der marktintegrativen Rechtsangleichung zu bewahren, schlägt *Franzen*, Privatrechtsangleichung, S. 60 ff., vor, das anvisierte Ziel selbst einem Erforderlichkeitstest zu unterziehen. Er erkennt jedoch selbst, dass dies bereits die Frage nach der Zulässigkeit der Rechtsangleichung dem Grunde nach aufwirft, die im Rahmen der Ermächtigungsgrundlagen zu prüfen ist.

tenznorm selbst und nicht Art. 5 Abs. 2 EG.[173] Dies entspricht auch der Rechtsprechung des EuGH. In der Rechtssache C-491/01[174] führt der EuGH aus, dass Richtlinie 2001/37/EG[175] die Beseitigung der Hemmnisse bezweckt, die sich aus den Unterschieden ergeben, welche noch zwischen den Vorschriften der Mitgliedstaaten über die Herstellung, die Aufmachung und den Verkauf von Tabakerzeugnissen fortbestehen. „Ein solches Ziel ließe sich durch eine Maßnahme allein auf der Ebene der Mitgliedstaaten nicht ausreichend erreichen; es verlangt eine Maßnahme auf Gemeinschaftsebene, wie die heterogene Entwicklung der nationalen Rechtsvorschriften im vorliegenden Fall zeigt. Daraus folgt, dass im Fall der Richtlinie das Ziel der in Betracht gezogenen Maßnahme auf der Ebene der Gemeinschaft besser erreicht werden konnte."[176]

2. Der Erforderlichkeitsgrundsatz gemäß Artikel 5 Abs. 3 EG

Art. 5 Abs. 3 EG[177] bestimmt als ein dritter Prüfungsschritt Art, Umfang und Intensität einer Maßnahme, ihre Reichweite und ihre materielle Regelungsdichte.[178] Die Vorschrift findet auch auf ausschließliche Kompetenzen der Gemeinschaft Anwendung.[179]

---

173 Vgl. *Weatherill*, (2005) 30 ELRev. 2005, 23 (26f.); *Davies*, (2006) 43 CMLRev. 63 (67ff., insbesondere 75). Davon zu unterscheiden ist freilich eine faktische Wirkung, die in der Rechtssetzungstätigkeit der Gemeinschaft und der flankierenden Rechtsprechung des EuGH nach *Rohe*, RabelsZ 61 (1997), 1 (6ff.), durchaus Wirkungen zeitigt.

174 EuGH v. 10. 12. 2002 – Rs. C-491/01 (*The Queen/Secretary of State for Health, ex parte British American Tobacco and Imperial Tobacco*), Slg. 2002, I-11453 Rn. 181–183. Vgl. auch EuGH v. 22. 5. 2003 – Rs. C-103/01 (*Kommission/Deutschland*), Slg. 2003, I-5369 Rn. 47.

175 Richtlinie 2001/37 EG des Europäischen Parlaments und des Rates vom 5. 6. 2001 zur Angleichung der Rechts- und Verwaltungsvorschriften der Mitgliedstaaten über die Herstellung, die Aufmachung und den Verkauf von Tabakerzeugnissen, ABl. EG 2001 Nr. L 194/26.

176 Vgl. auch EuGH v. 12. 11. 1996 – Rs. C-84/94 (*Vereinigtes Königreich ./. Rat*), Slg. 1996, I-5755 Rn. 46f.; EuGH v. 9. 10. 2001 – Rs. C-377/98 (*Niederlande ./. Europäisches Parlament und Rat*), Sg. 2001 I-7079 Rn. 32; EuGH v. 12. 7. 2005 – verb. Rs. C-154, 155/04 (*Alliance for Natural Health*), Slg. 2005, I-6451, Rn. 105–107.

177 Art. 5 Abs. 3 EG positiviert den seit langem als ungeschriebener Bestandteil im Gemeinschaftsrecht etablierten Grundsatz der Verhältnismäßigkeit und erstreckt dessen Anwendungsbereich über den Bereich des Grundrechtsschutzes hinaus auf das Kompetenzverhältnis von Gemeinschaft und Mitgliedstaaten.

178 Calliess/Ruffert-*Calliess*, Art. 5 EGV, Rn. 50; *Geiger*, Art. 5 EGV Rn. 14; *Jarass*, EuGRZ 1994, 209 (214); *ders.*, AöR 121 (1996), 173 (193); *von Borries*, EuR 1994, 263 (270). Die beiden zuletzt genannten Autoren betonen dabei auch, dass die Abgrenzung von „ob" und „wie" im Einzelfall praktisch kaum zu leisten sein dürfte.

179 Der begrenzende Gedanke der Erforderlichkeit hat eine spezielle Ausprägung in allen vorstehend erörterten Kompetenznormen erfahren. Das Verhältnis dieser speziellen Erforderlichkeitsanforderungen zu denjenigen des Art. 5 Abs. 3 EG ist nicht ganz eindeutig. Richtig dürfte sein, im Rahmen der Kompetenzgrundlage das anvisierte Ziel selbst einem Erforderlichkeitstest zu unterziehen und zu fragen, ob eine konkrete Maßnahme etwa zur Verwirklichung des Binnenmarktes erforderlich ist, so etwa *Franzen*, Privatrechtsangleichung, S. 61, (allerdings hinsichtlich des Subsidiaritätsprinzips gemäß Art. 5 Abs. 2 EG). Im Rahmen des Art. 5 Abs. 3 EG geht es dagegen ausschließlich um die konkrete Ausgestaltung der gemeinschaftlichen Maßnahme, die als solche nicht mehr in Frage zu stellen ist. Im Mittelpunkt stehen also ausschließlich Regelungsinstrument und Regelungsdichte, vgl. *Grundmann*, Europäisches Schuldvertragsrecht, S. 96.

Eine inhaltliche Konkretisierung hat Art. 5 Abs. 3 EG in Nr. 6 und Nr. 7 des Protokolls (Nr. 30) über die Anwendung der Grundsätze der Subsidiarität und der Verhältnismäßigkeit erfahren. Danach besteht in formeller Hinsicht eine Art „Mittelhierarchie", woraus sich ein Vorrang von gegenseitiger Anerkennung vor Harmonisierung, von Unterstützungsmaßnahmen vor einer Reglementierung, von Empfehlungen vor Richtlinien und von Richtlinien vor Verordnungen ergibt.[180] In materieller Hinsicht gilt das „Prinzip des schonendsten Ausgleichs" zwischen den Integrationsinteressen der Gemeinschaft einerseits und den Erfordernissen der Wahrung nationaler Identität andererseits, was sich in der inhaltlichen Ausgestaltung des jeweiligen Rechtsaktes widerspiegeln muss. Danach kommt einer Rahmenregelung Vorrang vor einer detaillierten Regelung, weniger dichten Harmonisierungsstufen, etwa optionaler Harmonisierung oder der Festlegung von Mindeststandards Vorrang vor einer Totalangleichung zu, die stets nur ultima ratio sein kann.[181] Entscheidend ist freilich stets die Verwirklichung des im Rahmen der Kompetenzgrundlage angestrebten Ziels. Nur soweit eine geringere Angleichungsdichte zur Zielerreichung gleich geeignet ist, kann Art. 5 Abs. 3 EG Bedeutung erlangen. Deswegen und wegen der schon auf Grund der Vagheit und Wertungsoffenheit der dargelegten Grundsätze nur eingeschränkten gerichtlichen Kontrolldichte[182], ist auch der begrenzende Charakter von Art. 5 Abs. 3 EG nicht zu überschätzen. Auch insoweit kommt daher den Tatbestandsvoraussetzungen der jeweiligen Kompetenzvorschrift die letztlich entscheidende Bedeutung zu.

IV. Primärrechtliche Vorgaben bezüglich der Rechtsangleichungsintensität

Es stellt sich die Frage, inwieweit sich aus diesen kompetenziellen Vorgaben inhaltliche Anforderungen bezüglich der Angleichungsintensität einer Maßnahme ableiten lassen.

1. Typen der Rechtsangleichung

Ohne das der EG-Vertrag insoweit detaillierte Angaben enthält, werden herkömmlicher Weise je nach dem Grade der mitgliedstaatlichen Gebundenheit im wesent-

---

180 Vgl. Calliess/Ruffert-*Calliess*, Art. 5 EGV Rn. 57; *Jarass*, EuGRZ 1994, 209 (214).

181 Vgl. Calliess/Ruffert-*Calliess*, Art. 5 EGV, Rn. 57; *Jarass*, EuGRZ 1994, 209 (214).

182 Vgl. EuGH v. 12. 11. 1996 – Rs. C-84/94 (*Vereinigtes Königreich ./. Rat*), Slg. 1996, I-5755 58: Dem Gemeinschaftsgesetzgeber ist ein weiter Ermessensspielraum zuzugestehen, wenn es sich um sozialpolitische Entscheidungen handelt, die komplexe Abwägungen erforderlich machen. Der EuGH prüft lediglich auf „offensichtlichen Irrtum", Ermessensmissbrauch oder „offenkundige" Überschreitung der Ermessengrenzen, was praktisch auf die offensichtliche Ungeeignetheit der Maßnahme im Hinblick auf das angestrebte Ziel hinausläuft. Vgl. auch EuGH v. 14. 12. 2004 – Rs. C-434/02 (*Arnold Andre GmbH*), Slg. 2004, I-11825, Rn. 46; EuGH v. 14. 12. 2003 – Rs. C-210/03 (*Swedish Match*) Slg. 2004, I-11893, Rn. 48;EuGH v. 12. 7. 2005 – verb. Rs. C-154, 155/04 (*Alliance for Natural Health*), Slg. 2005, I-6451, Rn. 52; EuGH v. 12. 12. 2006 – Rs. C-380/03 (*Deutschland/Europäisches Parlament und Rat*), Slg. 2006, I-11573 Rn. 42, 144f.

lichen[183] drei Methoden der Rechtsangleichung unterscheiden[184], die auch kombiniert werden können.[185]

a) Totalangleichung oder vollständige Harmonisierung

Im Falle der Totalangleichung oder vollständigen Harmonisierung ist ein Abweichen der Mitgliedstaaten von den Bestimmungen der Richtlinie „nach oben oder unten" innerhalb des harmonisierten Bereichs ausgeschlossen.[186] Die Richtlinie regelt einen bestimmten Lebenssachverhalt abschließend, ein irgendwie geartetes Umsetzungsermessen der Mitgliedstaaten besteht grundsätzlich nicht.[187] Der Anwendungsbereich der Richtlinie und deren Begriffsbestimmungen sind dabei maßgeblich für die Eingrenzung des vollständig harmonisierten Areals.[188] Außerhalb dieses Bereichs steht es den Mitgliedstaaten grundsätzlich frei, weitergehende Vorschriften zu erlassen oder bei zubehalten.[189] Dies kann zu Friktionen führen, wenn der harmonisierte Bereich teilweise von nicht-harmonisierten Fragestellungen überlagert wird bzw. zu solchen wichtige Querverbindungen bestehen. Ein Beispiel ist die Produkthaftungsrichtlinie. Diese hat der EuGH, trotz ihres Art. 13, als ein Instrument der Total- bzw. vollständigen Angleichung angesehen; auch die Einräumung von Wahlrechten bzw. der Verweis hinsichtlich bestimmter Fragen auf das nationale Recht ändere an dieser Einordnung der Richtlinie nichts.[190] Andererseits gestattet der EuGH den Mitgliedstaaten die Beibehaltung von Haftungsvorschriften, soweit diese sich nur ausreichend vom Haftungsregime der Richtlinie unterscheiden, etwa auf Verschulden beruhen.[191] Je nach Verschul-

183 Vgl. mit teilweise abweichender Terminologie *Callies/Ruffert-Kahl*, Art. 94 Rn. 5; *Slot*, (1996) 21 ELRev., 378 (382ff.); *Lutter*, in: FS Everling, 765 (767ff.); *Streinz* in: *Everling/W.-H. Roth* (Hrsg.), Mindestharmonisierung, S. 9 (18); *Steindorff*, EG-Vertrag und Privatrecht, S. 413ff.; *Dougan*, (2000) 37 ELRev., 853 (854f.); *Streinz-Leible*, Art. 95 EGV Rn. 38ff.

184 Dies gilt dabei nicht nur für die Handlungsform der Richtlinie, sondern auch für die Verordnung. Diese ist zwar grundsätzlich auf die Schaffung von Einheitsrecht, also Rechtsvereinheitlichung gerichtet, kann aber je nach ihrer Reichweite ebenfalls den Mitgliedstaaten mehr oder weniger große Regelungsspielräume belassen, vgl. *Streinz* in: *Everling/W.-H. Roth* (Hrsg.), Mindestharmonisierung, S. 9 (18).

185 Vgl. *Streinz-Leible*, Art. 95 EGV Rn. 39, 49.

186 *Slot*, (1996) 21 ELRev., 378 (382); *Steindorff*, EG-Vertrag und Privatrecht, S. 413; *Mak*, ERPL 2009, 55 (58f.). Eine Ausnahme gilt dann, wenn die Richtlinie Schutzklauseln (vgl. Art. 95 Abs. 10 EG) enthält, die die Mitgliedstaaten in Notfällen berechtigen, aus den in Art. 30 EG genannten Gründen vorläufige Maßnahmen zu treffen. *Streinz*, in: *Everling/W.-H. Roth* (Hrsg.), Mindestharmonisierung, S. 9 (18f.), unterscheidet insoweit zusätzlich zwischen „absoluter Harmonisierung" und „Vollharmonisierung (vollständiger Harmonisierung, Totalharmonisierung)".

187 EuGH v. 23. 4. 2009 – verb. Rs. C-261/07, C-299/07 (*VTB-VAB NV/Total Belgium NV, Galatea BVBA/Sanoma Magayines Belgium NV*), Slg. 2009, I-00000, Rn. 55, 63, im Hinblick auf Art. 4 der Richtlinie 2005/29/EG über unlautere Geschäftspraktiken.

188 Vgl. etwa Erwägung (10) der Verbraucherkreditrichtlinie.

189 *Mak*, ERPL 2009, 55 (59).

190 EuGH v. 25. 4. 2002 – Rs. C-52/00 (*Kommission ./. Frankreich*), Slg. 2002, I-3856 Rn. 16, 19; EuGH v. 25. 4. 2002 – Rs. C-154/00 (*Kommission ./. Griechenland*), Slg. 2002, I-3887 Rn. 12, 15; EuGH 25. 4. 2002 – Rs. 183/00 (*Gonzalez Sanchez ./. Medicina Asturiana SA*), Slg. 2002, I-3905 Rn. 25, 28. Eine Vielzahl von Wahlmöglichkeiten kann freilich den Angleichungserfolg gefährden, so die über 50 Wahlrechte der Bilanzrichtlinie, vgl. *Streinz-Leible*, Art. 95 EGV Rn. 40.

191 EuGH v. 10. 1. 2006 – Rs. C-402/03 (*Skov/Bilka*), Slg. 2006, I-199 Rn. 47.

densmaßstab und Verteilung der Beweislast mag zur verschuldensunabhängigen Gefährdungshaftung der Richtlinie nur ein marginaler Unterschied bestehen.[192] Der Angleichungserfolg im Hinblick auf die Beseitigung von Wettbewerbsverzerrungen aufgrund unterschiedlicher Haftungsregelungen in den Mitgliedstaaten[193] wird so gefährdet.[194] Ein ähnliches Problem stellt sich im Hinblick auf die Richtlinie über unlautere Geschäftspraktiken.[195] Entsprechend dem Anwendungsbereich der Richtlinie beschränkt sich die Vollharmonisierung[196] auf Geschäftpraktiken von Unternehmen gegenüber Verbrauchern.[197] Geschäftspraktiken, die sich an andere Unternehmer richten, unterliegen weiterhin dem Regime der (konsolidierten) Werberichtlinie (2006/114/EG), die nach verbreiteter Ansicht (teilweise) strengere mitgliedstaatliche Vorschriften zulässt.[198] Bei jeder Marketing-Maßnahme, die sich sowohl an Verbraucher als auch Unternehmer richtet, sähe sich somit der Anbieter möglicherweise, zusätzlich zum Standard der Richtlinie im Hinblick auf Verbraucher, einem abweichenden und paradoxerweise vielleicht soger weitergehende Standard des Bestimmungslandes[199] im Hinblick auf Unternehmer ausgesetzt. Dies widerspricht der Binnenmarktfunktionalität der Richtlinie. Beide Beispiele verdeutlichen, wie wichtig es ist, den vollständig harmonisierten Bereich so zu bestimmen, dass die Beseitigung tatsächlicher Grundfreiheitenbeschränkungen und spürbarer Wettbewerbsverzerrungen tatsächlich erreicht werden kann.[200] Das Harmonisierungskonzept der vollständigen Harmonisierung verfolgen, neben der Richtlinie gegen unlautere Geschäftspraktiken, etwa die Finanzdienstleistungsfernabsatz-Richtlinie[201] und nunmehr auch die Verbraucherkredit-Richtlinie[202] und die Richtlinie über Teilzeitnutzungsverträge.[203]

b) Teilangleichung

Kennzeichen der Teilangleichung ist das Nebeneinander unterschiedlicher Regelungsregimes für inländische und Importprodukte bzw. -anbieter.[204] Verschiedene

192 *Whittaker*, ZEuP 2007, 858 (866, 871).
193 Vgl. Erwägungsgrund 1 der Produkthaftungsrichtlinie.
194 *Whittaker*, ZEuP 2007, 858 (868).
195 Vgl. *Leistner*, ZEuP 2009, 56 (69 f.).
196 Vgl. Erwägungsgründe 13; die Übergangsfrist nach Art. 3 Abs. 5 sowie die Binnenmarktklausel nach Art. 4.; zu Erwägungsgrund 7 unten Kapitel 7.
197 Art. 3 Abs. 1.
198 Art. 8 Abs. 1 der Werberichtlinie 2006/114/EG. Zur Frage der Zulässigkeit und Wirkung solcher allgemeiner Öffnungsklauseln siehe sogleich.
199 Dies ergibts sich aus dem „Marktortprinzip" des Art. 6 Abs. 1 der Verordnung (EG) Nr. 864/2007 des Europäischen Parlamentes und des Rats v. 11. 7. 2007 über das auf außervertragliche Schuldverhältnisse anzuwendende Recht („Rom II"), ABl. EU 2007 Nr. L 199/40.
200 *Mak*, ERPL 2009, 55 (61).
201 Vgl. Erwägungsgrund 13.
202 Vgl. Erwägungsgrund 9 sowie Art. 22 Abs. 1.
203 Vgl. Erwägungsgrund 3.
204 *Callies/Ruffert-Kahl*, Art. 94 EGV Rn. 4; *Slot*, (1996) 21 ELRev 378 (383 f.); *Streinz* in: *Everling/W.-H. Roth* (Hrsg.), Mindestharmonisierung, S. 9 (19).

Formen sind denkbar.[205] Bedeutsam ist vor allem die sogenannte optionelle Harmonisierung. Hierbei wird den Mitgliedstaaten ein Mindestniveau vorgegeben, von dem der Mitgliedstaat für Inlandsprodukte bzw. inländische Anbieter „nach oben" abweichen darf. Ausländischen Anbietern bzw. Produkten können die strengeren inländischen Standards jedoch nicht entgegengehalten werden, soweit die gemeinschaftsrechtlichen Mindestanforderungen erfüllt sind.[206] Gemeinschaftsweit tätige Anbieter können damit wahlweise eine gemeinschaftsweit einheitliche Produktionslinie fahren oder zu den strengeren Bedingungen des Importstaates anbieten.[207] Die optionelle Harmonisierung entspricht damit weitgehend dem von der Kommission im Grünbuch zur Überprüfung des gemeinschaftlichen Besitzstandes im Verbraucherschutz als Alternative zum Konzept der Vollharmonisierung vorgeschlagenen Mindestharmonisierung in Kombination mit dem Herkunftslandansatz.[208] Als weitere Option betrachtet die Kommission die Verbindung eines Minimumstandards mit einer Bestimmung über die gegenseitigen Anerkennung.[209] Danach dürfen die Mitgliedstaaten strengere Vorschriften in ihr nationales Recht aufnehmen, sind jedoch nicht berechtigt, diese ausländischen Anbietern und Produkten in einer Weise entgegenzuhalten, die zu einer nicht gerechtfertigten Beschränkung der Grundfreiheiten führt.[210] Der entscheidende Unterschied zur nachfolgend beschriebenen Mindestangleichung scheint darin zu bestehen, dass nach letzterer ausländische Anbieter grundsätzlich entsprechend der Vorschriften des Bestimmungslandes anbieten müssen, und nur ausnahmsweise im Falle eines Grundfreiheitenverstoßes nicht an diese gebunden sind. Im Falle gegenseitiger Anerkennung ist das Regel-Ausnahme-Verhältnis gleichsam umgekehrt: das Bestimmungsland kann ausländische Anbieter und

---

205 Neben der optionellen Harmonisierung wird vor allem noch die sogenannte fakultative Harmonisierung erörtert. Hierbei unterliegen grenzüberschreitende Produkte und Anbieter stets dem gemeinschaftsrechtlichen Standard, während inländische Anbieter stets zu den Bedingungen des Heimatstaates anbieten müssen. Eine irgendwie geartete Option besteht damit nicht, vgl. *Slot*, (1996) 21 ELRev 378 (384).

206 *Streinz* in: *Everling/W.-H. Roth* (Hrsg.), Mindestharmonisierung, S. 9 (19); *Slot*, (1996) 21 ELRev 378 (383).

207 *Slot*, (1996) 21 ELRev 378 (383). Abweichende, weil umgekehrte Terminologie bei *Streinz* in: *Everling/W.-H. Roth* (Hrsg.), Mindestharmonisierung, S. 9 (19).

208 Grünbuch: Die Überprüfung des gemeinschaftlichen Besitztsandes im Verbraucherschutz (Vorlage der Europäischen Kommission) v. 8. 2. 2007, KOM (2006) 744 endg., S. 12.

209 Grünbuch: Die Überprüfung des gemeinschaftlichen Besitztsandes im Verbraucherschutz (Vorlage der Europäischen Kommission) v. 8. 2. 2007, KOM (2006) 744 endg., S. 12. Das Prinzip gegenseitiger Anerkennung wurde vom EuGH in seiner *Cassis de Dijon* – Rechtsprechung formuliert. Die Kommission hat sich das Anerkennungsprinzip zu eigen gemacht, zunächst in einer Mitteilung zur *Cassis de Dijon* – Entscheidung, vgl. Mitteilung der Kommission v. 3. 10. 1980, ABl. EG 1980 C 256/2-3, sodann im Rahmen der „neuen Strategie" des Weißbuchs zur Vollendung des Binnenmarktes aus dem Jahre 1985, vgl. Mitteilung der Kommission, Vollendung des Binnenmarktes – Weißbuch der Kommission an den Europäischen Rat, KOM(85) 310 endg., Rn. 61–66, 77–79, 101–107. Primärrechtlich verankert war das Anerkennungskonzept vorübergehend in Art. 100b EGV, der jedoch mit dem Vertrag von Amsterdam gestrichen wurde, da er in der Praxis keine Bedeutung erlangt hatte. Vgl. zum Ganzen *Riesenhuber*, System und Prinzipien, S. 142 ff.; *Callies/Ruffert-Kahl*, Art. 94 EGV Rn. 6.

210 Grünbuch: Die Überprüfung des gemeinschaftlichen Besitztsandes im Verbraucherschutz (Vorlage der Europäischen Kommission) v. 8. 2. 2007, KOM (2006) 744 endg., S. 12.

Produkte, die grundsätzlich ausschließlich ihrem Heimatrecht unterliegen, seinen nationalen strengeren Vorschriften unterwerfen, soweit dies vor dem Hintergrund der Grundfreiheiten gerechtfertigt ist. Beispiel für den Herkunftslandansatz bildet etwa die e-commerce-Richtlinie, nach deren Art. 3 Abs. 2 die Mitgliedstaaten den freien Dienstleistungsverkehr grundsätzlich nicht aus Gründen einschränken dürfen, „die in den koordinierten Bereich fallen". Ob dieses Herkunfstlandprinzip als international-privatrechtliche Norm unmittelbar auf das Recht des Herkunftslandes verweist, oder lediglich auf der Ebene des Sachrechts einen Günstigkeitsvergleich gebietet, ist äußerst umstritten.[211] Ersteres entspräche dem Konzept der optionellen Harmonisierung. Die Kommission geht offenbar von letzterem aus.[212]

c) Mindestangleichung

Bei der Mindestangleichung schließlich werden gemeinschaftsrechtlich lediglich Minimalstandards aufgestellt; den Mitgliedstaaten steht es frei, strengere Vorschriften zu erlassen, die auch ausländischen Anbietern oder Produkten entgegenhalten werden können.[213] Eine Obergrenze bildet insoweit lediglich das primäre Gemeinschaftsrecht, insbesondere die Grundfreiheiten. Bildlich gesprochen: das Sekundärrecht bildet den Fußboden, die Grundfreiheiten die Decke und im verbleibenden Zwischenraum können die Mitgliedstaten frei ihre eigenen nationale Politikinteressen verfolgen.[214] Teilweise beschränkt der EG-Vertrag die Gemeinschaft ausdrücklich auf Mindestvorschriften, so beispielsweise in Art. 137 Abs. 2 lit. b), Abs. 4 EG oder Art. 153 Abs. 5 EG.[215] In zahlreichen Richtlinien finden sich daneben sogenannte allgemeine Öffnungsklauseln, die den Mitgliedstaaten erlauben, für den jeweils geschützten Personenkreis günstigere Vorschriften beizubehalten oder einzuführen,[216] in neueren Richtlinien ausdrücklich[217] nur, soweit dies mit dem Vertrag vereinbar ist.

2. Rechtsgrundlage und Rechtsangleichungsintensität

In den Art. 137 Abs. 2 lit. b), Abs. 4 und 153 Abs. 5 EG ist das Konzept der Mindestharmonisierung ausdrücklich vorgeschrieben. Für die binnenmarktfinalen

---

211 Vgl. *Haubold*, in: *Gebauer/Wiedmann* (Hrsg.), Zivilrecht unter europäischem Einfluss, Kapitel 8 Rn. 88–96.

212 vgl. Grünbuch: Die Überprüfung des gemeinschaftlichen Besitztsandes im Verbraucherschutz (Vorlage der Europäischen Kommission) v. 8. 2. 2007, KOM (2006) 744 endg., S. 13.

213 *Callies/Ruffert-Kahl*, Art. 94 EGV Rn. 5.

214 Vgl. zu diesem Bild *Dougan*, (2000) 37 CMLRev, 853 (855).

215 Dass die auf der Grundlage etwaiger Maßnahmen in diesem Bereich erlassenen strengeren mitgliedstaatlichen Vorschriften auch ausländischen Anbietern und Produkten entgegen gehalten werden können, folgt aus dem Vorbehalt der Vereinbarkeit mit dem Vertrag, der sich vornehmlich auf die Grundfreiheiten bezieht, die nur in grenzüberschreitenden Sachverhalten Anwendung finden; vgl. auch *Riesenhuber*, System und Prinzipien, S. 160.

216 Etwa Art. 6 Abs. 2 Zahlungsverzugsrichtlinie; Art. 8 Klauselrichtlinie; Art. 8 Haustürgeschäfterichtlinie; Art. 14 Fernabsatzrichtlinie; Art. 8 Verbrauchsgüterkaufrichtlinie; Art. 8 Pauschalreiserichtlinie.

217 Dies gilt selbstverständlich auch bei nicht ausdrücklicher Formulierung.

Rechtsgrundlagen ist jedoch fraglich, ob sie zum Erlass von Mindestangleichungsmaßnahmen herangezogen werden können. Hat eine Maßnahme nämlich zum Ziel, tatsächliche Grundfreiheitenbeschränkungen bzw. spürbare Wettbewerbsverzerrungen im Wege der Rechtsangleichung abzubauen, so erscheint es als widersprüchlich, gleichzeitig den Mitgliedstaaten die Aufrechterhaltung potentiell beschränkender, wenn auch unter Umständen gerechtfertigter, Regelungen zu gestatten.[218]

a) Insbesondere Artikel 94, 95 EG

Gleichwohl war der Erlass von Mindeststandards mit allgemeinen Öffnungsklauseln auf der Grundlage der Art. 94, 95 EG bisher gängige Gemeinschaftspraxis und wurde auch vom Schrifttum nicht in Frage gestellt. Erst seit kurzem wird der Erlass von Minimumstandards gestützt auf die Binnenmarktrechtsgrundlagen von einer im Vordringen befindlichen Ansicht in Zweifel gezogen.

aa) Optionelle Harmonisierung anstelle von Minimumharmonisierung

Danach sei im Rahmen der binnenmarktorientierten Rechtsgrundlagen allein die optionelle Harmonisierung[219] möglich.[220] In systematischer Hinsicht wird zunächst auf Art. 95 Abs. 4 bis 10 EG verwiesen. Die Annahme, mangels abweichender ausdrücklicher Regelung spreche eine Vermutung für den Minimumcharakter einer Richtlinie[221], ebenso wie die Annahme, durch eine allgemeine Öffnungsklausel könne den Mitgliedstaaten ein Freibrief zu autonomer Regelung auch im harmonisierten Bereich erteilt werden, führe zu einer Umgehung und Sinnentleerung des in den Art. 95 Abs. 4 bis 10 EG niedergelegten, fein austarierten Systems.[222] Zudem folge logisch zwingend aus Art. 153 Abs. 5, der sich, vermittelt durch Abs. 4, ausdrücklich nur auf die unterstützenden Maßnahmen nach Art. 153 Abs. 3 b) EG und gerade nicht auf Maßnahmen nach Art. 153 Abs. 3 a), 95 EG bezieht, dass strengere Schutzvorschriften eben nur bei unterstützenden Maßnahmen nach Abs. 3 b) und nicht bei den binnenmarktrelevanten Maßnahmen nach Art. 95 EG zulässig sind.[223]

In teleologischer Hinsicht wird folgendes vorgetragen: Art. 95 EG (ebenso Art. 94 EG) bezweckt, die Errichtung und das Funktionieren des Binnenmarktes sicherzustellen. Dies geschieht vornehmlich durch den Abbau gerechtfertigter Grundfrei-

---

218 Vgl. *Weatherill*, EU Law, S. 606.
219 Eine Totalharmonisierung sei regelmäßig unvereinbar mit dem Subsidiaritätsgedanken und dem Erforderlichkeitsgrundsatz, vgl. *Grundmann*, Europäisches Schuldvertragsrecht, S. 79.
220 Vgl. *Grundmann*, JZ 1996, 274 (277 ff.); *ders.*, Europäisches Schuldvertragsrecht, S. 77 ff.; *ders.*, RabelsZ 64 (2000), 457 (471 ff.); *ders.*, ZGR 2001, 783 (798); *Riesenhuber*, System und Prinzipien, S. 152 ff.; *Rott*, (2003) 40 CMLRev., 1107 (1119 ff.). Vgl. auch *G.-P. Calliess*, ZEuP 2006, 742 (759): Fehlen einer Kompetenzgrundlage für eine weitere Mindestharmonisierung ohne gegenseitige Anerkennung.
221 So etwa *Wolff*, Konkretisierungskompetenz, S. 176; *Merkt*, RabelsZ 61 (1997), 647 (677 f.).
222 *Grundmann*, JZ 1996, 274 (280); *ders.*, Europäisches Schuldvertragrecht, S. 83; *Riesenhuber*, System und Prinzipien, S. 153.
223 *Taschner*, in: *Everling/W.-H. Roth* (Hrsg.), Minimumharmonisierung, S. 159 (163 f.).

heitenbeschränkungen im Wege der positiven Rechtsangleichung. Erfolgt eine solche binnenmarktorientierte Rechtsangleichung durch eine Regelung, die gleichzeitig die Beibehaltung oder Einführung strengeren Rechts zulässt, so erscheine die Maßnahme als von Anfang an zur Zielerreichung ungeeignet.[224] Auch die für Rechtsangleichungsmaßnahmen häufig herangezogenen Begründungslinien, Reduzierung der Transaktions-, insbesondere Informationskosten, für Unternehmen bzw. Erhöhung des Verbrauchervertrauens, seien für die Mindestharmonisierung nicht tragfähig.[225] Was den Verbraucher angeht, so kann dieser, wenn er sich auf die für ihn günstigeren Vorschriften seines Heimatstaates verlässt, bei grenzüberschreitender Nachfrage in einem Mitgliedstaat, der nur den von der Richtlinie vorgesehenen Minimalstandard umgesetzt hat, gerade enttäuscht werden.[226] Für den Unternehmer wird eine Reduzierung der Transaktionskosten gerade nicht erreicht, wenn er sich nach wie vor auf abweichende Regelungen in allen Mitgliedstaaten einstellen muss.[227]

Auch seien im Falle der Harmonisierung die Gründe für die Anerkennung einer Rechtfertigung aus zwingenden Gründen des Allgemeininteresses entfallen. Diese bestünden zum einen darin, dass sich die Mitgliedstaaten in einem bestimmten Bereich noch nicht zum letzten Integrationsschritt entschlossen hätten, zum anderen darin, zu verhindern, dass die Mitgliedstaaten in ihrer gesamten Rechtsordnung unverhofft und ohne Vorbehalt getroffen würden. Im Falle einer Harmonisierungsmaßnahme könne sich jeder Mitgliedstaat im Gesetzgebungsverfahren einbringen und auf eine ihm genehme Lösung hinarbeiten. Der Eingriff ins eigene Recht erfolge damit nicht mehr unverhofft, allenfalls unwillentlich. Dies sei jedoch normale Folge des Mehrheitsprinzips.[228]

Und schließlich ermögliche dieser Ansatz auch bestmöglich einen Wettbewerb der Regelgeber. Dem mündigen Verbraucher werde ermöglicht, durch die Wahl ausländischer Anbieter aus einem hohen, teuren Absicherungsstandard auszuoptieren, obwohl dieser Standard anderen, weniger versierten Verbrauchern auch erhalten bleibt, wenn man nur Inlandsprodukte an ihn bindet.[229]

Nach dieser Ansicht kann strengeres nationales Recht auch ausländischen Anbietern nur entgegengehalten werden außerhalb des sachlichen Anwendungsbereichs einer Harmonisierungsmaßnahme, sowie im Rahmen spezifischer Mindeststandard- oder anderer Abweichungsklauseln.[230] Letztere stellten die Binnenmarktrelevanz der Maßnahme nicht grundsätzlich in Frage, da sie die Freiverkehrswirkung der Rechtsangleichung nur punktuell und in für den Rechtsunterworfenen gut erkennbarer Weise einschränkten, aber nicht grundsätzlich aufhöben. In bei-

---

224 *Riesenhuber*, System und Prinzipien, S. 154; *Grundmann*, RabelsZ 64 (2000), 457 (475).
225 *Rott*, (2003) 40 CMLRev., 1107 (1121 ff.).
226 *Rott*, (2003) 40 CMLRev., 1107 (1122).
227 *Rott*, (2003) 40 CMLRev., 1107 (1122); vgl. auch *Dougan*, (2000) 37 CMLRev., 853 (865).
228 *Grundmann*, JZ 1996, 274 (280); *ders.*, Europäisches Schuldvertragrecht, S. 83.
229 *Grundmann*, RabelsZ 64 (2001), 457 (476); *ders.*, ZGR 2001, 783 (798).
230 *Grundmann*, Europäisches Vertragsrecht, S. 86 ff.; *Riesenhuber*, System und Prinzipien, S. 156.

den Fällen sei aber Voraussetzung, dass die jeweilige mitgliedstaatliche Regelung vor den Grundfreiheiten Bestand hat. In Richtlinien enthaltene allgemeine Öffnungsklauseln seien primärrechtskonform dahingehend auszulegen, dass auf deren Grundlage ergangenes strengeres mitgliedstaatliches Recht nur im Innlandssachverhalt anwendbar ist, ausländischen Anbietern aber nicht entgegengehalten werden kann.[231]

bb) Die Gegenansicht

Die (noch) überwiegende Ansicht geht davon aus, dass Art. 95 EG (und auch Art. 94 EG) zum Erlass von Minimumstandardrichtlinien herangezogen werden kann.[232] Die vorgebrachten Argumente sind zunächst formaler Natur. So könne obige Ansicht nicht erklären, dass einige Richtlinien strengere mitgliedstaatliche Maßnahmen ausdrücklich nur mit Hinweis auf die Notwendigkeit ihrer Vertrags- insbesondere Grundfreiheitenkonformität zulassen, also grenzüberschreitende Sachverhalte offenbar miteinbeziehen.[233] Insoweit wird freilich das Problem auf den Kopf gestellt: die Frage ist ja gerade, ob der Erlass solcher allgemeiner Öffnungsklauseln primärrechtlich zulässig ist; ihr Vorhandensein sagt darüber nichts aus. Im Hinblick auf Art. 95 Abs. 4 bis 10 EG wird geltend gemacht, dass diese lediglich den überstimmten Mitgliedstaaten dienenden Schutzbestimmungen von vornherein nicht anwendbar seien, wenn die Richtlinie den Mitgliedstaaten Spielraum für Abweichungen eröffnet.[234] Insoweit wird freilich das zu Begründende gerade behauptet, nämlich die Zulässigkeit allgemeiner Öffnungsklauseln für mitgliedstaatliche Alleingänge außerhalb der Art. 95 Abs. 4 bis 10 EG. Dagegen spricht aber die zwingende Ausgestaltung des Art. 95 Abs. 10 EG, wonach Harmonisierungsmaßnahmen „in geeigneten Fällen“ mit einer Schutzklausel verbunden „sind“.[235]

Inhaltlich wird vorgebracht, dass im Falle der Mindestharmonisierung, die den Mitgliedstaaten einen weitergehenden Schutzstandard ermöglicht, eine endgültige Fixierung des Allgemeininteresses gerade noch nicht erfolgt sei. Damit sei aber den Mitgliedstaaten die Berufung auf die zwingenden Gründe des Allgemeinwohls bzw. die vertraglichen Ausnahmetatbestände nicht abgeschnitten und

---

231 *Riesenhuber*, System und Prinzipien, S. 157; *Rott*, (2003) 40 CMLRev., 1107 (1122), speziell zu Art. 8 Abs. 2 der Verbrauchsgüterkaufrichtlinie und mit der Einschränkung, dass strengere mitgliedstaatliche Vorschriften nur bezüglich der Kernregelungen der Richtlinie ausgeschlossen sind.
232 *Streinz*, in: *Everling/W.-H. Roth* (Hrsg.), Mindestharmonisierung, S. 9 (30); *Slot*, (1996) 21 ELRev 378 (385); *Dougan*, (2000) 37 CMLRev., 853 (878); *Leible*, in *Schulte-Nölke/Schulze* (Hrsg.), Europäische Rechtsangleichung, S. 353 (372ff.); *Howells*, in *Grundmann/Stuyck* (Hrsg.), Academic Green Paper, S. 73 (75ff.); *W.-H. Roth*, in: *Grundmann/Medicus/Rolland* (Hrsg.), Europäisches Kaufgewährleistungsrecht, S. 113 (123ff.); jedenfalls implizit auch *Steindorff*, EG-Vertrag und Privatrecht, S. 422.
233 *Leible*, in *Schulte-Nölke/Schulze* (Hrsg.), Europäische Rechtsangleichung, S. 353 (373f.); *Streinz-Leible*, Art. 95 EGV Rn. 43; *W.-H. Roth*, in: *Grundmann/Medicus/Rolland* (Hrsg.), Europäisches Kaufgewährleistungsrecht, S. 113 (126). Soweit *W.-H. Roth* (a.a.O.) zur „verfassungsrechtlichen Bestätigung“ seiner Ansicht Art. 153 Abs. 5 EG heranzieht, verkennt er die Systematik des Art. 153 EG.
234 *W.-H. Roth*, in: *Grundmann/Medicus/Rolland* (Hrsg.), Europäisches Kaufgewährleistungsrecht, S. 113 (125).
235 *Riesenhuber*, System und Prinzipien, S. 153.

strengeres Recht auch im harmonisierten Bereich zu rechtfertigen.[236] Auch insoweit ist die Argumentation freilich zirkulär: die Frage ist ja gerade ob Minimumharmonisierung gestützt auf die Binnenmarktkompetenzen überhaupt zulässig ist.

Schwerer wiegt das Argument, dass durch Festlegung eines Mindestschutzniveaus zumindest ein erster Schritt auf dem Weg zu vereinheitlichten Standards und damit dem wirtschaftlichen level-playing-field gegangen werde.[237] Ein teilweiser Abbau von Behinderungen und Wettbewerbsverzerrungen sei besser als gar keiner. Bei Art. 95 EG ging es schließlich auch um das „Funktionieren" des Binnenmarktes. Gleichzeitig werde so den Mitgliedstaaten ein beschränkter Spielraum zur Wahrung ihrer lokalen Autonomie eingeräumt, die diese auch zur Entwicklung innovativer Regelungstechniken quasi als Labor nutzen könnten.[238] Auch hätte die optionelle Angleichung ein gespaltenes (Verbrauchervertrags-)Recht zur Folge: der Gesetzgeber müsste jeweils klarstellen, dass den Mindeststandard überschreitende Regelungen nur im Verhältnis zu innerstaatlichen Anbietern zur Anwendung kommen. Dies sei ein Schritt weg von einer systematischen und einheitlichen Regelung[239] und hätte eine weitere Rechtszersplitterung zur Folge.[240] Schließlich widerspreche die obige Ansicht Art. 5 EVÜ, der dem passiven Verbraucher den Schutz seines Heimatrechts erhalte, und führe stattdessen durch die Hintertür das Herkunftslandprinzip ein, das jedoch nur kraft ausdrücklicher Anordnung gelten könne.[241] Dies gilt in noch stärkerem Maße für Art. 6 Abs. 1 und 2 der Rome-I-Verordnung, der den Vertrag zwischen Unternehmer und Verbraucher grundsätzlich und in weitem Umfang dem Verbraucherschutzrecht des Heimatstaates des Verbrauchers unterwirft.[242]

---

236 *Leible*, in *Schulte-Nölke/Schulze* (Hrsg.), Europäische Rechtsangleichung, S. 353 (374); *Streinz-Leible*, Art. 95 EGV Rn. 43; *W.-H. Roth*, ZEuP 1994, 5 (32).
237 *W.-H. Roth*, in: *Grundmann/Medicus/Rolland* (Hrsg.), Europäisches Kaufgewährleistungsrecht, S. 113 (124).
238 *Howells/Weatherill*, Consumer Protection Law, S. 135; *Howells*, in: *Grundmann/Stuyck*, An Academic Green Paper, S. 73 (76); vgl. auch *Reich*, ZEuP 2007, 161 (174); *Tonner/Tamm*, JZ 2009, 277 (278): „notwendiger erster Schritt im Interesse eines organischen Wachsens eines gemeinschaftlichen Rechtsraumes".
239 *W.-H. Roth*, in: *Grundmann/Medicus/Rolland* (Hrsg.), Europäisches Kaufgewährleistungsrecht, S. 113 (123).
240 Grünbuch: Die Überprüfung des gemeinschaftlichen Besitztsandes im Verbraucherschutz (Vorlage der Europäischen Kommission) v. 8. 2. 2007, KOM (2006) 744 endg., S. 13.
241 *Reich*, ZEuP 2007, 161 (174); soweit *Reich*, a. a. O., zudem ausführt, dass der Gedanke der Mindestharmonisierung eindrucksvoll durch Art. 153 Abs. 5 EG bestätigt werde und im Hinblick auf die dort in S. 3 vorgesehene Mitteilungspflicht die Bedenken gegen eine Mindestharmonisierung ausgeräumt werden könnten, trägt dies schon deshalb nicht, weil sich Art. 153 Abs. 5 EG seinem ausdrücklichen Wortlaut gemäß nur auf Maßnahmen der Ergänzung, Unterstützung und Überwachung nach Art. 153 Abs. 3 lit. b) EG bezieht und nicht auf Harmonisierungsmaßnahmen nach Art. 95 EG.
242 Commission Staff Working Document accompanying the proposal for a directive on consumer rights: Impact Assessment Report (abrufbar unter http://ec.europa.eu/consumers/rights/docs/impact_assessment_report_en.pdf), 24.

cc) Die Rechtsprechung des Gerichtshofs

Die Rechtsprechung des Gerichtshofs zu dieser Frage ist noch immer mehrdeutig.[243] In der Rechtssache *Buet* ging es um ein über das bloße Rücktrittsrecht der Haustürwiderrufsrichtlinie hinausgehendes französisches Verbot des Verkaufs von Unterrichtsmaterial an der Haustür.[244] Nach Ansicht des EuGH konnte dieses Verbot einem französischem Unternehmen, dass aus dem Vereinigten Königreich stammendes Unterrichtsmaterial an der Haustür vertrieb, entgegen gehalten werden. Der EuGH begründete dies zum einen mit der besonderen Schutzbedürftigkeit der Kunden in diesem Bereich, die regelmäßig einen irgendwie gearteten Bildungsrückstand aufholen wollten,[245] aber auch mit dem ausdrücklichen Hinweis auf die allgemeine Öffnungsklausel des Art. 8 der Haustürgeschäfterichtlinie.[246] Dementsprechend wird dieses Urteil oft als Bestätigung für die Zulässigkeit der Minimumharmonisierung auch im Binnenmarktbereich herangezogen.[247] Ganz so eindeutig war dies freilich nicht, so ließ sich argumentieren, dass der Vertrieb von Unterrichtsmaterial nach Ansicht des EuGH außerhalb des harmonisierten Bereichs liege[248] bzw. das die streitgegenständliche französische Regelung eine bloße Vertriebsmodalität im Sinne der Keck-Rechtsprechung war, die bei unterschiedsloser Anwendung gar keine Grundfreiheitenbehinderung auslöse.[249]

In *DocMorris* überprüft der EuGH das Verbot des Versandhandels von Arzneimitteln (§ 43 Arzneimittelgesetz) anhand der Grundfreiheiten.[250] Zwar sei im abschließend harmonisierten Bereich grundsätzlich die Harmonisierungsmaßnahme maßgeblich. Dies gelte jedoch nicht, wenn den Mitgliedstaaten die ausdrückliche Befugnis zum Erlass weitergehender Bestimmungen unter Beachtung des Vertrages, hier Art. 14 der Fernabsatzrichtlinie, eingeräumt wird.[251] In der Entscheidung *Karner* ging es um ein österreichisches Verbot mit der Aussage öffentlich zu werben, dass bestimmte Waren aus einer Konkursmasse stammen, wenn sie dieser tatsächlich nicht mehr angehören.[252] Der EuGH führt aus, dass die Werberichtlinie (84/450/EWG) objektive Mindestkriterien zur Beurteilung einer Werbung als irreführend aufstellen sollte, Art. 7 der Werberichtlinie den Mitgliedstaaten jedoch die Möglichkeit einräume, strengere nationale Schutzvorschriften aufrechtzuerhalten oder zu erlassen soweit dies mit den Grundfreiheiten vereinbar ist.[253] Er prüft sodann das streitgegenständliche Werbeverbot anhand des Art. 28 EG und kommt zu dem Schluss, dass es sich um eine bloße Verkaufsmodalität im

---

243 *Dougan*, (2000) 37 CMLRev., 853 (878), mit ausführlicher Analyse der Rechtsprechung.
244 EuGH v. 16. 5. 1989 – Rs. 382/87 (*Buet*), Slg. 1989, 1235.
245 EuGH v. 16. 5. 1989 – Rs. 382/87 (*Buet*), Slg. 1989, 1235 Rn. 13.
246 EuGH v. 16. 5. 1989 – Rs. 382/87 (*Buet*), Slg. 1989, 1235 Rn. 16.
247 Vgl. etwa *Wolff*, Konkretisierungskompetenz, S. 125.
248 *Riesenhuber*, System und Prinzipien, S. 158.
249 *Grundmann*, RabelsZ 64 (2000), 457 (473).
250 EuGH v. 11. 12. 2003 – Rs. C-322/01 (*DocMorris*), Slg 2003, I-14951.
251 EuGH v. 11. 12. 2003 – Rs. C-322/01 (*DocMorris*), Slg 2003, I-14951 Rn. 64.
252 EuGH v. 25. 3. 2004 – Rs. C-71/02 (*Karner/Troostwijk*), Slg. 2004, I-3025.
253 EuGH v. 25. 3. 2004 – Rs. C-71/02 (*Karner/Troostwijk*), Slg. 2004, I-3025, Rn. 32 f.; vgl. auch EuGH v. 8. 4. 2003 – Rs. C-44/01 (*Pippig*), Slg. 2003, I-3095, Rn. 40.

Sinne der *Keck*-Rechtsprechung handelt.[254] Die Entscheidung betraf zu dem einen rein innerstaatlichen Sachverhalt.[255] In der Entscheidung *A-Punkt* ging es um ein österreichisches Verbot für den Vetrieb von Silberschmuck und des Sammelns von Bestellungen auf Silberschmuck im Wege von Haustürgeschäften.[256] Nach Ansicht des EuGH betraf die fragliche nationale Regelung eine Vertriebsmethode hinsichtlich derer die Verbraucherschutzvorschriften durch die Haustürgeschäfte-Richtlinie teilweise harmonisiert sind. Ohne den Harmonisierungsgrad der Richtlinie eingehend untersuchen zu müssen, stehe fest, dass die Mitgliedstaaten nach Art. 8 der Richtlinie befugt seien, weitergehende Schutzvorschriften, einschließlich eines Verbotes, teilweise oder vollständig beizubehalten oder zu erlassen. Dies allerdings nur, soweit ein entsprechendes Verbot mit dem Grundsatz des freien Warenverkehrs vereinbar sei.[257] Bei der Prüfung des nationalen Verbots anhand von Art. 28 EG kommt der EuGH zu dem Ergebnis, dass es sich um eine in rechtlicher Hinsicht unterschiedslos anwendbare Verkaufsmodalität handele.[258] Die Prüfung, ob das Verbot in tatsächlicher Hinsicht gegeignet ist, den Marktzugang für Anbieter aus anderen Mitgliedstaaten gegenüber inländischen Anbietern zu erschweren, überlässt der EuGH sodann dem vorlegenden Gericht.[259] Dabei weist der EuGH noch darauf hin, dass, sollte das nationale Gericht eine tatsächliche Marktzugangserschwerung für ausländische Anbieter und damit eine Behinderung der Warenverkehrsfreiheit bejahen, diese möglicherweise unter dem Gesichtspunkt des Verbraucherschutzes gerechtfertigt ist. Im Rahmen der Verhältnismäßigkeitsprüfung müsse das Gericht „das Schutzniveau berücksichtigen, das für die Verbraucher nach der Richtlinie 85/577 im Rahmen des Vertriebs der betroffenen Erzeugnisse und des Sammelns von Bestellungen auf diese Erzeugnisse besteht."[260] Diese Äußerung wird man wohl nicht dahingehend verstehen dürfen, dass die Haustürgeschäfte-Richtlinie das Schutzniveau im Hinblick auf die Erforderlichkeit zwingend festschreibt. Aus dem Kontext und insbesondere dem nachfolgenden Hinweis auf die besonderen Gefährdungen des Verbrauchers durch den Vertrieb von Silberschmuck im Wege des Haustürgeschäfts[261] ergibt sich eher, das der Mitgliedstaat über dieses Schutzniveau durchaus hinausgehen kann. Bestätigt wird dies durch die Entscheidung *Gysbrechts*.[262] Gegenstand war ein belgisches Verbot, vom Verbraucher im Fernabsatz vor Ablauf der Rücktrittsfrist eine Anzahlung oder Zahlung zu verlangen. Dieses Verbot wurde durch die belgischen Behörden so

254 EuGH v. 25. 3. 2004 – Rs. C-71/02 (*Karner/Troostwijk*), Slg. 2004, I-3025 Rn. 35–43.

255 EuGH v. 25. 3. 2004 – Rs. C-71/02 (*Karner/Troostwijk*), Slg. 2004, I-3025 Rn. 19–21, die Zulässigkeit des Vorabentscheidungsverfahrens gleichwohl bejahend.

256 EuGH v. 23. 2. 2006 – Rs. C-441/04 (*A-Punkt Schmuckhandels GesmbH*), Slg. 2006, I-2093.

257 EuGH v. 23. 2. 2006 – Rs. C-441/04 (*A-Punkt Schmuckhandels GesmbH*), Slg. 2006, I-2093 Rn. 10–12.

258 EuGH v. 23. 2. 2006 – Rs. C-441/04 (*A-Punkt Schmuckhandels GesmbH*), Slg. 2006, I-2093 Rn. 17–19.

259 EuGH v. 23. 2. 2006 – Rs. C-441/04 (*A-Punkt Schmuckhandels GesmbH*), Slg. 2006, I-2093 Rn. 25.

260 EuGH v. 23. 2. 2006 – Rs. C-441/04 (*A-Punkt Schmuckhandels GesmbH*), Slg. 2006, I-2093 Rn. 28.

261 EuGH v. 23. 2. 2006 – Rs. C-441/04 (*A-Punkt Schmuckhandels GesmbH*), Slg. 2006, I-2093 Rn. 29.

262 EuGH v. 16. 12. 2008 – Rs. C-205/07 (*Gysbrechts*), Slg. 2008, I-0000; vgl. auch *Tonner/Tamm*, JZ 2009, 277 (285).

ausgelegt, dass es das Verlangen nach der Angabe einer Kreditkartennummer vor Ablauf der Rücktrittsfrist mitumfasst. Nach Ansicht des EuGH fiel die Regelung in den Anwendungsbereich der Fernabsatzrichtlinie.[263] Unter Hinweis auf die Entscheidung *Doc Morris*, kommt der EuGH zu dem Schluss, dass die Richtlinie aufgrund der allgemeinen Öffnungsklausel in Art. 14 keine abschließende Harmonisierung beinhalte, womit der Weg zur Prüfung des entsprechenden Verbots anhand der Art. 28–30 EG frei ist.[264] Der EuGH stuft die Regelung sodann als eine Maßnahme mit gleicher Wirkung wie mengenmäßige Ausfuhrbeschränkungen nach Art. 29 EG ein, da ein Verbot der Vorauszahlung Ausfuhren tatsächlich stärker betreffe als den Absatz von Waren auf dem inländischen Markt.[265] Hinsichtlich der Rechtfertigung auf Basis des Verbraucherschutzes als „berechtigtes Ziel des Allgemeininteresses" weist der EuGH zunächst daraufhin, dass die belgische Regelung aufgrund von Art. 14 der Fernabsatzrichtlinie erlassen wurde, um, über den Standard der Richtlinie hinausgehend, das Rücktrittsrecht nach Art. 6 effektiv abzusichern.[266] Sodann wird die Regelung der Verhältnismäßigkeitskontrolle unterzogen. Das Verauszahlungsverbot als solches sei geeignet und erforderlich, um ein hohes Schutzniveau zu gewährleisten, da ein Verbraucher nach erfolgter Zahlung weniger geneigt sei, sein Rücktrittsrecht auszuüben.[267] Dagegen diene das Verbot, die Angabe der Kreditkartennummer zu verlangen, lediglich dazu, das Risiko auszuschließen, dass der Lieferant den Zahlungsbetrag vor Ablauf der Rücktrittsfrist einziehe. Ein solches Verhalten sei aber bereits durch das allgemeine Vorauszahlungsverbot erfasst, sodass das weitergehende Verbot bezüglich der Angabe der Kreditkartennummer über das zur Zielerreichung erforderliche Maß hinausgehe.[268] Freilich betrifft die Entscheidung das Verhältnis des Mitgliedstaates zu einem inländischen Anbieter und dessen Ausfuhrfreiheit, sodass sich im Hinblick auf die Abgrenzung Minimumharmonisierung/optionelle Harmonisierung wohl keine unbedingt zwingenden Aussagen ableiten lassen.

Gegen die Zulässigkeit einer Minimumharmonisierung im Bereich des Binnenmarktes können jedoch das 1. Tabakwerbe-Urteil[269] und auch das Urteil *Britisch American Tobacco*[270] angeführt werden. Im ersteren war ein Grund für die Nichtigkeit der Tabakwerberichtlinie auch die Tatsache, dass die Richtlinie den Mitgliedstaaten zwar einerseits den Erlass strengerer Vorschriften erlaubte, andererseits aber keine Bestimmung enthielt, die den Freiverkehr mit Produkten, die den (Mindest-)Vorschriften der Richtlinie entsprachen, garantierte. Die Wahl von Art. 95 EG als Rechtsgrundlage könne damit nicht unter Hinweis auf die Beseiti-

263 EuGH v. 16. 12. 2008 – Rs. C-205/07 (*Gysbrechts*), Slg. 2008, I-0000, Rn. 32.
264 EuGH v. 16. 12. 2008 – Rs. C-205/07 (*Gysbrechts*), Slg. 2008, I-0000, Rn. 33 f.
265 EuGH v. 16. 12. 2008 – Rs. C-205/07 (*Gysbrechts*), Slg. 2008, I-0000, Rn. 43 f.
266 EuGH v. 16. 12. 2008 – Rs. C-205/07 (*Gysbrechts*), Slg. 2008, I-0000, Rn. 48 f.
267 EuGH v. 16. 12. 2008 – Rs. C-205/07 (*Gysbrechts*), Slg. 2008, I-0000, Rn. 56.
268 EuGH v. 16. 12. 2008 – Rs. C-205/07 (*Gysbrechts*), Slg. 2008, I-0000, Rn. 60–63.
269 EuGH v. 5. 10. 2000 – Rs. C-376/98 (*Deutschland/Parlament und Rat*), Slg. 2000, I-8419.
270 EuGH v. 10. 12. 2002 – Rs. C-491/01 (*The Queen/Secretary of State for Health, ex parte British American Tobacco and Imperial Tobacco*), Slg. 2002, I-11453.

gung von Hemmnissen für die Dienstleistungfreiheit gerechtfertigt werden.[271] In *Britisch American Tobacco* betont der EuGH, dass gerade weil die streitgegenständliche Richtlinie 2001/37/EG in ihrem Art. 13 eine Regelung enthält, die den Freiverkehr mit richtlinienkonformen Waren sicherstellt, könne sie ihre volle Wirkung im Hinblick auf die Verwirklichung des Binnenmarktes entfalten.[272] Danach scheint Wirksamkeitserfordernis einer Richtlinie zu sein, dass, soweit strengere Regelungen zugelassen werden, jedenfalls der Freiverkehr mit dem Richtlinienstandard genügenden Produkten sichergestellt wird.[273]

dd) Stellungnahme

So wenig eindeutig die Rechtsprechung des EuGH ist, so wenig überzeugen die Argumente der Ansicht, die eine Minimumharmonisierung auch im Bereich der Binnenmarktkompetenzen der Art. 94, 95 EG zulassen will. Die Argumente beruhen, wie gezeigt, meist auf einem Zirkelschluss und berücksichtigen nicht den Vorrang des Primärrechts vor dem Sekundärrecht.

Auch inhaltlich überzeugen sie nicht. Interpretiert man Art. 95, 94 EG im Sinne des 1. Tabakwerbe-Urteils, was im Hinblick auf Art. 5 Abs. 1 EG geboten ist, so ist stets zu fragen, ob eine Harmonisierung mitgliedstaatlichen Rechts zur Beseitigung von tatsächlichen Beschränkungen der Grundfreiheiten oder spürbaren Wettbewerbsverzerrungen überhaupt erforderlich ist. Entscheidet sich der Gemeinschaftsgesetzgeber für den Erlass einer Mindestharmonisierungsmaßnahme, so wird das Ziel der Beseitigung von Grundfreiheitenbeschränkungen und Wettbewerbsverzerrungen von vornherein aber gerade nicht erreicht.[274]

Dass die Mindestangleichung gleichwohl meist ein nützlicher erster Schritt auf dem Weg hin zu einem vereinheitlichten Rechtsraum sein soll, wird durch die Erfahrungen der Kommission widerlegt. Im Rahmen des Aktionsplans für ein kohärentes Vertragsrecht für Europa[275] wird als ein wesentlicher Problempunkt identifiziert, dass die Minimalharmonisierung die Einheitlichkeit der Lösungen nicht in

---

271 EuGH v. 5. 10. 2000 – Rs. C-376/98 (*Deutschland/Parlament und Rat*), Slg. 2000, I-8419 Rn. 103–105.

272 EuGH v. 10. 12. 2002 – Rs. C-491/01 (*The Queen/Secretary of State for Health, ex parte British American Tobacco and Imperial Tobacco*), Slg. 2002, I-11453 Rn. 74f. Vgl. jetzt auch EuGH v. 12. 12. 2006 – Rs. C-380/03 (*Deutschland/Parlament und Rat*), Slg. 2006, I-11573 Rn. 72–77.

273 *Howells/Weatherill*, Consumer Protection Law, S. 136. Im Rahmen des Anwendungsbereichs der Richtlinie 2005/29/EG über unlautere Geschäftspraktiken, die das Konzept der Vollharmonisierung verfolgt, überprüft GA Trstenjak ein belgisches Verbot von Kopplungsangeboten anhand der Art. 28 und 49 EG. Der Grund dafür mag gewesen sein, das zum maßgeblichen Zeitpunkt die Umsetzungsfrist noch nicht abgelaufen war, vgl. GA Trstenjak, Schlussanträge v. 21. 10. 2008 – verb. Rs. C-261/07, C-299/07 (*VTB-VAB NV/Total Belgium NV, Galatea BVBA/Sanoma Magayines Belgium NV*), Slg. 2009, I-00000, Rn. 99, etwas unklar. Nach Ansicht des EuGH braucht, da die belgische Regelung mit der Richtlinie unvereinbar ist, Art. 49 EG nicht mehr geprüft zu werden, EuGH v. 23. 4. 2009 – verb. Rs. C-261/07, C-299/07 (*VTB-VAB NV/Total Belgium NV, Galatea BVBA/Sanoma Magayines Belgium NV*), Slg. 2009, I-00000, Rn. 67.

274 *Riesenhuber*, System und Prinzipien, S. 154; *Grundmann*, RabelsZ 64 (2000), S. 457 (475).

275 Mitteilung der Kommission an das Europäische Parlament und den Rat, Ein kohärentes europäisches Vertragsrecht: Ein Aktionsplan, KOM (2003) 68 endg. Rn. 24.

dem Maße gewährleiste, wie der Binnenmarkt dies erfordere.[276] Die auf dem Konzept der Minimumharmonisierung beruhende, nach wie vor, große Ungleichheit der Rechtssysteme verhindere die Entwicklung einer im gesamten Binnenmarkt einsetzbaren Vertriebsstrategie[277] und schrecke Unternehmen von grenzüberschreitenden Geschäften ab.[278] Die Beseitigung der durch das Konzept der Minimumharmonisierung animierten Rechtszersplitterung und der damit einhergehenden Wettbewerbsverzerrungen und Hindernisse für den Binnemarkt sind auch der tragende Grund für die Überprüfung des gemeinschaftlichen Besitzstandes im Verbraucherschutz.[279] Liest man die Begründungserwägungen etwa der neuen Verbraucherkreditrichtlinie[280] oder des Vorschlags für eine Richtlinie über die Rechte der Verbraucher[281] so kann man nur zu dem Schluss kommen, dass das bisherige auf Minimumharmonisierung basierende Regelungskonzept die vordem bestehenden Wettbewerbsverzerrungen und Binnemarktbehinderungen verstärkt hat, ein im Hinblick auf die Binnemarktkompetenz der Gemeinschaft untragbares Ergebnis. Ein eindrucksvolles Beispiel bildet insoweit die Verbraucherkreditrichtlinie in ihrer ursprünglichen Form. Deren Angleichungserfolg wurde von der Kommission als minimal eingeschätzt. Die mitgliedstaatlichen Rechte wiesen trotz Angleichung erhebliche Unterschiede auf; dies verhinderte, dass Verbraucher und Unternehmen vollen Nutzen aus dem Binnenmarkt ziehen konnten.[282] Nach den im Rahmen der Eurobarometer-Umfragen[283] erhobenen Daten verlangten 70% der befragten Verbraucher eine stärkere Harmonisierung in diesem Bereich.[284]

---

276 Als Beispiele werden dort genannt die Unterschiede in den Umsetzungsvorschriften der Widerrufsfristen verschiedener Verbraucherschutzrichtlinien, oder divergierende Konzepte hinsichtlich des Anhangs der Klauselrichtlinie.

277 Mitteilung der Kommission an das Europäische Parlament und den Rat, Ein kohärentes europäisches Vertragsrecht: Ein Aktionsplan, KOM (2003) 68 endg. Rn. 50.

278 Mitteilung der Kommission an das Europäische Parlament und den Rat, Ein kohärentes europäisches Vertragsrecht: Ein Aktionsplan, KOM (2003) 68 endg., Anhang 3.1.2. (S. 36).

279 Grünbuch: Die Überprüfung des gemeinschaftlichen Besitzsandes im Verbraucherschutz (Vorlage der Europäischen Kommission) v. 8. 2. 2007, KOM (2006) 744 endg., S. 7: „Die [durch Mindestharmonisierung verursachten] Unterschiede lösen normalerweise zusätzlichen Aufwand für die Unternehmen aus, um Informations- und Werbematerial oder Verträge zu ändern, einschließlich der Kosten für juristsiche Beratung oder im Fall eines Verstoßes gegen bestehende Bestimmungen auch möglicherweise Prozesskosten.“.

280 Erwägungsründe 3 und 4.

281 Vorschlag für eine Richtlinie des Europäischen Parlaments und des Rates über Rechte der Verbraucher, KOM(2008) 614 endg., Erwägungsgründe 6 und 7.

282 *Kommission*, Vorschlag für eine Richtlinie des Europäischen Parlamentes und des Rates zur Harmonisierung der Rechts- und Verwaltungsvorschriften der Mitgliedstaaten über den Verbraucherkredit, KOM(2002) 443 endg., Begründung 1.1. (S. 2).

283 Eurobarometer 57, 2002 (http://europa.eu.int/comm/public_opinion/archives/eb/eb57/eb57_de.pdf), dazu *Vogenauer/Weatherill*, (2005) 30 ELRev., 821 (828).

284 *Kommission*, Vorschlag für eine Richtlinie des Europäischen Parlamentes und des Rates zur Harmonisierung der Rechts- und Verwaltungsvorschriften der Mitgliedstaaten über den Verbraucherkredit, KOM(2002) 443 endg., Begründung 1.2. (S. 4). Als weiteres Beispiel mag die Rechtslage hinsichtlich unbestellter Warenzusendung in Umsetzung von Art. 9 der Fernabsatzrichtlinie dienen, vgl. *Ranierei*, Europäisches Obligationenrecht, S. 129. Ein „negatives Lehrstück“ bildet insoweit auch die Verbrauchsgüterkaufrichtlinie: selbst nach Transformation bleiben die Unterschiede im einzelnen so groß, dass eine Förderung der grenzüberschreitenden Nachfrage durch den akti-

Nach der von Clifford Chance durchgeführten Umfrage zum Europäischen Vertragsrecht[285] gab ein Drittel der befragten Unternehmen an, dass die unterschiedliche Umsetzung und Auslegung der Richtlinien in den Mitgliedstaaten die grenzüberschreitende Geschäftstätigkeit einschränke.[286]

Diese Beispiele zeigen, dass im Bereich der Minimumharmonisierung meist erhebliche Rechtsunterschiede verbleiben,[287] die den Angleichungserfolg verpuffen lassen. Die mit der Rechtsangleichung häufig verbundenen Nachteile – Systemeinbräuche, Verkomplizierung und Verteuerung – werden dann durch den Angleichungserfolg nicht aufgewogen und die Angleichungsmaßnahme ist vor den Augen der Betroffenen nicht zu rechtfertigen. Zu berücksichtigen ist ferner, dass eine als Erfolg gefeierte aber *de facto* wirkungslose Minimumangleichung geeignet ist, den Blick auf die wahrhaft drängenden Probleme zu verstellen. Minimumangleichung ist daher im Bereich der Binnenmarktkompetenzen unzulässig.

Im Hinblick auf die gemeinschaftsrechtliche Gesetzgebungspraxis im Bereich des Verbraucherschutzes zeichnet sich insoweit ein Paradigmenwechsel ab. Seit der Verbraucherpolitischen Strategie 2002–2006 verfolgt die Kommission den „neuen Ansatz der vollständigen Harmonisierung“,[288] den auch das Europäische Parlament grundsätzlich befürwortet, soweit damit ein Absenken des Verbraucherschutzniveaus nicht verbunden ist.[289] Sowohl die Richtlinie 2005/29/EG über unlautere Geschäftspraktiken,[290] die Verbraucherkreditrichtlinie,[291] sowie die Richtlinie über Teilzeitnutzungsverträge[292] setzen nunmehr auf Totalharmonisierung, ebenso der Vorschlag für eine Richtlinie über die Rechte der Verbraucher.[293]

---

ven Verbraucher zweifelhaft; die Entwicklung binnenmarkteinheitlicher Absatzstrategien schwierig bleibt, vgl. *Mansel*, AcP 204 (2004), 396 (451 ff.).

285 Abrufbar unter http://www.cliffordchance.com/expertise/publications/details.aspx?FilterName=URL&contentitemid=8354; zusammenfassend *Vogenauer/Weatherill*, (2005) 30 ELRev., 821.

286 Vgl. *Vogenauer/Weatherill*, (2005) 30 ELRev., 821 (835).

287 *Basedow*, JuS 2004, 89 (94). Vgl. noch Erwägungsgründe 3 und 4 der Richtlinie über unlautere Geschäftspraktiken: trotz Mindestangleichung durch die Werberichtlinie erhebliche Rechtsunterschiede, die viele Hemmnisse für Unternehmen wie Verbraucher schaffen.

288 Mitteilung der Kommission an den Rat, das Europäische Parlament und den Europäischen Wirtschafts- und Sozialausschuss und den Ausschuss der Regionen: Verbraucherpolitische Strategie 2002–2006; KOM(2002) 208 end., 3.1.2.1.; Mitteilung der Kommission an das Europäische Parlament und den Rat: Europäisches Vertragsrecht und Überarbeitung des gemeinschaftsrechtlichen Besitzstandes – weiteres Vorgehen, KOM (2004) 651 endg. 2.1.1. (S. 3); Mitteilung der Kommission an den Rat, das Europäische Parlament und den Europäischen Wirtschafts- und Sozialausschuss v. 13. 3. 2007, Verbraucherpolitische Strategie der EU (2007–2013), KOM (2007), 99 endg., S. 16.

289 Entschließung des Europäischen Parlaments vom 6. September 2007 zum Grünbuch zur Überprüfung des gemeinschaftlichen Besitzstands im Verbraucherschutz (2007/2010(INI)), Rn. 9–13.

290 Die „versteckte bereichspezifische Öffnungsklausel“ nach Erwägungsgrund 7 ändert hieran grundsätzlich nichts, vgl. Kapitel 7.

291 Erwägungsgrund 9 und Art. 22 Abs. 1.

292 Erwägungsgrund 3.

293 Vorschlag für eine Richtlinie des Europäischen Parlaments und des Rates über Rechte der Verbraucher, KOM(2008) 614 endg., Art. 4 und Erwägungsgrund 8. Kritisch *Wilhelmsson*, ZEuP 2008, 225 ff. Dagegen *Tonner/Tamm*, JZ 2009, 277 (282 ff.).

Totalharmonisierung hat dabei gegenüber der optionellen Harmonisierung den Vorteil, dass es nicht zu einem gespaltenen (Verbraucher-)Recht im Hinblick auf inländische und grenzüberschreitende Anbieter kommt.[294] Soweit die Voraussetzungen der binnenmarktfinalen Kompetenzgrundlage erfüllt sind, steht auch das Subsidiaritätsprinzip der Totalharmonisierung nicht entgegen.[295] Demgegenüber begünstigt die optionelle Harmonisierung einen echten Wettbewerb der Regelgeber und ist besser in der Lage, divergierenden Verbraucherpräferenzen und lokalen Besonderheiten Rechnung zu tragen. Die optionelle Harmonisierung erscheint jedoch problematisch im Hinblick auf Art. 6 der Rome-I-Verordnung, wonach der Verbraucher grundsätzlich durch das Verbraucherschutzrecht seines Heimatstaates geschützt ist. Der insoweit bestehende Konflikt lässt sich jedoch auf zweierlei Weise auflösen. Zum einen ließe sich argumentieren, dass die durch optionelle Harmonisierung ausgelöste Rechtsspaltung Teil des Rechts des Heimatstaates ist. Der Schutzstandard des Heimatstaates entspricht damit bezüglich ausländischer Anbieter dem Mindeststandard der Richtlinie. Weiterhin unterliegt auch der Gemeinschaftsgesetzgeber der Bindung an die Grundfreiheiten und sind Sekundärrechtsakte im Lichte des Primärrechts auszulegen.[296] Insoweit ist zu berücksichtigen, dass zwar der Verbraucherschutz als zwingender Grund des Allgemeinwohls eine Grundfreiheitenbeschränkung rechtfertigen kann,[297] die Frage der Erforderlichkeit aber schwerlich zu bejahen sein dürfte, wenn ein gemeinschaftlicher Mindeststandard auf hohem Niveau[298] bereits festgeschrieben ist. Im Hinblick auf die Grundfreiheiten ließe sich Art. 6 der Rome-I-Verordnung wohl durch Auslegung bzw. teleologische Reduktion mit dem Konzept der optionellen Harmonisierung in Einklang bringen. Als milderer Eingriff in die mitgliedstaatliche Regelungsautonomie erscheint die optionelle Harmonisierung, vorbehaltlich gleich effizienter Zielerreichung, damit gegenüber der Totalharmonisierung vorzugswürdig.

Folge ist, dass in Richtlinien enthaltene allgemeine Öffnungsklauseln entsprechend der binnenmarktfinalen Rechtsgrundlagen primärrechtskonform dahingehend zu interpretieren sind, dass eine optionelle Harmonisierung bezweckt ist und daher im Harmonisierungsbereich ergangene, strengere nationale Vorschriften ausländischen Anbietern und Produkten außerhalb des Anwendungsbereichs von Art. 95 Abs. 4–8, 10 EG nicht entgegen gehalten werden können. Die Interpretation im Sinne von Totalangleichung würde demgegenüber regelmäßig zu weit in den Kompetenzbereich des Gemeinschaftsgesetzgebers eingreifen.

Die Einsicht, dass der Gemeinschaftsgesetzgeber im Bereich der binnenmarktfinalen Rechtsangleichung auf Totalangleichung bzw. optionelle Harmonisierung beschränkt ist, hat auch erhebliches Disziplinierungspotential. Soweit die Mitglied-

294 Vgl. Grünbuch: Die Überprüfung des gemeinschaftlichen Besitztsandes im Verbraucherschutz (Vorlage der Europäischen Kommission) v. 8. 2. 2007, KOM (2006) 744 endg., S. 13.
295 *Mak*, ERPL 2009, 55 (64).
296 Ausführlich Kapitel 9.
297 Bereits EuGH v. 20. 2. 1979 – Rs. 120/78 (*Rewe ./. Bundesmonopolverwaltung*), Slg. 1979, 649 Rn. 8 („Cassis de Dijon“).
298 Art. 95 Abs. 3, 153 Abs. 1 EG.

staaten von einer gemeinschaftsrechtlichen Regelung nicht abweichen bzw. strengeres Recht ausländischen Anbietern nicht entgegenhalten dürfen, besteht ein Anreiz, jede Maßnahme im Hinblick auf ihre Erforderlichkeit zur Herstellung des Binnenmarkets einer rigorosen Kontrolle zu unterziehen. Im Rat überstimmten Mitgliedstaaten steht der Weg der Nichtigkeitsklage offen. Vor dem Hintergrund der vom EuGH im 1. Tabakwerbe-Urteil aufgestellten Grundsätze liegt es damit für den Gemeinschaftsgesetzgeber nahe, grossen Wert auf die Einhaltung der Kompetenzgrenzen zu legen und sich auf solche Maßnahmen zu konzentrierten, die tatsächlich zu einer spürbaren Verbesserung des Binnenmarktes beitragen.

b) Insbesondere Artikel 44 Abs. 2 lit. g) EG

Im Anwendungsbereich des Art. 44 Abs. 2 lit. g) EG[299] entzündete sich die Diskussion nach dem zulässigen Harmonisierungskonzept vor allem an den Fragen nach der Vereinbarkeit der Grundsätze der verdeckten Sacheinlage mit Art. 7, 9, 11 und 27 der 2. gesellschaftsrechtlichen Richtlinie[300], sowie im Zusammenhang mit dem Bezugsrecht bei Sachkapitalerhöhungen nach Art. 29 der selben Richtlinie.[301] Der Schwerpunkt der Diskussion lag dabei freilich auf der Auslegung der 2. gesellschaftsrechtlichen Richtlinie selbst.[302] Aufgrund der Multifunktionalität des Art. 44 Abs. 2 lit. g) EG wird überwiegend davon ausgegangen, dass sich dieser Vorschrift keine Aussagen hinsichtlich des Harmonisierungskonzepts entnehmen lassen.[303] Nur vereinzelt wurde unter Hinweis auf die Binnenmarktrelevanz des Art. 44 EG vertreten, dass danach nur optionelle[304] oder gar nur totale Harmonisierungsmaßnahmen[305] zulässig wären.

Überträgt man jedoch, wie hier vorgeschlagen, die Grundsätze des 1. Tabakwerbe-Urteils auf Art. 44 Abs. 2 lit. g) EG, so ergibt sich, dass auch unter Berücksichtigung der Rechtsprechung des EuGH zur Niederlassungsfreiheit[306] Minimumangleichung gestützt auf Art. 44 Abs. 2 lit. g) EG, von speziellen Öffnungsklauseln und

---

299 Ausführlich zum Ganzen *Merkt*, RabelsZ 61 (1997), 647 ff.

300 Bejahend: *Ebenroth/Kräutter*, DB 1990, 2153 (2154 ff.); *Lutter/Gehling*, WM 1989, 1445 (1459); verneinend: *Meilicke*, DB 1990, 1173 ff., *ders.* DB 1989, 1067 (1068 ff.); *Ebenroth/Neiß*, BB 1992, 2085 (2088 f.).

301 Vgl. hierzu *Meilicke*, DB 1996, 513 ff. und EuGH v. 19. 11. 1996 – Rs. C42/95 (*Siemens/Nold*), Slg. 1996, I-6017 Rn. 16–19.

302 Vgl. *Edwards*, EC Company Law, S. 55 f.; GA *Tesauro* in Rs. C-83/91 (*Meilicke*), Slg. 1992, I-4871 (4907 f.).

303 *Merkt*, RabelsZ 61 (1997), 647 (662 ff., insbesondere 664); *Wolff*, Konkretisierungskompetenz, S. 165 f. Vgl. auch EuGH v. 30. 9. 2003 – Rs. C-167/01 (*Inspire Art*), Slg. 2003, I-10155 Rn. 65–70: bei der Prüfung, ob die 11. gesellschaftsrechtliche Richtlinie abschließend ist, weist der EuGH zwar auf Art. 44 Abs. 2 lit. g) EG als Rechtsgrundlage hin, stellt dann aber maßgeblich auf Begründungserwägungen und Vorschriften der Richtlinie ab und kommt zum Ergebnis, dass die Richtlinie nur bei einer Auslegung als abschließend das mit ihr verfolgte Ziel erfüllen kann.

304 *Steindorff*, EuZW 1990, 251 (253).

305 *Meilicke*, DB 1990, 1173 (1174); *ders.* DB 1996, 513 (514 f.).

306 EuGH v. 9. 3. 1999, Rs. C-127/97 (*Centros Ltd./Erhvervs-og Selskabsstyrelsen*), Slg. 1999, I-1459; EuGH v. 5. 11. 2002, Rs. C-208/00 (*Überseering B.V./Nordic Construction Baumanagement GmbH [NCC]*), Slg. 2002, I-9919; EuGH v. 30. 9. 2003, Rs. C-167/01 (*Kamer van Koophandel en Fabriken voor Amsterdam/Inspire Art Ltd.*), Slg. 2003, I-10155.

Ausnahmevorschriften abgesehen, grundsätzlich unzulässig ist. Unproblematisch sind strengere mitgliedstaatliche Regelungen allerdings aus Sicht des Unternehmers, der sich nach inländischem Recht niederlassen will.[307] Dieser kann ja das Gründungsrecht frei wählen und sich anschließend nach dem Gründungsrecht im Inland niederlassen. Durch strengere mitgliedstaatliche Vorschriften etwa errichtete Barrieren der Niederlassungsfreiheit können so durch eine privatautonome Entscheidung des Gründers ausgeräumt werden.[308]

Anders ist dies allerdings im Hinblick auf Gläubiger und Anleger. Soweit Gesellschaftsrechtsharmonisierung bezweckt, deren Rechtspositionen transparent und sicher zu gestalten, um dadurch grenzüberschreitende Transaktionen und Investitionen im Binnenmarkt zu fördern, kann dieses Ziel nur durch eine gemeinschaftsweit einheitliche Regelung erreicht werden.[309] Die Überlegungen zum Verbrauchervertrauen im Rahmen der Art. 94, 95 EG gelten insoweit entsprechend. Müssen sich Gläubiger und Anleger auch nach einer Harmonisierungsmaßnahme mit von ihrem Heimatrecht abweichenden und möglicherweise sehr unterschiedlichen Rechten auseinandersetzen, wird eine Reduktion von Transaktions- insbesondere Informations- und Rechtsberatungskosten gerade nicht erreicht. Dem entspricht es, wenn der EuGH in der Rechtssache Inspire Art die Offenlegungsvorschriften der (11.) Zweigniederlassungsrichtlinie auch unter Hinweis auf Art. 44 Abs. 2 lit. g) EG als abschließend ansieht, so dass strengere mitgliedstaatliche Vorschriften ausländischen Gesellschaften nicht entgegen gehalten werden können.[310]

Im Rahmen des Art. 44 Abs. 2 lit. g) EG sprechen die besseren Gründe sogar für die Totalharmonisierung, da durch eine optionelle Harmonisierung die Vielzahl der möglichen Gesellschaftsformen und damit die Intransparenz weiter erhöht werden würde.[311] Vorgelagert ist aber stets die Frage, ob eine weitere Rechtsangleichung überhaupt erforderlich ist und nicht ein Wettbewerb der mitgliedstaatlichen Rechtsordnungen zu effizienteren Ergebnissen führt.

V. Zusammenfassung

Der Gemeinschaft steht auf dem Gebiet des Privatrechts keine umfassende Rechtsangleichungskompetenz zu. Sie ist vielmehr auf die allgemeinen Kompetenzgrundlagen, insbesondere die Binnenmarktkompetenzen der Art. 94, 95 EG sowie Art. 44 Abs. 2 lit. g) EG für das Gesellschaftsrecht angewiesen. Im Hinblick auf das supranationale Kompetenzgefüge, insbesondere den Grundsatz der begrenzten Ermächtigung, sind diese Vorschrift eng in dem Sinne auszulegen, dass sie nur herangezogen werden können, um tatsächlich bestehende oder künftig mit Wahr-

---

307 *Grundmann*, Europäisches Gesellschaftsrecht, § 5 Rn. 150, freilich mit anderer Begründung.
308 Vgl. zu den sich aus dem Urteil *Cartesio* insoweit ergebenden Beschränkungen oben II.1.
309 Vgl. *Drygala*, ZEuP 2004, 337 (360).
310 EuGH v. 30. 9. 2003, Rs. C-167/01 (*Kamer van Koophandel en Fabriken voor Amsterdam/Inspire Art Ltd.*), Slg. 2003, I-10155, Rn. 66–72.
311 Vgl. *Drygala*, ZEuP 2004, 337 (355 f.).

scheinlichkeit zu erwartende Grundfreiheitenbeschränkungen oder spürbare Wettbewerbsverzerrungen zu beseitigen. Liegen diese Voraussetzungen jedoch vor, so kommt dem Subsidiaritätsprinzip keine, dem Erforderlichkeitsgrundsatz allenfalls geringe Bedeutung als Kompetenzausübungsschranke zu.

Im Hinblick auf das Ziel der Beseitigung von Handelsbeschränkungen und spürbaren Wettbewerbsverzerrungen verlangen Rechtsangleichungsmaßnahmen in diesem Bereich regelmäßig nach optioneller Harmonisierung oder gar nach Totalharmonisierung. Minimalangleichung würde den Angleichungserfolg vereiteln und wäre damit durch die Kompetenzen zur Herstellung des Binnenmarktes nicht gedeckt. In Richtlinien enthaltene allgemeine Öffnungsklauseln sind primärrechtskonform im Sinne der optionellen Harmonisierung zu interpretieren.

Kapitel 3: Die Verteilung der gemeinschaftsrechtlichen Organkompetenzen auf dem Gebiet des Privatrechts

Die Organkompetenz der Gemeinschaftsorgane ergibt sich aus der jeweiligen Kompetenznorm in Verbindung mit Art. 7 Abs. 1 Satz 2 EG.[1] Die Wahl der richtigen Kompetenznorm entscheidet somit nicht nur vertikal über die Zuständigkeit der Gemeinschaft, sondern auch horizontal über die Befugnisse des jeweiligen Organs.[2] Ein horizontaler Kompetenzverstoß hat umgekehrt regelmäßig zugleich einen vertikalen Kompetenzverstoß und somit einen Verstoß gegen den Grundsatz der begrenzten Ermächtigung im Sinne des Art. 5 Abs. 1 EG zur Folge.[3] Im folgenden sollen, ausgehend vom Grundsatz des institutionellen Gleichgewichts (I.) die Charakteristika der Entscheidungsfindung durch Gemeinschaftsgesetzgeber (II.) und Gemeinschaftsgerichte (III.) auf dem Gebiet des Europäischen Privatrechts herausgearbeitet werden.

I. Der Grundsatz des institutionellen Gleichgewichts

Obwohl ebenfalls den Grundsätzen der Demokratie und Rechtsstaatlichkeit verpflichtet, Art. 6 Abs. 1 EU[4], ist die europäische Rechtsordnung gleichwohl nicht nach dem Prinzip der Gewaltenteilung im herkömmlichen Sinne organisiert.[5] Das eigenständige institutionelle System der Gemeinschaft, mit einer zwischen Kommission, Rat und Parlament aufgeteilten Legislativfunktion und Rechtskontrolle durch den EuGH[6] hat seinen Grund darin, dass bei der Konzeption der einzelnen

---

1 Vgl. Art. 13 Abs. 2 EUV.
2 Vgl. Calliess/Ruffert-*Calliess*, Art. 7 EGV Rn. 17; *v. Bogdandy/Bast*, EuGRZ 2001, 441 (444 f.).
3 Calliess/Ruffert-*Calliess*, Art. 7 EGV Rn. 17.
4 Vgl. Art. 2 EUV.
5 Vgl. *Ipsen*, Europäisches Gemeinschaftsrecht, S. 319.
6 *Von der Groeben/Schwarze-Bieber*, Art. 7 EG Rn. 3, 6.

Funktionsbereiche weniger der Gesichtspunkt der Freiheitssicherung des Marktbürgers durch Installation eines Systems der *„checks and balances“* im Vordergrund stand, sondern vielmehr die zur Erreichung der Gemeinschaftsziele optimale Funktionsverteilung: die jeweilige Gemeinschaftsaufgabe soll von demjenigen Organ wahrgenommen werden, dass nach seiner Struktur und dem anzuwendenden Verfahren zur Funktionswahrnehmung am besten geeignet ist.[7] Entscheidend ist die Effizienz der Entscheidungsbildung.[8]

Im Hinblick auf den Grundsatz der Rechtsstaatlichkeit entwickelte der EuGH aus einer Zusammenschau der Organisationsprinzipien und Handlungsermächtigungen der Verträge als Surrogat der Gewaltenteilung das Prinzip des institutionellen Gleichgewichts.[9] Danach haben die Verträge „ein System der Zuständigkeiten zwischen den verschiedenen Organen der Gemeinschaft geschaffen, das jedem Organ seinen eigenen Auftrag innerhalb des institutionellen Gefüges der Gemeinschaft und bei der Erfüllung der dieser übertragenen Aufgaben zuweist. Die Wahrung des institutionellen Gleichgewichts gebietet es, dass jedes Organ seine Befugnisse unter Beachtung der Befugnisse der anderen Organe ausübt.“[10] In der Literatur ist umstritten, ob dem Grundsatz des institutionellen Gleichgewichts normativer Gehalt in dem Sinne zukommt, dass es als Prüfungsmaßstab für die Zulässigkeit institutioneller Veränderungen herangezogen werden kann.[11] Inzwischen hat das Prinzip jedoch seine primärrechtliche Verankerung in Nr. 2 des Subsidiaritätsprotokolls (Nr. 30) gefunden. Es beinhaltet im einzelnen die folgenden, jeweils gerichtlich durchsetzbaren Vorgaben: Jedes Organ handelt gemäß seinen vertraglich vorgesehenen Befugnissen, die es auszuschöpfen hat, aber nicht überschreiten darf; die Organe sind zur gegenseitigen Achtung ihrer jeweiligen Befugnisse ver-

---

7 Vgl. *Ukrow*, Rechtsfortbildung, S. 200; *Hummer/Obwexer*, EuZW 1997, 295 (298); *Dänzer-Vanotti*, RIW 1992, 733 (735).

8 Vgl. *Von der Groeben/Schwarze-Bieber*, Art. 7 EG Rn. 3; *Bieber/Epiney/Haag*, Die Europäische Union, § 4 Rn. 15; *v. Bogdandy/Bast*, EuGRZ 2001, 441 (445); *Calliess/Ruffer-Calliess*, Art. 7 EGV Rn. 2.

9 Ständige Rechtsprechung; zum einen ging es um die Delegation von Befugnissen der Organe untereinander, vgl. etwa EuGH v. 13. 6. 1958 – Rs. 9/56 (*Meroni I*), Slg. 1958, 1, (36 ff.); EuGH v. 13. 6. 1958 – Rs. 10/56 (*Meroni II*), Slg. 1958, 51 (57 ff.); EuGH v. 5. 12. 1967 – Rs. 19/67 (*van der Vecht*), Slg. 1967, 461 (474); EuGH v. 14. 5. 1991 – Rs. 98/80 (*Romano/INAMI*), Slg. 1981, 1241 Rn. 20; zum anderen um die Beteiligungsrechte insbesondere des Parlamentes, vgl. EuGH v. 29. 10. 1980 – Rs. 138/79 (*Roquette Feres-Isoglucose/Rat*), Slg. 1980, 3333, Rn. 33; EuGH v. 22. 5. 1990 – Rs. C-70/88 (*Parlament/Rat*), Slg. 1990, I-2041, Rn. 20; EuGH v. 5. 7. 1995 – Rs. C-21/94 (*Parlament/Rat*), Slg. 1995, I-1827 Rn. 17.

10 EuGH v. 22. 5. 1990 – Rs. C-70/88 (*Parlament/Rat*), Slg. 1990, I-2041, Rn. 20.

11 Gegen einen normativen Gehalt des Prinzips insbesondere *Hummer*, in: FS Verdross, 459 (484): eine über die jeweilige in den Kompetenzvorschriften des Vertrages vorgegebene Kompetenzverteilung hinausgehende Bedeutung und damit ein eigenständiger Inhalt komme dem Prinzip nicht zu, es sei lediglich ein „faktischer Reflex“ und könne zur Beurteilung der Rechtmäßigkeit von Kompetenzverschiebungen nicht herangezogen werden; ebenso *Von der Groeben/Schwarze-Bieber*, Art. 7 EG Rn. 66; *Bieber/Epiney/Haag*, Die Europäische Union, § 4 Rn. 16; für einen normativen Gehalt etwa Geiger, Art. 7 EGV Rn. 17; Calliess/Ruffert-*Calliess*, Art. 7 EGV Rn. 13–15: institutionelles Gleichgewicht als „Verfassungsbegriff der Gemeinschaft“. Bei einer Verneinung des normativen Gehalts werden aber über die Anwendung von Art. 7 EG im wesentlichen die gleichen Ergebnisse erzielt, vgl. insbesondere *Von der Groeben/Schwarze-Bieber*, Art. 7 EG Rn. 14–18.

pflichtet und haben diese loyal im Interesse der Gemeinschaft zusammenwirkend auszuüben.[12]

Da eine Verschiebung der Organkompetenzen unmittelbar auf die vertikale Kompetenzverteilung zwischen Gemeinschaft und Mitgliedstaaten durchschlägt, ist diese der Verfügungsbefugnis der Gemeinschaft und ihrer Organe grundsätzlich entzogen. Ein Verzicht auf die Ausübung der zugewiesenen Befugnisse kommt danach überhaupt nicht, eine Delegation an andere Gemeinschaftsorgane oder Dritte nur unter engen Voraussetzungen in Betracht.[13] Grundsätzlich ist dazu eine vertragliche Ermächtigung erforderlich.[14] Wichtigstes Beispiel ist Art. 202 3. Spstr. EG, wonach der Rat legislative Durchführungsbefugnisse auf die Kommission übertragen kann.[15] Dabei können nicht mehr Befugnisse übertragen werden, als dem übertragenden Organ selbst zustehen; die Übertragung von politischen Beurteilungs- und Ermessensbefugnissen ist grundsätzlich unzulässig und das institutionelle Gleichgewicht darf durch die Delegation nicht verändert werden.[16]

II. Gemeinschaftsrechtliche Rechtssetzung

Charakteristisch für die Rechtssetzung der Europäischen Gemeinschaft ist auch im Bereich des Europäischen Privatrechts das institutionelle Zusammenwirken von Kommission, Europäischem Parlament und Rat sowie die Einbindung von organisierten Interessen in den Entscheidungsprozess. Das im Einzelfall durchzuführende Rechtssetzungsverfahren ist durch die Kompetenzgrundlage vorgegeben.[17] Gemäß den für das Privatrecht maßgeblichen Rechtssetzungsgrundlagen sind hiernach das Anhörungsverfahren[18] und das Mitentscheidungsverfahren nach Art. 251 EG[19] von Bedeutung.[20]

---

12 Vgl. *Geiger*, Art. 7 Rn. 18–21; *Von der Groeben/Schwarze-Bieber*, Art. 7 EG Rn. 15–18, 57–65; Calliess/Ruffert-*Calliess*, Art. 7 Rn. 16–38; *Oppermann*, Europarecht, § 5 Rn. 5 f.

13 Vgl. *Geiger*, Art. 7 Rn. 18; *Oppermann*, Europarecht, § 5 Rn. 6.

14 Vgl. *Von der Groeben/Schwarze-Bieber*, Art. 7 EG Rn. 15 f.

15 Vgl. dazu Beschluss des Rates v. 28. 6. 1999 zur Festlegung der Modalitäten für die Ausübung der der Kommission übertragenen Durchführungsbefugnisse (1999/468/EG), ABl. EG 1999 Nr. L 184/23; Beschluss des Rates v. 17. 7. 2006 zur Änderung des Beschlusses 1999/468/EG zur Festlegung der Modalitäten für die Ausübung der der Kommission übertragenen Durchführungsbefugnisse, ABl. EU 2006 L 200/11; sowie Calliess/Ruffert-*Wichard*, Art. 202 EGV Rn. 5 ff.; *Craig/de Burca*, EU Law, S. 118–123.

16 Vgl. EuGH v. 13. 6. 1958 – Rs. 9/56 (*Meroni I*), Slg. 1958, 1 (42 ff.); EuGH v. 14. 5. 1981 – Rs. 98/80 (*Romano/INAMI*), Slg. 1981, 1241 Rn. 20; vgl. auch die Zusammenfassung der Rechtsprechung bei *Hummer*, in: FS Verdross, S. 459 (469); Calliess/Ruffert-*Calliess*, Art. 7 Rn. 28–39.

17 *Bieber/Epiney/Haag*, Die Europäische Union, § 7 Rn. 4; *Gebauer/Wiedmann*, in *dies.* (Hrsg.), Zivilrecht unter europäischem Einfluss, Kapitel 1 Rn. 65.

18 Vgl. Art. 13, 94, 308 EG. Beim Anhörungsverfahren wird der Vorschlag der Kommission dem Europäischen Parlament und gegebenenfalls dem Wirtschafts- und Sozialausschuss zur Stellungnahme zugeleitet. Der Rat beschließt endgültig mit der in der Ermächtigungsnorm dafür vorgesehenen Mehrheit, im Bereich des Europäischen Privatrechts ist dies regelmäßig Einstimmigkeit. Die Stellungnahme des Europäischen Parlamentes ist für den Rat zwar nicht bindend; unterbleibt die Anhörung jedoch, oder erfolgt die Beschlussfassung im Rat vor Eingang der Stellungnahme des Europäischen Parlaments, so stellt dies einen wesentlichen Verfahrensmangel dar, der zur Nichtig-

1. Die Praxis der kommunitären Entscheidungsfindung im Allgemeinen

Das Kennzeichen des Entscheidungssystems der Gemeinschaft bildet das institutionalisierte Bemühen, externe Sachkompetenz, politische Autorität, Gruppeninteressen und allgemeine Interessen zu Gehör zu bringen, um so die Legitimation der gesetzgeberischen Maßnahmen zu stärken.[21]

Noch bevor es zu einer formellen Gesetzesinitiative kommt, werden die Gemeinschaftspolitiken in Grünbüchern (themenbezogene Diskussionsgrundlagen für beteiligte Kreise) oder Weissbüchern (legislative Programme)[22] einer breiten Öffentlichkeit vorgestellt und dieser die Möglichkeit zur Stellungnahme eingeräumt.[23] Als Beispiel können die drei Mitteilung der Kommission zum europäischen Vertragsrecht vom 11.7.2001, 12.2.2003 und 11.10.2004[24] herangezogen werden, die die Diskussion in diesem Bereich in besonderem Maße angeregt haben.[25] Zwischenzeitlich hat die Kommission auch einen Konsultationsprozess im Hinblick auf den gemeinschaftlichen Besitzstand im Verbraucherschutz eingeleitet,[26] der mittlerweile in einem Richtlinienvorschlag über die Rechte der Verbraucher kulminierte.[27] Die

---

keit des jeweiligen Rechtsaktes führt, vgl. EuGH v. 29.10.1980 – Rs. 138/79 (*Roquette Feres-Isoglucose/Rat*), Slg. 1980, 3333, Rn. 33. Zum Anhörungsverfahren allgemein *Craig/de Burca*, EU Law, S. 110f.; *Chalmers u.a.*, EU Law, S. 146–149.

19 Vgl. Art. 44 Abs. 2 lit. g), 95, 137 Abs. 2, 141 Abs. 3, 153 Abs. 4 EG. Das Mitentscheidungsverfahren bildet seit dem Vertrag von Maastricht das am häufigsten anzuwendende Rechtssetzungsverfahren. Sekundäres Gemeinschaftsrecht kommt danach nur dann zu Stande, wenn sich, nach dem Vorschlag der Kommission, Rat und Europäisches Parlament, gegebenenfalls über Einschaltung eines Vermittlungsausschusses, auf einen für beide Organe akzeptablen Text einigen. Das ursprüngliche Letztentscheidungsrecht des Rates wurde zu Gunsten eines parlamentarischen Vetorechts aber auch eines echten Gestaltungsrechts beseitigt. Rat und Europäisches Parlament spielen sich den gegebenenfalls geänderten Vorschlag der Kommission in einem „ping-pong-artigen Hin-und-Her" immer wieder zu. Das Verfahren endet sobald der Vorschlag von Rat und Europäischem Parlament gebilligt bzw. auch nach dritter Lesung in beiden Organen und nach Einschaltung des Vermittlungsausschusses von einem der beiden Organe abgelehnt wird. Für das gesamte Verfahren gelten kurze Fristen, die gemäß Art. 251 Abs. 7 EG verlängert werden können. Aufgrund seiner Komplexität ist das gesamte Verfahren sehr schwerfällig und zeitaufwendig. Vgl. zu den Einzelheiten *Bieber/Epiney/Haag*, Die Europäische Union, § 7 Rn. 23f.; *Streinz*, Europarecht, Rn. 513–529; *Gebauer/Wiedmann*, in *dies.* (Hrsg.), Zivilrecht unter europäischem Einfluss, Kapitel 1 Rn. 65; *Craig/de Burca*, EU Law, S. 113–117; *Chalmers u.a.*, EU Law, S. 149–155.

20 Nach Art. 289, 294 VAEU soll das Mitentscheidungsverfahren als ordentliches Gesetzgebungsverfahren zur Regel werden.

21 *Bieber/Epiney/Haag*, Die Europäische Union, § 7 Rn. 11.

22 Vgl. Calliess/Ruffert-*ders.*, Art. 211 EGV Rn. 14.

23 Vgl. *Craig/de Burca*, EU Law, S. 129.

24 Mitteilung der Kommission zum europäischen Vertragsrecht v. 11.7.2001, KOM (2001) 398 endg.; Mitteilung der Kommission an das Europäische Parlament und den Rat: Ein kohärentes Europäisches Vertragsrecht, Ein Aktionsplan, KOM (2003) 68 endg.; Mitteilung der Kommission an das Europäische Parlament und den Rat: Europäisches Vertragsrecht und Überarbeitung des gemeinschaftsrechtlichen Besitzstandes – weiteres Vorgehen, KOM (2004) 651 endg.

25 Vgl. zusammenfassend *Weatherill*, ERPL 2005, 405 (407ff.); *Richter*, AcP 206 (2006), 1 (7ff.); und unten Kapitel 10.

26 Vgl. Grünbuch: Die Überprüfung des gemeinschaftlichen Besitztsandes im Verbraucherschutz (Vorlage der Europäischen Kommission) v. 8.2.2007, KOM (2006) 744 endg.

27 Vorschlag für eine Richtlinie des Europäischen Parlaments und des Rates über Rechte der Verbraucher, KOM(2008) 614 endg.

Erarbeitung eines konkreten Kommissionsvorschlags erfolgt in enger Zusammenarbeit und Konsultation mit Vertretern der staatlichen Ministerien, unabhängigen Experten und Interessenvertretern.[28] Der Vorschlag wird im Amtsblatt veröffentlicht und interessierte Parteien haben erneut Gelegenheit zur Stellungnahme innerhalb bestimmter Fristen.

Im Rat erfolgt die Beratung zunächst auf der Ebene der Arbeitsgruppen, die aus den staatlichen Fachbeamten gebildet werden.[29] Im Parlament werden zunächst die fachbezogenen Ausschüsse befasst. Bei der Erstellung des jeweiligen Ausschussberichts kann der zuständige *rapporteur* auf die Gutachten unabhängiger Forschungsinstitute zurückgreifen.[30] Die Beteiligung von Interessengruppen ist im Wirtschafts- und Sozialausschuss institutionalisiert. Informell wirken diese Interessengruppen jedoch auf allen Ebenen auf den Entscheidungs- und Willensbildungsprozess ein.[31]

Durch die unmittelbare Vertretung der Bürger im Europäischen Parlament sowie der Verantwortlichkeit der mitgliedstaatlichen Vertreter im Rat gegenüber den nationalen Parlamenten wird ein Mindestmaß an demokratischer Legitimation des Entscheidungsprozesses erreicht.[32]

Dieses umfassende Zusammenwirken der verschiedenen Gemeinschaftsorgane, der Mitgliedstaaten sowie politischer und gesellschaftlicher Gruppen bei der Entscheidungsfindung ermöglicht eine optimale Informationsgewinnung und Folgenabschätzung. Die Beteiligung nationalstaatlicher Sachkompetenz sichert insbesondere ein Mindestmaß an Einpassungsfähigkeit gemeinschaftsrechtlicher Maßnahmen in die nationalen Rechtssysteme. Andererseits führt die notwendige Suche nach Kompromissen und der Ausgleich konfligierender Interessen gelegentlich dazu, dass die ursprüngliche Regelungskonzeption, manchmal über einen langen Zeitraum hinweg, zugunsten eines bloßen Regelungstorsos aufgegeben wird[33] bzw. eine Regelung insgesamt mangels Konsensfähigkeit in den Papierkorb wandert.[34] Dies ist jedoch im Hinblick auf die Struktur des gemeinschaftsrechtli-

---

28 Vgl. *Craig/de Burca*, EU Law, S. 130; *Bieber/Epiney/Haag*, Die Europäische Union, § 7 Rn. 15.

29 Vgl. *Craig/de Burca*, EU Law, S. 132; *Bieber/Epiney/Haag*, Die Europäische Union, § 7 Rn. 15.

30 Vgl. *Craig/de Burca*, EU law, S. 132.

31 Vgl. *Craig/de Burca*, EU Law, S. 132; *Bieber/Epiney/Haag*, Die Europäische Union, § 7 Rn. 16.

32 Vgl. *Streinz*, Europarecht, Rn. 323–326. Das vielfach beklagte „demokratische Defizit" der Gemeinschaft relativierend *Craig/de Burca*, EU Law, S. 133 ff. Vgl. auch BVerfG, 2 BvE 2/08 vom 30. 6. 2009, Absatz-Nr. 272.

33 Der erste Vorschlag einer Verordnung für das Statut für Europäische Aktiengesellschaften aus dem Jahre 1970 enthielt ein komplettes Europäisches Aktiengesetz mit über 400 Artikeln einschließlich Konzernrecht, Mitbestimmungsregime, Vorschriften zur Rechnungslegung und zum Steuerrecht. Übriggeblieben ist nach über 30-jähriger Gesetzgebungsgeschichte und mehreren Vorschlägen samt Änderungsvorschlägen eine Rumpfregelung zu Gründung und, ansatzweise, Leitungsstruktur und Restrukturierung. Im übrigen ist im wesentlichen nationales Recht heranzuziehen, vgl. zum Ganzen *Grundmann*, Europäisches Gesellschaftsrecht, § 29 Rn. 1006–1010; Edwards, (2003) 40 CMLRev., 443 (443–450) und sogleich unter 3. a).

34 So sind die insgesamt drei Vorschläge für eine 5. gesellschaftsrechtliche Richtlinie zur Organisationsverfassung samt Mitbestimmung für Aktiengesellschaften einschließlich der Aktionärsrechchen Entscheidungsverfahrens, dass den Mitgliedstaaten über den Rat die Wahrnehmung ihrer Interessen sichert, hinzunehmen.[35]

2. Insbesondere das Lamfalussy-Verfahren im Europäischen Kapitalmarktrecht

Im Hinblick auf die Einführung des Euro wurde mit dem Aktionsrahmen für Finanzdienstleistungen von 1999[36] eine neue Ära der Kapitalmarktregulierung in der Gemeinschaft eingeleitet. Vor dem Hintergrund zunehmender Globalisierung, der Explosion des Internets und des technischen Fortschritts im Wertpapierhandel erschien der bis dahin bestehende Rechtsrahmen zur Erreichung effizienter und liquider Finanzmärkte in Europa inadäquat. Der von den Wirtschafts- und Finanzministern der Europäischen Union im Juli 2000 eingesetzte „Ausschuss der Weissen über die Regulierung der Europäischen Wertpapiermärkte" identifizierte als „Hauptursache" für die defizitäre Regulierung das europäische Rechtssetzungssystem selbst.[37] Dieses sei zu langwierig und zu unflexibel, die verabschiedeten Texte seien oft zweideutig und würden häufig unvollständig, zu spät oder in unterschiedlicher Weise umgesetzt. Zudem fehle ein Mechanismus der es erlaube, Regulierungsmaßnahmen schnell an veränderte Umstände anzupassen.[38] Zur Abhilfe schlug der Ausschuss ein vier-stufiges Verfahren vor, dass bei Wahrung der demokratischen und institutionellen Balance den Rechtssetzungsvorgang beschleunigen und die Einbringung externen Fachwissens sicherstellen sollte.[39]

Danach unterbreitet die Kommission, nach Durchführung eines umfassenden öffentlichen Konsultationsverfahrens, auf der ersten Stufe den Vorschlag für eine Richtlinie oder Verordnung, der anschließend das Mitentscheidungsverfahren durchläuft und angenommen ist, sobald Europäisches Parlament und Rat zustimmen. Inhaltlich soll sich die Maßnahme auf der ersten Stufe auf die Festlegung von Grundprinzipien für eine Rahmenregelung beschränken. Die Kommission wird gemäß Art. 202 EG ermächtigt, die entsprechenden Durchführungsvorschriften zu erlassen.[40]

Auf der zweiten Stufe erfolgt der Erlass der Durchführungsvorschriften durch die Kommission. Dazu konsultiert die Kommission zunächst den EU-Wertpapier-

---

te mittlerweile nur noch von rechtsgeschichtlicher Bedeutung, vgl. *Grundmann*, Europäisches Gesellschaftsrecht, § 11 Rn. 366.

35 Vgl. *v. Danwitz*, JZ 2006, 1 (3).

36 Mitteilung der Kommission, Finanzdienstleistungen: Abstecken eines Aktionsrahmens, KOM(1999) 232.

37 Schlussbericht des Ausschusses der Weissen über die Regulierung der Europäischen Wertpapiermärkte, 15. Februar 2001, S. 19.

38 Schlussbericht des Ausschusses der Weissen über die Regulierung der Europäischen Wertpapiermärkte, 15. Februar 2001, S. 21.

39 Schlussbericht des Ausschusses der Weissen über die Regulierung der Europäischen Wertpapiermärkte, 15. Februar 2001, S. 26. Vgl. auch *de Visscher/Maiscocq/Varone*, (2008) 28 Jnl. Publ. Pol. 19.

40 Schlussbericht des Ausschusses der Weissen über die Regulierung der Europäischen Wertpapiermärkte, 15. Februar 2001, S. 29–34.

ausschuss (ESC), der insoweit sowohl beratender als auch Regelungsausschuss ist. Der EU-Wertpapierausschuss wurde durch Beschluss der Kommission vom 6. Juni 2001 gegründet und setzt sich aus Vertretern der Mitgliedstaaten zusammen, den Vorsitz führt ein Vertreter der Kommission.[41] Weiterhin holt die Kommission den Rat der EU-Wertpapierregulierungsbehörden (CESR) ein. CESR setzt sich aus Vertretern der nationalen Regulierungsbehörden zusammen und ist auf der zweiten Stufe des Verfahrens, als beratender Ausschuss tätig, der in Konsultation mit den Marktteilnehmern und End-Investorn die Kommission mit dem nötigen technischen Fachwissen versorgt. CESR wurde durch Entscheidung der Kommission vom 6. Juni 2001 eingesetzt.[42] Auf der Basis der von ESC und CESR eingeholten Stellungnahmen erarbeitet die Kommission den Entwurf einer Durchführungsmaßnahme, der sodann ESC zur Annahme vorgelegt wird. Soweit ESC dem Entwurf zustimmt, wird die entsprechende Maßnahme von der Kommission verabschiedet. Im Falle der Ablehnung oder wenn ESC keine Stellungnahme abgibt, wird der Entwurf an den Rat weitergeleitet, der den Vorschlag entweder annehmen, ablehnen, oder weder annehmen noch ablehnen kann. Im letzteren Fall kann die Kommission sodann die entsprechende Maßnahme verabschieden. Das Europäischen Parlaments ist über die Arbeiten ständig auf dem Laufenden zu halten. Seit dem Beschluss des Rates (2006/512/EG) vom 17. Juli 2006 kann das Parlament einem Durchführungsrechtsakt widersprechen, allerdings nur mit der Begründung, das der Rechtsakt durch die Rechtsgrundlage im Basisrechtsakt nicht gedeckt ist bzw. gegen die Grundsätze der Subsidiarität und Verhältnismäßigkeit verstößt.[43]

Auf der dritten Stufe agiert CESR als völlig unabhängiger Ausschuss nationaler Regulierungsbehörden. Durch die Ausarbeitung gemeinsamer Empfehlungen zu Auslegungsfragen, schlüssiger Leitlinien und gemeinsamer Standards im nicht harmonisierten Bereich soll die einheitliche Umsetzung und Anwendung sichergestellt werden.[44] Auf der vierten Stufe überprüft die Kommission die Einhaltung der EU-Rechtsvorschriften durch die Mitgliedstaaten und leitet notfalls rechtliche Schritte wegen Verstoßes gegen Gemeinschaftsrecht ein.[45]

Bisher wurden vier Richtlinien im Wege dieses Verfahrens erlassen und umgesetzt.[46] Kenner der Materie kritisieren dabei die praktische Anwendung des Ver-

---

41 Vgl. Beschluss der Kommission 2001/528/EG zur Einsetzung des ESC v. 6. 6. 2001, KOM(2001), 1493 endg.

42 Vgl. Beschluss der Kommission 2001/527/EG zur Einsetzung des CESR v. 6. 6. 2001, ABl. EU 2001 L 191/43; nunmehr Beschluss der Kommission 2009/77/EC zur Einsetzung des CESR v. 23. 1. 2009, ABl. EU 2009 L 25/18.

43 Vgl. Beschluss des Rates v. 17. 7. 2006 zur Änderung des Beschlusses 1999/468/EG zur Festlegung der Modalitäten für die Ausübung der der Kommission übertragenen Befugnisse, ABl. EU 2006 L 200/11, Art. 5 a Abs. 3.

44 Schlussbericht des Ausschusses der Weissen über die Regulierung der Europäischen Wertpapiermärkte, 15. Februar 2001, S. 46–48.

45 Schlussbericht des Ausschusses der Weissen über die Regulierung der Europäischen Wertpapiermärkte, 15. Februar 2001, S. 49–51.

46 Richtlinie 2003/71/EG des Europäischen Parlaments und des Rates vom 4. November 2003 betreffend den Prospekt, der beim öffentlichen Angebot von Wertpapieren oder bei deren Zulassung zum Handel zu veröffentlichen ist, und zur Änderung der Richtlinie 2001/34/EG, ABl. EU 2003 L fahrens:[47] Maßnahmen auf Stufe 1 seien viel zu detailliert, während sich Durchführungsmaßnahmen auf Nebenschauplätze beschränkten, auf Stufe 2 fehle die nötige Flexibilität und Stufe 3 beschränke sich auf die bloße Implementierung. Alles in allem werde Kapitalmarktrecht in der EU zu stark durch die politischen Akteure auf Stufe 1 und 2, insbesondere die Kommission, geprägt, während der ökonomische und technische Sachverstand der Regulierungsbehörden bisher eine zu geringe Rolle spiele. Dieses Übergewicht der Politik und die dadurch nötigen Kompromisse führe leicht zu einer Verwässerung von Regulierungsmaßnahmen die so ihren Biss verlören. Bei dieser Kritik ist freilich zu bedenken, dass auch auf Gemeinschaftsebene die Vorschriften von wesentlicher Bedeutung durch den Gesetzgeber selbst erlassen werden müssen[48] und ein Minimum an demokratischer Legitimation sichergestellt sein muss.[49] Die Grenzziehung ist dabei naturgemäß schwierig. Insgesamt kann man das Lamfalussy-Verfahren wohl als Erfolg werten, wenn auch sicher an bestimmten Stellen Raum für Verbesserung besteht.[50] Wie im Grünbuch zur Überprüfung des gemeinschaftlichen Besitzstandes im Verbraucherschutz angedacht,[51] sieht der Vorschlag der Kommission für eine Richtlinie über die Rechte der Verbraucher im Hinblick auf die Aktualisierung der Liste missbräuchlicher Klauseln im Rahmen der Klauselrichtlinie ebenfalls das Komitologie-Verfahren vor.[52]

3. Handlungsformen

Aus dem Katalog der Handlungsformen des Art. 249 EG[53] kommt der Richtlinie im Rahmen des Europäischen Privatrechts überragende Bedeutung zu.[54] Die Verord-

---

345/64; Richtlinie 2004/109/EG v. 15. 12. 2004 zur Harmonisierung der Transparenzanforderungen in Bezug auf Informationen über Emittenten, deren Wertpapiere zum Handel an geregelten Märkten zugelassen sind und zur Änderung von Richtlinie 2001/34/EG, ABl. EU 2004 L 390/38; Richtlinie 2004/39/EG des Europäischen Parlaments und des Rates vom 21. April 2004 über Märkte für Finanzinstrumente, zur Änderung der Richtlinien 85/611/EWG und 93/6/EWG des Rates und der Richtlinie 2000/12/EG des Europäischen Parlaments und des Rates und zur Aufhebung der Richtlinie 93/22/EWG des Rates, ABl. EU 2004 L145/1; Richtlinie 2004/72/EG der Kommission vom 29. April 2004 zur Durchführung der Richtlinie 2003/6/EG des Europäischen Parlaments und des Rates – Zulässige Marktpraktiken, Definition von Insider-Informationen in Bezug auf Warenderivate, Erstellung von Insider-Verzeichnissen, Meldung von Eigengeschäften und Meldung verdächtiger Transaktionen [...] (Text von Bedeutung für den EWR) ABl. EU 2003 L96/16.

47 Vgl. *Ferrarini/Recine*, in: *Ferrarini/Wymeersch* (Hrsg.), Investor Protection in Europe, S. 235 (268 f.).

48 EuGH v. 17. 12. 1970 – Rs. 25/70 (*Köster*), Slg. 1970, 1161 Rn. 6.

49 Vgl. *Möllers*, ZEuP 2008, 480 (485–487).

50 Vgl. Mitteilung der Kommission – Überprüfung des Lamfalussy-Prozesses – Ausbau der aufsichtlichen Konvergenz, KOM(2007) 727 endg.

51 Grünbuch: Die Überprüfung des gemeinschaftlichen Besitztsandes im Verbraucherschutz (Vorlage der Europäischen Kommission) v. 8. 2. 2007, KOM (2006) 744 endg., S. 21.

52 Art. 39 Abs. 2, 40 Abs. 2 des Vorschlags für eine Richtlinie des Europäischen Parlaments und des Rates über Rechte der Verbraucher, KOM(2008) 614 endg.

53 Ohne Änderung in der Sache Art. 288 AEUV.

54 Dass die Mitgliedstaaten die Handlungsform der Richtlinie gegenüber derjenigen der Verordnung bevorzugen, wurde sowohl in der Schlussakte zur EEA (Erklärung zu Art. 100 a des EWGnung wurde bisher hauptsächlich herangezogen, wenn parallel zu den angeglichenen nationalen Rechtsinstituten eigenständige und neue Institute auf Gemeinschaftsebene geschaffen wurden, so etwa mit der Verordnung zur Gemeinschaftsmarke, der Europäischen Wirtschaftlichen Interessenvereinigung oder der Europäischen Aktiengesellschaft und Genossenschaft. Seit Einführung des Art. 65 EG häufen sich jedoch Verordnungen insbesondere im Bereich des Europäischen Zivilverfahrensrechts. Unklar ist derzeit, welche Rechtsform dem für das europäische Vertragsrecht geplanten Gemeinsamen Referenzrahmen zukommen soll. Entsprechend seiner Funktion als unverbindliche „Tool-Box" für Gemeinschafts- und nationale Gesetzgeber sowie als Auslegungshilfe, dürfte vor allem die Empfehlung gemäß Art. 249 Abs. 5 EG in Betracht kommen. Sollte daraus entsprechend den Bestrebungen der Kommission in der Folge ein „optionellen Instruments" erarbeitet werden, so wäre wohl die Verordnung geeignete Regelungsform.[55]

a) Die Verordnung gemäß Artikel 249 Abs. 2 EG

Die Verordnung ist in allen ihren Teilen verbindlich.[56] Mit ihrem In-Kraft-Treten gilt sie in den, und nicht nur für die Mitgliedstaaten, ohne dass die Legislativorgane der Mitgliedstaaten diese Geltung erst durch einen Umsetzungsakt herbeiführen müssten.[57] Verordnungen begründen damit bei hinreichender Bestimmtheit Rechte und Pflichten nicht nur für die Mitgliedstaaten und deren Behörden sondern auch für den einzelnen Bürger.[58] Dies schließt jedoch nicht aus, dass Verordnungen mitunter auch Regelungen enthalten, deren Anwendung nationale Durchführungsmaßnahmen erforderlich machen (sogenannte „hinkende Verordnungen").[59] Bezeichnendes Beispiel ist die Verordnung zur Europäischen Aktiengesellschaft (SE), die selbst nur eine Kernregelung hinsichtlich Gründung der SE sowie, mit abnehmender Regelungsintensität, zur Leitungsstruktur und Restrukturierung enthält.[60] Im übrigen setzt sich das Statut der SE hierarchisch abgestuft zusammen aus den Satzungsbestimmungen der jeweiligen SE soweit durch die Verordnung ausdrücklich zugelassen, den mitgliedstaatlichen Ausführungsgesetzen zur SE-Verordnung und schließlich den nationalen Aktienrechten des jeweiligen Sitzstaates, vgl. Art. 9 Abs. 1 SE-Verordnung.[61] Daraus folgt, dass es „die" Europäische Aktiengesellschaft nicht gibt, sondern, je nach ergänzend anzuwendendem Sitzrecht, (derzeit) 27 verschiedene Europäische Aktiengesellschaften.

Vertrages (nunmehr Art. 95 EG) sowie in Nr. 6 des Protokolls (Nr. 30) über die Anwendung der Grundsätze der Subsidiarität und der Verhältnismäßigkeit zum Ausdruck gebracht.

55 Vgl. *Staudenmayer*, ZEuP 2003, 828 (838).

56 Calliess/Ruffert-*ders.*, Art. 249 EGV Rn. 41.

57 *Bleckmann*, Europarecht, Rn. 409 f.; *Streinz*, Europarecht, Rn. 429; *Oppermann*, Europarecht, § 6 Rn. 81; *Bieber/Epiney/Haag*, Die Europäische Union, § 6 Rn. 30; Calliess/Ruffert-*ders.*, Art. 249 EGV Rn. 42.

58 *Bieber/Epiney/Haag*, Die Europäische Union, § 6 Rn. 30.

59 *Bleckmann*, Europarecht, Rn. 410 f.; *Bieber/Epiney/Haag*, Die Europäische Union, § 6 Rn. 31; Calliess/Ruffert-*ders.*, Art. 249 EGV Rn. 43.

60 Vgl. *Grundmann*, Europäisches Gesellschaftsrecht, § 29 Rn. 1018–1020; *Edwards*, (2003) 40 CMLRev., 443 (451–458).

61 Vgl. *Raaijmakers*, (2004) 5 EBOR 159 (164).

Von Anfang an war damit fraglich, ob sich die hiermit verbundene größere Gestaltungsvielfalt positiv auswirkt oder die Mobilität der SE eher behindert.[62] Mittlerweile erfreut sich jedoch die Gründung einer SE als für manche Unternehmen durchaus attraktive grenzüberschreitende Restrukturierungsmaßnahme einiger Beliebtheit, häufig geht es dabei um die Reduzierung einzelstaatlicher Regelungen zur Arbeitnehmermitbestimmung.[63]

b) Die Richtlinie gemäß Artikel 249 Abs. 3 EG

Nach der Vorstellung der Vertragsgeber sollte durch die Konstruktion der Richtlinie ein Ausgleich zwischen dem gemeinschaftlichen Interesse an effektiver Zielverwirklichung und dem mitgliedstaatlichen Interesse an möglichster Schonung der Souveränität der nationalen Parlamente, und der damit verbundenen größeren Akzeptanz und Sachnähe, erzielt werden.[64] Hierzu stellt die Richtlinie ein zweistufiges Rechtssetzungsverfahren bereit: Auf der ersten Stufe wird die Richtlinie auf der Ebene des Gemeinschaftsrechts insofern in Geltung gesetzt, als an die Mitgliedstaaten der Befehl zur Umsetzung des in der Richtlinie enthaltenen „Ziels“ innerhalb einer bestimmten Frist durch Anpassung des nationalen Rechts ergeht. Insoweit ist die Richtlinie „für“ die Mitgliedstaaten verbindlich, gilt aber grundsätzlich nicht unmittelbar „in“ den Mitgliedstaaten.[65] Die Umsetzung des Regelungsziels in den Mitgliedstaaten erfolgt auf der zweiten Stufe durch die nach nationalem Recht jeweils zuständigen innerstaatlichen Organe, regelmäßig also dem nationalen Gesetzgeber, denen dabei die Wahl der „Form und Mittel“ überlassen bleibt.[66] *Ipsen* spricht insoweit treffend von einer „gestuften Verbindlichkeit“ der Richtlinie.[67]

aa) Umfang der Bindungswirkung

Ausgehend von dieser Regelungskonzeption war insbesondere in den Anfangsjahren umstritten, welchen Regelungsumfang eine Richtlinie aufweisen darf. Art. 249

---

62 Vgl. zu beiden Aspekten *Grundmann*, Europäisches Gesellschaftsrecht, § 29 Rn. 1013; *Raaijmakers*, (2004) 5 EBOR 159 (170 ff.).

63 Vgl. *Eidenmüller/Engert/Hornuf*, (2008), http://ssrn.com/abstract=1316430.

64 *Streinz*, Europarecht, Rn. 434; *Bleckmann*, Europarecht, Rn. 415–417; *Brechmann*, Die richtlinienkonforme Auslegung, S. 10; *Johnston/Unberath*, in: *Cafaggi* (Hrsg.), Institutional Framework, S. 149 (150).

65 Vor Ablauf der Umsetzungsfrist entfaltet die Richtlinie bereits insoweit Rechtswirkungen, als die Mitgliedstaaten alle Rechtshandlungen zu unterlassen haben, die den angestrebten Erfolg der Richtlinie vereiteln könnten, vgl. EuGH v. 18. 12. 1997 – Rs. C-129/96 (*Inter-Environment Wallonie ./. Region Wallone*), Slg. 1997, I-7411, Rn. 45; EuGH v. 8. 5. 2003 – C-14/02 (*ATRAL*), Slg. 2003, I-4431, Rn. 58. Dies ist die sogenannte „Vorwirkung“ der Richtlinie. Dabei entfaltet die Richtlinie vor Ablauf der Umsetzungsfrist aber weder eine Sperrwirkung, noch erlegt sie dem Mitgliedstaat eine Stillhalteverpflichtung auf; es handelt sich lediglich um ein Frustrationsverbot im Hinblick auf das mit der Richtlinie verfolgte Ziel; ausführlich hierzu *Schliesky*, DVBL 2003, 631 ff.; *Röthel*, ZEuP 2009, 34 ff.; EuGH v. 23. 4. 2009 – verb. Rs. C-261/07, C-299/07 (*VTB-VAB NV/Total Belgium NV, Galatea BVBA/Sanoma Magayines Belgium NV*), Slg. 2009, I-00000, Rn. 38 f.

66 *Bleckmann*, Europarecht, Rn. 416; *Bieber/Epiney/Haag*, Die Europäische Union, § 6 Rn. 32; *Brechmann*, Die richtlinienkonforme Auslegung, S. 9; *Franzen*, Privatrechtsangleichung, S. 245; *Götz*, NJW 1992, 1849 (1852).

67 *Ipsen*, Europäisches Gemeinschaftsrecht, S. 458.

EG geht aber offenbar davon aus, dass eine Richtlinie neben einem verbindlichen Teil, der Zielbeschreibung, zu mindest hinsichtlich Form und Mittel auch einen unverbindlichen Teil enthalten kann.[68] Entscheidend ist somit nicht der Regelungsumfang der Richtlinie, für den Art. 249 EG nichts hergibt, sondern die Abgrenzung des verbindlichen vom nicht-verbindlichen Teil der Richtlinie.[69] Dabei wird überwiegend angenommen, dass sich „Ziel“ einerseits und „Form und Mittel“ andererseits nicht voneinander abgrenzen lassen. In einer Handlungseinheit würden nämlich die abstrakten Handlungsziele durch immer konkretere Mittel verwirklicht. In einer solchen Handlungskette seien alle mittleren Glieder gleichzeitig Mittel zur Verwirklichung des höheren Ziels und Ziele für die konkreteren Mittel.[70] Daran werden nun unterschiedliche Rechtsfolgen geknüpft.

(1) Die ältere Literatur: Mindestmaß an mitgliedstaatlichen Gestaltungsmöglichkeiten

Vor allem in der älteren Literatur war die Ansicht verbreitet, dass den Mitgliedstaaten aufgrund der besonderen Konzeption der Richtlinie ein letzter Rest von Entscheidungsfreiheit verbleiben müsse.[71] So heißt es etwa bei *Oldekop*: „Den Mitgliedstaaten soll grundsätzlich ein Mindestmaß an Autonomie in dem von der Richtlinie jeweils geregelten Sachbereich belassen werden; sie sollen nicht auf in allen Einzelheiten bindend vorgeschriebenes Verhalten festgelegt werden. Hierin liegt der besondere Charakter des Rechtsinstruments ‚Richtlinie‘, der ihm erhalten bleiben muss, wenn es nicht seinen eigentlichen Sinn verlieren soll.“[72] Erst mit Ausführung der Richtlinien durch nationale Rechtsnormen dürfe ein in sich geschlossenes und vollziehbares Gesetzgebungswerk für die zu regelnde Materie vorliegen. Auch eine detaillierte, über das „Ziel“ hinaus Regelungen treffende Richtlinie sei zwar insgesamt gültig, für die Mitgliedstaaten jedoch nur hinsichtlich des Zieles verbindlich. Detailvorschriften wären nur insoweit verbindlich, als sie zur Zielerreichung unbedingt erforderlich sind. Der zulässige Rahmen sei jedoch überschritten, wenn den Richtlinienadressaten keine beachtenswerte eigene, auf die Sache selbst bezogene Gestaltungsmöglichkeit mehr verbleibe.[73]

(2) Die herrschende Meinung in Literatur und Praxis

Dem ist *Ipsen*[74] frühzeitig entgegengetreten. Ausgehend von einem Vergleich der unterschiedlichen sprachlichen Fassungen wies er nach, dass die deutsche Fassung mit dem Begriff „Ziel“ ungenau ist und besser von „Ergebnis“ gesprochen werden

---

68 Vgl. *Schatz* NJW 1967, 1694 (1696).
69 Vgl. *Bleckmann*, Europarecht, Rn. 420–422; *Oldekop*, JöR 1972, 55 (79).
70 Vgl. *Oldekop*, JöR 1972, 55 (83 ff.); *Börner*, Entscheidungen der Hohen Behörde, S. 100.
71 Aus neuerer Zeit etwa *Karoff*, RabelsZ 48 (1984), 649 (656); *Bach* JZ 1990, 1108 (1109); *Hilf*, EuR 1993, 1 (7); wohl auch *Johnston/Unberath*, in: *Cafaggi* (Hrsg.), Institutional Framework, S. 149 (150).
72 *Oldekop*, JöR 1972, 55 (93).
73 *Oldekop*, JöR 1972, 55 (93).
74 *Ipsen*, in: FS Ophüls, S. 67 (73 ff.); *ders*, Europäisches Gemeinschaftsrecht, S. 458.

sollte.[75] Richtlinienziele seien damit nicht globale und allgemeine Zielvorstellungen, sondern vielmehr die sich aus dem Inhalt der Richtlinie ergebenden Rechtswirkungen, denen der Mitgliedstaat innerstaatliche Wirksamkeit zu verschaffen habe. „Deshalb" sei die Richtlinie frei in ihrer Regelungsintensität. Sie dürfe neben allgemeinen Zielbestimmungen bis ins Detail ausgeformte Normierungen hervorbringen, wenn dies im Interesse ihrer Funktionsfähigkeit nach Art ihres Regelungsgegenstandes erforderlich sei.[76]

In der Praxis ist der mitgliedstaatliche Entscheidungsspielraum durch den Erlass detaillierter Richtlinienbestimmungen vielfach eingeschränkt, sogar bis auf Null reduziert, worden.[77] Der EuGH hat diese Praxis der rechtssetzenden Organe jedoch nicht beanstandet; vielmehr setzt die gesamte Rechtsprechung des EuGH zur unmittelbaren Wirkung von Richtlinien detailgenaue, aus sich selbst heraus anwendbare Bestimmungen in Richtlinien gerade voraus.[78] Auch in der Literatur ist mittlerweile nahezu allgemein anerkannt, dass im Hinblick auf die Funktionsfähigkeit des Gemeinschaftsrechts die Richtlinie in ihrer Regelungsintensität frei sei.[79]

(3) Stellungnahme

Aus der verbreiteten Praxis zur detaillierten Richtliniensetzung und deren Anerkennung durch den EuGH folgt freilich nicht, dass diese Praxis auch durch den EG-Vertrag legitimiert ist. Was die Ansicht *Ipsens* anbelangt, so scheint der Begriff „Ergebnis", jedenfalls auf den zweiten Blick, nicht wesentlich ergiebiger zu sein als der Begriff „Ziel".[80] Insbesondere folgt aus der Angabe des zu erreichenden Ergebnisses nicht auch unbedingt, dass die einzusetzenden Mittel genau festgelegt sind. Die Ausführungen *Ipsens* wären nur dann zwingend, wenn die Mittel zur Erreichung eines Ergebnisses nicht austauschbar wären, was jedoch der Wirklichkeit häufig nicht entspricht.[81] Andererseits ist auch die Nicht-Abgrenzbarkeit von „Ziel" und „Mittel" nicht überzeugend. Zwar ist richtig, dass in einer Handlungskette alle mittleren Glieder sowohl Ziel als auch Mittel sind. Betrachtet man jedoch eine solche Handlungskette als Aneinanderreihung verschiedener, jeweils durch Mittel und Ziel definierter, Zuordnungseinheiten, so sind trotz Aneinanderreihung Ziel und Mittel innerhalb der jeweiligen Zuordnungseinheit unterscheidbar und nicht austauschbar.[82] Entscheidend ist vielmehr die jeweilige Abstraktions-

---

75 *Ipsen*, in: FS Ophüls, S. 67 (73 ff.).
76 *Ipsen*, Europäisches Gemeinschaftsrecht, S. 458 f.
77 Vgl. *Brechmann*, Die richtlinienkonforme Auslegung, S. 11; *Bleckmann*, Europarecht, Rn. 429; *Oppermann*, Europarecht, § 6 Rn. 88.
78 *Franzen*, Privatrechtsangleichung, S. 245.
79 *Ipsen*, Europäisches Gemeinschaftsrecht, S. 459; *Bleckmann*, Europarecht, Rn. 429, der insoweit von Gewohnheitsrecht spricht; *Oppermann*, Europarecht, § 6 Rn. 88; *Bieber/Epiney/Haag*, Die Europäische Union, § 6 Rn. 33; *Streinz*, Europarecht, Rn. 436; *Brechmann*, Die richtlinienkonforme Auslegung, S. 11; *Prechal*, Directives, S. 40.
80 Vgl. *Everling*, NJW 1967, 465 (467 Fn. 22).
81 Vgl. *André*, EuR 1969, 191 (193).
82 *André*, EuR 1969, 191 (195).

höhe der Zielbeschreibung; je tiefer diese angesetzt wird, je konkreter und detaillierter also die Richtlinie ist, umso geringer ist der den Mitgliedstaaten verbleibende Umsetzungsspielraum.[83]

Dies kann am Beispiel der Klauselrichtlinie verdeutlicht werden. Nach deren Art. 1 ist Zweck der Richtlinie die Angleichung der Rechts- und Verwaltungsvorschriften der Mitgliedstaaten über missbräuchliche Klauseln in Verträgen zwischen Gewerbetreibenden und Verbrauchern. Sähe man hierin allein die Zielbeschreibung, so wären die Mitgliedstaaten grundsätzlich frei, dieses Ziel auf unterschiedliche Weise zu erreichen, etwa durch ein präventives Genehmigungserfordernis für die Verwendung bestimmter Klauseln, die Überwachung durch eine öffentliche Institution, die Einführung von Bußgeldtatbeständen und/oder den Entzug von Genehmigungen bei unzulässiger Klauselverwendung. Die Unwirksamkeit der verwendeten Klausel, wie in Art. 6 Abs. 1 der Klauselrichtlinie vorgesehen, wäre nur ein mögliches Mittel unter mehreren.[84] Nun hat aber der EuGH festgestellt, dass das mit der Richtlinie angestrebte „Ergebnis" nicht nur durch Art. 1 sondern auch durch die Art. 3 und 4, zum Maßstab der Missbräuchlichkeit, Art. 5, zur Klarheit bei der Abfassung, Art. 7, zur Möglichkeit der Verbandsklage, und eben auch Art. 6, zur Unverbindlichkeit missbräuchlicher Klauseln gegenüber dem Verbraucher, definiert wird.[85] Damit führt an der Festschreibung der Unwirksamkeit missbräuchlicher Klauseln für den Verbraucher durch die Mitgliedstaaten kein Weg vorbei. Dass die Unverbindlichkeit missbräuchlicher Klauseln Teil der Ergebnisbeschreibung ist, folgt aus Begründungserwägung Nr. 21.

Die Festlegung der Abstraktionshöhe erfolgt somit durch den Richtliniengeber. Dieser ist hierbei jedoch nicht frei, sondern durch die Kompetenznormen des EG-Vertrages gebunden. Ist danach der Erlass einer Richtlinie, etwa im Rahmen der Verwirklichung des Binnenmarktes zum Abbau von Grundfreiheitenbeschränkungen erforderlich, so bestimmt diese Erforderlichkeit zugleich die Regelungsintensität der Richtlinie.[86] Da im Bereich der privatrechtlichen Rechtsangleichung zur Verwirklichung des Binnenmarktes, soweit eine Gemeinschaftskompetenz überhaupt besteht, regelmäßig eine einheitliche und detaillierte Regelung notwendig ist, die den Mitgliedstaaten, allenfalls geringe Umsetzungsspielräume belässt, besteht insoweit ein inhärenter Widerspruch zur Regelungskonzeption des

---

83 *André*, EuR 1969, 191, (196).

84 Nicht einmal unbedingt das wirksamste, da insoweit stets erforderlich ist, dass der Verbraucher seine Rechte gerichtlich geltend macht, hiervon kann er aus den verschiedensten Gründen, etwa wegen der Geringfügigkeit der ausgetauschten Leistungen, Abstand nehmen. Eine präventive Genehmigungspflicht oder öffentlich rechtliche Überwachung durch bestimmte Einrichtungen scheint demgegenüber flächendeckender und umfassender das angestrebte Ziel zu verwirklichen. Freilich könnte beides auch kombiniert werden. Vgl. zur Rechtslage im Vereinigten Königreich *Johnston/Unberath*, in: *Cafaggi* (Hrsg.), Institutional Framework, S. 149 (184 f.).

85 EuGH v. 7. 5. 2002 – Rs. C-478/99 (*Kommission ./. Schweden*), Slg. 2002, I-4147 Rn. 16–18.

86 Maßgeblich auf die jeweilige Rechtsgrundlage abstellend auch *Bieber/Epiney/Haag*, Die Europäische Union, § 6 Rn. 33.

Art. 249 EG. Daraus ergibt sich, dass die Richtlinie als Regelungsinstrument zur Angleichung des Privatrechts für den Binnenmarkt weitgehend ungeeignet ist.[87]

bb) Erweiterung der Wirkung von Richtlinien durch die Rechtsprechung des EuGH

Im Normalfall der korrekten und fristgerechten Umsetzung treffen die von der Richtlinie beabsichtigten Wirkungen den Gemeinschaftsbürger „auf dem Wege über die von dem jeweiligen Mitgliedstaat ergriffenen Durchführungsmaßnahmen."[88] Aufgrund der mangelhaften Umsetzungsmoral der Mitgliedstaaten, sah sich der EuGH jedoch frühzeitig veranlasst, die Wirkungen von Richtlinien im innerstaatlichen Bereich, auch unabhängig von mitgliedstaatlichen Umsetzungsmaßnahmen, erheblich zu erweitern.[89] Hierzu stehen drei Konzepte zur Verfügung.[90]

(1) Unmittelbare Wirkung

Nach der ständigen Rechtsprechung des EuGH[91], mittlerweile ganz herrschender Lehre[92] und auch der Rechtsprechung des BVerfG[93] kommt Richtlinien nach Ablauf der Umsetzungsfrist bei Nicht- oder mangelhafter Umsetzung[94] unter bestimmten Voraussetzungen unmittelbare – vom mitgliedstaatlichen Umsetzungsakt unabhängige – innerstaatliche Wirkung zu.[95] Voraussetzung hierfür ist die

---

87 Vgl. *Müller-Graf*, in: *Hartkamp u.a.* (Hrsg.), Towards a European Civil Code, S. 77 (86f.).
88 EuGH v. 19. 1. 1982 – Rs. 8/81 (*Becker ./. Finanzamt Münster*), Slg. 1982, 53 Rn. 19.
89 Vgl. *Brechmann*, Die richtlinienkonforme Auslegung, S. 15; *Karoff*, RabelsZ 48 (1984), 649 (659). Die Möglichkeit, in solchen Fällen ein Vertragsverletzungsverfahren gemäß Art. 226 EG einzuleiten, hat sich als zur Sicherung der Funktionsfähigkeit des Gemeinschaftsrechts als nicht hinreichend erwiesen. Es kann die Verzögerung nicht verhindern, seine Einleitung unterliegt nicht dem Legalitätsprinzip und es endet in einem Feststellungsurteil, beschränkt sich also regelmäßig auf die Erzeugung politischen Drucks, vgl. *Scherzberg*, Jura 1993, 225; *Streinz*, Europarecht, Rn. 444.
90 Vgl. *Johnston/Unberath*, in: *Cafaggi* (Hrsg.), Institutional Framework, S. 149 (151).
91 EuGH v. 6. 10. 1970 – Rs. 9/70 (*Grad ./. Finanzamt Traunstein*), Slg. 1970, 825 Rn. 5; EuGH v. 17. 12. 1970 – Rs. 33/70 (*S.A.C.E. ./. Finanzministerium Italien*), Slg. 1970, 1213 Ls. 2; EuGH v. 4. 12. 1974 – Rs. 41/74 (*van Duyn ./. Home Office*), Slg. 1974, 1337 Ls. 2; EuGH v. 5. 4. 1979 – Rs. 148/78 (*Ratti*), Slg. 1979, 1629 Rn. 19; EuGH v. 19. 1. 1982 – Rs. 8/81 (*Becker ./. Finanzamt Münster*), Slg. 1982, 53 Rn. 25; EuGH v. 8. 10. 1987 – Rs. 80/86 (*Kolpinhuis Nijmwegen*), Slg. 1987, 3969 Rn. 7.
92 Nur beispielhaft *Brechmann*, Die richtlinienkonforme Auslegung, S. 14ff.; *Streinz*, Europarecht, Rn. 444ff.; *Oppermann*, Europarecht, § 6 Rn. 92; *Bleckmann*, Europarecht, Rn. 431ff.; *Götz*, NJW 1992, 1894 (1855); *ders.*, in: FS Ress, 485; *Bach* JZ 1990, 1108 (1113); *Scherzberg*, Jura 1993, 225ff.; *Langenfeld*, DÖV 1992, 955ff.; Calliess/Ruffert-*ders*, Art. 249 EGV, Rn. 73.
93 BVerfGE 75, 223 (235ff.). Die eine unmittelbare Wirkung ablehnende Rechtsprechung des BFH (BFHE 133, 470) ist damit obsolet.
94 Vgl. Calliess/Ruffert-*ders.*, Art. 249 EGV, Rn. 73, 74; *Franzen*, Privatrechtsangleichung, S. 252.
95 Die Terminologie ist uneinheitlich. Der Begriff der „unmittelbaren Wirkung" hat sich im deutschen Schrifttum weitgehend durchgesetzt, vgl. *Brechmann*, Die richtlinienkonforme Auslegung, S. 15 Fn. 38. Im englischsprachigen Schrifttum spricht man von „direct effect", vgl. *Prechal*, Directives, S. 226ff. Besser wäre es wohl von „unmittelbarer Anwendbarkeit" oder „unmittelbarer Geltung" zu sprechen, denn der Begriff der „Wirkung" oder Wirksamkeit ist soziologischer Natur; vgl. *Röhl/Röhl*, Allgemeine Rechtslehre, S. 311 f. „Wirkungen" im Sinne der tatsächlichen Beeinflussung der Handlungen der Normunterworfenen zeitigt die Richtlinie auch beim Konzept der richtlinienkonformen Auslegung bzw. der Staatshaftung.

„inhaltliche Unbedingtheit“ und „hinreichende Genauigkeit“ der jeweiligen Richtlinienbestimmung.[96] Die entscheidende Frage, die beiden Voraussetzungen zu Grunde liegt, ist die nach einem etwaigen Umsetzungsspielraum der Mitgliedstaaten.[97]

Nach ständiger Rechtsprechung scheidet unmittelbare Anwendbarkeit in den sogenannten „horizontalen“ Rechtsverhältnissen zwischen den Bürgern und in den sogenannten „umgekehrt vertikalen“ Rechtsverhältnissen zu Lasten des Bürgers und zugunsten des Staates aus.[98] Für das Europäische Privatrecht erscheint das Konzept damit grundsätzlich von untergeordneter Bedeutung zu sein. Gleichwohl haben Richtlinienbestimmungen verschiedentlich auch im Rechtsstreit unter Privaten unmittelbar eine Rolle gespielt.[99] Als anschauliches Beispiel mag die Rechtssache *Unilever Italia* dienen:[100] Der Käufer wies die Ware unter Hinweis auf eine nationale Etikettierungsvorschrift zurück, über die der italienische Staat die

---

96 EuGH v. 5. 4. 1979 – Rs. 148/78 (*Ratti*), Slg. 1979, 1629 Rn. 23; EuGH v. 19. 1. 1982 – Rs. 8/81 (*Becker ./. Finanzamt Münster*), Slg. 1982, 53 Rn. 25; EuGH v. 8. 10. 1987 – Rs. 80/86 (*Kolpinghuis Nijmwegen*), Slg. 1987, 3969 Rn. 7; EuGH v. 4. 12. 1974 – Rs. 41/74 (*van Duyn ./. Home Office*), Slg. 1974, 1337 Rn. 13 f.; EuGH v. 5. 10. 2004 – verb. Rs. C-397/01 und C-403/01 (*Pfeiffer*), Slg. 2004, I-8835 Rn. 5; EuGH v. 26. 2. 1986 – Rs. 152/84 (*Marschall I*), Slg. 1986, 723 Rn. 52; EuGH v. 27. 6. 1989 – Rs. 50/88 (*Kühne ./. Finanzamt München III*), Slg. 1989, 1925, Rn. 26.

97 *Prechal*, Directives, S. 243.

98 EuGH v. 26. 2. 1986 – Rs. 152/84 (*Marshall I*), Slg. 1986, 723 Rn. 48; seither ständige Rechtsprechung vgl. etwa EuGH v. 8. 10. 1987 – Rs. 80/86 (*Kolpinghuis Nijmwegen*), Slg. 1987, 3969 Rn. 9; EuGH v. 14. 7. 1994 – Rs. C-91/92 (*Faccini Dori ./. Recreb*), Slg. 1994, I-3325 Rn. 22 ff.; EuGH v. 7. 3. 1996 – Rs C-192/94 (*El Corte Ingles*), Slg. 1996, I-1281 Rn. 15 ff.; EuGH v. 5. 10. 2004 – verb. Rs. C-397/01, C-403/01 (*Pfeiffer*), Slg. 2004, I-8835, Rn. 108 f.; EuGH v. 25. 10. 2005 – Rs. C-350/03 (*Schulte*), Slg. 2005, I-9215, Rn. 70. Vgl. zur Kritik an dieser Rechtsprechung GA van Gerven, Schlussanträge v. 26. 1. 1993 – Rs. C-271/91 (*Marshall II*), Slg. 1993, I-4381 Rn. 11 f.; GA Jacobs, Schlussanträge v. 27. 1. 1994 – Rs. C-316/93 (*Vaneetfeld*), Slg 1994, I-765 Rn. 21 ff.; GA Lenz, Schlussanträge v. 9. 2. 1994 – Rs. C-91/92 (*Faccini Dori*), Slg. 1994, I-3328 Rn. 47 f., vor allem mit dem Argument, dass die Anerkennung der unmittelbaren Anwendbarkeit nur gegenüber Hoheitsträgern zu Diskriminierungen, etwa von nicht im öffentlichen Dienst Tätigen, führe und die richtlinienkonforme Auslegung die nationalen Methoden vielfach überfordere und ohnehin zur Begründung von Verpflichtungen für Private führe. Ungeklärt war lange Zeit auch die sogenannte „unmittelbare Richtlinienwirkung in Dreiecksverhältnissen“, wenn also die Berufung eines Privaten auf eine Richtlinienbestimmung gegenüber der Verwaltung dazu führt, dass einem anderen Rechtspositionen entzogen werden. Dies ist insbesondere denkbar im Umweltrecht oder öffentlichem Auftragswesen. Vgl. zu diesem Problemkreis: *Langenfeld*, DÖV 1992, 955 (960 ff.); Calliess/Ruffert-*ders.*, Art. 249 EGV Rn. 89 ff. In EuGH v. 7. 1. 2004 – Rs. C-201/02 (*Delena Wells*), Slg. 2004, I-723, Rn. 56–58, hat der EuGH nunmehr geklärt, dass zwar nicht umgesetzte Richtlinien allein nicht als Rechtsgrundlage für den Erlass belastender Verwaltungsakte dienen können; davon zu unterscheiden seien jedoch die „bloßen negativen Auswirkungen auf die Rechte Dritter“, die als Folge der durch die Richtlinie begründeten staatsgerichteten Individualrechte eintreten oder eintreten können. Diese negativen Auswirkungen hinderten als solche die Berufung auf die durch die Richtlinie eingeräumten Individualrechte nicht – in diesem Fall auf Durchführung einer UVP; vgl. dazu *Jarass/Beljin*, EuR 2004, 714 (725 ff.).

99 Vgl. EuGH v. 30. 4. 1996 – Rs. C-194/94 (*CIA Security*), Slg. 1996, I-2201 Rn. 47–50; EuGH v. 12. 3. 1996 – Rs. C-441/93 (*Pafitis*), Slg. 1996, I-1347; EuGH v. 28. 1. 1999 – Rs. C-77/97 (*Smithkline Beecham*), Slg. 1999, I-431; vgl. auch EuGH v. 22. 11. 2005, Rs. C-144/04 (*Mangold*), Slg. 2005, I-9981 Rn. 77, wo freilich letztlich ein primärrechtlicher allgemeiner Rechtsgrundsatz der Altersdiskriminierung im Vordergrund stand, vgl. Röthel, ZEuP 2009, 34 (41).

100 EuGH v. 26. 9. 2000 – Rs. C-443/98 (*Unilever Italia*), Slg. 2000, I-7535.

Kommission zwar im Einklang mit Richtlinie 83/189/EWG unterrichtet hatte, die aber unter Verletzung der in der Richtlinie vorgesehenen Wartefrist zu früh in Kraft getreten war. Nach Ansicht des EuGH war das nationale Gericht verpflichtet, von der Anwendung der nationalen Etikettierungsvorschrift abzusehen mit der Folge, dass der Käufer zur Abnahme verpflichtet war. Die Abgrenzung dieser Fallgruppe von derjenigen, in der gemäß den Entscheidungen *Marshall* und *Dori* eine horizontale unmittelbare Wirkung gerade nicht gegeben sein soll, ist nicht einfach. Der EuGH selbst arbeitet mit dem Argument, dass die Richtlinie im Rechtsstreit unter Privaten zwar dazu führen kann, dass nationale Vorschriften nicht angewendet werden dürfen, dass aber die Richtlinie selbst nicht unmittelbar die Rechte und Pflichten der Beteiligten bestimmt.[101] Unzulässig unter Privaten wäre damit nur der „positive“ oder „Ersetzungseffekt“, bei dem der Sachverhalt letztendlich unter die Richtlinie subsumiert wird und sich die Rechte und Pflichten der Parteien unmittelbar aus dieser selbst ergeben.[102] Ein unmittelbarer „negativer“ oder „Ausschlusseffekt“ der Richtlinie wäre dagegen auch unter Privaten möglich.[103] Richtigerweise handelt es sich dabei jedoch um einen Fall richtlinienkonformer Auslegung und Rechtsfortbildung, genauer um eine teleologische Reduktion richtlinienwidrigen nationalen Rechts, die, in den Grenzen des nationalen Methodenkanons, bis hin zu einer teleologischen Reduktion „auf Null“ gehen kann.[104] Dementsprechend hat der BGH §§ 439 Abs. 4 BGB in Verbindung mit § 346 Abs. 1, Abs. 2 Satz 1 Nr. 1 BGB (Wertersatzanspruch des Verkäufers für die Nutzung der mangelhafte Sache bei Rückgabe und Nachlieferung einer mangelfreien Sache) dahingehend teleologisch reduziert, dass diese Vorschrift im Falle des Verbrauchsgüterkaufs keine Anwendung findet.[105] In der Entscheidung Quelle hatte der EuGH die entsprechenden Vorschriften als mit Art. 3 der Verbrauchsgüterkaufrichtlinie unvereinbar erklärt.[106] Der BGH sah sich hieran gebunden und verpflichtet, unter „voller Ausschöpfung“ des zur Verfügung stehenden „Beurteilungsspielraums“ das nationale Recht „soweit wie möglich“ am Wortlaut und

101 EuGH v. 26. 9. 2000 – Rs. C-443/98 (*Unilever Italia*), Slg. 2000, I-7535 Rn. 51.

102 Vgl. EuGH v. 10. 3. 2005 – Rs. C-235/03 (*QDQ Media*), Slg. 2005, I-1937, Rn. 16: „[W]enn es sich wie in der Ausgangsrechtssache um einen Rechtsstreit zwischen Privatpersonen handelt, [kann] eine Richtlinie nicht selbst Verpflichtungen für einen Einzelnen begründen und ihm gegenüber nicht als solche herangezogen werden.“

103 So etwa GA Saggio, Schlussanträge v. 16. 12. 1999 – verb. Rs. C-240/98 bis C-244/98 (*Océano*); Slg. 2000, I-4941, Rn. 30 ff.; GA Léger, Schlussanträge v. 11. 1. 2000 – Rs. C-287/89 (*Linster*), Slg. 2000, I-6917, Rn. 50 ff.; GA Colomer, Schlussanträge v. 27. 4. 2002 – verb. Rs. C-397/01, C-304/01 (*Pfeiffer*), Slg. 2004, I-8835 Rn. 25 ff.; GA Kokott, Schlussanträge v. 10. 4. 2004 – Rs. C-387/02 (*Berlusconi*), Slg. 2005, 3565, Rn. 138. Vgl. auch *Craig/de Burca*, EU Law, S. 296 ff., *Prechal*, Directives, S. 267 f.; *ders.* (2005) 42 CMLRev., 1445 (1456); *Editorial Comments*, (2006) 43 CMLRev. 2006, 1 ff.; *Gundel*, EuZW 2001, 143 ff.; *Johnston/Unberath*, in: *Cafaggi* (Hrsg.), Institutional Framework, S. 149 (158 ff.); *Jarass/Beljin*, EuR 2004, 714 (718 ff.); sowie *Langenbucher*, in: *dies.*, Europarechtliche Bezüge des Privatrechts, § 1 Rn. 74, die darauf abstellt, ob der Regelungsgegenstand der Richtlinie den Mitgliedstaat, dann anwendbar, oder den Einzelnen, dann unanwendbar, verpflichtet.

104 *Röthel*, ZEuP 2009, 34 (44); *von Danwitz*, JZ 2007, 697 (703); *Lenaerts/Corthaut*, (2006) 31 ELRev., 287 (305 f.).

105 BGH v. 26. 11. 2008, VIII ZR 200/05.

106 EuGH v. 17. 4. 2008 – Rs. C-404/06 (*Quelle AG*), Slg. 2008, I-2685. dazu ausführlich Kapitel 10.

Zweck der Richtlinie auszurichten.[107] Dies schließe eine teleologische Reduktion ein, soweit diese in den Grenzen des nationalen Rechts „möglich und notwendig" ist. Dabei handele es sich gerade nicht um eine unmittelbare Anwendung der Richtlinie unter Privaten, auch nicht in negativer Form.[108] Die Voraussetzungen einer teleologischen Reduktion – „verdeckte Regelungslücke im Sinne planwidriger Unvollständigkeit" – waren nach Ansicht des BGH im Hinblick auf den Umsetzungswillen des deutschen Gesetzgeber gegeben.[109]

(2) Richtlinienkonforme Auslegung

Die sogenannte richtlinienkonforme Auslegung[110] ist damit das für das Gebiet des Privatrechts bedeutendste[111] vom EuGH entwickelte Rechtsinstitut. In ständiger Rechtsprechung waren danach die mitgliedstaatlichen Gerichte „im Rahmen ihrer Zuständigkeit" verpflichtet, das innerstaatliche Recht „soweit wie möglich anhand des Wortlauts und des Zwecks" der Richtlinie auszulegen.[112] Daraus wurde überwiegend abgeleitet, dass eine Pflicht zur richtlinienkonformen Auslegung nur insoweit bestand, als sich nach Anwendung der nationalen Methoden ein richtlinienkonformes Ergebnis als eine mögliche Lösungsvariante ergab.[113] Hierin sah

---

107 BGH v. 26. 11. 2008, VIII ZR 200/05, Rn. 19.

108 BGH v. 26. 11. 2008, VIII ZR 200/05, Rn. 35.

109 BGH v. 26. 11. 2008, VIII ZR 200/05, Rn. 22–34.

110 Beispielhaft EuGH v. 10. 4. 1984 – Rs. 14/83 (*v. Colson und Kamann ./. Nordrhein-Westfalen*), Slg. 1984, 1891, Rz. 26; EuGH v. 10. 4. 1984 – Rs. 79/83 (*Harz ./. Deutsche Tradax*), Slg. 1984, 1921 Rz. 26 und aus neuerer Zeit EuGH v. 5. 10. 2004 – verb. Rs. C-397/01, C-304/01 (*Pfeiffer*), Slg. 2004, I-8835, Rn. 110. Aus der mittlerweile unüberschaubaren Literatur nur beispielhaft: *Lutter*, JZ 1992, 592 (604); *Hommelhoff* AcP 192 (1992), 71 (95 f.); *Nettesheim*, in Grabitz/Hilf, EGV, Art. 249, Rn. 153; *ders.*, AöR 119 (1994), 261; *Everling*, ZGR 1992, 376; *Zuleeg*, in *Schulze* (Hrsg.) Auslegung europäischen Privatrechts und angeglichenen Rechts, S. 163 (167); *Müller-Graf*, NJW 1993 13 (21 f.); *Götz*, NJW 1992, 1849 (1853 f.); *ders.*, in: FS Ress, 485 (487); *Streinz*, Europarecht, Rn. 454 ff.; *Hergenröder*, in: FS Zöllner, S. 1139 (1145 ff.); *Schnorbus*, AcP 201 (2001), 860 (864 f.); *Bach*, JZ 1990 1108 (1112); *Spetzler*, RIW 1991, 579 (580); *Schmidt*, RabelsZ 59 (1995), 569 (582 ff.); *Langenbucher*, in: *dies.*, Europarechtliche Bezüge des Privatrechts, § 1 Rn. 75 ff.; *Gebauer*, in *ders./Wiedmann* (Herg.), Zivilrecht unter europäischem Einfluss, Kapitel 3 Rn. 17 ff.; *Prechal*, Directives, S. 180 ff.; *Craig/de Burca*, EU Law, S. 287 ff.; *Weatherill*, EU Law, S. 148 ff.; *Canaris*, in: FS Bydlinski, S. 47 ff.; *Johnston/Unberath*, in: *Cafaggi* (Hrsg.), Institutional Framework, S. 149 (163 ff.). Vgl. aus der Rechtsprechung nur BVerfGE 75, 223 (237), BGH NJW 1998, 2208 (2210). Ohne Unterschied im Ergebnis wird im deutschen Schrifttum teilweise Art. 249 Abs. 3 EG (etwa *Brechmann*, Die richtlinienkonforme Auslegung, S. 256 ff.; *Grundmann*, ZEuP 1996, 399 (401)), teilweise Art. 10 EG als primärrechtlicher Anknüpfungspunkt stärker akzentuiert (etwa *Zuleeg*, in *Schulze* (Hrsg.) Auslegung europäischen Privatrechts und angeglichenen Rechts, S. 163 (167 f.); *Nettesheim*, AöR 119 (1994), 261 (268); *Scherzberg*, Jura 1993, 225 (231); *Bach*, JZ 1990, 1108 (1111)).

111 *Langenbucher*, in: *dies.*, Europarechtliche Bezüge des Privatrechts, § 1 Rn. 75.

112 Vgl. EuGH v. 10. 4. 1984 – Rs. 14/83 (*Von Colson und Kamann*), Slg. 1984, 1891 Rn. 26; EuGH v. 13. 11. 1990 – Rs. C-106/89 (*Marleasing*), Slg. 1990, I-4135 Rn. 8; EuGH v. 14. 7. 1994 – Rs. C-91/92 (*Faccini Dori*), Slg. 1994, I-3325 Rn. 26; EuGH v. 27. 6. 2000 – verb. Rs. C-240/98 bis C-244/98 (*Océano*); Slg. 2000, I-4947, Rn. 30.

113 *Canaris*, in: FS Bydlinski, S. 47 (56 ff.); *Langenbucher*, in *dies.* (Hrsg.), Europarechtliche Bezüge des Privatrechts, § 1 Rn. 89 f.; *Schnorbus*, RabelsZ 65 (2001), 854 (879); *Götz*, NJW 1992, 1849 (1854); *ders.*, in: FS Ress, 485 (490); *Prechal*, (2005) 42 CMLRev., 1445 (1458); *Ehricke*, RabelsZ 59 (1995), 598 (611); *Jarass/Beljin*, JZ 2003, 768 (774); *Jarass*, EuR 1991, 211 (217 f.); *Everling*, ZGR 1992, 376 (381); *Schmidt*, RabelsZ 59 (1995), 569 (585 f.); *Scherzberg*, Jura 1993, 225 (232); *Langenfeld*, DÖV 1992, 955 man den entscheidenden Unterschied zur abgelehnten horizontalen unmittelbaren Anwendbarkeit.[114] Unter dem Eindruck der neueren Rechtsprechung des EuGH ist die Diskussion jedoch in Bewegung geraten. In der Entscheidung *Pfeiffer* führt der EuGH aus, dass der gemeinschaftsrechtliche Grundsatz der richtlinienkonformen Auslegung des nationalen Rechts verlange, „dass das nationale Gericht das gesamte nationale Recht berücksichtigt, um zu beurteilen, inwieweit es so angewendet werden kann, dass es nicht zu einem der Richtlinie widersprechenden Ergebnis führt". Ermögliche es das nationale Recht durch die Anwendung seiner Auslegungsmethoden, eine innerstaatliche Bestimmung unter bestimmten Umständen so auszulegen, dass eine Kollision mit einer anderen Norm innerstaatlichen Rechts vermieden wird, oder die Reichweite dieser Bestimmung zu diesem Zweck einzuschränken und sie nur insoweit anzuwenden, als sie mit dieser Norm vereinbar ist, so sei das nationale Gericht verpflichtet, die gleichen Methoden anzuwenden, um das von der Richtlinie verfolgte Ziel zu erreichen. Das vorlegende Gericht müsse somit in einem Rechtsstreit zwischen Privaten unter Berücksichtigung des gesamten nationalen Rechts „alles tun", was in seiner Zuständigkeit liegt, um die volle Wirksamkeit der Richtlinie zu gewährleisten.[115] Hierin wurde überwiegend eine Ausweitung der Pflicht zu richtlinienkonformer Rechtsfindung in dem Sinne gesehen, dass auch eine richtlinienkonforme Rechtsfortbildung contra legem gegen den klaren Wortlaut des Umsetzungsgesetzes gemeinschaftsrechtlich geboten sei[116], zumal der EuGH von der Vermutung ausgeht, dass der jeweilige Mitgliedstaat seiner Umsetzungspflicht vollumfänglich nachkommen wolle. Eine Grenze bestehe somit erst dort, wo der Umsetzungsgesetzgeber bewusst von den Vorgaben der Richtlinie abweichen wollte.[117] In der Entscheidung *Adeneler* hat der EuGH diese weitgehende Verpflichtung zur richtlinienkonformen Auslegung jedoch relativiert.[118] Danach wird die Verpflichtung zu richtlinienkonformer Auslegung durch die allgemeinen Rechtsgrundsätze, insbesondere den Grundsatz der Rechtssicherheit und das Rückwirkungsverbot begrenzt; die Richtlinie dürfe „nicht als Grundlage für eine Auslegung contra legem des nationalen

---

(965); *Streinz*, Europarecht, Rn. 456; *Johnston/Unberath*, in: *Cafaggi* (Hrsg.), Institutional Framework, S. 149 (167ff.). Vgl. für einen unbedingten Vorrang der richtlinienkonformen Auslegung *Lutter*, JZ 1992, 593 (604, Fn. 135); in diese Richtung auch *Spetzler*, RIW 1991, 579 (580); dagegen dezidiert *Di Fabio*, NJW 1990, 947ff.

114 *Gebauer*, in *ders./Wiedmann* (Hrsg.), Zivilrecht unter europäischem Einfluß, Kapitel 3 Rn. 35; *Schnorbus*, RabelsZ 65 (2001), 854 (879); *Jarass*, EuR 1991, 211 (217f.).

115 EuGH v. 5. 10. 2004 – verb. Rs. C-397/01, C-403/01 (*Pfeiffer*), Slg. 2004, I-8835, Rn. 115–118; vgl. auch EuGH v. 25. 10. 2005 – Rs. C-350/03 (*Schulte*), Slg. 2005, I-9215, Rn. 71.

116 Vgl. *Riesenhuber/Domröse*, RIW 2005, 47 (51f.); *Schlachter*, RdA 2005, 115 (117ff.); vorsichtiger *Thüsing*, ZIP 2004, 2301ff.

117 Vgl. *Riesenhuber/Domröse*, RIW 2005, 47 (51f.).

118 EuGH v. 4. 7. 2006 – C-212/04 (*Adeneler u.a.*), Slg. 2006, I-6057 Rn. 111. Vgl. auch EuGH v. 16. 6. 2005 – Rs. C-105/03 (*Pupino*), Slg. 2005, I-5285 Rn. 47: „Die Verpflichtung des nationalen Gerichts, den Inhalt eines Rahmenbeschlusses bei der Auslegung seinen nationalen Rechts heranzuziehen, endet, wenn dieses nicht so angewandt werden kann, dass ein Ergebnis erzielt wird, das mit dem durch den Rahmenbeschluss angestrebten Ergebnis vereinbar ist. Mit anderen Worten darf der Grundsatz konformer Auslegung nicht zu einer Auslegung contra legem des nationalen Rechts führen."

Rechts dienen."[119] Die Grenzen der zulässigen Auslegung sind damit freilich nicht notwendig durch den Wortlaut der jeweiligen Vorschrift abgesteckt. Vielmehr beginnt die unzulässige Auslegung contra legem erst dort, wo richterliche Rechtsfindung nach nationalen Methoden schlechthin unzulässig ist.[120] Damit sind Umfang und Grenzen der richtlinienkonformen Auslegung und Rechtsfortbildung nach wie vor durch die nationalen Methodenlehren determiniert; auch wenn insgesamt durch den scharfen und drängenden Ton der Entscheidungen der Unterschied zur unmittelbaren Anwendbarkeit im Privatrechtsverhältnis weiter zu verschwimmen droht. In der Entscheidung *Adeneler* hat der EuGH nunmehr auch Stellung bezogen zum Problem der zeitlichen Dimension der richtlinienkonformen Auslegung. Die Pflicht zur richtlinienkonformen Auslegung beginnt danach erst mit Ablauf der Umsetzungsfrist. Bereits ab dem Inkrafttreten der Richtlinie sind jedoch auch die mitgliedstaatlichen Gerichte verpflichtet, alles zu unterlassen, was die Erreichung des mit der Richtlinie verfolgten Ziels nach Ablauf der Umsetzungsfrist ernsthaft gefährden würde.[121]

Bedeutsam für das Europäische Privatrecht ist zudem die Frage nach der richtlinienkonformen Auslegung im Bereich der überschießenden Umsetzung von Richtlinien.[122] Außerhalb des Anwendungsbereichs der Richtlinie kommt eine Pflicht zur richtlinienkonformen Auslegung nur aus Gründen des nationalen Rechts in Betracht,[123] mit der Folge, dass der nationale Richter hier die Möglichkeit

119 EuGH v. 4. 7. 2006 – C-212/04 (*Adeneler u.a.*), Slg. 2006, I-6057 Rn. 110. Kritisch *Auer*, NJW 2007, 1106 (1108).

120 BGH v. 26. 11. 2008, VIII ZR 200/05, Rn. 21.

121 Vgl. EuGH v. 4. 7. 2006 – C-212/04 (*Adeneler u.a.*), Slg. 2006, I-6057 Rn. 115, 117, 123. Dies entspricht dem Grundsatz der „Vorwirkung" der Richtlinie. Hier wie dort geht es lediglich um eine Frustrationsverbot, vgl. *Röthel*, ZEuP 2009, 34 (47 ff.). Vgl. auch GA Trstenjak, Schlussanträge v. 21. 10. 2008 – verb. Rs. C-261/07, C-299/07 (*VTB-VAB NV/Total Belgium NV, Galatea BVBA/Sanoma Magayines Belgium NV*), Slg. 2009, I-00000, Rn. 60, sowie EuGH v. 23. 4. 2009 – verb. Rs. C-261/07, C-299/07 (*VTB-VAB NV/Total Belgium NV, Galatea BVBA/Sanoma Magayines Belgium NV*), Slg. 2009, I-00000, Rn. 38 f.

122 *Habersack/Mayer*, JZ 1999, 913. Die Klauselrichtlinie beschränkt sich auf Verträge zwischen Verbrauchern und Unternehmen. AGBG und nunmehr §§ 305 ff. BGB kannten bzw. kennen eine solche Beschränkung nicht. Gleiches gilt für die Umsetzung der Verbrauchsgüterkaufrichtlinie in den auch auf Kaufverträge zwischen Privaten bzw. Unternehmen anwendbaren §§ 434 ff. BGB. Die Verbrauchsgüterkaufrichtlinie ist in ihrem Anwendungsbereich auf bewegliche Sachen beschränkt; die §§ 434 ff. gelten auch für Grundstücks- und Rechtskäufe. Die Haustürwiderrufsrichtlinie verlangt den *Vertragsschluss* in einer Haustürsituation, § 312 BGB lässt die *Vertragsanbahnung* in einer Haustürsituation ausreichen. 3. (Fusions-) und 6. (Spaltungs-) gesellschaftsrechtliche Richtlinie beziehen sich jeweils nur auf Aktiengesellschaften; die Umsetzung im Umwandlungsgesetz erfolgte für alle umwandlungsfähigen Rechtsträger. Das europäische Bilanzrecht der 4., 7. und 8. gesellschaftsrechtlichen Richtlinien bezieht sich nur auf Kapitalgesellschaften und die GmbH & Co. KG. Die Umsetzung in den §§ 238 ff. HGB erstreckt sich zum Teil auch auf die Personenhandelsgesellschaften und bestimmte Einzelkaufleute.

123 Für eine gemeinschaftsrechtliche Pflicht zu richtlinienkonformer Auslegung „überschießenden" Rechts ließen sich zwar das Prinzip der effizienten Umsetzung sowie der europäische Grundsatz der Rechtssicherheit anführen. Bei gespaltener Auslegung besteht nämlich die Gefahr, dass außerhalb des Anwendungsbereichs der Richtlinie gewonnene Auslegungsergebnisse auf nationales Recht innerhalb des Anwendungsbereichs „ausstrahlen" oder sogar übertragen werden und damit eine effiziente Umsetzung der Richtlinie nicht mehr gewährleistet ist. *Büdenbender*, ZEuP 2004, 36 (48), spricht insoweit von faktischer oder psychologisch begründeter Entscheidungsdehat, ein von der Richtlinie abweichendes Auslegungsergebnis zu wählen.[124] Hieran schließt sich die prozessuale Frage nach Vorlageberechtigung bzw. -pflicht der nationalen Gerichte im Rahmen eines Vorabentscheidungsverfahrens an.[125]

(3) Mitgliedstaatliche Staatshaftung

Kommt eine unmittelbare Anwendung nicht in Betracht und hilft auch eine richtlinienkonforme Auslegung, etwa wegen fehlender oder nicht auslegungsfähiger innerstaatlicher Vorschriften, nicht weiter, so besteht ein letztes[126] Instrument zur Effektivierung der praktischen Wirksamkeit des Richtlinienrechts im Konzept der mitgliedstaatlichen Staatshaftung bei nicht ordnungsgemäßer Richtlinienumsetzung.[127] Hierzu müssen drei Voraussetzungen kumulativ vorliegen: Ziel der Richtlinie muss die Verleihung von Rechten an Einzelne sein; der Inhalt dieser Rechte muss auf der Grundlage der Richtlinie bestimmt werden können; zwischen dem Verstoß gegen die dem Mitgliedstaat auferlegte Verpflichtung und dem entstandenen Schaden muss ein Kausalzusammenhang bestehen.[128] Seit der Entscheidung *Köbler* ist klar, dass ein solcher Schadensersatzanspruch auch dadurch ausgelöst werden kann, dass ein letztinstanzliches Gericht eines Mitgliedstaates die Rechte des Einzelnen durch einen Verstoß gegen das Gemeinschaftsrecht verletzt.[129] Im Hinblick auf die Besonderheiten der richterlichen Funktion sowie der berechtigten

---

terminierung. Vgl. auch EuGH v. 17. 7. 1997 – Rs. C-28/95 (*Leur Bloem*), Slg. 1997, I-4161 Rz. 32, und EuGH v. 16. 7. 1998 – Rs. C-264/96 (*ICI ./. H.M Inspector of Taxes*), Slg. 1998, I-4695 Rz. 34. Entscheidend ist jedoch, dass das Gemeinschaftsrecht und jede Richtlinie ihren Anwendungsbereich selbst bestimmt. Außerhalb dieses Anwendungsbereich gibt es kein Gemeinschaftsrecht, und damit keinen Grundsatz der einheitlichen Wirksamkeit. Die Mitgliedstaaten haben nicht die Kompetenz, einseitig den Anwendungsbereich des Gemeinschaftsrechts auszudehnen. Im übrigen kann die Pflicht zur gemeinschaftsrechtskonformen Auslegung nicht weitergehen als die Pflicht zur gemeinschaftsrechtskonformen Rechtssetzung. Diese endet aber gemäß Art. 249 EG an den Grenzen des Anwendungsbereichs der Richtlinie. Vgl. *Canaris*, in: FS Bydlinski, S. 47(73 f.); *Schnorbus*, RabelsZ 65 (2001), 654 (686); *Büdenbender*, ZEuP 2004, 36 (53); *Habersack/Mayer*, JZ 1999, 913 (921); *Langenbucher*, in *dies.* (Hrsg.), Europarechtliche Bezüge des Privatrechts, § 1 Rn. 105; *Gebauer*, in *ders./Wiedmann* (Hrsg.), Zivilrecht unter europäischem Einfluss, Kapitel 3 Rn. 23.

124 *Langenbucher*, in *dies.* (Hrsg.), Europarechtliche Bezüge des Privatrechts, § 1 Rn. 108 ff.

125 Dazu sogleich.

126 Hinsichtlich der Hierarchie der genannten Konzepte ist zunächst klar, dass ein Schadensersatzanspruch nur dann in Betracht kommt, wenn sowohl eine unmittelbare Anwendbarkeit als auch eine richtlinienkonforme Auslegung scheitern. Dem Regelungscharakter der Richtlinie würde es entsprechen, zunächst im Wege der richtlinienkonformen Auslegung zu versuchen, eine gemeinschaftsrechtskonforme Rechtslage zu erreichen, und erst falls dies nicht möglich ist, auf die unmittelbare Anwendbarkeit der Richtlinie zu rekurrieren. Andererseits prüft der EuGH häufig zunächst die unmittelbare Anwendbarkeit, um bei Verneinung deren Voraussetzungen schließlich auf die richtlinienkonforme Auslegung zu verweisen, vgl. etwa EuGH v. 14. 7. 1994 – Rs. C-91/92 (*Faccini Dori*), Slg. 1994, I-3325, Rn. 26 und *Jarass/Beljin*, JZ 2003, 768 (776); *Prechal*, Directives, S. 180.

127 Grundlegend: EuGH v. 19. 11. 1991 – verb. Rs. C-6, 9/90 (*Francovich u. a. ./. Italienische Republik*), Slg. 1991, I-5357 Rn. 39 ff.; EuGH v. 6. 3. 1996 – verb. Rs. C-46, 48/93 (*Brasserie du pecheur und Factortame ./. Deutschland*), Slg. 1996, I-1149 Rn. 50; EuGH v. 8. 10. 1996 – verb. Rs. C-178, 179, 188, 189, 190/94 (*Dillenkofer u. a. ./. Deutschland*), Slg. 1996, I-4845 Rn. 21.

128 Zusammenfassend EuGH v. 4. 7. 2006 – C-212/04 (*Adeneler u. a.*), Slg. 2006, I-6057 Rn. 112.

129 EuGH v. 30. 3. 2003 – Rs. C-224/01 (*Köbler*), Slg. 2003, I-10239, Rn. 33; EuGH v. 13. 6. 2006 – Rs. C-173/03 (*TDM/Italien*), Slg. 2006, I-5177 Rn. 24–32.

Belange der Rechtssicherheit haftet der Staat jedoch nur dann, wenn das Gericht „offenkundig gegen das geltende Recht verstoßen hat“. Insoweit sind alle Gesichtspunkte des Einzelfalles zu berücksichtigen, insbesondere das Maß an Klarheit und Präzision der verletzten Vorschrift, die Vorsätzlichkeit des Verstoßes, die Entschuldbarkeit des Rechtsirrtums, gegebenenfalls die Stellungnahme eines Gemeinschaftsorgans sowie die Verletzung der Vorlagepflicht nach Art. 234 EG. Ein hinreichender Verstoß liegt aber jedenfalls vor, wenn die fragliche Entscheidung die einschlägige Rechtsprechung des Gerichtshofs offenkundig verkennt.[130] Unzulässig ist eine mitgliedstaatliche Vorschrift, welche die Staatshaftung pauschal für Fälle ausschließt, in denen die Verletzung des Gemeinschaftsrechts auf fehlerhafter Auslegung oder fehlerhafter Sachverhalts- und Beweiswürdigung beruht; unzulässig ist auch eine Haftungsbeschränkung auf Vorsatz und grobe Fahrlässigkeit, soweit damit engere Voraussetzungen aufgestellt werden als durch das Erfordernis der Offenkundigkeit des Gemeinschaftsrechtsverstoßes.[131]

III. Zur Rolle der Gemeinschaftsgerichte

Von den im EG-Vertrag vorgesehenen Verfahrensarten vor dem Gerichtshof sind für das Europäische Privatrecht vor allem zwei relevant. Im Rahmen des Vertragsverletzungsverfahrens gemäß Art. 226 EG[132] wird die nicht fristgerechte bzw. unzureichende Umsetzung einer (privat-)rechtsangleichenden Maßnahme gerügt. Dabei geht es regelmäßig um Rechtsform und Bindungswirkung der Umsetzungsmaßnahme, weniger um Inhalt und Reichweite des Gemeinschaftsrechtsakts.[133] Da zudem die Beurteilung lediglich abstrakt, unabhängig vom konkreten Einzelfall, erfolgt, gibt dieses Verfahren für die Konkretisierung wertungsoffener Rechtssätze regelmäßig nichts her.

Im Rahmen des Vorabentscheidungsverfahrens[134] entscheidet der EuGH dagegen über Inhalt und Tragweite (privat-)rechtsangleichender Maßnahmen der Gemeinschaft aus Anlass eines konkreten Rechtsstreites. Für den Bereich des Europäischen Privatrechts, und insbesondere der Konkretisierung der darin enthaltenen wertungsoffenen Rechtssätze, kommt damit dem Vorabentscheidungsverfahren gemäß Art. 234 EG überragende Bedeutung zu.[135]

---

130 EuGH v. 30. 3. 2003 – Rs. C-224/01 (*Köbler*), Slg. 2003, I-10239, Rn. 53–56.
131 Vgl. EuGH v. 13. 6. 2006 – Rs. C-173/03 (*TDM/Italien*), Slg. 2006, I-5177 Rn. 33 ff.
132 Vgl. Art. 258 VAEU.
133 Vgl. *Johnston/Unberath*, in: *Cafaggi* (Hrsg.), Institutional Framework, S. 149 (178 ff.).
134 Das Vorabentscheidungsverfahren wurde nahezu unverändert in Art. 267 VAEU übernommen. Art. 234 Abs. 1 lit. c), dem bisher keinerlei Bedeutung zukommt, wurde gestrichen. Art. 267 Abs. 4 VAEU enthält eine neue Vorschrift zur Verfahrensbeschleunigung, soweit sich eine Partei des Ausgangsverfahrens in Haft befindet.
135 *Franzen*, Privatrechtsangleichung, S. 269.

1. Das Vorabentscheidungsverfahren gemäß Artikel 234 EG[136/137]

Hauptfunktion des Vorabentscheidungsverfahren ist die Sicherstellung der gemeinschaftsweit einheitlichen Interpretation des Gemeinschaftsrechts.[138] Daneben kommt dem Vorabentscheidungsverfahren aber auch Bedeutung für den Individualrechtsschutz zu.[139]

Das Verfahren beruht auf dem Gedanken der funktionsteiligen Zusammenarbeit gleichrangiger Rechtsprechungsorgane.[140] Allein das vorlegende Gericht, nicht die Parteien des Ausgangsverfahren,[141] entscheidet, ob im konkreten Fall eine Vorlage an den EuGH überhaupt erforderlich ist und bestimmt den Gegenstand des Vorabentscheidungsverfahrens.[142] Der EuGH beantwortet die Auslegungsfrage grundsätzlich ohne Prüfung der Entscheidungserheblichkeit der gemeinschaftsrechtlichen Problematik. Die Anwendung des Gemeinschaftsrechts in der Form, die es durch die Auslegung des EuGH erfahren hat, obliegt sodann dem vorlegenden Ge-

---

136 Seit dem Vertrag von Amsterdam lassen sich drei verschiedene Arten von Vorabentscheidungsverfahren unterscheiden. Abweichend von der Standardversion des Art. 234 EG, sieht Art. 68 (1) EG für die Vorschriften des Titels IV, wozu auch Art. 65 EG als Kompetenz für das Internationale Privat- und Verfahrensrecht gehört, vor, dass nur letztinstanzliche Gerichte zur Vorlage berechtigt sein sollen. Die Vorschrift wird als rechtspolitisch verfehlt angesehen, vgl. *Hess*, RabelsZ 66 (2002), 470 (488 ff.); *Basedow*, ZEuP 2001, 437 ff.; *Pache/Knauff*, NVwZ 2004, 16 (20 f.). Nach dem Vertrag von Lissabon soll die Einschränkung entfallen. Im Bereich der polizeilichen und justiziellen Zusammenarbeit in Strafsachen ist gemäß Art. 35 EU das Vorabentscheidungsverfahren nur eröffnet, soweit der jeweilige Mitgliedstaat eine ausdrückliche Erklärung hierzu abgegeben hat, vgl. Calliess/Ruffert-*Brechmann*, Art. 35 EU, Rn. 10; *Craig/de Burca*, EU Law, S. 462.

137 Seit dem Vertrag von Nizza besteht gemäß Art. 225 Abs. 3 EG die Möglichkeit, für bestimmte in der Satzung des Gerichtshofs festgelegte Sachgebiete die Zuständigkeit des Gerichts erster Instanz für Vorabentscheidungsverfahren vorzusehen, wobei im Interesse der Kohärenz des Gemeinschaftsrechts eine Verweisung an bzw. Überprüfung durch den EuGH möglich ist, vgl. Calliess/Ruffert-*Wegener*, Art. 225 EG, Rn. 25 ff. Eine Festlegung dieser Sachgebiete ist jedoch bisher nicht erfolgt, so dass nach wie vor der EuGH über Vorabentscheidungsverfahren entscheidet, kritisch insbesondere im Hinblick auf die Verfahrensdauer eines etwaigen zweistufigen Verfahrens etwa *Hess*, RabelsZ 66 (2002), 470 (492).

138 *Everling*, Vorabentscheidungsverfahren, S. 15 ff.; *Dauses*, Vorabentscheidungsverfahren, S. 43 ff.; *Schima*, Vorabentscheidungsverfahren, S. 2; *Oppermann*, Europarecht, § 9 Rn. 54 f.; *Franzen*, Privatrechtsangleichung, S. 270; Calliess/Ruffert-*Wegener*, Art. 234 Rn. 1; *Hess*, RabelsZ 66 (2002), 470 (472); *Dauses*, in: FS Everling, 223 (224); *Gündisch*, in: *Gebauer/Wiedmann* (Hrsg.), Zivilrecht unter europäischem Einfluss, Kapitel 35 Rn. 2.

139 Über eine Vorlage an den EuGH können gemeinschaftsrechtlich eingeräumten Rechte der Parteien durchgesetzt werden; vgl. *Everling*, Vorabentscheidungsverfahren, S. 18 ff.; *Dauses*, Vorabentscheidungsverfahren, S. 48 ff.; *Schima*, Vorabentscheidungsverfahren, S. 3; *Hess*, RabelsZ 66 (2002), 470 (472); *Dauses*, in: FS Everling, 223 (224); *Gündisch*, in: *Gebauer/Wiedmann* (Hrsg.), Zivilrecht unter europäischem Einfluss, Kapitel 35 Rn. 2; vgl. auch *Franzen*, Privatrechtsangleichung, S. 270: Rechtsschutzfunktion lediglich als Reflex.

140 *Dauses*, in: FS Everling, 223 (224); *Everling*, Vorabentscheidungsverfahren, S. 21; *Wägenbaur*, EuZW 2000, 37. Vgl. EuGH v. 16. 12. 2008 – Rs. C-210/06 (*Cartesio*), Slg. 2008, I-00000, Rn. 90. Nach *Craig/de Burca*, EU Law, S. 461, entwickelt sich diese Gleichrangigkeit zunehmend hin zu einer faktischen Überordnung des EuGH, der sich selbst an der Spitze einer gemeinschaftsweiten Gerichtshierarchie unter Einbeziehung der mitgliedstaatlichen Gerichte sehe.

141 EuGH v. 16. 12. 2008 – Rs. C-210/06 (*Cartesio*), Slg. 2008, I-00000, Rn. 90: Vorabentscheidungsverfahren als ein Verfahren, „das der Parteiherrschaft entzogen ist".

142 *Franzen*, Privatrechtsangleichung, S. 269.

richt. Bei dieser verfahrensrechtlichen Situation sind Gerichtshof und nationale Gerichte auf wechselseitige Kooperation ganz besonders angewiesen.[143] Gleichwohl bleiben die jeweiligen Zuständigkeitssphären formal streng getrennt.[144]

a) Die Perspektive des nationalen Gerichts

Dem nationalen Gericht obliegt die Formulierung der Vorlagefrage. Diese muss einerseits eine abstrakte Auslegungs- oder Gültigkeitsfrage[145] sein, andererseits aber auch so konkret formuliert werden, dass die darauf zu erwartende Antwort des EuGH zur Erledigung des schwebenden Rechtsstreits beiträgt.[146] Erforderlich ist zudem, dass das nationale Gericht in der Vorlageentscheidung den Sach- und Streitstand sowie die innerstaatliche Rechtslage nachvollziehbar darstellt. Nur dann ist der EuGH in der Lage, die Tragweite seiner Entscheidung auch im Hinblick auf deren Einpassung in die innerstaatliche Rechtsordnung abzuschätzen.[147]

Gemäß Art. 234 Abs. 2 EG ist jedes Gericht eines Mitgliedstaates[148] zur Vorlage berechtigt, dass die Beantwortung einer Auslegungs- oder Gültigkeitsfrage für erforderlich hält.[149] Die Beurteilung der Erforderlichkeit einer Vorlage ist grundsätzlich

---

143 *Franzen*, Privatrechtsangleichung, S. 269; *Schima*, Vorabentscheidungsverfahren, S. 4; *Oppermann*, Europarecht, § 9 Rn. 54.

144 Vgl. EuGH v. 11. 7. 2006 – Rs. C-13/05 (*Chacón Navas*), Slg. 2006, I-6467 Rn. 32: „klare Aufgabentrennung zwischen den nationalen Gerichten und dem Gerichtshof".

145 Nicht vorlagefähig sind Fragen nach der Auslegung nationalen Rechts sowie der Vereinbarkeit nationalen Rechts mit dem Gemeinschaftsrecht. Soweit möglich entwickelt der EuGH jedoch aus unvollkommen formulierten Fragen die entscheidungserhebliche Auslegungsfrage selbst und versucht, dem nationalen Gericht alle Kriterien für die Auslegung des Gemeinschaftsrechts an die Hand zu geben, um selbständig die Vereinbarkeit der nationalen Norm mit dem Gemeinschaftsrecht beurteilen zu können, vgl. *Dauses*, Vorabentscheidungsverfahren, S. 71 f.; *Everling*, Vorabentscheidungsverfahren, S. 27 f.; *Gündisch*, in: *Gebauer/Wiedmann* (Hrsg.), Zivilrecht unter europäischem Einfluss, Kapitel 35 Rn. 8; Calliess/Ruffert-*Wegener*, Art. 234 EGV, Rn. 5 f.; *Streinz*, Europarecht, Rn. 633.

146 *Gündisch*, in: *Gebauer/Wiedmann* (Hrsg.), Zivilrecht unter europäischem Einfluss, Kapitel 35 Rn. 20.

147 *Franzen*, Privatrechtsangleichung, S. 269; *Everling*, Vorabentscheidungsverfahren, S. 51 ff.; *Dauses*, Vorabentscheidungsverfahren, S. 124; *Wägenbaur*, EuZW 2000, 37.

148 Bei Art. 68 EG ist die Vorlageberechtigung dagegen auf letztinstanzliche Gerichte beschränkt.

149 Der EuGH hat in ständiger Rechtsprechung einen gemeinschaftsrechtlich autonomen Gerichtsbegriff entwickelt, bei dem eine Vielzahl von Gesichtpunkten wertend zu berücksichtigen ist. Von Bedeutung ist insbesondere ob der jeweilige Spruchkörper auf gesetzlicher Grundlage eingerichtet ist, seine Gerichtsbarkeit einen ständigen und obligatorischen Charakter hat, er einen Rechtsstreit auf der Grundlage eines rechtsstaatlich geordneten Verfahrens in richterlicher Unabhängigkeit und potentiell rechtskräftig entscheidet, vgl. etwa EuGH v. 17. 9. 1997 – Rs. C-54/96 (*Dorsch Consult*), Slg. 1997, I-4961 Rn. 23; EuGH v. 15. 1. 2002 – Rs. C-182-00 (*Lutz GmbH*), Slg. 2002, I-547 Rn. 12; EuGH v. 30. 5. 2002 – Rs. C-516/99 (*Schmid*), Slg. 2002, I-4573 Rn. 34; EuGH v. 16. 12. 2008 – Rs. C-210/06 (*Cartesio*), Slg. 2008, I-00000, Rn. 55. Zum Ganzen auch *Dauses*, Vorabentscheidungsverfahren, S. 84 ff.; *Schima*, Vorabentscheidungsverfahren, S. 23 ff.; *Wägenbaur*, EuZW 2000, 37 (38). Nicht vorlageberechtigt sind danach insbesondere Verwaltungsbehörden, aber auch Gerichte, die wie das Handelsgericht in Registersachen, im konkreten Fall wie eine Verwaltungsbehörde handeln, vgl. EuGH v. 15. 1. 2002 – Rs. C-182/00 (*Lutz GmbH*), Slg. 2002, I-547 Rn. 14–16; EuGH v. 16. 12. 2008 – Rs. C-210/06 (*Cartesio*), Slg. 2008, I-00000, Rn. 57. Nach letzterer Entscheidung ist jedoch ein Gericht, dass über die Berufung gegen eine Entscheidung des Regsiterallein Sache des nationalen Gerichts.[150] Unter Berufung auf diesen Grundsatz erlaubt der EuGH nach ständiger Rechtsprechung auch Vorlagen aus dem Bereich der sogenannten „überschießenden Richtlinienumsetzung".[151] Mangels einer gemeinschaftsrechtlichen Pflicht zu richtlinienkonformer Auslegung im „überschießenden" Bereich, besteht insoweit jedoch keine Vorlagepflicht.

Eine solche besteht grundsätzlich für einzelstaatliche Gerichte, deren Entscheidungen selbst nicht mehr mit Rechtsmitteln des nationalen Rechts angefochten werden können. Der EuGH scheint insoweit einer konkreten Betrachtungsweise zu zuneigen,[152] die darauf abstellt, ob die jeweilige Entscheidung im konkreten

---

gerichts entscheidet, Gericht im Sinne des Art. 234 EG (Rn. 58f.). Vertragliche Schiedsgerichte sind grundsätzlich nicht vorlageberechtigt, vgl. EuGH v. 23. 3. 1982 – Rs. 102/81 (*Nordsee Deutsche Hochseefischerei GmbH*), Slg. 1982, 1095 Rn. 10–13.

150 Vgl. etwa EuGH v. 16. 7. 1998 – Rs. C-264/96 (*Imperial Chemical Industries plc (ICI)*), Slg. 1998, I-4695 Rn. 15.

151 Vgl. EuGH v. 26. 9. 1985 – Rs. 166/84 (*Thomasdünger*); Slg. 1985, 3001; EuGH v. 18. 10. 1990 – verb. Rs C-297/88, C-197/89 (*Dzodzi*), Slg. 1990, I-3763; EuGH v. 17. 7. 1997 – Rs. C-28/95 (*Leur Bloem*), Slg. 1997, I-4161 Rn. 32; EuGH v. 16. 7. 1998 – Rs. C-264/96 (*Imperial Chemical Industries plc (ICI)*), Slg. 1998, I-4695 Rn. 15; EuGH v. 15. 1. 2002 – Rs. C-43/00 (*Andersen og Jensen ApS*), Slg. 2002, I-379 Rn. 18. Abgelehnt wurde die Zulässigkeit in EuGH v. 28. 3. 1995 – Rs. C346/93 (*Kleinwort Benson*), Slg. 1995, I-614, mit der Begründung, dass das EuGVÜ lediglich als Modell mit verschiedenen Modifizierungen für eine nationale Regelung gedient habe. Hierin wird nunmehr überwiegend ein allgemeiner Missbrauchsvorbehalt gesehen, vgl. *Büdenbender*, ZEuP 2004, 36 (55); *Gebauer*, in *ders./Wiedmann* (Hrsg.), Zivilrecht unter europäischem Einfluss, Kapitel 3 Rn. 24. Gegen die Zulassung solcher Vorlagefragen wird eingewandt, dass die Mitgliedstaaten den Geltungsbereich des Gemeinschaftsrechts und damit die Zuständigkeit des EuGH im Rahmen des Vorabentscheidungsverfahrens nicht einseitig erweitern könnten, vgl. jeweils die Schlussanträge von *GA Mancini*, in EuGH v. 26. 9. 1985 – Rs. 166/84 (*Thomasdünger*); Slg. 1985, 3001; *GA Darmon*, in EuGH v. 18. 10. 1990 – verb. Rs C-297/88, C-197/89 (*Dzodzi*), Slg. 1990, I-3763; *GA Tesauro*, in EuGH v. 28. 3. 1995 – Rs. C346/93 (*Kleinwort Benson*),Slg. 1995, I-614; und *Habersack/Mayer*, JZ 1999, 913 (919ff.). Die Entscheidung des Gerichtshofs außerhalb des Anwendungsbereichs des Gemeinschaftsrechts entfalte für die vorlegenden Gerichte keine Bindungswirkung und für einen rein nationalen, lediglich europarechtlich eingekleideten Rechtsstreit seien europarechtliche Fragen gerade nicht entscheidungserheblich, vgl. *Schnorbus*, RabelsZ 65 (2001), 654 (697). Auch bei einem Rechtstreit im „überschießenden" Bereich wird der EuGH jedoch um die Auslegung von sekundärem Gemeinschaftsrecht ersucht; formal jedenfalls ist seine Kompetenz gemäß Art. 234 Abs. 1 lit. b) EG damit gegeben. In Betracht käme insoweit eine teleologische Reduktion, wonach die Entscheidungszuständigkeit dann zu verneinen wäre, wenn der Rechtsstreit außerhalb des Anwendungsbereichs des Gemeinschaftsrechts liegt und dieses damit nicht entscheidungserheblich ist. Dann wäre jedoch im Rahmen der Erheblichkeitsprüfung des EuGH eine Untersuchung des nationalen Umsetzungsrechts erforderlich. Dies kann der EuGH nicht leisten und würde auch dem immer wieder betonten Kooperationsverhältnis widersprechen, vgl. *Schnorbus*, RabelsZ 65 (2001), 654 (698); *Büdenbender*, ZEuP 2004, 36 (56). Mit der Bejahung einer Vorlageberechtigung in diesen Fällen wird freilich die Gefahr einer Überlastung des EuGH noch verschärft, vgl. *Rasmussen*, (2000) 37 CMLRev., 1071 (1082). Zu der im Ergebnis abgelehnten Überlegung, die Grundsätze dieser Rechtsprechung auf einen Fall zu erstrecken, bei dem sich der streitgegenständliche Sachverhalt vor dem EU-Beitritt des betreffenden Mitgliedstaates abspielte vgl. *Generalanwalt Tizzano*, Schlussanträge v. 22. 9. 2005 – Rs. C-302/04 (*Ynos Kft.*), Slg. 2006, I-371, Rn. 47ff., sowie EuGH v. 10. 1. 2006 – Rs. C-302/04 (*Ynos Kft.*), Slg. 2006, I-371, Rn. 34ff.

152 Vgl. EuGH v. 4. 6. 2002 – Rs. C-99/00 (*Kenny Roland Lyckeskog*), Slg. 2002, I-4839 Rn. 15: das Ziel der ordnungsgemäßen Anwendung und einheitlichen Auslegung des Gemeinschaftsrechts in den Mitgliedstaaten sei erreicht, wenn „die obersten Gerichte und alle Gerichte, deren Entscheidungen nicht mehr mit Rechtsmitteln angegriffen werden können – mit den vom Gerichtshof zugelassenen Ausnahmen – der Vorlagepflicht unterliegen." Vgl. auch EuGH v. 16. 12. 2008 – Rs.

Einzelfall, etwa wegen Unterschreitens von Streitwertgrenzen, nicht mehr mit Rechtsmitteln angefochten werden kann.[153] Der Wortlaut des Art. 234 Abs. 3 EG legt nahe, dass das letztinstanzliche Gericht, bei Vorliegen der obigen Voraussetzungen, ohne jede Einschränkung zur Vorlage verpflichtet ist. In der zentralen[154] Entscheidung zum Umfang der Vorlagepflicht letztinstanzlicher Gerichte, der sog. *C.I.L.F.I.T.*-Entscheidung[155], hat der EuGH jedoch drei Einschränkungen formuliert. Die Vorlagepflicht entfällt danach dann, „wenn die gestellte Frage tatsächlich bereits in einem gleichgelagerten Fall Gegenstand einer Vorabentscheidung gewesen ist."[156] Das gleiche gilt, „wenn bereits eine gesicherte Rechtsprechung des Gerichtshofs vorliegt, durch die die betreffende Rechtsfrage gelöst ist, gleich in welcher Art von Verfahren sich diese Rechtsprechung gebildet hat".[157] Und „schließlich kann die richtige Anwendung des Gemeinschaftsrechts derart offenkundig sein, dass keinerlei Raum für einen vernünftigen Zweifel an der Entscheidung der gestellten Frage bleibt. Das innerstaatliche Gericht darf jedoch nur dann davon ausgehen, dass ein solcher Fall vorliegt, wenn es überzeugt ist, dass auch für die Gerichte in den übrigen Mitgliedstaaten und den Gerichtshof die gleiche Gewissheit bestünde. Nur wenn diese Voraussetzungen erfüllt sind, darf das innerstaatliche Gericht davon absehen, diese Frage dem Gerichtshof vorzulegen, und sie stattdessen in eigener Verantwortung lösen."[158]

Wendet man diese Kriterien wortgetreu an, so ergibt sich daraus nahezu keine Einschränkung der Vorlagepflicht: Welche Auslegungsfrage des Gemeinschaftsrechts

---

C-210/06 (*Cartesio*), Slg. 2008, I-00000, Rn. 75–79 und *Schima*, Vorabentscheidungsverfahren, S. 48 mit weiteren Nachweisen aus der Rechtsprechung.

153 In der Literatur ist die Frage umstritten. Für die abstrakte, gerichtsverfassungsrechtliche Betrachtungsweise: *Bleckmann*, Europarecht, Rn. 921; für konkrete Betrachtungsweise: *Streinz*, Europarecht, Rn. 637; *Oppermann*, Europarecht, § 9 Rn. 57; *Everling*, Vorabentscheidungsverfahren, S. 45 f. Vgl. zum Ganzen auch *Schima*, Vorabentscheidungsverfahren, S. 48; Calliess/Ruffert-*Wegener*, Art. 234 EGV Rn. 24; *Craig/de Burca*, EU Law, S. 466. Nicht letzt-instanzliche Gerichte sind ausnahmsweise dann zur Vorlage verpflichtet, wenn sie einen Gemeinschaftsrechtsakt für ungültig erachten und außer Anwendung lassen wollen. Dies gebieten die Grundsätze der Einheitlichkeit der Anwendung des Gemeinschaftsrechts, der Rechtssicherheit und des Verwerfungsmonopols des EuGH, vgl. EuGH v. 22. 10. 1987 – Rs. 314/85 (*Foto Frost*), Slg. 1987, 4199 Rn. 11 ff.

154 Vgl. bereits zuvor EuGH v. 27. 3. 1963 – verb. Rs. 28-30/62 (*Da Costa ./. Niederländische Finanzverwaltung*), Slg. 1963, 63.

155 EuGH v. 6. 10. 1982 – Rs. 283/81 (*C.I.L.F.I.T. ./. Ministero della sanita*), Slg. 1982, 3415.

156 EuGH v. 6. 10. 1982 – Rs. 283/81 (*C.I.L.F.I.T. ./. Ministero della sanita*), Slg. 1982, 3415, Rn. 13 unter Hinweis auf die *Da Costa* – Entscheidung, dort S. 81.

157 EuGH v. 6. 10. 1982 – Rs. 283/81 (*C.I.L.F.I.T. ./. Ministero della sanita*), Slg. 1982, 3415, Rn. 14.

158 Dabei ist den Besonderheiten des Gemeinschaftsrechts, insbesondere der Abfassung und Verbindlichkeit in mehreren Sprachen, der besonderen gemeinschaftsrechtlichen Terminologie sowie der Systematik des gesamten Gemeinschaftsrechts, seiner Ziele und seines Entwicklungsstandes, Rechnung zu tragen, vgl. EuGH v. 6. 10. 1982 – Rs. 283/81 (*C.I.L.F.I.T. ./. Ministero della sanita*), Slg. 1982, 3415, Rn. 16–20. Diese letzte und zugleich wichtigste Ausnahme von der Vorlageverpflichtung ist eine eingeschränkte Fassung der aus dem französischen Recht bekannten und vom französischen Conseil d'Etat und vom BFH vertretenen „acte clair"-Doktrin, wonach eine Auslegung dann nicht erforderlich ist, wenn der Wortlaut klar ist und kein vernünftiger Zweifel an den inhaltlichen Vorgaben besteht, vgl. *Dauses*, Vorabentscheidungsverfahren, S. 113 f.

158 *Franzen*, Privatrechtsangleichung, S. 284; *Steindorff*, ZHR 156 (1992), 1 (8). Vgl. auch *Dauses*, Vorabentscheidungsverfahren, S. 117; *Schima*, Vorabentscheidungsverfahren, S. 54.

ist schon derart offenkundig, dass keine vernünftigen Zweifel auftreten, ob Gerichte anderer Mitgliedstaaten oder der EuGH das vom innerstaatlichen Gericht gefunden Ergebnis billigen?[159] Gleichwohl finden sich in obergerichtlichen Entscheidungen oft seitenlange Begründungen, warum eine entsprechende Auslegung offenkundig und eine Vorlage damit nicht erforderlich ist.[160] Darin spiegelt sich der Konflikt wieder, in dem sich letztinstanzliche Gerichte gelegentlich finden: erscheint doch im Interesse beider Parteien die mit einer Vorlage verbunde Verzögerung nur dann gerechtfertigt, wenn die Antwort des EuGH entscheidend zur Beilegung des Ausgangsrechtsstreites beitragen kann.[161] Die Verletzung der Vorlagepflicht ist insgesamt nur unzureichend sanktioniert.[162]

b) Die Perspektive des Gerichtshofs

Zwar ist nach ständiger Rechtsprechung des Gerichtshofs die Beurteilung der Erforderlichkeit der Vorlage grundsätzlich allein Sache des nationalen Gerichts.[163] Gleichwohl hat der EuGH aber betont, dass er es ist, der wie jedes andere Gericht auch, letztverbindlich über seine eigene Zuständigkeit entscheidet.[164] Hat der

---

159 *Franzen*, Privatrechtsangleichung, S. 284; *Steindorff*, ZHR 156 (1992), 1 (8). Vgl. auch *Dauses*, Vorabentscheidungsverfahren, S. 117; *Schima*, Vorabentscheidungsverfahren, S. 54.

160 Vgl. nur BGHZ 110, 47 (68–74) (*IBH/Lemmerz*) zur Vereinbarkeit der Lehre von der verdeckten Sacheinlage mit der 2. gesellschaftsrechtlichen Richtlinie; *Director General of Fair Trading v First National Bank Plc* [2002] 1 AC 481 Rn. 17 ff. zur Missbräuchlichkeit im Sinne der Klauselrichtlinie; vgl. auch OGH v. 27. 9. 2005 – 10b110s/05s, zum Nutzungsersatz bei Widerruf eines Fernabsatzvertrages.

161 *Broberg*, (2008) 45 CMLRev., 1383 (1386).

162 Bei Verletzung der Vorlagepflicht kommt aus Sicht des Gemeinschaftsrechts zunächst die Einleitung eines Vertragsverletzungsverfahrens gemäß Art. 226, 227 EG in Betracht. Freilich hat die Kommission von einer Klageerhebung wegen unterlassener Vorlage bisher abgesehen, vgl. zum Ganzen *Schima*, Vorabentscheidungsverfahren, S. 55; *Dauses*, Vorabentscheidungsverfahren, S. 119; Calliess/Ruffert-*Wegener*, Art. 234 EGV Rn. 30. Ein zweiter gemeinschaftsrechtlicher Ansatzpunkt ist die mitgliedstaatliche Staatshaftung wegen Verletzung des Gemeinschaftsrechts. Der EuGH hat entschieden, dass ein Staatshaftungsanspruch auch dadurch ausgelöst werden kann, dass ein letztinstanzliches mitgliedstaatliches Gericht die Rechte des Einzelnen durch einen Verstoß gegen das Gemeinschaftsrecht verletzt, soweit dieser Verstoß offenkundig ist; im Rahmen der Offenkundigkeitsprüfung ist auch zu berücksichtigen, ob das Gericht gegen die Vorlagepflicht verstoßen hat; vgl. EuGH v. 30. 3. 2003 – Rs. C-224/01 (*Köbler*), Slg. 2003, I-10239, Rn. 33, 55; EuGH v. 13. 6. 2006 – Rs. C-173/03 (*TDM/Italien*), Slg. 2006, I-5177 Rn. 24–32. Ungeklärt ist jedoch, ob die Verletzung der Vorlagepflicht allein die außervertragliche Staatshaftung auslösen kann, vgl. *Haratsch*, JZ 2006, 1176 (1177). Problematisch dürfte regelmäßig der Nachweis der Kausalität zwischen Verletzung der Vorlagepflicht und dem entstandenen Schaden sein, vgl. *Haratsch*, JZ 2006, 1176 (1178); *Franzen*, Privatrechtsangleichung, S. 282. Aus innerstaatlicher (deutscher) Sicht wird die Vorlageverpflichtung weiterhin insoweit abgesichert, als nach ständiger Rechtsprechung des Bundesverfassungsgerichts der EuGH gesetzlicher Richter im Sinne von Art. 101 Abs. 1 S. 2 GG ist. Um nicht in die Rolle eines obersten Vorlage-Kontroll-Gerichts zu geraten, überprüft das BVerfG jedoch nur, ob die Entscheidung über die Vorlage „in offensichtlich unhaltbarer Weise gehandhabt worden ist", vgl. BVerfGE 73, 339 (366 f.); BVerfGE 82, 159 (194 ff.).

163 Vgl. etwa EuGH v. 16. 7. 1998 – Rs. C-264/96 (*Imperial Chemical Industries plc (ICI)*), Slg. 1998, I-4695 Rn. 15; EuGH v. 11. 7. 2006 – Rs. C-13/05 (*Chacón Navas*), Slg. 2006, I-6467 Rn. 32.

164 EuGH v. 16. 12. 1981 – Rs. 244/80 (*Foglia (Nr. 2)*), Slg. 1981, 3045 Rn. 19 f.; EuGH v. 11. 7. 2006 – Rs. C-13/05 (*Chacón Navas*), Slg. 2006, I-6467 Rn. 33.

EuGH bisher die Erforderlichkeit der Vorlage nur zurückhaltend überprüft,[165] so zeichnet sich zunehmend eine aktivere Rolle des EuGH bei der Bestimmung seiner eigenen Zuständigkeit ab.[166] Entscheidend dürfte dabei sein, ob der EuGH selbst im Hinblick auf die sinnvolle Auslegung und Anwendung des Gemeinschaftsrechts in den Mitgliedstaaten sein Einschreiten im Wege der Vorabentscheidung für geboten hält.[167]

Im Übrigen fühlt sich der Gerichtshof an die gestellten Vorlagefragen nicht streng gebunden. Soweit sie ihm nicht zweckmäßig erscheinen, formuliert er sie um, fasst mehrere Teilfragen zusammen, ändert ihre Reihenfolge und lässt auch einzelne Fragen unbeantwortet, soweit sie sich aus seiner Sicht durch die Beantwortung der übrigen Fragen bereits erledigt haben.[168] Dies ist insoweit nicht unproblematisch, als der Gerichtshof durch diese Vorgehensweise den Verfahrensgegenstand mit der Folge ändert, dass dem nationalen Gericht die Umsetzung der Auslegungsentscheidung möglicherweise erschwert wird oder die Antwort für den Ausgangsrechtsstreit ganz oder teilweise irrelevant oder für das vorlegende Gericht unverständlich wird.[169] Der Zweck des Vorabentscheidungsverfahrens wird dadurch möglicherweise verfehlt.[170] Im Interesse der Kooperation besser wäre in diesen Fällen eine Rückfrage des EuGH beim vorlegenden Gericht gemäß Art. 104 § 5 VerfO-EuGH.[171]

---

165 Calliess/Ruffert-*Wegener*, Art. 234 EGV Rn. 21; vgl. auch *Everling*, Vorabentscheidungsverfahren, S. 37.

166 So wurden in jüngerer Zeit Vorlagebeschlüsse als unzulässig abgewiesen, die sich nicht auf die Auslegung oder Gültigkeit von Gemeinschaftsrecht bezogen, vgl. EuGH v. 9. 10. 1997 – Rs. C-291/96 (*Grado*), Slg. 1997, I-5531, Rn. 13–16; die die tatsächlichen oder rechtlichen Hintergründe des Ausgangsverfahrens nicht mit hinreichender Klarheit erkennen ließen, vgl. EuGH v. 26. 1. 1993 – verb. Rs. C-320/90, 322/90 (*Telemarsicabruzzo*), Slg. 1993, I-393, Rn. 6 ff.; bzw. mit denen der EuGH lediglich zur Abgabe eines Rechtsgutachtens in einem rein fiktiven Rechtsstreit bewegt werden sollte, vgl. EuGH v. 16. 7. 1992 – Rs. C-83/91 (*Meilicke*), Slg. 1992, I-4919, Rn. 25 ff. Zusammenfassend *Generalanwalt Tizzano*, Schlussanträge v. 22. 9. 2005 – Rs. C-302/04 (*Ynos Kft.*), Slg. 2006, I-371, Rn. 38 ff.; EuGH v. 16. 12. 2008 – Rs. C-210/06 (*Cartesio*), Slg. 2008, I-00000, Rn. 67. Vgl. zum Ganzen *Craig/de Burca*, EU Law, S. 488 ff.; sowie *Everling*, Vorabentscheidungsverfahren, S. 37 ff., insbesondere S. 41; *Dauses*, Vorabentscheidungsverfahren, S. 103 ff.; *Barnard/Sharpston*, (1997) 34 CMLRev., 1113 (1127 ff., 1157 ff.) mit zahlreichen Nachweisen aus der Rechtsprechung. Zur Ablehnung der Zuständigkeit in einem Rechtsstreit, bei dem sich der Sachverhalt vor dem EU-Beitritt zugetragen hat vgl. EuGH v. 10. 1. 2006 – Rs. C-302/04 (*Ynos Kft.*), Slg. 2006, I-371, Rn. 37; Vgl. auch EuGH v. 23. 4. 2009 – verb. Rs. C-261/07, C-299/07 (*VTB-VAB NV/Total Belgium NV, Galatea BVBA/Sanoma Magayines Belgium NV*), Slg. 2009, I-00000, Rn. 31 ff. zur Zulässigkeit des Vorabentscheidungsverfahren im Hinblick auf die Richtlinienvorwirkung bzg. eines Sachverhalts der sich vor Ablauf der Umsetztungsfrist ereignete.

167 So hatte der Gerichtshof in dem ebenfalls fingierten Verfahren *Preussen Elektra AG/Schleswag AG* keine Bedenken gegen seine Zuständigkeit, vgl. EuGH v. 13. 3. 2001 – Rs. C-379/98 (*Preussen Elektra AG/Schleswag AG*), Slg. 2001, I-7288 Rn. 38–46; vgl. nunmehr auch EuGH v. 22. 11. 2005, Rs. C-144/04 (*Mangold*), Slg. 2005, I-9981, Rn. 32–39.

168 *Gündisch*, in: *Gebauer/Wiedmann* (Hrsg.), Zivilrecht unter europäischem Einfluss, Kapitel 35 Rn. 20; *Dauses*, in: FS Everling, 223 (239); *Hess*, RabelsZ 66 (2002), 470 (481); *Barnard/Sharpston*, (1997) 34 CMLRev., 1113 (1120 f.); *Wägenbaur*, EuZW 2000, 37 (40).

169 *Dauses*, in: FS Everling, 223 (239); *Hess*, RabelsZ 66 (2002), 470 (481); *Barnard/Sharpston*, (1997) 34 CMLRev 1997, 1113 (1120 f.).

170 *Barnard/Sharpston*, (1997) 34 CMLRev., 1113 (1121).

171 *Hess*, RabelsZ 66 (2002), 470 (481).

aa) Das Verfahren vor dem EuGH

Das Vorabentscheidungsverfahren vor dem EuGH beginnt mit der Übermittlung der Vorlageentscheidung des nationalen Gerichts. Diese wird anschließend den beteiligten Parteien, sämtlichen Mitgliedstaaten, der Kommission, sowie gegebenenfalls dem Rat, dem Europäischen Parlament und der EZB zugestellt (Art. 104 § 1 VerfO-EuGH). Alle Beteiligten haben die Möglichkeit, innerhalb von zwei Monaten Schriftsätze beim Gerichtshof einzureichen bzw. schriftliche Erklärungen abzugeben. Dabei wissen die Parteien des Ausgangsverfahrens bei der Abfassung ihres Schriftsatzes nicht, welche Stellungnahme die Kommission und die sich beteiligenden Mitgliedstaaten[172] abgeben werden. Eine schriftliche Erwiderung auf die Äußerungen der anderen Beteiligten ist nicht möglich.[173]

Das Verfahren richtet sich im Übrigen nach den allgemeinen Bestimmungen der Verfahrensordnung unter Berücksichtigung der Eigenart des Vorabentscheidungsverfahrens, Art. 103 § 1 VerfO-EuGH.[174] Der Gerichtshof entscheidet grundsätzlich auf Basis der Tatsachen, die das vorlegende Gericht festgestellt und mitgeteilt hat. Beweise werden fast nie erhoben.[175] Im Laufe des schriftlichen Verfahrens werden häufig aufklärende Fragen an die Verfahrensbeteiligten gerichtet, die dann in der mündlichen Verhandlung erörtert werden können.[176] Ein Erklärungsrecht des vorlegenden Gerichts besteht nicht. Bisher hat es der EuGH regelmäßig unterlassen, das nationale Gericht in den Konsultationsprozess einzubeziehen.[177] Inwieweit Art. 104 § 5 VerfO-EuGH zukünftig zu einer Verbesserung der Situation führt, wird sich erst noch zeigen.[178]

Die sich regelmäßig[179] anschließende mündliche Verhandlung dient vor allem dazu, auf die schriftlichen Stellungnahmen des Prozessgegners im Ausgangsverfahren, der Kommission und etwaiger sonstiger Beteiligter einzugehen.[180] Die vom EuGH für die Plädoyers gewährte Redezeit ist mit 15 bis 30 Minuten relativ

---

172 Meist beteiligt sich nur der konkret betroffene Mitgliedstaat, vgl. *Hakenberg*, RabelsZ 66 (2002), 367 (375).

173 *Hakenberg*, DRiZ 2000, 345 (349); *Gündisch*, in: *Gebauer/Wiedmann* (Hrsg.), Zivilrecht unter europäischem Einfluss, Kapitel 35 Rn. 22.

174 Vorlagebeschlüsse und Schriftsätze werden generell in der Arbeitssprache des Gerichtshofs, also in französischer Übersetzung, studiert. Umfangreiche Anlagen und Literaturauszüge können nicht übersetzt werden; Literatur die nicht auf englisch oder französisch zur Verfügung steht, findet meist keine Berücksichtigung, vgl. *Hakenberg*, RabelsZ 66 (2002), 367 (374f.).

175 *Gündisch*, in: *Gebauer/Wiedmann* (Hrsg.), Zivilrecht unter europäischem Einfluss, Kapitel 35 Rn. 23.

176 *Gündisch*, in: *Gebauer/Wiedmann* (Hrsg.), Zivilrecht unter europäischem Einfluss, Kapitel 35 Rn. 23.

177 *Dauses*, in: FS Everling, S. 223 (238).

178 *Hakenberg*, RabelsZ 6 (2002), 367 (373 Fn. 18).

179 Eine mündliche Verhandlung wird nur durchgeführt, wenn einzelne der Beteiligten darauf bestehen – dies in ca. 60% aller Fälle – oder der EuGH selbst sie für unverzichtbar erachtet; vgl. *Hakenberg*, DRiZ 2000, 345 (348).

180 *Gündisch*, in: *Gebauer/Wiedmann* (Hrsg.), Zivilrecht unter europäischem Einfluss, Kapitel 35 Rn. 24.

kurz.[181] Auf die Plädoyers der Beteiligten und ein etwaiges Rechtsgespräch folgt der Schlussantrag des Generalanwalts. Dabei kann die Konstellation auftreten, dass der Generalanwalt einen Lösungsweg vorschlägt, der weder in den Schriftsätzen noch im mündlichen Vorbringen der Parteien erörtert wurde.[182] Ein Recht zur schriftlichen Stellungnahme der Parteien zu den Schlussanträgen hat der EuGH abgelehnt. Die Parteien haben lediglich die Möglichkeit, die Wiedereröffnung der mündlichen Verhandlung zu beantragen.[183] Die Entscheidung hierüber steht jedoch im Ermessen des Gerichtshofs, vgl. Art. 61 VerfO-EuGH. Bisher fand eine Wiedereröffnung der mündlichen Verhandlung nur in Ausnahmefällen statt.[184]

Es fällt auf, dass die Rechtsstellung der Parteien im Vorabentscheidungsverfahren äußerst schwach ausgestaltet ist.[185] Gerade im Privatrecht geht es aber um einen vernünftigen Ausgleich konfligierender, grundsätzlich gleichberechtigter Interessen. Haben die Parteien aber weder die Möglichkeit, auf die Formulierung der Vorlagefrage Einfluss zu nehmen, noch schriftlich auf das Vorbringen der jeweils anderen Verfahrensbeteiligten sowie der Schlussanträge zu erwidern, so erscheint eine sachgemäße Herausarbeitung der gegenseitigen Standpunkte und Interessenlagen als nicht gesichert.[186] Diese Situation wird verschärft durch die weitgehende Ausblendung des vorlegenden Gerichts nachdem das Vorabentscheidungsverfahren erst einmal in Gang gesetzt ist.

bb) Die Wirkungen des Vorabentscheidungsurteils

Gemäß Art. 65 VerfO-EuGH werden Urteile im Vorabentscheidungsverfahren mit dem Tag ihrer Verkündung rechtskräftig.[187] Sie binden nach Maßgabe ihres Tenors, der im Lichte der Entscheidungsgründe zu interpretieren ist[188], das vorlegende Gericht sowie alle anderen Instanzen des Ausgangsrechtsstreits.[189] Eine

---

181 *Hakenberg*, DRiZ 2000, 345 (349); *Gündisch*, in: *Gebauer/Wiedmann* (Hrsg.), Zivilrecht unter europäischem Einfluss, Kapitel 35 Rn. 24.

182 *Hakenberg*, RabelsZ 66 (2002), 367 (376).

183 EuGH, Beschluss v. 4. 2. 2000 – Rs. C-17/98 (*Emesa Sugar*), Slg. 2000, I-665 Rn. 18; vgl hierzu *Hess*, RabelsZ 66 (2002), 470 (500).

184 *Hakenberg*, RabelsZ 66 (2002), 367 (376). Abgelehnt wurde ein Antrag auf Wiedereröffnung der mündlichen Verhandlung etwa in EuGH v. 16. 12. 2008 – Rs. C-210/06 (*Cartesio*), Slg. 2008, I-00000, Rn. 41–53.

185 *Oppermann*, Europarecht, § 9 Rn. 65; *Gündisch*, in: *Gebauer/Wiedmann* (Hrsg.), Zivilrecht unter europäischem Einfluss, Kapitel 35 Rn. 22.

186 *Gündisch*, in: *Gebauer/Wiedmann* (Hrsg.), Zivilrecht unter europäischem Einfluss, Kapitel 35 Rn. 24.

187 Grundsätzlich kommt Vorabentscheidungen des EuGH ex-tunc-Wirkung zu, vgl. EuGH v. 27. 3. 1980 – Rs. 61/79 (*Denkavit*), Slg. 1980, 1205 Rn. 16. Im Hinblick auf den Grundsatz der Rechtssicherheit und in analoger Anwendung von Art. 231 Abs. 2 EG schränkt der EuGH jedoch die Wirkung einer Entscheidung für die Vergangenheit dann ein, wenn deren Anwendung erhebliche Schwierigkeiten für in der Vergangenheit gutgläubig begründete Rechtsverhältnisse auslösen würde, vgl. EuGH v. 8. 4. 1975 – Rs. 43/75 (*Defrenne*), Slg. 1976, 455 Rn. 69–75; EuGH v. 27. 3. 1980 – Rs. 61/79 (*Denkavit*), Slg. 1980, 1205 Rn. 16; und EuGH v. 10. 1. 2006 – Rs. C-402/03 (*Skov/Bilka*), Slg. 2006, I-199, Rn. 49–53. Vgl. auch *Dauses*, Vorabentscheidungsverfahren, S. 149ff.; *Sima*, Vorabentscheidungsverfahren, S. 83 ff.

188 *Schima*, Vorabentscheidungsverfahren, S. 80; Calliess/Ruffert-*Wegener*, Art. 234 EGV Rn. 35.

189 *Dauses*, Vorabentscheidungsverfahren, S. 148; *Sima*, Vorabentscheidungsverfahren, S. 80.

erneute Vorlage in der selben Sache ist nach ständiger Rechtssprechung zulässig, um etwaige Schwierigkeiten des nationalen Gerichts beim Verständnis oder der Anwendung des Urteils zu beseitigen oder wenn dem Gerichtshof neue Gesichtspunkte unterbreitet werden, die ihn dazu veranlassen könnten, eine bereits gestellte Frage abweichend zu beantworten.[190] Entsprechend der kontinentaleuropäischen Rechtstradition kommt den Urteilen des EuGH nach allgemeiner Ansicht über das Ausgangsverfahren hinaus keine normative Verbindlichkeit zu.[191] Der Gerichtshof selbst fühlt sich an vorangegangene Urteile nicht strikt gebunden, wenn er auch meist an frühere Rechtsprechung anknüpft und Abweichungen durch triftige Gründe rechtfertigt.[192] Man kann daher wohl, ähnlich wie nach neuerer Auffassung zum deutschen Recht, von einer präsumptiven Verbindlichkeit der Urteile der Gemeinschaftsgerichte sprechen.[193] Auslegungsurteilen[194] kommt außerhalb des Ausgangsverfahrens eine beschränkte normative Bindungswirkung auch insofern zu, als für letztinstanzliche Gerichte gemäß den Grundsätzen der *C.I.L.F.I.T.*-Entscheidung die Vorlagepflicht entfällt, wenn sie eine bereits vom EuGH in einer anderen Sache postulierte Auslegung der eigenen Entscheidung zugrunde legen wollen; ist dagegen eine abweichende Entscheidung beabsichtigt, so besteht eine Vorlagepflicht nach den allgemeinen Grundsätzen.[195]

---

190 Vgl. EuGH v. 24. 6. 1969 – Rs. 29/68 (*Milch-, Fett-, und Eierkontor GmbH*), Slg. 1969, 165 Rn. 3; EuGH v. 25. 3. 1986 – Rs. 69/85 (*Wünsche Handelsgesellschaft*), Slg. 1986, 947 Rn. 15. Vgl. zum ganzen auch *Dauses*, Vorabentscheidungsverfahren, S. 149; *Sima*, Vorabentscheidungsverfahren, S. 80.

191 Das Gemeinschaftsrecht kennt, anders als das Common Law, keine *doctrin of stare decisis*, vgl. *Hartley*, EC Law, S. 72; *Craig/de Burca*, EU Law, S. 71; vgl. auch *Tjong Tjin Tai/Teuben*, ERPL 2008, 827 (834).

192 Vgl. *Craig/de Burca*, EU law, S. 71. Beispielsweise EuGH v. 24. 11. 1993 – verb. Rs. C-267, 268/91 (*Keck und Mithouard*), Slg. 1993, I-6097 Rn. 16: „Demgegenüber ist entgegen der bisherigen Rechtsprechung die Anwendung nationaler Bestimmungen, die bestimmte Verkaufsmodalitäten beschränken oder verbieten, auf Erzeugnisse aus anderen Mitgliedstaaten nicht geeignet, den Handel zwischen den Mitgliedstaaten im Sinne des Urteils *Dassonville* (...) unmittelbar oder mittelbar, tatsächlich oder potentiell zu behindern, sofern ...".

193 Vgl. *Groh*, Auslegungsbefugnis, S. 181; *Möllers*, Die Rolle des Rechts, S. 70; *Vogenauer*, Auslegung, Band I, S. 427 ff.

194 Hat der EuGH im Verfahren nach Art. 234 EG die Ungültigkeit eines Gemeinschaftsrechtsakts festgestellt, so sind zur Sicherung der einheitlichen Anwendung des Gemeinschaftsrechts die entsprechenden Bestimmungen von den Gerichten der Mitgliedstaaten wie von anderen mitgliedstaatlichen Stellen und den Gemeinschaftsorganen nicht mehr anzuwenden. Zulässig bleiben jedoch Vorlagen an den Gerichtshof zur Klärung der Reichweite einer solchen Entscheidung und der sich daraus ergebenden Folgen, vgl. EuGH v. 13. 5. 1981 – Rs. 66/80 (*Chemical Corporation*), Slg. 1981, 1191 Rn. 13 f. Hierin liegt der entscheidende Unterschied zur erga-omnes-Wirkung eines Urteils im Rahmen der Nichtigkeitsklage nach Art. 231 EG; Vgl. auch *Schima*, Vorabentscheidungsverfahren, S. 82; *Dauses*, Vorabentscheidungsverfahren, S. 157; *Franzen*, Privatrechtsangleichung, S. 275 f.

195 Umstritten ist, ob auch die Instanzgerichte entgegen Art. 234 Abs. 2 EG dann zur Vorlage verpflichtet sind, wenn sie von einer bereits durch den EuGH vorgenommenen Auslegung abweichen wollen. Eine gemeinschaftsrechtliche Pflicht könnte sich insoweit aus dem Grundsatz der einheitlichen Auslegung und Anwendung des Gemeinschaftsrechts ergeben. Gegen eine Vorlagepflicht sprechen jedoch, neben dem klaren Wortlaut von Art. 234 Abs. 2 und 3 EG, Sinn und Zweck der Beschränkung der Vorlagepflicht auf letztinstanzliche Gerichte, nämlich den EuGH vor einer Verfahrensflut zu bewahren. Die einheitliche Auslegung des Gemeinschaftsrechts ist zudem durch die Vorlagepflicht letztinstanzlicher Gerichte hinreichend sichergestellt, vgl. zum Ganzen *Dauses*, Vorabentscheidungsverfahren, S. 153 ff.; *Schima*, Vorabentscheidungsverfahren, S. 80 f.; *Toth*, (1984)

c) Insbesondere Gemeinschaftsrechtsauslegung und Gemeinschaftsrechtsanwendung – zur Funktionsteilung von EuGH und Vorlagegericht

Die Funktionsteilung von Gerichtshof und vorlegendem Gericht beruht auf der im Vorabentscheidungsverfahren angelegten Unterscheidung von Auslegung des Gemeinschaftsrechts einerseits und dessen Anwendung andererseits. Diese ergibt sich daraus, dass dem EuGH gemäß Art. 220 EG die Sicherung der Wahrung des Rechts bei der Auslegung und Anwendung des Vertrages obliegt, Art. 234 Abs. 1 EG aber lediglich die Auslegung erwähnt.[196] Der EuGH hat hieraus in ständiger Rechtsprechung abgeleitet, dass er sich darauf zu beschränken habe, „die Bedeutung der Normen des Gemeinschaftsrechts aus Geist und Wortlaut des Vertrages abzuleiten, während es dem innerstaatlichen Richter vorbehalten bleibt, die in dieser Weise ausgelegten Normen auf den konkreten Sachverhalt anzuwenden."[197] Die Aufgabe des EuGH besteht danach allein darin, das Gemeinschaftsrecht auszulegen, also abstrakte und generelle Hinweise zum Verständnis des Gemeinschaftsrechts zu geben und letztendlich subsumtionsfähige Obersätze hervorzubringen, anhand derer der konkrete Fall zu entscheiden ist. Die Anwendung dieser Obersätze und damit die Entscheidung des konkreten Ausgangsfalles fällt dagegen in die ausschließliche Zuständigkeit des vorlegenden Gerichts, dem auch die Tatsachenfeststellung und Sachverhaltsaufklärung obliegt.[198]

Tatsächlich überbrückt der Gerichtshof die sich zwischen Auslegung und Anwendung auftuende Kluft häufig mit Hilfe der Methode der „zweckdienlichen Auslegung".[199] Der EuGH sei danach zwar nicht befugt, „die Normen des Gemeinschaftsrechts auf einen Einzelfall anzuwenden, ...; er kann aber einem mitgliedstaatlichen Gericht die Kriterien für die Auslegung des Gemeinschaftsrechts an die Hand geben, die diesem bei der Beurteilung der Wirkungen dieser Bestimmungen

---

4 YEL, 1 (56ff.); *Hartley*, EC Law, S. 295; *Weatherill*, EU Law, S. 196; *Franzen*, Privatrechtsangleichung, S. 277; Calliess/Ruffert-*Wegener*, Art. 243 EGV Rn. 38. Nicht ausgeschlossen ist freilich eine Vorlagepflicht der Instanzgerichte, die sich aus dem innerstaatlichen Recht ergibt. So muss im Vereinigten Königreich gemäß section 3 (1) European Communities Act 1972 jede Frage zur Auslegung des Gemeinschaftsrechts, soweit keine Vorlage erfolgt, im Einklang mit den vom EuGH bereits niedergelegten Prinzipien erfolgen; vgl. *Hartley*, EC Law, S. 295.

196 Vgl. hierzu *Craig/de Burca*, EU Law, S. 493f.; *Hartley*, EC Law, S. 293f.; *Dauses*, Vorabentscheidungsverfahren, S. 77ff.; Oppermann, Europarecht, § 9 Rn. 62.

197 EuGH v. 27. 3. 1963, Rs. 28-30/62 (*Da Costa*), Slg. 1963, 63 (81); EuGH v. 8. 4. 1976, Rs. 45/75, (*Hirardin*), Slg. 1976, 553 Rn. 8; EuGH v. 18. 10. 1990, verb. Rs. C-297/88, C-197/89 (*Dzodzi*), Slg. 1990, I-3763, Rn. 38: „Da die Zuständigkeit des Gerichtshofes nach Art. 177 [nunmehr Art. 234] die einheitliche Auslegung der Bestimmungen des Gemeinschaftsrechts in allen Mitgliedstaaten gewährleisten soll, beschränkt sich der Gerichtshof darauf, aus Buchstaben und Geist der betreffenden Gemeinschaftsvorschriften deren Bedeutung abzuleiten. Anschließend obliegt es allein den nationalen Gerichten, die so ausgelegten Bestimmungen des Gemeinschaftsrechts unter Berücksichtigung der tatsächlichen und rechtlichen Umstände des bei ihnen anhängigen Rechtsstreits anzuwenden."

198 Vgl. etwa EuGH v. 28. 3. 1979 – Rs. 222/78 (*ICAP*), Slg. 1979, 1163 Rn. 10; auch *Wägenbaur*, EuZW 2000, 37 (39).

199 Vgl. etwa EuGH v. 14. 7. 1971 – Rs. 12/71 (*Henck ./. Hauptzollamt Emmerich*), Slg. 1971, 743 Rn. 3; EuGH v. 1. 4. 1982 – verb. Rs. 141–143/81 (*Holdijk*), Slg. 1982, 1299 Rn. 5.

dienlich sein könnten".[200] Insoweit ist der Übergang von Auslegung zur Anwendung in der Rechtsprechung des EuGH durchaus fließend.[201]

Was dies für die Konkretisierung wertungsoffener Rechtssätze des Europäischen Privatrechts bedeutet, wird noch genauer zu untersuchen sein.[202]

2. Auslegung und Rechtsfortbildung sekundären Gemeinschaftsrechts

Die Wissenschaft war bisher vor allem bemüht, deskriptiv die durch den Gerichtshof verwendeten Auslegungs- und Rechtsfortbildungsmethoden aufzuzeigen.[203] Erst in jüngerer Zeit mehren sich Veröffentlichungen, denen es um die Herausarbeitung normativer Kriterien einer gemeinschaftsrechtlichen Methodenlehre geht.[204] Im folgenden sind die vom EuGH verwendeten Methoden zur Auslegung und Rechtsfortbildung des Sekundärrechts kurz darzustellen. Auf die Frage, inwieweit sich der Europäischen Rechtsordnung normative Wertungskriterien entnehmen lassen, wird später noch einzugehen sein.[205]

a) Die autonom-gemeinschaftsrechtliche Auslegung des Sekundärrechts

Im Interesse der einheitlichen Anwendung des Gemeinschaftsrechts sowie des Gleichheitssatzes sind die Begriffe einer Vorschrift des Gemeinschaftsrechts, die für die Erläuterung ihres Sinnes und ihrer Tragweite nicht – ausdrücklich oder implizit – auf das Recht der Mitgliedstaaten verweist, in der Regel in der gesamten Gemeinschaft autonom und einheitlich unter Berücksichtigung des Regelungszusammenhangs und der mit der betreffenden Regelung verfolgten Zielsetzung auszulegen.[206] Eine stillschweigende Verweisung auf nationales Recht kommt dabei insbesondere auch dann in Betracht, wenn das Gemeinschaftsrecht selbst keine Anhaltspunkte für die präzise Ermittlung von Inhalt und Tragweite einer gemeinschaftsrechtlichen Vorschrift enthält.[207]

---

200 EuGH v. 30. 9. 1975 – Rs. 32/75 (*Cristini*), Slg. 1975, 1085 Rn. 6; EuGH v. 15. 12. 1993 – Rs. C-292/92 (*Hühnermund*), Slg. 1993, I-6787, Rn. 8; EuGH v. 10. 7. 2008 – Rs. C-54/07 (*Feryn NV*), Slg. 2008, I-0000, Rn. 19.

201 *Craig/de Burca*, EU Law, S. 493; *Hartley*, EC Law, S. 294; *Dauses*, Vorabentscheidungsverfahren, S. 82; *Tjong Tjin Tai/Teuben*, ERPL 2008, 827 (839).

202 Dazu Kapitel 7.

203 Vgl. etwa *Bredimas*, Methods of Interpretation, 1978; *Anweiler*, Auslegungsmethoden, 1997; Buck, Auslegungsmethoden, 1998; *S.M. Grundmann*, Auslegung, 1997; *Bleckmann*, Europarecht, Rn. 537–559; *Mayer*, Jura 1994, 455; *M. Schmidt*, RabelsZ 59 (1995), 569; *Streinz*, Europarecht, Rn. 570–575; *Lutter*, JZ 1992, 593 (598 ff.).

204 Frühzeitig *Bengoetxea*, Legal Reasoning, 1993; *Langenbucher*, JjZRWiss 1999, 65 ff.; *Berger*, ZEuP 2001, 4 ff.; *Flessner*, JZ 2002, 14 ff.; *Grundmann/Riesenhuber*, JuS 2001, 529 ff.; *Riesenhuber*, System und Prinzipien, passim; *ders.* (Hrsg.), Europäische Methodenlehre; *Müller/Christensen*, Juristische Methodik, Band II; *Vogenauer*, ZEuP 2005, 234 ff.; *Jansen*, ZEuP 2005, 750 ff.

205 Vgl. dazu den 4. Teil dieser Arbeit.

206 Ständige Rechtsprechung seit EuGH v. 19. 3. 1964 – Rs. 75/63 (*Unger*), Slg. 1964, 379 (396); vgl. auch EuGH v. 18. 1. 1984 – Rs. 327/82 (*Ekro B.V.*), Slg. 1984, 107 Rn. 11; EuGH v. 11. 7. 2006 – Rs. C-13/05 (*Chacón Navas*), Slg. 2006, I-6467 Rn. 40.

207 Vgl. EuGH v. 1. 2. 1977 – Rs. 51/76 (*Verbond van Nederlandse Ondernemingen ./. Inspecteur der Invoerrechten en Accijnzen*), Slg. 1977, 113 Rn. 14717; EuGH v. 18. 1. 1984 – Rs. 327/82 (*Ekro B.V.*), Slg.

Im übrigen ähneln die vom EuGH zur Auslegung des Sekundärrechts verwendeten Methoden denjenigen zur Auslegung innerstaatlichen Rechts.[208] Nach ständiger Rechtsprechung legt der EuGH Begriffe des Gemeinschaftsrechts entsprechend ihrem Sinn nach dem gewöhnlichen Sprachgebrauch und unter Berücksichtigung des Zusammenhangs, in dem sie verwendet werden, und der mit der Regelung, zu der sie gehören, verfolgten Ziele aus.[209] Damit lassen sich auch bei der Auslegung von Sekundärrecht, bei Überschneidungen im Einzelfall, die vier, aus der nationalen Methodenlehre bekannten Auslegungskriterien unterscheiden: Wortlaut, Entstehungsgeschichte, Systematik und Sinn und Zweck der jeweiligen gemeinschaftsrechtlichen Vorschrift.[210]

aa) Die Auslegung nach dem Wortlaut

Auch im Gemeinschaftsrecht ist Ausgangspunkt jeder Sinnermittlung eines Rechtstextes dessen Wortlaut.[211] Eine gemeinschaftsrechtliche Besonderheit ergibt sich hierbei daraus, dass alle Sekundärrechtsakte jeweils in allen Amtssprachen vorliegen[212], und jeder Text gleichermaßen verbindlich ist.[213] Voneinander abweichende Normfassungen sind dabei häufig,[214] so dass sich die eigentlich maßgebli-

---

1984, 107 Rn. 13; EuGH v. 12. 12. 1996 – Rs. C-74/95 (*Strafverfahren gegen X*), Slg. 1996, 6609 Rn. 31; vgl. auch EuGeI v. 18. 12. 1992 – Rs. T-43/90 (*Jose Miguel Diaz Garcia ./. Europäisches Parlament*), Slg. 1992, II-2619 Rn. 36 f. Ausführlich *Franzen*, Privatrechtsangleichung, S. 475–503.

208 Vgl. *Langenbucher*, in *dies.* (Hrsg.), Europarechtliche Bezüge des Privatrechts, § 1 Rn. 5; *Franzen*, Privatrechtsangleichung, S. 445; *Lutter*, JZ 1992, 593 (598).

209 So zusammenfassend EuGH v. 10. 3. 2005 – Rs. C-336/03 (*easyCar Ltd.*), Slg. 2005, I-1947 Rn. 21. Vgl. auch EuGH v. 6. 10. 1982 – Rs. 283/81 (*C.I.L.F.I.T.*), Slg. 1982, 3415 Rn. 18–20; EuGH v. 5. 3. 1963 – Rs. 26/62 (*Van Gend en Loos*), Slg. 1963, 1 Rn. 8: „Geist", „Systematik", „Wortlaut". Durch die Betonung systematisch-teleologischer Kriterien hat sich die gemeinschaftsrechtliche Auslegung von derjenigen des Völkerrechts, die maßgeblich auf Wortlaut und den Willen der Vertragsschließenden abstellt, weitgehend emanzipiert, vgl. *Franzen*, Privatrechtsangleichung, S. 445. Vorbildlich GA Trstenjak, Schlussanträge v. 15. 11. 2007 – Rs. C-404/06 (*Quelle*), Slg. 2008, I-2695 Rn. 43–66.

210 Vgl. *Grundmann/Riesenhuber*, JuS 2001, 529; *Mayer*, Jura 1994, 455 (456); *Lutter*, JZ 1992, 593 (598 ff.); *Franzen*, Privatrechtsangleichung, S. 445–455; *M. Schmidt*, RabelsZ 59 (1995), 569 (572–582); *Langenbucher*, in *dies.* (Hrsg.), Europarechtliche Bezüge des Privatrechts, § 1 Rn. 6–19; *Ultsch*, ZEuP 2006, 170 (176); *Höpfner/Rüthers*, AcP 209 (2009), 1 (9).

211 Vgl. etwa *Grundmann/Riesenhuber*, JuS 2001, 529; *Mayer*, Jura 1994, 455 (456); *Lutter*, JZ 1992, 593 (599); *Franzen*, Privatrechtsangleichung, S. 446; *Langenbucher*, in *dies.* (Hrsg.), Europarechtliche Bezüge des Privatrechts, § 1 Rn. 6; *S.M. Grundmann*, Auslegung, S. 202; EuGH v. 23. 3. 2000 – Rs. C-208/98 (*Berliner Kindl*), Slg. 2000, I-1741 Rn. 17 f.; EuGH v. 10. 3. 2005 – Rs. C-336/03 (*easyCar Ltd.*), Slg. 2005, I-1947 Rn. 22–24.

212 Dies sind derzeit 23: Bulgarisch, Dänisch, Deutsch, Englisch, Estnisch, Finnisch, Französisch, Griechisch, Irisch, Italienisch, Lettisch, Litauisch, Maltesisch, Niederländisch, Polnisch, Portugiesisch, Rumänisch, Schwedisch, Slowakisch, Slowenisch, Spanisch, Tschechisch und Ungarisch.

213 Vgl. Art. 1 der Verordnung Nr. 1 vom 15. 4. 1958 zur Regelung der Sprachenfrage für die EWG, ABl. EG 1958 Nr. 17/385; in der Fassung der Verordnung (EG) Nr. 1791/2006 v. 20. 12. 2006, ABl. EU 2006 Nr. 363/1. Vgl. für das Primärrecht Art. 53 EUV; Art. 314 EGV; Art. 225 EAGV jeweils in Verbindung mit Art. 1 des Beschlusses des Rates vom 1. 1. 1995 zur Anpassung der Dokumente betreffend den Beitritt neuer Mitgliedsstaaten zur EU, ABl. (EG) v. 1. 1. 1995, Nr. L 1/1. Lediglich der EGKS-Vertrag war gemäß Art. 100 EGKSV einzig in seiner französischen Urschrift verbindlich.

214 Vgl. nur die prominenten Fälle EuGH v. 12. 11. 1969 – Rs. 29/69 (*Stauder ./. Ulm*), Slg. 1969, 419 Rn. 3 f.; EuGH v. 7. 2. 1985 – Rs. 19/83 (*Wendelboe ./. L.J. Music*), Slg. 1985, 457 Rn. 13 f.

che Normfassung erst durch einen Vergleich der verschiedenen sprachlichen Fassungen erschließt.[215] Dabei zu Tage tretende Textdivergenzen sind unter Heranziehung systematischer und teleologischer Kriterien aufzulösen.[216] Die Wortlautauslegung allein reicht somit für die Feststellung des Sinngehaltes einer Norm regelmäßig nicht aus.[217] Der Wortlaut dient im wesentlichen nur als Grundlage für die Anwendung der übrigen Methoden.[218]

bb) Die historische Auslegung

Die historische Auslegung zieht zur Sinnermittlung einer Rechtsnorm deren Entstehungsgeschichte heran.[219] Im Gemeinschaftsrecht bestehen insoweit wesentliche Unterschiede zwischen der Auslegung von Primärrecht und Sekundärrecht. Für das Primärrecht spielt die historische Auslegung allenfalls eine untergeordnete Rolle. Dies liegt vornehmlich daran, dass die Materialien (*travaux preparatoires*) der Verträge nicht veröffentlicht sind.[220] Im Gegensatz hierzu sind die Vorarbeiten zum Sekundärrecht in erheblichem Umfang allgemein zugänglich,[221] und können für die Auslegung fruchtbar gemacht werden.[222] Zudem verlangt Art. 253 EG im

---

215 Vgl. EuGH v. 5. 12. 1967 – Rs. 19/67 (*van der Vecht*), Slg. 1967, 462 (473); EuGH v. 12. 7. 1979 – Rs. 9/79 (*Koschniske*), Slg. 1979, 2717 Rn. 6; EuGH v. 6. 10. 1982 – Rs. 283/81 (*C.I.L.F.I.T.*), Slg. 1982, 3415 Rn. 18; EuGH v. 10. 3. 2005 – Rs. C-336/03 (*easyCar Ltd.*), Slg. 2005, I-1947 Rn. 25; EuGH v. 3. 4. 2008 – Rs. C-306/06 (*01051 Telecom*), Slg. 2008, I-1923, Rn. 24. Die Verpflichtung zur Berücksichtigung aller sprachlichen Fassungen eines Rechtstextes trifft nicht nur den Gemeinschaftsrichter, sondern auch den nationalen Richter, wenn er Gemeinschaftsrecht anzuwenden hat, vgl. *Anweiler*, Auslegungsmethoden, S. 147.

216 *Buck*, Auslegungsmethoden, S. 161; *S.M. Grundmann*, Auslegung, S. 233; *Anweiler*, Auslegungsmethoden, S. 169 ff., jeweils mit Rechtsprechungsnachweisen. Vgl. auch *Franzen*, Privatrechtsangleichung, S. 447; *Lutter*, JuS 1992, 593 (599), der zwischen der Ermittlung des eigentlichen Wortlauts durch Textvergleich und der sich daran anschließenden Ermittlung des (gemeinschaftsautonomen) Wortsinns unterscheidet.

217 Vgl. *S.M. Grundmann*, Auslegung, S. 236.

218 *Mayer*, Jura 1994, 455 (456); *Buck*, Auslegungsmethoden, S. 156.

219 *Anweiler*, Auslegungsmethoden, S. 246 f. Vgl. auch EuGH v. 7. 12. 1995 – Rs. C-449/93 (*Rockfon*), Slg. 1995, I-4293 Rn. 33; EuGH v. 30. 4. 1998 – Rs. C-215/97 (*Bellone ./. Yokohama*), Slg. 1998, I-2191 Rn. 11, 16.

220 Zum anderen sind die Verträge aber auch „dynamisch" und „zukunftsoffen", somit auf eine fortschreitende Entwicklung hin angelegt, die beim Willen der Vertragsgeber, wie er in etwaigen Materialien zum Ausdruck gekommen sein sollte, nicht stehen bleiben kann, vgl. zum Ganzen *Anweiler*, Auslegungsmethoden, S. 247 ff.; *S.M. Grundmann*, Auslegung, S. 241 ff.

221 Seit dem Amsterdamer Vertrag sind gemäß Art. 207 Abs. 3 EG die Dokumente des Rates, soweit dieser als Gesetzgeber handelt, zu veröffentlichen. Zudem hat nach Art. 255 EG jeder Unionsbürger mit Sitz in einem Mitgliedstaat ein Recht auf Zugang zu den Dokumenten des Europäischen Parlaments, des Rates und der Kommission; vgl. auch Verordnung (EG) Nr. 1049/2001 des Europäischen Parlamentes und des Rates v. 30. 5. 2001 über den Zugang der Öffentlichkeit zu Dokumenten des Europäischen Parlamentes, des Rates und der Kommission, ABl. EG 2001 Nr. L145/43; sowie den Vorschlag für eine Verordnung des Europäischen Parlaments und des Rates über den Zugang der Öffentlichkeit zu Dokumenten des Europäischen Parlamentes, des Rates und der Kommission, KOM(2008) 229 endg.

222 Vgl. EuGH v. 17. 4. 2008 – Rs. C-404/06 (*Quelle AG*), Slg. 2008, I-00000, Rn. 30–34, zur Verbrauchsgüterkaufrichtlinie; EuGH v. 3. 4. 2008 – Rs. C-306/06 (*01051 Telecom*), Slg. 2008, I-1923, Rn. 25, zur Zahlungsverzugsrichtlinie; *Höpfner/Rüthers*, AcP 209 (2009), 1 (15).

Interesse einer effektiven Rechts- und Selbstkontrolle,[223] dass die verbindlichen Sekundärrechtsakte mit den ihren Erlass tragenden Gründen[224] versehen werden; diese Begründungserwägungen werden mit Verabschiedung des jeweiligen Rechtsaktes dessen Bestandteil.[225] Ihnen kommt für die Ermittlung des mit dem jeweiligen Rechtsakts verfolgten Zwecks erhebliche Bedeutung zu.[226] Die Heranziehung der Begründungserwägungen leitet damit regelmäßig bereits in die teleologische Auslegung über, die sodann das Hauptgewicht der Argumentation des EuGH trägt.[227]

Ungeeignet als Auslegungskriterium ist die Herkunft einer sekundärrechtlichen Vorschrift aus einer mitgliedstaatlichen Rechtsordnung. Prominentestes Beispiel ist insoweit das aus dem englischen Recht stammende „*true and fair view* – Prinzip" gemäß Art. 2 Abs. 3 der 4. gesellschaftsrechtlichen Richtlinie (Bilanzrichtlinie)[228] oder der aus Frankreich stammende Entschädigungsanspruch des Handelvertreters bei Vertragsbeendigung nach Art. 17 Abs. 3 der Handelsvertreterrichtlinie.[229] Wollte man maßgeblich auf das Herkunftsrecht abstellen, so würden die Eigenständigkeit des Gemeinschaftsrechts und das Prinzip der Gleichberechtigung der Rechtsordnungen aller Mitgliedstaaten aufgegeben; Angehörige des „Vorbildstaates" wären bei Rechtssuche und rechtlicher Argumentation im Vorteil.[230]

cc) Die systematische Auslegung

Nach ständiger Rechtsprechung des EuGH ist jede Vorschrift des Gemeinschaftsrechts in ihrem Zusammenhang zu sehen und im Lichte des gesamten Gemeinschaftsrechts auszulegen.[231] Die systematische Auslegung verlangt dabei in erster Linie, die einschlägige Rechtsnorm in ihr normatives Umfeld einzuordnen und im

---

223 Vgl. zum Zweck der Begründungspflicht Calliess/Ruffert-*Calliess*, Art. 253 EGV Rn. 4–7; *S. M. Grundmann*, Auslegung, S. 259.

224 Vgl. zum Umfang der Begründungspflicht Calliess/Ruffert-*Calliess*, Art. 253 EGV Rn. 8–23.

225 *Lutter*, JZ 1992, 593 (600).

226 Vgl. nur EuGH v. 16. 1. 1992 – Rs. C-373/90 (*Strafverfahren gegen X*), Slg. 1992, I-131 Rn. 9; EuGH v. 13. 11. 1990 – Rs. C-106/89 (*Marleasing*), Slg. 1990, I-4135 Rn. 12.

227 Vgl. *Buck*, Auslegungsmethoden, S. 151; *S. M. Grundmann*, Auslegung, S. 261. Im übrigen ist zu differenzieren: Erklärungen und Stellungnahmen von Rat und – im Falle des Mitentscheidungsverfahrens – des Europäischen Parlaments sind, sofern mit der erforderlichen Mehrheit abgegeben, stets berücksichtigungsfähig, vgl. etwa EuGH v. 21. 1. 1992 – Rs. C-310/90 (*Nationale Raad van de Orde van Architecten ./. Egle*), Slg. 1992, I-177 Rn. 12 und *S. M. Grundmann*, Auslegung, S. 276. Äußerungen der übrigen am Gesetzgebungsverfahren beteiligten Organe sind nur dann taugliches Auslegungsmittel, wenn sie in den Willen der entscheidenden Organe aufgenommen wurden, vgl. *Grundmann/Riesenhuber*, JuS 2001, 529 (530). Als weitere Voraussetzung für die Berücksichtigung wird häufig die öffentliche Zugänglichkeit der jeweiligen Materialien gefordert, vgl. *Lutter*, JZ 1992, 593 (600 f.); *Buck*, Auslegungsmethoden, S. 148.

228 In EuGH v. 27. 6. 1996 – Rs. C-234/94 (*Tomberger*), Slg. 1996, I-3133, zur Auslegung der Bilanzrichtlinie und insbesondere des Grundsatzes der Bilanzwahrheit erwähnt der Gerichtshof das englische (Herkunfts-)Recht mit keinem Wort, vgl. Rn. 17–24.

229 In *Lonsdale v. Howard and Hallam Ltd.* [2007] 1 WLR 2055, lehnt das House of Lords eine Berechnung der Höhe des Schadensersatzanspruchs in Anlehnung an die französische Praxis ausdrücklich ab. Vgl. dazu Rühl, ZEuP 2009, 187 ff.

230 *Grundmann/Riesenhuber*, JuS 2001, 529 (530); *Lutter*, JZ 1992, 593 (601 f.).

231 Vgl. nur EuGH v. 6. 10. 1982 – Rs. 283/81 (*C.I.L.F.I.T.*), Slg. 1982, 3415 Rn. 20.

Lichte dieser Einordnung widerspruchsfrei zu interpretieren.[232] Das normative Umfeld einer Bestimmung ergibt sich dabei zunächst aus dem Rechtsakt selbst,[233] benachbarten Rechtsakten auf dem gleichen Feld der jeweiligen Gemeinschaftspolitik,[234] den der Richtlinie zugrunde liegenden Ermächtigungsgrundlagen sowie den allgemeinen Zielen und Grundsätzen des Gemeinschaftsrechts.[235] Ein Sonderfall der systematischen Auslegung ist dabei die primärrechtskonforme Auslegung des Sekundärrechts:[236] Nach ständiger Rechtsprechung des EuGH ist eine Bestimmung des sekundären Gemeinschaftsrechts „im Falle ihrer Auslegungsbedürftigkeit, möglichst so auszulegen, dass sie mit dem EG-Vertrag und den allgemeinen Grundsätzen des Gemeinschaftsrechts vereinbar ist."[237]

Auch rechtsvergleichende Überlegungen können im Rahmen der systematischen Auslegung eine Rolle spielen.[238] Im Bereich des Primärrechts kam und kommt der Rechtsvergleichung insbesondere bei der Herausbildung allgemeiner Rechtsgrundsätze und der Gemeinschaftsgrundrechte erhebliche Bedeutung zu.[239] Für das Sekundärrecht ist die Bedeutung der Rechtsvergleichung bisher gering. Auch wenn sich rechtsvergleichende Überlegungen gelegentlich in den Schlussanträgen der Generalanwälte finden, so dienen sie meist nur dazu ein anderweitig bereits gefundenes Ergebnis zusätzlich abzusichern.[240]

Die systematischen Auslegung ist im Gemeinschaftsrecht von erheblicher Bedeutung.[241] Soweit die systematische Auslegung sich dabei nicht bloß auf kontextual-formale oder gesetzestechnische Erwägungen bezieht, sondern das „innere Sys-

---

232 Vgl. *M. Schmidt*, RabelsZ 59 (1995), 569 (577); *Mayer*, Jura 1993, 455 (456); *Buck*, Auslegungsmethoden, S. 177; *Anweiler*, Auslegungsmethoden, S. 173; *S.M. Grundmann*, Auslegung, S. 296.
233 Vgl. etwa EuGH v. 17. 3. 1993 – Rs. C-45/96 (*Dietzinger*), Slg. 1998, I-1199 Rn. 18; EuGH v. 13. 12. 2001 – Rs. C-481/99 (*Heininger*), Slg. 2001, I-9945 Rn. 46; EuGH v. 10. 3. 2005 – Rs. C-336/03 (*easyCar Ltd.*), Slg. 2005, I-1947 Rn. 28; EuGH v. 17. 1. 2008 – Rs. C-19/07 (*Danone*), Slg. 2008, I-159, Rn. 18 ff.
234 Vgl. etwa EuGH v. 22. 4. 1999 – Rs. C-423/97 (*Travel Vac*), Slg. 1999, I-2195 Rn. 22 f.; EuGH v. 13. 12. 2001 – Rs. C-481/99 (*Heininger*), Slg. 2001, I-9945 Rn. 38 f.; EuGH v. 5. 10. 2004 – Rs. C-397/01 bis C-403/01 (*Pfeiffer*), Slg. 2004, I-8835, Rn. 48 59; EuGH v. 25. 10. 2005 – Rs. C-350/03 (*Schulte*), Slg. 2005, I-9215, Rn. 76; EuGH v. 23. 3. 2000 – Rs. C-208/98 (*Berliner Kindl*), Slg. 2000, I-1741 Rn. 24.
235 *M. Schmidt*, RabelsZ 59 (1995), 569 (577). Vgl. etwa EuGH v. 4. 12. 1997 – Rs. C-97/96 (*Daihatsu*), Slg. 1997, I-6843 Rn. 18–21; EuGH v. 9. 9. 2003 – Rs. C-151/02 (*Jaeger*), Slg. 2003, I-8389 Rn. 45–47; EuGH v. 5. 10. 2004 – Rs. C-397/01 bis C-403/01 (*Pfeiffer*), Slg. 2004, I-8835 Rn. 76.
236 Vgl. *Grundmann/Riesenhuber*, JuS 2001, 529 (532); *Riesenhuber*, System und Prinzipien, S. 63.
237 Vgl. nur EuGH v. 21. 3. 1991 – Rs. C-314/89 (*Rauh*), Slg. 1991, I-1647 Rn. 17 mit weiteren Nachweisen aus der Rechtsprechung. Vgl. auch *Buck*, Auslegungsmethoden, S. 186 ff.; *Anweiler*, Auslegungsmethoden, S. 185 ff.; *S.M. Grundmann*, Auslegung, S. 331 ff. Umgekehrt zieht der EuGH gelegentlich auch Sekundärrecht zur Auslegung von Primärrecht heran, so beispielsweise den Anhang I der Kapitalverkehrsfreiheitsrichtlinie 88/361/EWG zur Bestimmung des Schutzbereichs von Art. 56 EG, vgl. EuGH v. 4. 6. 2002 – Rs. C-367/98 (*Kommission ./. Portugal*), Slg. 2002, I-4731 Rn. 37 f. In der Literatur wird dies zum Teil kritisch gesehen, vgl. *Anweiler*, Auslegungsmethoden, S. 197; anders *Franzen*, Privatrechtangleichung, S. 449.
238 Vgl. *M. Schmidt*, RabelsZ 59 (1995), 569 (578).
239 Vgl. dazu Kapitel 11.
240 Vgl. *Grundmann/Riesenhuber*, JuS 2001, 529 (533) sowie Kapitel 11.
241 *Buck*, Auslegungsmethoden, S. 200; *Franzen*, Privatrechtsangleichung, S. 447.

tem" der Verträge im Sinne der Grundsatz- und Zielstruktur mit einbezieht, geht sie fließend in die teleologische Auslegung über.[242]

dd) Die teleologische Auslegung

Die teleologische Auslegung bildet, gemeinsam mit systematischen Erwägungen, regelmäßig den Schwerpunkt der juristischen Argumentation des EuGH.[243] Man kann insoweit von systematisch-teleologischer Auslegung sprechen.[244] Teleologische Auslegung bedeutet dabei Auslegung vor allem gemäß der Zielsetzung des jeweiligen Sekundärrechtsaktes so wie diese sich aus den Begründungserwägungen erschließt,[245] darüber hinaus aber auch Orientierung an den mit der Ermächtigungsgrundlage verfolgten Zielen und schließlich den allgemeinen Zielen der Gemeinschaftsrechtsordnung.[246]

Eine besondere Ausprägung der teleologischen Auslegung ist der Grundsatz des *„effet utile"*.[247] Danach ist eine gemeinschaftsrechtliche Vorschrift in einer Weise auszulegen, die die „praktische Wirksamkeit" der jeweiligen Vorschrift sicherstellt und der Norm zu optimaler – größtmöglicher – Wirkkraft verhilft.[248] Dies hat regelmäßig zur Folge, dass allein die Interessen des durch den jeweiligen Rechtsakt geschützten Personenkreises in der Auslegung Berücksichtigung finden, während die berechtigten Interessen der Gegenpartei häufig ausgeblendet werden.[249] Diese „Eindimensionalität" der Rechtsfindung wird gerade im Bereich des Privatrechts, bei dem es um einen gerechten Ausgleich konfligierender, aber grundsätzlich gleichrangiger, Interessen geht, kritisiert.[250]

---

242 *Grundmann/Riesenhuber*, JuS 2001, 529 (531); *Riesenhuber*, System und Prinzipien, S. 61 f.; *S.M. Grundmann*, Auslegung, S. 297 ff.; vgl. auch EuGH v. 5. 2. 1963 – Rs. 26/62 (*Van Gend en Loos*), Slg. 1963, 1 Rn. 9.

243 Vgl. *M. Schmidt*, RabelsZ 59 (1995), 569 (579); *Lutter*, JZ 1992, 593 (602); *Mayer*, Jura 1994, 455 (456); *S.M. Grundmann*, Auslegung, S. 364; *Buck*, Aulegungsmethoden, S. 221; *Poiraes Maduro*, (2008) Working Paper IE Law School, S. 3 ff.

244 Vgl. *Mayer*, Jura 1994, 455 (456); *Anweiler*, Auslegungsmethoden, S. 200. Vgl. auch EuGH v. 10. 3. 2005 – Rs. C-336/03 (*easyCar Ltd.*), Slg. 2005, I-1947 Rn. 28.

245 Vgl. etwa EuGH v. 12. 3. 2002 – Rs. C-168/00 (*Simone Leitner ./. TUI Deutschland GmbH*), Slg. 2002, I-2631 Rn. 20–23; EuGH v. 27. 6. 2000 – Rs. C-240/98 bis C-244/98 (*Océano*), Slg. 2000, I-4941 Rn. 26–29; EuGH v. 21. 11. 2002 – Rs. C-473/00 (*Cofidis*), Slg. 2002, I-10875 Rn. 32; EuGH v. 10. 4. 1984 – Rs. 14/83 (*Von Colson und Kamann*), Slg. 1984, 1891 Rn. 17; EuGH v. 13. 11. 1990 – Rs. C-106/89 (*Marleasing*), Slg. 1990, I-4135 Rn. 12; EuGH v. 10. 3. 2005 – Rs. C-336/03 (*easyCar Ltd.*), Slg. 2005, I-1947 Rn. 28; EuGH v. 23. 3. 2000 – Rs. C-208/98 (*Berliner Kindl*), Slg. 2000, I-1741 Rn. 20 f.

246 Vgl. etwa EuGH v. 4. 12. 1997 – Rs. C-97/96 (*Daihatsu*), Slg. 1997, I-6843 Rn. 18–22; EuGH v. 9. 9. 2003 – Rs. C-151/02 (*Jaeger*), Slg. 2003, I-8389 Rn. 45–47; EuGH v. 5. 10. 2004 – Rs. C-397/01 bis C-403/01 (*Pfeiffer*), Slg. 2004, I-8835, Rn. 76.

247 Vgl. *Mayer*, Jura 1994, 455 (457); *Anweiler*, Auslegungsmethoden, S. 219 f.; *S.M. Grundmann*, Auslegung, S. 369.

248 Vgl. etwa EuGH v. 10. 4. 1984 – Rs. 14/83 (*Von Colson und Kamann*), Slg. 1984, 1891 Rn. 28; EuGH v. 27. 6. 2000 – Rs. C-240/98 bis C-244/98 (*Océano*), Slg. 2000, I-4941 Rn. 28; EuGH v. 21. 11. 2002 – Rs. C-473/00 (*Cofidis*), Slg. 2002, I-10875 Rn. 32.

249 Vgl. *Franzen*, Privatrechtsangleichung, S. 461.

250 Vgl. *Franzen*, Privatrechtsangleichung, S. 462; *ders.*, in: FS Maurer, S. 889 (902 f.).

Aufgrund der Bedeutungsunschärfe des Wortlauts sowie der dynamischen, auf fortschreitende Integration hin angelegten Konzeption der Gemeinschaftsrechtsordnung, führt die Betonung systematisch-teleologischer Kriterien durch den EuGH oftmals fließend hinüber in den Bereich der Rechtsfortbildung *intra* und *extra legem*.[251] Dies wird dadurch begünstigt, dass der EuGH entsprechend der romanischen Rechtstradition nicht zwischen Auslegung und Rechtsfortbildung unterscheidet.[252]

b) Rechtsfortbildung im Sekundärrecht

Anders die klassische deutsche Methodenlehre: Danach ist der Bereich der Auslegung durch den „möglichen Wortsinn" des Gesetzestextes[253] begrenzt, dahinter beginnt der Bereich der Rechtsfortbildung.[254] Gesetzesauslegung und richterliche Rechtsfortbildung werden dabei nicht als wesensverschieden angesehen, sondern lediglich als verschiedene Stufen desselben gedanklichen Verfahrens, die, da die Wortsinn-Grenze nicht exakt bestimmbar ist, oftmals fließend ineinander übergehen.[255] Die Unterscheidung rechtfertigt sich im nationalen Recht gleichwohl im Hinblick auf die verfassungsrechtlichen Vorgaben des Demokratieprinzips, der Gewaltenteilung, der Bindung des Richters an das Gesetz sowie der Rechtssicherheit.[256] Als praktische Konsequenz der Unterscheidung gilt das Ergebnis der Auslegung unmittelbar als Rechtsfolge des Gesetzes, während Rechtsfortbildung stets einer besonderen Rechtfertigung bedarf.[257]

aa) Sinnhaftigkeit der Unterscheidung von Auslegung und Rechtsfortbildung im Gemeinschaftsrecht

Daraus, dass das Gemeinschaftsrecht in allen Amtssprachen verbindlich und die Gemeinschaftsrechtsordnung zukunftsoffen, auf Entwicklung hin angelegt, ist, wird bisweilen gefolgert, eine Unterscheidung zwischen Auslegung und Rechtsfortbildung im Gemeinschaftsrecht entsprechend der nationalen Methodenlehre

---

251 Vgl. *Langenbucher*, in *dies.* (Hrsg.), Europarechtliche Bezüge des Privatrechts, § 1 Rn. 12; *Franzen*, Privatrechtsangleichung, S. 452f.

252 Vgl. *M. Schmidt*, RabelsZ 59 (1995), 569 (579); Kritisch *Grundmann/Riesenhuber*, JuS 2001, 529 (535); *Riesenhuber*, System und Prinzipien, S. 66.

253 Vgl. etwa *Larenz*, Methodenlehre, S. 322; *Engisch*, Einführung, S. 121 Fn. 47.

254 Vgl. zu deren Zulässigkeit im nationalen Recht BVerfGE 34, 269 (287).

255 Vgl. *Larenz*, Methodenlehre, S. 366.

256 Vgl. nur BVerfGE 96, 375 (394); *Pieroth/Aubel*, JZ 2003, 504ff.; *Riesenhuber*, System und Prinzipien, S. 65. Die Sinnhaftigkeit der Unterscheidung im nationalen Recht ist unmittelbar einsichtig im Bereich des öffentlichen Rechts, hier insbesondere des Strafrechts, das nach dem Prinzip *„nulla poena sine lege"* (vgl. Art. 103 GG, § 1 StGB) die Rechtsfortbildung grundsätzlich verbietet. Selbst das Privatrecht kennt Bereiche, deren Bestimmungen einer Rechtsfortbildung, jedenfalls de facto weitgehend entzogen sind, so etwa das Minderjährigenrecht, das Grundstücksrecht oder die Formvorschriften des Erbrechts. Es sind dies diejenigen Bereiche, in denen eine Gewichtsverlagerung weg von der Zweckmäßigkeit der konkreten Einzelfallentscheidung hin zu Rechtssicherheit und formaler Gleichgerechtigkeit erfolgt, vgl. *Bydlinski*, Juristische Methodenlehre, S. 471.

257 Vgl. *Hassold*, in: FS Larenz zum 80. Geburtstag, S. 211 (218). Vgl. auch *Grundmann/Riesenhuber*, JuS 2001, 529 (535).

sei fragwürdig und unangemessen[258] und das Abgrenzungskriterium des möglichen Wortsinns gänzlich unbrauchbar.[259]

Für die Übertragung der aus dem nationalen Recht geläufigen Unterscheidung spricht jedoch, dass eine erkennbare Methode der richterlichen Rechtsfortbildung, die mehr ist als eine Art „carte blanche", der Rechtssicherheit dienlich wäre[260] und die Akzeptanz des richterrechtlich entstandenen Gemeinschaftsrechts durch die Rechtsunterworfenen erhöhen würde.[261] Darüber hinaus gelten die Gründe für die Unterscheidung und Abgrenzung von Auslegung und Rechtsfortbildung im nationalen Recht aber auch entsprechend für das Gemeinschaftsrecht.[262] Gemäß Art. 6 Abs. 1 EUV ist die Europäische Union den Grundsätzen der Demokratie und Rechtsstaatlichkeit[263] verpflichtet. Zudem darf die Gemeinschaft nach dem Prinzip der begrenzten Ermächtigung, Art. 5 Abs. 1 EG, nur im Rahmen der ihr übertragenen Kompetenzen tätig werden und kann diese grundsätzlich nicht im Wege richterlicher Rechtsfortbildung erweitern.[264]

Die Vielsprachigkeit des Gemeinschaftsrechts stellt die Tauglichkeit des möglichen Wortsinns als Abgrenzungskriterium auch nicht grundsätzlich in Frage.[265] So könnte für den Rahmen, in dem sich die Rechtsfindung bewegen muss, um noch von Auslegung sprechen zu können, die jeweils weiteste Textfassung herangezogen werden. Hierdurch würde auch der besonderen Dynamik des Gemeinschaftsrechts Rechnung getragen.[266]

bb) Rechtsfortbildung im Bereich des Europäischen Privatrechts

Gemessen am Unterscheidungskriterium des möglichen Wortsinns hat der EuGH insbesondere das Primärrecht maßgeblich fortgebildet. Besonders prominente Beispiele sind etwa die unmittelbare Wirkung nicht umgesetzter Richtlinien[267] oder die gemeinschaftsrechtliche Staatshaftung für Gemeinschaftsrechtsverstöße

---

258 Vgl. *Anweiler*, Auslegungsmethoden, S. 38; *Streinz*, Europarecht, Rn. 567.
259 Vgl. *Wank*, in: FS Stahlhacke, S. 633 (634).
260 Vgl. *Stein*, in: FS Uni Heidelberg, 619 (640).
261 Vgl. *Maasch*, in: FS Raisch, 417 (418 f.); *Everling* EuR 1994, 127 (131).
262 Vgl. *Riesenhuber*, System und Prinzipien, § 4 II.2.a) (S. 65).
263 Auch im Gemeinschaftsrecht ist die richterrechtliche Begründung oder Erweiterung von Eingriffs- und Sanktionsnormen unzulässig, vgl. EuGH v. 21. 9. 1989 – verb. Rs. 46/87 und 227/88 (*Hoechst*), Slg. 1989, 2859 Rn. 10; EuGH v. 10. 7. 1984 – Rs. 63/83 (*Regina ./. Kirk*), Slg. 1984, 2689 Rn. 22; EuGH v. 25. 9. 1984 – Rs. 117/83 (*Koenecke*), Slg. 1984, 3291 Rn. 11; EuGH v. 12. 12. 1990 – Rs. C-172/89 (*Vandermoortele*), Slg. 1990, I-4677 Rn. 9.
264 Vgl. BVerfGE 89, 155 (210); *Höpfner/Rüthers*, AcP 209 (2009), 1 (4).
265 Vgl. *Riesenhuber*, System und Prinzipien, S. 66 f.; *Grundmann/Riesenhuber*, JuS 2001, 529 (535).
266 Bezeichnend ist auch, dass selbst Autoren, die für das Gemeinschaftsrecht die Aufgabe der Unterscheidung von Auslegung und Rechtsfortbildung fordern, gleichwohl die Rechtsfortbildung im hier verstandenen Sinne besonderen Zulässigkeitskriterien unterwerfen, vgl. etwa *Anweiler*, Auslegungsmethoden, S. 401 ff.
267 Vgl. EuGH v. 6. 10. 1970 – Rs. 9/70 (*Grad ./. Finanzamt Traunstein*), Slg. 1970, 825 Rn. 5; EuGH v. 17. 12. 1970 – Rs. 33/70 (*S.A.C.E. ./. Finanzministerium Italien*), Slg. 1970, 1213 Ls. 2; EuGH v. 4. 12. 1974 – Rs. 41/74 (*van Duyn ./. Home Office*), Slg. 1974, 1337 Ls. 2; EuGH v. 5. 4. 1979 – Rs. 148/78 (*Ratti*), Slg. 1979, 1629 Rn. 19; EuGH v. 19. 1. 1982 – Rs. 8/81 (*Becker ./. Finanzamt Münster*), Slg. 1982, 53 Rn. 25; EuGH v. 8. 10. 1987 – Rs. 80/86 (*Kolpinhuis Nijmwegen*), Slg. 1987, 3969 Rn. 7.

der Mitgliedstaaten.[268] Auch für den Bereich des Sekundärrechts lässt sich die rechtsfortbildende Gestaltung durch den EuGH nachweisen.[269]

So hat der EuGH aus der Verpflichtung der Mitgliedstaaten zum Erlass der notwendigen innerstaatlichen Vorschriften zur gerichtlichen Geltendmachung von Rechtsverletzungen aufgrund einer Benachteiligung wegen des Geschlechts hinsichtlich Zugang zur Beschäftigung, Arbeitsbedingungen und Entlassungen gemäß Art. 3 und 6 der Gleichbehandlungsrichtlinie 76/207/EWG eine verschuldensunabhängige Haftung des Arbeitgebers abgeleitet, die grundsätzlich[270] nicht durch eine Haftungshöchstgrenze beschränkt werden kann.[271] In ähnlicher Weise bildete jüngst für die Fälle finanzierter Grundstücksgeschäfte die Belehrungspflicht nach Art. 4 der Haustürgeschäftewiderrufsrichtlinie die Grundlage dafür, dass im Falle nicht ordnungsgemäßer Belehrung bezüglich der Widerruflichkeit des Kreditvertrages die Mitgliedstaaten verpflichtet seien, geeignete Maßnahmen zu treffen, damit nicht der Verbraucher, sondern der Darlehensgeber die Folgen der Verwirklichung von Risiken, die mit der Kapitalanlage in Immobilien verbunden sind, insbesondere also das Risiko eines zu hohen Kaufpreises, einer Enttäuschung der Erwartungen in Bezug auf die Entwicklung der Immobilienpreise und Mieteinnahmen, zu tragen hat, soweit der Verbraucher bei ordnungsgemäßer Belehrung die besagten Risiken hätte vermeiden können.[272] Auch die Nichtanwendung der Ausnahmeregelung für den „Straßenverkehr“ gemäß Art. 1 Abs. 3 der Arbeitszeitrichtlinie auf Rettungsassistenten, die mit Rettungsfahrzeugen zum Einsatzort eilen,[273] kann man als Rechtsfortbildung ansehen.[274]

cc) Grenzen der Rechtsfortbildungsbefugnis des EuGH

Die grundsätzliche Befugnis des EuGH, Gemeinschaftsrecht fortzubilden, ist unstreitig. Ausgehend von der Tatsache, dass aufgrund der Dynamik und Zukunftsoffenheit der Verträge ein unabweisbares Bedürfnis zur Rechtsfortbildung in der

268 Grundlegend: EuGH v. 19. 11. 1991 – verb. Rs. C-6, 9/90 (*Francovich u. a. ./. Italienische Republik*), Slg. 1991, I-5357 Rn. 39 ff. Vgl. auch EuGH v. 6. 3. 1996 – verb. Rs. C-46, 48/93 (*Brasserie du pecheur und Factortame ./. Deutschland*), Slg. 1996, I-1149 Rn. 50; EuGH v. 8. 10. 1996 – verb. Rs. C-178, 179, 188, 189, 190/94 (*Dillenkofer u. a. ./. Deutschland*), Slg. 1996, I-4845 Rn. 21.

269 Vgl. *Bultmann*, JZ 2004, 1100 (1102 f.).

270 Eine Haftungshöchstgrenze kann für den Fall vorgesehen werden, dass der Bewerber auch bei diskriminierungsfreier Auswahl die Stelle nicht bekommen hätte, vgl. EuGH v. 22. 4. 1997 – Rs. C-180/95 (*Draehmpaehl*), Slg. 1997, I-2195 Rn. 35.

271 Vgl. EuGH v. 10. 4. 1984 – Rs. 14/83 (*von Colson und Kamann*), Slg. 1984, 1907 Rn. 18, 23; EuGH v. 10. 4. 1984 – Rs. 79/83 (*Harz*), Slg. 1984, 1921; EuGH v. 8. 11. 1990 – Rs. C-177/88 (*Dekker*), Slg. 1990, I-3941 Rn. 24; EuGH v. 2. 8. 1993 – Rs. C-271/93 (*Marshall II*), Slg. 1993, I-4367 Rn. 30; EuGH v. 22. 4. 1997 – Rs. C-180/95 (*Draehmpaehl*), Slg. 1997, I-2195. Die Grundsätze dieser Rechtsprechung sind nunmehr in Art. 18 der Richtlinie 2006/54/EG kodifiziert.

272 EuGH v. 25. 10. 2005 – Rs. C-350/03 (*Schulte*), Slg. 2005, I-9215, Rn. 94–102; EuGH v. 25. 10. 2005 – Rs. C-229/04 (*Crailsheimer Volksbank*), Slg. 2005, I-9273, Rn. 48 f. Vgl. hierzu *Habersack*, JZ 2006, 91.

273 EuGH v. 5. 10. 2004 – verb. Rs. C-397/01 bis C-403/01 (*Pfeiffer*), Slg. 2004, I-8835 Rn. 64–74.

274 So *Bultmann*, JZ 2004, 1100 (1103.).

Gemeinschaft besteht[275], lässt sich die Berechtigung des EuGH hierzu vor allem seinem Auftrag zur „Wahrung des Rechts bei der Auslegung und Anwendung dieses Vertrages" gemäß Art. 220 Abs. 1 EG entnehmen.[276] Ein Beleg für die rechtsschöpferischen Aufgaben des EuGH ist zudem Art. 288 Abs. 2 EG, der für den Sonderfall der außervertraglichen Haftung der Gemeinschaft zugleich den Weg zur Lückenschließung aufzeigt.[277]

Die allgemeine Anerkennung der Rechtsfortbildungsbefugnis des EuGH verlangt zugleich nach der Bestimmung deren Grenzen. Diese können sich zum einen aus der gemeinschaftsrechtlichen Kompetenzverteilung, zum anderen aus methodischen Erwägungen ergeben.

(1) Gemeinschaftsverfassungsrechtliche Grenzen

Die Rechtsfortbildungsbefugnis des EuGH unterliegt gemäß dem Prinzip der begrenzten Ermächtigung im vertikalen Verhältnis zu den Mitgliedstaaten den allgemeinen Grenzen der Verbandskompetenz der Gemeinschaft.[278] Der EuGH muss sich vor jeder Rechtsfortbildung fragen, ob auch der Gemeinschaftsgesetzgeber befugt gewesen wäre, den jeweiligen Rechtssatz aufgrund der entsprechenden Kompetenznorm aufzustellen.[279] Die Beantwortung dieser Frage entscheidet zum einen über das „Ob" der Rechtsfortbildung überhaupt, denn nur wenn die Gemeinschaft für den betroffenen Bereich regelungsbefugt ist, kommt eine Rechtsfortbildung in Betracht; determiniert andererseits aber zugleich die inhaltliche Ausgestaltung der neu geschaffenen Rechtsnorm indem nur eine kompetenzgemäße Regelung statthaft ist.[280] Anders als dem Gemeinschaftsgesetzgeber steht dem EuGH bei der Kompetenzausübung kein politischer Gestaltungsspielraum

---

275 Vgl. *Dänzer-Vanotti*, RIW 1992, 733 (734); *Wank*, in: FS Stahlhacke, 633 (638); *Everling*, JZ 2000, 217 (220).
276 Vgl. *Anweiler*, Auslegungsmethoden, S. 56; *Everling*, JZ 2000, 217 (221); *Wank*, FS Stahlhacke, 633 (638). Auch das BVerfG hat die Rechtsfortbildungsbefugnis des EuGH grundsätzlich anerkannt, vgl. BVerfGE 75, 223 (241 ff.).
277 *Wank*, in: FS Stahlhacke, 633 (638). Nicht überzeugend ist das von Gerichtshof (vgl. etwa EuGH v. 12. 7. 1957 – verb. Rs. 7/56 und 3-7/57, (*Algera*), Slg. 1957, 85 (118)) und Teilen der Literatur (vgl. etwa *Everling*, RabelsZ 59 (1986), 200 (203); *Anweiler*, Auslegungsmethoden, S. 57; *Höpfner/Rüthers*, AcP 209 (2009), 1 (17)) angeführte Argument der Rechtsverweigerung. Denn unbestreitbar ist eine richterliche Entscheidung, der zufolge keinerlei Norm des positiven Rechts Anwendung auf den unterbreiteten Sachverhalt findet, eine zulässige Antwort; die Entscheidung würde dann auf Klageabweisung lauten. Für das Gemeinschaftsrecht besteht insoweit die Besonderheit, dass dann, wenn dem Gemeinschaftsrecht die Antwort auf eine Rechtsfrage (noch) nicht zu entnehmen ist, auf das nationale Recht zurückzugreifen wäre, vgl. *Stein*, in: FS Uni Heidelberg, 619 (636 ff.); anders *Riesenhuber*, System und Prinzipien, S. 68.
278 Vgl. *Franzen*, Privatrechtsangleichung, S. 591; *Grundmann/Riesenhuber*, JuS 2001, 529 (536); *Riesenhuber*, System und Prinzipien, S. 66; *Borchardt*, in: GS Grabitz, S. 29 (32); *Dänzer-Vanotti*, in: FS Everling, S. 205 (207); *Bultmann*, JZ 2004, 1100 (1102); *Calliess*, NJW 2005, 929 (930); *Anweiler*, Auslegungsmethoden, S. 414; *Ukrow*, Rechtsfortbildung, S. 210; *Höpfner/Rüthers*, AcP 209 (2009), 1 (9, 19).
279 Vgl. *Franzen*, Privatrechtsangleichung, S. 593.
280 Vgl. *Riesenhuber*, System und Prinzipien, S. 69, 71; *Borchardt*, in: GS Grabitz, S. 29 (33); *Ukrow*, Rechtsfortbildung, S. 219: andernfalls würde der EuGH zur „Superlegislativinstanz".

zu.[281] Die Begrenzung der Rechtsfortbildungskompetenz auf vertikaler Ebene ist insoweit mit der horizontalen Beschränkung im Hinblick auf den Gemeinschaftsgesetzgeber verschränkt.[282]

Insoweit sind die Befugnisse des EuGH durch den Grundsatz des institutionellen Gleichgewichts begrenzt.[283] Dieses verlangt, dass die Funktionen der Gemeinschaft von denjenigen Organen wahrgenommen werden, welche von Struktur und Verfahren her am besten für die jeweilige Aufgabe geeignet sind.[284] Rechtssetzung setzt ein Verfahren voraus, dass die öffentliche Diskussion der widerstreitenden Interessen, optimale Informationsgewinnung und Folgenabschätzung sowie ein Mindestmaß an demokratischer Legitimation sicherstellt.[285] Dies ist im Verfahren vor dem EuGH, etwa im Vorabentscheidungsverfahren, nicht gewährleistet.[286] Die „Wahrung des Rechts" im Sinne des Art. 220 EG verlangt andererseits, dass eine spezifisch rechtlich begründbare Antwort im konkreten Fall überhaupt aus der Gemeinschaftsrechtsordnung ableitbar ist.[287] Daran fehlt es, wenn es, auch unter Hinweis auf allgemeine, konkrete Ableitungen nicht zulassende Rechtssätze,[288] letztlich um politische Zweckmäßigkeitserwägungen geht.[289] Hier endet dementsprechend die Rechtsfortbildungsbefugnis des EuGH, da nur der Gesetzgeber über die für politische Entscheidungen notwendige demokratische Legitimation und über die entsprechenden, zur Abschätzung der konkreten Regelungsfolgen notwendigen Informationsquellen verfügt.[290]

(2) Methodische Grenze

Als methodische Grenze wird vielfach das Vorliegen einer Regelungslücke gefordert.[291] Nach dem herkömmlichen Lückenbegriff der nationalen Methodenlehre

281 Vgl. *Franzen*, Privatrechtsangleichung, S. 593.
282 Vgl. *Franzen*, Privatrechtsangleichung, S. 593.
283 Vgl. *Franzen*, Privatrechtsangleichung, S. 582; *Grundmann/Riesenhuber*, JuS 2001, 529 (536); *Riesenhuber*, System und Prinzipien, S. 65; *Calliess*, NJW 2005, 929 (930); *Dänzer-Vanotti*, RIW 1992, 733 (735); *Anweiler*, Auslegungsmethoden, S. 408; *Höpfner/Rüthers*, AcP 209 (2009), 1 (9, 19).
284 Vgl. *Franzen*, Privatrechtsangleichung, S. 583; *Riesenhuber*, System und Prinzipien, § 4 II. 2. a) (S. 66); *Hummer/Obwexer*, EuZW 1997, 295 (298); *Dänzer-Vanotti*, RIW 1992, 733 (735); *Ukrow*, Rechtsfortbildung, S. 200.
285 Vgl. *Dänzer-Vanotti*, in: FS Everling, S. 205 (213); *ders.*, RIW 1992, 733 (735); *Ukrow*, Rechtsfortbildung, S. 203.
286 Eine begrenzte Öffentlichkeit wird allenfalls dadurch erreicht, dass sich Richterecht erst in einer Kette von Urteilen im Zweigespräch mit der begleitenden öffentlichen und fachlichen Kritik herausbildet und festigt, vgl. *Everling*, RabelsZ 50 (1986), 193 (228).
287 Vgl. *Dänzer-Vanotti*, in: FS Everling, S. 205 (206, 208).
288 Vgl. *Dänzer-Vanotti*, in: FS Everling, S. 205 (214f.).
289 Vgl. *Wank*, FS Stahlhacke, S. 633 (640); *Bleckmann*, in: GS Constantinesco, S. 61 (67).
290 Vgl. *Franzen*, Privatrechtsangleichung, S. 583; *Wank*, in: FS Stahlhacke, S. 633 (640); *Ukrow*, Rechtsfortbildung, S. 208; weitergehend offenbar *Bleckmann*, in: GS Constantinesco, S. 61 (75), der dem EuGH innerhalb der unbestimmten Rechtssätze des EG-Vertrages die Befugnis zur „mehr oder weniger freie[n] politischen Dezision" zugesteht, allerdings nur soweit es nicht um die objektiv nicht feststellbare Würdigung gesamtwirtschaftlicher Daten geht.
291 Vgl. *Wank*, in: FS Stahlhacke, 633 (639); *Franzen*, Privatrechtsangleichung, S. 604ff.; *Grundmann/Riesenhuber*, JuS 2001, 529 (535); *Riesenhuber*, System und Prinzipien, S. 68ff.; *Dänzer-Vanotti*, in: FS Everling, S. 205 (212, 219); *Calliess*, NJW 2005, 929 (932).

ist ein Gesetz dann lückenhaft, wenn es für eine bestimmte Fallgruppe keine Regel enthält, obgleich es nach seiner eigenen Teleologie eine solche Regel enthalten sollte.[292] Der Lückenbegriff knüpft an den Kodifikationsgedanken des 18. und 19. Jahrhunderts an[293] und bereitet dann besondere Schwierigkeiten, wenn der Gesetzgeber eine Kodifikation des fraglichen Rechtsgebiets, dass heißt eine systematische, vollständige und in sich geschlossene Regelung, gerade (noch) nicht wollte.[294] Damit erweißt sich die Übertragung des Lückenbegriffs auf die Gemeinschaftsrechtsordnung und insbesondere das Europäische Privatrecht als problematisch, ist dieses doch durch eine Vielzahl von Einzelregelungen gekennzeichnet, die, selbst bei Annahme eines einheitlichen Regelungskonzepts und eines zugrundeliegenden Systems, doch allenfalls eine nicht abschließende Teilrechtsordnung bilden.[295] Zur Überwindung dieser Schwierigkeiten wird vorgeschlagen, in Anlehnung an das UN-Kaufrecht, zwischen „internen Lücken" und „externen Lücken" zu unterscheiden.[296] Eine „interne Lücke" soll dann vorliegen, wenn ein regelungsbedürftiges Problem im primären oder sekundären Gemeinschaftsrecht nicht geregelt wurde, obwohl eine sachliche Regelung hierfür nach der Regelungskonzeption des Gesetzgebers erforderlich ist; interne Lücken wären durch eine gemeinschaftsrechtliche Lösung zu schließen.[297] „Externe Lücken" seien demgegenüber solche, in denen nach der Regelungskonzeption des Gemeinschaftsgesetzgebers bewusst auf eine Normierung auf Gemeinschaftsebene verzichtet wurde, womit eine Schließung unter Rückgriff auf nationales Recht zu erfolgen habe.[298] Tatsächlich erscheint diese Abgrenzung aber ebenso beliebig wie der Lückenbegriff selbst. Denn die Lückenfeststellung ist kein Vorgang, bei dem etwas Vorgegebenes erkannt wird, sondern ein Bewertungsakt des Rechtsanwenders.[299] Wer eine Lücke aufzeigt, behauptet das Fehlen einer erwünschten Regelung und hat damit den entscheidenden Schritt zur Ausfüllung der Lücke bereits getan.[300] Am Anfang der Rechtsfortbildung steht damit tatsächlich nicht die Feststellung einer Regelungslücke, sondern das Bedürfnis wertungsmäßig Gleichartiges auch gleich zu behandeln.[301] Damit kann aber auf das Erfordernis einer „Lücke" als Voraussetzung der Rechtsfortbildung insgesamt verzichtet werden.[302] Entscheidend ist dann, ob im Interesse der Gleichbehandlung und der Widerspruchsfreiheit der

---

292 Sogenannte „offene Lücke". Eine „verdeckte Lücke" liegt vor, wenn das Gesetz zwar eine auch auf Fälle solcher Art anwendbare Regel enthält, diese aber ihrem Sinn und Zweck nach hier nicht passt; vgl. zum Ganzen *Larenz*, Methodenlehre, S. 377.
293 Vgl. *Larenz*, Methodenlehre, S. 371.
294 Vgl. *Looschelders/Roth*, Juristische Methodik, S. 283 f.
295 Vgl. *Franzen*, Privatrechtsangleichung, S. 606; *Riesenhuber*, System und Prinzipien, S. 68 ff.
296 *Franzen*, Privatrechtsangleichung, S. 605; *Riesenhuber*, System und Prinzipien, S. 56 ff.
297 *Franzen*, Privatrechtsangleichung, S. 606.
298 *Riesenhuber*, System und Prinzipien, § 4 II.2.c) (S. 68 f.).
299 Vgl. *Rüthers*, Rechtstheorie, § 23 Rn. 834.
300 Vgl. *Röhl/Röhl*, Allgemeine Rechtslehre, S. 635; *Larenz*, Methodenlehre, S. 401.
301 Vgl. *Pawlowski*, Einführung, Rn. 214a.
302 Vgl. *Röhl/Röhl*, Allgemeine Rechtslehre, S. 635; *Pawlowski*, Einführung, Rn. 214a. Vgl. auch *Larenz*, Methodenlehre, S. 368, der die Begrenzung der richterlichen Rechtsfortbildung auf die Lückenausfüllung fallen lassen will, „wie dies in der Praxis der höchsten Gerichte in der Tat schon längst geschehen ist".

Rechtsordnung eine bestimmte Regelung geboten ist.[303] Dies gilt für das nationale Recht ebenso wie für das Gemeinschaftsrecht.

IV. Zusammenfassung

Die gemeinschaftsrechtlichen Organkompetenzen sind entsprechend dem Grundsatz des institutionellen Gleichgewichts nach optimaler Funktionswahrnehmung verteilt. Das gemeinschaftsrechtlich Rechtssetzungsverfahren ist gekennzeichnet durch ein institutionalisiertes Zusammenwirken von Rat, Kommission und Europäischem Parlament, sichert aber gleichzeitig die Beteiligung von externem Sachverstand und der interessierten Öffentlichkeit. Es ermöglicht auf diese Weise eine optimale Informationsgewinnung und Folgenabschätzung, ist anderseits aber sehr zeitaufwendig und auf die Kompromissbereitschaft aller Beteiligten angewiesen.

Die bisher bevorzugte Handlungsform im Bereich des Europäischen Privatrechts ist die Richtlinie. Der Umfang der Bindungswirkung bestimmt sich dabei nach der jeweiligen Rechtsgrundlage. Im Bereich der binnenmarktrelevanten Rechtsangleichung dürfte regelmäßig nur eine einheitliche und detaillierte Regelung durch die Rechtsgrundlage gedeckt sein, so dass den Mitgliedstaaten allenfalls beschränkte Umsetzungsspielräume verbleiben.

Im Europäische Privatrecht kommt dem Vorabentscheidungsverfahren wesentliche Bedeutung zu. Es lebt von einem arbeitsteiligen Zusammenwirken von vorlegendem Gericht und EuGH, dass in der Praxis gelegentlich nur unzureichend funktioniert. Die Rechtsstellung der Parteien ist äußerst schwach ausgestaltet. So können diese weder auf die Formulierung der Vorlagefragen Einfluss nehmen, noch auf das schriftliche Vorbringen der anderen Verfahrensbeteiligten reagieren.

Sekundärrecht ist autonom auszulegen. Der EuGH verwendet im wesentlichen die aus der nationalen Methodenlehre bekannten Auslegungskriterien, wobei der Schwerpunkt auf der systematisch teleologischen Auslegung liegt. Die Befugnis des EuGH zur Rechtsfortbildung ist unstreitig. Aus Gründen der Rechtssicherheit und des Demokratieprinzips sollte auch im Gemeinschaftsrecht zwischen Auslegung und Rechtsfortbildung unterschieden werden.

---

303 *Röhl/Röhl*, Allgemeine Rechtslehre, S. 635; *Pawlowski*, Einführung, Rn. 214a.

2. Teil: Rechtstheoretische Grundlagen

Kapitel 4: Unbestimmte Rechtsbegriffe, normative Begriffe, Generalklauseln – Versuch einer Eingrenzung und Begriffsbestimmung

In der Diskussion um die Konkretisierungskompetenz des EuGH bezüglich sogenannter Generalklauseln[1] und unbestimmter Rechtsbegriffe[2] im Bereich des Europäischen Privatrechts werden bisher meist unreflektiert die aus der nationalen Methodenlehre bekannten Kategorien in die europäische Rechtsordnung übertragen.[3] Hier soll dagegen, nach einer kurzen Vorüberlegung (I.), ausgehend vom kontinentaleuropäischen Methodenverständnis, dargestellt am Beispiel der deutschsprachigen Methodenlehre, eine Präzisierung der verwendeten Terminologie versucht werden (II.). Sodann ist ein Blick auf das englische *common law* zu werfen, das nach verbreiteter Ansicht mit wertungsoffenen gesetzlichen Vorschriften besondere Schwierigkeiten hat[4] (III.). Schließlich können Folgerungen für das Europäische Privatrecht gezogen werden und kann eine Bestandsaufnahme im Hinblick auf die Verwendung wertungsoffener Rechtssätze im Europäischen Privatrecht erfolgen (IV.).

I. Vorüberlegung: Die denknotwendige Unbestimmtheit der Sprache und des Rechts

Recht basiert auf Kommunikation.[5] Das Mittel der Kommunikation ist in allen Gesellschaften die Sprache.[6] Recht kann daher nur durch Sprache zum Ausdruck gebracht, anderen vermittelt und durch die dazu kompetenten Institutionen fortentwickelt werden.[7] Sprachliche Sätze (Rechtssätze) als rein physikalische Vorgän-

---

1 Vgl. nur *W.-H. Roth*, in: FS Drobnig, S. 134; *Franzen*, Privatrechtsangleichung, S. 536 ff.; *Riesenhuber*, System und Prinzipien, S. 74 ff.; *Heiderhoff*, Grundstrukturen, S. 120 ff.; *Wolff*, Konkretisierungskompetenz; *Klauer*, ERPL 2000, 187 ff.

2 Vgl. *Remien*, RabelZ 66 (2002), 503 ff.

3 Vgl. etwa *Franzen*, Privatrechtsangleichung, S. 504, 536; *Wolff*, Konkretisierungskompetenz, S. 50 ff.; *W.-H. Roth*, in: FS Drobnig, 135 ff.; anders dagegen *Remien*, RabelZ 66 (2002), 503 (511 ff.).

4 Vgl. *Röthel*, in: *Riesenhuber* (Hrsg.), Europäische Methodenlehre, S. 213 Fn. 2; *Nordhausen* in: *Howells/Janssen/Schulze* (Hrsg.), Information Rights and Obligations, S. 93 (96).

5 Vgl. nur *H.L.A. Hart*, The Concept of Law, S. 124.

6 Vgl. *Mastronardi*, Juristisches Denken, S. 75, 125.

7 Vgl. *Rüthers*, Rechtstheorie, § 5 Rn. 150; *Maley*, in *Gibbons* (Hrsg.), Language and the Law, S. 11. Fraglich erscheint die Behauptung von *Rüthers*, a. a. O., „Es gibt kein Recht außerhalb der Sprache.“ Insbesondere die rechtsvergleichende Wissenschaft weißt darauf hin, dass auch außersprachliche

ge der Hervorbringung von Schallwellen bzw. Schriftzeichen sind somit das Medium der Rechtsnormen. Rechtsnormen und Rechtssätze sind also nicht identisch: Rechtssätze sind die Träger der Rechtsnormen; Rechtsnormen sind der normative Inhalt der Rechtssätze.[8] Um von den Rechtssätzen zu den Rechtsnormen zu gelangen sind erstere auszulegen, zu interpretieren, zu konkretisieren.[9]

Die Überwindung sprachlicher Unbestimmtheit der Rechtssätze ist damit die Hauptaufgabe der juristischen Methode.[10] Sprachliche Unbestimmtheit der in den Rechtssätzen verwendeten Begrifflichkeiten ist unvermeidbar, da in der Art und Weise, wie Sprache funktioniert, selbst angelegt: Die sprachlichen Grundeinheiten bilden die Begriffe.[11] Diese stehen, da Sprache auf Erfahrung und Wiedererkennen angelegt ist, notwendig stets für eine Klasse von Gegenständen, die bestimmte Eigenschaften gemeinsam haben.[12] Diese bestimmten Eigenschaften konstituieren die Bedeutung des Begriffes und werden ihrerseits durch den Gebrauch des Begriffs in der Sprache, seine Verwendungsregeln, determiniert.[13] Die Bedeutung eines Begriffs wird auch als Intension bezeichnet, während seine Extension all diejenigen realen Gegenstände sind, auf die der fragliche Begriff zutrifft.[14] Auch in einer Sprachgemeinschaft sind die Verwendungsregeln nun aber zum einen je nach Erfahrungs- und Erlebnishintergrund der beteiligten Sprecher nie völlig identisch,[15] reichen zum anderen aber auch nicht aus, um jeden real existierenden Gegenstand eindeutig einem Begriff zuzuordnen oder eben nicht zuzuordnen.[16] Die Extension eines jeden Begriffs ist daher notwendig unabgeschlossen, subjektiv und im Fluss.[17]

Phänomene, Gesten, Körpersprache, Bilder, rechtliche Entscheidungen beeinflussen können und damit rechtlich relevant sind, vgl. *Großfeld* in: *Legrand/Munday* (Hrsg.), Comparative Legal Studies, S. 154 (161 f.); *Hiller/Großfeld*, (2002) 50 Am.J.Comp.L, 175 (184).

8 Vgl. *Rüthers*, Rechtstheorie, § 4 Rn. 92; *Müller/Christensen*, Juristische Methodik I, S. 251 f.; ausführlich *Müller*, Strukturierende Rechtslehre, S. 147–167: „X. Normtext und Norm"; *Larenz*, Methodenlehre, S. 313: „Gegenstand der Auslegung ist der Gesetzestext als „Träger" des in ihm niedergelegten Sinnes, um dessen Verständnis es bei der Auslegung geht."; *Hassold*, in FS Larenz zum 80. Geburtstag, S. 211 (214 f.): „Der Text ist nicht die Norm."; *von Savigny*, System des heutigen römischen Rechts, Band 1, S. 213: Auslegung als „die Reconstruction des dem Gesetze inwohnenden Gedankens".

9 Vgl. zu diesen Begrifflichkeiten unten Kapitel 5.

10 Vgl. *Zippelius*, Juristische Methodenlehre, S. 21; *v. Savigny*, System des heutigen römischen Rechts, Band 1, S. 217, nach ihm ist Aufgabe der Auslegung, „uns den Inhalt des Gesetzes zum Bewußtseyn zu bringen". Vgl. auch *Vogenauer*, in *Reimann/Zimmermann* (Hrsg.), The Oxford Handbook of Comparative Law, S. 885: „In a legal context, the term 'method' is usually employed to refer to the 'path' or the 'way' from an existing source of law to the decision on a particular legal issue in a given situation."

11 Die Sprachwissenschaft spricht von „Prädikator". Die Bezeichnung „Begriff" ist jedoch in der Rechtswissenschaft weitgehend üblich und wird daher hier zugrunde gelegt, obwohl an sich in der Sprachwissenschaft „Begriff" nicht Prädikator sondern dessen Bedeutung meint, vgl. *Röhl/Röhl*, Allgemeine Rechtslehre, S. 24 ff.

12 Vgl. *Röhl/Röhl*, Allgemeine Rechtslehre, S. 25; *Zippelius*, Juristische Methodenlehre, S. 20.

13 Vgl. *Koch*, ARSP 1975, 27 (33 f.); *Rüthers*, Rechtstheorie, § 5 Rn. 155 a–155 e.

14 Vgl. *Koch*, ARSP 1975, 27 (33 f.); *Röhl/Röhl*, Allgemeine Rechtslehre, S. 29 f.

15 Vgl. *Rüthers*, Rechtstheorie, § 5 Rn. 155; *Zippelius*, Juristische Methodenlehre, S. 46.

16 Vgl. *Röhl/Röhl*, Allgemeine Rechtslehre, S. 26.

17 Vgl. *Röhl/Röhl*, Allgemeine Rechtslehre, S. 26.

Für diese generelle Unschärfe der Begriffe hat sich in der juristischen Methodenlehre in Deutschland das auf *Philipp Heck*[18] zurückgehende Bild von einem „sicheren Bedeutungskern“, der „von einem allmählich verschwindenden Bedeutungshof umgeben“ ist, weitgehend eingebürgert.[19] In vergleichbarer Weise unterscheidet die anglo-amerikanische Rechtstheorie einen „core of settled meaning“ und die „penumbra of debatable cases“.[20] Präziser scheint es, „positive Kandidaten“, die eindeutig dem Begriff unterfallen, „negative Kandidaten“, die dem Begriff eindeutig nicht unterfallen und zweifelhafte „neutrale Kandidaten“ zu unterscheiden.[21] Diese Gedankenmodelle bilden die Grundlage für diejenigen sprachlichen Phänomene, deren Verwendung durch den Gesetzgeber zu einer Lockerung der gesetzlichen Determinierung rechtlicher Entscheidungen führen kann.[22]

II. Das kontinental-europäische Verständnis von Lockerungen der gesetzlichen Entscheidungsdeterminierung am Beispiel der deutschsprachigen Methodenlehre

Die Kodifikationsidee auf dem europäischen Kontinent ist ein Kind des Vernunftrechtszeitalters.[23] Im Interesse der Rechtssicherheit und zum Schutz staatsbürgerlicher Freiheit diente die Kodifikation der systematischen und erschöpfenden Neuordnung und Vereinheitlichung des Rechtsstoffs eines bestimmten Lebensbereichs.[24] In einer aus freien und gleichen Bürgern bestehenden Gesellschaft sollte der Richter die ihm vorgelegten Fälle anhand der im Gesetzestext niedergelegten allgemeinen Regeln möglichst einheitlich und frei von Willkür entscheiden.[25] Dazu ist Voraussetzung, dass der Richter an die in der Kodifikation niedergelegten Rechtsvorschriften gebunden ist.[26] Das Gesetz wurde so zur wichtigsten Rechts-

---

18 Z.B. *Heck*, AcP 112 (1914), 1 (173). Vgl. auch schon *von Savigny*, System des heutigen römischen Rechts, Band 1, S. 225 ff., der bei „mangelhaften Gesetzen“ danach unterscheidet, ob sie „unbestimmte Ausdrücke“ oder „unrichtige Ausdrücke“ verwenden. Unbestimmtheit ihrerseits kann sich ergeben aus „Unvollständigkeit“ und „Vieldeutigkeit des einzelnen Ausdrucks, oder der Construction“.

19 Meist allerdings mit der Unterscheidung von „Begriffskern“ und „Begriffshof“; vgl. *Jesch*, AöR 82 (1957), 163 (172 ff.); *Engisch*, Einführung, S. 139; *Looschelders/Roth*, Juristische Methodik, S. 133 ff.; *Röhl/Röhl*, Allgemeine Rechtslehre, S. 34; *Rüthers*, Rechtstheorie, § 5 Rn. 167; *Röthel*, Normkonkretisierung, S. 26 f. *Zippelius*, Juristische Methodenlehre, S. 46 f. spricht von „Bedeutungsspielraum“.

20 Vgl. *Hart*, (1958) 71 Harvard L.Rev. 593 (607); *ders.*, The Concept of Law, S. 124 ff.; zusammenfassend *Endicott*, Vagueness, S. 8.

21 Vgl. *Koch*, ARSP 1975, 27 (35 f.); *ders./Rüßmann*, Juristische Begründungslehre, S. 175; *Röhl/Röhl*, Allgemeine Rechtslehre, S. 35; *Rüthers*, Rechtstheorie, § 5 Rn. 167; *Wank*, Rechtsfortbildung, S. 131.

22 Vgl. *Jesch*, AöR 82 (1957), 163 (173).

23 Vgl. *Coing*, in: *ders.* (Hrsg.), Handbuch III/1, S. 4; *ders.*, Europäisches Privatrecht, Band II, S. 7.

24 Vgl. *Coing*, in: *ders.* (Hrsg.), Handbuch III/1, S. 4 f.; *ders.*, Europäisches Privatrecht, Band II, S. 8 f.; *Wieacker*, Privatrechtsgeschichte, S. 323.

25 Vgl. *Coing*, in: *ders.* (Hrsg.), Handbuch III/1, S. 4; *ders.*, Europäisches Privatrecht, Band II, S. 8.

26 *Hassemer*, in: *Kaufmann/Hassemer/Neumann*, Einführung in Rechtsphilosophie und Rechtstheorie der Gegenwart, S. 251; *Coing.*, Europäisches Privatrecht, Band II, S. 9.

quelle auf dem Kontinent.[27] Von Anfang an war jedoch klar, dass es auch dem vorausschauendsten Gesetzgeber nicht möglich ist, alle Eventualitäten des Lebens zu erfassen und einer sachgerechten Regelung zu zuführen. Da auf Dauer angelegt, mussten die umfassenden Gesetzeswerke zu dem in der Lage sein, mit der technischen, wirtschaftlichen und gesellschaftlichen Entwicklung Schritt zu halten.[28] Dies war nur möglich, indem der Gesetzgeber an bestimmten Stellen der jeweiligen Kodifikation die gesetzliche Bindung des Richters lockerte. Entsprechend der jeweiligen historischen Situation kann eine solche Lockerung auf unterschiedliche Weise erzielt werden. So sind die Vorschriften des französischen *Code Civil* im allgemeinen weniger exakt, weniger vollständig und viel öfter mehrdeutig, als die im Geiste der Pandektenwissenschaft konstruierten Regelungen des Bürgerliche Gesetzbuchs.[29] Der gesamte Stil des *Code Civil* bot daher von vornherein mehr Spielraum, als das nach mathematischer Exaktheit strebende BGB.[30] Dies mag der Grund dafür sein, dass die deutschsprachige Methodenlehre den spezifischen Mitteln, deren Verwendung zu einer Auflockerung der Gebundenheit des Rechtsanwenders an den Gesetzestext führt,[31] weit mehr Aufmerksamkeit zu Teil werden lässt, als die französische.[32]

Die deutschsprachige Methodenlehre unterscheidet insoweit zunächst deskriptive und normative Gesetzesbegriffe. Als eine weitere Kategorie wird der „Typus“ dis-

---

27 *Coing*, in: *ders.* (Hrsg.), Handbuch III/1, S. 3.

28 Vgl. *Coing*, in: *ders.* (Hrsg.), Handbuch III/1, S. 4; *Weber*, AcP 192 (1992), 516 (518 f.).

29 Vgl. *Wieacker*, Privatrechtsgeschichte, S. 475. Vgl. etwa die Regelungen zum gutgläubigen Erwerb beweglicher Sachen: Artikel 2279 *Code Civil* einerseits, §§ 929–936 BGB andererseits; oder das Deliktsrecht: Artikel 1382–1386 *Code Civil* einerseits, und §§ 823–853 BGB anderseits.

30 *Coing*, Europäisches Privatrecht, Band II, S. 13; *Wieacker*, Privatrechtsgeschichte, S. 475. *Zweigert/Kötz*, Einführung in die Rechtsvergleichung, S. 89 ff.; *Lando*, ERPL 2006, 475 (480); *Fikentscher*, Methoden des Rechts, Band 1, S. 453: zur Rolle des Gesetzes in Frankreich „als eine Art auszufüllender Rahmen, als Richtschnur, als zu konkretisierende Weisung“.

31 Vgl. *Wank*, Rechtsfortbildung, S. 133; *Wieacker*, Privatrechtsgeschichte, S. 476: Generalklauseln, die den Richter „zugleich binden und lösen“.

32 Weitere Gründe bei *Jauffret-Spinosi*, in: *Grundmann/Mazeaud* (Hrsg.), General Clauses and Standards, S. 23 (27 ff.): Abstraktheit des Allgemeinen Teils des deutschen BGB; weitgehende Abwesenheit einer sozialen Dimension im BGB; Misstrauen gegenüber den Richtern in Frankreich nach den Erfahrungen des Ancien Regime; vgl. auch *Jung*, in: *Baldus/Müller-Graff* (Hrsg.), Die Generalklausel im Europäischen Privatrecht, S. 37 (41 ff.). Selbstverständlich kennt auch die französische Rechtsordnung wertungsoffene Rechtsbegriffe, die der Richter nach seinem Ermessen entsprechend den Umständen des jeweiligen Einzelfalles aufzufüllen hat, vgl. *Cornu*, Droit civil, Rn. 177 („*notions-cadre*“); *Larroumet*, Droit Civil, Rn. 278 („*règle générale*“); *Ghestin/Goubeaux*, Droit Civil, Rn. 425 („*notions générales au contenu indéterminé*“). Beispiele (nach *Ghestin/Goubeaux*, a. a. O.) sind etwa, „*les bonnes mœurs*“, „*l'ordre public*“, „*le bonne père de famille*“, „*la faute*“, „*l'urgence*“, „*la bonne foi*“, „*l'équité*“. Vgl. auch *Sonnenberger*, in: *Ferid/Sonnenberger*, Das Französische Zivilrecht, Band 1/1, Rn. 1B52. *Auer*, Materialisierung, Flexibilisierung, Richterfreiheit, S. 112 f. Fn. 32, vermutet sogar, dass der Begriff „Generalklausel“ den in der französischen Literatur in Zusammenhang mit Art. 1382 Code Civil verwendeten Bezeichnungen „*règle générale*“ bzw. „*principe générale*“ nachempfunden sei. Vgl. auch *Walther*, in: *Baldus/Müller-Graff* (Hrsg.), Die Generalklausel im Europäischen Privatrecht, S. 63. „Natürlich kann man die Prinzipien der französischen deliktischen Haftung sehr wohl als Generalklausel darstellen, es sollte aber dem deutschen Leser hier sehr eindringlich präzisiert werden, dass es so etwas wie die Generalklausel per se als Terminus technicus in der französischen Rechtssprache nicht gibt.“

kutiert. Besondere Aufmerksamkeit wird den sogenannten „Generalklauseln" gewidmet.

1. Unbestimmte Rechtsbegriffe, normative Begriffe und Typen

Aus der denknotwendigen Unbestimmtheit der Sprache ergibt sich, dass die Bedeutung nahezu aller in einem Gesetz verwendeter Begriffe eine mehr oder minder große Variationsbreite aufweißt.[33] Der Unterschied zwischen „bestimmten" und „unbestimmten" Begriffen ist somit nur ein gradueller: Ein Begriff ist umso unbestimmter je größer sein Bedeutungshof im Verhältnis zum Bedeutungskern ist bzw. je größer die Anzahl neutraler Kandidaten im Verhältnis zu positiven und negativen Kandidaten ist.[34]

Dies gilt sowohl für „deskriptive" als auch für „normative" Begriffe.[35] Unter „deskriptiven" Begriffen versteht man solche Begriffe, die wirkliche oder wirklichkeitsartige, grundsätzlich wahrnehmbare sowie sonst wie erfahrbare Objekte „beschreibend" meinen.[36] Diesen stellt man üblicherweise die Klasse der „normativen" Begriffe gegenüber. Der Begriff des „Normativen" ist dabei selbst nicht eindeutig.[37] Überwiegend wird als entscheidend angesehen, dass der jeweilige Begriff dem Rechtsanwendenden eine Wertung abverlangt, der Begriff also „wertausfüllungsbedürftig" ist.[38] Unter Wertung ist dabei ein Akt der inneren Stellungnahme zu verstehen: der zu bewertende Gegenstand wird darin als erstrebenswert oder nicht erstrebenswert, billigenswert oder nicht billigenswert, einem anderen vorzuziehen oder hinter ihn zurückzusetzen beurteilt.[39] Maßgeblich ist somit ein unmittelbares, dem Rechtsbegriff selbst innewohnendes Moment, dass eine Beurteilung im Hinblick auf ein Sollen oder Nichtsollen verlangt;[40] so etwa bei Begriffen wie „grobes Mißverhältnis", „besondere Gründe", „wichtiger Grund", „unangemessene Benachteiligung" oder „unverhältnismäßige Kosten".

---

33 Vgl. *Heck*, AcP 112 (1914), 1 (173); *Looschelders/Roth*, Juristische Methodik, S. 134; *Röthel*, Normkonkretisierung, S. 26; *Wolff*, Konkretisierungskompetenz, S. 51; *Larenz*, Methodenlehre, S. 206, gemeinhin werden nur Zahlwörter hiervon ausgenommen, doch auch diese können, etwa wenn sie Prüfungsnoten bedeuten, einen Bedeutungsspielraum aufweisen, vgl. *Engisch*, Einführung, S. 138 Anm. 8.

34 Vgl. *Garstka*, in *Koch* (Hrsg.), Juristische Methodenlehre, S. 96 (103); *Jesch*, AöR 82 (1957), 163 (177); *Looschelders/Roth*, Juristische Methodik, S. 135; *Röthel*, Normkonkretisierung, S. 27; *Rüthers*, Die unbegrenzte Auslegung, S. 211.

35 Vgl. *Engisch*, Einführung, S. 140; *Garstka*, in *Koch* (Hrsg.), Juristische Methodenlehre, S. 96 (105); *Haft*, JuS 1975, 477 (480); *Wank*, Rechtsfortbildung, S. 134.

36 *Engisch*, Einführung, S. 140. Vgl. auch *Lenckner*, JuS 1968, 249 (250); *Kramer*, Methodenlehre, S. 45; *Röthel*, Normkonkretisierung, S. 28; *Rüthers*, Rechtstheorie, § 5 Rn. 177–180.

37 Vgl. *Engisch*, Einführung, S. 140 ff.; *Rüthers*, Rechtstheorie, § 5 Rn. 180–183.

38 Vgl. *Engisch*, Einführung, S. 142; *Garstka*, in *Koch* (Hrsg.), Juristische Methodenlehre, S. 96 (105); *Lenckner*, JuS 1968, 249; *Kramer*, Methodenlehre, S. 50; *Röthel*, Normkonkretisierung, § 3I.2. (S. 28 f.); *Rüthers*, Rechtstheorie, § 5 Rn. 183.

39 *Larenz*, Methodenlehre, S. 290.

40 „Erstrebenswert", „billigenswert", ja schlicht „gut" bedeutet letztlich nichts anderes, als einer als verbindlich angesehenen Norm (besser) entsprechend und damit soviel wie „gesollt", vgl. *Sack*, wrp 1985, 1 (3).

Fraglich ist, ob mit dem Abstellen auf die „Wertausfüllungsbedürftigkeit" ein taugliches Abgrenzungskriterium erreicht ist.[41] Dies scheint deshalb zweifelhaft, weil auch bei deskriptiven Begriffen die Einordung neutraler Kandidaten häufig eine Wertung erfordert; etwa bei der Frage, ob abgetrennte menschliche Körperteile „körperliche Gegenstände" und damit „Sachen" im Sinne des § 90 BGB sind[42] oder ein lose aufstehender Bierpavillion ein „mit einem Grundstück verbundenes Werk" im Sinne des § 836 Abs. 1 BGB ist.[43] Ob ein solcher neutraler Kandidat durch Präzisierung des Begriffs den positiven oder negativen Kandidaten zugeordnet werden soll, lässt sich häufig eben nur im Hinblick darauf entscheiden, welche Lösung dem Rechtsanweder gerechter erscheint.[44]

Die Eigenständigkeit der normativen Begriffe soll sich ferner jedoch daraus ergeben, dass der Gesetzgeber durch die wertende Bedeutungskomponente[45] dieser Begriffe dem Rechtsanwender eine Bewertungs- und Beurteilungsermächtigung eingeräumt habe;[46] diese Bewertungsermächtigung wäre dann bei normativen Begriffen gewollt, bei (unbestimmten) deskriptiven Begriffen dagegen mehr oder weniger zufällig.[47] Dies mag in der Tat für viele Begriffe, die üblicherweise den „normativen" zugeordnet werden, zutreffen, beispielsweise dann, wenn auf die Unverhältnismäßigkeit, Zumutbarkeit oder Wichtigkeit abgestellt wird. Eine eindeutige Abgrenzung ist aber auch hier nicht möglich und die Übergänge sind fließend. So ist beispielsweise der Bestandteil einer Sache, der von dieser nicht getrennt werden kann, „ohne dass der eine oder der andere ... in seinem Wesen verändert wird", vgl. § 93 BGB, ein Grenzfall. Das Abstellen auf das „Wesen" räumt dem Rechtsanwender einen Bewertungsspielraum ein, auch wenn dieser sich nicht unmittelbar, sondern nur vermittelt über die Sollensanordnung des vollständigen Rechtssatzes, auf eine Stellungnahme im Sinne eines Sollens oder Nichtsollens bezieht. Gleiches ließe sich für den Begriff der „Verbindung" mit einem Grundstück im Sinne des § 836 BGB sagen. Ganz deutlich wird dies schließlich für die Frage, ob abgetrennte menschliche Körperteile Sachen im Sinne des § 90 BGB sind. Denn nur wenn man dies verneint, hat der Geschädigte im Falle der Zerstörung der entnommenen Körperteile oder -bestandteile einen Anspruch auf Schmerzensgeld nach §§ 823 Abs. 1, 253 Abs. 2 BGB. Der maßgebliche Bewertungsgesichtspunkt ist insoweit das aus dem allgemeinen Persönlichkeitsrecht

---

41 Vgl. *Seelmann*, Rechtsphilosophie, § 6 Rn. 35 f.

42 Der BGH differenziert danach, ob eine endgültige Abtrennung erfolgt, dann handelt es sich um Sachen; im Falle einer nur vorübergehenden, spender-bezogenen Trennung, kommt dem jeweiligen Körperteil auch während der Trennung nicht der Charakter einer Sache zu, vgl. BGHZ 124, 52 (54 f.); Palandt-*Ellenberger*, § 90 BGB, Rn. 3; Jauernig-*ders.*, Vor § 90 BGB Rn. 9; Hk-BGB/*Dörner*, § 90 BGB, Rn. 3.

43 Vgl. OLG Düsseldorf, MDR 1998, 1350 f., Leitsatz 1: „Ein allein infolge seiner Schwerkraft auf einem Grundstück stehender Bierpavillion ist ein mit dem Grundstück verbundenes Werk im Sinne des § 836 BGB."

44 Vgl. *Koch/Rüßmann*, Juristische Begründungslehre, S. 202; *Schneider*, Gesetzgebung, § 4 Rn. 70.

45 Vgl. *Koch/Rüßmann*, Juristische Begründungslehre, S. 203.

46 Vgl. *Röthel*, Normkonkretisierung, S. 28; *Rüthers*, Rechtstheorie, § 5 Rn. 183; *Seelmann*, Rechtsphilosophie, § 6 Rn. 36.

47 Vgl. auch *Heck*, AcP 112 (1914), 1 (173); *Jesch*, AöR 82 (1957), 163 (173).

fließende Recht auf Selbstbestimmung und Selbstverwirklichung.[48] Auch die Anknüpfung an den vom Gesetzgeber gewollten Bewertungsspielraum zugunsten des Rechtsanwenders führt somit nicht zu einer Abschichtung im Sinne des „entweder oder"; sondern allenfalls des „mehr oder weniger".[49] Alle in Rechtssätzen enthaltenen auslegungsbedürftigen Begriffe sind in diesem Sinne „normativ".[50] Folglich ergeben sich auch bei der Präzisierung normativer Begriffe und (unbestimmter) deskriptiver Begriffe durch den Rechtsanwender keine qualitativen Unterschiede[51]; es sind jeweils die selben Überlegungen anzustellen.[52]

Den deskriptiven Begriffen und normativen Begriffen wird gelegentlich die weitere Kategorie des „Typus" zur Seite gestellt. Im Gegensatz zum „Begriff im strengen Sinne", der durch die vollständige Angabe der ihn kennzeichnenden Merkmale eindeutig definiert werden könne, werde der Typus durch die Angabe von Merkmalen beschrieben, die nicht sämtliche vorliegen müssten bzw. in je unterschiedlichem Maße verwirklicht sein könnten; die Merkmale seien abstufbar und bis zu einem gewissen Grade austauschbar; entscheidend sei erst ihre jeweilige Verbindung in der konkreten Erscheinung.[53] Als Beispiele werden genannt der „Tierhalter" im Sinne des § 833 BGB, der „Verrichtungsgehilfe" nach § 831 BGB oder der „Besitzdiener" nach § 855 BGB.[54] Unter Zugrundelegung der denknotwendigen Unbestimmtheit der Sprache dürfte es danach jedoch „Begriffe im strengen Sinne" überhaupt nicht geben, denn die zu ihrer Definition angegebenen

---

48 Im Hinblick darauf verneint der BGH die Sacheigenschaft von im Hinblick auf eine vorhersehbare Unfruchtbarkeit entnommenem Sperma und kommt so zu einem Schmerzensgeldanspruch für den Geschädigten, vgl. BGHZ 124, 52 (56): „Jedenfalls wenn wie hier die Spermakonserve die verlorene Fortpflanzungsfähigkeit substituieren soll, hat sie für die körperliche Identität des Rechtsträgers und die in dieser begriffenen personalen Selbstbestimmung und Selbstverwirklichung nach Gewicht und Inhalt keine geringere Bedeutung als die Eizelle oder andere körperliche Bestandteile, die nach dem zuvor Gesagten [vgl. Fn. 42] auch nach ihrer Entnahme aus dem Körper von dessen Schutz durch die §§ 823 Abs. 1, 847 Abs. 1 [a.F.] BGB erfasst sind."

49 Vgl. *Röhl/Röhl*, Allgemeine Rechtslehre, S. 60: letztlich nur graduelle Unterscheidung.

50 Vgl. *Röhl/Röhl*, Allgemeine Rechtslehre, S. 60: „Innerhalb eines Normsatzes ist jeder auslegungsbedürftige Begriff normativ." *Engisch*, Einführung, S. 141, versteht unter normativen Begriffen solche, die im Gegensatz zu den deskriptiven Begriffen, nicht auf einfach wahrnehmbare oder erfahrbare Gegebenheiten abzielen, sondern nur im Zusammenhang mit der Welt der Normen vorstellbar und verständlich sind. Normative Begriffe sind danach letztendlich stets auf deskriptive Merkmale reduzierbar.

51 Vgl. *Looschelders/Roth*, Juristische Methodik, S. 136; *Seelmann*, Rechtsphilosophie, § 6 Rn. 36; anders *Rüthers*, Rechtstheorie, § 5 Rn. 183: Mit der Verwendung von Wertbegriffen habe der Gesetzgeber den Richter damit betraut, die Zwecke und Ziele, die mit der Vorschrift im konkreten Fall verfolgt werden sollen, selbst zu definieren und unter ihnen abzuwägen; die konkret zu verwirklichenden Ziele seien vom Richter in einem ersten Schritt überhaupt erst festzulegen. Dies geht aber zu weit, da für die überwiegende Mehrzahl der normativen Begriffe sehr wohl Ziel und Zweck der jeweiligen Vorschrift entnommen werden können, vgl. etwa §§ 275 Abs. 2, 3; 286 Abs. 2 Ziffer 4; 307 BGB. Und selbst wenn im Einzelfall einmal das Regelungsziel erst unter „Rückgriff auf die Wertungen des Grundgesetzes unter Abwägung der beteiligten Interessen" ermittelt werden muss, so sind diese systematisch-teleologischen Erwägungen nicht grundsätzlich anders zu beurteilen als die Präzisierung eines sonstigen unbestimmten Begriffs unter Heranziehung von Regelungszweck und Systematik des Gesetzes und des gesamten weiteren Regelungsumfeldes.

52 Vgl. dazu unten Kapitel 5.

53 Vgl. statt aller *Larenz*, Methodenlehre, S. 221.

54 *Larenz*, Methodenlehre, S. 220 f.

Merkmale wären selbst wieder mehr oder weniger unbestimmt. Geht man davon aus, dass jedem Begriff ein mehr oder weniger umfangreicher „Bedeutungshof" zukommt,[55] so ergibt sich aus einem Vergleich der zum Bedeutungskern gehörenden Erscheinungen mit den Erscheinungen des Bedeutungshofs zwangsläufig eine absteigende Intensität hinsichtlich des Vorliegens der den Begriff kennzeichnenden Eigenschaften. Die von *Larenz* beschriebene Abstufbarkeit bzw. Austauschbarkeit der Merkmale trifft somit auf jeden Begriff mehr oder weniger zu.[56] Wenn schließlich gesagt wird, dass „Typus" und „Begriff" keine starren Gegensätze sind, sondern Übergänge zulassen,[57] so scheint dies nichts mehr zu beinhalten, als dass Begriffe mehr oder weniger unbestimmt, ihre Verwendungsregeln in der Sprache mehr oder weniger eindeutig sind. Die Kategorie des „Typus" erweist sich damit aber jedenfalls für die vorliegende Untersuchung als überflüssig.[58]

2. Generalklauseln – Versuche einer Begriffsbestimmung

Der Begriff der „Generalklausel" erfreut sich im deutschen Privatrecht großer Aufmerksamkeit. Eine allgemein anerkannte Definition der „Generalklausel" steht dabei bisher aus.[59] Überwiegend konzentriert sich die Diskussion auf „Generalklauseln", die eine gesetzliche Fixierung erfahren haben.

Bisweilen werden aber auch richterrechtlich geschaffene Institute, die, wie etwa die gesellschaftsrechtliche Treuepflicht,[60] oder etwa ein allgemeiner Grundsatz des Verbots der Altersdiskriminierung im Gemeinschaftsrecht[61] als Argumentationsgrundlage zur Schließung einer tatsächlichen oder vermeintlichen Regelungslücke oder zur Korrektur einer als unerwünscht oder unzureichend empfundenen Rechtslage herangezogen werden können, als Generalklauseln bezeichnet.[62] Hier-

---

55 Vgl. *Heck*, AcP 112 (1914), 1 (173); *Jesch*, AöR 82 (1957), 163 (173).

56 Diese Konsequenz zieht in der Tat *Kaufmann*, in *ders./Hassemer/Neumann* (Hrsg.), Einführung in Rechtsphilosophie und Rechtstheorie der Gegenwart, S. 135.

57 *Larenz*, Methodenlehre, S. 223.

58 Ebenso *Koch/Rüßmann*, Juristische Begründungslehre, S. 209f. und *Rüthers*, Rechtstheorie, § 5 Rn. 184 und § 23 Rn. 930ff., jeweils unter Hinweis darauf, dass bei jedem Begriff die Einzelmerkmale der Definition auch durch ein „oder" verbunden werden können. Vgl. *Bydlinski*, Juristische Methodenlehre, S. 343ff.

59 Vgl. *Röthel*, Normkonkretisierung, S. 30; *Weber*, AcP 192 (1992), 516 (523); *Schlechtriem*: in: *Grundmann/Mazeaud* (Hrsg.), General Clauses and Standards, S. 41: „What is meant by General Clauses?".

60 Vgl. BGHZ 103, 184 (194f.) (*Linotype*); *Hueck/Windbichler*, Gesellschaftsrecht, § 30 Rn. 33: „Die Treuepflicht erweist sich damit als Generalklausel, die nicht ohne Gefahren ist."; sowie bereits *Hedemann*, Generalklauseln, S. 21–24.

61 EuGH v. 22. 11. 2005 – Rs. C-144/04 (*Mangold*), Slg. 2005, I-9981, Rn. 75; Kritisch *GA Mazák*, Schlussanträge v. 15. 2. 2007 – Rs. C-411/05 (*Palacios*), Slg. 2007, I-8531, Rn. 97: allgemeines Verbot der Diskriminierung aufgrund des Alters nicht „unbedingt zwingend". Der EuGH geht in der nachfolgenden Entscheidung hierauf nicht ein, vgl. EuGH v. 16. 10. 2007 – Rs. C-411/05 (*Palacios*), Slg. 2007, I-8531; vgl. auch EuGH v. 23. 9. 2008 – Rs. C-427/06 (*Bartsch*), Slg. 2008, I-0000, Rn. 25: Kein allegemeines Diskriminierungsverbot wegen Alters soweit kein gemeinschaftsrechtlicher Bezug vorliegt.

62 Vgl. im Hinblick auf § 242 BGB insbesondere *J. Schmidt*, in: Wieacker Symposium, S. 231 (239ff.); *Auer*, Materialisierung, Flexibilisierung, Richterfreiheit, S. 134f.; sowie *Collins*, in: *Grund-*

bei handelt es sich jedoch um ein Problem der richterlichen Rechtsfortbildung extra legem (set intra ius)[63]; das spezifische Problem der Konkretisierung von Generalklauseln, wobei innerhalb der mehr oder weniger terminologisch festgelegten Grenzen eines einzelnen Rechtssatzes eine ganze Fülle mehr oder weniger präziser Normen, anhand deren die Entscheidung im Einzelfall erfolgt, entwickelt werden, stellt sich dagegen nur, soweit eine gesetzliche Fixierung vorliegt. Die nachfolgenden Überlegungen beschränken sich daher auf gesetzliche Generalklauseln.

Ein wesentlicher Unterschied der „Generalklausel" im Verhältnis zu unbestimmten Gesetzesbegriffen besteht darin, dass die Generalklausel einen sprachlich-vollständigen[64] Rechtssatz darstellt und nicht lediglich ein Tatbestandsmerkmal eines Rechtssatzes.[65] Es geht somit nicht eigentlich um die Abgrenzung von Generalklauseln und unbestimmten Begriffen, sondern um die Abgrenzung der Generalklauseln von sonstigen Rechtssätzen. Insoweit lassen sich im Schrifttum im wesentlichen ein normstruktureller, ein rechtstechnischer und schließlich ein funktionaler Ansatz unterscheiden.[66]

a) Der normstrukturelle Ansatz

Der normstrukturelle Ansatz knüpft an die den jeweiligen Rechtssatz konstituierenden Rechtsbegriffe an. Insoweit lassen sich mehrere Auffassungen unterscheiden, die den Kreis der Generalklauseln je unterschiedlich weit ziehen.[67]

aa) Rechtssätze mit mindestens einem wertausfüllungsbedürftigen oder unbestimmten Begriff

Nach einer Ansicht soll eine Generalklausel bereits dann vorliegen, wenn ein Rechtssatz mindestens einen wertausfüllungsbedürftigen Begriff[68] bzw. zumin-

---

mann/Mazeaud (Hrsg.), General Clauses and Standards, S. 111: „The source of these general clauses may also differ; in some instances the clause is announced in a Code of principles of law, and in other cases it is grounded in scholarly and doctrinal generalizations about values exhibited by the legal systems."; auch *Fleischer*, JZ 2003, 865 (871). Für diese Phänomene ist freilich die Bezeichnung als „Prinzipien" oder „Grundsätze" gebräuchlicher; dazu ausführlich unten Kapitel 8, 10.

63 *Larenz*, Methodenlehre, S. 413 f.

64 Nicht notwendig bildet die Generalklausel auch einen vollständigen Rechtssatz bestehend aus Tatbestand und Rechtsfolge; auch unvollständige – erläuternde – Rechtssätze können Generalklauseln sein, vgl. zu vollständigen und unvollständigen Rechtssätzen *Larenz*, Methodenlehre, S. 250 ff., 257 ff.

65 *Kamanabrou*, AcP 202 (2002), 662 (664); *Wank*, Rechtsfortbildung, S. 133; *Rüthers*, Die unbegrenzte Auslegung, S. 211 f.; *Werner*, Generalklauseln, S. 7; *Walther*, in: *Baldus/Müller-Graff* (Hrsg.), Die Generalklausel im Europäischen Privatrecht, S. 63 (65).

66 Vgl. auch die andere Einteilung bei *Auer*, Materialisierung, Flexibilisierung, Richterfreiheit, S. 127 ff.

67 Vgl. auch *Schlechtriem*: in: *Grundmann/Mazeaud* (Hrsg.), General Clauses and Standards, S. 41 (42), der „general general clauses" wie § 242 BGB und engere „internal general clauses" wie etwa § 314 BGB unterscheidet.

68 Vgl. *Kamanabrou*, AcP 201 (2002), 662 (669). Vgl. auch *Canaris*, Systemdenken und Systembegriff, S. 82: „Denn für die Generalklausel ist charakteristisch, dass sie wertausfüllungsbedürftig ist, d. h., dass sie die zu ihrer Konkretisierung erforderlichen Kriterien nicht angibt und dass diese sich grundsätzlich nur im Hinblick auf den jeweiligen konkreten Fall festlegen lassen".

dest einen deskriptiv oder normativ unbestimmten Begriff[69] enthält. Dieser sehr weite Begriff der Generalklausel wird damit begründet, dass es sinnvoll sei, alle Normen, deren Eigenart in den von der Verwendung wertausfüllungsbedürftiger Begriffe ausgehenden besonderen Interpretationsproblemen bestehe, unter einem einheitlichen Begriff zusammen zu fassen.[70]

Neben den „klassischen Generalklauseln" der §§ 138, 242, 826 BGB wären nach dieser Ansicht etwa auch § 276 Abs. 1 Satz 1 BGB sowie die Tatbestände des § 308 BGB als Generalklauseln zu bezeichnen[71]; Vorschriften also, die gemeinhin nicht zu dieser Kategorie gezählt werden.

bb) Besonders qualifizierte Vagheit

Eine etwas zurückhaltendere Auffassung stellt auf den besonderen Grad der Unbestimmtheit der verwendeten Begriffe ab. Generalklauseln sind danach Rechtssätze, die aus auf gesellschaftliche Wertungen bezogenen normativen Tatbestandsmerkmalen bestehen, die sich durch besonders qualifizierte Vagheit auszeichnen und den zentralen Gehalt einer gesetzlichen Regelung ausmachen.[72] Der maßgebliche Unterschied ergebe sich daraus, ob ein Rechtssatz nur an einer Stelle normativ-unbestimmt sei, oder ob seine wesentliche Regelung in normativen Begriffen verkörpert sei.[73] Generalklauseln unterscheiden sich danach von anderen Rechtssätzen im Ausmaß ihrer Ausfüllungsbedürftigkeit; sie seien in besonders großem Maße unbestimmt[74] bzw. enthielten im Verhältnis zum normativen Umfeld „sehr allgemeine und/oder sehr unbestimmte Begriffe", nähmen „auf sehr allgemeine Tatbestände Bezug" oder seien „sehr abstrakt".[75]

Neben den üblichen Vorschriften werden von dieser Ansicht etwa auch §§ 151 S. 1, 162 Abs. 1, 815 BGB als Generalklauseln angesehen, wohl aber nicht § 276 Abs. 1 BGB oder § 308 BGB.[76]

cc) Nichtsubsumierbarkeit

Nach der engsten Auffassung sind Generalklauseln nur solche Rechtssätze, in denen sich die vom Gesetzgeber zur tatbestandlichen Fixierung verwandten Rechtsbegriffe durch einen so hohen Grad an Abstraktion und inhaltlicher Unbestimmtheit auszeichnen, dass ihnen neben dem unvermeidlichen Randunschärfen im Begriffshof auch ein inhaltlich eindeutig belegbarer Begriffskern nicht mehr zuge-

---

69 Vgl. *Wank*, Rechtsfortbildung, S. 134.
70 *Kamanabrou*, AcP 202 (2002), 662 (669). Nach *Wank*, Rechtsfortbildung, S. 134, erfordert die Präzisierung von Generalklauseln jedoch kein besonderes Denkverfahren.
71 Vgl. *Kamanabrou*, AcP 202 (2002), 662 (669).
72 Vgl. *Kramer*, Methodenlehre, S. 51. Vgl. auch *Bydlinski*, in: Wieacker Symposium, S. 189 (195): „qualifizierte Vagheit".
73 *Röthel*, Normkonkretisierung, S. 34.
74 Vgl. *Röthel*, Normkonkretisierung, S. 33; *Bydlinski*, Juristische Methodenlehre, S. 582; *Rüthers*, Die unbegrenzte Auslegung, S. 211 f.
75 *Garstka*, in: *Koch* (Hrsg.), Juristische Methodenlehre und analytische Philosophie, S. 96 (115).
76 Vgl. die Aufstellung bei *Röthel*, Normkonkretisierung, S. 37 f.

rechnet werden könne, so dass eine Subsumtion im eigentlichen Sinne nicht möglich sei. Dies sei im wesentlichen nur bei Verweisungen auf außerrechtliche, insbesondere moralethische Begriffe der Fall.[77] Nahezu alle rechtlichen Begriffe seien mehr oder weniger präzisierungsbedürftig. Stelle man daher nur auf den besonderes hohen Unbestimmtheitsgrad und die damit gesteigerte Präzisierungsbedürftigkeit ab, so sei die Abgrenzung zwischen Generalklauseln und anderen Rechtsnormen, die unbestimmte Begriffe verwenden, oftmals fließend. Folge hiervon wäre, dass sich eine Vielzahl von Generalklauseln identifizieren ließe und der spezifische Charakter der echten Generalklauseln verdeckt und deren besonderer gesetzgeberischer Sinn und ihre eigenständige Funktion als „Hilfsfiguren der Methodenlehre“ zunichte gemacht würden.[78] Generalklauseln sind nach dieser Auffassung im wesentlichen nur solche Vorschriften, die auf „Treu und Glauben“, die „guten Sitten“ oder die „Billigkeit“ verweisen.[79]

Innerhalb dieses normstrukturellen Ansatzes wird die Frage, ob die Generalklausel hinsichtlich Regelungsfunktion und Konkretisierungsmethode eine qualitative Besonderheit gegenüber anderen Rechtssätzen darstellt[80] oder lediglich ein gradueller Unterschied besteht[81] nicht einheitlich beantwortet.

b) Gesetzgebungstechnischer Ansatz

Nach *Engisch* besitzen Generalklauseln vom methodologischen Standpunkt aus keine eigentümliche Struktur und machen kein eigentümliches Denkverfahren notwendig; sie unterscheiden sich von sonstigen unbestimmten Rechtssätzen nur dem Grade nach.[82] Ihre wahre Bedeutung liege daher auf dem Gebiete der Gesetzgebungstechnik. Der Begriff der Generalklausel sei danach nur als Gegenbegriff einer „kasuistischen“ Tatbestandsbildung sinnvoll.[83] Eine solche liege dann vor, wenn der gesetzliche Tatbestand als Inbegriff der Voraussetzungen, die die gesetzliche Rechtsfolgenanordnung bedingen, durch besondere Fallgruppen in ihrer spezifischen Eigenart umschrieben werde.[84] Eine Generalklausel sei demgegenüber eine solche Tatbestandsfassung, die mit großer Allgemeinheit einen Fallbe-

---

77 Vgl. *Weber*, AcP 192 (1992), 516 (524); *Ohly*, AcP 201 (2001), 1 (5); *ders.*, Richterrecht, S. 206f.; *Bueckling*, ZRP 1983, 190 (191); *Wolff*, Konkretisierungskompetenz, S. 53; *Heinrichs*, Formale Freiheit und materiale Gerechtigkeit, S. 317; ähnlich *Wieacker*, Zur rechtstheoretischen Präzisierung des § 242 BGB, S. 198ff.

78 Vgl. *Weber*, AcP 192 (1992), 516 (523f.); *Wolff*, Konkretisierungskompetenz, S. 53f.

79 Vgl. *Weber*, AcP 192 (1992), 516 (524).

80 Vgl. *Weber*, AcP 192 (1992), 516 (524); *Kamanabrou*, AcP 201 (2002), 662 (669); *Wolff*, Konkretisierungskompetenz, S. 53f.; Vgl. auch *von Savigny*, System des heutigen römischen Rechts, Band 1, S. 213ff. für die vier klassischen Auslegungskritrien einerseits und S. 222ff. für die besonderen Methoden bezüglich mangelhafter, insbesondere unbestimmter Gesetze.

81 Vgl. *Wank*, Rechtsfortbildung, S. 134; *Röthel*, Normkonkretisierung, S. 33; *Larenz*, JZ 1962, 105 (106).

82 Vgl. *Engisch*, Einführung, S. 160.

83 *Engisch*, Einführung, S. 156. Vgl. auch *Werner*, Generalklauseln, S. 7; *Haft*, JuS 1975, 477 (480f.); *Schneider*, Gesetzgebung, § 13 Rn. 445.

84 *Engisch*, Einführung, S. 156.

reich umfasst und der rechtlichen Behandlung zuführt.[85] Dabei sei aber die Verschiedenheit der kasuistischen und der Generalklausel-Methode wiederum nur eine relative: innerhalb eines Regelungskomplexes könne ein Rechtssatz Generalklausel, aus Sicht des weiteren Regelungszusammenhangs jedoch zugleich kasuistisch sein.[86] Zudem schlössen sich kasuistische und Generalklausel-Methode auch nicht gegenseitig aus, vielmehr sei ihre Verbindung durch die sogenannte exemplifizierende Methode besonders empfehlenswert.[87]

Nicht erforderlich ist danach für das Vorliegen einer Generalklausel eine besondere Unbestimmtheit oder Wertausfüllungsbedürftigkeit, wenn auch praktisch fast nur solche Generalklauseln in Betracht kämen, die wenigstens zugleich unbestimmt und normativ sind.[88]

Danach wäre etwa § 286 Abs. 2 Nr. 4 BGB „Generalklausel" gegenüber den sonstigen Tatbeständen des § 286 Abs. 2 BGB, nach denen eine verzugsbegründende Mahnung entbehrlich ist. Die Verletzung des „sonstigen Rechts" im Sinne des § 823 Abs. 1 BGB wäre „Generalklausel" gegenüber der Verletzung der anderen, dort ausdrücklich aufgezählten absoluten Rechte.

c) Funktionaler Ansatz

Der funktionale Ansatz schließlich stellt zur Abgrenzung von Generalklauseln auf ihre besonderen Funktionen innerhalb des Regelungssystems ab. Traditionell werden im wesentlichen zwei Funktionen unterschieden, die sich nicht gegenseitig ausschließen und auch in ein und derselben Generalklausel zum Tragen kommen können.[89] Hinzu kommt ein weiterer Ansatz, der in besonderer Weise die Geschichtlichkeit der jeweiligen Vorschrift berücksichtigt.[90]

---

85 *Engisch*, Einführung, S. 157.
86 *Engisch*, Einführung, S. 158, am Beispiel des § 224 StGB.
87 *Engisch*, Einführung, S. 159; *Kramer*, Methodenlehre, S. 55; zur exemplifizierenden Methode am Beispiel des UWG *Schünemann*, JZ 2005, 271 ff.; vgl. auch *Garstka*, in: *Koch* (Hrsg), Juristische Methodenlehre und analytische Philosophie, S. 96 (116): So wie der Bedeutungsgehalt eines Begriffs zum einen extensional durch Ausweis der Gegenstände, die darunter fallen, und zum anderen intensional durch Angabe der den erfassten Gegenständen zukommenden Eigenschaften beschrieben werden kann, so können auch Rechtsnormen zum einen durch Aufzählung aller erfassten Anwendungsfälle (extensionale Normformulierung), zum anderen durch die Angabe der Eigenschaften, die ein Fall aufweisen muss, um in den Anwendungsbereich der Norm zu fallen (intensionale Normformulierung), gebildet werden. Zu berücksichtigen ist, dass auch bei der extensionalen Normbildung, nicht an individuelle Fälle, im Sinne von tatsächlich zu einer bestimmten Zeit an einem bestimmten Ort im Universum stattfindenden Begebenheiten, angeknüpft wird, sondern, lediglich spezifischere Merkmale zur Beschreibung der erfassten Fälle verwendet werden. Der Unterschied ist somit ein gradueller: extensionale Normformulierung ist lediglich weniger abstrakt als intensionale Normformulierung.
88 *Engisch*, Einführung, S. 160.
89 Vgl. *Ohly*, AcP 201 (2001), 1 (7).
90 Vgl. *Auer*, Materialisierung, Flexibilisierung, Richterfreiheit, S. 141 ff.; vgl. auch schon *Hedemann*, Generalklauseln, S. 7 ff.

aa) Rezeptions- oder Verweisungsfunktion

Im Rahmen der Rezeptions- oder Verweisungsfunktion sei Aufgabe der Generalklauseln, die Rechtsordnung für außerrechtliche Ordnungsgefüge und Wertungen zu öffnen und diese jeweils in das Recht zu überführen. *Teubner* unterscheidet dabei zunächst[91] Rezeptions- und Transformationsfunktion.[92] Gemäß der Rezeptionsfunktion verweisen Generalklauseln auf außerrechtliche soziale Normen, die mit Hilfe sozialwissenschaftlicher Methoden festzustellen und nach einer juristischen Richtigkeitskontrolle der Entscheidung zugrunde zu legen sind.[93] Im Rahmen der Transformationsfunktion habe der Richter aus Mangel an festgefügten sozialen Normen lediglich kollektive Wertvorstellungen in rechtliche Verhaltensnormen zu transformieren.[94] Nach *Ohly* tragen die klassischen Zentralbegriffe „Treu und Glauben" und „gute Sitten" als „Verweisungsbegriffe" ihren materiellen Inhalt nicht in sich selbst, sondern verweisen nach ihrem eigentlichen Sinngehalt auf außerrechtliche Normgefüge und Wertvorstellung, in der heutigen Zeit aber auch auf allgemeine Rechtsprinzipien und rechtliche Normen anderer Rechtsgebiete.[95]

bb) Flexibilitäts- und Delegationsfunktion

Neben der Verweisungsfunktion hätten Generalklauseln weiterhin die Aufgabe, die Rechtsordnung für die gerechte Entscheidung des atypischen Einzelfalls zu öffnen,[96] und die Anpassung des Rechts an veränderte, nicht vorhergesehene und nicht vorhersehbare Umstände zu ermöglichen.[97] Darüber hinaus werde der Richter im Rahmen der Delegationsfunktion zu einer geordneten Fortbildung des Rechts ermächtigt.[98] Sprichwörtlich ist die Formulierung von *Hedemann* von den „Generalklauseln als ein[em] Stück offengelassener Gesetzgebung."[99] *Röhl/Röhl* betrachten Generalklauseln als „Kompetenznormen" bzw. „Ermächtigungsnor-

---

91 Zur Delegationsfunktion sogleich.

92 *Teubner*, Standards und Direktiven, 65 ff.; 99 ff. Dem folgend etwa *Seelmann*, Rechtsphilosophie, § 6 Rn. 23–27; *Kramer*, Methodenlehre, S. 52 ff.; *Mayer-Mali*, AcP 194 (1994), 103 (130 f.); MüKo-*Armbrüster*, § 138 BGB Rn. 3; Soergel-*Hefermehl*, § 138 BGB Rn. 5.

93 *Teubner*, Standards und Direktiven, S. 60 ff.

94 *Teubner*, Standards und Direktiven, S. 99 ff.

95 *Ohly*, AcP 201 (2001), 1 (7); *ders.*, Richterrecht, S. 234 ff.

96 Einseitige Betonung dieser Funktion bei *Weber*, JuS 1992, 631 (634); *ders.*, AcP 192 (1992), 516 (555 ff.).

97 *Ohly*, AcP 201 (2001), 1 (7); *ders.*, Richterrecht, S. 234 ff.; *J. Ipsen*, Richterrecht und Verfassung, S. 65 ff.; *Baumbach/Hefermehl-Köhler*, § 3 UWG Rn. 4; *Sack*, WRP 1985, 1 (2); *Schlechtriem*: in: *Grundmann/Mazeaud* (Hrsg.), General Clauses and Standards, S. 41 (43 ff.).

98 *Teubner*, Standards und Direktiven, S. 106 ff. Vgl. auch *Esser*, Grundsatz und Norm, S. 150: Überlassung der Normgestaltung an den Richter; *Beater*, AcP 194 (1994), 82: Einzelfallgerechtigkeit und Fortbildungsfunktion; *Eckert*, AcP 199 (1999), 337 (349); *Ott*, in: FS Raiser, S. 403 (417): Delegation der Normsetzung an den Richter; *Baumbach/Hefermehl-Köhler*, § 3 UWG Rn. 10: „in der Sache ... Rechtssetzung"; *Sack*, WRP 1985, 1 (4): „Rechtsfortbildungsfunktion"; MüKo-*Roth*, § 242 BGB Rn. 20: „Einfallstor für richterliche Rechtsfortbildung"; MüKo-*Armbrüster*, § 138 Rn. 3, gegen Generalklauseln als „Delegations- oder Ermächtigungsnormen" *Schünemann*, JZ 2006, 271 (274).

99 *Hedemann*, Generalklauseln, S. 58.

men".[100] Nach *Röthel* ist die Konkretisierung von Generalklauseln „delegierte Rechtssetzung."[101]

Flexibilitätsfunktion und Delegationsfunktion stehen dabei nicht beziehungslos nebeneinander, sondern sind Ausdruck des Spannungsverhältnisses von Einzelfallgerechtigkeit und Rechtssicherheit, welche unter dem Dach der jeweiligen Generalklausel zum Ausgleich zu bringen sind.[102] Insoweit geht es auch im Rahmen der „gerechten Einzelfallentscheidung" nie um willkürliche Billigkeitsrechtsprechung, sondern stets um rational begründbare und unter Gleichheitsgesichtspunkten verallgemeinerungsfähige Rechtsfindung.[103]

cc) Funktional-historischer Ansatz

Nach *Auer* ist der Generalklauselcharakter einer Vorschrift Funktion ihrer historischen Entwicklung vor dem Hintergrund der drei Grundwidersprüche des Privatrechts: Individualismus/Kollektivismus, Rechtssicherheit/Einzelfallgerechtigkeit, Richterbindung/richterliche Freiheit.[104] Die Einordnung einer Vorschrift als Generalklausel variiert danach je nach der historischen Entwicklung ihrer Funktion: „‚Generalklausel' ist eine Rechtsnorm genau insoweit und solange, als sie dem Rechtsdenken als zentraler Anknüpfungspunkt des Interessenausgleichs zwischen den drei Grundwidersprüchen des Privatrechts dient."[105] Danach ist es möglich, dass eine Vorschrift, die ursprünglich als Generalklausel konzipiert war, sich gleichwohl nicht zu einer solchen entwickelt.[106] Auch ist es denkbar, dass eine Vorschrift ihren einmal erreichten Generalklauselcharakter durch eine spätere Entwicklung wieder verliert. Andererseits kann eine nicht als Generalklausel intendierte Vorschrift wie insbesondere § 242 BGB, nachträglich zum Anknüpfungspunkt des privatrechtlichen Wertungsausgleichs werden.[107] Die Generalklauseleigenschaft einer Vorschrift kann damit allenfalls begrenzt an bestimmte unveränderliche, normimmanente Kriterien geknüpft werden; der Generalklauselcharakter einer Vorschrift ist vielmehr wandelbar und relativ. Diese Begriffsbestimmung ist dabei lediglich als „grobe Charakterisierung" derjenigen Umstände gemeint, welche die Einordnung als Generalklausel sinnvoll erscheinen lassen, und nicht als Definition im strengen Sinne.[108]

---

100 *Röhl/Röhl*, Allgemeine Rechtslehre, S. 60, 248.
101 *Röthel*, Normkonkretisierung, S. 49 ff.
102 *Ohly*, AcP 201 (2001), 1 (7); *ders.*, Richterrecht, S. 234 ff.
103 Vgl. *Sack*, wrp 1985, 1 (8); *Jauernig-Mansel*, § 242 BGB Rn. 9; Hk-BGB/*Schulze*, § 242 Rn. 1.
104 *Auer*, Materialisierung, Flexibilisierung, Richterfreiheit, S. 141 ff.; vgl. auch MüKo-*Armbrüster*, § 138 BGB, Rn. 13.
105 *Auer*, Materialisierung, Flexibilisierung, Richterfreiheit, S. 141 f.
106 Ähnlich bereits *Hedemann*, Generalklauseln, S. 6 f., der als königliche Paragraphen §§ 157, 242, 826, 226 BGB bezeichnet, deren Karrieren jedoch verscheiden verlaufen seien, inbesondere § 226, „hinter dem man beim Inkrafttreten der Kodifikation gerade besonders viel gesucht hatte", sei ziemlich abgefallen.
107 *Auer*, Materialisierung, Flexibilisierung, Richterfreiheit, S. 142.
108 *Auer*, Materialisierung, Flexibilisierung, Richterfreiheit, S. 143.

d) Stellungnahme

Soweit der normstrukturelle Ansatz auf die Verwendung normativer Begriffe im Rechtssatz abstellt, sei es an zentraler oder irgendeiner Stelle, könnte eine sinnvolle Identifizierung von Generalklauseln nur erreicht werden, wenn sich normative Begriffe ihrerseits von sonstigen unbestimmten Begriffen abgrenzen ließen. Dies ist jedoch, wie vorstehend unter 1. begründet, nicht der Fall.

Das besonders große Maß der Ausfüllungsbedürftigkeit ist kein tragfähiges Abgrenzungskriterium, da das nötige „Maß an Ausfüllungsbedürftigkeit" selbst ausfüllungsbedürftig ist und somit eine hinreichend fassbare Einordnung eines Rechtssatzes als Generalklausel ebenfalls nicht ermöglicht. Auch das Abstellen auf die Nichtsubsumierbarkeit führt nicht weiter. Zum einen setzt sich in der neueren Methodenlehre unter dem Eindruck der juristischen Hermeneutik immer mehr die Erkenntnis durch, das eine einfache Subsumption nur in den seltensten Fällen, etwa bei Zahlbegriffen, ausreicht; bei den aller meisten Rechtssätzen jedoch zunächst sowohl Obersatz als auch Sachverhalt wertend so vorzubereiten sind, dass ein Subsumtionsschluss überhaupt erst möglich wird.[109] Reicht aber die Subsumtion sonach bei den aller meisten Rechtssätzen nicht aus, ergibt sich auch insoweit wiederum nur ein Unterschied dem Grade nach. Das folgt auch noch aus der Überlegung, dass es selbst bei so unbestimmten Rechtssätzen wie § 242 BGB und § 138 BGB insofern einen Kernbereich gibt, als sich ein Kreis von Fällen denken lässt, deren Bewertung nach dem jeweiligen Maßstab von vornherein nicht zweifelhaft ist, und die folglich Anhaltspunkte für die Einbeziehung weiterer Fälle des Randbereiches liefern können.[110]

Was den funktionalen Ansatz angeht, so kommt der Rezeptions- bzw. Verweisungsfunktion in der pluralistischen Gesellschaft des 21. Jahrhunderts allenfalls minimale Bedeutung zu. Zum einen dürften sich nur in Nischenbereichen tatsächlich festgefügte, durch Selbstregulierung der beteiligten Kreise entstandene, Regelungssysteme entwickelt haben, so etwa die „im Handelsverkehre geltenden Gewohnheiten und Gebräuche" im Sinne des § 346 HGB, aber auch diese gelten nicht allgemein sondern sind meist auf einzelne Geschäftszweige oder Gruppen eines Geschäftszweiges begrenzt.[111] Im Übrigen aber ist der einheitliche bürgerliche Moralkodex, von dem offenbar der Gesetzgeber des BGB am Ende des 19. Jahrhunderts ausging, in der modernen Gesellschaft längst dem Pluralismus ethischer Anschauungen und einer Indifferenz gegenüber gemeinsamen ethischen

---

109 Zusammenfassend *Kaufmann*, in: *ders./Hassemer/Neumann* (Hrsg.), Einführung in Rechtsphilosophie und Rechtsheorie der Gegenwart, S. 132 ff. Vgl. auch *Hassemer*, ARSP 1986, 195 (201 ff.); *Looschelders/Roth*, Juristische Methodik, S. 71 ff., S. 89 ff.; insbesondere S. 92.

110 Vgl. *Larenz*, JZ 1962, 105 (106).

111 Vgl. *Baumbach/Hopt-ders.*, § 346 HGB Rn. 7. Weitere Beispiele sind etwa Vorschriften, die auf den „Stand der Technik" (z.B. § 906 Abs. 1 Satz 3 BGB), „Stand der Wissenschaft und Technik" (z.B. § 1 Abs. 2 Nr. 5 ProdHaftG) oder die „allgemein anerkannten Regeln der Technik" (§ 641 a Abs. 3 Satz 4 BGB) verweisen; vgl. zum Ganzen *Röthel*, Normkonkretisierung, S. 269 ff.

Werten in weiten Teilen der Bevölkerung gewichen.[112] Und selbst wenn sich im Einzelfall einmal außerrechtliche Regeln identifizieren ließen, so könnten diese doch nicht unbesehen übernommen, sondern müssten vielmehr einer Kontrolle anhand rechtlicher Maßstäbe unterzogen werden,[113] entscheidend wäre somit auch in diesem Fall letztendlich die richterliche Wertung.[114] Damit hat die Rezeptions- bzw. Verweisungsfunktion ihre Bedeutung weitgehend zugunsten der Flexibilitäts- und Delegationsfunktion verloren.[115]

Flexibilität ist ein Kennzeichen jeder unbestimmten Rechtssatzformulierung und daher als Abgrenzungskriterium ungeeignet. Aber auch die Delegationsfunktion führt nicht weiter. Zu berücksichtigen ist dabei zunächst, dass auch bei der Entscheidung im Rahmen von Generalklauseln der Richter nicht gesetzgebungsgleich abstrakt-generelle Normen schafft, sondern stets nur den konkreten Einzelfall entscheidet und nur den konkreten Einzelfall entscheiden kann.[116] Eine darüber hinausgehende gesetzgeberische Ermächtigung zur Rechtssetzung durch den Richter enthalten selbst Generalklauseln wie § 138 BGB oder § 242 BGB nicht. In den Motiven zu § 138 BGB heißt es zwar: „Die Vorschrift stellt sich als bedeutsamer gesetzgeberischer Schritt dar, der vielleicht nicht ohne Bedenken ist. Dem richterlichen Ermessen wird ein Spielraum gewährt, wie ein solcher großen Rechtsgebieten bisher unbekannt ist. Fehlgriffe sind nicht ausgeschlossen. Bei der Gewissenhaftigkeit des deutschen Richterstandes darf indessen unbedenklich darauf vertraut werden, dass die Vorschrift nur in dem Sinne angewendet wird, in dem sie gegeben ist."[117] Aus dem letzten Satz ergibt sich jedoch, dass die Aufgabe des Richters trotz des weiten Ermessens eine genuin richterliche ist: die *Anwendung* der Vorschrift, so wie sie gegeben ist.[118] Was § 242 BGB angeht, so hatte der historische Gesetzgeber ohnehin keineswegs die berauschende Karriere der Vorschrift beabsichtigt.[119] „Dem § 242 kam in der Intention des Gesetzgebers zunächst der sehr bescheidene Sinn zu, das Wie der Leistungspflicht im Rahmen der Gesetzlichen

---

112 Vgl. *Ohly*, AcP 201 (2001), 1 (11 ff.); *ders.*, Richterrecht, S. 205 ff.; *Röthel*, Normkonkretisierung, S. 32; *Eckert*, AcP 199 (1999), 337 (348 ff.); *Ott*, in: FS Raiser, S. 403 (410 ff.); *Baumbach/Hefermehl-Köhler*, § 3 UWG Rn. 39. Dementsprechend verweist die neue Generalklausel des § 3 UWG auch nicht mehr auf die guten Sitten, sondern verbietet schlicht jede unlautere Wettbewerbsbeeinträchtigung; vgl. *Ohly*, GRUR 2004, 889 (895); *Henning-Bodewig*, GRUR 2004, 713 (715); *Baumbach/Hefermehl-Köhler*, § 3 UWG, Rn. 3. Anders dagegen MüKo-*Armbrüster*, § 138 Rn. 11, wonach „auch in einer pluralistischen Gesellschaft verbindliche Wertvorstellungen bestehen können und bestehen", freilich nur als „Minimum".

113 Vgl. *Teubner*, Standards und Direktiven, S. 117; *Looschelders/Roth*, Juristische Methodik, S. 200; *Wank*, Rechtsfortbildung, S. 149; *Baumbach/Hefermehl-Köhler*, § 3 UWG Rn. 37; *Schlechtriem*: in: *Grundmann/Mazeaud* (Hrsg.), General Clauses and Standards, S. 41 (53), der zudem auf die Gefahr der Ideologisierung des Privatrechts durch Generalklauseln hinweist.

114 Vgl. *Röthel*, Normkonkretisierung, S. 32; *Looschelders/Roth*, Juristische Methodik, S. 200; *Ott*, in: FS Raiser, S. 403 (415).

115 Vgl. *Röthel*, Normkonkretisierung, S. 32 f.

116 Vgl. *Ohly*, AcP 201 (2001), 1 (28); *Auer*, Materialisierung, Flexibilisierung, Richterfreiheit, S. 133; *Baumbach/Hefermehl-Köhler*, § 3 UWG, Rn. 10.

117 *Mugdan*, Motive, Band 1, S. 469.

118 Vgl. *Auer*, Materialisierung, Flexibilisierung, Richterfreiheit, S. 133.

119 Vgl. *Weber*, JuS 1992, 631 (534); MüKo-*Roth*, § 242 BGB, Rn. 21.

Ordnung näher zu bestimmen."[120] Die Entwicklung, die § 242 BGB im 20. Jahrhundert genommen hat, war nicht in der Vorschrift selbst angelegt, sondern beruht auf historischen Zufälligkeiten.[121] In Bezug auf § 826 BGB schreibt *Hedemann* im Jahre 1933: „Blickt man zurück auf die Entstehungszeit des BGB, ..., so sieht man zu seiner Verblüffung, daß niemand auch nur entfernt geahnt hat, welche Entwicklungskraft in diesem § 826 stecken könnte. Man faßte ihn damals, 1900, nur als ein Stück Abrundung des Systems der actiones ex delicto auf. Im Plenum des Reichstages ist er debattelos angenommen worden! Das kann man wirklich ‚Karriere' nennen."[122] Ist der Delegationsgedanke aber somit vom Willen des historischen Gesetzgebers unabhängig und häufig bloße Fiktion,[123] so kann entscheidend nur die Tatsache sein, dass die verwendeten Begriffe unbestimmt, auslegungs- und konkretisierungsfähig und -bedürftig, kurz im konkreten Fall offen für richterliche Eigenwertung sind. Rechtssätze, denen diese Eigenschaften tendenziell in vergleichsweise großem Umfang bereits abstrakt, d. h. losgelöst vom zu entscheidenden Einzelfall, zukommen, sollen im folgenden zusammenfassend als „wertungsoffene Rechtssätze" bezeichnet werden, ohne das damit aus rechtsmethodischer Sicht[124] irgendwelche Besonderheiten verbunden sind.

Ist eine hinreichend fassbare Abgrenzung und Einordnung von Rechtssätzen als Generalklauseln somit weder aus normstruktureller noch aus funktionaler Sicht durchführbar, so bleibt zunächst lediglich die Erkenntnis, dass sich auf einer Skala der Bestimmtheit an dem einem Ende die relativ bestimmten Rechtssätze, insbesondere Zahlbegriffe oder Fristen, am anderen Ende die Generalklauseln befinden, wobei es jedoch unmöglich zu sein scheint, auch nur annähernd anzugeben, wo der Bereich der Generalklauseln beginnt.[125] Und bezüglich des regelungstechnischen Aspekts weist *Engisch* selbst auf die Relativität der Einordnung einer Regelung als kasuistischer bzw. generalklauselartiger hin.[126] Bei dieser Sachlage erscheint es grundsätzlich unbedenklich, für diejenigen Rechtssätze weitestge-

---

120 *Wieacker*, Zur rechtstheoretischen Präzisierung des § 242 BGB, S. 195 (221). Vgl. *Mugdan*, Motive, Band 2, S. 109: „Ermittlung des Inhalts eines Vertrages und der einzelnen hieraus für die Parteien fließenden Verpflichtungen". Zu Artikel 1134 Abs. 3 Code Civil, der nahezu identisch formuliert ist und seinen Ursprung ebenfalls in der bona fides des römischen Rechts hat, jedoch weitgehend eine andere Entwicklung genommen hat vgl. *Sonneberger*, in FS Odersky, S. 703 ff. Ähnlich dagegen die Entwicklung des Artikel 1384 Code Civil, der lediglich als Ankündigung für die nachfolgenden speziellen Fälle der Sachhaftung gedacht war, sich jedoch schnell zur Grundlage einer allgemeinen verschuldensunabhängigen Sachhaftung entwickelte, vgl. *Walther*, in: *Baldus/Müller-Graff* (Hrsg.), Die Generalklausel im Europäischen Privatrecht, S. 63 (77).

121 *Auer*, Materialisierung, Flexibilisierung, Richterfreiheit, S. 125. Zur historischen Entwicklung des § 242 BGB vgl. Staudinger-*Looschelders/Olzen*, § 242 BGB Rn. 38 ff.; *Hedemann*, Generalklauseln, S. 9.

122 *Hedemann*, Generalklauseln, S. 8.

123 Vgl. auch *Auer*, Materialisierung, Flexibilisierung, Richterfreiheit, S. 133.

124 Vgl. jedoch im Hinblick auf die gemeinschaftsrechtliche Kompetenzverteilung nachfolgend Kapitel 6 und 7.

125 Vgl. auch *Bydlinski*, Wieacker Symposium, S. 189 (195).

126 Vorzugswürdig erscheint es insoweit im Einklang mit der Sprachwissenschaft, von extensionaler und intensionaler Rechtssatzformulierung zu sprechen, vgl. *Garstka*, in *Koch* (Hrsg), Juristische Methodenlehre und analytische Philosophie, S. 96 (116).

hender Unbestimmtheit an der Bezeichnung als „Generalklausel" festzuhalten, zumal sich dieser Sprachgebrauch weithin eingebürgert hat. Aus einer solchen Einordnung dürfen jedoch keinesfalls rechtstheoretische oder methodologische Schlüsse abgeleitet werden.

Überzeugend ist dagegen der historisch-funktionale Ansatz von *Auer*. Dieser führt freilich insoweit über die eigentliche Problematik hinaus, als der Tatbestand der Generalklausel vom geschriebenen Recht bereits abgelöst ist und damit hinübergeführt in den Themenbereich der Rechtsprinzipien.[127] Auch erweist sich bei Zugrundelgung eines nicht-positivistischen Rechtsbegriffs[128] eine so verstandene Regelungsfigur der Generalklausel als überflüssig, da sich der entsprechende Ausgleich privatrechtlicher Grundwidersprüche problemlos auch ohne gesetzliche Fixierung über die Prinzipienstruktur des Rechts erzielen liesse.[129] Insbesondere für das Europäische Privatrecht ist die danach vorgenommene Begriffsbestimmung aber auch derzeit zumindest noch unbrauchbar. Denn hier gibt es bisher keine Vorschrift, die als zentraler Ausgangspunkt für einen umfassenden Interessenausgleich im Privatrecht dienen könnte. Selbst die unbestimmtesten, auf Treu und Glauben verweisenden „Generalklauseln" sind in ihrem jeweiligen Anwendungsbereich hinreichend klar begrenzt und müssen dies im Hinblick auf die gemeinschaftsrechtliche Kompetenzordnung und den daraus resultierenden punktuellen Charakter des Europäischen Privatrechts auch sein.[130] Inwieweit sich hieran zukünftig im Hinblick auf eine Revision der Vertragsgrundlagen, den Gemeinsamen Referenzrahmen oder ein horizontales Verbraucherschutzinstrument etwas ändern wird, bleibt abzuwarten.

III. Die Problematik wertungsoffener Rechtsätze im englischen *Common Law*

Die Rolle der Gesetzgebung ist im englischen Common Law traditionell eine andere, als auf dem Kontinent. Zwar ergingen auch in England von Anbeginn an Gesetze, jedoch nicht mit dem Ziel, einen bestimmten Sachbereich einer umfassenden Regelung im Sinne einer Kodifikation zuzuführen, sondern lediglich, um be-

---

127 Vgl. *Auer*, Materialisierung, Flexibilisierung, Richterfreiheit, S. 142: „Schließlich kommen ... als Generalklauseln ohne weiteres auch gänzlich ungeschriebene Tatbestände in Betracht, die den gesetzlichen Generalklauseln im Hinblick auf ihre Fähigkeit, die Rechtsordnung gegenüber gewandelten Wertvorstellungen zu öffnen, oft sogar noch überlegen sind."

128 Dazu *Alexy*, Begriff und Geltung des Rechts, S. 29ff.

129 Vgl. *J. Schmidt*, in: Wieacker Symposium, S. 231 (252f.): „die Bestimmung des § 242 BGB ist als Rechtsnorm obsolet, die Sachfragen sind unabhängig von dieser Gesetzesbestimmung mit den jeweils adäquaten Sachargumenten zu diskutueren." Dagegen *Auer*, Materialisierung, Flexibilisierung, Richterfreiheit, S. 137 mit Fn. 47: eine solche Auffassung werde der faktischen Bedeutung der Generalklauseln als Ansatzpunkte des Ausgleichs zwischen den privatrechtlichen Grundkonflikten nicht gerecht. Die rein tatsächliche Heranziehung einer Generalklausel zur Entscheidungsbegründung ändert aber nichts daran, dass die entsprechende Entscheidung auch bei Fehlen der Generalklausel so oder so ähnlich zustande gekommen wäre.

130 Vgl. Kapitel 6.

stimmten, im Wege des *case law* entstandenen, jedoch als unpraktikabel oder schädlich empfundenen Regelungen abzuhelfen.[131] Erst Ende des 19. Jahrhunderts ging man insbesondere im Wirtschaftsrecht dazu über, bestimmte Bereiche einer umfassenderen Regelung zu unterwerfen.[132] Heute sind große Teile des Privatrechts gesetzlich geregelt.[133] Kennzeichnend ist jedoch bis heute, dass diese Gesetze an das bestehende *case law* anknüpfen, die dort entwickelten Begrifflichkeiten und Konzepte voraussetzen, weiterführen und zur Füllung etwaiger Regelungslücken heranziehen.[134] Die traditionelle Beschränkung der Gesetzgebung auf einen begrenzten Sachbereich ermöglichte es, sowohl im Hinblick auf die zu regelnden Sachverhalte als auch die daran geknüpften Rechtsfolgen sehr detaillierte Gesetze zu konstruieren und möglichst alle denkbaren Situation ausdrücklich zu erfassen;[135] eine Tendenz, die bis heute anhält und oft, selbst von Richtern, kritisiert wird.[136]

Traditionell hatten die Gerichte im Vereinigten Königreich keine Möglichkeit, vom Parlament erlassene Gesetze auf ihre Vereinbarkeit mit höherangigen Werten hin zu überprüfen. Wegen des Prinzips der „*parliamentary sovereignty*" mußte ein Gericht ein Gesetz selbst dann anwenden, wenn dies, nach Ansicht des Gerichts, einen eklatanten Verstoß gegen Menschenrechte zur Folge hatte.[137] Die Gerichte sahen es jedoch als ihre Aufgabe an, die durch das *common law* gewährten individuellen Rechte und Freiheiten gegen die Ausdehnung der Befugniss von Parlament und Regierung durch ausufernde Gesetzgebung zu schützen und so die verfassungsrechtliche Balance der Gewalten aufrechtzuerhalten.[138] Mittel hierzu war eine äußerst restriktive Auslegung der Gesetze unter einseitiger Betonung des Wortlauts und weitgehender Vernachlässigung von systematischen und teleologischen Überlegungen.[139] Mit dem Beitritt des Vereinigten Königreichs zu den Eu-

---

131 Vgl. *Zweigert/Kötz*, Einführung in die Rechtsvergleichung, S. 197, 259. Als Beispiel kann das *Statute of Uses 1535* dienen, dass sicherstellte, dass feudale Lasten nicht mit Hilfe des trust umgangen werden konnten, vgl. *Hayton*, The Law of Trusts, S. 12.

132 Vgl. etwa *Companies Act 1865; Bills of Exchange Act 1882; Partnership Act 1890; Sale of Goods Act 1893.*

133 Vgl. etwa *Companies Act 2006; Insolvency Act 1986; Law of Property Act 1925; Sale of Goods Act 1979.*

134 Vgl. *Zweigert/Kötz*, Einführung in die Rechtsvergleichung, S. 197 f.

135 Vgl. *Collins*, in: *Grundmann/Mazeaud* (Hrsg.), General Clauses and Standards, S. 111 (117); *Lando*, ERPL 2006, 475 (476); *Kerr*, [1980] 96 LQR 515 (527 ff.): Danach wurde in den 70iger Jahren das Projekt einer Kodifizierung des Vertragsrechts deswegen aufgegeben, weil eine Einigung bezüglich der Formulierungen nicht erzielt werden konnte, mit denen die Masse an *case law* mit ihren unzähligen Permutationen in ein Gesetzbuch überführt werden sollte. Viele Situationen müssten bei gesetzlicher Formulierung unberücksichtigt bleiben.

136 Vgl. *Vogenauer*, Auslegung, Band II, S. 1188–1191 mit Nachweisen; *Twining/Miers*, How to do Things with Rules, S. 245; *Maley*, in *Gibbons* (Hrsg.), Language and the Law, S. 11 (29 f.).

137 Vgl. *Bankowski/MacCormick* in: *ders./Summers* (Hrsg.), Interpreting Statutes, S. 359 (396); *Vogenauer*, Auslegung, Band II, S. 1160.

138 Vgl. *Bankowski/MacCormick* in: *ders./Summers* (Hrsg.), Interpreting Statutes, S. 359 (396); *Vogenauer*, Auslegung, Band II, S. 1180–1182.

139 Vgl. *Bell/Engle*, Scott, Statutory Interpretation, S. 10 ff.; *Bankowski/MacCormick* in: *ders./Summers* (Hrsg.), Interpreting Statutes, S. 359 (396). In neuerer Zeit ist freilich die teleologische Auslegung auf dem Vormarsch, vgl. *Pepper v. Hart* [1993] 1 All ER 42 (50) per *Lord Griffiths*: „The days have long passed when the courts adopted a strict constructionist view of interpretation which required them to adopt the literal meaning of the language. The courts now adopt a purposive approach which ropäischen Gemeinschaften im Jahre 1973[140] und insbesondere dem Inkrafttreten des *Human Rights Acts 1998* im Jahre 2000[141] hat sich die Verfassungslage zwar wesentlich verändert, die Auswirkungen des traditionellen Denkens sind aber noch immer spürbar.[142] Die gesetzgeberische Tradition mit großer Detailfülle, das Misstrauen der Judikative gegenüber Legislative und Exekutive, und der Vorrang der grammatischen Auslegung sind als Ausprägungen des traditionellen Rechtsdenkens für die Schwierigkeiten verantwortlich, die jedenfalls Teile der englischen Rechtsprechung und Wissenschaft heute mit der Verwendung wertungsoffener Rechtssätze durch die Gesetzgebung haben.[143] Diese Schwierigkeiten können anhand der *„good faith“*-Debatte weiter verdeutlicht werden.

1. Die „good faith“ – Debatte

Die Diskussion um die Anerkennung bzw. Einführung eines allgemeinen vertraglichen Grundsatzes des *„good faith“* wurde im wesentlichen[144] durch die Handelsvertreter- und Klauselrichtlinie ausgelöst, die in englisches Recht umzusetzen waren.[145] Insbesondere die Klauselrichtlinie hatte eine Flut von Veröffentlichungen zur Folge.[146] Mit der Umsetzung der Klauselrichtlinie ist der dort in Art. 3 formulierte Grundsatz von Treu und Glauben nunmehr Bestandteil auch des englischen Verbrauchervertragsrechts. Die Diskussion konzentriert sich folglich auf die Frage,

---

seeks to give effect to the true purpose of legislation and are prepared to look at much extraneous material that bears upon the background against which the legislation was enacted."; vgl. auch *Bell/Engle*, Scott, Statutory Interpretation, S. 192–197, und *Vogenauer*, Auslegung, Band II, S. 780f.; 795ff. einerseits, und 963, 1109ff. anderseits.

140 Wegen der Grundsätze des Vorrangs und der unmittelbaren Anwendbarkeit des Gemeinschaftsrechts waren die Gerichte nunmehr in der Lage, Gesetze auf ihre Vereinbarkeit mit Gemeinschaftsrecht hin zu überprüfen und im Konfliktfalle unangewendet zu lassen, vgl. *R. v Secretary of State for Transport, ex parte Factortame Ltd.* (No. 2) [1991] 1 AC 603; *R. v. Secretary of State for Employment, ex parte equal Opportunities Commision* [1995] 1 AC 1; zum ganzen *Vogenauer*, Auslegung, Band II, S. 1171–1174, auch mit Beispielen für Fälle, in denen die Gerichte dem Parlament bereits vor dem Beitritt den Gehorsam verweigert hatten.

141 Danach können *High Court*, *Court of Appeal* und *House of Lords* untergesetzliche Vorschriften für ungültig erklären, soweit sie einen Verstoß gegen die Rechte und Freiheiten der Menschrechtskonvention begründen. Bezüglich formeller Gesetze kommt lediglich eine *„declaration of incompatability"* in Betracht. Der Verstoß gegen die Menschenrechtskonvention kann in diesem Fall nur durch das Parlament selbst beseitigt werden. Der *Human Rights Act 1998* stellt hierzu ein vereinfachtes Gesetzgebungsverfahren bereit; vgl. zum Ganzen *Twining/Miers*, How to do Things with Rules, S. 225f.; *Vogenauer*, Auslegung, Band II, S. 1174–1176.

142 Vgl. *Lando*, ERPL 2006, 475 (476): „It seems ... that the traditional style has gone into the bloodstream of British lawyers."

143 Vgl. auch *Ohly*, Richterrecht, S. 175f.

144 Vgl. auch *Banque Financiere de la Cite SA v Westgate Insurance Co Ltd* [1990] 2 All ER 947 (HL); *Interfoto Picture Library Ltd. v Stileto Visual Programmes Ltd* [1989] QB 433.

145 Vgl. *Brownsword/Hird/Howells*, in *dies.* (Hrsg.), Good Faith in Contract, S. 1 (2). Die Umsetzung erfolgte in der *Commercial Agents (Council Directive) Regulations 1993* (SI 1993/3035) bzw. *Unfair Terms in Consumer Contracts Regulations 1993* (SI 1994/3159) nunmehr *Unfair Terms in Consumer Contracts Regulations 1999* (SI 1999/2083).

146 Vgl. die Nachweise bei *Brownsword/Hird/Howells*, in *dies.* (Hrsg.), Good Faith in Contract, S. 1 (2, Fn. 9).

inwieweit auch für Verträge, bei denen beide Parteien Unternehmer sind, ein allgemeiner Grundsatz des „*good faith*" eine Rolle spielt bzw. spielen sollte.[147] Dabei ist zu berücksichtigen, dass das englische Recht Konzepte entwickelt hat, die für ganz spezifische Situationen Rechtsbehelfe bereitstellen,[148] so dass die praktischen Ergebnisse nur selten von denjenigen nach den kontinentalen Rechtsordnungen abweichen dürften.[149]

Die gegen die Einführung eines umfassenden, allgemeinen und wertungsoffenen Standards des „*good faith*" vorgebrachten Argumente hat *Brownsword* zusammengestellt.[150] „Good faith", so werde vorgetragen, sei als Konzept zu unbestimmt und gefährde die Rechts- und Planungssicherheit der Parteien („*a loose cannon in commercial contracts*"): Zwar sei klar, das „*good faith*" gewisse moralische Standards voraussetze, anhand derer das Verhalten der Vertragsparteien zu beurteilen sei, unklar sei jedoch, was diese Standards beinhalteten. Ohne klare Anleitung entstünden unendliche Unsicherheiten; etwa bezüglich der Frage, ob es subjektiv auf den guten Glauben der Parteien ankommt oder ob ein objektiver Standard anzulegen ist; in welchen Phasen der Vertragsabwicklung „*good faith*" eine Rolle spielt; ob es lediglich auf das Verhalten der Parteien ankommt oder der Vertrag auch einer inhaltlichen Kontrolle unterliegt; ob „*good faith*" lediglich negativ bestimmte Verhaltensweisen (Ausbeutung einer schwächeren Verhandlungsposition) verbietet oder auch positiv bestimmte Verhaltensweisen (Unterstützung, Kooperation) fordert. Soweit „*good faith*" subjektiv auf die Vorstellungen der Parteien abstelle, seien schwierige Nachforschungen bezüglich der jeweiligen Intention der Vertragspartner erforderlich. Auch wäre ein allgemeiner Grundsatz des „*good faith*" nicht in der Lage, in angemessener Weise den vielen unterschiedlichen Problemstellungen Rechnung zu tragen, sondern würde vielmehr von dem Erfordernis ablenken, für jedes einzelne Problem kritisch eine detaillierte Lösung zu entwickeln.[151] Weiterhin sei es für ein Gericht schwierig, faires Verhalten in einem wirtschaftlichen Kontext zu beurteilen und zu überwachen;[152] auch bestünde die Gefahr, das der jeweilige Rechtsanwender seine eigenen Vorstellungen an die Stelle der vom Gesetzgeber mit der Regelung verfolgten Zwecke setzt.[153] Schließlich könnte selbst die Konkretisierung durch gerichtliche Anwendung über einen längeren Zeitraum daran scheitert, dass der jeweilige Standard eine Fülle einzelner Sachverhalte zu beherbergen habe, eine

147 Vgl. *Bradgate/Brownsword/Twigg-Flesner*, The Impact of a Duty to Trade Fairly, Rn. 4.2.

148 Vgl. *Goode*, Commercial Law, S. 95; *Bradgate/Brownsword/Twigg-Flesner*, The Impact of a Duty to Trade Fairly, Rn. 5.4.; *Kötz*, in: FS Fleming, S. 243 (250ff.); *Whittaker*, in: *Grundmann/Mazeaud* (Hrsg.), General Clauses and Standards, S. 57 (68).

149 Vgl. *Kötz*, in: FS Fleming, S. 243 (250ff.); *Zimmermann/Whittaker*, in *dies.* (Hrsg.), Good Faith in European Contract Law, S. 653 (687).

150 *Brownsword* in: *ders./Hird/Howells* (Hrsg.), Good Faith in Contract, S 13 (15ff.). Neben den hier interessierenden formellen Argumenten wird in inhaltlicher Sicht vorgebracht, dass „good faith" den zwei Grundprinzipien des englischen Vertragsrechts, nämlich der Verfolgung eigener Interessen und der Parteiautonomie, zu wider laufe. Vgl. auch *Harrison*, Good Faith in Sales, S. 685f.

151 Zu diesem Aspekt insbesondere *Bridge*, in: *Brownsword/Hird/Howells* (Hrsg.), Good Faith in Contract, S. 139 (147).

152 Vgl. *Harrison*, Good Faith in Sales, S. 686.

153 Vgl. *Goode*, Commercial Law in the Next Millenium, S. 50.

Generalisierung der den einzelnen Fällen zugrundeliegenden Überlegungen damit schwierig sei und folglich möglicherweise Fälle aufgrund der geringsten Sachverhaltsabweichungen *distinguished* würden; der jeweilige Standard würde damit partikularisiert, wäre uneffektiv und nicht in der Lage, das Verhalten der Marktteilnehmer zu beeinflussen.[154]

In seltsamen Gegensatz zu diesen Überlegungen steht die Tatsache, das das *case law – common law* und *equity*[155] – an vielen Stellen in hohem Maße unbestimmt ist und den Gerichten erhebliche Beurteilungsspielräume gewährt;[156] beispielsweise im Rahmen der *„doctrine of repudiatory breach"*[157] oder der *„doctrin of consideration"*.[158] Of-

154 Vgl. *Collins*, Regulating Contracts, S. 293 f.; *Atiyah*, Pragmatism and Theory in English Law, S. 129. Zusammengefasst finden sich die vorgebrachten Bedenken auch in der Rede von *Lord Hoffmann* in der *Privy Council* Entscheidung *Union Eagle Ltd v Golden Achievement Ltd.* [1997] 2 All ER 215 (218 f.): „The principle that equity will restrain the enforcement of legal rights when it would be unconscionable to insist upon them has an attractive breadth. But the reasons why the courts have rejected such generalisations are founded not merely upon authority but also upon practical considerations of business. These are, in summary, that in many forms of transactions it is of great importance that if something happens for which the contract has made express provisions, the parties should know with certainty that the terms of the contract will be enforced. The existence of an undefined discretion to refuse to enforce the contract on the ground that this would be "unconscionable" is sufficient to create uncertainty. Even if it is most unlikely that a discretion to grant relief will be exercised, its mere existence enables litigation to be employed as a negotiating tactic. The realities of commercial life are that this may cause injustice which cannot be fully compensated by the ultimate decision in the case."

155 Dazu *Whittaker*, in: *Grundmann/Mazeaud* (Hrsg.), General Clauses and Standards, S. 57 (58 ff.).

156 Vgl. *Bradgate/Brownsword/Twigg-Flesner*, The Impact of a Duty to Trade Fairly, Rn. 6.8–6.16; *Atiyah*, Law & Modern Society, S. 142: "The entire law of civil liability for negligence, which is today of immense practical importance, and fills the courts with claims for damages for personal injury and other forms of loss, rests almost wholly on the rule: thou must take reasonable care not to injure thy neighbour. But what is 'reasonable care' is something which is never decided or laid down in advance." Vgl. auch *Esser*, Grundsatz und Norm, S. 96, zu den "standards" der anglo-amerikanischen Doktrin als Rechtsnormen, die auf *common sense*, Anschauungen und Verhaltensweisen des normalen Verkehrs, letztendlich aber auf die Berücksichtigung der *reasonableness* verweisen; sowie *Whittaker*, in: *Grundmann/Mazeaud* (Hrsg.), General Clauses and Standards, S. 57 (65 ff.) mit weiteren Beispielen.

157 Danach kann eine Partei nur dann vom Vertrag zurücktreten, wenn die Vertragsverletzung schwerwiegend ist. Eine Vertragsverletzung ist grundsätzlich dann schwerwiegend, wenn es sich bei der verletzten Pflicht um eine *„condition"* und nicht lediglich eine *„warranty"*, deren Verletzung lediglich zu Schadensersatz führt, handelt. Bei der Bestimmung, ob eine Pflicht als *condition* oder *warranty* zu klassifizieren ist, kommt dem Gericht ein weites Ermessen zu, an die Festlegung der Parteien ist es nicht gebunden, vgl. *Schuler AG v Wickman Machine Tool Sales Ltd.* [1974] AC 235, insbesondere 251. Eine Bestimmung kann auch weder als *condition* noch als *warranty* einzuordnen sein, dann sind die Konsequenzen der Vertragsverletzung entscheidend, vgl. *Hong Kong Fir Shipping Co Ltd. v Kawasaki Kisen Kaisha Ltd.* [1962] 2 QB 26.

158 Danach ist ein (vertragliches) Versprechen nur dann bindend, wenn der Verprechensempfänger seinerseits eine Gegenleistung verspricht, auf den Wert der Gegenleistung kommt es nicht an. Die Gerichte haben sich als äußerst erfindungsreich erwiesen, wenn es darum ging, eine Gegenleistung zu entdecken, vgl. etwa *Carlill v Carbolic Smoke Ball Co* [1893] 1 QB 256: durch Benutzung des gekauften medizinischen Objekts erlittene Unannehmlichkeiten als *consideration* gegenüber dem Hersteller; *Charnock v Liverpool Corporation* [1968] 1 WLR 1498: Vertrag zwischen Unfallopfer und der vom Unfallgegener beauftragten Werkstatt, da Unfallopfer den Umsatz der Werkstatt erhöht und selber auf die Beauftragung einer anderen Werkstatt verzichtet hat; vgl. auch *Adams/Brownsword*, Understanding Contract Law, S. 76:"Consideration, it seems, is in the eye of the beholder".

fenbar haben sowohl Gerichte als auch der Rechtsverkehr keinerlei Probleme mit solch vagen Konzepten, solange sie auf *case law* basieren. Warum dies im Falle der Kodifizierung plötzlich anders sein soll, ist kaum nachvollziehbar.[159] Aber auch das Gesetzesrecht enthält, insbesondere im Privatrecht, an zahlreichen Stellen wertungsoffene Rechtsvorschriften,[160] die durch die Gerichte tag täglich angewendet werden.[161] Dabei sind die Gerichte sehr wohl bemüht und in der Lage, Kriterien für die konsistente und transparente Anwendung der jeweiligen Standards zu formulieren.[162] Dies soll nachfolgend am sogenannten „*reasonableness*"-Test im Sinne des *Unfair Contract Terms Act 1977* verdeutlicht werden.

2. Die Behandlung durch die Rechtsprechung am Beispiel des „reasonableness"-Tests nach dem Unfair Contract Terms Act 1977

Der *Unfair Contract Terms Act 1977* richtet sich gegen Vertragsbestimmungen, die die vertragliche Haftung in bestimmten Fällen ausschließen oder beschränken. Grundsätzlich kann sich der Verwender auf eine solche Klausel nur berufen, soweit sie das Erfordernis der „*reasonableness*" erfüllt. Reasonableness ist allgemein nur hinsichtlich des maßgeblichen Zeitpunktes näher bestimmt.[163] Für bestimmte Klauseln und bestimmte Vertragstypen enthalten section 11 (4) bzw. Schedule 2 zusätzliche Guidelines zur Bestimmung der „reasonableness".[164]

Gegen diesen „*reasonableness*"-Test wurden und werden im wesentlichen die selben Einwände erhoben, wie gegen einen allgemeinen „*good faith*"-Grundsatz. Der Test sei eine Quelle der Rechtsunsicherheit[165] und Richter regelmäßig nicht in der Lage,

159 *Kötz*, in: FS Fleming, S. 243 (248). Vgl. auch auch *Lord Steyn*, [1997] 113 LQR 433 (438 f.): „... judges in the greater part of the industrialised world usually have no great difficulty in identifying a case of bad faith. It is not clear why it should perplex judges brought up in the English tradition."

160 Vgl. *Atiyah*, Pragmatism and Theory in English Law, S. 128; *ders.*, Law & Modern Society, S. 51, mit Beispielen aus dem *Unfair Contract Terms Act 1977*, dem *Law Reform (Frustrated Contracts) Act 1943*; dem *Inheritance (Provision for Family and Dependents) Act 1975*. Gründe für diesen der allgemeinen Tendenz gegenläufigem Trend sind nach *Atiyah* (a.a.O. S. 141 f.), Rückgang des liberalen Ideals, Reduzierung der Überprüfbarkeit von Entscheidungen, die auf richterlichem Ermessen beruhen, gesteigerter Paternalismus und die Einsicht, dass detaillierte Regelungen nicht immer größere Rechtssicherheit produzieren als wertungsoffene. Vgl. auch *Vogenauer*, Auslegung, Band II, S. 1192.

161 Vgl. etwa section 994 *Companies Act 2006* ("*unfairly precudicial conduct*"); hierzu *O'Neill v Phillips* [1999] 1 WLR 1092 (HL); *Re Saul D. Harrison and Sons plc* [1995] 1 BCLC 14 (CA); *Re London School of Electronics Ltd* [1986] Ch 211 (HC); *Re Blue Arrow plc* [1987] BCLC 585 (HC); *Re Elgindata Ltd* [1991] BCLC 959 (HC); section 214 *Insolvency Act 1986* ("*wrongful trading*"); hierzu *Re Produce Marketing Consortium (No. 2)* [1989] BCLC 520; *Re DKG Contractors Ltd* [1990] BCC 903; *Re Purpoint Ltd.* [1991] BCLC 491; *Re Brian D Pierson (Contractors) Ltd.* [1999] BCC 26; *Official Receiver v. Doshi* [2001] 2 BCLC 235; section 122 (1) (g) *Insolvency Act 1986* ("*fair and equitable winding up*"); hierzu *Ebrahimi v Westbourne Galleries Ltd* [1973] AC 360.

162 Vgl. *Goode*, Commercial Law in the Next Millenium, S. 50.

163 Entscheidend sind die Umstände zum Zeitpunkt des Vertragsschlusses, section 11 (1).

164 Vgl. allgemein zu Anwendungsbereich und Wirkungsweise des Gesetzes *Furmston*, Cheshire, Fifoot and Furmston's Law of Contract, S. 232 ff.

165 *Peel*, Treitel's The Law of Contract, S. 280; *Furmston*, Cheshire, Fifoot and Furmston's Law of Contract, S. 240.

ohne detaillierte Kenntnis des wirtschaftlichen Hintergrunds angemessen abzuschätzen, was *reasonable* ist und was nicht.[166] Die im Gesetz selbst gegebenen Guidelines reduzierten die Unsicherheit zwar, jedoch sei die Beschränkung des Anwendungsbereich dieser Guidelines nicht nachvollziehbar.[167]

Befürchtungen schienen sich zu bestätigen, wenn *Lord Bridge* in *George Mitchell (Chesterhall) Ltd v Finney Lock Seeds Ltd.*[168] ausführte, dass zwar dem Gericht kein freies Ermessen im eigentlichen Sinne zukäme; der „*reasonableness*"-Test jedoch die Abwägung einer Fülle ganz unterschiedlicher Gesichtspunkte erfordere, mit der Folge, dass häufig verschiedene Ansichten bezüglich der *reasonableness* einer Klausel als vertretbar erscheinen könnten. Daraus folge, dass das Rechtsmittelgericht die Entscheidung des erstinstanzlichen Richters mit Respekt behandeln und nur dann einschreiten sollte, wenn das Untergericht offensichtlich falsch entschieden hat.[169] Nach *Peel* zielten diese Bemerkungen darauf ab, die Revisibilität des „*reasonableness*"-Tests zwar nicht auszuschließen, wohl aber einzuschränken.[170] In die gleiche Richtung geht auch die Entscheidung *Phillips Products v Hyland*[171], in der *Slade LJ* ausführt, dass die vom Gericht gezogenen Schlussfolgerungen bezüglich bestimmter Klauseln nicht als Präzedenzfall für Fälle herangezogen werden sollte, in denen zwar die selben Klauseln zu überprüfen, die zugrundeliegenden Sachverhalte jedoch andere sind.[172]

Trotz dieser nach wie vor bestehenden Zurückhaltung der Rechtsmittelgerichte, ihre eigenen Vorstellungen an diejenigen des Ausgangsgerichts zu setzen, haben sich mittlerweile Kriterien zur Handhabung des „*reasonableness*"-Tests herausgebildet. In *Smith v Eric Bush*[173] führt *Lord Griffiths* aus, dass es zwar ganz unmöglich sei, eine vollständige Liste derjenigen Gesichtspunkte anzugeben, die für den „*reasonableness*"-Test von Bedeutung sein könnten; er nennt jedoch vier Kriterien, die nach seiner Ansicht stets in die Überlegungen einzubeziehen sind: die jeweilige Verhandlungsstärke der Parteien; im Falle eines Beratungsvertrages die Möglichkeit, die Beratung mit verhältnismäßigen Kosten anderweitig einzuholen; die Schwierigkeit der Aufgabe, für die der Haftungsausschluss erfolgte; die praktischen Konsequenzen der Entscheidung insbesondere im Hinblick auf die Mög-

---

166 *Furmston*, Cheshire, Fifoot and Furmston's Law of Contract, S. 240.
167 *Peel*, Treitel's The Law of Contract, S. 282.
168 [1983] 2 AC 803.
169 *George Mitchell (Chesterhall)L td v Finney Lock Seeds Ltd.* [1983] 2 AC 803 (815 f.), per *Lord Bridge*. Kritisch dazu *Atiyah*, [1985] 48 LQR 1 (4 f.): Die geordnete Fortentwicklung des Rechts könne nur erreicht werden, wenn eine vernünftige Diskussion der zugrundeliegenden Konzepte und Sachfragen auch vor den Obergerichten gewährleistet ist.
170 Vgl. *Peel*, Treitel's The Law of Contract, S. 284. Kritisch auch *Atiyah*, Pragmatism and Theory in English Law, S. 128 f.: "thereby encouraging the tendency to treat each case on its own merits, and restricting the development of the law through the normal appeal process."
171 [1987] 1 WLR 659.
172 *Phillips Products Ltd v Hyland* [1987] 1 WLR 659 (669), per *Slade LJ*. Allgemein zum Problem der Behandlung des *reasonableness*-Tests als "question of fact" vgl. *Whittaker*, in: *Grundmann/Mazeaud* (Hrsg.), General Clauses and Standards, S. 57 (70 ff.).
173 [1990] 1 AC 831.

lichkeit der Parteien, sich gegen das fragliche Risiko zu versichern.[174] Das erste und dritte Kriterium ist dabei jeweils identisch mit in Schedule 2 genannten Guidelines, die streng genommen nur auf Verträge über Warenlieferungen Anwendung finden, vgl. section 6f.; das letzte Kriterium der Versicherungsmöglichkeit ist nach dem Gesetz nur für Klauseln relevant, die die Haftung auf eine bestimmte Geldsumme beschränken, vgl. section 11 (4).[175] Mittlerweile ist allgemein anerkannt, dass sich der Anwendungsbereich der im Gesetz selbst vorgesehenen Konkretisierungen des „*reasonableness*"-Tests auf alle Vertrags- und Klauseltypen erstreckt.[176] Insbesondere dem Gesichtspunkt der Versicherbarkeit des jeweiligen Risikos scheint entscheidende Bedeutung zuzukommen:[177] Eine gewisse Wahrscheinlichkeit spricht dafür, dass eine Klausel immer dann als „*unreasonable*" anzusehen ist, wenn sich der Verwender bei angemessene Kosten gegen das dem Haftungsauschluss zugrunde liegende Risiko hätte versichern können.[178]

Diese Rechtsprechung lässt sich wohl dahin zusammenfassen, dass die Gerichte einerseits bemüht sind, Kriterien für die Beurteilung der *reasonableness* herauszuarbeiten und so die Anwendung der entsprechenden Vorschriften für den Rechtsverkehr möglichst vorhersehbar zu gestalten; das andererseits aber auch ein großes Maß an Flexibilität gewahrt wird, um im Einzelfall eine sachangemessene Entscheidung treffen zu können.[179] Abgesehen von einer besonderen Sensibilität für die den entschiedenen Fällen zugrunde liegenden Tatsachen, unterscheidet sich dieses Verständnis nicht grundlegend von demjenigen wertungsoffener Rechtsvorschriften in den kontinentalen Rechtsordnungen.

3. Die konzeptionelle Behandlung wertungsoffener Rechtssätze in der Literatur

Kennt somit auch das englische Recht wertungsoffene Rechtssätze sowohl im Fallals auch im Gesetzesrecht und haben auch die englischen Gerichte keine grundsätzlichen Probleme im Umgang mit diesen Vorschriften, so ist doch auffällig, dass die rechtstheoretische Analyse dieser Gesetzestechnik meist spärlich ausfällt.[180]

---

174 *Smith v Eric Bush* [1990] 1 AC 831 (858), per *Lord Griffiths*.
175 Vgl. *Bradgate/Brownsword/Twigg-Flesner*, The Impact of Adopting a Duty To Trade Fairly, Rn. 5.35.
176 Vgl. *Stewart Gill Ltd. v Horatio Myer & Co. Ltd* [1992] QB 600 (608), per *Stuart-Smith LJ; Zockoll Group Ltd v Mercury Communications Ltd. (No 2)* [1999] EMLR 385 (395 f.) und *Peel*, Treitel's The Law of Contract, S. 282 f. mit weiteren Nachweisen.
177 Vgl. *Smith v Eric Bush* [1990] 1 AC 831 (858 f.), per *Lord Griffiths; Photo Production Ltd. v Securicor Transport Ltd.* [1980] AC 827 (843), per *Lord Wilberforce; Salvage Association v CAP Financial Services Ltd.* [1995] FSR 654 (656); *Singer (UK) Ltd. v Tees & Hartlepool Port Authority* [1988] 2 Lloyd's Report 164 (169 f.).
178 Vgl. *Furmston*, Cheshire, Fifoot and Furmston's Law of Contract, S. 245 f.; *Bradgate/Brownsword/Twigg-Flesner*, The Impact of Adopting a Duty To Trade Fairly, Rn. 5.36.
179 Vgl. *Bradgate/Brownsword/Twigg-Flesner*, The Impact of Adopting a Duty To Trade Fairly, Rn. 5.38.
180 Vgl. *Whittaker*, in: *Grundmann/Mazeaud* (Hrsg.), General Clauses and Standards, S. 57 (58 f.): "[T]here is no recognized distinct category of 'general clause' in English law at all. [T]here is no ref-

Ausgangspunkt ist fast immer das bereits erwähnte, vor allem von *H.L.A. Hart* geprägte Bild von *„core of settled meaning"* und *„penumbra of uncertainty"*, ein Phänomen, dass *Hart* als *„open texture"* der Sprache bezeichnet hat.[181] In Fortentwicklung dieses Modells erläutern *Twining* und *Miers*, dass die Fälle der *penumbra* einige Eigenschaften mit den Standardfällen des Kernbereichs gemeinsam haben, aber weitere und von den Standardfällen abweichende Eigenschaften aufweisen. Vage Begriffe wie *„vehicle"* seien die Standardbeispiele für *„open texture."* Denkbar seien aber auch Begriffe, die überhaupt keinen Kernbereich aufwiesen, so die Begriffe *„game"* oder *„torture"*.[182] Interpretationsprobleme bestünden insbesondere bei *„general classifying terms"* wie *„vehicle"* und anderen *„highly abstract concepts"* wie *„law"*, *„right"*, *„duty"*, *„justice"* etc.[183] Kriterien für die Abgrenzung von *„general classifying terms"* oder *„class words"* von anderen Begriffen werden nicht erörtert.

Eine Definition von *„general words"* liefern dagegen *Bell* und *Engle*. *„General words"* sind solche Worte, Wortverbindungen oder Vorschriften, die auf Handlungen, Personen oder Dinge als Klasse und nicht als je individuelles Ereignis verweisen.[184] Durch die Verwendung von *„general words"* in Gesetzen räume das Parlament dem Rechtsanwender bewusst Ermessen sowie die Befugnis ein, Regeln für die Ausübung dieses Ermessens aufzustellen. Als Beispiele werden *„reasonable"*, *„unconscionable"* oder *„just and equitable"* genannt. Die Verwendung solcher Begriffe könne zur Folge haben, dass sich unter ihnen eine Masse an Fallrecht ansammelt, ohne deren Kenntnis das jeweilige Gesetz nicht angewendet werden könne.[185]

Die, soweit ersichtlich, ausführlichste Behandlung der Thematik findet sich bei *Bennion*.[186] *„Broad term"* sei ein Wort oder eine Wortverbindung in einem legislativen Akt, die in der Anwendung auf eine bestimmte tatsächliche Situation vage sei.[187] Durch die Verwendung eines Wortes oder einer Wortverbindung *„of wide meaning"* werde die Befugnis zur Rechtssetzung im konkreten Fall an den Rechtsanwender delegiert. Ein *„broad term"* könne ein einzelnes Wort oder eine Wortverbindung, ein Verb, Adverb, Adjektiv oder Substantiv (*„nomen generale"*) sein.[188] Der Gesetzgeber könne entweder einen *„processed term"* verwenden, dessen Bedeutung bereits durch die Gerichte konkretisiert wurde, oder einen neuen Begriff (*„unpro-*

---

erence or discussion that I have come across of a general typ or category of law or legal proposition in the positive law itself of the kind we see in at least some of the systems of continental Europe."

181 Vgl. *Hart*, The Concept of law, S. 124 ff.

182 *Twining/Miers*, How to Do Things with Rules, S. 194 f.

183 *Twining/Miers*, How to Do Things with Rules, S. 197 f.

184 *Bell/Engle*, Cross, Statutory Interpretation, S. 76. Nach dieser Definition sind freilich, abgesehen von Eigennamen, alle Begriffe *„general words"*.

185 *Bell/Engle*, Cross, Statutory Interpretation, S. 79.

186 *Bennion*, Bennion on Statute Law, S. 237 ff.; *ders.*, Understanding Common Law Legislation, S. 119 ff.; *ders.*, Statutory Interpretation, S. 1000 ff.

187 Bennion, Statutory Interpretation, section 356 (1), S. 1000: "A broad term is a word or phrase in an enactment which in its application to certain factual situations is vague."

188 *Bennion*, Bennion on Statute Law, S. 237; *ders.*, Understanding Common Law Legislation, S. 119; *ders.*, Statutory Interpretation, S. 1001.

cessed term") einführen.[189] In beiden Fällen dürfte der jeweilige Begriff „*a core of certain meaning and a penumbra of uncertainty*" haben.[190] Die Verwendung eines Begriffes, dessen Anwendung in keinem Fall sicher ist, der also keinen Kernbereich aufweist, wäre zwar rechtlich möglich, aber ein Fall schlechter Gesetzgebung. In der Praxis ist daher die Anwendung jedes „*broad terms*" in einigen Fällen sicher, in anderen zweifelhaft. Der Gesetzeber sei bemüht, die *penumbra* so gering wie möglich zu halten, soweit dies praktisch vertretbar sei.[191] Drei Arten von „*broad terms*" seien zu unterscheiden. „*Static broad terms*" seien solche, die nach Ort und Zeit eine konstante Bedeutung aufwiesen. Als Beispiele werden angeführt „*accident*", „*repairing*" oder „*supply*".[192] „*Mobile broad terms*" könnten dagegen ihre Bedeutung je nach Zeit und Ort verändern, wie „*objects of general concern*" aber auch „*book*".[193] Schließlich gäbe es „*broadest terms*", bei denen ein irgendwie einschränkender Rahmen überhaupt nicht existiere und die Gerichte über den gesamten Bereich ihr Ermessen ausüben könnten, wie im Falle der Verwendung von „*reasonable*", „*just*" oder „*fit and proper*".[194] In seltenen Fälle benutze der Gesetzgeber „*broad terms*" nicht aus praktischen Erwägungen heraus, sondern aus politischem Opportunismus, weil eine Einigung nicht möglich war oder die tatsächlichen Gründe bzw. der tatsächliche Effekt der Gesetzgebung verschleiert werden sollte.[195]

4. Fazit

Zusammenfassend fällt zunächst auf, dass ebenso wie nach der deutschsprachigen Methodenlehre die Delegationsfunktion im Vordergrund steht.[196] Dies jedenfalls bei Begriffen, die nach deutscher Methodenlehre als normativ zu klassifizieren wären, wie „*reasonable*", „*just and equitable*" etc. Die Delegationsfunktion wird darüber hinaus aber auch bei nach deutschem Verständnis deskriptiven Begriffen, wie „*book*" und „*vehicle*" anerkannt. Das es dafür auf einen tatsächlichen Delegations-

189 *Bennion*, Bennion on Statute Law, S. 238 f.; *ders.*, Understanding Common Law Legislation, S. 120 f.; *ders.*, Statutory Interpretation, S. 1002.
190 *Bennion*, Bennion on Statute Law, S. 237.
191 *Bennion*, Bennion on Statute Law, S. 239 ff.; *ders.*, Understanding Common Law Legislation, S. 121 ff.
192 *Bennion*, Bennion on Statute Law, S. 241 f.; *ders.*, Understanding Common Law Legislation, S. 123 f.
193 *Bennion*, Bennion on Statute Law, S. 242 ff.; *ders.*, Understanding Common Law Legislation, S. 125 ff., 127: "a mobile broad term is to be applied to facts arising at a particular time in accordance with its meaning at that time. This is so where that conforms to the purpose or policy of the Act. Where it does not, it may be necessary to apply the original meaning of the term." Insoweit sei besondere Vorsicht geboten, wenn im Rahmen eines *mobile broad terms* Präjudizien herangezogen werden, da die dort formulierte Bedeutung des Begriffs möglicherweise nur für die damalige Zeit oder den damaligen Ort maßgeblich ist; *Bennion*, Statutory Interpretation, S. 1003.
194 *Bennion*, Bennion on Statute Law, S. 246; *ders.*, Understanding Common Law Legislation, S. 129. *Maley*, in *Gibbons* (Hrsg.), Language and the Law, S. 11 (27) bezeichnet solche Begriffe als "*subjective terms*".
195 *Bennion*, Bennion on Statute Law, S. 248 ff.; zu diesem Aspekt auch *Vogenauer*, Auslegung, Band II, S. 1183 f.
196 Vgl. auch *Atiyah*, (1985) 48 MLR 1 (3 f.); *Maley*, in *Gibbons* (Hrsg.), Language and the Law, S. 11 (27) und *Vogenauer*, Auslegung, Band II, S. 1192.

willen des Gesetzgebers nicht ankommt, zeigt das Beispiel von *Bennion*. Der Gesetzgeber des *Bankers' Books Evidence Act 1897* habe die Entwicklung von Mikrofilm sicher nicht vor Augen gehabt. Gleichwohl dehnten die Gerichte den Begriff „*book*" auch auf Mikrofilm aus.[197] Anknüpfungspunkt der Delegationsfunktion ist damit die tatsächliche Wertungsoffenheit einer Vorschrift im konkreten Fall. Bestätigt wird dies durch die Erkenntnis, dass die möglichen Anwendungsfälle von sprachlich ganz allgemeinen und vagen Vorschriften manchmal ohne jegliche Unsicherheit feststünden, während andererseits die Anwendung detaillierter Vorschriften in zahlreichen Fällen zweifelhaft sein könne.[198]

Damit scheint das zur deutschsprachigen Methodenlehre herausgearbeitete Ergebnis, wonach eine Abgrenzung von deskriptiven, normativen Begriffen und Generalklauseln nicht sinnvoll möglich ist, bestätigt. Eine solche Abgrenzung wird von der englischen Rechtswissenschaft auch nicht einmal versucht.[199]

IV. Folgerungen und Bestandsaufnahme für das Europäische Privatrecht

1. Untauglichkeit des Generalklauselbegriffs

Die deutschsprachige Methodenlehre hat sich als nicht fähig erwiesen, trennscharfe Kriterien für die Bestimmung von Generalklauseln in Abgrenzung von sonstigen auslegungsbedürftigen Rechtssätzen zu entwickeln. Die vorstehenden Überlegungen haben gezeigt, dass sich alle Gesetzesbegriffe und Rechtssätze auf einem Kontinuum von relativer Bestimmtheit hin zu relativer Unbestimmtheit bewegen. Die Bestimmung der Grenze auf diesem Kontinuum, ab welcher auslegungsbedürftige Vorschriften zu Generalklauseln werden, ist nicht einmal ansatzweise möglich. Im Vergleich mit dem pragmatischen Ansatz des englischen Rechts erscheinen die in der deutschen Methodendiskussion entwickelten Kategorien und Einteilungen gekünstelt und mehr oder weniger willkürlich. Ist aber eine Abgrenzung von Generalklauseln nach deutschem Methodenverständnis nicht sinnvoll

197 *Bennion*, Bennion on Statute Law, S. 244; *ders.*, Understanding Common Law Legislation, S. 126.

198 *Bankowski/MacCormick* in: *ders./Summers* (Hrsg.), Interpreting Statutes, S. 359 (360); *Bennion*, Bennion on Statute Law, S. 239; *ders.*, Understanding Common Law Legislation, S. 121. Vgl. auch *Maley*, in *Gibbons* (Hrsg.), Language and the Law, S. 11 (28): "Despite the care, or the best intentions, of their drafters, sections written for certainty can become just as uncertain as those written for flexibility. Every case of statutory interpretation which comes before a court is an instance of uncertainty: it may be ambiguous, vague, absurd or in conflict with other rules."

199 Wie die von *Bennion* angeführten Beispiele zeigen, ist seine Unterscheidung von „*static*" und „*mobile braod terms*" nicht mit der Unterscheidung von deskriptiven und normativen Begriffen identisch. Im übrigen erscheint seine Einordnung auch willkürlich: warum soll sich die Bedeutung des Begriffs „*accident*" nicht je nach Zeit und Ort verändern können. Grund für diese Willkürlichkeit dürfte sein, dass seine Einordnung ihren Ausgangspunkt in konkret entschiedenen Fällen hat.

möglich und kennt der andere große europäische Rechtskreis[200] des *common law* eine solche Abgrenzung ohnehin nicht, so kommt auch nicht in Betracht, die Kategorie der Generalklausel in das Europäische Privatrecht zu übertragen und daraus kompetenzielle oder methodische Folgerungen abzuleiten.

Gegen die Übernahme der Dogmatik der Generalklausel spricht zu dem die Verbindlichkeit der Rechtstexte des Europäischen Privatrechts in allen 23 Amtssprachen.[201] Durch Übersetzung aus den Arbeitssprachen entstehen notwendig Verfälschungen; selbst bei wörtlicher Übersetzung ergeben sich Bedeutungsabweichungen;[202] häufig sind aber die Fassungen der Texte selbst unterschiedlich.[203] Der zur Bedeutungsermittlung vorzunehmende Vergleich der unterschiedlichen Textfassungen führt dazu, dass sich der Bedeutungshof im Vergleich zum Bedeutungskern notwendig vergrößert bzw. sich die Anzahl der „neutralen Kandidaten" im Vergleich zu den „positiven" und „negativen" Kandidaten erhöht. Die Mehrsprachigkeit verstärkt somit in erheblichem Maße die Unbestimmtheit der Rechtssätze.[204]

2. Bestandsaufnahme

Auch das Europäische Privatrecht enthält an zahlreichen Stellen wertungsoffene Rechtssätze. Für die Verteilung der Kompetenzen zu deren Konkretisierung zwischen Gemeinschaft und Mitgliedstaaten gibt aber deren Einordnung als Generalklauseln nichts her. Diese Kompetenzverteilung hat vielmehr anhand der gemeinschaftsrechtlichen Verfassungsordnung und dem zu regelnden Sachbereich je einzeln zu erfolgen.

Im folgenden sollen, ohne Anspruch auf Vollständigkeit, die wichtigsten wertungsoffenen Rechtssätze des Europäischen Privatrechts kurz angesprochen werden.

a) Schuldrecht

Gerade das Europäische Schuldrecht enthält eine Fülle ganz unterschiedlicher wertungsoffener Rechtssätze.

---

200 Vgl. auch *Walther*, in: *Baldus/Müller-Graff* (Hrsg.), Die Generalklausel im Europäischen Privatrecht, S. 63: „Die in Deutschland oft hervorgehobene Differenzierung zwischen ‚unbestimmten Rechtsbegriffen' und ‚Generalklauseln' ist in Frankreich in dieser Art unbekannt.

201 Vgl. Art. 1 der Verordnung Nr. 1 vom 15. 4. 1958 zur Regelung der Sprachenfrage für die EWG, ABl. EG 1958 Nr. 17/385; der Fassung der Verordnung (EG) Nr. 1791/2006 v. 20. 12. 2006, ABl. EU 2006 Nr. 363/1.

202 Dies gilt besonders für Begriffe, die für abstrakte Rechtsinstitute stehen, wie „Vertrag", „Schaden" oder „Vertragsbruch"; vgl. *Gambaro*, ERPL 2003, 768 (770 ff.), und aus rechtsvergleichender Sicht *Sacco*, (1991) 39 Am.J.Comp.L., 1 (10 ff.).

203 Vgl. dazu Kapitel 3 III 2. a) aa).

204 Vgl. *Kramer*, Methodenlehre, S. 58, zur Dreisprachigkeit der schweizerischen Bundesgesetze.

aa) Treu und Glauben

Die prominenteste „Generalklausel" des Europäischen Privatrechts findet sich in Art. 3 Abs. 1 der Klauselrichtlinie. Eine nicht im einzelnen ausgehandelte Vertragsklausel ist danach als missbräuchlich anzusehen, „wenn sie entgegen dem Gebot von Treu und Glauben zum Nachteil des Verbrauchers ein erhebliches und ungerechtfertigtes Missverhältnis der vertraglichen Rechte und Pflichten" verursacht.

Handelsvertreter und Unternehmer haben sich jeweils „nach den Geboten von Treu und Glauben zu verhalten", vgl. Art. 3 Abs. 1 und 4 Abs. 1 der Handelsvertreterrichtlinie. Art. 3 Abs. 2 der Fernabsatzfinanzdienstleistungsrichtlinie verweist auf „Treu und Glauben im Geschäftsverkehr" bei der Erteilung der in Art. 3 Abs. 1 vorgesehenen Informationen. Art. 4 Abs. 2 der Fernabsatzrichtlinie verlangt zwar die Beachtung „der Grundsätze der Lauterkeit des Handelsverkehrs" bei der Erteilung der vorvertraglichen Informationen durch den Lieferer. Die englische Fassung stellt jedoch mit den *„principles of good faith in commercial transactions"* den Bezug zu Treu und Glauben her.

In diesen Zusammenhang gehören auch die sogenannten Wohlverhaltensregeln nach Art. 19 Abs. 1 der Finanzmarktrichtlinie.[205] Danach schreiben die Mitgliedstaaten vor, dass Wertpapierfirmen im Rahmen der Erbringung von Wertpapier- und etwaigen Nebenleistungen „ehrlich, redlich und professionell im bestmöglichen Interesse ihrer Kunden" handeln. Eine nicht abschließende („insbesondere") Exemplifizierung der sich daraus ergebenden Pflichten findet sich in Art. 19 Abs. 2 bis 8 Finanzmarktrichtlinie. Die im Wege des Lamfalussy-Verfahrens ergangene Durchführungsrichtlinie enthält noch weitergehende detaillierte Konkretisierungen in Art. 26 bis 45.[206]

bb) Angemessenheit und Verhältnismäßigkeit

Der Verweis auf die Angemessenheit dient häufig der näheren Bestimmung von Inhalt und Umfang eines Anspruchs oder wirkt in Verbindung mit einer einzuhaltenden Frist anspruchsbegründend. Nach Art. 3 Abs. 1 e) der Zahlungsverzugsrichtlinie, hat der Gläubiger grundsätzlich Anspruch auf „angemessenen Ersatz" der Beitreibungskosten. Der Handelsvertreter hat Anspruch auf Provision für ein

---

205 Richtlinie 2004/39/EG des Europäischen Parlaments und des Rates vom 21. 4. 2004 über Märkte für Finanzinstrumente, zur Änderung der Richtlinie 85/611/EWG und 93/6/EWG des Rates und der Richtlinie 2000/12/EG des Europäischen Parlaments und des Rates und zur Aufhebung der Richtlinie 93/22/EWG des Rates, ABl. EU 2004, L 145/1. Die Vorgängerichtliche 93/22/EWG des Rates vom 10. 5. 1993 über Wertpapierdiesntleistungen, ABl. EG 1993 L 141/27, enthielt eine entsprechende Regelung in Art. 11. Eine sachliche Änderung der Wohlverhaltensregeln erfolgte nicht; vgl. *Grundmann*, in: *ders./Mazeaud* (Hrsg.), General Clauses and Standards, S. 141 (149).

206 Richtlinie 2006/73/EG der Kommission v. 10. 8. 2006 zur Durchführung der Richtlinie 2004/39/EG des Europäischen Parlamentes und des Rates in Bezug auf die organisatorischen Anforderungen an Wertpapierfirmen und die Bedingungen für die Ausübung ihrer Tätigkeit sowie in Bezug auf die Definition bestimmter Begriffe für die Zwecke der genannten Richtlinie, ABl. EU 2006 L 241/26.

Geschäft, dass innerhalb einer „angemessenen Frist" nach Beendigung des Vertragsverhältnisses abgeschlossen wurde, vgl. Art. 8 Handelsvertreterrichtlinie. Nach Art. 3 Abs. 5 Verbrauchsgüterkaufrichtlinie kann der Verbraucher eine „angemessene Minderung" des Kaufpreises verlangen. Nach Art. 16 Abs. 2 der Verbraucherkreditrichtlinie kann der Kreditgeber bei vorzeitiger Rückzahlung des Kredits „eine angemessene und objektiv gerechtfertigte Entschädigung für die möglicherweise entstandenen, unmittelbar mit der vorzeitigen Rückzahlung des Kredits zusammenhängenden Kosten verlangen, wenn die vorzeitige Rückzahlung in einen Zeitraum fällt, für den ein fester Sollzinssatz vereinbart wurde."

Die Verhältnismäßigkeit bzw. Unverhältnismäßigkeit dient dagegen regelmäßig der Anspruchsbegrenzung. Nach Art. 3 Abs. 3 der Verbrauchsgüterkaufrichtlinie ist Nacherfüllung ausgeschlossen, soweit diese unverhältnismäßig wäre. Die Nacherfüllung muss „innerhalb einer angemessenen Frist und ohne erhebliche Unannehmlichkeiten für den Verbraucher erfolgen".

cc) Wesentlichkeit

Bei Fernabsatzverträgen und bei im Fernabsatz erbrachten Finanzdienstleistungen muss der Verbraucher jeweils über die „wesentlichen Eigenschaften der Ware oder Dienstleistung", Art. 4 Abs. 1 b) Fernabsatzrichtlinie; bzw. die „wesentlichen Merkmale der Finanzdienstleistung", Art. 3 Abs. 1 Nr. 2 a) Fernabsatzfinanzdienstleistungsrichtlinie, informiert werden.

dd) Umstände des Einzelfalles

Gelegentlich wird auf die Berücksichtigung aller „Umstände des Einzelfalles" verwiesen. So bestimmt sich die Missbräuchlichkeit einer Klausel unter Berücksichtigung „aller den Vertragsabschluss begleitenden Umstände", Art. 4 Klauselrichtlinie. Nach Art. 3 Abs. 3 der Zahlungsverzugsrichtlinie soll eine von der Richtlinie abweichende Vereinbarung über den Zahlungstermin entweder nicht geltend gemacht werden können oder einen Schadensersatzanspruch begründen, „wenn sie bei Prüfung aller Umstände des Einzelfalles, einschließlich der guten Handelspraxis und der Art der Ware, als grob nachteilig für den Gläubiger anzusehen ist."

ee) Grundsätzliche schuldrechtliche Konzepte

Im ihrem Aktionsplan „Ein kohärentes Europäisches Vertragsrecht" identifizierte die Kommission als einen Problembereich des Europäischen Vertragsrechts die Verwendung „abstrakter", „grundlegender Begriffe" in Richtlinien, die entweder gar nicht oder zu weit definiert seien.[207] Diese „abstrakten Rechtsbegriffe" wie „Vertrag" oder „Schaden" basieren auf den Begrifflichkeiten der Rechtsordnungen der Mitgliedstaaten und bilden auch die begrifflichen Grundbausteine des Europäischen Privatrechts.

---

207 Mitteilung der Kommission an das Europäische Parlament und den Rat: Ein kohärentes Europäisches Vertragsrecht, Ein Aktionsplan, KOM (2003) 68 endg., Rn. 19.

Als problematisch erwiesen haben sich bisher etwa der Begriff des „Vertrages“ im Sinne von Art. 1 der Haustürgeschäfterichtlinie[208]; oder die Schadensbegriffe im Sinne von Art. 5 Abs. 2 der Pauschalreiserichtlinie[209] oder Art. 9 der Produkthaftungsrichtlinie.[210] Hierher gehören schließlich auch die Begriffe des „Verbrauchers“[211] und der jeweiligen Gegenseite[212], die in zahlreichen Richtlinien und nicht immer einheitlich definiert sind,[213] sowie die „Vertragsmäßigkeit“ als Zentralbegriff der Verbrauchsgüterkaufrichtlinie.

b) Arbeitsrecht

Zentral für das Arbeitrecht ist, abgesehen vom Begriff des „Arbeitnehmers“[214], vor allem der „Grundsatz der Gleichbehandlung“, der jede „unmittelbare oder mittelbare Diskriminierung“ aufgrund des Geschlechts[215], der Religion, der Weltanschauung, einer Behinderung, des Alters oder der sexuellen Ausrichtung,[216] sowie aufgrund Rasse und ethnischer Herkunft verbietet.[217] Besonders vage ist dabei der Tatbestand der „mittelbaren Diskriminierung“.[218]

Auch ansonsten sind wertungsoffenen Rechtsvorschriften im Europäischen Arbeitsrecht außerordentlich zahlreich. Zu nennen sind etwa die „wesentlichen Punkte des Arbeitsvertrages“ nach Art. 2 Abs. 1 der Nachweisrichtlinie 91/533/EWG; die „sachlichen Gründe“ im Sinne von § 4 Abs. 4 der durch Richtlinie 97/81/EG umgesetzten Rahmenvereinbarung über Teilzeitarbeit bzw. § 5 der durch Richtlinie 99/70/EG umgesetzten Rahmenvereinbarung über befristete Ar-

---

208 EuGH v. 17. 3. 1998 – Rs. C-45/96 (*Bayerische Hypotheken- und Wechselbank AG/Dietzinger*), Slg. 1998, I-1199.

209 EuGH v. 12. 3. 2002 – Rs. C-168/00 (*Simone Leitner/Tui Deutschland GmbH & Co. KG*), Slg. 2002, I-2631.

210 EuGH v. 10. 5. 2001 – Rs. C-203/99 (*Henning Veedfald/Århus Amtskommune*), Slg. 2001, I-3569.

211 Vgl. Art. 2 Nr. 2 Fernabsatzrichtlinie; Art. 1 Abs. 2 lit. a) Verbraucherkreditrichtlinie; Art. 2 Haustürgeschäfterichtlinie; Art. 1 Abs. 2 lit. c) Verbrauchsgüterkaufrichtlinie.

212 Vgl. Art. 2 Nr. 3 Fernabsatzrichtlinie („Lieferer“); Art. 1 Abs. 2 lit. c) Verbrauchsgüterkaufrichtlinie („Verkäufer“); Art. 1 Abs. 2 lit. b) Verbraucherkreditrichtlinie („Kreditgeber“).

213 Vgl. *Riesenhuber*, System und Prinzipien, S. 251–253. Art. 2 (1) und (2) des Vorschlags für eine Richtlinie des Europäischen Parlaments und des Rates über Rechte der Verbraucher, KOM(2008) 614 endg., versucht insoweit Abhilfe zu schaffen.

214 Das Gemeinschaftsrecht kennt dabei keinen einheitlichen Arbeitnehmerbegriff, entscheidend sind jeweils Regelungszusammenhang und Zweck der fraglichen Bestimmung (vgl. EuGH v. 13. 1. 2004 – Rs. C-256/01 (*Allonby*), Slg. 2004, I-873, Rn. 63 f.). Soweit nicht ausdrücklich auf das Recht der Mitgliedstaaten verwiesen wird, vgl. etwa Art. 2 Abs. 1 lit. d) Betriebsübergangsrichtlinie; Art. 1 Abs. 1 Nachweisrichtlinie; Art. 2 Abs. 2 Entsenderichtlinie, ist grundsätzlich ein gemeinschaftsrechtlicher Arbeitnehmerbegriff zugrunde zu legen; zu Art. 39 ff. EG vgl. EuGH v. 3. 7. 1986 – Rs. 66/85 (*Lawrie-Blum*), Slg. 1986, 2121 Rn. 16–22; zu Art. 141 EG vgl. EuGH v. 13. 1. 2004 – Rs. C-256/01 (*Allonby*), Slg. 2004, I-873, Rn. 65–72.

215 Vgl. nunmehr Art. 1, 4, 5 und 14 Richtlinie 2006/54/EG des Europäischen Parlamentes und des Rats v. 5. 7. 2006 zur Verwirklichung des Grundsatzes der Chancengleichheit und Gleichbehandlung von Männern- und Frauen in Arbeits- und Beschäftigungsfragen, ABl. EU 2006 L 204/23.

216 Vgl. Art. Art. 2 Abs. 1 Richtlinie 2000/78/EG (Beschäftigung und Beruf).

217 Vgl. Art. 2 Abs. 1 Richtlinie 2000/43/EG (Rasse und ethnische Herkunft).

218 Vgl. die Definitionen in 2 Abs. 1 lit. b) Richtlinie 2006/54/EG; Art. 2 Abs. 2 lit. b) Richtlinie 2000/78/EG; Art. 2 Abs. 2 lit. b) Richtlinie 2000/43/EG; Art. 2 lit. b) Richtlinie 2004/113/EG.

beitsverträge; sowie insbesondere auch Art. 1 Abs. 1 lit. a) der Betriebsübergangsrichtlinie, der auf den „Übergang von Unternehmen, Betrieben oder Unternehmens- bzw. Betriebsteilen" abstellt und sich in der Vergangenheit als besonders problematisch erweisen hat.[219]

c) Lauterkeitsrecht

Zentralbegriff des Europäischen Lauterkeitsrechts war bisher derjenige der „irreführenden Werbung".[220] Gemäß Art. 2 (b) der Werberichtlinie (2006/114/EG) ist irreführend „jede Werbung, die in irgendeiner Weise – einschließlich ihrer Aufmachung – die Personen, an die sie sich richtet oder die von ihr erreicht werden, täuscht oder zu täuschen geeignet ist und die infolge der ihr innewohnenden Täuschung ihr wirtschaftliches Verhalten beeinflussen kann oder aus diesen Gründen einen Mitbewerber schädigen oder zu schädigen geeignet ist".

Für den B2C-Bereich wird das Verbot irreführender Werbung nunmehr durch das Verbot „unlauterer Geschäftspraktiken" gemäß Art. 5 Abs. 1 der Richtlinie über unlautere Geschäftspraktiken ersetzt. Eine Geschäftspraxis ist unlauter, wenn sie „den Erfordernissen der beruflichen Sorgfaltspflicht widerspricht" und das wirtschaftliche Verhalten des Durchschnittsverbrauchers wesentlich beeinflusst oder zur wesentlichen Beeinflussung geeignet ist; insbesondere „irreführend" oder „aggressiv" ist. Die „berufliche Sorgfalt" ist ihrerseits definiert als „der Standard an Fachkenntnissen und Sorgfalt, bei denen billigerweise davon ausgegangen werden kann, dass der Gewerbetreibende sie gegenüber dem Verbraucher gemäß den anständigen Marktgepflogenheiten und/oder dem allgemeinen Grundsatz von Treu und Glauben in seinem Tätigkeitsbereich anwendet", vgl. Art. 2 lit. h).

d) Gesellschaftsrecht/Kapitalmarktrecht

Das Europäische Gesellschaftsrecht zielt auf Publizität und Rechtssicherheit und ist durch eine besonders technische Regelgebung gekennzeichnet. Gleichwohl finden sich auch hier wertungsoffene Rechtssätze an zentraler Stelle. Zu nennen sind insbesondere Art. 2 Abs. 3 der 4. Richtlinie (Jahresabschlussrichtlinie), wonach der Jahresabschluss „ein den tatsächlichen Verhältnissen entsprechendes Bild der Vermögens-, Finanz- und Ertragslage der Gesellschaft zu vermitteln" hat;[221] sowie die „Generalklausel"[222] des Art. 42 der 2. Richtlinie (Kapitalrichtlinie), wonach die Mitgliedstaaten die Gleichbehandlung derjenigen Aktionäre sicherstellen, die sich in den selben Verhältnissen befinden; ein „allgemeiner Grundsatz" der Gleichbehandlung der Inhaber von Wertpapieren, die der gleichen Gattung angehören,

---

219 Die Grundsätze der zur Vorgängerrichtlinie 77/187/EWG ergangenen Rechtsprechung sind zwar nunmehr in Art. 1 Abs. 1 lit. b) der Betriebsübergangsrichtlinie 2001/23/EWG definiert, ohne dass damit jedoch die Auslegungsprobleme wesentlich reduziert worden wären, vgl. *Neumann*, in *Langenbucher* (Hrsg.), Europarechtliche Bezüge, § 7 Rn. 89.

220 Vgl. bereits Art. 2 Nr. 2 der Werberichtlinie 84/450/EWG; Art. 6 Abs. 2 der Kosmetikrichtlinie 76/768/EWG; Art. 2 Abs. 1 der Lebensmittelkennzeichnungsrichtlinie 2000/13/EG.

221 Vgl. dazu EuGH v. 27. 6. 1996 – Rs. C-234/94 (*Tomberger*), Slg. 1996, I-3133.

222 Vgl. *Schön*, RabelsZ 64 (2000), 1 (25); *Jung*, GPR 2003/04, 233 (239).

findet sich auch in Art. 3 Abs. 1 (a) der Übernahmerichtlinie.[223] Nach Art. 8 Abs. 14 bzw. Art. 19 der Verordnung über das Statut der SE kann die zuständige Behörde eines Mitgliedstaates sowohl gegen die statutenändernde Sitzverlegung einer SE als auch gegen die Gründung einer SE im Wege der Verschmelzung „aus Gründen des öffentlichen Interesses" Einspruch erheben.

Im Kapitalmarktrecht werden entsprechend dem Lamfalussy-Verfahren auf erster Stufe durch den Gemeinschaftsgesetzgeber „Rahmenvorschriften" gesetzt, die bisweilen in hohem Maße unbestimmt sind, jedoch dann auf zweiter Stufe mittels Durchführungsvorschriften konkretisiert werden.[224] Das Verbot des Insider-Handels nach Art. 2 der Marktmissbrauchsrichtlinie knüpft an „Insider-Information" an, die Art. 1 Nr. 1 der Richtlinie definiert als „eine nicht öffentlich bekannte präzise Information, die direkt oder indirekt einen oder mehrere Emittenten von Finanzinstrumenten oder ein oder mehrere Finanzinstrumente betrifft und die, wenn sie öffentlich bekannt würde, geeignet wäre, den Kurs dieser Finanzinstrumente oder den Kurs sich darauf beziehender derivativer Finanzinstrumente erheblich zu beeinflussen." Für die Zwecke des Verbots nach Art. 5 wird „Marktmanipulation" in Art. 1 Nr. 2 der Marktmissbrauchsrichtlinie unter Bezugnahme auf das Setzen „falscher oder irreführender Signale" in Bezug auf Finanzinstrumente, unter Angabe nichtabschließender Beispielsfälle, definiert. Diese Definitionen sind dabei so anzupassen, „dass auch neue Handlungsmuster, die den Tatbestand der Marktmanipulation in der Praxis erfüllen, einbezogen werden können." Beide Tatbestände werden anhand von Durchführungsvorschriften konkretisiert.[225] Gemäß Art. 5 Abs. 1 der Prospektrichtlinie enthält der Prospekt „in leicht zu analysierender und verständlicher Form" „sämtliche Angaben, die ... erforderlich sind, damit die Anleger sich ein fundiertes Urteil ... bilden können." Nähere Bestimmungen enthalten Art. 5 Abs. 2–4, sowie die Anhänge I und II zur Prospektrichtlinie. Hinzu kommt die sehr ausführliche Durchführungsverordnung 809/2004.[226]

---

223 Der Grundsatz ist durch nachfolgende Vorschriften, etwa Art. 5 Abs. 1 und 5, näher ausgestaltet.

224 Vgl. Kapitel 3.

225 Richtlinie 2003/124/EG der Kommission vom 22. Dezember 2003 zur Durchführung der Richtlinie 2003/6/EG des Europäischen Parlaments und des Rates betreffend die Begriffsbestimmung und die Veröffentlichung von Insider-Informationen und die Begriffsbestimmung der Marktmanipulation ABl. EU 2003 L 339/70; Richtlinie 2003/125/EG der Kommission vom 22. Dezember 2003 zur Durchführung der Richtlinie 2003/6/EG des Europäischen Parlaments und des Rates in Bezug auf die sachgerechte Darbietung von Anlageempfehlungen und die Offenlegung von Interessenkonflikten, ABl. EU 2003 L 339/73; Verordnung (EG) Nr. 2273/2003 der Kommission vom 22. Dezember 2003 zur Durchführung der Richtlinie 2003/6/EG des Europäischen Parlaments und des Rates – Ausnahmeregelungen für Rückkaufprogramme und Kursstabilisierungsmaßnahmen, ABl. EU 2003 L 336/33; Richtlinie 2004/72/EG der Kommission vom 29. April 2004 zur Durchführung der Richtlinie 2003/6/EG des Europäischen Parlaments und des Rates – Zulässige Marktpraktiken, Definition von Insider-Informationen in Bezug auf Warenderivate, Erstellung von Insider-Verzeichnissen, Meldung von Eigengeschäften und Meldung verdächtiger Transaktionen [ ], ABl. EU 2004 L 162/70.

226 Verordnung (EG) 809/2004 der Kommission vom 29. April 2004 zur Umsetzung der Richtlinie 2003/71/EG des Europäischen Parlaments und des Rates betreffend die in Prospekten enthaltenen Informationen sowie das Format, die Aufnahme von Informationen mittels Verweis und die Veröffentlichung solcher Prospekte und die Verbreitung von Werbung, ABl. EU 2004 L 149/1; in

e) Markenrecht/Geschmacksmusterrecht

Eine Fülle wertungsoffener Rechtssätze findet sich im Europäischen Marken- und Geschmacksmusterrecht. So sind beispielsweise von der Eintragung ausgeschlossen bzw. unterliegen der Ungültigerklärung Marken, die gegen die „öffentliche Ordnung oder die guten Sitten verstoßen“[227]; Marken, bei denen wegen „Ähnlichkeit“ die „Gefahr von Verwechslungen“ mit älteren Marken besteht[228]; oder Marken, die die Unterscheidungskraft oder Wertschätzung einer älteren Marke oder Gemeinschaftsmarke „ohne rechtfertigenden Grund in unlauterer Weise ausnutzen oder beeinträchtigen“ würden.[229] Auch findet der Erschöpfungsgrundsatz keine Anwendung, „wenn berechtigte Gründe es rechtfertigen, dass der Inhaber sich dem weiteren Vertrieb der Waren widersetzt“.[230] Die Erklärung des Verfalls einer Marke kommt nur dann in Betracht, wenn „keine berechtigten Gründe für die Nichtbenutzung vorliegen“.[231]

Geschmacksmuster sind nur insoweit geschützt als sie neu sind, sich also nicht „nur in unwesentlichen Einzelheiten“ von anderen Mustern unterscheiden[232], und Eigenart besitzen, sich also der „Gesamteindruck, den es beim informierten Benutzer hervorruft, von dem Gesamteindruck unterscheidet, den ein anderes Muster bei diesem Benutzer hervorruft.“[233] Nicht geschützt sind Geschmacksmuster, die „gegen die öffentliche Ordnung oder gegen die guten Sitten“ verstoßen.[234]

Besonderes Kennzeichen des Europäischen Marken- und Geschmacksmusterrechts ist dabei die Parallelität der Begrifflichkeit der jeweiligen Richtlinie zur Angleichung der nationalen Rechte und der Verordnung, die den nationalen Schutzrechten ein von diesen unabhängiges unionsweites Schutzinstrument zur Seite stellt.

V. Zusammenfassung

Sprache und damit Recht sind notwendig unbestimmt. Jeder Begriff hat positive Kandidaten, die dem Begriff eindeutig unterfallen, negative Kandidaten, die dem

der Fassung der Verordnung (EG) Nr. 211/2007 der Kommission vom 27. Februar 2007 zur Änderung der Verordnung (EG) Nr. 809/2004 zur Umsetzung der Richtlinie 2003/71/EG des Europäischen Parlaments und des Rates in Bezug auf die Finanzinformationen, die bei Emittenten mit komplexer finanztechnischer Vorgeschichte oder bedeutenden finanziellen Verpflichtungen im Prospekt enthalten sein müssen, ABl. EU 2007 L 61/24.

227 Art. 3 Abs. 1 lit. f) Markenrichtlinie; Art. 7 Abs. 1 lit. f) Gemeinschaftsmarkenverordnung.

228 Art. 4 Abs. 1 lit. b) Markenrichtlinie, Art. 8 Abs. 1 lit. b) Gemeinschaftsmarkenverordnung. Für die Rechte aus der Marke bzw. Gemeinschaftsmarke vgl. auch Art. 5 Abs. 1 lit. b) Markenrichtlinie und Art. 9 Abs. 1 lit. b) und c) Gemeinschaftsmarkenverordnung.

229 Art. 4 Abs. 3 und 4 lit. a) Markenrichtlinie; Art. 8 Abs. 5 Gemeinschaftsmarkenverordnung.

230 Art. 7 Abs. 2 Markenrichtlinie; Art. 13 Abs. 2 Gemeinschaftsmarkenverordnung.

231 Art. 12 Abs. 1 Markenrichtlinie; Art. 15 Abs. 1 Gemeinschaftsmarkenverordnung.

232 Art. 4 Geschmacksmusterrichtlinie; Art. 5 Abs. 1 Gemeinschaftsgeschmacksmusterverordnung.

233 Art. 5 Abs. 1 Geschmacksmusterrichtlinie; Art. 6 Abs. 1 Gemeinschaftsgeschmacksmusterverordnung.

234 Art. 8 Geschmacksmusterrichtlinie; Art. 9 Gemeinschaftsgeschmacksmusterverordnung.

Begriff eindeutig nicht unterfallen, sowie neutrale Kandidaten, deren Zuordnung zweifelhaft ist. Ein Begriff ist umso unbestimmter, je größer die Anzahl neutraler Kandidaten im Verhältnis zu positiven und negativen Kandidaten.

Die Abgrenzung deskriptiv-unbestimmter von normativ-unbestimmten Begriffen hat sich als ebenso unmöglich erwiesen, wie die Abgrenzung der Generalklauseln von sonstigen Rechtssätzen, die unbestimmte Begriffe verwenden. Stets bestehen Unterschiede nur dem Grade nach. Für Rechtssätze, die bereits abstrakt, d.h. losgelöst vom konkreten Fall, relativ unbestimmt und offen für richterliche Eigenwertung sind, wurde der Sammelbegriff „wertungsoffene Rechtssätze" eingeführt. Vor dem Hintergrund ihrer Nichtabgrenzbarkeit scheint es wenig sinnvoll, an der Kategorie der Generalklausel festzuhalten, jedenfalls ist sie aber ungeeignet zur Ableitung etwaiger methodischer Schlussfolgerungen.

Die Rechtsordnung des *common law* hat traditionell mit wertungsoffenen Rechtssätzen im *statute law* besondere Schwierigkeiten, wie insbesondere die *good faith*-Debatte aus Anlass der Umsetzung der Klauselrichtlinie verdeutlicht hat. Andererseits sind sowohl *case law* als auch *statute law* an zahlreichen Stellen äußerst unbestimmt, ohne dass dies den englischen Gerichten grundsätzliche Probleme bereitet. Das Verständnis wertungsoffener Rechtssätze unterscheidet sich dabei nicht grundlegend von demjenigen in den kontinentalen Rechtsordnungen. Die abstrakte rechtstheoretische Analyse fällt jedoch meist spärlich aus, eine besondere Kategorie der Generalklausel wird nicht unterschieden.

Da die deutschsprachige Methodenlehre nicht in der Lage ist, Generalklauseln sinnvoll von anderen Rechtssätzen abzugrenzen, der Rechtskreis des *common law* eine besondere Kategorie der Generalklausel nicht kennt und schließlich das Europäische Privatrecht in allen Amtssprachen verbindlich ist, erscheint eine Übertragung des Generalklauselbegriffs in die Europäische Methodenlehre als unbrauchbar und zur Ableitung kompetenzieller oder methodischer Folgerungen nicht geeignet.

Kapitel 5: Die Konkretisierung wertungsoffener Rechtssätze – Begriff und Methode

Die Methode, mit deren Hilfe die Rechtspraxis wertungsoffene Rechtssätze für die Entscheidungsfindung fruchtbar macht, wird in der deutschsprachigen Methodenlehre meist als Konkretisierung bezeichnet.[1] Weder die französische[2] noch die

---

1 Vgl. *Röthel*, Normkonkretisierung, passim; *Röhl/Röhl*, Allgemeine Rechtslehre, S. 242; *Canaris*, Systemdenken und Systembegriff, S. 152; *Bydlinski*, Juristische Methodenlehre, S. 582ff.; *ders.*, in: Wieacker Symposium, S. 189ff.; *Zippelius*, Juristische Methodenlehre, S. 97f.; *Larenz*, Methodenlehre, S. 288ff.; *Kramer*, Methodenlehre, S. 201ff.; *Kamanabrou*, AcP 202 (2002), S. 662 (672ff.); *Göldner*, Verfassungsprinzip und Privatrechtsnorm, S. 85ff.; *J. Ipsen*, Richterrecht und Verfassung, S. 72ff.; *Wank*; Rechtsfortbildung, S. 145ff.; *Weber*, AcP 192 (1992), S. 516 (525ff.); *Ohly*, AcP 201 (2001), 1 (9ff.); *Säcker*, ARSP 1972, 215ff.; *Auer*, Materialisierung, Flexibilisierung, Richterfreiheit, S. 144ff. *Engisch*, Die Idee der Konkretisierung, passim, identifiziert als juristisch relevante Bedeutungen des

englische[3] Methodenlehre kennen einen entsprechend ausdifferenzierten Begriff und auch in der europäischen Methodenlehre ist er bisher kaum etabliert. Hier soll daher der Frage nachgegangen werden, was sich hinter dem Begriff der Konkretisierung[4] verbirgt. Vor dem Hintergrund der gemeinschaftsrechtlichen Kompetenzverteilung ist dabei zunächst von Bedeutung, inwieweit der Begriff der „Konkretisierung" ein Kompetenzproblem impliziert (I.). Mit Blick auf die Dichotomie von „Auslegung" und „Anwendung", die dem Vorabentscheidungsverfahren gemäß Art. 234 EG zugrunde liegt, stellt sich die Frage, wie sich im Prozess der Entscheidungsfindung „Konkretisierung" zu diesen beiden Begriffen verhält (II.). Zu untersuchen ist weiterhin, ob Konkretisierung eine besondere, von derjenigen der Auslegung zu unterscheidende Technik erfordert und woraus sich die letztlich entscheidenden Wertungsmaßstäbe ergeben (III.). Abschließend können Folgerungen für das Europäische Privatrecht gezogen werden (IV.).

I. Konkretisierung als Kompetenzproblem

Das der Konkretisierung immanente Kompetenzproblem wird am deutlichsten angesprochen in positivistischen Rechtstheorien. Nach der Lehre vom Stufen-

---

„Konkreten" insbesondere: das Konkrete als das Reale, Konkretisierung als Hinwendung zur Wirklichkeit; das Konkrete als das Bestimmte, Konkretisierung als Spezialisierung, Individualisierung oder Veranschaulichung; das Konkrete als das „Materiale", das inhaltlich Bestimmte im Gegensatz zum Formalen; das Konkrete als das numerisch Einzelne und qualitativ Besondere, das Individuum als die unterste Stufe der Subsumtion.

2 Wertungsoffene Rechtssätze werden zwar durch den Richter präzisiert („*préciser*") und vervollständigt („*compléter*"), vgl. *Cornu*, Droit civil, Rn. 176ff.; *Ghestin/Goubeaux*, Droit Civil, Rn. 425. Dabei handelt es sich allerdings um eine Frage der Rechtsquellenlehre, vgl. auch *Larroumet*, Droit Civil, Rn. 278; *Sonnenberger*, in: *Ferid/Sonnenberger*, Französisches Zivilrecht, Band 1/1, Rn. 1B47–1B56; *Vogenauer*, Auslegung, Band I, S. 291. Methodisch bleibt es bei der Auslegung („interprétation"), vgl. *Larroumet*, Droit Civil, Rn. 278. Vgl. auch *Vogenauer*, Auslegung, Band I, S. 289–294; *Fikentscher*, Methoden des Rechts, Band III, 542–548; *Hesselink*, in *Hartkamp* u.a. (Hrsg.), Towards a European Civil Code, S. 471 (475); *Jung*, in: *Baldus/Müller-Graff* (Hrsg.), Die Generalklausel im Europäischen Privatrecht, S. 37 (57ff.); *Walther*, in: *Baldus/Müller-Graff* (Hrsg.), Die Generalklausel im Europäischen Privatrecht, S. 63 (66ff.).

3 Die in der englische Methodenlehre gebräuchlichen Begriffe „*interpretation*" und „*construction*" werden grundsätzlich synonym verwandt, vgl. *Bennion*, Bennion on Statute Law, S. 84; *McLeod*, Legal Method, S. 235. *Bennion* unterscheidet weiterhin zwischen „*judgment*" und „*discretion*". Im Falle von „*judgment*" sei eine sachgerechte Bewertung bestimmter Umstände gefordert; insoweit gebe es stets nur eine richtige Entscheidung, wenn auch verschiedene Beurteiler legitimerweise zu unterschiedlichen Einschätzungen gelangen könnten. „*Discretion*" eröffne dagegen echte Entscheidungsalternativen. Ein Beispiel für „*judgment*" sei „the process of arriving at the legal meaning of a doubtful enactment in its application to given facts." Obwohl es, entsprechend der Ansicht von *Dworkin* (Law's Empire, S. 266) konzeptionell nur eine richtige Antwort geben könne, bestünde praktisch doch ein „area of judgment", das umso größer sei, je unbestimmter der fragliche Begriff ist; vgl. *Bennion*, Understanding Common Law Legislation, S. 119ff.; *ders.*, Statutory Interpretation, S. 94ff. Um zur Bedeutung eines unbestimmten Begriffs zu gelangen, verbleibt es letztlich aber doch bei „*Interpretation*": „The legal meaning of a broad term which is to be applied in relation to particular facts is arrived at as matter of judgment in the light of the interpretative criteria."; vgl. *Bennion*, Statutory Interpretation, section 356 (2), S. 1001.

4 *Röthel*, Normkonkretisierung, S. 7.

bau[5] ist die Rechtsordnung ein System von generellen und individuellen Normen, die miteinander dadurch verbunden sind, dass die Erzeugung jeder zu diesem System gehörigen Norm durch eine andere Norm des Systems und in letzter Linie durch seine Grundnorm bestimmt ist; eine Norm gehört zu einer Rechtsordnung nur dann, wenn sie gemäß der Bestimmung einer anderen Norm dieser Ordnung gesetzt ist.[6] Insoweit ist die Lehre vom Stufenbau im parlamentarischen Verfassungsstaat westlicher Prägung durchaus herrschend.[7] Das gesamte Recht ist danach ein Prozess stetig zunehmender „Individualisierung“ und „Konkretisierung“,[8] ein Prozess, indem sich Recht auf dem Weg von der Verfassung[9], über Gesetzgebung und Gewohnheit hin zur richterlichen Entscheidung und zur Vollstreckung der Sanktion, „vom Generellen (oder Abstrakten) zum Individuellen (oder Konkreten)“, gleichsam selbst immer wieder von neuem erzeugt.[10] Die „generellen Rechtsnormen“ des Gesetzesrechts, die an einen abstrakt bestimmten Tatbestand eine ebenso abstrakte Rechtsfolge knüpfen, geben stets nur einen Rahmen vor, innerhalb dessen die individuelle Rechtsnorm dadurch zu erzeugen ist, dass im Zuge der „Individualisierung“ und „Konkretisierung“ das Gericht feststellt, „ob in dem ihm vorliegenden Falle die in der generellen Rechtsnorm in abstracto bestimmten Bedingungen einer Unrechtsfolge in concreto gegeben sind.“[11] Der Konkretisierungsprozess endet dort, „wo das Sollen eines Rechtssatzes nicht wieder anders geformtes Sollen auslöst, weil es seinen immanenten Zweck erfüllt“, sich also im Vollzugsakt erledigt hat.[12] Eine Rechtnorm gehört danach zu einer bestimmten Rechtsordnung nur dann, „wenn sie von einem Organ dieser Gemeinschaft und daher von dieser Gemeinschaft erzeugt wurde.“ Das normerzeugende Organ ist „Organ der Rechtsgemeinschaft, weil und insofern seine Funktion durch eine Norm der die Gemeinschaft konstituierenden Rechtsordnung bestimmt ist und daher der Gemeinschaft zugeschrieben werden kann“.[13]

---

5 Die Lehre vom Stufenbau der Rechtsordnung wird allgemein *Adolf Julius Merkl*, z.B. Prolegomena einer Theorie des rechtlichen Stufenbaus, in: *Mayer-Maly/Schambeck/Grussmann* (Hrsg.), Gesammelte Schriften, Band I, S. 437 ff. und *Hans Kelsen*, Reine Rechtslehre, S. 228 ff., 346 f.; *ders.*, Allgemeine Staatslehre, S. 231 ff. zugerechnet. Vgl. *Engisch*, Die Idee der Konkretisierung, S. 186.

6 Vgl. *Kelsen*, Reine Rechtslehre, S. 239; *Merkl*, Prolegomena einer Theorie des rechtlichen Stufenbaus, in: *Mayer-Maly/Schambeck/Grussmann* (Hrsg.), Gesammelte Schriften, Band I, S. 437 (443, 464 ff.).

7 Vgl. *Röhl/Röhl*, Allgemeine Rechtslehre, S. 305 f.; *Rüthers*, Rechtstheorie, § 6 Rn. 272.

8 Vgl. *Kelsen*, Reine Rechtslehre, S. 242; *ders.* Allgemeine Staatslehre, S. 234; *Merkl*, Prolegomena einer Theorie des rechtlichen Stufenbaus, in: *Mayer-Maly/Schambeck/Grussmann* (Hrsg.), Gesammelte Schriften, Band I, S. 437 (477 f.).

9 Grundnorm und Verfassung sind nicht identisch. Die „hypothetische Grundnorm“ ist vielmehr die „transzendental-logische Voraussetzung“ der Geltung der Verfassung selbst, vgl. *Kelsen*, Reine Rechtslehre, S. 204, 228.

10 *Kelsen*, Reine Rechtslehre, S. 239; *Merkl*, Prolegomena einer Theorie des rechtlichen Stufenbaus, in: *Mayer-Maly/Schambeck/Grussmann* (Hrsg.), Gesammelte Schriften, Band I, S. 437 (446 f.).

11 *Kelsen*, Reine Rechtslehre, S. 243, 250.

12 *Merkl*, Prolegomena einer Theorie des rechtlichen Stufenbaus, in: *Mayer-Maly/Schambeck/Grussmann* (Hrsg.), Gesammelte Schriften, Band I, S. 437 (460); vgl. auch *Kelsen*, Reine Rechtslehre, S. 240.

13 *Kelsen*, Reine Rechtslehre, S. 239 f.

Ähnliches gilt nach der analytischen Rechtstheorie *Harts*. Recht ist danach gekennzeichnet durch die Einheit von primären Verpflichtungsregeln und sekundären Regeln über die primären Verpflichtungsregeln, insbesondere deren Hervorbringung, Änderung und Durchsetzung.[14] Die wichtigste dieser Sekundärregeln ist dabei diejenige Regel, die die Kriterien benennt, bei deren Vorliegen eine Regel als Primärregel der jeweiligen Gemeinschaft anzuerkennen ist, die sogenannte *„rule of recognition"*.[15] Bei dieser *rule of recognition* handelt es sich, im Gegensatz zur Grundnorm *Kelsens*, nicht um ein normatives Phänomen, sondern um ein soziales Faktum, nämlich um die von der jeweiligen Gemeinschaft anerkannte Praxis zur Identifikation der Primärregeln.[16] Eine Regel ist danach dem Rechtssystem zugehörig und als Rechtsnorm existent, wenn sie mit denjenigen Kriterien übereinstimmt, die die *rule of recognition* als Gültigkeitskriterien benennt.[17] Dies gilt auch für den Prozess der Rechtsanwendung. Diejenige Regel, die den Gerichten die Zuständigkeit zur Entscheidung eines Rechtsstreites verleiht, ist selbst (Teil der) *rule of recognition*: die Primärregeln werden anhand der Entscheidungen der Gerichte identifiziert womit letztere zur Rechtsquelle werden.[18] Dieser, vornehmlich anhand des *common law* entwickelte Ansatz, findet auch Niederschlag in der Praxis der Gerichte.[19]

Das Kompetenzproblem stellt sich aber auch bei Zugrundelegung nicht-positivistischer Ansätze, wie etwa der Rechtstheorie *Alexys*. Recht ist danach „ein Normensystem, das (1) einen Anspruch auf Richtigkeit erhebt, (2) aus der Gesamtheit der Normen besteht, die zu einer im großen und ganzen sozial wirksamen Verfassung gehören und nicht extrem ungerecht sind, sowie aus der Gesamtheit der Normen, die gemäß dieser Verfassung gesetzt sind, ein Minimum an sozialer Wirksamkeit oder Wirksamkeitschance aufweisen und nicht extrem ungerecht sind, und zu dem (3) die Prinzipien und die sonstigen normativen Argumente gehören, auf die sich die Prozedur der Rechtsanwendung stützt und/oder stützen muss, um den Anspruch auf Richtigkeit zu erfüllen."[20] Soweit danach entwickelte Rechtssysteme eine „stufenförmige Struktur" aufweisen, kommt es auf der zweiten Stufe auch entscheidend auf die „ordnunggemäße Gesetztheit" gemäß einer Verfassung an,[21] dies schließt denknotwendig deren Kompetenznormen mit ein. Nach (3) schließ-

---

14 *Hart*, The Concept of Law, S. 94: "law may most illuminatingly be characterized as a union of primary rules of obligation with such secondary rules."
15 *Hart*, The Concept of Law, S. 94.
16 *Hart*, The Concept of Law, S. 110: "the rule of recognition exists only as a complex, but normally concordant, practice of the courts, officials, and private persons in identifying the law by reference to certain criteria. Its existence is a matter of fact."
17 *Hart*, The Concept of Law, S. 103.
18 *Hart*, The Concept of Law, S. 97.
19 Vgl. etwa *Young v Bristol Aeroplane Company Ltd.* [1944] KB 718 (725) per Lord Greene MR: "The Court of Appeal is a creature of statute and its powers are statutory. It is one court though it usually sits in two or three divisions. Each division has co-ordinate jurisdiction, but the full court has no greater powers or jurisdiction than any division of the court."
20 *Alexy*, Begriff und Geltung des Rechts, S. 201.
21 *Alexy*, Begriff und Geltung des Rechts, S. 205.

lich wird die „Prozedur der Rechtsanwendung“ in den Rechtsbegriff einbezogen.[22] „Prozedur der Rechtsanwendung“ beinhaltet „ein System von auf Regeln beruhenden und durch Regeln geleiteten Handlungen, durch die Normen ... angewandt und durchgesetzt werden“;[23] dazu müssen auch Regeln gehören, die im konkreten Fall den zur Entscheidung und Konkretisierung berufenen Rechtsanwender bestimmen.

Insoweit kommt nach allen vorgestellten Ansätzen der Konkretisierungszuständigkeit des jeweiligen Organs maßgebliche Bedeutung zu.[24] *Brugger* spricht in diesem Zusammenhang von der „Stufung der Konkretisierungszuständigkeiten“, die im parlamentarischen Verfassungsstaat durch das Prinzip der Gewaltenteilung determiniert sei.[25]

Selbst bei Zugrundelgung eines post-modernen Rechtspluralismus[26] ergibt sich nichts anderes.[27] Nach der klassischen Definition von *Griffiths* handelt es sich bei Rechtspluralismus um einen Zustand, wonach in einem bestimmten Ausschnitt sozialer Wirklichkeit Rechtssysteme verschiedenere Provinienz operativ sind und damit Rechtsnormen, die sich aus ganz unterschiedlichen, heterogenen Quellen speisen, nebeneinander und gegeneinander zur Anwendung berufen sein können.[28] Innerhalb der einzelnen, um Anerkennung und Durchsetzung ringenden Rechtssysteme stellt sich das Kompetenzproblem je nach zugrundeliegendem Rechtsbegriff[29] aber genauso dar, wie anhand der obigen Ansätze beschrieben.[30] Und für die Auflösung des Geltungskonflikts zwischen verschiedenen Rechtssystemen ist das Kompetenzproblem geradezu paradigmatisch, geht es hier doch auch vorrangig darum, diejenige Autorität zu bestimmen, die zur konkretisierenden Entscheidung des Lebenssachverhalt anhand der durch das sich durchsetzende System hervorgebrachten Normen berufen ist. Besonderheit des Rechtspluralismus ist dabei lediglich, dass es an einer zentralen, kompetenzbestimmenden Meta-Norm fehlt, und ein etwaiger Konflikt im Wege der dynamischen Interaktion und Kommunikation der unterschiedlichen Rechtssysteme oder eben Dominanz eines dieser Systeme aufzulösen ist.[31]

---

22 *Alexy*, Begriff und Geltung des Rechts, S. 205.
23 *Alexy*, Begriff und Geltung des Rechts, S. 46.
24 Vgl. auch *Röthel*, Normkonkretisierung, S. 15.
25 Vgl. *Brugger*, AöR 119 (1994), 1 (10 f.).
26 *Menski*, Comparative Law in a Global Context, S. 82 ff.
27 Vgl. *Röhl/Röhl*, Allgemeine Rechtslehre, S. 308 ff.
28 *Griffiths*, (1986) 24 Journal of Legal Pluralism & Unofficial Law, 1 (38). Vgl. auch *Menski*, Comparative Law in a Global Context, S. 83: "It is a common daily experience that normative pluralism, the coexistence of different bodies of norms within the same social space, is a fact of life."
29 Zu den Problemen, die Rechtspluralismus mit der Bestimmung des Rechtsbegriffs hat vgl. *Tamanaha*, A General Jurisprudence of Law and Society, S. 172 f.
30 *Röhl/Röhl*, Allgemeine Rechtslehre, S. 309: „Aus dieser Binnensicht des Rechtssystems ist die Ubiquitätsthese des Rechtspluralismus als rechtssoziologische Theorie nicht relevant.“
31 *Menski*, Comparative Law in a Global Context, S. 173 ff.

II. Konkretisierung und Subsumtionsmodell – Auslegung oder Anwendung

Ausgangspunkt ist insoweit das klassische Subsumtionsmodell der Entscheidungsfindung, dass an die logische Form eines Syllogismus anknüpft.[32] Aus zwei, durch einen gemeinsamen Mittelbegriff logisch verknüpften Prämissen, Ober- und Untersatz, wird der Schlussatz (Konklusion) abgeleitet.[33] Bei der Entscheidungsfindung im Recht[34] geht es darum, die für den *hic et nunc* zu entscheidenden Fall zutreffende Rechtsfolge, logisch aus dem Gesetz abzuleiten. Die erste Prämisse – den Obersatz – bildet die aus dem Gesetz zu gewinnende Rechtsnorm; Mittelbegriff ist deren Tatbestand; Untersatz ist die Feststellung, dass dieser Tatbestand im konkreten Fall verwirklicht ist. Dies führt zu der Konklusion, dass die im Obersatz vorgesehene Rechtsfolge auf den zu entscheidenden Fall zutrifft. Dabei handelt es sich beim Obersatz um eine Sollensaussage, beim Untersatz um eine Aussage des deskriptiven Seins, die Konklusion wiederum gehört dem Sollensbereich an.[35] Soweit Obersatz und Untersatz feststehen, ist die Ableitung der Konklusion trivial. Das Hauptproblem der Rechtsanwendung besteht daher in der Bestimmung der Prämissen.[36] Der Obersatz ist dabei nach traditionellem Verständnis aus dem Gesetzestext im Wege der Auslegung zu entwickeln.[37] Die Bildung des Untersatzes ist Gegenstand der Subsumtion.[38] Dies ist die Rechtsanwendung im eigentlichen Sinne,[39] da es hier um die Unterordnung des einzelnen Falles unter den

32 Vgl. *Rüthers*, Rechtstheorie, § 21 Rn. 681 f.; *Looschelders/Roth*, Juristische Methodik, S. 89; *Larenz*, Methodenlehre, S. 271; ausführlich zu den logischen Grundlagen der Subsumtionslehre *Fikentscher*, Methoden des Rechts, Band III, S. 742 ff.; *Alexy*, Theorie der juristischen Argumentation, S. 273–283.

33 Vgl. *Rüthers*, Rechtstheorie, § 21 Rn. 681; *Looschelders/Roth*, Juristische Methodik, S. 89.

34 Man könnte insoweit auch von Rechtsanwendung im weiteren Sinne als einem Gesamtprozess einschließlich der Auslegung der anzuwendenden Rechtsnorm sprechen.

35 *Fikentscher*, Methoden des Rechts, Band IV, S. 183. Die Unterscheidung von Sein und Sollen, und die Erkenntnis, das von dem was ist nicht logisch auf das was sein soll geschlossen werden kann, geht zurück auf *Hume*, A Treatise of Human Nature, S. 469: „I have always remark'd, that the author proceeds for some time in the ordenary way of reasoning, and establishes the being of God, or makes observations concerning human affairs; when of a sudden I am surpriz'd to find, that instead of the usual copulations of propositions, is, and is not, I meet with no proposition that is not connected with an ought, or an ought not. This change is imperceptible; but is however of the last consequence. For as this ought, or ought not, expresses some new relation or affirmation, 'tis necessary that it shou'd be observ'd and explain'd; and at the same time that a reason should be given, for what seems altogether inconceivable, how this new relation can be a deduction from others, which are entirely different from it." Die Unterscheidung von Sein und Sollen liegt auch der Kantischen Philosophie, vgl. *Kant*, Kritik der reinen Vernunft, S. 97 ff.; und dem Methodendualismus des südwestdeutschen Neukantianismus zugrunde; vgl. nur *Radbruch*, Rechtsphilosophie, S. 13 ff. Auf die rechtstheorethische Problematik, die daraus resultiert, das ein Lebenssachverhalt als dem Sein zugehörig unter eine dem Sollen angehörende Rechtsnorm subsumiert wird, sei hier nur hingewiesen, vgl. *Looschelders/Roth*, Juristische Methodik, S. 91; *Larenz*, Methodenlehre, S. 273 f.

36 *Larenz*, Methodenlehre, S. 273; *Looschelders/Roth*, Juristische Methodik, S. 92 ff.

37 *Rüthers*, Rechtstheorie, § 21 Rn. 684; *Looschelders/Roth*, Juristische Methodik, S. 92; *Engisch*, Einführung, S. 72.

38 *Larenz*, Methodenlehre, S. 273 f.; *Looschelders/Roth*, Juristische Methodik, S. 90; *Fikentscher*, Methoden des Rechts, Band IV, S. 183; *Engisch*, Einführung, S. 62 f.

39 Vgl. *Larenz*, Methodenlehre, S. 274.

Tatbestand[40] der breits im Wege der Auslegung ermittelten Rechtsnorm geht. Fraglich ist, inwieweit und an welcher Stelle sich die „Konkretisierung" wertungsoffener Rechtssätze in dieses Schema einordnen lässt.

1. Die Verortung der Konkretisierung bei der Zubereitung des Obersatzes

Eine Reihe von Autoren verortet das Problem der „Konkretisierung" bei der Bildung des Obersatzes.

a) Auslegung als Konkretisierungsvorgang

Die juristischen Hermeneutik[41] gewinnt in der neueren Methodenlehre zunehmend an Bedeutung.[42] Ihr liegt die Vorstellung zugrunde, dass sich Norm und Sachverhalt gegenseitig bedingen und im Akt der Rechtsfindung schrittweise zueinander in Beziehung gebracht werden müssen: „Norm und Sachverhalt stellen einander her im Prozess von Normanwendung und Sachverhaltsentscheidung."[43] Ausgehend von dieser Erkenntnis sehen manche in der Ermittlung der Bedeutung eines Rechtssatzes unabhängig von dessen Wertungsoffenheit stets einen Konkretisierungsvorgang. Auslegung und Konkretisierung werden gleichgesetzt und damit zugleich eine besondere Technik für die methodische Behandlung wertungsoffener Rechtssätze geleugnet.[44]

Nach *Engisch* vollzieht sich die Subsumtion durch „Gleichsetzung des hic et nunc zu entscheidenden Falles mit solchen Fällen, die zweifellos vom Gesetz betroffen sind".[45] Die Frage, welche Fälle das sind und unter welchen Gesichtspunkten und in welchen Beziehungen der neue Fall diesen gesetzesbetroffenen Fällen gleichzuachten ist, werde durch Auslegung der fraglichen Gesetzesvorschrift ermittelt.[46] Die Auslegung sei somit logische Voraussetzung der Subsumtion.[47] Bildlich gesprochen werde durch die „Auslegung der dem Gesetz unmittelbar zu entnehmende Obersatz mit seinen abstrakten Begriffsmerkmalen dem konkreten zur Entscheidung stehenden Fall ‚angenähert'"; logisch bedeute dies, dass durch „Aus-

---

40 *Engisch*, Einführung, S. 62.
41 Vgl. *Gadamer*, Wahrheit und Methode, S. 313: „Denn wir meinen ..., dass Anwendung ein ebenso integrierender Bestandteil des hermeneutischen Vorgangs ist wie Verstehen und Auslegen.", und S. 335: „Die Aufgabe der Auslegung ist die der Konkretisierung des Gesetzes im jeweiligen Fall, also die Aufgabe der Applikation". Dazu *Larenz*, Methodenlehre, S. 212.
42 Vgl. *Schroth*, in: *Kaufmann/Hassemer/Neumann* (Hrsg.), Einführung in Rechtsphilosophie und Rechtstheorie der Gegenwart, S. 270ff.
43 Vgl. *Hassemer*, ARSP 1986, 195 (201).
44 Vgl. *Engisch*, Einführung, S. 62ff.; 80ff., 160; *Zippelius*, Juristische Methodenlehre, S. 97ff.; *Looschelders/Roth*, Juristische Methodik, S. 92; *Rüthers*, Rechtsheorie, § 21 Rn. 684f.; *Hassold*, in: FS Larenz zum 80. Geburtstag, S. 211 (215).
45 *Engisch*, Einführung, S. 64, 80. Kritisch zur „Gleichsetzungslehre" *Fikentscher*, Methoden des Rechts, Band III, S. 750–753.
46 *Engisch*, Einführung, S. 80. *Engisch* verwendet hierfür den Begriff „Subordination", vgl. Einführung S. 63 Fn. 25; kritisch Jesch, AöR 82 (1957), 163 (187ff.).
47 *Engisch*, Einführung, S. 65f.

legung zwischen den unmittelbar dem Gesetz zu entnehmenden juristischen Obersatz und die Entscheidung des Falles nicht bloß ein Untersatz, sondern deren mehrere eingeschoben werden, die die Subsumtion erleichtern".[48]

Ähnlich *Zippelius*: Der Sachverhalt in seiner konkreten Gestalt und die Frage seiner Subsumierbarkeit seien Anlass, „den Bedeutungsumfang der Norm – im Hinblick auf den vorliegenden Sachverhalt – zu erwägen und zu präzisieren". Dabei vollziehe sich eine „Konkretisierung der Rechtsnorm mit Bezug auf die vorhandene Lebenswirklichkeit in einem ‚Hin- und Herwandern des Blickes' zwischen Norm und Sachverhalt." Der Geltungsbereich der Norm werde so mit Blick auf die intendierte gerechte Lösung näher bestimmt.[49] Dies sei eine Auslegungsfrage, die den Obersatz angehe und bei der in einem typisierenden Fallvergleich der problematische Fall, in seinen generellen Merkmalen, mit solchen Fällen verglichen werde, die zweifellos der Norm unterfallen.[50]

Auch die „Theorie der Fallnorm" nach *Wolfgang Fikentscher* gehört in diese erste Gruppe. Danach bedürfen Rechtssätze zu ihrer Anwendung auf einen Lebenssachverhalt der Vorbereitung. Das Ergebnis einer solchen Vorbereitung sei die „Fallnorm", die den Obersatz des juristischen Schlussverfahrens bilde.[51] Die Fallnorm werde im Wege der „hermeneutischen Verdichtung von Norm und Fall" bis zum „hermeneutischen Umkehrpunkt" hervorgebracht. Der Rechtsanwender müsse Schritt für Schritt die tatbestandlichen Begriffe mit Blick auf die Gegebenheiten des Sachverhalts solange immer weiter unterteilen, bis weitere begriffliche Unterscheidungen auf der Tatbestandsseite nach den Maßstäben der Sachnähe und Gleichbehandlung keine weiteren neuen Regeln, als Ausnahmen und Unterausnahmen der vorhergehenden, mehr rechfertigen.[52] Wenn die zuletzt getroffene Unterscheidung insoweit nichts mehr hergibt, sei der „hermeneutische Umkehrpunkt erreicht". Die Rückkehr zur nächstvorherigen Stufe liefere die Fallnorm für den zu entscheidenden Fall.[53] Der Obersatz werde also solange verfeinert, bis er – nach den Anforderungen der Sach- und Gleichgerechtigkeit – gleichliegende Fälle erschöpfend deckt. Danach finde im Interesse der Gleichbehandlung eine echte Subsumtion statt.[54]

Das verbindende Element dieser und ähnlicher Theorien besteht jeweils darin, dass Auslegung stets als „Konketisierungsvorgang" angesehen wird, bei dem der juristisch abstrakt formulierte Tatbestand seinem Inhalt nach zu erfassen, und mit Blick auf den zu untersuchenden Lebenssachverhalt soweit zu konkretisieren ist, bis die Subsumtion des Lebenssachverhaltes durchgeführt werden kann.[55]

---

48 *Engisch*, Einführung, S. 80.
49 *Zippelius*, Juristische Methodenlehre, S. 99.
50 *Zippelius*, Juristische Methodenlehre, S. 72, 98 f.
51 *Fikentscher* Methoden des Rechts, Band IV; S. 191.
52 *Fikentscher* Methoden des Rechts, Band IV; S. 198 f.
53 *Fikentscher*, Methoden des Rechts, Band IV; S. 199.
54 *Fikentscher*, Methoden des Rechts, Band IV; S. 207.
55 Vgl. *Looschelders/Roth*, Juristische Methodik, S. 92; *Rüthers*, Rechtsheorie, § 21 Rn. 684: „Diese Konkretisierung nennt man Auslegung"; *Hassold*, in: FS Larenz zum 80. Geburtstag, S. 211 (215):

b) Materiale Konkretisierungsansätze

Die Verortung der Konkretisierung im Obersatz erfolgt ferner durch jene Autoren, die den Begriff der Konkretisierung – zwar meist nicht ausschließlich, aber doch vorrangig – für die methodische Behandlung von unbestimmten Rechtsbegriffen und Generalklauseln reservieren, soweit dabei die Konkretisierung anhand außerrechtlicher oder innerrechtlicher Wertmaßstäbe,[56] durch systematische Verdichtung des vorhandenen Entscheidungsmaterials[57] oder in Ausübung der delegierten Rechtssetzungsbefugnis erfolgt.[58] Denn letztlich geht es dabei darum, eine Regel hervorzubringen, „die das jeweils gestellte praktische Problem löst, indem sie für den Einzelfall die erforderliche individuelle Beurteilung durch möglichst schlichte Subsumtion gestattet."[59] Konkretisierung erfolgt dabei im Bereich des Sollens durch Ableitung der maßgeblichen Wertungen aus anderen Sollensordnungen und grundsätzlich ohne Übergriffe in die Rechtswirklichkeit des zu entscheidenden Falles.[60]

2. Konkretisierung als Rechtsanwendung

Nach *Larenz* liegt der Schwerpunkt der Gesetzesanwendung auf der wertenden Zuordnung des Sachverhaltes zum Tatbestand einer Rechtsnorm, mithin bei der Bildung des Untersatzes.[61] Diese Beurteilung sei im Falle ausfüllungsbedürftiger Maßstäbe besonders problematisch, da diese dem Rechtsanwender nur einen Rahmen vorgäben, der durch Werturteile im Sinne einer rechtlich begründeten Rechtfertigung auszufüllen sei.[62] Diese Beurteilung werde erleichtert durch die Verdeutlichung an einleuchtenden Beispielen und den Vergleich mit anderen, nach dem jeweiligen Standard beurteilten Fällen, sowie durch die Herausarbeitung weiterer, spezieller Rechtsgedanken aufgrund einer rechtlichen Analyse derjenigen Fälle, an denen sie hevortreten.[63] „Konkretisiert" werde ein ausfüllungsbedürftiger Maßstab „in der Beurteilung des Falles, auf den ihn der Beurteiler als

---

„Die Auslegung dient der Rechtsanwendung. Sie stellt Entscheidungsnormen (Fallnormen) bereit, indem sie die Norm auf den zu entscheidenden Fall hin konkretisiert."

56 Vgl. *Bydlinski*, Juristische Methodenlehre, S. 582 ff.; *ders.*, in: Wieacker Symposium, S. 189 ff.; *Kramer*, Methodenlehre, S. 202; *Looschelders/Roth*, Juristische Methodik, S. 198 ff.

57 Vgl. *Canaris*, Systemdenken und Systembegriff, S. 152; *Kamanabrou*, AcP 202 (2002), 662 (670 ff.).

58 Vgl. *Röhl/Röhl*, Allgemeine Rechtslehre, S. 248; *Kamanabrou*, AcP 202 (2002), 662 (676); *Kramer*, Methodenlehre, S. 202; *Röthel*, Normkonkretisierung, S. 122: Konkretisierung als „nachgeordnete subsidiäre Rechtssetzung". Insoweit bestehen Berührungspunkte zur Lehre vom Stufenbau. Während dort jedoch kompetenzrechtliche Fragen im Mittelpunkt stehen, geht es hier vorrangig um methodische Fragen.

59 *Bydlinski*, in: Wieacker Symposium, S. 189 (196).

60 Vgl. *Bydlinski*, Juristische Methodenlehre, S. 583; *ders.*, in: Wieacker Symposium, S. 189 (203); *Kramer*, Methodenlehre, S. 202.

61 *Larenz*, Methodenlehre, S. 274 f.

62 *Larenz*, Methodenlehre, S. 290.

63 *Larenz*, Methodenlehre, S. 292.

‚anwendbar' oder ‚nicht anwendbar' erkennt".[64] In diesem Prozess der „Konkretisierung durch Fallbeurteilung" werde der Maßstab inhaltlich angereichert und dadurch zugleich fortgebildet.[65]

Diese „Konkretisierung durch Anwendung", sowie die Tatsache, dass *Larenz* das Problem der Konkretisierung ausfüllungsbedürftiger Maßstäbe im Rahmen des 3. Kapitels des II. Teils: „Die Bildung und rechtliche Beurteilung des Sachverhalts" diskutiert, legen eine Verortung bei der Bildung des Untersatzes nahe. Eindeutig ist dies Zuordnung freilich nicht, denn nach *Larenz* hätte die Problematik ebenso im Zusammenhang der gesetzesimmanenten Rechtsfortbildung behandelt werden können, sie gehöre „so gut dem einen wie dem anderen Zusammenhang" an.[66] Damit begibt sich Larenz bereits in die Nähe derjenigen Autoren, bei denen im Rahmen der Konkretisierung die Grenzen zwischen Auslegung und Anwendung, Sollen und Sein verschwimmen.

3. Konkretisierung als In-Eins-Setzung von Auslegung und Rechtsanwendung

Hermeneutisches Denken führte im Rahmen der Ansätze von *Engisch*, *Zippelius*, und *Fikentscher* dazu, dass der juristische Obersatz in Ansehung des zu entscheidenden Lebenssachverhaltes vor der eigentlichen Subsumtion erst hergestellt werden musste. Bisweilen wird hermeneutisches Denken jedoch soweit vorangetrieben, dass die Unterscheidung von Obersatz und Untersatz, von Auslegung und Anwendung, ganz aufgehoben ist.

So umfasst bei *Friedrich Müller* „Normkonkretisierung" stets, also nicht nur im Falle wertungsoffener Rechtssätze, Auslegung und Anwendung im herkömmlichen Sinn und deckt damit die „Konstruktion der Norm im ganzen innerhalb des Vorgangs juristischer Falllösung" ab.[67] Der Rechtsanwender beginnt beim Sachverhalt und wählt anhand dessen Merkmale aus der Normtextmenge des geltenden Rechts diejenigen Normtexthypothesen aus, die er für einschlägig hält. Er gelangt von diesen über die als einschlägig angenommenen Rechtsnormen zu deren Sachbereichen, als die Menge aller von den fraglichen Rechtsnormen möglicherweise betroffenen faktischen Gegebenheiten. Die Sachbereiche werden sodann anhand des aus dem Normtext gewonnenen Normprogramms in der Regel zu Fallbereichen und weiter zu Normbereichen, als diejenigen Fakten, die das Normprogramm thematisch einschließt, verengt. Die Rechtsnorm konstituiert sich aus der Verbindung von Normprogramm und Normbereich, die Zuspitzung der Rechtsnorm auf den individuellen Fall hin führt zur Entscheidungsnorm.[68] Normkon-

---

64 *Larenz*, Methodenlehre, S. 224.
65 *Larenz*, Methodenlehre, S. 224.
66 *Larenz*, Methodenlehre, S. 224.
67 *Müller*, Strukturierende Rechtslehre, S. 154, 235.
68 *Müller/Christensen*, Juristische Methodik I, S. 250 ff.; *Müller*, Richterrecht, S. 50 f.

kretisierung ist danach das Erzeugen einer allgemeinen Rechtsnorm im Rahmen der Lösung eines bestimmten Falles.[69]

Diese Ansicht rezipiert *Hesse* allgemein für die „Verfassungsinterpretation als Konkretisierung“. „Verstehen“ und damit Konkretisierung sei stets nur mit Blick auf ein konkretes Problem möglich; der Interpret müsse die Norm auf dieses Problem beziehen, wenn er ihren hic et nunc maßgeblichen Inhalt bestimmen will. Inhaltsbestimmung und Anwendung der Norm auf den konkreten Fall seien ein einheitlicher Vorgang. Es gäbe keine von konkreten Problemen unabhängige Verfassungsinterpretation.[70]

Nach *Arthur Kaufmann* ist Rechtsanwendung kein syllogistisches, sondern ein „analogisches Verfahren“, bei dem Norm und konkreter Lebenssachverhalt zueinander „in die Entsprechung gebracht“ werden.[71] Der Vorgang der Angleichung vollziehe sich dabei von zwei Seiten her: Auf der einen Seite müsse der Lebenssachverhalt normativ qualifiziert, zur Norm in Beziehung gebracht, „normgerecht gemacht werden“.[72] Auf der anderen Seite müsse die Norm zum Lebenssachverhalt in Beziehung gebracht, „sachgerecht gemacht werden“.[73] Dabei handele es sich nicht um getrennte Akte, sondern um ein „Zugleich“.[74] Mittler zwischen „Sein und Sollen“ sei der „Sinn“, in dem Gesetzesnorm und Lebenssachverhalt identisch sein müssen, damit sie zueinander „in Entsprechung“ gebracht werden können.[75] Dieser Sinn ergäbe sich dabei nicht aus dem Gesetz allein, sondern nur im Hinblick auf die „Natur“ der zu beurteilenden Lebenssachverhalte als der ihnen innewohnende Sinn oder Wert.[76] In diesem Denken aus der „Natur der Sache“ zeige sich die „unlösbare ‚Strukturverschlingung von Sein und Sollen‘“.[77]

Zwar nicht in dieser Allgemeinheit,[78] wohl aber in Bezug auf Generalklauseln ist die Ansicht verbreitet, dass es nicht möglich sei, vor der Subsumtion ein Auslegungsergebnis als Obersatz abstrakt zu formulieren; Auslegung und Subsumtion gingen ununterscheidbar ineinander über[79] und das Vorstellungsschema von der „Gesetzesanwendung“ fiele ins Leere.[80]

---

69 *Müller/Christensen*, Juristische Methodik I, S. 251.
70 *Hesse*, Grundzüge des Verfassungsrechts, § 2 Rn. 64.
71 *Kaufmann*, Analogie und „Natur der Sache“, S. 37 ff.
72 *Kaufmann*, Analogie und „Natur der Sache“, S. 38.
73 *Kaufmann*, Analogie und „Natur der Sache“, S. 39.
74 *Kaufmann*, Analogie und „Natur der Sache“, S. 40.
75 *Kaufmann*, Analogie und „Natur der Sache“, S. 44.
76 *Kaufmann*, Analogie und „Natur der Sache“, S. 39, 44.
77 *Kaufmann*, Analogie und „Natur der Sache“, S. 46.
78 Vgl. aber *Esser*, Grundsatz und Norm, S. 253: „Jede ‚Anwendung‘ des Gesetzes ist bereits Interpretation“; *ders.*, Vorverständnis und Methodenwahl, S. 78: „Normanwendung und Normverständnis“ als im kognitiven Bereich „unzerreißbares Ganzes“.
79 Vgl. *Schmalz*, Methodenlehre, S. 129; vgl. *Ohly*, AcP 201 (2002), 1 (10); *Wank*, Rechtsfortbildung, S. 146.
80 Vgl. *Wieacker*, Gesetz und Richterkunst, S. 46; vgl. auch *ders.*, Zur rechtstheorethischen Präzisierung von § 242 BGB, S. 201.

4. Stellungnahme

Ausgangspunkt jeder „Konkretisierung“ ist der zu entscheidende Sachverhalt bzw. das zu lösende Rechtsproblem. So kann sich etwa die Frage stellen, ob ein 24-jähriger, vermögensloser Zeitsoldat mit einem monatlichen Einkommen von 1.500 DM, der sich für seine Eltern über einen Gesamtbetrag von 7,7 Mio. DM gegenüber einer Bank verbürgt hat, aus dieser Bürgschaft in Anspruch genommen werden kann.[81] Von diesem Sachproblem, dass real existiert oder doch zumindest hypothetisch real existieren könnte, gelangt man zu denjenigen Rechtssätzen, die möglicherweise eine Lösung für das fragliche Problem bereitstellen. Man kann insoweit von „Normtexthypothesen“[82] sprechen. So könnte etwa § 138 BGB im Falle des vermögenslosen 24-jährigen zur Nichtigkeit des Bürgschaftsvertrages führen.[83] „Konkretisierung“ ist aber nun dadurch gekennzeichnet, dass der Informationsgehalt des Rechtssatzes allein für die Entscheidung des vorliegenden Lebenssachverhalts irgendwie unzureichend ist. So sagt etwa der Wortlaut des § 138 Abs. 1 BGB nichts darüber aus, ob der fragliche Bürgschaftvertrag nichtig sein soll. Gleichwohl ist zu entscheiden, ob die in § 138 BGB angeordnete Rechtsfolge im vorliegenden Fall zutreffen oder nicht zutreffen soll, und der Konkretisierungsvorgang schließt mit dem Ausspruch der entsprechenden konkreten Sollensanordnung ab.

Die entscheidende Frage der Konkretisierung ist, wie man zu dieser Sollensanordnung für den konkreten Fall gelangt. Im Bürgschaftsfall formuliert der BGH zunächst einen weiteren Obersatz, der in seiner Abstraktheit kaum hinter dem Rechtssatz zurückbleibt: „Ein Rechtsgeschäft ist … nur dann nichtig, wenn es in seinem aus der Zusammenfassung von Inhalt, Beweggrund und Zweck zu entnehmenden Gesamtcharakter den guten Sitten widerspricht, wobei allein auf die Umstände bei Vertragsschluss abzustellen ist.“[84] Sodann folgt ein weiterer Obersatz, der sich nunmehr konkret auf den zu entscheidenden Sachverhalt bezieht: „Verpflichtet sich der Bürge in einem Umfang, der seine gegenwärtigen und zukünftig zu erwartenden Einkommens- und Vermögensverhältnisse weit übersteigt, kann ein solcher Vertrag … dann gemäß § 138 Abs. 1 BGB nichtig sein, wenn der Bürge durch weitere Umstände in einer dem Gläubiger zurechenbaren Weise zusätzlich erheblich belastet wird, die zu einem unerträglichen Ungleichgewicht der Vertragspartner führen. Solche Belastungen können sich insbesondere daraus ergeben, dass der Gläubiger die geschäftliche Unerfahrenheit oder seelische Zwangslage des Bürgen ausnutzt …“.[85] Dieser Obersatz verwertet seinsbezogene Elemente des Sachverhaltes und übersetzt sie in die Welt des Sollens: die Art des

---

81 Vgl. BGHZ 126, 206.
82 *Müller/Christensen*, Juristische Methodik I, S. 255.; vgl. auch *Ohly*, AcP 201 (2001), 1 (44), der den Begriff „Normhypothesen“ verwendet, freilich in anderem Zusammenhang.
83 Vgl. BVerfGE 89, 217 (233): Nach Ansicht des BVerfG stellt das geltende Recht insbesondere durch §§ 138, 242 BGB Instrumente bereit, „die es möglich machen, of strukturelle Störungen der Vertragsparität angemessen zu reagieren.“
84 BGHZ 125, 206 (209).
85 BGHZ 125, 206 (210).

zugrunde liegenden Rechtsgeschäftes; die Einkommens- und Vermögensverhältnisse; Alter und berufliche Erfahrung des Bürgen. Im Sinne *Engisch's* werden so zwischen Rechtssatz und Fall zwei weitere (Unter-)Obersätze eingeschoben.

Anschließend erfolgt die argumentative Begründung der Anwendung des letzten Obersatzes auf den zu entscheidenden Fall. Herangezogen werden die im konkreten Fall gegebenen Sachverhaltselemente: Umfang der eingegangenen Verbindlichkeit und Tilgungsprognose; Ausbildung und Berufstätigkeit des Beklagten; Befürchtung einer Vermögensverschiebung auf den Beklagten; Erkennbarkeit für die Bank.[86] Diese Argumente stammen aus dem Bereich des Tatsächlichen, sind aber bereits von den „nackten" Tatsachen abstrahiert und wertungsmäßig aufgeladen. Dies ist die „rechtlich begründete Rechtfertigung" der Anwendung eines ausfüllungsbedürftigen Maßstabs im Sinne von *Larenz*.

Es scheint danach in der Tat so zu sein, dass sich „Konkretisierung" entsprechend des Gedankens der juristischen Hermeneutik vollzieht durch eine gegenseitige und wechselseitige Annäherung von Rechtsnorm und Sachverhalt, bis sich beide in der Entscheidung des konkreten Falles treffen; in diesem Zeitpunkt ist, um mit *Fikentscher* zu sprechen, „jedem unter Gerechtigkeitsanforderungen entscheidungserheblichen Sachumstand ein Tatbestandsmerkmal zugepasst."[87] Konkretisierung ist danach ein Vorgang, der sich sowohl im Bereich des Sollens, als auch im Bereich des Seins vollzieht: im Bereich des Sollens erfolgt ein „Hinabsteigen" zum Sachverhalt über immer konkretere, sachverhaltsnähere (Unter-)Obersätze; umgekehrt erfolgt im Bereich des Seins ein „Hinaufsteigen" zur Norm über immer abstraktere, normnähere Sachverhaltsaufbereitungen. Auslegung und Anwendung werden so in der Konkretisierung gleichsam verklammert. Die Unterscheidung von Sein und Sollen wird dabei aber nicht aufgegeben. Es geht nicht darum, aus irgendwelchen vorgegebenen Ordnungsstrukturen des Sachverhalts oder der „Natur der Sache" die entscheidenden Bewertungskriterien abzuleiten.[88] Wohl aber gewinnt der wertungsoffene Rechtssatz erst in Anschauung des Sachverhaltes und in Bezug auf den Sachverhalt seine eigentliche Bedeutung, so wie der Sachverhalt erst durch die

---

86 BGHZ 125, 206 (211 f.).

87 *Fikentscher* Methoden des Rechts, Band IV; S. 186. Vgl. auch BGHZ 125 (215 f.), wo im Rahmen des weiteren, auf § 1618 a BGB gestützten Begründungsstranges der folgende Obersatz formuliert wird: „Die Bank darf daher grundsätzlich nicht an ihren Kunden mit dem Ansinnen herantreten, ihr als Sicherheit die Bürgschaft eines Kindes zu geben, das noch geschäftsunerfahren ist, an der Gewährung des Kredits kein eigenes Interesse hat und bei Eintritt des Risikos voraussichtlich auf längere Zeit nicht in der Lage sein wird, die gesicherte Verbindlichkeit zu tilgen."

88 Vgl. zur „Natur der Sache" *Maihofer*, in: *Kaufmann* (Hrsg.), Die ontologische Begründung des Rechts, S. 52 ff., insbesondere 65: „Deduktionen und Argumentationen aus der Natur der Sache sind Versuche, die Sollenssätze des positiven Rechts aus einem Etwas außerhalb der positiven Rechtsordnung abzuleiten, und zwar nicht in der Weise der Deduktion des abstrakten Naturrechts aus obersten Rechtsgrundsätzen, sondern des konkreten Naturrechts aller Zeiten aus den im Rechtsstoff liegenden Rechtssachverhalten selbst."; kritisch dazu *Ellscheid*, in *Kaufmann/Hassemer/Neumann* (Hrsg.), Rechtsphilosophie und Rechtstheorie, S. 148 (204 ff.).

Beziehung zum Rechtssatz zu einem Fall wird.[89] „Nur daraus, dass sie sich vereinigen, kann Erkenntnis entspringen."[90]

III. Methoden zur Konkretisierung wertungsoffener Rechtssätze

Unabhängig von ihrer Einordnung im klassischen juristischen Syllogismus der Rechtsfolgebestimmung geht es im Rahmen der Konkretisierung um die Rationalisierung der Entscheidungsfindung anhand eines wertungsoffenen Rechtssatzes in einem konkreten Einzelfall. Zur Vermeidung richterlicher Billigkeitswillkür zielen alle Konkretisierungsbemühungen darauf ab, der Rechtspraxis Kriterien zu liefern, die den bei Heranziehung wertungsoffener Rechtssätze bestehenden Spielraum richterlicher Eigenwertung möglichst gering halten und die Nachvollziehbarkeit und rechtliche Überprüfbarkeit getroffener Rechtsentscheidungen sicherstellen sollen. Insoweit lassen sich im Schrifttum im wesentlichen drei unterschiedliche Ansätze identifizieren, die hier als materialer Ansatz, judikativ-legislatorischer Ansatz und präjudizien-orientierter Ansatz bezeichnet werden sollen.[91] Dabei ist zu beachten, dass keiner dieser Ansätze in Reinform vetreten wird, sondern jeweils nur eine Einordnung nach der Schwerpunktsetzung erfolgen kann.

1. Materiale Ansätze

Bei den materialen Ansätzen steht die Angabe und Gewinnung inhaltlicher Bewertungsmaßstäbe, die die Einzelfallentscheidung leiten sollen, im Vordergrund.[92] Diese Bewertungsmaßstäbe können dabei aus unterschiedlichen Quellen gespeist werden.

a) Außerrechtliche Maßstäbe

Anknüpfend an die Verweisungsfunktion der Generalklauseln kommt die Heranziehung „ausserrechtlicher" Maßstäbe in Betracht.[93] So verweise etwa der Ausdruck „gute Sitten" in § 138 Abs. 1 BGB auf die „sich aus der Sittenordnung ergebenden Verhaltensgebote", „auf die in der Gemeinschaft oder in der beteiligten Gruppe anerkannten moralischen Anschauungen", die „herrschende Rechts- und

---

89 In Anlehnung an *Kant*, Kritik der reinen Vernunft, S. 98, könnte man sagen: „Rechtssätze ohne Sachverhalte sind leer; Sachverhalte ohne Rechtssätze sind blind."

90 *Kant*, Kritik der reinen Vernunft, S. 98, in Bezug auf „Anschauung" und „Begriff". *Kant* fährt fort: „Deswegen darf man aber doch nicht ihren Anteil vermischen, sondern man hat große Ursache, jedes von dem anderen sorgfältig abzusondern und zu unterscheiden."

91 Vgl. auch die etwas andere Einteilung bei *Auer*, Materialisierung, Flexibilisierung, Richterfreiheit, S. 144 ff.: „Inhaltstheorien"; „Verfahrenstheorien"; „Funktionstheorien".

92 Dies sind die „Inhaltstheorien" im Sinne *Auers*, Materialisierung, Flexibilisierung, Richterfreiheit; S. 145 ff.

93 Vgl. *Teubner*, Standards und Direktiven, S. 14 ff. mit zahlreichen Nachweisen.

Sozialmoral", kurz „das Anstandsgefühl aller billig und gerecht Denkenden".[94] Auch durch den Begriff „Treu und Glauben" in §§ 157, 162, 242, 275 Abs. 2, 307, 320 Abs. 2 und 815 BGB solle „den in der Gemeinschaft herrschenden sozialethischen Wertvorstellungen Eingang in das Recht" verschafft werden.[95] Insoweit werden „außerrechtliche soziale Ordnungsgefüge"[96], die sozialethischen Anschauungen und Bewertungen der Gesellschaft bzw. der beteiligten Verkehrskreise,[97] als Wertungsmaßstäbe für die Konkretisierung fruchtbar gemacht.

Oben wurde jedoch bereits darauf hingewiesen, dass sich festgefügte außerrechtliche Sollensordnungen in der pluralistischen Gesellschaft des 21. Jahrhunderts kaum werden feststellen lassen und dass selbst wenn dies einmal der Fall sein sollte, die empirisch ermittelten Wertvorstellungen doch noch anhand der geltenden Rechtsordnung gefiltert werden müssten.[98] Griffige Formeln wie „das Anstandsgefühl aller billig und gerecht Denkenden" funktionieren daher weniger als konkreter Sollensmaßstab, der nur noch „angewendet" zu werden bräuchte, sondern vielmehr als Deckmantel für richterliche Wertung,[99] die folglich anderweitig zu steuern und zu begründen ist.

Anschaulich ist insoweit eine frühe Entscheidung des Reichsgerichts.[100] Die beklagte Dampfschiffsgesellschaft, die sich im Konkurrenzkampf mit anderen Transportunternehmen befand, hatte gegenüber der klagenden Speditionsfirma, die den Konkurrenten bedeutende Frachten zuführte, ihre Frachttarife aufgehoben und angedroht, einen Kunden der Klägerin anzuweisen, sich künftig einer anderen Vermittlung zu bedienen, da andernfalls höhere Frachtkosten anfallen würden. Es ging um die Frage, ob dieses Verhalten einen Verstoß gegen die „guten Sitten" im Sinne des § 826 BGB begründe könne. Nach Ansicht des Reichsgerichts

---

94 Vgl. Palandt-*Ellenberger*, § 138 Rn. 2; Hk-BGB/*Dörner*, § 138 BGB Rn. 1; MüKo-*Armbrüster*, § 138 BGB Rn. 11 ff.; Soergel-*Hefermehl*, § 138 BGB Rn. 3 ff.; Staudinger-*Sack*, § 138 BGB Rn. 11 ff.; *Larenz/Wolf*, BGB Allgemeiner Teil, § 41 Rn. 7, 15. Aus der ständigen Rechtsprechung vgl. nur RGZ 80, 219 (221); 120, 144 (148); BGHZ 10, 228 (232); 69, 295 (297).

95 Vgl. Palandt-*Heinrichs*, § 242 Rn. 4; Staudinger-*Looschelders/Olzen*, § 242 BGB Rn. 142.

96 *Teubner*, Standards und Direktiven, S. 116.

97 *Bydlinski*, in: Wieacker Symposium, S. 189 (203).

98 Vgl. *Pawlowski*, ARSP 1964, 503 (507): „Wenn also die Gesetze zu ihrer Ergänzung auf die Moral verweisen, hat der Richter nicht danach zu fragen, welche Moral die herrschende ist oder welche seinem moralischen Empfinden nach die richtige zu sein scheint. Er muss vielmehr prüfen, welcher der überhaupt vertretenen moralischen Sätze mit der bestehenden Einheit des Rechts am besten vereinbar ist."; *Larenz/Wolf*, BGB Allgemeiner Teil, § 41 Rn. 15; *Baumbach/Hefermehl-Köhler*, § 3 UWG, Rn. 36 ff., bezüglich der „anständigen Marktgepflogenheiten" im Sinne von Art. 2 lit. h) der Richtlinie 2005/29/EG.

99 Vgl. *Ohly*, Richterrecht, S. 210 f.; Staudinger-*Sack*, § 138 BGB Rn. 15: Um diejenigen zu ermitteln, die im konkreten Fall billig und gerecht denken, „muss man allerdings bereits wissen, was im konkreten Einzelfall gerecht und billig ist. Wer jedoch dies weiß, der weiß auch, was im konkreten Fall den guten Sitten entspricht, ... Eine Interpretation des Wortlauts der Anstandsformel führt also zu keinen Ergebnissen, die bei der Konkretisierung der Sittenwidrigkeitsklauseln unmittelbar hilfreich sein könnten." Ähnlich *Baumbach/Hefermehl-Köhler*, § 3 UWG Rn. 39: „oft nur persönliche Wertungen des zur Entscheidung berufenen Richters". Anders MüKo-*Armbrüster*, § 138 Rn. 14 f.: „Es wäre verfehlt, dieser Formel rationale, operationale Elemente zu bestreiten."; gleichwohl bestehe jedoch die Gefahr, von einer Formel zur nächsten zu gelangen sowie die Gefahr von Zirkelschlüssen.

100 RGZ 48, 114.

sei der Maßstab für die guten Sitten „dem herrschenden Volksbewußtsein zu entnehmen, ‚dem Anstandsgefühl aller billig und gerecht Denkenden.'"[101] „Auch nach den bei uns herrschenden Begriffen von Anstand und Redlichkeit im Verkehr" werde man den Ausschluss einzelner von dem ansonsten geltenden Tarifen als einen Verstoß gegen die guten Sitten dann betrachten, wenn dies zum Zwecke des unlauteren Wettbewerbs geschehe.[102] Entscheidend ist damit letztlich, die Frage des „illoyalen Wettbewerbs", der vorläge, wenn „die Beklagte lediglich zu dem Zweck, eine ihr unbequeme Konkurrenz zu verdrängen oder zu erdrücken, durch Ausnahmetarife die Interessenten ihrer Konkurrenz zu schädigen unternahm."[103] Bei der streitgegenständlichen Maßnahme handle es sich um einen „exceptionellen", den Handelsbetrieb der Klägerin empfindlich treffenden Eingriff, „zumal in den Kreisen des Großhandels und Rhedereiverkehrs, doch wohl ungewöhnliche Maßnahme", bei der sich die Frage stelle, ob nicht die Schranken, welche einem rücksichtslosen Wettkampf durch die gute Sitte gesetzt sind, überschritten worden seien.[104]

Der Hinweis auf das Anstandsgefühl aller billig und gerecht Denkenden trägt somit die Entscheidung nicht. Der einzig greifbare Versuch der Ermittlung außerrechtlicher Normgefüge ist der Hinweis auf die „Kreise des Großhandels und Rhedereiverkehrs," insoweit jedoch ohne empirischen Nachweis. Maßgeblich ist vielmehr der Begriff des unlauteren Wettbewerbs, für dessen Bestimmung außerrechtliche Sollensordnungen nicht weiter herangezogen werden. Die zugrundeliegende Wertungsproblematik erkennt freilich das Reichsgericht wenn es ausführt, es sei zwar „nicht ausgeschlossen, dass auf die Sittenanschauung eines bestimmten Volkskreises, wenn sich in ihr die herrschende Sitte ausprägt, Rücksicht genommen wird, so in einem Falle der vorliegenden Art des ehrbaren Kaufmanns im Handelsverkehr." Damit sei „aber nicht zu verwechseln eine im Handelsverkehr thatsächlich aufgekommene Geschäftspraktik, welche möglicherweise nicht sowohl eine Sitte als vielmehr eine Unsitte sein kann. ... Es kommen in Handel und Wandel, zumal im Konkurrenzkampf, sehr häufig Machenschaften vor, welche darum noch keineswegs für anständig gelten."[105] Erforderlich ist damit, auch nach Ansicht des Reichsgerichts, in jedem Falle eine Filterung des außerrechtlich Vorgefundenen anhand anderweitig zu ermittelnder Bewertungsmaßstäbe.

b) Innerrechtliche Maßstäbe

Hierfür bieten sich nun „innerrechtliche" Maßstäbe an. Dies sind die „der Rechtsordnung immanenten Werte und Prinzipien."[106]

---

101 RGZ 48, 114 (124).
102 RGZ 48, 114 (127).
103 RGZ 48, 114 (128).
104 RGZ 48, 114 (128).
105 RGZ 48, 114 (124f.).
106 Palandt-*Ellenberger*, § 138 Rn. 3; Soergel-*Hefermehl*, § 138 BGB Rn. 10; Jauernig-*ders.*, § 138 BGB Rn. 7; Jauernig-*Mansel*, § 242 BGB Rn. 3; Staudiner-*Sack*, § 138 BGB Rn. 39; MüKo-*Armbrüster*, § 138 Rn. 12.

aa) Verfassungsrechtliche Wertordnung

Dazu gehört zunächst die in der Verfassung, insbesondere den Grundrechten, verkörperte objektive Wertordnung, die über die mittelbare Drittwirkung der Grundrechte in das Privatrecht „ausstrahlt".[107] Die Grundrechte gelten danach nicht unmittelbar unter Privaten, prägen aber das Privatrecht indem keine bürgerlichrechtliche Vorschrift im Widerspruch zum „Wertesystem der Grundrechte" ausgelegte werden darf. Grundrechte entfalten sich im Privatrecht „durch das Medium der das jeweilige Rechtsgebiet unmittelbar beherrschenden Vorschriften", insbesondere durch die Generalklauseln als „Einbruchstellen" der Grundrechte in das bürgerliche Recht.[108] Rechtsdogmatisches Vehikel für die mittelbare Drittwirkung im Privatrecht ist die Schutzgebotsfunktion der Grundrechte,[109] die den Privatrechtsgesetzgeber und, in den Grenzen der verfassungskonformen Auslegung und Rechtsfortbildung, auch den Zivilrichter bindet.[110] Zu berücksichtigen ist dabei freilich, das die Ausstrahlungswirkung der Grundrechte und das Gebot der verfassungskonformen Auslegung für alle Vorschriften des Privatrechts und nicht nur die Generalklauseln gilt.[111]

bb) Rechtsprinzipien

Aber nicht nur die Verfassung, sondern auch das einfache Gesetz enthält Wertungen, die für die Generalklauselkonkretisierung herangezogen werden können. Dies gilt zunächst für sogenannte „rechtsethische Prinzipien", die als überzeugungskräftige „richtunggebende Maßstäbe rechtlicher Normierung", als „materiale Rechtsgedanken", die gesamte Rechtsordnung oder jedenfalls den jeweils relevanten Teilbereich durchziehen.[112] Diese Prinzipien kommen meist an ver-

---

107 Vgl. *Bydlinksi*, Wieacker Symposium, S. 189 (203, 204f.); *ders.*, Juristische Methodenlehre, S. 583; *Wieacker*, Gesetz und Richterkunst, S. 52; *Kramer*, Methodenlehre, S. 201 f.; *Looschelders/Roth*, Juristische Methodik, S. 200; *Larenz*, Methodenlehre, S. 289; Staudiner-*Sack*, § 138 BGB Rn. 40; Staudinger-*Looschelders/Olzen*, § 242 BGB Rn. 145ff.; Hk-BGB/*Dörner*, § 138 BGB Rn. 3; *Baumbach/Hefermehl-Köhler*, § 3 UWG Rn. 18ff.; MüKo-*Armbrüster*, § 138 Rn. 20–22; *Schlechtriem*: in: *Grundmann/Mazeaud* (Hrsg.), General Clauses and Standards, S. 41 (49ff.).

108 Grundlegend BVerfGE 7, 198 (204ff.); seither ständige Rechtsprechung, vgl. etwa noch BVerfGE 25, 256 (263); BVerfGE 30, 173 (187ff.); BVerfGE 34, 269 (280); BVerfGE 35, 202 (214); und aus neuerer Zeit BVerfGE 89, 214 (229f.); BVerfG NJW 2001, 957 (958).

109 Vgl. etwa BVerfGE 39, 1 (36ff.); BVerfGE 49, 89 (142); BVerfGE 53, 30 (57).

110 Vgl. *Stern*, Staatsrecht, Band III/1, S. 1572ff., 1582f.; *Canaris*, AcP 184 (1984), 201 (225ff.); *Hager*, JZ 1994, 373 (378ff.); *Hillgruber*, AcP 191 (1991), 69 (73ff.); *Jarass*, AöR 120 (1995), 345 (351ff.); *Medicus*, AcP 192 (1992), 35 (52, 55); *Zöllner*, AcP 196 (1996), 1 (2ff.); *Diederichsen*, AcP 198 (1998), 171 (230ff., 248ff.); vgl. auch BVerfG, NJW 2001, 957 (958).

111 Vgl. *Stern*, Staatsrecht, Band III/1, S. 1584, *Canaris*, AcP 184 (1984), 201 (223); *Jarass/Pieroth-Jarass.*, GG, Art. 1 Rn. 55; vgl. auch BVerfGE 89, 214 (229); BVerfG, NJW 2001, 957 (958): „vorallem auch durch die zivilrechtlichen Generalklauseln".

112 Vgl. zum Begriff des Rechtsprinzips *Larenz*, Methodenlehre, S. 474; *Röhl/Röhl*, Allgemeine Rechtslehre, S. 283ff.; *Rüthers*, Rechtstheorie, § 22 Rn. 756ff.; ausführlich *Esser*, Grundsatz und Norm, S. 39ff.; 87ff.; aus der anglo-amerikanischen Rechtsheorie insbesondere *Dworkin*, Taking Rights Seriously, S. 22ff.; *ders.*, Law's Empire, S. 176f. Nach *Dworkin* ist ein Prinzip (*principle*) „a standard that is to be observed, not because it will advance or secure an economic, political, or social situation deemed desirable, but because it is a requirement of justice or fairness or some other dimension of morality." Prinzipien haben im Gegensatz zur Regel („rule") „the dimension of weight scheidenen Stellen der Rechtsordnung, in der Regel aber nur unvollständig, zum Ausdruck und erfahren ihre übergreifende Sinngebung erst durch Abstraktion unter Rückgang auf die jeweilige ratio legis.[113] So basieren etwa die Grundsätzes des Verbots widersprüchlichen Verhaltens (*venire contra factum proprium*) und das Rechtsinstitut der Verwirkung im Rahmen des § 242 BGB jeweils auf dem Grundsatz des Vertrauensschutzes,[114] der an zahlreichen Stellen im BGB, etwa den Vollmachtsvorschriften der §§ 170–173 BGB oder dem gutgläubigen Erwerb, §§ 892, 932ff. BGB, aufscheint.[115] Zu § 138 BGB bemerkt *Pawlowski*, dass die entschiedenen Fallgruppen „weniger das moralische Empfinden als ein dogmatisch geschultes Rechtsgefühl ansprechen"; unter dem Stichwort der „Sittenwidrigkeit" werde „eine vorsichtige und sachgerechte Gesetzesanalogie betrieben", die gesetzliche Regelung einzelner Rechtsinstitute werde ihrer rechtsystematischen Stellung entsprechend ausgestaltet.[116] Nach Bydlinski ließen sich die im Rahmen des § 1 UWG a.F. entschiedenen Fallgruppen weithin auf die „Grundwertungen des Vertragsrechts", insbesondere die rechtsgeschäftlichen Ungültigkeitsgründe zurückführen.[117]

cc) Analogie

Neben diesen übergreifenden Prinzipien können aber auch einzelne Vorschriften des Gesetzesrechts zur Inhaltsbestimmung herangezogen werden.[118] So konnte beispielsweise die Verletzung einer außerwettbewerbsrechtlichen Norm, etwa des Ladenschlussgesetzes, einen Verstoß gegen die „guten Sitten" im Sinne des § 1 UWG a.F. begründen.[119] Weniger spektakulär: die Zwei-Wochen-Frist des § 626 Abs. 2 BGB wird herangezogen, wenn ein Arbeitsvertrag „ohne schuldhaftes Zögern (unverzüglich)" gemäß § 121 BGB anzufechten ist.[120] Solche Überlegungen stehen der Analogie nahe.[121] Im übrigen wirken die gesetzlichen Grundwertungen vor allem auch begrenzend, indem sie Konkretisierungsergebnisse ausschließen,

---

or importance". Dazu aus rechtspositivistischer Sicht *Hart*, The Concept of Law, S. 259ff. Ausführlich Kapitel 8 und 10.

113 *Larenz*, Methodenlehre, S. 474, .

114 Vgl. Palandt-*Heinrichs*, § 242 Rn. 55ff.; 87; MüKo-*Roth*, § 242 BGB Rn. 423f.

115 Ausführlich *Canaris*, Vertrauenshaftung, S. 278ff.; *Larenz/Wolf*, BGB Allgemeiner Teil, § 2 Rn. 32–34.

116 Vgl. *Pawlowski*, ARSP 1964, 503 (504).

117 *Bydlinski*, in: Wieacker Symposium, S. 189 (205).

118 Vgl. Staudinger-*Looschelders/Olzen*, § 242 BGB Rn. 148.

119 Vgl. *Ohly*, Richterrecht, S. 238ff., mit Rechtsprechungsnachweisen; *Sack*, NJW 1985, 761 (765); *ders.*, WRP 1985, 1 (5ff.). Vgl. nunmehr § 4 Nr. 11 UWG n.F. wonach derjenige unlauter im Sinne von § 3 handelt, der „einer gesetzlichen Vorschrift zuwiderhandelt, die auch dazu bestimmt ist, im Interesse der Marktteilnehmer das Marktverhalten zu regeln"; zur Frage, ob Verstöße gegen außerwettbewerbsrechtliche Normen, die keine Marktverhaltensregelungen in diesem Sinne sind, zur Unlauterkeit nach § 3 UWG führen können vgl. *Baumbach/Hefermehl-Köhler*, § 3 UWG, Rn. 8.

120 Vgl. BAG NJW 1980, 1302; BAG NJW 1981, 1332.

121 Vgl. dazu *Larenz*, Methodenlehre, S. 381ff.; *Looschelders/Roth*, Juristische Methodik, S. 267ff.; *Engisch*, Einführung, S. 185ff.; *Zippelius*, Juristische Methodenlehre, § 11 II (S. 67ff.); Nach *Röthel*, Normkonkretisierung, S. 127f., geht die Normkonkretisierung der Analogie voraus, da der Analogieschluss, keinen Anteil daran habe, wie der Richter dazu gekommen sei, gerade diesen bestimmten Rechtssatz im Vagheitsbereich zur Anwendung zu bringen.

die zu Wertungswidersprüchen innerhalb des Rechtssystems führen würden. Besonders deutlich wird dies an *Bydlinskis* „systematischem Test". Danach sind die ins Auge gefassten Konkretisierungen stets darauf zu kontrollieren, ob sie mit Ergebnissen in Widerspruch stehen, die aus präziseren Regeln der Rechtsordnung oder aus bewusst gesetzten Zwecken der Nichtaufstellung bestimmter denkbarer Regeln folgen. „Was in gesetzlichen Einzelnormen deutlich und in den Anwendungsergebnissen gerade so gemeint angeordnet ist," bilde „de lege lata eine Grenze der Rechtsfindung aus Generalklauseln."[122]

Soweit, wie meist, außer- und innerrechtliche Maßstäbe kombiniert herangezogen werden, kommt letzteren der Vorrang zu.[123] Bei der praktischen Rechtsanwendung steht die Arbeit anhand innerrechtlicher Maßstäbe ohnehin im Vordergrund.[124] Ein Grund dafür ist, dass die gesetzlichen und verfassungsgrechtlichen Grundwertungen gegenüber „außerrechtlichen" Sollensordnungen in der Regel sicherer und einfacher auffindbar sind, und damit eher geeignet, der Verwirklichung von Rechtssicherheit und Gleichgerechtigkeit Rechnung zu tragen.[125] Vor allem aber sind die Gerichte in erster Linie an Gesetz und Recht gebunden, Art. 20 Abs. 3 GG.[126]

c) Fazit

Zusammenfassend gilt danach für die materialen Ansätze: Ausserrechtliche Maßstäbe haben praktisch keine oder allenfalls geringe Bedeutung. Maßgeblich sind vielmehr die verfassungsrechtliche Wertordnung, übergreifende, am Gesetzeszweck orientierte Rechtsprinzipien, die dem jeweiligen Rechtsgebiet zugrunde liegen, sowie Einzelvorschriften, die für die jeweilige Entscheidungssituation einen brauchbaren Gedanken liefern. Vor allem aber muss sich das Konkretisierungsergebnis widerspruchsfrei in die Rechtsordnung einfügen. Diese Konkretisierungskriterien sind nun aber keine anderen als diejenigen, die auch sonst im Rahmen einer systematisch-teleologischen Auslegung herangezogen werden.[127] Ein prinzipieller methodischer Unterschied zur Auslegung relativ bestimmter Rechtssätze besteht damit nach diesen Ansätzen im Ergebnis nicht. Allenfalls in quantitativer Hinsicht mag der dem Richter verbleibende, nicht weiter rationalisierbare Bewertungsspielraum größer sein. An diesen Umstand knüpfen Ansätze

---

122 *Bydlinski*, in: Wieacker Symposium, S. 198 (213 f.).
123 Vgl. *Teubner*, Standards und Direktiven, S. 117; *Looschelders/Roth*, Juristische Methodik, S. 200; *Bydlinski*, in: Wieacker Symposium, S. 198 (212); *ders.*, Juristische Methodenlehre, S. 582 ff.; *Wieacker*, Gesetz und Richterkunst, S. 52; Hk-BGB/*Dörner*, § 138 BGB Rn. 3; Sack, WRP 1985, 1 (7); *Larenz/Wolf*, BGB Allgemeiner Teil, § 41 Rn. 15.
124 Vgl. Palandt-*Ellenberger*, § 138 Rn. 3; MüKo-*Armbrüster*, § 138 Rn. 12: „Urteil immer öfter aus dem Recht selbst", gleichwohl aber die „Wechselwirkung zwischen außerrechtlichen Wertordnungen und innerrechtlichen Maßstäben" betonend.
125 *Bydlinski*, in: Wieacker Symposium, S. 198 (212).
126 *Larenz/Wolf*, BGB Allgemeiner Teil, § 41 Rn. 15.
127 Vgl. *Röhl/Röhl*, Allgemeine Rechtslehre, S. 620 ff.; *Larenz*, Methodenlehre, S. 324 ff.; *Looschelders/Roth*, Juristische Methodik, S. 149 ff.; 160 ff.; *Engisch*, Einführung, S. 83 ff.

an, die die legislatorische Funktion der Rechtsanwendung im Rahmen von Generalklauseln betonen.

2. Judikativ-legislatorische Ansätze

Ausgehend von dem Gedanken der Rechtssetzungsdelegation verbindet dieser Ansatz Elemente der klassischen Auslegungslehre mit solchen der Rechtssetzung und Rechtsfortbildung. Den wohl elaboriertesten Ausdruck hat dieser Ansatz jüngst durch *Röthel* erfahren.[128] Konkretisierung ist danach ein „Phänomen besonderer gesetzlicher Unbestimmtheit",[129] und gekennzeichnet durch „gebundene Rechtsbildung"; sie hat die Aufgabe, einerseits die Gesetz- und Verfassungsbindung sicherzustellen, anderseits zu einer rationalen Rechtsgewinnung anzuleiten.[130] Für ersteres sind anhand der klassischen Methoden der Auslegung die Grenzen der Delegationsnorm sowie die sonst durch die Rechtsordnung gezogenen Grenzen festzustellen. Insbesondere die systematisch-teleologische Auslegung sei hierzu geeignet; bewege sich aber auch schon auf der Grenze zwischen Auslegung und Ausfüllung.[131]

a) Formelle Anforderungen

Innerhalb der durch Auslegung festgestellten Grenzen bedeute Normkonkretisierung in formeller Hinsicht, dass die durch die Aufgabenwahrnehmung an Stelle des Gesetzgebers entstehenden Defizite an Rechtssicherheit, Pluralität und Sachkenntnis durch Übertragung der Bindungen, denen sonst der Gesetzgeber unterliegt, zu kompensieren sind.[132] Das Gebot der Sachrichtigkeit verlange, dass das Gericht die wirtschaftlichen, sozialpolitischen und sonstigen Auswirkungen seiner Entscheidung voll zu überblicken vermag und ihm hierzu die erforderlichen empirischen Daten zur Verfügung stehen.[133] Das Gebot der Rechtssicherheit fordere, „optimale Präjudizienbindung", wonach die Abweichung die begründungsbe-

---

128 *Röthel*, Normkonkretisierung, §§ 4 und 5; ähnlich für die Konkretisierung von Verfassungsprinzipien, *Göldner*, Verfassungsprinzip und Privatrechtsnorm, S. 95 ff.: Konkretisierung als „interpretatorisches und legislatorisches Verfahren". Vgl. auch *Hartmann*, AcP 73 (1888), 309 (319): „Der Richter ist keineswegs grundsätzlich nur dazu berufen, gegebene Thatbestände unter fertig vorliegende abstracte juristische Regeln und Thypen logisch zu subsumieren. Gerade auch das Finden und Fertigstellen der juristische Regel behufs der Regelung des concreten Thatbestandes bildet mit seine schönste und würdigste Aufgabe, bei deren Vollziehung seine geistigen Operationen principiell die nämlichen sind, wie die des Gesetzgebers beim Finden und Fertigstellen der Regel in abstracto."

129 *Röthel*, Normkonkretisierung, S. 48.

130 *Röthel*, Normkonkretisierung, S. 124 f.

131 *Röthel*, Normkonkretisierung, S. 138.

132 *Röthel*, Normkonkretisierung, S. 85. Vgl. auch *Baumbach/Hefermehl-Köhler*, § 3 UWG Rn. 11: „Die Gerichte nehmen bei der Konkretisierung der Generalklausel und der generalklauselartigen Beispielstatbestände in der Sache Aufgaben der Rechtssetzung wahr. Sie müssen daher auch den Anforderungen an die legislative Rechtssetzung genügen."

133 *Röthel*, Normkonkretisierung, S. 88; unter Anlehnung an *Larenz*, Methodenlehre, S. 436. Ähnlich *Wank*, Rechtsfortbildung, S. 148: „Der Richter muss wie ein Gesetzgeber die Tatsachen kennen, die vom Normzweck her zu beachten sind."

dürftige Ausnahme sein müsse.[134] Das Gebot der Rechtsgleichheit verlange nach sachgerechten Generalisierungen bzw. Differenzierungen.[135] Normenklarheit bedeute im Bereich der judikativen Rechtsbildung vor allem Transparenz der Begründung im Hinblick auf Inhalt, Zweck und Reichweite einer judikativen Regel.[136] Schließlich seien die materiellen Grenzen der Gesetzes- und Grundrechtsbindung zu beachten.[137]

b) Inhaltliche Anforderungen

Inhaltlich bedeute Normkonkretisierung methodengerechte Rechtsbildung im Sinne rationaler Begründbarkeit und damit im Wesentlichen Argumentationstheorie sinnverwandt der Topik.[138] Es ginge darum, die einschlägigen Konkretisierungsargumente und Begründungszusammenhänge aufzuzeigen.[139] Als besonders sachdienliche Argumentformen werden zunächst systematisch-teleologische Auslegungskriterien im Hinblick auf die Systematik der Privatrechtsordnung und der in ihr wirkenden Rechtsprinzipien identifiziert.[140] Weiterhin sei die Güter- und Interessenabwägung das „prädestinierte Verfahren privatrechtlicher Regelbildung".[141] Da die Abwägung jedoch selbst keine materiellen Entscheidungsmaßstäbe vorgebe,[142] komme abermals systematisch-teleologischen Argumenten eine entscheidende Rolle zu.[143] Schließlich bedeute Normkonkretisierung die Berücksichtigung und Abwägung der mit der Rechtsbildung verbundenen Folgen.[144] Dies setze jedoch die vorhergehende Bestimmung eines Regelungsziels voraus.[145] Als

---

134 *Röthel*, Normkonkretisierung, S. 94. Vgl. auch *Baumbach/Hefermehl-Köhler*, § 3 UWG Rn. 11: "Rechtssicherheit und Widerspruchsfreiheit"

135 *Röthel*, Normkonkretisierung, S. 103 ff.

136 *Röthel*, Normkonkretisierung, S. 109.

137 *Röthel*, Normkonkretisierung, S. 112; *Baumbach/Hefermehl-Köhler*, § 3 UWG Rn. 11.

138 *Röthel*, Normkonkretisierung, S. 139. Grundlegend zur Topik *Viehweg*, Topik und Jurisprudenz; dazu *Alexy*, Theorie der juristischen Argumentation, S. 39 ff.; *Larenz*, Methodenkehre, S. 145 ff.; *Röhl/Röhl*, Allgemeine Rechtslehre, 441 f.; *Müller/Christensen*, Juristische Methodik I, S. 126 ff.

139 *Röthel*, Normkonkretisierung, S. 143; ähnlich *Hesse*, Grundzüge des Verfassungsrechts, § 2 Rn. 67: Im Rahmen der Konkretisierung müssten „die leitenden Gesichtspunkte gefunden und erwiesen werden, die im Wege der inventio aufgesucht, im Für und Wider des Meinungsmäßigen gebraucht werden und die Entscheidung möglichst einleuchtend und überzeugend begründen (topoi)". Vgl. auch *Bydlinski*, Juristische Methodenlehre, S. 583: Generalklauseln als „Verweisung auf alle für ihre jeweilige ... Fragestellung aufschlussreichen Wertungen, die in der (übrigen) Rechtsordnung zu finden sind."; und *Canaris*, Systemdenken und Systembegriff, S. 82, 152: Wechselseitige Austauschbarkeit und grundsätzliche Gleichrangigkeit der Bewertungsprinzipien, Zusammenwirken von Topik und Systematisierung im Rahmen der Konkretisierung von Generalklauseln.

140 *Röthel*, Normkonkretisierung, S. 146. Vgl. auch *Heinrich*, Formale Freiheit und materiale Gerechtigkeit, S. 329 ff.

141 Zur Interessenabwägung auch Staudinger-*Sack*, § 138 BGB Rn. 37 ff.; Staudinger-*Looschelders/Olzen*, § 242 BGB Rn. 144 ff.; MüKo-*Roth*, § 242 BGB, Rn. 45; *Baumbach/Hefermehl-Köhler*, § 3 UWG Rn. 42.

142 Ebenso *Ohly*, Richterrecht, S. 226.

143 *Röthel*, Normkonkretisierung, S. 151. Zur Abwägung auch *Schmalz*, Methodenlehre, S. 129 ff.

144 Ebenso *Baumbach/Hefermehl-Köhler*, § 3 UWG Rn. 43 f.

145 *Röthel*, Normkonkretisierung, S. 153 f.; *Ohly*, Richterrecht, S. 226 f.; vgl. auch *Wank*, Rechtsfortbildung, S. 150: Entscheidungsalternativen, die in Widerspruch zu empirischen Erkenntnissen, solches komme das Effizienzgebot entsprechend der ökonomischen Analyse des Rechts in Betracht.[146] Etwaige Konflikte des Effizienzkriteriums mit rechtsethischen Zielen seien innerhalb der gesetzlichen und verfassungsrechtlichen Grenzen im Wege praktischer Konkordanz zu lösen.[147] Bei diesen Konkretisierungsargumenten handele es sich im übrigen nicht um alternative, sondern um „sich überschneidende und konvergente Argumentformen"; die Auslegung liefere jeweils die systematisch-teleologischen Orientierungspunkte, sie sei der „gemeinsame Nenner der Konkretisierungsargumentation".[148]

c) Fazit

Geht man davon aus, dass jede Auslegung nicht nur ein Erkenntnisvorgang ist sondern stets auch wertende und bewertende Elemente enthält,[149] so stellt der rechtssetzende Anteil der Konkretisierung nach diesem Ansatz wiederum keine qualitative Besonderheit dar. Mit jeder Auslegung wird das Recht fortgebildet, da jeder Rechtssatz eben mit dem Inhalt gilt, den er durch seine Anwendung in der Rechtsprechung erfahren hat.[150] Dass der Richter hierbei von einer möglichst umfassenden und zutreffenden Tatsachengrundlage ausgehen sollte ist selbstverständlich. Sebstverständlich ist auch, dass er die Grundrechte und Grundwertungen der Verfassung bei jeder Auslegung zu beachten hat; insbesondere nicht gleich gelagerte Sachverhalte einmal so und das nächste mal anders behandeln darf, soweit hierfür nicht gute Gründe vorliegen. Eine Begründung der Entscheidung ist jeweils schon durch die einschlägigen Prozessordnungen gefordert.[151] Je weniger dabei die Entscheidung durch den Rechtstext vorbestimmt ist und je wichtiger daher das Aufzeigen der zugrunde liegenden Wertmaßstäbe ist, umso höhere Anforderungen sind an die juristische Begründung und Argumentation zu stellen; schon im Hinblick auf die Akzeptanz der jeweiligen Entscheidung in der juristischen Öffentlichkeit. Es geht aber zu weit, zu verlangen, dass die Urteilsbegrün-

---

zu gesetzlichen Wertungen oder zum Bereich des allgemeinen Konsenses stünden, könnten ausgeschieden werden.

146 *Röthel*, Normkonkretisierung, S. 154.

147 *Röthel*, Normkonkretisierung, S. 159.

148 *Röthel*, Normkonkretisierung, S. 144. Auch *Göldner*, Verfassungsprinzip und Privatrechtsnorm, S. 108, betont die richterliche Bindung an die systematisch-teleologischen Kriterien. Nach *Wank*, Rechtsfortbildung, S. 147f., sind die im Rahmen der Konkretisierung zu berücksichtigenden „Orientierungspunkte" die selben, wie auch sonst bei Auslegung und Rechtsfortbildung, namentlich Teleologie des Gesetzes, Systematik, Entstehungsgeschichte, Rechtsvergleichung, Natur der Sache, Präjudizien und Dogmatik.

149 Vgl. *Larenz*, Methodenlehre, S. 215: „Es ist daher eine Täuschung zu glauben, die Anwendung selbst solcher Normen, deren Tatbestand begrifflich ausgeformt ist, erschöpfe sich in dem logischen Vorgang der ‚Subsumtion'. Bevor es dazu kommen kann, findet bereits eine Beurteilung statt, die keineswegs immer wertungsfrei ist."; *Engisch*, Einführung, S. 162: „Auslegung und Subsumtion stellen sich eben häufig als schöpferische geistige Akte dar."

150 *Larenz*, Methodenlehre, S. 366: „Gesetzesauslegung und Rechtsfortbildung dürfen nicht als wesensverschieden angesehen werden, sondern nur als voneinander verschiedene Stufen desselben gedanklichen Verfahrens. Das will sagen, dass schon die einfache Auslegung des Gesetzes durch ein Gericht, sofern sie erstmalig ist oder von einer früheren Auslegung abweicht, eine wenn auch vom Gericht selbst vielfach noch nicht bewusste Rechtsfortbildung darstellt, ..."

151 Vgl. § 313 Abs. 1 Nr. 6, Abs. 3 ZPO; § 267 StPO; § 117 Abs. 2 Nr. 5 VwGO.

dung auch die Funktion einer Gesetzesbegründung im Hinblick auf die „judikative Regel“ erfüllen muss.[152] Diese Forderung resultiert aus dem Delegationsgedanken, und verkennt, dass Rechtsentscheidung auch im Rahmen der Konkretisierung wertungsoffener Rechtssätze stets genuin richterliche Tätigkeit ist und sich auf den zu Grunde liegenden Sachverhalt beschränkt. Auch im Rahmen der weitesten Generalklauseln ist es nicht Aufgabe der Gerichte, losgelöst vom Sachverhalt abstrakt-generelle Regelungen aufzustellen.[153]

Inhaltlich liegt auch nach diesem Ansatz der Schwerpunkt auf systematisch-teleologischen Kriterien, die sowohl für Abwägung als auch Folgenberücksichtigung die erforderlichen Wertungskriterien liefern. Eine Abweichung gegenüber der herkömmlichen Auslegungslehre liegt lediglich in der verstärkten Betonung topischer Elemente und der Hinwendung zu einer Argumentationstheorie. Doch solange sich im Rahmen der herkömmlichen Auslegung und ihrer klassischen Kriterien keine allgemein anerkannte Bewertungshierarchie durchgesetzt hat,[154] sondern die einzelnen Auslegungskriterien danach gewichtet werden, inwieweit sie für den zu entscheidenden Fall überhaupt etwas hergeben, besteht auch insoweit kein qualitativer Unterschied zwischen der Auslegung relativ-bestimmter und der Konkretisierung wertungsoffener Rechtssätze.

3. Dem Fallvergleich verpflichtete Ansätze

Die überragende praktische Bedeutung, die Präjudizien auch im kontinentalen Rechtskreis[155] zukommt, ist allgemein anerkannt.[156] Umstritten ist dagegen, inwieweit Präjudizien nicht nur faktische, sondern darüber hinaus normative Bindungswirkung zukommt.[157] Die wohl noch immer herrschende Meinung verneint eine normative Bindungswirkung: „Nicht das Präjudiz als solches bindet, sondern allein die darin richtig ausgelegte oder konkretisierte Norm.“[158] Eine im Vordrin-

---

152 *Röthel*, Normkonkretisierung, S. 109.

153 Wenn dies auch gelegentlich vorkommen mag, vgl. beispielsweise die Ankündigung einer künftigen höchstrichterlichen Judikatur in Bezug auf auflösend bedingte Arbeitsverträge des BAG, NJW 1982, 788 ff.; dazu *Picker*, JZ 1984, 153 ff. Vgl. auch *Larenz*, Methodenlehre, S. 359: „... Leitsätze sind nichts anderes als Destillata aus Entscheidungsbegründungen, die ihrerseits fallbezogen und in hohem Maße auslegungsbedürftig sind. Durch ihre rechtssatzförmige Formulierung wird der Anschein erweckt, als komme ihnen, losgelöst von dem entschiedenen Sachverhalt, der Charakter einer gleichförmig anwendbaren, bereits feststehenden Regel zu. Dabei wird verkannt, dass der Richter, der eben doch in erster Linie den zu entscheidenden Fall im Auge hat, noch weit weniger dazu in der Lage ist, alle künftigen Anwendungsmöglichkeiten seines „Leitsatzes“ zu übersehen, als der Gesetzgeber.“

154 Zusammenfassend *Vogenauer*, Auslegung, Band I. S. 151 ff.

155 Für Frankreich vgl. *Vogenauer*, Auslegung, Band I, S. 338 f.

156 Vgl. *Krebs*, AcP 195 (1995), 171 (182) und die dortigen Nachweise.

157 Eine strenge normative Bindungswirkung gerichtlicher Entscheidungen ist gesetzlich angeordnet in §§ 31 BVerfGG, 11 UKlaG, 138 Abs. 1 GVG, 16 RSprEinhG.

158 So stellvertretend *Larenz*, Methodenlehre, S. 430. Vgl. weiterhin *Rüthers*, Rechtstheorie, § 6 Rn. 236; *Röhl/Röhl*, Allgemeine Rechtslehre, S. 571 f.; *Looschelders/Roth*, Juristische Methodik, S. 322; *Picker*, JZ 1984, 153 (158); *ders.*, JZ 1988, 62 (72 f.); *Raisch*, ZHR 150 (1986), 117 (137 ff.); und BVerfGE 84, 212 (227): „Höchstrichterliche Urteile sind kein Gesetzesrecht und erzeugen keine damit vergen befindliche Ansicht spricht Präjudizien dagegen in dem Sinne eine beschränkte Bindungswirkung zu, als dass Präjudizien grundsätzlich zu befolgen sind und die Abweichung begründungsbedürftig sei.[159] Im einzelnen werden an Begründungsaufwand und Abweichungsbefugnis unterschiedliche Anforderungen gestellt.[160] Im Ergebnis dürfte der Unterschied zur herrschenden Meinung aber nur gering sein.[161]

Im Bereich der Konkretisierung wertungsoffener Rechtssätze haben sich Ansätze, die dem Fallvergleich verpflichtet sind, besonders behauptet.[162] Unterscheiden lassen sich insoweit Theorien, bei denen ein typisierender Fallvergleich tatsächlich entschiedener oder hypothetischer, besonders einleuchtender Fälle im Mittelpunkt steht, und echte Präjudizien-Theorien, die mit Hilfe einer fallrechtlichen Methode ausschließlich an entschiedene Fälle anknüpfen.

a) Typisierender Fallvergleich

Beim typisierenden Fallvergleich werden explizit[163] oder implizit[164] zwei Stufen des Konkretisierungsverfahrens unterschieden, die Einzelfallentscheidung (Spezifizierung) und die allmähliche Anreicherung der Generalklausel durch Herausbildung von „Untergeneralklauseln“[165], Fallgruppen, „Ersatztatbestandsmerkmalen“[166] (Typisierung). Der Schwerpunkt liegt regemäßig auf der Typisierung, mit

---

gleichbare Rechtsbindung. Von ihnen abzuweichen verstößt grundsätzlich nicht gegen Art. 20 Abs. 3 GG. Ihr Geltungsanspruch über den Einzelfall hinaus beruht allein auf der Überzeugungskraft ihrer Gründe sowie der Autorität und den Komptenzen des Gerichts“.

159 Vgl. *Kriele*, Theorie der Rechtsgewinnung, S. 243 ff. („präsumtive Verbindlichkeit von Präjudizien“); *Alexy*, Theorie der juristischen Argumentation, S. 334 ff. („Argumentationslastregel“); *Ohly*, AcP 201 (2001), 1 (27 ff.) („Präjudizienvermutung“); *Krebs*, AcP 195 (1995), 171 (181 ff.) (Umkehrung der Begründungslast); *Reinhardt*, Konsistente Jurisdiktion, S. 461 ff. („institutional-approximative Präjudizienbindung“); vgl. auch *Baumbach/Hefermehl-Köhler*, § 3 UWG, Rn. 10.

160 Vgl. *Kriele*, Theorie der Rechtsgewinnung, S. 243 ff.; *Alexy*, Theorie der juristischen Argumentation, S. 334 ff.: Abweichung nur aus „guten“ Gründen; *Gusy*, DÖV 1992, 461 (468): „sachlich zureichender Grund“; *Fikentscher*, Methoden des Rechts, Band IV, S. 349: Abweichung nur bei „schwerwiegenden“ oder „zwingenden“ Gründen; Ohly, AcP 201 (2001), 1 (44): Argumentationslast je nach „Autorität“ des Präjudizes; *Bydlinski*, JZ 1984, 149 (151 ff.); *ders.*, Juristische Methodenlehre, S. 511; *Larenz/Canaris*, Methodenlehre, S. 256 ff.: „subsidiäre“ aber strikte Verbindlichkeit soweit nicht eine von mehrere Lösungen den Zwecken und Prinzipien der Rechtsordnung deutlich besser entspricht; dem folgend *Röthel*, Normkonkretisierung, S. 94 ff.

161 Vgl. *Larenz*, Methodenlehre, S. 431: „Präjudizien mögen eine gewisse Vermutung der Richtigkeit für sich haben; der Richter darf sich aber nicht unbesehen auf sie verlassen, sondern muss sich zumindest dann, wenn ihm Zweifel an der Richtigkeit des Präjudizes kommen, ein eigenes Urteil bilden.“

162 Vgl. *Bydlinski*, JZ 1985, 149 (152); *ders.*, Juristsiche Methodenlehre, S. 506: Präjudizienbindung im Bereich des „non liquet“; *Fikentscher*, Methoden des Rechts, Band IV, S. 337 f. ; *ders.*, ZfRV 1985, 163 (183): Bindendes Richterrecht bei unbestimmtem Wortlaut, bei der Anwendung von Generalklauseln und Blankettnormen und bei Wiederanwendung bereits gewonnen Richterrechts.

163 Vgl. *Wank*, Rechtsfortbildung, S. 147; *J. Ipsen*, Richterrecht und Verfassung, S. 74 ff.; *Zippelius*, Methodenlehre, S. 71 ff., 74 f.

164 Vgl. *Larenz*, Methodenlehre, S. 292.

165 *Canaris*, Systemdenken und Systembegriff, S. 152.

166 *Weber*, AcP 192 (1992), 516 (527 ff.).

deren Hilfe die Rechtsanwendung unter der Generalklausel allmählich an das Subsumtionsmodell herangeführt und damit „normalisiert" werden soll.[167]

aa) Spezifizierung

Im Rahmen der Einzelfallentscheidung sei der zu entscheidende Fall mit solchen Fällen zu vergleichen, die zweifelsfrei von der Norm erfasst werden.[168] Das Vergleichsmaterial könne zum einen aus Fällen bestehen, für die bereits geklärt ist, dass sie in den Umfang der Norm einzubeziehen sind.[169] Herangezogen werden könnten andererseits aber auch „einleuchtende" Beispiele[170] oder „evidente" Anwendungsfälle.[171] Problematisch ist dabei freilich die Begründung für die Eindeutigkeit der Zuordnung eines hypothetischen Beispielsfalles.[172] *Jörn Ipsen* schlägt zur Lösung eine „conditio-sine-qua-non-Überlegung" vor. So sei etwa zu fragen, welche Bedeutung der Begriff „Unzuverlässigkeit" im Sinne des § 35 Abs. 1 GewO noch haben könnte, wenn nicht ein bestimmtes Verhalten, etwa einschlägige Straftaten, darunter fiele.[173] Auf diese Weise könne zunächst der Begriffskern umrissen, aber auch durch Vergleich der weniger eindeutigen Fälle mit den evidenten Anwendungsfällen Bezugspunkte im Begriffshof gesetzt werden.[174] Nach *Bydlinski* müsse man sich möglichst viele Fälle überlegen, die jedermann dem fraglichen gesetzlichen Begriff zweifelsfrei unterordnen wird, um dann ihre gemeinsamen Merkmale anzugeben.[175]

Der Fallvergleich selbst erfolge nach Herausarbeitung der übereinstimmenden Merkmale sowie der Merkmalsunterschiede durch wertende Abwägung mit dem Ziel der Gleichbehandlung wesentlich gleicher bzw. Ungleichbehandlung wesentlich ungleicher Fälle.[176] Maßstäbe dieser Gleichbewertung sind bei *Zippelius* letztendich Regelungssystematik und Gesetzeszweck.[177]

bb) Typisierung

Um von den so entschiedenen Einzelfällen zu anwendungsfähigen „Rechtsregeln" zu gelangen, sind im Zusammenwirken von Rechtsprechung und Wissenschaft zunächst die den Anwendungsfällen zugrunde liegenden, gegenüber der Generalklausel spezielleren Rechtsgedanken und Rechtsprinzipien heraus zu arbeiten

---

167 Vgl. *Canaris*, Systemdenken und Systembegriff, S. 152 ff.; *J. Ipsen*, Richterrecht und Verfassung, S. 75 ff.; *Wieacker*, Zur rechtstheoretischen Präzisierung des § 242 BGB, S. 205 ff.; Staudinger-*Looschelders/Olzen*, § 242 BGB Rn. 122.
168 Vgl. *J. Ipsen*, Richterrecht und Verfassung, S. 74; *Zippelius*, Methodenlehre, S. 72; *Larenz*, Methodenlehre, S. 292.
169 *Zippelius*, Methodenlehre, § 12 I (S. 73).
170 *Larenz*, Methodenlehre, S. 291 f.; *ders.*, in: FS Nikisch, S. 275 (292).
171 *J. Ipsen*, Richterrecht und Verfassung, S. 74.
172 Vgl. *Kamanabrou*, AcP 202 (2002), 662 (673).
173 *J. Ipsen*, Richterrecht und Verfassung, S. 74.
174 *J. Ipsen*, Richterrecht und Verfassung, S. 74.
175 *Bydlinski*, Juristische Methodenlehre, S. 548 f.
176 *Zippelius*, Methodenlehre, S. 73; *Larenz*, in: FS Nikisch, S. 275 (293 f.).
177 *Zippelius*, Methodenlehre, S. 76 f.

und zu systematisieren.[178] Dazu werden unter Abstraktion[179] von den Individualisierungsmerkmalen der entschiedenen Sachverhalte übereinstimmende Begründungsmuster extrahiert, die dann in einem abgestuften Verfahren unter fortschreitender Abstraktion zu Fallgruppen und Fallobergruppen zusammengefasst werden.[180] So entsteht „unterhalb der Generalklausel" ein Geflecht von Entscheidungsmustern, in das neu zu beurteilende Fälle eingeordneten werden können.[181] Im Laufe der Zeit können sich so Fallgruppen über Falltypen bis hin zu festen Tatbeständen verdichten.[182]

Die Kommentierungen zu den Generalklauseln des BGB sind hierfür ein anschaulicher Beleg.[183] So wird beispielsweise § 242 BGB gemeinhin im Anschluss an *Wieacker*[184] in seine drei Funktionsschichten: Begründung vertraglicher Nebenpflichten, Begrenzung unzulässiger Rechtsausübung und „rechtsethische Durchbrüche" – vor Inkrafttreten der Schuldrechtsreform insbesondere die Grundsätze über den Wegfall der Geschäftsgrundlage – unterteilt.[185] Innerhalb dieser Funktionskreise kann weiter unterschieden werden; im Bereich der Nebenpflichten etwa nach Leistungstreuepflicht, Mitwirkungspflicht, Schutzpflicht und Aufklärungspflicht;[186] bei der unzulässigen Rechtsausübung etwa Verwirkung und widersprüchliches Verhalten, letzteres mit der weiteren Unterscheidung des „vertrauensbegründenden Verhaltens" und der Treuwidrigkeit aus anderen Gründen.[187]

Kommt es zur Ausbildung relativ bestimmter Tatbestände und Rechtsinstitute, werden diese gelegentlich durch den Gesetzgeber aus der „Generalklausel" herausgelöst und einer eigenständigen Regelung zugeführt.[188] Besonders prominente Beispiele sind etwa die Grundsätze über den Wegfall der Geschäftsgrundlage, nunmehr § 313 BGB,[189] oder die Grundsätze über Einbeziehung und Wirksamkeit

---

178 *J. Ipsen*, Richterrecht und Verfassung, S. 75 ff.; *Zippelius*, Methodenlehre, S. 74 ff.; *Larenz*, Methodenlehre, S. 292; *Canaris*, Systemdenken und Systembegriff, S. 152 ff.; *Mayer-Maly*, AcP 194 (1994), 105 (132 ff.).

179 Vgl. zum Begriff der Abstraktion *Garstka*, in: *Koch* (Hrsg.), Juristische Methodenlehre und analytische Philosophie, S. 96 (105 ff.); *Engisch*, Idee der Konkretisierung, S. 27: Es geht eigentlich nicht um die rein negative Weglassung einzelner, besonderer Merkmale der entschiedenen Fälle sondern um, im positiven Sinne, die Ersetzung der Besonderheiten durch ein „Allgemeines", das die spezielleren Fälle umschließt und zugleich inhaltlich bestimmt.

180 Vgl. *Weber*, AcP 192 (1992), 516 (527 ff.).

181 *Larenz*, Methodenlehre, S. 292.

182 Vgl. *Canaris*, Systemdenken und Sytembegriff, S. 152; *J. Ipsen*, Richterrecht und Verfassung, S. 75 ff.; *Wank*, Rechtsfortbildung, S. 147; *Bydlinski*, Juristische Methodenlehre, S. 583.

183 Vgl. auch *J. Ipsen*, Richterrecht und Verfassung, S. 75 f., mit Beispielen aus dem öffentlichen Recht.

184 Zur rechtstheoretischen Prazisierung des § 242 BGB; *Wieacker* hatte freilich seinerseits Vorbilder, vgl. die Nachweise a. a. O. in Fn. 38.

185 Vgl. Palandt-*Heinrichs*, § 242, Rn. 13 f.; Hk-BGB/*Schulze*, § 242 BGB Rn. 2; Jauernig-*Mansel*, § 242 BGB, Rn. 5–9; *Gernhuber*, JuS 1983, 764 (765 ff.).

186 Vgl. Palandt-*Heinrichs*, § 242, Rn. 23–37; Jauernig-*Vollkommer*, § 242 BGB Rn. 16 ff.; Hk-BGB/*Schulze*, § 242 BGB Rn. 17–20; MüKo-*Roth*, § 242 BGB Rn. 214 ff.; 234 ff.; 260 ff.

187 Vgl. Palandt-*Heinrichs*, § 242, Rn. 38 ff., insbesondere 55–57, 87–97; MüKo-*Roth*, § 242 BGB Rn. 432 ff.; 454 ff.; *Gernhuber*, JuS 1983, 764 (766 f.).

188 Vgl. *Schlechtriem*: in: *Grundmann/Mazeaud* (Hrsg.), General Clauses and Standards, S. 41 (44).

189 Zur Entwicklung dieser Grundsätze *Rüthers*, Die unbegrenzte Auslegung, S. 36 ff.

allgemeiner Geschäftsbedingungen, die von der Rechtsprechung im Rahmen des § 242 BGB entwickelt und anschließend zunächst im AGBG und schließlich in den §§ 305ff. BGB normiert wurden.[190] Auch die zu § 1 UWG a.F. durch Rechtsprechung und Schrifttum entwickelten Fallgruppen sind nunmehr weitgehend in den §§ 4–7 UWG als Beispielstatbestände normiert; die „Generalklausel" des § 3 UWG fungiert insoweit nur noch als Auffangtatbestand.[191]

Die Herausbildung von Fallgruppen und entsprechenden „Fallgruppennormen"[192] dient insoweit nicht mehr nur oder auch nur vorrangig der Auffindung des relevanten Entscheidungsmaterials, dass für den vorzunehmenden Fallvergleich heranzuziehen ist.[193] Vielmehr endet die Rechtsanwendungsarbeit in Wissenschaft und Praxis häufig mit der Zuordnung zur entsprechenden Fallgruppe;[194] ein echter Fallvergleich findet nicht statt, sondern es werden ohne Ansehung des zugrunde liegenden Sachverhalts die Leitsätze eines Urteiles oder einzelne Sätze daraus einfach übernommen und der neuen Entscheidung zugrunde gelegt.[195]

b) Präjudizien-orientierter Ansatz

Dagegen wendet sich der präjudizien-orientierte Ansatz. Ausgehend von einer beschränkten Präjudizienbindung im Sinne der Begründungsbedürftigkeit von Abweichungen, ist dieser Ansatz bemüht, in Anlehnung an die Fallrechtsmethode des *Common Law*, den praktischen Umgang mit Präjudizien in methodisch geordnete Bahnen zu leiten.[196]

aa) Exkurs: Die Fallrechtsmethode des englischen Rechts

Jede Rechtsordnung muss, um sich den Namen als solche zu verdienen, im Hinblick auf die Idee der Gerechtigkeit zumindest das Ziel haben, wesentlich Gleiches auch rechtlich in gleicher Weise zu behandeln. Die Orientierung der Gerichte an vorangegangenen Entscheidungen bei Vergleichbarkeit der jeweils zugrundeliegenden Sachverhalte ist daher dem Rechtsbegriff geradezu immanent. Kennzei-

---

190 Zur Rechtsentwicklung ausführlich Ulmer/Brandner/Hensen-*Ulmer*, AGB-Recht, Einl. Rn. 10–38.
191 Vgl. *Baumbach/Hefermehl-Köhler*, § 3 UWG, Rn. 6f.
192 *Ohly*, AcP 201 (2001), 1 (40).
193 Vgl. *Weber*, AcP 192 (1992), S. 516 (531); *Ohly*, AcP 201 (2001), 1 (39f.).
194 Vgl. *Ohly*, AcP201 (2001), 1 (40).
195 Vgl. *Vogenauer*, Auslegung, Band I, S. 226; *Werner*, Generaklauseln und Richterrecht, S. 23; *Röhl/Röhl*, Allgemeine Rechtslehre, S. 567, mit einem abschreckenden Beispiel; vgl. auch Palandt-*Heinrichs*, § 242 Rn. 58, mit der Warnung, dass die Entscheidung eines der nachfolgend aufgeführten Fälle nicht einfach übernommen werden dürfe, sondern jeweils eine sorgfältige Abwägung aller Umstände des Einzelfalles erforderlich sei. Ähnlich *Baumbach/Hefermehl-Köhler*, § 3 UWG, Rn. 10.
196 Vgl. *Ohly*, AcP 201 (2001), 1ff.; *Fikentscher*, Methoden des Rechts, Band IV, S. 202ff.; 336ff.; *ders.*, ZfRV 1980, 161ff.; *ders.*, ZfRV 1985, 163ff.; *Kriele*, Theorie der Rechtsgewinnung, S. 269ff.; *Schlüchter*, Mittlerfunktion der Präjudizien, S. 129ff.; *Langenbucher*, Richterrecht, S. 63ff.; *Bydlinski*, Juristische Methodenlehre, S. 512ff.

chen des *common law*, und insbesondere des englischen Rechts,[197] ist nun aber eine über diese faktische oder beschränkte Präjudizienbindung hinausgehende mehr oder weniger strikte normative Bindungswirkung in dem Sinne, dass unter bestimmten Umständen das nachfolgende Gericht den ihm vorliegenden Fall auf der Basis des Präjudizes entscheiden muss, selbst wenn es, möglicherweise mit guten Gründen, die frühere Entscheidung als in der Sache für verfehlt hält.[198]

(1) Vertikale und horizontale Dimension der Präjudizienbindung

Diese Präjudizienbindung im engeren Sinne (*doctrine of binding precedent, stare decisis* bzw. *stare rationibus decidendis*)[199] ist in dieser Form eine relativ junge Erscheinung. Während die Entwicklung des common law von Anbeginn auf real entschiedenen Fällen basierte, ist die strikte Bindungswirkung dahingehend, das selbst fehlerhafte Entscheidungen durch nachfolgende Gerichte wiederholt werden müssen, ein Kind der zweiten Hälfte des 19. Jahrhunderts.[200] Eine wesentliche Ursache war wohl die Einführung eines hierarchisch gegliederten Gerichtssystems durch die *Supreme Court of Judicature Acts 1873* und *1875*.[201] Hierdurch wurde ein einheitlicher *Supreme Court of Judicature*, später *Supreme Court of England and Wales*,[202] bestehend aus *High Court of Justice* und *Court of Appeal* geschaffen. Das *House of Lords* in seiner judiziellen (nicht-parlamentarischen) Funktion fungiert als höchstes Rechtsmittelgericht. Mit Inkrafttreten des *Constitutional Reform Act 2005* im Oktober 2009 tritt ein neuer *Supreme Court of the United Kingdom* an die Stelle des *House of Lords*. *Crown Court, High Court of Justice* and *Court of Appeal* werden unter dem neuen Namen *Senior Courts of England and Wales* zusammengefasst.[203]

Aus dieser hierarchischen Gliederung folgt die Präjudizienbindung in vertikaler Dimension. Danach sind die Gerichte niederer Stufe grundsätzlich an Entschei-

197 Das US-amerikanische *common law* wird im Allgemeinen als flexibler, die Präjudizienbindung als weniger stark angesehen; vgl. *Atiyah/Summers*, Form and Substance, S. 9: „much looser doctrine of stare decisis" in America „than exists in England", und passim.

198 *Zander*, The Law-Making Process, S. 215.

199 *Zander*, The Law-Making Process, S. 215. Die Präjudizienbindung ist zu unterscheiden von der *res judicata*-Doktrin, die das funktionale Äquivalent zur formellen und materiellen Rechtskraft bildet und nur für die Parteien des Ausgangsrechtstreits von Bedeutung ist. *Stare decisis* dagegen wirkt nicht nur *inter partes* sondern *erga omnes*.

200 Vgl. *Bole v Horton* (1673) Vaugh. 360 (383): "Yet if a Court give judgment judicially, another Court is not bound to give like judgment, unless it think that judgment first given was according to law."; *Mirehouse v Rennell* (1833) 1 Clark & Finelly 520 (546) per *Mr. Justice Parke*: "Our common-law system consists in the applying to new combinations of circumstances those rules of law which we derive from legal principles and judicial precedents; and for the sake of attaining uniformity, consistency and certainty, we must apply those rules, where they are not plainly unreasonable and inconvenient, to all cases which arise; and we are not at liberty to reject them, and to abandon all analogy to them, in those to which they have not yet been judicially applied, because we think that the rules are not as convenient and reasonable as we ourselves could have devised."

201 Vgl. *Baker*, An Introduction to English Legal History, S. 200.

202 *Supreme Court Act 1981*.

203 Vgl. zum Ganzen *Slapper/Kelly*, The English Legal System, S. 123.

dungen der Gerichte höherer Stufe gebunden.[204] Das Verhältnis zwischen *House of Lords* und *Court of Apeal* war dabei nicht immer unproblematisch. In *Broom v Cassell*[205] entschied ein einstimmiger *Court of Appeal*, dass die frühere Entscheidung des *House of Lords* in *Rookes v. Barnard*[206] nicht bindend sei, da das House of Lords bei dieser Entscheidung zwei seiner eigenen Urteile[207] außer acht gelassen habe (*per incuriam*). Das *House of Lords* wies dieses Ansinnen in scharfen Worten zurück: Das hierarchisch strukturierte Gerichtssystem verlange, dass die Gerichte der niederen Stufen, einschließlich des *Court of Appeal*, die Entscheidungen der höheren Stufen loyal akzeptierten.[208] Gleichwohl unternahm der *Court of Appeal* einen zweiten Versuch in der Entscheidung *Schorsch Meir GmbH v Hennin*,[209] nunmehr basierend auf dem Gedanken *cessante ratione cessat ipsa lex*. Es ging um die Frage, ob ein Urteil eines englischen Gerichts stets nur auf einen Betrag in Sterling, nicht aber einer anderen Währung, lauten könne. Das *House of Lords* in *Havanna Railways*[210] hatte im Sinne einer Beschränkung auf Sterling entschieden. Lord Denning, argumentierte, dass traditionell nur Urteile in Sterling vollstreckt werden konnten, dieser Grund für die Beschränkung auf Sterling jedoch mittlerweile weggefallen sei, damit sei auch die entsprechende Regel nicht länger verbindlich.[211] Die Fragestellung erreichte das *House of Lords* in der Sache *Milingos v. George Frank (Textiles) Ltd.*[212] Das *House of Lords* betonte wiederum, dass der *Court of Appeal* an die Entscheidungen des *House of Lords* „absolut gebunden“ sei. Insbesondere dürfe der Grundsatz *cessante ratione cessat ipsa lex* nicht dazu missbraucht werden, die Präjudizienbindung außer Kraft zu setzen.[213] In der Sache freilich entschied das *House of Lords* nunmehr im Sinne des *Court of Appeal*.

Logisch nicht zwingend aus der Gerichtshierarchie ableitbar ist die horizontale Dimension der Präjudizienbindung, wonach Gerichte an eigene frühere Entscheidungen bzw. frühere Entscheidungen der Gerichte gleicher Stufe gebunden sind.[214] Für das *House of Lords* wurde die Frage geklärt[215] durch *London Tramways v.*

---

204 Die nachfolgenden Ausführungen beschränken sich auf das Privatrecht; im Bereich des Strafrechts gelten zum Teil abweichende Grundsätze, vgl. *Zander*, The Law-Making Process, S. 245 ff.
205 [1971] 2 QB 354.
206 [1964] AC 1129.
207 *Hulton v Jones* [1910] AC 20; *Ley v. Hamilton* (1935) 153 LT 384.
208 *Broome v Cassel* (No. 1) [1972] AC 1027 (1054) per *Lord Hailsham*: “it is not open to the Court of Appeal to give gratuitous advice to judges of first instance to ignore decisions of the House of Lords in this way and, if it were open to the Court of Appeal to do so, it would be highly undesirable. The fact is, and I hope it will never be necessary to say so again, that, in the hierarchical system of courts which exists in this country, it is necessary for each lower tier, including the Court of Appeal, to accept loyally the decisions of the higher tiers.”
209 [1975] QB 416.
210 [1961] AC 1007.
211 *Schorsch Meir GmbH v Hennin* [1975] QB 416 (424 f.).
212 [1976] AC 433.
213 *Milingos v. George Frank (Textiles) Ltd* [1976] AC 443, per *Lord Simon of Glaisdale* (472); vgl. auch *Lord Cross* (495): “It is not for any inferior court – be it a county court or a division of the Court of Appeal presided over by Lord Denning – to review decisions of this House.”
214 *Baker*, An Introduction to English Legal History, S. 200.
215 Vgl. jedoch bereits *Beamish v Beamish* (1861) HLC 274.

London County Council[216] aus dem Jahre 1898. Lord Halsbury begründete die Bindungswirkung von Präjudizien mit der disaströsen Rechts- und Planungsunsicherheit die resultieren würde, wenn bereits entschiedene Fragen immer wieder neu aufgerollt werden müssten ohne das es je eine endgültige Entscheidung gäbe.[217] Allerdings befreite sich das *House of Lords* von diesen selbstauferlegten Fesseln im Jahre 1966. Nach dem *Practice Statement (Judicial Precedent)*[218] behandelt das *House of Lords* seine früheren Entscheidungen als grundätzlich verbindlich, sieht sich jedoch befugt, von einer früheren Entscheidung abzuweichen, soweit es dies für gerechtfertigt hält.[219] Bisher hat das House of Lords von dieser Befugnis äußerts sparsam Gebrauch gemacht.[220] Dass eine frühere Entscheidung als falsch bewertet wird, reicht in aller Regel nicht aus, um davon abzugehen.[221] Der *Court of Appeal* entschied in *Young v Bristol Aeroplane Co. Ltd.*[222] im Jahre 1944, dass seine früheren Entscheidungen Bindungswirkung entfalten. Hiervon wurden jedoch drei Ausnahmen anerkannt: (1) zwischen zwei einander widersprechenden früheren Entscheidungen hat der *Court of Appeal* das Recht und die Pflicht zur Wahl; (2) der *Court of Appeal* muss von seiner früheren Entscheidung abgehen, soweit diese nach seiner Überzeugung zu einer Entscheidung des *House of Lords* im Widerspruch steht; (3) die frühere Entscheidung erging *per incuriam*, d.h. unter Außerachtlas-

---

216 [1898] AC 375.

217 *London Tramways v. London County Council* [1898] AC 375 (380) per *Lord Halsbury*: "Of course I do not deny that cases of individual hardship may arise, and there may be a current of opinion in the profession that such and such a judgment was erroneous; but what is that occasional interference with what is perhaps abstract justice as compared with the inconvenience–the disastrous inconvenience–of having each question subject to being reargued and the dealings of mankind rendered doubtful by reason of different decisions, so that in truth and in fact there would be no real final Court of Appeal?"

218 [1966] 1 WLR 1234, per *Lord Gardiner LC.*

219 "Their Lordships regard the use of precedent as an indispensable foundation upon which to decide what is the law and its application to individual cases. Their Lordships nevertheless recognise that too rigid adherence to precedent may lead to injustice in a particular case and also unduly restrict the proper development of the law. They propose, therefore, to modify their present practice and, while treating former decisions of this House as normally binding, to depart from a previous decision when it appears right to do so."

220 *Zander*, The Law-Making Process, S. 218.

221 Vgl. *Jones v Secretary of State for Social Services* [1972] AC 944, per *Lord Wilberforce* (995): "So even though (as I do) I found the decision in Dowling unacceptable, I should be disposed to follow it."; per *Lord Pearce* (996): "A decision of this House has had the distinctive advantage of being final both in the sense that it put an end to the litigation between the parties and in the sense that it established the principle embodied in the ratio decidendi. Consequently it provided a firm foundation on which commercial, financial and fiscal arrangements could be based. Also it marked a definite step in the development of the law, irreversible except by Act of Parliament. This distinctive advantage of finality should not be thrown away by too ready use of the recently declared liberty to depart from previous decisions."

222 [1944] KB 718 (729), per *Lord Greene MR*: "On a careful examination of the whole matter we have come to the clear conclusion that this court is bound to follow previous decisions of its own as well as those of courts of co-ordinate jurisdiction. The only exceptions to this rule (two of them apparent only) are those already mentioned which for convenience we here summarize: (1.) The court is entitled and bound to decide which of two conflicting decisions of its own it will follow. (2.) The court is bound to refuse to follow a decision of its own which, though not expressly overruled, cannot, in its opinion, stand with a decision of the House of Lords. (3.) The court is not bound to follow a decision of its own if it is satisfied that the decision was given per incuriam."

sung des relevanten Fall- oder Gesetzesrechts. Ein Versuch Lord Dennings, die für das House of Lords nach dem *Practice Statement* gültigen Grundsätze auch für den *Court of Appeal* fruchtbar zu machen,[223] wurde vom *House of Lords* in der Rechtsmittelinstanz zurückgewiesen.[224] Danach ist der Court of Appeal an die in *Young v Bristol Aeroplane Co. Ltd.* herausgearbeiteten Grundsätze gebunden.[225] Ähnliches gilt für den *High Court of Justice*, soweit dieser als Rechtsmittelgericht tätig wird (sogenannte *Divisional Courts*).[226] Entscheidungen erstinstanzlicher Gerichte, einschließlich des *High Court*, sind für diese selbst und gleichstufige Gerichte jedoch nicht normativ verbindlich.[227]

(2) Methode des Fallrechts

Das einschlägige Fallmaterial wird regelmäßig aus einer Vielzahl von Entscheidungen von Gerichten unterschiedlicher Stufen, aus verschiedenen Zeiten und von unterschiedlicher Relevanz bestehen.[228] Die Arbeit des Richters wird dadurch erleichtert, dass die Parteivertreter alle relevanten, auch die ihnen jeweils ungünstigen, Präjudizien zitieren müssen, wobei der Richter hieran jedoch nicht gebunden ist, sondern eigene Nachforschungen anstellen kann.[229] In einem ersten Schritt sind sodann diejenigen Fälle herauszufiltern, die entsprechend der obigen Grundsätze für das entscheidende Gericht verbindlich sind und daraus wiederum diejenigen, deren zugrundeliegende Sachverhalte mit dem *hit et nunc* zu entscheidenden Sachverhalt hinreichende Ähnlichkeit aufweisen.[230]

Auf der Grundlage der einschlägigen Präjudizien ist sodann deren *ratio decidendi* zu bestimmen.[231] *Ratio decidendi* ist der einzige Teil eines Präjudizes, der normative Bindungswirkung entfalten kann.[232] Alles was nicht der *ratio decidendi* angehört ist per Definition *dictum* oder *obiter dictum*, nimmt nicht an der normativen Bindungswirkung teil und kann allenfalls eine mehr oder weniger starke Überzeu-

---

223 *Davis v Johnson* [1979] AC 264 (281 f.), per *Lord Denning*: "To my mind, this court should apply similar guide lines to those adopted by the House of Lords in 1966. Whenever it appears to this court that a previous decision was wrong, we should be at liberty to depart from it if we think it right to do so. Normally – in nearly every case of course – we would adhere to it. But in an exceptional case we are at liberty to depart from it."

224 *Davis v Johnson* [1979] AC 264 (328), per Lord Diplock: "In my opinion, this House should take this occasion to re-affirm expressly, unequivocally and unanimously that the rule laid down in the *Bristol Aeroplane case* [1944] K.B. 718 as to stare decisis is still binding on the Court of Appeal."

225 *Zander*, The Law-Making Process, S. 239.

226 *Police Authority for Huddersfield v Watson* [1947] KB 842. Die Situation ist etwas unklar, vgl. *R. v Greater manchaster Coroner, ex parte Tal* [1984] 3 All ER 240, wonach ein Divisional Court von einer früheren Entscheidung abweichen kann, soweit er von deren Unrichtigkeit überzeugt ist.

227 *Zander*, The Law-Making Process, S. 251.

228 *Zander*, The Law-Making Process, S. 265.

229 *Zander*, The Law-Making Process, S. 266.

230 Vgl. etwa *Hedley Byrne & Co. Ltd. v. Heller & Partners Ltd.* [1964] AC 465 (525) per *Lord Devlin*: "As always in English law, the first step in such an inquiry is to see how far the authorities have gone, for new categories in the law do not spring into existence overnight."

231 *Cross/Harris*, Precedent in English Law, S. 192: „Next there is the determination of the ratio decidendi of the previous case ".

232 *Zander*, The Law-Making Process, S. 268.

gungskraft entfalten.[233] Die Feststellung der *ratio decidendi* wird im englischen Schrifttum als äußerst problematisch angesehen. Herrschend dürfte wohl die auf *Goodhart* zurückgehende Ansicht sein, wonach *ratio decidendi* bestimmt ist durch diejenigen Tatsachen, die der frühere Richter als maßgeblich angesehen hat und die daran anknüpfende rechtliche Schlußfolgerung.[234] *Ratio decidendi* ist somit diejenige Rechtsregel die aus der früheren Entscheidung bei Zugrundelegung der maßgeblichen Tatsachen folgt. Jedes nachfolgende Gericht, das der Bindung durch das Präjudiz unterliegt, muss zur gleichen Entscheidung gelangen, es sei denn, im *hic et nunc* zu entscheidenden Fall liegt eine zusätzliche Tatsache vor, die der jetzige Richter als maßgeblich bewertet, bzw. es fehlt am Vorliegen einer derjenigen Tatsachen, die der frühere Richter als maßgeblich angesehen hat.[235] Die gelegentlich geäußerte Ansicht, wonach *ratio decidendi* jede Rechtsregel sei, die der Richter als notwendig angesehen hat, um zu der von ihm gefällten Entscheidung zu gelangen,[236] läuft im Ergebnis auf das gleich hinaus, da die jeweilige Entscheidung sich stets nur auf die zugrunde liegenden Tatsachen beziehen kann.[237] Entscheidend sind somit die Feststellung der maßgeblichen Tatsachen und das Abstraktionslevel, auf dem diese formuliert werden. Je höher das Abstraktionsniveau, umso größer die Anzahl an möglichen Sachverhaltsgestaltungen, für die die jeweilige *ratio decidendi* Bindungswirkung entfalten kann. Bei der Herausarbeitung der *ratio decidendi* ist das einschlägigen Präjudiz nicht isoliert, sondern im Kontext sämtlicher relevanter Entscheidungen zu sehen. In ihrer Gesamtheit setzen diese Entscheidungen dem gegenwärtigen Richter bei der Bestimmung des Abstraktionsniveaus und der Formulierung der *ratio decidendi* gewisse Grenzen, da sich das neue Präjudiz möglichst widerspruchsfrei in eine Kette von Entscheidungen einfügen muss.[238]

---

233 *Zander*, The Law-Making Process, S. 268. *Dictum* meint dabei eine Äußerung, die obwohl nicht Teil der *ratio decidendi*, gleichwohl mit der zu entscheidenden Sachfrage in (engem) Zusammenhang steht, wohingegen *obiter dicta* sich in der weiteren Peripherie bewegen.

234 *Goodhart*, (1930/31) 40 Yale LJ 161 (169): "It follows that our task in analyzing a case is not to state the facts and the conclusion, but to state the material facts as seen by the judge and his conclusion based on them. It is by his choice of the material facts that the judge creates law."

235 Vgl. *Cross/Harris*, Precedent in English Law, S. 63: „It is the principle to be derived from the judge's decision on the basis of those facts. Any court bound by the case must come to a similar conclusion unless there is a further fact in the case before it which it is prepared to treat as material, or unless some fact treated as material in the previous case is absent."; *Zander*, The Law-Making Process, S. 269: "a proposition of law which decides the case, in the light or in the context of the material facts."

236 Vgl. *Cross/Harris*, Precedent in English Law, S. 72: "any rule of law treated by the judge as a necessary step in reaching his conclusion ".

237 Vgl. *Stone*, Precedent and Law, S. 128.

238 Vgl. *Home Office v Dorset Yacht Co.* [1970] AC 1004 (1058 f.), per *Lord Diplock*: "The method adopted at this stage of the process is analytical and inductive. It starts with an analysis of the characteristics of the conduct and relationship involved in each of the decided cases. But the analyst must know what he is looking for, and this involves his approaching his analysis with some general conception of conduct and relationships which ought to give rise to a duty of care. This analysis leads to a proposition which can be stated in the form: 'In all the decisions that have been analysed a duty of care has been held to exist wherever the conduct and the relationship possessed each of the characteristics A, B, C, D, etc., and has not so far been found to exist when any of these characteristics were absent.'"

Im Anschluss daran muss das Gericht entscheiden, inwieweit der zu entscheidende Sachverhalt mit den der *ratio decidendi* zugrunde liegenden maßgeblichen Tatsachen übereinstimmt, so dass die der *ratio* zu entnehmende Rechtsregel zur Anwendung kommen kann.[239] Mit der Herausarbeitung der *ratio decidendi* und der Bestimmung des Abstraktionsniveaus der maßgeblichen Tatsachen ist oftmals die eigentliche Wertungsarbeit schon getan. Denn dieser Schritt erfolgt auch mit Blick auf den zu entscheidenden Sachverhalt. Das Abstraktionsniveau wird dann in der Weise festgelegt, dass der jetzige Sachverhalt erfasst oder eben nicht erfasst wird. Soweit der Bestimmung der Abtsraktionshöhe und der *ratio decidendi* durch eine etablierte Kette von Entscheidungen Grenzen gesetzt sind, kann sich allerdings die Frage stellen, ob nicht im Lichte des vorliegenden Sachverhaltes die festgestellte *ratio* entweder, unter Verzicht auf das Vorliegen bestimmter maßgeblicher Tatsachen, ausgedehnt bzw. unter Hinzufügung als notwendig anzusehender weiterer maßgeblicher Tatsachen eingeschränkt werden sollte.[240] Durch dieses Vorgehen wird jeweils die *ratio decidendi* selbst verändert, eben weiter oder enger gefaßt. Im Gegensatz dazu lässt das Verfahren des *„distinguishing“* die ursprüngliche *ratio* unberührt. Das Gericht kommt lediglich zu dem Schluss, dass die maßgeblichen Tatsachen des Präjudizes und des *hic et nunc* zu entscheidenden Falles nicht vergleichbar sind.[241] Anders gesagt, das Präjudiz ist letztendlich irrelevant für den zu entscheidenden Fall.

Sowohl im Rahmen der Formulierung der *ratio decidendi* selbst, als auch deren Ausdehnung oder Einschränkung und insbesondere bei der Möglichkeit des *distinguishing* hat das Gericht einen mehr oder weniger großen Beurteilungsspielraum. Bei dessen Ausfüllung in Anwendung des genannten Instrumentariums geht es letz-

---

239 *Cross/Harris*, Precedent in English Law, S. 192: "... the judge has to consider whether the facts of the case before him resemble those of the previous case sufficiently to necessitate the application of its ratio decidendi." Vgl. auch *Home Office v Dorset Yacht Co.* [1970] AC 1004 (1058f.), per *Lord Diplock*: "For the second stage, which is deductive and analytical, that proposition is converted to: 'In all cases where the conduct and relationship possess each of the characteristics A, B, C, D, etc., a duty of care arises.' The conduct and relationship involved in the case for decision is then analysed to ascertain whether they possess each of these characteristics. If they do the conclusion follows that a duty of care does arise in the case for decision."

240 Vgl. *Home Office v Dorset Yacht Co.* [1970] AC 1004 (1059), per *Lord Diplock*: "But since ex hypothesi the kind of case which we are now considering offers a choice whether or not to extend the kinds of conduct or relationships which give rise to a duty of care, the conduct or relationship which is involved in it will lack at least one of the characteristics A, B, C or D, etc. and the choice is exercised by making a policy decision as to whether or not a duty of care ought to exist if the characteristic which is lacking were absent or redefined in terms broad enough to include the case under consideration. The policy decision will be influenced by the same general conception of what ought to give rise to a duty of care as was used in approaching the analysis. The choice to extend is given effect to by redefining the characteristics in more general terms so as to exclude the necessity to conform to limitations imposed by the former definition which are considered to be inessential."

241 *McLeod*, Legal Method, S. 156f.: „If the material facts of the earlier case, having been formulated at the appropriate level of generality, are not the same as the material facts of the later one, the later court may simply distinguish the earlier one.“

ten Endes um rechtspolitische Wertungsentscheidungen.[242] Nach *Llewellyn* werden diese Entscheidungen insbesondere durch „*legal doctrine*" gesteuert, welche nicht nur den Bestand an niedergelegten Rechtsregeln beinhaltet, sondern auch die allgemein anerkannte Art und Weise der Organisation und Betrachtungsweise dieses Materials, einschließlich der zugrundeliegenden Rechtsinstitute, Rechtsgebiete, Rechtsprinzipien, Rechtsideale und Tendenzen, sowie den jeweiligen Rechtsstil mit umfasst.[243]

(3) Rechtsschöpfung durch die Gerichte?

Ein anhaltender rechtstheoretischer Streit rankt sich um die Frage, ob die Gerichte bei der beschriebenen Vorgehensweise (neues) Recht schaffen oder lediglich vorhandenes Recht offenbarend zu Tage fördern.[244] Die Offenbarungstheorie war lange Zeit ganz herrschend. Das *common law* ist danach ein Korpus ewiger, unveränderlicher Ideen, weitgehend basierend auf gesundem Menschenverstand, der durch die Gerichte fortlaufend offenbart und verfeinert wird.[245] Die Gerichte nehmen keine Rechtsschöpfungskompetenz in Anspurch[246] und schaffen nicht neues Recht, sondern wenden das existierende Recht auf immer neue Sachverhaltsgestaltungen an.[247] Neue Rechtsentwicklungen nehmen ihren Ausgang denknotwendig im statuarischen Recht.[248]

Heute ist dagegen die rechtsschöpfende Funktion der Gerichte weithin anerkannt.[249] Rechtsschöpfung durch die Gerichte darf dabei freilich nicht in dem Sinne verstanden werden, dass jede neue Entscheidung bei Rechtskraft unmittelbar objektives Recht schafft bzw. das objektive Recht fortbildet. Dies liegt daran, dass erst nach einiger Zeit mit einigermaßen hinreichender Gewissheit gesagt werden kann, ob die einer Entscheidung zu entnehmende *ratio decidendi*, und in welcher Form, als

242 Vgl. *Home Office v Dorset Yacht Co.* [1970] AC 1004 (1058), per *Lord Diplock*: "It will be apparent that I agree with the Master of the Rolls that what we are concerned with in this appeal 'is ... at bottom a matter of public policy which we, as judges, must resolve.'"
243 *Llewellyn*, The Common Law Tradition, S. 20.
244 *Zander*, The Law-Making Process, S. 298.
245 *Baker*, An Introduction to English Legal History, S. 195.
246 *Munster v Lamb* [1883] 11 QBD 588 (600), per *Brett, MR*: "The judges cannot make new law by new decisions; they do not assume a power of that kind."
247 *Willis v Baddeley* [1892] 2 QB 324 (326) per *Lord Esher*: "There is in fact no such thing as judge-made law, for the judges do not make the law though they frequently have to apply existing law to circumstances as to which it has not previously been authoritatively laid down that such law is applicable."
248 *Baker*, An Introduction to English Legal History, S. 195.
249 *Home Office v Dorset Yacht Co.* [1970] AC 1004 (1058), per *Lord Diplock*: "This function, which judges hesitate to acknowledge as law-making, plays at most a minor role in the decision of the great majority of cases, and little conscious thought has been given to analysing its methodology."; *Kleinwort Benson Ltd. v. Lincoln City Council* [1999] 2 AC 349 (377) per *Lord Goff*: "we all know that in reality, in the common law as in equity, the law is the subject of development by the judges – normally, of course, by appellate judges. We describe as leading cases the decisions which mark the principal stages in this development, and we have no difficulty in identifying the judges who are primarily responsible."

Rechtsregel Anerkennung findet.[250] So unterliegen Entscheidungen der Instanzgerichte ständig der Gefahr, durch höherrangige Gerichte *„overruled“* zu werden, womit die Bindungswirkung hinfällig wäre. Selbst Entscheidungen des *House of Lords* mögen ihre Bindungswirkung verlieren, soweit das *House of Lords* basierend auf dem *Practice Statement* ein Abgehen von dem Präjudiz für gerechtfertigt hält. Zudem ist jede *ratio decidendi* fortlaufend der Veränderung im Wege der Ausdehnung und Einschränkung ausgesetzt. Dies kann bis zu einer „teleologischen Reduktion auf Null“ gehen. Und auch im Wege des fortlaufenden *„distinguishing“* kann eine *ratio* faktisch aus der Welt geschafft werden. Die Einzelentscheidung ist damit lediglich ein Glied in einem fortlaufenden Prozess steter Rechtsentwicklung.[251] Rechtsschöpfend ist nicht die Einzelentscheidung selbst, sondern der prozesshafte Charakter des *common law*, bei dem die Gerichte im Zusammenwirken ständig das vorhandene Fallmaterial im Hinblick auf neu zu entscheidende Sachlagen durcharbeiten, analysieren und fortentwickeln, bringt letztendlich das objektive Recht hervor, an dem der Bürger seine Planungsentscheidung ausrichten kann.[252]

bb) Konkretisierung anhand von Präjudizien

Die methodischen Grundätze des englichen Fallrechts werden nun, mit gewissen Modifikationen, im Rahmen der Konkretisierung von Generalklauseln fruchtbar gemacht.

(1) Ermittlung der einschlägigen Präjudizien

Dabei werden zunächst die unter der Generalklausel angesiedelten Fallgruppen auf ihre eigentliche Funktion zurückgeführt. Sie dienen einer „ersten Grobeinordnung des zu entscheidenden Falles“; erlauben jedoch keine abschließende normative Beurteilung.[253] Über weitere Unterfallgruppen sind die einschlägigen Präzedenzfälle zu lokalisieren, anhand deren der Fallvergleich als Herzstück der Konkretisierung durchzuführen ist.[254]

(2) Herausarbeitung der *ratio decidendi*

Nach Feststellung der relavanten Präzedenzfälle ist deren jeweiliger „Wertungsgehalt“ zu ermitteln. Es gilt, die jeweilige *ratio decidendi*, als diejenige „konkrete

---

250 *Zander*, The Law-Making Process, S. 299.

251 *Dworkin*, Law's Empire, S. 228 ff., hat hierfür das anschauliche Bild des „Kettenromans“ (*chain novel*) eingeführt, wobei jeder neue Autor nach Interpretation der bisherigen Kapitel ein weiteres Kapitel hinzufügt.

252 *Kleinwort Benson Ltd. v. Lincoln City Council* [1999] 2 AC 349 (377) per *Lord Goff*: "It is universally recognised that judicial development of the common law is inevitable. If it had never taken place, the common law would be the same now as it was in the reign of King Henry II; it is because of it that the common law is a living system of law, reacting to new events and new ideas, and so capable of providing the citizens of this country with a system of practical justice relevant to the times in which they live."

253 Vgl. *Ohly*, AcP 201 (2001), 1 (39); *Kamanabrou*, AcP 202 (2002), 662 (674).

254 Vgl. *Ohly*, AcP 201 (2001), 1 (40); *Kamanabrou*, AcP 202 (2002), 662 (673); *Langenbucher*, Richterrecht, S. 65; *Schlüchter*, Mittlerfunktion der Präjudizien, S. 130: „Der erste Schritt führt zur ‚Normhypothese‘. In einem zweiten Schritt sind die dazu ergangenen Vorentscheidungen herauszusuchen, die sich mit der jetzigen Sachgestaltung decken oder ihr wenigstens ähneln.“

Norm"[255] oder „Fallnorm"[256], die vom Gericht zur Lösung eines bestimmten Falles formuliert wurde, heraus zupräparieren, und von bloßen *obiter dicta* als unverbindliche Rechtsauffassungen abzugrenzen.[257] Dies geschieht, indem Text des Urteils und zugrunde liegender Sachverhalt zu einander in Beziehung gebracht und die unter Gerechtigkeitsgesichtspunkten entscheidungserheblichen Sachumstände sowie die darauf basierende Sollensanordnung („Rechtsaussage") identifiziert werden.[258] Die Ermittlung der *ratio decidendi* ist eine Interpretationsaufgabe.[259] Man spricht in Anlehnung an *Engisch* von einem „Hin- und Herwandern des Blickes" zwischen dem Sachverhalt des Präjudizes und der hypothetischen Formulierung der *ratio decidendi*.[260] Nach *Bydlinki* soll als Test die Frage dienen: „Würde sich bei Änderung der betreffenden Ausführungen auch das Ergebnis der Entscheidung ändern?"[261] Dem zugrunde liegenden Sachverhalt kommt entscheidende Bedeutung für die Eingrenzung etwaiger im Urteil enthaltener Ober- und Leitsätze als bloße „Normhypothesen" zu.[262] Nur durch eine exakte Bestimmung der relevanten tatsächlichen Umstände kann die im Präjudiz festgelegte Regel und ihre Tragweite ermittelt werden.[263]

(3) Fallvergleich

Der „entscheidende kreative Schritt" im Rahmen der Konkretisierung ist die Entscheidung, für oder gegen die Übertragung der *ratio decidendi* auf den hic et nunc zu entscheidenden Fall.[264] Voraussetzung für die Übertragung ist, dass sich Sach- und Interessenlage bezüglich zu entscheidendem Fall und Präjudiz wertungsmäßig entsprechen.[265] Entspricht der neue Sachverhalt hinsichtlich seinen entscheidungserheblichen Sachumständen der alten Fallnorm, so kann diese unmittelbar „angewandt" werden.[266] Möglich ist aber auch, falls neue Umstände hinzutreten, eine Ausdehnung der bisherigen *ratio decidendi* im Wege des Analogieschlusses bzw. eine Einschränkung im Wege der teleologischen Reduktion.[267] Insoweit be-

255 *Ohly*, AcP 201 (2001), 1 (41).
256 *Fikentscher*, Methoden des Rechts, Band IV, S. 202 ff.
257 Vgl. *Ohly*, AcP 201 (2001), 1 (41); *Fikentscher*, Methoden des Rechts, Band IV, S. 204 ff.; *Bydlinski*, Juristische Methodenlehre, S. 513; *Schlüchter*, Mittlerfunktion der Präjudizien, S. 130; *Kriele*, Theorie der Rechtsgewinnung, S. 271 ff.; *Langenbucher*, Richterrecht, S. 63 ff.
258 *Ohly*, AcP 201 (2001), 1 (41); *Langenbucher*, Richterrecht, S. 77: „Die ratio decidendi eines Urteils stellt die verallgemeinerungsfähige Rechtsregel dar, die in einer Reihe gerichtlicher Entscheidungen aufgestellt wurde und die notwendiger Bestandteil ihrer Begründung ist.".
259 *Langenbucher*, Richterrecht, S. 76.
260 *Ohly*, AcP 201 (2001), 1 (41); *Kriele*, Theorie der Rechtsgewinnung, S. 271 f.
261 *Bydlinski*, Juristische Methodenlehre, S. 513.
262 *Ohly*, AcP 201 (2001), 1 (41); *Kriele*, Theorie der Rechtsgewinnung, S. 274; *Bydlinski*, Juristische Methodenlehre, S. 512.
263 *Langenbucher*, Richterrecht, S. 76.
264 *Ohly*, AcP 201 (2001), 1 (43); *Schlüchter*, Mittlerfunktion der Präjudizien, S. 130 ff.
265 *Ohly*, AcP 201 (2001), 1 (43); *Langenbucher*, Richterrecht, S. 93 f.
266 *Ohly*, AcP 201 (2001), 1 (43); *Kamanabrou*, AcP 202 (2002), 662 (673); *Schlüchter*, Mittlerfunktion der Präjudizien, S. 130; *Langenbucher*, Richterrecht, S. 94.
267 *Ohly*, AcP 201 (2001), 1 (43); *Kamanabrou*, AcP 202 (2002), 662 (674); *Kriele*, Theorie der Rechtsgewinnung, S. 275 ff.; *Schlüchter*, Mittlerfunktion der Präjudizien, S. 132.

steht keine strenge Bindung an die einmal festgestellte *ratio decidendi*; ihre Einschränkung, Erweiterung oder Nichtanwendung ist jedoch stets begründungsbedürftig.[268] Mögliche Gründe sind dabei insbesondere Unterschiede im tatsächlichen Bereich („*distinguishing*").[269] Die Nichtanwendung, ja „Außerkraftsetzung", der *ratio decidendi* kommt ebenfalls in Betracht, soweit sie nicht mehr dem vorgegeben Rahmen der allgemeinen Grundsätze der Rechtsordnung entspricht oder eine andere Gesetzesauslegung besser vertretbar ist.[270]

(4) Abstraktion

Findet ein Präjudiz mehrfache Anwendung, so löst es sich schrittweise von dem ursprünglichen Sachverhalt, dabei kann sich die *ratio decidendi* verändern; sie wandelt sich Schritt für Schritt von einer konkreten zu einer abstrakten Norm.[271] Die Kette der vorangegangenen Entscheidungen wird zu einem bedeutenden Gesichtspunkt bei der Bestimmung der *ratio decidendi*.[272] Jede Verallgemeinerung führe zunächst nur zu einer Normhypothese, wobei der Abtraktionsgrad des verallgemeinerten Rechtssatzes und die Anzahl der ihn stützende Präjudizien in Wechselwirkung stehen.[273] Aufgrund der unterschiedlichen Abstraktionsebenen käme es zu einem Stufenbau der Richterrechtssätze von der generalklauselartigen Fallgruppennorm hin zur konkreten Norm. Dieser Stufenbau ermögliche ein hohes Maß an Rechtssicherheit bei gleichzeitiger Erhaltung von Flexibilität und Einzelfallgerechtigkeit.[274]

c) Fazit

Die Methode des Vergleichs des zu entscheidenden Sachverhalts, mit den typischerweise von dem Rechtssatz erfassten im Rahmen des typisierenden Fallvergleichs ebenso wie im Rahmen einer echten Präjudizien-Theorie ist nun wiederum, vergleichbar der Interessenabwägung, lediglich eine formale Handlungsanweisung. Die Entscheidung, einen konkreten Sachverhalt den typischerweise erfassten Fällen gleichzuacheten bzw. die *ratio decidendi* eines Präjudizes auf den vorliegenden Fall zu erstrecken, verlangt nach Bewertungskriterien, die der Fallvergleich als solcher nicht hergibt. Letztendlich bleibt daher auch diesen Ansätzen nichts anderes übrig, als auf Gesetz, Gewohnheitsrecht, Gerichtsge-

---

268 *Ohly*, AcP 201 (2001), 1 (44); *Kamanabrou*, AcP 202 (2002), 662 (674); *Fikentscher*, Methoden des Rechts, Band IV, S. 336 ff.
269 *Ohly*, AcP 201 (2001), 1 (44); *Fikentscher*, Methoden des Rechts, Band IV, S. 343; *Langenbucher*, Richterrecht, S. 99 ff.; *Reinhardt*, Konsistente Jurisdiktion, S. 494 ff.
270 *Ohly*, AcP 201 (2001), 1 (44); *Fikentscher*, Methoden des Rechts, Band IV, S. 346 ff.; *Kriele*, Theorie der Rechtsgewinnung, S. 286 ff.; *Schlüchter*, Mittlerfunktion der Präjudizien, S. 130; *Langenbucher*, Richterrecht, S. 105 ff.; *Reinhardt*, Konsistente Jurisdiktion, S. 496 ff.
271 *Ohly*, AcP 201 (2001), 1 (41).
272 *Ohly*, AcP 201 (2001), 1 (41); *Langenbucher*, Richterrecht, S. 81 ff.
273 *Ohly*, AcP 201 (2001), 1 (44).
274 *Ohly*, AcP 201 (2001), 1 (44).

brauch, Richterrecht, anerkannte Rechtsfortbildung, die herrschende Lehre;[275] kurz: systematisch-teleologische Erwägungen[276] zurückzugreifen.

4. Ergebnis

So unterschiedlich die vorgestellten Konkretisierungsansätze auf den ersten Blick sein mögen, sie stimmen doch im entscheidenden Punkt überein. Konkretisierung wertungsoffener Rechtssätze verlangt nach Wertung und Bewertung. Formale Konkretisierungstechniken, wie Abwägung, Folgenbeurteilung oder Fallvergleich können diese Bewertungskriterien ebenso wenig liefern, wie die empirische Ermittlung „außerrechtlicher" Sollensordnungen. Die Konkretisierungsbemühungen aller drei Richtungen laufen daher in einem Punkt zusammen und dieser Punkt wird durch die Heranziehung systematisch-teleologischer Kriterien markiert.[277] Damit aber erfordert die Konkretisierung wertungsoffener Rechtssätze kein qualitativ anderes Denkverfahren als die Auslegung sonstiger, relativ bestimmter Rechtssätze auch.

Hier wie dort gewinnen Rechtssätze Inhalt und Begrenzung zunächst aus dem höherrangigen Recht der Verfassung, insbesondere den Grundrechten und sonstigen fundamentalen Wertentscheidungen. Hier wie dort spielen sodann Sinn und Zweck der jeweiligen gesetzlichen Regelung; und die gleichsam hinter den Vorschriften liegende und in den Rechtsprinzipien verkörperte Teleologie des jeweiligen Rechtsgebiets eine entscheidende Rolle. Und schließlich muss sich die im Wege der Auslegung oder Konkretisierung ermittelte Rechtsnorm widerspruchsfrei in das System des jeweiligen Rechtsgebiets und der gesamten Rechtsordnung einfügen. Systematik und Teleologie sind die maßgeblichen Bewertungskriterien, die somit auch den Konkretisierungsprozess kanalisieren.[278]

Dabei verbleibt notwendig ein nicht weiter rationalisierbarer Spielraum für die Eigenwertung des Rechtsanwenders. Dieser Spielraum ist grundsätzlich um so größer, je unbestimmter und wertungsoffener der anzuwendende Rechtssatz ist. Ein solcher Spielraum entsteht auch deshalb, weil sich im Privatrecht typischerweise

---

275 *Fikentscher*, Methoden des Rechts, Band IV, S. 217 ff.

276 *Fikentscher*, Methoden des Rechts, Band IV, S. 348; *Ohly*, AcP 201 (2001), 1 (42); *Zippelius*, Methodenlehre, S. 76 f.; *Langenbucher*, Richterrecht, S. 83 f.

277 Vgl. auch schon *von Savigny*, System des heutigen römischen Rechts, Band 1, S. 223 ff., wonach zur Auslegung „mangelhafter Gesetzes" die folgenden Hilfsmittel in genau dieser Stufenfolge heranzuziehen sind: „innerer Zusammenhang der Gesetzgebung", „der Grund des Gesetzes (ratio legis)", „der innere Werth des Resultats". Nach *v. Savigny* besteht insoweit freilich ein Unterschied zur Auslegung von „gesunden Gesetzen" anhand des „grammatischen, logischen, historischen und systematischen Elements" (a.a.O. S. 213 f.).

278 Insoweit besteht auch eine Übereinstimmung mit der Auslegungs- und Konkretisierungspraxis in England und Frankreich, vgl. *Vogenauer*, Auslegung, Band II., S. 1296: „Interpretieren die englischen Gerichte ein Gesetz im Einklang mit Normen des Richterrechts, gehen sie genauso vor wie kontinentale Richter, die ein Gesetz im Einklang mit Gesetzen in pari materia, im Lichte von allgemeinen Rechtsgrundsätzen oder verfassungskonform auslegen."; sowie *Collins*, in: *Grundmann/Mazeaud* (Hrsg.), General Clauses and Standards, S. 111 (122).

zwar konfligierende, grundsätzlich jedoch gleichermaßen berechtigte Interessen gegenüberstehen, die ihrerseits jeweils durch bestimmte Wertungskriterien Unterstützung erhalten können. So werden sich regelmäßig Kläger und Beklagter jeweils auf verschiedene Grundrechte berufen können; mag für den Kläger der Rechtsgrundsatz *pacta sunt servanda* streiten, während sich der Beklagte auf den Schutz gegen Übervorteilung berufen kann. Hier zeigt sich, dass es sich bei den Prinzipien, aber auch den Grundrechten um Optimierungsgebote handelt, denen im Rahmen einer Gesamtbetrachtung aller relevanten Wertungskriterien möglichst umfassend Wirksamkeit zu verschaffen ist.[279] Entscheidend ist dabei die Offenlegung und Begründung der jeweiligen Wertpräferenzen, so dass diese nachvollziehbar, kontrollier- und kritisierbar werden.

IV. Folgerungen für das Europäische Privatrecht

Aus diesen rechtstheoretischen Überelegungenn bezüglich des Phänomens der Konkretisierung können nun Folgerungen für das Europäische Privatrecht und den weiteren Gang der Untersuchung abgeleitet werden.

1. Konkretisierung als Kompetenzproblem

Unabhängig vom jeweils bevorzugten Rechtsbegriff,[280] handelt es sich beim Gemeinschaftsrecht um ein hierarchisch gestuftes Rechtssystem. So gehen Art. 5 Abs. 1, 7 und 249 EG davon aus, dass Rechtshandlungen der Gemeinschaftsorgane ihren Geltungsgrund im Primärrecht finden oder – sofern es sich um Durchführungshandlungen gemäß Art. 202 3. Spstr., 211 4. Spstr. EG handelt – in einer anderen übergeordneten Rechtshandlung, die ihrerseits eine Grundlage in den Verträgen hat.[281] Mit dieser gemeinschaftsrechtlichen „Normabstufung“[282] geht ebenfalls einher eine „Stufung der Konkretisierungszuständigkeiten“[283], die zunächst nach der für jede Stufe angemessenen Konkretisierungsdichte verlangt. Damit stellt sich, ausgehend von der gemeinschaftsrechtlichen horizontalen und vertikalen Kompetenzverteilung, für das Europäische Privatrecht zunächst die Frage nach der Zulässigkeit der Verwendung konkretisierungsbedürftiger, wertungsoffener Rechtssätze auf Gemeinschaftsebene.

---

279 Vgl. insbesondere *Alexy*, Theorie der Grundrechte, S. 71 ff., 75 ff.
280 Weitergehend *Weyland*, (2002) 21 L & P, 1 (36): *Kelsens* Theory „provides a very effective theoretical tool for the resolution of conflicts between norms on all levels of the hierarchy and for the analysis of the relationship between Community and national legal orders.“
281 *Schroeder*, Gemeinschaftsrechtssystem, S. 202; *Bieber/Salomé*, (1996) 33 CMLRev., 907 (913 ff.). Dem Komitologieverfahren nach Art. 202 3. Spglstr., 211 4. Splstr. EG kommt gemäß dem Lamfalussy-Prozess herausragende Bedeutung im Kapitalmarktrecht zu; vgl. Kapitel 3.
282 *Bieber*, Verfahrensrecht, S. 240.
283 Vgl. *Brugger*, AöR 119 (1994), 1 (10 f.); *Weyland*, (2002) 21 L & P, 1 (26 ff.).

Die Übertragung des Stufenbaugedankens wird dadurch verkompliziert, dass die europäische Rechtsordnung nicht isoliert steht, sondern vielfach in die mitgliedstaatlichen Rechtsordnungen hineinwirkt, mit diesen verzahnt und zum Teil auf diese angewiesen ist.[284] Insoweit ist zu differenzieren:

Die unmittelbar anwendbaren Vorschriften des primären Gemeinschaftsrechts sowie des Verordnungsrechts sind unmittelbar auf Anwendung, und damit auf Verwirklichung in der Realität gerichtet. Ihre Anwendung und damit die Hervorbringung der sie konkretisierenden individuellen Rechtsnormen obliegt in erster Linie den nationalen Gerichten und Behörden. Die Entscheidung der Frage aber, ob die individuelle, durch die nationalen Gerichte erzeugte oder noch zu erzeugende Norm mit der höherrangigen Norm des Gemeinschaftsrechts im Einklang steht, obliegt letztverbindlich dem EuGH. Dies ist aufgrund der unmittelbaren Anwendbarkeit grundsätzlich unproblematisch.[285]

Anders ist es im Falle des Richtlinienrechts. Ihrer ursprünglichen Konzeption nach, sind Richtlinien im Rahmen einer „gestuften" oder „mediatisierten"[286] Rechtsetzung selbst nicht unmittelbar darauf angelegt, das in ihnen enthaltene Sollensprogramm in der Realität zu verwirklichen. Gemäß Art. 249 Abs. 3 EG entfalten sie keine unmittelbare normative Wirkung, sondern stellen normlogisch nur einen Gesetzgebungsauftrag an die Mitgliedstaaten dar.[287] Rechtsanwendung in Bezug auf Richtlinien heißt daher zunächst nur Prüfung der korrekten Umsetzung im Wege des Vertragsverletzungsverfahrens[288] und ist damit gerade nicht wirklichkeitsbezogen, sondern losgelöst vom Einzelfall. Angewandt und damit konkretisiert wird grundsätzlich nicht die Richtlinie selbst, sondern die nationale Umsetzungsregelung. Obliegt aber nach der Konzeption der Richtlinie die Schaffung der anwendungsfähigen Rechtssätze den Mitgliedstaaten, so liegt, anders als im Falle unmittelbar anwendbaren primären Gemeinschaftsrechts und Verordnungsrechts, trotz Art. 234 Abs. 1 lit. b) EG nicht ohne weiteres auf der Hand, dass die Konkretisierung wertungsoffener Rechtssätze des Richtlinietextes im Sinne der Hervorbringung individueller Rechtsnormen vom EuGH vorzunehmen ist. Betroffen ist damit die gemeinschaftliche Kompetenzordnung und es stellt sich die

284 Nach *Canaris*, in: FS Bydlinski, S. 47 (53), bedarf die Lehre vom Stufenbau insoweit der Modifizierung und Fortbildung, sei aber nicht grundsätzlich falsch geworden. So aber *Robbers*, NJW 1998, 935 (937 f.).

285 Die unmittelbare Anwendbarkeit und der Anwendungsvorrang dienen der Sicherstellung der effektiven und einheitlichen Anwendung des Gemeinschaftsrechts und damit der Verwirklichung des Integrationsziels überhaupt; vgl. EuGH v. 15. 7. 1964 – 6/64 (*Costa/E.N.E.L.*), Slg. 1964, 1251 (1269 f.). Damit wäre es nicht vereinbar, wenn nicht Inhalt und Umfang des unmittelbar anwendbaren Gemeinschaftsrechts einheitlich und zentral durch den EuGH festgestellt werden könnte. Insoweit werden auch hinsichtlich der Konkretisierungskompetenz des EuGH in bezug auf unmittelbar anwendbares Primärrecht (vgl. *Remien*, RabelsZ 66 (2002), 503 (513 f.) und Verordnungen (vgl. *W.-H. Roth*, in FS Drobnig, S. 135 (146 f.); *Röthel*, in *Riesenhuber* (Hrsg.), Europäische Methodenlehre, S. 213 (215 Fn. 6)) in der Literatur keine Zweifel geäußert.

286 Vgl. *Köndgen*, in: *Riesenhuber* (Hrsg.), Europäische Methodenlehre, S. 65 (76 f.).

287 *Canaris*, in: FS Bydlinski, S. 47 (52 f.).

288 Vgl. *Köndgen*, in: *Riesenhuber* (Hrsg.), Europäische Methodenlehre, S. 65 (76 f.).

Frage nach einer sachgerechten Verteilung der Konkretisierungskompetenz zwischen EuGH und Mitgliedstaaten.[289]

2. Konkretisierung als Methodenproblem

In methodischer Hinsicht geht es bei der Konkretisierung wertungsoffener Rechtssätze vor allem um die Identifizierung von Bewertungsmaßstäben, die geeignet sind, den Konkretisierungsvorgang zu rationalisieren. Soweit die Rechtsakte des Europäischen Privatrechts darauf abzielen, Grundfreiheitenbeschränkungen zu beseitigen, kommen nur gemeinschaftsautonome Bewertungskriterien in Betracht. Dabei sind „außerrechtliche Maßstäbe" für das Europäische Privatrecht noch weniger geeignet, als für rein nationale Konkretisierungsbemühungen. Dies liegt daran, dass sich einheitliche, gemeinschaftsübergreifende Vorstellung von Sitte und Moral, wenn überhaupt, so allenfalls ansatzweise und auf einem so hohen Abstraktionsniveau entwickelt haben dürften, dass sie für die Konkretisierung wertungsoffener Rechtssätze nichts hergeben.

Es ist daher vorrangig auf „innerrechtliche", systematisch-teleologische Erwägungen zurückzugreifen, die ja ohnehin in der Auslegungspraxis des EuGH eine Vorrangstellung einnehmen. Insoweit kommt in Betracht, die Konkretisierung zum einen an den Wertungen des Primärrechts, zum anderen an den möglicherweise erkennbaren Prinzipien des Sekundärrechts auszurichten.

Die europäische Rechtsordnung steht jedoch nicht isoliert. Das Gemeinschaftsrecht wirkt in die mitgliedstaatlichen Rechtsordnungen hinein, setzt diese voraus und baut gerade im Privatrecht begrifflich und konzeptionell auf diesen auf. Das äußere System des Gemeinschaftsrechts beschränkt sich daher nicht auf das Gemeinschaftsrecht im engeren Sinne, sondern bezieht die mitgliedstaatlichen Rechtsordnungen mit ein. Fraglich ist damit, inwieweit rechtsvergleichende Überlegungen im Rahmen der Konkretisierung Europäischen Privatrechts legitim sind, und falls ja, wie diese Rechtsvergleichung methodisch bewerkstelligt werden kann.

Geht man schließlich davon aus, dass die vorrangige Zielsetzung des Gemeinschaftsrechts nach wie vor die Realisierung des Binnenmarktes ist, ihm also eine primär ökonomische Teleologie zu eigen ist, so fragt sich, inwieweit im Rahmen der Konkretisierung Europäischen Privatrechts auf die Erkenntnisse der ökonomi-

289 Soweit die Konkretisierungszuständigkeit bei den Mitgliedstaaten liegt, stellt sich die Frage, inwieweit die Konkretisierung wertungsoffener Richtlinienbegriffe durch den mitgliedstaatlichen Gesetzgeber zu erfolgen hat, oder den mitgliedstaatlichen Gerichten überlassen werden kann. Nach der Rechtsprechung des EuGH sind die mitgliedstaatlichen Stellen bei der Wahl der Form und Mittel der Richtlinienumsetzung verpflichtet, diejenige Maßnahme zu ergreifen, die sich zur Gewährleistung der praktischen Wirksamkeit der Richtlinie und unter Berücksichtigung des mit ihr verfolgten Zwecks am besten eignet (EuGH v. 8.4.1976 – Rs. 48/75 (*Royer*), Slg. 1976, 497 Rn. 69/73), im Übrigen jedoch frei. Inwieweit innerstaatliche, insbesondere verfassungsrechtliche Vorgaben Konkretisierungsprärogativen für Legislative oder Judikative festschreiben, ist eine Frage der jeweiligen nationalen Rechtsordnung und damit außerhalb des Untersuchungsgegenstandes der vorliegenden Arbeit.

schen Analyse des Rechts zurückgegriffen werden kann. Sollte sich die Heranziehung ökonomischer Effizienzkriterien als legitim erweisen, ist weiter zu fragen, wie diese zu ermitteln und wie aussagekräftig sie für die konkrete Fallentscheidung sind.

V. Zusammenfassung

Unabhängig vom jeweiligen Rechtsbegriff ist das Recht in entwickelten Rechtssystemen ein hierarchisch gestufter Prozess fortschreitender Konkretisierung vom Abstrakten zum Konkreten. Maßgebliche Bedeutung kommt dabei der Stufung der Konkretisierungszuständigkeiten zu.

In methodischer Hinsicht ist Konkretisierung entsprechend den Gedanken der juristischen Hermeneutik ein stufenförmiger Prozess wechselseitiger Annäherung von Rechtssatz und Sachverhalt. Auslegung und Anwendung sind in einem einheitlichen Vorgang verklammert.

Inhaltlich geht es um die Verdeutlichung der maßgeblichen Bewertungskriterien. Diese sind mit Hilfe der Denkmethoden der systematisch-teleologischen Auslegung aufzufinden. Entscheidend sind die fundamentalen Wertentscheidungen des höherrangigen Rechts, die in den Rechtsprinzipien verkörperte Teleologie eines Rechtsgebietes sowie die widerspruchsfreie Einpassung in das System.

Ausgehend von der gemeinschaftsrechtlichen Kompetenzordnung stellt sich für das Europäische Privatrecht zunächst die Frage nach der Zulässigkeit der Verwendung wertungsoffener Rechtssätze durch den Gemeinschaftsgesetzgeber, sowie im Hinblick auf das Richtlinienrecht, wie die Konkretisierungskompetenz sinnvoll zwischen EuGH und Mitgliedstaaten zu verteilen ist.

In methodischer Hinsicht ist zu fragen, inwieweit die maßgeblichen Bewertungskriterien dem sich abzeichnenden System des primären und sekundären Gemeinschaftsrechts, etwaigen gemeinschaftsrechtlichen Rechtsprinzipien, der Rechtsvergleichung sowie den Erkenntnissen der ökonomischen Analyse des Rechts abgerungen werden können.

3. Teil: Die Konkretisierung Europäischen Privatrechts als Kompetenzproblem

Kapitel 6: Zulässigkeit und Bindungswirkung wertungsoffener Rechtssätze im Sekundärrecht

Die Konkretisierung wertungsoffener Rechtssätze betrifft direkt das Verhältnis von Legislative und Judikative. Je unbestimmter und wertungsoffener ein Rechtssatz, desto größerer ist der Bewertungsspielraum, der den rechtsanwendenden Instanzen verbleibt und desto weniger ist die konkrete Entscheidung durch den demokratisch legitimierten Gesetzgeber vorbestimmt. Im demokratischen Verfassungsstaat sind damit die Prinzipien der Gewaltenteilung und das rechtstaatliche Bestimmtheitsgebot angesprochen. Die Rechtslage im Gemeinschaftsrecht ist insofern nicht deckungsgleich. Für das Primärrecht ergeben sich Bestimmtheitsanforderungen vor allem aus dem nationalen Verfassungsrecht der Mitgliedstaaten. Nach Ansicht des Bundesverfassungsgerichts gelten zwar für den Text eines völkerrechtlichen Vertrages nicht die gleichen Bestimmtheitsanforderungen wie für ein nationales Gesetz; die sich daraus ergebenden Rechte, Pflichten, und insbesondere unmittelbaren Rechtssetzungsbefugnisse müssen jedoch „voraussehbar im Vertrag umschrieben" und im Zustimmungsgesetz „hinreichend bestimmbar normiert" worden sein.[1] Trotz so unbestimmter Vorschriften wie Art. 30 EG und etwa der Binnenmarktkompetenzen der Art. 94, 95 EG werden insoweit kaum Bedenken geäußert, im Gegenteil werden gerade die Zukunftsoffenheit und besondere Dynamik des EG-Vertrages gepriesen.[2]

Im Hinblick auf sekundärrechtliche Rechtsakte ist die Rechtslage insoweit etwas problematischer als zum einen die vertikale Kompetenzverteilung zwischen Gemeinschaft und Mitgliedstaaten (I.), zum anderen aber auch die horizontale Verteilung der Organkompetenzen auf Gemeinschaftebene betroffen ist (II.). Zudem ist der gemeinschaftsrechtliche Bestimmtheitsgrundsatz zu beachten (III.). Die im Europäischen Privatrecht bisher verwendeten „weitesten Generalklauseln" sind schließlich im Hinblick auf die sich daraus ergebenden Vorgaben zu untersuchen (IV.)

1 BVerfGE 89, 155 (187f.); vgl. auch BVerfG, 2 BvE 2/08 vom 30. 6. 2009, Absatz-Nr. 236: „Eine Blankettermächtigung zur Ausübung öffentlicher Gewalt, zumal mit unmittelbarer Bindungswirkung in der innerstaatlichen Rechtsordnung, dürfen die deutschen Verfassungsorgane nicht erteilen."

2 Vgl. *S.M. Grundmann*, Auslegung, S. 381; auch *Jarass/Beljin*, JZ 2003, 768 (770); *Remien*, RabelsZ 66 (2002), 503 (513 f.).

I. Vertikale Kompetenzordnung

Je größer der Anteil an wertungsoffenen Rechtssätzen im sekundären Gemeinschaftsrecht, um so größer wäre, bei Vorliegen der entsprechenden Konkretisierungskompetenz[3], der Einfluss der EuGH-Rechtsprechung auf die Fortentwicklung des Europäischen Privatrechts.[4] Insbesondere in Art. 3 Abs. 1 der Klauselrichtlinie wurde bisweilen die gemeinschaftsrechtliche Grundlage für die umfassende Entwicklung eines europäischen Zivilrechts durch Richterrecht gesehen[5] und etwa die Frage aufgeworfen, ob der EuGH legitimiert sei, ein europäisches Zivilrecht zu entwickeln, das im wesentlichen Verbraucherrecht ist.[6] Die richterrechtliche Entwicklung eines Europäischen Privatrechts wird dabei bisweilen als gegenüber der punktuellen Rechtsangleichung vorzugswürdig angesehen. So böten sich gerade das Privatrecht und die Klauselrichtlinie für eine allmähliche Annäherung durch europäische Rechtsprechung, für die Ausformulierung allgemeiner Rechtsgrundsätze und die Festlegung von Orientierungspunkten von Fall zu Fall, an; ein Vorgehen, dass mehr praktische Vernunft für sich reklamieren könne als kompromißhafte und punktuelle Gesetzgebung.[7] Daneben wurden aber auch Bedenken bezüglich der „Breitenwirkung“[8], die der EuGH-Rechtsprechung zukommen könne, geäußert, insbesondere wenn die Interpretation von in einer punktuellen Rechtsangleichungsrichtlinie enthaltener Konzepte die Grenzen des Anwendungsbereich der Richtlinie überschreitet und auf das übrige nationale Zivilrecht einwirkt.[9]

Bedenkt man, dass die Gemeinschaft auf dem Gebiet des Privatrechts gerade keine umfassende Rechtsangleichungskompetenz besitzt, so ergeben sich aus Sicht der vertikalen Kompetenzverteilung durchaus Bedenken im Hinblick auf die Verwendung wertungsoffener Rechtssätze durch den Gemeinschaftsgesetzgeber.

1. Argumente für eine nur eingeschränkte Zulässigkeit

Canaris[10] geht aus von Art. 3 Abs. 1 und Art. 4 Abs. 1 der Handelsvertreterrichtlinie, die im HGB ausdrücklich nicht umgesetzt wurden, da sich die betreffenden Pflichten bereits aus § 242 BGB ergeben. Er leitet daraus ab, dass eine Vorlage nach Art. 234 EG insoweit nicht in Betracht käme, da es nicht um die Auslegung der

---

3 Vgl. dazu nachfolgend Kapitel 7.
4 Vgl. *Gebauer*, Grundfragen, S. 228.
5 Vgl. *Weatherill*, ERPL 1995, 307 ff.; *Gebauer*, Grundfragen, S. 228; *Heiderhoff*, Grundstrukturen, S. 122.
6 Vgl. *Micklitz*, ZEuP 1993, 522 (534).
7 Vgl. *Basedow*, in *Schulte-Nölke/Schulze* (Hrsg.), Europäische Rechtsangleichung und nationale Privatrechte, S. 277 (289).
8 *Gebauer*, Grundfragen, S. 228.
9 Vgl. *Nebbia*, (2003) 40 CMLRev., 983 (991), in Bezug auf den Schadensbegriff der Pauschalreiserichtlinie; *Weatherill*, [2005] EBLR, 533 (536): „Spillover at EC level“.
10 Handelsrecht, § 15 Rn. 21 f.

Richtlinie gehe.[11] Allenfalls könne vorgebracht werden, dass der deutsche Gesetzgeber im Hinblick auf Art. 3 Abs. 1, 4 Abs. 1 der Richtlinie seiner Umsetzungspflicht nicht nachgekommen sei. Dies sei indes nicht der Fall: Die EG habe „nämlich nach Art. 249 Abs. 3 EG, ..., nicht die Befugnis, nahezu unumschränkte Kompetenzen dadurch an sich zu ziehen (und die Zuständigkeit des EuGH nach Art. 234 EGV entsprechend auszuweiten), dass sie in Richtlinien kurzerhand Generalklauseln hineinschreibt, deren Geltung ohnehin selbstverständlich ist und zur traditionellen Rechtskultur der Mitgliedstaaten gehört; andernfalls könnten auf diesem Umweg die Rechtsordnungen der Mitgliedstaaten schleichend aufgelöst werden, ohne dass das durch eine Kompetenzgrundlage im EG-Vertrag und einer Kompetenzübertragung in den nationalen Zustimmungsgesetzen gedeckt ist."[12] Auch wäre es „eine unzulässige Ursurpation von Kompetenzen durch die EG, wenn die Verwendung eines so vagen Rechtsbegriffs wie desjenigen der Pflicht zur Interessenwahrnehmung alle damit zusammenhängenden Probleme in eine europarechtliche Dimension erheben und der Zuständigkeit des EuGH überantworten würde."[13] Bei Verordnungen sei die Verwendung von Generalklauseln dagegen deswegen weniger problematisch, weil die Mitgliedstaaten eher dazu veranlasst wären, die Rechtsetzungskompetenz der EG zu bestreiten und gegebenfalls durch den EuGH klären zu lassen.[14]

Danach wären Generalklauseln in Richtlinien nicht per se unzulässig, wohl aber, soweit sie als „Ziel" der Richtlinie an deren Bindungswirkung teilnehmen. Damit ist das Problem im Hinblick auf Richtlinien aber verschoben. Entscheidend ist nicht die Frage, ob wertungsoffene Rechtssätze in Richtlinien zulässig sind, sondern inwieweit diese an der Bindungswirkung teilnehmen und, damit korrespondierend, wem die Konkretisierungskompetenz zukommt.[15] Für Verordnungen bleibt die Frage jedoch grundsätzlich bestehen, wenn sie sich auch im Hinblick auf die „Auflösung der mitgliedstaatlichen Rechtsordnungen" nicht mit der gleichen Schärfe stellt, da Verordnungen meist an grenzüberschreitende Sachverhalte anknüpfen.

Geradliniger ist es, mit *Remien* zu fragen, ob sich Angleichungsakte mit wertungsoffenen Rechtsbegriffen wegen ihrer Konkretisierungsbedürftigkeit überhaupt im Sinne von Art. 94, 95 EG „unmittelbar auf die Errichtung und das Funktionieren des Gemeinsamen Marktes/Binnemarktes" auswirken können.[16] Soweit unbestimmte Rechtsbegriffe notwendiger Bestandteil einer für den Binnenmarkt erfor-

---

11 Mit dieser Begründung wäre dies offensichtlich unzutreffend, da zwar die richtlinienkonforme Auslegung ihre Grenze am entgegenstehenden ausdrücklichen Willen des nationalen Gesetzgebers findet. Davon kann jedoch nicht die Rede sein, wenn die Umsetzung nur deswegen unterblieben ist, weil das nationale Recht schon entsprechende Vorschriften enthielt. Auch diese sind dann richtlinienkonfrom auszulegen und gegebenenfalls ist dem EuGH nach Art. 234 EG vorzulegen.

12 *Canaris*, Handelsrecht, § 15 Rn. 22.

13 *Canaris*, Handelsrecht, § 15 Rn. 47.

14 *Canaris*, Handelsrecht, § 15 Rn. 22.

15 Dazu nachfolgend Kapitel 7.

16 *Remien*, RabelsZ 66 (2002), 503 (514).

derlichen komplexeren Regelung sind, wären sie jedoch auch von der Kompetenz gedeckt.[17] Ähnlich *Riesenhuber*: Bestehe für einen bestimmten Sachbereich eine grundsätzliche Kompetenz des Europäischen Gesetzgebers und stehe es ihm frei, Einzelheiten zu regeln, so sei es auch nicht zu beanstanden, wenn er zu diesem Zweck eine Generalklausel verwendet. Zu prüfen sei jedoch jeweils, ob eine so weitgehende Regelung von den Kompetenzen der Gemeinschaft gedeckt ist.[18]

2. Argumente für eine erweiterte Zulässigkeit

Nach *Röthel* wirkten sich Argumente aus der Verbandskompetenz gerade zugunsten einer geringeren Regelungsdichte aus, weil ein Rechtsakt mit geringerer Regelungsdichte den Mitgliedstaaten – selbst wenn sie sich die Konkretisierungskompetenz mit dem EuGH teilen müssten – in jedem Fall größere Handlungsspielräume ließen und eine weniger intensive Kompetenzwahrnehmung der Gemeinschaft bedeute, als ein vollständig determinierter Rechtsakt.[19] Auch Subsidiaritätsprinzip und Erforderlichkeitsgrundsatz favorisierten im Souveränitätsinteresse der Mitgliedstaaten sowohl im Bereich formeller Rechtssetzung als auch im Bereich gemeinschaftsrechtlicher Rechtsfortbildung eine geringere Regelungsintensität.[20] Dies folge insbesondere aus dem Subsidiaritätsprotokoll (Nr. 30)[21], wonach „eine Richtlinie einer Verordnung und eine Rahmenrichtlinie einer detaillierten Maßnahme vorzuziehen“ sei und hinsichtlich Art und Umfang einer Maßnahme „so viel Raum für nationale Entscheidungen bleiben [solle], wie dies im Einklang mit dem Ziel der Maßnahme und den Anforderungen des Vertrages möglich ist.“[22] Das Gebot des mildesten Mittels bedeute im Hinblick auf die Regelungsintensität gemeinschaftlicher Rechtssetzungsakte schließlich, dass bei gleicher Eignung weniger regelungsintensive Rechtsakte solchen mit höherer Determinierung vorzuziehen sind.[23]

Für *Wulf-Henning Roth* treffen Generalklauseln die ursprüngliche, mit dem Regelungsinstrument der Richtlinie verknüpfte Harmonisierungskonzeption: sie seien nur vage formulierte Leitlinien, deren Ausfüllung, Konkretisierung und Durch-

---

17 *Remien*, RabelsZ 66 (2002), 503 (514).
18 *Riesenhuber*, System und Prinzipien, S. 76.
19 *Röthel*, Normkonkretisierung, S. 317, 320.
20 *Röthel*, Normkonkretisierung, S. 320. Vgl. auch *Stuyck*, (2000) 37 CMLRev., 367 (400): „The principle of proportionality also suggests a preference for general clauses ( ) in order to protect consumers against misleading and unfair market practices. Specific regulations ( ) are likely to restrict competition between suppliers even in situations where the consumer at large is not in need of protection.“; und *W.-H. Roth*, in: FS Drobnig, S. 135 (144): „Aus der Perspektive des Subsidiaritätsprinzips muss sich der Gemeinschaftsgesetzgeber daher auf die Formulierung von Generalklauseln zurückziehen, wo der verfolgte Regelungszweck eine detaillierte Regelung nicht rechtfertigt.“
21 Protokoll (Nr. 30) über die Anwendung der Grundsätze der Subsidiarität und der Verhältnismäßigkeit, ABl. EG 1997 Nr. C 340/105, insbesondere Nr. 6, 7.
22 *Röthel*, Normkonkretisierung, S. 321.
23 *Röthel*, Normkonkretisierung, S. 321.

führung den Mitgliedstaaten zu überlassen ist.[24] Daran schließe sich freilich die Frage nach der Verteilung der Konkretiserungszuständigkeiten sogleich an, die *Roth* nicht dem EuGH, sondern grundsätzlich den Mitgliedstaaten zuweist.[25]

Schließlich wird geltend gemacht, dass es sich bei Generalklauseln um eine Regelungstechnik handle, deren überlegene Eignung von den Rechtsordnungen der kontinentalen Mitgliedstaaten überwiegend anerkannt werde.[26] Sie seien im europäischen Privatrecht ebenso unverzichtbar wie im internationalen Einheitsrecht; keine entwickelte Rechtsordnung könne ohne sie auskommen.[27]

3. Stellungnahme

Mögen auch wertungsoffene Rechtssätze Bestandteil aller kontinentalen Rechtssysteme, ja wie gezeigt, sogar des *common law* sein, so besteht doch ein wesentlicher Unterschied im Vergleich zum Europäischein Privatrecht. Der Gemeinschaftsgesetzgeber unterliegt dem Prinzip der begrenzten Ermächtigung und kann einen privatrechtlichen Rechtsakt im Bereich der Binnenmarktkompetenzen nur dann und nur insoweit erlassen, als dies zur Beseitigung tatsächlicher Beschränkungen der Grundfreiheiten oder spürbarer Wettbewerbsverzerrungen beiträgt. Vor diesem Hintergrund der gemeinschaftlichen Kompetenzordnung sind wertungsoffene Rechtssätze nicht unbeschränkt zulässig. Dies gilt zunächst im Hinblick auf das Vorliegen der Voraussetzungen der Kompetenznorm. So dürfte es an einer unmittelbaren positiven Auswirkung auf den Binnemarkt jedenfalls dann fehlen, wenn der wertungsoffene Rechtssatz Teil einer Regelung ist, die in ihrer Gesamtheit so unbestimmt ist, dass sie das Verhalten der Marktteilnehmer entweder nicht oder nur marginal beeinflusst, oder etwa im Hinblick auf nicht abschätzbare Sanktionsrisiken einen bestimmten Markt komplett oder teilweise zum Erliegen bringt. Würde sich etwa die materielle Regelung der Richtlinie gegen unlautere Geschäftspraktiken auf Artikel 5 Abs. 1: „Unlautere Geschäftspraktiken sind verboten.“, ohne weitere Vorgaben beschränken, so wären die Marktteilnehmer nicht in der Lage, ihr Verhalten, abgesehen vielleicht von offensichtlichen Betrugsfällen und Fällen der Anwendung körperlicher Gewalt, auch nur ansatzweise darauf einzustellen. Dagegen kann auch nicht eingewandt werden, dass dann eben die Mitgliedstaaten die Möglichkeit hätten, bei der Umsetzung der Richtlinie eine nähere Ausgestaltung des Verbotstatbestandes vorzunehmen. Denn dann wäre die Richt-

24 *W.-H. Roth*, in: FS Drobnig, S. 135 (141); ähnlich *Siems*, ZEuP 2002, 747 (750). Vgl. auch *Ficker*, in FS Dölle, S. 35 (48): „Man sollte einmal versuchen, nur Richtsätze zu vereinbaren und die Durchführung dieser Richtssätze ganz den heimischen Rechten zu überlassen. Dabei sollten die Richtsätze sich allzu rechtstechnischer Ausdrücke enthalten, eine Regel, die für die Rechtsvereinheitlichung ganz allgemein gilt. Alles was Rechtstechnik und Rechtssystematik betrifft, sollte den staatlichen Durchführungsgesetzen überlassen bleiben.“

25 *W.-H. Roth*, in: FS Drobnig, S. 135 (141 ff.).

26 Vgl. *Riesenhuber*, System und Prinzipien, S. 76.

27 *Remien*, RabelsZ 66 (2002), 503 (514).

linie jedenfalls ungeeignet, die bezweckte Rechtsangleichung überhaupt zu erreichen.[28]

Unabhängig vom Vorliegen der Voraussetzungen der Kompetenzgrundlage bestünde bei der Verwendung wertungsoffener Rechtssätze ohne klare Grenzen zudem die Gefahr einer Ausweitung der Gemeinschaftskompetenz entgegen dem Prinzip der begrenzten Ermächtigung. Eine Regelung wie Art. 6:2 (2) des niederländischen Burgerlijk Wetboek, wonach eine die Vertragsparteien bindende Regel dann nicht angewendet werden soll, wenn sie im konkreten Fall den Grundsätzen der Redlichkeit und Billigkeit nicht entspricht[29], wäre im Europäischen Vertragsrecht undenkbar, gäbe diese doch den Gerichten, und letztlich dem EuGH, vorbehaltlich seiner Konkretisierungskompetenz, die Möglichkeit, nicht nur vertragliche, sondern auch gesetzliche Vorschriften, zwingende wie abdingbare, im Einzelfall außer Anwendung zu lassen[30] und so, vermittelt durch die Grundsätze der richtlinienkonfomen Auslegung einschließlich einer teleologischen Reduktion nationaler Vorschriften auf Null,[31] die mitgliedstaatlichen Rechtsordnungen, jedenfalls für den Einzelfall, umzugestalten. Was nach nationalem (Verfassungs-)Recht zulässig sein mag, scheitert im Europäischen Privatrecht am Prinzip der begrenzten Ermächtigung.

Wertungsoffene Rechtssätze sind damit im Europäischen Privatrecht selbstverständlich nicht per se unzulässig, sie müssen jedoch im Hinblick auf die Kompetenzgrundlage hinreichend scharf begrenzt sein, wobei sich die Begrenzung auch aus dem Kontext der Gesamtregelung und einem klar zum Ausdruck gebrachten Regelungszweck ergeben kann.[32] Rechtsfolge in diesem Sinne „unzulässiger“ Rechtssätze des Richtlinierechts ist, dass diese an der Bindungswirkung der Richtlinie nicht teilnehmen, keine Umsetzungspflicht und damit keine Pflicht zu richtlinienkonformer Auslegung und zur Vorlage an den EuGH im Wege des Vorabentscheidungsverfahrens auslösen.[33]

II. Horizontale Kompetenzordnung

Der Grundsatz des institutionellen Gleichgewichts verlangt, dass die jeweilige Gemeinschaftsaufgabe von demjenigen Organ wahrgenommen wird, dass nach seiner Struktur und dem anzuwendenden Verfahren zur Funktionswahrnehmung

---

28 Vgl. *Gomez*, ERCL 2006, 4 (25).
29 „Een tussen hen krachtens wet, gewoonte of rechtshandeling geldende regel is niet van toepassing, voor zover dit in de gegeven omstandigheden naar maatstaven van redelijkheid en billijkheid onaanvaardbaar zou zijn.“
30 Vgl. zu Art. 6:2 Burgerlijk Wetboek *Hartkamp*, (1992) 40 Am.J.Comp.L, 551 (555 f.).
31 Vgl. dazu Kapitel 3 II.3.b)bb)(1) und (2).
32 Im Ergebbnis wohl ebenso *Remien*, RabelsZ 66 (2002), 503 (514). Vgl. auch *Edward*, in: *Grundmann/Mazeaud* (Hrsg.), General Clauses and Standards, S. 79 (82): “To the extent that the legislator is explicit as to the intention of the legislation, then the judge can simply apply it.”
33 Vgl. Franzen, Privatrechtsangleichung, S. 545 ff. in Bezug auf Art. 3 Abs. 1, 4 Abs. 1 Handelsvertreterrichtlinie.

am besten geeignet ist. Die Verwendung wertungsoffener Rechtssätze führt zu einer Verlagerung des Schwerpunkts einer Entscheidung weg von der Legislative hin zur Judikative. Vor dem Hintergrund der gemeinschaftlichen Kompetenzordnung ist dies insoweit unproblematisch als die Gemeinschaftsgerichte nach Art. 220 EG im Rahmen ihrer jeweiligen Zuständigkeiten die Wahrung des Rechts bei der Auslegung und Anwendung des Vertrages sichern. Unstreitig ist, dass der EuGH rechtsfortbildend und insoweit auch rechtsschöpfend tätig sein darf.[34] Zu berücksichtigen ist freilich, das die Gemeinschaftsgerichte stets nur zur Ausübung genuin richterlicher Tätigkeit kompetent sind. Dass hierzu Rechtsgestaltung und Rechtsschöpfung im und für den Einzelfall gehören, ist selbstverständlich, sobald man den Irrglauben streng logischer Deduktion hinter sich lässt.[35] Die Betonung liegt aber auf dem Einzelfall. Schon mangels Öffentlichkeit der Entscheidungsfindung und mangels demokratischer Rückbindung, kann die jeweilige Entscheidung nur zwischen den Parteien, welche die Rechtsfindung im Laufe des Verfahrens beeinflussen konnten, Bindungswirkung beanspruchen. Dienen die so gefällten Entscheidungen später als Präjudizien, dann kraft ihrer Überzeugungskraft oder kraft der Autorität des Gerichts, nicht aber, weil der Gerichtshof gesetzgeberisch tätig war. Rechtsprechende Tätigkeit erfordert dabei eine rechtliche, dass heißt eine mit spezifisch rechtlichen Argumenten begründete und begründbare Entscheidung. Politische Zweckmäßigkeitserwägungen obliegen dem Gemeinschaftsgesetzgeber.

1. Sachgebietsbedingte Verwendung

Für die Zulässigkeit wertungsoffener Rechtssätze im Sekundärrecht folgt daraus, dass dann, wenn der Gemeinschaftsgesetzgeber eine klare Vorstellung vom Inhalt dessen hat, was Recht sein soll, und wie die Interessen bei künftig auftretenden Konflikten grundsätzlich zu gewichten sind, und er dies etwa durch Regelbeispiele oder auch einen klar formulierten Regelungszweck zum Ausdruck bringt[36], eine wertungsoffene Regelung in kompetenzrechtlicher Hinsicht keinen Bedenken begegnet.

Insbesondere bei Gesetzesmaterien, bei denen sich die zukünftige Entwicklung nur schwer abschätzen lässt, erscheint eine detaillierte kasuistische Regelung wenig sinnvoll.[37] Gleiches gilt für Materien, die einem schnellen gesellschaftlichen Wertewandel unterliegen, oder bei denen die gesellschaftliche Praxis besonders innovativ ist und die durch einen Fallreichtum gekennzeichnet sind, der sich nur durch eine „wuchernde Kasuistik" einfangen ließe.[38] Typisches Beispiel ist insoweit das Recht des unlauteren Wettbewerbs. Wegen des Erfindungsreichtums der

---

34 Vgl. Kapitel 3. III. 3. b) cc.

35 *Auer*, Materialisierung, Flexibilisierung, Richterfreiheit, S. 133.

36 Zum Verhältnis von § 3 UWG und §§ 4 bis 7 UWG vgl. *Baumbach/Hefermehl-Köhler*, § 3 UWG, Rn. 4.

37 Vgl. *Wank*, Rechtsfortbildung, S. 136.

38 Vgl. *Wank*, Rechtsfortbildung, S. 137; *Kramer*, Methodenlehre, S. 54 f.

Wettbewerber, immer neue Kniffe ausfindig zu machen, um gesetzliche Verbotstatbestände zu umgehen, wäre eine auf strikte Kasuistik beschränkte Regelung in diesem Bereich ganz unpraktikabel.[39] Gleiches dürfte für den Bereich der allgemeinen Geschäftsbedingungen gelten; auch hier sind dem Erfindungsreichtum der Verwender keine Grenzen gesetzt. In solchen Bereichen dient die Verwendung unbestimmter Gesetzesfassungen der Entlastung des Gesetzgebers von nicht erfüllbaren Präzisierungsaufgaben.[40]

2. Politische Entscheidungsunfähigkeit des Gesetzgebers

Die Verwendung wertungsoffener Rechtssätze durch den Gesetzgeber kann ihre Ursache aber auch darin haben, dass eine ins Detail gehende politische Einigung hinsichtlich eines bestimmten Sachbereichs zwischen den an der Gesetzgebung beteiligten Interessengruppen nicht zu erzielen ist.[41] Die Formulierung wertungsoffener Vorschriften stellt dann einen Kompromiss dar, der die Entscheidung im Einzelfall nachgeordneten Instanzen überlässt, wobei jede der am Gesetzgebungsverfahren beteiligten Interessengruppen das Risiko trägt, dass später eine Konkretisierung in ihrem Sinne erfolgt.[42] Unmittelbar trägt dieses Konkretisierungsrisiko jedoch zunächst der rechtssuchende Bürger. Dies ist umso problematischer, als es in diesen Fällen an einem allgemein akzeptierten Regelungsplan des Gesetzgebers

39 Vgl. zur Entstehungsgeschichte des § 1 UWG a. F. *Ohly*, Richterrecht, S. 202; zum neuen Recht *ders.*, GRUR 2004, 889 (895); *Baumbach/Hefermehl-Köhler*, § 3 UWG, Rn. 4, § 4 UWG, Rn. 2; vgl. auch *Kramer*, Methodenlehre, S. 55. Mit Blick auf die Richtlinie 2005/29/EG über unlautere Geschäftspraktiken vgl. *Gomez*, ERCL 2006, 4 (23): "The use of notions and tests of an increasing level of generality and abstraction seems to respond to the desire to reconcile two potentially opposite interests. On the one side, there is a desire to obtain a significant degree of legal certainty for those potentially subject to the new rules, so that they can obtain clear regulatory indications of some prohibited behaviours, which will allow them to mitigate the risk of regulatory non-compliance. On the other side, there is a desire not to provide too easy and insufficient save harbours for traders, so to leave numerous loopholes in the more detailed regulations, through which firms could exploit their superiority – in information, essentially – at the expense of consumers. As such no a priori objection can be raised against these kind of regulatory strategies."

40 Vgl. *Wank*, Rechtsfortbildung, S. 141; sowie aus Sicht der ökonomischen Analyse des Rechts *Schäfer/Ott*, Lehrbuch der ökonomischen Analyse des deutschen Zivilrechts, S. 117 f.: Mit jeder Rechtsregel sind drei Arten von Kosten verbunden, diejenigen der Regelaufstellung, diejenigen der Regelanwendung sowie Kosten der Rechtsunterworfenen, die ihr Handeln an den Regeln auszurichten haben. Je unbestimmter eine Regel, umso geringer sind die Kosten der Regelaufstellung, umso höher sind jedoch die Kosten der Rechtsanwendung und diejenigen der Betroffenen. Die Kosten der Regelaufstellung sind dabei fixe, diejenigen der Regelanwendung variable Kosten. Hohe Kosten für die Aufstellung präziser Regeln lohnen sich nur in jenen Bereichen, in denen technische und soziale Änderungen selten eintreten, da dann eine unveränderte Norm lange angewendet werden kann und sich die Kosten der Regelgenerierung auf viele Fälle verteilen. Vgl. auch *Ackermann*, in: *Furrer* (Hrsg.), Europäisches Privatrecht im wissenschaftlichen Diskurs, S. 417 (423 ff.).

41 Vgl. *Wank*, Rechtsfortbildung, S. 141 ff.; *Garstka*, in *Koch* (Hrsg), Juristische Methodenlehre und analytische Philosophie, S. 96 (121). Vgl. auch *Edward*, in: *Grundmann/Mazeaud* (Hrsg.), General Clauses and Standards, S. 79 (83): "That is that the legislator may include a general provision because he cannot make up his own mind or wishes to achieve a political compromise, or because he needs to make a gesture towards a politically desirable goal. That is part of the reality of the legislative process in all member states and it is particularly true at the Community level."

42 *Garstka*, in *Koch* (Hrsg), Juristische Methodenlehre und analytische Philosophie, S. 96 (121).

für die jeweilige Sachfrage innerhalb des Regelungsbereiches und damit an identifizierbaren gesetzgeberischen Wertentscheidungen, die die Konkretisierung einigermaßen vorhersehbar machen könnten, gerade fehlt.[43] Der Gemeinschaftsgesetzgeber entzieht sich hier seiner politischen Verantwortung, bedroht das institutionelle Gleichgewicht und damit auch das Prinzip der begrenzten Ermächtigung.[44] Nach *Mäsch* gehört hierher etwa die Werberichtlinie 84/450/EWG in ihrer ursprünglichen Fassung, deren „materiellrechtlicher Regelungsgehalt sich ... neben einer generalklauselartigen und deshalb wenig präzisen Umschreibung der irreführenden Werbung im Wesentlichen auf die Anordnung beschränkt, dass bei der Beurteilung der Täuschungseignung ‚alle ihre Bestandteile' zu berücksichtigen sind, wobei dies dann mit einzelnen, nicht abschließenden Beispielen erläutert wird." Gesetzgeberische Aktivität werde so „nur vorgegaukelt".[45]

In diesem Punkt treffen sich die Anforderungen, die sich aus vertikaler und horizontaler Kompetenzverteilung für die Verwendung wertungsoffener Rechtssätze ergeben. Erforderlich ist eine nach dem Kontext der Gesamtregelung und dem Regelungszweck hinreichend scharfe Begrenzung wertungsoffener Rechtssätze.

III. Gemeinschaftsrechtlicher Bestimmtheitsgrundsatz

Während bisher die gemeinschaftsrechtliche Kompetenzordnung daraufhin untersucht wurde, ob sie der Verwendung wertungsoffener Rechtsakte im Europäischen Privatrecht Grenzen setzt, kommt nun das Verhältnis der Gemeinschaft zu den Marktteilnehmern in den Blick. Maßgeblich ist insoweit der Bestimmtheitsgrundsatz, der als Ausprägung des allgemeinen Grundsatzes[46] der Rechtssicherheit auch im Gemeinschaftsrecht gilt[47] und nunmehr in Art. 6 Abs. 1 EU primärrechtlich verankert ist. Ausprägungen des Bestimmtheitsgrundsatzes scheinen dabei auf, zum einen allgemein wenn es um die Rechtmäßigkeit belastender Gemeinschaftsrechtsakte geht, aber auch im Kontext der Richtlinienumsetzung sowie im Rahmen der Dogmatik der unmittelbaren Anwendbarkeit von Richtlinienbestimmungen.

---

43 Vgl. *Wank*, Rechtsfortbildung, S. 142; *Benedict*, ARSP 89 (2003), 216 (232): „Eine Rechtswissenschaft, die nur noch Sätze aufstellt, die in ihrer Allgemeinheit weder greifbar noch falsifizierbar sind, hört ebenso auf, Wissenschaft zu sein, wie ein Gesetzgeber aufhört Gesetzgeber zu sein, wenn er maßgebliche Interessenkonflikte nicht mehr entscheidet, sondern mit vieldeutigen Formeln zukleistert."

44 Vgl. auch *Edward*, in: *Grundmann/Mazeaud* (Hrsg.), General Clauses and Standards, S. 79 (83): "This is not transferring power from the legislator to the judge, but transferring the problem from the legislator to the judge."

45 *Mäsch*, EuR 2005, 625 (630).

46 Vgl. dazu *Craig/de Burca*, EU Law, S. 551 ff.; *Calliess/Ruffert-Wegener*, Art. 220 EGV Rn. 32 ff.

47 Vgl. EuGH v. 8. 10. 1987 – Rs. 80/86 (*Kolpinghuis Nijmegen*), Slg. 1987, 3969 Rn. 13; EuGH v. 9. 7. 1981 – Rs. 169/80 (*Gondrand Freres*), Slg. 1981, 1931 Rn. 17.

1. Der Bestimmtheitsgrundsatz im Allgemeinen

Der Bestimmtheitsgrundsatz verlangt, dass die Rechtsakte der Gemeinschaft „eindeutig“ sind und ihre Anwendung für den Betroffenen vorhersehbar ist.[48] Jede Maßnahme, die Rechtswirkungen entfaltet, muss klar und deutlich sein, und dem Betroffenen so zur Kenntnis gebracht werden, dass er mit Gewissheit den Zeitpunkt erkennen kann, von dem an die Maßnahme besteht und Rechtswirkungen entfaltet.[49] Diese Anforderungen erscheinen relativ strikt. Sie gelten allerdings in dieser Strenge nicht absolut, sondern je nach Belastungsintensität vor allem dann, „wenn es sich um einen Rechtsakt handelt, der finanzielle Konsequenzen haben kann, denn die Betroffenen müssen in der Lage sein den Umfang der ihnen durch diesen Rechtsakt auferlegten Verpflichtungen genau zu erkennen.“[50]

2. Hinreichende Bestimmtheit bei der Richtlinienumsetzung

Eine besondere Ausprägung des Bestimmtheitsgrundsatzes ist die Rechtsprechung des EuGH zu den Anforderungen an die Richtlinienumsetzung. Danach sind die mitgliedstaatlichen Stellen bei der Wahl der Form und Mittel der Richtlinienumsetzung nicht frei. Sie müssen vielmehr diejenige Maßnahme ergreifen, die sich zur Gewährleistung der praktischen Wirksamkeit der Richtlinie und unter Berücksichtigung des mit ihr verfolgten Zwecks am besten eignet.[51] Das nationale Recht muss sicherstellen, dass tatsächlich die vollständige Anwendung der Richtlinie durch die nationalen Behörden gewährleistet ist, dass die sich aus diesem Recht ergebende Rechtslage hinreichend bestimmt und klar ist und dass die Begünstigten in die Lage versetzt werden, von allen Rechten Kenntnis zu erlangen und diese gegebenenfalls vor den nationalen Gerichten durchzusetzen; dies insbesondere dann, wenn die Richtlinie darauf abzielt, den Angehörigen anderer Mitgliedstaaten Ansprüche zu verleihen.[52] Die mitgliedstaatliche Umsetzungsmaßnahme muss daher insbesondere den Erfordernissen der Rechtssicherheit und Rechtsklarheit genügen.[53] Dem mitgliedstaatlichem Gesetzgeber steht es dabei aus gemeinschaftsrechtlicher Sicht, vorbehaltlich besonderer Vorgaben in der jeweiligen Richtlinie, jedoch nicht nur frei, wertungsoffene Rechtssätze wortgetreu in nationales Recht umzusetzen.[54] Er ist sogar daran gehindert, absichtlich unscharf gefasste Bestimmungen im Voraus einzuschränken.

---

48 EuGeI v. 22. 1. 1997 – Rs. T-115/94 (*Opel Austria GmbH*), Slg. 1997, II-39 Rn. 124.
49 EuGH v. 9. 7. 1981 – Rs. 169/80 (*Gondrand Freres*), Slg. 1981, 1931 Rn. 17; EuGeI v. 22. 1. 1997 – Rs. T-115/94 (*Opel Austria GmbH*), Slg. 1997, II-39 Rn. 124; vgl. auch *Chalmers u. a.*, EU Law, S. 454.
50 EuGeI v. 22. 1. 1997 – Rs. T-115/94 (*Opel Austria GmbH*), Slg. 1997, II-39 Rn. 124.
51 EuGH v. 8. 4. 1976 – Rs. 48/75 (*Royer*), Slg. 1976, 497 Rn. 69/73.
52 Vgl. EuGH v. 10. 5. 2001 – Rs. C-144/99 (*Kommission/Niederlande*), Slg. 2001, I-3541 Rn. 17f.; EuGH v. 7. 5. 2002 – Rs. C-478/99 (*Kommission/Schweden*), Slg. 2002, I-4147 Rn. 18; EuGH v. 9. 9. 2004 – Rs. C-70/03 (*Kommission/Spanien*), Slg. 2004, I-7999, Rn. 15.
53 Vgl. *Leible*, EuZW 2001, 438.
54 Dies ergibt sich implizit daraus, dass eine Richtlinie auch mittels einer „Generalklausel“ umgesetzt werden kann, solange nur das mit der Richtlinie verfolgte Ziel erreicht wird, vgl. EuGH v.

Dies hat der EuGH im Hinblick auf Art. 6 Abs. 2 der Klauselrichtlinie entscheiden, wonach ein Verbraucher den durch die Richtlinie gewährten Schutz auch bei kollisionsrechtlicher Wahl des Rechts eines Drittlandes nicht verlieren soll, soweit „der Vertrag einen engen Zusammenhang mit dem Gebiet der Mitgliedstaaten aufweist.“[55] Zweck dieser allgemeinen Formulierung sei es, je nach den Umständen des Einzelfalles die Berücksichtigung verschiedener Anknüpfungspunkte zu ermöglichen. Zwar könne der vom Gemeinschaftsgesetzgeber verwendete, absichtlich unscharfe Begriff des „engen Zusammenhangs“ unter Umständen durch Vermutungen konkretisiert werden, er könne jedoch nicht durch eine Kombination von im Voraus definierten Anknüpfungskriterien, wie etwa die kumulativen Voraussetzungen des Aufenthalts und des Vertragsabschlusses in Art. 5 des Übereinkommens von Rom eingeschränkt werden.[56]

In den verb. Rechtssachen *Total und Sanoma* kommt GA Trstenjak zu einem ähnlichen Ergebnis.[57] Es ging um die Frage ob eine belgische Vorschrift, die Kopplungsangebote, von wenigen festumrissenen Ausnahmen abgesehen, pauschal verbietet, mit den Vorgaben der Richtlinie über unlautere Geschäftspraktiken vereinbar ist. Da Kopplungsangebote nicht zu den in Anhang I der Richtlinie genannten Geschäftspraktiken gehören, die unter allen Umständen als unlauter anzusehen sind, komme ein Verbot nur dann in Betracht, wenn die Geschäftspraxis im konkreten Fall irreführend oder agressiv, oder im Hinblick auf ihre Wirkung auf das wirtschaftliche Verhalten eines Durchschnittsverbrauchers als unlauter anzusehen sei.[58] Dies lasse sich in Bezug auf Kopplungsgeschäfte nicht allgemeingültig feststellen, sondern bedürfe, wie von der Richtlinie vorgesehen, einer Einzelfallbetrachtung. Ein grundsätzliches Verbot laufe dagegen darauf hinaus, die von der Richtlinie beabsichtigte liberale Ausrichtung des Lauterkeitsrechts in ihr Gegenteil zu verkehren, „indem das Verbot zum Grundsatz erhoben und die unternehmerische Freiheit zur Ausnahme“ gemacht werde.[59] Das belgische Verbot vereitele daher die Umsetzung des Ziels der Richtlinie auf nationaler Ebene.[60] Der EuGH kommt zum gleichen Ergebnis.[61]

Hierdurch werden die strengen Anforderungen des allgemeinen Bestimmtheitsgrundsatzes weiter relativiert.

---

26. 10. 1983 – Rs. 163/82 (*Kommission/Italien*), Slg. 1983, 3273 Rn. 9; *Röthel*, Normkonkretisierung, S. 347.

55 EuGH v. 9. 9. 2004 – Rs. C-70/03 (*Kommission/Spanien*), Slg. 2004, I-7999.

56 EuGH v. 9. 9. 2004 – Rs. C-70/03 (*Kommission/Spanien*), Slg. 2004, I-7999, Rn. 33 f.

57 GA Trstenjak, Schlussanträge v. 21. 10. 2008 – verb. Rs. C-261/07, C-299/07 (*VTB-VAB NV/Total Belgium NV, Galatea BVBA/Sanoma Magayines Belgium NV*), Slg. 2009, I-00000.

58 GA Trstenjak, Schlussanträge v. 21. 10. 2008 – verb. Rs. C-261/07, C-299/07 (*VTB-VAB NV/Total Belgium NV, Galatea BVBA/Sanoma Magayines Belgium NV*), Slg. 2009, I-00000, Rn. 82.

59 GA Trstenjak, Schlussanträge v. 21. 10. 2008 – verb. Rs. C-261/07, C-299/07 (*VTB-VAB NV/Total Belgium NV, Galatea BVBA/Sanoma Magayines Belgium NV*), Slg. 2009, I-00000, Rn. 85.

60 GA Trstenjak, Schlussanträge v. 21. 10. 2008 – verb. Rs. C-261/07, C-299/07 (*VTB-VAB NV/Total Belgium NV, Galatea BVBA/Sanoma Magayines Belgium NV*), Slg. 2009, I-00000, Rn. 87.

61 EuGH v. 23. 4. 2009 – verb. Rs. C-261/07, C-299/07 (*VTB-VAB NV/Total Belgium NV, Galatea BVBA/Sanoma Magayines Belgium NV*), Slg. 2009, I-00000, Rn. 57–66.

3. „Inhaltliche Unbedingtheit“ und „hinreichende Genauigkeit“ als Voraussetzung der unmittelbaren Anwendbarkeit

Dass der gemeinschaftsrechtliche Bestimmtheitsgrundsatz wertungsoffene Rechtssätze im Sekundärrecht nicht grundsätzlich verbietet, wird vollends deutlich, wenn man die zur unmittelbaren Anwendbarkeit von Richtlinienbestimmungen entwickelten Grundsätze in die Überlegung mit einbezieht. Vorraussetzung für die unmittelbare Anwendbarkeit einer Richtlinienbestimmung ist deren „inhaltliche Unbedingtheit“ und „hinreichende Genauigkeit“.[62] Dabei stehen die Vagheit und Wertungsoffenheit einer Richtlinienbestimmung ihrer unmittelbaren Anwendbarkeit nicht entgegen. So wurde beispielsweise das Verbot von „unmittelbaren oder mittelbaren Diskriminierungen aufgrund des Geschlechts“ gemäß Artikel 2 Abs. 1 und 5 Abs. 1 der Gleichbehandlungsrichtlinie 76/207/EWG[63] oder auch Artikel 3 Abs. 1 der Richtlinie 64/221/EWG,[64] wonach „bei Maßnahmen der öffentlichen Ordnung und Sicherheit ... ausschließlich das persönliche Verhalten der in Betracht kommenden Einzelperson ausschlaggebend“ ist als hinreichend genau angesehen.[65] Da unmittelbare Anwendbarkeit auf unmittelbare Anwendbarkeit durch die Gerichte abzielt, ist ausschlaggebend, dass die fragliche Bestimmung überhaupt einer Konkretisierung durch die nationalen Gerichte und notfalls den EuGH zugänglich ist.[66] Insoweit schließt selbst die Notwendigkeit einer wertenden Betrachtung wirtschaftlicher Faktoren eine unmittelbare Wirkung nicht aus, soweit diese von den Gerichten überhaupt geleistet werden kann.[67] „Hinreichende Genauigkeit“ ist aber dann nicht mehr gegeben, wenn die Gerichte nicht in der Lage sind, unter Anwendung der ihnen zur Verfügung stehenden Auslegungs- und Konkretisierungsmethoden den Inhalt der fraglichen Vorschrift zu bestimmen,[68] wenn es also um genuin politische Entscheidungen geht.

Als Anschauungsbeispiel mag Richtlinie 80/987/EWG über den Schutz der Arbeitnehmer bei Zahlungsunfähigkeit des Arbeitgebers[69] dienen, die die Mitgliedstaaten verpflichtet, Garantieeinrichtungen zu schaffen, die im Falle der Insolvenz des Arbeitgebers die Befriedigung der ausständigen Lohnforderungen sicherstellen. In

---

62 Vgl. Kapitel 3. II. 2. b) bb.
63 Vgl. EuGH v. 26. 2. 1986 – Rs. 152/84 (*Marshall*), Slg. 1986, 723 Rn. 52.
64 Nunmehr Art. 27 Abs. 2 der Richtlinie 2004/38/EG des Europäischen Parlaments und des Rates v. 29. 4. 2004 über das Recht der Unionsbürger und ihrer Familienangehörigen, sich im Hoheitsgebiet der Mitgliedstaaten frei zu bewegen und aufzuhalten zur Änderung der Verordnung (EWG) Nr. 1612/68 und zur Aufhebung der Richtlinien 64/221/EWG, 68/360/EWG, 72/194/EWG, 73/148/EWG, 75/34/EWG, 75/35/EWG, 90/364/EWG, 90/365/EWG und 93/96/EWG, ABl. EU 2004 Nr. L 158/77.
65 Vgl. EuGH v. 4. 12. 1974 – Rs. 41/74 (*van Duyn ./. Home Office*), Slg. 1974, 1337 Rn. 13 f.
66 *Prechal*, Directives, S. 244.
67 Vgl. EuGH v. 17. 10. 1989 – verb. Rs. 231/87, 129/88 (*Carpaneto I*), Slg. 1989, 3233 Rn. 32.
68 Vgl. *Prechal*, Directives, S. 244–249; *Jarass/Beljin*, JZ 2003, 768 (770).
69 ABl. 1980 Nr. L 283/23; vgl. auch Richtlinie 2002/74/EG des Europäischen Parlaments und des Rates vom 23. 9. 2002 zur Änderung der Richtlinie 80/987/EWG des Rates zur Angleichung der Rechtsvorschriften der Mitgliedstaaten über den Schutz der Arbeitnehmer bei Zahlungsunfähigkeit des Arbeitgebers, Abl. EU 2002 Nr. L 270/10.

der berühmten *Francovich*-Entscheidung verneinte der EuGH die unmittelbare Anwendbarkeit dieser Richtlinie. Nach Art. 5 der Richtlinie verfüge der Mitgliedstaat über einen weiten Gestaltungsspielraum, was den Aufbau, die Arbeitsweise und die Aufbringung der Mittel der Garantieeinrichtungen anbelangt. Die Zahlungsverpflichtung treffe die Garantieeinrichtung. Erst bei Einrichtung des Garantiesystems könne der Staat die vollständige Finanzierung der Garantieeinrichtungen durch die öffentliche Hand vorsehen und so eine Verpflichtung übernehmen, die ihm nicht in erster Linie obliegt.[70] Die Bestimmung des Schuldners der Garantieansprüche war damit durch die Richtlinie nicht vorgegeben, sondern eine politische Entscheidung, die nicht durch die Rechtsprechung, sondern den Gesetzgeber zu treffen war.

4. Ergebnis

Auch der gemeinschaftsrechtliche Bestimmtheitsgrundsatz schließt wertungsoffene Rechtssätze im Sekundärrecht nicht per se aus, verlangt jedoch im Einklang mit den sich aus der gemeinschaftlichen Kompetenzordnung ergebenden Anforderungen eine nach Regelungskontext und Regelungszweck hinreichend klare Begrenzung der wertungsoffenen Regelung, so dass diese richterlicher Anwendung überhaupt zugänglich ist. Ob dies der Fall ist, kann nur für jede einzelne Vorschrift separat bestimmt werden.

IV. Zur Anwendung auf die „Generalklauseln" des Europäischen Privatrechts

Die bisher im Europäischen Privatrecht vorhandenen „weitesten Generalklauseln" genügen den vorstehend herausgearbeiteten Anforderungen weitgehend.

1. Artikel 3 Klauselrichtlinie

Der „doppelte Schutzzweck" der Klauselrichtlinie kommt klar in den Erwägungsgründen zum Ausdruck: Verbesserung der grenzüberschreitenden Wirtschaftstätigkeit durch verstärkten Verbraucherschutz.[71] Der Anwendungsbereich der Klauselkontrolle ist sowohl in objektiver als auch in subjektiver Hinsicht klar begrenzt.[72] Danach unterliegen der Kontrolle nur Standardverträge und vorformulierte Individualklauseln, nicht dagegen im einzelnen ausgehandelte Vertrags-

---

70 EuGH v. 19. 11. 1991 – verb. Rs. 6/90, 9/90 (*Francovich*), Slg. 1991, I-5357 Rn. 25 f.

71 Vgl. insbesondere Erwägung 6: „Um die Errichtung des Binnenmarktes zu erleichtern und den Bürger in seiner Rolle als Verbraucher beim Kauf von Waren und Dienstleistungen mittels Verträgen zu schützen, für die die Rechtsvorschriften anderer Mitgliedstaaten gelten, ist es von Bedeutung, missbräuchliche Klauseln aus diesen Verträgen zu entfernen."; sowie 2, 3, 5 einerseits, und 10 andererseits.

72 Vgl. *Kapnopoulou*, Das Recht der missbräuchlichen Klauseln in der Europäischen Union, S. 78 ff.

klauseln.[73] Ausgenommen sind ferner Klauseln, die bindenden[74] nationalen Vorschriften bzw. internationalen Übereinkommen entsprechen; sowie, vorbehaltlich ihrer Transparenz, Klauseln, die den Hauptgegenstand des Vertrages bzw. das Preis-, Leistungsverhältnis betreffen.[75] Subjektiv ist die Klauselkontrolle auf Verträge zwischen Verbrauchern und Gewerbetreibenden beschränkt. Die dabei im Einzelnen jeweils bestehenden Abgrenzungsschwierigkeiten gehen nicht über die mit jeder Rechtsanwendung verbundenen Unsicherheiten hinaus und lassen sich im Hinblick auf die Zwecksetzung der Richtlinie auflösen.[76]

Der Missbräuchlichkeitsmaßstab selbst ist, abgesehen vom maßgeblichen Zeitpunkt des Vertragsschlusses, auch insoweit strukturiert, als es entscheidend auf die Verteilung der vertraglichen Rechte und Pflichten der Vertragspartner ankommt.[77] Nur wenn insoweit ein erhebliches Mißverhältnis zum Nachteil des Verbrauchers besteht, fällt die jeweilige Klausel der Nichtigkeit anheim. Dabei benennt Art. 4 Abs. 1 in nicht abschleißender Weise diejenigen Faktoren, die bei der Beurteilung der Missbräuchlichkeit zu berücksichtigen sind. Schließlich enthält der Anhang zu Art. 3 Abs. 3 eine Liste, in der nicht abschließend und beispielhaft diejenigen Klauseltypen aufgezählt werden, bei denen regelmäßig ein erhebliches Mißverhältnis zu Lasten des Verbrauchers bestehen dürfte.[78]

Bei Beachtung dieser Grenzen und Vorgaben scheidet Art. 3 der Klauselrichtlinie als Grundlage für eine kompetenzwidrige richterrechtliche Umgestaltung und Angleichung der mitgliedstaatlichen Vertragsrechte aus.

2. Artikel 5 Richtlinie gegen unlautere Geschäftspraktiken

Auch der Zweck der Richtlinie gegen unlautere Geschäftspraktiken ist ein doppelter; sie dient sowohl dem reibungslosen Funktionieren des Binnenmarktes samt unverfälschtem Wettbewerb als auch dem Verbraucherschutz.[79] Der Anwendungsbereich der Richtlinie ist entsprechend ihrem Charakter als „Querschnittsrichtlinie“ relativ umfassend, nämlich medien- und produktübergreifend. In subjektiver Hinsicht erfasst werden ausschließlich unlautere Geschäftspraktiken zwischen Unternehmen und Verbrauchern, ohne freilich die wirtschaftlichen Interessen rechtmäßig handelnder Mitbewerber deshalb für weniger schutzwürdig anzusehen.[80] In objektiver Hinsicht setzt die Richtlinie „Geschäftspraktiken“ voraus; dies

73 Vgl. *Reich/Micklitz-ders.*, Europäisches Verbraucherrecht, S. 500f.
74 Dazu *Reich/Micklitz-ders.*, Europäisches Verbraucherrecht, S. 502f.; sowie noch unten Kapitel 7.
75 Vgl. *Reich/Micklitz-ders.*, Europäisches Verbraucherrecht, S. 502ff.
76 *Reich/Micklitz-ders.*, Europäisches Verbraucherrecht, S. 506. Vgl. EuGH v. 22.11.2001 – Rs. C-541/99, C-542/88 (*Cape Sne/Idealservice*), Slg. 2001, I-9049, Rn. 15.
77 Vgl. *Reich/Micklitz-ders.*, Europäisches Verbraucherrecht, S. 513f.
78 Zur Rechtsnatur der Liste vgl. *Reich/Micklitz-ders.*, Europäisches Verbraucherrecht, S. 519ff., sowie Kapitel 12.
79 Vgl. Art. 1; gemäß Erwägungsgründe 6 und 8 sind in den Schutzbereich auch rechtmäßig handelnde Mitbewerber einbezogen. Vgl. noch *Leistner*, ZEuP 2009, 56 (58–60).
80 GA Trstenjak, Schlussanträge v. 21.10.2008 – verb. Rs. C-261/07, C-299/07 (*VTB-VAB NV/Total Belgium NV, Galatea BVBA/Sanoma Magayines Belgium NV*), Slg. 2009, I-00000, Rn. 71.

sind alle Verhaltensweisen eines Gewerbetreibenden, die unmittelbar mit der Absatzförderung, dem Verkauf oder der Lieferung eines Produkts an Verbraucher zusammenhängen.[81] Ausdrücklich vom Anwendungsbereich ausgenommen werden dagegen insbesondere das Vertragsrecht, Regelungen bezüglich Gesundheits- und Sicherheitsaspekten von Produkten, Bestimmungen über die Zuständigkeit der Gerichte sowie Niederlassungs- und Genehmigungsbedingungen für reglementierte Berufe.[82] Eine versteckte Öffnungsklausel findet sich zudem in Erwägungsgrund 7 für „Fragen der guten Sitten und des Anstandes", die aus kulturellen Gründen weiterhin der Regelungshoheit der Mitgliedstaaten unterfallen.[83]

Materielles „Kernelement" der Richtlinie ist Art. 5 Abs. 1 mit dem Verbot unlauterer Geschäftspraktiken. Bezüglich der Unlauterkeit sieht Art. 5 Abs. 2 einen zweigliedrigen Tatbestand vor. Eine Geschäftspraktik ist unlauter, wenn sie (i) den Erfordernissen der beruflichen Sorgfaltspflicht, definiert in Art. 2 lit. h), widerspricht und (ii) geeignet ist, das wirtschaftliche Verhalten des Verbrauchers wesentlich zu beeinflussen. Eine weitere Konkretisierung enthält Art. 5 Abs. 4. Unlauter sind danach insbesondere Geschäftspraktiken, die irreführend oder aggressiv sind. Irreführende Handlungen und Unterlassungen werden sodann in Art. 6 bzw. 7 näher bestimmt, während aggressive Geschäftspraktiken durch Art. 8 und 9 konkretisiert werden. Art. 5 Abs. 5 sieht zusätzlich einen Anhang I zur Richtlinie vor, der eine Liste jener Geschäftspraktiken enthält, die „unter allen Umständen" als unlauter anzusehen sind.[84] Damit ergibt sich für die Rechtsanwendung ein dreistufiges Prüfungsschema: Soweit eine Geschäftspraktik einem der in Anhang I aufgeführten Tatbestände gleich zu achten ist, muss sie, ohne weitere Prüfung ihrer Auswirkungen, verboten werden; ist Anhang I nicht einschlägig, ist zu prüfen, ob es sich um eine irreführende oder aggressive Geschäftspraktik handelt; nur wenn dies nicht der Fall ist kommt Art. 5 Abs. 1 zur Anwendung.[85]

Trotz des weiten Anwendungsbereichs der Richtlinie erscheint die Lauterkeitskontrolle zum einen wegen der Bereichsausnahmen des Art. 3 Abs. 2, 3, 7, 8 und 10 als unter Bestimmtheitsaspekten nicht zu beanstanden. Zum anderen ist auch der Tatbestand der Unlauterkeit durch die Art. 5 Abs. 2–5, Art. 6–9 und den Richtlinienanhang trotz der auch hier enthaltenen zahlreichen wertungsoffenen Rechtssätze[86] hinreichend strukturiert.[87] Problematisch ist die Regelung dagegen, soweit

81 Vgl. Art. 2 lit. d), Erwägungsgrund 7; sowie *Handig*, [2005] EBLR 1117 (1119); *Stuyck/Terryn/Van Dyck*, (2006) 43 CMLRev., 107 (122), die freilich bezweifeln, ob eine Abgrenzung anhand des Unmittelbarkeitskriteriums überhaupt möglich ist. Die Frage, ob Kopplungsangebote Geschäftspraktiken im Sinne der Richtlinie darstellen unproblematisch bejahend GA Trstenjak, Schlussanträge v. 21. 10. 2008, Rn. 68–70; sowie EuGH v. 23. 4. 2009 – verb. Rs. C-261/07, C-299/07 (*VTB-VAB NV/Total Belgium NV, Galatea BVBA/Sanoma Magayines Belgium NV*), Slg. 2009, I-00000, Rn. 60.

82 Vgl. Art. 3 Abs. 2, 3, 8; sowie ferner Abs. 6 und 10.

83 Dazu Kapitel 7.

84 Vgl. MüKoUWG-*Sosnitza*, § 3 UWG, Rn. 20.

85 GA Trstenjak, Schlussanträge v. 21. 10. 2008 – verb. Rs. C-261/07, C-299/07 (*VTB-VAB NV/Total Belgium NV, Galatea BVBA/Sanoma Magayines Belgium NV*), Slg. 2009, I-00000, Rn. 79.

86 Dazu noch Kapitel 7.

87 Vgl. *Leistner*, ZEuP 2009, 56 (57, Fn. 4): „Der Regelungstechnik nach handelt es sich demgegenüber, schon wegen der zahlreichen detaillierten *per se*-Verbote in den Anhängen, um ein eher konkresich aus dem Verbot der Irreführung durch Unterlassen nach Art. 7 der Sache nach eine allgemeine vorvertragliche Informationspflicht ergibt.[88] Nach Begründungserwägung 15, die Art. 7 Abs. 5 näher erläutert, können die Mitgliedstaaten die Informationsanforderungen in Bezug auf das Vertragsrecht oder mit vertragsrechtlichen Auswirkungen aufrechterhalten oder erweitern, wenn dies aufgrund der Mindestklauseln in den bestehenden gemeinschaftlichen Rechtsakten zulässig ist. Dies könnte bedeuten, dass außerhalb solcher Mindestklauseln mitgliedstaatliche Offenbarungspflichten in B2C-Verträgen nur dann aufrechterhalten werden können, wenn die Nichtoffenbarung als unlautere Geschäftspraxis im Sinne der Richtlinie zu qualifizieren wäre. Ein solches Verständnis hätte tiefreichende Auswirkungen auf die nationalstaatlichen Vertragsrechte, insbesondere die vorvertraglichen Pflichtenregime.[89] Die Vorschrift bedarf daher dringend der tatbestandlichen Einschränkung und Strukturierung.[90]

3. Artikel 19 Abs. 1 Finanzmarktrichtlinie

Besonderes gilt für die Wohlverhaltenspflichten gemäß Art. 19 Abs. 1 der Finanzmarktrichtlinie, wonach Wertpapierfirmen bei der Erbringung ihrer Dienstleistungen „ehrlich, redlich und professionell im bestmöglichen Interesse ihrer Kunden" handeln müssen. Eine exemplifizierende Konkretisierung dieser Pflichten erfolgt zunächst durch die Abs. 2 bis 8. Abs. 2 und 3 statuieren Informationspflichten, die dem Kunden ermöglichen sollen, „nach vernünftigem Ermessen" die genaue Art und die Risiken der Wertpapierdienstleistungen zu verstehen und auf informierter Grundlage Anlageentscheidungen treffen zu können. Nach Abs. 4 und 5 ist die Wertpapierfirma verpflichtet, über die Kenntnisse und Erfahrung des Kunden im Anlagebereich die notwendigen Informationen einzuholen, um ihr zu ermöglichen, die Eignung der in Betracht gezogenen Wertpapierdienstleistung für diesen Kunden abzuschätzen. Abs. 6 erlaubt hiervon Ausnahmen in bestimmten Fällen. Abs. 7 und 8 schließlich statuieren Dokumentations- und Berichtspflichten.

Hinzu kommt ein weiteres.[91] Das Kapitalmarktrecht unterliegt auf der Grundlage des Lamfalussy-Berichts[92] und der Entschließung des Rates vom 22. 3. 2001 nun-

---

tes Instrument, da trotz der Auffangfunktion der Generalklauseln und der Verwendung zahlreicher unbestimmter Rechtsbegriffe gerade nicht lediglich ein allgemeiner, der Konkretisierung in Rechtsprechung oder Verwaltungspraxis bedürftiger Rahmen gesetzt wird."; zweifelnd dagegen *Gomez*, ERCL 2006, 4 (25): "In order to effectively govern behaviour of firms and effectively protect consumers, the likely results of the unfairness test applied to commercial practices have to be anticipated, at least approximately, so that firms can actually plan their commercial strategies in accordance with the required standards. The lack of clues seriously undermines this possibility of anticipation, and with it the incentive effects of the unfairness test, at least at this abstract level of generality."

88 Vgl. *Riesenhuber*, Europäisches Vertragsrecht, Rn. 277 e.

89 Nach *Stuyck/Terrin/Van Dyck*, (2006) 43 CMLRev, 107 (130), wäre eine solche Lesart daher „disproportionate". Vgl. auch *Leistner*, ZEuP 2009, 56 (77).

90 Vgl. dazu Kapitel 12.

91 Vgl. *Grundmann*, in: *ders./Mazeaud* (Hrsg.), General Clauses and Standards, S. 141 (150).

92 Vgl. Erster Bericht des Ausschusses der Weissen über die Reglementierung der Europäischen Wertpapiermärkte vom 9. 11. 2000; sowie Schlussbericht des Ausschusses der Weissen über die mehr einem mehrstufigen Rechtssetzungsverfahren, bei dem auf einer ersten Stufe Rat und Parlament nur mehr einheitliche Rahmenregelungen setzen, die auf der zweiten Stufe durch Durchführungsmaßnahmen, welche die Kommission unter Beiziehung von Sachverständigen[93] im Wege des Komitologieverfahrens (Art. 202 EG) erlässt, konkretisiert werden.[94] Die Finanzmarktrichtlinie wurde bereits entsprechend diesem Rechtssetzungsverfahren in Kraft gesetzt. Für die Wohlverhaltensregelungen ermächtigt Art. 19 Abs. 10 folglich die Kommission zum Erlass der entsprechenden Durchführungsvorschriften. Unter anderem auf dieser Grundlage hat die Kommission inzwischen eine Durchführungsrichtlinie[95] erlassen, die in Art. 26–43 detaillierte Regelungen zur Konkretisierung der Art. 19 Abs. 1–8 Finanzmarktrichtlinie enthält.

4. Artikel 3 Abs. 1 und 4 Abs. 1 Handelsvertreterrichtlinie

Bedenklich erscheinen Art. 3 Abs. 1 und 4 Abs. 1 der Handelsvertreterrichtlinie, die das gesamte Rechtsverhältnis zwischen Handelsvertreter und Unternehmer den „Geboten von Treu und Glauben" unterwerfen.[96] Abgesehen von den in Art. 3 Abs. 2 bzw. 4 Abs. 2 und 3 jeweils beispielhaft aufgeführten Pflichten, ist jedoch weit und breit kein Kriterium ersichtlich, anhand dessen das Konzept von „Treu und Glauben" strukturiert werden könnte.[97] Insbesondere gibt Art. 3 Abs. 2 der Richtlinie eher die vertraglichen Hauptpflichten des Handelsvertreters wieder.[98] Eine Eingrenzung der Regelung könnte erzielt werden, indem man entsprechend Art. 3 Abs. 1 Halbsatz 1 und 2 der Richtlinie die Interessenwahrungspflicht des Handelsvertreters, wonach dieser alles zu unterlassen hat, was den Belangen des Unternehmers abträglich ist[99], von der Pflicht, nach Treu und Glauben zu handeln, unterscheidet, die nur gebietet, die Interessen des anderen Teils mit zu berücksichtigen.[100] Der Handelsvertreter unterliegt dann nur der Interessenwah-

---

Reglementierung der Europäischen Wertpapiermärkte vom 15. 2. 2001; einsehbar jeweils unter http://ec.europa.eu/internal_market/securities/lamfalussy/index_de.htm.

93 Dies sind zum einen der EU-Wertpapierausschuss (European Securities Commitee – ESC), zum anderen, und in Bezug auf die Finanzmarktrichtlinie, der Ausschuss der EU-Wertpapierregulierungsbehörden (Commitee of European Securities Regulators – CESR).

94 Vgl. Kapitel 3 II.2.

95 Richtlinie 2006/73/EG der Kommission vom 10. 8. 2006 zur Durchführung der Richtlinie 2004/39/EG des Europäischen Parlaments und des Rates in Bezug auf die organisatorischen Anforderungen an Wertpapierfirmen und die Bedingungen für die Ausübung ihrer Tätigkeit sowie in bezug auf die Definition bestimmter Begriffe für die Zwecke der genannten Richtlinie, ABl. EU 2006, L 241/26.

96 Vgl. *Grundmann*, in: *ders./Mazeaud* (Hrsg.), General Clauses and Standards, S. 141 (148): „Here it seems clear that the concept is aimed at supplementing the range of duties under the contract."

97 Vgl. *Grundmann*, in: *ders./Mazeaud* (Hrsg.), General Clauses and Standards, S. 141 (148).

98 Vgl. *Riesenhuber*, Europäisches Vertragsrecht, Rn. 553.

99 *Flohr*, in: *Merten/Semler/Habermeier*, Vertriebsrecht, § 12 Rn. 5; *Hopt*, Handelsvertreterrecht, § 86 Rn. 21.

100 *Grundmann*, Europäisches Schuldvertragsrecht, S. 567; *Fischer*, ZVglRWiss 101 (2002), 143 (152 f.).

rungspflicht als für den Handelsvertretervertrag wesensbestimmenden Pflicht[101], während der Unternehmer nach Treu und Glauben die Interessen des Handelsvertreters mitberücksichtigen muss.[102] Diese Pflicht erschöpft sich dann weitgehend in den Auskunftspflichten gemäß Art. 4 Abs. 2 und 3, über die hinaus die Parteien einander grundsätzlich nichts schulden.[103] Den Geboten von Treu und Glauben kommt danach allerdings keinerlei Regelungsgehalt zu.

5. Ausblick: Übergreifende „Generalklauseln" in einem Gemeinsamen Referenzrahmen und einem eventuellen Verbrauchergesetzbuch

Was den zukünftigen „Gemeinsamen Referenzrahmen" angeht, so erscheint es nicht unwahrscheinlich, dass ein solches Instrument in Anlehnung an Art. 1:201 der PECL eine umfassende Verpflichtung der Parteien auf Treu und Glauben enthalten wird. So verpflichtet der nunmehr vorliegende endgültige akademische Entwurf eines Gemeinsamen Referenzrahmens (DCFR) die Vertragsparteien auf die Grundsätze des guten Glaubens und der Redlichkeit in Vertragsangelegenheiten,[104] und zwar vom Eintritt in Vertragsverhandlungen[105] bis hin zum Stadium der Vertragserfüllung.[106] Innerhalb der PECL ist es der Zweck von Art. 1:201, gemeinschaftliche Standards von Redlichkeit und Fairness im Geschäftsverkehr durchzusetzen. Das Prinzip von Treu und Glauben dient dazu, das Prinzipienwerk zu ergänzen und sogar einzelne Prinzipien zu ersetzen, soweit deren strikte Anwendung im Einzelfall ein ungerechtes Ergebnis zur Folge hätte.[107] Was dies im Rahmen eines „Gemeinsamen Referenzrahmens" bedeuten würde ist derzeit noch schwer abzuschätzen. Denkbar ist jedoch, dass, soweit der EuGH tatsächlich die Auslegung und Konkretisierung des Sekundärrechts am „Gemeinsamen Referenrenzrahmen" ausrichtet,[108] das Treu und Glauben – Prinzip zu einer graduellen Ausdehnung der gemeinschaftsrechtlichen Verbraucherschutzbestimmungen führen würde. So könnte beispielsweise ein Ergebnis wie in der Rechtssache *Schulte* – umfassende Risikoübernahme des Unternehmers im Falle unterbliebender Belehrung über das Widerrufsrecht nach der Haustürgeschäfterichtlinie[109] – argumentativ über den Grundsatz von Treu und Glauben abgesichert werden. Die Aus-

---

101 Vgl. *Hopt*, Handelsvertreterrecht, § 86 Rn. 20.
102 Vgl. EuGH v. 17. 1. 2008 – Rs. C-19/07 (*Danone*), Slg. 2008, I-159, Rn. 22.
103 Vgl. *Riesenhuber*, System und Prinzipien, S. 404; *ders.* Europäisches Vertragsrecht, Rn. 555.
104 *Study Group on a European Civil Code/Research Group on EC private law (Acquis Group)*, Principles, Definitions and Model Rules of European private Law: Draft Common Frame of Reference (DCFR), 85: “A recurring and important idea is that parties are expected to act in accordance with good faith and fair dealing.”
105 Art. II.-3:301(2) DCFR.
106 Art. III.-1:103 DCFR.
107 Vgl. *Lando/Beale* (Hrsg.), Principles of European Contract Law, Parts I and II, Art. 1:201, Comment B.
108 Ausführlich dazu Kapitel 10.
109 EuGH v. 25. 10. 2005 – Rs. C-350/03 (*Schulte/Badenia AG*), Slg. 2005, I-9215; vgl. auch EuGH v. 25. 10. 2003 – Rs. C-229/04 (*Crailsheimer Volksbank/Conrads u. a.*), Slg. 2005, I-9273; ausführlich Kapitel 10.

dehnung der Pflichtenstruktur des Sekundärrechts führte so zugleich zu einer Zurückdrängung der mitgliedstaatlichen Regelungsautonomie im Privatrecht und beträfe damit direkt das vertikale Kompetenzgefüge der Gemeinschaft. Im Hinblick auf das Prinzip der begrenzten Ermächtigung wäre eine so umfassende „Generalklausel" im Gemeinsamen Referenrenzrahmen daher äußerts problematisch.

Dies gälte in noch stärkerem Maße für die „etwaige Festlegung eines allgemein verbindlichen Grundsatzes des guten Glaubens und der Redlichkeit in Vertragsangelegenheiten" wie er von der Kommission für ein mögliches horizontales Instrument zum Verbraucherschutz ins Auge gefasste worden war.[110] Nach Ansicht der Kommission könne damit ein „Sicherheitsnetz" geschaffen und könnten alle künftigen Regelungslücken geschlossen werden, so dass sichergestellt ist, „dass der gemeinschaftliche Besitzstand für die Zukunft gerüstet ist."[111] Dies wäre de facto der Abschied vom Prinzip der begrenzten Ermächtigung im verbraucherrelevanten Vertragsrecht, könnte doch so der gemeinschaftliche Pflichtenkanon, vorbehaltlich der Konkretisierungskompetenz des EuGH, nahezu unbeschränkt im Wege der Rechtsprechung erweitert und problematisch erscheinende Sachverhalte am nationalen wie Gemeinschaftsgesetzgeber vorbei, vergemeinschaftet werden. Die gemeinschaftsrechtliche Kompetenzordnung würde auf diese Weise sowohl in vertikaler als auch in horizontaler Hinsicht gesprengt. Nach einer eher durchwachsenen Reaktion der interessieten Öffentlichkeit im Konsultationsprozess[112] wurde eine entsprechende Klausel nicht in den Vorschlag für eine Richtlinie über Rechte der Verbraucher übernommen.[113] Entsprechenden zukünftigen Vorhaben der Kommission ist aber aufs Schärfste entgegen zu treten.

V. Zusammenfassung

Aus der vertikalen und horizontalen Kompetenzordnung der Gemeinschaft sowie dem gemeinschaftsrechtlichen Bestimmtheitsgrundsatz folgt, das die Verwendung wertungsoffener Rechtssätze durch den Gemeinschaftsgesetzgeber nicht unbeschränkt zulässig ist. Zur Wahrung der mitgliedstaatlichen Regelungsautonomie sowie im Interesse des institutionellen Gleichgewichts sind wertungsoffene Rechtssätze nur insoweit zulässig, als sie nach dem Kontext der Gesamtregelung und dem Regelungszweck eine hinreichend scharfe Begrenzung aufweisen.

Die Rechtsfolgen, die sich an die Verwendung danach unzulässiger wertungsoffener Rechtssätze knüpfen, sind verschieden, je nachdem ob es sich um eine Verord-

110 Vgl. Grünbuch: Die Überprüfung des gemeinschaftlichen Besitzstandes im Verbraucherschutz v. 8. 2. 2007, KOM (2006), 744 endg., S. 13.

111 Grünbuch: Die Überprüfung des gemeinschaftlichen Besitzstandes im Verbraucherschutz v. 8. 2. 2007, KOM (2006), 744 endg., S. 13.

112 Vgl. DG Health and Consumer Protection, Preparatory Work for the Impact Assessment on the Review of the Consumer Acquis, 6/11/2007, S. 60–62.

113 Vgl. Vorschlag für eine Richtlinie des Europäischen Parlaments und des Rates über Rechte der Verbraucher, KOM(2008) 614 endg.

nung oder Richtlinie handelt. Im Falle einer Verordnung ist die fragliche Bestimmung un-*wirk*sam in dem Sinne, dass sie keine unmittelbaren Rechtswirkungen entfaltet, ja nicht entfalten kann. Eine Richtlinienbestimmung wäre insoweit un-*wirk*sam, als sie nicht an der Bindungswirkung der Richtlinie teilnimmt, damit keine Pflicht zu Umsetzung, zu richtlinienkonformer Auslegung und zur Vorlage an den EuGH im Vorabentscheidungsverfahren auslöst.

Die bisher im Europäischen Privatrecht vorhandenen „weitesten Generalklauseln" genügen den Zulässigkeitsanforderungen weitgehend. Als problematisch im Hinblick auf die gemeinschaftsrechtliche Kompetenzordnung könnten sich zukünftig jedoch umfassende Treu und Glauben-Klauseln in einem „Gemeinsamen Referenzrahmen" und einem horizontalen Verbraucherschutzinstrument herausstellen.

Kapitel 7: Verteilung der Konkretisierungskompetenz zwischen EuGH und Mitgliedstaaten

Mit der Zulässigkeit und korrespondierenden Bindungswirkung eines wertungsoffenen Rechtssatzes im Europäischen Privatrecht ist noch keine Entscheidung darüber getroffen, welchem Akteur im konkreten, zur Entscheidung stehenden Fall die letztverbindliche Konkretisierung und „Ausdifferenzierung des Normprogramms"[1] gerade im Hinblick auf diesen Fall obliegt. Für die in Richtlinien enthaltenen wertungsoffenen Rechtssätze kommen insoweit sowohl der EuGH als letztinstanzliche gemeinschaftsrechtliche Auslegungsinstanz, als auch die Mitgliedstaaten in Betracht. Im innerstaatlichen Bereich sind, da es um die Entscheidung konkreter Fälle geht, insoweit vor allem die Gerichte betroffen, deren Entscheidungen durch den nationalen Gesetzgeber mehr oder weniger vorgezeichnet sein können. Bei Bejahung der Konkretisierungszuständigkeit des EuGH kann eine von diesem vorgenommene Konkretisierung auf die Umsetzungsgesetzgebung und damit den Kompetenzbereich des nationalen Gesetzgebers zurückwirken.

Fraglich ist damit, wie die Konkretisierungszuständigkeit bezüglich wertungsoffener Rechtssätze des Europäischen Privatrechts zwischen EuGH und Mitgliedstaaten verteilt ist (I.). Insoweit die Konkretisierungszuständigkeit des Europäischen Gerichtshofs bejaht wird, stellt sich vor dem Hintergrund der gemeinschaftsrechtlichen Kompetenzordnung zugleich die Frage nach deren sachgerechter Begrenzung (II.).

I. Die grundsätzliche Konkretisierungszuständigkeit des EuGH und Ansätze zu ihrer Einschränkung

Im Interesse der einheitlichen Anwendung des Gemeinschaftsrechts sowie des Gleichheitssatzes sind die Begriffe einer Vorschrift des Gemeinschaftsrechts, die

1 *Canaris*, EuZW 1994, 417; *Coester*, in: FS Heinrichs, S. 99 (104).

für die Erläuterung ihres Sinnes und ihrer Tragweite nicht – ausdrücklich oder implizit – auf das Recht der Mitgliedstaaten verweist, in der Regel in der gesamten Gemeinschaft autonom und einheitlich unter Berücksichtigung des Regelungszusammenhangs und der mit der betreffenden Regelung verfolgten Zielsetzung auszulegen.[2] Eine solche gemeinschaftseinheitliche und autonome Auslegung kann letztverbindlich nur durch den EuGH im Vorabentscheidungsverfahren geleistet werden.[3] Entsprechende Auslegungsfragen begründen daher für letztinstanzliche Gerichte im Sinne des Art. 234 Abs. 3 EG grundsätzlich eine Vorlagepflicht; Instanzgerichte sind zur Vorlage berechtigt. Und auch die vorgelagerte materiellrechtliche Frage, ob eine gemeinschaftsautonome Auslegung überhaupt geboten ist, obliegt grundsätzlich dem EuGH und begründet in den Grenzen der CILFIT-Rechtsprechung eine Vorlagepflicht letztinstanzlicher mitgliedstaatlicher Gerichte.

Auf den ersten Blick scheint für die in Richtlinien enthaltenen wertungsoffenen Rechtssätze nichts anderes zu gelten. Auch diese sind „Handlungen der Organe der Gemeinschaft", deren Bedeutungsbestimmung letztverbindlich grundsätzlich gemäß Art. 234 Abs. 1 lit. b) EG dem EuGH anheim fällt.[4] Dies entspricht auch der bisher im Schrifttum überwiegend vertretenen Ansicht.[5] Gestützt wird diese auf die auch sonst für die gemeinschafts-autonome Auslegung angeführten Gründe: Würde man die Konkretisierung der besonders vagen „Generalklauseln" den mitgliedstaatlichen Stellen überlassen, so wäre der Grundsatz der praktischen Wirksamkeit gefährdet; der mit der jeweiligen Richtlinie angestrebte Rechtsangleichungserfolg könnte nicht erreicht werden,[6] ja ein erheblicher Teil des Richtlinienrechts wäre überflüssig, weil niemand erwarten könne, dass so „unbestimmte Rechtsbegriffe" wie „Treu und Glauben" ohne autoritative Interpretation durch den EuGH einheitlich ausgelegt werden würden.[7] Konsequenz dieser Ansicht wäre, dass beispielsweise jedenfalls immer dann, wenn ein letztinstanzliches Ge-

---

2 Vgl. Kapitel 3 III. 2. a).

3 Anders wohl *Riesenhuber*, Europäisches Vertragsrecht, Rn. 628.

4 *Klauer*, ERPL 2000, 187 (190).

5 Vgl. *Brandner*, MDR 1997, 312, (315); *ders.*, MDR 1999, 6 (7); *Tonner*, JZ 1996, 533 (539); *Joerges*, ZEuP 1995, 181 (198 ff.); *ders.*, ERPL 1995, 175 (191); *Schulte-Braucks*, NJW 2001, 103 (106); *Micklitz/d'Usseaux*, ZEuP 1998, 104 (116); *Hau*, IPRax 2001, 96 (97); *Nassal*, WM 1994, 1645 (1651); *Frey*, ZIP 1993, 572 (579); *Reich*, ZEuP 1994, 381 (391); *Coester-Waltjen*, Jura 1997, 272 (275); *Weatherill*, ERPL 1995, 307 (311 ff.); *Müller-Graff*, Gemeinsames Privatrecht, S. 56 f.; *Leible*, RIW 2001, 422 (426); *Basedow*, in: FS Brandner, S. 651 (675); *ders*, in *Schulte-Nölke/Schulze*, Europäische Rechtsangleichung und nationale Privatrechte, S. 277 (289); *Staudinger*, DNotZ 2002, 166 (175 f.); *Freitag*, EWiR 2000, 783 (784); *Grundmann*, Europäisches Schuldvertragsrecht, S. 263, 567; *Klauer*, ERPL 2000, 187 (193 ff.); *Remien*, ZEuP 1994, 34 (59 f.); *ders.*, RabelsZ 62 (1998); 627 (642 f.); *ders.*, RabelsZ 66 (2002), 503 (523); *Coester*, in: FS Heinrichs, S. 99 (104); *Ulmer/Brandner/Hensen-Ulmer*, AGB-Recht, Einl. Rn. 99 ff.; *Riesenhuber*, System und Prinzipien, S. 79; *Müller-Graff*, in: *Baldus/Müller-Graff* (Hrsg.), Die Generalklausel im Europäischen Privatrecht, S. 129 (136 f.); *Doehner*, Die Schuldrechtsreform vor dem Hintergrund der Verbrauchsgüterkauf-Richtlinie, S. 89 f.

6 Vgl. *Leible*, RIW 2001, 422 (426); *Staudinger*, DNotZ 2002, 166 (175 f.); *Freitag*, EWiR 2000, 783 (784); *Grundmann*, Europäisches Schuldvertragsrecht, S. 263, 567; *Klauer*, ERPL 2000, 187 (193 ff.); *Remien*, ZEuP 1994, 34 (59 f.); *ders.*, RabelsZ 62 (1998); 627 (642 f.); *Riesenhuber*, System und Prinzipien, S. 79.

7 *Basedow*, in: FS Brandner, S. 651 (675).

richt eine Verbrauchervertragsklausel für wirksam, oder den Gegenstand eines Verbraucherkaufvertrags für vertragsgemäß hält bzw. die Lauterkeit einer gegenüber Verbrauchern eingesetzten Geschäftspraktik zu beurteilen hat, grundsätzlich dem EuGH zur Vorabentscheidung vorzulegen wäre. Die Gegenansicht, die sich auf die jüngere Rechtsprechung des EuGH zur Klauselrichtlinie berufen kann,[8] sucht dies unter Heranziehung primärrechtlich-institutioneller, sekundärrechtlich-materieller sowie rechts-tatsächlicher Argumente zu vermeiden.[9] Im Ergebnis unterscheiden sich beide Ansichten in zweierlei Hinsicht[10]: Während nach der bisher herrschenden Ansicht die Zuständigkeit des EuGH zu letztverbindlicher Konkretisierung die Regel, diejenige der Mitgliedstaaten die begründungsbedürftige Ausnahme ist,[11] streitet nach der Gegenansicht eine widerlegliche Vermutung für die abschließende Konkretisierungszuständigkeit der mitgliedstaatlichen Gerichte.[12] Nach der bisher herrschenden Ansicht kann der EuGH grundsätzlich bis zur Fallnorm im Sinne *Fikentschers* „durchkonkretisieren“,[13] während er nach der Gegenansicht grundsätzlich auf die Angabe abstrakter Grundsätze und „Leitlinien“ beschränkt ist.[14]

Im folgenden ist den im Einzelnen vorgebrachten Argumenten genauer nachzugehen.

1. Primärrechtlich-institutioneller Ansatz

Nach dem primärrechtlich-institutionelle Ansatz ergeben sich aus dem Zusammentreffen der gemeinschaftsverfassungsrechtlichen Grundlagen mit den rechtstheoretischen Besonderheiten von „Generalklauseln“ Argumente zur Einschränkung der gemeinschaftsautonomen Konkretisierungszuständigkeit des EuGH, die allgemein für alle Richtlinien des Europäischen Privatrechts Gültigkeit beanspruchen.

---

8 Vgl. EuGH v. 1. 4. 2004 – Rs. C-237/02 (*Freiburger Kommunalbauten/Hofstetter*), Slg. 2004, I-3403; EuGH v. 26. 10. 2006 – Rs. C-168/05 (*Mostaza Claro/Centro Movil Milenium SL*), Slg. 2006, I-10421 Rn. 21 ff.

9 Vgl. *Canaris*, EuZW 1994, 417; *Schulze-Osterloh*, ZGR 1995, 170 (179 f.); *W.-H. Roth*, in: FS Drobnig, S. 135 (140 ff.); *Franzen*, Privatrechtsangleichung, S. 536 ff.; *ders.*, JjZRWiss 1997, 285 (298 ff.); *Gebauer*, Grundfragen, S. 228; *Taschner*, in: FS Steffen, S. 479 (484 f.); *Nassall*, JZ 1995, 689 (691); *Doehner*, EuZW 2002, 340 (342); *Wolff*, Konkretisierungskompetenz, S. 174 ff.; *Heinrichs*, NJW 1996, 2190 (2196); *ders.*, NJW 1998, 1447 (1454); Palandt-*Grüneberg*, § 310 Rn. 25; *Freitag*, EWiR 2004, 397 (398); *Möllers*, JZ 2002, 121 (125 f.); *H. Roth*, JZ 1999, 529 (536); *Borges*, Inhaltskontrolle, S. 78 ff.; *ders.*, NJW 2001, 2061 (2062); *Heiderhoff*, Grundstrukturen, S. 132 ff.; *dies.*, WM 2003, 509 (510 f.); MüKo-*Wagner*, ProdhaftG, Einl. Rn. 3; *Reich*, RabelsZ 66 (2002), 531 (544 ff.); Staudinger-*Schlosser*, Vorbem zu §§ 305 ff. BGB, Rn. 12 ff.

10 Vgl. auch *Heiderhoff*, Grundstrukturen, S. 95 f.

11 Deutlich *Klauer*, ERPL 2000, 187 (193): „Unless there is an indication in the Unfair Terms Directive that certain terms are to be interpreted as references to national law, the Court of Justice will proceed to an autonomous interpretation."

12 *Wolff*, Konkretisierungszuständigkeit, S. 185: „primärrechtliche Vermutung zugunsten einer weitgehenden Konkretisierungszuständigkeit der Mitgliedstaaten“.

13 Vgl. *Remien*, RabelsZ 66 (2002), 503 (510).

14 Vgl. *Heinrichs*, NJW 1996, 2190 (2196 f.); *Borges*, NJW 2001, 2061 (2062).

a) Argumente aus der Rechtsnatur der Richtlinie und dem Wesen der Rechtsangleichung

Nach *Wulf-Henning Roth* stellen in Richtlinien verwendete Generalklauseln nicht mehr als vage formulierte Leitlinien dar, deren Ausfüllung, Konkretisierung und Durchführung den Mitgliedstaaten zu überlassen sei.[15] Nehme man die Richtlinie als ein gegenüber der Verordnung abweichendes, auf bloße Rechtsangleichung und nicht Rechtseinheit abzielendes Regelungsinstrument ernst, dann kämen bei Richtlinien-Generalklauseln vor allem die Mitgliedstaaten – Judikative und Legislative – als konkretisierungszuständig in den Blick.[16] Verwende der Gemeinschaftsgesetzgeber anstelle einer detaillierten Regelung in einer Richtlinie Generalklauseln, ziehe er sich auf die Setzung auslegungsbedürftiger, aber ganz lockerer Vorgaben zurück, um den Mitgliedstaaten einen weitreichenden Regelungs- und Anwendungsspielraum einzuräumen.[17] Damit liege aber auch die Konkretisierungskompetenz für die jeweilige Generalklausel bei den Mitgliedstaaten. Andernfalls würde verkannt, dass Richtlinien mit der Konkretheit oder Abstraktheit ihrer Regelung unmittelbar den Handlungsspielraum der Mitgliedstaaten festlegen; eine Festlegung, die der Gerichtshof bei der Auslegung einer Richtlinien-Generalklausel strikt zu beachten und zu wahren habe.[18] Die Rolle des Gerichtshofs reduziere sich dann darauf, die Bedeutung der Generalklausel in Umrissen zu skizzieren und die leitenden Wertungen zu erläutern; die Ausfüllung des Konkretisierungsspielraums bleibe jedoch ganz den Mitgliedstaaten – Legislative

---

15 *W.-H. Roth*, in: FS Drobnig, 1998, S. 135 (140 ff.); *ders.*, (2003) 40 CMLRev., 937 (947 ff.). Ähnlich schon *Bleckmann*, RIW 1987, 929 (934): Sogenannte unbestimmte Rechtsbegriffe, die nicht durch Anwendung der europäischen Auslegungsregeln, sondern nur durch Rückgriff auf eine subjektiv bleibende Wertung ausgefüllt werden können, überließen den Mitgliedstaaten „einen breiten Ermessensspielraum“; und *Canaris*, EuZW 1994, 417: „Wenn aber eine Richtlinie den nationalen Gesetzgebern Spielräume für unterschiedliche Ausgestaltungen lässt und lassen muss, warum dann nicht auch den Gerichten bei der Konkretisierung von Generalklauseln?“; sowie *Schulze-Osterloh*, ZGR 1995, 170 (179 f.): Auf der Ebene der Rechtsprechug sei die ursprüngliche Konzeption der Richtlinie mit der Unterscheidung zwischen Ziel und Mittel wieder aufzunehmen. Für die Feststellung der Ziele bestünde die Vorlagepflicht, eine Vorlage, die sich auf Einzelheiten bezieht, wäre nicht erforderlich. Vgl. auch *Gebauer*, Grundfragen, S. 228.

16 *W.-H. Roth*, in: FS Drobnig, 1998, S. 135 (141); vgl. auch *Taschner*, in: FS Steffen, S. 479 (485): „Es widerspräche wohl dem Charakter der Richtlinie und würde dieses Rechtsinstitut in die Nähe der direkt geltenden Verordnung rücken, wenn der Europäische Gerichtshof durch Auslegung des Begriffs ‚Darbietung des Produkts‘ diesen rechtsverbindlich für die Mitgliedstaaten präzisieren würde. ... Materiell-rechtlich würde durch solche präzisierende Begriffsauffüllung die Rechtsangleichung um ein gut Stück der Rechtsvereinheitlichung angenähert, denn der den einzelstaatlichen Rechtsordnungen verbleibende Spielraum würde stark eingeengt.“

17 *W.-H. Roth*, in: FS Drobnig, 1998, S. 135 (142); vgl. auch *Franzen*, Privatrechtsangleichung, S. 541: „Hat der Richtliniengeber auf Gemeinschaftsrechtsebene auf solche detailgenauen Regelungen partiell verzichtet und sich statt dessen für seinen Gesetzgebungsauftrag offenen Tatbeständen wie etwa Generalklauseln bedient, hat er damit grundsätzlich gleichermaßen die Umsetzungsspielräume der innerstaatlich zur Umsetzung berufenen Stellen vergrößert und dem Mitgliedstaat insoweit ein Kodifikationsermessen eingeräumt, es sei denn, der Gemeinschaftsgesetzgeber hat abweichendes ausdrücklich angeordnet.“; sowie *ders.*, JjZRWiss 1997, 285 (301).

18 *W.-H. Roth*, in: FS Drobnig, 1998, S. 135 (142).

und Judikative – überlassen.[19] Weiterhin wird geltend gemacht, dass bei umfassender Konkretisierungszuständigkeit des EuGH der Umsetzungsakt der Mitgliedstaaten ständig der Gefahr ausgesetzt sei, den Anforderungen, die der EuGH der Richtlinie im Rahmen seiner Auslegungstätigkeit entnimmt, nicht gerecht zu werden.[20]

Dagegen wird eingewandt, dass die Verwendung einer Generalklausel durch den konkreten Regelungsgegenstand bedingt sein könne um Details und zukünftige Entwicklungen bestimmter Rechtsinstitute den Gerichten, einschließlich des EuGH, zu überlassen.[21] In solchen Fällen habe die Verwendung einer Generalklausel den alleinigen Zweck, die Rolle des Gesetzgebers zugunsten der Gerichte zurückzunehmen. Daraus folge jedoch nicht, dass die jeweilige Richtlinie einen gemeineuropäischen, durch den EuGH im Rahmen des Vorabentscheidungsverfahrens zu konkretisierenden Standard nicht einführen wolle.[22] Vielmehr spreche die Tatsache, dass die Gemeinschaft in privatrechtlichen Richtlinien überhaupt Generalklauseln aufnimmt, grundsätzlich für die Annahme, dass damit eine gemeinschaftsautonome Regelung gesetzt werden sollte.[23] Bei Vorliegen einer Generalklausel sei daher regelmäßig davon auszugehen, dass jedenfalls die Grenzen dieser Generalklausel gemeinschaftsautonom bestimmt und vom EuGH zu konkretisieren sind.[24] Wenn der Gesetzgeber demgegenüber keine verbindlichen Vorgaben setzen wolle, so müsse er dies hinreichend klar zum Ausdruck bringen.[25]

Oben wurde bereits dargelegt, dass die Rechtsnatur der Richtlinie detaillierte Regelungen, die den Mitgliedstaaten nahezu keine Umsetzungsspielräume mehr belassen, nicht grundsätzlich ausschließt.[26] Als entscheidend wurde die Abstraktionshöhe der Zielbeschreibung erkannt, welche durch den Richtliniengeber erfolgt, der seinerseits durch die Kompetenznormen des EG-Vertrages gebunden ist.[27] Soweit nach der jeweiligen Kompetenznorm der Erlass einer Richtlinie erfor-

---

19 *W.-H. Roth*, in: FS Drobnig, 1998, S. 135 (142f.); vgl. auch *Franzen*, Privatrechtsangleichung, S. 542: „Auf gemeinschaftsrechtlicher Ebene kann dann lediglich kontrolliert werden, ob sich die Konkretisierungen durch die innerstaatlichen Umsetzungsorgane im Rahmen des gemeinschaftsrechtlich durch die Generalklausel eingeräumten Rahmens bewegen."

20 *W.-H. Roth*, (2003) 40 CMLRev., 937 (949); *Doehner*, EuZW 340 (342).

21 *Klauer*, ERPL 2000, 187 (195 ff.); *Röthel*, Normkonkretisierung, S. 356.

22 *Klauer*, ERPL 2000, 187 (196); *Remien*, RabelsZ 66 (2002), 503 (521): „Eine Generalklausel kann zwar eine nationale legislative Konkretisierungsermächtigung bedeuten, muss dies aber nicht; vielmehr müsste dies besonders begründet werden." Vgl. auch *Heiderhoff*, Grundstrukturen, S. 138 f.

23 *Riesenhuber*, System und Prinzipien, S. 78. Vgl. auch EuGH v. 10. 4. 2008 – Rs. C-412/06 (*Hamilton*), Slg: 2008, I-2383, Rn. 38: „Dazu ist darauf zu verweisen, dass der in Art. 4 Abs. 3 der Richtlinie über Haustürgeschäfte verwendete Ausdruck „geeignete Maßnahmen zum Schutz des Verbrauchers" darauf hindeutet, dass der Gemeinschaftsgesetzgeber diesen Maßnahmen einheitliche Tragweite auf Gemeinschaftsebene beimessen wollte."

24 *Riesenhuber*, System und Prinzipien, S. 78; vgl. auch *Klauer*, ERPL 2000, 187 (196): „to provide the national courts with guidelines as to how to apply this common standard".

25 *Riesenhuber*, System und Prinzipien, S. 78; *Röthel*, Normkonkretisierung, S. 356: „Es bedarf also zumindest zusätzlicher, inhaltlicher Argumente mit Blick auf das Richtlinienziel und die jeweilige Intention des Gemeinschaftsgesetzgebers, um eine Konkretisierungskompetenz zu begründen."

26 Vgl. Kapitel 3 II. 3. b) aa).

27 Kapitel 3 II. 3. b) aa).

derlich ist, bestimmt diese Erforderlichkeit zugleich die Regelungsintensität der Richtlinie. Im Bereich der privatrechtlichen Rechtsangleichung zur Verwirklichung des Binnenmarktes ist, soll die jeweilige Richtlinie überhaupt zur Zielerreichung geeignet sein, regelmäßig eine einheitliche und detaillierte Regelung notwendig, die den Mitgliedstaaten allenfalls noch einen sehr eingeschränkten Umsetzungsspielraum belässt.[28]

Andererseits ist selbst im Bereich der Rechtsangleichung für den Binnenmarkt die Verwendung wertungsoffener Rechtssätze nicht grundsätzlich unzulässig, soweit diese nach Gesamtsystematik und Regelungszweck des jeweiligen Rechtsakts hinreichend klar begrenzt sind.[29] Insbesondere im Hinblick auf Materien, die einem schnellen gesellschaftlichen Wertewandel unterliegen und bei denen die gesellschaftliche Praxis besonders innovativ ist, hat auch der Gemeinschaftsgesetzgeber meist gar keine andere Wahl als zu einem wertungsoffenen Rechtssatz zu greifen.[30] Ist aber aus Sicht der gemeinschaftsrechtlichen Kompetenzgrundlagen zur Verwirklichung des Binnenmarktes eine gemeinschaftsweit einheitliche Regelung erforderlich, so ist auch bei Verwendung eines wertungsoffenen Rechtssatzes dessen gemeinschaftsweit einheitliche Interpretation und Anwendung sicherzustellen. Andernfalls wäre die Richtlinie von vornherein zur Zielerreichung nicht geeignet und damit kompetenzwidrig ergangen. Ist dem aber so, so kann allein aus der Verwendung eines wertungsoffenen Rechtssatzes in der Richtlinie nichts abgleitet werden.

Nicht überzeugend ist von vornherein der Einwand, durch eine umfassende Konkretisierungskompetenz des EuGH befinde sich der mitgliedstaatliche Gesetzgeber in ständiger Gefahr unzureichender Umsetzung. Denn diese Gefahr besteht auch bei detaillierten und technischen Regelungen, wie etwa dem Europäischen Gesellschaftsrecht. Zudem hat der mitgliedstaatliche Gesetzgeber jedenfalls aus gemeinschaftsrechtlicher Sicht die Möglichkeit, den wertungsoffenen Rechtssatz wortgetreu zu übernehmen; und schließlich kommt auch eine gemeinschaftsrechtliche Staatshaftung nicht in Betracht, da es regelmäßig an einem „hinreichend qualifizierten Verstoß“[31] im Sinne der Rechtsprechung fehlen dürfte.[32]

b) Subsidiaritätsprinzip und Erforderlichkeitsgrundsatz

Nach *Wulf-Henning Roth* ergebe sich die Zuweisung der Konkretisierungskompetenz an die Mitgliedstaaten auch aus den Zielsetzungen des Subsidiaritätsprinzips.[33] Dieses sei Kontrollmaßstab für die vom Gemeinschaftsgesetzgeber beanspruchte Regelungsdichte. Der Gemeinschaftsgesetzgeber müsse sich dort auf die Formulierung von Generalklauseln zurückziehen, wo der verfolgte Regelungs-

28 Kapitel 3 II. 3. b) aa).
29 Vgl. Kapitel 6.
30 Kapitel 6 II. 1.
31 Vgl. EuGH v. 5. 3. 1996 – verb. Rs. C-46/93, C-48/93 (*Brasserie du Pecheur*) Slg. 1996, I-1029.
32 Vgl. *Rott* [2005] 1 Hanse LRev, 6 (8 f.).
33 *W.-H. Roth*, in: FS Drobnig, S. 135 (143 ff.).

zweck eine detaillierte Regelung nicht rechtfertigt. In einem solchen Bereich würde die Konkretisierung der Generalklausel durch den EuGH als Gemeinschaftsorgan einen Verstoß gegen das Subsidiaritätsprinzip darstellen.[34]

Auf den Grundsatz der Erforderlichkeit stellt dagegen *Wolff*[35] ab. Der Erforderlichkeitsgrundsatz sei Maßstab für die Regelungsintensität und -reichweite einer gemeinschaftsrechtlichen Maßnahme.[36] Er beinhalte eine Verpflichtung zur Belassung nationaler Gestaltungsspielräume in größtmöglichem Umfang.[37] Daraus ergäbe sich eine Vermutung zugunsten der Mitgliedstaaten in Bezug auf eine reduzierte Regelungsintensität in Form von Mindeststandards und Rahmenregelungen.[38] Dies gelte auch für den Bereich der binnenmarktfinalen Angleichung.[39] Beabsichtige die Gemeinschaft eine Totalharmonisierung, so müsse sie deren Erforderlichkeit und ihren diesbezüglichen Willen darlegen, Art. 5 Abs. 3 EG begründe insoweit eine „Umkehrung der Darlegungslast".[40] Im Falle von Generalklauseln beschränke sich die Konkretisierungszuständigkeit des EuGH auf die „Präzisierung der gemeinschaftseinheitlichen Untergrenze"[41] bzw. die Vorgabe bloßer „Auslegungsleitlinien" zur weiteren Präzisierung durch die innerstaatlichen Gerichte.[42]

Die Gegenansicht macht geltend, dass es schwer einsichtig sei, warum das Subsidiaritätsprinzip der Kontrolle der Umsetzung der Richtlinie und ihrer Beachtung im nationalen Recht Schranken setzen soll, nachdem es dem Erlass der Richtlinie offenbar nicht entgegenstand.[43]Im Gegenteil könne immer dann, wenn die Rechtsangleichung berechtigter Regelungszweck ist, die erstrebte Angleichung durch gemeinschaftseinheitliche Konkretisierung nur durch den EuGH geleistet werden.[44]

Fraglich ist insoweit jedoch zunächst, ob der EuGH bei Ausübung seiner Tätigkeit überhaupt an das Subsidiaritätsprinzip gebunden ist. Unter Hinweis darauf, dass dem EuGH die letztverbindliche Auslegung des Gemeinschaftsrechts zur ausschließlichen Wahrnehmung gemäß Artikeln 220ff., 292 EG zugewiesen ist, wird teilweise eine Bindung des EuGH an den Subsidiaritätsgrundsatz grundsätzlich

---

34 *W.-H. Roth*, in: FS Drobnig, S. 135 (145). Ähnlich *Nassall*, JZ 1995, 689 (691): Im Rahmen der Klauselrichtlinie spreche das Subsidiaritätsprinzip gegen die Befugnis des EuGH, die Generalklausel des Art. 3 als Ermächtigungsnorm zur umfassenden Formulierung gemeinschaftsrechtlich bindender Regeln für die Ausgestaltung der im täglichen Leben vorkommenden Vertragstypen aufzufassen; anders noch *ders.* WM 1994, 1645ff.: unbeschränkte Konkretisierungskompetenz des EuGH.
35 *Wolff*, Konkretisierungskompetenz, S. 174ff.
36 *Wolff*, Konkretisierungskompetenz, S. 174.
37 *Wolff*, Konkretisierungskompetenz, S. 175.
38 *Wolff*, Konkretisierungskompetenz, S. 176.
39 *Wolff*, Konkretisierungskompetenz, S. 178.
40 *Wolff*, Konkretisierungskompetenz, S. 178.
41 *Wolff*, Konkretisierungskompetenz, S. 179.
42 *Wolff*, Konkretisierungskompetenz, S. 185.
43 *Ulmer/Brandner/Hensen-Ulmer*, AGB-Recht, Einl. Rn. 102; *Röthel*, Normkonkretisierung, S. 360; *Heiderhoff*, Grundstrukturen, S. 139.
44 *Röthel*, Normkonkretisierung, S. 360; *Heiderhoff*, Grundstrukturen, S. 139.

verneint.[45] Dagegen lässt sich freilich einwenden, dass Artikel 5 Abs. 2 EG die Kompetenzabgrenzung zwischen Gemeinschaft und Mitgliedstaaten, mithin die Verbandskompetenz, zum Gegenstand hat, und nicht, wie die Artikel 220ff. EG, die Organkompetenz innerhalb der Gemeinschaft betrifft.[46] Andererseits ist der EuGH immer dann, wenn er zulässiger Weise zur Entscheidung angerufen wird, von Gemeinschaftsrechts wegen zum Tätigwerden verpflichtet und kann sich einer Entscheidung nicht entziehen.[47]

Man wird daher im Ergebnis wie folgt unterscheiden können: Soweit es um das „ob" der Ausübung der rechtsprechenden Tätigkeit des EuGH geht, ist in der Tat für die Anwendung des Subsidiaritätsprinzips kein Raum. Art. 220 EG weist dem EuGH auch im Verhältnis zu den Mitgliedstaaten die ausschließliche Kompetenz zur Wahrung des Gemeinschaftsrechts zu. Hinsichtlich der inhaltlichen Seite einer Entscheidung dagegen, ist das Subsidiaritätsprinzip grundsätzlich zu beachten, soweit der Gemeinschaftsgesetzgeber bei Formulierung eines vergleichbaren Rechtssatzes den Bindungen des Subsidiaritätsprinzips unterliegen würde.[48]

Soweit freilich die Voraussetzungen der Kompetenznorm im Rahmen der marktintegrativen Rechtsangleichung vorliegen, kann das Subsidiaritätsprinzip die Kompetenzausübung nicht mehr begrenzen. Entscheidend ist vielmehr die Verwirklichung des mit der jeweiligen Kompetenzgrundlage angestrebten Ziels. Gleiches gilt für den Grundsatz der Erforderlichkeit.

c) Vorabentscheidungsverfahren

Eine Einschränkung der Konkretisierungszuständigkeit des EuGH zugunsten der Mitgliedstaaten wird schließlich auch mit den Besonderheiten des Vorabentscheidungsverfahrens, insbesondere der darin angelegten Unterscheidung von Auslegung und Anwendung,[49] begründet.

aa) Eingeschränkte Konkretisierungszuständigkeit des EuGH

Nach *Heinrichs* folge „eine erhebliche Beschränkung der Kompetenzen des EuGH" unter anderem daraus, dass dieser nach Artikel 234 EG nur für die Auslegung des Gemeinschaftsrechts zuständig, die Anwendung des Gemeinschaftsrechts auf den konkreten Fall jedoch Sache der nationalen Gerichte sei.[50] Die Frage, ob eine Klausel entgegen dem Gebot von Treu und Glauben zum Nachteil des Verbrauchers ein erhebliches Missverhältnis der vertraglichen Rechte und Pflichten verursacht, betreffe die Subsumtion unter Artikel 3 der Klauselrichtlinie, und damit den Bereich

---

45 Vgl. *Hirsch*, FS Odersky, S. 197 (200); *Müller-Graff*, ZHR 159 (1995), 34 (74).
46 Vgl. *Franzen*, Privatrechtsangleichung, S. 65.
47 *Müller-Graff*, ZHR 159 (1995), 34 (74).
48 Vgl. *Franzen*, Privatrechtsangleichung, S. 66; Calliess/Ruffert-*Wegener*, Art. 220 EGV Rn. 17; *Remien*, JZ 1994, 349 (353); *v. Borries*, EuR 1994, 263 (280).
49 Vgl. oben Kapitel 3 III. 1. c).
50 *Heinrichs*, NJW 1996, 2190 (2196); Palandt-*Grüneberg*, § 310 BGB Rn. 25.

der Rechtsanwendung, über den der EuGH nicht zu entscheiden habe.[51] Die Frage der Missbräuchlichkeit erfordere eine umfassende Wertung des Vertragsgegenstandes, der Umstände des Vertragsschlusses und vor allem des national geprägten Umfelds des Vertrages und der Klausel. Diese Prüfung obliege allein den Gerichten der Mitgliedstaaten.[52]

Ähnlich *Franzen*:[53] Generalklauseln seien einer Auslegung nach dem Justizsyllogismus nicht zugänglich. Die Rechtsprechung bilde subsumtionsfähige Normen erst durch Vergleich mit Präjudizien heraus.[54] Eine solche Vorgehensweise sei dem EuGH im Vorabentscheidungsverfahren verwehrt; er solle nur Hinweise zum Verständnis des Gemeinschaftsrechts geben, die Ermittlungen und die Subsumtion des Sachverhaltes, die Einzelfallbewertung sowie die konkrete Entscheidung blieben in der Zuständigkeit des vorlegenden Gerichts. Bei dieser institutionellen Vorgabe könne der EuGH die Generalklauseln lediglich abstrakt umschreiben, während die immer notwendige Interessenbewertung und subjektive Wertung des zu entscheidenden Sachverhalts dem innerstaatlichen Gericht aufgegeben bleibe.[55]

bb) Die Gegenansicht

Auch die Gegenansicht betont, dass die Anwendung der gemeinschaftsrechtlichen Maßstäbe auf den konkreten Ausgangsfall nicht Sache des EuGH, sondern der nationalen Gerichte sei.[56] Allerdings sei die Antwort des EuGH auf die Vorlagefrage stets eine „Rechtsauskunft" und der Normvollzug den nationalen Gerichten vorbehalten.[57] Dies gelte auch für die „Frage, was die Gebote von Treu und Glauben in Ansehung einer Klausel erheischen und ob eine Klausel danach zum Nachteil des Verbrauchers ein erhebliches und ungerechtfertigtes Missverhältnis der vertraglichen Rechte und Pflichten der Vertragspartner verursacht."[58] Im übrigen sei der dem EuGH mit Art. 234 Abs. 1 lit. b) EG erteilte Auftrag zur „Auslegung" nicht formal-methodologisch auf richtige Textentfaltung durch grammatische, historische und systematisch-teleologische Auslegung beschränkt, sondern umfasse im

---

51 *Heinrichs*, NJW 1996, 2190 (2196). Die Erwägungen Heinrichs beziehen sich zwar auf Art. 3 der Klauselrichtlinie, können jedoch für alle wertungsoffenen Rechtssätze verallgemeinert werden, bei denen eine umfassende Würdigung der Umstände des Einzelfalles vorzunehmen ist. Vgl. auch Staudinger-*Schlosser*, Vorbem zu §§ 305 ff. BGB, Rn. 12: Im „Dickicht generalklauselartiger Formulierungen" könne keine sinnvolle abstrakte Rechtsfrage formuliert werden, die sich zur Vorlage an den EuGH eigne.

52 Palandt-*Grüneberg*, § 310 BGB Rn. 25. Ebenso *Borges*, Inhaltskontrolle, S. 80 ff.; *ders.*, NJW 2001, 2061 (2062). Zulässig sei es hingegen, wenn der EuGH zu den Grundsatzfragen der von der Klauselrichtlinie vorgegebenen Klauselkontrolle Stellung nehme, da diese Fragen die Auslegung des Gemeinschaftsrechts im Sinne von Artikel 234 beträfen.

53 *Franzen*, Privatrechtsangleichung, S. 538 f.; *ders.*, JjZRWiss 1997, 285 (299 f.).

54 *Franzen*, JjZRWiss 1997, 285 (299 f.).

55 *Franzen*, Privatrechtsangleichung, S. 539; *ders.*, JjZRWiss 1997, 285 (300). Entscheidend für die Verteilung der Konkretisierungskompetenz seien letztendlich aber nicht diese verfahrensrechtlichen Gesichtspunkte, sondern materielle Aspekte; vgl. *Franzen*, Privatrechtsangleichung, S. 540.

56 *Coester*, in: FS Heinrichs, S. 99 (107); Staudinger-*Coester*, § 307 BGB, Rn. 68; *Röthel*, Normkonkretisierung, S. 330; *Remien*, RabelsZ 66 (2002), 503 (520).

57 *Coester*, in: FS Heinrichs, S. 99 (107).

58 *Nassal*, JZ 1995, 689 (690).

Hinblick auf die Funktion des Vorabentscheidungsverfahrens und das Bedürfnis nach Rechtsvereinheitlichung jede abstrakte Verdeutlichung von Inhalt und Bedeutung des Gemeinschaftsrechts einschließlich der Befugnis zur Normkonkretisierung.[59]

cc) Die Rechtsprechung des EuGH

Ein Blick in die Rechtsprechung des EuGH zeigt, dass dieser selbst in bezug auf ein und dieselbe Richtlinienvorschrift keine einheitliche Linie verfolgt.

(1) Beispiel 1: Betriebsübergang im Reinigungsgewerbe

Die Betriebsübergangsrichtlinie ist nach deren Art. 1 Abs. 1 anwendbar auf „den Übergang von Unternehmen, Betrieben oder Betriebsteilen auf einen anderen Inhaber durch vertragliche Übertragung oder durch Verschmelzung“. Nach der vom EuGH vorgenommenen Konkretisierung kommt es maßgeblich darauf an, „ob eine noch bestehende wirtschaftliche Einheit“ veräußert wurde.[60] Ob dies der Fall sei, müsse durch eine umfassende Berücksichtigung aller den Vorgang kennzeichnenden Tatsachen wertend ermittelt werden. Von Bedeutung sei insbesondere die Art des Unternehmens, Übergang der materiellen Aktiva und deren Wert im Zeitpunkt des Übergangs, Übernahme der Belegschaft, Übergang der Kundschaft, Art der vor und nach Übergang ausgeübten Tätigkeit und Dauer einer etwaigen Unterbrechung dieser Tätigkeit. Alle diese Umstände seien jedoch nur Teilaspekte im Rahmen der vorzunehmenden „globalen Bewertung.“[61] Mittlerweile haben diese zur Betriebsübergangsrichtlinie 77/187/EWG entwickelten Grundsätze eine positiv-rechtliche Verankerung in Art. 1 Abs. 1 lit. b) Betriebsübergangsrichtlinie 2001/23/EG gefunden.[62]

In der Rechtssache „Christel Schmidt“[63] kommt der EuGH ausgehend vom Schutzzweck der Betriebsübergangsrichtlinie und nach umfassender Würdigung der vorgetragenen Tatsachen[64] zu dem Schluss, dass „im Ausgangsverfahren, bezüglich dessen der Vorlagebeschluss alle notwendigen Angaben enthält, die Gleichartigkeit der vor und nach der Übertragung ausgeführten Reinigungsarbeiten, die im übrigen durch das der betreffenden Arbeitnehmerin unterbreitete Angebot zur Weiterbeschäftigung zum Ausdruck kommt, ein typisches Merkmal eines Vorgangs dar[stellt], der in den Anwendungsbereich der Richtlinie fällt und der Ar-

---

59 *Röthel*, Normkonkretisierung, S. 330 f., 357; im Ergebnis ebenso *Remien*, RabelsZ 66 (2002), 503 (509 ff., 520 f.), der jedoch maßgeblich auf die tatsächliche Handhabung durch den EuGH mit einer häufig bis in die Einzelheiten hineingehenden Entscheidungsdeterminierung abstellt. Die tatsächliche Praxis des EuGH bedeutet aber nicht, dass diese Praxis auch richtig ist.

60 EuGH v. 18. 3. 1986 – Rs. 24/85 (*Spijkers*), Slg. 1986, 1119 Rn. 12.

61 EuGH v. 18. 3. 1986 – Rs. 24/85 (*Spijkers*), Slg. 1986, 1119 Rn. 13. Vgl. zum ganzen *Schlachter*, Der Europäische Gerichtshof und die Arbeitsgerichtsbarkeit, S. 13 ff.

62 Eingefügt durch Richtlinie 98/50/EWG in Betriebsübergangsrichtlinie 77/187/EWG.

63 EuGH v. 14. 4. 1994, Rs. C-392/92 (*Christel Schmidt*), Slg. 1994, I-1311.

64 EuGH v. 14. 4. 1994 – Rs. C-392/92 (*Christel Schmidt*), Slg. 1994, I-1311, Rn. 14–16: untergeordnete Bedeutung des übertragenen Tätigkeitsbereichs, nur eine einzige betroffenen Arbeitnehmerin, keine Übertragung von Aktiva.

beitnehmerin ... den ihr durch diese Richtlinie eingeräumten Schutz bietet."[65] Die Antwort auf die Vorlagefragen lautet dem entsprechend, dass Artikel 1 Absatz 1 der Betriebsübergangsrichtlinie „so auszulegen ist, dass ein Fall wie der im Vorlagebeschluss beschriebene, ... dem Anwendungsbereich der Richtlinie unterliegt ...".[66] Mit dieser Antwort ist der Ausgangsrechtsstreit entschieden, ein irgendwie gearteter Anwendungsspielraum verbleibt dem vorlegenden Gericht nicht.[67]

Wesentlich zurückhaltender ging der EuGH in der Entscheidung „Ayse Süzen"[68] vor. Auf die Frage, ob die Betriebsübergangsrichtlinie auch dann anwendbar ist, „wenn ein Unternehmen einem Fremdunternehmen das Auftragsverhältnis kündigt, um dieses dann einem anderen Fremdunternehmen zu übertragen", ohne dass sachliche oder immaterielle Betriebsmittel übertragen werden, wiederholt der EuGH zunächst die aus dem Urteil *Spijkers*[69] bekannten Grundsätze;[70] überlässt es im übrigen jedoch dem vorlegenden Gericht, anhand aller aufgezeigten Auslegungsgesichtspunkte festzustellen, ob im vorliegenden Fall ein Übergang stattgefunden habe.[71]

Gleichsam einen Mittelweg beschreitet der EuGH in der Rechtssache *„Temco"*.[72] Es ging unter anderem um die Frage, ob die Betriebsübergangsrichtlinie auch dann Anwendung findet, „wenn ein Unternehmen A die Reinigung seiner Produktionsstätten einem Unternehmen B anvertraut hat und dieses die Arbeiten einem Unternehmen C anvertraut, das nach dem Verlust des Auftrags durch das Unternehmen B bis auf vier Personen sein gesamtes Personal entlässt, und wenn anschließend Unternehmen D, dem das Unternehmen A die Arbeiten überträgt, gemäß einem Tarifvertrag einen Teil des Personals des Unternehmens C einstellt, aber keinen einzigen Vermögenswert des letztgenannten Unternehmens übernimmt, das nach wie vor besteht und seinen Gesellschaftszweck verfolgt."[73] Nach Wiederholung der Grundsätze des *Spijkers*-Urteils und umfassender Würdigung des Sachverhalts bejaht der EuGH diese Frage unter der Bedingung, dass „die Übernahme des Personals einen nach Zahl und Sachkunde erheblichen Teil des vom Subunternehmer für die Durchführung des untervergebenen Auftrages verwendeten Personals erfasst."[74] Danach verbleibt dem vorlegenden Gericht formal ein gewisser Anwendungsspielraum. Faktisch wird der Ausgang des Rechtstreites jedoch gleichwohl entschieden. Bei der Übernahme von mehr als der Hälfte der

---

65 EuGH v. 14. 4. 1994 – Rs. C-392/92 (*Christel Schmidt*), Slg. 1994, I-1311, Rn. 17.
66 EuGH v. 14. 4. 1994 – Rs. C-392/92 (*Christel Schmidt*), Slg. 1994, I-1311, Rn. 20.
67 Die Entscheidung wird folglich auch als eine Überschreitung der Grenzlinie zwischen Auslegung und Anwendung des Gemeinschaftsrechts kritisiert, vgl. nur *M. Schmidt*, RabelsZ 59 (1995), 569 (596).
68 EuGH v. 11. 3. 1997 – Rs. C-13/95 (*Ayse Süzen*), Slg. 1997, I-1259.
69 EuGH v. 18. 3. 1986 – Rs. 24/85 (*Spijkers*), Slg. 1986, 1119 Rn. 12 f.
70 EuGH v. 11. 3. 1997 – Rs. C-13/95 (*Ayse Süzen*), Slg. 1997, I-1259, Rn. 13 f.
71 EuGH v. 11. 3. 1997 – Rs. C-13/95 (*Ayse Süzen*), Slg. 1997, I-1259, Rn. 11, 15, 17, 22.
72 EuGH v. 24. 1. 2002 – Rs. C-51/00 (*Temco*), Slg. 2002, I-969.
73 EuGH v. 24. 1. 2002 – Rs. C-51/00 (*Temco*), Slg. 2002, I-969 Rn. 19.
74 EuGH v. 24. 1. 2002 – Rs. C-51/00 (*Temco*), Slg. 2002, I-969 Rn. 33.

Arbeitnehmer, 42 von 80, dürfte die Verneinung der Anwendbarkeit der Betriebsübergangsrichtlinie durch das vorlegende Gericht kaum in Betracht kommen.[75]

Insgesamt lässt sich eine Tendenz dahingehend erkennen, dass mit fortschreitender Verdichtung des Entscheidungsmaterials im Bereich der Betriebsübergangsrichtlinie jedenfalls die Vorlagefragen an Detailliertheit zunehmen, während die Antworten des EuGH hinsichtlich der Dichte ihrer Entscheidungsvorgaben durchaus unterschiedlich ausfallen.[76]

(2) Beispiel 2: Der Tatbestand der „irreführenden Werbung"

Gemeinschaftsrechtliche Verbote irreführender Werbung finden sich an verschiedenen Stellen des Sekundärrechts[77], etwa in der Werberichtlinie[78], der Kosmetik-

---

75 Die Anzahl der konkret übernommenen Arbeitnehmer ergibt sich dabei nicht aus dem Urteil, wohl aber aus den Schlussanträgen, vgl. *Generalanwalt Geelhoed*, Schlussanträge v. 27. 9. 2001 – Rs. C-51/00 (*Temco*), Slg. 2002, I-969 Rn. 17.

76 Vgl. noch zum Reinigungsgewerbe: EuGH v. 10. 12. 1998 – verb. Rs. C-127/96, C-229/96, C-74/97 (*Hernandez Vidal*), Slg. 1998, I-8179 Rn. 20: „Die vorlegenden Gerichte möchten … wissen, ob und unter welchen Voraussetzungen die Richtlinie 77/187 auf einen Fall anwendbar ist, in dem ein Unternehmen, das ein anderes Unternehmen mit der Reinigung seiner Räumlichkeiten oder eines Teils derselben beauftragt hat, beschließt, den Vertrag mit diesem Unternehmen zu kündigen und fortan selbst für die Durchführung der fraglichen Arbeiten zu sorgen." und Rn. 34: Feststellung des Übergangs sei Sache der vorlegenden Gerichte.; sowie bezüglich anderer Dienstleistungen nur EuGH v. 10. 12. 1998 – verb. Rs. C-173/96, C-247/96 (*Hidalgo*), Slg. 1998, I-8237 Rn. 19: „Die Fragen der vorlegenden Gerichte … gehen dahin, ob und unter welchen Voraussetzungen die Richtlinie 77/187 auf einen Fall anwendbar ist, in dem eine öffentliche Einrichtung, die ein erstes Unternehmen mit ihrem Haushilfedienst für Personen in einer Notlage oder mit der Bewachung bestimmter eigener Räumlichkeiten betraut hat, beschließt, zum Ablauf oder nach Kündigung des Vertrages mit diesem Unternehmen ein zweites Unternehmen mit der betreffenden Dienstleistung zu beauftragen." und Rn. 33: Feststellung des Übergangs sei Sache der vorlegenden Gerichte.; sowie EuGH v. 20. 11. 2003 – Rs. C-340/01 (*Abler*), Slg. 2003, I-14023, Rn. 27: „Mit seiner Frage möchte das vorlegende Gericht im Wesentlichen wissen, ob Artikel 1 der Richtlinie 77/187 so auszulegen ist, dass diese auf eine Situation anwendbar ist, in der ein Auftraggeber, der einen ersten Unternehmer vertraglich mit der gesamten Verpflegung in einem Krankenhaus betraut hatte, diesen Vertrag beendet und über dieselbe Leistung einen neuen Vertrag mit einem zweiten Unternehmer abschließt, wenn der zweite Unternehmer zum einen zuvor von dem ersten Unternehmer benutzte und beiden nacheinander vom Auftraggeber zur Verfügung gestellte wesentliche materielle Betriebsmittel benutzt und zum anderen die Übernahme der Arbeitnehmer des ersten Unternehmers verweigert." und Rn. 27: „Auf die Frage des vorlegenden Gerichts ist daher zu antworten, dass Artikel 1 der Richtlinie 77/187 so auszulegen ist, dass diese auf eine Situation anwendbar ist, in der ein Auftraggeber, der einen ersten Unternehmer vertraglich mit der gesamten Verpflegung in einem Krankenhaus betraut hatte, diesen Vertrag beendet und über dieselbe Leistung einen neuen Vertrag mit einem zweiten Unternehmer abschließt, wenn der zweite Unternehmer zuvor von dem ersten Unternehmer benutzte und beiden nacheinander vom Auftraggeber zur Verfügung gestellte wesentliche materielle Betriebsmittel benutzt, und dies auch dann, wenn der zweite Unternehmer zum Ausdruck gebracht hat, dass er die Arbeitnehmer des ersten Unternehmers nicht übernehmen will." Vgl. zum Ganzen noch *Groh*, Auslegungsbefugnis, S. 75 ff.

77 Vgl. EuGH v. 16. 7. 1998 – Rs. C-210/96 (*Gut Springeheide*), Slg. 1998, I-4657 Rn. 28 f.

78 Art. 2 b) Richtlinie 2006/114/EG des Rates vom 12. 12. 2006 zur Angleichung der Rechts- und Verwaltungsvorschriften der Mitgliedstaaten über irreführende Werbung, ABl. EU 2006 L376/21.

richtlinie[79] oder der Lebensmittelkennzeichnungsrichtlinie.[80] „Irreführende Geschäftspraktiken" sind neben den „aggressiven Geschäftspraktiken" nunmehr auch eine Form der unlauteren Geschäftspraktiken im Sinne der Richtlinie 2005/29/EG.[81] Der EuGH ist bemüht, den verschiedenen sekundärrechtlichen Irreführungsgeboten anhand des Leitbildes eines „durchschnittlich informierten, aufmerksamen und verständigen Durchschnittsverbrauchers"[82] eine möglichst einheitliche Auslegung zukommen zu lassen[83], die ihrerseits im Einklang steht mit den zu Art. 28 EG entwickelten Grundsätzen.[84]

In der *Nissan*-Entscheidung ging es um Werbung für im Wege des Parallelimports eingeführte Fahrzeuge mit dem Hinweis „Kaufen Sie ihren Neuwagen billiger" und dem Zusatz „Herstellergarantie 1 Jahr". Die Fahrzeuge waren im Hinblick auf die Einfuhr zwar zugelassen, aber niemals gefahren worden; auch wurden sie zwar billiger verkauft, waren jedoch mit weniger Zubehör ausgestattet. Dem EuGH wurde die Frage vorgelegt, ob „eine solche Verkaufspraxis im Einklang mit den derzeitigen europäischen Vorschriften" stehe. Nach Hinweis auf die Bedeutung von Parallelimporten für die Entwicklung des Handelsverkehrs und die Stärkung des Wettbewerbs, überlässt der EuGH dem vorlegenden Gericht, sowohl hinsichtlich der „Neuheit" als auch bezüglich des niedrigeren Preises, die Feststellung, ob im konkreten Fall eine erhebliche Zahl von Verbrauchern irregeführt und in ihrer Kaufentscheidung beeinflusst wurden.[85]

In der Rechtssache *Darbo* ging es um die Frage, ob der Vertrieb einer in Österreich hergestellten und in Österreich und Deutschland unter der Marke „d'arbo naturrein" vermarketeten Konfitüre, die geringe Mengen an Blei, Cadmium und Pestiziden enthielt, gegen das Irreführungsverbot von Art. 2 Abs. 1 lit. a) Ziffer i der Le-

---

79 Art. 6 Abs. 3 Richtlinie 76/768/EWG des Rates vom 27. 7. 1976 zur Angleichung der Rechtsvorschriften der Mitgliedstaaten über kosmetische Mittel, ABL. EG 1976 L33/1; der freilich auf das „Vortäuschen" abstellt.

80 Art. 2 Abs. 1 lit. a) Richtlinie 2000/13/EG des Europäischen Parlaments und des Rates vom 20. 3. 2000 zur Angleichung der Rechtsvorschriften der Mitgliedstaaten über die Etikettierung und Aufmachung von für Endverbraucher bestimmten Lebensmitteln sowie Werbung hierfür, ABl. EG 2000 L 109/29.

81 Vgl. Art. 5, 6 f., 8 f. Richtlinie 2005/29/EG.

82 Vgl. zum Leitbild des Verbrauchers *Riesenhuber*, Europäisches Vertragsrecht, Rn. 211 ff.

83 Vgl. zur Werberichtlinie: EuGH v. 16. 1. 1992, Rs. C-373/90 (*Ermittlungsverfahren gegen X*), Slg. 1992, I-131; EuGH v. 8. 4. 2003 – Rs. C-44/01 (*Pippig*), Slg. 2003, I-3095, Rn. 55; zur Kosmetikrichtlinie: EuGH v. 2. 2. 1994 – Rs. C-315/92 (*Clinique*), Slg. 1994, I-317 Rn. 20–24; EuGH v. 13. 1. 2000 – Rs. C-220/98 (*Estée Lauder*), Slg. 2000, I-117; Rn. 27; zur Lebensmittelkennzeichnungsrichtlinie: EuGH v. 12. 12. 1990, Rs. C-241/89 (SARPP), Slg. 1990, I-4695; EuGH v. 4. 4. 2000 – Rs. C-465/98 (*Adolf Darbo AG*), Slg. 2000 I-2279 Rn. 20.

84 Vgl. EuGH v. 7. 3. 1990 – Rs. 362/88 (*GB-INNO*), Slg. 1990, I-667 Rn. 18 f.; EuGH v. 18. 5. 1993 – Rs. C-126/91 (*Yves Rocher*), Slg. 1993, I-2361 Rn. 16 f.; EuGH v. 6. 7. 1995 – Rs. C-470/93 (*Mars*), Slg. 1995, I-1923 Rn. 24. Das einheitliche Leitbild des „durchschnittlich informierten, aufmerksamen und verständigen Durchschnittsverbrauchers" entwickelte der Gerichtshof schließlich in EuGH v. 16. 7. 1998 – Rs. C-210/96 (*Gut Springeheide*), Slg. 1998, I-4657 Rn. 30 f. In Art. 5 Abs. 2 lit. b), Abs. 3, Art. 6 Abs. 1 und 2; Art. 7 Abs. 1 und 2 Art. 8 sowie Begründungserwägungen 18 und 19 der Richtlinie 2005/29/EG ist dieses Verbraucherleitbild nunmehr sekundärrechtlich positiviert.

85 EuGH v. 16. 1. 1992, Rs. C-373/90 (*Ermittlungsverfahren gegen X*), Slg. 1992, I-131 Rn. 15–17. Der Hinweis auf die Herstellergarantie sei nicht irreführend, soweit er der Wahrheit entspricht.

bensmittelkennzeichnungsrichtlinie 79/112/EWG[86] verstößt.[87] Der EuGH weist zwar zunächst auf seine ständige Rechtsprechung hin, wonach es Sache des nationalen Gerichts sei, zu beurteilen, ob eine Bezeichnung, eine Marke oder eine Werbung irreführend sein kann, wobei es auf die mutmaßliche Erwartung eines durchschnittlich informierten, aufmerksamen und verständigen Durchschnittsverbrauchers ankäme.[88] Gleichwohl antwortet der Gerichtshof auf die Vorlagefrage, dass Art. 2 Abs. 1 lit. a) Ziffer i der Lebensmittelkennzeichnungsrichtlinie „nicht der Angabe ‚naturrein' für eine Erdbeerkonfitüre entgegensteht, die das Geliermittel Pektin, sowie Spuren oder Rückstände von Blei, Cadmium und Pestiziden in folgenden Mengen enthält: 0,01 mg/kg Blei, 0,008 mg/kg Cadmium, 0,016 mg/kg Procymidon und 0,005 mg/kg Vinclozolin."[89]

Der EuGH selbst bietet für diese je unterschiedliche Vorgehensweise folgende Rechtfertigung:[90] Aus seiner bisherigen Rechtsprechung ergebe sich, dass bei ausreichendem Akteninhalt und wenn eine bestimmte Entscheidung zwingend erschien, der EuGH die Frage selbst gelöst hat, ohne dem nationalen Gericht die abschließende Beurteilung zu überantworten.[91] In anderen Rechtssachen, in denen der EuGH nicht über die erforderlichen Informationen verfügte oder eine bestimmte Entscheidung nicht zwingend erschien, habe der Gerichtshof die Entscheidung dagegen dem nationalen Gericht überlassen.[92] Die Unterscheidung von Auslegung und Anwendung spielt danach keine Rolle.[93]

(3) Beispiel 3: Artikel 3 der Klauselrichtlinie

Im Hinblick auf die bisher wohl prominenteste Generalklausel des Europäischen Privatrechts hat der EuGH nunmehr bereits mehrmals zu der hier interessierenden Frage Stellung genommen.

In der Rechtssache „*Océano*" ging es um eine Gerichtsstandsklausel zugunsten des Sitzes des Unternehmers. Das Gericht stellte die von diesem gegen fünf Verbraucher erhobenen Klagen nicht zu, sondern legte dem EuGH die Frage vor, ob die Klauselrichtlinie dem nationalen Gericht erlaube, „von Amts wegen zu prüfen, ob eine Klausel des ihm zur Prüfung vorgelegten Vertrages missbräuchlich ist, wenn es über die Zulässigkeit einer Klage vor den ordentlichen Gerichten zu entscheiden hat." Danach wäre an sich eine Entscheidung der Frage, ob die fragliche Klausel missbräuchlich ist, nicht notwendig gewesen. Generalanwalt *Saggio* hielt dies je-

86 Nunmehr Art. 2 Abs. 1 lit. a) Ziffer i Richtlinie 2000/13/EG des Europäischen Parlaments und des Rates vom 20. 3. 2000 zur Angleichung der Rechtsvorschriften der Mitgliedstaaten über die Etikettierung und Aufmachung von für Endverbraucher bestimmten Lebensmitteln sowie Werbung hierfür, ABl. EG 2000 L 109/29.
87 EuGH v. 4. 4. 2000 – Rs. C-465/98 (*Adolf Darbo AG*), Slg. 2000 I-2279 Rn. 17.
88 EuGH v. 4. 4. 2000 – Rs. C-465/98 (*Adolf Darbo AG*), Slg. 2000 I-2279 Rn. 25.
89 EuGH v. 4. 4. 2000 – Rs. C-465/98 (*Adolf Darbo AG*), Slg. 2000 I-2279 Rn. 34.
90 Vgl. *Groh*, Auslegungsbefugnis, S. 38.
91 Vgl. EuGH v. 16. 7. 1998 – Rs. C-210/96 (*Gut Springeheide*), Slg. 1998, I-4657 Rn. 30.
92 Vgl. EuGH v. 16. 7. 1998 – Rs. C-210/96 (*Gut Springeheide*), Slg. 1998, I-4657 Rn. 33.
93 Vgl. *Groh*, Auslegungsbefugnis, S. 39.

doch für erforderlich, „da dem vorlegenden Gericht eine sachdienliche Antwort gegeben werden soll“.[94] Dem schließt sich der EuGH offenbar an, wenn er zunächst unter Hinweis auf Nummer 1 Buchstabe q des Anhangs zu Art. 3 Abs. 3 der Klauselrichtlinie feststellt, dass „eine Klausel wie die in den Ausgangsverfahren streitige“ alle Kriterien erfüllt, „um als missbräuchlich im Sinne der Richtlinie qualifiziert zu werden“,[95] um sodann die amtswegige Prüfung der fraglichen Klauseln zu verlangen.

In der Entscheidung „Freiburger Kommunalbauten“ nimmt der EuGH ausdrücklich zu der Frage Stellung, inwieweit er sich zur Beurteilung der Missbräuchlichkeit einer Vertragsklausel für kompetent hält. Nach der fraglichen Klausel in einem Bauträgervertrag wurde der gesamte Kaufpreis unabhängig vom Baufortschritt nach Übergabe einer Sicherheit durch den Verkäufer fällig. Im Falle des Zahlungsverzugs hatte der Erwerber Verzugszinsen zu entrichten. Die Sicherheit wurde in der Folge durch eine selbstschuldnerische Bankbürgschaft geleistet. Auf die Frage nach deren Missbräuchlichkeit antwortete der EuGH, dass die Feststellung der Missbräuchlichkeit einer bestimmten Vertragsklausel nach Artikel 4 der Richtlinie die Berücksichtigung aller Umstände des Einzelfalles erfordere. Hierzu gehörten auch die Folgen, die eine Klausel im Rahmen des auf den Vertrag anwendbaren Rechts haben kann, was eine Prüfung des nationalen Rechtssystems impliziere.[96] Daraus folge, „dass der Gerichtshof im Rahmen der Ausübung der Zuständigkeit zur Auslegung des Gemeinschaftsrechts, die ihm in Artikel 234 EG übertragen ist, die vom Gemeinschaftsgesetzgeber zur Definition des Begriffs der missbräuchlichen Klausel verwendeten allgemeinen Kriterien auslegen kann. Dagegen kann er sich nicht zur Anwendung dieser allgemeinen Kriterien auf eine bestimmte Klausel äußern, die Anhand der konkreten Umstände des Falles zu prüfen ist.“[97] Es sei daher „Sache des nationalen Gerichts [...], festzustellen, ob eine Ver-

---

94 GA *Saggio*, Schlussanträge v. 16. 12. 1999 – verb. Rs. C-240/98 bis C-244/98 (*Océano*), Slg. 2000, I-4963, Rn. 16.

95 EuGH v. 27. 6. 2000, verb. Rs. C-240/98 bis C-244/98 (*Océano*), Slg. 2000, I-4963 Rn. 21. Auch in der Rechtssache „*Cofidis*“, wo es um die Frage ging, ob die Missbräuchlichkeit einer Klausel entgegen einer Ausschlussfrist des nationalen Rechts geltend gemacht oder von Amts wegen berücksichtigt werden könne, schlägt Generalanwalt *Tizzano* vor, zunächst die Missbräuchlichkeit der fraglichen Klausel zu prüfen, die er dann verneint; anders der EuGH, der die Vorlagefrage gleichsam hypothetisch für den Fall der Missbräuchlichkeit prüft, EuGH v. 21. 11. 2002 – Rs. C-473/00 (*Cofidis*), Slg. 2002, I-10875 Rn. 26 und GA *Tizzano*, Schlussanträge v. 18. 2. 2002, Rn. 39–44. In der Rechtssache *Ynos* verneint *GA Tizzano* die Zulässigkeit des Vorabentscheidungsverfahrens u. a. deswegen, weil das vorlegende Gericht die Missbräuchlichkeit der fraglichen Klausel nicht geklärt hatte, und die Frage nach der Auslegung des Art. 6 der Richtlinie somit nicht entscheidungserheblich sei, *Generalanwalt Tizzano*, Schlussanträge v. 22. 9. 2005 – Rs. C-302/04 (*Ynos Kft.*), Slg. 2006, I-371 Rn. 63.

96 EuGH v. 1. 4. 2004, Rs. C-237/02 (*Freiburger Kommunalbauten*), Slg. 2004, I-3403 Rn. 21.

97 EuGH v. 1. 4. 2004, Rs. C-237/02 (*Freiburger Kommunalbauten*), Slg. 2004, I-3403 Rn. 22; vgl. auch EuGH v. 26. 10. 2006 – Rs. C-168/05 (*Mostaza Claro/Centro Movil Milenium SL*), Slg. 2006, I-10421 Rn. 22: „Hierzu ist daran zu erinneren, dass der Gerichtshof sich nicht zur Anwendung der vom Gemeinschaftsgesetzgeber zur Definition des Begriffs der missbräuchlichen Klausel verwendeten allgemeinen Kriterien auf eine bestimmte Klausel äußern kann, die anhand der Umstände des konkreten Falles zu prüfen ist.“; sowie *Generalanwalt Tizzano*, Schlussanträge v. 22. 9. 2005 – Rs. C-302/04 (*Ynos Kft.*), Slg. 2006, I-371 Rn. 62: „Der Gerichtshof könnte daher zwar Art. 3 Abs. 1 der tragsklausel wie die, die Gegenstand des Ausgangsverfahrens ist, die Kriterien erfüllt, um als missbräuchlich im Sinne von Artikel 3 Absatz 1 der Richtlinie qualifiziert zu werden".[98]

Die Abweichung von der Entscheidung *„Océano"* begründet der EuGH damit, dass die dortige Gerichtsstandsklausel den Verbraucher derart einseitig benachteilige, dass ihre Missbräuchlichkeit auch ohne Prüfung der sonstigen Umstände des Einzelfalles und des nationalen Rechts habe festgestellt werden können.[99] Dies wird überwiegend dahin interpretiert, dass sich der EuGH, bei grundsätzlicher Konkretisierungszuständigkeit der Mitgliedstaaten, eine residuelle Prüfungskompetenz im Sinne einer Evidenzkontrolle vorbehalten habe.[100] Hierzu passt freilich nur schlecht, wenn der EuGH in der Entscheidung *Kommission/Spanien* hinsichtlich des „engen Zusammenhang[s] mit dem Gebiet der Mitgliedstaaten" ausführt, dass die Mitgliedstaaten diese vom Gemeinschaftsgesetzgeber verwendete, absichtlich unscharfe Formulierung zwar unter Umständen durch Vermutungen konkretisieren, nicht jedoch durch eine Kombination von im Voraus definierten Anknüpfungskriterien einschränken könnten.[101] Dies müsste dann logischerweise auch und erst Recht für die mitgliedstaatlichen Gerichte gelten.[102] Demenstprechend folgert *Grundmann* aus der bisher zur Klauselrichtlinie ergangen Rechtsprechung, dass die Befugnis zur Letztkonkretisierung beim EuGH liegt.[103] Insbesondere in Fällen, in denen die fragliche Klausel erheblich von dem abweicht, was nach dem anwendbaren Recht zu erwarten gewesen wäre, spreche eine Vermutung für die Missbräuchlichkeit, wenn damit nicht gar die Missbräuchlichkeit abschließend nachgewiesen sei. In geeigneten Fällen komme jedoch eine Rückverweisung an die mitgliedstaatlichen Gerichte in Betracht, insbesondere dann, wenn die fragliche Klausel dem

Richtlinie auslegen. Er könnte sich aber keinsfalls an die Stelle des vorlegenden Gerichts setzen, um festzustellen, ob die in dem bei diesem anhängigen Verfahren streitige Klausel dem Tatbestand der besagten Richtlinienbestimmung entspricht (keine Aushandlung im Einzelnen und erhebliches Missverhältnis der vertraglichen Pflichten). Damit würde der Gerichtshof nämlich letztlich die Gemeinschaftsvorschriften, um deren Auslegung ersucht wird, auf den konkreten Fall anwenden und so eine Rolle einnehmen, die nicht ihm sondern nur dem mit dem Ausgangsverfahren befassten Gericht zukommt."

98 EuGH v. 1. 4. 2004, Rs. C-237/02 (*Freiburger Kommunalbauten*), Slg. 2004, I-3403, Rn. 24; EuGH v. 26. 10. 2006 – Rs. C-168/05 (*Mostaza Claro/Centro Movil Milenium SL*), Slg. 2006, I-10421 Rn. 23.

99 EuGH v. 1. 4. 2004, Rs. C-237/02 (*Freiburger Kommunalbauten*), Slg. 2004, I-3403, Rn. 23; vgl. auch *GA Tizzano*, Schlussanträge v. 27. 4. 2006 – Rs. C-168/05 (*Mostaza Claro/Centro Movil Milenium SL*), Slg. 2006, I-10421 Rn. 30, wonach es sich bei der Rechtssache *Océano* um „einen ganz außergewöhnlichen Präzedenzfall handelt, der als solcher nicht verallgemeinert werden" könne.

100 Vgl. *Freitag*, EWiR 2004, 397 (398); *ders./Riemenschneider*, WM 2004, 2470 (2480); *Röthel*, ZEuP 2005, 418 (424); *Ulmer/Brandner/Hensen-Ulmer*, AGB-Recht, Einl. Rn. 104; anders *Markwardt*, ZIP 2005, 152 (156 f.): „keine grundlegende Aussage zur Auslegungszuständigkeit bei der Missbrauchskontrolle".

101 EuGH v. 9. 9. 2004 – Rs. C-70/03 (*Kommission/Spanien*), Slg. 2004, I-7999, Rn. 33.

102 Vgl. *Grundmann*, in: *ders./Mazeaud* (Hrsg.), General Clauses and Standards in European Contract Law, S. 141 (157).

103 *Grundmann*, in: *ders./Mazeaud* (Hrsg.), General Clauses and Standards in European Contract Law, S. 141(155 ff.). Ebenso *Müller-Graff*, in: *Baldus/Müller-Graff* (Hrsg.), Die Generalklausel im Europäischen Privatrecht, S. 129 (138 f.): grundsätzliche, also vorbehaltlich etwaiger Ausnahmen bestehende Konkretsierungskompetenz des EuGH.

Verbraucher nicht nur Nachteile, sondern auch Vorteile gewähre, die dann gegeneinander abgewogen werden müssten, eine Aufgabe, die der EuGH offenbar als Tatsachenfrage ansehe.[104]

dd) Stellungnahme

Weder diese vom EuGH für seine je unterschiedliche Vorgehensweise abgegeben Erklärungsversuche noch die referierten Literaturmeinungen können überzeugen, soweit sie an der hergebrachten Dichotomie von Auslegung und Anwendung festhalten. Denn entscheidend können nicht diese Begrifflichkeiten, sondern kann letztendlich nur die dem EuGH durch Art. 234 EG zugewiesene Funktion im Kompetenzgefüge der Gemeinschaft sein.

(1) Die Ungeeignetheit der Dichotomie von „Auslegung und Anwendung" als Kriterium für die Verteilung der Konkretisierungskompetenz

Die Begriffe „Auslegung" und „Anwendung" entstammen der juristsichen Methodenlehre und dienen dort der Beschreibung verschiedener Stufen des Rechtsfindungsprozesses.[105] Dem liegt die Vorstellung einer strikten Trennung von Sein und Sollen zugrunde. An dieser Vorstellung kann freilich unter dem Eindruck der Erkenntnisse der juristischen Hermeneutik so nicht festgehalten werden. Denn danach bedingen sich Norm und Sachverhalt gegenseitig, und müssen im Akt der Rechtsfindung schrittweise zueinander in Beziehung gebracht werden.[106] Dies gilt in besonderem Maße für die Konkretisierung wertungsoffener Rechtssätze.[107] Aber auch bei relativ bestimmten Rechtssätzen gestaltet sich der Vorgang der Rechtsfindung nicht grundsätzlich anders.[108] Ist aber aus methodischer Sicht die strikte Trennung von Auslegung und Anwendung überholt, so muss sich diese Erkenntnis auch insoweit durchsetzen, als diese methodischen Begrifflichkeiten in den spezifischen verfahrensrechtlichen Kontext der Befugnisabgrenzung von EuGH und Vorlagegericht übertragen worden sind. In seiner tatsächlichen Handhabung des Vorabentscheidungsverfahrens hat sich der EuGH ohnehin von der Unterscheidung „Auslegung und Anwendung" längst verabschiedet; weder lässt sich seine praktische Vorgehensweise anhand dieser Begriffe beschreiben, noch auch nur ansatzweise erklären.[109]

---

104 *Grundmann*, in: *ders./Mazeaud* (Hrsg.), General Clauses and Standards in European Contract Law, S. 141 (157 f.).
105 Vgl. Kapitel 5 II.; sowie *Groh*, Auslegungsbefugnis, S. 33.
106 Vgl. Kapitel 5 II. 1. a).
107 Vgl. Kapitel 5 II. 4.
108 Vgl. Kapitel 5 II. 1. a).
109 Abgesehen von den angeführten Rechtsprechungsbeispielen wird dies auch noch dadurch belegt, dass der EuGH zunehmend Vorlagebeschlüsse abweist, die die tatsächlichen oder rechtlichen Hintergründe des Ausgangsverfahrens nicht mit hinreichender Klarheit erkennen lassen, vgl. EuGH v. 26. 1. 1993 – verb. Rs. C-320/90, 322/90 (*Telemarsicabruzzo*), Slg. 1993, I-393, Rn. 6 ff.; bzw. mit denen der EuGH lediglich zur Abgabe eines Rechtsgutachtens in einem rein fiktiven Rechtsstreit bewegt werden soll, vgl. EuGH v. 16. 7. 1992 – Rs. C-83/91 (*Meilicke*), Slg. 1992, I-4919, Rn. 25 ff. Vgl. auch Kapitel 3 II. 1. b) und *Lenaerts*, in: *Curtin/Heukels* (Hrsg.); Institutional Dynamics of European Integration, S. 355 (361 ff.).

Freilich können weder diese methodischen Erwägungen, noch die tatsächliche Vorgehensweise des EuGH ausschlaggebend sein, solange der EG-Vertrag als gemeinschaftsrechtliche Verfassungsordnung die Kompetenz des EuGH durch die Verwendung des Begriffs „Auslegung" im Sinne der herkömmlichen Dichotomie begrenzt wissen will. Insoweit ist jedoch zu berücksichtigen, dass der Begriff „Auslegung" in Art. 234 Abs. 1 lit. b) EG selbst einer gemeinschaftsautonomen Interpretation bedarf und insoweit grundsätzlich nicht auf die Begrifflichkeiten der nationalen Methodenlehren zurückgegriffen werden kann. Eine Kompetenzabgrenzung, die allein auf die methodische Unterscheidung von Auslegung und Anwendung abstellt, vernachlässigt die spezifische Funktion der dem EuGH im Rahmen des Vorabentscheidungsverfahrens zugewiesenen Auslegungsbefugnis.[110] Erforderlich ist somit eine Interpretation des Auslegungsbegriffs anhand von Systematik und Teleologie des Vertrages. Eine angemessene Aufgabenverteilung zwischen EuGH und nationalen Gerichten kann nur durch eine Rückbesinnung und Orientierung anhand der spezifischen, mit dem Vorabentscheidungsverfahren verfolgten Ziele vorgenommen werden.[111]

(2) Der Grundsatz der einheitlichen Wirksamkeit des Gemeinschaftsrechts

Vorrangiges Ziel des Vorabentscheidungsverfahrens ist die prozedurale Absicherung der einheitlichen Wirksamkeit des Gemeinschaftsrechts.[112] Das Vorabentscheidungsverfahren nach Art. 234 EG „ist von entscheidender Bedeutung dafür, dass das vom Vertrag geschaffene Recht wirklich gemeinsames Recht bleibt: [es] soll gewährleisten, dass dieses Recht in allen Mitgliedstaaten der Gemeinschaft immer die gleiche Wirkung hat."[113]

Der Grundsatz der einheitlichen Wirksamkeit ist eine der tragenden Säulen des Gemeinschaftsrechts.[114] Ohne diesen Grundsatz würde die Gemeinschaft ihren Charakter als Rechtsgemeinschaft[115] verlieren.[116] Zum einen führte eine uneinheit-

110 *Groh*, Auslegungsbefugnis, S. 34.
111 *Groh*, Auslegungsbefugnis, S. 39.
112 Vgl. zu den Zielen des Vorabentscheidungsverfahrens schon oben Kapitel 3 III. 1.
113 EuGH v. 16. 1. 1974 – Rs. 166/73 (*Rheinmühlen Düsseldorf*), Slg. 1974, 33 Rn. 2. Vgl. auch EuGH v. 1. 12. 1965 – Rs. 16/65 (*Schwarze*), Slg. 1965, 1152 (1165), wonach im Rahmen des Vorabentscheidungsverfahrens staatliches Gericht und Gerichtshof „jeweils in den Grenzen der eigenen Zuständigkeit und mit dem Ziel, die einheitliche Anwendung des Gemeinschaftsrechts zu gewährleisten" gemeinsam zur Rechtsfindung beitragen.
114 Vgl. etwa EuGH v. 27. 3. 1980 (*Denkavit Italiana*), Slg. 1980, 1205 Rn. 18: „Aus dem grundlegenden Erfordernis, dass das Gemeinschaftsrecht in allen Fällen einheitlich anzuwenden ist, folgt, dass es allein Sache des Gerichtshofs ist, darüber zu entscheiden, ob die Geltung der von ihm vorgenommenen Auslegung in zeitlicher Hinsicht eingeschränkt werden soll."; EuGH v. 27. 3. 1980 – verb. Rs. 66, 127, 128/79 (*Salumi*), Slg. 1980, 1237 Rn. 11; EuGH v. 2. 2. 1988 – Rs. 309/85 (*Barra*), Slg. 1988, 355 Rn. 13. Vgl. auch *Hallstein*, RabelsZ 28 (1964), 211 (230): „In dem ganzen großen Gemeinschaftsraum müssen gleiche Tatbestände gleich behandelt werden, und zwar Rechtens!"
115 Vgl. nur EuGH v. 5. 2. 1963 – Rs. 26/62 (*Van Gend en Loos*), Slg. 1963, 1 Rn. 10: Die Gemeinschaft als „neue Rechtsordnung"; EuGH v. 15. 7. 1964 – Rs. 6/64 (*Costa/ENEL*), Slg. 1964, 1253 (1269): „eigene Rechtsordnung". Der Begriff der Rechtsgemeinschaft stammt von *Walter Hallstein*, vgl. etwa *Hallstein*, Die Europäische Gemeinschaft, S. 49.

liche Geltung und Durchsetzung des Gemeinschaftsrechts zum Verlust der Gemeinschaftlichkeit dieses Rechts.[117] Zum anderen würde aber auch der Charakter der Rechtlichkeit als solche verloren gehen. Denn die Gerechtigkeit als philosophische Grundidee des Rechts beinhaltet seit alters her den Gleichheitssatz,[118] der in der Gemeinschaftsrechtsordnung sowohl auf der Ebene der Mitgliedstaaten, als auch auf derjenigen der einzelnen Marktteilnehmer eine Rolle spielt. Aus mitgliedstaatlicher Sicht lässt sich die partielle Aufgabe nationaler Souveränität nur dann rechtfertigen und besteht die Bereitschaft zur Mitwirkung bei supranationaler Problemlösung und Kompromissfindung nur dann, wenn die Kosten und Lasten der Integration entsprechend des politisch ausgehandelten Kompromisses verteilt werden, und nicht einzelne Mitgliedstaaten durch eigenmächtiges Ausscheren in der Lage sind, einseitig Vorteile abzuschöpfen.[119] Aus Sicht des Marktbürgers ist entscheidend, dass eine Vorschrift des Gemeinschaftsrechts auf jeden Sachverhalt, den sie regelt, auch tatsächlich angewandt wird, und darüberhinaus auch gleiche Sachverhalte in der gesamten Gemeinschaft in vergleichbarer Weise entschieden werden.[120] Dazu ist aber erforderlich, dass der Gerichtshof sich in seinem Urteil auf die vom Vorlagegericht mitzuteilenden entscheidungserheblichen Fakten bezieht und den von ihm hergestellten Bezug in seinem Urteil auch darstellt. Nur so werden die Determinanten des Richterspruchs für ein nachfolgendes mitgliedstaatliches Gericht erkennbar, das daran in einer späteren Entscheidung anknüpfen kann, und wird gewährleistet, dass sich die Entscheidung sinnvoll in die mitgliedstaatlichen Rechte einfügt.[121]

Der Grundsatz der einheitlichen Wirksamkeit des Gemeinschaftsrechts gilt jedoch nicht absolut. Das Gemeinschaftsrecht selbst enthält an zahlreichen Stellen Duchbrechungen, in denen es nationale Partikularinteressen anerkennt und ihnen Vorrang einräumt.[122] So können beispielsweise nach Art. 95 Abs. 4 bis 10 EG die Mitgliedstaaten aus besonders wichtigen Gründen von einer Harmonisierungs-

---

116 Dogmatischen Ausdruck findet der Grundsatz der einheitlichen Wirksamkeit in der Doktrin der unmittelbaren Anwendbarkeit des Gemeinschaftsrechts, vgl. EuGH v. 5. 2. 1963 – Rs. 26/62 (*Van Gend en Loos*), Slg. 1963, 1 Rn. 10; der Doktrin vom Anwendungsvorrang des Gemeinschaftsrechts gegenüber dem nationalen Recht; vgl. EuGH v. 15. 7. 1964 – Rs. 6/64 (*Costa/ENEL*), Slg. 1964, 1253 (1269); sowie den Grundsätzen der mitgliedstaatlichen Haftung für Verstöße gegen das Gemeinschaftsrecht, vgl. grundlegend EuGH v. 19. 11. 1991 – verb. Rs. C-6, 9/90 (*Francovich u. a. ./. Italienische Republik*), Slg. 1991, I-5357 Rn. 39 ff. Zum Ganzen *Nettesheim*, in: GS Grabitz, S. 447 (454 ff.); vgl. auch *Weiler*, The Constitution of Europe, S. 19 ff.

117 *Groh*, Auslegungsbefugnis, S. 43.

118 *Nettesheim*, in: GS Grabitz, S. 447 (448); *Dyrberg*, (2001) 26 ELRev., 291 (295). Vgl. insbesondere die sogenannte Radbruchsche Formel, *Radbruch*, Gesetzliches Unrecht und übergesetzliches Recht, in: Rechtsphilosophie, Anhang 3, S. 211 (216): „Wo Gerechtigkeit nicht einmal erstrebt wird, wo die Gleichheit, die den Kern der Gerechtigkeit ausmacht, bei der Setzung positiven Rechts bewußt verleugnet wurde, da ist das Gesetz nicht etwa nur ‚unrichtiges Recht', vielmehr entbehrt es überhaupt der Rechtsnatur."

119 Vgl. *Nettesheim*, in: GS Grabitz, S. 447 (451); *Groh*, Auslegungsbefugnis, S. 44 f.

120 Vgl. *Nettesheim*, in: GS Grabitz, S. 447 (449 f.); *Groh*, Auslegungsbefugnis, S. 45.

121 Vgl. *Ackermann*, in: *Furrer* (Hrsg.) Europäisches Privatrecht im wissenschaftlichen Diskurs, S. 417 (428 f.).

122 Vgl. *Groh*, Auslegungsbefugnis, S. 46 ff.; *Dyrberg*, (2001) 26 ELRev., 291 (295).

maßnahme abweichende nationale Bestimmungen beibehalten oder einführen[123]; Art. 137 Abs. 2 lit. b) und Art. 153 Abs. 5 EG ermächtigen die Gemeinschaft nur zum Erlass von Mindestvorschriften und schließen damit strengere nationale Bestimmungen nicht aus.[124] Grundfreiheitenbeschränkungen können aus wichtigen Gründen des Allgemeininteresses gerechtfertigt sein[125]; und bestimmte Verkaufsmodalitäten unterfallen von vornherein nicht dem Anwendungsbereich der Grundfreiheiten.[126] Ganz allgemein ergibt sich auch aus Art. 234 Abs. 2 und 3 EG, dass von einander abweichende Entscheidungen der Instanzgerichte in bestimmtem Umfang gemeinschaftsrechtlich hinzunehmen sind.

Die einheitliche Wirksamkeit des Gemeinschaftsrechts ist danach ein Rechtsprinzip im Sinne eines Optimierungsgebotes, dass nach größtmöglicher Verwirklichung verlangt,[127] jedoch im Einzelfall im Wege der Abwägung hinter konfligierenden Prinzipien zurücktreten kann.[128] Die Gewichtung und Abwägung des Grundsatzes der einheitlichen Wirksamkeit und etwaiger gegenläufiger Prinzipien wird dabei gesteuert durch den Zweck der Maßnahme, die den Gegenstand des Vorabentscheidungsverfahrens bildet. Setzt sich danach der Grundsatz der einheitlichen Wirksamkeit durch, so ist der Gerichtshof grundsätzlich nicht gehindert, den zu entscheidenden Sachverhalt auch in tatsächlicher Hinsicht umfassend zu würdigen und so die Entscheidung des Ausgangsrechtsstreits vorwegzunehmen.[129] Erforderlich hierfür ist freilich, dass das vorlegende Gericht, die entscheidungserheblichen Tatsachen ermittelt hat und dem EuGH mitteilt.

d) Fazit

Aus primärrechtlich-institutioneller Sicht ist der Gerichtshof nicht gehindert, den zu entscheidenden Sachverhalt in tatsächlicher Hinsicht umfassend zu würdigen und die Entscheidung des Ausgangsverfahrens vorwegzunehmen, wenn und soweit dies im Hinblick auf den Grundsatz der einheitlichen Wirksamkeit des Gemeinschaftsrechts erforderlich ist.

---

123 Vgl. Kapitel 2 I. 2.

124 Vgl. Kapitel 2 II. 3., 4.; IV. 1.

125 Vgl. Art. 30, 39 Abs. 3 und 4, 46, 55, 58 EG sowie EuGH v. 20. 2. 1979 – Rs. 120/78 (*Rewe ./. Bundesmonopolverwaltung*), Slg. 1979, 649 Rn. 8. In EuGH v. 30. 11. 1995 – Rs. C-55/94 (*Gebhard*), Slg. 1995, I-4165 Rn. 37, wird ausdrücklich klargestellt, dass Beschränkungen aller Grundfreiheiten einem einheitlichen Rechtfertigungsmaßstab unterliegen, vgl. auch *Steindorff*, EG-Vertrag und Privatrecht, S. 85.

126 Vgl. EuGH v. 24. 11. 1993 – verb. Rs. C-267, 268/91 (*Keck*), Slg. 1993, I-6097 Rn. 16.

127 Vgl. *Nettesheim*, in: GS Grabitz, S. 447 (464); *Dyrberg*, (2001) 26 ELRev., 291 (295): „The utmost should be done.".

128 Vgl. *Groh*, Auslegungsbefugnis, S. 70 ff.

129 Vgl. *Lenaerts*, in: *Curtin/Heukels* (Hrsg.), Institutional Dynamics of European Integration, S. 355 (361, 369, 379); *Dyrberg*, (2001) 26 ELRev., 291 (296): „It may be appropriate for upholding the trust in the private enforcement of Community law that the Court should dispose fully of the case before it by integrating the facts into its ruling. Otherwise the referring court may not receive the assistance needed."

2. Sekundärrechtlich-materieller Ansatz

Stehen somit einer umfassenden Konkretisierungskompetenz des EuGH keine grundsätzlichen primärrechtlichen Einwände entgegen, so kommt entscheidende Bedeutung der Ausgestaltung des je konkretisierungsbedürftigen Rechtssatzes im Gesamtzusammenhang der jeweiligen Maßnahme zu.[130] Darin sind sich letztlich die Anhänger einer umfassenden Konkretisierungsbefugnis des EuGH und die Befürworter einer mitgliedstaatlichen Konkretisierungsbefugnis bei je verschiedenem Ausgangspunkt einig.[131]

Überwiegend wird dabei auf die bezweckte Rechtsangleichungsintensität der Regelung abgestellt (a). Maßgebliche Bedeutung kommt daneben jedoch dem Regelungsgegenstand der Maßnahme und dem gemeinschaftlichen und nationalen Regelungsumfeld zu, in das die jeweilige Konkretisierungsfrage eingebettet ist (b).

a) Die Bestimmung der Rechtsangleichungsintensität

Je nach der durch den Gemeinschaftsgesetzgeber angestrebten Rechtsangleichungsintensität[132] sind danach die Konkretisierungskompetenzen zwischen EuGH und Mitgliedstaaten unterschiedlich verteilt. Soweit eine gemeinschaftlich-einheitliche Regelung angestrebt wird, wäre der EuGH abschließend konkretisierungsbefugt. Die Rechtsangleichungsintensität kann jedoch in unterschiedlicher Weise abgestuft sein, so dass der EuGH zugunsten der Mitgliedstaaten auf die Festlegung von Leitlinien oder Mindeststandards beschränkt, oder den Mitgliedstaaten sogar ein umfassendes Kodifikations- oder Rechtsanwendungsermessen eingeräumt ist.[133]

Die Rechtsangleichungsintensität ist dabei durch Auslegung des jeweiligen Rechtssatzes im Gesamtzusammenhang der Angleichungsmaßnahme zu ermitteln.[134]

aa) Formale bzw. regelungstechnische Aspekte

In der Literatur wird zum Teil eine Reihe eher formaler Gesichtspunkte diskutiert, die im Hinblick auf die jeweilige Regelungstechnik eine Aussage über die Vertei-

---

130 Vgl. *Röthel*, Normkonkretisierung, S. 365ff.; *Wolff*, Konkretisierungskompetenz, S. 67ff.; *Franzen*, Privatrechtsangleichung, S. 504ff.; *Remien*, RabelsZ 66 (2002), 503 (524ff.); *W.-H. Roth*, in: FS Drobnig, S. 135 (146ff.).

131 Vgl. beispielsweise *Remien*, RabelsZ 66 (2002), 503 (527f.); *Röthel*, ZEuP 2005, 418 (426) einerseits; sowie *W.-H. Roth*, in: FS Drobnig, S. 135 (146ff.); *Franzen*, Privatrechtsangleichung, S. 504ff.; *Borges*, Inhaltskontrolle, S. 81 f.; *Wolff*, Konkretisierungskompetenz, S. 201 ff., anderseits.

132 Vgl. zu den Typen der Rechtsangleichung Kapitel 2 IV. 1.

133 Vgl. *Röthel*, Normkonkretisierung, S. 365; *Wolff*, Konkretisierungskompetenz, S. 65f.; *Franzen*, Privatrechtsangleichung, S. 503.

134 *Wolff*, Konkretisierungskompetenz, S. 67ff.; *Franzen*, Privatrechtsangleichung, S. 504ff. Auf den jeweiligen Rechtssatz kommt es an, weil das Harmonisierungsniveau innerhalb ein und derselben Richtlinie für verschiedene Bereiche durchaus unterschiedlich sein kann, vgl. MüKoUWG-*Sosnitza*, § 3 UWG, Rn. 29.

lung der Konkretisierungskompetenz ermöglichen sollen. Diese Kriterien finden sich zum Teil auch in der Rechtsprechung des Gerichtshofs wieder.

(1) Ausdrückliche mitgliedstaatliche Konkretisierungszuständigkeit

In manchen Rechtsakten wird die Konkretisierungsbefugnis, meist für ganz bestimmte Rechtsbegriffe und Konzepte, den Mitgliedstaaten zugewiesen. So lässt etwa Richtlinie 2002/74/EG[135] gemäß ihrem Art. 2 Abs. 2 „das einzelstaatliche Recht bezüglich der Begriffsbestimmung der Worte ‚Arbeitnehmer', ‚Arbeitgeber', ‚Arbeitsentgelt', ‚erworbenes Recht' und ‚Anwartschaftsrecht' unberührt." Verschiedene arbeitsrechtliche Richtlinien überlassen insbesondere die Konkretisierung des Arbeitnehmerbegriffs ausdrücklich den Mitgliedstaaten, so etwa Art. 1 Abs. 1 der Nachweisrichtlinie[136]; Art. 2 Abs. 2 der Entsenderichtlinie[137] und nunmehr auch Art. 2 Abs. 1 lit. d) der Betriebsübergangsrichtlinie 2001/23/EG.[138] Die Konkretisierungskompetenz des EuGH beschränkt sich hier grundsätzlich darauf, die Zielerreichung der Richtlinie zu überwachen, welche durch die mitgliedstaatliche Begriffskonkretisierung nicht vereitelt werden darf.[139]

(2) Bestimmung des Anwendungsbereichs

Wie andere Rechtssysteme, so bestimmt auch das Gemeinschaftsrecht seinen Anwendungsbereich selbst und gilt auch nur in diesem Anwendungsbereich.[140] Dementsprechend legen Richtlinien in der Regel ihren Anwendungsbereich in ihren ersten Artikeln, entweder ausdrücklich oder implizit, selbst fest.[141]

Nicht immer sind Anwendungsbereich und materielle Regelung äußerlich klar von einander geschieden. So ist nach Art. 1 Abs. 1 der Klauselrichtlinie deren Zweck „die Angleichung der Rechts- und Verwaltungsvorschriften der Mitgliedstaaten über missbräuchliche Klauseln in Verträgen zwischen Gewerbetreibenden und Verbrauchern." Und Art. 3 Abs. 1 der Richtlinie über unlautere Geschäfts-

---

135 Richtlinie 2002/74/EG des Europäischen Parlaments und des Rates vom 23. 9. 2002 zur Änderung der Richtlinie 80/987/EWG des Rates zur Angleichung der Rechtsvorschriften der Mitgliedstaaten über den Schutz der Arbeitnehmer bei Zahlungsunfähigkeit des Arbeitgebers, ABl. EG 2002, L270/10.

136 Richtlinie 91/533/EWG des Rates vom 14. 10. 1991 über die Pflicht des Arbeitgebers zur Unterrichtung des Arbeitnehmers über die für seinen Arbeitsvertrag oder sein Arbeitsverhältnis geltenden Bedingungen, ABl. EG Nr. L 288/32.

137 Richtlinie 96/71/EG des Europäischen Parlamentes und des Rates vom 16. 12. 1996 über die Entsendung von Arbeitnehmern im Rahmen der Erbringung von Dienstleistungen, ABl. EG Nr. L 18/1.

138 Die ursprüngliche Betriebsübergangsrichtlinie 77/187/EWG enthielt eine solche Verweisung nicht.

139 Vgl. *Wolff*, Konkretisierungskompetenz, S. 68.

140 Vgl. *GA Jacobs*, verb. Schlussanträge v. 17. 9. 1996 – Rs. C-28/95, C-130/95 *(Leur-Bloem)*, Slg. 1997, I-4161 Rn. 47; *Niessen*, in: FS Everling, 971 (972).

141 Z.B. etwa Art. 1 Haustürgeschäfterichtlinie; Art. 2 Verbraucherkreditrichtlinie; Art. 1 Verbrauchsgüterkaufrichtlinie; Art. 1 Zahlungsverzugsrichtlinie; Artikel 1–2 Handelsvertreterrichtlinie; Art. 1 Bilanzrichtlinie; Art. 1 Kapitalrichtlinie; Art. 3 Richtlinie unlautere Geschäftspraktiken; Art. 1 Übernahmerichtlinie.

praktiken bestimmt als deren Anwendungsbereich „unlautere Geschäftspraktiken im Sinne des Art. 5 zwischen Unternehmen und Verbrauchern während und nach Abschluss eines auf ein Produkt bezogenen Handelsgeschäfts“. Hier werden bereits zur Definition des Anwendungsbereichs Begriffe verwendet, die zugleich das Kernstück der materiellen Regelung bilden. Eine Abgrenzung von Anwendungsbereich und materieller Regelung ist aber gleichwohl, jedenfalls theoretisch, möglich. Denn bei genauerer Betrachtung ergibt sich der Anwendungsbereich der Klauselrichtlinie nicht aus Art. 1 Abs. 1, sondern bestimmen Art. 2 lit. b) und c) den persönlichen und Art. 2 lit. a) in Verbindung mit Art. 3 Abs. 2 den sachlichen Anwendungsbereich, ohne dass es bereits an dieser Stelle auf die Missbräuchlichkeit ankäme.[142] In ähnlicher Weise ergibt sich der sachliche und persönliche Anwendungsbereich der Richtlinie über unlautere Geschäftspraktiken aus Art. 2 a)–d): jede unmittelbar mit der Absatzförderung zusammenhängende Tätigkeit zwischen Verbrauchern und Gewerbetreibenden. Erst bei Vorliegen dieser Anwendungsvoraussetzungen kommt es auf die Prüfung der Lauterkeit der jeweiligen Geschäftspraktik an.

Gelegentlich ergibt sich aber gerade durch die Festlegung des Anwendungsbereichs die maßgebliche Wertungsentscheidung des Richtliniengebers; die materielle Regelung tritt als eher mechanische Folge in ihrer Bedeutung dahinter zurück. Dies gilt etwa für die Haustürgeschäfterichtlinie. Die besondere Schutzwürdigkeit bestimmter Personen (Art. 2) beim Abschluss bestimmter Verträge (Art. 3) in bestimmten Situationen (Art. 1) wird durch den Anwendungsbereich bestimmt. Ist diese Schutzwürdigkeit gegeben, ergeben sich Widerrufsrecht und Belehrungspflicht (Art. 4 und 5) gleichsam automatisch.

Im Hinblick auf die einheitliche Wirkung des Gemeinschaftsrecht liegt es nahe, die Konkretisierung der den Anwendungsbereich definierenden wertausfüllungsbedürftigen Rechtssätze dem EuGH zuzuweisen.[143] Ein Blick in die Rechtsprechung des EuGH zeigt, dass er seiner Konkretisierungskompetenz insoweit grundsätzlich bereitwillig nachgekommen ist.[144]So letztendlich auch in der Entscheidung

---

142 *Grundmann*, Europäisches Schuldvertragsrecht, S. 261.

143 *Wolff*, Konkretisierungskompetenz, S. 84–92; *W.-H. Roth*, in: FS Drobnig, S. 135 (146); *Ulmer/Brandner/Hensen-Ulmer*, AGB-Recht, Einl. Rn. 103; skeptisch dagegen *Röthel*, Normkonkretisierung, S. 367.

144 So entschied der EuGH beispielsweise, dass ein Gewerbetreibender, der im Wege eines Haustürgeschäfts als Kunde einen Werbevertrag im Hinblick auf den Verkauf seines Gewerbebetriebs abschließt, nicht Verbraucher im Sinne des Art. 2 der Haustürgeschäfterichtlinie ist, vgl. EuGH v. 14. 3. 1991 – Rs. C-361/89 (*di Pinto*), Slg. 1991, I-1189 Rn. 14–19; weiterhin, dass ein Bürgschaftsvertrag zwar „Vertrag“ im Sinne von Art. 1 der Haustürgeschäfterichtlinie ist, der Bürge aber nur dann als Verbraucher im Sinne des Art. 2 der Richtlinie geschützt wäre, wenn auch der Hauptschuldner Verbraucher ist, vgl. EuGH v. 17. 3. 1998 – Rs. C-45/96 (*Dietzinger*), Slg. 1998, I-1199 Rn. 17–23; sowie, dass Realkreditverträge nicht nach Art. 3 Abs. 2 lit. a) vom Anwendungsbereich der Haustürgeschäfterichtlinie ausgenommen sind, vgl. EuGH v. 13. 12. 2001 – Rs. C-481/99 (*Heininger*), Slg. 2001 I-9945 Rn. 31–40. Im Hinblick auf den Anwendungsbereich der Klauselrichtlinie hat der EuGH ausgesprochen, dass „Verbraucher“ im Sinne des Art. 2 lit. b) der Richtlinie nur eine natürliche Person sein kann, vgl. EuGH v. 22. 11. 2001 – verb. Rs. C-541, 542/99 (*Cape Snc/Idealservice Srl*), Slg. 2001 I-9049 Rn. 15–17. Bezüglich der Verbraucherkreditrichtlinie stellte der EuGH fest,

Poseidon Chartering. Es ging um die Frage, ob ein unabhängiger Gewerbetreibender, der mit dem Abschluss eines einzigen Schiffschartervertrags betraut war, welcher dann über mehrere Jahre hinweg jährlich verlängert wurde, Handelsvertreter im Sinne von Art. 1 Abs. 2 der Handelsvertreterrichtlinie 86/653/EWG ist. Entscheidend war das Merkmal „ständig damit betraut".[145] Insbesondere aus den Art. 3 und 4 über die Erfordernisse von Treu und Glauben zwischen den Vertragspartnern, den Art. 6ff. über die Vergütung des Vertreters während der Dauer des Vertragsverhältnisses und den Art. 17ff. über die Ansprüche des Vertreters nach Beendigung des Vertrages gehe hervor, dass der Handelsvertretervertrag insbesondere dadurch gekennzeichnet ist, dass der Vertreter vom Unternehmer „einen ständigen Vermittlungsauftrag" erhalten hat.[146] Die Zahl der vermittelten bzw. im Namen des Unternehmers abgeschlossenen Geschäfte sei normalerweise ein Indikator für diese „Dauerhaftigkeit", jedoch nicht der einzig entscheidende Faktor. Im Falle eines einzigen Vertrages, der dann während mehrerer Jahre verlängert wird, verlange die erforderliche Dauerhaftigkeit, dass der Gewerbetreibende vom Unternehmer ständig damit betraut worden ist, die aufeinanderfolgenden Verlängerungen des betreffenden Vertrages zu vermitteln, es sei denn, dass es andere Faktoren gibt, die das Bestehen eines ständigen Vermittlungsauftrags erkennen lassen. Der bloße Umstand, dass der Gewerbetreibende während der gesamten Vertragsdauer Beziehungen zum Unternehmer unterhalten habe, genüge für sich allein aber nicht.[147] Zwar weist der EuGH dem nationalen Gericht die Kompetenz zu, bezüglich der „anderen Faktoren" die „erforderlichen Feststellungen zu treffen"; der Tenor der Entscheidung ist dann jedoch insoweit eindeutig, als für die Anwendung der Handelsvertreterrichtlinie ausschließlich darauf abgestellt wird, ob der Gewerbetreibende vom Unternehmer damit betraut worden ist, die aufeinanderfolgenden Verlängerungen zu vermitteln.[148] Ein anderes Ergebnis – im Sinne eines weitergehenden Bewertungsspielraums der nationalen Gerichte – wäre auch kaum vereinbar, mit dem im Hinblick auf Schutz- und Angleichungszweck (internatio-

---

dass ein Bürgschaftsvertrag kein „Kreditvertrag" im Sinne von Art. 1 Abs. 1 und Abs. 2 lit. c) der Richtlinie ist, vgl. EuGH v. 23. 3. 2000 – Rs. C-208/98 (*Berliner Kindl*), Slg. 2000 I-1741 Rn. 17–27. Für die Pauschalreiserichtlinie sprach der EuGH aus, dass ein Schüleraustausch keine „andere touristische Dienstleistung" im Sinne von Art. 2 Abs. 1 lit. c) ist, sowie, dass der Begriff „Pauschalreise" auch Reisen einschließt, die von einem Reisebüro auf Wunsch des Verbrauchers organisiert werden, vgl. EuGH v. 11. 2. 1999 – Rs. C-237/97 (*AFS Intercultural Programs Finland*), Slg. 1999, I-825, Rn. 24–35, bzw. EuGH v. 30. 4. 2002 – Rs. C-400/00 (*Club Tour*); Slg. 2002, I-4051, Rn. 11–16. Durch Beschluss entschied der EuGH, dass Personen, die für Rechnung eines Unternehmers, aber im eigenen Namen tätig werden, nicht Handelsvertreter im Sinne von Art. 1 Abs. 2 der Handelsvertreterrichtlinie sind, EuGH v. 10. 2. 2004 – Rs. C-85-03 (*Mevrona*), Slg. 2004, I-1573, Rn. 10ff. Für die Fernabsatzrichtlinie entschied der EuGH, dass Automietverträge entsprechend Art. 3 Abs. 2 Spstr. 2 als „Verträge über die Erbringung von Dienstleistungen [im Bereich] Beförderung" vom Anwendungsbereich der Richtlinie ausgenommen sind, vgl. EuGH v. 10. 3. 2005 – Rs. C-336/03 (*easyCar*), Slg. 2005, I-1947 Rn. 21–30.

145 Vgl. *GA Geelhoed*, Schlussanträge v. 28. 4. 2005 – Rs. C-3/04 (*Poseidon Chartering*), Slg. 2006, I-2505, Rn. 21.

146 EuGH v. 16. 3. 2006 – Rs. C-3/04 (*Poseidon Chartering*), Slg. 2006, I-2505, Rn. 24.

147 EuGH v. 16. 3. 2006 – Rs. C-3/04 (*Poseidon Chartering*), Slg. 2006, I-2505, Rn. 26.

148 Vgl. EuGH v. 16. 3. 2006 – Rs. C-3/04 (*Poseidon Chartering*), Slg. 2006, I-2505, Rn. 27.

nal) zwingenden Charakter der Richtlinienbestimmungen über die Ansprüche des Handelsvertreters nach Vertragsbeendigung, Art. 17–19.[149]

Damit aber kommt es maßgeblich auf den Schutzzweck der jeweiligen Vorschrift an. Die Zuordnung eines Rechtssatzes zum Anwendungsbereich einer Richtlinie ist für die Verteilung der Konkretisierungskompetenz damit nicht mehr als ein Indiz.

(3) Definitionen und Exemplifikationen

Zentrale Begriffe des Anwendungsbereichs und der materiellen Regelung werden meist, oftmals in den Anfangsartikeln einer Richtlinie, legaldefiniert.[150] Die so eingeführten Definitionen weisen einen sehr unterschiedlichen Grad an inhaltlicher Präzision auf. Auf der einen Seite des Spektrums finden sich Definitionen „technischer" Art, die wenig Auslegungsspielraum lassen.[151] Auf der anderen Seite verwendet die Definition gelegentlich selbst vage Begriffe, die ihrerseits der inhaltlichen Anreicherung bedürfen.[152]

Anstelle von Definitionen bedient sich der Richtliniengeber häufig auch der sogenannten exemplifizierenden Methode[153], indem er zentrale Begriffe oder Konzepte einer Richtlinie durch die nicht abschließende Aufzählung von Beispielsfällen verdeutlicht.[154]

---

149 Vgl. EuGH v. 9. 11. 2000 – Rs. C-381/98 (*Ingmar*), Slg. 2000, I-9305 Rn. 21–24.
150 Z.B. „Verbraucher": vgl. Art. 2 Haustürgeschäfterichtlinie; Art. 2 lit. a) Verbraucherkreditrichtlinie; Art. 2 lit. b) Klauselrichtlinie; Art. 1 (2) lit. a) Verbrauchsgüterkaufrichtlinie; Art. 2 Nr. 2 Fernabsatzrichtlinie; Art. 2 d) Fernabsatz-Finanzdienstleistungsrichtlinie; Art. 2 Nr. 3 Pauschalreiserichtlinie; Art. 2 a) Richtlinie über unlautere Geschäftspraktiken;
„Gewerbetreibender": vgl. Art. 2 Haustürgeschäfterichtlinie; Art. 2 lit. b) Klauselrichtlinie; Art. 1 (2) lit. a) Verbrauchsgüterkaufrichtlinie; Art. 2 Nr. 2 Fernabsatzrichtlinie; Art. 2 d) Fernabsatz-Finanzdienstleistungsrichtlinie; Art. 2 Nr. 3 Pauschalreiserichtlinie; Art. 2 a) Richtlinie über unlautere Geschäftspraktiken;
„Handelsvertreter": vgl. Art. 1 (2) Handelsvertreterrichtlinie;
„Pauschalreise", vgl. Art. Art. 2 Nr. 1 Pauschalreiserichtlinie;
„Missbräuchlichkeit": vgl. Art. 3 (1) Klauselrichtlinie;
„Betriebsübergang": vgl. Art. 1 (1) b), c) Betriebsübergangsrichtlinie 2001/39/EG.
151 Beispielsweise der Begriff der Pauschalreise gemäß Art. 2 Nr. 1 Pauschalreiserichtlinie.
152 Vgl. Art. 3 Abs. 1 der Klauselrichtlinie, mit dem Hinweis auf „Treu und Glauben" sowie „erhebliches Mißverhältnis"; Art. 2 h) Richtlinie 2005/29/EG: „berufliche Sorgfalt" wird ebenfalls unter Hinweis auf „Treu und Glauben" sowie den „anständigen Marktgepflogenheiten" definiert.
153 Vgl. zur exemplifizierenden Regelungsmethode Kapitel 4.
154 Z.B. bezüglich der Pflichten von Handelsvertreter und Unternehmer nach Artikel 3 Abs. 2 und 4 Abs. 2 und 3 Handelsvertreterrichtlinie; bezüglich der Fehlerhaftigkeit eines Produkts nach Artikel 6 lit. a) bis c) der Produkthaftungsrichtlinie; bezüglich der Vertragsmäßigkeit von Verbrauchsgütern nach Artikel 2 Abs. 2 der Verbrauchsgüterkaufrichtlinie. Als Paradebeispiel kann nunmehr auch die Richtlinie über unlautere Geschäftspraktiken dienen. Nach einer relativ abstrakten Umschreibung der unlauteren Geschäftspraktiken in Artikel 5 Abs. 2, wird nicht abschließend und exemplifizierend in Artikel 5 Abs. 3 auf die Irreführung bzw. Aggressivität abgestellt. Beide Kategorien werden sodann zunächst abstrakt umschrieben, Artikel 6 Abs. 1, 7 Abs. 1, 8, und dann durch Beispiele näher erläutert. Zusätzlich enthält der Richtlinienanhang I eine Liste derjenigen Geschäftspraktiken, die unter allen Umständen als unlauter anzusehen sind.

Da sich die Gemeinschaft mit Hilfe von Legaldefinitionen und Exemplifizierung um eine Präzisierung auf der Ebene des Gemeinschaftsrechts bemüht, kann eine solche Regelungstechnik ebenfalls als Indiz für eine umfassende Konkretisierungskompetenz des EuGH gewertet werden, welches freilich im Einzelfall unter Heranziehung systematisch-teleologischer Erwägungen entkräftet werden kann.[155] Unzulässig ist dagegen der Umkehrschluss von einer fehlenden Definition auf ein Konkretisierungsermessen der Mitgliedstaaten. So allerdings der EuGH in der Rechtssache *SENA*.[156] Zwar sei der Begriff der „angemessenen Vergütung" in Art. 8 Abs. 2 der Richtlinie 92/100/EWG[157] in allen Mitgliedstaaten autonom und einheitlich auszulegen.[158] In Ermangelung einer Gemeinschaftsdefinition der angemessenen Vergütung gebe es jedoch keine objektive Rechtfertigung dafür, dass der Gerichtshof die Festsetzung einer einheitlichen angemessenen Vergütung im Einzelnen regeln sollte, womit er sich zwangsläufig an die Stelle der Mitgliedstaaten setzen würde, denen die Richtlinie 92/100 kein bestimmtes Kriterium vorgebe. Es sei daher allein Sache der Mitgliedstaaten, in ihrem Hoheitsgebiet die sachnahen Kriterien festzulegen, um innerhalb der vom Gemeinschaftsrecht gezogenen Grenzen die Beachtung des Gemeinschaftsbegriffs zu gewährleisten.[159] Methodisch ist diese Differenzierung nicht haltbar. Zur Auslegung einer Norm, welche eine angemessene Vergütung zuspricht, gehört auch die Auslegung des Begriffs der Angemessenheit einschließlich der sie ausfüllenden Kriterien.[160] Die Entscheidung ist daher nicht verallgemeinerungsfähig. Zudem hätte der obige Umkehrschluss zur Folge, dass von der Einheitlichkeit des Gemeinschaftsrechts kaum noch etwas übrig bliebe.[161]

Dass der EuGH den Umkehrschluss selbst nicht durchhält, belegt die Entscheidung *O'Byrne*.[162] Es ging um die Auslegung des Begriffs des „Inverkehrbringens" im Sinne der Produkthaftungsrichtlinie.[163] Der EuGH stellt zunächst fest, dass der Begriff des Inverkehrbringens, der etwa in Art. 7 lit. a) und Art. 11 der Produkthaf-

---

155 *Wolff*, Konkretisierungskompetenz, S. 95–108; *Röthel*, Normkonkretisierung, S. 366 f.
156 EuGH v. 6. 2. 2003 – Rs. C-245/00 (*SENA/NOS*), Slg. 2003, I-1251.
157 Richtlinie 92/100/EWG des Rates v. 19. 11. 1992 zum Vermietrecht und Verleihrecht sowie zu bestimmten dem Urheberrecht verwandten Schutzrechten im Bereich des geistigen Eigentums, ABl. 1992 L346/61; nunmehr Art. 5 Richtlinie 2006/115/EG des Europäischen Parlaments und des Rates vom 12. Dezember 2006 zum Vermietrecht und Verleihrecht sowie zu bestimmten dem Urheberrecht verwandten Schutzrechten im Bereich des geistigen Eigentums (kodifizierte Fassung), ABl. EU 2006 L 376/28.
158 EuGH v. 6. 2. 2003 – Rs. C-245/00 (*SENA/NOS*), Slg. 2003, I-1251, Rn. 24.
159 EuGH v. 6. 2. 2003 – Rs. C-245/00 (*SENA/NOS*), Slg. 2003, I-1251, Rn. 34.
160 *Heinemann*, JZ 2003, 678 (679).
161 *Heinemann*, JZ 2003, 678 (679 f.), der auf die im Anwendungsbereich der Richtlinie 92/100/EWG bestehenden erheblichen Rechtsunterschiede hinweist, zu deren Beseitigung die Entscheidung des EuGH nichts beigetragen habe.
162 EuGH v. 9. 2. 2006 – Rs. C-127/04 (*O'Byrne*), Slg. 2006, I-1313. Vgl. GA Trstenjak, Schlussanträge v. 18. 2. 2009 – Rs. C-489/07 (*Messner/Krüger*), Slg. 2009, I-0000, Rn. 63, zum Begriff der „Strafzahlung", der in der Fernabsatzrichtlinie ebenfalls nicht definiert, aber gleichwohl gemeinschaftsautonom auszulegen sei.
163 Zu Art. 7 lit. a) Produkthaftungsrichtlinie bereits EuGH v. 10. 5. 2001 – Rs. C-203/99 (*Henning Veedfald/Århus Amtskommune*), Slg. 2001, I-3569 Rn. 16.

tungsrichtlinie vorkommt, dort nicht definiert sei.[164] Für die Verjährungsregelung des Art. 11 der Richtlinie gelangt der EuGH sodann zu einer Definition wonach ein Produkt als „in den Verkehr gebracht" anzusehen ist, „wenn es den vom Hersteller eingerichteten Prozess der Herstellung verlassen hat und in den Prozess der Vermarktung eingetreten ist, in dem es in ge- oder verbrauchsfertigem Zustand öffentlich angeboten wird."[165] Unerheblich sei grundsätzlich die Vermarktung durch eine Vertriebskette. Bei enger Verbindung eines der Glieder zum Hersteller, etwa im Falle einer 100% Tochter, sei jedoch zu prüfen, ob diese Verbindung zur Folge hat, dass die fragliche Einrichtung in Wirklichkeit in den Prozess der Herstellung des betreffenden Produkts einbezogen ist.[166] Die Entscheidung darüber, ob im Einzelfall eine solch enge Verbindung vorliegt, überlässt der EuGH freilich sodann dem nationalen Gericht.[167]

(4) Parallele Vorschriften des Primär- und Verordnungsrechts

Da an einer umfassenden Konkretisierungskompetenz des EuGH grundsätzlich keine Zweifel bestehen, soweit es sich um unmittelbar anwendbare Vorschriften des Primär- und Verordnungsrechts handelt[168], liegt es nahe, im Interesse der Einheit und Widerspruchsfreiheit eine umfassende Konkretisierungskompetenz des EuGH auch für solche Begriffe des Richtlinienrechts anzunehmen, die eine Parallele im Primär- oder Verordnungsrecht haben.[169] Ein Blick in die Rechtsprechung des Gerichtshofs verdeutlicht jedoch, dass es auf die parallele Begrifflichkeit allein jedenfalls nicht ankommen kann.

Nach ständiger Rechtsprechung des EuGH ist der den Art. 39ff. EG zugrunde liegende Begriff des „Arbeitnehmers" autonom gemeinschaftsrechtlich zu bestimmen, da andernfalls die Einhaltung der gemeinschaftsrechtlichen Vorschriften über die Arbeitnehmerfreizügigkeit vereitelt werden würde.[170] Dieser weite Arbeitnehmerbegriff, der auch Beamte umfasst, gilt ebenso für Art. 141 EG,[171] und liegt konsequenterweise auch den Entscheidungen zu den Gleichbehandlungsrichtlinien 76/207/EWG, 79/7/EWG, 86/367/EWG, 97/80/EWG zu Grunde.[172] Im Hinblick auf die Betriebsübergangsrichtlinie, die in ihrer ursprünglichen Fassung keine Definition des Arbeitnehmerbegriffs enthielt[173], entschied der EuGH jedoch, dass der Arbeitnehmerbegriff anhand der Vorschriften des nationalen Rechts zu

164 EuGH v. 9. 2. 2006 – Rs. C-127/04 (*O'Byrne*), Slg. 2006, I-1313, Rn. 23.
165 EuGH v. 9. 2. 2006 – Rs. C-127/04 (*O'Byrne*), Slg. 2006, I-1313, Rn. 27.
166 EuGH v. 9. 2. 2006 – Rs. C-127/04 (*O'Byrne*), Slg. 2006, I-1313, Rn. 29.
167 EuGH v. 9. 2. 2006 – Rs. C-127/04 (*O'Byrne*), Slg. 2006, I-1313, Rn. 30.
168 Vgl. Kapitel 5 IV. 1.
169 Vgl. *W.-H. Roth*, in: FS Drobnig, S. 135 (146f.); *Wolff*, Konkretisierungskompetenz, S. 130ff.
170 EuGH v. 19. 3. 1964 – Rs. 75/63 (*Unger*), Slg. 1964, 379 (396); EuGH v. 23. 3. 1982 – Rs. 53/81 (*Levin*), Slg. 1982, 1035 Rn. 11; EuGH v. 3. 7. 1986 – Rs. 66/85 (*Lawrie-Blum*), Slg. 1986, 2121 Rn. 16.
171 Vgl. EuGH v. 13. 1. 2004 – Rs. C-256/01 (*Allonby*), Slg. 2004, I-873, Rn. 67.
172 Vgl. etwa EuGH v. 23. 10. 2003 – verb. Rs. C-4, 5/02 (*Schönheit*), Slg. 2003, I-12575, Rn. 55–65; sowie *Neumann*, in: *Langenbucher* (Hrsg.), Europarechtliche Bezüge, § 7 Rn. 19.
173 Vgl. nunmehr Art. 2 Abs. 1 lit. d) Betriebsübergangsrichtlinie 2001/23/EG.

bestimmen sei, da die Betriebsübergangsrichtlinie 77/187/EWG nur eine teilweise Harmonisierung bezwecke.[174]

Hinsichtlich des Begriffs der „Gefahr von Verwechslungen" einschließlich der Gefahr, „dass die Marke mit der älteren Marke gedanklich in Verbindung gebracht wird" im Sinne von Art. 4 Abs. 1 lit. b) und Art. 5 Abs. 1 lit. b) der Markenrichtlinie hat der EuGH unter knappem Hinweis auf die gleichlautenden Vorschriften in Art. 8 Abs. 1 lit. b) und Art. 9 Abs. 1 lit. b) der Gemeinschaftsmarkenverordnung, vor allem jedoch unter Heranziehung von Erwägungsgrund Nr. 10 der Richtlinie eine umfassende Konkretisierung vorgenommen.[175] In der Rechtssache *Sabel* ging es um die Frage, ob Art. 4 Abs. 1 lit. b) der Markenrichtlinie auch dann Anwendung finden kann, wenn lediglich die Gefahr einer gedanklichen Verbindung besteht. Nach Ansicht des EuGH sei die „Gefahr von Verwechslungen" unter Berücksichtigung aller Umstände des Einzelfalles umfassend zu beurteilen.[176] Die Verwechslungsgefahr sei dabei um so größer, je größer sich die Kennzeichnungskraft der älteren Marke darstellt. „Unter Umständen, wie sie im Ausgangsfall vorliegen, in dem die ältere Marke keine besondere Verkehrsgeltung habe und aus einem Bild besteht, das wenig verfremdende Phantasie" aufweise, reiche die bloße Ähnlichkeit in der Bedeutung nicht aus, um eine Verwechslungsgefahr zu begründen.[177] Im Hinblick auf die Verwechslungsgefahr nach Art. 8 Abs. 1 lit. b) der Gemeinschaftsmarkenverordnung zieht sich der EuGH dagegen weitgehend auf die Position eines Rechtsmittelgerichts zurück und überlässt die Feststellung und Würdigung der zugrundeliegenden Tatsachen dem EuGeI.[178]

---

174 EuGH v. 11. 7. 1985 – Rs. 105/94 (*Danmols*), Slg. 1985, 2639 Rn. 25–28.

175 EuGH v. 11. 11. 1997 – Rs. C-251/95 (*Sabel/Puma*), Slg. 1997, I-6191 Rn. 13. Vgl. *Klauer*, ERPL 2000, 187 (197 f.); *Wolff*, Konkretisierungskompetenz, S. 233.

176 EuGH v. 11. 11. 1997 – Rs. C-251/95 (*Sabel/Puma*), Slg. 1997, I-6191 Rn. 22–24; vgl. auch EuGH v. 6. 10. 2005 – Rs. C-120/04 (*Medion AG and Thomson multimedia Sales Germany & Austria GmbH*), Slg. 2005, I-8551, Rn. 27.

177 EuGH v. 11. 11. 1997 – Rs. C-251/95 (*Sabel/Puma*), Slg. 1997, I-6191 Rn. 25. Anders freilich schon EuGH v. 22. 6. 1999 – Rs. C-342/97 (*Lloyd Schuhfabrik Meyer*), Slg. 1999, I-3819, Rn. 11: „Nach der ständigen Rechtsprechung zur Aufgabenverteilung nach Art. 234 EG, ..., ist die Aufgabe des Gerichtshofs darauf beschränkt, dem nationalen Gericht die Auslegungskriterien anzugeben, die es zur Entscheidung des bei ihm anhängigen Rechtsstreits benötigt, während es Sache des nationalen Gerichts ist, diese Vorschriften, wie sie vom Gerichtshof ausgelegt worden sind, auf den anhängigen Fall anzuwenden."

178 Vgl. nur EuGH v. 23. 3. 2006 – Rs. C-206/04 P (*Mühlens GmbH & Co. KG/HABM*), Slg. 2006, I-2717, Rn. 27 f.: „Zur zweiten Rüge der Rechtsmittelführerin, die die Auswirkungen der jeweiligen Vertriebsweise der in Frage stehenden Waren betrifft, ist festzustellen, dass das Rechtsmittel insoweit in Wirklichkeit darauf zielt, dass der Gerichtshof die vom Gericht vorgenommene Beurteilung des Sachverhalts durch seine eigene ersetzt. Die ... Feststellung, dass die fraglichen Waren im Allgemeinen so vertrieben werden, dass die maßgeblichen Verkehrskreise sie optisch wahrnehmen können, ist nämlich eine Beurteilung des Sachverhalts, die sich der Nachprüfung durch den Gerichtshof im Rahmen des Rechtsmittelverfahrens entzieht. Nach den Artikeln 225 Absatz 1 EG und 58 Absatz 1 der Satzung des Gerichtshofes ist das Rechtsmittel auf Rechtsfragen beschränkt. Daher ist allein das Gericht für die Feststellung und Beurteilung der relevanten Tatsachen sowie die Beweiswürdigung zuständig. Somit ist die Würdigung dieser Tatsachen und Beweiselemente, sofern nicht der Fall ihrer Verfälschung vorliegt, keine Rechtsfrage, die als solche der Kontrolle des Gerichtshofes im Rahmen eines Rechtsmittels unterläge."; EuGH v. 15. 9. 2005 – Rs. C-37/03 P (*BioID AG/HABM*), Slg. 2005, I-7075, Rn. 43 mit weiteren Nachweisen.

Anders verhält sich der EuGH auch bezüglich der fehlenden „Unterscheidungskraft" im Sinne von Art. 3 Abs. 1 lit. b der Markenrichtlinie, die auch die Verordnung über die Gemeinschaftsmarke (Art. 7 Abs. 1 lit. b)) als absolutes Eintragungshindernis statuiert. Nach ständiger Rechtsprechung des EuGeI erfasst Art. 7 Abs. 1 lit. b) der Gemeinschaftsmarkenverordnung insbesondere Marken, die im Hinblick auf die jeweiligen Erzeugnisse und Dienstleistungen und die Wahrnehmung der maßgeblichen Verkehrskreise ungeeignet sind, „die wesentliche Funktion der Marke zu erfüllen, nämlich auf die Herkunft der Ware oder der Dienstleistung hinzuweisen, um den Verbraucher, der die durch die Marke bezeichnete Ware oder Dienstleistung erwirbt, in die Lage zu versetzen, bei einem späteren Erwerb die gleiche Wahl zu treffen, wenn sich die Erfahrung als positiv erweist, oder sich anders zu entscheiden, wenn sie negativ war."[179] Der EuGH bestimmt zwar die Unterscheidungskraft einer Marke gemäß Art. 3 Abs. 1 lit. b) der Markenrichtlinie in ähnlicher Weise.[180] Er beschränkt sich insoweit jedoch grundsätzlich auf die Festlegung richtungweisender Grundsätze und überlässt die Prüfung, ob die jeweilige Marke im Einzelfall Unterscheidungskraft besitzt, dem jeweiligen nationalen Gericht.[181]

179 Vgl. etwa EuGeI v. 3. 12. 2003 – Rs. T-305/02 (*Nestle Waters France/HABM*), Slg. 2003, II-5207, Rn. 28 f. (die Unterscheidungskraft einer Mineralwasserflasche als dreidimensionale Marke bejahend); EuGeI v. 30. 4. 2003 – verb. Rs. T-324/01, 110/01 (*Axions, Belge/HABM*), Slg. 2003, II-1897, Rn. 29 f. (die Unterscheidungskraft einer dreidimensionalen Marke aus Schokolade in Form einer Zigarre oder eines Goldbarrens verneinend), jeweils mit weiteren Rechtsprechungsnachweisen. Zu berücksichtigen ist, dass im Verfahren nach Art. 63 Markenverordnung der Klagegrund „Verletzung der Verordnung" das EuGeI nicht auf die Beantwortung von Rechtsfragen beschränkt, sondern sämtliche bei der Auslegung und Anwendung der betreffenden Bestimmungen maßgeblichen rechtlichen und tatsächlichen Fragen mit einschließt; freilich handelt es sich nicht um ein Verfahren mit dem Ziel der Feststellung und Bewertung neuer Tatsachen; vgl. *Eisenführ/Schennen*, GMV, Art. 63, Rn. 16. Der EuGH beschränkt sich wiederum auf die Rolle eines bloßen Rechtsmittelgerichts, vgl. EuGH v. 29. 4. 2004 – verb. Rs. C-456, 457-01 P (*Henkel KGaA/HABM*), Slg. 2004, I-5141, Rn. 41: „Bei der vom Gericht vorgenommenen konkreten Anwendung dieser Kriterien auf den vorliegenden Fall handelt es sich um die Würdigung von Tatsachen. Jedoch ist allein das Gericht dafür zuständig, die Tatsachen festzustellen – sofern sich nicht aus den Prozessakten ergibt, dass seine Feststellungen tatsächlich falsch sind – und diese zu würdigen. Die Tatsachenwürdigung stellt, vorbehaltlich einer Entstellung des dem Gericht unterbreiteten Sachvortrags, keine Rechtsfrage dar, die als solche der Kontrolle des Gerichtshofes im Rechtsmittelverfahren unterläge."

180 Danach besitzt eine Marke Unterscheidungskraft, wenn sie es ermöglicht, die Waren oder Dienstleistungen, für die sie angemeldet wurde, ihrer Herkunft nach zu unterscheiden. Hierfür genüge es, dass sie den angesprochenen Verkehrskreisen eine Unterscheidung der mit ihr bezeichneten Ware oder Dienstleistung von den Waren oder Dienstleistungen anderer betrieblicher Herkunft ermöglicht. Die Unterscheidungskraft einer Marke müsse dabei in bezug auf die Waren oder Dienstleistungen beurteilt werden, für die sie angemeldet worden ist. Abzustellen sei darauf, wie ein durchschnittlich informierter, aufmerksamer und verständiger Durchschnittsverbraucher die fraglichen Waren oder Dienstleistungen vermutlich wahrnimmt. Vgl. EuGH v. 18. 6. 2002 – Rs. C-299/99 (*Philips/Remington*), Slg. 2003, I-5475 Rn. 47 ff.; EuGH v. 8. 4. 2003 – verb. Rs. C-53/01 bis C-55/01 (*Linde AG, Winward Industries Inc., Rando Uhren AG*), Slg. 2003, I-3161 Rn. 40 ff.; EuGH v. 12. 2. 2004 – Rs. C-218/01 (*Henkel*), Slg. 2004, I-1725 Rn. 30 ff.

181 Vgl. *Hakenberg/Seyr*, ZEuP 2005, 832 (858). So insbesondere für dreidimensionale Marken in Form eines Rasierapparates EuGH v. 18. 6. 2002 – Rs. C-299/99 (*Philips/Remington*), Slg. 2003, I-5475; für Gabelstapler, Stab-Taschenlampen und Armbanduhren EuGH v. 8. 4. 2003 – verb. Rs. C-53/01 bis C-55/01 (*Linde AG, Winward Industries Inc., Rando Uhren AG*), Slg. 2003, I-3161; sowie für eine Plastikflasche für flüssige Wollwaschmittel EuGH v. 12. 2. 2004 – Rs. C-218/01 (*Henkel*), Slg. 2004, I-1725.

Diese Zurückhaltung des EuGH wird in der Literatur durchaus kritisch beurteilt.[182]

Die bloße Verwendung einer parallelen Terminologie in Primär-, Verordnungs- und Richtlinienrecht gibt somit für die Verteilung der Konkretisierungskompetenz offenbar wenig her.[183]

bb) Systematisch-teleologische Erwägungen

Nach den vorstehenden Überlegung liefert die formal regelungstechnische Ausgestaltung eines Rechtssatzes allenfalls Indizien für die Verteilung der Konkretisierungskompetenz zwischen EuGH und Mitgliedstaaten. Stets bedarf es noch der Kontrolle, ob das anhand dieser Indizien gefundene Ergebnis nicht im Hinblick auf die Zielsetzung des Rechtsaktes und insbesondere die beanspruchte Rechtsgrundlage korrigiert werden muss.

(1) Ausdrückliche Festlegung der Angleichungsintensität

Bisweilen findet sich im Regelungsteil des jeweiligen Rechtsakt oder dessen Erwägungsgründen eine ausdrückliche Festlegung der Rechtsangleichungsintensität und damit korrespondierend auch die Zuweisung der Konkretisierungszuständigkeit.[184]

So ergibt sich beispielsweise die hohe Rechtsangleichungsintensität der Finanzdienstleistungsfernabsatzrichtlinie aus deren Erwägungsgrund Nr. 13: „Mit der vorliegenden Richtlinie soll ein hohes Verbraucherschutzniveau gewährleistet werden, um den freien Verkehr von Finanzdienstleistungen sicherzustellen. Die Mitgliedstaaten sollten in den durch diese Richtlinie harmonisierten Bereichen keine anderen als die darin festgelegten Bestimmungen vorsehen dürfen, es sei denn, die Richtlinie sieht dies ausdrücklich vor."[185]

Eindeutig ist auf den ersten Blick auch Richtlinie 2005/29/EG über unlautere Geschäftspraktiken.[186] Nach Erwägungsgrund 13 soll die Richtlinie zur Beseitigung von Hemmnissen für den Binnenmarkt „die in den Mitgliedstaaten existierenden unterschiedlichen Generalklauseln und Rechtsgrundsätze ersetzen." Nach Art. 3

---

182 Vgl. *Leistner*, (2008) 45 CMLRev., 69 (91).

183 Vgl. *Klauer*, ERPL 2000, 187 (197): „Why should the Court's jurisdiction over the Trademark Directive, which was adopted in 1989, suddenly increase dramatically in 1993 just because the Regulation was adopted?"

184 Vgl. *Wolff*, Konkretisierungskompetenz, S. 67–71; 76–79.

185 Vgl. *Schinkels*, in: *Gebauer/Wiedmann* (Hrsg.), Zivilrecht unter europäischem Einfluss, Kapitel 7 Rn. 14.

186 Vgl. dazu MüKoUWG-*Sosnitza*, § 3 UWG, Rn. 33–36. Eindeutig auch der EuGH v. 23. 4. 2009 – verb. Rs. C-261/07, C-299/07 (*VTB-VAB NV/Total Belgium NV, Galatea BVBA/Sanoma Magayines Belgium NV*), Slg. 2009, I-00000, Rn. 52: „Mit der Richtlinie werden diese Regeln somit auf Gemeinschaftsebene vollständig harmonisiert. Daher dürfen die Mitgliedstaaten, wie dies in Art. 4 der Richtlinie ausdrücklich vorgesehen ist, entgegen dem Vorbringen von VTB und der französischen Regierung keine strengeren als die in der Richtlinie festgelegten Maßnahmen erlassen, und zwar auch nicht, um ein höheres Verbraucherschutzniveau zu erreichen."

Abs. 5 können die Mitgliedstaaten nur für einen Zeitraum von sechs Jahren ab dem 12. 6. 2007 im angeglichenen Bereich strengere nationale Vorschriften beibehalten. Schließlich heißt es in Art. 4: „Die Mitgliedstaaten dürfen den freien Dienstleistungsverkehr und den freien Warenverkehr nicht aus Gründen, die mit dem durch diese Richtlinie angeglichenen Bereich zusammenhängen, einschränken."[187] All dies spricht für Vollharmonisierung.[188] Etwas getrübt wird das Bild jedoch durch den 7. Erwägungsgrund, wonach sich die Richtlinie nicht bezieht auf „die gesetzlichen Anforderungen in Fragen der guten Sitten und des Anstandes, die in den Mitgliedstaaten sehr unterschiedlich sind", und die Mitgliedstaaten aus kulturellen Gründen oder Gründen der guten Sitten und des Anstands unerwünschte Geschäftspraktiken im Einklang mit dem Gemeinschaftsrecht weiterhin verbieten können, auch wenn diese Praktiken die Wahlfreiheit des Verbrauchers nicht beeinträchtigen. Dabei geht es letztlich darum, dass in den Mitgliedstaaten bestehende kulturelle Unterschiede respektiert werden. Im Hinblick auf das Harmonisierungsziel ist es jedoch erforderlich, den Kreis der möglichen Gründe eng zu ziehen, da die Mitgliedstaaten die Richtlinie andernfalls durch Berufung auf alle möglichen „volkstypischen Besonderheiten" unterlaufen könnten. In Betracht kommen daher nur solche Gründe die allenfalls geringen Einfluss auf das Verhalten der Nachfragerseite haben.[189] Damit erstrebt die Richtlinie eine vollständige Harmonisierung, enthält jedoch für den Bereich der kulturellen Gründe der guten Sitten und des Anstandes eine versteckte, eng begrenzte, bereichsspezifische Öffnungsklausel, die jedoch das Harmonisierungskonzept als solches unberührt lässt.[190]

Bei solchen Maßnahmen, die grundsätzlich eine Totalangleichung des harmonisierten Bereiches anstreben, kommt nur eine umfassende Konkretisierung durch den EuGH in Betracht.

(2) Allgemeine Öffnungsklauseln

Durch sogenannte Öffnungsklauseln wird der nationale Gesetzgeber ermächtigt, strengere, d.h. dem Ziel der Richtlinie noch besser dienende, nationale Regelungen beizubehalten oder einzuführen. Dabei bestimmen allgemeine Öffnungsklauseln pauschal, dass die Mitgliedstaaten nicht gehindert sind, auf dem Gebiet der jeweiligen Richtlinie für den geschützten Personenkreis noch günstigere Regelun-

187 Zu Entstehungsgeschichte und Bedeutung der Binnenmarktklausel vgl. *Stuyck/Terryn/Van Dyck*, (2006) 43 CMLRev. 107 (117ff.).
188 MüKoUWG-*Sosnitza*, § 3 UWG, Rn. 37; *Leistner*, ZEuP 2009, 56 (68).
189 Vgl. MüKoUWG-*Sosnitza*, § 3 UWG, Rn. 39; *Leistner*, ZEuP 2009, 56 (70f.).
190 Vgl. MüKoUWG-*Sosnitza*, § 3 UWG, Rn. 40. Nach *Leistner*, ZEuP 2009, 56 (71), komme Art. 4 der Richtlinie insoweit Bedeutung zu, als über den Standard der Richtlinie hinausgehende mitgliedstaatliche Maßnahmen im Bereich von Erwägungsgrund 7 „kategorisch an den Beschränkungsverboten der Grundfreiheiten im Sinne der *Cassis*-Doktrin zu messen sind, ohne dass insoweit für gleichwirkende *vertriebsbezogene* Maßnahmen die Bereichsausnahme der *Keck*-Rechtsprechung zum Tragen kommt.".

gen zu erlassen oder beizubehalten[191], soweit diese mit den Regelungen des EG-Vertrages vereinbar sind.[192] Nach überwiegender Ansicht sind solche allgemeinen Öffnungsklauseln auch im Bereich der Rechtsangleichung zur Förderung des Binnenmarktes uneingeschränkt zulässig[193] und haben eine Verteilung der Konkretisierungskompetenz zwischen EuGH und Mitgliedstaaten dahingehend zur Folge, dass der EuGH lediglich befugt ist, den gemeinschaftsrechtlichen Mindeststandard abschließend zu konkretisieren.[194]

Bereits nach dieser herrschenden Ansicht kann jedoch fraglich werden, worauf sich die allgemeine Öffnungsklausel eines Rechtaktes bezieht. Diese Frage wurde namentlich für die Werberichtlinie 84/450/EWG in ihrer ursprünglichen Fassung gestellt. Nach Art. 7 der Richtlinie waren die Mitgliedstaaten nicht daran gehindert, Bestimmungen aufrechtzuerhalten oder zu erlassen, die einen weiterreichenden Schutz der Verbraucher, der einen Handel, ein Gewerbe, ein Handwerk oder einen freien Beruf ausübenden Personen sowie der Allgemeinheit vorsehen.[195] Die weit überwiegende Auffassung im Schrifttum ging davon aus, dass sich Art. 7 nicht nur auf die sanktions- und verfahrensrechtliche Seite der Richtlinie bezog, sondern auch das materielle Schutzniveau der Irreführung des Art. 2 Nr. 2 der Richtlinie erfasste.[196] Ein Tätigwerden des deutschen Gesetzgebers wurde wegen der Strenge des deutschen Rechts für nicht erforderlich gehalten.[197] Dem ist *Everling* bereits frühzeitig entgegen getreten. Der Vorbehalt des Art. 7 gelte gerade nicht für die Definition der irreführenden Werbung, da andernfalls eine Rechtsangleichung nicht erreicht werden könne.[198] Die Auslegung sei dem Gerichtshof vorbehalten; für eine abweichende Auslegung durch die nationalen Gerichte, selbst wenn sie einen weitergehenden Schutz bewirke, verbleibe kein Raum.[199] Die Beurteilung der

---

191 Art. 8 Haustürgeschäfterichtlinie; Art. 8 Klauselrichtlinie; Art. 7 Betriebsübergangsrichtlinie; Art. 8 Pauschalreiserichtlinie; Art. 6 (2) Zahlungsverzugsrichtlinie; Art. 15 Arbeitszeitrichtlinie; Art. 13 Produkthaftungsrichtlinie gestattet lediglich die Beibehaltung eines für den Verbraucher günstigen Haftungsregimes, dass bei Erlass der Richtlinie bereits bestand, sichert somit lediglich den status quo, ermöglicht aber nicht, neue Regelungen einzuführen, *Lutter* in FS Everling, S. 765 (769).

192 So ausdrücklich z.B. Art. 8 Klauselrichtlinie; Art. 8 (2) Verbrauchsgüterkaufrichtlinie. Auch bei den Öffnungsklauseln, die nicht explizit auf die Vereinbarkeit einer strengeren nationalen Regelung mit dem EG-Vertrag abstellen, ist selbstverständlich die Beachtung der primärrechtlichen Vorgaben Voraussetzung, um strengere nationale Maßstäbe auch EG-Ausländern entgegenhalten zu können.

193 Vgl. Kapitel 2 IV. 2. a).

194 Vgl. *Wolff*, Konkretisierungskompetenz, S. 112–126; *Röthel*, Normkonkretsierung, S. 372f.; vgl. auch EuGH v. 4. 10. 2007 – Rs. C-429/05 (*Rampion*), Slg. 2007, I-8017, Rn. 20, 47.

195 Vgl. nunmehr Art. 8 Abs. 1 Unterabsatz 1 der Werberichtlinie 2006/114/EG.

196 Vgl. *Sack*, GRUR Int. 1998, 263 (265) mit zahlreichen Nachweisen.

197 Vgl. *Köhler*, GRUR Int. 1994, 396.

198 *Everling*, in: ZAW (Hrsg.) Irreführende Werbung in Europa – Maßstäbe und Perspektiven, S. 43 (51).

199 *Everling*, in: ZAW (Hrsg.) Irreführende Werbung in Europa – Maßstäbe und Perspektiven, S. 43 (52); ebenso *Meier*, EuZW 1994, 391 (392).

nationalen Praxis richte sich dann nicht mehr nach Art. 28 EG sondern nach den in der Richtlinie enthaltenen Definitionen.[200]

Die Nissan-Entscheidung des EuGH brachte keine Klärung. In der Entscheidung selbst erwähnt der Gerichtshof Art. 7 der Richtlinie mit keinem Wort. Allerdings war Generalanwalt *Tesauro* in seinen Schlussanträgen der Ansicht, dass es sich bei der „Auslegung der allgemeinen Definitionen der Richtlinie" nicht um nach Art. 7 zulässige Maßnahmen zur Gewährleistung eines weiterreichenden Schutzes handelt.[201] *Everling* ging davon aus, dass sich der Gerichtshof dieser Ansicht still schweigend angeschlossen habe;[202] während das übrige Schrifttum überwiegend der Ansicht war, dass der EuGH in der Nissan-Entscheidung diesbezüglich keinerlei Aussage treffe. Dagegen habe er sowohl vor[203] als auch nach[204] der Nissan-Entscheidung ausgesprochen, dass sich die Werberichtlinie 84/450/EWG auf eine Teilharmonisierung und die Festlegung von Mindestkriterien, anhand derer zu beurteilen sei, ob eine Werbung irreführend ist, beschränke.[205]

Durch die Änderungsrichtlinie 97/55/EG über die vergleichende Werbung wurde der Diskussion eine weitere Nuance hinzugefügt. Die ehemalige Öffnungsklausel des Art. 7 wurde zu Art. 7 Abs. 1 der Werberichtlinie 84/450/EWG in der Fassung der Änderungsrichtlinie 97/55/EG. Gleichzeitig bestimmte der neue Art. 7 Abs. 2,[206] dass Art. 7 Abs. 1 nicht für die vergleichende Werbung gilt, soweit es sich um den Vergleich handelt. Dem Wortlaut nach ergab sich ein offensichtlicher Regelungswiderspruch daraus, dass nach Art. 3a lit. a) vergleichende Werbung dann als zulässig gilt, wenn sie nicht irreführend im Sinne des Art. 2 Nr. 2, Art. 3 und Art. 7 Abs. 1 ist.[207] Diesen Widerspruch löste der EuGH auf, indem er unter Hinweis auf den Regelungszweck der Änderungsrichtlinie 97/55/EG, wie er sich insbesondere aus den Begründungserwägungen Nr. 2, 3 und 18 erschließe, die Harmonisierungsintensität der Werberichtlinie bezüglich vergleichender Werbung als abschließend ansieht.[208] Wann vergleichende Werbung in der ganzen Gemeinschaft zulässig ist, sei allein anhand der vom Gemeinschaftsgesetzgeber aufgestellten Kriterien zu beurteilen. Strengere nationale Vorschriften zum Schutz gegen irreführende Werbung dürften nicht auf vergleichende Werbung hinsichtlich des Vergleichs angewandt werden.[209] Damit war zugleich klargestellt, dass nach An-

---

200 *Everling*, in: *ZAW* (Hrsg.) Irreführende Werbung in Europa – Maßstäbe und Perspektiven, S. 43 (53).

201 Generalanwalt *Tesauro*, Schlussanträge v. 24. 10. 1991 – Rs. C-373/90 (*Strafverfahren gegen X*), Slg. 1992, I-131, Rn. 10.

202 *Everling*, in: Zentrum für europäisches Wirtschaftsrecht, Vorträge und Berichte Nr. 17, S. 18.; zustimmend *Köhler*, GRUR Int. 1994, 396 (398); *Klauer*, ERPL 2000, 187 (205 ff.).

203 EuGH v. 13. 12. 1990 – Rs. 238(98 (*Pall/Dallhausen*), Slg. 1990, I-4827 Rn. 22.

204 EuGH v. 2. 2. 1994 – Rs. C-315/92 (*Clinique*), Slg. 1994, I-317 Rn. 10.

205 Vgl. nur *Sack*, GRUR Int. 1998, 263 (266 f.).

206 Nunmehr Art. 8 Abs. 1 Unterabsatz 2 der Werberichtlinie 2006/114/EG.

207 Vgl. EuGH v. 8. 4. 2003 – Rs. C-44/01 (*Pippig*), Slg. 2003, I-3095, Rn. 42; *Sack*, GRUR 2004, 89 (91 ff.). Art. 4 lit. a) der Werberichtlinie 2006/114/EG verweist auf Art. 8 Abs. 1, bezieht also dessen Unterabsatz 2 mit ein. Damit ist der Widerspruch beseitigt.

208 EuGH v. 8. 4. 2003 – Rs. C-44/01 (*Pippig*), Slg. 2003, I-3095, Rn. 43 f.

209 EuGH v. 8. 4. 2003 – Rs. C-44/01 (*Pippig*), Slg. 2003, I-3095, Rn. 44.

sicht des EuGH hinsichtlich irreführender Werbung im übrigen strengere nationale Vorschriften auch bezüglich des Irreführungsmaßstabes in den Grenzen des Primärrechts zulässig sind, die Öffnungsklausel des Art. 7 Abs. 1 der Werberichtlinie 84/450/EWG sich also auch auf das materielle Schutzniveau bezog.[210]

Eine solche Sichtweise ist mit den binnenmarktfinalen Rechtsgrundlagen der Art. 94, 95 und 44 Abs. 2 lit. g) EG nicht vereinbar.[211] Allgemeine Öffnungsklauseln im Bereich der Rechtsangleichung zur Verwirklichung des Binnenmarktes sind vielmehr primärrechtskonform dahin auszulegen, dass strengere nationale Vorschriften ausländischen Anbietern bzw. Produkten nicht entgegen gehalten werden können, bedeuten also keine Minimum- sondern optionelle Harmonisierung. Für die Verteilung der Konkretisierungskompetenz heißt dies, dass der EuGH nicht auf die Festlegung eines gemeinschaftsrechtlichen Minimumstandards beschränkt, sondern zu umfassender Konkretisierung befugt ist.

In den Bereichen, in denen allgemeine Öffnungsklauseln nach Maßgabe der Rechtsgrundlage uneingeschränkt zulässig sind, wie etwa in Art. 137 Abs. 2 EG und Art. 153 Abs. 4 EG, beschränkt sich die Konkretisierungsbefugnis des EuGH auf die Festlegung des gemeinschaftsrechtlichen Rahmens bestehend aus dem durch das Sekundärrecht vorgegebenen Mindeststandard und die durch das Primärrecht, insbesondere den Grundfreiheiten gezogene Höchstgrenze.[212] Hinsichtlich der Ausfüllung dieses gemeinschaftsrechtlichen Rahmens sind die Mitgliedstaaten, Gesetzgeber und Gerichte[213], frei.

---

210 Vgl. EuGH v. 8. 4. 2003 – Rs. C-44/01 (*Pippig*), Slg. 2003, I-3095, Rn. 40: „Da der Gemeinschaftsgesetzgeber im Bereich der irreführenden Werbung nur eine Mindestharmonisierung der nationalen Regelungen vorgenommen hat, gestattet es Artikel 7 Absatz 1 der Richtlinie 84/450 den Mitgliedstaaten, in diesem Bereich strengere nationale Vorschriften anzuwenden, die einen weiter reichenden Schutz u. a. der Verbraucher vorsehen." Ausdrücklich auch EuGH v. 25. 3. 2004 – Rs. C-71/01 (*Karner*), Slg. 2004, I-3025 Rn. 32f.

211 Vgl. Kapitel 2 IV. 2.; speziell zur Klauselrichtlinie auch *Klauer*, ERPL 2000, 187 (204).

212 Vgl. *Wolff*, Konkretisierungskompetenz, S. 70, 78, 112–126; *Röthel*, Normkonkretisierung, S. 372f.

213 Zur Festlegung strengerer mitgliedstaatlicher Maßstäbe ist jedenfalls der nationale Gesetzgeber berufen. Fraglich könnte jedoch sein, ob auch nationale Gerichte im Wege der (richtlinienkonformen) Auslegung oder Rechtsfortbildung strengere Maßstäbe einzuführen in der Lage sind. Dagegen ließe sich etwa die Entscheidung EuGH v. 10. 5. 2001 – Rs. C-144/99 (*Kommission ./. Niederlande*), Slg. 2001, I-3541 anführen, wo es um die Umsetzung der Klauselrichtlinie in den Niederlande ging. Nach ständiger Rechtsprechung verlange die Umsetzung einer Richtlinie zwar nicht notwendig in jedem Mitgliedstaat ein Tätigwerden des Gesetzgebers, es sei jedoch unerlässlich, dass das fragliche nationale Recht tatsächlich die vollständige Anwendung der Richtlinie durch die nationalen Behörden gewährleiste, dass die sich aus diesem Recht ergebende Rechtslage hinreichend bestimmt und klar sei und dass die Begünstigten in die Lage versetzt würden, von allen ihren Rechten Kenntnis zu erlangen und diese gegebenenfalls vor den nationalen Gerichten geltend zu machen. Eine etwa bestehende nationale Rechtsprechung, die innerstaatliche Rechtsvorschriften in einem Sinn auslegt, der als den Anforderungen einer Richtlinie entsprechend angesehen wird, würde nicht die Klarheit und Bestimmtheit aufweisen, die notwendig sind, um dem Erfordernis der Rechtssicherheit zu genügen. Andererseits hat der EuGH in EuGH v. 16. 12. 1992 – verb. Rs. C-192/91, C-138/91, C-139/91 (*Katsikas u. a.*), Slg. 1992, I-6577, Rn. 38, unter Hinweis auf seine ständige Rechtsprechung ausgesprochen, dass unter „Rechts- und Verwaltungsvorschriften" im Sinne des Artikel 7 der Betriebsübergangsrichtlinie a. F. auch die jeweilige Auslegung gemeint ist, die nationale Gerichte nationalen Rechts- und Verwaltungsvorschriften geben. Dies entspricht auch

(3) Spezielle Öffnungsklauseln, Wahlrechte und Ausnahmevorschriften

Im Gegensatz zu allgemeinen Öffnungsklauseln erlauben spezielle Öffnungsklauseln den Mitgliedstaaten lediglich, von Einzelvorschriften der Richtlinie zu Gunsten des von der Richtlinie verfolgten Zwecks abzuweichen, jedoch nicht vom Regelungskonzept der Richtlinie insgesamt.[214] Eine weitere Möglichkeit zur Gewährung mitgliedstaatlicher Freiräume besteht in der Einräumung von Wahlrechten zugunsten der Mitgliedstaaten. Hier muss sich der Mitgliedstaat für eine der zur Wahl gestellten Alternativen entscheiden, wobei zugleich andere Alternativen ausgeschlossen sind.[215] Hat der Mitgliedstaat von seinem Wahlrecht Gebrauch gemacht, so beurteilt sich seine Bindung genauso, als liege eine Richtlinie ohne Wahlrecht und mit fester Bindung vor.[216] Ausnahmevorschriften[217] oder Optionen[218], ermächtigen die Mitgliedstaaten dagegen, zusätzliche Sachverhalte dem Regelungsregime der Richtlinien zu unterwerfen bzw. bestimmte Sachverhalte aus dem Anwendungsbereich auszunehmen. Der nationale Gesetzgeber ist hier hinsichtlich der Grundsatzentscheidung des „ob“ oder „ob nicht“ frei. Entschließt er sich jedoch für die Aufnahme der Option, so muss das nach den Vorgaben der Richtlinie geschehen.[219]

Spezielle Öffnungsklauseln sind ebenso wie Wahlrechte und Ausnahmevorschriften auch im Rahmen der binnenmarktfinalen Rechtsangleichung insoweit unbedenklich, als sie den Rechtsangleichungserfolg und damit die Binnenmarktrele-

---

Wortlaut sowie Sinn und Zweck des Art. 249 Abs. 3 EG. Danach sind nicht nur die Mitgliedstaaten als Völkerrechtssubjekte zur Umsetzung berufen, sondern alle Träger öffentlicher Gewalt entsprechend der jeweiligen Zuständigkeitsverteilung in den Mitgliedstaaten, mithin neben Exekutive auch die Judikative. Ein Widerspruch zu Rs. C-144/99 besteht insoweit nicht, als zwar die Umsetzung des Mindeststandards, von Ausnahmefällen abgesehen, eine klare und eindeutige Umsetzung durch einen legislatorischen Akt verlangt; die Zulässigkeit der Einführung über den Mindeststandard hinausgehender strengerer Regeln im Wege der Auslegung oder Rechtsfortbildung jedoch eine Frage der jeweiligen nationalen Methodenlehre ist. Eine Benachteiligung des geschützten Personenkreises ist insoweit ausgeschlossen. Vgl. zum Ganzen *Grundmann*, JZ 1996, 274 (278); *Wolff*, Konkretisierungskompetenz, S. 114.

214 Hierher gehören beispielsweise Art. 6 Abs. 1 der Fernabsatzrichtlinie, der eine Widerrufsfrist von mindestens 7 Werktagen vorschreibt. Eine ganze Fülle solcher spezieller Mindeststandardklauseln enthält die Kapitalrichtlinie, so beispielsweise für die Mindestangaben in der Satzung, Art. 2; die mindestens offenzulegenden Angaben, Art. 3; das Mindestkapital, Art. 6; oder die mindestens zu leistenden Einlagen, Art. 9.

215 Vgl. *Niessen*, in: FS Everling, S. 971 (998).

216 *Lutter*, in: FS Everling, 765 (769); *Niessen*, in: FS Everling, 971 (998). Paradebeispiele für die Einräumung von Wahlrechten liefert die Bilanzrichtlinie. Nach deren Art. 8 haben die Mitgliedstaaten etwa die Wahl, die Aufstellung der Bilanz entweder nach Art. 9 oder 10 vorzuschreiben, entsprechendes gilt für die Gewinn- und Verlustrechnung nach Art. 22. Hier haben die Mitgliedstaaten die Möglichkeit, aus den in den Art. 23 bis 26 aufgeführten Gliederungen auszuwählen.

217 So die Bezeichnung von *Niessen*, in: FS Everling, 971 (999).

218 So inhaltlich identisch *Lutter*, in: FS Everling, 765 (769).

219 Vgl. *Lutter*, in: FS Everling, 765 (769). Prominentes Beispiel ist Art. 6 der 12. gesellschaftsrechtlichen Richtlinie, wonach die Einpersonengesellschaft auch für Aktiengesellschaften zugelassen werden kann oder Art. 1 Abs. 1 der Spaltungsrichtlinie, der die Umsetzung der gesamten Richtlinie der Entscheidung der Mitgliedstaaten überlässt. Vgl. auch Art. 6 (3) Zahlungsverzugsrichtlinie; Art. 3 (1), (3) Haustürgeschäfterichtlinie; Art. 1 (3) Verbrauchsgüterkaufrichtlinie; Art. 2 (5) und (6) Verbraucherkreditrichtlinie.

vanz der jeweiligen Maßnahme nicht grundsätzlich in Frage stellen, etwa aufgrund ihrer Häufigkeit innerhalb einer Richtlinie. So kann etwa der Rechtsangleichungserfolg der Bilanzrichtlinie mit ihren 76 Wahlrechten[220] zugunsten der Mitgliedstaaten bezweifelt werden.[221] Noch problematischer erscheint die Übernahmrichtlinie 2004/25/EG. Nach deren Art. 12 Abs. 1 haben die Mitgliedstaaten die Möglichkeit, Gesellschaften, die ihrem Recht unterliegen, von den materiellen Kernvorschriften der Art. 9 (Vereitelungsverbot) und/oder Art. 11 (Durchgriffsregelung) freizustellen (sogenanntes *„opt out"*). Soweit ein Mitgliedstaat hiervon Gebrauch macht, muss er jedoch seinen Gesellschaften die Möglichkeit einräumen, die enstprechenden Vorschriften der Richtlinie auf freiwilliger Basis zur Anwendung zu bringen (sogenanntes *„opt in"*). Soweit dies geschieht, kann die entsprechende Gesellschaft nach der Reziprozitätsregel des Art. 12 Abs. 3 die entsprechenden Vorschriften aussetzen, soweit sie Ziel eines Übernahmeangebots einer Gesellschaft ist, die ihrerseits den betreffenden Vorschriften nicht unterliegt. Der Angleichungserfolg der Richtlinie hängt damit weitgehend von der Umsetzung durch die Mitgliedstaaten ab, insbesondere inwieweit diese von den ihnen eingeräumten Wahlrechten Gebrauch machen. Der Bericht der Kommission über die Umsetzung der Richtlinie ist insoweit äußerst ernüchternd. Danach wurden nationale Übernahmehinderisse nicht nur allenfalls in kaum spürbarer Weise verringert, sondern es scheint sogar als würde das Regime der Richtlinie in seiner bisherigen Umsetzung durch die Mitgliedstaaten das Entstehen eines europäischen *level playing field* für Unternehmensübernahmen eher erschweren und zur Schaffung neuer Hindernisse beitragen.[222]

Nach der Rechtsprechung des EuGH schließen den Mitgliedstaaten eingeräumte Wahlrechte und Ausnahmevorschriften nicht aus, dass der jeweilige Rechtsakt eine vollständige Harmonisierung bezweckt. So ordnete der EuGH die Produkthaftungsrichtlinie als Maßnahme der vollständigen Harmonisierung ein[223], obwohl nach Art. 13 die Ansprüche, die ein Geschädigter aufgrund der Vorschriften über die vertragliche und außervertragliche Haftung geltend machen kann, durch die Richtlinie nicht berührt werden, und in Art. 15 und 16 spezifische Ausnahmevorschriften zugunsten der Mitgliedstaaten vorgesehen sind. Art. 13 der Richtlinie könne nicht dahin ausgelegt werden, dass er den Mitgliedstaaten die Möglichkeit lässt, eine allgemeine von der in der Richtlinie vorgesehenen abweichende Regelung der Haftung für fehlerhafte Produkte beizubehalten. Zulässig seien ausschließlich Regelungen, „die wie die Haftung für verdeckte Mängel oder für Ver-

---

220 Baumbach/Hopt-*Merkt* Einl. v. § 238 HGB, Rn. 4.
221 Vgl. zum Ganzen *Niessen*, in: FS Everling, S. 971 ff.
222 Commission Staff Working Document, Report on the Implementation of the Directive on Takeover Bits, SEC(2007) 268.
223 Vgl. EuGH v. 25. 4. 2002 – Rs. C-52/00 (*Kommission ./. Frankreich*), Slg. 2002, I-3856; EuGH v. 25. 4. 2002 – Rs. C-154/00 (*Kommission ./. Griechenland*), Slg. 2002, I-3887; EuGH 25. 4. 2002 – Rs. 183/00 (*Gonzalez Sanchez ./. Medicina Asturiana SA*), Slg. 2002, I-3905. Zur Kritik an dieser Rechtsprechung und den Auswirkungen auf das deutsche Produkthaftungsrecht vgl. *Schaub*, ZEuP 2003, 562ff.

schulden auf anderen Grundlagen beruhen“ oder die „auf einen bestimmten Produktionssektor begrenzt sind.[224]

Ähnlich argumentiert der EuGH bezüglich der 11. gesellschaftsrechtlichen Richtlinie über Zweigniederlassungen. Art. 2 Abs. 1, der bestimmte Angaben zwingend vorschreibt, sei erschöpfend formuliert, denn die Aufzählung fakultativer Offenlegungsmaßnahmen für Zweigniederlassungen in Art. 2 Abs. 2 mache nur dann Sinn, wenn die Mitgliedstaaten keine anderen Offenlegungsmaßnahmen für Zweigniederlassungen als die in der Richtlinie genannten vorsehen dürfen.[225] Daraus könnte man ableiten, dass die Formulierung von begrenzten Ausnahmevorschriften und Öffnungsklauseln für eine grundsätzlich vollständige Harmonisierung spricht.[226]

Daraus folgt eine grundsätzlich umfassende Konkretisierungskompetenz des EuGH. Dies gilt insbesondere hinsichtlich der materiellen Maßstäbe und Regelungen, etwa dem Fehlerbegriff nach Art. 6 der Produkthaftungsrichtlinie. Lediglich im Sachbereich der Öffnungs- oder Ausnahmereglung können die Mitgliedstaaten in den Grenzen des Primärrechts von der gemeinschaftsrechtlichen Konkretisierung abweichen, wobei freilich dem EuGH wiederum die Konkretisierung der Grenzen der Ausnahmeregelung obliegt.[227] Dies kann anhand der Entscheidung *Honyvem* verdeutlicht werden.[228] Ein die Parteien bindender Tarifvertrag bestimmte den Ausgleichsanspruch des Vertreters bei Vertragsbeendigung unabhängig von den Anspruchsvoraussetzungen des Art. 17 Abs. 2 lit. a) der Handelsvertreterrichtlinie und legte die Anspruchshöhe unabhängig von den Kriterien des Art. 17 Abs. 2 dahingehend fest, dass der Handelsvertreter einen bestimmten Prozentsatz aus den während der Vertragsdauer gezahlten Vergütungen als Ausgleich erhält. Diese Regelung war insoweit für den Handelsvertreter günstig, als ein Ausgleich selbst dann geschuldet war, wenn etwa die Voraussetzungen des Art. 17 Abs. 2 lit. a) der Richtlinie nicht vorlagen. Andererseits konnte der geschuldete Ausgleich weit hinter dem zurückbleiben, was der Handelsvertreter unter Berücksichtigung der dem Unternehmer noch verbleibenden Vorteile und der ihm entgehenden Provisionen entsprechend den Kriterien der Richtlinie hätte verlangen können. Der EuGH hatte darüber zu entscheiden, ob eine solche Regelung mit Art. 19 der Richtlinie vereinbar ist, wonach die Parteien vor Ablauf des Vertrages keine Vereinbarungen treffen können, die zum Nachteil des Vertreters von Art. 17 abweichen. Aus der zweiten und dritten Begründungserwägung leitet der Gerichtshof ab, dass die Richtlinie die Interessen der Handelsvertreter gegenüber den

---

224 Vgl. EuGH v. 25. 4. 2002 – Rs. C-52/00 (*Kommission ./. Frankreich*), Slg. 2002, I-3856, Rn. 16–24; EuGH v. 25. 4. 2002 – Rs. C-154/00 (*Kommission ./. Griechenland*), Slg. 2002, I-3887, Rn. 12–20; EuGH 25. 4. 2002 – Rs. 183/00 (*Gonzalez Sanchez ./. Medicina Asturiana SA*), Slg. 2002, I-3905, Rn. 25–34.
225 EuGH v. 30. 9. 2003 – Rs. C-167/01 (*Inspire Art Ltd.*), Slg. 2003, I-10155 Rn. 68–70.
226 *Lutter*, in: FS Everling, S. 765 (770); *Niessen*, in: FS Everling, S. 971 (999).
227 Vgl. *Wolff*, Konkretisierungskompetenz, S. 126–130, die allerdings davon ausgeht, dass der EuGH auch im Rahmen von Ausnahmevorschriften grundsätzlich auf die Festlegung des Minimum beschränkt ist.
228 EuGH v. 23. 3. 2006 – Rs. C-465/04 (*Honyvem Informazioni Commerciali Srl*), Slg. 2006, I-2879.

Unternehmern schützen, die Sicherheit des Handelsverkehrs fördern und den Warenaustausch zwischen den Mitgliedstaaten erleichtern soll.[229] Hinsichtlich der Beendigung des Vertragsverhältnisses müssten die Mitgliedstaaten nach ihrer Wahl die erforderlichen Maßnahmen dafür treffen, dass der Handelsvertreter entweder einen nach den Kriterien des Art. 17 Abs. 2 bestimmten Ausgleich oder Schadensersatz nach den in Art. 17 Abs. 3 festgelegten Kriterien erhält.[230] Im Interesse des Schutzes des Handelsvertreters sei das so geschaffene System (international) zwingendes Recht.[231] Weiterhin sei Art. 19 als Ausnahmebestimmung zum Grundsatz des Art. 17 eng auszulegen. Ob die betreffende Abweichung im Sinne von Art. 19 nachteilig ist oder nicht, sei für den Zeitpunkt zu beurteilen, zu dem die Vertragsparteien sie ins Auge fassen. Diese könnten keine Abweichung vereinbaren, von der sie nicht wissen, ob sie sich bei Beendigung des Vertragsverhältnisses für den Handelsvertreter als vorteilhaft oder als nachteilig erweisen wird.[232] Der Tarifvertrag hätte damit vor der Richtlinie nur dann Bestand, wenn sich ex ante nachweisen ließe, dass er für den Handelsvertreter niemals nachteilig wäre, also in jedem Fall einen Ausgleich garantiert, der demjenigen, der sich bei Anwendung der Richtlinienbestimmung ergäbe, entspricht oder übersteigt.[233] Es sei Sache des vorlegenden Gerichts, die insoweit erforderlichen Prüfungen durchzuführen.[234] Im Übrigen sei die mit Art. 17 eingeführte Regelung zwar zwingend und lege einen Rahmen fest, enthalte jedoch keine detaillierten Angaben zur Methode der Berechnung des Ausgleichs wegen Beendigung des Vertragsverhältnisses. Die Mitgliedstaaten hätten daher einen Gestaltungsspielraum bei der Wahl der Methoden zur Berechnung des Ausgleichs.[235]

Der EuGH bestimmt somit klar die Grenzen der den Mitgliedstaaten insbesondere durch Art. 19 Handelsvertreterrichtlinie eingeräumten Gestaltungsspielräume und legt den durch die Richtlinie gewährten Mindestschutz fest. Innerhalb des so gezogenen Rahmens sind die Mitgliedstaaten grundsätzlich, etwa bezüglich der Berechnungsmethode, frei. Problematisch ist freilich, ob die insoweit eingeräumten mitgliedstaatlichen Spielräume vor dem Hintergrund des Angleichungszweckes nicht zu weit gehen und den Angleichungserfolg insgesamt in Frage stellen.

---

229 EuGH v. 23. 3. 2006 – Rs. C-465/04 (*Honyvem Informazioni Commerciali Srl*), Slg. 2006, I-2879, Rn. 19.
230 EuGH v. 23. 3. 2006 – Rs. C-465/04 (*Honyvem Informazioni Commerciali Srl*), Slg. 2006, I-2879, Rn. 20.
231 Vgl. EuGH v. 9. 11. 2000 – Rs. C-381/98 (*Ingmar*), Slg. 2000, I-9305, Rn. 21.
232 EuGH v. 23. 3. 2006 – Rs. C-465/04 (*Honyvem Informazioni Commerciali Srl*), Slg. 2006, I-2879, Rn. 25.
233 EuGH v. 23. 3. 2006 – Rs. C-465/04 (*Honyvem Informazioni Commerciali Srl*), Slg. 2006, I-2879, Rn. 27–29.
234 EuGH v. 23. 3. 2006 – Rs. C-465/04 (*Honyvem Informazioni Commerciali Srl*), Slg. 2006, I-2879, Rn. 30.
235 EuGH v. 23. 3. 2006 – Rs. C-465/04 (*Honyvem Informazioni Commerciali Srl*), Slg. 2006, I-2879, Rn. 33–35. Insoweit verweist der EuGH auf den Bericht der Kommission v. 23. 7. 1996 über die Anwendung von Art. 17, KOM (1996) 364 endg., der detaillierte Angaben über die tatsächliche Berechnung des Ausgleichs enthalte und eine „einheitlichere Auslegung" des Art. 17 der Richtlinie erleichtern solle.

So berechnet etwa das *House of Lords* die Höhe des Schadensersatzanspruchs nach Art. 17 Abs. 3 nach den im Zeitpunkt der Vertragsbeendigung bei hypothetischer Fortsetzung zukünftig zu erwartenden Provisionseinnahmen des Handelsverters; während nach französischer Praxis dem Handelsvertreter grundsätzlich zwei Jahresbruttoprovisionen zustehen.[236] Damit dürften Handelsvertreter im Vereinigten Königreich regelmäßig eine geringere Entschädigung als in Frankreich erhalten.[237] Vorzugswürdig erscheinen insoweit die Schlussanträge des Generalanwalts.[238] Danach lege Art. 17 nicht nur die Voraussetzungen für die Zuerkennung eines Ausgleichsanspruchs fest, sondern auch die Gesichtspunkte für seine Berechnung. Vorgeschlagen wird insoweit ein dreistufiges System, bei dem auf der ersten Stufe objektiv die Vorteile zu ermitteln sind, die der Unternehmer voraussichtlich nach Vertragsbeendigung erlangen wird; auf der zweiten Stufe ist zu prüfen, ob der Ausgleichsanspruch aus Billigkeitsgründen anzupassen oder möglicherweise ganz auszuschließen ist; auf der dritten Stufe schließlich wird der Ausgleichsbetrag an der in Art. 17 Abs. 2 festgelegten Höchstgrenze gemessen. Die Billigkeitsprüfung auf der zweiten Stufe sei dabei von untergeordneter Bedeutung, sei ein „Sicherheitsventil", und komme nur dann zum Tragen, wenn aufgrund der besonderen Umstände des Einzelfalles eine Korrektur des anhand objektiver Kriterien ermittelten Ausgleichsbetrags erforderlich erscheint. Lediglich diese Entscheidung obliege naturgemäß den mitgliedstaatlichen Gerichten.[239]

(4) Fazit: Rechtsangleichungsintensität entsprechend Rechtsgrundlage und Zielsetzung

Harmonisierungsakte im Bereich der binnenmarktfinalen Rechtsangleichung, die auf die Beseitigung tatsächlicher oder in der Zukunft wahrscheinlich entstehender Grundfreiheitenbeschränkungen bzw. spürbarer Wettbewerbsverzerrungen abzielen, können dieses Ziel regelmäßig nur durch eine hohe Rechtsangleichungsintensität und damit korrespondierend, eine umfassende gemeinschaftseinheitliche Konkretisierung erreichen.[240] Geht es dagegen um die Verfolgung einer bestimmten Schutzpolitik, etwa im Bereich des Arbeitnehmer- oder Verbraucherschutzes, beschränken bereits die gemeinschaftsrechtlichen Rechtsgrundlagen Maßnahmen der Gemeinschaft auf ein Mindestschutzniveau, von dem die Mitgliedstaaten zur Gewährleistung eines zugunsten der jeweiligen Gruppe verbesserten Schutzes abweichen können.[241] In diesen Bereichen beschränkt sich die Konkretisierungsbefugnis des Gerichtshofs auf die Bestimmung des durch Primär- und Sekundärrecht vorgegebenen gemeinschaftsrechtlichen Rahmens. Insoweit entspricht es der pri-

---

236 *Lonsdale v. Howard and Hallam Ltd.* [2007] 1 WLR 2055.
237 *Rühl*, ZEuP 2009, 187 (203).
238 Vgl. *GA Poiares Maduro*, Schlussanträge v. 25. 10. 2005 – Rs. C-465/04 (*Honyvem Informazioni Cemmerciali Srl*), Slg. 2006, I-2879, Rn. 46–49.
239 *GA Poiares Maduro*, Schlussanträge v. 25. 10. 2005 – Rs. C-465/04 (*Honyvem Informazioni Commerciali Srl*), Slg. 2006, I-2879, Rn. 47.
240 *Röthel*, Normkonkretisierung, S. 369; vgl. auch *Doehner*, Die Schuldrechtsreform vor dem Hintergrund der Verbrauchsgüterkauf-Richtlinie, S. 90.
241 *Röthel*, Normkonkretisierung, S. 369.

märrechtlichen Schutzkonzeption, wenn beispielsweise die auf der Grundlage des Art. 137 Abs. 2 ergangene Arbeitszeitrichtlinie[242] lediglich Mindestvorschriften für Sicherheit und Gesundheitsschutz bei der Arbeitszeitgestaltung vorsieht und nach Art. 23 den Mitgliedstaaten gestattet, unterschiedliche Rechtsvorschriften zu entwickeln, solange die Mindestvorschriften der Richtlinie eingehalten werden und nicht ein bestehender weitergehender Schutz unter Hinweis auf die Richtlinie zurück geschnitten wird. Den Charakter der Vorgängerrichtlinie 93/104/EG[243] als Mindestschutzrichtlinie hat auch der EuGH im Urteil *Jaeger*, in dem es um die Frage ging, ob ärztlicher Bereitschaftsdienst im Krankenhaus Arbeitszeit im Sinne von Art. 2 Nr. 1 der Richtlinie ist, herausgestellt.[244]

Auch im übrigen stellt der EuGH für die Bestimmung der Angleichungsintensität einer Maßnahme maßgeblich auf Rechtsgrundlage und Erwägungsgründe ab. So begründet der Gerichtshof die durch die Produkthaftungsrichtlinie bezweckte vollständige Rechtsangleichung u.a. damit, dass die Richtlinie vom Rat einstimmig auf der Grundlage des Art. 100 EGV, nunmehr Art. 94 EG, erlassen wurde, der anders, als Art. 95 EG, keine Befugnis für die Mitgliedstaaten begründe, von den Harmonisierungsmaßnahmen der Gemeinschaft abweichende Vorschriften beizubehalten oder einzuführen. Zudem trage die Richtlinie, entsprechend ihrer ersten Begründungserwägung, mit der Errichtung einer harmonisierenden Regelung der Haftung von Herstellern für die durch fehlerhafte Produkte verursachten Schäden dem Ziel Rechnung, einen unverfälschten Wettbewerb zwischen den Wirtschaftsbeteiligten zu gewährleisten, den freien Warenverkehr zu erleichtern und einen unterschiedlichen Verbraucherschutz zu vermeiden.[245] Abschließend ist insbesondere auch der Kreis der haftenden Personen nach Art. 3 Produkthaftungsrichtlinie, so dass diese einer nationalen Regelung entgegensteht, die dem Lieferanten eine verschuldensunabhängige Haftung anstelle des Herstellers, wenn auch mit Regressmöglichkeit, aufbürdet.[246] Eine verschuldensabhängige Haftung des Lieferanten ist dagegen durch die Richtlinie nicht ausgeschlossen.[247]

---

242 Richtlinie 2003/88/EG des Europäischen Parlaments und des Rates vom 4. 11. 2003 über bestimmte Aspekte der Arbeitszeitgestaltung, ABl. EG 2003, L299/9; Erwägungsgrund 1.

243 Richtlinie 93/104/EG des Rates v. 23. 11. 1993 über bestimmte Aspekte der Arbeitszeitgestaltung, ABl. EG 1993 L307/18.

244 EuGH v. 9. 9. 2003 – Rs. C-151/02 (*Jaeger*), Slg. 2003, I-8389. Rn. 45.

245 Vgl. EuGH v. 25. 4. 2002 – Rs. C-52/00 (*Kommission ./. Frankreich*), Slg. 2002, I-3856, Rn. 14, 17; EuGH v. 25. 4. 2002 – Rs. C-154/00 (*Kommission ./. Griechenland*), Slg. 2002, I-3887, Rn. 10, 13; EuGH 25. 4. 2002 – Rs. 183/00 (*Gonzalez Sanchez ./. Medicina Asturiana SA*), Slg. 2002, I-3905, Rn. 23, 26.

246 Vgl. EuGH v. 10. 1. 2006 – Rs. C-402/03 (*Skov/Bilka*), Slg. 2006, I-199, Rn. 22–30, 32–37; EuGH v. 9. 2. 2006 – Rs. C-127/04 (*O'Byrne*), Slg. 2006, I-1313, Rn. 35.

247 EuGH v. 10. 1. 2006 – Rs. C-402/03 (*Skov/Bilka*), Slg. 2006, I-199, Rn. 46–48. Damit wird der Angleichungserfolg freilich wiederum in Frage gestellt, haben die Mitgliedstaaten und deren Gerichte doch so grundsätzlich die Möglichkeit, ein weitergehendes mit der Richtlinien konkurrierendes und von dieser hinsichtlich der Haftungsvoraussetzungen möglicherweise nur geringfügig abweichendes Haftungsregime beizubehalten oder einzuführen, etwa basierend auf vermutetem Verschulden ergänzt durch Beweislastregeln, vgl. *Whittaker*, ZEuP 2007, 858 (868) sowei bereits Kapitel 2 IV. 1. a).

Die durch die Werberichtlinie 84/450/EWG in der Fassung der Änderungsrichtlinie 97/55/EG vorgenommene abschließende Harmonisierung in Bezug auf die vergleichende Werbung[248] begründete der EuGH damit, dass nach der zweiten Begründungserwägung der Richtlinie 97/55/EG die wesentlichen Vorschriften für Form und Inhalt der Werbung einheitlich sein und die Bedingungen für vergleichende Werbung in den Mitgliedstaaten harmonisiert werden sollten. Nach der dritten Begründungserwägung dieser Richtlinie könne die Zulässigkeit oder Nichtzulässigkeit vergleichender Werbung nach den verschiedenen einzelstaatlichen Rechtsvorschriften den freien Waren- und Dienstleistungsverkehr behindern und Wettbewerbsverzerrungen hervorrufen. Die achtzehnte Begründungserwägung schließe die Anwendung strengerer nationaler Vorschriften im Bereich der irreführenden Werbung auf vergleichende Werbung aus, da der Gemeinschaftsgesetzgeber mit dem Erlass der Richtlinie 97/55/EG das Ziel verfolge, die Bedingungen festzulegen, unter denen vergleichende Werbung in der Gemeinschaft zulässig ist.[249]

b) Sachbereichsbezogene Erwägungen

Nach den vorstehenden Überlegungen verlangen die Gemeinschaftsrechtsakte im Bereich der binnenmarktfinalen Rechtsangleichung grundsätzlich nach einer umfassenden gemeinschaftseinheitlichen Konkretisierung durch den EuGH. Gleichwohl hat sich der Gerichtshof im Einzelfall zum Teil, insbesondere im Hinblick auf die Klauselrichtlinie,[250] auf die Vorgabe ganz allgemeiner Grundsätze und Leitlinien zurückgezogen.

Für diese Vorgehensweise lassen sich zwei weitere Erklärungsversuche anführen: zum einen eine graduell besonders intensive Einbettung in und Determinierung durch das nationale Recht des konkret zur Entscheidung stehenden Sachverhalts; zum anderen das Fehlen gemeinschaftsrechtlicher Konkretisierungskriterien im Einzelfall.

aa) Einbettung in das nationale Recht

Im Hinblick auf die Klauselrichtlinie hat insbesondere *Heinrichs* geltend gemacht, dass beim gegenwärtigen Stand des Gemeinschaftsrechts Inhaltskontrolle in der Regel ein allein durch nationales Recht bestimmter Vorgang sei. Für die Feststellung der „unangemessenen Benachteiligung“ oder des „erheblichen und ungerechtfertigten Missverhältnisses“ müssten die maßgeblichen Bewertungskriterien dem nationalen Recht entnommen werden. Die meisten Klauseln könnten nur im Kontext des nationalen Rechts verstanden und gewertet werden. Soweit es um Normen und Wertungskriterien des nationalen Rechts gehe, habe der EuGH je-

---

248 Nach Konsolidierung Werberichtlinie 2006/114/EG.
249 EuGH v. 8. 4. 2003 – Rs. C-44/01 (*Pippig*), Slg. 2003, I-3095, Rn. 43.
250 EuGH v. 1. 4. 2004 – Rs. C-237/02 (*Freiburger Kommunalbauten*), Slg. 2004, I-3403, Rn. 22.

doch keine Prüfungs- und Entscheidungskompetenz.[251] Nach *H. Roth* lägen die Eigenheiten der Klauselkontrolle „in einer untrennbaren Gemengelage von europäischem und nationalem Recht begründet."[252] Diese Ansicht teilt der EuGH, wenn er in *Freiburger Kommunalbauten* feststellt, dass die Beurteilung der Missbräuchlichkeit einer bestimmten Vertragsklausel nach Art. 4 auch verlange, die Folgen zu würdigen, die die Klausel im Rahmen des auf den Vertrag anwendbaren Rechts haben kann, was eine Prüfung des nationalen Rechtssystems impliziere.[253] Daraus folge, dass sich der EuGH nicht zur Missbräuchlichkeit einer Klausel äußern könne; es sei denn, die Missbräuchlichkeit ergebe sich, ohne dass alle Umstände des Vertragsschlusses geprüft und die mit dieser Klausel verbundenen Vor- und Nachteile im Rahmen des auf den Vertrag anwendbaren nationalen Rechts gewürdigt werden mussten.[254]

Sollte diese Ansicht zutreffen, so könnte daraus möglicherweise der allgemeine Grundsatz abgeleitet werden, dass sich der Umfang der Konkretisierungskompetenz des EuGH umgekehrt proportional verhält zum Grade der Entscheidungsdeterminierung durch das nationale Recht. Anders formuliert, je tiefer die im konkreten Fall zu entscheidende Rechtsfrage in das nationale Recht eingebettet und durch dieses vorbestimmt ist, umso zurückhaltender muss der EuGH von seiner grundsätzlichen Konkretisierungskompetenz Gebrauch machen.

(1) Beispiel 1: Artikel 3 Abs. 1 Klauselrichtlinie

Die Klauselrichtlinie hat die zum Teil erheblich divergierenden nationalen Vertragsrechte selbst nicht umfassend harmonisiert.[255] Dies ergibt sich aus Art. 1 Abs. 2 der Richtlinie. Danach unterliegen Vertragsklauseln, die auf bindenden Rechtsvorschriften der Mitgliedstaaten, einschließlich des dispositiven Vertrags-

---

251 *Heinrichs*, NJW 1996, 2190 (2196); *ders.*, NJW 1998, 1447 (1455); Palandt-*Grüneberg*, § 310 BGB Rn. 25.

252 *H. Roth*, JZ 1999, 529 (535).

253 EuGH v. 1. 4. 2004 – Rs. C-237/02 (*Freiburger Kommunalbauten*), Slg. 2004, I-3403, Rn. 21; sowie *Generalanwalt Geelhoed*, Schlussanträge v. 25. 3. 2003 – Rs. C-237/02 (*Freiburger Kommunalbauten*), Slg. 2004, I-3403, Rn. 30: „Darüber hinaus bedarf es keiner einheitlichen Auslegung des Gemeinschaftsrechts in diesem Punkt, unabhängig von der Tatsache, dass dem Gemeinschaftsgesetzgeber eine solche Auslegung auch nicht vorgeschwebt hat. Die Klauseln haben nämlich vor allem in privatrechtlichen Verhältnissen Bedeutung, die noch in erheblichem Maß vom nationalen Recht beherrscht werden, wodurch es sogar vorkommen kann, dass dieselbe Art von Klauseln in verschiedenen Rechtsordnungen verschiedene Rechtsfolgen hat." Vgl. auch Staudinger-*Schlosser*, Vorbem zu §§ 305 ff BGB, Rn. 15: „Der Richtliniengeber hat selbst gesehen, dass sich eine europäisch einheitliche Bewertung von Klauseln als missbräuchlich oder nicht missbräuchlich beim gegenwärtigen Stand des Vertragsrechts in Europa nicht erreichen lässt."; sowie Staudinger-*Coester*, § 307 BGB, Rn. 70: „Hintergrund ist der unabweisbare Befund, dass die Missbräuchlichkeit einer Klausel immer nur im Vergleich mit der Rechtslage beurteilt werden kann, die ohne die Klausel bestünde – diese Rechtslage kann sich aber nur aus dem auf den Vertrag anwendbaren nationalen Privatrecht ergeben."

254 EuGH v. 1. 4. 2004 – Rs. C-237/02 (*Freiburger Kommunalbauten*), Slg. 2004, I-3403, Rn. 22 f., in Abgrenzung zur Entscheidung EuGH v. 27. 6. 2000, verb. Rs. C-240/98 bis C-244/98 (*Océano*), Slg. 2000, I-4963.

255 *Grundmann*, Europäisches Schuldvertragsrecht, S. 256; *Riesenhuber*, System und Prinzipien, S. 441.

rechts, beruhen nicht der Kontrolle anhand der Klauselrichtlinie. Im Anschluss daran wird überwiegend angenommen, dass jedenfalls soweit der konkrete Vertragstyp im jeweiligen nationalen Recht geregelt ist, entsprechend dem Gedanken des § 307 Abs. 2 Nr. 1 BGB, die dispositive nationale Regelung, die ohne die fragliche Klausel zur Anwendung gelangen würde, den Referenzmaßstab für die Feststellung eines Treu und Glauben widersprechenden erheblichen und ungerechtfertigten Missverhältnisses der vertraglichen Rechte und Pflichten bildet.[256] Die Frage, ob und inwieweit die fragliche Klausel von diesem gesetzlichen Leitbild abweicht, wäre danach der Kompetenz des EuGH entzogen, da es dabei nicht um die Auslegung von Gemeinschaftsrecht geht. Die Frage aber, ob die Abweichung so groß ist, dass sie zu einem erheblichen und ungerechtfertigten Missverhältnis der vertraglichen Rechte und Pflichten führt, könnte sehr wohl durch den EuGH anhand der Vorgaben der Richtlinie entschieden werden.[257]

Fraglich ist allerdings bereits, ob der Ausgangspunkt – dispositives nationales Recht als Referenzmaßstab – richtig ist. Zweifeln kann man daran deshalb, weil, abgesehen von Art. 1 Abs. 2 der Richtlinie, das Abweichen vom gesetzlichen Leitbild als Teil des Prüfungsmaßstabes in der Richtlinie nirgends angedeutet ist, obwohl dem Gemeinschaftsgesetzgeber § 9 AGBG bekannt war. Auch dürfte anderen Mitgliedstaaten die Prüfung der Abweichung vom dispositiven Recht nicht unbedingt gleichfalls als der einzige, „natürliche" Weg zur Rationalisierung der Inhaltskontrolle erscheinen. Weiterhin könnte so der bezweckte und durch die Rechtsgrundlage verlangte Angleichungserfolg kaum erreicht werden. Und schließlich zeigt Erwägungsgrund Nr. 14, der den Mitgliedstaaten aufgibt, ihr dispositives Vertragsrecht von missbräuchlichen Regelungen zu reinigen, dass die Richtlinie ihrer Intention hinsichtlich des Missbräuchlichkeitsmaßstabs nicht völlig inhaltsleer ist.[258] Letztendlich obliegt aber jedenfalls diese grundsätzliche Frage nach der Rolle des nationalen dispositiven Rechts im Rahmen des Prüfungsmaßstabs des Art. 3 der Klauselrichtlinie der Entscheidung durch den EuGH.[259]

Unabhängig davon, wie man zur Rolle des nationalen Rechts im Rahmen des Art. 3 Abs. 1 der Klauselrichtlinie steht, ist doch nicht zu leugnen, das jede Vertragsklausel vor dem Hintergrund und im Hinblick auf die jeweilige nationale Rechts-

---

256 Vgl. *Grundmann*, Europäisches Schuldvertragsrecht, S. 256ff.; *ders.*, in: *ders./Mazeaud* (Hrsg.), General Clauses and Standards in European Contract Law, S. 141 (145); *Heiderhoff*, Grundstrukturen, S. 134f.; *Remien*, ZEuP 1994, 34 (59); *H. Roth*, JZ 1999, 529 (535); *Heinrichs*, NJW 1996, 2190 (2196).

257 Vgl. *Grundmann*, Europäisches Schuldvertragsrecht, S. 256ff.; *ders.*, in: *ders./Mazeaud* (Hrsg.), General Clauses and Standards in European Contract Law, S. 141 (145, 157); *Ulmer/Brandner/Hensen-Ulmer*, AGB-Recht, Einl. Rn. 101; dies verkennen jedoch *H. Roth*, JZ 1999, 529 (535); *Heinrichs*, NJW 1996, 2190 (2196) und insbesondere *Heiderhoff*, Grundstrukturen, S. 134f., die nicht zwischen der Frage der „Abweichung" und der „Unbilligkeit" der Abweichung trennt.

258 Vgl. *Riesenhuber*, System und Prinzipien, S. 441f.

259 *Heiderhoff*, Grundstrukturen, S. 134, die an der Bejahung dieser Frage allerdings keinerlei Zweifel hat. Passagen des Urteils EuGH v. 1. 4. 2004 – Rs. C-237/02 (*Freiburger Kommunalbauten*), Slg. 2004, I-3403, Rn. 22, könnten wohl ebenfalls in diese Richtung interpretiert werden.

ordnung, die gesamte Rechtsordnung einschließlich des Prozessrechts, formuliert wird. Dies soll an zwei Beispielen verdeutlicht werden.

In der Entscheidung *Freiburger Kommunalbauten* ging es um eine Klausel in einem Bauträgervertrag bezüglich eines PkW-Stellplatzes in einem Parkhaus, wonach der gesamte Erwerbspreis fällig wurde „nach Übergabe einer Sicherheit gemäß § 7 Abs. 1 Satz 1 MaBV (Bürgschaft).“ Entgegen § 641 Abs. 1 Satz 1 BGB a. F.[260] wurde der Unternehmer von seiner Vorleistungspflicht befreit. Das Risiko der Leistungs- und Zahlungsfähigkeit des Unternehmers wurde bis zur Fertigstellung und Übereignung auf die Erwerber abgewälzt. Diese Nachteile wurde jedoch durch die gestellte Bürgschaft „entscheidend gemindert“. Die im Hinblick auf § 7 Abs. 1 Satz 1 MaBV auszulegende Bürgschaftserklärung sicherte sämtliche Geldansprüche der Erwerber wegen mangelhafter oder unterlassener Vertragserfüllung durch den Unternehmer. Den Erwerbern stand in jedem Fall ein tauglicher Bürge zur Verfügung, auf den im Sicherungsfall direkt zugegriffen werden konnte, § 2 Abs. 2 Satz 3 MaBV, § 771 BGB. Selbst in der Insolvenz des Unternehmers waren die Erwerber gesichert, da im Falle der Ablehnung der Vertragserfüllung durch den Insolvenzverwalter auch der Schadensersatzanspruch gemäß § 103 InsO von der Bürgschaft umfasst wurde.[261] Ohne Kenntnis der Fälligkeitsregelung im Werkvertragsrecht, der dem Besteller zustehenden Gewährleistungsansprüche, dem Umfang der Bürgschaft nach § 7 Abs. 1 Satz 1 MaBV, der Wirkung des Ausschlusses der Einrede der Vorausklage nach § 771 BGB und der Befugnisse des Insolvenzverwalters nach § 103 InsO können die gegenseitigen „vertraglichen Rechte und Pflichten der Vertragspartner“ und kann damit die Missbräuchlichkeit auch bei Anlegung eines einheitlichen gemeinschafts-autonomen Maßstabes nicht beurteilt werden.[262]

Bezeichnend ist auch die Entscheidung *Director General of Fair Trading v. First National Bank.*[263] Das Standardformular für Verbraucherkreditverträge der *First National Bank*, und der meisten anderen Banken, die Kredite für Verbraucher anbieten, enthielt eine Klausel[264], wonach der vertraglich vereinbarte Zinssatz auf die noch ausstehenden Beträge auch dann weiterzuzahlen ist, wenn gegen den Verbraucher ein

260 Maßgeblich war das bis zum 31. 12. 2001 anwendbare Recht, Art. 229 § 5 Satz 1 EGBGB, vgl. Vorlagebeschluss des BGH v. 2. 5. 2002 – VII ZR 178/01.

261 Vgl. den Vorlagebeschluss des BGH v. 2. 5. 2002 – VII ZR 178/01.

262 Vgl. *Basty*, DNotZ 2004, 768 (769).

263 *Director General of Fair Trading v.First National Bank* [2000] ECC 169 (*Evans-Lombe J.*); [2000] QB 672 (*Court of Appeal*); [2002] 1 AC 481 (*House of Lords*); dazu etwa *Micklitz*, ZEuP 2003, 865 ff.; *Whittaker*, ZEuP 2004, 75 ff..

264 Die Klauselrichtlinie wurde umgesetzt durch die Unfair Terms in Consumer Contracts Regulations 1994 Statutory Instrument (SI) No. 3159; nunmehr Unfair Terms in Consumer Contracts Regulations 1999 SI No. 2083. Nach reg. 8 der ursprünglichen Umsetzung oblag dem Director General of Fair Trading, ausgestattet mit einer Klagebefugnis zur Erreichung eines gerichtlichen Verbots, die Überwachung des Verhaltens der Unternehmen im Hinblick auf missbräuchliche Klauseln. In den 1999 Regulations wurde diese Klagebefugnis im Hinblick auf Art. 7 der Richtlinie weiteren Behörden, aber auch der privaten Consumers' Association eingeräumt. Die Funktion des Director General of Fair Trading wird nunmehr durch das Office of Fair Trading ausgeübt, s. 1 *Enterprice Act 2002*; vgl. *Whittaker*, ZEuP 2004, 75 (78 Fn. 16); *Collins*, The Law of Contract, S. 292 f.

Urteil auf Zahlung des (noch) geschuldeten Betrages erging,[265] mit der Folge, dass der Verbraucher selbst bei ordnungsgemäßer Begleichung der im Urteil festgesetzten Raten mit einer mitunter ganz erheblichen[266] zusätzlichen weiteren Zahlungsverpflichtung zur Zahlung überrascht wird. Die Entscheidung des House of Lords ist nur vor dem nationalen vertrags- und prozessrechtlichen Hintergrund verständlich: Nach common law besteht kein allgemeiner Anspruch auf die Zahlung von Zinsen auf einen ausstehenden Betrag;[267] auch existiert keine allgemeine Regel, wonach auf einen gerichtlich zugesprochenen Betrag Zinsen zu zahlen sind, noch gibt es eine allgemeine Befugnis der Gerichte, eine entsprechende Zahlungspflicht festzusetzen.[268] Weiterhin tritt nach common law im Falle der Verurteilung des Vertragsschuldners die Schuld aus dem Urteil vollumfänglich an die Stelle der vertraglichen Schuld, soweit nicht ausdrücklich etwas anderes bestimmt ist.[269] In prozessualer Hinsicht hat zwar der *High Court* die Befugnis, die Zahlung von Zinsen anzuordnen.[270] Zuständig für Klagen im Zusammenhang mit Verbraucherkreditverträgen (*regulated agreements*)[271] sind jedoch die *County Courts*, denen für Verbraucherkreditverträge eine solche Befugnis fehlt.[272] Andererseits hat der *County Court* die Befugnis, Ratenzahlung anzuordnen,[273] einschließlich der Befugnis einen etwaigen vertraglichen Zinssatzes abzuändern.[274] In der Praxis häufig ist zwar Ratenzahlung; nicht jedoch die Herabsetzung des vertraglichen Zinssatzes.[275]

Das *House of Lords* interpretiert *„unfair term“* im Sinne von Regulation 4 (1) richtlinienkonform unter Heranziehung von Art. 3 der Klauselrichtlinie sowie der Erwägungsgründe.[276] Eine Vorlage an den EuGH wird nicht für erforderlich gehalten, da der von der Richtlinie vorgegebene Missbräuchlichkeitstest klar sei und

---

265 „Interest on the amount which becomes payable shall be charged in accordance with Conditio 4, at the rate stated in paragraph D overleaf (subject to variation) until payment after as well as before any judgment (such obligation to be independent of and not to merge with the judgment).“

266 Vgl. das Beispiel bei *Micklitz*, ZEuP 2003, 865 (877): Urteil über 5.000 Pfund rückzahlbar über einen Zeitraum von 5 Jahren; zahlbar am Ende insgesamt 14.000 Pfund.

267 *Whittaker*, ZEuP 2004, 75 (79), mit Nachweisen in Fn. 18.

268 *Whittaker*, ZEuP 2004, 75 (79), mit Nachweisen in Fn. 20.

269 *Whittaker*, ZEuP 2004, 75 (80), mit Nachweisen in Fn. 21–24.

270 S. 35 A Supreme Court Act 1981, vgl. *Director General of Fair Trading v.First National Bank* [2002] 1 AC 481 (488, Rn. 4), per *Lord Bingham*.

271 *„Regulated agreements“* sind all diejenigen Verbraucherkreditverträge, die nicht ausdrücklich von der Anwendung des *Consumer Credit Act 1974* ausgenommen sind, vgl. ss. 8, 16 *Consumer Credit Act 1974*.

272 Grundsätzlich können zwar auch die *County Courts* die Zahlung von Zinsen anordnen, s. 74 *County Courts Act 1984*; dies gilt jedoch nicht für Verbraucherkreditverträge, vgl. r. 2 (3) (a) The County Court (Interest on Judgment Debts) Order 1991, SI No. 1184.

273 S. 129 *Consumer Credit Act 1974*.

274 S. 136 *Consumer Credit Act 1974*.

275 *Whittaker*, ZEuP 2004, 75 (81).

276 *Director General of Fair Trading v.First National Bank* [2002] 1 AC 481 (489) per *Lord Bingham*; (498) per *Lord Steyn*.

vernünftigerweise keinen Anlass zu unterschiedlicher Auslegung biete.[277] Ausgehend von einem Konzept von Treu und Glauben, dass sowohl prozedurale als auch materielle Elemente verbindet[278], kommt das Gericht zu dem Ergebnis, dass die fragliche Klausel nicht missbräuchlich ist. Typische Vertragsparteien müssten davon ausgehen, dass der Kreditgeber unter keinen Umständen gewillt sei, auf einen Teil des Rückzahlungsbetrages oder der geschuldeten Zinsen zu verzichten. Der Verbraucher könne daher vernünftigerweise gar nicht erwarten, von den Zinsen freigestellt zu werden. Die fragliche Klausel stelle damit gerade einen angemessenen Ausgleich her.[279] Maßgeblich für dieses Ergebnis ist die Überlegung, dass die aus Sicht des Verbrauchers unbefriedigende Rechtslage ihren Grund nicht in der fraglichen Klausel hat, sondern in den materiell- und prozessrechtlichen Regelungen sowie deren Handhabung durch die Gerichte.[280]

Beide Beispiele zeigen, dass die Missbräuchlichkeit einer Vertragsbestimmung nur in ihrem regulativen Kontext und nicht in einem Vakuum beurteilt werden kann.[281] *Whittaker* sieht hierin das Paradox der Richtlinie: solange der regulative Kontext für Verbraucherverträge nach dem Recht der Mitgliedstaaten wesentlich unterschiedlich sei, könne auch die Anwendung des Missbräuchlichkeitstests der Richtlinie nicht zu einer materiellen Angleichung des Verbraucherschutzes führen.[282] Daraus ergebe sich die „relative Impotenz der Richtlinie“[283], die „künftig wieder in ihr bisheriges Schattendasein zurückfallen“ werde.[284]

Folge des äußerst zurückhaltenden Ansatzes des Gerichtshofs ist, dass noch nicht einmal ein einheitlicher Minimalstandard an materiellem Verbraucherschutz im

---

277 *Director General of Fair Trading v.First National Bank* [2002] 1 AC 481 (494) per *Lord Bingham*: „the language used in expressing the test, so far as applicable in this case, is in my opinion clear and not reasonably capable of differing interpretations”.

278 *Director General of Fair Trading v.First National Bank* [2002] 1 AC 481 (494) per *Lord Bingham*: „The requirement of good faith in this context is one of fair and open dealing. Openness requires that the terms should be expressed fully, clearly and legibly, containing no concealed pitfalls or traps. Fair dealing requires that the supplier should not, whether deliberately or unconsciously, take advantage of the consumer's necessity, indigence, lack of experience, unfamiliarity with the subject matter of the contract, weak bargaining position or any other factor listed in or analogous to those listed in Schedule 2 to the Regulations.”, und (500) per *Lord Steyn*: “Any purely procedural or even predominantly procedural interpretation of the requirement of good faith must be rejected.”

279 *Director General of Fair Trading v.First National Bank* [2002] 1 AC 481 (494) per *Lord Bingham*; Lords Steyn, Hope of Craighead, Millet, Rodger of Earlsferry stimmten dem zu.

280 *Director General of Fair Trading v.First National Bank* [2002] 1 AC 481 (496) per *Lord Bingham*: „Where problems arise in Practice, it appears to be because borrowers do not know of the effect of sections 129 and 136; neither the procedure for giving notice of default to the borrower nor the prescribed county court form draw attention to them; and judgments will routinely be entered by the county court without considering whether to exercise its power under the section.”

281 *Whittaker*, ZEuP 2004, 75 (76).

282 *Whittaker*, ZEuP 2004, 75 (76).

283 *Whittaker*, ZEuP 2004, 75 (76): “relative impotence of the Directive”.

284 *Freitag/Riemenschneider*, WM 2004, 2470 (2479); Staudinger-*Coester*, § 307 BGB, Rn. 75: es werde in Kauf genommen, dass ein eigenständiger Verbraucherschutz durch die Richtlinie praktisch nicht stattfinde und die Richtlinie von den Gerichten verschiedener Mitgliedstaaten, auch bezüglich gleicher Klauseln, möglicherweise unterschiedlich interpretiert werde. Vgl. auch *Doehner*, Die Schuldrechtsreform vor dem Hintergrund der Verbrauchsgüterkauf-Richtlinie, S. 90.

Hinblick auf missbräuchliche Klauseln erreicht werden kann. Zwar können Verbraucher sicher sein, dass aufgrund der Richtlinie in den Mitgliedstaaten überhaupt eine Klauselkontrolle stattfindet. Materielle Anhaltspunkte im Hinblick darauf, unter welchen Umständen eine Klausel vor dem Hintergrund eines bestimmten mitgliedstaatlichen Rechtssystems als missbräuchlich einzustufen ist, fehlen jedoch weitgehend und können nach dem in *Freiburger Kommunalbauten* und *Claro* gewählten Ansatz selbst durch den EuGH nicht bereit gestellt werden. Soweit man den Regelungszweck der Richtlinie in der Verbesserung des materiellen Verbraucherschutzes[285] zur Stärkung des Verbrauchervertrauens und, um Art. 95 EG genüge zu tun, mit dem Ziel der Steigerung grenzüberschreitender Nachfrage sieht,[286] kann die Richtlinie nur als Fehlschlag bezeichnet werden und erscheint sie ungeeignet zur Erreichung des im Rahmen der Kompetenzgrundlage anvisierten Ziels.[287]

Richtigerweise liegt jedoch der inneren Grund der Klauselkontrolle nicht in einem Ungleichgewicht der Verhandlungsstärke, sondern vielmehr in dem von *Akerlof* beschriebenen Phänomen eines *„market for lemons"* im Hinblick auf Vertragsklauseln.[288] Danach akzeptiert der Kunde die AGB des Anbieters regelmäßig deshalb, weil es sich für ihn nicht lohnt, Zeit und Geld zu investieren, um eine Abänderung zu erreichen bzw. Konkurrenten des Anbieters mit günstigeren AGB ausfindig zu machen. Da aufgrund prohibitiv hoher Informationskosten für den Kunden günstige AGB nicht honoriert werden, erlangen die Verwender nachteiliger AGB auf dem Markt einen Vorteil. Den anderen Anbietern bleibt nichts anderes übrig als nachzuziehen bzw. die Konkurrenten noch zu übertreffen. So kommt es auf dem Markt zu einem *„race to the bottom"*, bei dem sich langfristig die für den Kunden ungünstigsten AGBs durchsetzen. Zwar sinkt dadurch auch der Produktpreis; dies entspricht jedoch nicht notwendig den Präferenzen der Käufer. Dies kann soweit gehen, dass der Markt zum Erliegen kommt. Aus ökonomischer Sicht ist es deshalb geboten, durch zwingendes Recht für eine bestimmte Mindestqualität der Allgemeinen Geschäftsbedingungen zu sorgen.

Dafür notwendig aber auch ausreichend ist ein Regime, das effektiv eine unabhängige Kontrolle der fraglichen Vertragsklausel sicherstellt. Dabei ist lediglich erforderlich, dass der Ausgang der Klauselkontrolle für beide Seiten jeweils unvorhersehbar ist. Die für beide Seiten bestehende Ungewissheit stellt sicher, dass einerseits Anbieter nur solche Klauseln verwenden, von denen sie annehmen dürfen, dass sie einer Klauselkontrolle standhalten werden; dass anderseits Verbrau-

---

285 EuGH v. 27. 6. 2000, verb. Rs. C-240/98 bis C-244/98 (*Océano*), Slg. 2000, I-4963, Rn. 25; EuGH v. 26. 10. 2006 – Rs. C-168/05 (*Mostaza Claro/Centro Movil Milenium SL*), Slg. 2006, I-10421, Rn. 25: „Das durch die Richtlinie eingeführte Schutzsystem geht davon aus, dass der Verbraucher sich gegenüber dem Gewerbetreibenden in einer schwächeren Verhandlungsposition befindet und einen geringeren Informationsstand besitzt, was dazu führt, dass er den vom Gewerbetreibenden vorformulierten Bedingungen zustimmt, ohne auf deren Inhalt Einfluss nehmen zu können."

286 Begründungserwägungen 5–7.

287 *Schillig*, (2008) 33 ELRev, 336 (355 f.).

288 Ausführlich *Schillig*, (2008) 33 ELRev, 336 (338 ff.), sowie Kapitel 12.

cher und deren Organisationen nur solche Klauseln angreifen werden, von denen sie annehmen dürfen, dass sie nicht rechtfertigungsfähig sind. Dies ist ausreichend, um einerseits das beschriebene Marktversagen zu verhindern; beugt anderseits aber auch einem opportunistischen Verhalten (*moral hazard*) seitens der Verbraucher vor.[289]

Dies entspricht nun in der Tat weitgehend der bisherigen Rechtsprechung des EuGH zur Klauselrichtlinie. Der EuGH hat nämlich die prozeduralen Aspekte der Klauselrichtlinie durchaus so ausgeformt, dass eine effektive Klauselkontrolle sichergestellt ist.[290] Dies etwa durch das Prinzip amtswegiger Kontrolle von Gerichtstands- und Schiedsgerichtsklauseln;[291] die Nichtanwendbarkeit von nationalen Präklusionsvorschriften[292] oder die Anwendbarkeit der Verbandsklage nach Art. 7 auch im Falle lediglich potentieller Klauselverwendung.[293]

Ob eine Klausel missbräuchlich ist, ist dagegen keine Frage des Kontrollregimes und damit der Klauselrichtlinie. Maßgeblich sind vielmehr das jeweilige Vertragsrechtsgebiets und dessen zugrundeliegende Wertungen und Prinzipien, eingebettet in den nationalen Regelungskontext.[294] Dies entspricht der vom EuGH in *Freiburger Kommunalbauten* und *Claro* geübten Zurückhaltung. Dies heißt freilich nicht, dass der EuGH niemals zur Feststellung der Missbräuchlichkeit berufen wäre. Er ist dies durchaus dann, wenn die Missbräuchlichkeit gerade europarechtlich determiniert ist. Ein Beispiel wäre die monopolmäßige oder branchenübliche Verwendung von Klauseln, die staatlicher Regulierung vergleichbar, den Marktzugang für ausländische Anbieter erschweren.[295]

Ein weiteres folgt aus diesem Ansatz: Da der Klauselkontrollmechanismus eine spezifische Form des Marktversagens, eben den „*market for lemons*", bekämpft, lässt sich die Binnemarktkompetenz unproblematisch als Rechtsgrundlage heranziehen.[296]

(2) Beispiel 2: Art. 5 Abs. 1 Richtlinie unlautere Geschäftspraktiken

Die Richtlinie bezweckt eine umfassende Angleichung der Rechtsvorschriften der Mitgliedstaaten über unlautere, die wirtschaftlichen Interessen der Verbraucher beeinträchtigende Geschäftspraktiken[297]und gilt grundsätzlich für sämtliche Geschäftspraktiken gegenüber Verbrauchern (B2C-Verkehr) vor, während und nach

---

289 *Schillig*, (2008) 33 ELRev, 336 (343).
290 *Schillig*, (2008) 33 ELRev, 336 (347 ff.).
291 EuGH v. 27. 6. 2000, verb. Rs. C-240/98 bis C-244/98 (*Océano*), Slg. 2000, I-4963; EuGH v. 26. 10. 2006 – Rs. C-168/05 (*Mostaza Claro/Centro Movil Milenium SL*), Slg. 2006, I-10421.
292 EuGH v. 21. 11. 2002 – Rs. C-473/00 (*Cofidis*), Slg. 2002, I-10875.
293 EuGH v. 24. 1. 2002 – Rs. C-372/99 (*Kommission/Italien*), Slg. 2002, I-819.
294 *Schillig*, (2008) 33 ELRev, 336 (356).
295 Vgl. Kapitel 9.
296 *Schillig*, (2008) 33 ELRev, 336 (356).
297 Vgl. Art. 1, sowie Erwägungsgründe 11, 13.

Abschluss eines auf ein Produkt bezogenen Handelsgeschäfts.[298] Kernstück der Richtlinie bildet ein gestaffeltes, dreistufiges System von Lauterkeitsgeboten[299] bestehend aus einem allgemeinem Verbot unlauterer Geschäftspraktiken als „großer Generalklausel",[300] die auf der zweiten Stufe durch zwei „kleine Generalklauseln"[301] über irreführende und aggressive Geschäftspraktiken ergänzt wird, welche ihrerseits eine nähere Ausgestaltung durch eine im Anhang angefügte Liste von „Geschäftspraktiken, die unter allen Umständen als unlauter gelten", erfahren.[302] Jede Stufe enthält zahlreiche relativ wertungsoffene Rechtssätze[303]; besonders vage ist naturgemäß die als Auffangtatbestand[304] dienende „große Generalklausel". Aufgrund der großen Zahl an wertungsoffenen Rechtssätzen wird der erstrebte umfassende Angleichungserfolg nur dann annäherungsweise erreicht werden können, wenn der EuGH bereit ist, die Richtlinienbestimmungen umfassend zu konkretisieren.[305]

Dabei wird sich der EuGH nicht auf das in der Entscheidung *Freiburger Kommunalbauten* verwandte Argument zurückziehen können, dass die Beurteilung der Lauterkeit einer Geschäftspraxis eine Prüfung der mitgliedstaatlichen Rechtsordnung erforderlich macht.[306] Dies folgt zum einen schon aus dem umfassenden Harmonisierungsanspruch der Richtlinie, der den nationalen Rechten wenig Raum lässt.[307] Zum anderen besteht zwischen einer Vertragsklausel und einer Geschäftspraxis aber auch ein fundamentaler rechtstheoretischer Unterschied. Während eine Vertragsklausel ihrem Inhalt nach der Welt der Normen angehört und damit als Teil des Rechtssystems, dieses zwar partiell abändert, im übrigen aber darin eingebettet ist und darauf aufbaut, sind Geschäftspraktiken, verstanden als „jede unmittelbar mit der Absatzförderung, dem Verkauf oder der Lieferung eines Produkts an Verbraucher zusammenhängende Handlung, Unterlassung, Verhaltensweise oder Erklärung, kommerzielle Mitteilung einschließlich Werbung und Marketing eines

---

298 Vgl. Erwägungsgründe 7, 8 und ausführlich zum Anwendungsbereich der Richtlinie *Handig*, [2005] EBLR 117 (1119ff.); *Stuyck/Terrin/Van Dyck*, (2006) 43 CMLRev 107 (120ff.); *Leistner*, ZEuP 2009, 56 (57ff.).

299 Vgl. *Handig*, [2005] EBLR 117 (1122); *Stuyck/Terrin/Van Dyck*, (2006) 43 CMLRev 107 (124ff.); *Gomez*, ERCL 2006, 4 (23); *Leistner*, ZEuP 2009, 56 (71ff.).

300 *Ohly*, GRUR 2004, 889 (891); *Stuyck/Terrin/Van Dyck*, (2006) 43 CMLRev 107 (125).

301 *Ohly*, GRUR 2004, 889 (891); *Stuyck/Terrin/Van Dyck*, (2006) 43 CMLRev 107 (127).

302 Erwägungsgründe 13–17; *Handig*, [2005] EBLR 117 (1123); *Stuyck/Terrin/Van Dyck*, (2006) 43 CMLRev 107 (127); EuGH v. 23. 4. 2009 – verb. Rs. C-261/07, C-299/07 (*VTB-VAB NV/Total Belgium NV, Galatea BVBA/Sanoma Magayines Belgium NV*), Slg. 2009, I-00000, Rn. 54–56.

303 Dies gilt selbst für die Liste unlauterer Geschäftspraktiken in Anhang I: z.B. Nr. 5, „hinreichende Gründe"; Nr. 18, „weniger günstige Bedingungen"; Nr. 19, „angemessenes Äquivalent"; hierzu *Stuyck/Terrin/Van Dyck*, (2006) 43 CMLRev 107 (131); *Leistner*, ZEuP 2009, 56 (69).

304 *Handig*, [2005] EBLR 117 (1123).

305 Vgl. *Handig*, [2005] EBLR 117 (1124f.); *Stuyck/Terrin/Van Dyck*, (2006) 43 CMLRev 107 (138ff.); *Ohly*, GRUR 2004, 889 (891); *Leistner*, ZEuP 2009, 56 (69, 82f.). Zweifelnd *Gomez*, ERCL 2006, 4 (17): „The enforcement of the provisions of Directive 2005/29, though with some harmonised principles, is largely left to Member States, another very significant source of variety in the real solutions implemented in the different national markets."

306 EuGH v. 1. 4. 2004 – Rs. C-237/02 (*Freiburger Kommunalbauten*), Slg. 2004, I-3403, Rn. 21.

307 *Stuyck/Terrin/Van Dyck*, (2006) 43 CMLRev 107 (140); *Sosnitza*, wrp 2006, 1 (6); *Leistner*, ZEuP 2009, 56 (84, Fn. 139).

Gewerbetreibenden“, Teil der empirischen Wirklichkeit eines Marktes und sind damit im Regelfall nicht in vergleichbarer Weise in den Rahmen des allgemeinen nationalen Zivilrechts eingebettet.[308] Sie sind damit in erster Linie und unmittelbar durch die tatsächlichen Bedingungen und Wirkungszusammenhänge des jeweiligen Marktes bzw. Marktsegmentes[309] bedingt, die wiederum in allen marktwirtschaftlich ausgerichteten Ländern, bei allen verbleibenden Unterschieden doch grundsätzlich weitgehend ähnlich sind.[310] Zwar bestehen auch bezüglich des Lauterkeitsrechts vielfältige Querbezüge zum übrigen Wirtschafts- und Immaterialgüterrecht, zum allgemeinen Privatrecht und sogar zum öffentlichen Recht und zum Strafrecht.[311] Betroffen ist dabei aber vor allem die Sanktionsseite des unlauteren Wettbewerbs, und für diese gibt Art. 11 der Richtlinie den Mitgliedstaaten weiten Freiraum.[312] Wichtiger für den Tatbestand der Unlauterkeit sind regional unterschiedliche Mentalitäten, Sozial- oder Bildungsstandards,[313] die sich in unterschiedlichen Auffassungen von Sitte und Anstand und kulturellen Eigenheiten widerspiegeln. Fragen der guten Sitten und des Anstandes sind im Hinblick auf kulturelle Unterschiede vom Anwendungsbereich der Richtlinie jedoch gerade ausgenommen.[314]

Auch bei Betrachtung des inneren Grundes des Verbots unlauterer Geschäftspraktiken ergeben sich fundamentale Unterschiede im Vergleich zur Klauselrichtlinie. Regelungsziel des Lauterkeitsrechts als Marktverhaltensrecht[315] ist die Gewährleistung unverzerrten und freien Wettbewerbs in einem funtionsfähigen Markt.[316] Funktionierender Wettbewerb zwingt die Anbieterseite dazu, in den Grenzen des technisch Machbaren, Warenbündel anzubieten, die hinsichtlich Preis und Qualität den Präferenzen der Nachfragerseite des Marktes am besten entsprechen. Hierdurch wird die Summe aus Konsumenten- und Produzentenrente maximiert.[317] Nur diejenigen Anbieter, die es vermögen, ihr Produkt dauerhaft zu etablieren,

---

308 *Sosnitz*, wrp 2006, 1 (6); *Leistner*, ZEuP 2009, 56 (83).

309 Vgl. *Gomez*, ERCL 2006, 4 (19), der die Unterschiedlichkeit verschiedener Märkte und Marktsegmente besonders hervorhebt und deswegen ein sektorspezifisches Regelungsmodell bevorzugt; anders *Mäsch*, EuR 2005, 625 (637). Ein Einwand gegen die Konkretisierungskompetenz des EuGH ergibt sich daraus freilich nicht, solange der EuGH die unterschiedlichen Gegebenheiten auf den einzelnen Märkten beachtet.

310 Vgl. *Beater*, ZEuP 2003, 11 (23).

311 *Beater*, ZEuP 2003, 11 (40ff.).

312 Nach Art. 11 steht es den Mitgliedstaaten frei, ein privatrechtliches oder öffentlich rechtliches Sanktionssystem vorzusehen, solange Personen und Organisation mit einem berechtigten Interesse die Möglichkeit haben, gegen unlautere Geschäftspraktiken vorzugehen; vgl. *Stuyck/Terrin/Van Dyck*, (2006) 43 CMLRev 107 (136f.); *Leistner*, ZEuP 2009, 56 (77ff.).

313 Vgl. *Beater*, ZEuP 2003, 11 (39).

314 Vgl. Erwägungsgrund 7. Zu Abgrenzungsproblemen in diesem Bereich vgl. *Stuyck/Terrin/Van Dyck*, (2006) 43 CMLRev 107 (122f.); MüKoUWG-*Sosnitza*, § 3 UWG, Rn. 39.

315 *Hilty*, in: *ders./Henning-Bodewig* (Hrsg.), Law Against Unfair Competition, S. 4.; *Henning-Bodewig*, Unfair Competition Law, S. 1.

316 Allgemein *Hilty*, in: *ders./Henning-Bodewig* (Hrsg.), Law Against Unfair Competition, S. 1f.; speziell zur Richtlinie gegen unlautere Geschäftspraktiken *Gomez*, ERCL 2006, 4 (7); *Leistner*, ZEuP 2009, 56 (59); Vgl. auch EuGH v. 23. 4. 2009 – verb. Rs. C-261/07, C-299/07 (*VTB-VAB NV/Total Belgium NV, Galatea BVBA/Sanoma Magayines Belgium NV*), Slg. 2009, I-00000, Rn. 51.

317 Vgl. *Gomez*, ERCL 2006, 4 (7), sowei Kapitel 12.

können dem Konkurrenzdruck widerstehen und im Markt überleben. Wettbewerber, die unfähig sind, ihr Produkt effektiv zu vermarkten, werden vom Markt verschwinden. Aufgabe des Lauterkeitsrechts ist es nicht, in diesen Prozess der Marktbereinigung manipulierend einzugreifen, sondern sicherzustellen, dass der Martmechanismus dauerhaft funktioniert.[318] Ein regulierender Eingriff ist mithin nur im Falle eines Marktversagens, insbesondere aufgrund marktschädigenden Verhaltens gerechtfertigt.[319] So kann etwa eine Marketing-Kampagne, die auf Unrichtigkeiten beruht, irreführend oder aggressiv ist, das Produkt eines ganzen Industriezweiges diskreditieren, das Vertrauen der Verbraucher in dieses Produkt dauerhaft gefährden und den „*good will*“ der Branche zerstören.[320] In der Situation des oben beschriebenen „*martket for lemons*“ für ein bestimmtes Produkt kann es dazu kommen, das die Anbieter qualitativ hochwertiger Produkte vom Markt verdrängt werden, wenn sie dem von Billigprodukten ausgehenden Preisdruck nicht standhalten und die Qualität ihrer Produkte nicht effektiv kommunizieren können („*adverse selection*“). Soweit dieses Verhalten nicht im Wege des Vertrags-, Delikts- oder Strafrechts eingefangen werden kann, versagt der Markt und der Regelungsbereich des Lauterkeitsrechts ist legitimer Weise eröffnet. Aber nicht immer liegen die marktschädigenden Konsequenzen eines bestimmten Geschäftsverhaltens so vergleichsweise klar auf der Hand wie im Falle irreführender (insbesondere bewusst auf falschen Angaben beruhender) oder agressiver Geschäftspraktiken. Man könnte sogar sagen, dass jede Geschäftspraxis letztendlich darauf abzielt, die Präferenzen der Verbraucher zum Vorteil des jeweiligen Unternehmers zu manipulieren.[321] Gleichzeitig zeigen empirische Untersuchungen, dass Verbraucher im Regelfall gegenüber der von Unternehmen ausgehenden Kommunikation relativ skeptisch sind, aber gleichwohl wichtige Informationen extrahieren können.[322] Die Grenzziehung zwischen (noch) erlaubten und (schon) unlauterem Verhalten ist daher äußerst schwierig,[323] aber genuine Aufgabe des Lauterkeitsrechts. Dabei bedarf die Festellung eines marktschädigenden Verhaltens in diesen Bereichen und das sich anschließende Verbot des jeweiligen Geschäftsverhaltens einer eingehenden (empirischen) Untersuchung und Bewertung der jeweiligen Martgegebenhei-

---

318 *Hilty*, in: *ders./Henning-Bodewig* (Hrsg.), Law Against Unfair Competition, S. 17.
319 *Hilty*, in: *ders./Henning-Bodewig* (Hrsg.), Law Against Unfair Competition, S. 16f.
320 Vgl. *Handler*, (1936) 21 Iowa L. Rev, 175 (193).
321 Vgl. *Hanson/Kysar*, (1999) 74 NYU L. Rev., 630 (637): „It is not simply that manufacturers would prefer “the least scary, most pallid version” of a product warning when and if it is required by the government. Rather, it is that manufacturers have incentives to utilize cognitive biases actively to shape consumer perceptions throughout the product purchasing context and independently of government requirements. Advertising, promotion, and price setting all become means of altering consumer risk perceptions, regardless of mandated hazard warnings. This is what we mean by manipulation – The utilization of cognitive biases to influence peoples’ perceptions and, in turn, behaviour.”
322 Vgl. *Gomez*, ERCL 2006, 4 (13) mit Nachweisen.
323 Vgl. *Handler*, (1936) 21 Iowa L. Rev, 175: „What was fair yesterday may be unfair today. What is deemed unfair by one group of business men may be regarded as eminently proper by another. What is offensive to a commission may be palatable to the courts. There are other variables. Practices that are economically justifiable in one industry may be reprehensible in others. What is harmless to competitors may be harmful to consumers and *vice versa*.”

ten im Hinblick auf die potentiellen Auswirkungen für den jeweiligen Markt und dessen Verbraucher. So mag ein Verbot dazu führen, dass Verbrauchern wichtige Informationen vorenthalten werden und Konkurrenten der Markteintritt erschwert wird. Im Hinblick auf die Zielsetzung der Richtlinie, die Unsicherheiten von Unternehmen und Verbrauchern darüber, welche Geschäftspraktiken als unlauter zu bewerten sind, und die daraus resultierenden Hemmnisse für den Binnenmerakt, insbesondere bezüglich grenzüberschreitender Marketing-, Werbe- oder Verkaufskampagnen, zu beseitigen,[324] muss die Entscheidung gemeinschaftseinheitlich, und letztlich durch den EuGH erfolgen. Andernfalls erschienen Regelungsumfang, und -tiefe der Richtlinie durch die Rechtsgrundlage des Art. 95 EG nicht gedeckt. Verbliebe nämlich die letztverbindliche Bestimmung der Unlauterkeit in der Kompetenz der Mitgliedstaaten, so wäre auf Gemeinschaftsebene ein bloßes Informationsregime ausreichend gewesen.

Somit besteht für den EuGH kein Grund und keine Rechtfertigung, seiner Konkretisierungskompetenz in Bezug auf das Verbot unlauterer Geschäftspraktiken nicht umfassend nachzukommen.[325] Ein Indiz dafür, dass der EuGH seine Konkretisierungskompetenz insoweit auch tatsächlich ausschöpfen wird, ist zunächst die Entscheidung *Siemens*, in der der EuGH im Hinblick auf die Ausnutzung eines Unterscheidungszeichens eines Mitbewerbers „nicht in unlauterer Weise“ im Sinne von Art. 3a Abs. 1 lit. g) der Werberichtlinie 84/450/EWG feststellt, „dass unter Umständen wie denen des Ausgangsrechtsstreits der Ruf eines in Fachkreisen bekannten Unterscheidungszeichens eines Herstellers nicht in unlauterer Weise ausgenutzt wird, wenn ein konkurrierender Anbieter in seinen Katalogen den Kernbestandteil dieses Unterscheidungszeichens verwendet.“[326] Und bezüglich der Vereinbarkeit eines belgischen Kopplungsverbots mit Richtlinie 2005/29/EG subsumiert der EuGH zunächst die nationale Regelung under den weiten Begriff der „Geschäftspraktiken“, der damit eine gemeinschaftseinheitliche Auslegung erfährt.[327] Sodann stellt der EuGH im Hinblick auf die nach belgischem Recht vorgesehenen Ausnahmen zum Verbot fest, dass es nicht ausgeschlossen werden könne, „wie die Kommission in ihrer Antwort auf die schriftliche Frage des Gerichtshofs ausgeführt hat, ..., dass ein Kopplungsangebot verschiedener Waren oder Dienstleistungen, die kein Ganzes bilden und auch nicht identisch sind, insbesondere aufgrund einer zutreffenden Information des Verbrauchers, den Lauterkeitsanfor-

---

324 Erwägungsgrund (4).

325 Vgl. MüKo-UWG-*Leible*, EG A, Rn. 256; MüKoUWG-*Sosnitza*, § 3 UWG, Rn. 44; *Leistner*, ZEuP 2009, 56 (83).

326 EuGH v. 23. 2. 2006 – Rs. C-59/05 (*Siemens AG*), Slg. 2006, I-2147, Rn. 27. Maßgeblich war, dass die Produkte, Speichermodule, für Fachkreise bestimmt waren, die Beklagte ihr eigenes Firmenschlagwort als Bestandteil der Bestellnummern verwendete und in ihrem Katalog darauf hinwies, dass diese Nummern denjenigen der Produkte der Klägerin entsprechen, zudem war der jeweilige Kernbestandteil der Bestellnummer für die Inbetriebnahme des Produktes erforderlich. Zu berücksichtigen war auch der Vorteil für den Verbraucher, der so nicht erst anhand von Vergleichslisten die entsprechenden Produkte der Klägerin heraussuchen muss.

327 EuGH v. 23. 4. 2009 – verb. Rs. C-261/07, C-299/07 (*VTB-VAB NV/Total Belgium NV, Galatea BVBA/Sanoma Magayines Belgium NV*), Slg. 2009, I-00000, Rn. 50.

derungen der Richtlinie genügen."[328] Dies ist zumindest ein Indiz dafür, dass die Konkretisierung der Lauterkeitsanforderungen der Richtlinie letztlich Aufgabe des EuGH sein muss.[329]

bb) Gemeinschaftsrechtliches Konkretisierungsmaterial

Eng zusammen mit der Frage der Einbettung einer konkreten gemeinschaftsrechtlichen Konkretisierungsfrage in das nationale Recht hängt ein weiterer Einwand gegen eine umfassende Konkretisierungsbefugnis des EuGH. Eine gemeinschaftseinheitliche autonome Begriffsbildung komme dann nicht in Betracht, wenn dem Gemeinschaftsrecht keine Kriterien für eine autonome Begriffsbildung und Konkretisierung entnommen werden könnten.[330] Insoweit wäre dann auch die Konkretisierungskompetenz des EuGH reduziert. Die Gegenansicht verweist auf Wertentscheidungen und Gerechtigkeitsvorstellungen des primären und sekundären Gemeinschaftsrechts sowie auf die im Wege der wertenden Rechtsvergleichung ermittelten und den Zivilrechtsordnungen der Mitgliedstaaten gemeinsamen Rechtsprinzipien.[331]

Der Frage, inwieweit dem primären und sekundären Gemeinschaftsrecht tatsächlich sachdienliche Konkretisierungskriterien entnommen werden können, und inwieweit die Methoden der Rechtsvergleichung zur Konkretisierung beitragen, soll im 4. Teil dieser Arbeit nachgegangen werden. Bereits hier kann jedoch festgehalten werden, dass der Einwand des fehlenden Konkretisierungsmaterials nicht zu einer Einschränkung der Vorlagepflicht führen kann. Denn ob dass Gemeinschaftsrecht im konkreten Fall Bewertungskriterien enthält, kann letztendlich nur der EuGH entscheiden. Dabei ist er auch berufen, übergreifende Prinzipien des Gemeinschaftsrechts aufzudecken, jedoch nur, soweit er damit nicht das institutionelle Gleichgewicht zu Lasten des Gemeinschaftsgesetzgebers verschiebt.[332]

---

328 EuGH v. 23. 4. 2009 – verb. Rs. C-261/07, C-299/07 (*VTB-VAB NV/Total Belgium NV, Galatea BVBA/Sanoma Magayines Belgium NV*), Slg. 2009, I-00000, Rn. 66.

329 Anders aber wohl GA Trstenjak, Schlussanträge v. 21. 10. 2008 – verb. Rs. C-261/07, C-299/07 (*VTB-VAB NV/Total Belgium NV, Galatea BVBA/Sanoma Magayines Belgium NV*), Slg. 2009, I-00000, Rn. 87: „Die Aufgabe der Beurteilung der Lauterkeit einer Geschäftspraxis anhand konkreter Umstände, insbesondere im Hinblick auf ihre Wirkung auf das wirtschaftliche Verhalten eines Durchschnittsverbrauchers, überträgt der Gemeinschaftsgesetzgeber, wie die Kommission zutreffend darlegt, den nationalen Gerichten bzw. Verwaltungsbehörden."

330 Allgemein *Franzen*, Privatrechtsangleichung, S. 482; vgl. auch *Reich*, RabelsZ 66 (2002), 531 (544 f.): „Allerdings handelt es sich bei der Auslegung von Generalklauseln nicht wirklich um eine Kompetenz- und Subsidiaritäts-, sondern vor allem um ein Methodenproblem". Im Hinblick auf Art. 3 der Klauselrichtlinie *Heinrichs*, NJW 1996, 2190 (2196); *ders.*, NJW 1998, 1447 (1455); *H. Roth*, JZ 1999, 529 (535).

331 *Coester*, in: FS Heinrichs, S. 99 (105 f.); *Leible*, RIW 2001, 422 (426); *Staudinger*, DNotZ 2002, 166 (178); *Röthel*, Normkonkretisierung, S. 362; *Micklitz/d'Usseaux*, ZEuP 1998, 104 (114 f.).

332 Vgl. nachfolgend II. 2. Zu weitgehend daher *Röthel*, Normkonkretisierung, S. 363: „Konkretisierung beinhaltet aber gerade die Befugnis, materielle Maßstäbe zu schaffen, also rechtsschöpferisch tätig zu sein."

3. Rechtstatsächliche Überlegungen

Nach den vorstehenden Überlegungen sind im Bereich der binnenmarktfinalen Rechtsangleichung Konkretisierungskompetenz des EuGH und damit Vorlagebefugnis und Vorlagepflicht grundsätzlich umfassend. Es fragt sich jedoch, ob nicht aus rechtstatsächlichen Gründen eine Einschränkung von Vorlagepflicht bzw. Vorlagebefugnis geboten ist, in deren Umfang sich dann gleichsam als Reflex auch die Konkretisierungskompetenz des EuGH reduzieren würde.

a) Überlastung des EuGH

Gegen eine umfassende Konkretisierungskompetenz des EuGH im Europäischen Privatrecht wird eingewandt, dass diese zwangsläufig zu einer Überlastung des europäischen Gerichtssystems führen müsse.[333] Wären die letztinstanzlichen mitgliedstaatlichen Gerichte verpflichtet, auch nur jede Vertragsklausel, die sie für wirksam halten, oder jede Frage nach der Vertragsmäßigkeit eines Kaufgegenstandes vorzulegen, so würde der EuGH bald in einer Flut von Verfahren ertrinken.[334] Die einzelnen Verfahren könnten nicht mehr gründlich aufbereitet und die in ihnen aufgeworfenen gemeinschaftsrechtlichen Fragestellungen nicht mehr umfassend durchdacht werden.[335] Die ständig zunehmende Verfahrensdauer[336] sei den Parteien des Ausgangsverfahrens gegenüber unzumutbar und könne das mitgliedstaatliche Gericht, selbst in Fällen, in denen es angezeigt wäre, von einer sachdienlichen Vorlage abhalten.[337]

---

333 Vgl. *Heiderhoff*, Grundstrukturen, S. 120; *Borges*, Inhaltskontrolle, S. 81; *Generalanwalt Geelhoed*, Schlussanträge v. 25. 9. 2003 – Rs. C-237/02 (*Freiburger Kommunalbauten*), Slg. 2004, I-3403, Rn. 29: „Dies ist nicht nur eine Frage der klaren Zuständigkeitsabgrenzung zwischen der Gemeinschaft und den Mitgliedstaaten, sondern auch des ökonomischen Gebrauchs der Rechtsbehelfe." Der Zusammenhang zwischen Reichweite der Konkretisierungskompetenz des EuGH und seiner Arbeitsbelastung klingt auch an bei *Generalanwalt Jacobs*, Schlussanträge v. 10. 7. 1997 – Rs. C-338/95 (*Wiener*), Slg. 1997, I-6497 Rn. 15; *Generalanwalt Gulmann*, Schlussanträge v. 29. 9. 1993 – Rs. C-315/92 (*Clinique*), Slg. 1994, I-319 Rn. 9; *Generalanwalt Tizzano*, Schlussanträge v. 21. 2. 2002 – Rs. C-99/00 (*Lykeskog*), Slg. 2002, I-4841 Rn. 56. Vgl aus der allgemeinen Reformdiskussion anlässlich der Regierungskonferenz zum Vertrag von Nizza: *EuGH und EuG*, Die Zukunft des Gerichtssystems der Europäischen Union, Reflexionspapier (http://curia.europa.eu/de/instit/presentationfr/index_savoirplus.htm), S. 20: „In einer erweiterten Europäischen Union mit weitreichenden Kompetenzen wird die Zahl der Klagen, Rechtsmittel und Vorabentscheidungsersuchen bisher unbekannte Ausmaße erreichen, die die Kapazitätsgrenzen der gegenwärtigen Gerichtsstruktur überschreiten wird."; *Hopt*, RabelsZ 66 (2002), 589 (591 ff.); *Heß*, RabelsZ 66 (2002), 470 (471); *Rasmussen*, (2000) 37 CMLRev. 1071 ff.

334 Vgl. *Lipp*, NJW 2001, 2657 (2658).

335 Vgl. *Groh*, Auslegungsbefugnis, S. 66; *EuGH und EuG*, Reflexionspapier, S. 24 f.

336 Vgl. *Schulze-Osterloh*, ZGR 1995, 170 (178); *Borges*, Inhaltskontrolle, S. 81; Ulmer/Brandner/Hensen-*Ulmer*, AGB-Recht, Einl. Rn. 100; auch *Heß*, RabelsZ 66 (2002), 470 (471); *Rasmussen*, (2000) 37 CMLRev. 1071 (1072).

337 Vgl. *Groh*, Auslegungsbefugnis, S. 68 f.

Tatsächlich haben sich diese Befürchtungen bisher nicht bewahrheitet. Eine Vorlageflut im Bereich des Privatrechts ist bislang ausgeblieben.[338] Darüber hinaus ist es dem EuGH sehr gut gelungen, der Zahl der anhängigen Verfahren Herr zu werden.[339] Dafür dürften nicht zuletzt auch die durch den Vertrag von Nizza im Jahre 2003 eingefügten verfahrensrechtlichen Neuerungen verantwortlich sein.[340] So wurde im Jahre 2008 die weit überwiegende Mehrzahl aller Rechtssachen (469) in Kammern mit 5 (272) bzw. 3 Richtern (124) und nicht im Plenum (0) oder der Großen Kammer (66) entschieden.[341] Nicht unerheblich auf die Verfahrensdauer wirkt sich auch aus, dass der EuGH gemäß Art. 104 § 3 VerfO im Vorabentscheidungsverfahren mit Beschluss entscheiden kann, wenn die vorgelegte Frage mit einer bereits entschiedenen übereinstimmt oder sich die Antwort klar aus der bisherigen Rechtsprechung ergibt oder keinen Raum für vernünftige Zweifel lässt.[342]

b) Ungeeignetheit des *Verfahrens* der Vorabentscheidung

In die genau entgegengesetzte Richtung weist ein weiterer Einwand von Franzen:[343] Die Aufgabenverteilung im Vorabentscheidungsverfahren führe dazu, dass die innerstaatlichen Gerichte über den Umfang der Vorlagen an den EuGH entscheiden. Somit hänge die Frage, inwieweit der EuGH überhaupt mit privatrechtlichen Vorlagefragen befasst wird, im wesentlichen von der Vorlagebereitschaft der innerstaatlichen Gerichte ab. Damit sei nicht gesichert, dass dem EuGH überhaupt genügend „Rechtsprechungsmasse“ zur Normbildung im Rahmen einer Generalklausel erreiche.

---

338 Vgl. *Basedow*, in: FS Brandner, S. 651 (674); *Hakenberg*, RabelsZ 66 (2002), 367 (372): „Die Anzahl der Vorlagen auf dem Gebiet des harmonisierten Zivilrechts ist insgesamt außerordentlich gering.“

339 So standen im Jahre 2004 531 neu anhängigen Rechtssachen (davon 249 Vorabentscheidungsverfahren) 665 erledigte Rechtssachen (davon 262 Vorabentscheidungsverfahren) gegenüber. Dieser Trend setzte sich in den Jahren 2005 (474 neu anhängigen Rechtssachen, 221 Vorabentscheidungsverfahren, und 574 Erledigungen, davon 254 Vorabentscheidungsverfahren), 2006 (537 neu anhängige Rechtssachen, davon 251 Vorabentscheidungsverfahren, und 546 Erledigungen, davon 266 Vorabentscheidungsverfahren), 2007 (580 neu anhängige Rechtssachen, davon 265 Vorabentscheidungsverfahren, und 570 Erledigungen, davon 235 Vorabentscheidungsverfahren) und 2008 (592 neu anhängige Rechtssachen, davon 288 Vorabentscheidungsverfahren, und 567 Erledigungen, davon 301 Vorabentscheidungsverfahren) fort. Die Zahl der insgesamt anhängigen Rechtssachen ist von 974 (davon 439 Vorabentscheidungsersuchen) im Jahre 2003 auf 767 (davon 395 Vorabentscheidungsverfahren) im Jahre 2008 zurückgegangen. Auch die Verfahrensdauer konnte reduziert werden. Die durchschnittliche Verfahrensdauer lag im Jahre 2008 mit 16,8 Monaten unter derjenigen vom Jahre 2000 mit 21,6 Monaten, und sogar um Mehr als 8 Monate unter derjenigen aus dem Jahre 2003. Vgl. die Rechtssprechungsstatistik des Gerichtshofs 2008, abrufbar unter http://www.curia.europa.eu/de/instit/presentationfr/index_cje.htm.

340 Vgl. *Hakenberg/Seyr*, ZEuP 2004, 832 (832 f.). Nach *Bobek*, (2008) 45 CMLRev., 1611 (1642), ist die Verringerung der Verfahrendauer dagegen hauptsächlich auf die im Zuge der Osterweiterung nahezu verdoppelte Anzahl der Richter zurück zuführen. Würde man diese in der Statistik berücksichtigen, hätte sich die Arbeit des Gerichtshofs verlangsamt.

341 Vgl. Art. 16 SatzungEuGH; Art. 11 a–11 c VerfO.

342 Vgl. *Hakenberg/Seyr*, ZEuP 2004, 832 (833 Fn. 5). Im Jahre 2008 hat der EuGH von dieser Möglichkeit in 30 Fällen Gebrauch gemacht.

343 Vgl. *Franzen*, Privatrechtsangleichung, S. 539 f.

Zwar wird mitunter durchaus die mangelnde Vorlagefreudigkeit der mitgliedstaatlichen Gerichte auf dem Gebiet des Europäischen Privatrechts beklagt.[344] Aus einer solchen tatsächlichen Vorlagepraxis kann jedoch nicht auf den Umfang der Konkretisierungskompetenz des EuGH geschlossen werden.[345] Im Übrigen betont dieser Ansatzpunkt zu stark die Typisierung und Fallgruppenbildung als zweite Stufe des Konkretisierungsprozesses.[346] Bei relativ jungen Rechtsakten und Rechtsgebieten, wie dem Europäischen Privatrecht, geht es jedoch zunächst und vorrangig um die Entscheidung von Einzelfällen als erster Stufe des Konkretisierungsprozesses, für die eine Masse an Vorentscheidungen denknotwendig fehlt. Schließlich räumt Franzen auch selbst ein, dass der EuGH sehr wohl in der Lage ist, im Laufe einer langen Rechtsprechungsentwicklung wertungsoffene Rechtssätze im Vorabentscheidungsverfahren zu konkretisieren.[347]

In anderer Hinsicht bestehen allerdings an der Eignung der prozessualen Ausgestaltung des Vorabentscheidungsverfahrens für das Privatrecht durchaus Bedenken. Diese resultieren aus der schwachen Stellung der Parteien des Ausgangsverfahrens sowie der weitgehenden Ausblendung des vorlegenden Gerichts, mit der Folge, dass die sachgemäße Herausarbeitung der gegenseitigen Standpunkte und Interessenlagen der Parteien nicht gesichert scheint.[348] Abhilfe kann insoweit wohl nur durch eine umfassende gesetzgeberische Neuausrichtung des Vorabentscheidungsverfahren erfolgen, die aber derzeit nicht in Sicht ist. In der Zwischenzeit sollte der EuGH jedoch verstärkt von der mit dem Vertrag von Nizza eingefügten Möglichkeit des Art. 104 § 5 VerfO-EuGH Gebrauch machen und das Vorlagegericht häufiger und umfassender in den Konsultationsprozess einbeziehen.

c) Die Notwendigkeit eines zukünftigen sachgerechten „Konkretisierungsdialogs“[349]

Sollte der Vertrag von Lissabon in Kraft treten, so wäre der EuGH nach Art. 267 AEUV in einem einheitlichen Vorabentscheidungsverfahren auch umfassend zuständig im Bereich der justiziellen Zusammenarbeit in Straf-[350] und Zivilsachen, sowie für die Bereiche Asyl und Einwanderung.[351] Ein Ansteigen der Vorlagen aus diesen besonders sensiblen Bereichen ist wahrscheinlich.[352] Hinzu kommt in möglicherweise nicht allzu ferner Zukunft eine unabschätzbare Vielzahl von Auslegungsfragen bezüglich eines unerprobten Europäischen Vertragsrechts in Form

344 Vgl. *Basedow*, in: FS Brandner, S. 651 (665 ff.); *Hakenberg*, RabelsZ 66 (2002), 367 (370 ff.).
345 *Röthel*, Normkonkretisierung, S. 357.
346 Vgl. Kapitel 5 III. 3. a).
347 *Franzen*, Privatrechtsangleichung, S. 540.
348 Vgl. Kapitel 3 III. 1. 1. b) aa).
349 Der Begriff stammt von *Röthel*, Normkonkretisierung, S. 381 ff.
350 Gemäß Art. 35 EU steht es im Belieben der Mitgliedstaaten die Zuständigkeit des Gerichtshofs in diesem Bereich anzuerkennen. Gemäß Art. 276 AEUV bleibt dem EuGH jedoch die Überprüfung von polizeilichen Maßnahmen innerhalb der Mitgliedstaaten versagt.
351 Bisher beschränkt Art. 68 EG die Vorlagebefugnis und -pflicht in diesen Bereichen auf letztinstanzliche Gerichte.
352 Vgl. *Chalmers u.a.*, EU Law, S. 276.

des „Gemeinsamen Referenzrahmens“ oder eines „optionellen Instruments“.[353] Dies dürfte notgedrungen auf lange Sicht negative strukturelle Auswirkungen haben. Der steigende Ausstoß an Entscheidungen in kurzer Zeit durch Kammern mit 5 oder nur 3 Richtern erhöht das Risiko von Fehl- bzw. einander widersprechenden Entscheidungen erheblich.[354] Die einheitliche Anwendung des Gemeinschaftsrechts wird dadurch verfehlt. Für die nationalen Rechtssysteme und Rechtsanwender dürfte es zunehmend schwierig werden, mit einer solchen Masse an Fallrecht Schritt zu halten und angemessen darauf zu reagieren.[355] Kohärenz und Akzeptanz des Gemeinschaftsrechtssystem wären dann nicht länger gewährleistet. Eine umfassende Reform des europäischen Gerichtssystems ist also weiterhin dringend geboten. Solange es dazu nicht kommt, kann nur ein verantwortungsbewusster Umgang mit dem Vorabentscheidungsverfahren sowohl durch die mitgliedstaatlichen Gerichte als auch den EuGH angemahnt werden.[356]

Bezüglich der nationalen Gerichte ist dabei vielfach vorgeschlagen worden, die Vorlagepflicht und Vorlagebefugnis auf Fragen „grundsätzlicher Bedeutung“ zu beschränken[357] bzw. auf Fragen, in denen ein oberstes Gericht eines Mitgliedstaates von der Entscheidung des obersten Gerichts eines anderen Mitgliedstaates abweichen will („Divergenzvorlage“).[358] Problematisch ist dabei zum einen, dass die Grundsätzlichkeit in bezug auf die Gemeinschaftsrechtsordnung und die Rechtslage in allen Mitgliedstaaten zu beurteilen ist,[359] zum anderen dürfte es gerade im Hinblick auf relativ neue Sekundärrechtsakte für die mitgliedstaatlichen Gerichte nicht einfach sein, die Grundsätzlichkeit einer Vorlage zu beurteilen.[360] Da eine trennscharfe Abgrenzung der grundsätzlichen von den nicht grundsätzlichen Fragen ohnehin nicht möglich ist,[361] dürfte es insoweit maßgeblich auf die gemeinschaftsrechtlichen Kenntnisse und das Rechtsgefühl des je vorlegenden Gerichts ankommen. Bezüglich Divergenzvorlagen fehlt es derzeit wohl noch an der nötigen informationellen Infrastruktur.[362]

---

353 Vgl. *Ackermann*, in: *Furrer* (Hrsg.), Europäisches Privatrecht im wissenschaftlichen Diskurs, S. 417 (420).
354 *Chalmers u.a.*, EU Law, S. 276.
355 *Chalmers u.a.*, EU Law, S. 276.
356 Vgl. *Röthel*, Normkonkretisierung, S. 381 ff.
357 Vgl. *Heß*, RabelsZ 66 (2002), 470 (494 ff.); *Lipp*, NJW 2001, 2657 (2662); *Röthel*, Normkonkretisierung, S. 390; *Ulmer/Brandner/Hensen-Ulmer*, AGB-Recht, Einl., Rn. 103; *Broberg*, (2008) 45 CMLRev., 1383 (1388 ff.).
358 Vgl. *Schulze-Osterloh*, ZGR 1995, 170 (178 f.); *Lipp*, NJW 2001, 2657 (2662).
359 Vgl. *Heß*, RabelsZ 66 (2002), 470 (495).
360 Vgl. *Röthel*, Normkonkretisierung, S. 387.
361 *Heß*, RabelsZ 66 (2002), 470 (496). Vgl. auch die Kriterien von *Groh*, Auslegungsbefugnis, S. 70 ff.: Vorlage verzichtbar, wenn die aufgeworfene Rechtsfrage mit einer vom EuGH bereits beantworteten übereinstimmt, wenn sie lediglich auf weitere Präzisierung gerichtet und nicht für eine „erhebliche Anzahl“ weiterer Rechtsstreite verwertbar wäre, oder eine gefestigte Rechtsprechung „in nicht ernsthaft zu bezweifelnder Weise“ übertragen werden könnte; weiterhin, wenn die Auslegungsfrage „zweifelsfrei zu beantworten ist“ oder „wenn sie nur für vereinzelte Ausgangsrechtsstreite relevant ist“.
362 Vgl. *Schulze-Osterloh*, ZGR 1995, 170 (179); *Röthel*, Normkonkretisierung, S. 387. Vgl. zur europäischen Datenbank über missbräuchliche Klauseln in Europa (CLAB Europa), *Micklitz/Radeideh*, ZEuP 2003, 85 ff.

Im übrigen ist erforderlich, dass das mitgliedstaatliche Gericht den tatsächlichen und rechtlichen Hintergrund in einer Weise schildert, die den Gerichtshof in die Lage versetzt, die konkreten Auswirkungen seiner Entscheidung sowohl in sozioökonomischer Hinsicht als auch bezüglich der nationalen Rechtsordnung, in die sich die Antwort einfügen muss, abzuschätzen.[363] Eine Vorlage sollte erst dann erfolgen, wenn in tatsächlicher Hinsicht fest steht, dass eine gemeinschaftsrechtliche Konkretisierungsfrage entscheidungserheblich ist.[364] Das Verfahren in Sachen *Heininger* ist insoweit ein abschreckendes Beispiel.[365] Der EuGH dehnte in einer folgenreichen[366] Entscheidung den Anwendungsbereich der Haustürgeschäfterichtlinie auf Realkreditverträge aus.[367] Zu keiner Zeit hatten jedoch die Instanzgerichte geklärt, ob überhaupt der situative Anwendungsbereich des HWiG[368] eröffnet war. Nach der Antwort des EuGH verwies der BGH den Rechtsstreit zur Klärung dieser Frage an das Berufungsgericht zurück[369], dass in der Folge die Klage mangels Vorliegen einer Haustürsituation abgewiesen hat.[370]

Der Gerichtshof sollte sich seinerseits bei seiner Antwort eng an die Auslegungsfrage halten, diese nicht umformulieren oder Fragen beantworten, die gar nicht gestellt wurden.[371] Bedenklich ist insoweit die Behandlung der „Heininger-Folgeproblematik". In der Rechtssache *Schulte*[372] begehrte das Landgericht Bochum, eingekleidet in vier Vorlagefragen, eine Vorabentscheidung dazu, ob es mit der Haustürgeschäfterichtlinie im Einklang steht, wenn im Falle des Widerrufs eines im Rahmen eines Kapitalanlagemodells abgeschlossenen Kreditvertrages der Verbraucher die Darlehensvaluta zuzüglich der marktüblichen Zinsen auch dann sofort an die Bank zurückzahlen muss, wenn das Darlehen ausschließlich der Finanzierung einer Immobilie diente und direkt an den Verkäufer ausbezahlt wurde.[373] Der EuGH bejaht dies,[374] um jedoch dann in einem zweiten Schritt „mit ei-

363 Ausführlich *Röthel*, Normkonkretisierung, S. 392 ff.; vgl. auch *EuGH*, Hinweise zur Vorlage von Vorabentscheidungsersuchen durch die nationalen Gerichte (2005/C 143/01), ABl. EU C 143/1; Nr. 22.

364 *EuGH*, Hinweise zur Vorlage von Vorabentscheidungsersuchen durch die nationalen Gerichte (2005/C 143/01), ABl. EU C 143/1; Nr. 18 f.

365 Vgl. *Franzen*, JZ 2003, 321 ff.

366 Vgl. zur Einfügung von § 355 Abs. 3 S. 3 BGB sowie zur Ausdehnung des Widerrufsrechts nach § 495 BGB auf Realkreditverträge und die dadurch in den §§ 491 ff. BGB notwendig gewordenen Rückausnahmen, *Franzen*, JZ 2003, 321 (328 f.).

367 EuGH v. 13. 12. 2001 – Rs. C-481/99 (*Heininger*), Slg. 2001, I-9945 Rn. 28 ff.

368 Nach der Schuldrechtsreform nunmehr § 312 BGB. Nach der deutschen Umsetzung genügt im Gegensatz zur Richtlinie, die nur den Vertragsabschluss in der Haustürsituation erfasst (Art. 1 Abs. 1), die kausale Vertragsanbahnung in der Haustürsituation.

369 BGH, NJW 2002, 1881.

370 OLG München, BKR 2002, 912 (913).

371 Vgl. *Röthel*, Normkonkretisierung, S. 397 f. Vgl. auch EuGH v. 27. 6. 2000, verb. Rs. C-240/98 bis C-244/98 (*Océano*), Slg. 2000, I-4963 Rn. 21, wo der Gerichtshof „ungefragt" die Missbräuchlichkeit einer Gerichtsstandsklausel prüft und bejaht.

372 EuGH v. 25. 10. 2005 – Rs. C-350/03 (*Schulte/Badenia AG*), Slg. 2005, I-9215; vgl. auch EuGH v. 25. 10. 2003 – Rs. C-229/04 (*Crailsheimer Volksbank/Conrads u. a.*), Slg. 2005, I-9273.

373 EuGH v. 25. 10. 2005 – Rs. C-350/03 (*Schulte/Badenia AG*), Slg. 2005, I-9215, Rn. 40.

nem apodiktischen ‚Ich aber sage euch ...'"[375] auszusprechen, dass im Falle einer unterbliebenen oder fehlerhaften Widerrufsbelehrung die Mitgliedstaaten nach der Richtlinie dafür sorgen müssen, dass diejenigen mit der Kapitalanalge verbundenen Risiken durch die kreditgebende Bank zu tragen sind, die der Verbraucher durch rechtzeitigen Widerruf hätte vermeiden können.[376] Die „Beantwortung" dieser nicht gestellten Vorlagefrage hat tiefgreifende Auswirkungen auf das innerstaatliche Recht[377] und wirft die Frage auf, inwieweit der EuGH nicht nur verfahrensrechtlichen, sondern auch inhaltlichen gemeinschaftsverfassungsrechtlichen Konkretisierungsschranken unterliegt.[378]

II. Gemeinschaftsverfassungsrechtliche Konkretisierungsschranken

Konkretisierung bedeutet die Hervorbringung und Erzeugung der den konkreten Sachverhalt entscheidenden Rechtsnorm im Rahmen eines wertungsoffenen Rechtssatzes.[379] Der EuGH unterliegt dabei grundsätzlich den gleichen gemeinschaftsverfassungsrechtlichen Grenzen wie auch sonst wenn er rechtsfortbildend tätig ist.[380] Gleichwohl können sich aus dem Vorhandensein eines wertungsoffenen Rechtssatzes Besonderheiten ergeben.

1. Vertikale Konkretisierungsschranken

Grundsätzlich darf der EuGH eine bestimmte Konkretisierung nur dann vornehmen, wenn auch der Gemeinschaftsgesetzgeber befugt wäre, die jeweilige Fallnorm aufgrund der entsprechenden Kompetenzgrundlage aufzustellen, wobei dem EuGH anders als dem Gemeinschaftsgesetzgeber ein politischer Beurteilungsspielraum allerdings nicht zusteht.[381]

---

374 EuGH v. 25. 10. 2005 – Rs. C-350/03 (*Schulte/Badenia AG*), Slg. 2005, I-9215, Rn. 81, 89, 93, 103. Ebenso EuGH v. 25. 10. 2003 – Rs. C-229/04 (*Crailsheimer Volksbank/Conrads u.a.*), Slg. 2005, I-9273, Rn. 49.
375 *Benedict*, AcP 206 (2006), 56 (61).
376 EuGH v. 25. 10. 2005 – Rs. C-350/03 (*Schulte/Badenia AG*), Slg. 2005, I-9215, Rn. 100.
377 Die Umsetzung dieser Vorgaben in das deutsche Recht müsste wohl über einen Schadensersatzanspruch nach §§ 280 Abs. 1, 241 Abs. 2, 311 Abs. 2 Nr. 1, 249 BGB erfolgen, wobei die Widerrufsbelehrung von der bloßen Obliegenheit zur Vertragspflicht aufgewertet wird; vgl. *Habersack*, JZ 2006, 91 (92 f.); *Staudinger*, NJW 2005, 3521 (3524 f.); *Rösler*, ZEuP 2006, 869 (881).
378 Vgl. auch *Benedict*, AcP 206 (2006), 56 (62).
379 Vgl. Kapitel 5 III. *Canaris*, EuZW 1994, 417, spricht von Konkretisierung als der „gesetzgebungsähnliche[n] Ausdifferenzierung eines bloßen Normprogramms". An der Gesetzgebungsähnlichkeit fehlt es nach hier vertretener Ansicht freilich deswegen, weil die erzeugte Fallnorm nur für den entschiedenen Fall gilt. Eine mögliche Übertragung auf ähnlich gelagert Fälle bedarf einer erneuten Wertung.
380 Vgl. Kapitel 3 III. 2. b) cc) (1).
381 Vgl. Kapitel 3 III. 2. b) cc) (1).

a) Suspendierung der Kompetenzgrenzen durch wertungsoffene Rechtssätze?

Es stellt sich allerdings die Frage, ob die Kompetenzgrundlage der Konkretisierung einer Richtlinienbestimmung Schranken setzen kann, wenn sie deren Erlass offenbar nicht entgegenstand.[382]

Ein vergleichbares Problem stellt sich im Rahmen des Subsidiaritätsprinzips nach Art. 5 Abs. 2 EG, welches nur für die Bereiche gilt, die nicht der ausschließlichen Komptenz der Gemeinschaft unterfallen.[383] Hierzu wird vertreten, dass sobald die Gemeinschaft von einer konkurrierenden Kompetenz Gebrauch gemacht hat, für den so geregelten Bereich nunmehr eine ausschließliche Gemeinschaftskompetenz bestehe, die die Anwendung des Subsidiaritätsprinzips für Änderungen oder Aktualisierungen des ursprünglichen Rechtsakts ausschließe.[384] Dies wird teilweise als *„doctrine of pre-emption"* bezeichnet.[385]

Mit dem Prinzip der begrenzten Ermächtigung gemäß Artikel 5 Abs. 1 EG ist diese Auffassung jedoch nicht vereinbar. Offenbar sind der Gemeinschaft durch das Primärrecht bestimmte Kompetenzen als ausschließliche übertragen, andere dagegen lediglich als geteilte oder konkurrierende.[386] Diese primärrechtliche Definition kann nicht einfach durch das Setzen von Sekundärrecht aus den Angeln gehoben werden.[387]

---

382 So in Bezug auf das Subsidiaritätsprinzip *Ulmer/Brandner/Hensen-Ulmer*, AGB-Recht, Einl. Rn. 102.

383 Vgl. Kapitel 2 III. 1. a).

384 Vgl. *Weatherill*, in: *O'Keefe/Twomey*, Legal Issues of The Maastricht Treaty, S. 13 (14): "Once the Community has acted, if it acts, it then assumes exclusive competence in the field which it has occupied, therefore transforming concurrent State/Community competence into exclusive Community competence."; *Toth*, (1992) 29 CMLRev., 1079 (1096): "It follows that any measures to be adopted in the future relating to matters already legislated upon in the past and thus brought within exclusive Community competence cannot be subject to the principle of subsidiarity"; *ders.*, in: *O'Keefe/Twomey*, Legal Issues of The Maastricht Treaty, S. 37 (39). Zur Unterstützung kann sich diese Ansicht auf EuGH v. 31. 3. 1971 – Rs. 22/70 (*Kommission/Rat*), Slg. 1971, 263 berufen, vgl. Rn. 15/19: „Insbesondere sind in den Bereichen, in denen die Gemeinschaft zur Verwirklichung einer vom Vertrag vorgesehenen gemeinsamen Politik Vorschriften erlassen hat, die in irgendeiner Form gemeinsame Rechtsnormen vorsehen, die Mitgliedstaaten weder einzeln noch selbst gemeinsam berechtigt, mit dritten Staaten Verpflichtungen einzugehen, die diese Normen beeinträchtigen. In dem Maße, wie diese Gemeinschaftsrechtssetzung fortschreitet, kann nur die Gemeinschaft mit Wirkung für den gesamten Geltungsbereich der Gemeinschaftsrechtsordnung vertragliche Verpflichtungen gegenüber dritten Staaten übernehmen und erfüllen"; sowie Rn. 30/31: „Neben dieser Gemeinschaftszuständigkeit kann es keine konkurrierende Zuständigkeit der Mitgliedstaaten geben, da alles, was außerhalb der Gemeinschaftsorgane geschieht, mit der einheitlichen Anwendung des Gemeinschaftsrechts unvereinbar ist."

385 *Weatherill*, in: *O'Keefe/Twomey*, Legal Issues of The Maastricht Treaty, S. 13 (14). Vgl. für ein umfassendes Verständnis der „pre-emption-Lehre" im Gemeinschaftsrecht *Cross*, (1992) 29 CMLRev., 447 ff.; *Schütze*, (2006) 43 CMLRev., 1023 ff.

386 Vgl. nunmehr auch Art. 2, 3, 4 AEUV.

387 Vgl. zum Ganzen Calliess/Ruffert-*Calliess*, Art. 5 EGV, Rn. 31; *von Borries*, EuR 1994, 263 (274); *Jarass*, AöR 121 (1996), 173 (186 f.); *Geiger*, Art. 5 EGV Rn. 7.

Diese Überlegungen lassen sich auf das vorliegende Problem übertragen. Mit der gemeinschaftlichen vertikale Kompetenzverteilung und dem Prinzip der begrenzten Ermächtigung wäre es nicht vereinbar, hätte es der Gemeinschaftsgesetzgeber in der Hand, durch Schaffung von Blankettnormen den EuGH von der Anwendung der Kompetenzvorschriften zu suspendieren. Je weiter und unbestimmter der sekundärrechtliche Rechtssatz ist, umso genauer muss der EuGH das Vorliegen der Voraussetzungen der jeweiligen Kompetenznorm überprüfen und die von ihm zu schaffende Fallnorm daran ausrichten. Dies soll an einem Beispiel verdeutlicht werden.

b) Beispiel: Immaterieller Schadensersatz gemäß Art. 5 Abs. 2 Pauschalreiserichtlinie – Rechtssache C-168/00 (*Simone Leitner*)[388]

In der Rechtssache Simone Leitner hatte sich der EuGH erstmals mit Inhalt und Ausmaß des dem Verbraucher durch die Pauschalreiserichtlinie gewährten Schutzes zu beschäftigen.[389] Es ging um die Frage, ob Art. 5 der Pauschalreiserichtlinie dahingehend auszulegen ist, dass er grundsätzlich dem Verbraucher einen Anspruch auf Ersatz des immateriellen Schadens verleiht, der auf der Nichterfüllung oder einer mangelhaften Erfüllung der eine Pauschalreise ausmachenden Leistungen beruht.[390] Die Antwort des EuGH fällt ausgesprochen knapp aus.[391] Zweck der Richtlinie sei die Beseitigung von Wettbewerbsverzerrungen aufgrund unterschiedlicher Vorschriften und Praktiken der Mitgliedstaaten. Bei Pauschalreisen führe das Bestehen einer Schadensersatzpflicht für immaterielle Schäden in einigen Mitgliedstaaten und das Fehlen einer solchen Pflicht in anderen zu spürbaren Wettbewerbsverzerrungen, da immaterielle Schäden in diesem Bereich häufig seien. Für den Verbraucher hätte der Schadensersatz wegen entgangener Urlaubsfreude besondere Bedeutung. Obwohl Art. 5 Abs. 2 Unterabsatz 1 nur allgemein auf den Begriff des Schadens Bezug nehme, erkenne die Richtlinie einen grundsätzlichen Schadensersatzanspruch für Nicht-Körperschäden, darunter immaterielle Schäden, implizit dadurch an, dass nach Art. 5 Abs. 2 Unterabsatz 4 die Mitgliedstaaten zulassen können, dass bei Schäden, die nicht Körperschäden sind, die Entschädigung vertraglich beschränkt werden kann. Damit sei Art. 5 dahin auszu-

---

388 EuGH v. 12. 3. 2002 – Rs. C-168/00 (*Simone Leitner/Tui Deutschland GmbH & Co. KG*), Slg. 2002, I-2631.

389 *Doehring*, EuZW 2002, 340. In früheren Entscheidungen ging es um die nicht rechtzeitige bzw. ungenügende Umsetzung der Richtlinie (vgl. EuGH v. 8. 10. 1996 – Rs. C-178/94 (*Dillenkofer*), Slg. 1996, I-4845, bzw. EuGH v. 14. 5. 1998 – Rs. 364/96 (*Verein für Konsumenteninformation/Österreich*), Slg. 1998, I- 2949; EuGH v. 15. 6. 1999 – Rs. C-140/197 (*Rechberger/Österreich*), Slg. 1999, I-3499) sowie deren Anwendungsbereich (EuGH v. 11. 2. 1999 – Rs. C-237/97 (*AFS Intercultural Programs Finland*), Slg. 1999, I-825; EuGH v. 30. 4. 2002 – Rs. C-400/00 (*Club Tour Viagens e Turismo SA/Goncalves Garrido*), Slg. 2002, I-4051).

390 EuGH v. 12. 3. 2002 – Rs. C-168/00 (*Simone Leitner/Tui Deutschland GmbH & Co. KG*), Slg. 2002, I-2631 Rn. 14.

391 Erhellender sind insoweit die Ausführungen von *GA Tizzano*, Schlussanträge v. 20. 9. 2001 – Rs. C-168/00 (*Simone Leitner/Tui Deutschland GmbH & Co. KG*), Slg. 2002, I-2631 Rn. 23–43.

legen, dass er dem Verbraucher grundsätzlich einen Anspruch auf Ersatz des immateriellen Schadens verleiht.[392]

Die Entscheidung ist in der Literatur überwiegend auf Kritik gestoßen.[393] Namentlich *Wulf-Henning Roth*[394] sieht darin auch eine Überschreitung der vertikalen Konkretisierungsschranken. Art. 95 EG setzte voraus, dass die Richtlinie tatsächlich zur Beseitigung von Hindernissen der Dienstleistungsfreiheit und von Wettbewerbsverzerrungen beiträgt.[395] Spürbare Wettbewerbsverzerrungen entstünden jedoch nur dann, wenn Anbieter aus verschiedenen Mitgliedstaaten auf dem selben Markt zu unterschiedlichen Bedingungen miteinander in Wettbewerb treten. Bezüglich der passiven Verbraucher unterlägen gemäß Art. 5 EVÜ jedoch alle Anbieter den selben Voraussetzungen. Wettbewerbsverzerrungen seien insoweit durch das internationale Privatrecht ausgeschlossen.[396] Der aktive, grenzüberschreitend nachfragende Verbraucher sei zwar nicht länger durch die zwingenden Vorschriften seines Wohnsitzstaates geschützt[397]; bisher fehle es jedoch an einem ernsthaften empirischen Nachweis, dass unterschiedliche mitgliedstaatliche Vorschriften insoweit zu spürbaren Wettbewerbsverzerrungen führen. Gleiches gelte für den Gedanken des Verbrauchervertrauens, für den ohnehin zweifelhaft sei, ob er die Heranziehung von Art. 95 EG rechtfertigen könne.[398] Zu Recht habe der Gerichtshof seine Entscheidung nicht auf die Beseitigung von Hindernissen für die Dienstleistungsfreiheit gestützt. Zwar handele es sich bei Pauschalreisen um „rechtliche Produkte“, die durch das anwendbare nationale Recht geformt werden. Zwingende nationale Vorschriften wären somit technischen Produktregelungen hinsichtlich Waren vergleichbar und könnten somit Hindernisse für den freien Dienstleistungsverkehr begründen. Vorschriften bezüglich Schadensersatz würden das Produkt als solches jedoch nicht betreffen und könnten daher die Dienstleistungsfreiheit auch nicht behindern.[399]

Hierauf wird im Zusammenhang der grundreiheitenkonformen Konkretisierung zurückzukommen sein.[400]

---

392 EuGH v. 12. 3. 2002 – Rs. C-168/00 (*Simone Leitner/Tui Deutschland GmbH & Co. KG*), Slg. 2002, I-2631 Rn. 20–24.

393 Diese basiert zum einen auf der Interpretation von EuGH und Generalanwalt, wonach die Unterscheidung von Körperschäden und Nicht-Körperschäden in Art. 5 der Richtlinie impliziere, dass immaterielle Schäden dem Schadensbegriff der Richtlinie unterfielen. Zum anderen wird kritisiert, das der EuGH den Verbraucherschutz zum überragenden Auslegungsziel erhoben und so die beabsichtigte Minimumharmonisierung der Richtlinie in eine Maximalharmonisierung umgekehrt habe. Vgl. *Doehner*, EuZW 2002, 340ff.; *W.-H. Roth*, (2003) 40 CMLRev., 937 (942ff.); *Seyr*, ZEuS 2003, 533 (548ff.); *Tonner/Lindner*, NJW 2002, 1475ff.; differenzierend jedoch *Tonner*, ZEuP 2003, 619 (627ff.).

394 *W.-H. Roth*, (2003) 40 CMLRev., 937 (943f.).

395 Vgl. Kapitel 2 I. 1. a).

396 *W.-H. Roth*, (2003) 40 CMLRev., 937 (943).

397 Nach Art. 6 Abs. 1 und 2 der Rom-I-Verordnung sind Verbraucher nun freilich viel öfter als bisher auch bei grenzüberschreitender Nachfrage durch das Verbraucherschutzrecht ihres Heimatstaates geschützt; vgl. Kapitel 2 Fn. 74.

398 *W.-H. Roth*, (2003) 40 CMLRev., 437 (944). Vgl. Kapitel 2 I. 1. b).

399 *W.-H. Roth*, (2003) 40 CMLRev., 937 (944).

400 Vgl. Kapitel 9 I.

2. Horizontale Konkretisierungsgrenzen

In horizontaler Hinsicht sind die Befugnisse des EuGH durch den Grundsatz des institutionellen Gleichgewichts beschränkt.[401] Der EuGH darf sich insoweit nicht über den Willen bzw. den nicht vorhandenen Willen des Gesetzgebers hinwegsetzen und vollendete Tatsachen schaffen.[402]

a) Beispiel 1: Schadensersatz gemäß Art. 9 Produkthaftungsrichtlinie – Rechtssache C-203/99 (*Henning Veedfald*)[403]

Zur Vorbereitung der Transplantation wurde eine Niere mit einer von der Beklagten hergestellten fehlerhaften Perfusionsflüssigkeit durchgespült, so dass die Niere nicht mehr verwendbar war. Das Berufungsgericht legte dem EuGH u.a. die Frage vor, ob Art. 9 Satz 1 der Produkthaftungsrichtlinie gemeinschaftsautonom auszulegen sei und ob der streitgegenständliche Sachverhalt Art. 9 Satz 1 lit. a) (Tod oder Körperverletzung) oder Art. 9 Satz 1 lit. b) (Beschädigung oder Zerstörung einer anderen Sache) unterfalle. Nach Ansicht des EuGH folge aus Art. 9, dass der Schadensbegriff sowohl den durch Tod oder Körperverletzung verursachten Schaden als auch die Beschädigung oder Zerstörung einer Sache umfassen müsse.[404] Zwar bleibe es dem nationalen Gesetzgeber überlassen, diese beiden Schadensarten genauer zu definieren. Im Hinblick auf die praktische Wirksamkeit des Gemeinschaftsrechts müsse jedoch für beide Schadensarten eine angemessene und vollständige Entschädigung sichergestellt werden.[405] Im übrigen obliege es dem innerstaatlichen Gericht zu prüfen, unter welche Schadensart der Sachverhalt des Ausgangsverfahrens zu subsumieren sei. Das nationale Gericht dürfe jedoch nicht jede Schadensersatzpflicht mit der Begründung verneinen, dass der entstandene Schaden unter keine der in Art. 9 genannten Schadensarten falle.[406]

Generalanwalt Colomer[407] lehnte die Anwendung der Produkthaftungsrichtlinie unter anderem[408] deswegen ab, weil der vorliegende Fall tatsächlich nicht die Haf-

---

401 Vgl. Kapitel 3 I.

402 Zum Prinzip der Gemeinschaftsverfassungsorgantreue und dem Gedanken der Vorwirkung von Rechtsakten als Schranke der Rechtsfortbildungsbefugnis des EuGH vgl. *Neuner*, in *Riesenhuber* (Hrsg.), Europäische Methodenlehre, S. 231 (238 f.); *Ukrow*, Richterliche Rechtsfortbildung, S. 213 ff.

403 EuGH v. 10. 5. 2001 – Rs. C-203/99 (*Henning Veedfald/Århus Amtskommune*), Slg. 2001, I-3569.

404 EuGH v. 10. 5. 2001 – Rs. C-203/99 (*Henning Veedfald/Århus Amtskommune*), Slg. 2001, I-3569 Rn. 26.

405 EuGH v. 10. 5. 2001 – Rs. C-203/99 (*Henning Veedfald/Århus Amtskommune*), Slg. 2001, I-3569 Rn. 27.

406 EuGH v. 10. 5. 2001 – Rs. C-203/99 (*Henning Veedfald/Århus Amtskommune*), Slg. 2001, I-3569 Rn. 33.

407 *GA Colomer*, Schlussanträge vom 14. 12. 2000 – Rs. C-203/99 (*Henning Veedfald/Århus Amtskommune*), Slg. 2001, I-3569.

408 Der erste Ablehnungsgrund bestand darin, dass die fragliche Flüssigkeit nicht industriell hergestellt worden war, Schlussanträge Rn. 13. Der Generalanwalt verließ sich insoweit auf Begründungserwägung 2 der Richtlinie und berücksichtigte nicht Art. 2 der Richtlinie, der seit der Richtlinie 1999/34/EG, durch die die Ausnahmetatbestände der landwirtschaftlichen Naturprodukte und Jagderzeugnisse gestrichen wurden, ohne Einschränkung alle beweglichen Sachen dem tung wegen eines fehlerhaften Produkts, sondern wegen einer unzureichenden Dienstleistung betreffe. Aus dem zurückgezogene Vorschlag für eine Dienstleistungshaftungsrichtlinie[409] könne geschlossen werden, dass die Kommission der Auffassung war, die Produkthaftungsrichtlinie gelte nicht für Dienstleistungen, da die Haftung nach dem Richtlinienvorschlag zwangsläufig den Schaden eingeschlossen hätte, der durch ein Produkt verursacht wird, dass zur ausschließlichen Verwendung im Rahmen der Tätigkeit des Dienstleistungserbringers hergestellt wurde.[410] Gleiches ergäbe sich aus der Produktssicherheitsrichtlinie.[411] Die von einem beruflichen Dienstleistungserbringer zur eigenen Verwendung in seinem Tätigkeitsbereich hergestellten Produkte seien gegenüber der Dienstleistung akzessorisch, so dass die durch sie verursachten Schäden zusammen mit der Dienstleistung zu behandeln seien.[412] Zwar sei das Fehlen einer gemeinschaftsrechtlichen Haftung für fehlerhafte Dienstleistungen bedauerlich. Diese könne aber nicht durch eine Ausdehnung der verschuldensunabhängigen Haftung für fehlerhafte Produkte geschaffen werden.[413]

Damit ist die horizontale Kompetenzabgrenzung von Legislative und Judikative angesprochen. Bezogen auf den vorliegenden Sachverhalt überzeugen die Ausführungen des Generalanwalts freilich nicht, bestand doch kein Zweifel daran, dass das verwendete Produkt und nicht die Dienstleistung selbst fehlerhaft war.[414] Daraus, dass im Falle des Erlasses der Dienstleistungshaftungsrichtlinie der vorliegende Sachverhalt wohl nach dem Grundsatz des *lex specialis derogat legi generali* unter diese und nicht unter die Produkthaftungsrichtlinie fiele, kann nicht geschlossen werden, dass auch im Falle des Nichterlasses der Dienstleistungshaftungsrichtlinie die Produkthaftungsrichtlinie nicht anwendbar sei, wenn deren Voraussetzungen im übrigen vorliegen.

Anwendungsbereich der Richtlinie unterwirft, vgl. *Howells*, ERPL 2002, 847 (849). Weiterhin verneinte der Generalanwalt auch ein „In-Verkehr-bringen" im Sinne von Art. 7 a) der Richtlinie. Auch insoweit konnten, wie gesehen, seine Ausführungen nicht überzeugen.

409 Vorschlag für eine Richtlinie des Rates über die Haftung bei Dienstleistungen v. 9. 11. 1990, ABl. EG 1991 C 12 S. 8.

410 *GA Colomer*, Schlussanträge vom 14. 12. 2000 – Rs. C-203/99 (*Henning Veedfald/Århus Amtskommune*), Slg. 2001, I-3569 Rn. 15.

411 Richtlinie 2001/95/EG des Europäischen Parlaments und des Rates vom 3. 12. 2001 über die allgemeine Produktsicherheit, ABl. EG 2002 L 11 S. 4. Die Ausführungen des Generalanwalts beziehen sich freilich auf den Richtlinienvorschlag (KOM (2000) 139 endg.); sowie die Vorgängerrichtlinie 92/59/EWG v. 29. 6. 1992 über die allgemeine Produktsicherheit, ABL. L228/24.

412 *GA Colomer*, Schlussanträge vom 14. 12. 2000 – Rs. C-203/99 (*Henning Veedfald/Århus Amtskommune*), Slg. 2001, I-3569 Rn. 16.

413 *GA Colomer*, Schlussanträge vom 14. 12. 2000 – Rs. C-203/99 (*Henning Veedfald/Århus Amtskommune*), Slg. 2001, I-3569 Rn. 18.

414 EuGH v. 10. 5. 2001 – Rs. C-203/99 (*Henning Veedfald/Århus Amtskommune*), Slg. 2001, I-3569 Rn. 12; *Taschner*, (2002) 39 CMLRev., 385 (388).

b) Beispiel 2: Immaterieller Schadensersatz gemäß Art. 5 Abs. 2 Pauschalreiserichtlinie – Rechtssache C-168/00 (*Simone Leitner*)[415]

Hinsichtlich der Rechtssache *Simone Leitner* hat *Tonner*[416] auf einen weiteren Gesichtspunkt hingewiesen. Soweit man das Urteil als Grundsatzentscheidung zum Schadensbegriff auffassen könne, befinde sich der EuGH in Konkurrenz zum Gemeinschaftsgesetzgeber, da der aktuelle Aktionsplan der Kommission[417] u.a. die Festlegung von Begriffen wie „Schaden“, in einem „gemeinsamen Referenzrahmen“ bzw. „optionalen Instruments“ vorsehe. Der EuGH müsse insoweit das Primat des Gemeinschaftsgesetzgebers respektieren. Da die Entscheidung jedoch inhaltlich nicht zu beanstanden und unter den Mitgliedstaaten wegen der ohnehin vorhandenen Tendenzen auch konsensfähig sei, könne sie ohne weiteres vom Gemeinschaftsgesetzgeber übernommen werden.[418] Nur unter dem Vorbehalt des Vorliegens der Voraussetzung des Art. 95 EG wird man dem zustimmen können.

3. Folgen eines Verstoßes gegen die Konkretisierungskompetenz

An die Bestimmung der Konkretisierungsschranken schließt sich unmittelbar die Folgeproblematik der innerstaatlichen Rechtswirkungen einer kompetenzwidrigen Konkretisierungsentscheidung des EuGH an.[419] Der aus dem Grundrechtsschutz bekannte Konflikt zwischen nationalen Verfassungsgerichten und dem EuGH, besteht insoweit auch im Hinblick auf Grundentscheidungen im Privatrecht zwischen EuGH und nationalen Obergerichten.[420] Dies verdeutlicht die Diskussion um die Auswirkungen der Rechtssache *Mangold.*[421] Es ging unter anderem um die Frage der Vereinbarkeit von § 14 Abs. 3 TzBfG[422], wonach befristete Arbeitsverhältnisse mit Arbeitnehmern, die das 52. Lebensjahr vollendet haben, auch ohne sachlichen Grund zulässig sind[423], mit dem Diskriminierungsverbot wegen Alters gemäß Richtlinie 2000/78/EG.[424] Dass die Umsetzungsfrist zum maßgeblichen Zeitpunkt noch nicht abgelaufen war, umging der EuGH dadurch, dass er

---

415 EuGH v. 12. 3. 2002 – Rs. C-168/00 (*Simone Leitner/Tui Deutschland GmbH & Co. KG*), Slg. 2002, I-2631.
416 *Tonner*, ZEuP 2003, 619 (629ff.); *Tonner/Lindner*, NJW 2002, 1475 (1476).
417 Mitteilung der Kommission an das Europäische Parlament und den Rat: Ein kohärentes Europäisches Vertragsrecht – Ein Aktionsplan, KOM(2003) 68 endgültig, Rn. 59ff., 89ff.
418 *Tonner*, ZEuP 2003, 619 (633, 634); anders noch *Tonner/Lindner*, NJW 2002, 1475 (1476); „Ursächlich für die Abstinenz des Gemeinschaftsgesetzgebers ist, dass die Rechtsordnungen der Mitgliedstaaten weder eine einheitliche Vorstellung vom Begriff des Schadens noch von seinem Umfang zu Grunde liegt, wie eine aktuelle Studie des Europäischen Parlaments ergeben hat. Eine Einigung in diesem Bereich erscheint daher gegenwärtig schwer vorstellbar; sie war mit Sicherheit nicht gegeben zum Zeitpunkt des Erlasses der Pauschalreiserichtlinie.“
419 Vgl. *Neuner*, Privatrecht und Sozialstaat, S. 194.
420 Vgl. *Benedict*, AcP 206 (2006), S. 56 (59).
421 EuGH v. 22. 11. 2005 – Rs. C-144/04 (*Mangold*), Slg. 2005, I-9981.
422 In der bis zum 31. 12. 2006 geltenden Fassung.
423 Soweit nicht zu einem vorhergehenden unbefristeten Arbeitsvertrag mit dem selben Arbeitnehmer ein enger sachlicher Zusammenhang besteht.
424 Richtlinie 2000/78/EG des Rates vom 27. 1. 2000 zur Festlegung eines allgemeinen Rahmens für die Verwirklichung der Gleichbehandlung in Beschäftigung und Beruf, ABl. EG Nr. L 303/16.

maßgeblich auf das – unabhängig von Richtlinie 2000/78/EG – geltende Verbot der Diskriminierung wegen des Alters „als allgemeiner Grundsatz des Gemeinschaftsrechts“ abstellte.[425] Dessen Wahrung obliege dem nationalen Gericht unabhängig vom Ablauf der Umsetzungsfrist, „indem es jede möglicherweise entgegenstehende Bestimmung des nationalen Rechts unangewendet lässt“.[426] In der Literatur wurde die Entscheidung insoweit als „kompetenzerweiterend“ angesehen, als „dem Grundsatz des Verbots der Altersdiskriminierung über die ausdrückliche Ermächtigung des Art. 13 EG hinausgehende Wirkungen zuerkannt werden.“ Damit handele es sich um einen ausbrechenden Rechtsakt im Sinne des BVerfG.[427] Im Hinblick auf die anerkannte Rechtsfortbildungsbefugnis des EuGH kam der siebte Senat des BAG zu dem Schluss, die dem Gerichthof durch die deutschen Zustimmungsgesetze zu den Europäischen Verträgen übertragenen Kompetenzen seien nicht überschritten.[428] Gegen diese Entscheidung ist mittlerweile eine Verfassungsbeschwerde anhängig. Der dritte Senat des BAG hatte wohl durchaus Zweifel an der Kompetenzgemäßheit der *Mangold*-Entscheidung und gab dem EuGH Gelegenheit zur Klarstellung.[429] Nach der daraufhin ergangenen Entscheidung *Bartsch* enthält das Gemeinschaftsrecht jedenfalls kein Verbot der Diskriminierung aus Gründen des Alters, dessen Schutz die Gerichte der Mitgliedstaaten zu gewährleisten haben, wenn die diskriminierende Behandlung keinen gemeinschaftsrechtlichen Bezug aufweist.[430] Ein solcher gemeinschaftsrechtlicher Bezug werde weder durch Art. 13 EG hergestellt, noch durch Richtlinie 2000/78 vor Ablauf der Umsetzungsfrist.[431] Der entscheidende Unterschied zur Rechtssache *Mangold* wurde darin gesehen, dass dort die streitgegenständliche Maßnahme in Umsetzung der Richtlinie 1999/70/EG ergangen war und damit ein Gemeinschaftsbezug bestand.[432] Für vergleichbare Sachverhalte ist der Streit also keineswegs vom Tisch.[433]

Aus Sicht des BVerfG scheinen die Folgen eines etwaigen Kompetenzverstoßes des EuGH klar zu sein: „Würden etwa Europäische Einrichtungen und Organe den EU-Vertrag in einer Weise handhaben oder fortbilden, die von dem Vertrag, wie er dem deutschen Zustimmungsgesetz zugrunde liegt, nicht mehr gedeckt wäre, so wären die daraus hervorgehenden Rechtsakte im deutschen Hoheitsbereich nicht verbindlich. Die deutschen Staatsorgane wären aus verfassungsrechtlichen Grün-

---

425 EuGH v. 22. 11. 2005 – Rs. C-144/04 (*Mangold*), Slg. 2005, I-9981, Rn. 75. Kritisch zu einem solchen Grundsatz *GA Mazák*, Schlussanträge v. 15. 2. 2007 – Rs. C-411/05 (*Palacios*), Slg. 2007, I-8531, Rn. 97. Der EuGH geht darauf nicht ein, vgl. EuGH v. 16. 10. 2007 – Rs. C-411/05 (*Palacios*), Slg. 2007, I-8531.

426 EuGH v. 22. 11. 2005 – Rs. C-144/04 (*Mangold*), Slg. 2005, I-9981, Rn. 77.

427 *Böhm*, JZ 2008, 124 (330).

428 BAG v. 26. 4. 2006 – 7 AZR 500/04, RIW 2006, 700 (701 f.).

429 BAG v. 27. 6. 2006 – 3 AZR 352/05 (A).

430 EuGH v. 23. 9. 2008 – Rs. C-427/06 (*Bartsch*), Slg. 2008, I-0000, Rn. 25.

431 EuGH v. 23. 9. 2008 – Rs. C-427/06 (*Bartsch*), Slg. 2008, I-0000, Rn. 25.

432 EuGH v. 23. 9. 2008 – Rs. C-427/06 (*Bartsch*), Slg. 2008, I-0000, Rn. 24.

433 Vgl. auch die erneute Vorlage des BAG, Beschluss v. 16. 10. 2008 – 7 AZR 253/07 (A); beim EuGH geführt als Rs. C-109/09.

den gehindert, diese Rechtsakte in Deutschland anzuwenden."[434] Dem hat sich ein Teil der Literatur angeschlossen. Verlässt ein Urteil des EuGH das Integrationsprogramm der Gemeinschaft sei es ohne weiteres unwirksam.[435] Nach ständiger Rechtsprechung des EuGH seien kompetenzwidrig ergangene Rechtsakte der Gemeinschaftsorgane nichtig. Dies müsse auch für kompetenzwidrige Akte des Gerichtshofs selbst gelten, ohne dass es auf eine Nichtigerklärung durch den EuGH ankomme. Andernfalls käme dem EuGH und damit letztendlich der Gemeinschaft die Kompetenz-Kompetenz zu, was aber weder durch den EG-Vertrag beabsichtigt noch verfassungsrechtlich zulässig sei.[436]

Nach Ansicht des EuGH und Teilen der Literatur sind die mitgliedstaatlichen Gerichte dagegen nicht befugt, Handlungen der Gemeinschaftsorgane für ungültig zu erklären.[437] Ein Urteil, das nach Ansicht der Mitgliedstaaten zu weit geht, sei im Wege der Setzung von Sekundärrecht oder durch Änderung des Vertrages zu korrigieren.[438] Die Europäische Gemeinschaft sei auf die einheitliche Geltung und identische Anwendung des Gemeinschaftsrechts schlechthin angewiesen. Spreche man dem EuGH diese Letztentscheidungsbefugnis ab, so stelle man die Rechtseinheit als tragendes Strukturprinzip der Gemeinschaft in Frage. Denn dann könnten sich alle, auch Unter-Gerichte der 25 Mitgliedstaaten zu Superrevisionsinstanzen des EuGH aufschwingen und Urteile nach eigenem Gutdünken für unverbindlich erklären.[439]

Der Schlüssel zur Auflösung dieses Konflikts kann nur im Verständnis des Vorabentscheidungsverfahrens als prozedurales Mittel für einen „sachgerechten Kon-

---

434 BVerfGE 89, 155 (188); weitergehend der Polnische Verfassungsgerichtshof, vgl. Urteil v. 11. 5. 2005 – K 18/04: Eine Kollision zwischen dem Gemeinschaftsrecht und nationalem Verfassungsrecht kann danach „keinesfalls durch die Annahme eines Vorrangs der Regelungen des Gemeinschaftsrechts gegenüber denen der Verfassung beseitigt werden. Sie kann auch nicht dadurch gelöst werden, dass die geltende Verfassungsnorm ipso iure außer Kraft tritt oder nur noch für Bereiche gilt, die von der ihr zuwiderlaufenden Gemeinschaftsregelung nicht erfasst sind. In einer solchen Situation müsste vielmehr das Volk als Souverän, oder das zur Vertretung des Volkes von Verfassungs wegen befugte Organ der staatlichen Gewalt, die Entscheidung treffen, ob die Verfassung geändert wird, entsprechende Änderungen in den gemeinschaftlichen Regelungen angestrebt werden oder – im äußersten Fall – Polen aus der Europäischen Union austritt." (deutsche Übersetzung, abrufbar unter http://www.trybunal.gov.pl/eng/summaries/wstep_gb.htm); zusammenfassend zur Rechtsprechung des BVerfG sowie der Gerichte anderer Mitgliedstaaten *Schroeder*, Gemeinschaftsrechtssystem, S. 161 ff., insbesondere S. 164 f.; sowie S. 170 ff. Vgl. nunmehr auch BVerfG, 2 BvE 2/08 vom 30. 6. 2009, Absatz-Nr. 238–240.

435 *Ukrow*, Rechtsfortbildung, S: 220; *Scholz*, DÖV 1998, 261 (266); *Dänzer-Vanotti*, RIW 1992, 733 (741 f.).

436 *Scholz*, DÖV 1998, 261 (266); *Dänzer-Vanotti*, RIW 1992, 733 (741 f.).

437 EuGH v. 22. 10. 1987 – Rs. 314/85 (*Foto Frost*), Slg. 1987, 4199 Rn. 15.

438 *Hummer/Obwexer*, EuZW 1997, 295 (300); *Möllers*, EuR 1998, 20 (24).

439 *Möllers*, EuR 1998, 20 (24). Vgl. auch EuGH v. 22. 10. 1987 – Rs. 314/85 (*Foto Frost*), Slg. 1987, 4199 Rn. 15 f.: „Meinungsverschiedenheiten der Gerichte der Mitgliedstaaten über die Gültigkeit von Gemeinschaftshandlungen wären geeignet, die Einheit der Gemeinschaftsrechtsordnung selbst aufs Spiel zu setzen und das grundlegende Erfordernis der Rechtssicherheit zu beeinträchtigen. Die notwendige Kohärenz des vom Vertrag geschaffenen Rechtsschutzsystems zwingt zu derselben Schlussfolgerung." Vgl. auch *Hirsch*, NJW 1996, 2457 (2463); *Zuleeg*, JZ 1994, 1 (3): Ein solches Desintegrationspotential konterkariere den Vertrag und führe letztendlich zwangsläufig zum Zerfall der Gemeinschaft.

kretisierungsdialog"[440], „kommunikativen Prozess"[441] bzw. Prozess der *„interactive adjudication"*[442] liegen. Dies entspricht der Konzeption eines europäischen Verfassungspluralismus, wonach es bezüglich des Verhältnisses von nationalem und Gemeinschaftsrecht keine absolute Vorrangregel gibt; ein monistisches Souveränitätsverständnis wird abgelöst durch die gegenseitige Anerkennung autonomer Rechtssysteme; Hierarchie wird ersetzt durch Interaktion.[443] Konflikte sind in einem solchen System aufzulösen, und am besten zu vermeiden, durch die Anwendung politischer und rechtlicher Vernunft und gegenseitige Rücksichtnahme,[444] sowie die Erkenntnis, das keines der am Rechtsfindungsprozess beteiligten Organe ein Richtigkeitsmonopol besitzt, sondern auf gegenseitige Anerkennung angewiesen ist.[445] Sieht sich danach ein mitgliedstaatliches Gericht nach einer Vorlage mit einer Antwort des EuGH konfrontiert, die es für kompetenzwidrig hält, so darf es nicht ohne weiteres von dessen Anwendung absehen. Andernfalls bliebe vom Grundsatz der einheitlichen Wirksamkeit des Gemeinschaftsrechts nicht viel übrig. Das mitgliedstaatliche Gericht hat vielmehr in einen (erneuten) Dialog mit dem EuGH einzutreten und die jeweilige Frage, möglicherweise in präzisierter Form, nochmals vorzulegen, um dem EuGH Gelegenheit zu geben, entweder das mitgliedstaatliche Gericht von der Kompetenzgemäßheit seiner Antwort zu überzeugen, oder aber seine Entscheidung entsprechend zu korrigieren.[446] Gleiches gilt dann, wenn ein mitgliedstaatliches Gericht eine vom EuGH in einem anderen Verfahren vorgenommene Konkretisierung für entscheidungserheblich, jedoch kompetenzwidrig hält.[447] Der EuGH seinerseits sollte verstärkt von der Möglichkeit nach Art. 104 § 5 VerfO Gebrauch machen[448] und das Vorlagegericht in den Rechts-

---

440 *Röthel*, Normkonkretisierung, S. 381.

441 *Pernice*, EuR 1996, 27 (38 ff.).

442 *Joerges*, ERPL 2000, 1 ff.

443 Vgl. *MacCormick*, (1995) 1 ELJ, 259 (264 f.); *ders.*, JZ 1995, 797 ff.; vgl. auch *Walker*, (2002) 65 MLR 317 ff.; *Kumm*, (2005) 11 ELJ 262 ff.; *Barber*, (2006) 12 ELJ 306 (323 ff.); *Poiraes Maduro*, (2008) Working Paper IE Law School, 1; sowie zusammenfassend *Chalmers u. a.*, EU Law, S. 206 ff.

444 Vgl. *MacCormick*, (1995) 1 ELJ, 259 (264 f.); *ders.*, JZ 1995, 797 ff.; *Barber*, (2006) 12 ELJ 306 (328); etwas anders *Halberstam*, (2008) University of Michigan Law School Working Paper No. 104, 8 ff., wonach Rechtspluralismus in der EU ebenso wie in den USA organisiert wird durch „voice, expertise, and rights. The first asks which institution has the better claim of representing the relevant political will; the second asks which institution has the superior institutional structure, capacity, or knowledge to address the substantive issue at hand; and the third asks which institution will better protect basic rights."

445 *Poiraes Maduro*, (2008) Working Paper IE Law School, 12 f.

446 EuGH v. 24. 6. 1969 – Rs. 29/68 (*Milch-, Fett- und Eierkontor GmbH/Hauptzollamt Saarbrücken*), Slg. 1969, 165 Rn. 3: Das vorlegende Gericht ist zwar an die Entscheidung des EuGH gebunden, kann aber im selben Verfahren erneut vorlegen, wenn eine erneute Befassung des Gerichtshofs mit der Frage notwendig erscheint.

447 Vgl. *Hartley*, EC Law, S. 295. Dass der EuGH durchaus gewillt ist, eine zunächst sehr integrationsfreundliche und den Anwendungsbereich des Gemeinschaftsrechts ausdehnende Auslegung und Konkretisierung später teilweise wieder zurückzunehmen oder einzuschränken, zeigt beispielsweise die Rechtsprechung zu Art. 28 EG (EuGH v. 11. 7. 1974 – Rs. 8/74 (*Dassonville*), Slg. 1974, 837 Rn. 5: Maßnahme gleicher Wirkung; EuGH v. 20. 2. 1979 – Rs. 120/78 (*Cassis de Dijon*), Slg. 1949, 649 Rn. 8: Immanente Schranken; EuGH v. 24. 11. 1993 – verb. Rs. C-267/91, C-268/91 (*Keck und Mithouard*), Slg. 1993, I-6097 Rn. 16: Verkaufsmodalitäten).

448 Vgl etwa EuGH v. 10. 3. 2005 – Rs. C-235/03 (*QDQ Media*), Slg. 2005, I-1937, Rn. 11.

findungsprozess einbeziehen, auch und gerade um sicherzustellen, dass sich die gefundene Konkretisierungsentscheidung in das nationale Recht einfügt und dort keine unerträglichen Friktionen auslöst.

Nur dann, wenn in einem solchen Verfahren der gegenseitigen Annäherung eine für beide Seiten akzeptable Lösung nicht gefunden werden kann und wenn die vom EuGH vorgenommene Konkretisierung unter kompetentiellen Aspekten mit dem nationalen Zustimmungsgesetz schlechthin unvereinbar ist,[449] darf das nationale Gericht von der Anwendung der Entscheidung absehen.[450] Diese Voraussetzungen dürften jedoch allenfalls in einer verschwindend geringen Anzahl von Fällen tatsächlich gegeben sein, zumal im Bereich der Konkretisierung wertungsoffener Rechtssätze die Beantwortung der Frage, ob ein Kompetenzverstoß tatsächlich vorliegt, regelmäßig nicht einfach sein wird, insbesondere dann, wenn für den Erlass des Rechtsaktes die Voraussetzungen der Kompetenznorm erfüllt waren.

III. Zusammenfassung

Aus primärrechtlich-institutioneller Sicht sprechen weder das Subsidiaritätsprinzip noch die Rechtsnatur der Richtlinie oder die Besonderheiten des Vorabentscheidungsverfahrens gegen eine umfassende Konkretisierung durch den EuGH, soweit dies im Hinblick auf die einheitliche Wirksamkeit des Gemeinschaftsrechts geboten ist. Entscheidend für die Verteilung der Konkretisierungskompetenz ist vielmehr die Rechtsangleichungsintensität der jeweiligen Maßnahme, die gelegentlich ausdrücklich im Regelungsteil oder den Erwägungsgründen bestimmt, und maßgeblich durch die Rechtsgrundlage vorgezeichnet ist.

Während im Bereich der Minimumangleichung gestützt etwa auf die Art. 137 Abs. 2 lit. b), Abs. 4, Art. 153 Abs. 5 EG der EuGH lediglich zur Determinierung des gemeinschaftlichen Mindeststandards und der primärrechtlichen Obergrenze konkretisierungsbefugt ist, den mitgliedstaatlichen Gesetzgebern und Gerichten jedoch die Ausfüllung des so vorgegebenen Rahmens verbleibt; verlangt die binnenmarktfinale Rechtsangleichung im Hinblick auf die Geeignetheit zur Zielerreichung grundsätzlich nach einer umfassenden Konkretisierungsbefugnis des EuGH. Im Hinblick auf den Missbräuchlichkeitsmaßstab der Klauselrichtlinie ist die Konkretisierungskompetenz jedoch insoweit reduziert sein, als zur Beseitigung des spezifischen Marktversagens in Form des *„market for lemons“* für Vertragsklauseln eine gemeinschaftsrechtliche Konkretisierung grundsätzlich gar nicht erforderlich ist.

Im Hinblick auf die zukünftig wohl weiter ansteigende Belastung des EuGH ist ein sachgerechter Konkretisierungsdialog zwischen Vorlagegericht und Gerichtshof

---

449 Vgl. *Neuner*, Privatrecht und Sozialstaat, S. 195. Aus deutscher Sicht müsste das Vorlagegericht wohl den Rechtsstreit aussetzen und gemäß Art. 100 GG dem Bundesverfassungsgericht vorlegen. In diesem Sinne jetzt auch BVerfG, 2 BvE 2/08 vom 30. 6. 2009, Absatz-Nr. 241.
450 Vgl. auch *Kumm*, (2005) 11 ELJ 262 (300).

dringend geboten. Aus Sicht des nationalen Gerichts sollte danach eine Vorlage nur dann erfolgen, wenn die Entscheidungserheblichkeit des Gemeinschaftsrechts in sachverhaltlicher Hinsicht feststeht. Der EuGH seinerseits sollte sich eng an die Vorlagefrage halten.

Schließlich muss der EuGH die vertikalen Konkretisierungsschranken im Hinblick auf die Kompetenzverteilung zwischen Gemeinschaft und Mitgliedstaaten, sowie die horizontalen Konkretisierungsschranken im Hinblick auf den Grundsatz des institutionellen Gleichgewichts beachten.

4. Teil: Die Konkretisierung Europäischen Privatrechts als Methodenproblem

Kapitel 8: Systematik und Teleologie des Europäischen Privatrechts

Konkretisierung wertungsoffener Rechtssätze verlangt aus rechtsmethodischer Sicht die Bestimmung und Angabe von Bewertungskriterien- und maßstäben, welche die Rechtsanwendung im konkreten, zur Entscheidung stehenden Fall im Interesse der Gleichgerechtigkeit und Rechtssicherheit steuern und rationalisieren. Maßgebliche Bedeutung kommt insoweit systematisch-teleologischen Erwägungen zu.[1] Diese bestimmen auch weitgehend die tägliche Rechtsfindungspraxis des EuGH.[2]

Die Gemeinschaftsrechtsordnung und insbesondere das Europäische Privatrecht weisen jedoch gegenüber den nationalen Rechtsordnungen Besonderheiten auf, die es im Rahmen der Konkretisierung wertungsoffener Rechtssätze anhand systematisch-teleologischer Erwägungen zu berücksichtigen gilt. Zu klären ist daher zunächst, was sich überhaupt allgemein hinter dem Begriff des „Systems" im Recht verbirgt (I.). Sodann kann untersucht werden, inwieweit dieser Systemgedanke auf das Europäische Privatrecht übertragbar ist (II.). Schließlich sind die maßgeblichen systematisch-teleologischen Wertungskriterien des Europäischen Privatrechts aufzuzeigen (III.).

I. Systemdenken und Systembildung

Im Anschluss an *Heck*[3] wird gemeinhin zwischen dem „äußeren System" und dem „inneren System" des Rechts unterschieden.[4] Das „äußere System" dient dabei der übersichtlichen Darstellung und Vermittlung des Rechtsstoffes, dessen „Sichtbarmachung",[5] anhand formaler, an bloßer Zweckmäßigkeit ausgerichteter Ordnungskriterien, wie bestimmten Sachthemen oder Realitätsausschnitten.[6] Normative Bedeutung kommt dem „äußeren System" nicht zu.[7]

---

1 Vgl. Kapitel 5.

2 Vgl. Kapitel 3 III. 2. a).

3 *Heck*, Begriffsbildung und Interessenjurisprudenz, S. 188 f.

4 Vgl. *Larenz*, Methodenlehre, S. 437 ff.; 474 ff.; *Röhl/Röhl*, Allgemeine Rechtslehre, S. 438 ff.; *Rüthers*, Rechtstheorie, § 4 Rn. 140 ff.; *Bydlinski*, System und Prinzipien, S. 5.

5 *Heck*, Begriffsbildung und Interessenjurisprudenz, S. 188.

6 Vgl. *Canaris*, Systemdenken und Systembegriff, S. 19; *Rüthers*, Rechtsheorie, § 4 Rn. 140; *Bydlinski*, System und Prinzipien, S. 9 ff., der freilich zu Recht darauf hinweist, dass auch bei der Bil-

Die Entwicklung des „inneren Systems“ hat dagegen im Hinblick auf den Grundsatz der Gleichbehandlung und das Prinzip der Rechtssicherheit[8] die Verwirklichung der „wertungsmäßige[n] Folgerichtigkeit und innere[n] Einheit der Rechtsordnung“ zum Gegenstand.[9] Es dient auch und vor allem dazu, die konkrete Rechtsgewinnung im Einzelfall vorzubereiten und zu steuern, in dem es den jeweils bekannten Stand an positiven Rechtsnormen durch Angabe ihrer inhaltlichen Begründungszusammenhänge so bereitstellt, dass die Rechtsanwendung im Hinblick auf jeweils neu oder in neuem Kontext auftretende Probleme erleichtert wird.[10] Das „innere System“ kann daher als „eine axiologische oder teleologische Ordnung allgemeiner Rechtsprinzipien“ definiert werden.[11] Rechtsprinzipien[12] sind dabei die hinter den positiven Regelungen liegenden „Grundwertungen“[13], leitenden Gedanken,[14] richtunggebenden Maßstäbe[15] bzw. „normative Leitmaximen“[16], welche die innere Rechtfertigung für die jeweilige Regelung und die auf dieser beruhenden Entscheidungen bilden.[17] Das „innere System“ in diesem Sinne ist somit kein formal logisches oder axiomatisches System, bei dem gleichsam mathematisch die für alle erdenklichen Sachverhalte zutreffenden Regelungen zwingend logisch oder deduktiv aus dem System abgeleitet werden könnten.[18] Erforderlich ist vielmehr, im Rahmen der Rechtsanwendung die gesetzlichen Wertungen verstehend nachzuvollziehen, zu Ende zu denken und gegebenenfalls einander konfligierende Prinzipien wertend zum Ausgleich zu bringen.[19] Auch ist das so verstandene System kein in sich geschlossenes oder abgeschlossenes, sondern stets nur ein Entwurf, der den derzeitigen Stand an Wissen und Überzeugungen zum Ausdruck bringt, und damit offen ist für Entwicklung und Wandlung

---

dung des „äußeren Systems“ normativ-inhaltliche Gesichtspunkte im Sinne einer „groben Vorwegprüfung“ eine Rolle spielen.

7 *Rüthers*, Rechtsheorie, § 4 Rn. 141.

8 Vgl. *Bydlinski*, System und Prinzipien, S. 3: „Gerechtigkeit als Gleichmaß in der normativen Behandlung von Einzelfällen, Rechtssicherheit als verlässliche normative Orientierung im menschlichen Zusammenleben“; *Riesenhuber*, System und Prinzipien, S. 6 ff.

9 Vgl. *Canaris*, Systemdenken und Systembegriff, S. 18.

10 Vgl. *Bydlinski*, System und Prinzipien, S. 34 f.

11 *Canaris*, Systemdenken und Systembegriff, S. 47; *Bydlinski*, System und Prinzipien, S. 37, 50; *Riesenhuber*, System und Prinzipien, S. 11. Vgl. auch *Rüthers*, Rechtstheorie, § 4 Rn. 143: „materiales Ordnungssystem“ bzw. „Wertungssystem“.

12 Vgl. zu Begriff und Wirkungsweise von Prinzipien ausführlich unten III. 1.

13 *Canaris*, Systemdenken und Systembegriff, S. 46.

14 *Larenz*, Richtiges Recht, S. 23.

15 *Larenz*, Methodenlehre, S. 474.

16 *Bydlinski*, System und Prinzipien, S. 23.

17 Vgl. *Alexy*, Theorie der Grundrechte, S. 90 ff.: Prinzipien als „Gründe“ für Regeln und konkrete Sollensurteile; *Larenz*, Richtiges Recht, S. 25: „Rechtfertigungsgründe einer Regelung“; *ders.*, Methodenlehre, S. 474; *Riesenhuber*, System und Prinzipien, S. 12 f.

18 Vgl. zum Begriff des „formal-logischen Systems“ sowie „axiomatisch-deduktiven Systems“ *Canaris*, Systemdenken und Systembegriff, S. 20 ff.; 25 ff.; *Röhl/Röhl*, Allgemeine Rechtslehre, S. 440. Vgl. auch *Bydlinski*, System und Prinzipien, S. 38 ff.; *Rüthers*, Rechtstheorie, § 4 Rn. 144: „Nicht die Logik der Subsumtion unter den Wortlaut, sondern die Teleologie, also die Verwirklichung der Normzwecke ist entscheidend.“

19 Vgl. *Canaris*, Systemdenken und Systembegriff, S. 23; *Bydlinski*, System und Prinzipien, S. 39.

sowohl auf der Ebene der positiven Regeln als auch auf der Ebene der hinter diesen stehenden Wertungen und Prinzipien.[20]

Die normative Leistung eines so verstandenen Systems darf freilich nicht überschätzt werden. „Man kann auch aus einem induktiv gewonnenen System nicht mehr herausholen, als man hineingesteckt hat."[21] Die aufgedeckten Prinzipien erlangen eine produktive Bedeutung daher vor allem dadurch, dass sie vermöge einer ihnen etwaig innewohnenden Evidenz und Überzeugungskraft[22] tragfähige Argumente zur Lösung eines Konkretisierungsproblems beisteuern und so die begrenzt rationale Begründung einer Entscheidung erleichtern.[23]

II. Zur Übertragung des Systemgedankens auf das Europäische Privatrecht

Die Darstellung des Europäischen Privatrechts als äußeres System anhand formaler Ordnungsgesichtspunkte ist grundsätzlich unproblematisch.[24] Aber auch der Gedanke des teleologischen inneren Systems lässt sich auf das Europäische Privatrecht übertragen.[25] Dafür spricht zunächst schon, dass auch die europäische Rechtsordnung und das Europäische Privatrecht den Grundsätzen der Gleichbehandlung und Rechtssicherheit verpflichtet sind,[26] und die systematische Ausformung des Rechts und die Aufzeigung übergreifender Begründungszusammenhänge und Wertungen die gleichmäßige und vorhersehbare Rechtsanwendung und damit auch den Grundsatz der einheitlichen Wirksamkeit des Gemeinschaftsrechts entscheidend fördert.[27]

Gleichwohl weist das Europäische Privatrecht einige Besonderheiten auf, die es bei der Übertragung des Systemgedankens zu beachten gilt.[28] Bereits aus dem Grundsatz der begrenzten Ermächtigung nach Art. 5 Abs. 1 EG, den Voraussetzungen der jeweiligen Kompetenzgrundlage sowie der Rechtsnatur des Regelungsinstruments der Richtlinie folgt, dass Europäisches Privatrecht den Sachbereich des Privatrechts nicht erschöpfend regeln kann. In äußerer Hinsicht liegt vielmehr ein „Zweiebenensystem" vor, bei dem auf europäischer Ebene nur bestimmte Einzelfragen im Sinne eines „Eckpunktemodells" einer Regelung zugeführt werden; erst

20 Vgl. *Canaris*, Systemdenken und Systembegriff, S. 61 ff.; *Bydlinski*, System und Prinzipien, S. 21 f.; *Larenz*, Methodenlehre, S. 486 ff.; *Jansen*, ZEuP 2005, 750 (768).
21 *Röhl/Röhl*, Allgemeine Rechtslehre, S. 442.
22 Vgl. *Canaris*, Systemdenken und Systembegriff, S. 45; *Larenz*, Methodenlehre, S. 474.
23 *Röhl/Röhl*, Allgemeine Rechtlehre, S. 442; *Bydlinski*, System und Prinzipien, S. 51: „Allgemein kann man sagen, dass im ‚inneren System' ein Teil der für Erkenntnis und Lösung konkreter Rechtsanwendungsprobleme benötigten Argumente vorweg gut greifbar bereitgestellt wird."
24 Vgl. etwa die Darstellung in *Gebauer/Wiedmann* (Hrsg.), Zivilrecht unter europäischem Einfluss, die sich formal an der nationalen (deutschen) Rechtsordnung orientiert und europäische Rechtsakte im jeweiligen Zusammenhang erläutert; ähnlich *Howells/Weatherill*, Consumer Protection Law.
25 Vgl. *Riesenhuber*, System und Prinzipien, S. 52 ff.
26 Vgl. etwa *Craig/de Búrca*, EU Law, S. 551 ff.
27 Vgl. *Riesenhuber*, System und Prinzipien, S. 53.
28 Dazu insbesondere *Riesenhuber*, System und Prinzipien, S. 54 ff.

durch das Zusammenwirken von europäischer und nationaler Regelungsebene entsteht eine umfassende Regelung privatrechtlicher Sachverhalte.[29] Dabei wird das europäische Eckpunktemodell häufig wegen seines fragmentarischen und punktuellen Charakters kritisiert[30]: als Regelungsgegenstände aufgegriffen würden lediglich bestimmte einzelne Problemkreise und Lebenssachverhalte des tagespolitischen Interesses ohne dass die einzelnen Angleichungsakte untereinander abgestimmt wären.[31] Dies schließt jedoch nicht aus, die einzelnen Rechtsakte danach zu befragen, ob ihnen verbindende Leitlinien und Wertungen zugrunde liegen, die sie unter dem jeweiligen Aspekt zu einem sinnvollen Ganzen auf der Ebene des europäischen Rechts zusammenfügen.[32] Dass es solche verbindenden Prinzipien gibt, kann schon deshalb als Arbeitshypothese[33] zugrunde gelegt werden, weil alle Rechtsakte des Europäischen Privatrechts äußerlich durch den EG-Vertrag verklammert[34] und inhaltlich durch die Voraussetzungen der Kompetenzgrundlage im jeweiligen Rechtsgebiet sowie den Zielen des EG-Vertrages bestimmt werden.[35] Zudem können übergreifende Prinzipien auch in „entfernt voneinander" angesiedelten Vorschriften zum Ausdruck kommen,[36] ja selbst in einer einzelnen Regelung, solange sie nur als Rechtfertigungsgrund für die jeweilige Regelung geeignet und überzeugungskräftig sind.[37] Gelingt es, übergreifende Wertungen und Prinzipien aufzudecken, so können sie als Bewertungsmaßstäbe für die wertungsmäßige Stimmigkeit und Folgerichtigkeit einzelner Regelungen[38] und damit auch für die solche Regelungen konkretisierenden Entscheidungen fruchtbar gemacht werden, etwa in dem ein bestimmtes Prinzip in die Fallnorm

---

29 *Grundmann*, in: *Riesenhuber* (Hrsg.), Europäische Methodenlehre, S. 160ff.; vgl. schon *ders.*, in *ders.* (Hrsg.), Systembildung und Systemlücken, S. 2f. *Riesenhuber*, System und Prinzipien, S. 55f., spricht von Europäischem Privatrecht als einer „Teilrechtsordnung"; speziell für das Gesellschaftsrecht *Schön*, RabelsZ 64 (2000), 1 (9).

30 Vgl. *Basedow*, AcP 200 (2000), 445 (453).

31 Etwa *Hommelhoff*, AcP 192 (1992), 71 (102); *Müller-Graf*, NJW 1993, 13 (19); *Rittner*, JZ 1995, 849 (851); und selbst die Kommission, vgl. Grünbuch: Die Überprüfung des gemeinschaftlichen Besitztsandes im Verbraucherschutz (Vorlage der Europäischen Kommission) v. 8. 2. 2007, KOM (2006) 744 endg., S. 9: „Bis zur Verabschiedung der Richtlinie über unlautere Geschäftspraktiken im Jahr 2005 basierte das Verbraucherschutzrecht in den meisten Fällen auf einem vertikalen Ansatz, der darauf ausgerichtet war, zu speziellen Problemen besondere Lösungen zu erarbeiten. Diese Vorgehensweise hat allerdings zu einer Rechtszersplitterung geführt. Die Zusammenhänge zwischen den einzelnen Instrumenten sind mitunter nicht klar erkennbar, weil die Rechtsbegriffe, genau wie die einschlägigen Bestimmungen, nicht ausreichend aufeinander abgestimmt sind." Abhilfe soll der Vorschlag für eine Richtlinie des Europäischen Parlaments und des Rates über Rechte der Verbraucher, KOM(2008) 614 endg., schaffen.

32 Vgl. *Grundmann*, in: *Riesenhuber* (Hrsg.), Europäische Methodenlehre, S. 164; *Riesenhuber*, System und Prinzipien, S. 56ff. Kritisch *Doehner*, Die Schuldrechtsreform vor dem Hintergrund der Verbrauchsgüterkauf-Richtlinie, S. 94f.

33 Vgl. *Larenz*, Richtiges Recht, S. 26: „Dass einer bestimmten Regelung ein solches Prinzip zugrundeliege, ist für den Juristen oft zunächst nur eine Arbeitshypothese."

34 Vgl. Kapitel 1 I.

35 Vgl. *Grundmann*, in: *Riesenhuber* (Hrsg.), Europäische Methodenlehre, S. 164; *ders.*, in: *ders.* (Hrsg.), Systembildung und Systemlücken, S. 2; *Schön*, RabelsZ 64 (2000), 1 (7).

36 Vgl. *Rüthers*, Rechtsheorie, § 4 Rn. 144.

37 Vgl. *Larenz*, Richtiges Recht, S. 26.

38 Vgl. *Grundmann*, in: *Riesenhuber* (Hrsg.), Europäische Methodenlehre, S. 164.

hinein verlängert oder eine sich nur schwer einfügende Regelung in ihrer Auswirkung begrenzt und isoliert wird.[39]

Europäisches Privatrecht beeinflusst nicht nur die kontinentaleuropäischen Rechtsordnungen der *Civil Law*-Tradition[40], sondern muss auch die Gedanken des englischen und irischen *Common Law*[41] angemessen berücksichtigen. Gerade von Vertretern mit *Common Law*-Hintergrund wird jedoch eingewandt, dass der Gedanke, das Recht müsse ein System bilden, „fundamental fehlerhaft und gefährlich" sei.[42] Vielfach wird darauf hingewiesen, dass der Systemgedanke dem Rechtsdenken des *common law* fremd und unangemessen sei, dieses vielmehr problem- und fallorientiert vorgehe, und mehr an den praktischen Ergebnissen als an einer konzeptionellen Ordnung interessiert sei.[43] Betracht man jedoch die geäußerten Bedenken genauer, so beziehen sich diese ausnahmslos auf die Idee eines formal-logischen bzw. eines deduktiv-axiomatischen Systems,[44] nicht dagegen auf ein teleologisches System, welches mit den den Einzelregelungen und -entscheidungen zugrundeliegenden allgemeinen Rechtsgrundsätzen und Prinzipien arbeitet. Insbesondere *Esser*[45] und *Vogenauer*[46] haben nachgewiesen, dass sich auch

---

39 Soweit *Flessner*, JZ 2002, 14 (16), wegen der „Pluralität der Rechtsquellen, Relativität der Teilrechtssysteme, Diversität der Rechtsinhalte" eine Übertragung des herkömmlichen von „Einheit und Geschlossenheit des Rechtssystems" ausgehenden Systembegriffs für ungeeignet hält, verkennt er, dass dieser Systembegriff durchaus offen und dynamisch ist. Die Lehre von den Rechtsprinzipien, die er selbst propagiert, ist zudem integraler Bestandteil dieses Systemgedankens.

40 Vgl. *Glenn*, Legal Traditions of the World, S. 125 ff.

41 Vgl. *Glenn*, Legal Traditions of the World, S. 222 ff.

42 Vgl. *Weir*, ZEuP 2004, 595 (597): „fundamentally erroneous and dangerous".

43 Vgl. *Weir*, in: *David* (Hrsg.), International Encyclopedia of Comparative Law, Vol.II, Ch. 2, Rn. 82 (S. 77): "The Englishman is naturally pragmatic, more concerned with result than method, function than shape, effectiveness than style: he has little talent for producing intellectual order and little interest in the finer points of taxonomy."; *ders.*, ZEuP 2004, 595 (597), mit weiteren Nachweisen; *Legrand*, (1996) 45 ICLQ 52 (65 ff.) mit weiteren Nachweisen; *Riesenhuber*, System und Prinzipien, S. 58 ff. mit Nachweisen; *MacCormick*, Legal Reasoning and Legal Theory, S. 39 ff.; Vgl. auch *Colneric*, ZEuP 2005, 225 (230): „ [EuGH-]Richter aus der common law-Tradition lassen sich beispielsweise kaum für systematische Argumente gewinnen die von der Berücksichtigung des Primärrechts abgesehen – über den Rahmen eines einzelnen Rechtsinstruments hinausgehen. Ihr inneres Bild der Rechtsordnung ist nicht das eines Systems."

44 So ausdrücklich die bei *Riesenhuber*, System und Prinzipien, S. 59, zitierten richterlichen Äußerung; implizit auch *Weir*, ZEuP 2004, 595 (597): „... law must be a system, preferably rather like the BGB, with every term defined and every concept used in the same way whatever the context, a complex of rules and legal institutions totally and perfectly integrated, with everything screwed down tightly and all the screws in exact alignment."

45 Vgl. *Esser*, Grundsatz und Norm, S. 183 ff.: „Und hier ist es nun, ähnlich wie im Kodifikationsdenken, das principle einer ganzen Entwicklungsreihe, ihr ‚Rechtsgedanke', der gleichsam übergreifend die Korrektur der rule erlaubt, zugleich aber die Vorstellung der Identität der alten und der neuen rule entdeckt – und wenn nicht der Identität, so doch der Kontinuität." (S. 184 f.).

46 Vgl. *Vogenauer*, Auslegung, Band II. S. 1081: „Die [englischen] Gerichte bevorzugen eine Interpretation, die im Einklang mit den allgemeinen Rechtsgrundsätzen steht, gegenüber einer Auslegung, bei der das nicht der Fall ist."; S. 1273: „Starkes Gewicht legt die Rechtsprechung Argumenten bei, die sich aus dem Verfassungsrecht, den allgemeinen Rechtsgrundsätzen oder den grundlegenden Prinzipien des Common Law ergeben. Es ist bereits darauf hingewiesen worden, dass der verfassungskonformen, der rechtsgrundsatzkonformen und der Common law-konformen Interpretation weitgehend dieselbe Funktion zukommt."

die Rechtsfindung im *common law* maßgeblich an allgemeinen Grundwerten und Prinzipien orientiert.[47]

Im Übrigen bedarf das Europäische Privatrecht im Interesse der einheitlichen Wirksamkeit der Erarbeitung einer autonomen „gemeineuropäischen Methodenlehre“.[48] Dabei bildet zwar naturgemäß die methodische Praxis in den Mitgliedstaaten den rechtsvergleichenden Ausgangspunkt.[49] Allerdings werden die besten Duchsetzungschancen diejenigen Methoden haben, welche die gemeinschaftsverfassungsrechtlichen Vorgaben der Gleichheit und Rechtssicherheit am besten gewährleisten und sich für das Europäische Privatrecht als ergiebig und zweckmäßig erweisen. Der Gedanke eines prinzipienorientierten teleologischen Systems scheint dafür gute Ausgangsbedingungen mitzubringen.[50]

III. Die maßgeblichen systematisch-teleologische Wertungskriterien

Die äußere Verbindung sämtlicher Rechtsakte des Europäischen Privatrechts bildet der EG-Vertrag. In inhaltlicher Hinsicht verlangt der Systemgedanke im Interesse der Einheit der Gemeinschaftsrechtsordnung die Ausrichtung der Regelungen des Europäischen Privatrechts und der konkretisierenden Einzelfallentscheidungen an den Vorgaben und Zielen des EG-Vertrags als gemeinschaftsrechtlicher Verfassungsordnung.[51] Der Gedanke des Stufenbaus der Rechtsordnung, wie er etwa in Art. 249 EG („nach Maßgabe dieses Vertrages“) aufscheint, statuiert dabei eine Vorrangregelung zugunsten der primärrechtlichen Wertungen, die zunächst den Strauß denkbarer Konkretisierungen auf die primärrechtskonformen zurück schneidet[52] und anschließend im Sinne einer Vorzugsregel die Wahl derjenigen Konkretisierung verlangt, die mit dem Primärrecht „am besten“ übereinstimmt.[53]

---

47 Vgl. auch die Prinzipienlehre von *Dworkin*, Taking Rights Seriously, S. 24ff., die im angloamerikanischen Rechtskreis großen Einfluss erlangt hat; dazu etwa *Hart*, The Concept of Law, S. 259ff.; *MacCormick*, Legal Reasoning and Legal Theory, S. 152ff. *Riesenhuber*, System und Prinzipien, S. 12, bemerkt dazu: „Die Unterscheidung von Regeln und Prinzipien spiegelt offenbar eine nicht national gebundene praktische Erfahrung wieder und ist auch daher von großer Überzeugungskraft.“

48 Vgl. *Vogenauer*, ZEuP 2005, 234 (235ff.); *Riesenhuber*, System und Prinzipien, S. 61.

49 Vgl. *Vogenauer*, ZEuP 2005, 234 (246ff.); *Riesenhuber*, System und Prinzipien, S. 61, spricht von einem „Europäischen Forum der Ideen“.

50 Vgl. *Riesenhuber*, System und Prinzipien, S. 61.

51 Vgl. *Leible*, in: *Riesenhuber* (Hrsg.), Europäische Methodenlehre, S. 118; *Riesenhuber*, System und Prinzipien, S. 63; *Grundmann/Riesenhuber*, JuS 2001, 529 (532); *Neuner*, Privatrecht und Sozialstaat, S. 193f.; *Anweiler*, Auslegungsmethoden, S. 186.

52 Vgl. *Buck*, Auslegungsmethoden, S. 186; *Schroeder*, JuS 2004, 180 (182); *Riesenhuber*, System und Prinzipien, S. 63. Vgl. auch *Domröse*, in: *Riesenhuber* (Hrsg.), Europäische Methodenlehre, S. 141ff., der zusätzlich zum System- und Stufenbaugedanken auf das institutionelle Gleichgewicht abstellt.

53 Vgl. *Leible*, in: *Riesenhuber* (Hrsg.), Europäische Methodenlehre, S. 118f.; anders *Riesenhuber*, System und Prinzipien, S. 63.

Wertungsgesichtspunkte des Primärrechts ergeben sich dabei zunächst aus den Zielen des Gemeinschaftsrechts, wie sie in Art. 2 EU und Art. 2 und 3 EG[54] zum Ausdruck kommen und durch die jeweilige Rechtsgrundlage fortgeschrieben werden. Maßgebliche Bedeutung kommt aber vorallem auch den Grundfreiheiten als „Fundamentalnormen" des EG-Vertrages,[55] und den gemeinschaftsrechtlichen Grundrechten, wie sie durch den EuGH ausgeformt wurden,[56] zu.

Die Teleologie der Rechtsgrundlage setzt sich im jeweiligen Sekundärrechtsakt fort, wird regelmäßig in den Erwägungsgründen zum Ausdruck gebracht und in den Einzelregelungen näher ausdifferenziert. Soweit sich aus einzelnen Regelungen und Rechtsakten induktiv verallgemeinerungsfähige und übergreifende Wertungsgedanken überzeugungskräftig ermitteln lassen,[57] können diese Rechtsprinzipien, soweit sie mit den primärrechtlichen Vorgaben in Einklang stehen, sodann als Maßstäbe herangezogen werden, um die jeweilige Konkretisierungsentscheidung daran auszurichten.[58]

Nicht nur diesen aus den Sekundärrechtsakten zu ermittelnden Rechtsprinzipien, sondern auch den Grundfreiheiten und Gemeinschaftsgrundrechten kommt dabei Prinzipiencharakter zu. Kennzeichnend ist, dass die in ihnen verkörperten Wertentscheidungen in je unterschiedlichem Maße nach Verwirklichung streben, das gebotene Maß von den tatsächlichen und rechtlichen Möglichkeiten im jeweiligen Einzelfall abhängt und sich erst aus einem Zusammenwirken mit gegenläufigen Prinzipien ergibt.[59] Dabei besteht unter den Prinzipien der selben Hierarchiestufe keine absolute Vorrangrelation.[60] Die Entscheidung, welchem Prinzip im konkreten Fall der (Anwendungs-)Vorrang einzuräumen ist, kann methodisch nur durch Gewichtung and Abwägung der zugrundeliegenden Interessen und Wertungen unter Berücksichtigung aller Umstände bewältigt werden.[61] Nicht ausgeschlossen ist dabei, dass bestimmten Prinzipien innerhalb der selben Rangstufe ein abstrakter Vorrang im Sinne einer Argumentationslastregel dahingehend eingeräumt wird, dass zur Überwindung des Prinzips besonders gewichtige Gründe angeführt werden müssen.[62] In jedem Falle entfalten die Prinzipien ihren eigentlichen Sinn-

54 Nach dem Vertrag von Lissabon Art. 2, 3 EUV.

55 Vgl. EuGH v. 30. 4. 1996 – Rs. C-194/94 (*CIA Security International*), Slg. 1996, I-2201 Rn. 40: Warenverkehrsfreiheit als eine der „Grundlagen der Gemeinschaft"; EuGH v. 12. 6. 2003 – Rs. C-112/00 (*Schmidberger*), Slg. 2003, I-5659 Rn. 51: freier Warenverkehr „einer der tragenden Grundsätze der Gemeinschaft".

56 Vgl. *Leible*, in: *Riesenhuber* (Hrsg.), Europäische Methodenlehre, S. 119.

57 Zur Ermittlung von Rechtsprinzipien ausführlich Kapitel 10 I.

58 Vgl. *Collins*, in: *Grundmann/Mazeaud* (Hrsg.), General Clauses and Standards, S. 111 (138).

59 Vgl. *Alexy*, Theorie der Grundrechte, S. 75 f.; *ders.*, ARSP 1985, Beiheft 25, S. 13 (19 f.); *Dworkin*, Taking Rights Seriously, S. 26: „Principles have a dimension ... of weight or importance." *Canaris*, Systemdenken und Systembegriff, S. 53: „Die Prinzipien gelten nicht ohne Ausnahmen und können zueinander in Gegensatz oder Widerspruch treten."; *Larenz*, Methodenlehre, S. 475.

60 Vgl. *Alexy*, Theorie der Grundrechte, S. 82; *Larenz*, Methodenlehre, S. 476.

61 Vgl. *Alexy*, Theorie der Grundrechte, S. 78 f.; *ders.*, ARSP 1985, Beiheft 25, S. 13 (27); *Röhl/Röhl*, Allgemeine Rechtslehre, S. 288 f.; *Esser*, Grundsatz und Norm, S. 6 f.: Prinzipien können nur dann funktionieren, „wenn man sie sachgerecht durchbrechen darf."

62 Vgl. *Alexy*, ARSP 1985, Beiheft 25, S. 13 (28).

gehalt aber erst in einem Zusammenspiel wechselseitiger Ergänzung und Beschränkung.[63]

Prinzipien können einen sehr unterschiedlichen Abstraktionsgrad aufweisen. Denkbar sind einerseits sehr allgemeine Rechtsgedanken, die auf ein zu erreichendes Ziel hinweisen,[64] etwa die Verwirklichung des Binnenmarktes. Andererseits können Prinzipien auch rechtssatzmäßig nach Tatbestand und Rechtsfolge ausdifferenziert und sogar positiviert sein,[65] so etwa die Warenverkehrsfreiheit nach Art. 28 EG. Die Übergänge zwischen ganz allgemeinen richtunggebenden Wertungsgedanken, konkreteren Unterprinzipien und rechtssatzförmigen Prinzipien sind dabei fließend.[66]

Innerhalb der Gesamtheit der Prinzipien besteht somit eine doppelte Hierarchie; zum einen im Sinne der Durchsetzungskraft: primärrechtliche Wertungen genießen Geltungsvorrang gegenüber dem Sekundärrecht; zum anderen im Sinne der Allgemeinheit: allgemeinere Grundsätze werden durch präzisere „Unterprinzipien“ ergänzt und gegebenfalls im Wege der Spezialität verdrängt.

Kapitel 9: Primärrechtskonforme Konkretisierung

In der nationalen Methodenlehre gehört die Ausrichtung der Konkretisierung wertungsoffener Rechtssätze des Privatrechts an der Verfassung und insbesondere den Grundrechten seit langem zum Standardrepertoir.[1] Nach ständiger Rechtsprechung des BVerfG und überwiegender Ansicht im Schrifttum sind dabei die Privatrechtssubjekte nicht im Sinne der „Lehre von der unmittelbaren Drittwirkung“ als Adressaten der Grundrechte unmittelbar durch diese gebunden.[2] Vielmehr entfaltet sich die in den Grundrechten verkörperte „objektive Wertordnung“ mittelbar in dem sie über das Medium der das Zivilrecht unmittelbar beherrschenden Vorschriften, insbesondere den Generalklauseln, eine „Ausstrahlungswirkung“ auf das Privatrecht entfaltet.[3] Dies entspricht der Lehre von der „mittelbaren Drittwir-

---

63 Vgl. *Canaris*, Systemdenken und Systembegriff, S. 53; *Larenz*, Methodenlehre, S. 475: „Prozess ‚wechselseitiger Erhellung‘“.; *Röhl/Röhl*, Allgemeine Rechtslehre, S. 288 f.

64 Vgl. *Larenz*, Methodenlehre, S. 479.

65 Vgl. *Larenz*, Methodenlehre, S. 479 f.

66 Vgl. *Larenz*, Methodenlehre, S. 480.

1 Vgl. *Bydlinksi*, in: FS Wieacker, S. 189 (203, 204 f.); *ders.*, Juristische Methodenlehre, S. 583; *Wieacker*, Gesetz und Richterkunst, S. 52; *Kramer*, Methodenlehre, S. 201 f.; *Looschelders/Roth*, Juristische Methodik, S. 200; *Larenz*, Methodenlehre, S. 289; Staudiner-*Sack*, § 138 BGB Rn. 40; Staudinger-*Looschelders/Olzen*, § 242 BGB Rn. 145 ff.; Hk-BGB/*Dörner*, § 138 BGB Rn. 3; *Baumbach/Hefermehl-Köhler*, § 3 UWG Rn. 18 ff.

2 Vgl. zur Lehre von der unmittelbaren Drittwirkung im Hinblick auf Art. 3 GG *Nipperdey*, RdA 1950, 121 (126 ff.), *Enneccerus-Nipperdey*, BGB Allgemeiner Teil, S. 93 f.; aus neuerer Zeit etwa *Hager*, JZ 1994, 373 ff.

3 Grundlegend BVerfGE 7, 198 (204 ff.); seither ständige Rechtsprechung, vgl. etwa noch BVerfGE 25, 256 (263); BVerfGE 30, 173 (187 ff.); BVerfGE 34, 269 (280); BVerfGE 35, 202 (214); und aus neuerer Zeit BVerfGE 89, 214 (229 f.); BVerfG NJW 2001, 957 (958).

kung".[4] Rechtsdogmatisch vorzugswürdig erscheint es, die Wirkung der Grundrechte im Privatrechtsverhältnis mit deren Schutzgebotsfunktion zu erklären,[5] die auch den Zivilrichter im Rahmen der verfassungskonformen Konkretisierung und Rechtsfortbildung bindet.[6] Der maßgebliche Unterschied zur Lehre von der „unmittelbaren Drittwirkung", besteht darin, dass im Rahmen der Schutzgebotsfunktion lediglich ein „Untermaßverbot" im Sinne der Gewährleistung eines Minimalschutzes gilt, bei dessen Verwirklichung dem einfachen Recht einschließlich dessen gerichtlicher Anwendung ein weiter Gestaltungs- und Konkretisierungsspielraum zukommt.[7]

Die Einwirkung der Grundrechte auf das Privatrecht ist kein rein deutsches Phänomen; auch in anderen europäischen Rechtsordnungen und darüber hinaus stellt sich das Problem und gelangt die Rechtsprechung meist zu ähnlichen Ergebnissen.[8] Auf europäischer Ebene befindet sich die Diskussion um die „Konstitutionalisierung des Privatrechts" dagegen erst am Anfang.[9] Besondere Bedeutung kommt insoweit der Konkretisierung des Europäischen Privatrechts im Lichte der Grundfreiheiten (I.) sowie der Gemeinschaftsgrundrechte zu (II.). Dabei ist auch auf das komplexe Verhältnis von Grundfreiheiten und Grundrechten zueinander einzugehen (III.).

I. Konkretisierung im Lichte der Grundfreiheiten

Dass sich der EuGH bei der Auslegung und Konkretisierung sekundärrechtlicher Vorschriften an seiner im Rahmen der Grundfreiheiten ergangenen Rechtspre-

---

4 Vgl. Maunz/Dürig-*Herdegen*, Art. 1 Abs. 3 GG, Rn. 59 ff.; Maunz/Dürig-*ders.*, Art. 3 Abs. I GG, Rn. 505 ff.; *Diederichsen*, AcP 198 (1998), 171 (230 ff.).

5 Vgl. etwa BVerfGE 39, 1 (36 ff.); BVerfGE 49, 89 (142); BVerfGE 53, 30 (57).

6 Vgl. *Stern*, Staatsrecht, Band III/1, S. 1572 ff., 1582 f.; *Canaris*, AcP 184 (1984), 201 (225 ff.); *ders.*, Grundrechte und Privatrecht, S. 33 ff.; *Hillgruber*, AcP 191 (1991), 69 (73 ff.); *Jarass*, AöR 120 (1995), 345 (351 ff.); *Medicus*, AcP 192 (1992), 35 (52, 55); vgl. auch BVerfGE 81, 242 (255): „Der entsprechende Schutzauftrag der Verfassung richtet sich hier an den Richter, der den objektiven Grundentscheidungen der Grundrechte in Fällen gestörter Vertragsparität mit den Mitteln des Zivilrechts Geltung zu verschaffen hat und diese Aufgabe auch auf vielfältige Weise wahrnimmt."

7 Vgl. *Canaris*, AcP 184 (1984), 201 (245); *ders.*, Grundrechte und Privatrecht, S. 43 ff.; *Jarass*, AöR 120 (1995), 345 (352); *Medicus*, AcP 192 (1992), 35 (60 f.); im Ergebnis wohl ähnlich *Diederichsen*, AcP 198 (1998), 171 (235).

8 Vgl. etwa die Zusammenstellung bei *Stern*, Staatsrecht, III/1, S. 1533 ff. zur Rechtslage in Österreich, den Niederlanden, Frankreich, Italien, Portugal, Spanien den USA und Japan; vgl. auch *Canaris*, Grundrechte und Privatrecht, S. 10; die Beiträge in *Friedmann/Barak-Erez* (Hrsg.), Human Rights in Private Law; *Ciachi*, ERCL 2006, 167; *Cherednychenko*, Fundamental rights, contract law and the protection of the weaker party; *Mak*, Fundamental Rights in European Contract Law; sowie Art. 35 Abs. 3 der Schweizer Bundesverfassung: „Die Behörden sorgen dafür, dass die Grundrechte, soweit sie sich dazu eignen, auch unter Privaten wirksam werden." Speziell für das englische *common law* vgl. *Campell v MGN Ltd.* [2004] AC 457 Rn. 17: „The values embodied in articles 8 and 10 [EMRK] are as much applicable in disputes between individuals or between an individual and a non-governmental body such as a newspaper as they are in disputes between individuals and a public authority", per *Lord Nicholls*; Rn. 50: "I can see no logical ground for saying that a person should have less protection against a private individual than he would have against the state for the publication of personal information for which there is no justification.", per *Lord Hoffman*.

9 Vgl. *Schillig*, (2008) 15 MJ 285 ff.

chung orientiert, ist allgemein bekannt. So hat er etwa das zu Art. 28 EG entwickelte Leitbild des „durchschnittlich informierten, aufmerksamen und verständigen Durchsschnittsverbrauchers“ zur Interpretation der sekundärrechtlichen Irreführungsverbote herangezogen.[10] In vergleichbarer Weise orientiert sich die Interpretation des Erschöpfungsgrundsatzes gemäß Art. 7 der Markenrichtlinie an der zu Art. 28 EG ergangenen Rechtsprechung.[11] Dass dies nicht nur aus pragmatischen Gründen zweckmäßig, sondern auch normativ geboten ist, scheint nach dem allgemein anerkannten Grundsatz der primärrechtskonformen Auslegung des Sekundärrechts selbstverständlich zu sein, wird aber gleichwohl in neuerer Zeit in Zweifel gezogen.[12] Insgesamt ist bezüglich der allgemeinen Frage nach der Wirkung der Grundfreiheiten im Privatrechtsverhältnis noch vieles ungeklärt. Bevor die im vorliegenden Zusammenhang relevanten Aspekte dieser Problematik näher beleuchtet werden sollen, sind vorab Struktur und Wirkungsweise der Grundfreiheiten kurz darzustellen.

1. Struktur und Wirkungsweise der Grundfreiheiten

Seit dem Ablauf der Übergangszeit kommt den Grundfreiheiten[13] unmittelbare Wirkung in den Mitgliedstaaten zu.[14] Sie gewähren dem einzelnen Marktbürger die Rechtsmacht, sich gegenüber den Verpflichteten[15] auf die grundfreiheitlichen Anordnungen zu berufen, begründen also ein subjektives Abwehrrecht zugunsten der Marktbürger; aus Sicht der Verpflichtungsadressaten besteht ein grundsätzliches Eingriffsverbot.[16] Schutzgegenstand ist dabei nicht eine allgemeine wirtschaftliche Betätigungsfreiheit, sondern lediglich der Schutz ganz spezieller Formen der grenzüberschreitenden Wirtschaftstätigkeit: Handel mit Waren, Erbringung von Dienst- und Arbeitsleistungen, Ausübung selbständiger Erwerbstätigkeit und die Übertragung von Kapital und Zahlungsmitteln.[17] Durch die

---

10 Vgl. die bisherige Rechtsprechung zusammenfassend nur EuGH v. 16. 7. 1998 – Rs. C-210/96 (*Gut Springeheide*), Slg. 1998, I-4657 Rn. 29 ff.

11 Vgl. nur EuGH v. 11. 7. 1996 – verb. Rs. C-427, 429, 436/93 (*Bristol-Myers*), Slg. 1996, I-3457 Rn. 27 ff.; sowie *Barnard*, Substantive Law, S. 183 ff.

12 Vgl. nur *Kingreen*, EuGRZ 2004, 570 (576): Für die Organe der Union „gelten die Unionsgrundrechte, nicht aber die Grundfreiheiten.“

13 Nach dem Vertrag von Lissabon finden sich die entsprechenden Vorschriften in Art. 28–37 AEUV (Warenverkehrsfreiheit); Art. 45–48 AEUV (Arbeitnehmerfreizügigkeit); Art. 49–55 AEUV (Niederlassungsfreiheit); Art. 63–66 AEUV (Freiheit des Kapital- und Zahlungsverkehrs); sowie Art. 56–62 AEUV (Freiheit des Dienstleistungsverkehrs).

14 Eine Ausnahme gilt für die Freiheit des Kapital- und Zahlungsverkehrs, die erst mit dem In-Kraft-Treten des Art. 56 EG am 1. 1. 1994 unmittelbare Wirksamkeit erlangte, vgl. MüKoUWG-*Leible*, Band 1, EG A, Rn. 123.

15 Dazu nachfolgend 2.

16 Vgl. *Kingreen/Störmer*, EuR 1998, 263 ff. Entwicklungsgeschichtlich vorrangig ist freilich der instrumentale bzw. institutionelle Charakter der Grundfreiheiten. Ursprünglich als „Werkzeuge“ zum Abbau der Segmentierung des Gemeinsamen Marktes konzipiert, trat eine individualschützende Wirkung erst später hinzu, vgl. *Gebauer*, Die Grundfreiheiten des EG-Vertrages als Gemeinschaftsgrundrechte, S. 346 ff.

17 Vgl. MüKoUWG-*Leible*, Band 1, EG A, Rn. 71; *Möstl*, EuR 2002, 318 (328); *Kingreen/Störmer*, EuR 1998, 263 (266).

Grundfreiheiten wird so die Privatautonomie über die nationale Grenze hinweg erstreckt.[18]

Obwohl sich die Grundfreiheiten nicht nur hinsichtlich ihrer sachlichen Schutzbereiche, sondern auch bezüglich der im Vertrag ausdrücklich vorgesehenen Beschränkungsvorbehalte unterscheiden,[19] lässt sich nach überwiegender Auffassung[20] in der Rechtsprechung des Gerichtshofs eine strukturelle Konvergenz nachweisen.

Die Warenverkehrsfreiheit, genauer die Einfuhrfreiheit gemäß Art. 28 EG, bildete den Vorreiter für die Entwicklung der Grundfreiheitendogmatik. Der Schwerpunkt verlagerte sich schnell vom Verbot der mengenmäßigen – direkten – Einfuhrbeschränkungen hin zum Verbot der „Maßnahmen gleicher Wirkung", welches der EuGH äußerst weit interpretierte[21] und auch auf Maßnahmen erstreckte, die unterschiedlos für in- und ausländische Anbieter gelten.[22] Der Übergang vom Diskriminierungsverbot hin zum umfassenden Beschränkungsverbot war damit für die Warenverkehrsfreiheit vollzogen,[23] eine Entwicklung, die sich in der Folge auch auf die übrigen Grundfreiheiten übertrug.[24] Mit der Ausweitung des Schutzbereichs der Grundfreiheiten verbunden war die Bereitstellung neuer, im Vertrag

---

18 MüKoUWG-*Leible*, Band 1, EG A, Rn. 137.

19 Ausdrückliche Rechtfertigungsgründe enthalten Art. 30 EG für die Warenverkehrsfreiheit; Art. 39 Abs. 3 EG für die Arbeitnehmerfreizügigkeit; Art. 46 i. V. m. Art. 55 EG für Niederlassungs- und Dienstleistungsfreiheit und schließlich Art. 57, 58 EG für die Freiheit des Kapital- und Zahlungsverkehrs. Echte Bereichsausnahmen sind vorgesehen in Art. 39 Abs. 4, 45 Abs. 1, 55 EG für Beschäftigte in der öffentlichen Verwaltung und für bestimmte, mit der Ausübung öffentlicher Gewalt verbundene Tätigkeiten, vgl. MüKoUWG-*Leible*, Band 1, EG A, Rn. 72.

20 Vgl. nur *Franzen*, Privatrechtsangleichung, S. 177; *Lurger*, Grundfragen, S. 250–254; *Basedow*, RabelsZ 59 (1995), 1 (10); *Oliver/W.-H. Roth*, (2004) 41 CMLRev., 407 (440); *W.-H. Roth* in: FS Großfeld, S. 929; MüKoUWG-*Leible*, Band 1, EG A, Rn. 69, 110.

21 „Jede Handelsregelung der Mitgliedstaaten, die geeignet ist, den innergemeinschaftlichen Handel unmittelbar oder mittelbar, tatsächlich oder potentiell zu behindern, ist als Maßnahme gleicher Wirkung wie eine mengenmäßige Beschränkung anzusehen", sog. „Dassonville – Formel"; vgl. EuGH v. 11. 7. 1974 – Rs. 8/74 (*Dassonville*), Slg. 1974, 873 Rn. 5.

22 Grundlegend insoweit EuGH v. 20. 2. 1979 – Rs. 120/78 (*Rewe ./. Bundesmonopolverwaltung*), Slg. 1979, 649 Rn. 8 („Cassis de Dijon").

23 Vgl. *Lurger*, Grundfragen, S. 250 f.; *W.-H. Roth*, in: FS Großfeld, S. 929 (931 f.); *Franzen*, Privatrechtsangleichung, S. 124. Damit einher ging die Hinwendung zum Herkunftslandprinzip. Im Falle eines bloßen Diskriminierungsverbotes werden Importprodukte an den selben Standards gemessen wie inländische Produkte. Importprodukte unterliegen aber zusätzlich regelmäßig den Standards des Herkunftslandes. Diese Doppelbelastung wird durch ein bloßes Diskriminierungsverbot also gerade nicht verhindert. Um eine Doppelbelastung zu vermeiden, unterliegen Importprodukte allein den Vorschriften des Herkunftslandes, soweit dadurch legitimen Schutzzwecken bereits Rechnung getragen ist. Vgl. *Franzen*, Privatrechtsangleichung, S. 124; *Steindorff*, EG-Vertrag und Privatrecht, S. 56; MüKoUWG-*Leible*, Band 1, EG A, Rn. 104–106.

24 Vgl. für die Dienstleistungsfreiheit: EuGH v. 25. 7. 1991 – C-76/90 (*Säger/Dennemeyer*), Slg. 1991, I-4221; für Arbeitnehmerfreizügigkeit und Niederlassungsfreiheit: EuGH v. 31. 3. 1993 – Rs. C-19/92 (*Kraus*), Slg. 1993, I-1663 Rn. 32; EuGH v. 30. 11. 1995 – Rs. C-55/94 (*Gebhard*), Slg. 1995, I-4165 Rn. 37; EuGH v. 15. 12. 1995 – Rs. C-415/93 (*Bosman*), Slg. 1995, I-4921 Rn. 93–100; bezüglich der Kapital- und Zahlungsverkehrsfreiheit ist Art. 56 EG ausdrücklich als Beschränkungsverbot formuliert, vgl. MüKoUWG-*Leible*, Band 1, EG A, Rn. 91.

nicht vorgesehener Rechtfertigungsmöglichkeiten:[25] Während formal diskriminierende Maßnahmen nur über die ausdrücklich vorgesehenen und eng[26] auszulegenden Tatbestände der Art. 30, 39 Abs. 3 und 4, 45, 46, 55 und 58 EG unter strenger Verhältnismäßigkeitskontrolle zu rechtfertigen sind, können zur Rechtfertigung unterschiedslos anwendbarer Maßnahmen oder bloß faktischer Diskriminierungen auch ungeschriebene „zwingende Erfordernisse des Allgemeininteresses“, etwa die Lauterkeit des Handelsverkehrs und der Verbraucherschutz, herangezogen werden.[27] Zudem können auch die (Gemeinschafts-)Grundrechte den Grundfreiheiten Schranken setzen.[28]

Eine entscheidende Zurücknahme der Kontrolle nationaler Regelungen anhand der Grundfreiheiten erfolgte durch die *Keck*-Entscheidung.[29] Der EuGH unterscheidet danach formal zwischen Produktvorschriften, etwa Regelungen hinsichtlich Bezeichnung, Form, Abmessungen, Gewicht, Zusammensetzung, Aufmachung, Etikettierung und Verpackung eines Produktes,[30] und „bestimmten Verkaufsmodalitäten“.[31] Für erstere gilt Art. 28 EG unverändert als Beschränkungsverbot gemäß *Dassoneville/Cassis de Dijon*. „Bestimmte Verkausfmodalitäten“ unterfallen Art. 28 EG dagegen nur dann, wenn sie ausländische Anbieter rechtlich oder tatsächlich benachteiligen.[32] An dieser Unterscheidung wird vor allem ihre Starrheit und

---

25 Dogmatisch handelt es sich bei den „zwingenden Erfordernissen“ ebenso wie bei den grundrechtlichen Schranken um sogenannten „immanente Schranken“ mit tatbestandsausschließender Wirkung, der Sache nach geht es freilich um nichts anderes als die Rechtfertigung mitgliedstaatlicher Beschränkungen, vgl. MüKoUWG-*Leible*, Band 1, EG A, Rn. 96 mit Fn. 259, 99.

26 Vgl. *Craig/de Burca*, EU Law, S. 696.

27 Erstmals EuGH v. 20. 2. 1979 – Rs. 120/78 (*Rewe ./. Bundesmonopolverwaltung*), Slg. 1979, 649 Rn. 8. In EuGH v. 30. 11. 1995 – Rs. C-55/94 (*Gebhard*), Slg. 1995, I-4165 Rn. 37, wird ausdrücklich klargestellt das Beschränkungen aller Grundfreiheiten einem einheitlichen Rechtfertigungsmaßstab unterliegen, vgl. auch *Steindorff*, EG-Vertrag und Privatrecht, S. 85. Eine andere Frage ist, ob die Differenzierung zwischen diskriminierenden und unterschiedslos anwendbaren Maßnahmen bezüglich der Rechtfertigungsgründe aufgegeben werden sollte, dafür MüKoUWG-*Leible*, Band 1, EG A, Rn. 107–109.

28 EuGH v. 12. 6. 2003 – Rs. C-112/00 (*Schmidberger*), Slg. 2003, I-5694 Rn. 74.

29 EuGH v. 24. 11. 1993 – verb. Rs. C-267, 268/91 (*Strafverfahren gegen Keck und Mithouard*), Slg. 1993, I-6097.

30 EuGH v. 9. 8. 1994 – Rs. C-51/93 (*Meyhui*), Slg. 1994, I-3879, Rn. 10.

31 EuGH v. 24. 11. 1993 – verb. Rs. C-267, 268/91 (*Strafverfahren gegen Keck und Mithouard*), Slg. 1993, I-6097 Rn. 16. Vgl. auch EuGH v. 25. 3. 2004 – Rs. C-71/02 (*Karner*), Slg. 2004, I-3025, Rn. 37–42; EuGH v. 15. 7. 2004 – Rs. C-239/02 (*Douwe Egberts*), Slg. 2004, I-7007, Rn. 51; EuGH v. 26. 5. 2005 (*Burmanjer*), Slg. 2005, I-4133, Rn. 24; EuGH v. 14. 2. 2008 – Rs. C-244/06 (*Dynamic Medien*), Slg. 2008, I-505, Rn. 29.

32 Vor und auch noch nach *Keck* hat der EuGH daneben zum einen das Kriterium der „zu unmittelbaren und ungewissen“ Wirkung einer Maßnahme herangezogen, vgl. EuGH. v. 7. 3. 1990 – Rs. C-69/88 (*Krantz*), Slg. 1990, I-583 Rn. 11; EuGH v. 13. 10. 1993 – Rs. C-93/92 (*CMC Motorradcenter GmbH*), Slg. 1993, I-5009 Rn. 21; EuGH v. 14. 7. 1994 – Rs. C-379/92 (*Peralta*), Slg. 1994, I-3453 Rn. 24; EuGH v. 17. 10. 1995 – verb. Rs. C-140, 141, 142/94 (*Grappa*), Slg. 1995, I-3257 Rn. 29; EuGH v. 26. 5. 2005 (*Burmanjer*), Slg. 2005, I-4133, Rn. 31 („zu unbedeutend und zufällig"). Andererseits hat der EuGH bisweilen aber auch den Weg einer äußerst großzügigen Rechtfertigungslösung gewählt, vgl. EuGH v. 23. 11. 1989 – Rs. C-145/88 (*Torfaen*), Slg. 1989, 3851 Rn. 13 f.; EuGH v. 16. 12. 1992 – Rs. C-169/91 (*Stoke on Trent*), Slg. 1992, I-6635 Rn. 12 f.

mangelnde Abgrenzungsschärfe kritisiert.[33] Die Rechtsprechung nach *Keck* hat nur wenig zur Klärung des Begriffs der „bestimmten Verkaufsmodalitäten“ beigetragen.[34] Das Schrifttum ist daher um die Herausarbeitung materieller Kriterien anhand der Teleologie der Grundfreiheiten[35] bemüht. Insoweit zeichnet sich zunehmend eine Hinwendung zum Kriterium der „substantiellen Marktzugangsbeschränkung“ ab.[36] Dabei ist wertend danach zu fragen, ob eine (nationale) Regelung den Marktzugang gerade für ausländische Anbieter und Produkte erschwert, indem beispielsweise die Entwicklung und Nutzung einer europaweit einheitlichen Vermarktungsstrategie und damit die Ausnutzung von Größenvorteilen unmöglich gemacht wird.[37] Auf diese Weise wird ein spezifischer Binnenmarktbezug hergestellt und werden rein nationale Sachverhalte aus dem Anwendungsbereich der Grundfreiheiten ausgeschieden.[38] Versteht man die Entscheidung *Keck* in diesem Sinne, so stehen der Übertragbarkeit dieser Gedanken auf die anderen Grundfreiheiten keine grundsätzlichen Bedenken entgegen.[39] Für die Dienstleistungsfreiheit[40] ebenso wie für die Personenverkehrsfreiheiten[41] und die Kapital-

---

33 Vgl. etwa *Steindorff*, EG-Vertrag und Privatrecht, S. 97 („Begriffsjurisprudenz“); *Lurger*, Grundfragen, S. 256 („etwas formale, enge und vermutlich insgesamt missglückte Unterscheidung“); MüKoUWG-*Leible*, Band 1, EG A, Rn. 82; *Barnard*, Substantive Law, S. 143 ff.; *Graig/de Burca*, EU Law, S. 684 ff.

34 Vgl. *Lurger*, Grundfragen, S. 255; *W.-H. Roth*, in: FS Großfeld, S. 929 (937).

35 Vgl. *Riesenhuber*, System und Prinzipien, S. 90; *Steindorff*, EG-Vertrag und Privatrecht, S. 104.

36 Vgl. *GA van Gerven*, Schlussanträge v. 29. 6. 1989 – Rs. 145/88 (*Torfaen*), Slg. 1989, 3851 Rn. 23 f.; *Weatherill*, (1996) 33 CMLRev., 885 ff.; *ders.*, ERCL 2006, 90 (100); *Craig/de Burca*, EU Law, S. 694 f.; *Franzen*, Privatrechtsangleichung, S. 133; *Riesenhuber*, System und Prinzipien, S. 91 f.; *W.-H. Roth*, in: FS Großfeld, S. 929 (944 ff.).

37 Vgl. *Riesenhuber*, System und Prinzipien, S. 92; *ders.* Europäisches Vertragsrecht, Rn. 77; MüKoUWG-*Leible*, Band 1, EG A, Rn. 82. Das Kriterium der Marktzugangsbeschränkung lässt sich auch in der jüngeren Rechtsprechung des EuGH nachweisen, vgl. EuGH v. 26. 6. 1997 – Rs. C-368/95 (*Vereinigte Familiapress*), Slg. 1997 I-3689 Rn. 12; EuGH v. 9. 7. 1997 – Rs. C-34, 35, 36/95 (*De Agostini*), Slg. 1997, I-3843 Rn. 43; EuGH v. 8. 3. 2001 – Rs. C-405/98 (*Gourmet International*), Slg. 2001, I-1795 Rn. 21; EuGH v. 13. 1. 2000 – Rs. C-254/98 (*TK-Heimdienst*), Slg. 2000, I-151 Rn. 29; EuGH v. 15. 7. 2004 – Rs. C-239/02 (*Douwe Egberts*), Slg. 2004, I-7007, Rn. 51–53; EuGH v. 14. 2. 2008 – Rs. C-244/06 (*Dynamic Medien*), Slg. 2008, I-505, Rn. 34.

38 Zu diesem Hintergrund der *Keck*-Entscheidung EuGH v. 24. 11. 1993 – verb. Rs. C-267, 268/91 (*Strafverfahren gegen Keck und Mithouard*), Slg. 1993, I-6097 Rn. 14: „Da sich die Wirtschaftsteilnehmer immer häufiger auf [Art. 28 EG] berufen, um jedwede Regelung zu beanstanden, die sich als Beschränkung ihrer geschäftlichen Freiheit auswirkt, auch wenn sie nicht auf Erzeugnisse aus anderen Mitgliedstaaten gerichtet ist, hält es der Gerichtshof für notwendig, seine Rechtsprechung auf diesem Gebiet zu überprüfen und klarzustellen.“; Vgl. auch *Lurger*, Grundfragen, S. 260; *W.-H. Roth*, in: FS Großfeld, S. 929 (943).

39 Dagegen erscheint in der Tat die Frage nach der Übertragbarkeit der Unterscheidung von Produktregelungen und Verkaufsmodalitäten auf die Personenverkehrsfreiheiten wenig sinnvoll, vgl. *W.-H. Roth*, in: FS Großfeld, S. 929 (930). Offenbar eine Übertragung der *Keck*-Grundsätze auf die Dienstleistungsfreiheit ablehnend GA Trstenjak, Schlussanträge v. 21. 10. 2008 – verb. Rs. C-261/07, C-299/07 (*VTB-VAB NV/Total Belgium NV, Galatea BVBA/Sanoma Magayines Belgium NV*), Slg. 2009, I-00000, Rn. 110–131.

40 In EuGH v. 10. 5. 1995 – Rs. C-384/93 (*Alpine Investments BV*), Slg. 1995, I-1141 Rn. 35–38, überprüft das Gericht, ob ein vom Heimatstaat ausgehendes Verbot der Telefonwerbung für Finanzdienstleistungen den Regelungen der Verkaufsmodalitäten im Sinne der *Keck*-Rechtsprechung entspricht, verneint dies jedoch aufgrund der unterschiedlichen Sachlage.

41 In EuGH v. 15. 12. 1995 – Rs. C-415/93 (*Bosman*), Slg. 1995, I-4921, überprüft der EuGH zunächst die streitgegenständlichen Transferregeln darauf, ob diese den Verkaufsmodalitäten gleichverkehrsfreiheit lassen sich entsprechend Gewährleistungsgehalt und Teleologie „spezifische Marktzutrittsbeschränkungen“ sinnvoll von sonstigen Regelungen unterscheiden.[42]

Nationale Maßnahmen, die gemessen an diesen Grundsätzen gegen die Grundfreiheiten verstoßen, sind aufgrund des Vorrangs des Gemeinschaftsrechts ohne weiteres unanwendbar.[43] Die Grundfreiheiten haben auf diese Weise deregulierende Wirkung, in dem beschränkende nationale Vorschriften in grenzüberschreitenden Sachverhalten zurückgeschnitten werden. Die Folge ist Rechtsangleichung im negativen Sinn.[44]

2. Zur Wirkung der Grundfreiheiten im Privatrechtsverhältnis

Die Diskussion um die privatrechtliche Relevanz der Grundfreiheiten konzentriert sich bisher zum einen darauf, inwieweit nationale privatrechtliche Vorschriften am Maßstab der Grundfreiheiten zu messen und gegebenenfalls zu kassieren sind; zum anderen, ob und inwieweit auch private Marktteilnehmer unmittelbar Adressaten der Grundfreiheiten sein können, mit der Folge, dass deren rechtsgeschäftliches und sonstiges Handeln unmittelbar der Grundfreiheitenkontrolle unterliegt.

a) Nationales Privatrecht als Grundfreiheitenbeschränkung

Soweit nationale dem Privatrecht zuzuordnende Normen internationalprivatrechtlich gemäß dem Bestimmungslandprinzip zur Anwendung kommen[45], hat der EuGH diese bisher ohne weiteres anhand der Grundfreiheiten überprüft[46],

---

gestellt werden können, verneint dies jedoch aufgrund der Sachlage (Rn. 102 f.). *Schlachter* (Hrsg.), Casebook Europäisches Arbeitsrecht, S. 71, sieht hierin eine Stärkung der Konvergenz der Grundfreiheiten.

42 So kann bei den Personenverkehrsfreiheiten, bei denen die wirtschaftliche Betätigung zeitlich nach dem Grenzübertritt erfolgt und die Gefahr einer Doppelbelastung durch Vorschriften des Herkunfts- und Bestimmungslandes anders als bei den Produktfreiheiten eigentlich ausgeschlossen ist, danach unterschieden werden, ob eine mitgliedstaatliche Regelung spezifisch den Grenzübertritt und damit den Marktzugang erschwert (Beschränkungsverbot) oder lediglich die Ausübung der wirtschaftlichen Tätigkeit im Bestimmungsland regelt (Diskriminierungsverbot), vgl. MüKoUWG-*Leible*, Band 1, EG A, Rn. 88, 90, 91.

43 MüKoUWG-*Leible*, Band 1, EG A, Rn. 122.

44 Vgl. *Leible*, in: *Martiny/Witzleb* (Hrsg.), Auf dem Wege zu einem Europäischen Zivilgesetzbuch, S. 53 (63); *Schwemer*, Die Bindung des Gemeinschaftsgesetzgebers an die Grundfreiheiten, S. 41.

45 Dies ist nur dann der Fall, wenn die internationalprivatrechtliche Norm, etwa Art. 6 Abs. 1 und 2 der Rom-I-Verordnung zum Schutz der Verbraucher durch ihr Heimatrecht oder das Marktortprinzip des Art. 6 Abs. 1 der Rom-II-Verordnung, entsprechend der Cassis de Dijon-Kriterien gerechtfertigt ist; zur internationalprivatrechtlichen Dimension der Grundfreiheiten vgl. *W.-H. Roth*, RabelsZ 55 (1991), 623 ff.; *Basedow*, RabeslZ 59 (1995), 1 (12 ff.); *Doehner*, Die Schuldrechtsreform vor dem Hintergrund der Verbrauchsgüterkauf-Richtlinie, S. 46 ff.; wie hier auch *G.-P. Calliess*, ZEuP 2006, 742 (753).

46 Vgl. zum gewerblichen Rechtsschutz: EuGH v. 8. 6. 1971 – Rs. 78/70 (*Deutsche Grammophon*), Slg. 1971, 487; EuGH v. 31. 10. 1974 – Rs. 15/74 (*Centrafarm/Sterling Drug*), Slg. 1974, 1147; EuGH v. 31. 10. 1974 – Rs. 16/74 (*Centrafarm/Winthrop*), Slg. 1974, 1183; EuGH v. 14. 9. 1982 – Rs. 144/81 (*Keurkop/Nancy Kean Gifts*), Slg. 1982, 2853; EuGH v. 22. 6. 1994 – Rs. C-9/93 (*IHT International Heiz-*

jedoch hinsichtlich der Kassation insbesondere vertragsrechtlicher Vorschriften weitgehend Zurückhaltung geübt.[47] Das Schrifttum ist um eine dogmatisch fundierte Eingrenzung der Grundfreiheitenkontrolle des nationalen Privatrechts bemüht.[48]

Die Schwierigkeit besteht dabei darin, Belastungen, die sich allein aus dem Vorhandensein unterschiedlicher nationaler Rechtsordnungen zwangsläufig ergeben,[49] von solchen abzugrenzen, die die Ausübung der Grundfreiheiten in spezifischer Weise behindern. Die entscheidende Frage ist daher, entsprechend der oben vorgeschlagenen Systematik, ob eine privatrechtliche Vorschrift spezifisch den Marktzugang für ausländische Anbieter bzw. Produkte erschwert.[50]

---

technik/Ideal-Standard), Slg. Slg. 1994, I-2789; EuGH v. 11. 7. 1996 – Rs. C-427, 429, 436/93 (*Paranova/Böhringer*), Slg. 1996, I-3457; zum Recht des unlauteren Wettbewerbs: EuGH v. 7. 3. 1990 – Rs. C362-88 (*GB-INNO*), Slg. 1990, I-667; EuGH v. 18. 5. 1993 – Rs. 126-91 (*Yves Rocher*), Slg 1993, I-2361; EuGH v. 2. 2. 1994 – Rs. C-315-92 (*Clinique Laboratoire*), Slg. 1994, I-317; EuGH v. 6. 7. 1995 – Rs. C-470/93 (*Mars*), Slg. 1995, I-1923; EuGH v. 10. 5. 1995 – Rs. C-384-93 (*Alpine Investments*), Slg. 1995, I-1141; GA Trstenjak, Schlussanträge v. 21. 10. 2008 – verb. Rs. C-261/07, C-299/07 (*VTB-VAB NV/Total Belgium NV, Galatea BVBA/Sanoma Magayines Belgium NV*), Slg. 2009, I-00000; zum Gesellschaftsrecht EuGH v. 9. 3. 1999, Rs. C-127/97 (*Centros Ltd./Erhvervs-og Selskabsstyrelsen*), Slg. 1999, I-1459; EuGH v. 5. 11. 2002, Rs. C-208/00 (*Überseering B.V./Nordic Construction Baumanagement GmbH [NCC]*), Slg. 2002, I-9919; EuGH v. 30. 9. 2003, Rs. C-167/01 (*Kamer van Koophandel en Fabriken voor Amsterdam/Inspire Art Ltd.*), Slg. 2003, I-10155; EuGH v. 13. 12. 2005 – Rs. C-411/03 (*SEVIC*), Slg. 2005, I-10805; EuGH v. 16. 12. 2008 – Rs. C-210/06 (*Cartesio Oktató Szoláltató bt*), Slg. 2008, I-00000; EuGH v. 4. 6. 2002 – Rs. C-503/99 (*Kommission/Belgien*), Slg. 2002, I-4809; EuGH v. 4. 6. 2002 – Rs. C-483/99 (*Kommission/Frankreich*); Slg. 2002, I-4781; EuGH v. 4. 6. 2002 – Rs. C-367/98 (*Kommission/Portugal*), Slg. 2002, I-4731; EuGH v. 13. 5. 2003 – Rs. C-463/00, (*Kommission/Spanien*), Slg. 2003, I-4581; EuGH v. 13. 5. 2003 – Rs. C-98/01 (*Kommission/Vereinigtes Königreich*), Slg. 2003, I-4641; EuGH v. 28. 9. 2006 – verb. Rs. C-282, 283-04 (*Kommission/Niederlande*), Slg. 2006, I-9141; EuGH v. 23. 10. 2007 – Rs. C-112/05 (*Kommission/Deutschland*), Slg. 2007, I- 8995; zum Arbeitsrecht EuGH v. 30. 5. 1989 – Rs. 33/88 (*Allué I*), Slg. 1989, 1591; EuGH v. 2. 8. 1993 – C-259, 331, 332/91 (*Allué II*), Slg. 1993, I-4309; EuGH v. 20. 10. 1993 – Rs. C-272/92 (*Spotti/Freistaat Bayern*), Slg. 1993, I-5185.

47 Vgl. EuGH v. 24. 10. 1978 – Rs. 15-78 (*Koestler*), Slg. 1978, 1971; EuGH v. 7. 3. 1990 – Rs. C-69-88 (*Krantz*); EuGH v. 13. 10. 1993 – Rs. C-93-92 (*CMC Motorradcenter*), Slg. 1993, I-5009; EuGH v. 24. 1. 1991 – Rs. C-339-89, (*Alsthom Atlantique*), Slg. 1991, I-107; EuGH v. 16. 12. 2008 – Rs. C-205/07 (*Gysbrechts*), Slg. 2008, I-00000; sowie *Leible*, in: *Martiny/Witzleb* (Hrsg.), Auf dem Wege zu einem Europäischen Zivilgesetzbuch, S. 53 (69): „Die Annahme liegt daher nahe, dass sich der EuGH der Sprengkraft einer Qualifizierung von Regelungen des ‚Kernprivatrechts' als Verkehrsbeschränkungen bewusst war und einer Entscheidung aus dem Weg gehen wollte."

48 Vgl. zusammenfassend *Heiderhoff*, Grundstrukturen, S. 65 ff.; *dies.*, Gemeinschaftsprivatrecht, S. 22 ff.; *Doehner*, Die Schuldrechtsreform vor dem Hintergrund der Verbrauchsgüterkauf-Richtlinie, S. 46 ff.; sowie im einzelnen *Steindorff*, EG-Vertrag und Privatrecht, S. 57; *ders.*, JZ 1994, 95 ff.; *Lurger*, Grundfragen, S. 250 ff.; *Franzen*, Privatrechtsangleichung, S. 118 ff.; *Remien*, Zwingendes Vertragsrecht und Grundfreiheiten, S. 178 ff.; *Körber*, Grundfreiheiten und Privatrecht, S. 399 ff. und passim.; *Riesenhuber*, System und Prinzipien, S. 84 ff.; *Mülbert*, ZHR 159 (1995), 2 ff.; *Grundmann*, Europäisches Schuldvertragsrecht, S. 40; *W.-H. Roth*, ZEuP 1994, 5 ff.; *v. Wilmowsky*, JZ 1996, 590 ff.; *Langner*, RablesZ 65 (2001), 222 ff.

49 Solange die Binnenmarktkonzeption vom Vorhandensein verschiedener mitgliedstaatlicher Rechtsordnungen ausgeht – *Steindorff*, ZHR 158 (1994), 149 (160), spricht vom Konzept des unvollkommenen Binnenmarktes – sind Behinderungen, die sich allein aus fortbestehenden Rechtsunterschieden ergeben, hinzunehmen, vgl. *Körber*, Grundfreiheiten und Privatrecht, S. 408 f.; *Herresthal*, in: *Langenbucher* (Hrsg.), Europarechtliche Bezüge des Privatrechts, § 2 Rn. 52.

50 *Körber*, Grundfreiheiten und Privatrecht, S. 408 ff.; *Herresthal*, in: *Langenbucher* (Hrsg.), Europarechtliche Bezüge des Privatrechts, § 2 Rn. 52; *Weatherill*, ERCL 2006, 90 (94 ff.).

Dabei verlangen die Infrastrukturfunktion des Privatrechts[51], das ja die Voraussetzungen für privates Handeln in Freiheit erst schafft[52], einerseits, sowie die vom Privatrecht auch verfolgten wirtschafts- und sozialpolitischen Ziele[53] andererseits, eine differenzierende Antwort. Es liegt auf der Hand, dass die verschiedenen Teilgebiete des Privatrechts vor diesem Hintergrund unterschiedliche Grundfreiheitenrelevanz besitzen. Eine, gegebenenfalls zu rechtfertigende, Beschränkung der Freiheit des Warenverkehrs liegt ohne weiteres nahe, wenn etwa der Inhaber eines gewerblichen Schutzrechts Einfuhren durch die Geltendmachung von Schutzrechtsverletzungsansprüchen verhindert, oder eine nationale Werbeverbotsregelung einer gemeinschaftsweiten Absatzstrategie entgegen steht. Gleiches gilt bezüglich der Niederlassungsfreiheit, wenn die Geschäftsleiter einer Gesellschaft bei Verlegung des effektiven Verwaltungssitzes im Zuzugsstaat einer vom Recht des Herkunftsstaates nicht vorgesehenen persönlichen Haftung unterliegen,[54] und muss erst recht gelten, wenn eine solche Sitzverlegung unmöglich gemacht wird.[55] Für weite Teile des Zivilrechts liegt die Grundfreiheitenrelevanz jedoch nicht ohne weiteres auf der Hand. Dies gilt insbesondere für das Vertragsrecht, dessen Einordnung in die Grundfreiheitendogmatik in letzter Zeit gesteigerte Aufmerksamkeit erfährt.[56]

Fraglich ist dabei zunächst die Grundfreiheitenrelevanz des Vertragsrechts überhaupt. Wegen seiner die primären und sekundären Leistungspflichten gestaltenden Wirkung wird das Vertragsrechts bisweilen als den Produktvorschriften im Sinne der *Keck*-Rechtsprechung zugehörig angesehen.[57] Andere sehen in den Vertragsbedingungen größtenteils Regelungen bezüglich der Art und Weise des Leistungsvertriebs und schlagen das Vertragsrecht daher den Verkaufsmodalitäten zu.[58] Sind Produktvorschriften nach der Vorstellung des EuGH aber solche bezüglich der äußeren Gestaltung und inneren Zusammensetzung eines Produkts[59] und betreffen Verkaufsmodalitäten vorallem die äußeren Umstände des Vertriebs, wie

---

51 So *Steindorff*, EG-Vertrag und Privatrecht, S. 107.
52 Vgl. *Leible*, in: *Martiny/Witzleb* (Hrsg.), Auf dem Wege zu einem Europäischen Zivilgesetzbuch, S. 53 (66): „Ohne Privatrecht sind grenzüberschreitende wirtschaftliche Aktivitäten und damit die Wahrnehmung der Grundfreiheiten überhaupt nicht möglich."; *Heiderhoff*, Grundstrukturen, S. 67; *dies.*, Gemeinschaftsprivatrecht, S. 29.
53 *Grundmann*, Europäisches Schuldvertragsrecht, S. 40.
54 Vgl. etwa EuGH v. 30. 9. 2003, Rs. C-167/01 (*Kamer van Koophandel en Fabriken voor Amsterdam/Inspire Art Ltd.*), Slg. 2003, I-10155.
55 Differenzierend EuGH v. 16. 12. 2008 – Rs. C-210/06 (*Cartesio Oktató Szoldltató bt*), Slg. 2008, I-00000.
56 Vgl. nur *Grundmann*, Europäisches Vertragsrecht, S. 38 ff.; *Langner*, RabelsZ 65 (2001), 222 ff.; *Lurger*, Grundfragen, S. 264 ff.; *Remien*, Zwingendes Vertragsrecht und Grundfreiheiten; *Riesenhuber*, System und Prinzipien, § 5; *Doehner*, Die Schuldrechtsreform vor dem Hintergrund der Verbrauchsgüterkauf-Richtlinie, S. 46 ff.
57 Vgl. insbesondere *Steindorff*, EG-Vertrag und Privatrecht, S. 99, 107; nach einzelnen Regelungsbereichen differenzierend *Langner*, RabelsZ 65 (2001), 22 (232 ff.).
58 Insbesondere *Remien*, Zwingendes Vertragsrecht und Grundfreiheiten, S. 195.
59 Vgl. *Steindorff*, EG-Vertrag und Privatrecht, S. 97.

Ladenöffnungszeiten[60] oder die Art der Verkaufsstelle[61], so wird deutlich, dass sich vertragsrechtliche Vorschriften in diese Dichotomie nur schwer einordnen lassen.[62] Auch hier ist daher maßgeblich auf das Kriterium der substantiellen Marktzugangsbeschränkung abzustellen.[63] Eine solche lässt sich bisweilen auch bei vertragsrechtlichen Vorschriften ausmachen. So erscheint die Bereitstellung bloßer Naturalobligationen anstelle von einklagbaren Ansprüchen durchaus geeignet, den Marktzugang für einen ausländischen Anbieter so unattraktiv zu machen, dass sich von einer substantiellen Beschränkung sprechen lässt. Gleiches gilt für Vorschriften wie § 489 Abs. 2 und 4 BGB, die den Marktzugang für eine ganz bestimmte Dienstleistung – Darlehen mit variablem Zinssatz bei fester Laufzeit – schlicht unmöglich machen.[64]

Es stellt sich jedoch die Frage, ob eine substantielle Marktzugangsbeschränkung von vornherein entfällt, wenn die fragliche Bestimmung dispositiv ist oder international-privatrechtlich der Rechtswahlfreiheit unterliegt. Manche halten die sachrechtliche Disposivität einer Norm für irrelevant.[65] Die Nicht-Abbedingung bedeute nicht, dass beide Parteien die Regelung akzeptiert hätten. Könne sich eine Partei mit ihrem Wunsch nach Abbedingung nicht durchsetzen, so sei die fragliche Norm quasi-zwingend und stelle einen staatlichen Eingriff dar. Zu dem solle der nationale Gesetzgeber nicht befugt sein, dispositives Recht zu setzen, dass den Grundfreiheiten widerspricht. Die Gegenmeinung stellt demgegenüber zu Recht auf den Schutzzweck der Grundfreiheiten ab und verneint folglich eine Grundfreiheitenbeschränkung bei dispositiven Normen.[66] Die Grundfreiheiten sollen in erster Linie den freien Marktzutritt ausländischer Anbieter gewährleisten, eine Belastung durch „Doppelstandards“ verhindern und so staatliche Reglementierung zurück schneiden.[67] Der Binnenmarkt soll durch private Initiative entstehen, der nur freie Hand zu geben ist.[68] Dispositive Normen ermöglichen den Vertragsparteien nun aber gerade durch eigene Initiative die Ausräumung etwaiger Marktzutrittsschranken und so die Vermeidung von „Doppelstandards“. Damit ermöglichen sie den Vertragsparteien, sich selbst von staatlicher Reglementie-

---

60 EuGH v. 2. 6. 1994 – verb. Rs. C-401, 402/92 (*Tankstation 't Heukske & Boermans*) Slg. 1994, I-2199; EuGH v. 20. 6. 1996 – verb. Rs. C-418-421/93, C-460-462/93, C-464/93, C-9-11/94, C-14, 15, 23, 24/94, C-332/94 (*Semeraro Casa Uno Srl u. a.*), Slg. 1996, I-2975.

61 EuGH v. 29. 6. 1995 – C-391/92 (*Kommission/Griechenland*), Slg. 1995, I-1621; EuGH v. 14. 12. 1995 – C-387/93 (*Banchero*), Slg. 1995, I-4663.

62 *Lurger*, Grundfragen, S. 273; *Riesenhuber*, System und Prinzipien, S. 94 ff.; auch *Langner*, RabelsZ 65 (2001), 222 (233).

63 Vgl. *Herresthal*, in: *Langenbucher* (Hrsg.), Europarechtliche Bezüge des Privatrechts, § 2 Rn. 52 f.; *Lurger*, Grundfragen, S. 273; *Körber*, Grundfreiheiten und Privatrecht, S. 409 f.).

64 Vgl. zum Ganzen *Herresthal*, in: *Langenbucher* (Hrsg.), Europarechtliche Bezüge des Privatrechts, § 2 Rn. 57, 71.

65 *Steindorff*, EG-Vertrag und Privatrecht, S. 79; *v. Wilmowsky*, JZ 1996, 590 (595 f.); *Langner*, RabelsZ 65 (2001), 222 (227); *Lurger*, Grundfragen, S. 273 f.; *Heiderhoff*, Grundstrukturen, S. 69 f.

66 *Basedow*, in: FS Mestmäcker, S. 347 (354); *Riesenhuber*, System und Prinzipien, S. 96 ff.; *Körber*, Grundfreiheiten und Privatrecht, S. 411 ff.; *Herresthal*, in: *Langenbucher* (Hrsg.), Europarechtliche Bezüge des Privatrechts, § 2 Rn. 64 f.

67 *Basedow*, in: FS Mestmäcker, S. 347 (354).

68 *Grundmann*, ZHR 163 (1999), 635 (657).

rung zu befreien.[69] Aus Sicht der Grundfreiheiten irrelevant ist dagegen die Frage, ob sich die jeweilige Partei mit ihrem Wunsch nach Abbedingung durchsetzen konnte.[70] Diese Dispositionslast ist Ausfluss der Freiheit des grenzüberschreitenden Verkehrs und folglich in einem Binnenmarkt, der vom Nebeneinander sich unterscheidender mitgliedstaatlicher Rechtsordnungen ausgeht, hinzunehmen.[71]

Allgemein lässt sich sagen, dass nationale Regeln, die sich durch private Initiative ausräumen lassen, nicht der Grundfreiheitenkontrolle unterliegen.[72] Damit sind aber auch kollisionsrechtlich abwählbare Rechtsnormen der Grundfreiheitenkontrolle entzogen.[73] Hiergegen werden zwar im wesentlichen die selben Argumente vorgebracht wie hinsichtlich des dispositiven Vertragsrechts.[74] Auch hier gilt jedoch, dass durch eine Rechtswahl die Belastung durch Doppelstandards gerade verhindert wird.[75] Dass sich eine Partei mit ihrem Wunsch nach einer Rechtswahl möglicherweise nicht durchsetzen kann, ist auch hier notwendiges Korrelat der Vertragsfreiheit und aus Sicht der Grundfreiheiten unbeachtlich.[76]

Hinsichtlich der Normen des nationalen Privatrechts kommen die Grundfreiheiten in ihrer abwehrrechtlichen Dimension zur Geltung. Mit den Grundfreiheiten konfligieren alle mitgliedstaatlichen Normen, die die Privatautonomie zu Lasten des innergemeinschaftlichen Leistungsaustausches unverhältnismäßig beschränken.[77] Für die Mitgliedstaaten besteht insoweit ein Eingriffsverbot.

b) „Unmittelbare Drittwirkung" oder über Schutzpflichten vermittelte Drittwirkung der Grundfreiheiten

Fraglich ist, ob und inwieweit auch private Marktteilnehmer direkte Verpflichtungsadressaten der Grundfreiheiten sind. Die Rechtsprechung des EuGH ist insoweit uneinheitlich. Neben der unmittelbaren Geltung des allgemeinen Diskri-

---

69 *Körber*, Grundfreiheiten und Privatrecht, S. 414; *Riesenhuber*, System und Prinzipien, § 5 II.2.b) (S. 99).

70 *Körber*, Grundfreiheiten und Privatrecht, S. 413.

71 *Riesenhuber*, System und Prinzipien, § 5 II.2.b) (S. 98); vgl. auch *Herresthal*, in: *Langenbucher* (Hrsg.), Europarechtliche Bezüge des Privatrechts, § 2 Rn. 64 f.

72 *Grundmann*, ZHR 163 (1999), 635 (657).

73 Vgl. *Riesenhuber*, System und Prinzipien, S. 99 ff.; *Körber*, Grundfreiheiten und Privatrecht, S. 417 ff.; *Remien*, Zwingendes Vertragsrecht und Grundfreiheiten, S. 186 ff.; *Grundmann*, Europäisches Schuldvertragrecht, S. 52 ff. Auch der EuGH scheint dieser Ansicht zuzuneigen. In der Entscheidung *Alsthom Atlantique* verneinte der EuGH eine Beschränkung der Ausfuhrfreiheit durch die unterschiedslos geltende strenge französische Verkäuferhaftung zuvörderst mit der nichtdiskriminierenden Wirkung der fraglichen Norm. Ergänzend stützte das Gericht seine Entscheidung auf die Erwägung, dass die Parteien eines internationalen Kaufvertrages das anwendbare Recht wählen und so die französiche Verkäuferhaftung vermeiden können, vgl. EuGH v. 24. 1. 1991 – Rs. C-339/89 (*Alsthom Atlantique*), Slg. 1991, I-107 Rn. 15.

74 *V. Wilmowsky*, JZ 1996, 590 (595); *Langner*, RabelsZ 65 (2001), 222 (227 f.); *Lurger*, Grundfragen, S. 274; *G.-P. Calliess*, ZEuP 2006, 742 (755).

75 *Franzen*, Privatrechtsangleichung, S. 146 f.; *Riesenhuber*, System und Prinzipien, S. 101.

76 *Riesenhuber*, System und Prinzipien, S. 100; *Körber*, Grundfreiheiten und Privatrecht, S. 417.

77 Vgl. *Strenz/Leible*, EuZW 2000, 459 (465); MüKoUWG-*Leible*, Band 1, EG A, Rn. 137.

minierungsverbots auf Grund der Staatsangehörigkeit nach Art. 12 EG[78], hat der EuGH im Bereich der Personen- und Dienstleistungsfreiheit eine unmittelbare Geltung auch des Beschränkungsverbots für private Verbände und deren Regelwerke[79], sowie des Diskriminierungsverbots im Verhältnis zwischen Arbeitnehmer und Arbeitgeber[80] jeweils bejaht. Für die Warenverkehrsfreiheit wurde eine unmittelbare Drittwirkung bisher noch nicht anerkannt.[81]

Im Schrifttum findet diese Rechtsprechung des EuGH vorallem im Hinblick auf den Grundsatz der praktischen Wirksamkeit der Grundfreiheiten bisweilen Zustimmung.[82] Die wohl überwiegende Ansicht äußert sich jedoch ablehnend.[83] Die besseren Argumente sprechen für die Nichtanerkennung einer unmittelbaren Gebundenheit privater Marktteilnehmer. Dies folgt zwar nicht unmittelbar aus dem Wortlaut der Art. 28, 29, 39, 43, 49 und 56 EG,[84] dieser ist bezüglich des Verpflichtungsadressaten jeweils offen gehalten; wohl aber aus systematischen und teleologischen Gründen. So sind die im Vertrag vorgesehenen Rechtfertigungsgründe für Grundfreiheitenbeschränkungen ersichtlich auf hoheitliches Handeln zugeschnit-

---

78 Vgl. EuGH v. 3.10.2000 – Rs. C-411/98 (*Ferlini*), Slg. 2000, I-8081 Rn. 50: „Nach der Rechtsprechung des Gerichtshofs gilt [Art. 12 EG] auch in den Fällen, in denen eine Gruppe oder Organisation ... gegenüber Einzelpersonen bestimmte Befugnisse ausüben und sie Bedingungen unterwerfen kann, die die Wahrnehmung der durch den Vertrag gewährleisteten Grundfreiheiten beeinträchtigt."

79 Vgl. EuGH v. 12.12.1974 – Rs. 36/74 (*Walrave*), Slg. 1974, 1405 Rn. 20/24; EuGH v. 14.7.1976 – Rs. 13/76 (*Dona*), Slg. 1976, 1333 Rn. 17/18; EuGH v. 15.12.1995 – Rs. C-415/93 (*Bosman*), Slg. 1995, I-4921 Rn. 82; EuGH v. 11.4.2000 – verb. Rs. C-51/96, 191/97 (*Deliege*), Slg. 2000, I-2549 Rn. 47; EuGH v. 13.4.2000 – Rs. C-176/96 (*Lehtonen*), Slg. 2000, I-2681 Rn. 35.

80 Vgl. EuGH v. 6.6.2000 – Rs. C-281/98 (*Angonese*), Slg. 2000, I-4139 Rn. 36: „Das in [Art. 39 EG] ausgesprochene Verbot der Diskriminierung aufgrund der Staatsangehörigkeit gilt somit auch für Privatpersonen."

81 Zwar findet sich in EuGH v. 22.1.1981 – Rs. 58/80 (*Dansk Supermarked*), Slg. 1981, 181 Rn. 17 folgendes *obiter dictum*: „Überdies ist darauf hinzuweisen, dass Vereinbarungen zwischen Privaten in keinem Fall von den zwingenden Bestimmungen des Vertrages über den freien Warenverkehr abweichen dürfen." In späteren Entscheidungen wird eine unmittelbare Drittwirkung der Warenverkehrsfreiheit ausdrücklich verneint; vgl. EuGH v. 5.4.1984 – verb. Rs. 177, 178/82 (*van de Haar*), Slg. 1984, 1797 Rn. 11f.; EuGH v. 1.10.1987 – Rs. 311/85 (*Vlaamse Reisebureaus*), Slg. 1987, 3801 Rn. 30; EuGH v. 27.9.1988 – Rs. 65/86 (*Bayer/Süllhofer*), Slg. 1988, 5249 Rn. 11; EuGH v. 6.6.2002 – Rs. C-159/00 (*Sapod Audic*), Slg. 2002, I-5031 Rn. 74: „Schließlich ist die allgemeine Pflicht zur Identifizierung der Verpackungen in Artikel 4 Abs. 2 des Dekrets Nr. 92-377 in einem privatrechtlichen Vertrag zwischen den Parteien zu einer Pflicht der Antragsgegnerin konkretisiert worden, diese durch Anbringung des Grüner-Punkt-Logos zu kennzeichnen. Eine solche privatrechtliche Bestimmung kann nicht als Beschränkung im Sinne von [Art. 28 EG] angesehen werden, weil sie nicht von einem Mitgliedstaat angeordnet, sondern zwischen Privaten vereinbart ist."

82 Vgl. *Vieweg/Röthel*, ZHR 166 (2002), 6 (17ff.); *Ganten*, Drittwirkung, S. 219ff., der allerdings die unmittelbare Drittwirkung auch auf die Warenverkehrsfreiheit erstrecken will.

83 Vgl. *W.-H. Roth*, in: FS Everling, S. 1231ff.; *Oliver/W.-H. Roth*, (2004) 41 CMLRev., 407 (421ff.); *Streinz/Leible*, EuZW 2000, 459ff.; *Riesenhuber*, System und Prinzipien, S. 101ff.; *Ehlers*, in *ders.* (Hrsg.), Europäische Grundrechte und Grundfreiheiten, S. 200; *Remmert*, Jura 2003, 13ff.; MüKoUWG-*Leible*, Band 1, EG A, Rn. 129f.; differenzierend *Preedy*, Die Bindung Privater an die europäischen Grundfreiheiten, S. 192ff.

84 Immerhin Art. 28 und 56 EG: „zwischen den Mitgliedstaaten", vgl. *Ehlers*, in *ders.* (Hrsg.), Europäische Grundrechte und Grundfreiheiten, § 7 Rn. 46.

ten.[85] Private Akteure werden ihr Handeln regelmäßig nicht „aus Gründen der öffentlichen Sittlichkeit, Ordnung und Sicherheit“ rechtfertigen können.[86] Weiterhin lässt sich im Umkehrschluss aus Art. 86 Abs. 2 EG folgern, dass außer in den dort geregelten Fällen von Unternehmen, die mit Dienstleistungen im allgemeinen wirtschaftlichen Interesse betraut sind bzw. den Charakter eines Finanzmonopols haben, die Vorschriften des EG-Vertrages einschließlich der Grundfreiheiten auf privates Handeln gerade nicht anwendbar sein sollen.[87] Hinzu kommt, dass die Vorschriften des Wettbewerbsrechts der Art. 81f. EG speziell auf das Handeln privater zugeschnitten sind. Die dort geregelten Verbote richten sich nun aber nur gegen Unternehmen, nicht sonstige Private, und sind in ihrem Eingreifen abhängig von spürbaren Handelsbeeinträchtigungen und Wettbewerbsverzerrungen bzw. vom Vorliegen einer marktbeherrschenden Stellung. Diesem ausdifferenzierten System würde es zuwiderlaufen, wäre jede privatautonome Handelsbehinderung nach den Grundfreiheiten verboten.[88] In teleologischer Hinsicht schließlich, dienen die Grundfreiheiten dazu, die den nationalen Privatrechtsordnungen zugrundeliegende Privatautonomie über die mitgliedstaatlichen Grenzen hinweg zu erstecken und so ein Mindestmaß an Privatautonomie als für den Binnenmarkt konstitutive Voraussetzung zu garantieren.[89] Da Privatautonomie denknotwendig auch vertragliche Bindung umfasst, wäre es geradezu widersprüchlich, wenn jede in Ausübung der Vertragsfreiheit eingegangene Verpflichtung der Kontrolle anhand der Grundfreiheiten unterläge und in ihrem Bestand von der Rechtfertigung aufgrund gegenläufiger Grundfreiheiten abhängig wäre.[90] Die damit einhergehende Rechtsunsicherheit wäre für den grenzüberschreitenden Wirtschaftsverkehr unerträglich und würde die Teleologie der Grundfreiheiten in ihr Gegenteil verkehren.

Auf der anderen Seite ist aber denkbar, dass auch privatautonomes Handeln im Einzelfall zu ganz massiven Grundfreiheitenbeschränkungen führen kann.[91] Zu denken wäre etwa etwa an Boykottaufrufe gegen ausländische Produkte bzw. tätliche Angriffe auf Transportunternehmen oder an Maßnahmen von Wirtschafts-, Berufs- oder Sportverbänden, deren Beschränkungswirkung gegenüber den Betroffenen sich von derjenigen staatlicher Maßnahmen nur unwesentlich unterscheidet (sogenannte „intermediäre Gewalten“).[92] Als subtilere Beispiele kommen

---

85 Vgl. *Riesenhuber*, System und Prinzipien, S. 103; *W.-H. Roth*, in: FS Everling, S. 1231 (1241 f.); *Oliver/W.-H. Roth*, (2004) 41 CMLRev., 407 (427); *Ehlers*, in *ders.* (Hrsg.), Europäische Grundrechte und Grundfreiheiten. § 7 Rn. 46.

86 In EuGH v. 15. 12. 1995 – Rs. C-415/93 (*Bosman*), Slg. 1995, I-4921 Rn. 86, wird dieses Argument ohne dogmatische Begründung zurückgewiesen, vgl. *Streinz/Leible*, EuZW 2000, 459 (463).

87 Vgl. *Streinz/Leible*, EuZW 2000, 459 (464); *Riesenhuber*, System und Prinzipien, S. 103.

88 Vgl. *Riesenhuber*, System und Prinzipien, S. 103; *W.-H. Roth*, in: FS Everling, S. 1231 (1242 ff.); *Oliver/W.-H. Roth*, (2004) 41 CMLRev., 407 (423 ff.); *Ehlers*, in *ders.* (Hrsg.), Europäische Grundrechte und Grundfreiheiten. § 7 Rn. 46; *Streinz/Leible*, EuZW 2000, 459 (464).

89 Vgl. *Streinz/Leible*, EuZW 2000, 459 (465); *Riesenhuber*, System und Prinzipien, S. 103; *Oliver/W.-H. Roth*, (2004) 41 CMLRev., 407 (427).

90 Vgl. *Riesenhuber*, System und Prinzipien, S. 104.

91 Vgl. MüKoUWG-*Leible*, Band 1, EG A, Rn. 131.

92 Dazu MüKoUWG-*Leible*, Band 1, EG A, Rn. 133.

etwa Allgemeine Geschäftsbedingungen in Betracht, die erhöhte Gebühren für die Benutzung einer Kreditkarte in anderen Mitgliedstaaten vorschreiben, dem Erwerber eines KfZ oder von Software als Verbraucher die Weiterveräußerung in einem anderen Mitgliedstaat untersagen[93]; allgemeine Versicherungsbedingungen, die den Ersatz für die Inanspruchnahme ärztlicher Leistungen in anderen Mitgliedstaaten von einer Genehmigung des Versicherers abhängig machen; oder die Weigerung eines KfZ-Händlers, für parallelimportierte KfZ Reparaturleistungen zu erbringen.[94] Zur befriedigenden Lösung dieser Problematik bedarf es allerdings der Anerkennung einer unmittelbaren Drittwirkung der Grundfreiheiten nicht. Diese wird vielmehr zu einem Scheinproblem, soweit sich den Grundfreiheiten eine Schutzpflichtdimension entnehmen lässt.[95]

Eine die Mitgliedstaaten treffende grundfreiheitliche Schutzpflicht hat der EuGH erstmals in der Entscheidung zum sogenannten „Erdbeer-Krieg" anerkannt. Als tragender Grundsatz des Gemeinschaftsrechts verbiete die Freiheit des Warenverkehrs nicht nur Maßnahmen, die auf den Staat zurückzuführen sind und selbst Beschränkungen für den Handel zwischen den Mitgliedstaaten schaffen, sondern könne auch dann Anwendung finden, wenn ein Mitgliedstaat keine Maßnahmen ergriffen hat, um gegen Beeinträchtigungen des freien Warenverkehrs durch Dritte einzuschreiten. Der innergemeinschaftliche Handel könne in gleicher Weise dadurch beeinträchtigt werden, dass ein Mitgliedstaat untätig bleibt oder es versäumt, ausreichende Maßnahmen zur Beseitigung von Hemmnissen zu treffen, die auf das Verhalten von Privatpersonen zurückgehen. Art. 28 EG in Verbindung mit Art. 10 EG verpflichte die Mitgliedstaaten dazu, alle erforderlichen und geeigneten Maßnahmen zu ergreifen, um in ihrem Gebiet die Beachtung der Warenverkehrsfreiheit sicherzustellen.[96] In der Entscheidung *Schmidberger* wurde diese Rechtsprechungslinie bestätigt.[97] Im Schrifttum wird die Schutzpflichtdimension der Grundfreiheiten allgemein befürwortet.[98]

Zu Recht wird dieser Ansatz gegenüber einer unmittelbaren Drittwirkung als vorzugswürdig angesehen.[99] Neben der Sicherstellung eines Gleichlaufs der Grundfreiheiten untereinander, scheint sich dieser Ansatz zunächst besser in die gemeinschaftsrechtliche Kompetenzordnung einzufügen.[100] Denn die Bereitstellung einer grundfreiheitenkonformen Rechtsordnung obliegt danach zuvörderst den Mit-

---

93 Beispiele nach *Wolf*, in: FS 50 Jahre BGH I, S. 111 (123).

94 Beispiele nach *W.-H. Roth*, in: FS 50 Jahre BGH II, S. 847 (867).

95 Vgl. *Szczekalla*, Schutzpflichten, S. 708; MüKoUWG-*Leible*, Band 1, EG A, Rn. 132.

96 EuGH v. 9. 12. 1997 – Rs. C-265/95 (*Kommission/Frankreich*), Slg. 1997, I-6959 Rn. 30–35; vgl. dazu *Szczekalla*, DVBl. 1998, 219 ff.

97 Vgl. EuGH v. 12. 6. 2003 – Rs. C-112/00 (*Schmidberger*), Slg. 2003, I-5694 Rn. 54–64.

98 Vgl. *Jarass*, EuR 1995, 202 (210 f.); *ders.*, EuR 2000, 705 (716); *Riesenhuber*, System und Prinzipien, S. 105 ff.; *Oliver/W.-H. Roth*, (2004) 41 CMLRev., 407 (426 ff.); *Ehlers*, in *ders.* (Hrsg.), Europäische Grundrechte und Grundfreiheiten. § 7 Rn. 31; *Streinz/Leible*, EuZW 2000, 459 (466); umfassend *Szczekalla*, Grundrechtliche Schutzpflichten, S. 707 ff.

99 Vgl. *Oliver/W.-H. Roth*, (2004) 41 CMLRev., 407 (426 ff.); *Riesenhuber*, System und Prinzipien, S. 105 ff.; *Streinz/Leible*, EuZW 2000, 459 (466); MüKoUWG-*Leible*, Band 1, EG A, Rn. 136–141.

100 Vgl. *Streinz/Leible*, EuZW 2000, 459 (466).

gliedstaaten, und dabei nicht nur dem jeweiligen Gesetzgeber sondern auch Verwaltung und Rechtsprechung.[101] Dies entspricht dem Subsidiaritätsgedanken. Zudem respektiert dieser Ansatz die grundsätzliche Eigenständigkeit der nationalen Privatrechte, die nunmehr nicht durch die unmittelbare Anwendung der Grundfreiheiten im Privatrechtsverhältnis verdrängt werden. Größere Rechtssicherheit für den Einzelnen ist die Folge.[102] Schließlich entspricht der Schutzpflichtgedanke besser der Teleologie der Grundfreiheiten, da diese danach nicht im Sinne einer Beschränkung der Privatautonomie in ihrer Stoßrichtung umgekehrt werden.

Im Gegensatz zur abwehrrechtlichen Dimension der Grundfreiheiten, die aus Sicht der Verpflichtungsadressaten ein Eingriffsverbot begründen, gebietet die grundfreiheitliche Schutzpflichtdimension, dass die Mitgliedstaaten ein Mindestmaß an grenzüberschreitender Privatautonomie gewähren und sichern.[103]

3. Grundrechtsbindung der Gemeinschaftsorgane, insbesondere des EuGH

Für die grundfreiheitenkonforme Konkretisierung wertungsoffener Rechtssätze des Europäischen Privatrechts ist weiterhin entscheidend, welchen Bindungen der EuGH als Gemeinschaftsorgan im Hinblick auf die Grundfreiheiten unterliegt. Verpflichtungsadressaten der Grundfreiheiten sind in erster Linie die Mitgliedstaaten.[104] Dementsprechend wurde auch die vorstehende Grundfreiheitendogmatik anhand und mit Blick auf mitgliedstaatliche Beschränkungen entwickelt. Andererseits besteht grundsätzlich Einigkeit darüber, dass auch die Gemeinschaft und ihre Organe an die Grundfreiheiten gebunden sind.[105] Diese Bindung folgt schon aus der gemeinschaftsrechtlichen Normenhierarchie: der EG-Vertrag als „Verfassungsurkunde einer Rechtsgemeinschaft"[106] geht dem Sekundärrecht vor (Art. 249 EG: „nach Maßgabe dieses Vertrages").[107] Im übrigen ist jedoch bezüglich

101 Vgl. EuGH v. 8. 4. 1976 – Rs. 43/75 (*Defrenne II*), Slg. 1976, 5755, Rn. 35–39.
102 Vgl. *Szczekalla*, Schutzpflichten, S. 709 f.
103 Vgl. *Streinz/Leible*, EuZW 2000, 459 (465); MüKoUWG-*Leible*, Band 1, EG A, Rn. 139.
104 Vgl. *Ehlers*, in: *ders.* (Hrsg.), Europäische Grundrechte und Grundfreiheiten, § 7 Rn. 43; *Leible*, ZGR 2004, 531 (539); *Riesenhuber*, System und Prinzipien, S. 85.
105 Vgl. *Ehlers*, in: *ders.* (Hrsg.), Europäische Grundrechte und Grundfreiheiten, § 7 Rn. 44; *Leible*, ZGR 2004, 531 (540); *Riesenhuber*, System und Prinzipien, S. 85; *Körber*, Grundfreiheiten und Privatrecht, S. 406; *Steindorff*, EG-Vertrag und Privatrecht, S. 423 ff.; *Remien*, Zwingendes Vertragsrecht und Grundfreiheiten, S. 213 ff.; *Calliess/Ruffert-Epiney*, Art. 28 EGV Rn. 45. Dies entspricht auch ständiger Rechtsprechung des EuGH, vgl. EuGH v. 12. 7. 2005 – verb. Rs. C-154/04, C-155/04 (*Alliance for Natural Health*), Slg. 2005, I-6451, Rn. 49; EuGH v. 25. 6. 1997 – Rs. C-114/96 (*Kieffer*), Slg. 1997, I-3629 Rn. 27; EuGH v. 9. 8. 1994 – Rs. C-51/93 (*Meyhui*), Slg. 1994, I-3879 Rn. 11; EuGH v. 14. 12. 1993 – Rs. C-110/91 (*Moroni*), Slg. 1993, I-6591 Rn. 24; EuGH v. 17. 5. 1984 – Rs. 15/83 (*Denkavit*), Slg. 1984, 2171 Rn. 15.
106 EuGH v. 14. 12. 1991 – G-1/91 (*Gutachten gemäß Art. 228 EWG-Vertrag, Europäischer Wirtschaftsraum I*), Slg. 1991, I-6079 Rn. 21.
107 Vgl. *Ehlers*, in: *ders.* (Hrsg.), Europäische Grundrechte und Grundfreiheiten, § 7 Rn. 44; *Riesenhuber*, System und Prinzipien, S. 85; *Steindorff*, EG-Vertrag und Privatrecht, S. 423; *Remien*, Zwingendes Vertragsrecht und Grundfreiheiten, S. 214 ff.

der Schutzpflicht- und abwehrrechtlichen Dimension der Grundfreiheiten zu differenzieren.

a) Schutzpflichtdimension

Die Verwirklichung des Binnenmarktes, „der durch die Beseitigung der Hindernisse für den freien Waren-, Personen-, Dienstleistungs-, und Kapitalverkehr zwischen den Mitgliedstaaten gekennzeichnet ist", ist nach Art. 3 Abs. 1 lit c), 14 Abs. 1 EG[108] die zentrale Aufgabe der Gemeinschaft und ihrer Organe.[109] Gemeinschaft und EuGH sind danach vollumfänglich zum Schutz der Grundfreiheiten gegen mitgliedstaatliche Eingriffe und Unterlassungen verpflichtet. Der EuGH kommt dieser Verpflichtung nach, indem er mitgliedstaatliche Eingriffe an den Grundfreiheiten überprüft und gegebenfalls kassiert (mitgliedstaatliches Eingriffsverbot) bzw. die Mitgliedstaaten, über das Vorabentscheidungsverfahren insbesondere die mitgliedstaatlichen Gerichte, zur Gewährleistung der Grundfreiheiten anhält (mitgliedstaatliche Schutzpflicht).

b) Abwehrrechtliche Dimension

Fraglich ist dagegen, inwieweit die Grundfreiheiten ein Eingriffsverbot gegenüber den Gemeinschaftsorganen statuieren. Insoweit ist wiederum zu differenzieren und zwar hinsichtlich der Wirkung der Grundfreiheiten als Diskriminierungsverbot bzw. als Beschränkungsverbot.

aa) Diskriminierungsverbot

Unstreitig ist, dass gemeinschaftsrechtliche Maßnahmen, die Waren unterschiedlicher Herkunft diskriminieren, oder die Mitgliedstaaten zur Aufrechterhaltung oder den Neuerlass marktabschottender Regelungen ermächtigen, an den Grundfreiheiten zu messen und gegebenenfalls rechtfertigungsbedürftig sind.[110] Die Grundfreiheiten als subjektive Rechte der Marktteilnehmer[111] würden insoweit völlig entwertet, wenn die den Mitgliedstaaten verbotenen Regelungen durch ein konzertiertes Zusammenwirken im Rat auf Gemeinschaftsebene eingeführt werden könnten.[112]

bb) Beschränkungsverbot

Hinsichtlich des Beschränkungsverbots ist jedoch umstritten, inwieweit die Gemeinschaftsorgane diesem unterliegen. Nach einer wohl im Vordringen befindli-

---

108 Nach dem Vertrag von Lissabon Art. 3 Abs. 3 EUV, Art. 26 Abs. 1 AEUV.

109 Vgl. *Schwemer*, Die Bindung des Gemeinschaftsgesetzgebers an die Grundfreiheiten, S. 30 ff.; MüKoUWG-*Leible*, Band 1, EG A, Rn. 115.

110 Vgl. *Leible*, ZGR 2004, 531 (542); MüKoUWG-*ders.*, Band 1, EG A, Rn. 117; *Schwemer*, Die Bindung des Gemeinschaftsgesetzgebers an die Grundfreiheiten, S. 209; *Möstl*, EuR 2002, 318 (328 ff.); *Barents*, (1990) 33 GYIL, 9 (15, 21 f.).

111 Vgl. *Ehlers*, in: *ders.* (Hrsg.), Europäische Grundrechte und Grundfreiheiten, § 7 Rn. 8.

112 Vgl. auch *Remien*, Zwingendes Vertragsrecht und Grundfreiheiten, S. 216.

chen Ansicht sei stets zu prüfen, ob das Handeln der Gemeinschaft überhaupt zu einer Beeinträchtigung der spezifischen Gewährleistung der Grundfreiheiten geeignet sei. An einer solchen Eignung fehle es im Falle einer nicht diskriminierenden Harmonisierungsmaßnahme, auch wenn diese noch so streng sei. Zwar führe jegliche Statuierung europäischer Standards zugleich zu einem Verbot und damit Verkehrsverbot von nicht diesem Standard entsprechender wirtschaftlicher Betätigung, und verhindere damit auch den grenzüberschreitenden Handel mit derartigen Gütern. Eine spezifische Behinderung des grenzüberschreitenden Verkehrs im Sinne des Urteils *Keck* liege jedoch schon deshalb nicht vor, weil jeder Anbieter in Europa an dieselben Vorgaben gebunden sei und die Vermarktung eines nach diesem Standard rechtmäßigen Produkts in keinem Mitgliedstaat mehr behindert werden könne. Aufgabe der Grundfreiheiten sei eben nicht die Beseitigung jeglicher Begrenzungen wirtschaftlicher Freiheit. Gesichert werden solle lediglich der Marktzutritt von Produkten, die in einem Mitgliedstaat rechtmäßig hergestellt oder in den Verkehr gebracht worden sind.[113] Daran fehle es jedoch, wenn Produktion und Vertrieb gemeinschaftsweit untersagt sind. Welche Waren und Wirtschaftleistungen im europäischen Binnenmarkt überhaupt zulässig seien oder zulässigerweise verboten werden dürften, sei eine den Verkehrsfreiheiten vorgelagerte Problematik und nicht anhand der Grundfreiheiten, sondern der Grundrechte zu beurteilen.[114]

Soweit eine umfassende Bindung der Gemeinschaft an die Grundfreiheiten bejaht wird, findet eine Auseinandersetzung mit diesem Problem meist nicht statt.[115] Zutreffend gestellt wird die Frage jedoch von *Remien*: Gilt die *Keck*-Rechtsprechung auch gegenüber der Gesetzgebung der Gemeinschaft?[116] Die Frage sei zu verneinen, wenn man die *Keck*-Rechtsprechung als eine Anwendung des Subsidiaritätsprinzips auf die gerichtliche Rechtsangleichung durch die Grundfreiheitenrechtsprechung betrachtet.[117] Eine Übertragung der *Keck*-Rechtsprechung auf die Grundfreiheitenkontrolle von Gemeinschaftsrechtsakten würde zu einer Zurücknahme der Kontrolle dieser Akte der zentralen Instanz führen und den Sinn des Subsidiaritätsprinzips auf den Kopf stellen. Die Verhältnismäßigkeitskontrolle durch den EuGH

---

113 Vgl. auch *Generalanwalt Tesauro*, Schlussanträge v. 27.10.1993 – Rs. C-292/92 (*Hünermund*), Slg. 1993, I-6787 Rn. 28: Die Tatsache, dass eine staatliche Regelung die Einfuhr berühre und das Einfuhrvolumen reduziere, könne noch kein Anlaß dafür sein, sie den scharfen Anforderungen der „Dassonville"-Rechtsprechung zu unterwerfen.

114 Vgl. MüKoUWG-*Leible*, Band 1, EG A, Rn. 116; *ders.*, ZGR 2004, 531 (541); *ders.*, EuZW 1998, 528; *Rüffler*, in: *Schulze* (Hrsg.), Auslegung europäischen Privatrechts und angeglichenen Rechts, S. 97 (98ff.); *Möstl*, EuR 2002, 318 (328ff.); *Schwemer*, Die Bindung des Gemeinschaftsgesetzgebers an die Grundfreiheiten, S. 209f.; *Caspar*, EuZW 2000, 237 (240). Im Ergebnis wohl ebenso *Riesenhuber*, System und Prinzipien, S. 85 Fn. 11: „wenn z.B. die beschränkende Wirkung aus der Divergenz nationaler Rechte folgt, kann die Gemeinschaft durchaus ohne Verletzung der Grundfreiheiten einen der nationalen Maßstäbe gemeinschaftsweit verbindlich machen."; *Körber*, Grundfreiheiten und Privatrecht, S. 406: Mit der Harmonisierung fielen „grundsätzlich alle Handelshindernisse weg, die sich vorher gerade aus dem Unterschied der Rechtsordnungen ergeben haben".

115 Vgl. *Ehlers*, in: *ders.* (Hrsg.), Europäische Grundrechte und Grundfreiheiten, § 7 Rn. 44; *Calliess/Ruffert-Epiney*, Art. 28 EGV Rn. 45; *Steindorff*, EG-Vertrag und Privatrecht, S. 423ff.

116 *Remien*, Zwingendes Vertragsrecht und Grundfreiheiten, S. 220.

117 So *Remien*, JZ 1994, 349 (353).

anhand der Grundfreiheiten greife daher gegenüber sekundärem Gemeinschaftsrecht stets, selbst bei unterschiedslos anwendbaren Verkaufsmodalitäten.[118]

Dem ist im Ergebnis zuzustimmen. Durch die *Keck*-Rechtsprechung wird der spezifische Binnenmarktbezug der Grundfreiheiten hergestellt.[119] Rein innerstaatliche Vorgänge, die sich allenfalls mittelbar auf den innergemeinschaftlichen Handel auswirken, werden aus dem Anwendungsbereich der Grundfreiheiten ausgenommen und der Regelungskompetenz der Mitgliedstaaten überlassen. Für die Tätigkeit der Gemeinschaft ist ein spezifischer Binnenmarktbezug jedoch denknotwendig stets gegeben.[120] Der innere Grund der *Keck*-Rechtsprechung trifft daher auf die Regelungstätigkeit der Gemeinschaft nicht zu. Zudem bilden die Grundfreiheiten die Stützpfeiler der grundsätzlich marktwirtschaftlich, auf Marktöffnung und gemeinschaftsweiten Wettbewerb ausgerichteten Wirtschaftsverfassung der Gemeinschaft.[121] Damit wäre es nicht vereinbar, wenn die Gemeinschaft die Möglichkeit hätte, einen Markt für bestimmte Produkte etwa durch gemeinschaftsweite Kontingentierung planwirtschaftlich zu beschränken oder durch gemeinschaftsweite Verbote zu verhindern, ohne dass dies durch zwingende Erfordernisse des Allgemeininteresses gerechtfertigt werden müsste. Der Hinweis auf die Gemeinschaftsgrundrechte schlägt insoweit nicht durch. Die Grundrechtsentwicklung auf Gemeinschaftsebene setzte erst im Jahre 1969 ein.[122] Noch 1974 konstatierte das BVerfG einen in signifikanter Weise hinter demjenigen des Grundgesetzes zurückbleibenden Grundrechtsstandard des Gemeinschaftsrechts.[123] Doch auch zu dieser Zeit wäre eine gemeinschaftsweite, zwar nicht diskriminierende, jedoch marktverhindernde Regelung gemessen an der durch die Grundfreiheiten konstituierten Wirtschaftsverfassung rechtfertigungsbedürftig und im Falle der Unverhältnismäßigkeit unzulässig gewesen. Nicht einzusehen ist, wie und warum sich durch die Entwicklung des Grundrechtsschutzes auf Gemeinschaftsebene der Schutzgehalt der Grundfreiheiten zu Lasten der Marktbürger verringert haben soll.[124] Das für eine Kontrolle der Gemeinschaftsorgane

---

118 Vgl. *Remien*, Zwingendes Vertragsrecht und Grundfreiheiten, S. 220; anders *Lurger*, Grundfragen, S. 261: mehr Regelungsspielraum für EG-Legislative und Mitgliedstaaten.

119 Vgl. *Riesenhuber*, System und Prinzipien, S. 90; *W.-H. Roth*, in FS Großfeld, S. 929 (944 ff.); *Lurger*, Grundfragen, S. 260 ff.

120 Auch die Sozialpolitik gemäß Art. 136 ff. EG (Art. 151 ff. AEUV) ist nach wie vor eingebettet in die Wirtschaftspolitik, vgl. *Calliess/Ruffert-Krebber*, Art. 136 EGV Rn. 6.

121 Vgl. *Calliess/Ruffert-Epiney*, Art. 28 EGV Rn. 3; *Ehlers*, in: *ders.* (Hrsg.), Europäische Grundrechte und Grundfreiheiten, § 7 Rn. 1.

122 Vgl. EuGH v. 12. 11. 1969 – Rs. 29/69 (*Stauder*), Slg. 1969, 419; *Calliess/Ruffert-Kingreen*, Art. 6 EUV Rn. 21: „Geburtsstunde der Grundrechtsjudikatur des EuGH".

123 Vgl. BVerfGE 37, 271 (280 ff.).

124 Eine Erklärung bietet *Kingreen*, EuGRZ 2004, 570 (574 ff.), an. Während die Grundfreiheiten der transnationalen Integration dienten, dienten die Grundrechte der supranationalen Legitimation. Transnationale Integrationsnormen schlügen Brücken zwischen unterschiedlichen Einzelrechtsordnungen und zögen aus dieser Unterschiedlichkeit ihre Existenzberechtigung. In dem Maße, in dem die Rechtsordnung des Gesamtverbandes vereinheitlicht wird, verlören sie daher an praktischer Relevanz. Allerdings sind die verbleibenden Rechtsunterschiede insbesondere im Bereich des Privatrechts selbst nach Angleichung beim derzeitigen Stand des Gemeinschaftsrechts erheblich. Vgl. Kapitel 2.

anhand der Grundfreiheiten und der gemeinschaftsrechtlichen Wettbewerbsordnung auch ein dringendes Bedürfnis besteht zeigt etwa die Arbeitnehmerentsenderichtlinie.[125] Diese bewirkt den Schutz der Hochlohnländer und der dort angesiedelten Arbeitgeber und -nehmer, vor unliebsamer Konkurrenz durch billigere Anbieter und stellt damit kompetenziell und im Hinblick auf den Binnenmarkt einen nicht zu rechtfertigenden „Sündenfall" dar.[126]

Damit unterliegt jede gemeinschaftsrechtliche Maßnahme, „die geeignet ist, den innergemeinschaftlichen Handel unmittelbar oder mittelbar, tatsächlich oder potentiell zu behindern"[127] einer Verhältnismäßigkeitskontrolle im Hinblick auf zwingende Erfordernisse des Allgemeininteresses; in Betracht kommen dabei insbesondere die in Art. 95 Abs. 3 EG ausdrücklich genannten Rechtsgüter Gesundheit, Sicherheit, Umwelt- und Verbraucherschutz. Die durch die Grundfreiheiten gewährleistete Marktfreiheit kann daher im Einzelfall durchaus Einschränkungen zum Schutz konfligierender Gemeinschaftsziele erfahren; eine solche Einschränkung ist nach hier vertretener Ansicht aber stets rechtfertigungs- und begründungsbedürftig.[128]

4. Grundfreiheitenkonforme Konkretisierung

Im Rahmen einer grundfreiheitenkonformen Konkretisierung wird der EuGH als Gemeinschaftsorgan sowohl durch die Schutzpflicht- als auch durch die abwehrrechtliche Dimension der Grundfreiheiten eingebunden. Die Schutzpflichtdimension wird dabei vor allem für die Frage des „ob" einer gemeinschaftsrechtlichen Konkretisierung relevant. Hier geht es darum, ob das Handeln von Privatpersonen bzw. nationales Privatrecht überhaupt Grundfreiheitenrelevanz hat, denn nur dann ist eine gemeinschaftseinheitliche Konkretisierung überhaupt angezeigt. Die abwehrrechtliche Dimension betrifft dagegen vor allem die Frage nach dem „wie" der Konkretisierung. Die vom EuGH zu bildende Fallnorm darf nicht zu einem unangemessenen Eingriff in die Grundfreiheiten führen. Praktisch werden beide Fragestellung häufig freilich nicht voneinander zu trennen sein.

a) Schutzpflichtdimension – Die Frage des „Ob" der gemeinschaftseinheitlichen Konkretisierung

Eine gemeinschaftseinheitliche Konkretisierung durch den EuGH kommt nur dann in Betracht, wenn auch der Gemeinschaftsgesetzgeber befugt gewesen wäre,

---

125 Richtlinie 96/71/EG des Europäischen Parlaments und des Rates vom 16. 12. 1996 über die Entsendung von Arbeitnehmern im Rahmen der Erbringung von Dienstleistungen, ABl. EG Nr. L 18/1 ff.

126 Vgl. *Grundmann*, in: FS Blomeyer, S. 71 (94).

127 EuGH v. 11. 7. 1994 – Rs. 8/74 (*Dassonville*), Slg. 1974, 837 Rn. 5.

128 Die überwiegende Ansicht gesteht insoweit den Gemeinschaftsorganen einen gegenüber demjenigen der Mitgliedstaaten vergrößerten Ermessenspielraum zu, vgl. *Mortelmans*, (2002) 39 CMLRev., 1303 (1332); *Oliver*, Free Movement of Goods, Nr. 4.25 (S. 73); *Leible*, ZGR 2004, 531 (543); *Schwemer*, Die Bindung des Gemeinschaftsgesetzgebers an die Grundfreiheiten, S. 61.

die entsprechende Fallnorm zu setzen.[129] Für die Frage des „Ob“ der gemeinschaftseinheitlichen Konkretisierung erlangen die Grundfreiheiten vor allem dann Bedeutung, wenn die jeweilige Rechtsgrundlage des konkretisierungsbedürftigen Sekundärrechtsaktes auf die Grundfreiheiten bezug nimmt, wie dies insbesondere bei Art. 94, 95 EG über Art. 14 EG der Fall ist.[130]

aa) Schutzpflicht bezüglich nationalen Privatrechts

Für die Mitgliedstaaten wirken die Grundfreiheiten in dieser Fallgruppe als Eingriffsverbote. Die Schutzpflicht des EuGH knüpft an ein positives Tun der Mitgliedstaaten an. Zu berücksichtigen ist freilich, dass Rechtsunterschiede in den Mitgliedstaaten als solche noch nicht zu einer relevanten Beschränkung der Grundfreiheiten führen.

Zur Verdeutlichung kann nochmals die Rechtssache *Leitner*[131] herangezogen werden. Dort hätte der EuGH entsprechend seiner Rechtsprechung zu Art. 95 EG positiv feststellen müssen, dass die von ihm vorgenommene Konkretisierung des Art. 5 Abs. 2 der Pauschalreiserichtlinie tatsächlich zum Abbau spürbarer Wettbewerbsverzerrungen bzw. realer Grundfreiheitenbeschränkungen beiträgt.[132] Dazu wäre zunächst zu klären gewesen, ob mitgliedstaatliche Regelungen, die einen vertraglichen Anspruch auf immateriellen Schadensersatz gewähren, tatsächlich grundfreiheitenrelevant sind.[133] Nach dem oben Gesagten lässt sich das nicht generell ausschließen, jedenfalls soweit diese Vorschriften materiell und kollisionsrechtlich zwingend sind. Unter Geltung von Art. 5 Abs. 2 und 5 des Römischen Vertragsrechtsübereinkommens war dies weitgehend nur bezüglich passiver Verbraucher der Fall. Nach Art. 6 Abs. 1 und 2 der Rom-I-Verordnung kann eine Grundfreiheitenbeschränkung nun selbst in Bezug auf aktiv grenzüberschreitend nachfragende Verbraucher auftreten, solange nur der Anbieter seine berufliche Tätigkeit in irgendeiner Weise auf den Heimatstaat des Verbrauchers ausgerichtet hat.

Im Wege der Rechtsvergleichung[134] hätte der EuGH sodann ermitteln müssen, ob und inwieweit die Rechtsvorschriften der Mitgliedstaaten in dieser Sachfrage tatsächlich voneinander abweichen und ob diese Abweichungen zu spürbaren Wettbewerbsverzerrungen und Beschränkungen der Dienstleistungsfreiheit führen. Maßgeblich ist insoweit, ob die Rechtsunterschiede Transaktionskosten in einer Höhe zur Folge haben, die dazu geeignet ist, Unternehmen und Verbraucher tatsächlich von der Wahrnehmung der ihnen eingeräumten Marktfreiheiten abzuhalten.[135] Dies wäre insbesondere dann nicht der Fall, wenn bezüglich der Schadensersatzregelung in Pauschalreiseverträgen ein funktionierender Markt bestünde

129 Vgl. Kapitel 7 II. 1.
130 Vgl. Kapitel 2 I. 1.
131 EuGH v. 12. 3. 2002 – Rs. C-168/00 (*Simone Leitner/TUI Deutschland GmbH & Co. KG*), Slg. 2002, I-2631.
132 Kapitel 2.I.1.a).
133 Ablehnend *W.-H. Roth*, (2003) 40 CMLRev., 937 (944).
134 Vgl. Kapitel 11.
135 Vgl. Kapitel 12.

und unterschiedliche Schadensersatzregelungen gerade mit unterschiedlichen Verbraucherpräferenzen korrespondierten. Nach Art. 5 des Römischen Vertragsrechtsübereinkommens stand es den Verbrauchern frei, durch Wahl eines möglicherweise billigeren ausländischen Anbieters aus dem zwingenden nationalen Verbraucherschutzregime ihres Heimatstaates auszuoptieren. Unter diesen Umständen wären etwaige Rechtsunterschiede irrelevant, da Verbraucher diejenigen Anbieter wählen konnten, die zu den von ihnen präferierten Vertragsbedingungen anboten, während Unternehmen ihre Vertragsbedingungen auf bestimmte Verbraucherklassen zuschneidern konnten. Grundfreiheitenbeschränkungen konnten so einfach im Wege der Privatautonomie aus der Welt geschafft werden. Eine Grundfreiheitenrelevanz der nationalen Rechtsunterschiede wäre dann nicht gegeben. Gleichzeitig würde es an der für eine gemeinschaftseinheitliche Konkretisierung erforderlichen Kompetenzgrundlage fehlen. Der EuGH hätte in diesem Fall die Beantwortung der Vorlagefrage dem Vorlagegericht überlassen müssen. Nach Art. 6 Abs. 1 und 2 der Rom-I-Verordnung sind die Verbraucher nun wesentlich weiterreichend durch ihr zwingendes Heimatrecht geschützt. Diese reduzierte Möglichkeit zur Abwahl nationalen Rechts wird künftig das Auffinden grundfreiheitenbeschränkender Vertragsrechtsbestimmungen vereinfachen. Dabei ist freilich zu berücksichtigen, dass diese Möglichkeit durch den Gemeinschaftsgesetzgeber erst geschaffen wurde. Als potentielle Quelle von Grundfreiheitenbeschränkungen unterliegt Art. 6 der Rom-I-Verordnung selbst der Kontrolle anhand der grundfreiheitlichen Gewährleistungen.

Geht man realistischer Weise davon aus, dass ein funktionierender Markt im Hinblick auf Ansprüche auf immateriellen Schadenersatz in Pauschalreiseverträgen nicht besteht, so bliebt die Frage, ob unterschiedliche nationale Vorschriften den Marktzugang substantiell beschränken. Nur wenn und soweit dies der Fall ist, wäre eine gemeinschaftseinheitliche Konkretisierung von Art. 5 Abs. 2 der Pauschalreiserichtlinie erforderlich und durch die entsprechende Kompetenzgrundlage gedeckt.

bb) Schutzpflicht bezüglich privatautonomen Handelns der Marktbürger

Die Schutzpflicht des EuGH knüpft in dieser Fallgruppe an ein Unterlassen der Mitgliedstaaten an, welche ein marktbeschränkendes Verhalten Privater nicht unterbinden. Der EuGH kommt seiner Schutzpflicht nach, indem er das Europäische Privatrecht im Lichte der Grundfreiheiten konkretisiert. Diese Konkretisierung wirkt dann über das Vorabentscheidungsverfahren und den Grundsatz der richtlinienkonformen Auslegung in das nationale Recht hinein und hilft auf diese Weise dem mitgliedstaatlichen Unterlassen ab.

Dies kann anhand des Art. 3 Abs. 1 der Klauselrichtlinie verdeutlicht werden. Als gemeinschaftsrechtliche Fundamentalnormen können die Grundfreiheiten für die Klauselkontrolle relevant werden.[136] Das heißt, dass allgemeine Geschäftsbedin-

136 *Wolf*, in: FS 50 Jahre BGH I, S. 111 (124), spricht von der „wertsetzenden Bedeutung der Grundfreiheiten“.

gungen, die die grenzüberschreitende Wirtschaftstätigkeit erschweren, schon aus diesem Grund unwirksam sein können;[137] allerdings nur dann, wenn tatsächlich ein grundfreiheitenrelevantes Verhalten vorliegt, dass ein Einschreiten aus gemeinschaftsrechtlicher Sicht angezeigt erscheinen lässt. Insoweit wäre der EuGH zur Feststellung der Missbräuchlichkeit berufen.[138]

Als Beispiel kann der der Rechtssache *Haug-Adrion*[139] zugrunde liegende Sachverhalt dienen. Der Kläger, ein deutscher Gemeinschaftsbeamter mit Wohnsitz in Brüssel, ließ seinen PKW mit Zollkennzeichen zur Ausfuhr nach Belgien in Deutschland zu. In Abweichung von ihrer sonstigen Tarifgestaltung versagte die beklagte Versicherung die Gewährung eines Schadensfreiheitsrabatts unter Hinweis auf ihre allgemeinen Versicherungsbedingungen. Der Kläger sah hierin einen Verstoß gegen das allgemeine Diskriminierungsverbot des Art. 12 EG, sowie die Arbeitnehmerfreizügigkeit, die Dienstleistungsfreiheit und die Ausfuhrfreiheit. Ohne auf das Problem der „Drittwirkung" der Grundfreiheiten einzugehen, gelangte der EuGH nach inhaltlicher Prüfung der genannten Freiheiten zu dem Ergebnis, dass die vom Kläger behauptete mittelbare Diskriminierung nicht vorlag, da die fragliche Versicherungsbedingung allein an das objektive Kriterium der „Zulassung mit Zollkennzeichen" anknüpfte und unabhängig von allen Erwägungen der Staatsangehörigkeit sei. Auch eine spezifische Beschränkung der Ausfuhrströme liege nicht vor.[140]

Zu berücksichtigen ist, dass die Entscheidung aus einer Zeit stammt, in der Arbeitnehmer-, Dienstleistungs- und Ausfuhrfreiheit noch nicht zu einem Beschränkungsverbot konkretisiert waren. Doch auch aus heutiger Sicht dürfte der Sachverhalt nicht zu einem anderen Ergebnis führen. Nach dem oben Gesagten wäre die fragliche Klausel nicht an den Grundfreiheiten selbst zu messen, sondern unterläge der Klauselkontrolle nach nationalem Recht und über das Medium der richtlinienkonformen Auslegung Art. 3 der Klauselrichtlinie. Missbräuchlichkeit wäre dann anzunehmen, wenn die fragliche Klausel handelsbeschränkende oder wettbewerbsbehindernde Wirkungen hätte und nicht durch berechtigte Interessen des Verwenders gerechtfertigt werden könnte.[141]

Nach *Riesenhuber* fehlt es bei der vorliegenden Sachgestaltung bereits an der Grundfreiheitenrelevanz, da der Kläger ohne weiteres auf konkurrierende Versicherer hätte ausweichen können; das Angebot der Beklagten war nur eines unter vielen, dass der Kläger hätte annehmen oder ablehnen können. Die von der fraglichen Klausel augehende Behinderung hätte somit durch privatautonomes Handeln des Klägers aus dem Weg geräumt werden können und war damit von vornherein nicht dazu geeignet, die Grundfreiheiten zu beschränken und eine

137 Vgl. *Wolf*, in: FS 50 Jahre BGH I, S. 111 (124); *Heiderhoff*, Grundstrukturen, S. 82f.; *dies.*, Gemeinschaftsprivatrecht, S. 33.
138 Vgl. Kapitel 7.
139 EuGH v. 13. 12. 1984 – Rs. 251/83 (*Haug-Adrion*), Slg. 1984, 4277.
140 EuGH v. 13. 12. 1984 – Rs. 251/83 (*Haug-Adrion*), Slg. 1984, 4277, Rn. 12–23.
141 *Wolf*, in: FS 50 Jahre BGH I, S. 111 (124).

entsprechende Schutzpflicht auszulösen.[142] Anders wäre möglicherweise nur dann zu entscheiden, wenn die entsprechende Klausel branchenüblich wäre.[143] Dagegen dürfte die fragliche Klausel nach *Wolf*, vorbehaltlich einer Rechtfertigung anhand der Grundfreiheiten, grundsätzlich der Nichtigkeit anheim fallen, ohne dass Branchenüblichkeit oder eine Monopolstellung eine Rolle spielen.[144]

Im Ergebnis ist die Ansicht *Riesenhubers* vorzugswürdig. Zwar scheidet Grundfreiheitenrelevanz nicht schon deswegen aus, weil der Kunde auf andere Anbieter ausweichen kann. Innerer Grund der Missbräuchlichkeitskontrolle ist ja gerade ein Marktversagen im Hinblick auf nicht im einzelnen ausgehandelte Vertragsbedingungen, da es für den Kunden ineffizient wäre, die Klauseln verschiedener Anbieter miteinander zu vergleichen.[145] Die Ansicht von *Wolf* würde jedoch die Vertragfreiheit, der ja auch die Grundfreiheiten zu dienen bestimmt sind, viel zu weitgehend einschränken. Letzte Konsequenz wäre ja, dass jede vertragliche Bindung rechtfertigungsbedürftig wäre, da sie zugleich geeignet ist, die Parteien von einem Vertragsschluss mit einem grenzüberschreitenden Wettbewerber abzuhalten. Grundfreiheitenrelevanz ist deswegen nur dann anzunehmen, wenn der Vertragspartner des Verwenders in ähnlicher Weise gebunden ist, wie durch eine zwingende mitgliedstaatliche Rechtsvorschrift.[146] Dies dürfte regelmäßig nur bei branchenüblicher Verwendung einer bestimmten Klausel oder bei einer Monopolstellung des Verwenders der Fall sein. Dies entspricht im Ergebnis weitgehend der Rechtsprechung des EuGH, wenn dieser eine unmittelbare Drittwirkung der Arbeitnehmer- und Dienstleistungsfreiheit vorallem in Bezug auf Sportverbände annimmt, die in quasi monopolistischer Weise den jeweiligen Markt verwalten.[147]

b) Eingriffsverbot – Das „Wie" der gemeinschaftsrechtlichen Konkretisierung

Besteht auf einer ersten Stufe eine grundfreiheitliche Schutzpflicht, so erlangen bei deren Erfüllung durch den EuGH die Grundfreiheiten in ihrer Dimension als Eingriffsverbote Bedeutung. Ihnen kommt insoweit Maßstabsfunktion zu, als der

142 Vgl. *Riesenhuber*, System und Prinzipien, S. 115 f.
143 Vgl. *Riesenhuber*, System und Prinzipien, S. 116.
144 So *Wolf*, in: FS 50 Jahre BGH I, S. 111 (125), jedenfalls bezüglich einer Klausel gegenüber einem Verbraucher (anderfalls Art. 81 EG), die die Weiterveräußerung des erworbenen Produkts in einem Mitgliedstaat untersagt. Vgl. auch *Heiderhoff*, Grundstrukturen, S. 83; *dies.*, Gemeinschaftsprivatrecht, S. 33: „Jedenfalls diskriminierende Klauseln können einem gemeinschaftsrechtlichen Maßstab von Treu und Glauben nicht entsprechen."
145 Ausführlich Kapitel 7 und 12.
146 Vgl. *W.-H. Roth*, in: FS 50 Jahre BGH II, S. 847 (868 f.); sowie *Vieweg/Röthel*, ZHR 166 (2002), 6 (22): „Für eine solche Begrenzung der Drittwirkung spricht letztlich der Gedanke des *effet utile*, aus dem die Drittwirkung ihre innere Berechtigung zieht. Im Hinblick auf den *effet utile* lässt sich eine Drittwirkung nur dann rechtfertigen, wenn staatliches und verbandliches Recht auch tatsächlich wirkungsgleich sind, so dass der einzelne einer Verbandsregelung ebensowenig ausweichen kann wie einer staatlichen Norm und daher auch genauso schutzbedürftig ist."
147 EuGH v. 12. 12. 1974 – Rs. 36/74 (*Walrave*), Slg. 1974, 1405 Rn. 20/24; EuGH v. 14. 7. 1976 – Rs. 13/76 (*Dona*), Slg. 1976, 1333 Rn. 17/18; EuGH v. 15. 12. 1995 – Rs. C-415/93 (*Bosman*), Slg. 1995, I-4921 Rn. 82; EuGH v. 11. 4. 2000 – verb. Rs. C-51/96, 191/97 (*Deliege*), Slg. 2000, I-2549 Rn. 47; EuGH v. 13. 4. 2000 – Rs. C-176/96 (*Lehtonen*), Slg. 2000, I-2681 Rn. 35. Vgl. auch *Vieweg/Röthel*, ZHR 166 (2002), 6 (22): „faktische Monopolstellung".

EuGH im Rahmen der Konkretisierung die Fallnorm an ihnen auszurichten hat. Insoweit ist zwischen Maßnahmen der Totalharmonisierung und solchen der optionellen Harmonisierung zu unterscheiden.

aa) Totalharmonisierung am Beispiel des Lauterkeitsrechts

In der Rechtssache *Estée Lauder*[148] hatte der EuGH zu entscheiden, ob Art. 6 Abs. 3 der Kosmetikrichtlinie[149] einer mitgliedstaatlichen Regelung entgegensteht, die Einfuhr und Vertrieb eines kosmetischen Mittels untersagt, dessen Bezeichnung das Wort „Lifting" enthält. Der Gerichtshof führt hierzu aus, dass die Kosmetikrichtlinie eine abschließende Harmonisierung herbeigeführt habe.[150] Die Richtlinie diene ausweislich ihrer zweiten und dritten Begründungserwägung vor allem dem freien Warenverkehr mit kosmetischen Mitteln. Sie definiere die Maßnahmen, die im Interesse des Schutzes der Verbraucher und der Lauterkeit des Handelsverkehrs zu treffen sind, die zu den zwingenden Erfordernissen gehören, aufgrund derer Beschränkungen des freien Warenverkehrs zulässig sind, insbesondere im Hinblick auf den Schutzes der Gesundheit von Menschen.[151] Im Rahmen der Auslegung der Richtlinie 84/450 habe der Gerichtshof entschieden, dass bei der Beurteilung, ob eine Bezeichnung, Marke oder Werbeaussage irreführend ist, auf die mutmaßliche Erwartung eines durchschnittlich informierten, aufmerksamen und verständigen Durchsschnittsverbrauchers abzustellen sei. Dieses Kriterium beruhe auf dem Grundsatz der Verhältnismäßigkeit und gelte auch im Bereich des Vertriebs kosmetischer Mittel, soweit ein Irrtum über die Eigenschaften des Produkts die Gesundheit nicht beeinträchtigen könne.[152]

Das Leitbild des informierten, aufmerksamen und verständigen Durchschnittsverbrauchers wurde im Rahmen des Art. 28 EG entwickelt[153] und orientiert sich am Ziel des sich durch die Grundfreiheiten konstituierenden Binnenmarktes.[154] Dieser kann nur dann funktionieren, wenn sich die Verbraucher über die ihnen eingeräumten Wahlmöglichkeiten informieren können, erfordert aber auch, dass sich die Verbraucher informieren. Der flüchtige und unaufmerksame Verbraucher ist nicht schutzwürdig, wenn er das bereitstehende Informationsangebot nicht

---

148 EuGH v. 13. 1. 2000 – Rs. C-220/98 (*Estée Lauder*), Slg. 2000, I-117.

149 Art. 6 Abs. 3 Richtlinie 76/768/EWG des Rates vom 27. 7. 1976 zur Angleichung der Rechtsvorschriften der Mitgliedstaaten über kosmetische Mittel, ABL. EG 1976 L33/1: „Die Mitgliedstaaten treffen die erforderlichen Maßnahmen, um sicherzustellen, dass bei der Etikettierung, der Aufmachung für den Verkauf und der Werbung für kosmetische Mittel nicht Texte, Bezeichnungen, Warenzeichen, Abbildungen und andere bildhafte oder nicht bildhafte Zeichen verwendet werden, die Merkmale vortäuschen, die die betreffenden Erzeugnisse nicht besitzen. ..."

150 EuGH v. 13. 1. 2000 – Rs. C-220/98 (*Estée Lauder*), Slg. 2000, I-117 Rn. 23.

151 EuGH v. 13. 1. 2000 – Rs. C-220/98 (*Estée Lauder*), Slg. 2000, I-117 Rn. 25.

152 EuGH v. 13. 1. 2000 – Rs. C-220/98 (*Estée Lauder*), Slg. 2000, I-117 Rn. 27ff. Ebenfalls auf das Leitbild des verständigen Durchschnittsverbrauchers im Rahmen der Kosmetikrichtlinie stellt der Gerichtshof ab in EuGH v. 24. 10. 2002 – Rs. C-99/01 (*Linhart und Biffl*), Slg. 2002, I-9375 30–39.

153 Vgl. EuGH v. 7. 3. 1990 – Rs. 362/88 (*GB-INNO*), Slg. 1990, I-667 Rn. 18f.; EuGH v. 18. 5. 1993 – Rs. C-126/91 (*Yves Rocher*), Slg. 1993, I-2361 Rn. 16f.; EuGH v. 6. 7. 1995 – Rs. C-470/93 (*Mars*), Slg. 1995, I-1923 Rn. 24.

154 Vgl. *Leible*, EuZW 1998, 528; *Riesenhuber*, Europäisches Vertragsrecht, Rn. 211ff.

nutzt.[155] Gewisse Irreführungsquoten sind im Interesse des Binnenmarktes in Kauf zu nehmen.[156]

In Zweifel gezogen wird jedoch, ob dieses Verbraucherleitbild auch dann durch die Grundfreiheiten geboten ist, wenn abschließend harmonisierende Sekundärrechtsakte zu konkretisieren sind. Im Falle einer abschließenden Harmonisierung seien Beschränkungen des freien Warenverkehrs nicht länger zu befürchten.[157] Der EuGH hätte seiner Auslegung der Kosmetikrichtlinie auch das Leitbild des flüchtigen und unaufmerksamen Verbrauchers zu Grunde legen können. Eine Beschränkung der Grundfreiheiten sei damit nicht verbunden, da gemeinschaftsweit der gleiche strenge Maßstab gelten würde.[158] Den Grundfreiheiten komme damit eine Maßstabsfunktion im Rahmen der Auslegung und Konkretisierung abschließender Harmonisierungsakte nicht zu.[159]

Diese Ansicht überzeugt nicht. Als Gemeinschaftsorgan ist der EuGH ebenso durch die Grundfreiheiten gebunden, wie der Gemeinschaftsgesetzgeber. Dieser unterliegt nach dem oben Gesagten einem unfassenden Beschränkungsverbot im Sinne der *Dassoneville/Cassis de Dijon*-Rechtsprechung. Gleiches gilt für den EuGH im Rahmen der Konkretisierung wertungsoffener Rechtssätze. Nur das Leitbild eines verständigen und informierten Verbrauchers korreliert mit einer markt- und wettbewerbsorientierten Wirtschaftsverfassung,[160] wie sie maßgeblich durch die Grundfreiheiten vorgegeben ist. Den Grundfreiheiten kommt daher auch im Falle der Konkretisierung wertungsoffener Rechtssätze in Sekundärrechtsakten, die eine abschließende Harmonisierung bezwecken, Maßstabsfunktion zu.

Dies ist von fundamentaler Bedeutung für die Konkretisierung des Konzepts der „Lauterkeit" als demjenigen Maßstab, dem eine Geschäftspraxis gemäß der vollharmonisiernden[161] Richtlinie 2005/29/EG über unlautere Geschäftspraktiken genügen muss. Lauterkeit, oder eher Unlauterkeit, wird dabei in Art. 5 Abs. 2 lit. b) der Richtlinie unter Bezugnahme auf den „Durchschnittsverbraucher" definiert. Der Richtlinienentwurf enthielt noch eine Definition des „Durchschnittsverbrauchers" im Regelungsteil.[162] In der endgültigen Fassung wurde diese Definition al-

155 Vgl. *Riesenhuber*, Europäisches Vertragsrecht, Rn. 212.
156 Vgl. *Schulze/Schulte-Nölke*, Casebook Europäisches Verbraucherrecht, S. 268; *Rösler*, Europäisches Konsumentenvertragsrecht, S. 124.
157 *Leible*, in *Riesenhuber* (Hrsg.), Europäische Methodenlehre, S. 124; *ders.*, EuZW 1998, 528; *Rüffler*, in: *Schulze* (Hrsg.), Auslegung europäischen Privatrechts und angegelichenen Rechts, S. 97 (102ff.).
158 *Leible*, in *Riesenhuber* (Hrsg.), Europäische Methodenlehre, S. 124; *ders.*, EuZW 1998, 528.
159 MüKoUWG-*Leible*, Band 1, EG A, Rn. 121; *ders.*, in *Riesenhuber* (Hrsg.), Europäische Methodenlehre, S. 124; *Rüffler*, in: *Schulze* (Hrsg.), Auslegung europäischen Privatrechts und angegelichenen Rechts, S. 97 (103): „Für eine Anwendung der Grundfreiheiten qua primärrechtskonformer Auslegung ist jedenfalls kein Raum."
160 So *Leible*, EuZW 1998, 528 (529), der insoweit übersieht, dass die europäische Wirtschaftsverfassung maßgeblich durch die Grundfreiheiten geprägt ist, wenn er deren direkte Maßstabsfunktion im Rahmen der Auslegung und Konkretisierung ablehnt.
161 Vgl. Kapitel 7.
162 Vgl. Art. 2 lit. b) des Vorschlags für eine Richtlinie des Europäischen Parlaments und des Rates über unlautere Geschäftspraktiken im binnenmarktinternen Geschäftsverkehr zwischen Un-

lerdings aus dem Regelungsteil entfernt und in die Erwägungsgründe verbannt. Gemäß Erwägungsgrund 18 „nimmt diese Richtlinie den Durchsschnittsverbraucher, der angemessen gut unterrichtet und angemessen aufmerksam und kritisch ist, unter Berücksichtigung sozialer, kultureller und sprachlicher Faktoren" wie durch den EuGH in *Estée Lauder*[163] als Maßstab. Darin, dass die Richtlinie in ihrem Regelungsteil nun nicht explizit den „Durchschnittsverbraucher“ als agemessen gut unterrichtet und angemessen aufmerksam und kritisch definiert, wird bisweilen ein Paradigmenwechsel hin zu geringeren Erwartungen an das Verbraucherverhalten und damit zu einer verbraucherfreundlicheren Konkretisierung des Konzepts „Duchschnittsverbraucher“ erkannt.[164] Dies würde bedeuten, dass empirische Erkenntnisse, wonach durchschnittliche Verbraucher in vielen Fällen eben nicht besonders aufmerksam und kritisch sind und eher als beiläufig und flüchtig charakterisiert werden müssten, in weit stärkerem Maße zu berücksichtigen sind.[165] Vor dem Hintergrund der Grundfreiheiten und deren Einfluss auf die Konkretisierung auch von Vollharmonisierungsrichtlinien kann dieser Ansatz allerdings nicht überzeugen. Das Konzept der Lauterkeit muss danach vielmehr im Einklang mit der Rechtsprechung des Gerichtshofs zu den Marktfreiheiten verstanden werden.[166] Der Test des Durchsschnittsverbrauchers schafft die nötige Balance zwischen Verbraucherschutz und Förderung des Freihandels in einem offenen Markt mit unverfälschtem Wettbewerb. Verbraucher sollen sich rational und ökonomisch verhalten; sie sollen sich selbst über Qualität und Produktpreise informieren und eine effiziente Auswahl treffen.[167] Dies schließt nicht aus, dass der Gerichtshof ausnahmsweise die Bedürnisse besonders gefährdeter Verbraucher berücksicht, soweit eine Geschäftspraxis sich speziell an diese wendet oder diese durch eine Geschäftspraxis in vorhersehbarer Weise besonders betroffen sind.[168] Richtlinie 2005/29/EG hat diese Situationen in Art. 5 Abs. 2 lit. b) and Abs. 3 speziell in den Blick genommen. Hinsichtlich des Maßstabes der Lauterkeit allerdings muss der angemessen informierte und kritische Durschnittsverbraucher die Regel, und kann der besonders gefährdete Verbraucher nur die Ausnahme sein.[169]

---

ternehmen und Verbrauchern und zur Änderung der Richtlinie 84/450/EWG, 97/7/EG and 98/72/EG (Richtlinie über unlautere Geschäftspraktiken), KOM(2003) 356 endg.

163 EuGH v. 13. 1. 2000 – Rs. C-220/98 (*Estée Lauder*), Slg. 2000, I-117 Rn. 29.

164 *Wilhelmsson*, in: *Howells/Micklitz/Wilhelmsson*, European Fair Trading Law, The Unfair Commercial Practices Directive, S 131 f.; *Howells*, in *Weatherill/Bernitz* (Hrsg.), The Regulation of Unfair Commercial Practices under EC Directive 2005/29, New Rules and New Techniques, S. 106.

165 *Wilhelmsson*, in: *Howells/Micklitz/Wilhelmsson*, European Fair Trading Law, The Unfair Commercial Practices Directive, S 132.

166 *Weatherill*, in: *ders./Bernitz* (Hrsg.), The Regulation of Unfair Commercial Practices under EC Directive 2005/29, New Rules and New Technique, S. 134.

167 *Abbamonte*, in: *Weatherill/Bernitz* (Hrsg.), The Regulation of Unfair Commercial Practices under EC Directive 2005/29, New Rules and New Techniques, S. 24.

168 *Weatherill*, in: *ders./Bernitz* (Hrsg.), The Regulation of Unfair Commercial Practices under EC Directive 2005/29, New Rules and New Technique, S 133.

169 *Micklitz*, in: *Howells/Micklitz/Wilhelmsson*, European Fair Trading Law, The Unfair Commercial Practices Directive, S. 112. Vgl. auch EuGH v. 23. 4. 2009 – verb. Rs. C-261/07, C-299/07 (*VTB-VAB NV/Total Belgium NV, Galatea BVBA/Sanoma Magayines Belgium NV*), Slg. 2009, I-00000, Rn. 55.

bb) Optionelle Harmonisierung, hohes Verbraucherschutniveau und Zahlungsbereitschaft des Verbrauchers

Während im Bereich der Minimumharmonisierung die Grundfreiheiten lediglich als gemeinschaftsrechtliche Obergrenze wirken, entfalten sie ihre Maßstabsfunktion auch und gerade im Bereich der optionellen Harmonisierung.[170] Dies zeigt sich zunächst darin, dass nach hier vertretener Ansicht allgemeine Öffnungsklauseln in binnemarktfinalen Rechtsakten primärrechts-, insbesondere grundfreiheitenkonform, dahingehend auszulegen sind, dass eine optionelle Harmonisierung bezweckt ist.[171] Damit einher geht eine umfassende Konkretisierungskompetenz des EuGH.[172]

Inhaltlich ist die Fallnorm am Regelungsgehalt der Grundfreiheiten auszurichten. Was dies bedeutet, kann nochmals anhand der Rechtssache *Leitner* verdeutlicht werden. Wäre dort die Frage nach dem „ob" einer gemeinschaftseinheitlichen Konkretisierung zu bejahen, so eröffneten sich dem EuGH grundsätzlich zwei Möglichkeiten: er kann entweder auf die Vorlagefrage antworten, dass Art. 5 Abs. 2 der Pauschalreiserichtlinie die Ersatzfähigkeit eines immateriellen Schadens verlangt, oder er kann die Vorlagefrage verneinen. Die Maßstabsfunktion der Grundfreiheiten wirkt sich bei der vom EuGH vorzunehmenden Auswahlentscheidung dahingehend aus, dass die mit einer Verschärfung der Haftung der Reiseveranstalter möglicherweise einhergehende Verteuerung von Pauschalreisen grundsätzlich und notwendig zu berücksichtigen und in die Überlegungen einzustellen ist. Aus ökonomischer Sicht[173] bewirkt eine Schadensersatzpflicht für immaterielle Schäden eine Zwangsversicherung des Verbrauchers, der einen um die Versicherungsprämie erhöhten Reisepreis zahlen muss. Da unter sonst gleichen Bedingungen bei steigenden Preisen von einem Rückgang der Nachfrage auszugehen ist, hätte eine verschärfte Haftung jedenfalls potentiell einen Rückgang des Transaktionsvolumens zur Folge und würde so entgegen der Teleologie der Grundfreiheiten auch den grenzüberschreitenden Dienstleistungsverkehr behindern. Zu berücksichtigen ist allerdings das Ziel eines hohen Verbraucherschutzniveaus gemäß Art. 95 Abs. 3 EG sowie, die Tatsache, dass der Verbraucherschutz zu den „zwingenden Erfordernissen" zählt, die eine Grundfreiheitenbeschränkung rechtfertigen können. Will man insoweit nicht in eine völlig unkonturierte Abwägung eintreten, so bietet es sich an, das „hohe Verbraucherschutzniveau" an der Zahlungsbereitschaft des Verbrauchers bezüglich der Zwangsversicherungsprämie auszurichten. Soweit der Verbraucher risikoavers ist, sich also sein Grenznutzen bei steigendem Einkommen verringert, wird er zur Zahlung der Versicherungsprämie bereit sein,

---

170 Vgl. zur (der optionellen Harmonisierung zuzuordnenden) Richtlinie 84/450/EWG *Apostolopoulos*, GRUR Int. 2005, 292: „Vielmehr ist der Begriff der irreführenden Werbung in der Werberichtlinie so auszulegen, dass Raum für die Berücksichtigung des Wertes des freien Warenverkehrs bleibt."

171 Vgl. Kapitel 2 IV.

172 Vgl. Kapitel 7 I. 2. Die Problematik könnte daher auch unter der Frage des „ob" der gemeinschaftseinheitlichen Konkretisierung eingeordnet werden.

173 Vgl. zu den Einzelheiten Kapitel 12.

selbst wenn die Prämie höher ist als die anteiligen Kosten pro Verbraucher, so lange der Erwartungsnutzen für den Verbraucher mit Versicherung höher ist als der Erwartungsnutzen ohne Versicherung.[174] Der Erwartungsnutzen ist die Summe aus der Wahrscheinlichkeit der Realisierung des versicherten Risikos multipliziert mit dem Nutzen des Verbrauchers in diesem Fall und der Wahrscheinlichkeit der Nichrealisierung des versicherten Risikos multipliziert mit dem entsprechenden Nutzen. Geht man davon aus, dass der typische Teilnehmer an einer Pauschalreise bezüglich des Risikos einer Salmonellenvergiftung und der damit einhergehenden verdorbenen Urlaubszeit relativ risikoavers ist, und geht man weiter davon aus, dass der Verbraucher gegen dieses Risiko selbst nur unter prohibitiv hohem Aufwand Vorsorge treffen kann, andererseits jedoch der Reiseveranstalter zum einen das Risiko durch die Auswahl seiner Hotels wenigstens zum Teil beherrschen kann („*cheapest cost avoider*"), zum anderen jedoch das Risiko im Wege der „Selbstversicherung" durch Umlegung der Mehrkosten auf die Vielzahl seiner Kunden nach dem Gesetz der großen Zahl besser zu schultern vermag („*superior risk bearer*"), so spricht viel dafür, dass die ganz überwiegende Mehrzahl der Verbraucher bereit wäre, über einen höheren Preis das Risiko vertaner Urlaubszeit zu versichern.[175] Ist dies der Fall, so ist durch eine Verschärfung des Haftungsregimes insoweit auch kein Rückgang des Transaktionsvolumens zu besorgen, da die Haftungsregelung gerade den Präferenzen der Nachfrager entspricht. Der vom EuGH auf die Vorlagefrage gebenen Antwort ist daher im Ergebnis durchaus zuzustimmen, allerdings nur unter dem Vorbehalt, dass die Voraussetzungen des Art. 95 Abs. 1 EG tatsächlich vorlagen.

Jenseits der Grenze der Zahlungsbereitschaft der Verbrauchers wird Verbraucherschutz zur Belastung und entspricht weder den Interessen von Unternehmen noch Verbrauchern. Die wahrscheinliche Reduzierung des grenzüberschreitenden Transaktionsvolumens würde der Teleologie der Grundfreiheiten widersprechen und wäre auch nicht im Hinblick auf das zwingende Erfordernis des Verbraucherschutzes zu rechtfertigen.

Gegen diesen Ansatz können im wesentlichen drei Argumente vorgebracht werden. Zunächst könnte man einwenden, dass eine potentielle Preissteigerung allenfalls gering und damit vernachlässigbar wäre. Sollte dies zutreffen, so würden jedoch auch mitgliedstaatliche Rechtsunterschiede allenfalls zu einer geringfügigen Erhöhung grenzüberschreitender Transaktionskosten führen und damit den Marktzugang nicht in substantieller Weise beeinträchtigen. Damit bestünde schon keine Notwendigkeit für eine gemeinschaftseinheitliche Konkretisierung und die entsprechende Entscheidung verbliebe in der Kompetenz der Mitgliedstaaten. Zum zweiten könnte man vorbringen, dass es sich sowohl bei der Bestimmung der Nutzenfunktion in Abhängigkeit vom Einkommen als auch der Bestimmung der Wahrscheinlichkeit des Eintritts sowie der Kosten eines be-

174 *Schäfer/Ott*, Lehrbuch der ökonomischen Analyse des Zivilrechts, S. 138.
175 Vgl. zu einer ähnlichen Fallgestaltung *Schäfer/Ott*, Lehrbuch der ökonomischen Analyse des Zivilrechts, S. 407.

stimmten Risikos um empirische Fragen handelt, für deren Beantwortung das gerichtliche Verfahren prinzipiell ungeeignet ist. Allerdings erlaubt Art. 25 der Satzung des Gerichtshofs in weitem Umfang, externe Expertise in das Verfahren einzuführen. Der EuGH hat damit die Möglichkeit, und die Pflicht,[176] bei Entscheidungen mit möglicherweise weitreichenden Folgen für den Binnenmarkt ökonomischen Sachverstand zu Rate zu ziehen. Schließlich könnte man einwenden, das die Zahlungsbereitschaft der Verbraucher als Entscheidungsmaßstab gänzlich ungeeignet ist. Dies deshalb, weil eine Fehleinschätzung des Nutzeneffekts[177] dazu führen kann, dass Zahlungsbereitschaft im Hinblick auf bestimmte Güter vorliegt, obwohl diese Güter (auf lange Sicht) den Nutzen für Verbraucher nicht erhöhen bzw. sogar reduzieren können.[178] Doch selbst wenn solche Fehleinschätzungen die Regel sein sollten, erscheint es immer noch besser, auf die eigenverantwortliche Entscheidung der Betroffenen selbst abzustellen, als auf eine paternalistische Reduzierung der Produktauswahl durch obrigkeitliches Edikt zu setzen, zumal die zuständigen Autoritäten vergleichbaren Fehleinschätzungen unterliegen können und solche weit schwerer aus der Welt zu schaffen sind bzw. aufgrund der möglichen Vielzahl der Betroffenen viel weiterreichende negative Auswirkungen zeitigen können.[179]

II. Konkretisierung im Lichte der Gemeinschaftsgrundrechte

Im Gegensatz zu den Grundfreiheiten haben die Gemeinschaftsgrundrechte im europaprivatrechtlichen Diskurs bisher nur eine untergeordnete Rolle gespielt. Erst allmählich wird der gemeinschaftsrechtliche Grundrechtsstandard als „Prinzipien- und Wertebene“ erkannt, die über die Bindung von Gemeinschaftsgesetzgeber und Gemeinschaftsgerichten zu einer umfassenden grundrechtlichen Überformung der gemeinschaftsrechtlichen Privatrechtsordnung führen kann.[180]

---

176 Ausführlich Kapitel 12.

177 Vgl. *Sunstein*, John M. Olin Law & Economics Working Paper No. 326 (2d Series) (2007), 22–28, der als Gründe für diese Fehleinschätzungen die folgenden Phänomene benennt: „projection bias”: die gegenwärtige emotionale Situation wird fälschlicherweise auf das zukünftige Selbst projeziert; „unrealistic optimism“: man geht irrtümlicherweise davon aus, dass die Wahrscheinlichkeit, dass man selbst von bestimmten nachteiligen Ereignisse betroffen wird, geringer ist als die Wahrscheinlichkeit für andere Leute; „myopia“: langfristiges Wohlbefinden wird einem kurzzeitigen Vergnügen geopfert; „focusing illusion“: durch Fokusierung auf einen bestimmten Lebensaspekt wird dessen Bedeutung für das Wohlbefinden überschätzt; „immune neglect“: es wird verkannt, dass das interne psychologische Immunsystem den Effekt bestimmter Ereignisse auf das Wohlbefinden erheblich reduzieren kann.

178 *Sunstein*, John M. Olin Law & Economics Working Paper No. 326 (2d Series) (2007), 23.

179 *Sunstein*, John M. Olin Law & Economics Working Paper No. 326 (2d Series) (2007), 28–29.

180 Vgl. *Hess*. JZ 2005, 540 (540); *Gerstenberg*, (2004) 10 ELJ 766 (782ff.); *Cherednychenko*, ERPL 2006, 23 (51ff.); *dies.*, Fundamental rights, contract law and the protection of the weaker party, S. 215; *Study Group on Social Justice in European Private Law*, (2004) 10 ELJ 653 (668): „It is wrong to suppose that there is a sharp separation between the public sphere of constitutional rights and the private sphere of market relations. The social justice agenda insists that the rules governing markets and contracts need to be aligned and integrated with constitutional principles.” Zur „constitu-

Bisweilen wird auch eine „Dekonstitutionalisierung des Privatrechts" durch dessen fortschreitende Europäisierung befürchtet, da hierdurch die Grundrechtskontrolle des Privatrechts auf die europäischer Ebene transferiert werde, es hier aber an der Möglichkeit einer Verfassungsbeschwerde und damit am Kontrolleur fehle.[181]

1. Der gemeinschaftsrechtliche Grundrechtsschutz

Die Gründungsverträge enthalten bislang keinen geschriebenen Grundrechtskatalog, lediglich ganz punktuell werden den Marktbürgern subjektiv-öffentliche Rechte eingeräumt.[182] Da man die Gründungsverträge als traditionelle völkerechtliche Verträge einstufte, wurde ein Grundrechtskatalog bei Vertragsabschluss nicht für erforderlich gehalten.[183] Dies änderte sich jedoch mit der Herausbildung der Grundsätze von unmittelbarer Anwendbarkeit und Anwendungsvorrang des Gemeinschaftsrechts. Die Marktbürger waren nunmehr der direkten Hoheitsgewalt der Gemeinschaft ausgesetzt, konnten sich jedoch, jedenfalls aus Sicht des Gemeinschaftsrechts, nicht länger auf den durch die nationalen Verfassungen gewährten Grundrechtsschutz verlassen.[184] Diese Schutzlücke wurde durch den EuGH geschlossen, indem er in Ausübung seiner Kompetenz zur Wahrung des Rechts nach Art. 220 EG[185] grundrechtliche Verbürgungen auf Gemeinschaftsebene als ungeschriebene allgemeine Rechtsgrundsätze anerkannte.[186] Als Rechtserkenntnisquellen[187] dienen dabei die gemeinsamen Verfassungsüberlieferungen der Mitgliedstaaten sowie völkerrechtliche Verträge über den Schutz der Menschenrechte, insbesondere die Europäische Konvention zum Schutz der Menschenrechte und Grundfreiheiten (EMRK),[188] aus denen der EuGH im Wege der

---

tionalization of employment law in Europe" vgl. *Collins*, in: *Grundmann/Mazeaud* (Hrsg.), General Clauses and Standards, S. 111 (135).

181 *Remien*, EuR 2005, 699 (715 ff.).

182 Abgesehen von den Grundfreiheiten sind dies insbesondere die mit der Unionsbürgerschaft verbundenen Rechte, Art. 17 ff. EG, sowie spezielle Gleichheitsgebote wie etwa Art. 12 EG oder Art. 141 EG; vgl. *Ehlers*, in *ders.* (Hrsg.), Europäische Grundrechte und Grundfreiheiten, § 14 Rn. 4, 7.

183 *Ehlers*, in *ders.* (Hrsg.), Europäische Grundrechte und Grundfreiheiten, § 14 Rn. 4; *Rengeling/Szczekalla*, Grundrechte in der EU, § 1 Rn. 3; *Chalmers u.a.*, EU Law, S. 232; *Craig/de Burca*, EU Law, S. 380 f.

184 Vgl. *Ehlers*, in *ders.* (Hrsg.), Europäische Grundrechte und Grundfreiheiten, § 14 Rn. 4 f.; Calliess/Ruffert-*Kingreen*, Art. 6 EUV Rn. 35 f.; *Chalmers u.a.*, EU Law, S. 233; *Craig/de Burca*, EU Law, S. 381; *Weiler*, The Constitution of Europe, S. 107.

185 Vgl. *Ehlers*, in *ders.* (Hrsg.), Europäische Grundrechte und Grundfreiheiten, § 14 Rn. 5; Calliess/Ruffert-*Kingreen*, Art. 6 EUV Rn. 33.

186 Als Geburtsstunde wird allgemein EuGH v. 12. 11. 1969 – Rs. 29/69 (*Stauder*), Slg. 1969, 419, angesehen; vgl. Calliess/Ruffert-*Kingreen*, Art. 6 EUV Rn. 32; *Craig/de Burca*, EU Law, S. 381 f.

187 *Ehlers*, in *ders.* (Hrsg.), Europäische Grundrechte und Grundfreiheiten, § 14 Rn. 9; Calliess/Ruffert-*Kingreen*, Art. 6 EUV Rn. 33.

188 Die EMRK ist keine Rechtsquelle des Gemeinschaftsrechts, ein Beitritt der Gemeinschaft ist ohne Vertragsänderung nicht möglich, vgl. EuGH, Gutachten v. 28. 3. 1996 – G-2/94, Slg. 1996, I-1759. In Art. 6 Abs. 2 EUV ist der Beitritt ausdrücklich vorgesehen.

wertenden Rechtsvergleichung[189] die Gemeinschaftsgrundrechte gewinnt.[190] Diese Rechtserkenntnisquellen wurden durch den Vertrag von Maastricht in Art. 6 Abs. 2 EU normativ verankert. Der EuGH orientiert sich zunehmend an der EMRK und der dazu ergangenen Rechtsprechung des Europäischen Gerichtshofs für Menschenrechte (EGMR).[191] Die gemeinsamen Verfassungsüberlieferungen spielen insbesondere dann noch eine Rolle, wenn die EMRK ein bestimmtes Grundrecht, beispielsweise die Berufsfreiheit, nicht enthält.[192] Die am 7. Dezember 2000 in Nizza feierlich proklamierte, jedoch bislang unverbindliche Charta der Grundrechte der Europäischen Union[193] soll nach dem Vertrag von Lissabon gemäß Art. 6 Abs. 1 EUV den selben Status wie die Gründungsverträge erhalten. Ausweislich der Präambel der Charta sollen die Grundrechte darin lediglich „sichtbar" gemacht werden, so wie sie sich aus den genannten Rechtserkenntnisquellen sowie der Rechtsprechung des EuGH und des EGMR ergeben. Inwieweit die Charta die Rechtsprechung des Gerichthofs bereits vor Inkraftreten des Vertrags von Lissabon beeinflussen wird, ist derzeit noch offen.[194]

---

189 Dazu Kapitel 11.

190 Vgl. nur die Leitentscheidungen EuGH v. 17. 12. 1970 – Rs. 11/70 (*Internationale Handelsgesellschaft*), Slg. 1970, 1125 Rn. 4; EuGH v. 14. 5. 1974 – Rs. 4/73 (*Nold*), Slg. 1974, 491 Rn. 13; EuGH v. 13. 12. 1979 – Rs. 44/79 (*Hauer*), Slg. 1979, 3727 Rn. 15.

191 Vgl. EuGH v. 28. 10. 1975 – Rs. 36/75 (*Rutili*), Slg. 1975, 1219 Rn. 32; EuGH v. 15. 5. 1986 – Rs. 222/84 (*Johnston*), Slg. 1986, 1651 Rn. 18; EuGH v. 29. 5. 1997 – Rs. C-299/95 (*Kremzow*), Slg. 1997, I-2629 Rn. 15; EuGH v. 18. 6. 1991 – Rs. C-260/89 (*ERT*), Slg. 1991, I-2925 Rn. 44; EuGH v. 26. 6. 1997 – Rs. C-368/95 (*Vereinigte Familiapress*); Slg. 1997, I-3689 Rn. 24 f.; EuGH v. 11. 7. 2002 – Rs. C-60/00 (*Carpenter*), Slg. 2002, I-6279, Rn. 42; EuGH v. 28. 3. 2000 – Rs. C-7-98 (*Krombach*), Slg. 2000, I-1935 Rn. 39; EuGH v. 20. 5. 2003 – verb. Rs. C-465/00, C-138/01, C-139/01 (*Österreichischer Rundfunkt*), Slg. 2003, I-4989 Rn. 71; EuGH v. 14. 10. 2004/Rs. C-36/02 (*Omega*), Slg. 2004, I/9609 Rn. 33; EuGH v. 16. 6. 2005 – Rs. C-105/03 (*Pupino*), Slg. 2005, I-5258 Rn. 58 ff. Ausführlich zum Verhältnis von EuGH und EGMR *Douglas-Scott*, (2006) 43 CMLRev., 629 ff.; *Schwarze*, NJW 2005, 3459 (3461 f.); *Harpaz*, (2009) 46 CMLRev. 105 ff.; sowie EGMR v. 30. 6. 2005 – App. No. 45036/98 (*Bosphorus/Ireland*), Rn. 149–167.

192 Vgl. *Ehlers*, in *ders.* (Hrsg.), Europäische Grundrechte und Grundfreiheiten, § 14 Rn. 9; Calliess/Ruffert-*Kingreen*, Art. 52 GRCh, Rn. 39; sowie EuGH v. 28. 4. 1998 – Rs. C-200/96 (*Metronome Musik*), Slg. 1998, I-1953 Rn. 21.

193 ABl. EG 2000 Nr. C 364/1.

194 Während die Charta vom EuGeI (v. 3. 5. 2002 – Rs. T-177/01 (*Jego-Quere*), Slg. 2002, II-2365, Rn. 47) sowie einigen Generalanwälten (beispielsweise *GA Tizzano*, Schlussanträge v. 8. 2. 2001 – Rs. C-173/99 (*BECTU*), Slg. 2001, I-4881 Rn. 27 f.; *GA Jacobs*, Schlussanträge v. 14. 6. 2001 – Rs. C-377/98 (*Niederlande/Parlament und Rat*), Slg. 2001, I-7079 Rn. 210) frühzeitig als Auslegungshilfe herangezogen wurde, übte der Gerichtshof insoweit lange Zeit Zurückhaltung, vgl. *Schwarze*, NJW 2005, 3459 (3460). Gelegentlich wurde der Charta eine „Vorwirkung" vorausgesagt, vgl. *Ehlers*, in *ders.* (Hrsg.), Europäische Grundrechte und Grundfreiheiten, § 14 Rn. 17; *Jarass*, EU-Grundrechte, S. 14; bzw. sogar für eine umfassende Bindung des EuGH an die Charta plädiert, *Collins*, in: *Grundmann/Mazeaud* (Hrsg.), General Clauses and Standards, S. 111 (134 f.). Mittlerweile hat der EuGH ausdrücklich, wenn auch meist nur ergänzend und subsidiär, auf die Charta Bezug genommen: EuGH v. 27. 6. 2006 – Rs. C-540/03 (*Europäisches Parlament/Rat*), Slg. 2006, I-5769 Rn. 38, 58; EuGH v. 11. 12. 2007 – Rs. C-438/05, (*Viking Line ABP*), Slg. 2007, I-10779, Rn. 44; EuGH v. 18. 12. 2007 – Rs. C-341/05 (*Laval un Partneri Ltd*) Slg. 2007, I-11767 Rn. 90 f.; EuGH v. 29. 1. 2008 – Rs. C-275/06 (*Promusicae*), Slg. 2008, I-271 Rn. 64; EuGH v. 14. 2. 2008 – Rs. C-244/06 (*Dynamic Medien*), Slg. 2008, I-505, Rn. 41.

2. Die privatrechtliche Bedeutung der Gemeinschaftsgrundrechte

Als für das Privatrecht besonders bedeutsame Grundrechte hat der EuGH anerkannt das Recht auf Achtung des Privat- und Familienlebens[195], das Recht auf den Schutz personenbezogener Daten[196], die Meinungsfreiheit[197], die Vereinigungsfreiheit[198], die Berufsfreiheit und Freiheit zu wirtschaftlicher Betätigung[199], die Eigentumsfreiheit[200], die allgemeine Handlungsfreiheit[201] sowie den allgemeinen Gleichheitssatz.[202] Auch Privatautonomie und Vertragsfreiheit wurden als allgemeine Rechtsgrundsätze des Gemeinschaftsrechts bestätigt.[203]

Entsprechend ihrem entstehungsgeschichtlichen Hintergrund sind die gemeinschaftsrechtlichen Grundrechte in erster Linie Abwehrrecht gegen Eingriffe der Gemeinschaftsorgane.[204]Die Mitgliedstaaten sind an die Gemeinschaftsgrundrechte gebunden, soweit sie Gemeinschaftsrecht durchführen.[205] Problematisch ist da-

---

195 Vgl. etwa EuGH v. 17. 10. 1998 – verb. Rs. 97–99/87 (*Dow Chemicals Iberica u.a./Kommission*), Slg. 1989, 3165 Rn. 14; vgl. auch Art. 7, 9 EU-GRCh.

196 Vgl. etwa EuGH v. 6. 11. 2003 – Rs. C-101/01 (*Lindqvist*), Slg. 2003, I-1291 Rn. 79 ff.; sowie Art. 8 EU-GRCh.

197 Vgl. EuGH v. 18. 6. 1991 – Rs. C-260/89 (*ERT*), Slg. 1991, I-2925 Rn. 44, und Art. 11 EU-GRCh.

198 Vgl. EuGH v. 15. 12. 1995 – Rs. C-415/93 (*Bosman*), Slg. 1995, I-4921 Rn. 79, und Art. 12 EU-GRCh.

199 Vgl. nur EuGH v. 14. 5. 1974 – Rs. 4/73 (*Nold*), Slg. 1974, 491 Rn. 14; EuGH v. 27. 9. 1979 – Rs. 230/78 (*Eridiana*), Slg. 1979, 2749 Rn. 22; sowie Art. 15, 16 EU-GRCh.

200 Vgl. nur EuGH v. 14. 5. 1974 – Rs. 4/73 (*Nold*), Slg. 1974, 491 Rn. 14; EuGH v. 13. 12. 1979 Rs. 44/79 (*Hauer*), Slg. 1979, 3727 Rn. 17; sowie Art. 17 EU-GRCh.

201 Vgl. EuGH v. 21. 5. 1987 – verb. Rs. 133-136/85 (*Rau*), Slg. 1987, 2289 Rn. 15, 18 f.

202 Vgl. EuGH v. 22. 11. 2005 – Rs. C-144/04 (*Mangold*), Slg. 2005, I-9981, Rn. 74 sowie Art. 20, 21 EU-GRCh.

203 Vgl. EuGH v. 16. 1. 1979 – Rs. 151/78 (*Sukkerfabriken Nykobing*), Slg. 1979, 1 Rn. 19; EuGH v. 5. 10. 1999 – Rs. C-240(97 (*Spanien/Kommission*), Slg. 1999, I-6571 Rn. 99. Die marktwirtschaftlich ausgerichtete und dem freien Wettbewerb verpflichtete Wirtschaftsverfassung der Gemeinschaft wäre ohne die Anerkennung von Privatautonomie und Vertragsfreiheit undenkbar, vgl. *Canaris*, in: FS Lerche, S. 873 (890); *Riesenhuber*, Europäisches Vertragsrecht, Rn. 131 f.

204 Vgl. *Ehlers*, in *ders.* (Hrsg.), Europäische Grundrechte und Grundfreiheiten, § 14 Rn. 22, 32; Calliess/Ruffert-*Kingreen*, Art. 51 GRCh, Rn. 4, 5. Vgl. auch Art. 51 EU-GRCh.

205 Vgl. Art. 51 Abs. 1 EU-GRCh. In der Rechtsprechung des EuGH werden im Allgemeinen zwei Fallgruppen unterschieden: Zum einen sind Mitgliedstaaten dann an die Gemeinschaftsgrundrechte gebunden, wenn sie Gemeinschaftsrecht umsetzen, auslegen oder vollziehen, somit quasi als verlängerter Arm der Gemeinschaft handeln, vgl. EuGH v. 13. 7. 1989 – Rs. 5-88 (*Wachauf*), Slg. 1989, 2609 Rn. 19; EuGH v. 13. 4. 2000 – Rs. C-292/97 (*Karlsson*), Slg. 2000, I-2737 Rn. 37; sowie EuGH v. 23. 9. 2008 – Rs. C-427/06 (*Bartsch*), Slg. 2008, I-0000, Rn. 25. Diese erste Fallgruppe ist im Grunde unstreitig, vgl. *Ehlers*, in *ders.* (Hrsg.), Europäische Grundrechte und Grundfreiheiten, § 14 Rn. 34; Calliess/Ruffert-*Kingreen*, Art. 6 EUV Rn. 57–59; *Craig/de Burca*, EU Law, S. 395 ff.; *Weiler*, The Constitution of Europe, S. 120. Zum anderen sind nach der Rechtsprechung des EuGH die Mitgliedstaaten auch dann Adressaten der Gemeinschaftsgrundrechte, wenn sie in Inanspruchnahme der Rechtfertigungsgründe der Art. 30, 39 Abs. 3, 46 Abs. 1, 55, 58 Abs. 1 EG bzw. der „zwingenden Erfordernisse“ die Grundfreiheiten beschränken, vgl. EuGH v. 18. 6. 1991 – Rs. C-260/89 (*ERT*), Slg. 1991, I-2925 Rn. 43; EuGH v. 26. 6. 1997 – Rs. C-368/95 (*Vereinigte Familiapress*); Slg. 1997, I-3689 Rn. 24 ff.; dem zustimmend etwa *Weiler*, The Constitution of Europe, S. 121 f.; *Ehlers*, in *ders.* (Hrsg.), Europäische Grundrechte und Grundfreiheiten, § 14 Rn. 34; dagegen etwa Calliess/Ruffert-*Kingreen*, Art. 51 GRCh Rn. 16 f. Zuweitgehend wohl EuGH v. 11. 7. 2002 – C-60/00 (*Carpenter*), Slg. 2002, I-6279, Rn. 41 ff., dazu *Mager*, JZ 2003, 204 ff.; zusammenfassend *Scheuing*, EuR 2005, 162 ff.

bei, inwieweit eine mitgliedstaatliche Bindung besteht, wenn in privatrechtlichen Richtlinien enthaltene Öffnungsklauseln und Ausnahmevorschriften ausgeschöpft werden. Für die Frage der grundrechtskonformen Konkretisierung Europäischen Privatrechts ist weiterhin bedeutsam, inwieweit die Gemeinschaftsgrundrechte im Privatrechtsverhältnis Wirkungen entfalten.

a) Grundrechtsbindung der Mitgliedstaaten im Rahmen von Öffnungsklauseln und Ausnahmevorschriften

In der Rechtssache *Karner* ging es um die Vereinbarkeit von § 30 Abs. 1 (österreichisches) UWG mit dem Gemeinschaftsrecht.[206] Die Vorschrift verbietet die Werbung für Waren unter Bezugnahme auf deren Herkunft aus einer Konkursmasse, wenn sie tatsächlich nicht mehr zum Bestand der Konkursmasse gehören. Nach Ansicht des EuGH seien die entsprechenden mitgliedstaatlichen Vorschriften zwar nicht harmonisiert worden, bestimmte Aspekte der Werbung könnten aber gleichwohl in den Anwendungsbereich der Werberichtlinie 84/450/EG fallen. Von dieser könnten die Mitgliedstaaten nach Art. 7 zugunsten eines weiterreichenden Verbraucherschutzes abweichen, soweit dies mit Art. 28 EG vereinbar ist.[207] Die Anwendbarkeit der Freiheit des Warenverkehrs verneint der EuGH jedoch, da es sich bei § 30 (österreichisches) UWG um eine unterschiedslos anwendbare „bestimmte Verkaufsmodalität" im Sinne der *Keck*-Rechtsprechung handele. Ein Verstoß gegen die Dienstleistungsfreiheit komme ebenfalls nicht in Betracht, da diese im vorliegenden Fall gegenüber der Warenverkehrsfreiheit „völlig zweitrangig" sei.[208]

Anschließend überprüft der Gerichtshof § 30 (österreichisches) UWG am Maßstab der Meinungsfreiheit entsprechend Art. 10 EMRK. Diese stelle zwar eine wesentliche Grundlage einer demokratischen Gesellschaft dar, könne nach Art. 10 Abs. 2 EMRK jedoch eingeschränkt werden, soweit dies durch ein dringendes gesellschaftliches Bedürfnis gerechtfertigt und verhälnismäßg ist. Trage die Ausübung der Meinungsfreiheit, wie im Falle der Werbung nicht zu einer Debatte im allgemeinen Interesse bei, beschränke sich die Kontrolle darauf, ob der Eingriff in einem angemessen Verhältnis zu den verfolgten Zielen steht. § 30 Abs. 1 (österreichisches) UWG sei danach im Hinblick auf die verfolgten Ziele des Verbraucherschutzes und der Lauterkeit des Handelsverkehrs nicht unverhältnismäßig.[209]

Nach *Scheuing* sei das Urteil überraschend, da der EuGH jegliche Begründung für die von ihm vorgenommene Grundrechtsprüfung schuldig bleibe, insbesondere die Anwendbarkeit des Art. 28 EG gerade ablehne.[210] Wie sich aus Rn. 31 und 49 des Urteils ergibt, wird der Anwendungsbereich des Gemeinschaftsrechts nach Ansicht des EuGH jedoch über die Werberichtlinie hergestellt. Das Urteil lässt daher nur den Schluss zu, dass nach Ansicht des EuGH die Mitgliedstaaten auch dann

---

206 EuGH v. 25. 3. 2005 – Rs. C-71/02 (*Karner*), Slg. 2004, I-3025.
207 EuGH v. 25. 3. 2005 – Rs. C-71/02 (*Karner*), Slg. 2004, I-3025, Rn. 31–34.
208 EuGH v. 25. 3. 2005 – Rs. C-71/02 (*Karner*), Slg. 2004, I-3025, Rn. 35–47.
209 EuGH v. 25. 3. 2005 – Rs. C-71/02 (*Karner*), Slg. 2004, I-3025, Rn. 50–52.
210 Vgl. *Scheuing*, EuR 2005, 162 (174).

durch die Gemeinschaftsgrundrechte gebunden sind, wenn sie von den ihnen eingeräumten allgemeinen Öffnungsklauseln Gebrauch machen.

Dagegen lässt sich einwenden, dass der jeweilige Mitgliedstaat in diesem Fall einen eigenständigen Grundrechtseingriff gerade jenseits der Vorgaben der Richtlinie durchführt, sich daher außerhalb des Anwendungsbereichs des Gemeinschaftsrechts befindet, so dass lediglich der nationale Grundrechtsschutz einschlägig ist.[211] Im Ergebnis ist im Hinblick auf die einheitliche Wirksamkeit des Gemeinschaftsrechts zu differenzieren[212]:

Allgemeine Öffnungsklauseln im Bereich der binnenmarktfinalen Rechtsangleichung bedeuten eine optionelle Harmonisierung. „Strengere" mitgliedstaatliche Vorschriften können ausländischen Anbietern daher nicht entgegengehalten werden, soweit sie dem Standard der Richtlinie entsprechen. Daraus folgt, dass der strengere mitgliedstaatliche Standard allein dem mitgliedstaatlichen Grundrechtsschutz unterliegt. Allgemeine Öffnungsklauseln im Übrigen, also insbesondere im Bereich der Art. 137 Abs. 2 lit. b), Abs. 4 und 153 Abs. 5 EG, stellen die Mitgliedstaaten nur im Rahmen des Primärrechts frei, insbesondere sind strengere nationale Vorschriften anhand der Grundfreiheiten zu messen. Soweit die Grundrechte den durch die Grundfreiheiten gewährten Schutz verstärken[213], unterliegen nationale Vorschriften auch der Kontrolle anhand der EU-Grundrechte. Im rein innerstaatlichen Sachverhalt sind dagegen allein die nationalen Grundrechte einschlägig. Das Gleiche gilt für spezielle Öffnungsklauseln. Bei der Ausübung von Wahlrechten unterliegt der Mitgliedstaat dagegen ausschließlich dem gemeinschaftsrechtlichen Grundrechtsschutz. Bei Ausnahmevorschriften (Optionen) ist wiederum zu differenzieren: Soweit Sachverhalte in den Anwendungsbereich der Richtlinie einbezogen werden, gelangt der gemeinschaftsrechtliche Grundrechtsschutz zur Anwendung, im umgekehrten Fall gelten die gleichen Grundsätze wie bei speziellen Öffnungsklauseln.

In jedem Fall sind aber die in der Richtlinie enthaltenen mitgliedstaatlichen Freistellungen gemäß dem Grundsatz der einheitlichen Wirksamkeit des Gemeinschaftsrechts selbst am Maßstab der Gemeinschaftsgrundrechte auszurichten.[214]

b) „Unmittelbare Drittwirkung" oder über Schutzpflichten vermittelte Drittwirkung der Gemeinschaftsgrundrechte

Die EMRK als wichtigste Rechtserkenntnisquelle entfaltet keine unmittelbare Wirkung zwischen Privaten.[215] Ganz überwiegend wird jedoch die Rechtsprechung des EuGH zum Verbot der Entgeltdiskriminierung nach Art. 141 EG[216] als

211 Vgl. *Calliess/Ruffert-Kingreen*, Art. 51 GRCh, Rn. 12.
212 Vgl. auch *Rengeling/Szczekalla*, Grundrechte in der Europäischen Union, § 4 Rn. 311.
213 Dazu unten III. 1.
214 Calliess/Ruffert-*Kingreen*, Art. 51 GRCh, 12; *Rengegling/Szczekalla*, Grundrechte in der Europäischen Union, § 4 Rn. 310.
215 Vgl. Calliess/Ruffert-*Kingreen*, Art. 51 GRCh, Rn. 18.
216 Vgl. EuGH v. 8. 4. 1976 – Rs. 43/75 (*Defrenne/Sabena*), Slg. 1976, 5755.

spezielle Ausprägung des Gleichheitssatzes im Sinne einer unmittelbaren Wirkung dieser Vorschrift im Privatrechtsverhältnis gedeutet.[217] Auch die Entscheidung *Mangold*[218] wurde dahin interpretiert, dass der europäische Gleichbehandlungsgrundsatz unmittelbare Pflichten für die Marktbürger begründe.[219] Es ging unter anderem um die Frage der Vereinbarkeit von § 14 Abs. 3 TzBfG[220], wonach befristete Arbeitsverhältnisse mit Arbeitnehmern, die das 52. Lebensjahr vollendet haben, auch ohne sachlichen Grund zulässig sind[221], mit Art. 6 Abs. 1 Richtlinie 2000/78/EG[222] und darum, welche Folgen sich aus einer möglichen Nichtvereinbarkeit ergeben. Nach Art. 6 Abs. 1 Richtlinie 2000/78/EG stellen Ungleichbehandlungen aufgrund des Alters keine Diskriminierung dar, soweit sie im Hinblick auf die Erreichung eines legitimen Ziels, etwa Beschäftigungs- und Arbeitsmarktpolitik, „angemessen und erforderlich" sind. An der Angemessenheit und Erforderlichkeit fehle es nach Ansicht des EuGH bei Ausschluss von festen Beschäftigungsverhältnissen einer so großen, ausschließlich nach dem Lebensalter definierten Gruppe.[223] Allerdings war die Umsetzungsfrist zum Zeitpunkt des Abschlusses des maßgebliche Arbeitsvertrages noch nicht abgelaufen. Diese Schwierigkeit umschiffte der EuGH zum einen durch Hinweis auf seine Rechtsprechung zur Vorwirkung von Richtlinien.[224] Zum anderen stellt er maßgeblich auf das – unabhängig von Richtlinie 2000/78/EG – geltende Verbot der Diskriminierung wegen des Alters „als allgemeiner Grundsatz des Gemeinschaftsrechts" ab.[225] Dessen Wahrung könne nicht von der Umsetzungsfrist der Richtlinie abhängen. Vielmehr obliege dem nationalen Gericht, „im Rahmen seiner Zuständigkeiten den rechtlichen Schutz, der sich für den Einzelnen aus dem Gemeinschaftsrecht ergibt, zu gewähr-

---

217 Vgl. nur Calliess/Ruffert-*Krebber*, Art. 141 EGV Rn. 5; *Neumann*, in: *Langenbucher* (Hrsg.), Europarechtliche Bezüge des Privatrechts, § 7 Rn. 55; *Krimphove*, Europäisches Arbeitsrecht, S. 182.

218 EuGH v. 22. 11. 2005 – Rs. C-144/04 (*Mangold*), Slg. 2005, I-9981.

219 Vgl. *Editorial Comment*, (2006) 43 CMLRev, 1 (7 f.); *Bauer/Arnold*, NJW 2006, 6 (10).

220 In der bis zum 31. 12. 2006 geltenden Fassung.

221 Soweit nicht zu einem vorhergehenden unbefristeten Arbeitsvertrag mit dem selben Arbeitnehmer ein enger sachlicher Zusammenhang besteht.

222 Richtlinie 2000/78/EG des Rates vom 27. 1. 2000 zur Festlegung eines allgemeinen Rahmens für die Verwirklichung der Gleichbehandlung in Beschäftigung und Beruf, ABl. EG Nr. L 303/16.

223 EuGH v. 22. 11. 2005 – Rs. C-144/04 (*Mangold*), Slg. 2005, I-9981, Rn. 64. Kritisch *Bauer/Arnold*, NJW 2006, 6 (8 f.): „falsche Entscheidung zum falschen Zeitpunkt".

224 Vgl. EuGH v. 18. 12. 1997 – Rs. C-129/96 (*Inter-Environment Wallonie ./. Region Wallone*), Slg. 1997, I-7411, Rn. 45; EuGH v. 8. 5. 2003 – C-14/02 (*ATRAL*), Slg. 2003, I-4431, Rn. 58. Vor Ablauf der Umsetzungsfrist entfaltet die Richtlinie bereits insoweit Rechtswirkungen, als die Mitgliedstaaten alle Rechtshandlungen zu unterlassen haben, die den angestrebten Erfolg der Richtlinie vereiteln könnten. Nach Ansicht des EuGH wird diese Vorwirkung durch die Berichtspflicht nach Art. 18 Abs. 2 der Richtlinie 2000/78/EG verstärkt.

225 EuGH v. 22. 11. 2005 – Rs. C-144/04 (*Mangold*), Slg. 2005, I-9981, Rn. 75. Kritisch zur Herleitung und Existenz eines solchen Grundsatzes *Reichold*, JZ 2006, 549 (549 f.); *Editorial Comment*, (2006) 43 CMLRev., 1 (7 f.); sowie *GA Mazák*, Schlussanträge v. 15. 2. 2007 – Rs. C-411/05 (*Palacios*), Slg. 2007, I-8531, Rn. 97: allgemeines Verbot der Diskriminierung aufgrund des Alters nicht „unbedingt zwingend". Der EuGH geht in der nachfolgenden Entscheidung hierauf nicht ein, vgl. EuGH v. 16. 10. 2007 – Rs. C-411/05 (*Palacios*), Slg. 2007, I-8531. Klarstellend und einschränkend dagegen EuGH v. 11. 7. 2006 – Rs. C-13/05 (*Chacón Navas*), Slg. 2006, I-6467, Rn. 53–57; sowie EuGH v. 23. 9. 2008 – Rs. C-427/06 (*Bartsch*), Slg. 2008, I-0000, Rn. 25. Vgl. auch *Reichold/Heinrich*, JZ 2007, 196 (198).

leisten", „indem es jede möglicherweise entgegenstehende Bestimmung des nationalen Rechts unangewendet lässt".[226]

Diese Formulierungen belegen jedoch, dass die Entscheidung dogmatisch auf einer mitgliedstaatlichen Schutzverpflichtung beruht.[227] Auch bezüglich Art. 141 EG finden sich in der Entscheidung *Defrenne* mindestens ebenso viele Anhaltspunkte, die auf eine mitgliedstaatliche Schutzverpflichtung als dogmatischen Ansatzpunkt hindeuten, wie sie für eine unmittelbare Drittwirkung des Grundsatzes der Entgeltgleichheit identifizierbar sind[228]

Im übrigen unterliegt eine unmittelbare Drittwirkung der Gemeinschaftsgrundrechte ähnlich grundsätzlichen Bedenken, wie sie gegen eine unmittelbare Drittwirkung der Grundrechte im innerstaatlichen Recht vorgebracht werden. Insbesondere würden die Grundrechte des Einzelnen gegenüber der öffentlichen Gewalt zu Pflichten gegenüber allen Mitbürgern verkehrt und damit zu einer weitgehenden Beschränkung der Privatautonomie führen.[229] Rechtsunsicherheit durch einen völlig offenen und unstrukturierten Abwägungsprozess, Zerstörung privatrechtlicher Dogmatik, ja Überflüssigkeit des nationalen und europäischen Privatrechts überhaupt wären die Folge.[230] Für das Gemeinschaftsrecht zusammengefasst finden sich diese Bedenken in den Schlussanträgen von *Generalanwalt Geelhoed* in der Rechtssache *Chacón Navas*, wo es um die Reichweite des allgemeinen gemeinschaftsrechtlichen Diskriminierungsgrundsatzes ging.[231] Im Hinblick auf die potentziell weitreichenden wirtschaftlichen und finanziellen Konsequenzen, die Diskriminierungsverbote in den horizontalen Beziehungen der Bürger untereinander haben können, pflege der Gesetzgeber solche Diskriminierungsverbote im nationalen Bereich, einschließlich der zulässigen Ausnahmen und Beschränkungen, genau zu umschreiben. Auch der Gemeinschaftsgesetzgeber sei sich dieser potentziell weitreichenden wirtschaftlichen und finanziellen Konsequenzen bewusst gewesen. Die Definitionen und Abgrenzungen der Richtlinie 2000/78/EG seien auch deshab ernst zunehmen, weil die wirtschaftlichen und finanziellen Ef-

---

226 EuGH v. 22. 11. 2005 – Rs. C-144/04 (*Mangold*), Slg. 2005, I-9981, Rn. 77. Auf das durch die Entscheidung aufgeworfene Problem der unmittelbaren Anwendbarkeit von Richtlinienbestimmungen im Privatrechtsverhältnis geht der EuGH mit keiner Silbe ein. Ebenso bleibt der Grundsatz der richtlinienkonformen Auslegung unerwähnt; vgl. *Reichold*, JZ 2006, 349 (349f.); *Bauer/Arnold*, NJW 2006, 6ff.

227 Vgl. *Von Oettingen/Rabenschlag*, ZEuS 2006, 363 (379): der EuGH begreife die agency situation des deutschen Gesetzgebers als „Hebel, um den Anwendungsbereich des Gleichheitssatzes zu eröffnen".

228 Vgl. *Riesenhuber*, Europäisches Vertragsrecht, Rn. 106; EuGH v. 8. 4. 1976 – Rs. 43/75 (*Defrenne/Sabena*), Slg. 1976, 5755, etwa Rn. 21/24: „Zumindest in diesen Fällen ist [Art. 141] unmittelbarer Anwendung fähig und kann für die Rechtsbürger Rechte begründen, welche die Gerichte zu gewährleisten haben." Vgl. auch in EuGH v. 31. 3. 1981 – Rs. 96/80 (*Jenkins*), Slg. 1981, 911, Rn. 18, wird maßgeblich auf die unmittelbare Anwendung durch das nationale Gericht abgestellt.

229 *Ehlers*, in *ders.* (Hrsg.), Europäische Grundrechte und Grundfreiheiten, § 14 Rn. 37.

230 Zusammenfassend etwa *Cherednychenko*, ERPL 2006, 23 (32ff.); *Gerstenberg*, (2004) 10 ELJ 766 (769).

231 *GA Geelhoed*, Schlussanträge v. 16. 3. 2006 – Rs. C-13/05 (*Chacón Navas*), Slg. 2006, I-6467, Rn. 50ff.

fekte der Diskriminierung vor allem in Bereichen aufträten, in denen die Gemeinschaft meist nur über ergänzende Zuständigkeiten verfüge. Eine weite Auslegung von Art. 13 EG und der darauf basierenden Regelungen hätte zur Folge, dass „ein archimedischer Punkt geschaffen würde, von dem aus das in Art. 13 EG umschriebene Diskriminierungsverbot gehandhabt werden könnte, um ohne Einschaltung des Vertragsgebers oder des Gemeinschaftsgesetzgebers die Abwägungen zu korrigieren, die die Mitgliedstaaten in Ausübung der ihnen – noch – verbleibenden Zuständigkeiten vorgenommen haben."[232] Dies sei sowohl unter dem Gesichtspunkt des systematischen Aufbaus des EG-Vertrages als auch unter dem des institutionellen Gleichgewichts kein erwünschtes Ergebnis. „So betrachtet, müsste der Gerichtshof als Gemeinschaftsrichter ... über eine unangreifbare und höherrangige Kompetenzgrundlage verfügen, wenn er im Rahmen nationaler verfassungs- und völkerrechtlicher Gegebenheiten zustande gekommene Entscheidungen eines nationalen Gesetzgebers, der im Übrigen im Rahmen der ihm verbliebenen Zuständigkeiten handelt, korrigieren wollte."[233] Zu den aus dem nationalen Recht bekannten Problemen gesellt sich somit auf gemeinschaftsrechtlicher Ebene der Grundsatz der begrenzten Ermächtigung.

Anerkennt aber die Rechtsordnung des Gemeinschaftsrechts die in den Grundrechten verkörperte Wertordnung,[234] so darf diese auch im Rahmen der Auslegung und Konkretisierung des Gemeinschaftsrechts nicht unberücksichtigt bleiben, da andernfalls die Gefahr von Wertungswidersprüchen bestünde. Die Frage der unmittelbaren Drittwirkung der Gemeinschaftsgrundrechte wird jedoch abermals zum „Scheinproblem", soweit die Berücksichtigung grundrechtlicher Wertungen im Privatrecht über eine Schutzpflicht der mitgliedstaatlichen und insbesondere der Gemeinschaftsgerichte vermittelbar ist.[235]

In mehreren Entscheidungen finden sich Anhaltspunkte dafür, dass der EuGH eine Schutzpflichtdimension der Gemeinschaftsgrundrechte anerkennt.[236] Diese Entscheidungen beziehen sich jedoch meist auf mitgliedstaatliche Maßnahmen, wobei der EuGH eine Schutzpflicht nicht aus dem Gemeinschaftsrecht ableitet, sondern lediglich prüft, inwieweit eine Grundrechte schützende Tätigkeit der Mitgliedstaaten Grundfreiheitenbeschränkungen rechtfertigen kann.[237] Die aus-

232 *GA Geelhoed*, Schlussanträge v. 16.3.2006 – Rs. C-13/05 (*Chacón Navas*), Slg. 2006, I-6467, Rn. 54.

233 *GA Geelhoed*, Schlussanträge v. 16.3.2006 – Rs. C-13/05 (*Chacón* Navas), Slg. 2006, I-6467, Rn. 55.

234 Vgl. *Szczekalla*, Schutzpflichten, S. 1051 ff.; *Ehlers*, in *ders.* (Hrsg.), Europäische Grundrechte und Grundfreiheiten, § 14 Rn. 28.

235 Vgl. *Szczekalla*, Schutzpflichten, S. 708; *Ehlers*, in *ders.* (Hrsg.), Europäische Grundrechte und Grundfreiheiten, § 14 Rn. 37; Calliess/Ruffert-*Kingreen*, Art. 51 GRCh, Rn. 23.

236 Vgl. etwa EuGH v. 26.6.1997 – Rs. C-368/95 (*Vereinigte Familiapress*); Slg. 1997, I-3689 Rn. 18 ff.; EuGH v. 12.6.2003 – Rs. C-112/00 (*Schmidberger*), Slg. 2003, I-5659 Rn. 71; EuGH v. 14.10.2004 – Rs. C-36/02 (*Omega*), Slg. 2004, I-9609 Rn. 35. Ausführlich *Szcezekalla*, Schutzpflichten, S. 610 ff.

237 Bezeichnend etwa EuGH v. 14.10.2004 – Rs. C-36/02 (*Omega*), Slg. 2004, I/9609 Rn. 35: „Da die Grundrechte sowohl von der Gemeinschaft als auch von ihren Mitgliedstaaten zu beachten sind, stellt der Schutz dieser Rechte ein berechtigtes Interesse dar, das grundsätzlich geeignet ist, drückliche Anerkennung einer gemeinschaftsrechtlichen Schutzgewährleistungspflicht für mitgliedstaatliche Gerichte erfolgte jedoch in der Rechtssache *Mangold*.[238] Und in der Rechtssache *Promusicae* führt der EuGH aus, dass „[b]ei der Durchführung der Maßnahmen zur Umsetzung dieser Richtlinien [2000/31/EG, 2001/29/EG, 2004/48/EG und 2002/58/EG] ... die Behörden und Gerichte der Mitgliedstaaten nicht nur ihr nationales Recht im Einklang mit diesen Richtlinien auszulegen, sondern auch darauf zu achten [haben], dass sie sich nicht auf eine Auslegung dieser Richtlinien stützen, die mit diesen Grundrechten [Gemeinschaftsgrundrechte des Eigentums, des Rechts auf einen wirksamen Rechtsbehelf, Schutz personenbezogener Daten] oder den anderen allgmeinen Grundsätzen des Gemeinschaftsrecht, wie etwa dem Grundsatz der Verhältnismäßigkeit, kollidiert."[239] Besteht damit eine Schutzpflicht für mitgliedstaatliche Gerichte im Rahmen ihrer Zuständigkeit, so muss dies erst Recht für die Gemeinschaftsorgane, einschließlich des EuGH, als den ursprünglichen Adressaten der Gemeinschaftsgrundrechte gelten. Bezüglich des Verbots der Diskriminierung aufgrund des Geschlechts hat der Gerichtshof dies auch ausdrücklich anerkannt. Anlässlich der Frage, ob Art. 5 Abs. 1 Richtlinie 76/207/EWG[240] auch auf transsexuelle Personen Anwendung findet, stellte der Gerichtshof fest, dass „das Recht, nicht aufgrund des Geschlechts diskriminiert zu werden, eines der Grundrechte des Menschen dar[stellt], deren Erhaltung er zu sichern hat."[241] Die Tolerierung einer solchen Diskriminierung liefe darauf hinaus, „dass gegenüber einer solchen [transsexuellen] Person gegen die Achtung der Würde und der Freiheit verstossen würde, auf die sie Anspruch hat und die der Gerichtshof schützen muß".[242] In der Literatur wird eine Schutzpflichtdimension der Gemeinschaftsgrundrechte ganz überwiegend befürwortet.[243] Und auch der EGMR hat den Grundrechten der EMRK eine Schutzpflichtdimension im Privatrechtsverhätlnis zugesprochen.[244]

---

eine Beschränkung von Verpflichtungen zu rechtfertigen, die nach dem Gemeinschaftsrecht, auch kraft einer durch den EG-Vertrag gewährleisteten Grundfreiheit wie des freien Dienstleistungsverkehrs, bestehen". Vgl. Calliess/Ruffert-*Kingreen*, Art. 51 GRCh, Rn. 25.

238 EuGH v. 22. 11. 2005 – Rs. C-144/04 (*Mangold*), Slg. 2005, I-9981, Rn. 77.

239 EuGH v. 29. 1. 2008 – Rs. C-275/06 (*Promusicae*), Slg. 2008, I-271 Rn. 68.

240 Richtlinie 76/207/EWG des Rates v. 9. 2. 1976 zur Verwirklichung des Grundsatzes der Gleichbehandlung von Männern und Frauen hinsichtlich des Zugangs zur Beschäftigung, zur Berufsausbildung und zum beruflichen Aufstieg sowie in Bezug auf die Arbeitsbedingungen, ABl. EG 1976 Nr. L 39/40.

241 EuGH v. 30. 4. 1996 – Rs. C-13/94 (*P./S.*), Slg. 1996, I-2143 Rn. 19.

242 EuGH v. 30. 4. 1996 – Rs. C-13/94 (*P./S.*), Slg. 1996, I-2143 Rn. 22. Vgl. auch *Szczekalla*, Schutzpflichten, S. 622, der diese Entscheidung als „Meilenstein" der Schutzpflichtdogmatik bezeichnet.

243 Vgl. *Ehlers*, in *ders.* (Hrsg.), Europäische Grundrechte und Grundfreiheiten, § 14 Rn. 34; *Remmert*, Jura 2003, 13 (18); *Kokott*, AöR 12 (1996), 599 (610 ff.); Calliess/Ruffert-*Kingreen*, Art. 51 GRCh, Rn. 23; *Gerstenberg*, (2004) 10 ELJ 766 ff.; *Szczekalla*, DVBl. 1998, 219 (221); *ders.*, Schutzpflichten, S. 1056: „Die Schutzpflicht als ‚europäisches Gemeingut'" bzw. als „gemeineuropäische Grundrechtsfunktion".

244 Vgl. nur EuGMR v. 24. 6. 2004 – 59320/00 (*von Hannover v. Germany*), Rn. 57: "The Court reiterates that although the object of Article 8 is essentially that of protecting the individual against arbitrary interference by public authorities, it does not merely compel the state to abstain from such

Für die Überlegenheit der Schutzpflichtdogmatik sprechen im wesentlichen die gleichen Gründe wie sie für den Bereich der Grundfreiheiten vorgebracht werden: die Teleologie der Grundrechte bleibt erhalten, da eine Umwidmung in Pflichten der Marktbürger nicht erfolgt; die Eigenständigkeit der nationalen Privatrechte wird bei größtmöglichem Respekt vor Rechtssicherheit und Privatautonomie gewährleistet. Insbesondere fügt sich die Schutzpflichtdogmatik bestmöglich der gemeinschaftsrechtlichen Kompetenzordnung ein. Zu berücksichtigen ist nämlich, dass eine grundrechtliche Schutzpflicht keinen Kompetenztitel der Gemeinschaft schafft, sondern einen solchen voraussetzt (Grundsatz der Parallelität von Kompetenzen und Grundrechtsschutz).[245] Eine gemeinschaftsrechtliche Pflicht zu einem hoheitlichen Handeln kann daher nur bestehen, wenn der Gemeinschaft eine entsprechende Kompetenz eingeräumt worden ist.[246] Ganz deutlich wird dies in der Entscheidung *Chacón Navas*, in der der EuGH darüber zu entscheiden hatte, ob der allgemeine Diskriminierungsgrundsatz über die Diskriminierungstatbestände von Art. 13 EG und Richtlinie 2000/78/EG hinaus, auch eine Diskriminierung aufgrund Krankheit verbietet.[247] Zwar bestätigt der EuGH die Geltung eines allgemeinen Diskriminierungsverbots als Grundrecht des Gemeinschaftsrechts. Jedoch seien die Mitgliedstaaten hieran nur für Sachverhalte gebunden, die im Anwendungsbereich des Gemeinschaftsrechts liegen.[248] Art. 13 EG könne über die Diskriminierung wegen Behinderung hinaus nicht als Rechtsgrundlage für die Bekämpfung einer Diskriminierung wegen Krankheit herangezogen werden. Folglich könne auch der Anwendungsbereich der Richtlinie 2000/78/EG nicht über die dort abschließend aufgezählten Diskriminierungsgründe hinaus auf Diskriminierung wegen Krankheit erstreckt werden.[249] Diskriminierungen wegen Krankheit sind damit nicht gemeinschaftsrechtswidrig.[250]

---

interference: in addition to this primarily negative undertaking, there may be positive obligations inherent in an effective respect for private or family life. These obligations may involve the adoption of measures designed to secure respect for private life even in the sphere of relations of individuals between themselves."

245 Calliess/Ruffert-*Kingreen*, Art. 51 GRCh, Rn. 22.

246 *Ehlers*, in *ders.* (Hrsg.), Europäische Grundrechte und Grundfreiheiten, § 14 Rn. 24; *Szczekalla*, Schutzpflichten, S. 709f.

247 EuGH v. 11. 7. 2006 – Rs. C-13/05 (*Chacón Navas*), Slg. 2006, I-6467 Rn. 53–57. Dem war die Frage vorgelagert, ob der Begriff „Behinderung" im Sinne von Richtlinie 2000/78/EG auch „Krankheit" erfasst. Nach Ansicht des EuGH sind beide Begriffe nicht gleich zusetzen. Eine Behinderung erfordert vielmehr, dass die Einschränkung der Teilnahme am Berufsleben wahrscheinlich „von langer Dauer" ist, vgl. Rn. 44–47.

248 EuGH v. 11. 7. 2006 – Rs. C-13/05 (*Chacón Navas*), Slg. 2006, I-6467 Rn. 56.

249 EuGH v. 11. 7. 2006 – Rs. C-13/05 (*Chacón Navas*), Slg. 2006, I-6467 Rn. 55f. In EuGH v. 17. 7. 2008 – Rs. C-303/06 (*Coleman*), Slg. 2008, I-0000, geht der Gerichtshof davon aus, dass Richtlinie 2000/78/EG auch Personen schützt, die ohne selbst behindert zu sein, eine direkte Diskriminierung oder Belästigung am Arbeitsplatz aufgrund, und im Zusammenhang mit, der Behinderung eines Kindes erfahren, für das der benachteiligte Arbeitnehmer im Wesentlichen die Pflegeleistungen erbringt. Aus *Chacón Navas* ergäbe sich nicht, dass der Gleichbehandlungsgrundsatz und der sachliche Anwendungsbereich der Richtlinie hinsichtlich der dort genannten Diskriminierungsgründe restriktiv ausgelegt werden müsse.

250 Vgl. *Reichold/Heinrich*, JZ 2007, 196 (198).

Für die grundrechtskonforme Konkretisierung bedeutet dies: nur wenn der Gemeinschaftsgesetzgeber die entsprechende Fallnorm hätte setzen können, kann der EuGH die entsprechende grundrechtsschützende Konkretisierung vornehmen.[251]

3. Grundrechtskonforme Konkretisierung

Kommt damit auch den Gemeinschaftsgrundrechten eine Zweidimensionalität – Abwehrrecht und Schutzpflicht – zu, so wirken diese doch im Rahmen der Konkretisierung zusammen.[252] Ausschlaggebend für das „ob" der gemeinschaftseinheitlichen Konkretisierung ist das Vorliegen einer Kompetenzgrundlage. Ist diese gegeben, so zeigt sich das Zusammenwirken von Schutzpflicht- und abwehrrechtlicher Dimension darin, dass sich regelmäßig beide Parteien auf Grundrechte berufen können. Grundrechtskonforme Konkretisierung erstrebt somit einen verhältnismäßigen Ausgleich kollidierender Grundrechte von denen keines einen absoluten Vorrang in der vorzunehmenden Abwägung genießt.[253] Entscheidend für die Gewichtung sind die Umstände des jeweiligen Einzelfalles.[254] Hierin zeigt sich der Prinzipiencharakter der Gemeinschaftsgrundrechte.

a) Kompetenzgrundlage und gemeinschaftsrechtlicher Grundrechtsschutz

Die Bedeutung der Kompetenzgrundlage als Voraussetzung für die Gewährung des gemeinschaftsrechtlichen Grundrechtsschutzes kann anhand der Entscheidung *Dietzinger*[255] verdeutlicht werden. Der einkommens- und vermögenslose Beklagte hatte sich selbstschuldnerisch für das Bauunternehmen seines Vaters in einer Haustürsituation gegenüber der Klägerin bis zum Höchstbetrag von 100.000 DM verbürgt, ohne über ein Widerrufsrecht belehrt worden zu sein. Der EuGH hatte über die Frage zu entscheiden, ob der Bürgschaftsvertrag des Beklagten zu den „Verträgen, die zwischen einem Gewerbetreibenden, der Waren liefert oder Dienstleistungen erbringt, und einem Verbraucher geschlossen werden",

---

251 Vgl. Kapitel 7 II. 1.

252 Vgl. zu „mehrpoligen Verfassungsrechtsverhältnissen" unter dem deutschen Grundgesetzt *Calliess*, JZ 2006, 321 (326): „Bei der Wahrnehmung seiner Schutzaufgabe kann der Staat aufgrund der gundrechtlichen Abwehrdimension an die Grenzen seiner Möglichkeiten stoßen."

253 Vgl. EuGH v. 29. 1. 2008 – Rs. C-275/06 (*Promusicae*), Slg. 2008, I-271 Rn. 68: „Es ist daher Sache der Mitgliedstaaten, bei der Umsetzung der genannten Richtlinien darauf zu achten, dass sie sich auf eine Auslegung derselben stützen, die es ihnen erlaubt, ein angemessenes Gleichgewicht zwischen den verschiedenen durch die Gemeinschaftsrechtsordnung geschützten Grundrechten sicherzustellen."

254 Vgl. auch *Calliess*, JZ 2006, 321 (329), zur erforderlichen „mehrpoligen Güterabwägung, in deren Rahmen die Wechselbezüge zwischen den Rechtspositionen des mehrpoligen Verfassungsrechtsverhältnisses berücksichtigt und zum Ausgleich gebracht werden können und müssen." Kritisch *Schwabe*, JZ 2007, 135 ff.

255 EuGH v. 17. 3. 1998 – Rs. C-45/96 (*Bayerische Hypotheken- und Wechselbank AG/Dietzinger*), Slg. 1998, I-1199.

im Sinne von Art. 1 Abs. 1 der Haustürgeschäfterichtlinie[256] gehört. Nach Ansicht des EuGH könne nun zwar eine Bürgschaft grundsätzlich der Richtlinie unterfallen, jedoch nur dann, wenn neben dem Bürgen auch der Hauptschuldner nicht im Rahmen seiner beruflichen oder gewerblichen Tätigkeit gehandelt hat.[257] Dem Beklagten war daher der Schutz nach der Haustürgeschäfterichtlinie zu versagen.

Die Entscheidung ist vor allem in Deutschland, aber auch im Ausland[258] auf vehemente Kritik gestoßen;[259] wurde gelegentlich aber auch unter dem Gesichtspunkt des *„judicial self-restraint"* begrüßt.[260] Trotz Ähnlichkeit der Sachverhalte und Vergleichbarkeit der Problematik geht der EuGH, anders als das BVerfG in der Bürgschaftsentscheidung[261], mit keiner Silbe auf die Gemeinschaftsgrundrechte der Privatautonomie und Vertragsfreiheit des Bürgen ein, obwohl dem Gerichtshof die Bürgschaftsentscheidung bekannt gewesen sein muss.[262] Hinzukommt der Gesichtspunkt einer möglicherweise willkürlichen Ungleichbehandlung von Bürgen, die sich für Geschäftskredite einerseits und solchen die sich für private Kredite andererseits verbürgen.[263]

Im Hinblick auf die gemeinschaftsgrundrechtliche Schutzpflicht bezüglich Privatautonomie und Vertragsfreiheit des Bürgen lässt sich die Entscheidung dennoch durchaus halten. Denn eine solche Schutzpflicht besteht nur im Rahmen der Verbandskompetenz der Gemeinschaft; zudem hat der EuGH seine eigene Organkompetenz zu beachten. Hinsichtlich der Verbandskompetenz ist zu berücksichtigen, dass bereits die Kompetenzgemäßheit der Haustürwiderrufsrichtlinie zwei-

---

256 Richtlinie 85/577/EWG betreffend den Verbraucherschutz im Falle von außerhalb von Geschäftsräumen geschlossenen Verträgen, ABl. EG 1985 L 372 S. 31.

257 EuGH v. 17. 3. 1998 – Rs. C-45/96 (*Bayerische Hypotheken- und Wechselbank AG/Dietzinger*), Slg. 1998, I-1199 Rn. 18–23.

258 Vgl. etwa *Geary*, ERPL 2000, 25 (30).

259 Vgl. etwa *Drexl*. JZ 1998, 1046 (1055): Der EuGH widerspreche sich selbst.; *S. Lorenz*, NJW 1998, 2937 (2938): „teleologisch absurdes" Ergebnis.

260 Vgl. *Joerges*, ERPL 2000, 1 (13).

261 BVerfG 89, 214.

262 Vgl. *Cherednychenko*, ERPL 2006, 23 (53).

263 Vgl. *Schulze/Schulte-Nölke*, Casebook Europäisches Verbraucherrecht, S. 227, jedoch im Hinblick auf Art. 3 GG. Vgl. auch BGH, ZIP 2006, 363 (364 f.): „§ 312 Abs. 1 Nr. 1 BGB dient dem Schutz des Verbrauchers vor der Gefahr, bei der Anbahnung eines Vertrages in einer ungewöhnlichen Situation überrumpelt und zu einem unüberlegten Geschäftsabschluss veranlasst zu werden. Diese Gefahr droht einem Bürgen immer, wenn er sich selbst in einer Haustürsituation befindet. Sie besteht unabhängig davon, ob die Hauptschuld ein Verbraucherdarlehen oder ein gewerblicher Kredit ist und ob der Hauptschuldner ebenfalls durch eine Haustürsituation zum Vertragsschluss bestimmt worden ist. Die Akzessorität der Bürgschaft rechtfertigt keine andere Beurteilung. Sie eröffnet dem Bürgen zwar die Möglichkeit, sich analog § 770 BGB auf ein etwaiges Widerrufsrecht des Hauptschuldners zu berufen, macht aber die Begründung eines eigenen Widerrufsrechts des Bürgen nicht von der Verbrauchereigenschaft des Hauptschuldners abhängig. ... Der Bürge, der in einer Haustürsituation einen gewerblichen Zwecken dienenden Kredit verbürgt, darf nicht schlechter stehen als derjenige, der in einer solchen Situation den Kreditvertrag als Mithaftender unterzeichnet." Die „günstigeren Verbraucherschutzbestimmungen" seien trotz der *Dietzinger*-Entscheidung nach Art. 8 mit der Haustürgeschäfterichtlinie vereinbar und zur „Vermeidung unerträglicher Wertungswidersprüche" geboten.

felhaft ist.[264] Eine Entscheidung des EuGH im Sinne des Beklagten hätte somit die Ausdehnung des Anwendungsbereichs einer kompetenzrechtlich zweifelhaften Maßnahme zur Folge gehabt.[265] *Gerstenberg* weist zutreffend darauf hin, dass es in der *Dietzinger*-Entscheidung nicht um eine Frage des Marktzutritts ging, der in die Kompetenz der Gemeinschaft fiele, sondern um die Frage einer Begrenzung des Marktmechanismus durch *„non-market principles"*, letztlich basierend auf Argumenten der Moral.[266] Zu deren gemeinschaftsweiten Ausgestaltung sah sich der Gerichtshof, möglicherweise auch vor dem Hintergrund einer fehlenden Gemeinschaftskompetenz, außerstande.[267] Hinsichtlich der Organkompetenz des EuGH ist zu berücksichtigen, dass durch die Entscheidung offenbar gewichtige wirtschaftliche Interessen berührt wurden. In gewisser Weise stand die Bürgschaft als Kreditsicherungsinstrument auf dem Spiel und die Praxis hätte sich nach Alternativen umsehen müssen. Die hiermit verbundenen wirtschaftlichen Auswirkungen, insbesondere auch für die auf den Verbraucher zurückschlagenden (höheren) Kreditkosten, waren für den EuGH nicht absehbar.[268]

Im Hinblick auf den gemeinschaftsrechtlichen Gleichbehandlungsgrundsatz wäre es allerdings notwendig gewesen, den Schlussanträgen von Generalanwalt *Jacobs* zu folgen, der aufgrund einer dezidierten Untersuchung von Wortlaut und Entstehungsgeschichte der Richtlinie zu dem Schluss kommt, dass die Richtlinie auf Bürgschaftsverträge generell nicht anwendbar ist.[269]

b) Die Gemeinschaftsgrundrechte als Konkretisierungsmaßstab

Die Wirkung der Gemeinschaftsgrundrechte als Konkretisierungsmaßstab soll nachfolgend noch an zwei Beispielen aufgezeigt werden. Dabei verdeutlicht das erste das Zusammenspiel von Schutzpflicht- und abwehrrechtlicher Dimension sowie die im Rahmen der Konkretisierung vorzunehmende Abwägung. Beim zweiten Beispiel steht die abwehrrechtliche Dimension im Vordergrund.[270]

---

264 Vgl. *W.-H- Roth*, JZ 2001, 475 (478).

265 Vgl. *W.-H- Roth*, JZ 2001, 475 (478).

266 *Gerstenberg*, (2004) 10 ELJ 766 (785). Vgl. auch *Heiderhoff*, Grundstrukturen, S. 408: „[D]ie Bürgschaft ist, anders als der Dienstleistungs- und Warenverkehr, zunächst gerade kein typisches marktförderndes grenzüberschreitdendes Geschäft."

267 Vgl. *Gerstenberg*, (2004) 10 ELJ 766 (785); *Cherednychenko*, ERPL 2006, 23 (53).

268 Vgl. *Joerges*, ERPL 2000, 1 (11).

269 *GA Jacobs*, Schlussanträge v. 20. 3. 1997 – Rs. C-45/96 (*Bayerische Hypotheken- und Wechselbank AG/Dietzinger*), Slg. 1998, I-1199 Rn. 31 f.

270 Diese ließe sich freilich in eine Schutzpflicht des EuGH bezüglich der Maßnahmen des Gemeinschaftsgesetzgebers umdeuten.

aa) Güter und Dienstleistungen, „die der Öffentlichkeit [...] zur Verfügung stehen" im Sinne von Art. 3 Abs. 1 lit. h) Richtlinie 2000/43/EG[271] bzw. Art. 3 Abs. 1 Richtlinie 2004/113/EG[272]

Ausweislich ihrer jeweiligen Erwägungsgründe dienen alle drei bisher auf der Grundlage von Art. 13 EG[273] ergangen Anti-Diskriminierungsrichtlinien[274] der Durchsetzung des gemeinschaftsrechtlichen Gleichbehandlungsgrundsatzes.[275] Die Richtlinien 2000/43/EG und 2004/113/EG erstrecken diesen Grundsatz in seiner jeweiligen Ausprägung über den Bereich des Arbeits- und Sozialrechts hinaus[276] auf die Verträge des allgemeinen Zivilrechts: beide Richtlinien gelten „für alle Personen in öffentlichen und privaten Bereichen" (auch)[277] in bezug auf „den Zugang zu und die Versorgung mit Gütern und Dienstleistungen, die der Öffentlichkeit (ohne Ansehung der Person)[278] zur Verfügung stehen, einschließlich Wohnraum"; nach Richtlinie 2004/113/EG jedoch nur „außerhalb des Bereichs des Privat- und Familienlebens und der in diesem Kontext stattfindenden Transaktionen". Die sich daraus ergebenden Grundrechtskollisionen hat der Richtliniengeber durchaus, wenn auch in unvollkommener Weise, gesehen.[279]

Durch die Einbeziehung von Privatpersonen bei Geschäften über Güter, Dienstleistungen und Wohnraum wird der Gleichbehandlungsgrundsatz im Hinblick auf Rasse, ethnische Herkunft und Geschlecht im Privatrechtsverkehr unmittelbar zur Pflicht gemacht.[280] Damit wird in Grundrechte des Diskriminierenden einge-

---

271 Richtlinie 2000/43/EG des Rates vom 29. 6. 2000 zur Anwendung des Gleichbehandlungsgrundsatzes ohne Unterschied der Rasse oder der ethnischen Herkunft, ABl. EG 2000 Nr. L 180/22.

272 Richtlinie 2004/113/EG des Rates vom 13. 12. 2004 zur Verwirklichung des Grundsatzes der Gleichbehandlung von Männern und Frauen beim Zugang zu und bei der Versorgung mit Gütern und Dienstleistungen, ABl. EG 2004 Nr. L 373/37.

273 Auch insoweit stellt sich die Frage nach dem Vorliegen der Kompetenzgrundlage. Nach *Wernsmann*, JZ 2005, 224 (226 ff.), kann Art. 13 EG etwa nicht herangezogen werden, um Differenzierungen anhand der genannten Merkmale zu verbieten, wenn diese durch sachliche Gründe gerechtfertigt sind. Soweit die Richtlinien also ein Verbot unmittelbarer Diskriminierung ohne Rechtfertigungsmöglichkeit enthalten, wären sie nach dieser Ansicht kompetenzwidrig.

274 Außer Richtlinien 2000/43/EG und 2004/113/EG noch Richtlinie 2000/78/EG des Rates vom 27. 11. 2000 zur Festlegung eines allgemeinen Rahmens für die Verwirklichung der Gleichbehandlung in Beschäftigung und Beruf, ABl. EG 2000 Nr. L 303/16.

275 Vgl. Erwägungsgründe (1) bis (3) Richtlinie 2000/43/EG; Erwägungsgründe (1) bis (5) Richtlinie 2000/78/EG; Erwägungsgründe (1) bis (5) Richtlinie 2004/113/EG.

276 Hierauf beschränkt sich Richtlinie 2000/78/EG, vgl. Art. 1 und 3.

277 Richtlinie 2000/43/EG findet auch Anwendung im Bereich des Arbeits- und Sozialrechts, vgl. Art. 3 Abs. 1 lit. a) bis g).

278 Dies Einschränkung enthält nur Art. 3 Abs. 1 Richtlinie 2004/113/EG.

279 Nach Erwägungsgrund 4 von Richtlinie 2000/43/EG sind die Grundrechte zu achten, insbesondere die Vereinigungsfreiheit, sowie der Schutz der Privatsphäre und des Familienlebens sowie der in diesem Kontext getätigten Geschäfte. Nach Erwägungsgrund 3 von Richtlinie 2004/113/EG dürfen durch das Diskriminierungsverbot andere Grundrechte nicht beeinträchtigt werden, besonders erwähnt wird der Schutz des Privat- und Familienlebens, und in Erwägungsgrund 14 die Vertragsfreiheit; vgl. auch *Riesenhuber*, in: *Leible/Schlachter* (Hrsg.), Diskriminierungsschutz durch Privatrecht, S. 123 (128).

280 *Schöbener/Storck*, ZEuS 2004, 43 (53).

griffen.[281] Dieser kann sich zunächst auf das gemeinschaftliche Grundrecht der Vertragsfreiheit berufen.[282] Ist dessen Schutzbereich auf Gemeinschaftsebene auch bislang nur unzureichend ausgeformt, so bedeutet Vertragsfreiheit doch ähnlich wie im nationalen Recht, die Freiheit, dass jedermann frei wählen kann, mit wem und worüber er in Verhandlungen treten will,[283] also Abschlussfreiheit und Inhaltsfreiheit.[284] Ist auch in den Richtlinien ein Kontrahierungszwang nicht vorgesehen,[285] so ist doch die freie Wahl des Vertragspartners sowie die inhaltliche Gestaltung insoweit eingeschränkt, als die erfassten Diskriminierungstatbestände grundsätzlich nicht als Auswahl- und Differenzierungskriterien herangezogen werden dürfen.[286] Sofern ein Vertrag einen Bezug zum persönlichen Lebensbereich aufweist, kommt neben der Vertragsfreiheit das Recht auf Privatleben zum Tragen.[287] Der EuGH hat den Schutzbereich des Rechts auf Privatleben bisher lediglich punktuell konkretisiert, nach der EMRK erfasst der Begriff Privatleben nicht nur einen inneren Bereich, in dem der Einzelne seine persönliche Lebensführung nach Belieben gestalten kann, sondern auch das Recht, Beziehungen zu anderen Menschen herzustellen und zu entfalten.[288]

Da sich der Diskriminierte seinerseits auf den gemeinschaftsrechtlichen Grundsatz der Gleichbehandlung sowie ebenfalls die Vertragsfreiheit berufen kann[289], kommt es entscheidend darauf an, die kollidierenden Grundrechtspositionen in einen angemessenen Ausgleich zu bringen.[290] Dies hat über die Konkretisierung

281 Trotz mitgliedstaatlicher Umsetzungspflicht liegt bereits in der Richtlinie selbst eine eingriffsgleiche Grundrechtsgefährdung, vgl. *Schöbener/Storck*, ZEuS 2004, 43 (59).

282 *Brownsword*, Contract Law: themes for the twenty-first century, S. 57: "[P]arty freedom constitutes a licence to discriminate against a particular person or particular types of person by excluding such persons from one's contracting activities for whatever reason or whim one likes."; *Kennedy*, (1982) 41 Maryland Law Review 563 (568): "People are free *not* to make agreements ... You don't have to contract. ... The state will not punish you for refusing to enter agreements within the domain, no matter how much your potential partner wants you to and no matter how obvious it may be to the decision maker that you *ought* to."

283 Vgl. *GA Geelhoed*, Schlussanträge v. 31. 1. 2002 – Rs. C-334/00 (*Tacconi*), Slg. 2002, I-7357 Rn. 55.

284 *Schöbener/Storck*, ZEuS 2004, 43 (57); *Wernsmann*, JZ 2005, 224 (232).

285 Art. 15 Richtlinie 2000/43/EG bzw. Art. 14 Richtlinie 2004/113/EG verlangen jeweils Sanktionen, die wirksam, verhältnismäßig und abschreckend sind. Vgl. § 21 AGG: Beseitigungs- und Unterlassungsanspruch, sowie Anspruch auf Schadensersatz.

286 Deswegen wird durch Art. 3 Abs. 2 Richtlinie 2004/113/EG ein Eingriff in die Vertragsfreiheit nicht ausgeschlossen. Dogmatisch handelt es sich um Unterscheidungsverbote, die keine Pflicht des Bürgers begründen, sondern eine Handlungsoption ausschließen, vgl. *Neuner*, in: *Leible/Schlachter* (Hrsg.), Diskriminierungschutz durch Privatrecht, S. 73 (87).

287 *Schöbener/Storck*, ZEuS 2004, 43 (60).

288 Vgl. *Uepermann-Witzak*, in: *Ehlers* (Hrsg.), Europäische Grundrechte und Grundfreiheiten, § 3 Rn. 5–8.

289 Wird das Diskriminierungsopfer aufgrund persönlicher Merkmale vom Markt ausgeschlossen, wird dessen Privatautonomie beschränkt, vgl. *Schöbener/Storck*, ZEuS 2004, 43 (61); *Riesenhuber/Franck*, JZ 2004, 529 (537); *Neuner*, in: *Leible/Schlachter* (Hrsg.), Diskriminierungschutz durch Privatrecht, S. 73 (79 f.).

290 Zu einem interessanten Konflikt zwischen dem Grundsatz der Nicht-Diskriminierung und dem Recht auf freie wirtschaftliche Betätigung kam es in EuGH v. 10. 7. 2008 – Rs. C-54/07 (*Feryn*), Slg. 2008, I-0000, im Kontext von Beschäftigung und Beruf. Einer der Geschäftsführer der belgischen Firma Feryn, N. V., ein auf den Verkauf und Einbau von Schwing- und Sektionaltoren speziedes Merkmals „der Öffentlichkeit zur Verfügung stehen" zu erfolgen.[291] Nach diesem Wortlaut könnte die Anwendbarkeit der Richtlinien bereits durch ein öffentliches Angebot ausgelöst werden. Jeder Vermieter, der seine einzige Wohnung, jeder Verkäufer, der seinen Gebrauchtwagen, in der Tageszeitung inseriert, jeder Student der sein Fahrrad über das „schwarze Brett" der Uni oder das Internet verkaufen will, wären dann durch das Diskriminierungsverbot gebunden.[292] Der Wortlaut erlaubt jedoch auch eine Konkretisierung in dem Sinne, dass nur solche Angebote einbezogen werden, die von einer Mehrzahl von Personen in Anspruch genommen werden können, und bei denen es auf eine Vertrauensbeziehung zwischen den Vertragsparteien nicht ankommt.[293] Erfasst würden damit insbesondere Finanzdienstleistungen der Banken, Transportmittel, Hotels, Kaufhäuser, Restaurants und Bars, sowie sämtliche gewerblich angebotene Dienstleistungen; nicht jedoch der private Vertrag, der nur einmal gegenüber einer bestimmten Person erfüllt werden kann.[294]

Bei der vorzunehmenden Abwägung ist zunächst zu berücksichtigen, inwieweit der Diskriminierte schutzwürdig, das heißt insbesondere auf die jeweilige Leistung angewiesen ist.[295] Die gewerblich gegenüber einer Vielzahl potentieller Kunden angebotenen Leistungen der genannten Art sind häufig schlechthin für die ak-

---

lisiertes Unternehmen, erklärte öffentlich, dass trotz freier Stellen keine Marokkaner eingestellt werden würden, da die Kunden der Firma Bedenken hätten, diesen für die Dauer der Arbeiten Zugang zu ihren Privatwohnungen zu gewähren. Das belgische Centrum voor gelijkeid van kansen en voor racismebestrijding (CGKR) initiierte eine Feststellungsklage gegen Feryn N.V. In einer der dem Gerichthof zur Vorabentscheidung vorgelegten Fragen ging es darum, ob trotz Fehlen einer identifizierbaren beschwerten Person, die öffentliche Erklärung als solche breits eine direkte Diskriminierung nach Art. 2 Abs. 2 lit. a) der Richtlinie 2000/43/EG darstellen könne. Der Gerichtshof bejahte diese Frage. Das Ziel der Richtlinie, günstigere Bedingungen für die Entstehung eines Arbeitsmarkts zu schaffen, der die soziale Integration fördert, würde kaum erreicht, wenn der Anwendungsbereich der Richtlinie nur auf diejenigen Fälle beschränkt wäre, in denen ein erfolgloser Bewerber um eine Stelle sich als Opfer einer unmittelbaren Diskriminierung sieht (Rn. 24). Durch die öffentliche Äußerung, er werde keine Arbeitnehmer einer bestimmten ethnischen Herkunft oder Rasse einstellen, könnte ein Arbeitgeber nämlich bestimmte Bewerber überhaupt von einer Bewerbungen abhalten und damit deren Zugang zum Arbeitsmarkt behindern. AG Maduro, Schlussanträge v. 12. 3. 2008, wies zudem darauf, dass die Behauptung Feryns, dass Kunden Arbeitnehmern einer bestimmten ethnischen Herkunft gegenüber nicht günstig gestimmt seien, für die Frage, ob die Richtlinie Anwendung findet, völlig ohne Bedeutung sei (Rn. 18).

291 *Schöbener/Storck*, ZEuS 2004, 43 (66); *Thüsing*, NJW 2003, 3441 (3442); *Riesenhuber*, in: *Leible/Schlachter* (Hrsg.), Diskriminierungsschutz durch Privatrecht, S. 123 (137).

292 *Schöbener/Storck*, ZEuS 2004, 43 (74); *Wernsmann*, JZ 2005, 224 (225 f.); *Riesenhuber*, in: *Leible/Schlachter* (Hrsg.), Diskriminierungsschutz durch Privatrecht, S. 123 (129). In diesem Sinne auch die Regierungsbegründung zum AGG, vgl. BT-Drucks. 16-1780, S. 32: „Güter und Dienstleistungen werden praktisch dann der Öffentlichkeit zur Verfügung gestellt, wenn ein Angebot zum Vertragsabschluss in Tageszeitungen, Schaufensterauslagen, Veröffentlichungen im Internet oder auf vergleichbare Weise öffentlich gemacht wird. Es kommt nicht darauf an, wie groß die angesprochene Öffentlichkeit ist, sondern nur darauf, dass die Erklärung über die Privatsphäre des Anbietenden hinaus gelangt."

293 *Schöbener/Storck*, ZEuS 2004, 43 (73); *Thüsing*, NJW 2003, 3441 (3443).

294 *Schöbener/Storck*, ZEuS 2004, 43 (73); *Thüsing*, NJW 2003, 3441 (3443); *Maier-Reimer*, NJW 2006, 2577 (2580).

295 *Neuner*, JZ 2003, 57 (62); *ders.*, in: *Leible/Schlachter* (Hrsg.), Diskriminierungschutz durch Privatrecht, S. 73 (88); *Wernsmann*, JZ 2005, 224 (232 f.).

tive Teilnahme am gesellschaftlichen Leben in der modernen Gesellschaft unverzichtbar, etwa die Eröffnung eines Kontos oder die Benutzung von Transportmitteln. Freilich könnte im Falle eines funktionierenden Marktes das Diskriminierungsopfer einfach mit einem Wettbewerber kontrahieren. Dadurch würde allerdings der Angriff auf die menschliche Würde resultierend aus der Versagung des Zugangs zu einer bestimmten Dienstleistung aus Gründen persönlicher Merkmale nicht aus der Welt geschafft; dies insbesondere dann, wenn die Versagung des Zugangs in der Öffentlichkeit stattfindet, was häufig der Fall sein wird. Dagegen sind private Einzelverträge, die nur einmalig gegenüber einer bestimmten Person erfüllt werden können, wie etwa die Vermietung eines Zimmers im selbstbewohnten Haus, regelmäßig nicht von vergleichbarer Bedeutung für das Diskriminierungsopfer wie die erwähnten gewerblichen Dienstleistungen.[296] Je weniger der Diskriminierte daher auf die konkrete Leistung angewiesen ist, desto eher liegt ein nicht gerechtfertigter Eingriff in die Grundrechte des Diskriminierenden vor. Zu bedenken ist weiterhin, dass das der Diskriminierung zugrunde liegende Problem einer missbilligenswerte Gesinnung durch rechtliche Verpflichtungen allein ohnehin nicht lösbar ist.[297] Die Entfaltung einer Gesinnung, sei sie auch missbilligenswert, ist Teil der freien Entfaltung der Persönlichkeit. Diese verdient umso weitergehenden Schutz, je eher sie sich auf das häuslich private Umfeld als zentralen Ort der Selbstverwirklichung beschränkt.[298] Aus diesen Überlegungen folgt, dass das Diskriminierungsverbot desto weniger Raum in Anspruch nehmen kann, je weniger der Diskriminierte auf die Leistung angewiesen ist und je weiter sich der zu regelnde Sachverhalt dem Kernbereich der persönlichen Lebensführung des Diskriminierenden annähert.[299] „Der Öffentlichkeit zur Verfügung stehen" daher nur solche Waren und Dienstleistungen, einschließlich Wohnraum,[300] die gewerbsmäßig und mit der Fähigkeit und Bereitschaft angeboten werden, eine Vielzahl von Vertragsverhältnissen zu begründen, die potenziell jedem zugute kommen können, der bereit ist, die Bedingungen der *invitatio ad offerendum* zu erfüllen.[301] In diesem Falle stehen die finanziellen und nicht die persönlichen Interessen des Diskriminierenden im Vordergrund; die Einschränkung der Vertragsfreiheit des Diskriminierenden ist durch die Bedeutung der Dienstleistungen für die Lebensgestaltung des Diskriminierten gerechtfertigt.[302] Die Ansicht, die im Wesentlichen gestützt auf Erwägungsgrund 4 der Richtlinie 2000/43/EG lediglich Verträge im Bereich der Privatsphäre und des Familienlebens vom Anwendungsbereich des Diskriminierungsverbots ausnehmen will,[303] verkennt, dass auch der Gemeinschaftsgesetzgeber durch das weitergehende allgemeine

296 Vgl. *Säcker*, ZEuP 2006, 1.
297 *Schöbener/Storck*, ZEuS 2004, 43 (82).
298 *Neuner*, JZ 2003, 57 (63); *ders.*, in: *Leible/Schlachter* (Hrsg.), Diskriminierungschutz durch Privatrecht, S. 73 (88); *Bezzenberger*, AcP 196 (1996), 395 (415 f.).
299 *Bezzenberger*, AcP 196 (1996), 395 (415).
300 Dazu *Schöbener/Storck*, ZEuS 2004, 43 (75 ff.).
301 *Schöbener/Storck*, ZEuS 2004, 43 (77); *Thüsing*, NJW 2003, 3441 (3443).
302 Vgl. *Schöbener/Storck*, ZEuS 2004, 43 (77).
303 Vgl. Däubler/Bertzbach-*Franke*, AGG, § 2 Rn. 58.

Freiheitsrecht[304] gebunden ist. Auch dieses ist im Rahmen der gebotenen Abwägung zu berücksichtigen.

bb) Der Tatbestand der „vergleichenden Werbung“ gemäß Art. 2 c) Richtlinie 2006/114/EG[305]

Gemäß Art. 2 c) der Richtlinie 2006/114/EG ist „vergleichende Werbung“ jede Werbung, die unmittelbar oder mittelbar einen Mitbewerber oder die Erzeugnisse und Dienstleistungen, die von einem Mitbewerber angeboten werden, erkennbar macht. Dieser sehr weiten Definition[306], die nach ihrem Wortlaut etwa auch einen Werbespot umfasst, der ein Auto im Straßenverkehr zeigt, wenn dabei die Fahrzeuge konkurrierender Hersteller erkennbar sind,[307] stehen die strengen Zulässigkeitsbedingungen des Art. 4 der Richtlinie, die kumulativ erfüllt sein müssen,[308] gegenüber. Daraus ergibt sich bei wörtlicher Auslegung, dass jede Angabe in einer Äußerung, die einerseits die Identifizierung eines Mitbewerbers oder der Erzeugnisse oder Dienstleistungen, die er anbietet, ermöglicht, andererseits aber keinen Vergleich im Sinne des Art. 4 enthält, unzulässig wäre.[309] Damit besteht die Gefahr, dass viele an sich unbedenkliche Formen der Werbung ohne zureichenden Grund unterdrückt werden. Erforderlich ist daher eine sach- und interessengerechte Konkretisierung der Definition der vergleichenden Werbung.[310]

In der Entscheidung *Toshiba* hat der EuGH versucht, dieses Problem im konkreten Fall über eine weite Auslegung des Begriffs „Vergleich“ in den Griff zu bekommen. Es ging um die Frage, ob die Angabe der vom Konkurrenten für vergleichbare Erzeugnisse verwendeten Artikelnummern einen zulässigen Vergleich im Sinne von Art. 3a Abs. 1 lit. c) der Werberichtlinie 84/450/EWG darstellen kann. Aus Art. 6 der Markenrichtlinie 89/104/EWG ergäbe sich, dass die Benutzung der Marke eines anderen erlaubt sein kann, wenn sie erforderlich ist, um den Verkehr über die Natur der Erzeugnisse oder den Zweck der angebotenen Dienstleistung zu informieren. Eine wörtliche Auslegung der Werberichtlinie hätte also einen Widerspruch zur Richtlinie 89/104/EWG zur Folge und sei daher abzulehnen. Entsprechend der zweiten Begründungserwägung der Richtlinie 97/55/EG solle vergleichende Werbung dazu beitragen, die Vorteile der verschiedenen vergleichbaren Erzeugnisse objektiv herauszustellen und so den Wettbewerb im Interesse der Verbraucher zu fördern. Die an die vergleichende Werbung gestellten Anforde-

---

304 Vgl. Art. 6 EU-GRCh.

305 Vormals Art. 2 Abs. 2a der Richtlinie 84/450/EWG des Rates v. 10. 9. 1984 über irreführende und vergleichende Werbung in der Fassung der Änderungen durch Richtlinie 97/55/EG v. 6. 10. 1997 ... zwecks Einbeziehung der vergleichenden Werbung und Art. 14 der Richtlinie 2005/29/EG v. 11. 5. 2005 ... über unlautere Geschäftspraktiken, ABl. EG 2005 Nr. L 149/22.

306 EuGH v. 25. 10. 2001 – Rs. C-112/99 (*Toshiba*), Slg. 2001, I-7945, Rn. 30, unter Hinweis auf Erwägungsgrund 6 Richtlinie 97/55/EG; EuGH v. 8. 4. 2003 – Rs. C-44/01(*Pippig*), Slg. 2003, I-3095, Rn. 35.

307 Beispiel nach *Köhler*, GRUR 2005, 273.

308 EuGH v. 8. 4. 2003 – Rs. C-44/01(*Pippig*), Slg. 2003, I-3095, Rn. 54.

309 Vgl. EuGH v. 25. 10. 2001 – Rs. C-112/99 (*Toshiba*), Slg. 2001, I-7945, Rn. 33.

310 Vgl. *Köhler*, GRUR 2005, 273 ff.; *Kebbedies*, Vergleichende Werbung, S. 172.

rungen müssten daher in dem für sie günstigsten Sinn ausgelegt werden. Die Angabe der Artikelnummern des Konkurrenten ermögliche dem Verkehr, die Erzeugnisse des Geräteherstellers, die den Erzeugnissen des Anbieters entsprechen, eindeutig zu identifizieren. Eine solche Angabe stelle die Behauptung einer Gleichwertigkeit der beiden Erzeugnisse dar, mithin einen Vergleich wesentlicher, relevanter, nachprüfbarer und typischer Eigenschaften der Erzeugnisse im Sinne des Art. 3a Abs. 1 lit. c) der Richtlinie 84/450/EWG.[311] Nach der Rechtssache *Pippig* besteht ein Vergleich aus drei Bestandteilen: den Angaben über das Angebot des Werbenden, den Angaben über das Angebot des Mitbewerbers und dem Verhältnis zwischen beiden Angeboten.[312]

Aufgrund dieser Mindestanforderungen an das Vorliegen eines „Vergleichs" erweist sich die Vorgehensweise des EuGH als unzureichend.[313] Es empfiehlt sich daher bereits bei der Definition der vergleichenden Werbung anzusetzen. Dabei stellt *Köhler* maßgeblich darauf ab, dass gesetzliche Einschränkungen der vergleichenden Werbung einen Eingriff in das Grundrecht der freien Meinungsäußerung darstellen.[314] Nach der Rechtsprechung des EGMR, dessen Rechtsprechung insoweit ergiebiger ist als diejenige des EuGH[315], umfasst der Schutzbereich der Meinungsfreiheit nicht nur Meinungsäußerungen politischer Art, sondern auch die Wirtschaftswerbung.[316] Eingriffe sind nur zulässig, soweit sie sich nach Maßgabe der Verhältnismäßigkeit rechtfertigen lassen. Ein Verbot von Werbeaussagen, die keinen eigentlichen Vergleich, sondern nur eine allgemeine Mitteilung von alternativen Kaufmöglichkeiten enthalten, würde einen unverhältnismäßigen Eingriff in die Werbefreiheit der Unternehmen bedeuten. Ein solches Verbot wäre weder zum Schutze der Interessen der Mitbewerber noch zum Schutze der Verbraucher gerechtfertigt. Es würde umgekehrt dazu führen, den Verbrauchern nützliche Informationen vorzuenthalten.[317]

Köhler empfiehlt dementsprechend einen dreigliedrigen Begriff der „vergleichenden Werbung": neben dem Vorliegen von „Werbung" im Sinne von Art. 2 a), der „Erkennbarmachung" eines Mitbewerbers im Sinne von Art. 2 c) muss als drittes Tatbestandsmerkmal, nicht lediglich als Zulässigkeitsvoraussetzung, ein „Ver-

311 EuGH v. 25. 10. 2001 – Rs. C-112/99 (*Toshiba*), Slg. 2001 I-7945, Rn. 34–39.
312 EuGH v. 8. 4. 2003 – Rs. C-44/01(*Pippig*), Slg. 2003, I-3095, Rn. 37.
313 *Köhler*, GRUR 2005, 273 (278); *Kebbedies*, Vergleichende Werbung, S. 172ff.
314 *Köhler*, GRUR 2005, 273 (276).
315 Vgl. EuGH v. 25. 3. 2004 – Rs. C-71/01 (*Karner*), Slg. 2004, I-3025 Rn. 50f.
316 Vgl. etwa EGMR v. 20. 11. 1989 – 3/1988/147/201 (*markt intern Verlag GmbH und Klaus Beermann/Bundesrepublik Deutschland*), EuGRZ 1996, 302 Rn. 26: „Informationen kommerzieller Natur [...] können nicht vom Anwendungsbereich des Art. 10 Abs. 1 ausgeschlossen werden, der sich nicht nur auf bestimmte Arten von Informationen oder Ideen oder Asudrucksformen bezieht."
317 *Köhler*, GRUR 2005, 273 (279). Vgl. auch *Kebbedies*, Vergleichende Werbung, S. 173: „Soweit die einseitige Kritik an konkurrierenden Wirtschaftsteilnehmern oder die Werbung für Ersatzteile, Zubehör, Verbrauchsmaterialien sachlich gehalten und wahr ist, ist diese Art jedoch weder wettbewerbsverzerrend, mitbewerberschädigend noch beeinflusst sie die Verbraucher unsachlich. Eine derartige Werbung stellt vielmehr eine wertvolle Informationsquelle dar und dient der Erhöhung der Markttransparenz."

gleich“ im Sinne der EuGH-Rechtsprechung hinzukommen.[318] Die Entscheidung des EuGH in *Toshiba* lasse für eine solche Konkretisierung Raum, da bei einer wörtlichen Auslegung gerade nicht stehen zu bleiben sei.[319]

In der Entscheidung *Lidl* folgt der EuGH im Wesentlichen seinem in *Toshiba* entwickelten Ansatz einer großzügigen Interpretation der Zulässigkeitskriterien für vergleichende Werbung.[320] Der Gerichtshof hatte unter anderem die Frage zu entscheiden, ob vergleichende Werbung, die sich auf von zwei konkurrierenden Supermarktketten verkaufte Sortimente von Waren des täglichen Bedarfs in ihrer Gesamtheit und nicht auf einzelne Waren bezieht, die Bedingung erfüllt, dass „Waren oder Dienstleistungen für den gleichen Bedarf oder dieselbe Zweckbestimmung“ verglichen werden.[321] Nach Ansicht des EuGH, erfordert dies zwar, das zwischen den verglichenen Produkten für den Verbraucher ein „hinreichender Grad an Austauschbarkeit“ besteht,[322] jedoch nicht, dass jede vergleichende Werbung sich ausschließlich auf vergleichbare Produktpaare beziehen muss. Es unterliege „der freien wirtschaftlichen Entscheidung des Werbenden [...], wie viele Vergleiche er zwischen den von ihm angebotenen Produkten und den von seinen Mitbewerbern angebotenen Produkten vornimmt.“ Nichts deute „von vornherein darauf hin, dass diese Freiheit sich nicht auch auf die Möglichkeit erstreckt, das ganze vergleichbare Sortiment, das ein Werbender und sein Mitbewerber verkaufen, oder einen Teil davon zu vergleichen.“[323] Die Hauptargumentationslinie des Gerichtshofs basiert freilich auf dem Beitrag der vergleichenden Werbung zur Anregung des Wettbewerbs im Interesse der Verbraucher. Ein Sammelvergleich bezüglich eines Sortiments vergleichbarer Waren könne für den Verbraucher gerade für den Supermarktsektor besonders nützlich sein, da der Verbraucher hier üblicherweise verschiedenerlei Einkäufe zur Deckung seines täglichen Bedarfs tätige.[324] Folgliche verwehre Article 3a Abs. 1 lit. b) der Richtlinie 84/450/EWG die fragliche Form der vergleichenden Werbung nicht, soweit die verglichenen Sortimente beiderseits aus einzelnen Produkten bestehen, die paarweise betrachtet jeweils dem Erfordernis der Vergleichbarkeit genügen.[325] Nicht ganz klar ist, ob der EuGH, wenn er sich auf die „freie wirtschaftliche Entscheidung” des Werbenden bzw. dessen „Freiheit“ beruft,[326] tatsächlich die entsprecheden Gemeinschaftsgrundrechte der Freiheit der wirtschaftlichen Betätigung[327] oder der allgemeinen Handlungsfreiheit[328] vor Augen hat. In jedem Fall erscheint das argumentative Potential der Gemeinschaftsgrundrechte im Europäischen Privatrecht bisher als

---

318 *Köhler*, GRUR 2005, 273 (276ff.). Im Ergebnis ebenso *Kebbedies*, Vergleichende Werbung, S. 172.
319 EuGH v. 25. 10. 2001 – Rs. C-112/99 (*Toshiba*), Slg. 2001 I-7945, Rn. 35.
320 EuGH v. 19. 9. 2006 – Rs. C-356/04, (*Lidl Belgium*), Slg. 2006, I-8501.
321 Zu Einzelheiten vgl. Anagnostaras, (2007) 32 ELRev. 246ff.
322 EuGH v. 19. 9. 2006 – Rs. C-356/04, (*Lidl Belgium*), Slg. 2006, I-8501, Rn. 26f.
323 EuGH v. 19. 9. 2006 – Rs. C-356/04, (*Lidl Belgium*), Slg. 2006, I-8501, Rn. 29f.
324 EuGH v. 19. 9. 2006 – Rs. C-356/04, (*Lidl Belgium*), Slg. 2006, I-8501, Rn. 33–35.
325 EuGH v. 19. 9. 2006 – Rs. C-356/04, (*Lidl Belgium*), Slg. 2006, I-8501, Rn. 39.
326 In der englischen Version der Entscheidung ist von „economic freedom“ die Rede.
327 EuGH v. 14. 5. 1974 – Rs. 4/73, (*Nold*), Slg. 1974, 491, Rn. 14.
328 EuGH v. 21. 5. 1985 – verb. Rs. 133 bis 136/85, (*Rau*), Slg. 1987, 2289, Rn. 15, 18f.

durch den EuGH noch nicht voll ausgeschöpft. Dies mag sich ändern, sollte die Grundrechte-Charta im Zuge des Vertrags von Lissabon Verbindlichkeit erlangen.

III. Das Zusammenwirken von Grundfreiheiten und Grundrechten bei der Konkretisierung

Da die Grundfreiheiten als die grenzüberschreitende wirtschaftliche Handlungsfreiheit gegen Beschränkungen schützende, besondere Ausprägungen der grundrechtlichen Gleichheits- und Freiheitsrechte angesehen werden können,[329] kommen grundsätzlich zwei unterschiedliche Konstellationen des Zusammentreffens von Grundfreiheiten mit Grundrechten in Betracht. Zum einen können im konkreten Fall Grundfreiheiten und Grundrechte dieselbe Schutzrichtung aufweisen (Konkurrenzfall); zum anderen können Grundrechte und Grundfreiheiten aber auch kollidieren (Kollisionsfall).[330] Als primärrechtliche Verbürgungen haben Grundfreiheiten und Grundrechte grundsätzlich den gleichen geltungsmäßigen Rang.[331]

1. Konkurrenzfall

Der Konkurrenzfall entsteht dadurch, dass die Gemeinschaftsorgane sowohl Adressaten der Grundfreiheiten als auch der Gemeinschaftsgrundrechte sind.[332] Hierdurch kann es zu einer grundrechtlichen Schutzverdoppelung kommen.[333] Insoweit lassen sich zwei Kategorien unterscheiden.

a) Identisches Schutzgut

Im ersten Fall betreffen Grundfreiheit und Grundrecht das gleiche Schutzgut. Beispielsweise ist von freiverkehrsbehindernden Maßnahmen der Gemeinschaftsorgane notwendig stets zugleich auch die Freiheit der Berufsausübung bzw. die allge-

---

329 Vgl. *Ehlers*, in *ders.* (Hrsg.), Europäische Grundrechte und Grundfreiheiten, § 14 Rn. 13; *Müller-Graff*, in FS Steinberger, S. 1281; *Gebauer*, Die Grundfreiheiten des EG-Vertrages als Gemeinschaftsgrundrechte, S. 256 ff.; im Ergebnis wohl ebenso *Schultz*, Das Verhältnis von Gemeinschaftsgrundrechten und Grundfreiheiten des EGV, S. 106–109.

330 Vgl. *Müller-Graff*, in FS Steinberger, S. 1281 (1292 ff.; 1296 ff.); *Schultz*, Das Verhältnis von Gemeinschaftsgrundrechten und Grundfreiheiten des EGV, 109 ff., 112 ff. Nach *Kingreen*, EuGRZ 2004, 570 (575) haben Grundfreiheiten und Grundrechte aufgrund der funktionalen Unterschiede als transnationale Integrationsnormen bzw. supranationale Legitimationsnormen keine Schnittmenge, in der sich die Frage einer Konkurrenz stellen würde.

331 *Ehlers*, in *ders.* (Hrsg.), Europäische Grundrechte und Grundfreiheiten, § 14 Rn. 13.

332 *Schultz*, Das Verhältnis von Gemeinschaftsgrundrechten und Grundfreiheiten des EGV, S. 105.

333 *Ehlers*, in *ders.* (Hrsg.), Europäische Grundrechte und Grundfreiheiten, § 14 Rn. 13; *Kingreen/Störmer*, EuR 1998, 263 (285); *Gebauer*, Die Grundfreiheiten des EG-Vertrages als Gemeinschaftsgrundrechte, S. 257.

meine wirtschaftliche Handlungsfreiheit berührt.[334] Gelegentlich wird freilich insoweit das Vorliegen eines Konkurrenzverhältnisses verneint: Die Gemeinschaftsgrundrechte dienten lediglich der Schließung von Schutzlücken des Gemeinschaftsrechts. Ihre Entwicklung sei folglich in dem Maße nicht notwendig, als die Schutzfunktion bereits durch das geschriebene Gemeinschaftsrechts erfüllt werde.[335] Diese Ansicht ist jedoch mit der Legitimationsfunktion der Grundrechte[336] nicht vereinbar und könnte nach Inkrafttreten des Vertrags von Lissabon ohnehin nicht aufrechterhalten werden.[337] Die überwiegende Ansicht geht daher davon aus, dass die Grundrechte in diesem Fall nach dem Grundsatz *lex specialis derogat legi generali* hinter die Grundfreiheiten zurück treten.[338] Beispielsweise könnte das Konkretisierungsergebnis in den Rechtssachen *Estée Lauder* und *Linhart und Biffl*[339] auch über das Grundrecht der Berufsfreiheit und wirtschaftlichen Betätigungsfreiheit abgestützt werden.[340] Nach hier vertretener Ansicht ist jedoch der EuGH in diesem Fall durch die Warenverkehrsfreiheit gebunden, die im Wege der Spezialität vorgeht.

b) Verschiedene Schutzgüter

Weiterhin kommt in Betracht, dass Grundfreiheit und Grundrecht zwar auf dieselbe Rechtsfolge hinwirken, tatbestandlich jedoch unterschiedliche Rechtsgüter schützen. Dies ist insbesondere dann der Fall, wenn durch eine Maßnahme ein grundrechtliches Schutzgut betroffen ist, wie etwa die Meinungs- oder Versammlungsfreiheit, dessen Gewährleistung durch die Anwendung des positiven Gemeinschaftsrechts nicht erreicht werden kann.[341] Hier ist es gerechtfertigt, Grundfreiheit und Grundrecht idealkonkurrierend und damit schutzverstärkend zur Anwendung zu bringen, um beiden Schutzgütern Rechnung zu tragen. So könnte für eine Konkretisierung des Begriffs der „vergleichenden Werbung" im Sinne einer Dreigliedrigkeit einschließlich des „Vergleichs" neben der Meinungsfreiheit

334 Vgl. *Müller-Graff*, in FS Steinberger, S. 1281 (1293); *Schultz*, Das Verhältnis von Gemeinschaftsgrundrechten und Grundfreiheiten des EGV, 109. Eine ausdrückliche grundrechtliche Doppelung enthält Art. 15 Abs. 2 EU-GRCh., der den Unionsbürgern das Recht gewährt, in allen Mitgliedstaaten nach Arbeit zu suchen, zu arbeiten und sich niederzulassen bzw. Dienstleistungen zu erbringen; vgl. *Ehlers*, in *ders.* (Hrsg.), Europäische Grundrechte und Grundfreiheiten, § 14 Rn. 13.

335 *Schultz*, Das Verhältnis von Gemeinschaftsgrundrechten und Grundfreiheiten des EGV, S. 109 ff.

336 Vgl. Calliess/Ruffert-*Kingreen*, Art. 6 EUV Rn. 18.

337 Vgl. *Schultz*, Das Verhältnis von Gemeinschaftsgrundrechten und Grundfreiheiten des EGV, S. 111.

338 Vgl. *Ehlers*, in *ders.* (Hrsg.), Europäische Grundrechte und Grundfreiheiten, § 14 Rn. 13; *Müller-Graff*, in FS Steinberger, S. 1281 (1294); *Kingreen/Störmer*, EuR 1998, 263 (286); *Gebauer*, Die Grundfreiheiten des EG-Vertrages als Gemeinschaftsgrundrechte, S. 313; für den Fall der rechtlichen Verbindlichkeit der Grundrechtecharta ebenso *Schultz*, Das Verhältnis von Gemeinschaftsgrundrechten und Grundfreiheiten des EGV, S. 111.

339 EuGH v. 13. 1. 2000 – Rs. C-220/98 (*Estée Lauder*), Slg. 2000, I-117; EuGH v. 24. 10. 2002 – Rs. C-99/01 (*Linhart und Biffl*), Slg. 2002, I-9375.

340 So *Leible*, in: *Riesenhuber* (Hrsg.), Europäische Methodenlehre, S. 116 (124 f.); *Rüffler*, in: *Schulze* (Hrsg.), Auslegung europäischen Privatrechts und angeglichenen Rechts, S. 97 (101 ff.); jeweils unter der Prämisse, dass der EuGH in diesem Fall nicht durch die Grundfreiheiten gebunden ist.

341 *Müller-Graff*, in: FS Steinberger, S. 1281 (1294); *Schultz*, Das Verhältnis von Gemeinschaftsgrundrechten und Grundfreiheiten des EGV, S. 111.

zusätzlich die Freiheit des Waren- und Dienstleistungsverkehrs herangezogen werden, ist doch die Werbung ein wichtiges Instrument, mit dem überall in der Gemeinschaft wirksam Märkte für Erzeugnisse und Dienstleistungen erschlossen werden können.[342] Die Grundrechte verstärken so die binnenmarktfördernde Wirkung der Grundfreiheiten.[343]

2. Kollisionsfall

Zum Kollisionsfall kommt es, wenn Grundfreiheiten und Grundrechte gleiche oder unterschiedliche Schutzgüter verschiedener Grundfreiheiten- bzw. Grundrechtsberechtigter schützen und die jeweilige Schutzrichtung gegenläufig ist.[344] So führt die Überprüfung von Regelungen privater Arbeitgeber anhand der Arbeitnehmerfreizügigkeit dazu, dass in deren Grundrechte auf Versammlungsfreiheit, Freiheit zu wirtschaftlicher Betätigung bzw. Vertragsfreiheit eingegriffen wird.[345] In den insoweit entschiedenen Fällen wurde der ausgelöste Konflikt vom EuGH allerdings nicht weiter problematisiert.[346] Für öffentlich-rechtliche Sachverhalte ist nach der neueren Rechtsprechung des EuGH jedoch anerkannt, dass die Gemeinschaftsgrundrechte die Grundfreiheiten von vornherein in ihrer Reichweite beschränken können.[347] In einem privatrechtlichen Kontext hat der EuGH in der Rechtssache *Viking* entscheiden, „dass das Recht auf Durchführung einer kollektiven Maßnahme, die den Schutz der Arbeitnehmer zum Ziel hat, ein berechtigtes Interesse darstellt, das grundsätzlich eine Beschränkung einer der vom Vertrag gewährleisteten Grundfreiheiten rechtfertigen kann".[348] Der EuGH überließ in diesem Fall dem mitgliedstaatlichen Gericht die Feststellung, ob die kollektive Maßnahme tatsächlich den Arbeitnehmerschutz verfolgte und im Hin-

342 Vgl. Erwägungsgrund 2 Richtlinie 97/55/EG.

343 *Ehlers*, in *ders.* (Hrsg.), Europäische Grundrechte und Grundfreiheiten, § 14 Rn. 13. Insbesondere im Zusammenhang mit Grundfreiheiten beschränkenden Maßnahmen der Mitgliedstaaten wirken Grundrechte insoweit als die Schrankenregelungen der Grundfreiheiten und damit die Beschränkungsmöglichkeit der Mitgliedstaaten limitierend; vgl. etwa EuGH v. 18. 6. 1991 – Rs. C-260/89 (*ERT*), Slg. 1991, I-2925 Rn. 43; EuGH v. 11. 7. 2002 – Rs. C-60/00 (*Carpenter*), Slg. 2002, I-6279, Rn. 45; vgl. dazu *Kombos*, (2006) 12 EPL, 433 (438 ff.).

344 Vgl. *Ehlers*, in *ders.* (Hrsg.), Europäische Grundrechte und Grundfreiheiten, § 14 Rn. 13; *Kadelbach/Petersen*, EuGRZ 2003, 693; *Gebauer*, Die Grundfreiheiten des EG-Vertrages als Gemeinschaftsgrundrechte, S. 317.

345 Vgl. etwa EuGH v. 15. 12. 1995, Rs. C-415/93 (*Bosman*), Slg. 1995, I-4921; EuGH v. 6. 6. 2000, Rs. C-281/98 (*Angonese*), Slg. 2000, I-4139; *Cherednychenko*, ERPL 2006, 23 (57); *dies.*, Fundamental rights, contract law and the protection of the weaker party, S. 218 f.; *Müller-Graff*, in FS Steinberger, S. 1281 (1297 f.).

346 In EuGH v. 15. 12. 1995, Rs. C-415/93 (*Bosman*), Slg. 1995, I-4921 Rn. 79 f., wurde lediglich festgestellt, dass die fragliche Transferregelung für die Ausübung der Vereinigungsfreiheit nicht erforderlich war; vgl. dazu *Frenz*, EuR 2002, 603 (604).

347 Vgl. etwa EuGH v. 26. 6. 1997 – Rs. C-368/95 (*Vereinigte Familiapress*); Slg. 1997, I-3689; EuGH v. 12. 6. 2003 – Rs. C-112/00 (*Schmidberger*), Slg. 2003, I-5659; EuGH v. 14. 10. 2004 – Rs. C-36/02 (*Omega*), Slg. 2004, I-9609 Rn. 35; EuGH v. 14. 2. 2008 – Rs. C-244/06 (*Dynamic Medien*), Slg. 2008, I-505. Vgl. auch *Vieweg/Röthel*, ZHR 166 (2002), 6 (25).

348 EuGH v. 11. 12. 2007 – Rs. C-438/05 (*Viking Line ABP*), Slg. 2007, I-10779, Rn. 77.

blick auf die Zielerreichung geeignet und erforderlich war.[349] Die Grundrechte wirken insoweit nicht als zwingende Erfordernisse im Sinne der *Cassis de Dijon* – Rechtsprechung, sondern bilden einen eigenständigen Rechtfertigungsgrund im Sinne einer immanenten gemeinschaftsverfassungsrechtlichen Schranke der Grundfreiheiten.[350] In der Entscheidung *Schmidberger* hat der EuGH insoweit eine ausführliche Abwägung der Warenverkehrsfreiheit anhand der Meinungs- und Versammlungsfreiheit unter Berücksichtigung aller relevanten Umstände des Einzelfalles vorgenommen.[351]

Aus dieser Entscheidung ist abgeleitet worden, dass weder Grundfreiheiten noch Grundrechte, entsprechend ihres geltungsmäßigen Gleichrangs, in der Abwägung einen abstrakten gewichtungsmäßigen Vorzug genießen, sondern die Gewichtung anhand des Verhältnismäßigkeitsgrundsatzes im jeweiligen Einzelfall stattzufinden habe.[352] Ausgehend von der herausragenden Bedeutung, welche der Verwirklichung des Binnenmarktes unter den Vertragszielen zukommt, wird jedoch auch vertreten, dass den Grundfreiheiten in der Abwägung ein abstrakt höheres Gewicht in dem Sinne zukomme, dass ihre Zurücksetzung schwieriger sei, mithin gewichtigere Argumente auf der Gegenseite der Grundfreiheiten erfordere.[353]

Der Vorteil der von der ersten Ansicht vertretenen offenen Abwägung liegt in deren Flexibilität und Anpassungsfähigkeit an in einem so komplexen Gebilde wie der Gemeinschaft immer wieder neu auftretenden Konstellationen, ohne dabei das Abwägungsergebnis von vornherein in eine bestimmte Richtung zu lenken.[354] Dies ist jedoch zugleich ein ganz wesentlicher Nachteil, da ein solch völlig unstrukturierter Abwägungsprozess für die Beteiligten kaum berechenbar und unter dem Gesichtspunkt der Rechtssicherheit daher äußerst bedenklich ist.[355] Eine gewisse Struktur lässt sich erzielen, wenn man bedenkt, dass den Grundfreiheiten neben einer individualschützenden Funktion auch und entwicklungsgeschichtlich vorrangig eine institutionelle Funktion im Hinblick auf die Gewährleistung des Binnenmarktes zukommt.[356] Die Grundfreiheiten representieren daher nicht nur, wie die Grundrechte, Individualinteressen der Marktbürger, sondern auch das Allgemeininteresse der Gemeinschaft an einer möglichst umfassenden Verwirklichung des Binnenmarktes.[357] Diese strukturelle Präponderanz der Marktfreiheiten kommt auch darin zum Ausdruck, dass die Gemeinschaft zur Verwirklichung des

349 EuGH v. 11. 12. 2007 – Rs. C-438/05 *(Viking Line ABP)*, Slg. 2007, I-10779, Rn. 80–90.
350 Vgl. *Kadelbach/Petersen*, EuGRZ 2003, 693 (694 f.).
351 EuGH v. 12. 6. 2003 – Rs. C-112/00 (*Schmidberger*), Slg. 2003, I-5659 Rn. 81–89; dazu *Kadelbach/Petersen*, EuGRZ 2003, 693 ff.; vgl. auch *Kombos*, (2006) 12 EPL 433 (446 ff.).
352 Vgl. *Cherednychenko*, ERPL 2006, 23 (57 f.); *Kombos*, (2006) 12 EPL 433 (448); *Kadelbach/Petersen*, EuGRZ 2003, 693 (696).
353 Vgl. *Schultz*, Das Verhältnis von Gemeinschaftsgrundrechten und Grundfreiheiten des EGV, S. 120 ff.; *Müller-Graff*, in FS Steinberger, S. 1281 (1301). Dagegen *Kombos*, (2006) 12 EPL 433 (449): „Any pre-emptive hierarchy would be unwise and over-simplistic."
354 Vgl. *Gebauer*, Die Grundfreiheiten des EG-Vertrages als Gemeinschaftsgrundrechte, S. 407.
355 Vgl. *Gebauer*, Die Grundfreiheiten des EG-Vertrages als Gemeinschaftsgrundrechte, S. 407.
356 Vgl. *Vieweg/Röthel*, ZHR 166 (2002), 6 (27); *Gebauer*, Die Grundfreiheiten des EG-Vertrages als Gemeinschaftsgrundrechte, S. 346 ff.
357 Vgl. *Vieweg/Röthel*, ZHR 166 (2002), 6 (27 f.).

Binnemarktes über eine robuste Kompetenzgrundlage verfügt; während eine aktiven Förderung des Grundrechtsschutzes stets der Absicherung durch eine anderweitige Kompetenzgrundlage bedarf. Im Rahmen der vorzunehmenden Abwägung ist danach grundsätzlich vom Gebot der Beachtung der Anforderungen der Grundfreiheiten auszugehen und deren Einschränkung aus Gründen des gemeinschaftsrechtlichen Grundrechtsschutzes nur dann zuzulassen, wenn dies zum Schutz des grundrechtlichen Individualinteresses vor unverhältnismäßiger Zurücksetzung erforderlich ist.[358] Dies entspricht dem Vorgehen des Grichtshofs in der Rechtssache *Viking*.[359] In jedem Fall sind aber alle Interessen in der Abwägung offenzulegen und im Hinblick auf ihren grundfreiheitlichen bzw. grundrechtlichen Status richtig zu bennen und einzuordnen.[360] Dabei ist besonders darauf zu achten, dass überhaupt ein grundfreiheitenrelevanter Sachverhalt vorliegt bzw. die für den Grundrechtsschutz notwendige Gemeinschaftskompetenz gegeben ist.

IV. Zusammenfassung

Im Hinblick auf die grundfreiheitenkonforme Konkretisierung ist zwischen der Schutzpflichtdimension und der abwehrrechtlichen Dimension der Grundfreiheiten zu unterscheiden. Die Schutzpflichtdimension betrifft die Frage des „Ob" einer gemeinschaftseinheitlichen Konkretisierung und kann ausgelöst werden sowohl durch nationales Privatrecht als auch durch privatautonomes Verhalten der Marktteilnehmer. Stets ist jedoch zu prüfen, ob eine Grundfreiheitenrelevanz tatsächlich gegeben ist. Das „Wie" der Konkretisierung ist durch die Grundfreiheiten in ihrer abwehrrechtlichen Dimension determiniert, da auch der EuGH als Gemeinschaftsorgan vollumfänglich dem grundfreiheitlichen Eingriffsverbot unterliegt. Eine Konkretisierungsentscheidung, die die Grundfreiheiten beschränkt, ist daher stets rechtfertigungsbedürftig.

Ebenso wie den Grundfreiheiten kommt auch den Gemeinschaftsgrundrechten keine unmittelbare Drittwirkung im Privatrechtsverhältnis zu. Auch hier wird die privatrechtliche Bedeutung über eine Schutzpflichtdimension vermittelt. Eine grundrechtliche Schutzpflicht besteht für den EuGH nur dann, wenn die Verbandskompetenz der Gemeinschaft im konkreten Fall gegeben ist. Inhaltlich leiten die Gemeinschaftsgrundrechte die Konkretisierung in ihrer abwehrrechtlichen Dimension an, wobei regelmäßig der Ausgleich konfligierender Grundrechtspositionen im Mittelpunkt stehen wird.

Soweit Grundfreiheiten und Grundrechte im konkreten Fall die gleiche Schutzrichtung aufweisen, gehen im Falle eines identischen Schutzgutes die Grundfreiheiten im Wege der Spezilität vor, bei unterschiedlichem Schutzgut wirken die Grundrechte im Wege der Idealkonkurrenz schutzverstärkend. Ist die Schutzrich-

358 Vgl. *Müller-Graff*, in FS Steinberger, S. 1281 (1301); *Vieweg/Röthel*, ZHR 166 (2002), 6 (27 f.).
359 EuGH v. 11. 12. 2007 – Rs. C-438/05 (*Viking Line ABP*), Slg. 2007, I-10779, Rn. 84.
360 Vgl. *Gebauer*, Die Grundfreiheiten des EG-Vertrages als Gemeinschaftsgrundrechte, S. 408 ff.

tung von Grundfreiheiten und Grundrechten im konkreten Fall gegenläufig, so ist die vorzunehmende Abwägung insoweit strukturiert, als grundsätzlich von der Verwirklichung der Grundfreiheiten und des Binnenmarktes auszugehen, und eine Einschränkung nur zuzulassen ist, um ein grundrechtlich garantiertes Individualinteresse vor unverhältnismäßiger Zurücksetzung zu schützen.

Kapitel 10: Prinzipienorientierte Konkretisierung

Neben den Grundfreiheiten und Gemeinschaftsgrundrechten kommen als weitere Bewertungsmaßstäbe möglicherweise die den einzelnen sekundärrechtlichen Regelungen und Rechtsakten als innere Sinngebung zugrundeliegenden und diese verbindenden Rechtsprinzipien in Betracht.[1] Dabei ist zunächst zu erörtern, in welcher Weise etwaige Prinzipienstrukturen des Sekundärrechts ermittelt und aufgedeckt werden können (I.). Danach sind die für die einzelnen Gebiete Europäischen Privatrechts bisher im Schrifttum diskutierten Prinzipien darzustellen (II.), wobei der Schwerpunkt entsprechend der Gewichtung in der bisherigen Diskussion auf dem Europäischen Vertragsrecht liegen wird (III.). Anschließend sollen die für das Europäische Vertragsrecht vorgeschlagenen Prinzipienkonzeptionen auf ihre Konkretisierungseignung hin überprüft werden (IV.). Systematik und Teleologie des Europäischen Vertragsrechts können schließlich auch in dem angestrebten „gemeinsamen Referenzrahmen“ und einem etwaigen „optionellen Instrument“ zum Ausdruck kommen (IV.)

I. Das Entdeckungsverfahren

Die Aufdeckung von Rechtsprinzipien wird gemeinhin als Induktionsvorgang beschrieben, bei dem vom Besonderen auf das Allgemeine geschlossen wird.[2] Ausgehend von den gesetzlichen Vorschriften wird versucht, einen leitenden Gedanken aufzufinden, auf den sich die einzelnen Bestimmungen zurückführen lassen, und unter dem sie sich zu einem sinnvollen Ganzen zusammenfügen und als sinnvoll und gerechtfertigt erscheinen.[3] Ein so gewonnenes Prinzip beansprucht sodann Geltung für eine unbestimmte Zahl weiterer Anwendungsfälle.[4] Der Nachweis der Geltung eines Rechtsprinzip könne dadurch erbracht werden, dass sein jeweiliger Wertungsgehalt in den Regelungen des positiven Rechts wiedererkannt wird.[5] Umgekehrt würden Sinn und Tragweite des Prinzip durch die positivrechtliche

---

1 Vgl. *Müller-Graff*, in: *Baldus/Müller-Graff* (Hrsg.), Die Generalklausel im Europäischen Privatrecht, S. 129 (139): „Rechtssicherheit durch klare Prinzipienbildung“.
2 Vgl. *Canaris*, Die Feststellung von Lücken im Gesetz, S. 97; *Bydlinski*, Juristische Methodenlehre, S. 485.
3 Vgl. *Canaris*, Die Feststellung von Lücken im Gesetz, S. 97 f.; *Larenz*, Richtiges Recht, S. 26.
4 Vgl. *Canaris*, Die Feststellung von Lücken im Gesetz, S. 98 f.; *Bydlinski*, Juristische Methodenlehre, S. 485.
5 *Larenz*, Richtiges Recht, S. 27 f.

Ausgestaltung verdeutlicht.[6] Inhaltlich „richtig“ sind die so aufgedeckten Prinzipien, wenn sie als nähere inhaltliche Bestimmungen der „Rechtsidee“ in Gestalt von Gerechtigkeit und Rechtssicherheit als Leitgedanken und Rechtfertigungsgründe für mögliche Regelungen dienen können.[7]

Soziologisch dagegen *Esser*: Eine bestimmte reale Sachproblematik erzwinge die Entwicklung einer Lösung, die zunächst noch kasuistisch, ohne Prinzipiensuche und -nachweise erfolge, anschließend pragmatisch und zufällig an diese oder jene Gesetzesstelle angelehnt werde, von denen man erst, wenn die Systemwidersprüche nicht länger zu verdecken sind, zugibt, dass man sie nur benutzt, um ein über sie hinausführendes Rechtsprinzip systematisch abzustützen.[8] In Wahrheit kasuistisch gewonnene Einsichten würden so dem Codex untergeschoben, um sie später als Obersätze des Systems deduktiv auswerten zu können.[9]

Letztendlich ist eine normative Letztbegründung von Rechtsprinzipien aus dem geltenden Recht nicht möglich. Rechtsprinzipien sind daher stets nur „Theorien über das Recht.“[10] Entscheidende Anerkennungsbedingung ist damit die ihnen innewohnende tatsächliche Überzeugungskraft.[11] Aus Sicht des Europäischen Privatrechts kommt als Referenzgemeinschaft[12] insoweit nur eine europäische „interessierte Öffentlichkeit“ in Betracht. Erkennt diese ein Rechtsprinzip tatsächlich an, ist damit freilich noch nicht gesagt, dass es auch gilt. Dies ist grundsätzlich nur dann der Fall, wenn das Prinzip mit dem Primär- und Sekundärrecht vereinbar ist. Das positive Recht wirkt insoweit ausschließend und begrenzend.[13] Allerdings liegt es in der Natur eines Prinzips, dass dieses nicht absolute Gültigkeit verlangt, sondern lediglich ein Optimierungsgebot darstellt und im Hinblick auf gegenläufige Prinzipien Einschränkungen erfahren kann. Mit einem Prinzip formal nicht in Einklang zu bringende Regelungen können daher möglicherweise unter Heranziehung gegenläufiger Prinzipien begründet werden, so dass sie die Geltung des Prinzips nicht ausschließen. Den verlässlichsten, wenn auch ebenfalls nicht abschließend zwingenden Rahmen, bildet daher das höherrangige Recht, im Europäischen Privatrecht das Primärrecht.

Hier kann es daher nicht darum gehen, den Nachweis zu führen, dass die bisher aufgezeigten Rechtsprinzipien „tatsächlich“ aus dem Europäischen Privatrecht ableitbar sind, noch gar darum, weitere Prinzipien zu entdecken und der Prinzipienliste hinzuzufügen.[14] Lediglich sollen die prominentesten, bisher anhand des sich

---

6 *Larenz*, Richtiges Recht, S. 28.
7 *Larenz*, Richtiges Recht, S. 29ff.
8 *Esser*, Grundsatz und Norm, S. 164.
9 *Esser*, Grundsatz und Norm, S. 162.
10 Vgl. *Riesenhuber*, System und Prinzipien, S. 19.
11 Vgl. *Larenz*, Methodenlehre, S. 421, 474; *Brownsword*, Contract Law, 288ff., spricht insoweit von “substantive rationality”.
12 Vgl. *Brownsword*, Contract Law, S. 292.
13 Vgl. auch *Bydlinskis* „systematischen Test“, dazu Kapitel 5 III.
14 Vgl. auch *Collins*, ERCL 2006, 213 (215): „[H]ow can general principles of private contract law be construed out of material that on its face declares that it has nothing to say about private contract

in Geltung befindlichen Europäischen Privatrechts[15] aufgedeckten Prinzipien und Wertungszusammenhänge daraufhin überprüft werden, inwieweit sie für die Konkretisierung wertungsoffener Rechtssätze brauchbar sind. Dies beinhaltet die Frage ihre Primärrechtskonformität.

II. Unterschiedliche „Prinzipiendichte" in den einzelnen Rechtsgebieten

Das Europäische Privatrecht ist insgesamt eine vergleichsweise junge und entwicklungsoffene Rechtsmaterie. Demzufolge steht auch das wissenschaftliche Bemühen um die Erkennung und Herausarbeitung von hinter den einzelnen Rechtsakten stehenden und diese sinngebend verbindenden Prinzipien erst am Anfang. Entsprechend ihrer jeweiligen Regelungskonzeption weisen die einzelnen Rechtsgebiete eine je unterschiedliche „Prinzipiendichte" auf und hat deren Prinzipienorientierung unterschiedlich starke Aufmerksamkeit im Schrifttum erfahren.

1. Lauterkeitsrecht: das „Verbraucherleitbild"

Im Bereich des Lauterkeitsrechts hat der EuGH zunächst im Rahmen der Überprüfung nationaler lauterkeitsrechtlicher Vorschriften anhand der Grundfreiheiten das Leitbild des „durchschnittlich informierten, aufmerksamen und verständigen Durchschnittsverbrauchers" entwickelt,[16] und in der Folge zur Konkretisierung

---

law? In other words, if the *acquis* is primarily regulatory in character, how can it provide a source of principles for private law?"

15 Dem Entwurf eines Gemeinsamen Referenzrahmens (DCFR) liegen vier Leitprinzipien zugrunde – "freedom, security, justice and efficiency" – die sich teils überlappen, teils miteinander in Konflikt treten, vgl *Study Group on a European Civil Code/Research Group on EC Private Law (Acquis Group)*, Principles, Definitions and Model Rules of European Private Law: Draft Common Frame of Reference (DCFR), Outline Edition, S. 60. „Freedom" scheint dabei weitgehend identisch zu sein mit (formaler) Vertragsfreiheit, bzw. entsprechend dem weiten Anwendungsbereich des DCFR, Privatautonomie allgemein. „Security" hat verschiedene Aspekte, beinhaltet aber insbesondere den Grundsatz *pacta sunt servada*. „Justice" nimmt ebenfalls eine Vielzahl verschiedener Gesichtspunkte in Bezug, aber inbesondere auch den Schutz der „schwächeren" Vertragspartei gegen Übervorteilung. „Efficiency" schließlich soll sich inbesondere widerspiegeln in der Bereitstellung kostensparender dispositiver Vorschriften. Innerhalb dieser vier Prinzipien kommt dem Prinzip der „justice" die höchste, dem der „efficiency" die geringste Wertigkeit zu: „Justice is an all-pervading principle within the DCFR. It can conflict with other principles, such as efficiency, but is not lightly to be displaced." (S. 84), sowie „Efficiency is more mundane and less fundamental than the others. It is not at the same level but is nonetheless important and has to be included." (S. 60). Da sich diese Prinzipien nicht auf das in Geltung befindliche Europäische Privatrecht, sondern eben den DCFR beziehen, geben sie im vorliegenden Zusammenhang für die weitere Untersuchung nichts her, vgl. aber nachfolgend IV.

16 Vgl. EuGH v. 7. 3. 1990 – Rs. 362/88 (*GB-INNO*), Slg. 1990, I-667 Rn. 18f.; EuGH v. 18. 5. 1993 – Rs. C-126/91 (*Yves Rocher*), Slg. 1993, I-2361 Rn. 16f.; EuGH v. 6. 7. 1995 – Rs. C-470/93 (*Mars*), Slg. 1995, I-1923 Rn. 24. Das einheitliche Leitbild des „durchschnittlich informierten, aufmerksamen und verständigen Durchschnittsverbrauchers" entwickelte der Gerichtshof schließlich in EuGH v. 16. 7. 1998 – Rs. C-210/96 (*Gut Springeheide*), Slg. 1998, I-4657 Rn. 30f.

der sekundärrechtlichen Irreführungsverbote herangezogen.[17] In Art. 5 Abs. 2 lit. b), Abs. 3, Art. 6 Abs. 1 und 2, Art. 7 Abs. 1 und 2 sowie Art. 8 der Richtlinie 2005/29/EG wurde dieses Verbraucherleitbild nunmehr ausdrücklich festgeschrieben.[18] Bei diesem Leitbild des aufmerksamen und informierten Durchschnittsverbrauchers handelt es sich nicht um ein empirisches Leitbild, sondern um ein normatives: es kommt nicht darauf an, dass der Verbraucher tatsächlich informiert ist und entsprechend handelt; dies wird ihm vielmehr abverlangt.[19] Als Prinzip weist dieses Leitbild insoweit einen vergleichsweise hohen Konkretisierungsgrad auf, als es bereits auf einer Abwägung dahinter stehender abstrakterer Wertungen beruht.[20] Maßgeblich ist insoweit der Gedanke, dass der Binnenmarkt nur bei regem Wettbewerb und dann funktionieren kann, wenn die Verbraucher die ihnen zur Verfügung stehenden Informationen verständig nutzen; das Schutzbedürfnis einzelner, besonders unvorsichtiger Verbraucher wird dahinter zurückgesetzt.[21] Das Verbraucherleitbild dient insoweit im Hinblick auf die Öffnung von Märkten dazu, berechtigte nationale Schutzmaßnahmen von bloß protektionistischen Regeln abzugrenzen.[22]

Fraglich ist, inwieweit dieses zum Lauterkeitsrecht entwickelte Verbraucherleitbild zur Konkretisierung von Rechtssätzen anderer Rechtsgebiete, insbesondere des Vertragsrechts, herangezogen werden kann.[23] So könnte man überlegen, bei der Feststellung der Vertragsmäßigkeit im Sinne von Art. 2 Abs. 2 lit. d) der Verbrauchsgüterkaufrichtlinie im Hinblick darauf, was der Verbraucher an Qualität und Leistungen der Verbrauchsgüter „vernünftigerweise erwarten kann" ebenfalls auf das Leitbild des verständigen Durchschnittsverbrauchers abzustellen. Gleiches könnte für die Beurteilung gelten, ob Klauseln bezüglich des Hauptgegenstandes des Vertrages bzw. des Preis-/Leistungsverhältnisses „klar und verständlich abgefasst" sind, und damit nach Art. 4 Abs. 2 der Klauselrichtlinie nicht der Missbräuchlichkeitskontrolle unterliegen.[24]

---

17 Vgl. zur Werberichtlinie: EuGH v. 16. 1. 1992, Rs. C-373/90 (*Ermittlungsverfahren gegen X*), Slg. 1992, I 131; EuGH v. 8. 4. 2003 – Rs. C-44/01 (*Pippig*), Slg. 2003, I-3095, Rn. 55; zur Kosmetikrichtlinie: EuGH v. 2. 2. 1994 – Rs. C-315/92 (*Clinique*), Slg. 1994, I-317 Rn. 20–24; EuGH v. 13. 1. 2000 – Rs. C-220/98 (*Estée Lauder*), Slg. 2000, I-117; Rn. 27; zur Lebensmittelkennzeichnungsrichtlinie: EuGH v. 12. 12. 1990, Rs. C-241/89 (*SARPP*), Slg. 1990, I-4695; EuGH v. 4. 4. 2000 – Rs. C-465/98 (*Adolf Darbo AG*), Slg. 2000 I-2279 Rn. 20.

18 Vgl. auch Erwägungsgründe 18 und 19 der Richtlinie 2005/29/EG; sowie EuGH v. 23. 4. 2009 – verb. Rs. C-261/07, C-299/07 (*VTB-VAB NV/Total Belgium NV, Galatea BVBA/Sanoma Magayines Belgium NV*), Slg. 2009, I-00000, Rn. 55.

19 Vgl. *Riesenhuber*, Europäisches Vertragsrecht, Rn. 212; *Wagner-von Papp*, in: *Langenbucher* (Hrsg.), Europarechtliche Bezüge, § 10 Rn. 120g; *Rösler*, Europäisches Konsumentenvertragsrecht, S. 125; *Reich/Micklitz-Reich*, Europäisches Verbraucherrecht, S. 46.

20 Vgl. *Riesenhuber*, Europäisches Vertragsrecht, Rn. 213; *ders.* in: *ders*, (Hrsg.), Europäische Methodenlehre, S. 204.

21 Vgl. *Fleischer*, ZEuP 2000, 772 (791).

22 *Reich/Micklitz-Reich*, Europäisches Verbraucherrecht, S. 47.

23 Vgl. *Heiderhoff*, Grundstrukturen, S. 281 ff.

24 Angedeutet wohl bei *Reich/Micklitz-ders.*, Europäisches Verbraucherrecht, S. 509 ff.; *Fleischer*, ZEuP 2000, 772 (786 f.).

Jedenfalls eine pauschale Übertragung wird meist abgelehnt.[25] Dem Verbraucherleitbild des Lauterkeitsrechts liege ein Ausgleich konfligierender Werte gerade im Hinblick auf dieses Rechtsgebiet zu Grunde. In anderen Rechtsgebieten, etwa dem Vertragsrecht, könne diese Wertung ausgehend vom positiven Recht durchaus anders vorzunehmen sein. Eine pauschale Übertragung könne so den Blick auf die maßgeblichen Wertungen und Interessen gerade verdecken.[26] Auch seien viele der zwingenden Vorschriften des Verbrauchervertragsrechts unter Zugrundelegung des Leitbildes eines „solchen starken Verbrauchers" nicht erklärlich.[27] Gelegentlich wird aber auch davon ausgegangen, das das Leitbild des verständigen, weniger schutzbedürftigen Durchschnittsverbrauchers dem Europäischen Verbraucherrecht, und damit auch dem Vertragsrecht, insgesamt zugrunde liegt.[28]

Dies wird man nicht schon deshalb ablehnen können, weil den einzelnen Rechtsakten je nach Zielsetzung durchaus unterschiedliche Verbraucherbegriffe zugrunde liegen. So wird ja teilweise auf persönliche Kriterien wie die Eigenschaft als natürliche Person abgestellt[29], teils funktional-tätigkeitsbezogen im Hinblick auf das Handeln im Rahmen einer „gewerblichen oder beruflichen Tätigkeit",[30] teils sachbezogen, etwa im Hinblick auf bestimmte Vertragstypen und Geschäfte,[31] abgegrenzt.[32] Diese Verbraucherbegriffe dienen eher formal der Festlegung des Anwendungsbereichs der jeweiligen Maßnahme, und schließen, jedenfalls allein aufgrund ihrer Unterschiedlichkeit, nicht denknotwendig aus, die inhaltlichen, insbesondere Aufmerksamkeits- und Sorgfaltsanfoderungen in eigenen Angelegenheiten, die der jeweiligen Personengruppe obliegen, einheitlich zu bestimmen. Geht man allerdings davon aus, dass Europäischer Verbraucherschutz marktbezo-

---

25 Vgl. *Riesenhuber*, Europäisches Vertragsrecht, Rn. 214f.; *ders.* in: *ders*, (Hrsg.), Europäische Methodenlehre, S. 204; *Heiderhoff*, Grundstrukturen, S. 281 ff.

26 Vgl. *Riesenhuber*, Europäisches Vertragsrecht, Rn. 214f.; *ders.* in: *ders*, (Hrsg.), Europäische Methodenlehre, S. 204f.

27 Vgl. *Heiderhoff*, Grundstrukturen, S. 283, die für das Verbrauchervertragsrecht zum Leitbild eines „vernünftigen Bürgers in entspannter Aufmerksamkeit" gelangt (S. 288ff.).

28 So, allerdings durchaus kritisch, *Rösler*, Europäisches Konsumentenvertragsrecht, S. 129f.: „Vom Verbraucher wird durch den EuGH eine ... Markt- und Situationsüberlegenheit erwartet, die tatsächlich nicht immer wie behauptet eingehalten werden kann."; tendenziell auch *Fleischer*, ZEuP 2000, 772 (791 f.), der aber darauf abstellt, dass demjenigen, der sich in konkreten Vertragsverhandlungen befindet eher eine noch gesteigerte Aufmerksamkeit abverlangt werden könne, als dem Adressaten von Werbemaßnahmen.

29 So etwa im Produkthaftungsrecht bezüglich der Rechtsgüter Leib, Leben und Gesundheit, während die Abgrenzung im Übrigen funktional erfolgt, vgl. Art. 9 Produkthaftungsrichtlinie sowie *Reich/Micklitz-Reich*, Europäisches Verbraucherrecht, S. 47.

30 So im Verbrauchervertragsrecht, vgl. *Reich/Micklitz-Reich*, Europäisches Verbraucherrecht, S. 46; MüKo-*Micklitz*, Vor §§ 13, 14 BGB, Rn. 89–92. Vgl. auch auch Art. 2 (1) des Vorschlags für eine Richtlinie des Europäischen Parlaments und des Rates über Rechte der Verbraucher, KOM(2008) 614 endg.

31 So ist „Verbraucher" im Sinne der Pauschalreiserichtlinie grundsätzlich der Reisende ohne Beschränkung auf den nicht gewerblichen Bereich, vgl. Art. 2 Abs. 2 Nr. 3, sowie *Faber*, ZEuP 1998, 854 (865). Im Recht der Finanzdienstleistungen ist „Verbraucher" der „Kunde", „Kleinanleger" oder „Einleger", wobei eine Schutzdifferenzierung nach dem Grad der Professionalität erfolgt; vgl. MüKo-*Micklitz*, Vor §§ 13, 14 BGB, Rn. 94. Hier geht es also um den Kundenschutz, vgl. *Reich/Micklitz-Reich*, Europäisches Verbraucherrecht, S. 47.

32 Ausführlich Faber, ZEuP 1998, 854 ff.; MüKo-*Micklitz*, Vor §§ 13, 14 BGB, Rn. 98 ff.

gen und dazu da ist, situationsorientiert spezifische Formen des Marktversagen zu beseitigen und so einen funktionsfähigen Markt erst wieder herzustellen,[33] so liegt es nahe, auch den zu gewährenden Schutz jeweils situationsbezogen zu bestimmen.[34] Zur Beseitigung eines konkreten Marktversagens können ja ganz unterschiedliche Maßnahmen erforderlich sein. So lässt sich etwa der von *Akerlof* beschriebene *„market for lemons"* im Hinblick auf Allgemeine Geschäftsbedingungen[35] durch Informationspflichten allein nicht ausgleichen, sondern verlangt nach einer zwingenden Klauselkontrolle. Dementsprechend ist auch das Schutzniveau und damit das Verbraucherleitbild je entsprechend dem situationsspezifischen Defizit zu bestimmen. Damit kommt eine Übertragung des lauterkeitsrechtlichen Verbraucherleitbildes in das Europäische Verbrauchervertragsrecht nur dann in Betracht, wenn eine Analyse der im positiven Recht aufscheinenden situationsspezifischen Wertungen eine solche Übertragung fordert und rechtfertigt.

2. Arbeitsrecht: „Gleichbehandlung der Geschlechter"

Im Arbeitsrecht bildet die Chancengleichheit der Geschlechter im Arbeitsleben einen weitgehend in sich geschlossenen Themenbereich.[36] Ausgangspunkt ist Art. 141 EG, welcher durch eine Mehrzahl von sogenannten Gleichbehandlungsrichtlinien ergänzt wurde[37], die nunmehr in der Richtlinie 2006/54/EG zur Verwirklichung des Grundsatzes der Chancengleichheit und Gleichbehandlung von Männern und Frauen in Arbeits- und Beschäftigungsfragen[38] zusammenfassend kodifiziert sind. Hinzu kommt eine umfangreiche Judikatur des EuGH.[39] Danach lässt sich wohl von einem Gebot der „Förderung der Chancengleichheit von Männern und Frauen" als „richtungsweisender Gemeinschaftspolitik" ausgehen.[40] Auch nach Erwägungsgrund 2 der Richtlinie 2006/54/EG ist die „Gleichstellung

---

33 Dazu nachfolgend III. 1.; IV. 6.

34 Vgl. *Glöckner*, Europäisches Lauterkeitsrecht, S. 156.

35 Ausführlich Kapitel 7 und 12.

36 Vgl. *Junker*, in: *Grundmann* (Hrsg.), Systembildung und Systemlücken, S. 357 (362); *Rebhahn*, in *Riesenhuber* (Hrsg.), Europäische Methodenlehre, S. 330 (342).

37 Vgl. Richtlinie 75/117/EWG des Rates v. 10. 2. 1975 zur Angleichung der Rechtsvorschriften der Mitgliedstaaten über die Anwendung des Grundsatzes des gleichen Entgelts für Männer und Frauen, ABl. EG 1975 Nr. L 45/19; Richtlinie 86/378/EWG des Rates v. 24. 7. 1986 zur Verwirklichung des Grundsatzes der Gleichbehandlung von Männern und Frauen bei den betrieblichen Systemen der sozialen Sicherheit, ABl. EG 1986 Nr. L 225/40, in der Fassung der Änderungsrichtlinie 96/97/EG des Rates v. 20. 12. 1996 zur Änderung der Richtlinie 86/378/EWG, ABl. EG 1997 Nr. L 46/20; Richtlinie 76/207/EWG des Rates v. 9. 2. 1976 zur Verwirklichung des Grundsatzes der Gleichbehandlung von Männern und Frauen hinsichtlich des Zugangs zur Beschäftigung, zur Berufsausbildung und zum beruflichen Aufstieg sowie in Bezug auf die Arbeitsbedingungen, ABl. EG 1976 Nr. L 39/40; geändert durch die Richtlinie 2002/73/EG des Europäischen Parlaments und des Rates vom 23. 9. 2002 zur Änderung der Richtlinie 76/207/EWG, ABl. EG 2002 Nr. L 269/15.

38 Richtlinie 2006/54/EG des Europäischen Parlamentes und des Rats v. 5. 7. 2006 zur Verwirklichung des Grundsatzes der Chancengleichheit und Gleichbehandlung von Männern- und Frauen in Arbeits- und Beschäftigungsfragen, ABl. EU 2006 L 204/23.

39 Vgl. *Junker*, in: *Grundmann* (Hrsg.), Systembildung und Systemlücken, S. 357 (371 ff.) mit Rechtsprechungsnachweisen; *Grundmann*, in GS Blomeyer, S. 71 (84).

40 Vgl. *Junker*, in: *Grundmann* (Hrsg.), Systembildung und Systemlücken, S. 357 (371).

von Männern und Frauen ... ein grundlegendes Prinzip“ des Europäischen Arbeitsrechts. Das Gleichbehandlungsgebot ist dabei nicht nur kompetenziell durch Art. 141 Abs. 3 EG abgesichert, sondern auch im Hinblick auf die Verwirklichung des Binnenmarktes gerechtfertigt, da eine flächendeckende Diskriminierungsfreigabe in einem Mitgliedstaat tendenziell dazu geeignet ist, eine Ansiedlungsentscheidung zugunsten dieses Mitgliedstaates zu beeinflussen[41] und diskriminierenden Unternehmen ungerechtfertigte Wettbewerbsvorteile zu verschaffen.[42]

Fraglich ist jedoch, inwieweit ein „Gebot der Förderung der Chancengleichheit von Männern und Frauen“ bei der Konkretisierung der Diskriminierungstatbestände des Europäischen Arbeitsrechts behilflich sein kann.[43] Insbesondere der Tatbestand der „mittelbaren Diskriminierung“ ist in der Praxis problematisch.[44] In Anlehnung an die Rechtsprechung des EuGH[45] findet sich nunmehr eine Definition in Art. 2 Abs. 1 lit. b) Richtlinie 2006/54/EG. Danach ist eine mittelbare Diskriminierung „eine Situation, in der dem Anschein nach neutrale Vorschriften, Kriterien oder Verfahren Personen des einen Geschlechts in besonderer Weise gegenüber Personen des anderen Geschlechts benachteiligen können, es sei denn, die betreffenden Vorschriften, Kriterien oder Verfahren sind durch ein rechtmäßiges Ziel sachlich gerechtfertigt und die Mittel sind zur Erreichung dieses Ziels angemessen und erforderlich.“[46] Die „Benachteiligung in besonderer Weise“ beurteilte der EuGH bisher danach, ob tatsächlich prozentual mehr Frauen als Männer benachteiligt werden.[47] Dies betraf vor allem den Bereich der Teilzeitarbeit.[48] Eine festgestellte Benachteiligung kann jedoch „durch objektive Faktoren gerechtfertigt“ sein, soweit diese ihrerseits nichts mit einer geschlechtsbezogenen Diskriminierung zu tun haben.[49] In der Literatur wird die Konturenlosigkeit der „mittelbaren Diskriminierung“ beklagt, die es erlaube, unkontrolliert eine Vielzahl von Sachverhalten dem gemeinschaftlichen Diskriminierungsverbot zu unterwerfen.[50] Auch die Möglichkeit der Rechtfertigung führe nicht zu einer wirklichen Eingrenzung, da die Prüfung lediglich hin zur Verhältnismäßigkeit bzw. Erforderlichkeit verlagert werde.[51] Dies führe zu erheblicher Rechtsunsicherheit.[52]

---

41 Vgl. *Grundmann*, in GS Blomeyer, S. 71 (83, 95).
42 *Krimphove*, Europäisches Arbeitsrecht, S. 184.
43 Bejahend *Rebhahn*, in *Riesenhuber* (Hrsg.), Europäische Methodenlehre, S. 330 (342, 349 f.).
44 Vgl. *Krimphove*, Europäisches Arbeitsrecht, S. 186.
45 Vgl. nur EuGH v. 14. 12. 1995 – Rs. C-317/93 (*Nolte*), Slg. 1995, I-4625, Rn. 28.
46 Singgemäß auch Art. 2 Abs. 2 lit. b) Richtlinie 2000/78/EG; Art. 2 Abs. 2 lit. b) Richtlinie 2000/43/EG; Art. 2 lit. b) Richtlinie 2004/113/EG.
47 Vgl. EuGH v. 13. 7. 1989 – Rs. 171/88 (*Rinner-Kühn*), Slg. 1989, 2743, Rn. 11 f.
48 Etwa EuGH v. 13. 7. 1989 – Rs. 171/88 (*Rinner-Kühn*), Slg. 1989, 2743, Rn. 10 f.; EuGH v. 31. 3. 1981 – Rs. 96/80 (*Jenkins*), Slg. 1981, 911, Rn. 13; EuGH v. 7. 3. 1996 – Rs. C-278/93 (*Freers und Speckmann*), Slg. 1996, I-1165, Rn. 22.
49 Vgl. EuGH v. 13. 7. 1989 – Rs. 171/88 (*Rinner-Kühn*), Slg. 1989, 2743, Rn. 12; EuGH v. 14. 12. 1995 – Rs. C-317/93 (*Nolte*), Slg. 1995, I-4625, Rn. 28.
50 *Krimphove*, Europäisches Arbeitsrecht, S. 220.
51 *Krimphove*, Europäisches Arbeitsrecht, S. 224.
52 *Krimphove*, Europäisches Arbeitsrecht, S. 186.

Das gemeinschaftsrechtliche Prinzip der „Förderung der Gleichbehandlung der Geschlechter“ erscheint nun allerdings völlig ungeeignet, die Konkretisierung des Tatbestandes der mittelbaren Diskriminierung anzuleiten, ist doch die mittelbare Diskriminierung selbst bereits eine Konkretisierung des insoweit abstrakteren Gleichbehandlungsgebots. Für die Frage etwa, ab welcher Größenordnung eine prozentual relevante Benachteiligung vorliegt[53], oder welche „objektiven Faktoren“ in welchem Umfang zur Rechtfertigung herangezogen werden können, gibt das arbeitsrechtliche Gleichbehandlungsgebot nichts her. Wegen seines hohen Abstraktionsgrades dürfte daher die Konkretisierungseignung des arbeitsrechtlichen Gleichbehandlungsgebots regelmäßig zu verneinen sein.

Außerhalb des Regelungskomplexes der Gleichbehandlung wird meist davon ausgegangen, dass das Europäische Arbeitsrecht eines verbindenden und sinngebenden Regelungskonzepts entbehre und folglich auch ein inneres System nicht erkennbar sei.[54] Für einen umfassenden europaweiten Sozialschutz fehlt es jedenfalls an der nötigen Gemeinschaftskompetenz.[55] Insoweit bleibt die weitere Rechtsentwicklung abzuwarten.

3. Gesellschaftsrecht: Grenzüberschreitende Rechtssicherheit

Vergleichsweise klar treten auch die Prinzipien des Europäischen Gesellschaftsrechts hervor.

a) Informationsmodell

Nach *Grundmann* liegt dem Europäischen Gesellschaftsrecht der Gedanke der Förderung grenzüberschreitender Rechtssicherheit zugrunde.[56] Schwerpunkt der Gesellschaftsrechtsharmonisierung sei von Beginn an das Außenverhältnis insbesondere der Kapitalgesellschaften gewesen.[57] Handelsregisterpublizität, unbeschränkte Vertretungsmacht und eingeschränkte Nichtigkeit der Organisation[58] dienten ebenso wie die Regeln zur Rechnungslegung[59] und das Mindestkapital[60] dazu, die Gesellschaft als Schuldner zu erhalten und für Gläubiger und Anleger

---

53 Dazu *Krimphove*, Europäisches Arbeitsrecht, S. 219 f.

54 Vgl. *Junker*, in: *Grundmann* (Hrsg.), Systembildung und Systemlücken, S. 357 (363); *Rebhahn*, in *Riesenhuber* (Hrsg.), Europäische Methodenlehre, S. 330 (342); auch Calliess/Ruffert-*Krebber*, Art. 136 Rn. 6.

55 Vgl. *Grundmann*, in GS Blomeyer, S. 71 (94); anders bezüglich Arbeitsumwelt, Gesundheitsschutz und Sicherheit der Arbeitnehmer, Art. 137 EG.

56 *Grundmann*, Europäisches Gesellschaftsrecht, § 31 Rn. 1136; ebenso *Jung*, GPR 2003/04, 233 (236).

57 *Grundmann*, Europäisches Gesellschaftsrecht, § 31 Rn. 1102; *ders.*, in: *Riesenhuber* (Hrsg.), Europäische Methodenlehre, S. 159 (175 f.).

58 Vgl. 1. gesellschaftsrechtliche Richtlinie 68/151/EWG v. 9. 3. 1968, ABl. EG 1968 L 65/8.

59 Vgl. 4. gesellschaftsrechtliche Richtlinie 78/660/EWG v. 25. 7. 1978, ABl. EG 1978 L 222/11; 7. gesellschaftsrechtliche Richtlinie 83/349/EWG v. 13. 6. 1983, ABl. EG 1983 L 193/1; 8. gesellschaftsrechtliche Richtlinie 84/253/EWG v. 10. 4. 1984, ABl. EG 1984 L 126720.

60 Vgl. 2. gesellschaftsrechtliche Richtlinie 77/91/EWG v. 13. 12. 1976, ABl. EG 1977 L26/1.

„sicherer" bzw. „transparenter" erscheinen zu lassen.[61] Für die Schaffung grenzüberschreitenden Vertrauens genüge grundsätzlich die Harmonisierung des Außenrechts der Kapitalgesellschaften.[62] Dabei orientiere sich das Europäische Gesellschaftsrecht vornehmlich an einem Informationsmodell.[63] Nach dem Primärrecht müsse der nationale Gesetzgeber Informationsregeln den Vorrang gegenüber inhaltlich zwingenden Vorgaben immer dann einräumen, wenn Erstere zur Befriedigung des Schutzbedürfnisses ausreichen. Bilanzrecht, Kapitalmarktrecht[64], das Recht der Umstrukturierung[65], aber auch die übrigen Rechtsakte, insbesondere die 1. und 2. Richtlinie seien jeweils stark informationsorientiert. Die Betroffenen sollten möglichst eine autonome Entscheidung treffen, die durch hinreichende Information vorbereitet wird. Der einmal getroffenen „informierten Entscheidung" werde sodann hohe Bestandskraft beigelegt. Auf diese Weise werde die Rechtssicherheit im grenzüberschreitenden Verkehr erhöht.[66]

Der Gedanke des Informationsmodells ist in anderem Zusammenhang auch schon praktisch geworden. Im Hinblick auf die Niederlassungsfreiheit von Auslandsgesellschaften sah der EuGH sowohl in *Centros* als auch in *Inspire Art* die Gläubiger jeweils als durch die Firmierung als Auslandsgesellschaft und die (Informations-)Regelungen der 4. und 11. Richtlinie als hinreichend geschützt an.[67] Die Anwendung strengeren nationalen Rechts des Zuzugsstaates kam somit nicht mehr in Betracht.

b) Gleichbehandlungsgrundsatz

Als weiterer „Eckpfeiler des Europäischen Gesellschaftsrechts" wird der Anspruch auf Gleichbehandlung angesehen, der in einer Vielzahl von Einzelregelungen zum Ausdruck kommt.[68] Zu nennen ist zunächst Art. 42 der Kapitalrichtlinie, wonach

---

61 *Grundmann*, Europäisches Gesellschaftsrecht, § 31 Rn. 1140; *ders.*, in: *Riesenhuber* (Hrsg.), Europäische Methodenlehre, S. 159 (176); *Jung*, GPR 2003/04, 233 (235); *Blaurock*, ZEuP 1998, 460 (467 ff.); *Drygala*, ZEuP 2004, 337 (338 f.).
62 *Grundmann*, Europäisches Gesellschaftsrecht, § 31 Rn. 1123; *ders.*, in: *Riesenhuber* (Hrsg.), Europäische Methodenlehre, S. 159 (176 f.); *Lutter*, ZGR 2000, 1.
63 *Grundmann*, Europäisches Gesellschaftsrecht, § 31 Rn. 1137; *ders.*, in: *Riesenhuber* (Hrsg.), Europäische Methodenlehre, S. 159 (183 f.); *Jung*, GPR 2003/04, 233 (235); auch *Lutter*, ZGR 2000, 1 (6).
64 Vgl. Richtlinie 2004/25/EG v. 21. 4. 2004, ABl. EG 2004, L 142/12 (Übernahmerichtlinie); Richtlinie 2003/71/EG v. 4. 11. 2003, ABl. EG 2003 L 345/64 (Prospekterichtlinie); Richtlinie 2004/39/EG v. 21. 4. 2004, ABl. EG 2004 L145/1 (Finanzmarktrichtlinie), Richtlinie 2003/9/EG v. 28. 1. 2003, ABl. EG 2003 L96/16 (Marktmissbrauchsrichtlinie); Richtlinie 2004/109/EG v. 15. 12. 2004, ABl. EU 2004 L 390/38 (Transparenzrichtlinie).
65 Vgl. 3. gesellschaftsrechtliche Richtlinie 78/855/EWG v. 9. 10. 1978, ABl. EG 1978 L 295/36; 6. gesellschaftsrechtliche Richtlinie 82/891/EWG v. 17. 12. 1982, ABl. EG 1982 L 378/47.
66 *Grundmann*, Europäisches Gesellschaftsrecht, § 31 Rn. 1137; *ders.*, in: *Riesenhuber* (Hrsg.), Europäische Methodenlehre, S. 159 (183 f.); *Lutter*, ZGR 2000, 1 (3); *ders.*, in *Grundmann* (Hrsg.), Systembildung und Systemlücken, S. 121 (136 ff.); *Drygala*, ZEuP 2004, 337 (339); *Schön*, RabelsZ 64 (2000), 1 (14).
67 EuGH v. 9. 3. 1999, Rs. C-127/97 (*Centros Ltd./Erhvervs-og Selskabsstyrelsen*), Slg. 1999, I-1459 Rn. 36; EuGH v. 30. 9. 2003, Rs. C-167/01 (*Kamer van Koophandel en Fabriken voor Amsterdam/Inspire Art Ltd.*), Slg. 2003, I-10155 Rn. 135.
68 Vgl. *Schön*, RabelsZ 64 (2000), 1 (25); *Jung*, GPR 2003/04, 233 (239); *Grundmann*, Europäisches Gesellschaftsrecht, § 31 Rn. 1138.

die „Gleichbehandlung der Aktionäre sicher[zu]stellen [ist], die sich in den selben Verhältnissen befinden". Hinzu kommen etwa Art. 3 Abs. 1 lit. a) der Übernahmerichtlinie, der die Gleichbehandlung aller Inhaber von Wertpapieren der gleichen Gattung der Zielgesellschaft anordnet; Art. 29 Abs. 1 der Kapitalrichtlinie im Hinblick auf das Bezugsrecht der Aktionäre im Verhältnis ihrer Anteile am Aktienkapital im Falle der Kapitalerhöhung; sowie die Regelungen des Verschmelzungs- und Spaltungsrechts zum Umtauschverhältnis.[69]

Ob freilich ein so allgemeiner Gleichbehandlungsgrundsatz „als generalklauselartiger Maßstab zur Auslegung, Lückenfüllung und Anpassung des Gesellschaftsvertrags"[70] und des Europäischen Gesellschaftsrechts sinnvoll beitragen kann, darf wegen des hohen Abstraktionsgrades, ähnlich wie im Arbeitsrechts, bezweifelt werden. Dies ändert sich freilich dann, wenn man dem Gleichbehandlungsgebot als „Mindestinhalt" ein striktes gemeinschaftsrechtliches Verbot der wertmäßigen Quotenänderung entnimmt.[71] Ein solches relativ konkretes Verbot kann in der Tat als gemeinschaftsrechtlicher Kontrollmaßstab für gesellschaftsvertragliche Regelungen und Mehrheitsbeschlüsse herangezogen werden. Erreicht werden kann auf diese Weise ein „durchgängiges Minderheitenschutzmodell".[72]

c) Verbot des Rechtsmissbrauchs

Bisweilen wird insbesondere aus gesellschaftsrechtlichen Entscheidungen des EuGH[73] ein „Verbot der missbräuchlichen Berufung auf Normen des Gemeinschaftsrechts als allgemeiner Grundsatz des Gemeinschaftsrechts" abgeleitet, das als „gemeineuropäischer Privatrechtsgrundsatz" weit über den Bereich des Europäischen Gesellschaftsrechts hinaus zur Konkretsierung herangezogen werden könnte.[74] Dies insbesondere dann, wenn der Missbrauchstatbestand weiter konkretisiert wird, etwa im Hinblick auf Missbrauchsfälle des widersprüchlichen Verhaltens, der offensichtlichen Unbegründetheit einer aktienrechtlichen Beschlussanfechtung oder des Strebens nach rechtswidrigen Vorteilen.[75] Tatsächlich betont der EuGH in ständiger Rechtsprechung, dass „die missbräuchliche oder betrügerische Berufung auf Gemeinschaftsrecht ... nicht gestattet" ist.[76] Danach liegt es zu-

---

69 *Schön*, RabelsZ 64 (2000), 1 (25); *Jung*, GPR 2003/04, 233 (239).
70 So *Jung*, GPR 2003/04, 233 (239).
71 *Grundmann*, Europäisches Gesellschaftsrecht, § 31 Rn. 1138, § 10 Rn. 319, 325.
72 *Grundmann*, Europäisches Gesellschaftsrecht, § 31 Rn. 1138; *ders.*, in: *Riesenhuber* (Hrsg.), Europäische Methodenlehre, S. 159 (179).
73 Zur Niederlassungsfreiheit EuGH v. 9. 3. 1999 – C- 212/97 (*Centros*), Slg. I-1459, Rn. 24 f.; EuGH v. 30. 9. 2003 – Rs. C-167/01 (*Inspire Art*), Slg. 2003, I-10155 Rn. 136; zu Art. 25 Abs. 1 der Kapitalrichtlinie EuGH v. 12. 3. 1996 (*Pafitis*), Slg. 1996, I-1347 Rn. 67–70; EuGH v. 12. 5. 1998 – Rs. C-367/96 (*Kefalas*), Slg. 1998, I-2843, Rn. 19–29; EuGH v. 23. 3. 2000 – Rs. C-373/97 (*Diamantis*), Slg. 2000, I-1704 Rn. 33–44.
74 Vgl. *Jung*, GPR 2003/04, 233 (237 f.).
75 So *Schön*, RabelsZ 64 (2000), 1 (33).
76 EuGH v. 9. 3. 1999 – C- 212/97 (*Centros*), Slg. I-1459, Rn. 24 mit weiteren Nachweisen; EuGH v. 12. 5. 1998 – Rs. C-367/96 (*Kefalas*), Slg. 1998, I-2843, Rn. 20; EuGH v. 23. 3. 2000 – Rs. C-373/97 (*Diamantis*), Slg. 2000, I-1704 Rn. 33.

nächst durchaus nahe, „den Missbrauchsgedanken als eine *einheitliche*, alle Anwendungsfälle überwölbende Leitlinie" anzusehen.[77]

Betrachtet man jedoch die entschiedenen gesellschaftsrechtlichen Fälle genauer, so wird deutlich, dass der EuGH insoweit keineswegs ein allgemeines gemeinschaftsrechtliches Prinzip des Rechtsmissbrauchs ausgeformt hat. Vielmehr werden lediglich nationale Missbrauchsverbote auf ihre Vereinbarkeit mit dem Gemeinschaftsrecht hin überprüft. Prüfungsmaßstab ist dabei nicht ein gemeinschaftsrechtlicher Missbrauchstatbestand, sondern sind lediglich zum einen die „Ziele der fraglichen Bestimmung" des Gemeinschaftsrechts, zu deren Einschränkung das nationale Missbrauchsverbot bemüht wird;[78] und sind zum anderen „Wirksamkeit und die einheitliche Anwendung des Gemeinschafstrechts in den Mitgliedstaaten", die durch das nationale Missbrauchsverbot nicht beeinträchtigt werden dürfen.[79] Im Gemeinschaftsrecht selbst besteht danach weder ein allgemeines Verbot des Rechtsmissbrauchs noch ein besonderes, auf Klagen gegen Kapitalerhöhungen oder sonstige gesellschaftsrechtliche Maßnahmen zugeschnittenes Verbot,[80] dass zur Konkretisierung wertungsoffener Rechtssätze herangezogen werden könnte.

III. Insbesondere die Prinzipien des Europäischen Vertragsrechts

Die bei weitem größte Aufmerksamkeit wurde bisher den Prinzipien des Europäischen Vertragsrechts entgegen gebracht. Trotz der sich aus dem vielfach beklagten fragmentarischen Charakter ergebenden Schwierigkeiten der Systembildung,[81] ist man sich im Ausgangspunkt sowie in der Grundtendenz durchaus einig. Alle vorgelegten Konzeptionen nehmen ihren Ausgangspunkt von einem auch im Europäischen Vertragsrecht herrschenden Prinzip der Vertragsfreiheit, einschließlich Abschluss- und Inhaltsfreiheit.[82] Einig ist man sich weiterhin bezüglich einer Materialisierungstendenz.[83] Das formale oder rein rechtliche Verständnis der Vertragsfreiheit befindet sich zugunsten eines materialen oder tatsächlichen Verständnisses der Vertragsfreiheit auf dem Rückzug.[84] Unterschiede bestehen jedoch

---

77 *Fleischer*, JZ 2003, 865 (871) (Hervorhebung im Original).

78 EuGH v. 9. 3. 1999 – C- 212/97 (*Centros*), Slg. I-1459, Rn. 25.

79 EuGH v. 12. 5. 1998 – Rs. C-367/96 (*Kefalas*), Slg. 1998, I-2843, Rn. 22; EuGH v. 23. 3. 2000 – Rs. C-373/97 (*Diamantis*), Slg. 2000, I-1704 Rn. 34.

80 *Legeais*, in *Saenger* (Hrsg.), Casebook Europäisches Gesellschafts- und Unternehmensrecht, S. 141 f. Vgl. auch *Fleischer*, JZ 2003, 865 (874), der dem EuGH empfiehlt, „fortan eine *eigenständige* Missbrauchskonzeption zu entwickeln." (Hervorhebung im Original).

81 Dazu Kapitel 8.

82 Vgl. *Riesenhuber*, System und Prinzipien, S. 553 ff.; *ders*. Europäisches Vertragsrecht, Rn. 886 ff.; *Heiderhoff*, Grundstrukturen, S. 318 ff.; *dies*, ZEuP 2003, 769 (777 ff.); *Lurger*, Grundfragen, S. 370; *Rösler*, Europäisches Konsumentenvertragsrecht, S. 1: „Die Privatautonomie bleibt damit normwerthöchstes Prinzip der Privatrechtsordnung."; weiterhin *Basedow*, ERPL 2008, 901 (907 ff.).

83 Zum Begriff der Materialisierung *Canaris*, AcP 2000 (2000), 273 (276 ff.); *Auer*, Materialisierung, Flexibilisierung, Richterfreiheit, S. 23 ff.

84 Vgl. auch EuGH v. 26. 10. 2006 – Rs. C-168/05 (*Mostaza Claro/Centro Movil Milenium SL*), Slg. 2006, I-10421 Rn. 36: „Es handelt sich [bei Art. 6 Abs. 1 der Klauselrichtlinie] um eine zwingende Vorschrift, die wegen der Unterlegenheit einer der Vertragsparteien darauf zielt, die formale Ausbezüglich der entscheidenden Frage, nämlich inwieweit die tatsächliche Entscheidungsfreiheit beeinträchtigt sein muss, um vom Grundsatz der formalen Vertragsfreiheit abgehen zu können.[85] Es geht folglich um die der (formalen) Vertragsfreiheit und ihren Unterprinzipien der Inhalts- und Abschlussfreiheit sowie *pacta sunt servanda* jeweils entgegen zu stemmenden Prinzipien und deren Gewichtung und Abwägung im konkreten Fall. Das Hauptaugenmerk soll hier auf der jeweiligen Prinzipienkonzeption liegen, welche, als Leitmotiv, sich wiederum aus mehreren Unterprinzipien in verschiedensten Kombinationen und Gewichtungen zusammensetzen kann.[86] Kennzeichen dieser Konzeptionen ist dabei, dass bereits abstrakt eine Wertung und Gewichtung der zugrundeliegenden Interessen in der Weise vorgenommen wurde, dass die Entscheidungsfindung in eine ganz bestimmte Richtung geleitet wird. Die sich daraus ergebende Grundwertung bzw. abstrakte Vorrangregelung kann unterschiedlich stark ausgeprägt sein, d.h. zur Durchsetzung gegenläufiger Belange mag es je nach Konzeption unterschiedlich starker Rechtfertigungsgründe bedürfen. Gerade aus dieser Grundwertung ergibt sich die besondere Konkretisierungseignung der jeweiligen Prinzipienkonzeption.

1. Der Schutz der informierten Vertragsentscheidung

Ausgehend von dem in den nationalstaatlichen Rechtsordnungen vorherrschenden und auch vom Primärrecht vorausgesetzten liberalen Vertragsrechtsverständnis untersucht *Riesenhuber* inwieweit im Rahmen der Materialisierung die traditionellen Prinzipien durch das Europäische Vertragsrecht eine Neujustierung erfahren.[87]

Auch für das Europäische Vertragsrecht sei der Grundsatz der Vertragsfreiheit zentral und folge bereits aus dem Primärrecht, insbesondere den Grundfreiheiten. Europäisches Vertragsrecht bewirke jedoch eine Materialisierung der Vertragsfreiheit durch Stärkung von Selbstverantwortung und materieller wirtschaftlicher Selbstbestimmung. Dies geschehe vorrangig durch wahre, nicht-irreführende Werbung und bestimmte Informationspflichten der Anbieter.[88] Dadurch werde für den einzelnen die Möglichkeit einer informierten und überlegten Vertragsent-

---

gewogenheit der Rechte und Pflichten der Vertragsparteien als solcher durch eine materielle Ausgewogenheit zu ersetzen und so deren Gleichheit wiederherzustellen."

85 Vgl. *Zöllner*, AcP 196 (1996), 1 (28): „Die entscheidende Frage ... kann doch nur sein, welche Beeinträchtigungen der Entscheidungsfreiheit so relevant sind, dass sie Einfluss auf die Validität vertraglicher Regelungen haben."; vgl. auch *Canaris*, AcP 200 (2000), 273 (278 f.).

86 *Rösler*, Europäisches Konsumentenvertragsrecht, S. 136; *ders.*, ZEuS 2006, 341 (351), spricht insoweit vom „Makroprinzip ‚Verbraucherschutz'" das durch die „Mikroprinzipien der Information, Fairness, Sicherheit und Gesundheitsschutz, Rechtszugang bzw. Rechtsdurchsetzung, Partizipation, Vertrauen sowie Wettbewerb bzw. Effizienz" ausgestaltet werde. *Röslers* eigene Prinzipienkonzeption des Verbraucherschutzes verbindet Elemente aller drei der nachfolgend darzustellenden Ansätze und wird daher nicht gesondert aufgeführt.

87 *Riesenhuber*, System und Prinzipien, S. 553 ff.; *ders.*, Europäisches Vertragsrecht, Rn. 886 ff.

88 So auch *Fleischer*, ZEuP 2000, 772 (777).

scheidung verbessert und ihm die Verantwortung für seine Vertragsentscheidung belassen. In die gleiche Richtung zielten die Widerrufsrechte.[89] Diese würden nur in sachlich begründeten und begrenzten Ausnahmefällen, insbesondere bei Gefahr einer uninformierten Vertragsentscheidung, und nicht als allgemeines Reurecht eingeräumt.[90] Auch sie stärkten die Selbstbestimmung des Begünstigten ohne ihm die Selbstverantwortung für die Zweitentscheidung, die Ausübung des Widerrufsrechts, abzunehmen.[91/92]

Inhaltlich zwingende Vorschriften seien die Ausnahme und jeweils sachlich gerechtfertigt. So könnten die Vertragsparteien bezüglich des zwingenden Gewährleistungsrechts der Verbrauchsgüterkaufrichtlinie die Vertragsmäßigkeit durch ihre Abrede bestimmen und so den Gewährleistungsfall vermeiden. Damit könne der Verbraucher im Hinblick auf die Ware und ihre Beschaffenheit, welche er ausreichend beurteilen könne, informiert entscheiden. Dies auch deshalb, weil der Verkäufer durch die zwingende Ausgestaltung der Gewährleistungsrechte dazu angehalten werde, über etwaige Mängel aufzuklären.[93] Für den Gewährleistungsfall bleibe es beim insoweit zwingenden Leistungsstörungsrecht, hinsichtlich dessen der Verbraucher die Konsequenzen einer Disposition ohnehin nicht zuverlässig abschätzen könne. Eine Inhaltskontrolle finde nur im Falle einer Störung des Marktmechanismus statt, so im Falle allgemeiner Geschäftsbedingungen, die durch den Markt nicht wirksam kontrolliert werden, sowie bezüglich Preis und Leistung nur im Falle der Intransparenz.[94]

Insbesondere werde durch das Europäische Vertragsrecht kein „allgemeines Verbraucherschutzrecht" begründet, sondern der Verbraucher nur zur Behebung einzelner „konkret-entscheidungsbezogener Defizite", mithin situationsbedingt geschützt.[95] Problematisch sind nach diesem Ansatz daher Diskriminierungsverbote,

---

89 *Riesenhuber*, System und Prinzipien, S. 557 ff.; *ders.*, Europäisches Vertragsrecht, Rn. 897 ff.

90 Vgl. auch *Loos*, ZEuP 2007, 5 (9 ff.).

91 *Riesenhuber*, System und Prinzipien, S. 561 ff.; *ders.*, Europäisches Vertragsrecht, Rn. 902 ff. Vgl. auch *Möllers*, in: *Bottke/Möllers/Schmidt* (Hrsg.), Recht in Europa, S. 189 (206): „Nach Sinn und Zweck schützt [ein Widerrufsrecht] vor einer zu frühen Vertragsbindung in besonderen Situationen, etwa einem übereilten Vertragsschluss als Folge von Überrumpelung beim Haustürgeschäft oder einem übereilten Vertragsschluss eines nicht in seinen Folgen überdachten komplexen Verbraucherkredit- oder Teilzeitwohnrechtevertrages. Sinnvoll erscheint in solchen Fällen die Verlängerung der Überlegungsfrist und damit eine cooling-off-period, um die wirtschaftliche Selbstbestimmung des Verbrauchers sicherzustellen."

92 Vgl. auch *Rösler*, Europäisches Konsumentenvertragsrecht, S. 140 f.: „Leitlinien des Verbraucherschutzes sind also die tatsächliche Ermöglichung von Autonomie und Steigerung der Sebstschutzmöglichkeit mittels Information, durch Transparanzgebote bei den Leistungsangeboten und vertraglichen Absprachen, durch Einräumung einer Nachüberlegungsfrist mit Widerrufsrecht oder besonderem Rücktrittsrecht sowie durch Ausschluss von missbräuchlicher Nutzung der Privatautonomie ... einschließlich des Schutzes vor Irreführung, Übervorteilung und sonstiger Unfairness." Vgl. auch GA Trstenjak, Schlussaufträge v. 7. 5. 2009 – Rs. C-227/08 (*Martin Martin*), Slg. 2009, I-0000, Rn. 75 ff.

93 *Riesenhuber*, Europäisches Vertragsrecht, Rn. 757; *Möllers*, in: *Bottke/Möllers/Schmidt* (Hrsg.), Recht in Europa, S. 189 (213).

94 *Riesenhuber*, System und Prinzipien, S. 564 ff.; *ders.*, Europäisches Vertragsrecht, Rn. 913 ff.

95 *Riesenhuber*, System und Prinzipien, S. 555 ff.; *ders.*, Europäisches Vertragsrecht, Rn. 895, 933 f. Vgl. auch *Rösler*, Europäisches Konsumentenvertragsrecht, S. 15: „Der Tenor ist eindeutig: Die Inwenn sie ohne an ein Versagen des Marktmechanismus anzuknüpfen, lediglich zur Beinflussung der Moral installiert werden, bzw. pauschale Informationspflichten wie nach Art. 7 Richtlinie 2005/29/EG, soweit nicht auf eine konkrete Schutzbedürftigkeit abgestellt wird.[96]

Zusammenfassend liegt diesem Ansatz ein prozedurales Verständnis der Vertragsgerechtigkeit zugrunde: durch Gewährleistung einer informierten Vertragsentscheidung wird die inhaltliche „Richtigkeit“ des vertraglichen Ausgleichs sichergestellt (formelles Äquivalenzprinzip).[97] Zulässigkeitsvoraussetzung eines regulierenden Eingriffs des Gesetzgebers oder des konkretisierenden Richters ist der Nachweis, dass der Marktmechanismus im konkreten Zusammenhang versagt oder suboptimal funktioniert und dass zugleich Regulierung bessere Ergebnisse zeitigt, als das Hinnehmen des suboptimalen Marktprozesses.[98] Auch in diesem Fall geht es um den angemessenen Ausgleich widerstreitender Interessen und keineswegs um einen einseitigen Verbraucherschutz.[99]

Dem entspricht etwa die Entscheidung des EuGH in der Rechtssache *Hamilton*. Es ging um die Frage, ob Art. 4 Abs. 3 der Haustürgeschäfterichtlinie einer nationalen Regelung entgegen steht, die dem Verbraucher auch bei nicht erfolgter Widerrufsbelehrung nach vollständiger beiderseitiger Vertragserfüllung das Recht zum Widerruf versagt. Nach Ansicht des EuGH zeige das Abstellen auf „geeignete Maßnahmen“ der Mitgliedstaaten zum Schutz des Verbrauchers bei nicht erfolgter Widerrufsbelehrung, „dass die entsprechenden Maßnahmen nicht auf einen absoluten Schutz des Verbrauchers abzielten.“ Auch wenn Zweck der Richtlinie hauptsächlich der Schutz des Verbrauchers sei, so ergäbe sich doch „sowohl aus dem allgemeinen System der Richtlinie als auch aus dem Wortlaut anderer Be-

---

suffizienzen des Marktes sollen mit Hilfe des Rechts ausgeglichen werden.“; sowie S. 136: „Erforderlich ist eine Verabschiedung von der teilweise stereotypen Rhetorik der regulativen Priviligierung des Konsumenten. Sich allein auf pauschal postulierte Ungleichgewichtslagen zu stützen ist kaum gewinnbringend. Obwohl dieser Gedanke einen Baustein für eine Theorie des Verbraucherschutzes und eines sozialen Rechts insgesamt bildet, bedarf es doch konkret dargelegter Regelungsnotwendigkeiten, die sich von schablonenhaften Argumentationsstrukturen für Eingriffsbefugnisse verabschieden.“

96 *Riesenhuber*, Europäisches Vertragsrecht, Rn. 896a und 931a; sowie *Fleischer*, ZEuP 2000, 772 (798): „Richtigerweise sollte es auch im zukünftigen Gemeinschaftsprivatrecht bei dem durch geschichtliche Erfahrung und wirtschaftswissenschaftliche Einsicht als richtig, sinnvoll und praktikabel erwiesenen Regel-Ausnahme-Verhältnis bleiben, wonach es keine allgemeine Pflicht gibt, relevante Informationen mit dem Vertragspartner zu teilen. Existenz und Ausmaß einer vorvertraglichen Aufklärungspflicht sind vielmehr in jedem Einzelfall begründungsbedürftig.“

97 Vgl. *Riesenhuber*, Europäisches Privatrecht, Rn. 911; vgl. auch *Zimmermann*, The Law of Obligations, S. 264ff.; sowie *Rösler*, Europäisches Konsumentenvertragsrecht, S. 142: „Anstatt verdummender staatlicher Bevormundung ist der europäische Verbraucher in die Lage zu versetzen, von seinen Interessen, Schutz- und Freiheitsrechten angemessen und problemlosen Gebrauch machen zu können, und zwar unabhängig davon, wo er in der EU wohnt, wo er umworben wurde oder, wo er dann seiner Bedürfnisbefriedigung nachgeht.“

98 Vgl. *Grundmann*, in: *Riesenhuber* (Hrsg.), Europäische Methodenlehre, S. 159 (166).

99 Vgl. *Riesenhuber*, JZ 2005, 829 (835). Vgl. auch *Rösler*, Europäisches Konsumentenvertragsrecht, S. 3: „Das ... Markt- und Regulationsideal eines allseitigen Vorteils und keiner ungerechtfertigten Benachteiligung einer der Vertragsparteien gilt auch für das Konsumentenvertragsrecht.“

stimmungen, dass für den Verbraucherschutz bestimmte Grenzen bestünden."[100] Die entsprechende nationale Regelung war daher nicht zu beanstanden.

2. Legitime Erwartungen, Verbraucherschutz als Rechtsprinzip

Das Leitprinzip Europäischen Privatrechts, „das die spezifische Perspektive der Integration durch den Binnenmarkt einfängt und nationales Privatrecht nicht auf eine allokative Gerechtigkeitslogik verkürzt", sieht *Micklitz* im Prinzip der legitimen Erwartungen.[101]

Legitime Erwartungen kondensierten die Erwartungen der Wettbewerber und der Verbraucher als „wechselseitige Verhaltenserwartungen" und repräsentierten die „distributiven sozialen Gerechtigkeitsstandards" eines in Entwicklung begriffenen europäischen Privatrechts.[102] Ziel des Prinzips der legitimen Erwartungen sei es, einen Interessenausgleich zwischen Hersteller/Händler und Verbraucher herbeizuführen.[103] Dabei würden objektive und subjektive Kriterien kombiniert. Erwartungen seien subjektiv und an die Rolle und Funktion derjenigen gebunden, die sie formulieren. Dementsprechend seien die konfligierenden Rechte des Verbrauchers auf Schutz seiner ökonomischen Interessen und des Händlers/Herstellers auf Freiheit des Waren- und Dienstleistungsverkehrs auszubalancieren. Hierzu sei ein objektives Element erforderlich. Die „Legitimität" des reklamierten Rechts verweise auf Standards, die gefunden und außerhalb der individuellen Sphäre reklamierter Rechte definiert würden.[104] Das Rechtsprinzip der legitimen Erwartungen sei über den Interessenausgleich zwischen den Parteien hinaus offen für die Einbeziehung von sozialstaatlichen Werten.[105]

---

100 EuGH v. 10. 4. 2008 – Rs. C-412/06 (*Hamilton*), Slg. 2008, I-2383, Rn. 39f. Erwägungsgrund 5, Art. 5 Abs. 1 und Abs. 2 stellten jeweils auf die „Verpflichtungen" des Verbrauchers aus dem Vertrag ab. Dies deute darauf hin, dass ein Widerrufsrecht nur solange geltend gemacht werden könne, als zum Zeitpunkt seiner Ausübung noch Verpflichtungen aus dem widerrufenen Vertrag bestanden. Dies entspreche „einem der allgemeinen Grundsätze des Zivilrechts, nämlich dem, dass sich die vollständige Durchführung eines Vertrages in der Regel aus der Erbringung der gegenseitigen Leistungen der Vertragsparteien und der Beendigung des entsprechenden Vertrages ergibt."

101 *Micklitz*, ZEuP 1998, 253 (263ff.); *ders.*, in FS Reich, S. 245ff.; ablehnend *W.-H. Roth*, in *Schulte-Nölke/Schulze* (Hrsg.), Europäische Rechtsangleichung und nationale Privatrechte, S. 45ff.

102 *Micklitz*, in: FS Reich, S. 245 (247).

103 *Micklitz*, ZEuP 1998, 253 (264); *ders.*, in FS Reich, S. 245 (269).

104 *Micklitz*, in: FS Reich, S. 245 (269).

105 *Micklitz*, ZEuP 1998, 253 (264). Dem Prinzip der legitimen Erwartungen stellt *Micklitz*, ZEuP 1998, 253 (265ff.), das Modell des „kompetitiven Vertragsrechts" zur Seite, ohne das das zwischen beiden bestehende Verhältnis deutlich wird. Kompetitives Vertragsrecht sei nicht geleitet von Bindung, sondern von Flexibilität; es verlängere den Wettbewerb über den Zeitpunkt des Vertragsschlusses hinaus mit den Mitteln der Vertragslösungsrechte, Information und Transparenz. Habe eine Vertragspartei kurzfristig erkannt, dass die nachgefragte Leistung andernorts billiger zu haben sei, solle die Möglichkeit bestehen, sich von dem Vertrag zu lösen. Mit dem geltenden Recht ist dieses Konzept freilich offensichtlich nicht vereinbar, da keine unbegrenzte Lösungsmöglichkeit und schon gar nicht für beide Parteien besteht. Es kann daher für eine Konkretisierung nicht herangezogen werden.

Der Inhalt des Prinzips der legitimen Erwartungen ist damit freilich noch völlig offen. Eine Weiterentwicklung und inhaltliche Präzisierung findet sich bei *Heiderhoff*.[106] Ausgangspunkt ihrer Überlegungen ist die Prämisse, dass das Vertrauen des Verbrauchers Grundvoraussetzung für seinen grenzüberschreitenden Konsum und somit unentbehrlich für die Schaffung des Binnenmarktes ist. Verbrauchervertrauen wird so zum Bindeglied zwischen Verbrauchervertragsrecht und Binnenmarktförderung im Sinne von vergrößertem Handelsvolumen.[107]

Europäisches Vertragsrecht erreiche die Schaffung von Verbrauchervertrauen auf zweierlei Wege. Erstens durch Information und zweitens durch zwingende Regeln zugunsten des Verbrauchers.[108] Soweit der Verbraucher sich nicht ausreichend informieren könne, käme für den Aufbau des Verbrauchervertrauens nur zwingendes Vertragsrecht in Betracht.[109] Das Schutzbedürnis des Gemeinschaftsrechts orientiere sich an der „maximalen Zufriedenheit und maximalen Marktaktivität des Verbrauchers." Dazu müsse der Verbraucher wie ein Unterlegener behandelt und folglich auch geschützt werden.[110] Der Gedanke, dass für einen Eingriff in die Vertragsfreiheit der Parteien eine Ungleichgewichtslage oder gar eine Beschränkung der „echten" Selbstbestimmung des Verbrauchers (zwingend) erforderlich ist, sei dem Gemeinschaftsrecht fremd. Der Verbraucherschutz als vertrauensstärkende Maßnahme sei marktpolitisch legitimiert.[111]

Ein funktionsfähiger Markt setze aber auch Privatautonomie und Vertragsfreiheit voraus.[112] Europäisches Vertragsrecht konzentriere sich jedoch darauf, die Vertragsabschlussfreiheit, insbesondere auch die Freiheit, grenzüberschreitende Verträge zu schließen, zu verbessern.[113] Die Freiheit zur Vertragsausgestaltung sei dagegen massiv eingeschränkt, so könne beispielsweise der Verbraucher auf das Widerrufsrecht zu seinen Gunsten nicht verzichten.[114] Damit rücke der Teil der

---

106 *Heiderhoff*, Grundstrukturen, S. 331 ff.; *dies.*, ZEuP 2003, 769 (780 ff.); *dies.*, Gemeinschaftsprivatrecht, S. 118 ff.

107 *Heiderhoff*, Grundstrukturen, S. 226 f.; *dies.*, ZEuP 2003, 769 (772); *dies.*, Gemeinschaftsprivatrecht, S. 86 f. Vgl. auch *Rösler*, Europäisches Konsumentenvertragsrecht, S. 188: „Die Aufgabe des binnenmarktbezogenen Rechts muss es sein, eine bisher vernachlässigte Erwartungssicherung in diese verschiedenen Richtungen zu unterstützen. Das Vertrauensprinzip muss m. a. W. die tatsächlichen und vermeintlichen Rechtsunsicherheiten, die objektiven und subjektiven (also die vom Verbraucher empfundenen Risiken) minimieren, was verdeutlicht, dass Selbstverantwortung, wie es im Kern das besagte Informationsprinzip verfolgt, nicht ausreicht."

108 *Heiderhoff*, Grundstrukturen, S. 265; *dies.*, ZEuP 2003, 769 (773 ff.).

109 *Heiderhoff*, Grundstrukturen, S. 273 f.; *dies.*, Gemeinschaftsprivatrecht, S. 110 ff.

110 *Heiderhoff*, Grundstrukturen, S. 278; vgl. auch *dies.*, ZEuP 2003, 769 (770): An Stelle des sozialen Schutzgedankens trete „die Vorgabe, dass jeder Verbraucher bei jedem Vertragsschluss in seiner Position rechtlich gestärkt werden muss.".

111 *Heiderhoff*, Grundstrukturen, S. 280; *dies.*, Gemeinschaftsprivatrecht, S. 88. Vgl. auch *Rösler*, Europäisches Konsumentenvertragsrecht, S. 200 f.: „Die Methodik des Europäischen Verbraucher(vertrags)rechts beruht gerade nicht auf den Markt- und Handlungsdefiziten zwischen Unternehmern und Verbrauchern. ... Das gemeinschaftsrechtliche Verbraucherkonzept (...) ist losgelöst von der ökonomischen oder intellektuellen Schutzbedürftigkeit im Einzelfall."

112 *Heiderhoff*, Grundstrukturen, S. 319; *dies.*, Gemeinschaftsprivatrecht, S. 100.

113 *Heiderhoff*, Grundstrukturen, S. 321; *dies.*, Gemeinschaftsprivatrecht, S. 101.

114 *Heiderhoff*, Grundstrukturen, S. 322 f.

Vertragsfreiheit, der als unmittelbar marktfördernd erscheint, also die Freiheit möglichst viele grenzüberschreitende Verträge abzuschließen, gegenüber dem Element der individuelle Selbstbestimmung in den Vordergrund.[115] Die Selbstbestimmung des Verbrauchers sei offenbar kein eigenständiger Wert des europäischen Verbrauchervertragsrechts.[116] Es ginge vielmehr darum, den Konsumenten als „Endpunkt des Marktes“ gezielt zu stärken. Insoweit dränge es sich geradezu auf, dass die Anforderungen des Verbrauchers an den Markt und das Recht zu einem eigenständigen, die Vertragsfreiheit vielleicht sogar verdrängenden Leitgedanken erstarkt seien.[117]

Dieser Leitgedanke sei das Prinzip der legitimen Erwartungen. Erst dadurch, dass sich seine Erwartungen erfüllen, gewinne der Verbraucher Vertrauen und werde er wirtschaftlich aktiver.[118] Dabei entspräche den legitimen Verbrauchererwartungen nur ein hohes Schutzniveau.[119] Auch handele es sich um einen in der Anlage einseitig den Verbraucher begünstigenden Maßstab.[120] Das Prinzip der legitimen Erwartungen setzte sich gegen die traditionelle Interessenabwägung durch; die gleichmäßige Gewichtung der Interessen beider Parteien müsse hinter der Orientierung an den legitimen, also objektiv angemessenen Erwartungen des Verbrauchers zurücktreten.[121] Dies gelte insbesondere auch im Rahmen der Konkretisierung der auf das Richtlinienrecht zurückgehenden Generalklauseln.[122] Als spezifisch europäischer Rechtsgrundsatz träten die legitimen Erwartungen an die Stelle von Vertragsfreiheit und Selbstbestimmung.[123]

---

115 *Heiderhoff*, Grundstrukturen, S. 325.
116 *Heiderhoff*, Grundstrukturen, S. 326; *dies.*, Gemeinschaftsprivatrecht, S. 102.
117 *Heiderhoff*, Grundstrukturen, S. 330.
118 *Heiderhoff*, Grundstrukturen, S. 331; *dies.*, Gemeinschaftsprivatrecht, S. 118f. Vgl. auch *Rösler*, Europäisches Konsumentenvertragsrecht, S. 194: „generelle Gültigkeit“ und „Zukunftspotential“ des Prinzips der legitimen Verbrauchererwartungen seien „als immens zu erachten“ und für das Europäische Verbrauchervertragsrecht „von fundamentaler Bedeutung“.
119 *Heiderhoff*, Grundstrukturen, S. 334.
120 *Heiderhoff*, Grundstrukturen, S. 341; *dies.*, ZEuP 2003, 769 (782); *dies.*, Gemeinschaftsprivatrecht, S. 103. Vgl. auch *Rösler*, Europäisches Konsumentenvertragsrecht, S. 142: „Es gilt also das verbraucherpolitische Leitbild zu stärken. In dubio pro cunsumente muss der Tenor lauten, so wie es auch in Art. 5 Klauselrichtlinie zum Ausdruck kommt: Für den Verbraucher gilt die günstigste Auslegung von Vertragsklauseln.“
121 *Heiderhoff*, Grundstrukturen, S. 348; etwas abgeschwächt nunmehr *dies.*, Gemeinschaftsprivatrecht, S. 124: „Es bleibt bei dem Grundsatz von Treu und Glauben. Es bleibt auch dabei, dass der Maßstab von Treu und Glauben ganz wesentlich auf einer Abwägung der Parteiinteressen beruht. Jedoch wird die Abwägung nunmehr im Verbrauchervertrag verstärkt aus dem Blickwinkel der legitimen Erwartungen des Verbrauchers erfolgen müssen.“ Vgl. auch *Rösler*, Europäisches Konsumentenvertragsrecht, S. 6: „Der Verbraucherschutz … bildet in den inner- und außereuropäischen Entwicklungen ein bedeutendes Leitmotiv. Er ist zu einem rechtsordnungsimmanenten Schutzprinzip geworden, was nach richtiger Ansicht zu einer konsumentenfreundlichen Auslegung im Obligationensystem zwingt.“
122 *Heiderhoff*, Grundstrukturen, S. 348; *dies.*, ZEuP 2003, 769 (782): „Es muss davon ausgegangen werden, dass sich diese einseitig ausgerichtete Interessenabwägung auch bei der Ausfüllung des Grundsatzes von Treu und Glauben auswirken wird.“
123 *Heiderhoff*, Grundstrukturen, S. 346f.

Zusammenfassend kann dieses Prinzip als unter den Vorbehalt der Marktorientierung und Marktrelevanz gesellter Grundsatz der Meistbegünstigung des Verbrauchers[124] gekennzeichnet werden.[125] Offen bleibt dabei, inwieweit, abgesehen von einem hohen Schutzniveau, die Legitimität der Verbrauchererwartungen objektiv zu bestimmen ist.

3. Rücksichtnahme und Fairness („vertragliche Solidarität")

Ausgehend von einer Untersuchung der mitgliedstaatlichen Vertragsrechte sowie des Europäischen Vertragsrechts versucht *Lurger* diejenigen „neuen" Prinzipien zu bennen, die neben die Vertragsfreiheit treten und mit dieser teilweise konkurrieren.[126]

In Anlehnung an *Thibierge-Guelfucci*[127] werden drei neue vertragsrechtliche Prinzipien identifiziert, die gleichwertig neben das liberalistisch-individualistische Prinzip der Privatautonomie treten, dieses jedoch nicht ablösen sollen. Der „Grundsatz der vertraglichen Gleichheit" beziehe sich auf die ungleiche Ausgangsposition der Parteien, die insbesondere aus einer ungleichen Macht- und/oder Informationslage resultieren kann. Der „Grundsatz des vertraglichen Gleichgewichts" beziehe sich auf die Ausgewogenheit des Vertragsinhalts, sei unabhängig von einer Ungleichgewichtslage und gelte während der gesamten Dauer des Vertrages. Der „Grundsatz der vertraglichen Solidarität" schließlich beinhalte Informations-, Beratungs-, Loyalitäts-, Kooperationspflichten, Pflichten zur Hilfestellung, kurz alle Tätigkeiten, die sich aus der Rücksichtnahme auf und aus der altruistischen Förderung der Interessen der anderen Partei, teilweise unter Hintanstellung der eigenen Interessen, ergeben können. Die Schutzinstrumente des allgemeinen Vertragsrechts seien allesamt durch eines dieser Prinzipien erklärbar.[128]

---

124 Vgl. zum Grundsatz „im Zweifel zugunsten des Verbrauchers" auch *GA Tizzano*, Schlussanträge v. 20. 9. 2001 – Rs. C-168/00 (*Simone Leitner*), Slg. 2002, I-2631 Rn. 26: „Sodann weise ich speziell darauf hin, dass sich die Auslegung der Richtlinie an den allgemeinen Kriterien auszurichten hat, wonach Bestimmungen im Zweifelsfall am günstigsten für denjenigen auszulegen sind, der durch sie geschützt werden soll, also für den Verbraucher touristischer Dienstleistungen."; dagegen *Riesenhuber*, in: *ders.* (Hrsg.), Europäische Methodenlehre, S. 186 (207 ff.); *ders.*, JZ 2005, 829 ff.; vgl. weiterhin *Rösler*, JZ 2006, 400 ff.; *Tonner*, JZ 2006, 402 ff.; und nochmals *Riesenhuber*, JZ 2006, 404 f. Der maßgebliche Unterschied zu dem von *Rösler* propagiertem „Makroprinzip ‚Verbraucherschutz'", das in dem Auslegungsgrundsatz „in dubio pro consumente" resultiert, scheint darin zu bestehen, dass nach letzterem die Marktorientierung etwas in den Hintergrund tritt; vgl. *Rösler*, RabelsZ 71 (2007), 495 ff.

125 Dabei weist *Heiderhoff*, Gemeinschaftsprivatrecht, S. 119, ausdrücklich darauf hin, dass die Anerkennung eines solchen Prinzips der legitimen Erwartungen nicht mit inhaltlicher Zustimmung verwechselt werden darf; insbesondere sei sehr bedenklich, wenn der Gemeinschaftsgesetzgeber individuelle Freiheit durch vorgefertigte, dem Verbraucherinteresse vermeintlich entsprechende zwingende gesetzliche Regelungen ersetzt (S. 118).

126 *Lurger*, Vertragliche Solidarität, S. 129; *dies.*, Grundfragen, S. 370 ff.; *dies.*, in: *Hartkamp u.a.* (Hrsg.), Towards a European Civil Code, S. 273 ff.

127 *Thibierge-Guelfucci*, RTDC, 1997, 357 (377 ff.).

128 *Lurger*, Grundfragen, S. 371 ff.; *dies.*, Vertragliche Solidarität, S. 132. Vgl. auch EuGH v. 26. 10. 2006 – Rs. C-168/05 (*Mostaza Claro/Centro Movil Milenium SL*), Slg. 2006, I-10421 Rn. 25, wonach das

Diese drei Unterprinzipien werden in dem einheitlichen „Prinzip der Rücksichtnahme und Fairness“[129] zusammengefasst.[130] Die Vertragsparteien befänden sich nicht mehr im Zustand individualistischer Isolation sondern müssten die Interessen der anderen Partei in vielfältiger Weise beachten und respektieren.[131] Geschützt werde zunächst die Vertragsfreiheit im materiellen Sinne durch Informationspflichten und Rücktrittsrechte. Vorschriften der Inhaltskorrektur und der nicht-abschlussbezogenen Vertragsauflösung hätten zwar oft eine „Trübung der Abschlussfreiheit“ zur Voraussetzung, schützten jedoch vorrangig die Vermögensinteressen der benachteiligten Partei, da durch den staatlichen Eingriff die Vertragsfreiheit nicht wieder hergestellt, sondern eine Vermögensschädigung verhindert werde.[132] Der Grundsatz der Vertragsfreiheit im materiellen Sinne reiche daher zur Begründung des vertragsrechtlichen Schutzes nicht aus. Vielmehr liege der Gedanke der Rücksichtnahme auf die Interessen und Rechtsgüter der jeweils anderen Vertragspartei allen vertragsrechtlichen Schutzbestimmungen zugrunde, auch jenen, die die Vertragsfreiheit im materiellen Sinne schützen sollen. Rücksichtnahme bedeute in allen Fällen eine Einschränkung der Vertragsfreiheit oder des isolierten Eigeninteresses der rücksichtnehmenden Vertragspartei. Sie gebiete jedoch nur einer besonders radikalen Form der Verfolgung von Eigeninteressen Einhalt, die von der Rechtsordnung aus dem Grunde der wesentlichen Schädigung der Rechtsgüter der anderen Partei als unerwünscht angesehen werde.[133] Hinsichtlich des erwünschten Niveaus der Rücksichtnahme im Rechtsverkehr könne man den Begriff der Fairness[134] verwenden. Das Prinzip der Rücksichtnahme und Fairness befände sich so im Konflikt mit dem formal verstandenen Prinzip der Ver-

---

Schutzssystem der Klauselrichtlinie von einer „schwächeren Verhandlungsposition“ sowie einem „geringeren Informationsstand“ des Verbrauchers ausgeht, sowie Rn. 36, wonach durch Art. 6 der Klauselrichtlinie eine „materielle Ausgewogenheit“ der Rechte und Pflichten der Parteien und damit deren Gleichheit wiederhergestellt werden soll.

129 An der Bezeichnung „Prinzip der vertraglichen Solidarität“, *Lurger*, Vertragliche Solidarität, S. 132f., wird wegen der Irreführungsgeeignetheit dieses Begriffs nicht mehr festgehalten, vgl. *Lurger*, Grundfragen, S. 373ff.

130 Vgl. auch *Rösler*, Europäisches Konsumentenvertragsrecht, S. 61f.: Ein „ebenenübergreifendes Solidarvertragsrecht“ baue nicht mehr allein auf den Parteiwillen, sondern ziele „fast ebenso stark auf die Herstellung sozial-gerechter Zustände im Einzelfall und vor allem den Schutz der schwächeren Partei durch steuernde Rechtsmaßnahmen. Es geht also mehr als früher um die Erzielung ausbalancierter Ergebnisse, um ein ‚solidarisches Vertragsrecht‘, das zur gegenseitigen Rücksichtnahme und Kooperation in allen Stadien des Vertragslebens verpflichtet.“

131 *Lurger*, Grundfragen, S. 377. Vgl. auch *Wilhelmson*, in: *ders.* (Hrsg.). Perspectives of Critical Contract Law, S. 9 (41): „Summarized in a short formulation, an anti-traditionalist model could therefore picture contract as a form of flexible and changing cooperation between and with regard to different actors on the market, enforced as a tool of rational distribution in the society.“; sowie *ders.*, Social Contract Law and European integration, S. 25ff., wo dem traditionellen liberalen Vertragsrecht des 19. Jahrhunderts das Konzept des „social contract law” gegenüber gestellt wird, dass sich durch „content-orientation“, einen „dynamic approach“, „cooperation“, „collectivism“, sowie einen „person-oriented approach”; kurz durch „aiming at the protection of the weaker party to a contract” auszeichnet, und auch dem Europäischen Privatrecht als „general value basis” zugrunde liegen soll.

132 *Lurger*, Grundfragen, S. 378.

133 *Lurger*, Grundfragen, S. 379.

134 Vgl. auch *Rösler*, Europäisches Konsumentenvertragsrecht, S. 169ff.

tragsfreiheit und einer zu radikalen Verfolgung von Eigeninteressen durch eine Partei.[135]

Die Frage der Grenzziehung zwischen Rücksichtnahme und Fairness auf der einen und Vertragsfreiheit auf der anderen Seite sei die grundlegende Ordnungsfrage des Vertragsrechts.[136] Eine Beantwortung wird versucht für die Problemkomplexe der Informations- und Beratungspflichten sowie das Leistungsstörungsrecht im weiteren Sinne.[137] Informations- und Beratungspflichten seien durch das Vertragsrecht der nach Macht, Kenntnissen und Informationen überlegenen Partei gegenüber dem „schwächeren" Gegner aufzuerlegen. Die Intensität variiere je nach Intensität der Überlegenheit und Gefährlichkeit des betreffenden Vertragsabschlusses. Im übrigen seien die Lasten zu minimieren und möglichst gleichmäßig aufzuteilen.[138] Hinsichtlich des Leistungsstörungsrechts stehe für die Frage der Befreiung des vertragstreuen Gläubigers und Festlegung der Einstandspflicht des vertragsbrüchigen Schuldners eine Abwägung der Interessen beider Vertragsparteien im Mittelpunkt, die die Zumutbarkeit der angestrebten Rechtsbehelfe vergleicht und opportunistisches Parteienverhalten zu verhindern trachtet. Die Abwägung prüfe die „gegenseitige Belastbarkeit der Parteien" nicht in erster Linie nach deren persönlichen Eigenschaften, sondern vor allem nach dem Vertragsprogramm.[139]

Zusammenfassend betrachtet ruht dieses Konzept auf zwei Säulen. Maßgeblich ist zum einen die ungleiche Machtverteilung zwischen den Parteien, die bereits bei Vertragsschluss bestehen oder nachträglich eintreten kann, sich auf wirtschaftliche oder intellektuelle Leistungsfähigkeit oder sonstige Faktoren beziehen kann und in jedem Fall gesteigerte Fürsorgepflichten der „starken" Partei zur Folge hat. Hinzu kommt die weitgehende Ablösung des Marktmechanismus durch staatliche Überwachung der Vertragsbeziehung von der Vertragsanbahnung bis zur vollständigen Beendigung.[140] Dieser Vorstellung scheint für die Weiterentwicklung des Europäischen Vertragsrechts besondere Bedeutung zuzukommen. So wurde im Grünbuch zur Überprüfung des gemeinschaftlichen Besitztsandes im Verbraucherrecht die Einfügung eines allgemeinen übergreifenden Prinzips von „Treu und Glauben und Fairness" in ein „horizontales" Verbraucherschutzinstrument vorgeschlagen. Hierdurch sollten „von der Aushandlung bis zur Ausführung eines

---

135 *Lurger*, Grundfragen, S. 379 f. Vgl. auch *Rösler*, Europäisches Konsumentenvertragsrecht, S. 158: „Es geht hierbei um die Effektuierung des Treu und Glaubens-Grundsatzes in Form eines ‚fairen' und kooperativen Umgangs mit dem unterlegenen Anderen."

136 *Lurger*, Grundfragen, S. 393.; *dies.*, in: *Hartkamp u.a.* (Hrsg.), Towards a European Civil Code, S. 273 (287).

137 *Lurger*, Grundfragen, S. 471 ff.

138 *Lurger*, Grundfragen, S. 479 f.

139 *Lurger*, Grundfragen, S. 487 ff., 525.

140 Vgl. *Lurger*, Grundfragen, S. 462: „Die Bestimmung der Intensität der gebotenen gegenseitigen Rücksichtnahme und die Auslegung von gutem Glauben und Fairness dürfen allerdings nicht zur Gänze den einzelnen Wirtschaftszweigen oder Märkten überlassen werden. Der Gesetzgeber und der Richter müssen ihre aktive Rolle in der Mitgestaltung und der Kontrolle der auf dem Markt geltenden Normen und Standards wahrnehmen."

Vertrages" durch die Gerichte zur Verbesserung des Verbraucherschutzes Gesetzeslücken durch die „Entwicklung zusätzlicher Rechte und Pflichten" geschlossen werden. Nach der Auffassung der Kommission wäre damit „die Vorstellung abgedeckt, dass die Interessen der anderen Partei unter Berücksichtigung der speziellen Lage einiger Verbraucher gebührend beachtet werden."[141] In den Vorschlag für eine Richtlinie über Rechte der Verbraucher wurde eine entsprechende Klausel zwar nicht übernommen,[142] der nunmehr vorliegende endgültige akademische Entwurf eines Gemeinsamen Referenzrahmens (DCFR) verpflichtet aber gleichwohl die Vertragsparteien auf die Grundsätze des guten Glaubens und der Redlichkeit in Vertragsangelegenheiten,[143] und zwar vom Eintritt in Vertragsverhandlungen[144] bis hin zum Stadium der Vertragserfüllung.[145] Der DCFR folgt damit den Vorschlägen der *Association Henri Capitant*, die auf rechtsvergleichender Grundlage unter Einbeziehung des gemeinschaftlichen Besitzstandes zu dem Schluss kommt, dass sich dem Grundsatz von Treu und Glauben eine allgemeine Pflicht zur Kooperation der Parteien entnehmen lässt, die je nach den Umständen, insbesondere im Hinblick auf die Natur des jeweiligen Vertrages, unterschiedlich stark ausgeprägt sein kann, aber selbst bei Vertragstypen, die wie der Kaufvertrag durch einen Interessengegensatz der Parteien geprägt sind, jedenfalls in Minimalform vorhanden sei.[146] Der überragende Stellenwert dieses Prinzips kommt dabei in seinem zwingenden Charakter zum Ausdruck,[147] womit der Grundsatz der Vertragsfreiheit zugunsten staatlicher Überwachung erheblich zurück geschnitten wird.

---

141 Vgl. Grünbuch: Die Überprüfung des gemeinschaftlichen Besitztsandes im Verbraucherschutz (Vorlage der Europäischen Kommission) v. 8. 2. 2007, KOM (2006) 744 endg., S. 19f.

142 Vgl. Vorschlag für eine Richtlinie des Europäischen Parlaments und des Rates über Rechte der Verbraucher, KOM(2008) 614 endg.

143 *Study Group on a European Civil Code/Research Group on EC private law (Acquis Group)*, Principles, Definitions and Model Rules of European private Law: Draft Common Frame of Reference (DCFR), 85: "A recurring and important idea is that parties are expected to act in accordance with good faith and fair dealing."

144 Art. II.-3:301(2) DCFR.

145 Art. III.-1:103 DCFR.

146 *Association Henri Capitant des Amis de la Culture Juridique Française/Société de Légilsation Comparée*, European Contract Law, Materials for a Common Frame of Reference: Terminology, Guiding Principles, Model Rules, S. 547f.: "Good faith is no longer the opposite of bad faith but a positive, autonomous concept, generally understood to be the basis of a duty of cooperation between the parties. ... [E]ven in [the case of a contract for sale], the opposing interests of the parties do not mean that a minimum level of collaboration should not be expected from the parties. It would appear obviously contrary to good faith not to inform the other party of events which would compromise the proper performance of the contract and which the party had personal knowledge of."

147 *Association Henri Capitant des Amis de la Culture Juridique Française/Société de Légilsation Comparée*, European Contract Law, Materials for a Common Frame of Reference: Terminology, Guiding Principles, Model Rules, S. 515: "[W]e must establish the force of the duty of good faith on the parties. Here it is the imperative character of the duty of good faith and fair dealing that it is important to state. After all, a general duty of good faith and fair dealing would be entirely ineffective if the parties were allowed to derogate from the principle, or even just to limit it."

IV. Die Konkretisierungseignung der Prinzipien des Europäischen Vertragsrechts

Die nach den verschiedenen Ansätzen herausgearbeiteten Prinzipienkonzeptionen sollen nun anhand einiger Beispielsfälle daraufhin untersucht werden, inwieweit sie sich als Gründe für die argumentative Rechtfertigung konkreter Fallnormen eignen.

1. Rechtsfolgen des Widerrufs eines Realkreditvertrages – Rechtssache C-350/03 (*Schulte*)[148]

Bei dieser ausschließlich deutschen Problematik[149] geht es um Sachverhalte, in denen Anlageberater insbesondere Anfang der neunziger Jahre unrentable Immobilien einschließlich deren Finanzierung als Steuersparmodelle an Verbraucher vermittelten („Schrottimmobilien“).[150] In der Rechtssache *Heininger* hatte der EuGH entschieden, dass auch Realkreditverträge dem Widerrufsrecht nach der Haustürgeschäfterichtlinie unterliegen.[151] Die Folgen eines Widerrufs des Kreditvertrages für den Kaufvertrag über die Immobilie und für die Bestellung des Grundpfandrechts bestimme sich jedoch nach nationalem Recht.[152] Der XI. Zivilsenat des BGH lehnte in ständiger Rechtsprechung die Annahme eines verbundenen Geschäfts im Sinne von § 359 Abs. 3 Satz 3 BGB bezüglich Kreditvertrag und Immobilienkauf ab.[153] Folge ist, dass der Verbraucher, macht er von seinem Widerrufsrecht Gebrauch, sofort zur Rückzahlung des Darlehensbetrages zuzüglich der marktüblichen Zinsen verpflichtet ist und auf der wertlosen Immobilie sitzen bleibt, §§ 357 Abs. 1, 346 BGB.[154]

---

148 EuGH v. 25. 10. 2005 – Rs. C-350/03 (*Schulte/Badenia AG*), Slg. 2005, I-9215; vgl. auch EuGH v. 25. 10. 2005 – Rs. C-229/04 (*Crailsheimer Volksbank/Conrads u.a.*), Slg. 2005, I-9273.

149 Bedingt zum einen durch die Wiedervereinigung, zum anderen durch die überschießende Umsetzung der Haustürgeschäfterichtlinie in Deutschland unter Einbezug der „Vertragsanbahnung“, vgl. *Staudinger*, NJW 2005, 3521; *Habersack*, JZ 2006, 91 (94). Tatsächlich dürfte es sich meist nach europäischer – Art. 1 Haustürgeschäfterichtlinie verlangt den Vertragsabschluss in der Haustürsituation – wohl aber auch nach deutscher – Vertragsanbahnung in der Haustürsituation ausreichend – Rechtslage um „Phantomsachverhalte“ handeln, da zwischen erstem Besuch des Anlagevermittlers und Abschluss des Realkreditvertrages meist eine erhebliche Zeitspanne liegt und deshalb die Annahme eines Fortwirkens der Überrumpelung eine reine Fiktion sein dürfte, vgl. *Benedict*, AcP 206 (2006), 56 (85ff.), der insoweit von einer „doppelten Abstraktion“ der EuGH-Entscheidung spricht, losgelöst zum einen vom rechtlichen Kontext der mitgliedstaatlichen Umsetzung, und zum anderen von der Rechtswirklichkeit.

150 Vgl. zum Vorgehen *Deutsch*, NJW 2003, 2881 f.

151 EuGH v. 13. 12. 2001 – Rs. C-481/99 (*Heininger*), Slg. 2001, I-9945 Rn. 40.

152 EuGH v. 13. 12. 2001 – Rs. C-481/99 (*Heininger*), Slg. 2001, I-9945 Rn. 35.

153 BGH, NJW 2002, 1881 (1884); NJW 2004, 1376 (1378). Anders der II. Senat bezüglich darlehensfinanzierter Beitritte zu geschlossenen Immobilienfonds, BGH, NJW 2004, 2731 (2735f.). Zur Frage der Anwendbarkeit der Haustürgeschäfterichtlinie auf die Beteiligung an einem geschlossenen Immobilienfond sowie zum Verhältnis des verbraucherschützenden Widerrufs einer Fondbeteiligung zu den Grundsätzen der fehlerhaften Gesellschaft vgl. den Vorlagebeschluss des BGH v. 5. 5. 2008 – II ZR 292/06; beim EuGH geführt als Rs. C-215/08.

154 Vgl. *Hoffmann*, ZIP 2004, 49 (54f.).

Nach Vorlage des LG Bochum[155] geriet diese Rechtslage auf den Prüfstand des Gemeinschaftsrechts. Der EuGH entschied zunächst, dass Art. 3 Abs. 2 lit. a) der Haustürgeschäfterichtlinie, wonach Immobilienkaufverträge aus dem Anwendungsbereich ausgenommen sind, auch auf Kaufverträge über Immobilien anwendbar ist, die Bestandteil eines kreditfinanzierten Kapitalanlagemodells sind.[156] Weiterhin enthalte die Richtlinie weder ausdrücklich noch stillschweigend Vorschriften über verbundene Geschäfte.[157] Folglich gebiete die Richtlinie nicht, dass nach nationalem Recht für den Fall, dass die beiden verbundenen Verträge eine wirtschaftliche Einheit bilden, der Widerruf des Realkreditvertrages auf die Gültigkeit des Kaufvertrages durchschlägt.[158] Selbst wenn das Darlehen ausschließlich zur Finanzierung des Erwerbs der Immobilie dient und unmittelbar an deren Verkäufer ausbezahlt wurde, stehe die Richtlinie einer im Falle des Widerrufs sofortigen Verpflichtung des Verbrauchers zur Rückzahlung des Darlehensbetrages zuzüglich der marktüblichen Zinsen nicht entgegen.[159] Dies gelte jedoch „nicht zwangsläufig" auch dann, wenn der Gewerbetreibende seiner Belehrungspflicht nach Art. 4 der Richtlinie nicht nachgekommen sei.[160] Nach Art. 4 Abs. 3 der Richtlinie obliege es den Mitgliedstaaten für den Fall der unterbliebenen Wiederrufsbelehrung geeignete Maßnahmen zum Schutz des Verbrauchers vorzusehen.[161] Komme ein Kreditinstitut der Belehrungspflicht nicht nach, trage der Verbraucher bei Rückzahlung des Darlehens die Risiken der Kapitalanlage, „insbesondere" dass sich die veranschlagten Mieteinnahmen nicht erzielen lassen und dass sich die Erwartungen in Bezug auf die Entwicklung des Immobilienpreises als falsch erweisen.[162] Im Falle der rechtzeitigen Widerrufsbelehrung hätte der Verbraucher diese Risiken vermeiden können. Die Richtlinie verpflichte die Mitgliedstaaten, geeignete Maßnahmen zu treffen, damit in einem Fall, in dem der Verbraucher bei ordnungsgemäßer Belehrung die Risiken der Kapitalanlage „hätte vermeiden können", das Kreditinstitut, dass seiner Belehrungspflicht nicht nachgekommen ist, die Folgen der Verwirklichung dieser Risiken trägt.[163]

Inwieweit lässt sich dieses Ergebnis mit Hilfe der vorgestellten Prinzipienkonzeptionen rechtfertigen?

---

155 LG Bochum, NJW 2003, 2612 ff.
156 EuGH v. 25. 10. 2005 – Rs. C-350/03 (*Schulte/Badenia AG*), Slg. 2005, I-9215, Rn. 75.
157 EuGH v. 25. 10. 2005 – Rs. C-350/03 (*Schulte/Badenia AG*), Slg. 2005, I-9215, Rn. 76.
158 EuGH v. 25. 10. 2005 – Rs. C-350/03 (*Schulte/Badenia AG*), Slg. 2005, I-9215, Rn. 80. Die Richtlinie schließe ein solches Ergebnis allerdings auch nicht aus.
159 EuGH v. 25. 10. 2005 – Rs. C-350/03 (*Schulte/Badenia AG*), Slg. 2005, I-9215, Rn. 86, 89, 93.
160 EuGH v. 25. 10. 2005 – Rs. C-350/03 (*Schulte/Badenia AG*), Slg. 2005, I-9215, Rn. 94.
161 EuGH v. 25. 10. 2005 – Rs. C-350/03 (*Schulte/Badenia AG*), Slg. 2005, I-9215, Rn. 95.
162 EuGH v. 25. 10. 2005 – Rs. C-350/03 (*Schulte/Badenia AG*), Slg. 2005, I-9215, Rn. 98, 52.
163 EuGH v. 25. 10. 2005 – Rs. C-350/03 (*Schulte/Badenia AG*), Slg. 2005, I-9215, Rn. 100 f. Vgl. zur möglichen Umsetzung dieser Vorgaben in das deutsche Recht *Habersack*, JZ 2006, 91 (92 f.); *Staudinger*, NJW 2005, 3521 (3524 f.); *Rösler*, ZEuP 2006, 869 (881): Schadensersatzanspruch nach §§ 280 Abs. 1, 241 Abs. 2, 311 Abs. 2 Nr. 1, 249 BGB.

a) Schutz der informierten Vertragsentscheidung

Entscheidend ist danach die Wiederherstellung der materialen Vertragsfreiheit vorrangig durch Information und nur soweit dadurch Marktversagen nicht behoben werden kann, durch zwingendes Vertragsrecht. Dem Vorrang des Informationsmodells entspricht es, wenn der EuGH die Verlagerung des Anlagerisikos davon abhängig macht, dass über ein Widerrufsrecht nicht belehrt wurde. Freilich hätte regelmäßig dem Verbraucher das Wissen um dieses Wiederrufsrecht nichts genutzt. Dies gilt zunächst für die Fälle, in denen der Immobilienkaufvertrag zeitlich vor dem Darlehensvertrag abgeschlossen wurde.[164] Doch auch im übrigen dürfte nahe liegen, dass der Verbraucher von seinem Widerrufsrecht ohnehin keinen Gebrauch gemacht hätte, insbesondere bei steuerlich motiviertem Erwerb und zumal sich die Kapitalanlagerisiken erst nach geraumer Zeit realisierten.[165] Zur Erreichung einer informierten Vertragsentscheidung hätten Information und Belehrung darauf abzielen müssen, die konkret mit der Kapitalanlage verbundenen Risiken sowie die Wahrscheinlichkeit deren Realisierung aufzuzeigen.[166] Insoweit bedarf es allerdings der Feststellung einer konkreten Informationsasymmetrie, eines konkreten Wissensvorsprungs der Bank gegenüber dem Kunden im Hinblick auf die zu finanzierende Transaktion, wobei die Bank regelmäßig davon ausgehen darf, dass ihre Kunden über die notwendigen Informationen verfügen. Etwas anderes gilt aber dann, wenn sich die Bank nicht auf die Finanzierung der Transak-

---

164 Vgl. *Habersack*, JZ 2006, 91 (94); anders *Staudinger*, NJW 2005, 3521 (3523). Der BGH hält jedenfalls für diese Fälle ausdrücklich an seiner bisherigen Rechtsprechung fest, vgl. BGH v. 16. 5. 2006 – XI ZR 6/04 Rn. 30: „Soweit der EuGH gemeint hat, Art. 4 der Haustürgeschäfterichtlinie verpflichte die Mitgliedstaaten, dafür zu sorgen, den Verbraucher vor den Risiken einer kreditfinanzierten Kapitalanlage zu schützen, die er im Falle einer Widerrufsbelehrung der kreditgebenden Bank hätte vermeiden können, ist eine richtlinienkonforme Auslegung, sollte sie nach deutschem Recht überhaupt möglich sein, nur in den wenigen Fällen notwendig, in denen der Verbraucher den Darlehensvertrag anlässlich eines Besuchs des Gewerbetreibenden beim Verbraucher oder an seinem Arbeitsplatz oder während eines vom Gewerbetreibenden außerhalb seiner Geschäftsräume organisierten Ausflugs abgeschlossen bzw. sein Angebot abgegeben hat (Art. 1 Abs. 1 Haustürgeschäfterichtlinie), und in denen der Verbraucher überdies an seine Erklärung zum Abschluss des mit Hilfe des Darlehens zu finanzierenden Geschäfts noch nicht gebunden war." bzw. Rn. 38: „Ein Schadensersatzanspruch wegen der Nichterteilung einer Widerrufsbelehrung ist nämlich jedenfalls mangels Kausalität zwischen unterlassener Widerrufsbelehrung und dem Schaden in Gestalt der Realisierung von Anlagerisiken zumindest immer dann ausgeschlossen, wenn der Verbraucher – wie hier – den notariell beurkundeten Immobilienkaufvertrag vor dem Darlehensvertrag abgeschlossen hat." Vgl. auch *Rösler*, ZEuP 2006, 869 (884ff.). Im Übrigen muss der Verbraucher sowohl ein Verschulden der finanzierenden Bank als auch konkret nachweisen, dass er den Darlehensvertrag bei ordnungsgemäßer Belehrung tatsächlich widerrufen hätte; auf eine Vermutung aufklärungsrichtigen Verhaltens kann er sich nicht berufen; vgl. BGH v. 26. 2. 2008 – XI ZR 74/06, Rn. 21 und 34.

165 *Habersack*, JZ 2006, 91 (94); anders *Staudinger*, NJW 2005, 3521 (3523) sowie *Rösler*, ZEuP 2006, 869 (882): „widerlegliche Vermutung"; nach *Benedict*, AcP 206 (2006), 56 (81 f.), handelte sich bei der Prämisse des EuGH, dass der Verbraucher bei ordnungsgemäßer Belehrung möglicherweise widerrufen hätte, um eine „phantastische Hypothese zur Lebenswirklichkeit", da empirische Befunde in die entgegengesetzte Richtung weisen.

166 Nach *Staudinger*, NJW 2005, 3521 (3523), sei die Vermeidung derartiger finanzieller Risiken nicht vom Schutzzweck der Widerrufsbelehrung umfasst; das Ergebnis sei jedoch durch den abschreckenden Charakter der überschießenden Sanktionswirkung gerechtfertigt.

tion beschränkt, sondern etwa an Planung und Vertrieb des Projekts maßgeblich beteiligt war. Die sich daraus ergebenden Informationsvorsprünge und Interessenkonflikte rechtfertigen eine Hinweispflicht der Bank auf die besonderen Risiken des Geschäfts.[167] An einem konkreten Wissenvorsprung fehlt es aber beispielsweise, wenn der Beitritt zu einem bisher wirtschaftlich erfolgreichen Immobilienfond lediglich finanziert wird.[168] Das Ergebnis des EuGH steht daher mit dem Schutz der informierten Vertragsentscheidung nicht im Einklang.

b) Legitime Erwartungen

Danach ist die Position des Verbrauchers als Endpunkt der Handelskette zu stärken soweit dadurch die grenzüberschreitende Nachfrage erhöht wird. Die Stärkung des Verbraucherschutzes spricht für die Verlagerung des Kapitalanlagerisikos auf den Kreditgeber.[169] „Der Unternehmer muss den Verbraucher durch Einräumung des Widerrufsrechts vor den wirtschaftlichen Risiken des Vertrages beschützen. Nur wenn der Verbraucher das Widerrufsrecht hat und aufgrund der ordnungsgemäßen Widerrufsbelehrung auch kennt, gehen die wirtschaftlichen Risiken auf ihn über."[170] Allerdings handelt es sich bei den „Schrottimmobilien" um ein typisch deutsches Problem. Grenzüberschreitende Aktivitäten sind insoweit allein schon aufgrund der steuerlichen Zielsetzung fernliegend. Es handelt sich daher nicht um „typisch marktfördernde grenzüberschreitende Geschäfte".[171] Nimmt man die Binnenmarktorientierung ernst, hätte der EuGH von der vorgenommen Rechtsfortbildung Abstand nehmen müssen.

c) Rücksichtnahme und Fairness

Zwischen dem Kreditgeber und dem Verbraucher besteht ein Machtgefälle bezüglich der wirtschaftlichen Leistungsfähigkeit schon bei Beginn des Vertrages. Dieses Machtgefälle wird verschärft, wenn der Verbraucher in Folge der Realisierung der Kapitalanlagerisiken seine gesamten Ersparnisse verliert.[172] Zudem dürfte der Kreditgeber regelmäßig wesentlich besser in der Lage sein, die mit der Kapitalanlage verbundenen Risiken abzuschätzen, so dass auch ein abstraktes Informationsungleichgewicht besteht. Dieses wirtschaftliche und informationelle Machtgefälle löst auf Seiten des Kreditgebers Rücksichtnahmepflichten aus, die dazu

---

167 Vgl. BGH v. 16. 5. 2006 – XI ZR 6/04 Rn. 41.
168 Vgl. BGH v. 10. 6. 2008 – XI ZR 348/07, Rn. 14.
169 *Staudinger*, NJW 2005, 3521 (3523) spricht vom „hypertrophen Verbraucherschutz zu Lasten der Kreditinstitute".
170 *Heiderhoff*, Gemeinschaftsprivatrecht, S. 159 f.
171 *Heiderhoff*, Grundstrukturen, S. 408, rechtfertigt mit diesem Argument die *Dietzinger*-Entscheidung des EuGH bezüglich der Anwendbarkeit der Haustürgeschäfterichtlinie auf Bürgschaften.
172 Selbst dann, wenn auf eine Bank eine Vielzahl vergleichbarer Fälle zukommen, dürfte sich an dem wirtschaftlichen Machtgefälle grundsätzlich nichts ändern.

führen, dass er das sich realisiernde Risiko zu tragen und seinen Vertragspartner zu entlasten hat.[173]

Teilweise wird befürchtet, dass sich dieser Gedanke hin zu einem allgemeinen Haftungsprinzip des Europäischen Privatrechts verdichten könnte. Nach einem solchen Grundsatz des „*Responsible lending*“ wäre der Kreditgeber grundsätzlich mitverantwortlich für die Rückzahlungsfähigkeit des Kreditnehmers, und trüge bei Anlagegeschäften auch die Verantwortung für die Realisierung der Renditeerwartungen.[174] Dem entspricht es, wenn Art. 8 Abs. 1 der Verbraucherkreditrichtlinie den Kreditgeber verpflichtet, die Kreditwürdigkeit des Verbrauchers anhand ausreichender Informationen zu bewerten. Die Wohlverhaltenspflichten nach Art. 19 Abs. 4–6 der Finanzmarktrichtlinie („*know your cutomer*“) weisen in eine ähnliche Richtung. Problematisch erscheint an einem solchen Grundsatz vor allem, dass die Idee der Selbstverantwortung in ihr Gegenteil verkehrt wird: „Wenn der Kreditnehmer einen real in Anspruch genommenen Kredit nicht zurückzahlen kann, so ist damit eine Pflichtverletzung des Kreditgebers indiziert.“[175] Hinzu kommen die Schwierigkeiten bei der Bestimmung der Kreditunwürdigkeit und das hierin liegende Diskriminierungspotential.[176]

2. Zurechnung der Haustürsituation im Falle der Anlagevermittlung – Rs. C-229/04 (*Crailsheimer Volksbank*)[177]

Ein weiterer Aspekt der „Schrottimmobilien“-Fälle besteht darin, dass die Haustürsituation regelmäßig nicht vom Kreditgeber selbst herbeigeführt wurde, sondern von einem Dritten, dem Anlagevermittler, der den Verbraucher zu Hause aufsucht und beispielsweise dort das Angebot auf Abschluss eines Kreditvertrages unterschreiben lässt.[178] Der BGH vertrat in ständiger Rechtsprechung, dass ein Kreditvertrag nicht schon dann widerrufen werden kann, wenn der Vermittler den Abschluss des Darlehensvertrages in einer Haustürsituation angebahnt hat. In Übereinstimmung mit den Gesetzesmaterialien[179] sei der kreditgebenden Bank die Haustürsituation außerhalb des Anwendungsbereichs von § 278 BGB vielmehr nur unter den Voraussetzungen des § 123 Abs. 2 BGB zuzurechnen, wenn also die Bank um die Haustürsituation wusste oder hätte wissen müssen.[180]

---

173 Vgl. *Rösler*, ZEuP 2006, 869 (887): „Widerrufsbelehrungspflicht als Ausdruck einer allgemeinen Fürsorge des Unternehmers“.

174 *Benedikt*, ZEuP 2008, 394 (397).

175 *Benedikt*, ZEuP 2008, 394 (398).

176 *Benedikt*, ZEuP 2008, 394 (399).

177 EuGH v. 25. 10. 2005 – Rs. C-229/04 (*Crailsheimer Volksbank/Conrads u. a.*), Slg. 2005, I-9273.

178 Vgl. *Heiderhoff*, Gemeinschaftsprivatrecht, S. 148.

179 BT-Drucks. 10-2876, S. 11: „Die Formulierung ‚bestimmt worden ist‘ [in § 1 Abs. 1 HWiG] lehnt sich an § 123 Abs. 1 BGB an, auf dessen Auslegung in Literatur und Rechtsprechung zurückgegriffen werden kann.“

180 BGH NJW 2003, 424; BGH NJW 2004, 2731; BGH NJW 2005, 2545. Vgl. auch Staudinger-*Thüsing*, § 312 BGB Rn. 57–59, 61–65. Auch das Zurechnungsproblem resultiert letztendlich aus der auf die bloße Vertragsanbahnung abstellenden überschießenden deutschen Umsetzung, vgl. *Benedict*, AcP 206 (2006), 56 (84).

Auf Vorlage des OLG Bremen[181] hat der EuGH hierzu entschieden, dass der Wortlaut von Art. 1 und 2 der Haustürgeschäftewiderrufsrichtlinie für die zusätzliche Voraussetzung der Kenntnis oder des Kennenmüssens keinen Raum lässt. Nach Art. 1 gelte die Richtlinie für Verträge, die zwischen einem Gewerbetreibenden und einem Verbraucher in einer Haustürsituation geschlossen werden, und nach Art. 2 fielen unter den Begriff „Gewerbetreibender" im Sinne der Richtlinie auch „Personen, die im Namen und für Rechnung des Gewerbetreibenden handeln." Im übrigen würde eine solche zusätzliche Voraussetzung der Zielsetzung der Richtlinie zuwiderlaufen, die darin besteht, den Verbraucher vor dem mit dem Haustürgeschäft verbundenen Überraschungsmoment zu schützen.[182] Ist damit zwar klar, dass es auf die Kenntnis oder das Kennenmüssen des Kreditgebers nicht ankommt, so stellt sich gleichwohl die Frage, welche Voraussetzungen an das Handeln „im Namen und für Rechnung des Gewerbetreibenden" zu stellen sind, um eine Zurechnung der Haustürsituation zu rechtfertigen.[183] Nach Ansicht des BGH fehlt es am nötigen Zurechnungszusammenhang, wenn der Vermittler keine Empfehlungen gerade zu Verhandlungen mit dieser Bank ausgesprochen hat, sondern die Auswahl des Kreditgebers auf einer eigenständigen, selbstbestimmten Weisung des Anlegers beruht. Weiterhin kann der zunächst durch Empfehlung des Vermittlers zustande gekommene Zurechnungszusammenhang durch eine abweichende autonome Weisung des Anlegers unterbrochen werden.[184]

Noch nicht ausdrücklich durch den EuGH geklärt ist die Rechtslage, wenn der Verbraucher dem Anlagevermittler in der Haustürsituation Vollmacht erteilt und der Anlageberater später als Vertreter des Verbrauchers Anlage- und Kreditvertrag abgeschlossen hat.[185] Nach Ansicht des BGH kommt es gemäß § 166 Abs. 1 BGB hinsichtlich der Haustürsituation auf die Person des Vertreters an. Ist dieser nicht Verbraucher, so ist der von ihm abgeschlossene Kreditvertrag nicht widerruflich.[186] Widerruflich mit Wirkung ex tunc ist jedoch die Vollmachtserteilung, soweit eine Hautürsituation vorlag.[187] Der Gewerbetreibende ist bei Vorlage der Vollmachtsurkunde jedoch durch die §§ 172, 173 BGB geschützt.[188]

a) Schutz der informierten Vertragsentscheidung

Durch die Haustürsituation wird die materiale Entscheidungsfreiheit des Verbrauchers im Hinblick auf den abgeschlossenen Vertrag beeinträchtigt. Aus Sicht des Verbrauchers ist es zur Behebung dieses situationsspezifischen Defizits unerheb-

181 OLG Bremen, NJW 2004, 2238.
182 EuGH v. 25. 10. 2005 – Rs. C-229/04 (*Crailsheimer Volksbank/Conrads u.a.*), Slg. 2005, I-9273 Rn. 41–44. So nunmehr auch der BGH, NJW 2006, 497f.; NJW 2006, 1340f.
183 Vgl. BGH v. 10. 6. 2008 – XI ZR 348/07, Rn. 22; BGH v. 23. 9. 2008 – XI ZR 266/07, Rn. 18.
184 BGH v. 10. 6. 2008 – XI ZR 348/07, Rn. 23ff.; BGH v. 23. 9. 2008 – XI ZR 266/07, Rn. 22f.
185 Für eine Übertragung der Grundsätze der *Crailsheimer Volksbank*-Entscheidung *Staudinger*, NJW 2005, 3521 (3522).
186 BGHZ 144, 223 (226ff.); BGHZ 147, 262 (265ff.) zum Verbraucherkreditrecht.
187 Staudinger-*Thüsing*, § 312 Rn. 42.
188 BGHZ 144, 223 (230ff.); Staudinger-*Thüsing*, § 312 Rn. 42. Vgl. auch BGH v. 26. 2. 2008 – XI ZR 74/06.

lich, ob die Haustürsituation durch einen unbeteiligten Dritten herbeigeführt, oder eine Vollmacht des Verbrauchers durch seinen Vertreter in einer Haustürsituation erschlichen wurde. Dies spräche dafür, allein auf die Haustürsituation abzustellen und auf jegliches Zurechnungskriterium bzw. Vertrauensschutz zugunsten des Unternehmers zu verzichten. Nach *Riesenhuber* gilt jedoch auch im Europäischen Privatrecht das „Prinzip der zweiseitigen Begründung", wonach die Auferlegung von Pflichten oder die Zuerkennung von Rechten „zureichend" aus dem Verhältnis der unmittelbaren Normadressaten begründet sein muss.[189] Danach wäre das objektive Vorliegen einer Haustürsituation nicht genug, um dem Unternehmer die sich daraus ergebenden Verpflichtungen aufzuerlegen. Entsprechend der Rechtsprechung des BGH wäre zumindest ein objektiver Zurechnungstatbestand erforderlich bzw. wäre das berechtigte Vertrauen des Unternehmers zu schützen.

b) Legitime Erwartungen

Abgestellt wird auf die legitimen Erwartungen des Verbrauchers. Dieser ist in einer Haustürsituation überrumpelt worden und hat aufgrund dieser Überrumpelung einen Vertrag mit der Bank abgeschlossen. Wie diese Überrumpelungssituation zustande gekommen ist, ist aus Sicht des Verbrauchers vollkommen gleichgültig. Eine Berücksichtigung möglicherweise berechtigter Interessen des Unternehmers im Rahmen einer neutralen Abwägung findet nicht statt.[190] Dies dürfte freilich wiederum nur vorbehaltlich der Marktrelevanz des fraglichen Geschäfts gelten, die aus den oben genannten Gründen aber nicht gegeben sein dürfte.

c) Rücksichtnahme und Fairness

Aufgrund des wirtschaftlichen und informationellen Machtgefälles besteht eine besondere Fürsorgepflicht des Unternehmers gegenüber dem Verbraucher. Soweit sich daher das Vertragsrisiko mit für den Verbraucher gravierenden Auswirkungen realisiert, wäre der Unternehmer zu einer Anpassung oder Aufhebung auch dann verpflichtet, wenn ihm die Überrumpelungssituation nicht zurechenbar wäre. Im übrigen erscheint die Berücksichtigung berechtigter Interessen des Unternehmers, insbesondere Vertrauensschutz, im Rahmen einer umfassenden Abwägung aber nicht als von vornherein ausgeschlossen.

---

189 *Riesenhuber*, System und Prinzipien, S. 576; *ders.*, Europäisches Vertragsrecht, Rn. 935 ff.

190 Vgl. *Heiderhoff*, Gemeinschaftsprivatrecht, S. 148, sowie S. 92: „Es darf also nie gefragt werden, ob dem Unternehmer die erhöhte Verantwortung zugemutet werden kann, sondern es muss immer gefragt werden, ob der Verbraucher diese Verantwortung erwarten darf."; *dies.*, Grundstrukturen, S. 419 f.

3. Nutzungsersatz und Ersatz des Wertverlusts durch bestimmungsgemäße Ingebrauchnahme nach Widerruf im Fernabsatz, Art. 6 Abs. 1, Abs. 2 Satz 2 Fernabsatzrichtlinie

Die erstmalige Ingebrauchnahme neuwertiger Gegenstände, beispielsweise die Erstzulassung eines Kfz, kann zu einem erheblichen Wertverlust führen.[191] Gemäß Art. 357 Abs. 1, 364 Abs. 1 BGB sowie 357 Abs. 3 BGB hat der Unternehmer nach erfolgtem Widerruf nicht nur einen Anspruch auf Nutzungsersatz, sondern kann auch Ersatz für die über die bloße Prüfung hinausgehende Wertminderung durch Ingebrauchnahme verlangen, soweit der Verbraucher auf diese Rechtsfolgen hingewiesen wurde. Vergleichbare Vorschriften enthält § 5g Abs. 1 Nr. 2 (österreichisches) KSchG.[192] Nach Art. 6 Abs. 1 Satz 2, Abs. 2 Satz 2 Fernabsatzrichtlinie dürfen dem Verbraucher im Falle des Widerrufs nur „die unmittelbaren Kosten der Rücksendung der Ware“ auferlegt werden. Fraglich ist daher, inwieweit Art. 6 der Fernabsatzrichtlinie Ansprüchen auf Nutzungsersatz bzw. Ersatz der Wertminderung entgegensteht.[193]

Die Problematik kann an einer Entscheidung des österreichischen Obersten Gerichtshofs (OGH) v. 27. 9. 2005 verdeutlicht werden.[194] Ein Verbraucher hatte im Fernabsatz einen Flachbildschirm zum Preis von 2.179,46 € erworben, 43½ Stunden lang genutzt und anschließend den Widerruf erklärt. Unter Hinweis auf das Ergebnis des Deckungsverkaufs erstattete der Verkäufer lediglich 1.499,96 €. Der Verbraucher hätte danach trotz Ausübung des Widerrufsrechts immerhin 679,49 € für einen Flachbildschirm gezahlt, den er nicht hat.[195] Zwar reduzierte der OGH im Ergebnis den Anspruch des Unternehmers auf 349,49 €, bejahte aber Ansprüche auf Nutzungs- und Wertersatz für bestimmungsgemäße Ingebrauchnahme dem Prinzip nach. Das Widerrufsrecht diene als Korrektur für unüberlegte Bestellungen. Nur durch das Widerrufsrecht befinde sich der Verbraucher in einer vergleichbaren Position wie derjenige, der den Vertragsgegenstand vor Vertragsschluss im Ladengeschäft intensiv untersuchen kann.[196] Die Auferlegung von Benutzungsentgelt bzw. Wertminderungsabgeltung sei daher mit dem Zweck des Widerrufsrechts nach Art. 6 nur dann nicht vereinbar, wenn zum einen den Verbraucher entsprechende Zahlungsverpflichtungen bereits träfen, wenn er die Sache lediglich begutachtet oder zwecks Erprobung bestimmunggemäß kurzfristig in Gebrauch genommen hat; zum anderen, wenn dem Verbraucher ein derart hohes Benutzungsentgelt auferlegt würde, dass ihm aus wirtschaftlichen Gründen die Möglichkeit zum Widerruf faktisch wieder genommen wäre.[197] Eine Regelung die wie § 5g KSchG gestatte, vom Verbraucher ein angemessenes Benutzungsent-

191 Vgl. *Grigoleit*, NJW 2002, 1151 (1154); *Rott*, (2006) 7 GLJ, 1109 (1127 f.).
192 Jedoch ohne Hinweispflicht.
193 Nachweise zum Meinungsstand bei *Schinkels*, in: *Gebauer/Wiedmann* (Hrsg.), Zivilrecht unter europäischem Einfluss, Kapitel 7 Rn. 63.
194 OGH v. 27. 9. 2005 – 1 Ob 110/05s, VuR 2006, 242 ff.
195 Vgl. *Rott*, VuR 2006, 218 (210).
196 OGH, VuR 2006, 242 (243).
197 OGH, VuR 2006, 242 (244).

gelt[198] einzufordern, verhindere dagegen in Fällen extensiver Benützung eine einseitige Risikoverlagerung zu Lasten des Unternehmers und bewirke dadurch einen Ausgleich der Interessen zwischen Verbraucher und Unternehmer.[199]

Die Frage der Vereinbarkeit eines Anspruchs des Unternehmers auf Wertersatz für Nutzung und Ingebrauchnahme bei erfolgtem Widerruf mit Art. 6 der Fernabsatzrichtlinie wurde nunmehr dem EuGH, durch das Amtsgericht Lahr, zur Vorabentscheidung vorgelegt. Die Verbraucherin hatte ein gebrauchtes Notebook zum Preis von 278,00 Euro über das Internet gekauft, das sie für ca. 7 Monate nutzte, bis sich ein Defekt einstellte. Da die Verbraucherin über ihr Widerrufsrecht nicht belehrt worden war, konnte sie den zugrundeliegenden Kaufvertrag noch nach ca. 11 Monaten widerrufen. Dem Rückzahlungsanspruch der Verbraucherin hielt der Verkäufer einen Wertersatzanspurch für die Nutzungszeit von 316,80 Euro, basierend auf dem durchschnittlichen Mietpreis, entgegen. Generalanwältin Trstenjak beantwort die Vorlagefrage losgelöst vom etwas atypischen Ausgangsfall und nimmt die typischen Fälle des Widerrufs im Fernabsatz in den Blick.[200] Ein Anspruch auf Wertersatz wäre jedenfalls dann durch die Richtlinie ausgeschlossen, wenn es sich dabei um eine nach Art. 6 Abs. 1 Unterabs. 1 Satz 1 unzulässige „Strafzahlung“ handelt, bzw. um „Kosten“ im Sinne des Art. 6 Abs. 1 Unterabs. 1 Satz 2, da ausschließlich unmittelbare Kosten der Rücksendung dem Verbraucher im Falle des Widerrufs auferlegt werden dürfen.[201] Strafzahlungen im engeren Sinne seien Zahlungen, die ausschließlich Strafzwecke verfolgten. Dies sei bei Wertersatz nicht der Fall. Ein weiter Begriff der Strafzahlung könne zwar auch pauschalierten Schadenersatz oder Wertersatz umfassen, nicht aber einen auf tatsächliche Nutzung abstellenden Wertersatz. Um diesen zu erfassen, müsste der Begriff der Strafzahlung so weit gefasst werden, dass praktisch der Begriff der Kosten gänzlich darin aufgehe. Für eine solche Auslegung spreche jedoch nichts.[202] Eine „Auslegung nach Wortlaut und satzbezogener Systematik“ des Begriffs „Kosten“ führe sodann zu einer weiten Auslegung, da die Bezugnahme auf „unmittelbare Kosten der Rücksendung“ darauf schließen lasse, dass es daneben weitere Kosten gibt, die eben dem Verbraucher nicht auferlegt werden dürfen.[203] Die „te-

198 Das angemessene Benutzungsentgelt (einschließlich des Wertverlustes) sei unter Berücksichtigung des Aufwandes zu ermitteln, den der Käufer hätte tragen müssen, um sich den Gebrauchsnutzen eines gleichwertigen Gegenstandes durch Kauf und Weiterverkauf nach Gebrauch zu verschaffen, vgl. OGH, VuR 2006, 242 (244). Zu den damit verbundenen Berechnungsschwierigkeiten *Rott*, VuR 2006, 218 (220).
199 OGH, VuR 2006, 242 (244). Auf eine Vorlage an den EuGH verzichtete der OGH, da die richtige Anwendung des Gemeinschaftsrechts derart offenkundig sei, dass für einen vernünftigen Zweifel keinerlei Raum bleibe. Kritisch dazu *Rott*, VuR 2006, 218 (221).
200 GA Trstenjak, Schlussanträge v. 18. 2. 2009 – Rs. C-489/07 (*Messner/Stefan Krüger*), Slg. 2009, I-00000, Rn. 44.
201 GA Trstenjak, Schlussanträge v. 18. 2. 2009 – Rs. C-489/07 (*Messner/Stefan Krüger*), Slg. 2009, I-00000, Rn. 58.
202 GA Trstenjak, Schlussanträge v. 18. 2. 2009 – Rs. C-489/07 (*Messner/Stefan Krüger*), Slg. 2009, I-00000, Rn. 63–65.
203 GA Trstenjak, Schlussanträge v. 18. 2. 2009 – Rs. C-489/07 (*Messner/Stefan Krüger*), Slg. 2009, I-00000, Rn. 67–70.

leologische und systematische Annäherung" ergebe, dass der Begriff Kosten den Wertersatz für die Nutzung einschließe. Die Frage, ob das Widerrufsrecht als effektives Verbraucherrecht wirkt, hänge insbesondere davon ab, welche finanziellen Auswirkungen mit seiner Inanspruchnahme verbunden sind. Nach Erwägungsrund 14 dürfe es nicht zu einem bloß formalen Recht verkommen. Genau dies wäre aber der Fall, wenn der Verbraucher im Falle des Widerufs Wertersatz leisten müsste. Insbesondere die strukturelle Gefahr eines Rechtsstreits darüber, ob seitens des Verbrauchers eine Nutzung oder lediglich eine Tauglichkeitsprüfung vorlag, können den Verbraucher davon abhalten, seine Rechte geltend zu machen.[204] Diese Auslegung entspreche auch der Risikoverteilung wie sie der Richtlinie zugrunde liegt. Die Bereitschaft des Verbrauchers zur Nachfrage im Wege des Fernabsatzes werde mittels der Richtlinie dadurch gefördert, dass die spezifischen Probleme dieses Marktes zugunsten des Verbrauchers reduziert werden. Die Interessen des Unternehmers seien hinreichend dadurch berücksichtigt, dass im Hinblick auf Güter mit potentiell hohem Wertverlust in kurzer Zeit das Widerrufsrecht ausgeschlossen ist, Art. 6 Abs. 3. Zudem sei das Risko des Lieferers, die finanziellen Folgen eines Widerrufs tragen zu müssen, wegen der kurzen Widerrufsfrist von „mindestens 7 Werktagen" überschaubar und könne durch eine Mischkalkulation kompensiert werden.[205] Nur bei fehlender Widerrufsbelehrung weite sich dieses Risko zeitlich aus, könne aber auch hier durch eine ordnunggemäße Widerrufsbelehrung jederzeit kontrolliert werden und sei zudem durch die absolute 3-Wochen-Frist nach Art. 6 Abs. 1 begrenzt.[206] Soweit eine nationle Regelung, wie die vorliegende deutsche, bei fehlender Widerrufsbelehrung auf eine zeitliche Begrenzung überhaupt verzichte, könne dies an der Auslegung der Richtlinie selbst nichts ändern.[207] Fällen des Missbrauchs könne über das jeweilige nationale Bereicherungsrecht begegnet werden. Dies gelte jedoch nicht für Sachverhalte, wie dem vorliegenden, bei dem in Folge unzureichender Widerrufsbelehrung eine verlängerte Widerrufsfrist Anwendung findet, müsste doch andernfalls der Verbraucher über den Wertersatz für das seinem Schutz dienende verlängerte Widerrufsrecht bezahlen.[208] Generalanwältin Trstenjak kommt damit zu dem Ergebnis, dass eine generelle Wertersatzregelung mit Art. 6 Abs. 1 und 2 in Verbindung mit dem 14. Erwägungsgrund der Richtlinie unvereinbar ist. Selbst wenn man annähme, dass Wertersatz nicht vom Kostenbegriff der Richtlinie umfasst sei, wären die Mitgliedstaaten insoweit in der Regelung der Rechtsfolgen des Wider-

---

204 GA Trstenjak, Schlussanträge v. 18. 2. 2009 – Rs. C-489/07 (*Messner/Stefan Krüger*), Slg. 2009, I-00000, Rn. 71–79.

205 GA Trstenjak, Schlussanträge v. 18. 2. 2009 – Rs. C-489/07 (*Messner/Stefan Krüger*), Slg. 2009, I-00000, Rn. 80–84.

206 GA Trstenjak, Schlussanträge v. 18. 2. 2009 – Rs. C-489/07 (*Messner/Stefan Krüger*), Slg. 2009, I-00000, Rn. 86f.

207 GA Trstenjak, Schlussanträge v. 18. 2. 2009 – Rs. C-489/07 (*Messner/Stefan Krüger*), Slg. 2009, I-00000, Rn. 87.

208 GA Trstenjak, Schlussanträge v. 18. 2. 2009 – Rs. C-489/07 (*Messner/Stefan Krüger*), Slg. 2009, I-00000, Rn. 92f.

rufs nicht frei, da andernfalls das Regelungsziel der Richtlinie vereitelt werden würde.[209]

Etwas anders gestaltet sich die dem Vorlagebeschluss des BGH vom 1. 10. 2008[210] zugrunde liegende Fragestellung. Das beklagte Versandhandelsunternehmen stellte seinen Kunden für die Zusendung der Ware einen Versandkostenanteil von pauschal 4,95 Euro in Rechnung, der im Falle des Widerrufs nicht zurückerstattet wird. Insoweit ließe sich argumentieren, dass es bei Art. 6 Abs. 1 Unterabs. 1 Satz 2 bzw. Abs. 2 Satz 2 um Kosten „infolge des Widerrufs" gehe, Versandkosten aber unabhängig vom Widerruf in jedem Fall anfielen, und daher von diesen Vorschriften nicht erfasst würden. Art. 6 Abs. 2 Satz 1 regele die Ansprüche des Verbrauchers im Falle des Widerrufs, nicht aber die Gegenansprüche des Unternehmers, um die es bei den Versandkosten gehe, und für die die Richtlinie daher nichts her gebe. Auch bei Zugrundelegung der Argumentation von Generalanwältin Trstenjak erscheint das Ergebnis nicht eindeutig, da Versandkosten zwar dem dort propagierten weiten Kostenbegriff der Richtlinie unterfallen, aber eben nicht „infolge" des Widerrufs entstehen. Auch scheinen diese Kosten angesichts der geringen Höhe nicht geeignet, die Effektivität des Widerrufsrechts in Frage zu stellen.

a) Schutz der informierten Vertragsentscheidung

Beim Vertragsabschluss im Fernabsatz resultiert das situationsbezogene Defizit zunächst daraus, dass die „alarmierende Förmlichkeit", die darin liegt, in das Geschäft zu gehen und Geld auszugeben, nicht besteht. Das Widerrufsrecht trägt damit den Verlockungen Rechnung, die von einen solchen Distanzgeschäft ausgehen.[211] Nach Ansicht von *Riesenhuber* ist ein Recht, die erworbene Leistung kostenlos ausprobieren zu können, nicht vom Schutzzweck der Regelung umfasst.[212] Danach wäre der Wiederherstellung der materiellen Selbstbestimmung genüge getan, soweit die Ersatzpflicht aufgrund geringer Höhe kein übermäßiges Widerrufshindernis darstellt.[213] Dem entspricht die Entscheidung des OGH.

Zieht man den Schutzzweck der Richtlinie dahingehend weiter, dass das Widerrufsrecht letztendlich Gelegenheit geben soll, die ansonsten im Ladengeschäft erfolgende Probe und Inaugenscheinnahme zu Hause nachzuholen,[214] so dürfte sich nichts anderes ergeben. Ein solches Recht auf Probe und Inaugenscheinahme kann nämlich nur im Hinblick auf Sucheigenschaften des Kaufgegenstandes bestehen, Eigenschaften also, die der Käufer vor Kauf (im Ladengeschäft) zuverlässig hätte

209 GA Trstenjak, Schlussanträge v. 18. 2. 2009 – Rs. C-489/07 (*Messner/Stefan Krüger*), Slg. 2009, I-00000, Rn. 99–110.
210 BGH v. 1. 10. 2008 – VIII ZR 268/07.
211 *Riesenhuber*, Europäisches Vertragsrecht, Rn. 364.
212 *Riesenhuber*, Europäisches Vertragsrecht, Rn. 391.
213 *Riesenhuber*, Europäisches Vertragsrecht, Rn. 395, freilich mit der Begründung, dass die Richtlinie die Frage des Ersatzes für Nutzungen gar nicht regele.
214 In diesem Sinne GA Trstenjak, Schlussanträge v. 18. 2. 2009 – Rs. C-489/07 (*Messner/Stefan Krüger*), Slg. 2009, I-00000, Rn. 46.

ermitteln können. Nicht dagegen wären Eigenschaften umfasst, die sich zuverlässig nur durch Ingebrauchnahme feststellen lassen. Auch im Ladengeschäft wäre der Käufer ja insoweit auf andere Rechtsbehelfe, inbesondere Mängelgewährleistung angwiesen. Soweit das Widerrufsrecht eine Probe und Inaugenscheinnahme des Kaufgegenstandes im Hinblick auf Sucheigenschaften durch den Käufer gewährleistet, ist dem Grundsatz der selbstbestimmte Vertragsentscheidung genüge getan. Wird diese durch Ingebrauchnahme der Sache ausgeübt, so kann eine sich daran anschließende Wertersatzpflicht bezogen auf die tatsächliche Nutzung im Falle des Widerrufs die informierte Vertragentscheidung nicht mehr beeinträchtigen. Damit stellt sich lediglich das Problem der Abgrenzung von Probe und Ingebrauchnahme. Allerdings dürfte gerade bei Kaufgegenständen, die, wie Computer und Pkw, einem drastischen Wertverlust unterliegen können, eine solche Abgrenzung nicht alzu schwierig sein.

b) Legitime Erwartungen

Die Auferlegung jeglicher über Art. 6 Fernabsatzrichtlinie hinausgehender Kosten ist richtlinienwidrig. Eine aus nationaler Sicht einleuchtende Abwägung der Interessen von Verbraucher und Unternehmer findet nicht statt. Der Verbraucher soll verstärkt und sorglos nachfragen. Durch eine Kostenersatzpflicht wird diese Position eingeschränkt.[215] Die Interessen des Unternehmers müssen hinter die Rechtsposition des Verbrauchers zurücktreten.[216]

c) Rücksichtnahme und Fairness

Im Rahmen der vorzunehmenden umfassenden Interessenabwägung scheint es nicht ausgeschlossen, die Interessen des Unternehmers angemessen zu berücksichtigen. Da es zu dem gilt, opportunistisches Verhalten der Parteien zu verhindern, kommt durchaus in Betracht, dem Verbraucher eine Verpflichtung für Nutzungsersatz und gebrauchsbedingte Wertminderung aufzuerlegen, soweit dadurch sein Widerrufsrecht nicht praktisch vereitelt wird. Unklar ist freilich, wie sich insoweit ein etwaiges Machtungleichgewicht auswirkt. Die Entscheidung des OGH dürfte aber wohl mit diesem Ansatz in Einklang stehen.

4. Selbstvornahme der Mängelbeseitigung im Kaufrecht, Art. 3 Abs. 3, 5 Verbrauchsgüterkaufrichtlinie

Art. 3 der Verbrauchsgüterkaufrichtlinie bestimmt die Rechte des Käufers im Falle der Vertragswidrigkeit. Danach hat der Käufer einen gegenüber Minderung und Vertragsauflösung vorrangigen Anspruch auf Nachbesserung oder Ersatzlieferung vgl. Art. 3 Abs. 3 und Abs. 5 Verbrauchsgüterkaufrichtlinie.[217] Dieser Nacherfüllungsanspruch wurde im Zuge der Schuldrechtsmodernisierung in das BGB integ-

---

215 *Heiderhoff*, Grundstrukturen, S. 420 f.
216 *Heiderhoff*, Gemeinschaftsprivatrecht, S. 156.
217 Vgl. *Bianca*, in: *Grundmann./Bianca* (Hrsg.), EU-Kaufrechts-Richtlinie, Art. 3 Rn. 54 f., 62.

riert und bildet seither einen Schwerpunkt der wissenschaftlichen Auseinandersetzung. Ein vieldiskutiertes Teilproblem, das auch bereits mehrmals den BGH und sogar das BVerfG beschäftigt hat, ist die Selbstvornahme der Nachbesserung durch den Käufer.[218]

Erwirbt beispielsweise der Käufer einen Neu- oder Gebrauchtwagen, bei dem innerhalb kurzer Zeit ein Motorschaden auftritt und lässt der Käufer dann den Motor in einer Vertragswerkstatt austauschen um den Verkäufer erst nach erfolgter Reparatur von dem eingetretenen Schaden zu unterrichten, so ist fraglich, ob der Käufer Ersatz der Reparaturkosten oder wenigstens Minderung des Kaufpreises verlangen kann.[219] Der BGH hat dies verneint. Sowohl Schadensersatz statt der Leistung, §§ 437 Nr. 3, 280 Abs. 1 und 3, 281 BGB, als auch Kaufpreisrückzahlung wegen Minderung nach § 437 Nr. 2, 441 Abs. 4 BGB setzen, soweit nicht einer der gesetzlich geregelten Ausnahmetatbestände der §§ 281 Abs. 2, 323 Abs. 2, 440 BGB eingreift, voraus, dass der Käufer dem Verkäufer erfolglos eine angemessene Frist zur Nacherfüllung bestimmt hat.[220] Daran fehlt es in den Fällen der Selbstvornahme. Auch ein Anspruch auf Ersatz der vom Verkäufer ersparten Kosten der Mängelbeseitigung gemäß § 326 Abs. 2 Satz 2 BGB (analog) bestehe, entgegen der überweigenden Meinung im Schrifttum,[221] nicht, da die §§ 437ff. BGB abschließend seien und andernfalls dem Käufer ein Selbstvornahmerecht auf Kosten des Verkäufers zugebilligt würde, dass der Gesetzgeber für den Kaufvertrag gerade nicht vorgesehen habe.[222] Soweit eine Fristsetzung nicht ausnahmsweise entbehrlich ist, verliert der Käufer somit durch eine Selbstvornahme seine Gewährleistungsrechte: Die Nacherfüllung wird unmöglich, § 275 Abs. 1 BGB; Rücktritt und die daran gekopplte Minderung scheiden aus, da der Käufer für die Unmöglichkeit der Nacherfüllung verantwortlich ist, §§ 326 Abs. 6, 323 Abs. 6 BGB.[223] Etwas anderes könne nur dann gelten, wenn der Käufer nicht damit rechnen muss, dass der Defekt auf einen Sachmangel zurückzuführen ist; zumindest bei Auftreten des Defekts innerhalb der 6-Monats-Frist ab Übergabe gemäß der Vermutungsregel des

---

218 Vgl. *Lorenz*, NJW 2003, 1417ff.; *dens.*, NJW 2005, 1312ff.; *dens.*, NJW 2006, 1175ff.; *Ebert*, NJW 2004, 1761 (1762f.); *Oechsler*, NJW 2004, 1825 (1826f.). Zur Rechtslage in Österreich vgl. OGH v. 16. 6. 2008 – 8Ob14/08d.

219 Vgl. etwa BGH, NJW 2005, 1348ff.; vgl. auch BGH, NJW 2006, 1195ff.; BGH, NJW 2006, 988ff.; BGH, NJW 2005, 3211ff.

220 BGH, NJW 2005, 1348; BGH, NJW 2006, 1195 (1196); BGH, NJW 2006, 988 (989). Das Erfordernis der Fristsetzung, nicht jedoch des Fristablaufs, ist richtlinienwidrig; kann jedoch im Wege richtlinienkonformer Auslegung dahingehend berichtigt werden, dass der Käufer nach Aufforderung zur Nacherfüllung ohne Fristsetzung mindern oder zurücktreten kann, soweit nicht die Nacherfüllung innerhalb agemessener Frist erfolgt, vgl. MüKo-*Lorenz*, Vor § 474 BGB, Rn. 20.

221 Vgl. *Lorenz*, NJW 2003, 1417 (1418f.); *dens.*, NJW 2005, 1321 (1322f.); *Ebert*, NJW 2004, 1761 (1763f.); *Oechsler*, NJW 2004, 1825 (1826) gelangt zu einem Anspruch des Käufers über §§ 684, 818 BGB.

222 BGH, NJW 2005, 1348 (1349f.); BGH, NJW 2006, 988 (989f.).

223 *Lorenz*, NJW 2003, 1417 (1418); *ders.*, NJW 2006, 1175 (1176); *Ebert*, NJW 2004, 1761 (1762). Nach BVerfG v. 24. 5. 2004 – 1 BvR 1418/03, Rn. 13, führt der bloße Ankauf eines Ersatzteils, in diesem Fall eines Kühlergrills, allein, also ohne Einbau, nicht zum Verlust der Gewährleistungsrechte. Vgl. auch *Lorenz*, NJW 2007, 1 (4).

§ 476 BGB wird der Käufer aber die Möglichkeit eines Sachmangels regelmäßig in Betracht ziehen müssen.[224]

Gemäß Art. 3 Abs. 5 1. Spglstr. der Richtlinie kann der Käufer dagegen Minderung oder Vertragsauflösung verlangen, wenn der Verbraucher weder Anspruch auf Nachbesserung noch auf Ersatzlieferung hat. Dies ist der Fall, soweit die Nacherfüllung unmöglich ist.[225] Auch hat in diesem Fall der Verkäufer nicht innerhalb einer angemessenen Frist Abhilfe geschaffen, Art. 3 Abs. 5 2. Spglstr. Nach dem Wortlaut der Richtlinie behielte der Käufer daher auch in den Fällen der Selbstvornahme seine Gewährleistungsrechte, wobei die Minderung über die Herstellung des Äquivalenzverhältnisses hinaus als „verdeckter Schadensersatzanspruch“[226] zum Ersatz der dem Käufer trotz Mängelbeseitigung entstandenen „erheblichen Unannehmlichkeiten“ berechtigen würde.[227] Eine § 323 Abs. 6 BGB vergleichbare Vorschrift kennt die Richtlinie nicht.[228] Folglich wird die Richtlinienkonformität dieser Bestimmung in Frage gestellt.[229] Andererseits wird aus Art. 2 Abs. 3 3. Alternative, wonach eine Vertragswidrigkeit nicht vorliegt, soweit diese auf den vom Verbraucher gelieferten Stoff zurückzuführen ist, ein allgemeiner Grundsätz des *venire contra factum proprium* abgeleitet, der immanenter Bestandteil der Richtlinie sei und folglich für alle Lieferverträge und sämtliche sachbezogenen Pflichtverstöße des Käufers gelte.[230] Als gemeinschaftsrechtlicher Grundsatz sei *venire contra factum proprium* allerdings autonom auszulegen, so dass inhaltliche Abweichungen zum nationalen Recht bestehen könnten.[231] Angesichts dieser Rechtslage verwundert es, dass die Richtlinienkonformität der Behandlung der Selbstvornahmefälle in der Rechtsprechung nicht und in der Literatur kaum[232] problematisiert wird.[233]

a) Schutz der informierten Vertragsentscheidung

Die zwingende Ausgestaltung der Gewährleistungsrechte verbunden mit dem subjektiven Fehlerbegriff bewirkt, dass der Verbraucher im Hinblick auf die Ware informiert über den Kaufvertrag entscheiden kann, indem er sich entweder auf die

---

224 BGH, NJW 2006, 1195 (1197); *Lorenz*, NJW 2006, 1175 (1178); *ders.*, NJW 2007, 1 (5).
225 *Bianca*, in: *Grundmann./Bianca* (Hrsg.), EU-Kaufrechts-Richtlinie, Art. 3 Rn. 30.
226 *Riesenhuber*, Europäisches Vertragsrecht, Rn. 751.
227 *Riesenhuber*, Europäisches Vertragsrecht, Rn. 750; *Heiderhoff*, Gemeinschaftsprivatrecht, S. 197.
228 *Leible*, in: *Gebauer/Wiedmann* (Hrsg.), Zivilrecht unter europäischem Einfluss, Kapitel 9 Rn. 87.
229 Vgl. *Gsell*, JZ 2001, 65 (70 f.); *Hoffmann*, ZRP 2001, 347 (350).
230 Vgl. *Grundmann*, in: *ders./Bianca* (Hrsg.), EU-Kaufrechts-Richtlinie, Art. 2 Rn. 55 f.; *Leible*, in: *Gebauer/Wiedmann* (Hrsg.), Zivilrecht unter europäischem Einfluss, Kapitel 9 Rn. 87.
231 Vgl. *Grundmann*, in: *ders./Bianca* (Hrsg.), EU-Kaufrechts-Richtlinie, Art. 2 Rn. 56. Für eine Klärung der Richtlinienkonformität des § 323 Abs. 6 BGB durch den EuGH ist auch *Leible*, in: *Gebauer/Wiedmann* (Hrsg.), Zivilrecht unter europäischem Einfluss, Kapitel 9 Rn. 87.
232 Vgl. *Caspary*, (2005) 7 GLJ 1 (11 ff.), jedoch nur im Hinblick auf das Fristsetzungserfordernis nach deutschem Recht.
233 Vgl. *Heiderhoff*, Gemeinschaftsprivatrecht, S. 196: „Obwohl die Richtlinie Ansprüche auf Schadensersatz – oder auf die Auszahlung von ersparten Aufwendungen – gar nicht umfasst, muss … auch hier die Perspektive des Verbrauchers eingenommen werden.“

normale Beschaffenheit verlässt oder sich auf eine Minderbeschaffenheit bewusst einlässt. Durch die zwingende Gewährleitung wird der Verkäufer dazu angehalten, alle potentiell nachteiligen Eigenschaften offenzulegen, so dass sie entweder in die Vereinbarung eingehen oder dem Käufer bekannt sind, vgl. Art. 2 Abs. 3 Verbrauchsgüterkaufrichtlinie. Nach Auftreten der Vertragswidrigkeit und Unterrichtung des Verkäufers können die Parteien informiert über die Gewährleistungsrechte verfügen, Art. 7 Abs. 1 Verbrauchsgüterkaufrichtlinie.[234]

In den Fällen der Selbstvornahme erkennt der Käufer häufig zunächst nicht, dass eine Vertragswidrigkeit vorliegt.[235] Man könnte daher daran denken, dass zur Wiederherstellung einer informierten Vertragsentscheidung der Erhalt der (sekundären) Gewährleistungsrechte erforderlich ist. Andererseits beruht diese Fehleinschätzung nicht auf einem „situationsspezifischen Defizit“ sondern dürfte Ausprägung eines allgemeinen Irrtumsrisikos sein. Vor einem solchen schützt das Europäische Privatrecht jedoch nicht.[236] Da dieser Ansatz zudem um einen angemessenen Ausgleich bemüht ist,[237] wäre auch das Nacherfüllungsinteresse des Verkäufers zu berücksichtigen. Einem Verlust der Gewährleistungsrechte bei Selbstvornahme würde dieser Ansatz folglich nicht entgegen stehen. Einem angemessenen Interessenausgleich würde aber wohl entsprechen, dass sich der Verkäufer ersparte Nacherfüllungsaufwendungen auf den Kaufpreis anrechnen lassen muss.

b) Legitime Erwartungen

Durch die zwingende Ausgestaltung der Verbrauchsgüterkaufrichtlinie soll das Vertrauen der Verbraucher gestärkt werden, um deren grenzüberschreitende Nachfrage zu erhöhen.[238] Die legitimen Erwartungen des Verbrauchers würden enttäuscht, könnte er sich nicht auf den Wortlaut der Richtlinie verlassen. Dies spricht dafür, dass dem Verbraucher auch bei Selbstvornahme der Nachbesserung die Gewährleistungsrechte der Minderung und Vertragsaufhebung erhalten bleiben. Nach dem Wortlaut der Richtlinie kann der Verbraucher über die Minderung Ersatz seiner „erheblichen Unannehmlichkeiten“ verlangen, wenn die Abhilfe durch den Verkäufer solche zur Folge hatte, Art. 3 Abs. 5 3. Spglstr. Man könnte im Hinblick auf das geforderte hohe Verbraucherschutzniveau folgern, dass der Verkäufer diese Unannehmlichkeiten erst recht ersetzen muss, wenn nicht er, sondern der Verbraucher selbst Abhilfe geschaffen hat. Andererseits scheint die Berücksichtigung des Gedankens des *venire contra factum proprium* auch nach diesem Ansatz nicht grundsätzlich ausgeschlossen und könnte möglicherweise zur Eingrenzung der Legitimität der Verbrauchererwartungen herangezogen werden. Vor dem Hin-

---

234 *Riesenhuber*, System und Prinzipien, S. 491 ff.; *ders.*, Europäisches Vertrasgrecht, Rn. 753 ff.
235 Vgl. den Fall in BGH, NJW 2006, 1195.
236 Vgl. *Grundmann*, JZ 2005, 860 (866): „Beschränkte Rationalität ist ein Nachteil auch sonst im Leben.“
237 *Riesenhuber*, JZ 2005, 829 (835).
238 *Heiderhoff*, Grundstrukturen, S. 270 ff.; *dies.*, Gemeinschaftsprivatrecht, S. 111 f.; vgl. auch Erwägungsgründe 4 und 5 Verbrauchsgüterkaufrichtlinie.

tergrund der einseitigen Betonung des Verbraucherschutzes spricht aber einiges dafür, insoweit an die Erkennbarkeit des Gewährleistungsfalles erhöhte Anforderungen zu stellen. Eine Selbstvornahme führte danach wohl allenfalls dann zum Anspruchsverlust, wenn sich das Vorliegen eines zur Nachbesserung berechtigenden Mangels irgendwie aufdrängen musste. Das bloße Auftreten eine Defekts innerhalb der Frist des § 476 BGB wäre dann aber nicht ausreichend. Die Behandlung der Selbstvornahmefälle durch den BGH stünde mit diesem Ansatz daher nicht im Einklang.

c) Rücksichtnahme und Fairness

Unter Berücksichtigung des zwischen Käufer und Verkäufer regelmäßig bestehenden Machtungleichgewichts hat eine umfassende Interessenabwägung zu erfolgen.[239] Die mögliche Unkenntnis des Käufers bezüglich der Vertragswidrigkeit und folglich seiner Mängelansprüche ist dabei ebenso zu berücksichtigen, wie das Interesse des Verkäufers, sich den vollen Kaufpreis durch Nacherfüllung zu verdienen. Je nach Grad des wirtschaftlichen Machtgefälles, der Erkennbarkeit, dass es sich um einen Gewährleistungsfall handelt, dessen Schwere und der zu seiner Beseitigung aufgewendeten Kosten bewegen sich die möglichen Rechtsfolgen auf einem Kontinuum vom völligen Wegfall der Gewährleistungsrechte über Anrechnung der vom Verkäufer ersparten Aufwendungen bis hin zum vollen Ersatz der aufgewendeten Reparaturkosten.[240] Entscheidend ist unter Berücksichtigung „der in Regeln typisierten relativen Interessensituation“[241] der jeweilige Einzelfall.

5. Nutzungsersatz bei Nacherfüllung – EuGH v. 17. 4. 2008 – Rs. C-404/06 (*Quelle*)

Gemäß § 439 Abs. 4 BGB in Verbindung mit § 346 Abs. 1 und Abs. 2 Satz 1 Nr. 1 BGB hat der Verkäufer im Falle der Ersatzlieferung nicht nur Anspruch auf Rückgabe der mangelhaften Sache, sondern kann zudem Wertersatz für die Vorteile verlangen, die der Käufer aus dem Gebrauch der mangelhaften Sache bis zu deren Rückgabe gezogen hat. Trotz der damit verbundenen rechtspolitischen Bedenken,[242] entspricht dieses Ergebnis Wortlaut und Systematik des Gesetzes sowie dem eindeutigen Willen des historischen Gesetzgebers.[243]

---

239 *Lurger*, Grundfragen, S. 525.

240 Vgl. *Lurger*, in *Hartkamp u.a.* (Hrsg.), Towards a European Civil Code, S. 273 (289): „The stronger the personal inferiority of a party is the more intensive the protection has to be in situations which constitute only medium or small dangers."

241 *Lurger*, Grundfragen, S. 525.

242 Nach § 439 Abs. 4 BGB kommt es für den vom Verbraucher bei Rückgabe zu leistenden Nutzungsersatz nicht auf den Vermögensvorteil an, den der Verbraucher durch die Nacherfüllung „neu für alt“ in der Zukunft erfährt, sondern auf die bereits gezogenen Nutzungen, die ja wegen der Aufrechterhaltung des Kaufvertrages mit dem Kaufpreis abgegolten sind, den der Verkäufer für die Zeit bis zur Nachlieferung ja seinerseits ebenfalls nicht verzinsen muss; vgl. MüKo-*Lorenz*, Vor 474 Rn. 19.

243 Vgl. *Lorenz*, NJW 2007, 1 (6); sowie die Nachweise bei BGH, Beschluss v. 16. 8. 2006 – VIII ZR 200/05 Rn. 10, 13 f.

Der BGH hat dem EuGH die Frage vorgelegt, inwieweit diese Rechtslage mit Art. 3 Abs. 2–4 Verbrauchsgüterkaufrichtlinie (Unentgeltlichkeit der Nacherfüllung) bzw. Art. 3 Abs. 3 Satz 3 Verbrauchsgüterkaufrichtlinie (Nacherfüllung „ohne erhebliche Unannehmlichkeiten" für den Verbraucher) vereinbar ist.[244] Eine Verbraucherin hatte im Sommer 2002 einen Backofen zum Preis von 524,90 € erworben. Nach dem im Januar 2004 durch Reparatur nicht behebbare Mängel auftraten, tauschte der beklagte Verkäufer den Backofen vereinbarungsgemäß noch im Januar 2004 aus. Für die Nutzung des ursprünglichen Gerätes stellte der Verkäufer 69,97 € in Rechnung, die die Käuferin auch bezahlte. Der klagende Verbraucherverband verlangte, gestützt auf eine Ermächtigung der Käuferin, Rückzahlung dieses Betrages, sowie es zu unterlassen, Verbrauchern im Falle der Ersatzlieferung Nutzungsersatz in Rechnung zu stellen.[245]

Der BGH teilte die Zweifel der wohl überwiegenden Ansicht im Schrifttum an der Richtlinienkonformität von § 439 Abs. 4 BGB[246] und wurde hierin durch den EuGH bestätigt.[247] Art. 3 Abs. 3 der Richtlinie bestimmt, dass der Verbraucher vom Verkäufer zur Herstellung des vertragsgemäßen Zustandes die „unentgeltliche" Nachbesserung oder „unentgeltliche" Ersatzlieferung verlangen kann, soweit dies nicht unmöglich oder unverhältnismäßig ist. Der Begriff „unentgeltlich" sei in Art. 3 Abs. 4 der Richtlinie anhand einer beispeilhaften Aufzählung in nicht abschließender Weise definiert. Damit ergäbe sich sowohl aus Wortlaut als auch aus den einschlägigen Vorarbeiten der Richtlinie, „dass der Gemeinschaftsgesetzgeber die Unentgeltlichkeit der Herstellung des vertragsgemäßen Zustands des Verbrauchsguts durch den Verkäufer zu einem wesentlichen Bestandteil des durch diese Richtlinie gewährleisteten Verbraucherschutzes machen wollte."[248] Diese dem Verkäufer auferlegte Verpflichtung zur unentgeltlichen Herstellung des vertragsmäßigen Zustandes solle den Verbraucher vor drohenden finanziellen Belastungen schützen, die ihn davon abhalten könnten, seine Ansprüche geltend zu machen. Diese vom Gemeinschaftsgesetzgeber gewollte „Garantie der Unentgeltlichkeit" bedeute, „dass jede finanzielle Forderung des Verkäufers im Rahmen der Erfüllung seiner Verpflichtung zur Herstellung des vertragsmäßigen Zustands des Verbrauchsguts, auf das sich der Vertrag bezieht, ausgeschlossen ist."[249] Der Wille des Gemeinschaftsgesetzgebers, einen wirksamen Verbraucherschutz zu gewährleisten, werde durch Art. 3 Abs. 3 Unterabs. 3 der Richtlinie bestätigt, wonach die Nacherfüllung „ohne erhebliche Unannehmlichkeiten für den Verbraucher" zu er-

---

244 BGH, Beschluss v. 16. 8. 2006 – VIII ZR 200/05.
245 BGH, Beschluss v. 16. 8. 2006 – VIII ZR 200/05, Rn. 2f.
246 BGH, Beschluss v. 16. 8. 2006 – VIII ZR 200/05 Rn. 16. Der BGH selbst sah keine Möglichkeit, die gesetzliche Regelung des § 439 Abs. 4 BGB im Wege der Auslegung zu korrigieren (Rn. 12). Angesprochen waren damit zum einen die Grenzen der richtlinienkonformen Auslegung, sowie zum anderen die Zulässigkeit des Vorabentscheidungsverfahrens mangels Entscheidungserheblichkeit der Vorlage, vgl. *Lorenz*, NJW 2007, 1 (6); *Witt*, NJW 2006, 3322 (3323, 3325). Mittlerweile hat der BGH die Entscheidung des EuGH im Wege einer richtlinienkonformen „teleologischen Reduktion" umgesetzt, vgl. BGH, Urteil v. 26. 11. 2008 – VIII ZR 200/05. Dazu Kapitel 3.
247 EuGH v. 17. 4. 2008 – Rs. C-404/06 (*Quelle*), Slg. 2008, I-2685.
248 EuGH v. 17. 4. 2008 – Rs. C-404/06 (*Quelle*), Slg. 2008, I-2685, Rn. 33.
249 EuGH v. 17. 4. 2008 – Rs. C-404/06 (*Quelle*), Slg. 2008, I-2685, Rn. 34.

folgen hat. Aus Erwägungsgrund 1 ergebe sich zudem als Zweck der Richtlinie die Gewährleistung eines hohen Verbraucherschutzniveaus.[250] Schließlich weist der EuGH das Vorbringen der deutschen Regierung zurück, ohne finanzielle Entschädigung des Verkäufers käme es zu einer ungerechtfertigten Bereicherung des Käufers. Wenn der Verkäufer ein vertragswidriges Verbrauchsgut liefert, erfülle er seine Verpflichtung nicht ordnungsgemäß und müsse die Folgen dieser Schlechterfüllung tragen. Der Verbraucher, der mit Zahlung des Kaufpreises seine vertragliche Verpflichtung ordnungsgemäß erfüllt hat, werde durch die Erlangung eines neuen Verbrauchsguts im Rahmen der Ersatzlieferung nicht ungerechtfertigt bereichert sondern erhalte lediglich verspätet ein den Vertragsbestimmungen entsprechendes Verbrauchsgut, wie er es bereits zu Beginn hätte erhalten müssen.[251] Die finanziellen Interessen des Verkäufers würden zum einen durch die Verjährungsfrist von zwei Jahren nach Art. 5 Abs. 1 der Richtlinie und zum anderen durch die ihm in Art. 3 Abs. 3 Unterabs. 2 der Richtlinie eröffnete Möglichkeit geschützt, die Ersatzlieferung zu verweigern, wenn sich diese Abhilfe als unverhältnismäßig erweist, weil sie ihm unzumutbare Kosten verursachen würde.[252]

An die Möglichkeit des Art. 3 Abs. 3 Unterabs. 2 der Richtlinie, Nachbesserung oder Ersatzlieferung bei Unverhältnismäßigkeit zu verweigern, knüpft ein weiterer Vorlagebeschluss des BGH an.[253] Der Käufer hatte 45,36 qm Bodenfliesen zum Preis von 1.382,27 Euro erworben und in seinem Haus verlegt. Nach dem Einbau zeigten sich Mängel in Form von Mikroschleifspuren, deren Beseitigung nicht möglich war. Abhilfe konnte damit nur durch einen kompletten Ausbau der Fließen und Lieferung mangelfreier Fließen geschaffen werden. Für den Ausbau wurden im Berufungsverfahren 2.122,37 Euro veranschlagt. Die Leistungsaufforderung des Käufers blieb vergeblich. Nach ganz herrschender, vom Senat jedoch bezweifelter Auffassung könne der Käufer einer mangelhaften Sache im Zuge der Nacherfüllung durch Lieferung einer mangelfreien Sache vom Verkäufer auch den Ausbau der mangelhaften Sache aus einer anderen Sache, in die sie bestimmungsgemäß eingebaut wurde, verlangen.[254] Gemäß § 439 Abs. 3 Satz 1 BGB kann der Verkäufer die vom Käufer gewählte Art der Nacherfüllung verweigern, wenn diese nur mit unverhältnismäßigen Kosten möglich ist. Dies gilt sowohl dann, wenn die Kosten der gewählten Nacherfüllung im Vergleich zur Alternative unverhältnismäßig sind (relative Unverhältnismäßigkeit, § 439 Abs. 3 Satz 2 Fall 3 BGB), als auch dann, wenn die einzig mögliche Art der Nacherfüllung für sich allein unverhältniusmäßige Kosten verursacht (absolute Unverhältnismäßigkeit, §§ 439 Abs. 3 Satz 3, 440 Abs. 1 Satz 1 BGB), wobei auf den Wert der Sache in mangelfrei-

250 EuGH v. 17. 4. 2008 – Rs. C-404/06 (*Quelle*), Slg. 2008, I-2685, Rn. 35 f.
251 EuGH v. 17. 4. 2008 – Rs. C-404/06 (*Quelle*), Slg. 2008, I-2685, Rn. 41.
252 EuGH v. 17. 4. 2008 – Rs. C-404/06 (*Quelle*), Slg. 2008, I-2685, Rn. 42.
253 BGH, Beschluss v. 14. 1. 2009 – VIII ZR 70/08. Zum österreichischen Recht vgl. OGH v. 18. 12. 2006 – 8Ob108/06z: Der OGH geht davon aus, dass auch nach der neuen Rechtslage die Unverhältnismäßigkeit nicht relativ im Verhältnis zu einer konkreten sekundären Abhilfe zu beurteilen sei, sondern absolut und gewichtiger. Dies stünde im Einklang mit der Verbrauchsgüterkaufrichtlinie. Weiterhin OGH v. 7. 7. 2008 – 6Ob134/08m.
254 BGH, Beschluss v. 14. 1. 2009 – VIII ZR 70/08, Rn. 12.

em Zustand und die Bedeutung des Mangels abzustellen ist (§ 439 Abs. 3 Satz 2 Fall 1 und 2 BGB).[255] Als Faustregel geht der BGH für den Fall, dass der Verkäufer den Mangel nicht zu vertreten hat, davon aus, dass absolute Unverhältnismäßigkeit dann vorliegt, wenn die Kosten der Nacherfüllung 150% des Wertes der Sache im mangelfreien Zustand oder 200% des mangelbedingten Minderwerts übersteigen.[256] Dies war im Ausgangssachverhalt der Fall.[257]

Demgegenüber stellt die Richtlinie in Art. 3 Abs. 3 ihrem Wortlaut nach ausschließlich auf die relative Unverhältnismäßigkeit ab: eine Abhilfe gilt nur dann als unverhältnismäßig, wenn sie „Kosten verursachen würde, die ... verglichen mit der alternativen Abhilfemöglichkeit unzumutbar wären." Damit wäre die deutsche Regelung nur dann richtlinienkonform, wenn die absolute Unverhältnismäßigkeit unter den Begriff der Unmöglichkeit nach Art. 3 Abs. 3 Unterabs. 1 der Richtlinie zu subsumieren wäre. Dies sei nicht von vornherein auszuschließen, zumal die Richtlinie die Ausfüllung des Begriffs der „Unmöglichkeit" möglicherweise dem nationalen Recht überlasse.[258] Ansonsten wäre § 439 Abs. 3 BGB dahingehend richtlinienkonform zu reduzieren, dass die absolute Unverhältnismäßigkeit nur die Fälle des § 275 BGB erfasst, der jedoch deutlich strengere Anforderungen stellt und im Ausggangssachverhalt nicht zur Anwendung kommen könne. Insoweit komme es nun darauf an, ob der Nacherfüllungsanspruch den Ausbau der mangelhaften Sache aus einer anderen Sache mitumfasst. Diese ergebe sich nicht schon aus dem nationalen Recht, könnte jedoch durch Art. 3 Abs. 2, Abs. 3 Unterabs. 3 der Richtlinie vorgegeben sein. Der Begriff der „Ersatzlieferung" könne darauf hindeuten, dass über die bloße Lieferung einer mangelfreien Sache hinaus, die mangelbehaftete Sache zu „ersetzen" mithin zu entfernen ist. Nach Art. 3 Abs. 3 Unterabs. 3 muss die Ersatzlieferung „ohne erhebliche Unannehmlichkeiten für den Verbraucher" unter Berücksichtigung von Art und Verwendungszweck des Verbrauchsgutes erfolgen. Dies könne ebenfalls dafür sprechen, dass der Verkäufer im Zuge der Ersatzlieferung auch die Beseitigung des zunächst gelieferten vertragswidrigen Verbrauchsgutes schuldet, um den nötigen Platz für die art- und zweckentsprechende Verwendung des Ersatzes zu schaffen. Dagegen könne der Einbau der neuen Sache schon deshalb nicht geschuldet sein, da die Verpflichtung zur Ersatzlieferung nicht weitergehen könne, als die ursprüngliche Lieferverpflichtung, die anders als beim Werkvertrag, den Einbau nicht mitumfaßt.[259]

Hinsichtlich der Frage der Vereinbarkeit der absoluten Unverhältnismäßigkeit mit Art. 3 der Richtlinie findet sich ein *„obiter dictum"* in den Schlußanträgen von

255 BGH, Beschluss v. 14. 1. 2009 – VIII ZR 70/08, Rn. 14.
256 BGH, Beschluss v. 14. 1. 2009 – VIII ZR 70/08, Rn. 15.
257 Kosten der Nacherfüllung: 3.300 Euro für Ausbau und Lieferung mangelfreier Fliesen; Wert der mangelfreien Fließen: 1.418,02 Euro (Kaufpreis einschließlich 19% MwSt); mangelbedingter Minderwert der mangelhaften Fließen: keinesfalls mehr als der Kaufpreis in Höhe von 1.382,27 Euro (einschließlich 16% MwSt).
258 BGH, Beschluss v. 14. 1. 2009 – VIII ZR 70/08, Rn. 17.
259 BGH, Beschluss v. 14. 1. 2009 – VIII ZR 70/08, Rn. 19–22.

Generalanwältin Trstenjak in der Rechtssache *Quelle*: „Entstünden dem Verkäufer durch die Ersatzlieferung unzumutbare Kosten, könnte er die Forderung des Verbrauchers nach Ersatzlieferung ... zurückweisen. Wäre auch die Nachbesserung der Ware nicht möglich oder unverhältnismäßig, könnte so vorgegangen werden, dass der Verbraucher einen untergeordneten Anspruch wählt und Minderung des Kaufpreises oder Vertragsauflösung verlangt.“[260] Danach wäre die deutsche Regelung richtlinienkonform.

a) Schutz der informierten Vertragsentscheidung

Nach Art. 7 Abs. 1 der Verbrauchsgüterkaufrichtlinie können die Parteien nach Auftreten der Vertragswidrigkeit und Unterrichtung des Verkäufers davon, über die Art und Weise der Gewährleistung disponieren.[261] Dem Gedanken der Sicherstellung einer informierten und selbstbestimmten Entscheidung über die Geltendmachung der Mängelrechte würde es zuwiderlaufen, wenn der Verbraucher durch die Auferlegung einer möglicherweise erheblichen Verpflichtung zur Nutzungsvergütung an der Geltendmachung seines Nacherfüllungsanspruchs gehindert würde.[262] Nutzungsersatz ist auch nicht aufgrund einer angemessenen Berücksichtigung der Interessen des Verkäufers[263] gerechtfertigt. Die seit Übergabe gezogenen Nutzungen sind durch den Kaufpreis abgegolten, für welchen bis zur Nacherfüllung eine Verzinsungspflicht des Verkäufers ebenfalls nicht besteht.[264]

Hinsichtlich der Richtlinienkonformität der absoluten Unverhältnismäßigkeit als Ausschlussgrund der Ersatzlieferung kommt es nun aber in der Tat auf die schutzwürdigen Interessen des Verkäufers an. Bei deren sachangemesser Berücksichtigung dürfte es sich verbieten, dem einen Vertragsteil ganz unvernünftige Kosten aufzuerlegen, die zum Interesse des Verbrauchers außer Verhältnis stehen, wobei man sich über die Grenze der Unverhältnismäßigkeit streiten kann. Dies spricht für die von GA Trstenjak angedachte Lösung. Soweit dem Verbraucher danach seine Rechte auf Minderung und Vertragsauflösung verbleiben, ist seine freie Entscheidung zur Geltendmachung der Mängelrechte nicht unzumutbar eingeschränkt.

Anderes gilt wiederum hinsichtlich der Frage des Ausbaus der mangelhaften Sache, können doch die Kosten des Ausbaus ohne weiteres eine Höhe erreichen, angesichts derer die Geltendmachung der Mängelrechte für den Verbraucher nutzlos erscheint. Im Hinblick auf die Gewährleistung einer informierten Vertragsentscheidung über die Geltendmachung der Mängelrechte wäre es daher notwendig, den Ausbau in die Pflicht zur Ersatzlieferung mit einzubeziehen. Dies kann nun allerdings dazu führen, dass die Grenze der Unverhältnismäßigkeit der Ersatzlie-

---

260 GA Trstenjak, Schlussanträge v. 15. 11. 2007 – Rs. C-404/06 (*Quelle*), Slg. 2008, I-2685, Rn. 48.
261 *Riesenhuber*, Europäisches Vertrasgrecht, Rn. 754.
262 Vgl. MüKo-*Lorenz*, Vor § 474 BGB, Rn. 19, der insoweit auf den „Effektivitätsgrundsatz“ abstellt.
263 *Riesenhuber*, Europäisches Vertragsrecht, Rn. 754.
264 MüKo-*Lorenz*, Vor § 474 BGB, Rn. 19.

ferung viel schneller ereicht wird. Was dem Verbraucher mit der einen Hand gegeben wird, würde ihm so durch die andere Hand wieder genommen werden. Ein angemessenere Ausgleich lässt sich dadurch erzielen, dass der Verbraucher in einem solchen Fall nach seiner Wahl sein Ersatzlieferungsverlangen auf die eigentliche Lieferung einer mangelfreien Sache beschränken kann. Dann stünde es ihm frei, den Ausbau möglicherweise auf kostengünstigere Weise zu bewerkstelligen. Ausgebaute mangelhafte Sachen muss der Verkäufer auf jeden Fall zurücknehmen.

b) Legitime Erwartungen

„Der Grundsatz der berechtigten Erwartungen sagt aus, dass die Rechte und Pflichten des Verbrauchers, etwa die Art und Weise der Erfüllung des Vertrages durch den Vertragspartner, sich nach dem richten, was der Verbraucher berechtigterweise erwarten kann."[265] Die Verbrauchsgüterkaufrichtlinie gewährt dem Verbraucher ein Recht auf „unentgeltliche" Ersatzlieferung, die „ohne erhebliche Unannehmlichkeiten" für den Verbraucher erfolgen muss. Gemessen hieran würde eine Pflicht zum Nutzungsersatz den Verbraucher „unerwartet" treffen. Die Erwartung des Käufers, nicht mit einer solchen Zahlungspflicht belastet zu werden ist aus den genannten Gründen – Abgeltung der Nutzungsvorteile durch den Kaufpreis, keine Verzinsungspflicht des Verkäufers – auch legitim. Im Übrigen sind die Interessen des Verkäufers im Rahmen der vorzunehmenden Abwägung gegenüber den Erwartungen des Käufers nur gering zu gewichten. Der Verkäufer scheint daher zur Ersatzlieferung auch im Falle einer absoluten Unverhältnismäßigkeit verpflichtet. Lediglich in krassen Ausnahmefälle, etwa denen des § 275 Abs. 2 BGB oder gar einer Existenzbedrohung des Verkäufers, wird man den Käufer auf die Minderung oder Vertragsaufhebung verweisen können. Im Intersse eines effektiven Verbraucherschutzes und des Schutzes der berechtigten Erwartungen des Verbrauchers dürfte auch der Ausbau mangelhafter Ware dem Ersatzlieferungsanspruch unterfallen.

c) Rücksichtnahme und Fairness

Man wird hier im Hinblick auf die Frage des Wertersatzes das Unterprinzip des „Grundsatzes des vertraglichen Gleichgewichts" heranziehen können, welches die Ausgewogenheit des Vertragsinhalts verlangt. Damit wäre es nicht vereinbar, wenn der Verbraucher als die regelmäßig weniger leistungsfähige Partei („Grundsatz der vertraglichen Gleichheit") zum Nutzungsersatz bis zur Nacherfüllung verpflichtet wäre, während andererseits eine Verzinsungspflicht des Verkäufers nicht besteht. Rücksichtnahme und Fairness stehen daher einer Nutzungsersatzverpflichtung des Käufers im Falle der Nachlieferung entgegen.

Hinsichtlich der Frage der absoluten Unverhältnismäßigkeit sind auch die berechtigten Interessen des Verkäufers zu berücksichtigen. Absolute Unverhältnismä-

---

265 *Heiderhoff*, Gemeinschaftsprivatrecht, S. 123.

ßigkeit mag daher die Ersatzlieferungspflicht ausschließen, wobei die Grenze der Unverhältnismäßigkeit je nach dem Umständen des Einzelfalls, insbesondere der finanziellen Leistungsfähigkeit der Vertragspartner, schneller erreicht sein dürfte als nach dem Prinzip der berechtigten Erwartungen. Auch für die Kosten des Ausbaus wird es im Einzelfall auf die „gegenseitige Belastbarkeit der Parteien" ankommen, im Zweifel werden diese Kosten gleichmäßig aufzuteilen sein.

6. Abschließende Bewertung

Für die Beurteilung der Konkretisierungseignung der vorgetragenen Prinzipienkonzeptionen kommt es zum einen darauf an, inwieweit sie die Konkretisierung zu steuern vermögen, zum anderen, ob sie gemäß den primärrechtlichen Vorgaben überhaupt in der jeweils vorgetragenen Form herangezogen werden dürfen.

a) Prinzipien als Argumentationstopoi

Die am Europäischen Privatrecht „entdeckten" Prinzipien sind wie gesehen grundsätzlich in der Lage, die Interpretation, Konkretisierung und Rechtsfortbildung des Sekundärrechts, zum Teil mit je unterschiedlichen Ergebnissen, richtungsweisend anzuleiten. Auch sind sie in der Lage, konkretere Argumente und Unterprinzipien, auf die sich die Rechtsprechung und Literatur zum Teil stützen, aufzunehmen und in ihre je eigene Teleologie zu übersetzen. So kann etwa der sich klar abzeichende Gedanke des effektiven Rechtsschutzes bzw. dass der Verbraucher die ihm eingeräumten Rechte tatsächlich ausüben kann (oben 3. und 5.) – man könnte insoweit von einem Rechtszugangs- bzw. Rechtsdurchsetzungsprinzip sprechen[266] – sowohl mit dem Schutz der informierten Vertragsentscheidung als auch den legitimen Verbrauchererwartungen begründet werden. Der Gedanke der „Möglichkeit zur Risikovermeidung bei ordnungsgemäßer Widerrufsbelehrung" und folglich „Risiokoverlagerung bei mangelhafter Belehrung" (oben 1., teilweise auch 3.) lässt sich einerseits durch ein um Binnenmarktrelevanz reduziertes Prinzip der legitimen Erwartungen bzw. des Verbraucherschutzes rechtfertigen, anderseits auf das Prinzip der Rücksichtnahme und Fairness[267] stützen; gleiches gilt für den Grundsatz des *venire contra factum proprium* (oben 4.), dem letztendlich das Bestreben um einen angemessenen Ausgleich der gegenseitigen Rechte

266 Vgl. *Rösler*, ZEuS 2006, 341 (353). Der EuGH gelangte mit dieser Begründung bereits zur Missbräuchlichkeit einer Gerichtsstandsklausel, vgl. EuGH v. 27. 6. 2000 – verb. Rs. C-240–244/98 (*Oceano*), Slg. 2000, I-4941 Rn. 22; bzw. zur amtswegigen Prüfung der Missbräuchlichkeit einer Schiedsgerichtsklausel, vgl. EuGH v. 26. 10. 2006 – Rs. C-168/05 (*Mostaza Claro/Centro Movil Milenium SL*), Slg. 2006 , I-10421 Rn. 27 ff.; weiterhin EuGH v. 4. 10. 2007 – Rs. C-429/05 (*Rampion*), Slg. 2007, I-8017, Rn. 57 ff., zur amtswegigen Prüfung des Art. 11 Abs. 2 der Richtlinie 87/102/EWG. Vgl. auch *Generalanwalt Tizzano*, Schlussanträge v. 22. 9. 2005 – Rs. C-302/04 (*Ynos Kft.*), Slg. 2006, I-371 Rn. 72 ff. Zur Frage der amtswegigen Prüfung der Nichtigkeit einer missbräuchlichen Schiedsvereinbarung im Zwangsvollstreckungsverfahren vgl. *Generalanwältin Trstenjak*, Schlussanträge v. 14. 5. 2009 – Rs. C-40/08 (*Asturcom*), Slg. 2009, I-0000; weiterhin *Generalanwältin Trstenjak*, Schlussaufträge v. 7. 5. 2009 – Rs. C-227/08 (*Martin Martin*), Slg. 2009, I-0000.

267 Vgl. *Rösler*, ZEuS 2006, 341 (356 f.).

und Pflichten (Schutz der informierten Vertragentscheidung; Rücksichtnahme und Fairness) zugrunde liegt.

Ein wesentlicher Nachteil des Prinzips der Rücksichtnahme und Fairness besteht insoweit allerdings in seiner großen Unbestimmtheit. Diese resultiert aus dem Abstellen auf ein Machtungleichgewicht, welches sich kaum zuverlässig bestimmen lassen wird.[268] Die Prinzipien der legitimen Erwartungen und des Schutzes der informierten Vertragsentscheidung sind dagegen zu einer vergleichsweise zuverlässigen Anleitung in der Lage.

Die Anleitungsfunktion der Prinzipien ist dabei nicht so zu verstehen, dass aus ihnen das jeweilige Ergebnis deduktiv und zwingend abgeleitet werden könnte. Entsprechend ihrem Prinzipiencharakter liefern sie vielmehr rechtfertigende Gründe für die im Wege der Konkretisierung herzustellende Fallnorm.[269] Sie funtionieren als Argumentationstopoi, welche zur Rechtfertigung eines bestimmten Ergebnisses angeführt werden können. Dabei ist unschädlich, wenn sie einem anderweitig gefundenen Konkretisierungsergebnis nachträglich „untergeschoben" werden, solange dies nur offengelegt und damit das jeweilige Prinzip diskutier- und kritisierbar wird. Auf diese Weise können die aufgedeckten Prinzipien einen wichtigen strukturierenden und inhaltlichen Beitrag zur Konkretisierung des Europäischen Privatrechts leisten.[270] Insbesondere Generalanwältin Trstenjak scheint verstärkt bemüht, in ihren Schlussanträgen Auslegungsvorschläge zu verschiedenen Richtlinien auf verallgemeinerungsfähige Grundgedanken zurückzuführen, bzw. formal unterschiedliche Ergebnisse in einen sinnvollen systematischen Rahmen einzuordnen.[270a] So wird etwa die unterschiedliche Behandlung der marktüblichen Verzinsung in der Rechtssache *Schulte* und der Wertersatzpflicht des Verbrauchers in der Rechtssache *Quelle* damit gerechtfertigt, dass es im ersten Fall um die gegenseitige Rückgewährung der erbrachten Leistungen bei Vertrags*auflösung* geht, während die Ersatzlieferung dem Zweck der Vertrags*erfüllung* dient.[271] *Schulte* zeige aber auch, dass im Falle nicht ordnungsgemäßer Belehrung über das Widerrufsrecht der Kreditgeber nach dem „Grundsatz", dass jede Partei selbst für ihre Schlechterfüllung haftet, das Geschäftsrisiko tragen muss. Dies sei ein Argument dafür, dass der Verkäufer im Falle der Lieferung einer mangelhaften Sache alle damit verbundenen Kosten tragen müsse.[272] Weniger überzeugend ist die Rechtfertigung der unterschiedlichen Behandlung von Zinszahlungspflicht in *Schulte* einerseits und Wertersatzpflicht in der Rechtssache *Messner* anderseits. Hier wird im Wesentlichen darauf abgestellt, dass es sich um unterschiedliche Richtlinien handle und die Widerrufsrechte je unterschiedlich ausgestaltet sei-

268 Vgl. *Riesenhuber*, System und Prinzipien, S. 582.
269 Vgl. *Alexy*, Theorie der Grundrechte, S. 92; *Esser*, Grundsatz und Norm, S. 51 f.
270 Vgl. *Rösler*, ZEuS 2006, 341 (361).
270a Vgl auch GA Trstenjak, Schlussanträge v. 7. 5. 2009 - Rs. C-227/08 (*Martin Martin*), Slg. 2009, I-0000.
271 GA Trstenjak, Schlussanträge v. 15. 11. 2007 – Rs. C-404/06 (*Quelle*), Slg. 2008, I-2685, Rn. 62.
272 GA Trstenjak, Schlussanträge v. 15. 11. 2007 – Rs. C-404/06 (*Quelle*), Slg. 2008, I-2685, Rn. 63.

en.[273] Den maßgebliche Unterschied zwischen *Quelle* und *Messner* sieht Trstenjak darin, dass es im ersten Fall um den Austausch eines vertrasgwidrigen Verbrauchsgutes ging, während es im zweiten Fall auf die Mangelhaftigkeit der Kaufsache nicht ankam.[274] Die Richtlinienwidrigkeit der Wertersatzpflicht wird aber in beiden Fällen letztlich mit dem Gedanken begründet, dass andernfalls der Verbraucher davon abgehalten werden würde, die ihm gewährten Rechte überhaupt geltend zu machen.[275] Dies ist das bereits erwähnte Rechtsdurchsetzungsprinzip.

b) Primärrechtskonformität

Da eine logische Ableitung der Prinzipien nicht nachweisbar ist, kommt es entscheidend auf deren Vereinbarkeit mit dem Primärrecht, insbesondere Rechtsgrundlage, Grundfreiheiten und Grundrechte an. Die Prinzipien der legitimen Erwartungen sowie der Rücksichtnahme und Fairness begegnen insoweit grundsätzlichen Bedenken.

Das Prinzip der legitimen Erwartungen basiert maßgeblich auf dem Gedanken des Verbrauchervertrauens, über den der Binnenmarktbezug hergestellt wird. Die pauschale Heranziehung des Verbrauchervertrauens kann jedoch eine Maßnahme auf der Grundlage des Art. 95 EG ohne empirischen Nachweis, nicht rechtfertigen.[276] Die einseitige Betonung des Verbraucherschutzes kann aufgrund der damit verbundenen Verteuerung zudem eine Beeinträchtigung des freien Verkehrs von Waren und Dienstleistungen zur Folge haben,[277] die nicht durch ein schutzwürdiges Interesse der Verbraucher gerechtfertigt ist, insbesondere dann, wenn der gewährte Schutz nicht den eigenen Präferenzen der Verbraucher entspricht.

Das Prinzip der Rücksichtnahme und Fairness verlangt weitreichende staatliche Überwachung und notfalls Eingriffe in die Vertragsautonomie der Parteien bei großer Unbestimmtheit der Eingriffskriterien. Dies dürfte mit der auf grenzüberschreitender Privatautonomie beruhenden marktwirtschaftlichen Wirtschaftsverfassung der Gemeinschaft kaum vereinbar sein. Zudem leugnet dieser Ansatz den natürlichen Interessengegensatz zwischen den Parteien eines Austauschvertrages,[278] den auch das Recht als vorgegebene Sachgesetzlichkeit zu beachten hat. Ähnliche Bedenken bestehen insoweit auch gegen gegen die von der Kommission ins Auge gefasste Statuierung eines übergreifenden Prinzips von „Treu und Glauben und Fairness" in einem Verbrauchergesetzbuch, mit Hilfe dessen die Gerichte von der Aushandlung bis zur Ausführung des Vertrages zur Verbesserung des Ver-

---

273 GA Trstenjak, Schlussanträge v. 18.2.2009 – Rs. C-489/07 (*Messner/Krüger*), Slg. 2009, I-0000, Rn. 97.
274 GA Trstenjak, Schlussanträge v. 18. 2. 2009 – Rs. C-489/07 (*Messner/Krüger*), Slg. 2009, I-0000, Rn. 42.
275 GA Trstenjak, Schlussanträge v. 15. 11. 2007 – Rs. C-404/06 (*Quelle*), Slg. 2008, I-2685, Rn. 49; GA Trstenjak, Schlussanträge v. 18. 2. 2009 – Rs. C-489/07 (*Messner/Krüger*), Slg. 2009, I-0000, Rn. 77.
276 Vgl. Kapitel 2 I. 1. b).
277 *Riesenhuber*, JZ 2005, 829 (831 f.). Diese Gefahr verkennt GA Trstenjak, Schlussanträge v. 15. 11. 2007 – Rs. C-404/06 (*Quelle*), Slg. 2008, I-2685, Rn. 53.
278 Vgl. *Fleischer*, ZEuP 2000, 772 (798).

braucherschutzes Gesetzeslücken durch die Entwicklung zusätzlicher Rechte und Pflichten schließen könnten,[279] sowie gegen einen übergreifenden Grundsatz des guten Glaubens und der Redlichkeit in Vertragsangelegenheiten in einem Gemeinsamen Refernzrahmen vom Eintritt in Vertragsverhandlungen[280] bis hin zum Stadium der Vertragserfüllung.[281] Wird doch so den Gerichten nahezu *carte blanche* erteilt, um das Recht sowie die darauf beruhenden privatautonome Vereinbarungen nach eigenem Gutdünken umzuformen.[282]

Der an konkretes Markt- und Wettbewerbsversagen anknüpfende Ansatz der informierten Vertragsentscheidung passt am besten zu den Voraussetzungen der binnenmarktfinalen Rechtsgrundlagen, wonach die Rechtsangleichung durch Europäisches Vertragsrecht auf die Beseitigung spürbarer Wettbewerbsverzerrungen und tatsächlicher Grundfreiheitenbeschränkungen abzielen muss. Durch den angestrebten angemessenen Ausgleich der konfligierenden, grundsätzlich gleichberechtigten Interessen wird zudem dem Charakteristikum jeglicher privatrechtlichen Regelung Rechnung getragen. Da dieser Ansatz auch zu hinreichend zuverlässigen Konkretisierungsergebnissen führt, erscheint er vorzugswürdig.

V. Zur Rolle des „Gemeinsamen Referenzrahmens“ und eines „optionellen Instruments“

Mit ihrer Mitteilung zum Europäischen Privatrecht aus dem Jahre 2001[283] hat die Kommission eine umfassende Zukunftsdebatte angestoßen. In Auswertung der Konsultationsergebnisse und entsprechend dem Aktionsplan aus dem Jahre 2003[284] sowie der Mitteilung zum „weiteren Vorgehen“ aus dem Jahre 2004[285] konzentrieren sich die Bemühungen auf Gemeinschaftsebene derzeit darauf, den gemeinschaftsrechtlichen Besitzstand im Bereich des Verbrauchervertragsrechts im Hinblick auf Kohärenz und Wirksamkeit zu überprüfen und, nach Vorliegen der Ergebnisse, gegebenenfalls Änderungen vorzuschlagen.[286] Insoweit schwebte

279 Vgl. Grünbuch: Die Überprüfung des gemeinschaftlichen Besitztsandes im Verbraucherschutz (Vorlage der Europäischen Kommission) v. 8. 2. 2007, KOM (2006) 744 endg., 19f.

280 Art. II.-3:301(2) DCFR.

281 Art. III.-1:103 DCFR.

282 *Eidenmüller*, Party Autonomy, IV.2.

283 Mitteilung der Kommission an den Rat und das Europäische Parlament: Zum Europäischen Vertragsrecht, KOM(2001) 398 endg. Zwei vorhergehende Entschließungen des Europäischen Parlaments v. 26. 5. 1989 (ABl. EG 1989 C 158/400) und v. 6. 5. 1994 (ABl. EG 1994 C 205/51) blieben zunächst ohne Wirkung. Der „Durchbruch“ erfolgte offensichtlich durch die Ratsentschließung von Tampere (Europäischer Rat von Tampere 1999, SI [1999] 800 Rn. 39), die den Weg für die nachfolgenden Mitteilungen der Kommission ebnete.

284 Mitteilung der Kommission an das Europäische Parlament und den Rat: Ein kohärentes Europäisches Vertragsrecht, Ein Aktionsplan, KOM(2003), 68 endg.

285 Mitteilung der Kommission an das Europäische Parlament und den Rat: Europäisches Vertragsrecht und Überarbeitung des gemeinschaftlichen Besitzstandes – weiteres Vorgehen, KOM(2004), 651 endg.

286 Vgl. auch den Bericht der Kommission, Zweiter Fortschrittsbericht zum Gemeinsamen Referenzrahmen, KOM(2007) 447 endg.

der Kommission zunächst ein umfassendes, die bestehenden Verbraucherschutzrichtlinien ganz oder teilweise ablösendes „horizontales" Verbrauchergesetzbuch vor.[287] Den vorläufigen Höhepunkt dieser Bemühungen bildet derzeit der weit bescheidenere Vorschlage einer Richtlinie über Rechte der Verbraucher.[288]

Parallel hierzu laufen die Vorbereitungen an einem „Gemeinsamen Referenzrahmen" der als ein neuartiges Instrument[289] ursprünglich bis zum Jahre 2009 durch die Kommission verabschiedet werden sollte und bei Bedarf und nach weiterer Reflexion die Grundlage für die Erarbeitung eines „optionellen Instruments im Bereich des europäischen Vertragsrechts" bilden könnte.[290]

Die mit der Vorbereitung des „Gemeinsamen Referenzrahmens" beauftragten Wissenschaftlergruppen haben, neben einem vorläufigen,[291] nun auch den endgültigen akademischen Entwurf eines Gemeinsamen Referenzrahmens (Draft Common Frame of Reference, DCFR) vorgelegt.[292] Dieser geht über das erteilte Mandat weit hinaus und umfasst etwa auch das Recht der gesetzlichen Schuldverhältnisse und der dinglichen Sicherheiten über bewegliche Sachen.[293] Dieser DCFR darf mit dem eigentlichen „politischen" Gemeinsamen Refernzrahmen nicht verwechselt werden. Mag der DCFR auch in ganz besonderer Weise durch die Institutionen der Europäischen Gemeinschaft angeregt und gefördert worden sein, so ist er doch in gegenwärtiger Form nicht mehr als ein im wesentlichen von Professoren erarbeite-

---

287 Vgl. Grünbuch: Die Überprüfung des gemeinschaftlichen Besitzstandes im Verbraucherschutz (Vorlage der Europäischen Kommission) v. 8. 2. 2007, KOM (2006) 744 endg., S. 8 ff.: obwohl die Kommission neben dem erwähnten „kombinierten Ansatz" als Option I die Beibehaltung des „vertikalen Ansatzes" durch Überarbeitung der bestehenden Richtlinien sowie als Option III das Absehen von jeglicher legislativer Aktivität erwägt, ist doch klar, wo die Präferenzen der Kommsission liegen.

288 Vorschlag für eine Richtlinie des Europäischen Parlaments und des Rates über Rechte der Verbraucher, KOM(2008) 614 endg.

289 Vgl. *Zimmermann*, ZEuP 2007, 109: „Der besondere Charme dieses neuartigen Begriffs besteht darin, dass niemand so genau weiß, was sich dahinter verbirgt."; *v. Bar*, in *Schmidt-Kessel* (Hrsg.), Der gemeinsame Referenzrahmen, S. 29, unter Hinweis darauf, dass damit alle Zuständigkeitsprobleme für die Verfassungsorgane der Gemeinschaft entfallen.

290 KOM(2004), 651 endg., Rn. 3.2.4. Ausdrücklich weist die Kommission darauf hin, dass sie nicht beabsichtigt, ein „Europäisches Zivilgesetzbuch" zu schaffen, das die nationalen Zivilrechte ablösen würde (KOM(2004), 651 endg., Rn. 2.3; nochmals im Bericht der Kommission, Zweiter Fortschrittsbericht zum Gemeinsamen Referenzrahmen, KOM(2007) 447 endg., S. 13). Verbreitet ist jedoch gleichwohl die Überzeugung, dass am Ende dieses Entwicklungsprozesses eine möglicherweise wähl- oder abwählbare Europäische Kodifikation stehen wird, vgl. *Hesselink*, (2004) 10 ELJ 675; *ders.*, (2006) 12 ELJ 279 (290 ff.); *Wallis*, ZEuP 2006, 513 f.; *Heiderhoff*, Gemeinschaftsprivatrecht, S. 237 ff.; *Wagner*, ZEuP 2007, 180 (182); sowie Europäisches Parlament, Entschließung v. 23. 3. 2006, B.: „in der Erwägung, dass die Kommission zwar bestreitet, dass dies ihr Ziel sei, dass viele der an dem Projekt arbeitenden Wissenschaftler und betroffenen Kreise davon ausgehen, dass langfristiges Ergebnis letztlich ein europäischer Pflichtenkodex oder sogar ein komplettes europäisches Zivilgesetzbuch herauskommen wird ..."

291 *Study Group on a European Civil Code/Research Group on EC Private Law (Acquis Group)*, Principles, Definitions and Model Rules of European Private Law: Draft Common Frame of Reference (DCFR), Interim Outline Edition, 2008.

292 *Study Group on a European Civil Code/Research Group on EC Private Law (Acquis Group)*, Principles, Definitions and Model Rules of European Private Law: Draft Common Frame of Reference (DCFR), Outline Edition, 2009.

293 Vgl. auch *Basedow*, ZEuP 2008, 673 (674).

tes privates Regelwerk bzw. Modellgesetz, dass nicht mehr, aber auch nicht weniger normative Wirkkraft in sich trägt, als etwa die *Principles of European Contract Law*.[294] Gleiches gilt für die als selbständige Veröffentlichung vorliegenden *Acquis-Principles*,[295] die als eine Art Restatement die bisherigen Verbraucherschutrichtlinien kodifizieren und in den DCFR Eingang gefunden haben. Die den *Acquis-Principles* entsprechenden Modellregeln des DCFR bilden damit die systematische Brücke zum Europäischen Privatrecht.[296]

Erst durch die institutionelle Absegnung seitens der Kommission nach umfassender öffentlicher Konsultation läge der politische „Gemeinsame Referenzrahmens" als über ein bloßes privates Regelwerk hinausgehender gesamteuropäischer Referenztext vor, der je nach Inhalt möglicherweise eine Prinzipien- und Wertordnung darstellt[297], an der sich die Konkretisierung wertungsoffener Rechtssätze des Sekundärrechts orientieren könnte oder vielleicht sogar orientieren müsste.

1. Funktion und Inhalt von „Gemeinsamem Referenzrahmen" und „optionellem Instrument"

Der Gemeinsame Referenzrahmen soll in erster Linie von der Kommission aber auch von Rat und Europäischem Parlament bei der Überarbeitung des existierenden Gemeinschaftsrechts und bei der Verabschiedung neuer Gemeinschaftsrechtsakte als „legislativer Werkzeugkasten"[298] herangezogen werden.[299] Auch nationale Gesetzgeber könnten so vom Gemeinsamen Referenzrahmen Gebrauch machen. Er könnte weiterhin vor den Schiedsgerichten Verwendung finden und Verträgen der Gemeinschaftsorgane mit Dritten zugrundegelegt werden. „Nicht zuletzt" könnte der Gemeinsame Referenzrahmen „dem Europäischen Gerichtshof als Anhaltspunkt bei der Auslegung des Vertragsrechts der Gemeinschaft dienen."[300] Der DCFR verfolgt im wesentlichen die gleichen Funktionen, und zwar unabhängig davon, ob es letztlich zur Verabschiedung eines Gemeinsamen Referenzrahmens kommt.[301] Hinzu kommen eine von den Verfassern ins Auge gefasste herausragen-

---

294 *Riesenhuber*, in *Schmidt-Kessel* (Hrsg.), Der gemeinsame Referenzrahmen, S. 198; *Hähnchen*, in *Schmidt-Kessel* (Hrsg.), Der gemeinsame Referenzrahmen, S. 151; anders *Pfeiffer*, ZEuP 2008, 679 (705). Ausführlich zu den PECL Kapitel 11.

295 Vgl. *Research Group on the Existing EC Private Law (Acquis Group)* (Hrsg.), Principles of the Existing EC Contract Law (Acquis Principles), Contract I: Pre-contractual Duties, Conclusion of Contract, Unfair Terms, 2007.

296 Wegen dieses besonderen systematischen Bezugs und des engen sachlichen Zusammenhangs mit dem Gemeinsamen Referenzrahmens erfolgt die Diskussion des DCFR im vorliegenden Kapitel, obwohl entsprechend der zur Erarbeitung herangezogenen Erkennnisquellen auch eine Erörterung im Zusammenhang mit der rechtsvergleichenden Konkretisierung (Kapitel 11) denkbar wäre.

297 Vgl. *Jansen*, JZ 2006, 536 (541): „einheitliche, verbindende gedankliche Grundstruktur für das europäische Vertragsrecht".

298 *Blaurock*, ZEuP 2007, 118 (121).

299 KOM(2004), 651 endg., Rn. 2.1.1. Vgl. auch *Flessner*, ZEuP 2007, 112 (113): „EU-internes Handbuch für gute Gesetzgebung".

300 KOM(2004), 651 endg., Rn. 2.1.2.

301 Vgl. auch *v. Bar*, in *Schmidt-Kessel* (Hrsg.), Der gemeinsame Referenzrahmen, S. 25.

de Bedeutung für die Europäische Juristenausbildung und natürlich als Vorlage für die Erarbeitung des eigentlichen Gemeinsamen Referenzrahmens.[302] Jedenfalls in seiner vorläufigen Fassung hat der DCFR seinen ersten Test als legislativer Werkzeugkasten nicht bestanden, nimmt doch der Vorschlag einer Richtlinie über die Rechte der Verbraucher mit keinem Wort auf den zu dieser Zeit bereits vorliegenden vorläufigen Entwurf Bezug, noch werden die darin vorgeschlagenen Lösungen in nennenswerter Weise übernommen.[303]

Inhaltlich wird für den Gemeinsamen Referenzrahmen eine dreiteilige Struktur anvisiert:[304] in einem ersten Teil könnten wesentliche Grundsätze, etwa die Vertragsfreiheit, und deren Ausnahmen festgeschrieben werden; der zweite Teil könnte Definitionen zentraler Rechtsbegriffe wie „Vertrag" und „Schaden" enthalten; den dritten Teil schließlich sollen „Mustervorschriften" bilden etwa bezüglich Vertragsabschluss, vorvertragliche Pflichten, Erfüllung/Nichterfüllung, Parteienmehrheit, Forderungsabtretung, Schuld- und Vertragsübernahme, Verjährung sowie besondere Vorschriften für Kauf- und Versicherungsverträge. Vergleichbar der Struktur der *Principles of European Contract Law*[305] könnten die einzelnen Grundsätze und Bestimmungen durch Erläuterungen ergänzt werden.[306] Einiges spricht dafür, dass der fertige Text den *Principles of European Contract Law* nicht unähnlich sein dürfte.[307] Der DCFR hat eine etwas abweichende Struktur. Die Leitprinzipien (*freedom, security, justice, efficiency*), sind den Modellvorschriften lehrbuchartig vorangestellt, Definitionen folgen in einem Annex. Erläuterungen zu den einzelnen Vorschriften und Definitionen mit rechtsvergleichenden Bezugnahmen und Beispielen sollen in einer großvolumigen weiteren Veröffentlichung bzw. Veröffentlichungen nachfolgen.[308]

In fernerer Zukunft könnte der Gemeinsame Referenzrahmen (oder der DCFR) sodann als Basis für die Erarbeitung eines optionellen Instruments dienen.[309] Insofern ist jedoch noch vieles unklar. Dies gilt zunächst für die Notwendigkeit eines optionellen Instruments überhaupt.[310] Entschieden werden soll darüber wohl erst

---

302 *Study Group on a European Civil Code/Research Group on EC Private Law (Acquis Group)*, Principles, Definitions and Model Rules of European Private Law: Draft Common Frame of Reference (DCFR), Outline Edition, S. 7f.

303 *Wendehorst*, in: *Schmidt-Kessel* (Hrsg.), Der gemeinsame Referenzrahmen, S. 350f.

304 Vgl. KOM(2004), 651 endg., Anhang I.

305 *Lando/Beale* (Hrsg.), Principles of European Contract Law, Part I and II, 2000; *Lando/Clive/Prüm/Zimmermann* (Hrsg.), Principles of European Contract law, Part III, 2003.

306 *Staudenmayer*, ZEuP 2003, 828 (829); *Schulze*, ZEuP 2007, 130 (135).

307 *Von Bar/Schulte-Nölke*, ZRP 2005, 165 (166), betonen, dass das Projekt „vor allem" auf den jahrzehntelangen Arbeiten der Lando-Gruppe und der Study Group on a European Civil Code aufbauen könne. Vgl. auch *Flessner*, ZEuP 2007, 112 (115); *Blaurock*, ZEuP 2007, 118 (126); *Basedow*, ZEuP 2007, 280.

308 *Study Group on a European Civil Code/Research Group on EC Private Law (Acquis Group)*, Principles, Definitions and Model Rules of European Private Law: Draft Common Frame of Reference (DCFR), Outline Edition, S. 5.

309 KOM(2004), 651 endg., Rn. 2.1.2. *Zimmermann*, ZEuP 2007, 109, weist darauf hin, dass der Gedanke eines optionellen Instruments in der offiziellen Rethorik stark in den Hintergrund gerückt sei.

310 Vgl. KOM(2004), 651 endg., Anhang II Ziffer 1.

dann, wenn der Gemeinsame Referenzrahmen vorliegt. Inhaltlich ist folglich derzeit noch völlig ungewiss, auf welche Rechtsmaterien sich ein optionelles Instrument, oder mehrer optionelle Instrumente[311], beziehen würden,[312] ob lediglich B2B- oder auch B2C-Verträge erfasst sein sollen,[313] ob die Vertragsparteien das optionelle Instrument wählen („opt in“) oder abwählen („opt out“) können,[314] ob lediglich grenzüberschreitende Verträge oder auch reine Inlandsfälle erfasst sein sollen, wie sich das optionelle Instrument zum EVÜ[315] bzw. zur Rom-I-Verordnung[316] und zum CISG verhalten würde.[317] Erst nach Klärung dieser Fragen kann auch über die Rechtsform entschieden werden. In Betracht kommen die Verordnung, Empfehlung oder auch ein völkerrechtlicher Vertrag.[318] Und nicht zuletzt stellt sich die Frage nach der Rechtsgrundlage, die ihrerseits maßgeblich von Inhalt und Rechtsform abhängt. Derzeit scheinen Art. 65, 95 und 308 EG die „heißesten Kandidaten“ zu sein.[319]

2. „Gemeinsamer Referenzrahmen“ und „optionelles Instrument“ als Konkretisierungsmaßstab

Nach der Rechtsprechung des BGH[320], sodann nach § 9 Abs. 2 AGBG und nunmehr gemäß § 307 Abs. 2 Nr. 1 BGB kommt den Vorschriften des dispositiven Rechts insbesondere bei der Inhaltskontrolle von Allgemeinen Geschäftsbedingungen eine Ordnungs- und Leitbildfunktion zu. Es stellt sich die Frage, inwieweit der „Gemeinsame Referenzrahmen“ bzw. DCFR und ein „optionelles Instrument“ in der

---

311 *von Bar/Schulte-Nölke*, ZRP 2005, 165 (167).

312 KOM(2004), 651 endg., Anhang II Ziffer 4; *Staudenmayer*, ZEuP 2003, 828 (832 ff.). *Flessner*, ZEuP 2007, 112 (115) geht davon aus, dass die Regeln des Gemeinsamen Referenzrahmens, so er denn einmal steht, auch die des optionellen Instruments sein werden, sobald die politische Entscheidung für ein solches gefallen sei.

313 KOM(2004), 651 endg., Anhang II Ziffer 5; *Staudenmayer*, ZEuP 2003, 828 (839 ff.).

314 KOM(2004), 651 endg., Anhang II Ziffer 2; *Staudenmayer*, ZEuP 2003, 828 (835 ff.).

315 In Betracht kommt, ein optionelles Instrument im Rahmen einer Gleichstellungslösung wie eine andere Rechtsordnung zu behandeln, so dass es nach Art. 3 Abs. 1 EVÜ kollisionsrechtlich zur Anwendung kommen könnte; denkbar wäre auch ein Vorrang nach Art. 20 EVÜ, womit das optionelle Instrument den Beschränkungen des geltenden Internationalen Vertragsrechts entzogen wäre, vgl. *Martiny*, ZEuP 2007, 212 (217 f.).

316 Gemäß Art. 3 Abs. 1 in Verbindung mit Erwägungsgrund 14 der Rom-I-Verordnung erscheint die Wahl eines optionellen Instruments, soweit als Rechtsakt verabschiedet, durchaus möglich, jedenfalls soweit das optionelle Intstrument selbst diese Möglichkeit vorsieht, vgl. *Mankowski*, in *Schmidt-Kessel* (Hrsg.), Der gemeinsame Referenzrahmen, S. 415 ff.

317 KOM(2004), 651 endg., Anhang II Ziffer 5; *Staudenmayer*, ZEuP 2003, 828 (835 ff.).

318 KOM(2004), 651 endg., Anhang II Ziffer 3; *Staudenmayer*, ZEuP 2003, 828 (838 f.); *Hähnchen*, in *Schmidt-Kessel* (Hrsg.), Der gemeinsame Referenzrahmen, S. 157 ff.

319 KOM(2004), 651 endg., Anhang II Ziffer 6; *Staudenmayer*, ZEuP 2003, 828 (841 ff.); *Hähnchen*, in *Schmidt-Kessel* (Hrsg.), Der gemeinsame Referenzrahmen, S. 161 ff.

320 Ständige Rechtsprechung seit BGHZ 41, 151 (154): „Soweit Vorschriften des dispositiven Rechts ihre Entstehung nicht nur Zweckmäßigkeitserwägungen, sondern einem aus der Natur der Sache sich ergebenden Gerechtigkeitsgebot verdanken, müssen bei einer abweichenden Regelung durch Allgemeine Geschäftsbedingungen Gründe vorliegen, die für die von ihnen zu regelnden Fälle das dem dispositiven Recht zugrundeliegende Gerechtigkeitsgebot in Frage stellen und eine abweichende Regelung als mit Recht und Billigkeit vereinbar erscheinen lassen.“

Lage sein werden, eine solche Leitbildfunktion wie sie für den „Gemeinsamen Referenzrahmen“ offenbar von der Kommission schon ins Auge gefasst wird[321], auf Gemeinschaftsebene, insbesondere im Hinblick auf die Konkretisierung von Art. 3 der Klauselrichtlinie zu erfüllen. Unproblematisch dürfte dies, vorbehaltlich der inhaltlichen Eignung, für ein optionelles Instrument sein, soweit dieses als Verordnung auf der Grundlage von Art. 95 EG oder als völkerrechtlicher Vertrag erginge. In beiden Fällen wäre eine hinreichende demokratische Legitimation entweder über das Europäische Parlament im Mitentscheidungsverfahren oder die nationalen Parlamente im Wege des Ratifizierungsprozesses sichergestellt. Problematisch wäre dagegen der Erlass aufgrund von Art. 308 EG, der neben einem einstimmigen Ratsbeschluss derzeit lediglich die Anhörung des Europäischen Parlamentes voraussetzt. Sollte das optionelle Instrument etwa ein umfassendes europäisches Zivil- oder Vertragsgesetzbuch sein, dass möglicherweise nur abgewählt werden kann („opt out“), so erscheint die über die Ratsmitglieder und nationalen Parlamente vermittelte demokratische Legitimation kaum als ausreichend.[322]

Das Problem stellt sich jedoch vor allem bezüglich des „Gemeinsamen Referenzrahmens“ der als „nicht bindender Akt“ lediglich von der Kommission verabschiedet werden soll,[323] und in noch stärker Maße für den DCFR. Warum sollten nationale Gerichte und in letzter Instanz der EuGH „Gemeinsamen Referenzrahmen“ bzw. DCFR, auch soweit der jeweilige konkretisierungsbedürftige Rechtsakt nicht darauf Bezug nimmt,[324] als Prinzipien- oder Wertordnung ihren Konkretisierungsentscheidungen zugrunde legen?[325]

a) Geltung, Wirksamkeit und Autorität des „Gemeinsamen Referenzrahmens“

Geltung ist die spezifische Existenzform einer Rechtsnorm.[326] Drei verschiedene Arten der Geltung lassen sich unterscheiden: Geltung im juristischen Sinne liegt vor, wenn eine Norm von einem dafür zuständigen Organ in der dafür vorgesehenen Weise erlassen worden ist und nicht gegen höherrangiges Recht verstößt;[327] Geltung im soziologischen (sozialen; faktischen) Sinne dagegen, wenn eine Norm

321 KOM(2004), 651 endg., Rn. 2.1.2.
322 Vgl. *Leible*, EWS 2001, 471 (479).
323 KOM(2004), 651 endg., Rn. 2.1.3., 3.2.4.
324 Insoweit erscheint die Heranziehung weniger problematisch, vgl. *Riesenhuber*, in *Schmidt-Kessel* (Hrsg.), Der gemeinsame Referenzrahmen, S. 208 ff.
325 Vgl. *Pfeiffer*, ZEuP 2008, 679 (705 f.), wonach der DCFR jedenfalls dann zur Auslegung eines eventuellen Verbraucherschutzinstruments herangezogen werden könne, wenn die entsprechenden Vorschriften weitgehend identisch sind, zumal der DCFR eine größere institutionelle Akzeptanz aufweise als die PECL.
326 Vgl. *Kelsen*, Reine Rechtslehre, S. 9.
327 *Alexy*, Begriff und Geltung des Rechts, S. 143, der insoweit vom „Begriff der rechtlichen Geltung im engeren Sinne“ spricht, da sich dieser Begriff ausschließlich auf spezifische Eigenschaften der rechtlichen Geltung, unabhängig von den nachfolgenden Kategorien der soziologischen und ethischen Geltungen, bezieht. Vgl. auch *Rüthers*, Rechtstheorie, § 8 Rn. 334; *Röhl/Röhl*, Allgemeine Rechtslehre, S. 311.

entweder tatsächlich befolgt, oder ihre Nichtbefolgung sanktioniert wird.[328] Soziologische Geltung ist somit identisch mit der Rechtswirksamkeit der Norm in der Außenwelt.[329] Geltung im ethischen (moralischen) Sinne schließlich meint, dass die Norm inhaltlich richtig, d.h. moralisch gerechtfertigt ist[330]; nach anderer Ansicht, dass sie durch die Normunterworfenen freiwillig aus Rechtsüberzeugung befolgt wird.[331]

Zwischen diesen verschiedenen Geltungsbegriffen bestehen vielfältige Beziehungen. So setzt juristische Geltung (in einem weiteren Sinne[332]) ein Mindestmaß an Wirksamkeit im Sinne der tatsächlichen Anwendung durch die Rechtsanwendungsorgane und der tatsächlichen Befolgung durch die Rechtsunterworfenen voraus.[333] Macht man zudem die juristische Geltung (im weiteren Sinne) vom Vorliegen der Elemente der moralischen Geltung abhängig, so liegt dem ein nichtpositivistisches Rechtsverständnis zugrunde, andernfalls ein positivistisches.[334] Ohne moralische Geltung, d.h. ausschließlich basierend auf staatlichen Zwangsmitteln, dürfte allerdings die Wirksamkeit einer Rechtsnorm auf Dauer nur schwer aufrecht zuerhalten sein.[335] Fehlende moralische Geltung wirkt somit über die Wirksamkeit (soziologische Geltung) auf die juristische Geltung (im weiteren Sinne) zurück.

Was nun den Gemeinsamen Referenzrahmen (und DCFR) angeht, so kommt diesem eine juristische Geltung ersichtlich nicht zu[336]: eine verbindliche Setzung durch den Gemeinschaftsgesetzgeber aufgrund einer Kompetenzzuweisung im EG-Vertrag soll gerade nicht erfolgen.[337]

---

328 *Alexy*, Begriff und Geltung des Rechts, S. 139; *Kelsen*, Reine Rechtslehre, S. 10; *Rüthers*, Rechtstheorie, § 8 Rn. 335; *Röhl/Röhl*, Allgemeine Rechtslehre, S. 335; *Seelmann*, Rechtsphilosophie, § 2 Rn. 52; *Zippelius*, Rechtsphilosophie, S. 25.

329 *Röhl/Röhl*, Allgemeine Rechtslehre, S. 311; *Zippelius*, Rechtsphilosophie, S. 25. Soziale Geltung ist dabei eine Sache des Grades, vgl. *Alexy*, Begriff und Geltung des Rechts, S. 141, sowie *Kelsen*, Reine Rechtslehre, S. 10: „Eine Rechtsnorm wird als objektiv gültig nur angesehen, wenn das menschliche Verhalten, dass sie regelt, ihr tatsächlich, wenigstens bis zu einem gewissen Grade, entspricht".

330 *Alexy*, Begriff und Geltung des Rechts, S. 141 f.

331 *Rüthers*, Rechtstheorie, § 8 Rn. 337; *Zippelius*, Rechtsphilosophie, S. 26ff., differenziert weiter zwischen „moralischer Geltung" – die Norm wird aus Gewissengründen des Einzelnen gutgeheißen und befolgt –, und „sozialethischer Geltung" – die Norm wird vom überwiegenden Teil der Mitglieder einer Gemeinschaft akzeptiert.

332 *Alexy*, Begriff und Geltung des Rechts, S. 142.

333 Vgl. *Kelsen*, Reine Rechtslehre, S. 10 sowie 220: „Wirksamkeit ist eine Bedingung der Geltung, aber ist nicht diese Geltung selbst." Vgl. auch *Seelmann*, Rechtsphilosophie, § 2 Rn. 51; *Röhl/Röhl*, Allgemeine Rechtslehre, S. 336ff.; *Rüthers*, Rechtstheorie, § 8 Rn. 334ff.

334 *Alexy*, Begriff und Geltung des Rechts, S. 142.

335 *Rüthers*, Rechtstheorie, § 8 Rn. 340f.

336 Vgl. *Hart*, The Concept of Law, S. 103: "To say that a given rule is valid is to recognize it as passing all the tests provided by the rule of recognition and so is a rule of the system."; *Kelsen*, Reine Rechtslehre, S. 202: „Fragt man nach dem Geltungsgrund einer zu einer bestimmten Rechtsordnung gehörenden Rechtsnorm, kann die Anwort nur in der Zurückführung auf die Grundnorm dieser Rechtsordnung, das heißt: in der Aussage bestehen, dass diese Norm der Grundnorm gemäß erzeugt wurde."

337 Denkbar ist freilich, dass die Parteien den Gemeinsamen Referenzrahmen zunächst im Rahmen des internationalprivatrechtlich anwendbaren zwingenden Rechts, insoweit vergleichbar all-

Anders verhält es sich möglicherweise bezüglich der soziologischen Geltung. Bisher hat der EuGH bezüglich der Heranziehung nicht verbindlicher Instrumente des „soft law", wie etwa der Grundrechtecharta, Zurückhaltung geübt.[338] Einige Generalanwälte nehmen jedoch verstärkt auf die Principles of European Contract Law[339] und auch bereits den DCFR[340] Bezug. Schon aufgrund des erheblichen Aufwandes, den die Kommission in die Erarbeitung des Gemeinsamen Referenzrahmens investiert hat, darf wohl die Vermutung gewagt werden, dass der EuGH diesen tatsächlich als Leitlinie für die Interpretation und Konkretisierung des Sekundärrechts heranziehen wird.[341] Ein Mindestmaß an Wirksamkeit wird man dem „Gemeinsamen Referenzrahmen" daher nicht absprechen können.

Damit ist allerdings noch nichts darüber ausgesagt, ob die Heranziehung des Gemeinsamen Referenzrahmens (oder des DCFR) durch den EuGH auch legitim ist.[342] Da es an der juristischen Geltung fehlt, wäre die Heranziehung des Gemeinsamen Referenzrahmens als Konkretisierungshilfe nur dann gerechtfertigt, wenn ihm moralische Geltung zukommt, er also „inhaltlich richtig" wäre. Man kann insoweit vielleicht von der interpretativen Autorität des Gemeinsamen Referenzrahmens sprechen.[343] Damit stellt sich natürlich sofort die Frage, ob normative Sätze überhaupt in diesem Sinne „richtig" sein können und wie gegebenfalls diese Richtigkeit festzustellen ist. Auf diesen rechts- und wissenschaftstheoretischen

---

gemeinen Geschäftsbedingungen, materiellrechtlich ihrem Vertrag zugrunde legen; fraglich ist dagegen, ob der Gemeinsame Referenzrahmen auch kollisionsrechtlich als anwendbares Recht gewählt werden könnte. Gemäß Erwägunggsrund 13 der Rom-I-Verordnung können die Parteien „in ihrem Vertrag auf ein nichtstaatliches Regelwerk ... Bezug nehmen". Ob damit eine kollisionsrechtliche Rechtswahl des Gemeinsamen Referenzrahmens oder DCFR möglich ist, erscheint, vor dem Hintergrund von Art. 3 Abs. 2 des Verordnungsentwurfs (dazu *Martiny*, ZEuP 2007, 212 (218 f.), äußerst zweifelhaft, *Mankowski*, in *Schmidt-Kessel* (Hrsg.), Der gemeinsame Referenzrahmen, S. 389 ff.

338 Vgl. Kapitel 9 II. 1.

339 Vgl. GA Poiares Maduro, Schlussanträge v. 21. 11. 2007 – Rs. C-412/06 (*Hamilton*), Slg. 2008 I-2383, Rn. 24; GA Trstenjak, Schlussanträge v. 15. 11. 2007 – Rs. C-404/06 (*Quelle*), Slg. 2008, I-2695 Rn. 44 Fn. 28 (Verweis auf Art. 9:102 der PECL); GA Trstenjak, Schlussanträge v. 6. 3. 2007 – Rs. 1/06 (*Bonn Fleisch*), Slg. 2007, I-5609 Rn. 68; GA Mengozzi, Schlussanträge v. 11. 1. 2007 – Rs. C-282/05 P (*Holcim*), Slg. 2007, I-2941 Rn. 115 Fn. 58 mit Hinweis auf die Principles of European Tort Law.

340 GA Trstenjak, Schlussanträge v. 18. 2. 2009 – Rs. C-489/07 (*Messner/Krüger*), Slg. 2009, I-0000, Rn. 85, 94; Schlussanträge v. 7. 5. 2009 – Rs. C-227/08 (*Martin Martin*), Slg. 2009, I-000, Rn. 51.

341 Vgl. *Schulte-Nölke*, in *Schmidt-Kessel* (Hrsg.), Der gemeinsame Referenzrahmen, S. 16; *Trstenjak*, in *Schmidt-Kessel* (Hrsg.), Der gemeinsame Referenzrahmen, S. 237. So hat der EuGH ja etwa auch in der Entscheidung *Océano* zur Konkretisierung des Art. 3 der Klauselrichtlinie maßgeblich auf den nicht verbindlichen Richtlinienanhang abgestellt, vgl. EuGH v. 27. 6. 2000, verb. Rs. C-240/98 bis C-244/98 (*Océano*), Slg. 2000, I-4963 Rn. 21.

342 Dies wäre nur dann der Fall, wenn man von einem rein soziologischen Rechtsbegriff ohne jeden normativen Elements ausginge, dagegen *Seelmann*, Rechtsphilosophie, § 2 Rn. 58. Der Rechtsbegriff der Rechtssoziologie anerkennt normative Elemente, wenn verlangt wird, dass der „Rechtsstab ein Mindestmaß an Autorität besitzt", vgl. *Rehbinder*, Rechtssoziologie, S. 51.

343 Vgl. *Jansen*, JZ 2006, 536 (543); *Raz*, in: *ders.* (Hrsg.), Authority, S. 115 (120): „For an authority is legitimate only if there are sufficient reasons to accept it, that is, sufficient reasons to follow directives regardless of the balance of reasons on the merits of such action."

Grundlagenstreit kann hier nicht näher eingegangen werden;[344] vielmehr soll der „Gemeinsame Referenzrahmen" (und DCFR) anhand zweier Ansätze überprüft werden, die sich als für das Recht im allgemeinen und das Vertragsrecht im besonderen als einflussreich erwiesen haben.

b) Autorität durch Verfahren – Diskurstheorie

Die von *Jürgen Habermas* begründete Diskurstheorie geht davon aus, dass die Richtigkeit von Normen, „der normative Geltungsanspruch", in dem Sinne kognitiv bestimmt werden könne, als die jeweilige Norm durch einen argumentativ erzielten Konsens der Beteiligten begründet werden kann.[345] *Robert Alexy* hat diesen Ansatz mit Bezug auf das Recht und insbesondere die juristische Methodenlehre fortentwickelt.[346] Die Diskurstheorie vermeidet einen infiniten Begründungsregress[347], indem die Forderung nach immer weiterer Begründung durch eine Reihe von Anforderungen an die Begründungstätigkeit ersetzt wird: die Regeln rationalen Diskutierens.[348] Richtig ist eine Norm somit genau dann, wenn sie das Ergebnis der durch die Diskursregeln definierten Prozedur sein kann.[349]

aa) Anforderungen an einen rationalen pragmatischen Diskurs – *Habermas* und *Alexy*

Nach *Habermas* darf derjenige Konsens als „Kriterium für die Einlösung des jeweils thematisierten Geltungsanspruch", und somit als richtig, angesehen werden, der argumentativ unter den Bedingungen einer „idealen Sprechsituation" erzeugt worden ist.[350] Vier Voraussetzungen bedingen die ideale Sprechsituation: „1. Alle potentiellen Teilnehmer eines Diskurses müssen die gleiche Chance haben, kommunikative Sprechakte zu verwenden, so dass sie jederzeit Diskurse eröffnen sowie

---

344 Vgl. zunächst zum „Werturteilsstreit", dem die Frage zugrunde lag, ob Werturteile überhaupt wahrheitsfähig sind; sowie zum „Positivismustreit", bei dem es darum ging, ob aus dem Sein bestimmte Verhaltensgebote wissenschaftlich zwingend abgeleitet und begründet werden können; *Röhl/Röhl*, Allgemeine Rechtslehre, S. 169ff.; *Rüthers*, Rechtstheorie, § 17 Rn. 579ff. Weiterhin zu den „Metatheorien" der analytischen Philosophie, die sich mit der Frage beschäftigen, ob und wie die Rechtfertigung moralischer Überzeugungen möglich ist („Naturalismus", Intuitionismus", „Emotivismus", „Präskriptivismus"), vgl. *Seelmann*, Rechtsphilosophie, § 9 Rn. 6ff. sowie ausführlich *Alexy*, Theorie der juristischen Argumentation, S. 51ff. Ingesamt wird man aber davon ausgehen können, dass in einer gegebenen Gesellschaft sinnvoll gefragt und erörtert werden kann, welche Regeln in einem Fall „vernünftigerweise" gelten sollen; Probleme der Wert- und Normsetzung sind damit zumindest rational diskutierbar, vgl. *Rüthers*, Rechtstheorie, § 17 Rn. 585.

345 *Habermas*, Legitimationsprobleme im Spätkapitalismus, S. 144.

346 *Alexy*, Theorie der juristischen Argumentation, S. 221ff., 273ff.

347 Ausgangspunkt ist die Struktur der Begründung normativer Aussagen: Wer für eine normative Aussage N einen Grund G anführt setzt zugleich eine Regel R voraus, aus der zusammen mit G N logisch folgt. Wird die Gültigkeit von R angezweifelt, ist diese ebenfalls zu begründen wobei für diese Begründung zweiter Stufe die Angabe einer Regel R' erforderlich ist, die nun ihrerseits angezweifelt werden kann usw. Der daraus entstehenden infinite Regress kann scheinbar nur dadurch vermieden werden, dass die Begründung an einer Stelle willkürlich abgebrochen wird; vgl. *Alexy*, Theorie der juristischen Argumentation, S. 221f.

348 *Alexy*, Theorie der juristischen Argumentation, S. 222f.

349 *Alexy*, Theorie der juristischen Argumentation, S. 399.

350 *Habermas*, in: FS Schulz, S. 211 (257).

durch Rede und Gegenrede, Frage und Antwort perpetuieren können. 2. Alle Diskursteilnehmer müssen die gleiche Chance haben, Deutungen, Behauptungen, Empfehlungen, Erklärungen und Rechtfertigungen aufzustellen und deren Geltungsanspruch zu problematisieren, zu begründen oder zu widerlegen, so dass keine Vormeinung auf Dauer der Thematisierung und der Kritik entzogen bleibt."[351] „3. Zum Diskurs sind nur Sprecher zugelassen, die als Handelnde die gleiche Chance haben, repräsentative Sprechakte zu verwenden, d.h. ihre Einstellungen, Gefühle und Intentionen zum Ausdruck zu bringen. ... 4. Zum Diskurs sind nur Sprecher zugelassen, die als Handelnde die gleiche Chance haben, regulative Sprechakte zu verwenden, d.h. zu befehlen und sich zu widersetzen, zu erlauben und zu verbieten, Versprechen zu geben und abzunehmen, Rechenschaft abzulegen und zu verlangen usf."[352] Diese letzten beiden Voraussetzungen zielen dabei einmal auf die Verwirklichung von Offenheit und Wahrhaftigkeit der Teilnehmer auch gegenüber sich selbst, zum anderen auf einen Ausschluss einseitiger Privilegierung und damit die Herstellung formaler Chancengleichheit.[353]

Alexy präzisiert und erweitert diese Regeln zunächst für seine Theorie des allgemeinen rationalen praktischen Diskurses.[354] Er unterscheidet „Grundregeln", die eine sinnvolle sprachliche Kommunikation überhaupt erst ermöglichen,[355] sowie „Vernunftregeln", „Argumentationslastregeln", „Begründungsregeln" und „Übergangsregeln". Von Bedeutung sind hier vorallem die folgenden Vernunftregeln: „(2) Jeder Sprecher muss das, was er behauptet, auf Verlangen begründen, es sei denn, er kann Gründe anführen, die es rechtfertigen, eine Begründung zu verweigern."[356] (2.1) Jeder der sprechen kann, darf an Diskursen teilnehmen. (2.2 a) Jeder darf jede Behauptung problematisieren, (2.2 b) in den Diskurs einführen sowie (2.2 c) seine Einstellungen, Wünsche und Bedürfnisse äußern. (2.3) Kein Sprecher darf hieran durch innerhalb oder außerhalb des Diskurses herrschenden Zwang gehindert werden.[357] Hinzu kommen folgende Begründungsregeln: (5.1.1) Jeder muss den Konsequenzen der von ihm vorausgesetzten oder behaupteten Regeln

---

351 *Habermas*, in: FS Schulz, S. 211 (255). Vgl. auch *Habermas*, Faktizität und Geltung, S. 138f.: Nach dem „sparsamen Diskursprinzip" sind gültig „genau die Handlungsnormen, denen alle möglicherweise Betroffenen als Teilnehmer an rationalen Diskursen zustimmen können." Betroffen ist jeder, „der von den voraussichtlich eintretenden Folgen einer durch Normen geregelten allgemeinen Praxis in seinen Interessen berührt wird." Rational ist der Diskurs wenn er als „Versuch der Verständigung über problematische Geltungsansprüche ... unter Kommunikationsbedingungen stattfindet, die innerhalb eines durch illokutionäre Verpflichtungen konstituierten öffentlichen Raums das freie Prozessieren von Themen und Beiträgen, Information und Gründen ermöglichen", wobei „die Art der Themen und Beiträge und die Sorte von Gründen, die jeweils ‚zählen', nicht a fortiori eingeschränkt wird."
352 *Habermas*, in: FS Schulz, S. 211 (256).
353 *Habermas*, in: FS Schulz, S. 211 (256).
354 *Alexy*, Theorie der juristischen Argumentation, S. 221 ff. Praktische Diskurse sind dabei Diskurse, in denen es um die Richtigkeit normativer Aussagen geht (S. 224).
355 *Alexy*, Theorie der juristischen Argumentation, S. 234ff., insbesondere: „(1.1) Kein Sprecher darf sich selbst widersprechen. (1.2) Jeder Sprecher darf nur das behaupten, was er selbst glaubt."
356 *Alexy*, Theorie der juristischen Argumentation, S. 239.
357 *Alexy*, Theorie der juristischen Argumentation, S. 240.

für jeden, auch sich selbst, zustimmen können; und darüber hinaus: (5.1.2) jeder muss jeder Regel zustimmen können.[358]

Alexy entwickelt seine Theorie des allgemeinen praktischen Diskurses fort zu einer Theorie der juristischen Argumentation[359], die sich jedoch auf die Frage beschränkt, was es heißt, im Rahmen einer geltenden Rechtsordnung vernünftig zu entscheiden; nicht handelt es sich um eine Theorie der Gesetzgebung.[360] Hier setzt das von *Habermas* in Spezifizierung zum Diskursprinzip entwickelte Demokratieprinzip an.[361] Es besagt, dass nur diejenigen Gesetze legitime Geltung beanspruchen dürfen, die in einem ihrerseits rechtlich verfassten diskursiven Rechtssetzungsprozess die Zustimmung aller Rechtsgenossen finden können[362], und verlangt die Institutionalisierung einer „vernünftigen politischen Meinungs- und Willensbildung“ durch ein „System von Rechten, welches jedermann die gleiche Teilnahme“ im Prozess der Rechtssetzung sichert.[363]

Beide Autoren sind sich bewusst, dass die beschriebenen Diskursregeln ein Ideal darstellen, dass in der Wirklichkeit so niemals erreichbar ist.[364] Die Diskursregeln können jedoch gleichwohl als kritischer Maßstab herangezogen werden, anhand dessen ein faktisch erzielter Konsens in Frage gestellt und daraufhin überprüft werden kann, ob er ein hinreichender Indikator für einen begründeten Konsens ist.[365]

bb) Zur Anwendung auf den Gemeinsamen Referenzrahmen

Wendet man diese Grundsätze auf Gemeinsamen Referenzrahmen und DCFR an, so können zum einen die Ausarbeitung des Entwurfs, zum anderen dessen Annahme kritisch hinterfragt werden.

(1) Die Erstellung des Gemeinsamen Referenzrahmens

Mit der Erstellung des „Gemeinsamen Referenzrahmens“ wurde ein Experten-Netzwerk bestehend aus Rechtswissenschaftlern unter Berücksichtigung sämtli-

---

358 *Alexy*, Theorie der juristischen Argumentation, S. 252.
359 Nach *Alexy* handelt es sich beim juristischen Diskurs in seinen verscheidenen Formen (rechtswissenschaftliche Diskussion, Gesetzgebung, Gerichtsverfahren) um einen Sonderfall des allgemeinen praktischen Diskurses, da zwar einerseits auch in juristischen Diskursen der Anspruch auf Richtigkeit erhoben wird, sich dieser Anspruch aber auf Richtigkeit im Rahmen der geltenden Rechtsordnung beschränkt; vgl. *Alexy*, Theorie der juristischen Argumentation, S. 263 ff. Zu dieser sogenannten „Sonderfallthese“ auch *Röhl/Röhl*, Allgemeine Rechtslehre, S. 187.
360 *Alexy*, Theorie der juristischen Argumentation, S. 351 f.
361 *Habermas*, Faktizität und Geltung, S. 139.
362 *Habermas*, Faktizität und Geltung, S. 141.
363 *Habermas*, Faktizität und Geltung, S. 142.
364 *Habermas*, in: FS Schulz, S. 211 (257): Das liegt zum einen schon daran, dass die Diskursteilnehmer regelmäßig nicht ausschließlich, ja nicht einmal in erster Linie, mit dem Motiv der Wahrheitsfindung in den Diskurs eintreten, sondern ihre eigenen Interessen verfolgen. Zum anderen unterliegen reale Diskurse raumzeitlichen, intellektuellen, physischen und psychischen Belastungsgrenzen, die eine vollständige Erfüllung der idealen Bedingungen ausschließen. Vgl. auch *Alexy*, Theorie der juristischen Argumentation, S. 159.
365 *Habermas*, in: FS Schulz, S. 211 (258); *Alexy*, Theorie der juristischen Argumentation, S. 159, 170; *Röhl/Röhl*, Allgemeine Rechtslehre, S. 186.

cher Mitgliedstaaten der EU betraut. Getragen wird dieses Netzwerk von schon länger bestehenden Gruppen, insbesondere der „Study Group on a European Civil Code" – dies ist die Nachfolgeorganisation der Lando-Kommission, welche die *Principles of European Contract Law* erstellte – und der „Research Group on the Existing EC Private Law (Acquis Group)".[366] Dies entspricht den anvisierten „Basisquellen" des „Gemeinsamen Referenzrahmens": zum einen aus den geltenden nationalen Rechtsordnungen im Wege der Rechtsvergleichung unter Einschluss der jeweiligen Rechtsprechung ermittelte „gemeinsame Nenner", Grundsätze und „besten Lösungen"; und zum anderen der vorhandene „EG-Besitzstand" und einschlägige internationale Instrumente, vor allem das UN-Übereinkommen über den internationalen Warenkauf vom 11. 4. 1980 (CISG).[367]

Parallel tagten ein sogenanntes „Stakeholder"-Netzwerk, bestehend aus Vertretern der rechtsberatenden Berufe, Richtern und Wirtschaftsjuristen sowie ein Sachverständigennetzwerk der Mitgliedstaaten.[368] Die Auswahl der Stakeholder erfolgte aufgrund einer Ausschreibung durch die Kommission. Den Stakeholdern wurden die Entwürfe der Rechtswissenschaft vorgestellt und Gelegenheit gegeben, sie innerhalb von zwei Monaten auf ihre praktische Brauchbarkeit zu überprüfen.[369] Die Wissenschaftler hatten sodann jeweils sechs Monate Zeit, Anregungen und Änderungswünsche der Praktiker einzuarbeiten, soweit sie für begründet erachtet wurden, bzw. Zurückweisungen von Änderungswünschen zu rechtfertigen.[370] Sämtliche Unterlagen sind auf einer Website den Mitgliedern der Netzwerke sowie dem Europäischen Parlament, bislang jedoch nicht der Öffentlichkeit, zugänglich.[371]

Das gesamte Verfahren fand und findet unter erheblichem Zeitdruck statt.[372] Die Kommission sieht sich dabei nicht an den endgültigen Entwurf der Rechtswissenschaftler gebunden und behält sich vor, ihn abzuändern, soweit dies zur Verfolgung der Ziele des Aktionsplans notwendig ist.[373]

Was die Arbeit des Wissenschaftler-Netzwerks anbelangt, so fällt zunächst ein deutliches Nord-Süd-Gefälle ins Auge. Mit Ausnahme der Common-Core-Gruppe in Trento ist keines der Forschungsteams in Griechenland, Italien, Spanien oder

---

366 Weitere Gruppen sind die „Group on a Restatement of European Insurance Contract Law", die französische „Association Henri Capitant", die Common-Core-Gruppe, eine Initiative, die eine Datenbank zum europäischen Vertragsrecht vorbereitet, die Europäische Rechtsakademie in Trier, sowie Wirtschaftswissenschaftler zur Beurteilung der wirtschaftlichen Auswirkungen des Unternehmens, vgl. *von Bar/Schulte-Nölke*, ZRP 2005, 165 (166).

367 KOM(2003), 68 endg., Rn. 63.

368 KOM(2005), 458 endg., Rn. 2.2, 2.3; *von Bar/Schulte-Nölke*, ZRP 2005, 165 (166).

369 KOM(2005), 456 endg., Rn. 2.6.2.

370 KOM(2005), 456 endg., Rn. 2.2.2.

371 KOM(2005), 456 endg., Rn. 2.4. In seiner Entschließung v. 23. 3. 2006, Rn. 23, hat das Europäische Parlament seine stärkere Einbeziehung in den Entstehungsprozess des Gemeinsamen Referenzrahmens angemahnt.

372 Vgl. *von Bar/Schulte-Nölke*, ZRP 2005, 165 (167); *Jansen*, JZ 2006, 536 (544). Vgl. auch Entschließung des Europäischen Parlaments v. 23. 3. 2006, Rn. 25.

373 KOM(2004), 651 endg., Rn. 3.2.1.

Portugal angesiedelt.[374] Darüberhinaus scheint trotz der Beteiligung zahlreicher Wissenschaftler aus allen Mitgliedstaaten ein deutliches Übergewicht des deutschen Rechtskreises zu bestehen: die wichtigsten Schlüsselpositionen im Prozess sind durch deutsche oder österreichische Staatsangehörige besetzt.[375] Die Stellung von Study Group und Acquis Group innerhalb des Netzwerkes ist auch nicht wirklich gleichberechtigt.[376] Das hängt damit zusammen, dass die Study Group nach über 20-jähriger Arbeit auf ein im großen und ganzen fertiges System zurückgreifen kann, während sich die Arbeiten der Acquis Group noch in einem vergleichsweise frühen Stadium befinden. Dementsprechend beruht die Grundstruktur des Gemeinsamen Referenzrahmens auf den *Principles of European Contract Law* (PECL), während die Arbeiten der Acquis Group nur in den Fällen herangezogen werden, in denen die PECL lückenhaft oder im Vergleich zum Gemeinschaftsprivatrecht unterentwickelt sind.[377] Auf den Acquis-Principles beruhen vorallem die Regeln des Anti-Diskriminierungsrechts, der Informationspflichten, der Widerrufsrechte und der missbräuchlichen Klauseln.[378] Insgesamt bedeutet die Auswahl der Wissenschaftlergruppen zur Mitwirkung an der Erstellung des Referenzrahmens für diese nicht nur gesellschaftliche Anerkennung und öffentliche Finanzierung, sondern auch ein Monopol, und für andere Ausgrenzung.[379] Die Geschichte lehrt freilich, dass bei Kodifikationsprojekten auf dem Gebiet des Privatrechts kein Weg an Expertenkommissionen vorbeiführt.[380] Gleichwohl liegt bereits bei isolierter Betrachtung der Arbeit des Wissenschaftler-Netzwerkes ein Verstoß gegen die *Habermassche* Regel 2. sowie *Alexys* Regeln (2.2 a) und (2.2 b) vor, der durch eine gleichmäßigere Aufgabenverteilung zwischen den einzelnen Gruppen hätte abgemildert werden können.

Innerhalb des Stakeholder-Netzwerkes waren sowohl die einzelnen Mitgliedstaaten als auch die relevanten gesellschaftlichen Gruppen sehr unterschiedlich repräsentiert.[381] So standen 45 Vertretern aus Deutschland oder mit deutschem Hintergrund 18 aus Frankreich bzw. 26 aus Großbritannien gegenüber, hinzu kommen 15 aus Italien. Auch unter Berücksichtigung der Bevölkerungszahlen scheint es unangemessen, dass Deutschland so viele Vertreter hatte, wie Frankreich und Großbritannien zusammen, von den kleineren Mitgliedstaaten ganz zu schwei-

374 Vgl. *Hesselink*, (2004) 10 ELJ 675 (688).
375 *Dirk Stauenmayer* als verantwortlicher Kommissionsbeamter, *Christian von Bar* als Chairman der Study Group sowie *Hans Schulte-Nölke* als Koordinator der Acquis Group sind jeweils Deutsche; *Helmut Heiss* als Chairman der Insurance Group ist Österreicher. Nach *Hesselink*, (2004) 10 ELJ 675 (688), sei der Eindruck eines deutschen Übergewichts jedoch falsch, insbesondere sei auch der Einfluss der Common Lawyers ganz erheblich.
376 *Zoll*, ZEuP 2007, 229.
377 Vgl. *Zoll*, ZEuP 2007, 229 (230).
378 *Pfeiffer*, ZEuP 2008, 679 (695); *Schulte-Nölke*, in *Schmidt-Kessel* (Hrsg.), Der gemeinsame Referenzrahmen, S. 13.
379 *Flessner*, ZEuP 2007, 112 (116).
380 *Wagner*, ZEuP 2007, 180 (188). Ein Verstoß gegen die Habermassche Regel 1 und Alexys Regel (2.1) ist damit praktisch unvermeidbar.
381 Vgl. die unter http://ec.europa.eu/consumers/cons_int/safe_shop/fair_bus_pract/cont_law/common_frame_ref_en.htm abrufbare aktualisierte Mitgliederliste.

gen. Hinsichtlich der einzelnen Berufsgruppen erschienen die Notare mit insgesamt 17 Vertretern, die Richter mit insgesamt 14 Vertretern sowie der Verband Deutscher Maschinen- und Anlagenbau mit 8 Vertretern jeweils krass überrepräsentiert.[382] Eine Rechtfertigung hierfür wird nicht gegeben; und selbst wenn es eine geben sollte,[383] so erscheint es unangemessen, dass diese durch die Kommission nicht offengelegt wird. Sicherlich wird man die Teilnehmerzahl beschränken müssen, so dass ein Verstoß gegen die *Habermasschen* Regeln 1 bzw. Regel (2.1) von *Alexy* praktisch nicht zu vermeiden ist. Dieser Verstoß wäre aber jedenfalls durch eine möglichst representative Auswahl abzumildern gewesen.

Bezüglich der Zusammenarbeit der beiden Netzwerke bestand ein deutliches Übergewicht der Wissenschaftler: deren Untergruppen erstellten die Entwürfe und bestimmten darüber, welche Anregungen der Stakeholder aufgegriffen wurden und welche nicht.[384] Auch konnten die Stakeholder-Gruppen nicht selbst darüber befinden, welche ihrer Vertreter zu den Arbeitssitzungen entsandt werden.[385] Hinzu kam der erhebliche Zeitdruck, der eine umfassende Diskussion kaum ermöglichte.[386] Schließlich hat sich die Kommission vorbehalten, den Entwurf nach ihren Wünschen, ohne sich erklären zu müssen, abzuändern.[387] Damit verstößt der Prozess auch gegen die *Habermasschen* Regeln 3. und 4., sowie *Alexys* Regeln (2.3) und (2).

(2) Die Verabschiedung des Gemeinsamen Referenzrahmens

Nach einem „Praxistauglichkeitstest" und einem letzten umfassenden Konsultationsverfahren sollte der „Gemeinsame Referenzrahmen" bis 2009 durch die Kommission als „ein unverbindliches Instrument" verabschiedet und im Amtsblatt der Europäischen Union veröffentlicht werden.[388] Ob es, basierend auf dem vorliegenden DCFR, dazu überhaupt kommen wird, ist derzeit unklar. Möglicherweise wird die Kommission Ende 2009 ein Weißbuch veröffentlichen.[389]

---

382 Vgl. *Wagner*, ZEuP 2007, 180 (189f.): „In der Zusammensetzung des CFR-Net auch nur einen kleinen Funken demokratischer Sensibilität oder Rationalität zu entdecken, scheint unmöglich."
383 Vgl. den Versuch bei *Brödermann*, ZEuP 2007, 304 (318 Fn. 94).
384 Vgl. KOM(2005), 456 endg., Rn. 2.2.2.
385 Vgl. auch die Entschließung des Europäischen Parlaments v. 23. 3. 2006, Rn. 26, wo angeregt wird, dass die jeweiligen Organisation selber entscheiden können, welche Vertreter an den Sitzungen teilnehmen.
386 *Jansen*, JZ 2006, 536 (544); *Wagner*, ZEuP 2007, 180 (191): dieser eng gesteckte Zeitrahmen erwecke den Eindruck, als sei der Kommission der konkrete inhalt des Referenzrahmens letztendlich gleichgültig und als lege sie auf die Ansichten der interessierten Öffentlichkeit eigentlich keinen Wert. *Brödermann*, ZEuP 2007, 304 (319 Fn. 101), hält den zeitlichen Rahmen dagegen nicht für unangemessen.
387 KOM(2004), 651 endg., Rn. 3.2.1.
388 Vgl. KOM(2004), 651 endg., Rn. 2.1.3., 3.2.4.; *Jansen*, JZ 2006, 536 (540): „in vieler Hinsicht neuartige[s] Instrument". Man geht offenbar davon aus, dass sich bei dieser Vorgehensweise die Frage nach der Gemeinschaftskompetenz nicht (in voller Schärfe) stellt, vgl. *von Bar/Schulte-Nölke*, ZRP 2005, 165 (168); dagegen *Jansen*, JZ 2006, 536 (542); *Weatherill*, ERPL 2005, 405 (411 ff.).
389 *V. Bar*, in: *Schmidt-Kessel* (Hrsg.), Der gemeinsame Referenzrahmen, S. 24f.

Bisher fand die Beteiligung einer breiteren Öffentlichkeit nicht statt. Diese ist dem abschließenden Konsultationsprozess hinsichtlich des fertigen Entwurfs vorbehalten. Es scheint jedoch fraglich, inwieweit an diesem Entwurf, so er denn ein kohärentes und ausgewogenes Regelungssystem darstellt, noch Änderungen vorgenommen werden können, ohne das Gesamtsystem zu gefährden.[390] Für eine Beteiligung der Marktbürger als den letztendlich Betroffenen scheint der Konsultationsprozess ohnehin wenig geeignet. Diese sind vielmehr, soweit ihre Interessen nicht in anderer Form organisiert und gebündelt sind, auf das Europäische Parlament, und in beschränktem Umfang auf die nationalen Parlamente, angewiesen. Der Einfluss des Europäischen Parlaments und des Rates war jedoch für den bisherigen Prozess marginal.[391] Ein offen ausgetragener, freier Wettbewerb der Meinungen und Argumente ist so kaum möglich. Hierin liegt ein Verstoß gegen das *Habermassche* Demokratieprinzip, der durch eine frühzeitige und umfassende Einbindung von Europäischem Parlament und Rat vermeidbar gewesen wäre.[392]

c) Vertragliche Rationalität – *Adams* und *Brownsword*

Die inhaltliche Bewertung des „Gemeinsamen Referenzrahmens" ist derzeit schwierig, weil der Inhalt noch nicht fest steht. Gleichwohl soll geprüft werden, was die von *Adams* and *Brownsword*[393] speziell für das Vertragsrecht vorgelegten Rationalitätsbedingungen im Hinblick auf den „Gemeinsamen Referenzrahmen" hergeben.

aa) Formelle, instrumentelle und materielle Rationalität

Formelle Rationalität[394] verlangt, dass Vertragsrecht in sich widerspruchsfrei ist.[395] Instrumentelle Rationalität[396] tritt in zwei unterschiedlichen Formen auf. Allgemeine instrumentelle Rationalität[397] bedeutet, dass Vertragsrecht überhaupt in der Lage sein muss, menschliches Verhalten zu beeinflussen. Dazu ist erforderlich, dass die Rechtssätze bekannt, klar, vorhersehbar, dauerhaft und widerspruchsfrei

---

390 Vgl. *Hesselink*, (2004) 10 ELJ 675 (694).
391 Vgl. *Hesselink*, (2004) 10 ELJ 675 (689): „The greatest losers on the European level are probably the Council and the European Parliament. They will be confronted with a ready-made CFR that will be presented as technical restatement of what has always been common to Europe and/or of what are simply the best solutions: "
392 Vgl. *Wagner*, ZEuP 2007, 180 (190): „Die Vernachlässigung des Parlaments im Prozess des CFR erscheint ein schwer zu rechtfertigendes Versäumnis, das sich wohl nur dadurch erklären lässt, dass sich die Kommission der eigenen Kompetenz für das Projekt unsicher ist." Das Parlament selbst fordert seine umfassende Beteiligung offen ein, vgl. Entschließung des Europäischen Parlaments v. 23. 3. 2006, Rn. 21–24; und verspätet nunmehr auch der Rat, vgl. Draft report to the Council on the setting up of a Common Frame of reference for European contract law (07. 11. 2008), http://ec.europa.eu/consumers/rights/concl_JHAC_1108_en.pdf. Kritisch zum Verfahren auch *Ernst*, AcP 208 (2008), 248 (278 ff.).
393 *Adams/Brownsword*, Key Issues in Contract, S. 330 ff.; *Brownsword*, Contract Law, S. 273 ff.
394 „Formal rationality".
395 *Adams/Brownsword*, Key Issues in Contract, S. 336 f.; *Brownsword*, Contract Law, S. 273.
396 „Instrumental rationality".
397 „Generic instrumental rationality".

sind, nicht Unmögliches verlangen und tatsächlich auch so angewendet werden, wie sie bekannt gemacht sind.[398] Spezielle instrumentelle Rationalität[399] verlangt, dass die gewählte Regelung am effektivsten die jeweils verfolgten Zwecke zu erreichen geeignet ist.[400] Materielle Rationalität schließlich verlangt nach der Angabe legitimierender Gründe für die jeweilige Regelung, Geltungsgründe in einem materiellen Sinn.[401] Als Kriterium der materiellen Rationalität wird in Anlehnung an *Gewirth*[402] das Prinzip der Generellen Konsistenz[403] angeboten, dass von den Beteiligten verlangt, die Freiheit und das Wohlbefinden des jeweils anderen zu respektieren.[404] Letztendlich wird aber auf den in der jeweils maßgeblichen Referenzgemeinschaft allgemein anerkannten Standard der Fairness abgestellt, soweit dieser Standard aufrichtig und unabhängig, frei von tatsächlich falschen Annahmen, ohne willkürliche Differenzierungen und unparteilich praktiziert wird.[405] Vielleicht kann man dies dahin zusammenfassen, dass materielle Rationalität einer Norm ihre Anerkennung durch die Betroffenen unter der Bedingung voraussetzt, dass die jeweilige Norm angesichts der Interessen der Beteiligten und gemessen an einem Maßstab der Wechselseitigkeit von personaler Anerkennung normativ zumutbar ist.[406]

bb) Zur Anwendung auf den Gemeinsamen Referenzrahmen

Im Hinblick auf die formelle Rationalität besteht aufgrund der Tatsache, dass eine Vielzahl von Rechtswissenschaftlern beteiligt waren und verschiedene Forschergruppen für unterschiedliche Rechtsgebiete verantwortlich zeichnen, eine gewisse Wahrscheinlichkeit für das Auftreten von Widersprüchen,[407] verstärkt wird diese

---

398 *Adams/Brownsword*, Key Issues in Contract, S. 339ff.; *Brownsword*, Contract Law, S. 282.

399 „Specific instrumental rationality".

400 *Adams/Brownsword*, Key Issues in Contract, S. 343f.; *Brownsword*, Contract Law, S. 286.

401 *Adams/Brownsword*, Key Issues in Contract, S. 338; *Brownsword*, Contract Law, S. 288: "the principle or policy reason upon which the particular doctrin ultimately rests must itself be defensible as legitimate."

402 *Gewirth*, Reason and Morality, S. 129ff., 135: "It follows ... that every agent logically must acknowledge certain generic obligations. Negatively, he ought to refrain from coercing and from harming his recipients; positively, he ought to assist them to have freedom and well-being whenever they cannot otherwise have these necessary goods and he can help them at no comparable cost to himself. The general principle of these obligations and rights may be expressed as the following precept addressed to every agent: *Act in accord with the generic rights of your recipient as well as yourself.*" (Hervorhebung im Original).

403 „Principle of Generic Consistancy".

404 Vgl. *Adams/Brownsword*, Key Issues in Contract, S. 346: "the PGC effectively enjoins agents to respect one another's freedom and well-being."

405 Vgl. *Brownsword*, Contract Law, S. 292; problematisch ist dabei freilich die Bestimmung der relevanten Referenzgemeinschaft.

406 Vgl. *Seelmann*, Rechtsphilosophie, § 9 Rn. 44, 49. Insoweit besteht eine Parallele zu den maßgeblich auf die Anerkennung der Konsequenzen einer Regel durch die jeweiligen Diskursteilnehmer abstellenden Begründungsregeln (5.1.1.) und (5.1.2.) von *Alexy*, vgl. *Alexy*, Theorie der juristischen Argumentation, S. 251f.

407 Vgl. *Jansen*, JZ 2006, 536 (544f.); *Wagner*, ZEuP 2007, 180 (191): „In der Tat ist nicht zu sehen, wie innerhalb weniger Monate komplexe juristische Materien wie beispielsweise das Recht der Dienstleistungsverträge in gemeineuropäischem Rahmen erörtert werden sollen, von deliberativ

Gefahr durch die Kürze der zur Verfügung stehenden Zeit. Zwei Beispiele des DCFR aus dem Recht der Forderungsabtretung sollen hier genügen.[408] Gemäß Art. III.-5:104(1)(c) ist Grundvoraussetzung einer wirksamen Abtretung, dass der Zedent Inhaber der Forderung bzw. befugt ist, über diese zu verfügen, wobei die Voraussetzung erst dann vorliegen muss, wenn die Abtretung wirksam wird (Art. III.-5:111). Dies entspricht dem Grundsatz des deutschen Rechts, wonach ein gutgläubiger Forderungserwerb nicht möglich ist. Im Falle einer Mehrfachabtretung scheint danach der zeitlich erste Zessionar nach dem Prioritätsprinzip die Forderung zu erwerben (Art. III.-5:113). Allerdings hat gemäß Art. III.-5:121, entsprechend der englischen Regel in *Daerle v Hall*,[409] im Falle mehrfacher Abtretung derselben Forderung durch den Zedenten, derjenige Zessionar Vorrang, der den Schuldner als erster von der Abtretung in Kenntnis setzt, soweit er nicht die zeitlich frühere Abtretung kannte oder kennen musste. Zwar lässt sich der Widerspruch zwischen Art. III.-5:104(1)(c) und Art. III.-5:121 möglicherweise nach dem Grundsatz *lex specialis derogat legi generali* auflösen, doch erscheint die Formulierung einer Regel zumindest als verwirrend und überflüssig, wenn sie zwei Seiten später in ihr genaues Gegenteil verkehrt wird.[410] Nicht im Wege der Spezilität auflösbar ist dagen der Konflikt zwischen Art. III.-5:112(2)(c) einerseits und Art. IV.A.-2:305 anderseits. Nach letzterer Vorschrift haftet der Verkäufer gegenüber dem Käufer auch dafür, dass Dritte keine Ansprüche im Hinblick auf den Kaufgegenstand geltend machen, selbst wenn im Ergebnis unbegründet, soweit diese Ansprüche nur schlüssig („reasonably well founded") sind. Nach Art. III.-5:112(2)(c) haftet der Zedent dagegen nur für das Nichtbestehen von Gegenrechten des Schuldners; die schlüssige Behauptung eines solchen Gegenrechts, das tatsächlich nicht besteht, scheint danach eine Haftung des Zedenten nicht zu begründen. Das Verhältnis der Gewährleistungsvorschriften im Abtretungsrecht und für den (Forderungs-)Kauf erscheint insgesamt als unklar.[411]

Was die instrumentelle Rationalität anbelangt, so kann die Effektivität des Referenzrahmens zur Erreichung der angestrebten Zwecke nur beurteilt werden, wenn diese Zwecke, etwa die von der *Study Group on Social Justice* eingeforderte Ausrichtung an sozialer Gerechtigkeit,[412] zuvor gesetzt und transparent gemacht wurden. Dabei handelt es sich um politische Entscheidungen, die durch das demokratisch unmittelbar legitimierte Europäische Parlament vorab getroffen werden sollten.[413] Der DCFR formuliert als die ihm zugrunde liegenden Leitprinzipien und ange-

---

erzielten Ergebnissen solcher Diskussionprozesse ganz zu schweigen."; *Basedow*, ZEuP 2008, 673 (675 f.).

408 Weitere Beispiele bei *Eidenmüller, u.a.*, (2008) 28 Oxford Journal of Legal Studies, 659 (690 ff.).

409 *Dearle v. Hall* (1828) 3 Russ. 1.

410 *Eidenmüller, u.a.*, (2008) 28 Oxford Journal of Legal Studies, 659 (689).

411 *Eidenmüller, u.a.*, (2008) 28 Oxford Journal of Legal Studies, 659 (690).

412 *Study Group on Social Justice in European Private Law*, (2004) 10 ELJ 653 ff.

413 Vgl. *Wagner*, ZEuP 2007, 180 (211); *Hesselink*, (2004) 10 ELJ 675 (689 ff.), der insoweit entsprechend der Vorgehensweise in Vorbereitung des Burgelijk Wetboek von 1992 vorschlägt, dem Europäischen Parlament vorab die maßgeblichen politischen Fragen zur Entscheidung vorzulegen. Vgl. auch die Entschließung des Europäischen Parlaments v. 23. 3. 2006, Rn. 20, 23.

strebten Ziele *freedom*, *security*, *justice* und *efficiency*: Freiheit, Sicherheit, Gerechtigkeit und Effizienz.[414] Diese Prinzipien können miteinander in Konflikt treten. Deshalb wird eine Art schwache Hierarchie in dem Sinne vorgegeben, dass dem Effizienzprinzip die geringste Wirkkraft zukommt während sich das Prinzip der Gerechtigkeit im Konflikfalle regelmäßig durchsetzen soll.[415] Hinter dem Begriff der Gerechtigkeit stehen 3000 Jahre Philosophiegeschichte.[416] Entsprechend schwierig ist die Bestimmung des Inhalts auch im DCFR. Nach Ansicht der Verfasser geht es u.a. darum Gleiches gleich zu behandeln, das Ausnutzen der Schwäche, des Unglücks oder der Hilfsbereitschaft einer Partei durch die andere zu verhindern, keine überzogenen Forderungen zu stellen, jede Partei für die Folgen ihre Handlungen einstehen zu lassen; aber auch, möglicherweise in generalisierender Weise, die besonders gefährdete Partei zu schützen.[417] Das Hauptbeispiel für diesen letzteren Aspekt innerhalb des DCFR bildet der Verbraucherschutz.[418] Diese verschiedenen Aspekte der Gerechtigkeit können nun ihrerseits miteinander konfligieren. Art. III.-3:712(1) ermöglicht die Festsetzung eines pauschalen Schadenersatzes im Falle der Pflichtverletzung; auf den tatsächlich entstandenen Schaden kommt es dann nicht an. Der Richter kann jedoch den danach geschuldeten Schadenersatz auf einen angemessenen Betrag herabsetzen. Man denke nun etwa an einen Einzelunternehmer, der kurz vor der Insolvenz steht, und mit einem Verbraucher kontrahiert hat. Soll der Richter in diesem Fall den Anspruch des Verbrauchers im Dienste der Gerechtigkeit auf das angemessene Maß zurücksetzen oder im Sinne des Verbraucherschutzes den ursprünglich festgesetzten Betrag zusprechen? Soll der Unternehmer vor Übervorteilung geschützt, oder an seiner eigenverantwortlichen Vertragsentscheidung festgehalten werden? Soll die entsprechende Klausel im Hinblick auf den Grundsatz der (Rechts-)Sicherheit durchgesetzt, oder zum Schutz des wirtschaftlich Schwächeren außer Kraft gesetzt werden? Jedes Ergebnis scheint vertretbar. Insgesamt fehlt es an einer klaren Zielsetzung des DCFR und damit natürlich auch an deren Umsetzung auf der Ebene der Modellregeln.[419]

Im Hinblick auf die materielle Rationalität kommt es auf die durch normative Zumutbarkeit getragene tatsächliche Anerkennung an. Normativ zumutbar ist nur eine Regelung, die einen angemessenen Interessenausgleich darstellt. Insoweit besteht eine besondere Gefahr darin, dass durch den Gemeinsamen Referenzrah-

---

414 *Study Group on a European Civil Code/Research Group on EC Private Law (Acquis Group)*, Principles, Definitions and Model Rules of European Private Law: Draft Common Frame of Reference (DCFR), Outline Edition, S. 60.
415 *Study Group on a European Civil Code/Research Group on EC Private Law (Acquis Group)*, Principles, Definitions and Model Rules of European Private Law: Draft Common Frame of Reference (DCFR), Outline Edition, S. 60, 84.
416 Zu Gerechtigkeitstheorien im Vertragsrecht vgl. nur *Hesselink*, ERPL 2007, 323 (338 ff.).
417 *Study Group on a European Civil Code/Research Group on EC Private Law (Acquis Group)*, Principles, Definitions and Model Rules of European Private Law: Draft Common Frame of Reference (DCFR), Outline Edition, S. 84.
418 *Study Group on a European Civil Code/Research Group on EC Private Law (Acquis Group)*, Principles, Definitions and Model Rules of European Private Law: Draft Common Frame of Reference (DCFR), Outline Edition, S. 88.
419 *Eidenmüller, u.a.*, (2008) 28 Oxford Journal of Legal Studies, 659 (675).

men aus mehreren Rechtsordnungen stammende Rechtsinstitute zusammengeführt werden sollen, jedoch ohne das in der jeweiligen Einzelrechtsordnung bestehende Gleichgewicht zu beachten und in das neue Instrument hinüber zu retten.[420] Beispielsweise haftet der Schuldner nach Art. III.-3:701(1) in Verbindung mit Art. III.-3:104 DCFR grundsätzlich verschuldensunabhängig für jeden Schaden den er der anderen Vertragspartei durch eine Vertragsverletzung – auch an sonstigen Rechtsgütern – zufügt, soweit der Schaden vorhersehbar war, Art. III.-3:703 DCFR; es sei denn, die Ursachen der Vertragsverletzung lagen außerhalb der Kontrollsphäre und des Einstandsbereichs der verpflichteten Partei und waren weder vorhersehbar noch vermeidbar.[421] Diese weitgehende Garantiehaftung stammt aus dem *Common Law*.[422] Ein Ausgleich der Interessen von Schuldner und Gläubiger wird dort allerdings dadurch erzielt, dass die sich aus dem Vertrag ergebenden Pflichten in starkem Maße durch die in der Vertragsurkunde festgelegten Bedingungen begrenzt sind.[423] Dagegen ist es im Rahmen der kontinentalen Rechtsordnungen, insbesondere der deutschen, relativ leicht möglich, oft unter Hinweis auf Treu und Glauben, zusätzliche, über den eigentlichen Vertragsinhalt hinausgehende Pflichten zu gewinnen[424] und in deren Schutzbereich sogar nicht unmittelbar am Vertrag beteiligte Dritte einzubeziehen.[425] Die Balance mit den

420 Vgl. *Zoll*, ZEuP 2007, 229 (239).

421 PECL und UNIDROIT-Principles enthalten entsprechende Regelungen in Art. 9:501, 8:101, 9:503 bzw. Art. 7.1.7., 7.4.1. und 7.4.4. Sowohl die Vorschriften der PECL als auch der UNIDROIT-Principles gehen zurück auf die entsprechenden Vorschriften des CISG, vgl. Art. 45 Abs. 1 lit. b), Art. 61 Abs. 1 lit. b), Art. 74, Art. 79 CISG. Die strenge Haftung insbesondere des Verkäufers wird allerdings durch strenge Rüge- und Untersuchungspflichten des Käufers ausgeglichen, vgl. Art. 38–40 CISG; vgl. *Zoll*, ZEuP 2007, 229 (231 ff.).

422 Vgl. *Lando/Beale* (Hrsg.) Principles of European Contract Law, Parts I and II, Art. 8:101 Notes 2; sowie *Zweigert/Kötz*, Einführung in die Rechtsvergleichung, S. 501 ff.

423 Bezeichnend insoweit *Shogun Finance Ltd. v Hudson* [2004] 1 AC 919, per *Lord Hobhouse*: „The relevant principle is well summarised in Phipson on Evidence 15th ed (2000), pp. 1165–1166, pars 42-11 and 42-12: "when the parties have deliberately put their agreement into writing, it is conclusively presumed between themselves and their privies that they intend the writing to form a full and final statement of their intentions, and one which should be placed beyond the reach of future controversy, bad faith or treacherous memory." ( ) This rule is one of the great strengths of English commercial law and is one of the main reasons for the international success of English law in preference to laxer systems which do not provide the same certainty."

424 Zu den Rechtsinstituten der „positiven Forderungsverletzung" und der „culpa in contrahendo" vor deren (teilweisen) Kodifizierung im Zuge der Schuldrechtsmodernisierung vgl. *Larenz*, Schuldrecht I, S. 106 ff.; 363 ff.; nunmehr § 311 Abs. 2 und 3, 280 Abs. 1 und insbesondere § 241 Abs. 2 BGB, dazu etwa *Looschelders*, Schuldrecht AT, Rn. 184 ff., 565 ff.; *Fikentscher/Heinemann*, Schuldrecht, § 19 Rn. 86 ff., § 46 Rn. 497 ff.; Palandt-*Heinrichs*, § 241 BGB Rn. 6 ff. Vgl. auch *Schlechtriem*: in: *Grundmann/Mazeaud* (Hrsg.), General Clauses and Standards, S. 41 (45): „§ 242 BGB in Germany was and is a fertile ground for new obligations of the parties to a contract (and beyond). In particular … a vast array of ancillary obligations and duties was devised to meet special needs, either caused by deficiencies of tort law or gaps in the default rules for contracts securing the purpose of the contract."

425 Vgl. zum Vertrag mit Schutzwirkung zugunsten Dritter aus neuerer Zeit etwa BGH, NJW 2002, 3525 ff.; BGH, NJW 2004, 3630 ff.; ein Sonderfall ist nunmehr in § 311 Abs. 3 BGB positiviert, vgl. Palandt-*Heinrichs*, § 311 BGB Rn. 60. Gemäß Art. 2 Abs. 2 lit. d) der Verbrauchsgüterkaufrichtlinie können nunmehr auch Äußerungen Dritter für die Haftung des Schuldners relevant werden, freilich (noch?) nicht in Bezug auf Schadensersatz, vgl. *Zoll*, ZEuP 2007, 229 (240).

Schuldnerinteressen erfolgt hier über ein grundsätzliches Verschuldenserfordernis als Haftungsvoraussetzung.[426] Kombiniert man nun aber die offene Pflichtenstruktur der kontinentalen Rechtsordnungen mit der verschuldensunabhängigen Haftung des Common Law, so ist zumindest fraglich, ob dann noch ein angemessener Interessenausgleich vorliegt und nicht die Haftung des Schuldners zu weitgehend und damit unzumutbar wird.[427] Verstärkt wird diese Gefahr dadurch, dass der Schuldner für jeden irgendwie gearteten Schaden, „einschließlich" materieller und immaterieller Schäden, ohne jegliche Einschränkung haftet, Art. III.-3:701(3) DCFR. Diese weitgehende Haftung stammt aus dem französischen Recht. Freilich wurde die sich dort aus Art. 1151 *Code civil* ergebende Haftungsbeschränkung, wonach der Schaden die unmittelbare und direkte Folge der Pflichtverletzung („une suite immédiate et directe de l'inexécution de la convention") sein muss, nicht übernommen.[428]

Im Hinblick auf die tatsächliche Anerkennung durch die Betroffenen wird man mehr verlangen müssen, als die Heranziehung durch europäische Gerichte und Gesetzgeber (oder Begeisterung in der Wissenschaft[429]). Entscheidend dürfte sein, inwieweit vor allem nationale Gerichte den „Gemeinsamen Referenzrahmen" zur Begründung ihrer Entscheidungen heranziehen. Daraus ließe sich eine gewisse Vermutung dazu ableiten, mit welcher Häufigkeit Prinzipien und Regelungen des europäischen Instruments durch die Parteien bzw. deren Rechtsberater in die juristische Argumentation eingeführt werden und dort zum Erfolg führen und welche sozioökonomischen Folgen sich daran knüpfen. Interessant dürfte auch sein, ob der „Gemeinsame Referenzrahmen" tatsächlich als „Standardvertrag" von den Parteien gewählt bzw. im Rahmen von Schiedsverfahren herangezogen wird. Die Erfahrungen mit den *Principles of European Contract Law* sind insoweit jedoch mehr als ernüchternd.[430] Und selbst gegenüber dem CISG übt die internationale Praxis große Zurückhaltung.[431] Im Hinblick auf den DCFR stellt sich dabei auch die Frage, warum die Parteien eines Vertrages sich freiwillig einem Recht unterstellen sollen, dass ihren individuellen Vereinbarungen nicht eindeutig Vorrang einräumt, sondern entsprechend Art. III.-3:105(2), selbst ansonsten nicht zu beanstandende Klauseln einem allgemeinen Kontrollvorbehalt unterwirft und damit

---

426 Gemäß Art. 280 Abs. 1 Satz 2 BGB obliegt dem Schuldner der Beweis, dass er die Pflichtverletzung nicht zu vertreten hat, wobei an den Entlastungsbeweis allerdings keine zu hohen Anforderungen gestellt werden dürfen, vgl. Palandt-*Heinrichs*, § 280 BGB Rn. 40.
427 Vgl. *Zoll*, ZEuP 2007, 229 (238 ff.); *Huber*, ZEuP 2008, 708 (741); anders *Magnus*, ZEuP 2007, 260 (275). Auch hier könnte man auf *Alexys* Regel (5.1.1.) zurückgreifen und fragen, ob eine verschuldensunabhängige Haftung auch aus der Position des Schuldners heraus betrachtet noch akzeptabel erscheint.
428 *Eidenmüller, u.a.*, (2008) 28 Oxford Journal of Legal Studies, 659 (681); *Huber*, ZEuP 2008, 708 (741 ff.).
429 Vgl. *Dauner-Lieb*, NJW 2004, 1431 (1434): „Das Recht ist freilich nicht (nur) zum Vergnügen der Wissenschaft da."
430 Vgl. etwa *Dalhuisen*, International Commercial, Financial and Trade Law, S. 339 ff.; *Grosheide*, in *Grundmann/Mazeaud* (Hrsg.), General Clauses and Standards, S. 197 (202).
431 *Jansen*, JZ 2006, 536 (540).

Rechtsstreitigkeiten auch dort provoziert, wo eine Frage im Vertrag eindeutig geregelt ist.[432]

d) Fazit

Gemessen an den Anforderungen eines rationalen praktischen Diskurses sowie der vertraglichen Rationalität erscheinen somit bezüglich der interpretativen Autorität des „Gemeinsamen Referenzrahmens" und des DCFR jedenfalls derzeit nicht unerhebliche Bedenken angebracht. Selbst ausgesprochene Befürworter des Gemeinsamen Referenzrahmens[433] sind bei einer Übernahme der Wertungen des DCFR zu Recht sehr vorsichtig. Dies belegen die Ausführungen von Generalanwältin Trstnjak in der Rechtssache *Messner*. Es ging um die Frage, ob ein Anspruch des Lieferers gegen den Verbraucher auf Wertersatz für die Nutzung einer Sache nach Widerruf im Fernabsatz mit der Fernabsatzrichtlinie vereinbar ist. Die Generalanwältin verweist u. a. auf Art. II.-5:105 Abs. 5 (bzw. Abs. 4 in der vorläufigen Version), wonach der Verbraucher ausdrücklich zum Wertersatz verpflichtet wird. Es sei jedoch anzumerken, dass diese Vorschriften „auf einem anderen Konzept als dem des Kostentragungsausschlusses der Richtlinie 97/7 basieren. Abgesehen davon, dass sie aus meiner Sicht in der Praxis zu komplexen Abgrenzungsproblemen zwischen Prüfung/Probe und Gebrauch führen, die der Rechtssicherheit abträglich sind und letztlich dazu führen können, dass der Kauf im Fernabsatz für den Verbraucher weniger attraktiv ist, sind sie jedoch als reine Vorschläge für die Auslegung der in Kraft befindlichen Richtlinie nicht ergiebig."[434] An späterer Stelle erfolgt eine etwas positivere Bewertung. Nach Art. II.-5:105 Abs. 5 (bzw. Abs. 4 in der vorläufigen Version) wird für den Fall einer unzureichenden Widerrufsbelehrung ein Wertersatzanspurch des Lieferers ausdrücklich ausgeschlossen. Hierin komme die Wertung zum Ausdruck, „dass in Fällen von Informationspflichtverletzung der Verbraucher zum Ausgleich des Mangels an Informationen eines besonderen Schutzes bedarf."[435]

Gemeinsamer Referenzrahmen und DCFR können danach zwar als Anhaltspunkt für eine bestimmte Konkretisierung dienen. Die Übernahme einer Wertung oder Regelung aus diesen Instrumenten bedarf aber stets der Filterung und Begründung anhand des geltenden Rechts und der diesem zugrunde liegenden Prinzipien.

---

432 *Huber*, ZEuP 2008, 708 (711).

433 Vgl. *Trstenjak*, in *Schmidt-Kessel* (Hrsg.), Der gemeinsame Referenzrahmen, S. 252 f.: „Aus der Analyse der Rechtsprechung können wir ersehen, dass sich der DCFR als sehr sinnvoll und sachdienlich erweist." Und später: „Vor diesem Hintergrund soll dieser Beitrag mit einem optimistischen Wunsch für die Harmonisierung des europäischen Zivilrechts enden. Möge diese so schnell und erfolgreich wie möglich voranschreiten."

434 GA Trstenjak, Schlussanträge v. 18. 2. 2009 – Rs. C-489/07 (*Messner/Krüger*), Slg. 2009, I-0000, Rn. 85.

435 GA Trstenjak, Schlussanträge v. 18. 2. 2009 – Rs. C-489/07 (*Messner/Krüger*), Slg. 2009, I-0000, Rn. 94. Nunmehr auch GA Trstenjak, Schlussanträge v. 7. 5. 2009 – Rs. C-227/08 (*Martin Martin*), Slg. 2009, I-0000, Rn. 51.

3. Konkretisierung von „Gemeinsamem Referenzrahmen" und „optionellem Instrument"

Gerade in unserer schnelllebigen Zeit kommt keine Kodifikation ohne die Verwendung wertungsoffener Rechtssätze aus. Dem werden sich auch ein „Gemeinsamer Referenzrahmen" und ein „optionelles Instrument" nicht entziehen können.[436] Zum Teil wird sogar die Wertungsoffenheit ausdrücklich gefordert.[437] Sowohl die als Ausgangspunkt dienenden Principles of European Contract Law[438] als auch der DCFR[439] sind nur so von wertungsoffenen Bestimmungen, insbesondere unter Hinweis auf Treu und Glauben („good faith and fair dealing"), durchsetzt. Die internationale Kaufmannschaft, an die sich ein optionelles Instrument ja vorrangig wenden soll, ist dagegen gegenüber wertungsoffenen Rechtssätzen äußerst skeptisch eingestellt, und sieht sie als ein Instrument, mit dem das Gericht seinen eigenen Willen an die Stelle des Parteiwillen setzen und so den Vertrag umschreiben kann.[440]

Jedenfalls werden aber „Gemeinsamer Referenzrahmen" und „optionelles Instrument" ihrerseits konkretisierungsbedürftig sein. Auch insoweit stellt sich die Frage nach Konkretisierungskompetenz und Konkretisierungsmethode.

a) Konkretisierungszuständigkeit

Die mit dem „Gemeinsamen Referenzrahmen" und dem „optionellen Instrument" verfolgte Zielsetzung der größeren Kohärenz des gemeinschaftlichen Vertragsrechts bzw. der Bereitstellung eines alternativen, einheitlichen Vertragskodexes, lassen sich nur erreichen, wenn ein letztinstanzliches Gericht die einheitliche Anwendung verbürgt.[441] Insoweit kommt derzeit nur der EuGH in Betracht. Dessen Zuständigkeit wäre gemäß Art. 234 Abs. 1 lit. b) EG auch eröffnet, soweit der „Gemeinsame Referenzrahmen" als Empfehlung nach Art. 249 Abs. 5 EG oder als atypische Handlungsform ergeht.[442] Die rechtliche Unverbindlichkeit stünde der

---

436 Vgl. *Pfeiffer*, in: *Baldus/Müller-Graff* (Hrsg.), Generalklausel im Europäischen Privatrecht, S. 25 (27 ff.).

437 Vgl. Europäisches Parlament, Entschließung v. 23. 3. 2006, Rn. 11, wo es zu bedenken gibt, „dass zu detaillierte Rechtsvorschriften zu Einzelaspekten des Vertragsrechts die Gefahr bergen, nicht flexibel auf veränderte Rechtsumstände zu reagieren", und sich deshalb ausspricht „für die Aufnahme genereller Regelungen ..., die auch unbestimmte Rechtsbegriffe enthalten können und die den Gerichten den nötigen Entscheidungsspielraum bei der Urteilsfindung geben."; Vgl. auch den Beitrag von *Chamboredon*, in *van Hoecke/Ost* (Hrsg.), The Harmonisation of European Private Law, S. 63, unter dem Titel „The Debate on a European Civil Code: For an ‚Open Texture'"

438 Vgl. etwa (ohne Anspruch auf Vollständigkeit) Art. 1:102 (1); 1:104 (2); 1:105 (2); 1:106 (1); 1:201: 1:302; 1:305; 2:106 (2); 2:301; 3:201 (3); 4:103 (1); 4:107 (1); 4:109; 4:110 (1); 4:118 (2); 5:102 (g); 6:102 (c); 8:109; 9:102 (2); 9:201. Zur Verwendung von "good faith and fair dealing" durch die PECL vgl. *Beale*, in: *Grundmann/Mazeaud* (Hrsg.), General Clauses and Standards, S. 205 ff.

439 Vgl. etwa (ohne Anspurch auf Vollständigkeit) Art. I.-1:102(3)(b); II.-3:301(2); II.-8:102(1)(g); II.-9:101(2)(c); II.-9:404; II.-9:405; III.-1:103. Dazu *Eidenmüller, u. a.*, (2008) 28 Oxford Journal of Legal Studies, 659 (674 ff.); *Pfeiffer*, ZEuP 2008, 679 (687).

440 Vgl. *Grosheide*, in: *Grundmann/Mazeaud* (Hrsg.), General Clauses and Standards, S. 197 (201).

441 Vgl. *Grundmann*, JZ 2005, 860 (868); *Ernst*, AcP 208 (2008), 248 (267).

442 Vgl. *Calliess/Ruffert-Wegener*, Art. 234 EGV Rn. 5; *Trstenjak*, ZEuP 2007, 145 (149).

Konkretisierungskompetenz des EuGH nicht entgegen.[443] Zweifeln könnte man allenfalls an der von Art. 234 Abs. 2 EG vorausgesetzten Erforderlichkeit für die Entscheidung des Vorlagegerichts. Deren Beurteilung obliegt jedoch grundsätzlich dem nationalen Gericht; insoweit rechtfertigte allein schon die Vorlage eine Vermutung dafür, dass das nationale Gericht bei seiner Entscheidung den Gemeinsamen Referenzrahmen in der Konkretisierung des EuGH zumindest in seine Überlegungen einbeziehen wird. Für ein „optionelles Instrument" in Form eines völkerrechtlichen Vertrages müsste die Zuständigkeit des EuGH jedoch ausdrücklich vorgesehen werden.

Im Hinblick auf die Rechtssicherheit ist erforderlich, dass das legislatorisch vorgegebene Gerüst im Laufe der Zeit durch die Rechtsprechung präzisiert und ausdifferenziert wird.[444] Dazu ist erforderlich, dass den EuGH ausreichend Fallmaterial erreicht.[445] Dies spricht dagegen, die Vorlagebefugnis von vornherein einzuschränken, etwa auf nationale Höchstgerichte oder Fälle mit „grundsätzlicher Bedeutung".[446] Der damit einhergehenden erhöhten Arbeitsbelastung sollte dadurch begegnet werden, dass gemäß Art. 225 Abs. 3 in Verbindung mit Art. 225a EG beim EuGeI eine spezialisierte Kammer für Privatrecht eingerichtet wird[447], gegen deren Entscheidungen ein Rechtsmittel zum EuGeI oder zum EuGH vorgesehen werden könnte.

b) Konkretisierungsmaßstäbe

In Anlehnung an Art. 1:106 PECL[448] enthält der DCFR in Art. I-1:102 eine Bestimmung zu den zu seiner Interpretation und Fortentwicklung heranzuziehenden Maßstäben. Maßgeblich sind danach zunächst die dem DCFR zugrunde liegenden Zielsetzungen und Prinzipien. Gefordert ist eine autonome Interpretation, grundsätzlich ohne Rückgriff auf nationale Rechtsordnungen. Eine prominente Rolle kommt den Menschenrechten und Grundfreiheiten sowie sonstigem Verfassungsrecht zu. Hinzu kommen die unvermeidlichen Floskeln von „good faith and fair dealing", die ihrerseits in einem offensichtlichen Spannungsverhältnis zu den weiteren Kriterien der Rechtssicherheit und einheitlichen Anwendbarkeit stehen. Deswegen, und weil diese ausdrücklichen Konkretisierungsmaßstäbe selbst insgesamt weitgehend nichtssagend sind, wird wohl auch insoweit kein Weg an den im 4. Teil dieser Arbeit aufgezeigten Überlegungen vorbei führen.

Dabei dürfte die geforderte autonome Interpretation die Heranziehung der Rechtsvergleichung als Konkretisierungsmethode (Kapitel 11) keinesfalls ausschließen, da ja der Gemeinsame Referenzrahmen zu einem guten Teil selbst auf Rechtsverglei-

443 Vgl. EuGH v. 13. 12. 1998 – Rs. C-322(88 (*Grimaldi*), Slg. 1998, I-4407, Rn. 7–9.
444 Vgl. *Schmid*, JZ 2001, 674 (678).
445 Vgl. *Grundmann*, JZ 2005, 860 (868); *Ernst*, AcP 208 (2008), 248 (267).
446 So aber *Schmid*, JZ 2001, 674 (683).
447 Vgl. *Grundmann*, JZ 2005, 860 (868); *Leible*, EWS 2001, 471 (480); *Schmid*, JZ 2001, 674 (683).
448 Diese wiederum in Anlehnung an Art. 7 CISG, vgl. *Lando/Beale* (Hrsg.), Principles of European Contract Law, Parts I and II, Art. 1:106 Notes 1. Vgl. auch Art. 1.6 der UNIDROIT Principles.

chung beruht, diese daher dem System des Gemeinsamen Referenzrahmens gewissermaßen immanent ist. Gleiches gilt für die Wertungen und Prinzipien des Sekunddärrechts (Kapitel 10), welches ja die zweite Entstehungsquelle bildet.

Besondere Bedeutung sollte freilich den Wertungen des Primärrechts, wie sie insbesondere in den Grundfreiheiten und den Gemeinschaftsgrundrechten zum Ausdruck kommen (Kapitel 9), eingeräumt werden.[449] Insbesondere durch eine Konkretisierung im Lichte der Grundfreiheiten ist sicherzustellen, dass „Gemeinsamer Referenzrahmen" und „optionelles Instrument" mit der marktwirtschaftlich orientierten Wirtschaftsverfassung der Gemeinschaft im Einklang stehen. Auf diese Weise könnten auch beide Instrumente für die Heranziehung ökonomischer Konkretisierungskriterien (Kapitel 12) geöffnet werden.

VI. Zusammenfassung

Rechtsprinzipien sind nicht in einem strengen Sinne aus dem Recht ableit- oder im positiven Recht nachweisbar. Dies gilt auch für das Europäische Privatrecht. Entscheidend ist auch hier letztendlich die Anerkennung und Akzeptanz durch die Rechtsgemeinschaft.

Die einzelnen Gebiete des Europäischen Privatrechts weisen eine je unterschiedliche Prinzipiendichte auf. Das Verbraucherleitbild des Lauterkeitsrechts, der Gleichbehandlungsgrundsatz des Arbeitsrechts sowie das Informationsmodell des Gesellschaftsrechts sind jeweils gut dokumentiert und in unterscheidlicher Weise geeignet, die Konkretisierung anzuleiten. Die größte Aufmerksamkeit wurde bisher dem Europäischen Vertragsrecht zu Teil. Mit dem „Schutz der informierten Vertragsentscheidung", den „legitimen Erwartungen der Verbraucher" und dem „Prinzip der Rücksichtnahme und Fairness" stehen sich im wesentlichen drei unterschiedliche Prinzipienkonzeptionen gegenüber, die jeweils als Gründe für eine bestimmte Fallnorm herangezogen werden können. Die „legitimen Erwartungen" und das „Prinzip der Rücksichtnahme und Fairness" begegnen allerdings Bedenken im Hinblick auf die gemeinschaftsrechtliche Kompetenzordnung sowie der marktwirtschaftlich orientierten Wirtschaftsverfassung der Gemeinschaft. Der „Schutz der informierten Vertragsentscheidung" fügt sich jedoch problemlos in diese ein und gelangt zudem auch zu vergleichsweise zuverlässigen Konkretisierungsergebnissen.

Nur schwer abzuschätzen ist derzeit die zukünftige Rolle eines „Gemeinsamen Referenzrahmens" bzw. DCFR als Konkretisierungsmaßstab. Im Hinblick auf das Erstellungsverfahren sowie die inhaltlichen Vorgaben bestehen, gemessen an den Anforderungen an einen rationalen praktischen Diskurs sowie der vertraglichen Rationalität, an der interpretativen Autorität eines solchen Instruments zumindest derzeit erhebliche Bedenken.

---

449 Vgl. *Pfeiffer*, in: *Baldus/Müller-Graff* (Hrsg.), Generalklausel im Europäischen Privatrecht, S. 25 (32 f.).

Kapitel 11: Rechtsvergleichende Konkretisierung

Entsprechend der gemeinschaftsrechtlichen Kompetenzverteilung ist Europäisches Privatrecht im hier verstandenen Sinne Teil eines „Zweiebenensystems“, bei dem auf europäischer Ebene nur bestimmte Einzelfragen – „Eckpunkte“ – einer Regelung zugeführt wurden. Ein Gesamtsystem zur umfassenden Regelung privatrechtlicher Sachverhalte ergibt sich so erst durch das Zusammenwirken von europäischer und nationaler Regelungsebene.[1] Gehört somit aber das Privatrecht der mitgliedstaatlichen Rechtsordnungen in den weiteren Systemzusammenhang des Europäischen Privatrechts[2], so erscheint es nicht von vornherein ausgeschlossen, die sich aus den nationalen Privatrechten ergebenden Wertungsgesichtspunkte für die Konkretisierung Europäischen Privatrechts fruchtbar zu machen. Im Hinblick auf die einheitliche Wirksamkeit des Gemeinschaftsrechts sowie die Gleichbehandlung der Mitgliedstaaten untereinander verbietet sich grundsätzlich das Abstellen auf eine einzelne Rechtsordnung; vielmehr ist insoweit die Rechtsvergleichung gefordert.[3] Hier soll daher zunächst untersucht werden, ob die Rechtsvergleichung als Konkretisierungsmethode des Europäischen Privatrechts legitim ist (I.). Anschließend soll auf die Methode der Rechtsvergleichung für das Europäische Privatrecht genauer eingegangen werden (II.) um sodann die Rolle rechtsvergleichend entwickelter Modellkodifikationen als Konkretisierungsmaßstäbe zu beurteilen (III.).

I. Die Legitimität der Rechtsvergleichung als Konkretisierungsmethode

Bevor auf die einzelnen Legitimationsgrundlagen eingegangen wird, ist zunächst eine begriffliche Klärung sowie die Abgrenzung der Rechtsvergleichung von verwandten Erscheinungen erforderlich.

1. Begriff und Abgrenzung

Rechtsvergleichende Konkretisierung ist angewandte Rechtsvergleichung. Die für die Konkretisierung wertungsoffener Rechtssätze des Europäischen Privatrechts

---

1 Kapitel 8 II.

2 Vgl. EuGH v. 18. 5. 1982 – Rs. 155/79 (*AM & S*), Slg. 1982, 1575 Rn. 18: „Denn das Gemeinschaftsrecht beruht darauf, dass die Mitgliedstaaten nicht nur auf wirtschaftlichem, sondern auch auf rechtlichem Gebiet miteinander verflochten sind, und muss daher den Grundsätzen und Vorstellungen Rechnung tragen, die den Rechtsordnungen dieser Staaten im Hinblick auf die Wahrung der Vertraulichkeit insbesondere bestimmter Mitteilungen zwischen Anwalt und Mandant gemeinsam sind.“; vgl. auch *Kohler/Knapp*, ZEuP 2002, 701 (704 f.): „Zumindest das nationale Recht der Mitgliedstaaten ist für den EuGH kein ‚ausländisches‘ oder ‚fremdes‘ Recht – ebenso wenig wie für den nationalen Richter das Gemeinschaftsrecht ‚fremdes‘ Recht ist.“

3 Vgl. *Grundmann*, Europäisches Schuldvertragsrecht, S. 136 ff.; *ders.*, in: FS Buxbaum, S. 213 (220): „The critical comparative law approach undoubtedly constitutes one of the most important methods of interpretation of EC primary and secondary law dealing with private law issues.“; *ders.*, in FS Fikentscher, S. 671 (686): “Bei der Auslegung ist wertende Rechtsvergleichung unabdingbare Voraussetzung für einen möglichst weitreichenden Angleichungserfolg.”

erforderlichen Wertungsmaßstäbe werden gewonnen, indem die Inhalte der mitgliedstaatlichen Rechtsordnungen bezüglich der zu entscheidenden Sachgestaltung ermittelt[4], Übereinstimmungen und Divergenzen sowie deren Gründe festgestellt werden und sodann im Wege der Synthese die „angemessenste", „beste", „gerechteste" Lösung herausdestilliert wird[5], welche anschließend zur Erstellung der Fallnorm herangezogen werden kann.

Nicht um Rechtsvergleichung handelt es sich, wenn in Folge der Mehrsprachenauthentizität des Gemeinschaftsrechts unterschiedliche Sprachfassungen eines Rechtsaktes zur Interpretation bestimmter Begriffe herangezogen werden.[6] Hierbei geht es vielmehr um die Feststellung des eigentlichen Wortsinns ein und derselben Regelung im Wege grammatikalischer Interpretation.[7]

Eine rein äußerliche Gemeinsamkeit in der Kooperation verschiedener Rechtsordnungen besteht zur Rechtsvergleichung dann, wenn das Gemeinschaftsrecht auf eine einzige andere Rechtsordnung verweist, sei es das Recht eines Mitgliedstaates[8] oder ein gemeinschaftsexterner völkerrechtlicher Vertrag.[9] Die Methode der Rechtsfindung beschränkt sich in diesen Fällen auf die Feststellung des Verweisungsrechts, ohne dass ein eigentlicher Vergleich stattfindet.[10]

2. Gemeinschaftsrechtliche Legitimationsgrundlagen

Für das nationale Recht hat Rechtsvergleichung nach allgemeiner Auffassung keine normative Kraft; für ihre Heranziehung besteht kein Sachzwang, vielmehr handelt es sich um einen unter Umständen zweckmäßigen, aber grundsätzlich freiwilligen Aufwand des Rechtsanwenders.[11] Im Gemeinschaftsrecht dagegen

---

4 Es geht somit vornehmlich im „Mikrovergleichung", wobei selbstverständlich die jeweilige nationale Regelung nur im Kontext der jeweiligen Rechtsordnung verständlich ist, so dass auch im Wege der „Makrovergleichung" gewonnene Erkenntnisse stets mit in die Überlegungen einzubeziehen sind, vgl. *Zweigert/Kötz*, Einführung in die Rechtsvergleichung, S. 4f.; *Anweiler*, Auslegungsmethoden, S. 277f.; sowie *Glenn*, in *Reimann/Zimmermann* (Hrsg.), The Oxford Handbook of Comparative Law, S. 421ff.; *Dannemann*, in *Reimann/Zimmermann* (Hrsg.), The Oxford Handbook of Comparative Law, S. 387f.

5 Vgl. mit Blick auf das Gemeinschaftsrecht *Anweiler*, Auslegungsmethoden, S. 277f.; *Daig*, in: FS Zweigert, S. 395 (396); *Bleckmann*, ZVglRWiss 75 (1976), 106ff.; sowie allgemein *Zweigert/Kötz*, Einführung in die Rechtsvergleichung, S. 6; *Koch/Magnus/Wagner von Mohrenfels*, IPR und Rechtsvergleichung, S. 311; *Kramer*, Methodenlehre, S. 190ff.; *Bydlinski*, Juristische Methodenlehre, S. 461 ff.

6 Vgl. *Anweiler*, Auslegungsmethoden, S. 285f.; *Daig*, in: FS Zweigert, S. 395 (396); *Schwartze*, in *Riesenhuber* (Hrsg.), Europäische Methodenlehre, S. 5 (15), der jedoch darauf hinweist, dass „eine Art indirekte Rechtsvergleichung" vorliege, soweit die Begriffe jeweils unter Zuhilfenahme der Rechtsordnungen analysiert würden, denen sie entstammen.

7 Vgl. Kapitel 3 III. 2. a) aa).

8 Vgl. *Schwartze*, in *Riesenhuber* (Hrsg.), Europäische Methodenlehre, S. 5 (15); *Kohler/Knapp*, ZEuP 2002, 701 (702ff.).

9 Vgl. *Daig*, in: FS Zweigert, S. 395 (396).

10 Vgl. *Schwartze*, in *Riesenhuber* (Hrsg.), Europäische Methodenlehre, S. 5 (15).

11 Vgl. *Reinhart*, in FS Juristische Fakultät Uni Heidelberg, S. 599 (614). Außerhalb der allgemeinen Rechtsgrundsätze, ebenso für das Gemeinschaftsrecht *Schwartze*, in *Riesenhuber* (Hrsg.), Europäische Methodenlehre, S. 5 (22).

können sich die Legitimationsgrundlagen der rechtsvergleichenden Methode sogar zu einer Pflicht zur Rechtsvergleichung verdichten.[12]

a) Artikel 220 EG, Artikel 6 Abs. 2, 46 EU[13]

Gemäß Art. 220 EG sichern EuGH und EuGeI im Rahmen ihrer jeweiligen Zuständigkeit die Wahrung des Rechts bei der Auslegung und Anwendung des Vertrages. Dabei soll es sich um die primäre Legitimationsgrundlage für die rechtsvergleichende Methode im Gemeinschaftsrecht handeln.[14] Tatsächlich hat der EuGH in Wahrnehmung seiner Rechtsfortbildungskompetenz (unter anderem) aus den gemeinsamen Verfassungsüberlieferungen der Mitgliedstaaten die allgemeinen Rechtsgrundsätze des Gemeinschaftsrechts, insbesondere die Gemeinschaftsgrundrechte, hergeleitet.[15] Eine Pflicht zur Heranziehung der rechtsvergleichenden Methode ergibt sich dabei aus der weiteren Überlegung, dass Gemeinschaftsrecht und nationales (Verfassungs-)recht systematisch verwoben sind[16], und supranationale mit Anwendungsvorrang versehene Eingriffsbefugnisse legitimerweise nicht bestehen können, ohne einheitliche und für die Mitgliedstaaten akzeptable Eingriffsbeschränkungen.[17] Eine normative Verankerung dieser Vorgehensweise erfolgte durch Art. 6 Abs. 2, 46 EU.[18]

b) Artikel 288 Abs. 2 EG[19]

Eine ausdrückliche Verweisung auf die rechtsvergleichende Methode[20] findet sich in Art. 288 Abs. 2 EG, wonach im Bereich der außervertraglichen Haftung der Ge-

---

12 Vgl. *Lenaerts*, ICLQ 52 (2003), 873 (876); vgl. auch *Vogenauer*, in *Reimann/Zimmermann* (Hrsg.), The Oxford Handbook of Comparative Law, S. 875 f.

13 Nach dem Vertrag von Lissabon Art. 6 Abs. 1, 19 Abs. 1 EUV.

14 Vgl. *Lenaerts*, ICLQ 52 (2003), 873 (876); EuGH v. 5. 3. 1996 – verb. Rs. C-46/93, C-48/93 (*Brasserie du Pecheur und Factortame*), Slg. 1996, I-1029 Rn. 27: „Soweit der Vertrag keine Vorschriften enthält, …, hat der Gerichtshof in Erfüllung der ihm durch Artikel [220] des Vertrages übertragenen Aufgabe, …, über eine solche Frage nach den allgemein anerkannten Auslegungsmethoden zu entscheiden, insbesondere indem er auf die Grundprinzipien der Gemeinschaftsrechtsordnung und gegebenenfalls auf allgemeine Grundsätze, die den Rechtsordnungen der Mitgliedstaaten gemeinsam sind, zurückgreift."

15 Vgl. Kapitel 9 II. 1.

16 Vgl. *Lenaerts*, ICLQ 52 (2003), 873 (877 f.): „The Court of Justice wanted to stress that the Community is embedded in the constitutional current of its Member States so that the protection given to the fundamental rights of the citizen in the different national constitutions constitutes not only a source of inspiration for the Court but even a binding guideline."; sowie *Daig*, in: FS Zweigert, S. 395 (410): Die Notwendigkeit, rechtsvergleichend zu arbeiten, folge „aus der praktischen Vernunft und aus dem ‚geschichtlichen' Grund, dass die Mitgliedstaaten die Ordnung der von ihnen ins Leben gerufenen Gemeinschaft unbestreitbar – ausdrücklich oder stillschweigend – mit Rechtsvorstellungen ausgestattet haben oder ausgestattet wissen wollten, die ihnen vertraut waren und sind."

17 Vgl. *Grundmann*, Europäisches Schuldvertragsrecht, S. 132 f.; *ders.*, in FS Fikentscher, S. 671 (674 f.).

18 Vgl. *Lenaerts*, ICLQ 52 (2003), 873 (877) und Kapitel 9 II. 1.

19 Nach dem Vertrag von Lissabon Art. 340 Abs. 2 AEUV.

20 Herrschende Meinung, vgl. *Bleckmann*, ZVglRWiss 75 (1976), 106 (110); *Daig*, in FS Zweigert, S. 395 (404 f.); *Rodriguez Iglesias*, NJW 1999, 1 (6): „Diese Vorschrift beinhaltet somit ein Mandat zur Rechtsvergleichung und zur richterlichen Rechtsfortbildung."; *Vogenauer*, in *Reimann/Zimmermann* (Hrsg.), The Oxford Handbook of Comparative Law, S. 876.

meinschaft entstandene Schäden nach den allgemeinen Rechtsgrundsätzen zu ersetzen sind, die den Rechtsordnungen der Mitgliedstaaten gemeinsam sind.[21] Zur Konkretisierung dieser Vorschrift selbst hat der EuGH bisher freilich nicht auf die Methode der Rechtsvergleichung zurück gegriffen.[22] Wohl aber wurde (unter anderem) in analoger Anwendung von Art. 288 Abs. 2 EG die gemeinschaftsrechtliche Staatshaftung der Mitgliedstaaten auf einen in den Rechtsordnungen der Mitgliedstaaten geltenden allgemeinen Rechtsgrundsatz gestützt.[23] In Verbindung mit Art. 220 EG kann aus Art. 288 Abs. 2 EG ein allgemeiner Methodengrundsatz dahingehend abgeleitet werden, dass das Gemeinschaftsrecht im Falle seiner Ergänzungsbedürftigkeit unter Heranziehung der rechtsvergleichende Methode fortzubilden ist.[24]

c) Artikel 94, 95 EG[25]

In Anlehnung an Art. 1 Abs. 2 und 3 des schweizer ZGB wird im nationalen Recht die rechtsvergleichende Interpretation damit legitimiert, dass im Rahmen der Konkretisierung und Rechtsfortbildung der Richter nach derjenigen Regel entscheiden soll, die er als Gesetzgeber aufstellen würde, wobei „der Gesetzgeber von heute in besonderem Maße zum rechtsvergleichenden Eklektiker geworden ist."[26] Vor dem Hintergrund des Prinzips der begrenzten Ermächtigung kommt diesem Gedanken für das Gemeinschaftsrecht, insbesondere im Bereich der binnenmarktfinalen Rechtsangleichung, herausragende Bedeutung zu.

Nur die Rechtsvergleichung kann aufzeigen, welche Rechtsmaterien vereinheitlicht werden müssen, um das Binnenmarktziel zu erreichen.[27] Dabei ist die Aufdeckung bloßer Rechtsunterschiede anhand einer Gegenüberstellung der verschiedenen mitgliedstaatlichen Rechte nicht (länger) ausreichend.[28] Vielmehr hat ein

---

21 Dem Wortlaut nach verweist die Vorschrift nur bezüglich der Art und Weise des Schadensersatzes auf die allgemeinen Rechtsgrundsätze der mitgliedstaatlichen Rechtsordnungen, vgl. *Bleckmann*, ZVglRWiss 75 (1976), 106 (111); und allgemein *Daig*, in FS Zweigert, S. 395 (406ff.).

22 Vgl. *Lenaerts*, ICLQ 52 (2003), 873 (878); *Bleckmann*, ZVglRWiss 75 (1976), 106 (109).

23 Vgl. EuGH v. 5. 3. 1996 – verb. Rs. C-46/93, C-48/93 (*Brasserie du Pecheur und Factortame*), Slg. 1996, I-1029 Rn. 28f.

24 Vgl. *Anweiler*, Auslegungsmethoden, S. 347; sowie *Lenaerts*, ICLQ 52 (2003), 873 (878f.): „It follows from the foregoing that, in the activities of the Community judge, the comparative approach is a ‚quasi-compelling' method of interpretation of Community law, intrinsically linked to the continuous integration process which characterises the European construction."

25 Nach dem Vertrag von Lissabon Art. 115, 114 AEUV.

26 Vgl. *Zweigert/Kötz*, Einführung in die Rechtsvergleichung, S. 16f.; *Zweigert*, RabelsZ 15 (1949/50), 5 (9); auch *Kropholler*, Internationales Einheitsrecht, S. 278f.; kritisch *Reinhart*, in: FS Uni Heidelberg, S. 599 (614); *Drobnig*, RabelsZ 50 (1986), 610 (611): der Rückgriff auf fremdes Recht könne schlecht mit einer ausländischen Rechtsvorschrift begründet werden.

27 Vgl. *Bleckmann*, ZVglRWiss 75 (1976), 106 (118); *Koch/Wagner/von Mohrenfels*, IPR und Rechtsvergleichung, S. 319.

28 Regelmäßig gehen einer Rechtssetzungsmaßnahme rechtsvergleichende Untersuchungen voraus, in denen entsprechende Unterschiede zwar festgestellt, daraus resultierende Wettbewerbsverzerrungen bzw. Grundfreiheitenbeschränkungen anschließend aber bloß behauptet werden, vgl. beispielsweise Erwägungsgrund 3 der Verbrauchsgüterkaufrichtlinie; Erwägungsgrund 2 der Haustürgeschäfterichtlinie; Erwägungsgrund 2 der Klauselrichtlinie, sowie *Schwartze*, in *Riesenhuber*

„echter“ Vergleich im Hinblick darauf stattzufinden, inwieweit Rechtsunterschiede zu spürbaren Wettbewerbsverzerrungen bzw. tatsächlichen Grundfreiheitenbeschränkungen führen.[29] Die Grundfreiheiten- bzw. Wettbewerbsrelevanz bildet damit den Vergleichsmaßstab.[30] Dies gilt nicht nur für die Frage, ob der Gemeinschaftsgesetzgeber überhaupt tätig werden kann. Denn inhaltlich muss sich die jeweilige Maßnahme an dem ausrichten, was im Hinblick auf die Erreichung des Binnenmarktes und vor dem Hintergrund der jeweiligen nationalen Rechtsordnung den Mitgliedstaaten und sonstigen Beteiligten zugemutet werden kann.[31]

Bei der Konkretisierung wertungsoffener Rechtssätze des Europäischen Privatrechts ist der EuGH in gleicher Weise gebunden, wie der Gemeinschaftsgesetzgeber.[32] Damit sind entsprechende rechtsvergleichende Überlegungen sowohl hinsichtlich des „ob“ der gemeinschaftsrechtlichen Konkretisierungskompetenz als auch hinsichtlich der Ausgestaltung der jeweiligen Fallnorm durch den Gerichtshof vorzunehmen, wenn er um Konkretisierung des Sekundärrechts ersucht wird.

II. Zur rechtsvergleichenden Methode im Gemeinschaftsrecht

Für das rechtsvergleichende Arbeiten hat sich bislang ein allgemein gültiger und verbindlicher methodischer Kanon noch nicht durchgesetzt.[33] Nach *Zweigert/Kötz* befindet sich die Methode der Rechtsvergleichung „immer noch im Stadium des Experimentierens.“[34] Die richtige Methode muss danach weitgehend erst durch versuchsweises Herantasten in jedem Einzelfall herausgefunden werden.[35] Entscheidend sind dabei der Zweck der jeweiligen Untersuchung, die Qualifikation und Fähigkeiten der Beteiligten sowie die Vertretbarkeit des Aufwands und der Kosten.[36] Vorliegend geht es um die rechtsvergleichende Konkretisierung wertungsoffener Rechtssätze des Europäischen Privatrechts. Die rechtsvergleichende Methode ist insoweit in einen institutionellen und normativen Rahmen eingebettet, der es erlaubt, normative Idealanforderungen an die rechtsvergleichende Methode aufzuzeigen, an denen die tatsächlich vom EuGH praktizierte Methode gemessen werden kann.

(Hrsg.), Europäische Methodenlehre, S. 5 (11), der insoweit von einer „reduzierten Art der Rechtsvergleichung“ spricht, diese jedoch zur Kompetenzbegründung für ausreichend hält.

29 Vgl. etwa die Mitteilung der Kommission an den Rat und das Europäische Parlament zum Europäischen Vertragsrecht, KOM(2001) 398 endgültig, Rn. 23.–33., wo die Kommission ausdrücklich um Informationen bittet, inwieweit die unterschiedlichen Vertragsrechtsordnungen der Mitgliedstaaten den Binnenmarkt beeinträchtigen. Für eine Zusammenstellung der daraufhin idendifizierte Problemlagen vgl. Mitteilung der Kommission an das Europäische Parlament und den Rat: Ein kohärentes Europäisches Vertragsrecht, Ein Aktionsplan, KOM(2003) 68 endgültig, Rn. 25–51.

30 Dazu noch unten II. 3.

31 Vgl. *Bleckmann*, ZVglRWiss 75 (1976), 106 (118).

32 Vgl. Kapitel 7 II. 1.

33 *Koch/Wagner/von Mohrenfels*, IPR und Rechtsvergleichung, S. 313.

34 *Zweigert/Kötz*, Einführung in die Rechtsvergleichung, S. 31.

35 *Zweigert/Kötz*, Einführung in die Rechtsvergleichung, S. 32.

36 Vgl. *Palmer* (2004) 4 Global Jurist Frontiers 1 (29).

1. Normative Anforderungen

Rechtsvergleichende Konkretisierung dient dazu, einen konkreten Lebenssachverhalt einer rechtlichen Lösung zuzuführen. Damit bietet sich als Ausgangspunkt die funktionale Rechtsvergleichung[37] an. „Die“ funktionale Rechtsvergleichung gibt es freilich nicht.[38] Pragmatismus regiert die Methode.[39] Hinsichtlich bestimmter Grundelemente besteht jedoch weitgehend Einigkeit,[40] wobei im vorliegenden Zusammenhang die Anforderungen im einzelnen durch das Gemeinschaftsrecht modifiziert werden.

a) Funktionale Rechtsvergleichung

Am Anfang der funktionalen Rechtsvergleichung steht die Definition des sozialen Problems (*tertium comparationis*), dass einer rechtlichen Lösung zugeführt werden soll.[41] Dieses Problem der Lebenswirklichkeit muss frei von rechtlichen Systembegriffen der eigenen oder fremden Rechtsordnung formuliert werden, denn verglichen werden nicht einzelne Regeln oder Rechtsinstitute, sondern die jeweils angebotenen Problemlösungen.[42] Im vorliegenden Zusammenhang ergibt sich das *tertium comparationis* aus dem zu entscheidenden Sachverhalt und wird durch die Vorlagefrage im Rahmen des Art. 234 EG bestimmt. Diese Vorlagefrage ist zur Vorbereitung der Rechtsvergleichung von den Systembegriffen des Vorlagegerichts und der Ausgangsrechtsordnung aber auch von etwaigen Systembegriffen des Gemeinschaftsrechts zu reinigen, freilich ohne den Sachverhalt abzuändern oder die Vorlagefrage umzuformulieren.

An die Formulierung des *tertium comparationis* schließt sich die Auswahl der Vergleichsrechtsordnungen an.[43] Im Hinblick auf die Gleichwertigkeit aller mitgliedstaatlichen Rechtsordnungen sind grundsätzlich alle nationalen Rechte daraufhin zu untersuchen, ob sie für die Lösung des fraglichen Rechtsproblems etwas hergeben und gegebenenfalls in die Untersuchung einzubeziehen. Nicht ausgeschlossen ist die Einbeziehung von Rechten dritter Staaten etwa des Schweizer oder US-amerikanischen Rechts oder internationaler Instrumente wie des CISG. Normativ geboten ist diese Einbeziehung jedoch nicht.

---

37 Ausführlich *Michaels*, in *Reimann/Zimmermann* (Hrsg.), The Oxford Handbook of Comparative Law, S. 339ff.

38 *Michaels*, in *Reimann/Zimmermann* (Hrsg.), The Oxford Handbook of Comparative Law, S. 342: „there is not one (‘the’) functional method, but many“.

39 *Michaels*, in *Reimann/Zimmermann* (Hrsg.), The Oxford Handbook of Comparative Law, S. 362: “One reason for the methodological mishmash in comparative law is that the founders of the functional method were more pragmatically than methodologically interested.”

40 *Michaels*, in *Reimann/Zimmermann* (Hrsg.), The Oxford Handbook of Comparative Law, S. 342.

41 *Zweigert/Kötz*, Einführung in die Rechtsvergleichung, S. 33; *Koch/Wagner/von Mohrenfels*, IPR und Rechtsvergleichung, S. 314f.; *Brand*, JuS 2003, 1082 (1086); *Dannemann*, in *Reimann/Zimmermann* (Hrsg.), The Oxford Handbook of Comparative Law, S. 407.

42 *Zweigert/Kötz*, Einführung in die Rechtsvergleichung, S. 33; *Koch/Wagner/von Mohrenfels*, IPR und Rechtsvergleichung, S. 314; *Brand*, JuS 2003, 1082 (1086f.).

43 *Zweigert/Kötz*, Einführung in die Rechtsvergleichung, S. 40ff.; *Brand*, JuS 2003, 1082 (1087); *Dannemann*, in *Reimann/Zimmermann* (Hrsg.), The Oxford Handbook of Comparative Law, S. 409.

Sodann ist das Ausgangsproblem einer Lösung nach jeder Vergleichsrechtsordnung zuzuführen.[44] Dabei ist wirklichkeitsorientiert zu verfahren. Entscheidend ist nicht das *„law in the books"* sondern das *„law in action"*. Damit kommt es nicht nur darauf an, wie der Gesetzgeber das jeweilige soziale Problem geregelt hat, sondern auch darauf, wie die entsprechenden Regeln durch die Gerichte angewendet werden und welche rechtstheoretischen, -methodischen und -philosophischen, aber auch wirtschaftlichen, sozialen, politischen, historischen und institutionellen Faktoren diese Anwendung beeinflussen, kurz: bedeutsam ist alles, was die rechtliche Entscheidung des jeweiligen Problems tatsächlich prägt.[45]

Anschließend kann der eigentliche Vergleich stattfinden, bei dem normalerweise die Gemeinsamkeiten und Unterschiede sowie deren jeweilige Gründe aufzuzeigen sind[46] und die „zweckmäßigste", „beste" oder „gerechteste" Lösung zu identifizieren oder synthetisch zu entwickeln ist.[47] Dabei ist das Grundproblem die Bestimmung des Vergleichsmaßstabes.[48] So sind bei *Zweigert/Kötz* „Kriterien der kritischen Auswertung [...] die von den Juristen täglich angewandten, nämlich zu überlegen und zu begründen, welche von mehreren Lösungen zweckmäßiger und gerechter erscheint."[49] Im Bereich des Gemeinschaftsrechts ist der Vergleichsmaßstab jedoch durch die Ziele des Vertrages bzw. die mit dem jeweiligen Sekundärrechtsakt verfolgten, in Verlängerung der Rechtsgrundlage gesetzten Zwecke vorgegeben.[50] Auszuwählen ist diejenige Lösung, die den gemeinschaftsrechtlichen

---

44 *Dannemann*, in *Reimann/Zimmermann* (Hrsg.), The Oxford Handbook of Comparative Law, S. 412 ff.

45 Vgl. *Zweigert/Kötz*, Einführung in die Rechtsvergleichung, S. 34: „Rechtsquelle im Sinne rechtsvergleichender Forschung ist alles, was das Rechtsleben der herangezogenen Ordnung gestaltet oder mitgestaltet."; *Koch/Wagner/von Mohrenfels*, IPR und Rechtsvergleichung, S. 315: „Rechtsvergleich [ist] nicht auf die abstrakte Regelung, sondern auf das in der Rechtswirklichkeit durchgesetzte Recht ausgerichtet ..."; *Brand*, JuS 2003, 1082 (1087): „Dazu bedarf es ... einer genauen Untersuchung der Bezüge des Rechts zur Gesellschaft, d.h. zum sprachlichen, politischen, sozialen und wirtschaftlichen Umfeld sowie zur geschichtlichen Entwicklung." Dies entspricht dem von *Schlesinger* und Sacco entwickelten „Legal Formants" – Ansatz, vgl. *Sacco*, (1991) 39 Am.J.Comp.L., 1 (26 ff.). Der gleiche methodischen Ansatz liegt dem Projekt „The Common Core of European Private Law" zugrunde, vgl. http://www.jus.unitn.it/dsg/common-core/approach.html sowie *Palmer*, (2004) 4 Global Jurist Frontiers, 1 (17 ff.); *Frankenberg*, (2006) 6 Global Jurist Advances, 1 ff.

46 *Dannemann*, in *Reimann/Zimmermann* (Hrsg.), The Oxford Handbook of Comparative Law, S. 416.

47 *Zweigert/Kötz*, Einführung in die Rechtsvergleichung, S. 46.

48 Vgl. *Van Aaken*, JjZRWiss 2001, 127 (146 f.): „Denn die Aussage, dass eine konkret vorgefundene Lösung die ‚bessere' oder ‚schlechtere' sei, ermangelt einer wissenschaftlichen Fundierung, wenn keine analytische Methode angewendet wurde, um herauszufinden, *warum* die eine Lösung besser funktioniert als die andere im Hinblick auf die mit der rechtlichen Transplantation bezweckten Ziele." (Hervorhebung im Original).

49 *Zweigert/Kötz*, Einführung in die Rechtsvergleichung, S. 46; Vgl. auch *Michaels*, in *Reimann/Zimmermann* (Hrsg.), The Oxford Handbook of Comparative Law, S. 375: „Ultimately, evaluation remains a policy decision, a practical judgment, under conditions of partial uncertainty. The functional method can show alternatives and provide some information and thereby greatly improve this policy decisions, but it cannot substitute for it."

50 Vgl. *Lenaerts*, ICQL 52 (2003), 873 (879): „Whatever its legal basis, the comparative law method, when applied by the Community judge, is driven by a single Leitmotiv, and that is to find through the examination of other legal orders the solution which best suits the objectives of the Community

Zielen am besten, am effektivsten dient, soweit dabei die Akzeptanz in den Mitgliedstaaten gewahrt bleibt.[51] Für das Europäische Privatrecht insbesondere im Bereich der binnenmarktfinalen Rechtsangleichung lassen sich diese Kriterien noch weiter präzisieren. Hier dienen legislative und konkretisierende Rechtsangleichung der Beseitigung spürbarer Wettbewerbsverzerrungen bzw. tatsächlicher Grundfreiheitenbeschränkungen.

Der Vergleich hat damit zweistufig zu erfolgen. Auf der ersten Stufe ist zu prüfen, ob Unterschiede in den mitgliedstaatlichen Rechtsordnungen überhaupt spürbare Wettbewerbsverzerrungen und tatsächliche Grundfreiheitenbeschränkungen zur Folge haben. Diese entstehen dann, wenn die Rechtsunterschiede zu Transaktionskosten in einer solchen Höhe führen, die geeignet ist, die Marktteilnehmer von grenzüberschreitender Wirtschaftstätigkeit abzuhalten.[52] Nur dann besteht überhaupt die Gemeinschaftskompetenz zur Setzung einer gemeinschaftsautonomen Fallnorm (kompetenzeröffnende Funktion).

Ist dies der Fall, so ist in einem zweiten Schritt diejenige Regelung zugrunde zulegen, die bei Wahrung der grundrechtlichen Gewährleistungen und der sonstigen Ziele der Gemeinschaft, insbesondere des hohen Verbraucherschutzniveaus, Transaktionskosten optimal reduziert und damit grenzüberschreitenden Güteraustausch anregt. Diese Fallnorm muss dabei nicht einer der in den mitgliedstaatlichen Rechtsordnungen vorgefundenen oder daraus synthetisch entwickelten entsprechen, sondern kann etwa auch anhand der Prinzipien des Europäischen Privatrechts formuliert werden. Rechtsvergleichung spielt aber insoweit eine Rolle, als sie zunächst die Vielzahl differierender Lösungsmöglichkeiten für eine Rechtsfrage bewusst werden lässt und damit ermöglicht, eine gefundene Fallnorm

---

as well as ist structure, and which is acceptable for the different national legal orders responsible for implementing Community law."

51 Vgl. *Lenaerts*, ICLG 52 (2003), 873 (879): „Knowing that the Community legal order and the national legal orders are closely intertwined and even interdependent in that the former can only function poperly if the latter are willing to ensure the correct application of Community law, the Court of Justice and the CFI, when they are considering a particular case, will want to avoid 'going too far' and may therefore opt for a solution which is not necessarily the most ambitious, considered from the exclusive angle of Community law, but which has the advantage of being 'compatible' with the traditions of the Member States and of not hurting special sensitivities in certain Member States."

52 Vgl. nur Mitteilung der Kommission an den Rat und das Europäische Parlament zum Europäischen Vertragsrecht, KOM(2001) 398 endg., Rn. 72: „Die Kommission ist insbesondere an Stellungnahmen zu Problemen interessiert, die sich aus dem Nebeneinander unterschiedlicher Vertragsrechtsordnungen der Mitgliedstaaten für die Funktionsfähigkeit des Binnenmarktes ergeben. Um von größtmöglichen Nutzen sein zu können, sollten diese Angaben so ausführlich wie möglich sein. Im Idealfall sollen konkrete Beispielsfälle geschildert werden, in denen Unterschiede im Vertragsrecht der Mitgliedstaaten dazu geführt haben, dass der innergemeinschaftliche Handel für Hersteller, Dienstleister, Händler oder Verbraucher mit höheren Belastungen verbunden war oder gänzlich unterbunden wurde. Denkbare Beispielsfälle wären solche, in denen Händlern, Unternehmern oder Verbrauchern infolge unterschiedlicher rechtlicher Anforderungen in den Mitgliedstaaten wesentlich höhere Kosten entstanden sind." Vgl. auch die Zusammenfassung der eingegangenen Stellungnahmen in Mitteilung der Kommission das Europäische Parlament und den Rat: Ein kohärentes europäisches Vertragsrecht, Ein Aktionsplan, KOM(2003) 68 endg., Rn. 25–51, insbesondere 29, 32, 34, 43, 47.

vor diesem Hintergrund kritisch zu hinterfragen (Inspirations- und Kontrollfunktion).[53] Darüber hinaus werden Transaktionskosten nur dann optimal reduziert, wenn eine möglichst reibungslose Einpassung der Fallnorm in die mitgliedstaatlichen Rechtsordnungen gewährleistet ist. Rechtsvergleichung sichert so die Akzeptanz des Gemeinschaftsrechts in den Mitgliedstaaten (Akzeptanzfunktion). Entscheidend ist, dass der Vergleich auf beiden Stufen anhand ökonomischer Kriterien erfolgt. Heranzuziehen ist das Instrumentarium der ökonomischen Analyse des Rechts.[54]

b) Postmoderne Kritik

In neuerer Zeit sieht sich das Prinzip der Funktionalität allerdings der Kritik ausgesetzt. Als einflussreich hat sich insoweit insbesondere eine Strömung der Rechtsvergleichung erwiesen, die man zusammenfassend als „postmodern" bezeichnen kann.[55] Im wesentlichen[56] werden gegen die funktionale Methode drei Argumenttypen vorgetragen, die sich mehr oder weniger gegenseitig bedingen.

Angriffspunkt ist zunächst die von der funktionalen Rechtsvergleichung geforderte Objektivität.[57] Diese sei schlechterdings nicht zu erreichen.[58] Zum einen sei Recht, einschließlich der Rechtssprache und Methodologie, stets geformt durch unüberwindbare erkenntnistheoretische, kulturelle, linguistische, historische und moralische Rahmenbedingungen, welche für effektive rechtsvergleichende Arbeit die totale kulturelle Einbettung in die fremde Rechtsordnung erforderlich machten.[59] Anderseits ist der Funktionalist aber stets in seiner eigenen Rechtskultur gefangen, könne sein eigenes rechtskulturelles Gepäck nicht zurück lassen und da-

---

53 Vgl. *Poiraes Maduro*, (2008) Working Paper IE Law School, S. 4.

54 Vgl. *Van Aaken*, JjZRWiss 2001, 127 (147): „Die positive ökonomische Theorie des Rechts kann die *analytische Lücke* schließen, die sich ... in der funktionalen Rechtsvergleichung findet." (Hervorhebung im Original); *Faust*, in *Reimann/Zimmermann* (Hrsg.), The Oxford Handbook of Comparative Law, S. 848 f.: „[E]conomic analysis may fulfil a double function in the most important and most difficult activity of comparative lawyers, that is, the evaluation of the various national rules in comparison to each other: positive economic analysis is a valuable tool for establishing the advantages and disadvantages of the rules in question and normative economic analysis allows the rules to be ranked according to a standard that can be universally acknowledged, even if there is no agreement whether it should prevail in a particular instance."; sowie ausführlich Kapitel 12.

55 Ausführlich *Peters/Schwenke*, (2000) 49 ICLQ, 800 ff.

56 Der Vorwurf des Eurozentrismus sowie des juristischen Neo-Kolonialismus können im vorliegenden Zusammenhang außer Betracht bleiben; vgl. jedoch *Peters/Schwenke*, (2000) 49 ICLQ, 800 (822 ff.) sowie *Menski*, Comparative Law in a Global Context, 3 ff.

57 Vgl. *Zweigert/Kötz*, Einführung in die Rechtsvergleichung, S. 34: „Die ‚negative' Seite des Funktionalitätsprinzips besagt also, dass man sich in der Rechtsvergleichung von seinen eigenen juristisch-dogmatischen Vorurteilen radikal befreien muss."

58 Vgl. *Legrand*, (1995) 58 MLR 262 (266): „Objective comparison is impossible, since cultural prejudice can never be overcome."

59 Vgl. *Grosswald Curran*, (1998) 46 Am.J.Comp.L. 43: „Thus, a valid examination of another legal culture requires immersion into political, historical, economic and linguistic contexts that molded the legal system, and in which the legal system operates."

her die fremde Rechtsordnung stets nur durch die eigene nationale Brille analysieren.[60]

Aus diesen unüberbrückbaren epistemologischen Hindernissen folge die Oberflächlichkeit der funktionalen Rechtsvergleichung, die bei der (rechtspositivistischen) Analyse von autoritativen Texten und Institutionen stehen bleibe, ohne in die sozio-ökonomischen, philosophischen bzw. kulturellen Tiefenschichten des Rechts, die jeweilige Rechtsmentalität, vorzudringen.[61] Funktionale Rechtsvergleichung reduziere Recht zu einer rein formalen Technik, für politische, moralische, wirtschaftliche oder soziale Überlegungen verbleibe kein Raum.[62]

Oberflächlichkeit und Formalismus seien schließlich der Nährboden für die von funktionaler Rechtsvergleichung angestrebte Gleichmacherei.[63] Nur was die gleiche Funktion erfülle, sei vergleichbar.[64] Die oberflächliche Gleichheit des Problems führe so zwangsläufig zur Gleichheit des Ergebnisses. Es sei die Gleichheit in großen Zügen auf die der Funktionalist aus sei, unter Vernachlässigung der viel wichtigeren Unterschiede im Detail.[65]

So berechtigt diese Einwände im Einzelfall sein mögen,[66] im vorliegenden Zusammenhang schlagen sie nicht durch. Was zunächst die fehlende Objektivität bei der Beschäftigung mit fremdem Recht angeht, ist zu berücksichtigen, dass nach Art. 221 Abs. 1, 223 Abs. 1, 224 EG[67] die Besetzung der Gemeinschaftsgerichte ga-

---

60 Vgl. *Frankenberg*, (1985) 26 Harvard Int.L.J., 411 (437): „So we may conclude that [the comparative functionalist] is basically out for the variations on a theme that are organized in terms of the categories and interpretive patterns she has borrowed from the domestic legal system." sowie (434): „It becomes clearer then that any vision of the foreign laws is derived from and shaped by domestic assumptions and bias."

61 Vgl. *Legrand*, (1996) 45 ICLQ 52 (59): „It is still the case that rather superficial manifestations of culture such as rules and concepts are often taken for all there is; the deeper underlying level of values is overlooked."

62 Vgl. *Frankenberg*, (1985) 26 Harvard Int.L.J., 411 (437): „Thus the functionalist reduces the law to a formal technique of conflict resolution, stripping it of ist political and moral underpinnings, and tries to cope with the problem that social and economic conditions, apparently similar in relevant respects, have actually produced radically different legal solutions."; sowie (438): „There is nothing outside legal texts and institutions for functionalists."; und „What started out as a fascinating hypothetical experiment has turned into a rather dry affirmation of legal formalism."

63 Vgl. *Zweigert/Kötz*, Einführung in die Rechtsvergleichung, S. 38: „Verschiedene Rechtsordnungen kommen trotz aller Unterschiede in ihrer historischen Entwicklung, in ihrem systematisch-theoretischen Aufbau und im Stil ihrer praktischen Anwendung dennoch in den gleichen Lebensfragen oft bis in die Einzelheiten hinein zu gleichen oder doch verblüffend ähnlichen Lösungen." und S. 39: „Man möchte insoweit geradezu von einer ‚praesumptio similitudinis' sprechen, von einer Vermutung für die Ähnlichkeit der praktischen Lösungen." Vgl. zum Ganzen auch *Dannemann*, in *Reimann/Zimmermann* (Hrsg.), The Oxford Handbook of Comparative Law, S. 386 ff.

64 *Zweigert/Kötz*, Einführung in die Rechtsvergleichung, S. 33.

65 Vgl. *Frankenberg*, (1985) 26 Harvard Int.L.J., 411 (436).

66 Relativierend *Michaels*, in *Reimann/Zimmermann* (Hrsg.), The Oxford Handbook of Comparative Law, S. 381: "[T]he discussion has revealed that the functional method emphasizes differences within similarities; it does not provide criteria for evaluation; and it supplies powerful arguments against unification. ... [A]s the analysis demonstrates, the functional method not only requires us to look at culture, but it enables us to formulate general laws without having to abstract the specificities."

67 Nach dem Vertrag von Lissabon Art. 19 Abs. 2 EUV, Art. 253 Abs. 1, 254 AEUV.

rantiert, dass alle mitgliedstaatlichen Rechtsordnungen durch nach ihrer jeweiligen Heimatrechtsordnung hochqualifizierte Juristen vertreten sind.[68] Hinzu kommt der gemeinsame wissenschaftliche Dienst von EuGH und EuGeI, in dem ebenfalls Juristen aus allen Mitgliedstaaten tätig sind, und dessen eine Hauptaufgabe die Erstellung rechtsvergleichender Studien ist, die im Rahmen anhängiger Rechtssachen angefordert werden und die Richter und Generalanwälte über den Stand des Rechts in den Mitgliedstaaten zu konkreten Fragen informieren.[69] Insoweit ist die Berücksichtigung von und Auseinandersetzung mit unterschiedlichen Mentalitäten und Rechtskulturen im Gemeinschaftsrecht institutionalisiert.[70]

Damit kann zugleich der Vorwurf der Oberflächlichkeit und des Formalismus zurückgewiesen werden. Zunächst wird die Berücksichtigung des sozio-ökonomischen Kontextes von der funktionalen Rechtsvergleichung in der Ausprägung des „Legal Formants" – Ansatzes selbst gefordert.[71] Die institutionelle Ausgestaltung der Gemeinschaftsgerichte und ihres wissenschaftlichen Dienstes sichert die Erfüllbarkeit dieser Anforderungen. Als in ihren jeweiligen Heimatrechtsordnungen geschulte Juristen dürften Richter, Generalanwälte sowie die Mitarbeiter des wissenschaftlichen Dienstes ohne weiteres in der Lage sein, das „*law in action*" zu einer bestimmten Rechtsfrage unter Berücksichtigung der epistemologischen Besonderheiten der jeweiligen Rechtskultur aufzuzeigen und zu erläutern. Ob dies tatsächlich geschieht ist eine andere Frage. Unerfüllbar ist die Anforderung aber jedenfalls nicht.

Was schließlich den Vorwurf der Gleichmacherei angeht, so finden sich die Gleichheit der materiellen Lösungen betonende Aussagen zwar auch bei namhaften Richtern des EuGH.[72] Zu berücksichtigen ist allerdings, dass jedenfalls im Bereich der binnenmarktfinalen Rechtsangleichung sowohl für den Gemeinschaftsgesetzgeber als auch im Rahmen der richterlichen Konkretisierung die Feststellung von Unterschieden in den mitgliedstaatlichen Rechtsordnungen notwendige, wenn auch nicht hinreichende, Bedingung der Kompetenzeröffnung ist. Eine an der Kompetenzerweiterung der Gemeinschaft interessierte Konkretisierung würde daher eher zu einer Überbetonung der Rechtsunterschiede führen. Vielleicht gleichen sich beide Tendenzen gegenseitig aus.

2. Die „wertende Rechtsvergleichung" in der Rechtsprechung des EuGH

Nach Aussage zahlreicher Richter ist der rechtsvergleichende Aufwand des Gerichtshofs erheblich, auch dann, wenn sich rechtsvergleichende Ausführungen im

---

68 Vgl. *Kohler/Knapp*, ZEuP 2002, 701 (723).
69 Vgl. *Kohler/Knapp*, ZEuP 2002, 701 (724); *Anweiler*, Auslegungsmethoden, S. 281.
70 Vgl. *Daig*, in: FS Zweigert, S. 395 (413).
71 Vgl. oben II. 1. a).
72 Beispielsweise *Rodriguez Iglesias*, NJW 1999, 1 (8): „Als Ergebnis – und dies möchte ich besonders unterstreichen – stellt sich meistens heraus, dass die Unterschiede zwischen den Rechtsordnungen gar nicht einmal so groß sind. In der Regel lässt sich feststellen, dass die verschiedenen nationalen Rechte in der Substanz zu gleichen Lösungen der aufgeworfenen Fragen kommen."

Urteil selbst nicht finden.[73] Die Schlussanträge der Generalanwälte sind insoweit meist ergiebiger.[74] Im Bereich des Primärrechts kam der „wertenden Rechtsvergleichung“ maßgebliche Bedeutung bei der Entwicklung das geschriebene Recht ergänzender allgemeiner Rechtsgrundsätze zu, während sie für das Sekundärrecht bisher nur eine untergeordnete Rolle spielt.

a) „Wertende Rechtsvergleichung“ im Primärrecht

Die wertende Rechtsvergleichung war lange Zeit die dominierende Methode zur Gewinnung ungeschriebenen Primärrechts in Form sogenannter allgemeiner Rechtsgrundsätze[75] und insbesondere der Gemeinschaftsgrundrechte.[76]

Vorbildlich ist insoweit die Entscheidung Algera, in welcher der EuGH zu entscheiden hatte, ob und unter welchen Voraussetzungen die Hohe Behörde befugt war, begünstigende rechtswidrige Verwaltungsakte zurückzunehmen.[77] Auf die Feststellung, dass der EGKS-Vertrag keine Vorschriften für die Rücknahme rechtswidriger begünstigender Verwaltungsakte enthielt und daher die Frage unter Rückgriff auf die „in Gesetzgebung, Lehre und Rechtsprechung der Mitgliedstaaten anerkannten Regeln zu entscheiden“ sei, folgt eine ausführliche rechtsvergleichende Untersuchung der Rechtsordnungen aller sechs damaligen Mitgliedstaaten.[78] Im Ergebnis bejaht der EuGH grundsätzlich die Zulässigkeit des Widerrufs rechtswidriger Verwaltungsakte, jedenfalls soweit dieser innerhalb einer angemessen Frist erfolgt.[79]

Regelmäßig beschränkt sich der EuGH jedoch darauf, das Ergebnis der rechtsvergleichenden Analyse des Generalanwalts festzuhalten bzw. das Vorliegen eines allgemeinen Rechtsgrundsatzes im Gemeinschaftsrecht lediglich zu behaupten, ohne dass sich rechtsvergleichende Überlegungen im Urteil oder den Schlussanträgen finden.[80] Typisch dürfte insoweit die Entscheidung *Nold* sein, wo der EuGH ausführt, „dass die Grundrechte zu den allgemeinen Rechtsgrundsätzen gehören, die er zu wahren hat, und dass er bei der Gewährleistung dieser Rechte von den gemeinsamen Verfassungsüberlieferungen der Mitgliedstaaten auszugehen hat.“ Hiernach könne er keine Maßnahmen als rechtens anerkennen, die unvereinbar mit den von den Verfassungen dieser Staaten anerkannten und geschützten Rech-

73 Vgl. *Rodriguez Iglesias*, NJW 1999, 1 (8); *Lenaerts*, (2003) 52 ICLQ 873 (876); *Daig*, in: FS Zweigert, S. 395 (413): „Die etwaige Vorstellung, der Gerichtshof verberge hinter jenen Kurzformeln einen Verzicht auf echte rechtsvergleichende Bemühungen könne jedem Kenner der Verhältnisse nur ein Kopfschütteln entlocken.“

74 Vgl. die nachfolgenden Beispiele sowie die Nachweise bei *Daig*, in: FS Zweigert, S. 395 (413, Fn. 20); und jetzt auch GA Trstenjak, Schlussanträge v. 7. 5. 2009 – Rs. C-227/08 (*Martin Martin*), Slg. 2009, I-0000, Rn. 51, 81 f.

75 Vgl. dazu *Calliess/Ruffert-Wegener*, Art. 220 EGV Rn. 38 mit Rechtsprechungsnachweisen.

76 Vgl. *Anweiler*, Auslegungsmethoden, S. 284. Insoweit gewinnt freilich die EMRK und die Rechtsprechung des EGMR immer größere Bedeutung, vgl. Kapitel 9 II. 1.

77 Vgl. EuGH v. 12. 7. 1957 – verb. Rs. 7/57 und 3/57 bis 7/57 (*Algera*), Slg. 1957, 83.

78 EuGH v. 12. 7. 1957 – verb. Rs. 7/57 und 3/57 bis 7/57 (*Algera*), Slg. 1957, 83 (117 ff.).

79 EuGH v. 12. 7. 1957 – verb. Rs. 7/57 und 3/57 bis 7/57 (*Algera*), Slg. 1957, 83 (119).

80 Vgl. *Anweiler*, Auslegungsmethoden, S. 356.

ten sind.[81] Nach Hinweis auf die EMRK stellt der Gerichthof ohne weitere Analyse fest, dass es zutrifft, „dass die Verfassungsordnung aller Mitgliedstaaten das Eigentum schützt und in ähnlicher Weise die Freiheit der Arbeit, des Handels und anderer Berufstätigkeiten gewährleistet", wenn auch nicht unbeschränkt.[82]

In methodischer Hinsicht erscheint die Entscheidung *Internationale Handelsgesellschaft* aufschlussreich. Danach gehört die Beachtung der Grundrechte zu den allgemeinen Rechtsgrundsätzen, deren Wahrung der Gerichtshof zu sichern hat. „Die Gewährleistung dieser Rechte muss zwar von den gemeinsamen Verfassungsüberlieferungen der Mitgliedstaaten getragen sein, sie muss sich aber auch in die Struktur und die Ziele der Gemeinschaft einfügen."[83] Die Methode der wertenden Rechtsvergleichung ist damit in ihren Grundzügen umrissen: Ausgangspunkt ist eine rechtsvergleichende Analyse der Rechts- und Verfassungsordnungen der Mitgliedstaaten.[84] Für die gemeinschaftsrechtliche Anerkennung eines allgemeinen Rechtsprinzips ist sodann aber weder erforderlich, dass das jeweilige Prinzip den „kleinsten gemeinsamen Nenner" der mitgliedstaatlichen Rechtsordnungen bildet, noch dass es überhaupt in irgendeiner Form tatsächlich in allen oder auch nur einer Mehrzahl der Mitgliedstaaten vorkommt.[85] Selbst wenn sich die Rechtsordnungen der Mitgliedstaaten zu einer Frage widersprechen, ist der EuGH in der Lage aus der im Hinblick auf Struktur und Ziele der Gemeinschaftsrechtsordnung angemessensten Lösung einen allgemeinen Rechtsgrundsatz des Gemeinschaftsrechts zu entwickeln.[86] Regelmäßig entwickelt der EuGH so weitgehend frei integrationsfördernde Lösungen, ohne sich zu stark durch die rechtsvergleichend ermittelten Vorgaben der mitgliedstaatlichen Rechtsordnungen eingebunden zu sehen.[87]

b) „Wertende Rechtsvergleichung" im Europäischen Privatrecht

Im Sekundärrecht und insbesondere im Europäischen Privatrecht spielt die rechtsvergleichende Methode des EuGH, jedenfalls in den Urteilen selbst, bislang allenfalls eine untergeordnete Rolle.

In der Rechtssache *Puma* ging es um die Frage, ob die rein assoziative gedankliche Verbindung, die der Verkehr über die Übereinstimmung des Sinngehalts zweier Marken zwischen diesen herstellen könnte, zur Begründung einer „Gefahr von Verwechslungen ..., die die Gefahr einschließt, dass die Marke mit der älteren

81 EuGH v. 14. 5. 1974 – Rs. 4/73 (*Nold*), Slg. 1974, 491 Rn. 13.
82 EuGH v. 14. 5. 1974 – Rs. 4/73 (*Nold*), Slg. 1974, 491 Rn. 14.
83 EuGH v. 17. 12. 1970 – Rs. 11/70 (*Internationale Handelsgesellschaft*), Slg. 1970, 1125 Rn. 4.
84 Vgl. *Bono*, in: *Schulze/Seif* (Hrsg.), Richterrecht und Rechtsfortbildung, S. 99 (120); *Grundmann*, in: FS Fikentscher, S. 671 (673).
85 Vgl. *Bono*, in: *Schulze/Seif* (Hrsg.), Richterrecht und Rechtsfortbildung, S. 99 (121); *Grundmann*, in: FS Fikentscher, S. 671 (673); *ders.*, Europäisches Schuldvertragsrecht, S. 131; *Tredimas*, General Principles, S. 20 f.; *Bleckmann*, in: GS Constantinesco, S. 61 (71).
86 *Bleckmann*, in: GS Constantinesco, S. 61 (71).
87 Vgl. *Bono*, in: *Schulze/Seif* (Hrsg.), Richterrecht und Rechtsfortbildung, S. 99 (121); *Grundmann*, in. FS Fikentscher, S. 671 (674); *ders.*, Europäisches Schuldvertragsrecht, S. 133; *Tredimas*, General Principles, S. 21; *Bleckmann*, in: GS Constantinesco, S. 61 (71).

Marke gedanklich in Verbindung gebracht wird", im Sinne von Art. 4 Abs. 1 lit. b) der Markenrichtlinie führen kann.[88] Da die Regierungen der Benelux-Staaten geltend gemacht hatten, die entsprechende Formulierung sei auf ihr Betreiben in die Richtlinie eingefügt worden und folglich entsprechend Art. 13 A des Einheitlichen Beneluxgesetzes über die Warenzeichen dahin auszulegen, dass es nicht auf die „Verwechslungsgefahr" ankomme, sondern die „Ähnlichkeit" zwischen den Marken ausreiche, findet sich in den Schlussanträgen von *Generalanwalt Jacobs* eine detaillierte Analyse des Benelux-Rechts, dass dem Recht der übrigen Mitgliedstaaten, insbesondere Deutschlands und Österreichs gegenüber gestellt wird.[89] Unter Hinweis auf Wortlaut, Zweck und Systematik der Richtlinie weist der Generalanwalt die Ansicht der Benelux-Staaten schließlich zurück.[90] Im Urteil selbst finden sich, abgesehen von dem Hinweis auf das Vorbringen der Benelux-Staaten, keine rechtsvergleichenden Erwägungen. Gestützt auf Wortlaut, Zweck und Systematik folgt der Gerichtshof aber im Ergebnis den Schlussanträgen.[91]

In der Entscheidung *Grant* ging es um die Frage, ob die Verweigerung der Gewährung von Fahrtvergünstigungen durch den Arbeitgeber an einen gleichgeschlechtlichen Lebenspartner des Arbeitnehmers gegen Art. 141 EG verstößt. „Beim gegenwärtigen Stand des Rechts innerhalb der Gemeinschaft" verneint der EuGH diese Frage[92], unter anderem mit der Begründung, dass zwar in einigen Mitgliedstaaten „die Lebensgemeinschaft zwischen zwei Personen des gleichen Geschlechts der Ehe – wenn auch nur unvollständig – gleichgestellt" ist; „aber in den meisten Mitgliedstaaten [...] sie den festen nichtehelichen heterosexuellen Beziehungen nur für eine begrenzte Zahl von Ansprüchen gleichgestellt" wird oder „überhaupt nicht Gegenstand einer ausdrücklichen Anerkennung" ist.[93] Abhilfe könne nur der Gesetzgeber schaffen.[94]

In der bereits mehrfach erwähnten Rechtssache *Simone Leitner* stützt Generalanwalt *Tizzano* das von ihm bereits aufgrund „herkömmlicher" Auslegungsmethoden gefundene Ergebnis der Ersatzpflicht immaterieller Schäden nach Art. 5 Abs. 2 der Pauschalreiserichtlinie zusätzlich dadurch ab, dass er, „ohne [sich] insoweit über eine vergleichende Untersuchung auszulassen", namentlich in Deutschland, Belgien, Spanien, den Niederlanden, dem Vereinigten Königreich, Irland, aber auch Frankreich und Italien eine „mehr oder weniger fortgeschrittene diffuse Tendenz bemerkt [...], die Haftung für diese Art von Schäden, insbesondere für den Schaden

---

88 EuGH v. 11. 11. 1997 – Rs. C-251/95 (*Sabel BV/Puma AG*), Slg. 1997, I-6191 Rn. 11.

89 Vgl. *Generalanwalt Jacobs*, Schlussanträge v. 29. 4. 1996 – Rs. (*Sabel BV/Puma AG*), Slg. 1997, I-6191 Rn. 35: „Warum dieser Satz zu Problemen geführt hat, lässt sich nur begreifen, wenn man die unterschiedlichen Konzeptionen versteht, von denen die Benelux-Staaten einerseits und die meisten übrigen Mitgliedstaaten andererseits hinsichtlich des Markenschutzes ausgegangen sind."

90 Vgl. *Generalanwalt Jacobs*, Schlussanträge v. 29. 4. 1996 – Rs. (*Sabel BV/Puma AG*), Slg. 1997, I-6191 Rn. 44ff., 50f., 52ff.

91 EuGH v. 11. 11. 1997 – Rs. C-251/95 (*Sabel BV/Puma AG*), Slg. 1997, I-6191 Rn. 14ff.

92 EuGH v. 17. 2. 1998 – Rs. C-249/96 (*Grant/South-West Trains Ltd.*), Slg. 1998, I-621 Rn. 35.

93 EuGH v. 17. 2. 1998 – Rs. C-249/96 (*Grant/South-West Trains Ltd.*), Slg. 1998, I-621 Rn. 32.

94 EuGH v. 17. 2. 1998 – Rs. C-249/96 (*Grant/South-West Trains Ltd.*), Slg. 1998, I-621 Rn. 36.

aufgrund verdorbenen Urlaubsgenusses auszuweiten."[95] Im Urteil selbst spielt Rechtsvergleichung nur insoweit eine Rolle, als der Gerichtshof behauptet, dass „das Bestehen einer Schadensersatzpflicht für immaterielle Schäden in einigen Mitgliedstaaten und das Fehlen einer solchen Pflicht in anderen zu spürbaren Wettbewerbsverzerrungen führen" würde, da immaterielle Schäden im Bereich der Pauschalreisen häufig seien.[96]

In der Rechtssache *Hamilton* ging es um die Frage, ob Art. 4 Abs. 3 der Haustürgeschäfterichtlinie einer nationalen Regelung entgegen steht, die dem Verbraucher auch bei nicht erfolgter Widerrufsbelehrung nach vollständiger beiderseitiger Vertragserfüllung das Recht zum Widerruf versagt. *Generalanwalt Poiares Maduro* kommt unter Verweis auf die *Principles of European Contract Law*, den Entwurf der Gandolfi-Gruppe sowie die *Acquis-Principles* zu dem Schluss, „dass die zeitliche Begrenzung der Rechtsausübung – häufiger als „Verjährung" bezeichnet – einen allgemeinen Grundsatz darstellt, der von den Rechtsordnungen der verschiedenen Mitgliedstaaten geteilt wird." Dieser Grundsatz könne schließlich sogar mit der Perspektive auf Errichtung eines gemeinsamen Referenzrahmens im Bereich des EU-Vertragsrechts eine Bestätigung auf gemeinschaftsrechtlicher Ebene erfahren.[97] Unter Hinweis auf den von der Richtlinie bezweckten Verbraucherschutz kommt der Generalanwalt zu dem Ergebnis, das eine Begrenzung des Widerrufsrecht bei fehlender Belehrung nur dann gerechtfertigt sei, wenn der Verbraucher sein Widerrufsrecht kannte oder hätte kennen müssen.[98] Der EuGH kommt basierend auf systematischen und Wortlautargumenten – „Verpflichtung des Verbrauchers" – dazu, dass ein Widerrufsrecht nur solange geltend gemacht werden könne, als zum Zeitpunkt seiner Ausübung noch Verpflichtungen aus dem widerrufenen Vertrag bestanden.[99] Damit war die entsprechende nationale Regelung richtlinienkonform.

c) Inspirations- und Kontrollfunktion am Beispiel der Rechtssache C-85/03 (*Mevrona*)

Eine Entscheidung, in der der EuGH rechtsvergleichende Überlegungen nicht angestellt hat, solche aber durchaus nahelagen und möglicherweise zu einem abweichenden Ergebnis geführt hätten,[100] ist der Beschluss in der Rechtssache *Mevrona*.[101] Der EuGH hatte darüber zu entscheiden, ob die Handelsvertreterrichtlinie

---

95 Generalanwalt *Tizzano*, Schlussanträge v. 20. 9. 2001 – Rs. C-168/00 (*Simone Leitner*), Slg. 2002, I-2631 Rn. 40–43.

96 EuGH v. 12. 3. 2002 – Rs. C-168/00 (*Simone Leitner*), Slg. 2002, I-2631, Rn. 21. Gegen die Heranziehung rechtsvergleichender Überlegungen in dieser Entscheidung *Collins*, in: *Grundmann/Mazeaud* (Hrsg.), General Clauses and Standards, S. 111 (136 ff.).

97 GA Poiares Maduro, Schlussanträge v. 21. 11. 2007 – Rs. C-412/06 (*Hamilton*), Slg. 2008, I-2383, Rn. 24.

98 GA Poiares Maduro, Schlussanträge v. 21. 11. 2007 – Rs. C-412/06 (*Hamilton*), Slg. 2008, I-2383, Rn. 25 ff.

99 EuGH v. 10. 4. 2008 – Rs. C-412/06 (*Hamilton*), Slg. 2008, I-2383, Rn. 39 f.

100 Vgl. *Trstenjak*, ZEuP 2007, 145 (155 ff.).

101 EuGH v. 10. 2. 2004 – Rs. C-85/03 (*Mevrona*), Slg. 2004, I-1573.

86/653/EWG, deren Art. 1 Abs. 2 besagt, dass Handelvertreter ist, „wer als selbständiger Gewerbetreibender ständig damit betraut ist, für eine andere Person den Verkauf oder Ankauf von Waren zu vermitteln oder diese Geschäfte im Namen und für Rechnung des Unternehmers abzuschließen", auch Kommissionäre erfasst, die zwar im eigenen Namen, aber für Rechnung des Kommitenten tätig werden; und, verneinendenfalls, ob die Richtlinie nationalen Vorschriften entgegensteht, die den Schutz der Richtlinie auf Kommissionäre erstrecken. Der EuGH sah die Antwort als eindeutig an, so dass er gemäß Art. 104 § 3 VerfO-EuGH in einem vereinfachten Verfahren ohne Schlussanträge und mündliche Verhandlung durch Beschluss entschied. Der Wortlaut von Art. 1 Abs. 2 der Handelsvertreterrichtlinie sei eindeutig; in Art. 1 Abs. 3 und Art. 2 sei der Begriff des Handelsvertreters präzise umschrieben und auf genau umsrissene Situationen beschränkt. Keine Vorschrift der Richtlinie erwähne Personen, die zwar für Rechnung eines Dritten, jedoch im eigenen Namen tätig würden. Eine solche Tätigkeit unterscheide sich nämlich von derjenigen eines Handelsvertreters und die Interessen und das Schutzbedürfnis beider Berufsgruppen seien nicht diesselben. Damit bestehe kein vernünftiger Zweifel daran, dass die Richtlinie auf Kommissionäre nicht anwendbar ist.[102] Eine Harmonisierung im Bereich der Kommissionsgeschäfte bestehe unstreitig nicht und könne nicht im Wege der Rechtsprechung erfolgen. Daher sei es einem nationalen Gesetzgeber auch nicht verwehrt, den Schutz der Richtlinie auf Kommissionäre zu erstrecken.[103]

Die Entscheidung des EuGH basiert auf der strikten Unterscheidung von (direkter) Stellvertretung und indirekter (verdeckter, mittelbarer, stiller, unechter) Stellvertretung, die den kontinentalen Rechtsordnungen entstammt.[104] Während im Falle der Stellvertretung, also bei Handeln im Namen des Vertretenen, dieser unmittelbar berechtigt und verpflichtet wird,[105] erwirbt der im eigenen Namen Handelnde selbst alle Rechte und treffen ihn alle Pflichten aus dem von ihm für Rechnung des Geschäftsherrn vorgenommenen Geschäft.[106] Die Übertragung dieser Rechtspositionen auf den Geschäftsherrn hat durch Abtretung bzw. Übereignung zu erfolgen.[107] Insoweit ist es richtig, dass die Interessenlage jeweils eine andere ist, da im Falle der indirekten Stellvertretung der Handelnde gegenüber dem Geschäftsherrn eine vergleichsweise stärkere Position inne hat.[108] Allerdings kann die dingliche

102 EuGH v. 10. 2. 2004 – Rs. C-85/03 (*Mevrona*), Slg. 2004, I-1573, Rn. 15–18.
103 EuGH v. 10. 2. 2004 – Rs. C-85/03 (*Mevrona*), Slg. 2004, I-1573, Rn. 19f.
104 Vgl. *Lando/Beale* (Hrsg.), Principles of European Contract Law, Parts I and II, Art. 3:102 Notes 2.–4.; Die unmittelbare Vertretung beim Vertragsschluss war dem römischen Recht femd. Ihre Anerkennung ist das Ergebnis eines langen Prozesses, der erst um die Mitte des 19. Jhds. seinen Abschluss fand, vgl. *Ranieri*, Europäisches Obligationenrecht, S. 216.
105 Beispielsweise im deutschen Recht nach § 164 Abs. 1 BGB.
106 Vgl. Palandt-*Heinrichs*, Einf. v § 164 BGB, Rn. 6; *Larenz/Wolf*, BGB Allgemeiner Teil, § 46 Rn. 50. Die wichtigsten Fälle der mittelbaren Stellvertretung nach deutschem Recht sind die Kommission, §§ 383–406 HGB, und das Speditionsgeschäft, §§ 453–466 HGB.
107 Der Kommissionär ist hierzu gemäß § 384 Abs. 2 HGB verpflichtet.
108 So hat etwa nach deutschem Recht der Komissionär an den aufgrund des Ausführungsgeschäfts erworbenen eigenen Sachen und Forderungen ein Befriedigungsrecht insbesondere hinsichtlich der aufgewendeten Kosten und einer etwaigen Provision, §§ 398, 399 HGB; bezüglich des

Rechtslage derjenigen bei direkter Stellvertretung, jedenfalls nach deutschem Recht, durch Vorausabtretung und antizipierte Einigung und Besitzkonstitut weitgehend angeglichen werden.[109] Zudem kann auch bei Handeln im eigenen Namen und für fremde Rechnung eine so weitgehende Abhängigkeit bestehen, dass die Anwendung des Handelsvertreterrechts im Innenverhältnis angebracht erscheint.[110]

Die Eindeutigkeit der Lösung des EuGH geht vollends verloren, sobald die *Common Law* – Rechtsordnungen in die Betrachtung einbezogen werden. Dem englischen Recht etwa ist die Unterscheidung von direkter und indirekter Stellvertretung fremd.[111] „Agency" liegt immer dann vor, „when one person, called the principal, authorises another, called the agent, to act on his behalf, and the other agrees to do so."[112] Erfasst werden sowohl diejenigen Fälle, in denen der *agent* ausdrücklich im Namen des *principal* handelt (*disclosed agency*), als auch Fälle, in denen die Vertretung nicht offengelegt wird, der *agent* also im eigenen Namen handelt (*undisclosed agency*).[113] Im ersteren Fall wird der *principal* unmittelbar durch das vom *agent* getätigte Geschäft berechtigt und verpflichtet; im letzteren Fall kommt das Geschäft zwar zunächst zwischen *agent* und dem dritten Vertragspartner zustande,

Kommissionsguts, das bereits an den Kommitenten übertragen wurde, sich jedoch nach wie vor im Besitz des Kommissionärs befindet, gewährt § 397 HGB diesem ein gesetzliches Pfandrecht zur Sicherung seiner verauslagten Kosten und Provisionsansprüche.

109 Vgl. Baumbach/Hopt-*ders.*, § 383 HGB, Rn. 24–26, abgesehen vom „Geschäft für den, den es angeht" freilich nur mit Durchgangserwerb. Vgl. jedoch auch § 392 Abs. 2 HGB, wonach vom Kommissionär im Rahmen des Kommissionsgeschäfts erworbene Vorderungen im Innenverhältnis zum Kommitenten diesem bereits vor Abtretung zustehen und er daher in der Insolvenz des Kommissionäres und bei Zwangsvollstreckung gegen diesen geschützt ist; vgl. Baumbach/Hopt-*ders.*, § 392 HGB, Rn. 8.

110 So insbesondere im Falle des „Kommissionsagenten", der vertraglich standig damit betraut ist, Waren oder Wertpapiere für Rechnung eines anderen in eigenem Namen zu kaufen oder zu verkaufen, und zwar zu von diesem vertraglich vorgegebenen Preisen und Konditionen. Der Kommissionsagenturvertrag steht vom Typ her zwischen Kommissions- und Handelsvertretervertrag, vgl. Baumbach/Hopt-*ders.*, § 383 HGB, Rn. 3; sowie zur analogen Anwendung des Handelsvertreterrechts in diesem Fall, Baumbach/Hopt-*ders.*, § 84 HGB, Rn. 19; zur analogen Anwendung des Stellvertretungsrechts bei vergleichbarer Interessenlage *Larenz/Wolf*, BGB Allgemeiner Teil, § 46 Rn. 50.

111 Vgl. *Ranieri*, Europäisches Obligationenrecht, S. 222; *Lando/Beale* (Hrsg.), Principles of European Contract Law, Parts I and II, Art. 3:102 Notes 5.

112 *Peel*, Treitel's The Law of Contract, S. 752; vgl. auch *Goode*, Commercial Law, S, 164.

113 Vgl. *Goode*, Commercial Law, S. 164; sowie *Freeman & Lockyer v. Buckhurst Park Properties (Mangal) Ltd.* [1964] 2 QB 480, per *Lord Diplock* (S. 502 f.): „An 'actual' authority is a legal relationship between principal and agent created by a consensual agreement to which they alone are parties. Its scope is to be ascertained by applying ordinary principles of construction of contracts, including any proper implications from express words used, the usages of the trade, or the course of business between parties. To this agreement the contractor is a stranger; he may be totally ignorant of the existence of any authority on the part of the agent. Nevertheless, if the agent does enter into a contract pursuant to the 'actual' authority, it does create contractual rights and liabilities between the principal and the contractor. It may be that this rule relating to 'undisclosed principals', which is peculiar to English law, can be rationalised as avoiding circuity of action, for the principal could in equity compel the agent to lend his name in an action to enforce the contract against the contractor, and would at common law be liable to indemnify the agent in respect of the performance of the obligations assumed by the agent under the contract."

der *principal* kann jedoch das Geschäft an sich ziehen, während der Vertragspartner sich wahlweise neben dem *agent* auch an den *principal* halten kann.[114] Interventionsbefugnis und Haftung des *principals* bestehen jedoch nicht, soweit sie durch das Vertretergeschäft ausdrücklich oder konkludent ausgeschlossen sind; der *agent* nicht die Absicht hatte, für den *principal* abzuschließen; der Vertragspartner erkennbar nur mit dem *agent* abschließen wollte; oder im Verhältnis von *agent* und *principal* eindeutig festgelegt ist, das der *agent* keinesfalls den *principal*, sondern ausschließlich sich selbst verpflichten soll (*commission agency*).[115]

Aus diesen Überlegungen folgt freilich nicht schon ohne weiteres, dass das vom EuGH gefundene Ergebnis angreifbar ist. Jedenfalls aber bestehen doch an der vom Gerichtshof angenommenen „Eindeutigkeit" erhebliche Zweifel.

d) Fazit

Verglichen mit den oben aufgezeigten normativen Anforderungen ist die tatsächliche Handhabung der wertenden Rechtsvergleichung durch den EuGH methodisch unbefriedigend.[116] Daran ändert auch nichts, dass der wissenschaftliche Dienst tatsächlich zum Teil umfangreiche Studien erstellt, die neben Länderberichten auch eine vergleichende Auswertung des Befundes enthalten, und als interne Arbeitsunterlagen von EuGH und EuGeI die Entscheidungsfindung unmittelbar vorbereiten.[117] Da diese Studien nicht der ausdrücklichen Zustimmung der Richter und Generalanwälte bedürfen und nicht Gegenstand einer Äußerung der Gerichte sind, bleiben sie der Öffentlichkeit verschlossen.[118] Damit aber fehlt es an der nötigen Methodentransparenz: Der externe Beobachter bekommt das fertige Produkt vorgesetzt, erfährt aber fast nichts über dessen Entstehungsprozess.[119] Im Hinblick auf Rechtsstaatsprinzip und Bestimmtheitsgrundsatz erschient dies äußerst bedenklich.

Freilich gibt es auch gute Gründe für die Vorgehensweise des EuGH: die Darstellung der oft komplizierten oder gar kontroversen Rechtslage in den Mitgliedstaaten und deren anschließender Vergleich könnten das Urteil leicht überfrachten; soweit die eine oder andere Rechtsordnung zu einem konkreten Problem nichts hergibt, setzte sich der EuGH möglicherweise dem Vorwurf aus, er vernachlässige bestimmte Rechtsordnungen; die begründete Bevorzugung der „fortschrittlichsten" Lösung könnte auf Akzeptanzschwierigkeiten in den „weniger fortschrittlichen" Mitgliedstaaten stoßen; schließlich würden ausführliche rechtsvergleichende Erörterungen eine weitere Verlängerung der Verfahrensdauer zur Folge haben.[120]

---

114 Vgl. *Goode*, Commercial Law, S. 175 ff.
115 Vgl. *Goode*, Commercial Law, S. 177; sowie *Peel*, Treitel's The Law of Contract, S. 778 ff.
116 *Anweiler*, Auslegungsmethoden, S. 355.
117 Vgl. *Kohler/Knapp*, ZEuP 2002, 701 (724).
118 Vgl. *Kohler/Knapp*, ZEuP 2002, 701 (724).
119 *Calliess/Ruffert*(2. Auflage)-*Kingreen*, Art. 6 EUV Rn. 41.
120 Vgl. *Daig*, in: FS Zweigert, S. 395 (412 mit Fn. 18).

Im Ergebnis wird man aber doch fordern müssen, dass der Gerichtshof die von ihm angewandte rechtsvergleichende Methode offen legt und mit zureichenden Gründen versieht. Den genannten Schwierigkeiten könnte etwa dadurch begegnet werden, dass der EuGH ausdrücklich auf rechtsvergleichende Untersuchungen in den Schlussanträgen oder den Studien des wissenschaftlichen Dienstes Bezug nimmt, letztere wären in diesem Fall der Öffentlichkeit zugänglich zu machen. Der Vorwurf der „Vernachlässigung“ erscheint unwahrscheinlich, denn die juristische Öffentlichkeit der „übergangenen“ Staaten wüsste um die Unergiebigkeit der eigenen Rechtsordnung. Auch erscheint es wahrscheinlich, dass „weniger fortschrittliche“ Mitgliedstaaten eine „fortschrittliche“ Lösung eher akzeptieren, wenn diese methodengerecht begründet ist, als wenn solche Gründe fehlen. Der Arbeitsbelastung des Gerichthofs und der damit verbundenen Verfahrensdauer ist langfristig ohnehin nur durch eine umfassende Reform und einen Ausbau der Gemeinschaftsgerichtsbarkeit zu begegnen. Der Qualität und Akzeptanz der Entscheidungen des EuGH gerade auch im Bereich des Europäischen Privatrechts würde die Anwendung und Offenlegung einer methodengeleiteten Rechtsvergleichung jedenfalls gut tun.

III. Zur Rolle von rechtsvergleichend entwickelten Modellgesetzen

Methodengeleitete Rechtsvergleichung ist zeit- und kostenintensiv, dies gilt selbst dann, wenn sie, wie durch die Zusammensetzung der europäischen Gerichte und deren wissenschaftlichen Dienst, institutionell abgesichert ist.[121] Es wird daher vorgeschlagen, im Rahmen der Auslegung und Konkretisierung nicht mehr eine Vielzahl von nationalen Rechtsordnungen als Referenzordnung heranzuziehen, sondern auf die auf Grundlage umfangreicher rechtsvergleichender Vorarbeiten durch zahlreiche Wissenschaftlergruppen[122] bereits entwickelten und veröffentlichten Regelwerke und Prinzipienkataloge abzustellen.[123] So könnte etwa die „unangemessene Benachteiligung“ aufgrund einer Abweichung von „wesentlichen Grundgedanken der gesetzlichen Regelung“ bzw. der „Natur des Vertrages“ im Sinne des § 307 Abs. 2 BGB jedenfalls für grenzüberschreitende Verträge unter Heranziehung dieser rechtsvergleichend entwickelten Regel- und Prinzipienkataloge bestimmt werden.[124] Auch für die Bestimmung des „erheblichen und ungerechtfertigten Mißverhältnisses der vertraglichen Rechte und Pflichten der Ver-

---

121 Für den nationalen Richter stößt ernstzunehmende Rechtsvergleichung ohnehin schnell an die Grenzen des praktisch Möglichen, vgl. *Berger*, in: FS Sandrock, S. 49 (60); *ders.*, ZEuP 2001, 4 (13).
122 Vgl. dazu den Überblick in Kapitel 1 Fn. 43, sowie die dort genannten Nachweise.
123 Vgl. *Berger*, in: FS Sandrock, S. 49 (60); *ders.*, ZEuP 2001, 4 (13 ff.); *Grundmann*, in: FS Rolland, S. 145 (156 f.); *Basedow*, AcP 200 (2000), 445 (464 f.); *Heiderhoff*, Grundstrukturen, S. 216.
124 *Berger*, in: FS Sandrock, S. 49 (58); *ders.*, ZEuP 2001, 4 (16 f.): „Derartige Öffnungsklauseln in den nationalen Rechtsordnungen erweisen sich somit als die geeigneten Einfallstore für die Berücksichtigung der im internationalen Handelsverkehr geltenden Rechtsüberzeugungen durch den Richter oder Schiedsrichter. Sie bilden damit den Ansatzpunkt für die international brauchbare Auslegung.“

tragspartner“ im Sinne von Art. 3 der Klauselrichtlinie könnten diese Regelwerke den Beurteilungsmaßstab bilden.[125]

Als besonders einflussreich, jedenfalls im Schrifttum, haben sich die Principles of European Contract Law[126] (PECL) der Lando-Kommission, die von der „Study Group on a European Civil Code“ überarbeitet, erweitert und um die Acquis-Principles ergänzt zum DCFR fortentwickelt wurden,[127] sowie die UNIDROIT Principles of International Commercial Contracts (UP)[128] des International Institute for the Unification of Private Law in Rom erwiesen.[129] Beide Prinzipienwerke wurden ihrerseits maßgeblich durch das Übereinkommen der Vereinten Nationen über Verträge über den internationalen Warenkauf von 1980 (CISG) beeinflusst.[130] Dieses ist zwar kein Modellgesetz, sondern im Rahmen seines Anwendungsbereiches (Art. 1 und 2) und vorbehaltlich einer Abwahl durch die Parteien (Art. 6) in den Unterzeichnerstaaten geltendes Recht. Da auch das CISG jedoch auf umfassenden rechtsvergleichenden Vorarbeiten beruht[131], soll seine interpretative Funktion im vorliegenden Zusammenhang erörtert werden.

1. Das CISG als Konkretisierungsmaßstab inbesondere der Verbrauchsgüterkaufrichtlinie

Das CISG stellt die bisher bedeutendste privatrechtsvereinheitlichende Konvention dar[132] und ist weltweit mittlerweile von 73 Staaten ratifiziert worden und in 70 Staaten geltendes Recht.[133] Nicht ratifiziert wurde die Konvention bisher von den vier EU-Mitgliedstaaten Großbritannien, Irland, Malta und Portugal.

---

125 Dagegen *Riesenhuber*, Europäisches Vertrasgrecht, Rn. 695; *Franzen*, Privatrechtsangleichung, S. 571 ff.; zweifelnd auch *Röthel*, in: *Riesenhuber* (Hrsg.), Europäische Methodenlehre, S. 213 (227).

126 Vgl. *Lando/Beale* (Hrsg.), Principles of European Contract Law, Parts I and II, 2000; sowie *Lando/Clive/Prüm/Zimmermann* (Hrsg.), Principles of European Contract Law, Part III, 2003.

127 *Study Group on a European Civil Code/Research Group on EC Private Law (Acquis Group)*, Principles, Definitions and Model Rules of European Private Law: Draft Common Frame of Reference (DCFR), Outline Edition. Dazu Kapitel 10 IV.

128 Vgl. *UNIDROIT* (Hrsg.), UNIDROIT Principles of International Commercial Contracts, 2004.

129 Die nachfolgenden Erwägungen insbesondere zur Legitimität der Regelwerke als Konkretisierungsmaßstab gelten jedoch für vergleichbare Instrumente, etwa die Arbeiten der „Akademie europäischer Privatrechtswissenschaftler“ um *Gandolfi*, entsprechend.

130 Vgl. *Lando/Beale* (Hrsg.), Principles of European Contract Law, Parts I and II, S. xxv: "[T]he United Nations Convention on Contracts for the International Sale of Goods of 1980 (CISG) has been a particularly fruitful source of ideas for the Principles."; *UNIDROIT*, UNIDROIT Principles of International Commercial Contracts, S. xv: „Naturally, to the extent that the UNIDROIT Principles address issues also covered by CISG, they follow the solutions as were considered appropriate to reflect the particular nature and scope of the Principles."

131 Vgl. zur Entstehungsgeschichte Staudinger-*Magnus*, Einl zum CISG, Rn. 19–27a; *Dalhuisen*, Transnational and Comparative Commercial, Financial and Trade Law, S. 400ff. Den Anfang markierte *Ernst Rabels* sogenannter „Blauer Bericht", der auf rechtsvergleichender Basis die allgemeinen Grundlinien des Vorhabens einer Kaufrechtsvereinheitlichung umschrieb.

132 Staudinger-*Magnus*, Einl zum CISG, Rn. 1.

133 Vgl. http://www.uncitral.org/uncitral/en/uncitral_texts/sale_goods/1980CISG_status.html.

Das CISG regelt den Abschluss und die wesentlichen Folgen von Vertragsverletzungen bei internationalen, professionellen Warenlieferungsverträgen; Verbraucherkaufverträge sind vom Anwendungsbereich ausgeschlossen (Art. 2 lit. a). Gleichwohl lehnen sich ausweislich der Begründung der Kommission die gewährleistungsrechtlichen Vorschriften der Verbrauchsgüterkaufrichtlinie an diejenigen des CISG an.[134] Hieraus wird bisweilen gefolgert, bei der Auslegung und Konkretisierung der Richtlinie könnten die Reglungen des CISG sowie die dazu ergangene Rechtsprechung und Literatur herangezogen werden.[135] Weitergehend könnte man überlegen, das CISG auch als Beurteilungsmaßstab für das „erhebliche und ungerechtfertigte Mißverhältnis der vertraglichen Rechte und Pflichten" im Sinne von Art. 3 der Klauselrichtlinie heranzuziehen.

Insoweit ist jedoch zu differenzieren: Abzulehnen ist eine mit einem normativen Vorzugsanspruch versehene Modellfunktion des CISG in dem Sinne, dass dortige Auslegungsergebnisse automatisch für die Auslegung des Richtlinienrechts maßgeblich sind.[136] Die Richtlinie ist mehr als eine schlichte Adaption der Konvention auf Verbraucherbedürfnisse und weist in Wortlaut, Systematik und Teleologie zahlreiche Eigenheiten auf.[137] Insbesondere ist die Richtlinie gemäß Art. 249 EG auf Umsetzung durch die Mitgliedstaaten angelegt, während das (transformierte) CISG unmittelbar geltendes Recht ist[138]; weiterhin beschränkt sich die Richtlinie auf den Verbraucherkauf im Binnenmarkt, während die Konvention nur den internationalen Handelskauf erfasst.[139] Selbst wenn ein Auslegungsergebnis nach dem CISG eindeutig wäre, stünde so dessen Übertragung stets unter dem Vorbehalt eines abweichenden Wortlauts, abweichender Systematik und Teleologie und müsste daher ohnehin wieder in Frage gestellt werden.[140] Etwa anderes würde nur im Falle einer statischen oder dynamischen Verweisung auf das CISG gelten. Angesichts der vorhandenen rechtstechnischen und systematisch-teleologischen Regelungsdivergenzen[141] hätte es insoweit jedoch einer ausdrücklichen Anordnung bedurft,[142] zumal das CISG nicht in allen Mitgliedstaaten gilt.[143] Schon aus diesem Grund kann es auch nicht dem *acquis communautaire* zugerechnet werden[144], auch

134 KOM (1995), 520 endg., 6, 12 ff.
135 Vgl. etwa *Heiderhoff*, Gemeinschaftsprivatrecht, S. 178.
136 Vgl. *Herresthal*, in: *Langenbucher* (Hrsg.), Europarechtliche Bezüge des Privatrechts, § 2 Rn. 153.
137 Vgl. *Leible*, in: *Gebauer/Wiedmann* (Hrsg.), Zivilrecht unter europäischem Einfluss, Kapitel 9 Rn. 24.
138 *Herresthal*, in: *Langenbucher* (Hrsg.), Europarechtliche Bezüge des Privatrechts, § 2 Rn. 153.
139 Vgl. *Riesenhuber*, Europäisches Vertragsrecht, Rn. 729.
140 *Herresthal*, in: *Langenbucher* (Hrsg.), Europarechtliche Bezüge des Privatrechts, § 2 Rn. 153.
141 Insbesondere Art. 2 Abs. 2 lit. d), Art. 2 Abs. 5, Art. 3 Abs. 5, Art. 5 Abs. 2 und 3, Art. 6 und Art. 7 der Richtlinie sind ohne Entsprechung im CISG, vgl. *Leible*, in: *Gebauer/Wiedmann* (Hrsg.), Zivilrecht unter europäischem Einfluss, Kapitel 9 Rn. 24 Fn. 55; *Doehner*, Die Schuldrechtsreform vor dem Hintergrund der Verbrauchsgüterkauf-Richtlinie, S. 91; sowie Gemeinsamkeiten und Unterschiede zusammenfassend *Grundmann*, AcP 202 (2002), 40 ff.; *Staudenmeier*, ERPL 2000, 547 ff.
142 Vgl. *Riesenhuber*, Europäisches Vertragsrecht, Rn. 729.
143 Vgl. auch *Doehner*, Die Schuldrechtsreform vor dem Hintergrund der Verbrauchsgüterkauf-Richtlinie, S. 91.
144 Vgl. zum Verhältnis von CISG zum primärem und sekundärem Gemeinschaftsrecht Staudinger-*Magnus*, Einl. zum CISG Rn. 45–49: Gemäß Art. 90 CISG geht das primäre Gemeinschaftsrecht

wenn die Kommission bisweilen in diese Richtung zu tendieren scheint.[145] Die maßgebliche Orientierung der Konkretisierung der Verbrauchsgüterkaufrichtlinie am CISG hätte vielmehr zur Folge, dass die Richtlinie ohne Grund aus der Systematik des Europäischen Vertragsrechts herausgelöst und insoweit isoliert werden würde.[146]

Es bleibt somit bei der autonomen Konkretisierung der Richtlinie anhand von Systematik und Teleologie des Europäischen Vertragsrechts.[147] Dies schließt nicht aus, die Regelungen des CISG im Rahmen der rechtsvergleichenden Konkretisierung, in ähnlicher Weise wie nationale Rechtsordnungen der Mitgliedstaaten im oben beschriebenen Sinne für die Konkretisierung fruchtbar zu machen.[148] Ein normativer Vorrang im Sinne einer automatischen und zwingenden Übernahme der im Rahmen der Konvention ermittelten Ergebnisse auf die Richtlinie kommt aber nicht in Betracht.

2. UNIDROIT Principles und Principles of European Contract Law

Im Gegensatz zum CISG haben UP und PECL gemeinsam, dass es sich nicht um gesetztes Recht, sondern um sogenanntes *„soft law"* handelt. Geringfügige Unterschiede bestehen hinsichtlich Anwendungsbereich, Funktion und Inhalt der beiden Regelwerke.

a) Anwendungsbereich, Funktion und Inhalt

Das ambitionierte Ziel der UP ist es, ein ausgewogenens Regelwerk zu präsentieren, das weltweit unabhängig von den jeweiligen Rechtstraditionen und wirtschaftlichen oder politischen Bedingungen internationalen Handelsverträgen zu Grunde gelegt werden kann.[149] Ausweislich der Präambel sollen die UP angewen-

dem CISG vor, soweit es internationale Kaufverträge regelt. Art. 90 CISG gilt jedoch nicht für das Sekundärrecht. Vielmehr erlaubt Art. 94 CISG eine regionale Einschränkung der Geltung des CISG. Soweit die Gemeinschaft Rechtsetzungstätigkeit im Anwendungsbereich des CISG entfaltet, ist zu erwarten, dass sie die Mitgliedstaaten zu einer Erklärung nach Art. 94 CISG veranlasst. Dies ist bisher nicht geschehen. Da man nicht davon ausgehen kann, dass die Gemeinschaft die Mitgliedstaaten sehenden Auges zu einer Verletzung deren internationaler Verpflichtungen anhalten will, wird man derzeit von einem Vorrang des CISG vor dem sekundärren Gemeinschaftsrecht ausgehen können. Wenn es zur Verabschiedung eines Gemeinsamen Referenzrahmens und/oder optionellen Instruments kommt, stellt sich diese Frage neu.

145 So wird das CISG in einem Atemzug mit dem gemeinschaftlichen Besitzstand als eine der Basisquellen für einen Gemeinsamen Referenzrahmen angesehen, vgl. KOM (2003) 68 endg., Rn. 63, sowie Staudinger-*Magnus*, Einl zum CISG Rn. 47.

146 Vgl. *Riesenhuber*, Europäisches Vertragsrecht, Rn. 729.

147 Vgl. *Herresthal*, in: *Langenbucher* (Hrsg.), Europarechtliche Bezüge des Privatrechts, § 2 Rn. 153; *Leible*, in: *Gebauer/Wiedmann* (Hrsg.), Zivilrecht unter europäischem Einfluss, Kapitel 9 Rn. 24; *Riesenhuber*, Europäisches Vertragsrecht, Rn. 729.

148 Vgl. *Leible*, in: *Gebauer/Wiedmann* (Hrsg.), Zivilrecht unter europäischem Einfluss, Kapitel 9 Rn. 24; *Doehner*, Die Schuldrechtsreform vor dem Hintergrund der Verbrauchsgüterkauf-Richtlinie, S. 96 f.

149 Vgl. *UNIDROIT* (Hrsg.), UNIDROIT Principles of International Commercial Contracts, 2004, xv.

det werden, wenn die Parteien dies vereinbart haben.[150] Haben die Parteien dagegen die Anwendung „allgemeiner Rechtsprinzipien", der „*lex mercatoria*" oder ähnliches ihrem Vertrag zugrunde gelegt, so können die UP angewendet werden.[151] Gleiches gilt, wenn die Parteien eine Rechtswahl nicht getroffen haben.[152] Weiterhin sollen die UP als Modellgesetz für nationale und internationale Gesetzgeber dienen. Schließlich, und für den vorliegenden Zusammenhang maßgeblich, können die UP nach ihrer Präambel zur Interpretation oder Ergänzung internationalen Einheitsrechts oder nationalen Rechts herangezogen werden. Dabei sind sich die Herausgeber selbstverständlich bewusst, dass die UP als solche nicht verbindlich sind und folglich ihre Akzeptanz durch die internationale Kaufmannschaft von ihrer inneren Überzeugungskraft abhängt.[153]

Die PECL beanspruchen nach Art. 1:101 (1) Anwendbarkeit als allgemeine Regeln des Vertragsrechts innerhalb der Europäischen Union. Im Vergleich zu den UP ist ihr räumlicher Anwendungsbereich somit auf die EU beschränkt, während ihr sachlicher Anwendungsbereich über die internationalen Handelsverträge hinaus auch Verbraucherverträge und rein innerstaatliche Verträge erfasst. Ansonsten ist der Anwendungsbereich dem der UP aber sehr ähnlich.[154] Ausdrücklich wird auch die Heranziehung durch die europäischen Gerichte und den Gemeinschaftsgesetzgeber ins Auge gefasst.[155]

Inhaltlich bestehen die UP aus relativ kurzen und pregnanten Artikeln, eher in Form von Regeln bestehend aus Tatbestand und Rechtsfolge, denn aus Prinzipien im eigentlichen Sinne[156]; sowie jeweils einem dazugehörigen Kommentar (*Comment*), der häufig auch Beispielsfälle (*Illustrations*) enthält. Rechtsvergleichende Hinweise auf die einzelnen Regeln zugrunde liegenden Rechtsordnungen fehlen

---

150 Vor staatlichen Gerichten wirkt die Wahl von UP und PECL nur materiell- und nicht kollissionsrechtlich, da Art. 3 EVÜ nach herrschender Auffassung nur die Wahl staatlichen Rechts zulässt; vor Schiedsgerichten ist dagegen auch die kollissionsrechtliche Wahl möglich; vgl. dazu *Canaris*, in: *Basedow* (Hrsg.), Europäische Vertragsrechtsvereinheitlichung und deutsches Recht, S. 5 (18 ff.); *Michaels*, RabelsZ 62 (1998), 580 (595 ff.); abweichend für die staatlichen Gerichte etwa *Wichard*, RabelsZ 60 (1996), 269 (282 ff.). Für die daraus resultierende Problematik der möglichen Anwendbarkeit einer nationalen AGB Kontrolle vgl. einerseits *Canaris*, in: *Basedow* (Hrsg.), Europäische Vertragsrechtsvereinheitlichung und deutsches Recht, S. 5 (21 ff.); anderseits *Grundmann*, in: FS Rolland, S. 145 (150 ff.). Anders als noch nach Art. 3 Abs. 2 des Entwurfs einer Rom I-Verordnung, ist die kollissionsrechtliche Wahl von UP und PECL selbst im Hinblick auf Erwägungsgrund 13, nach Art. 3 der Rom-I-Verordnung nicht möglich, vgl. *Lando/Nielsen*, (2008) 45 CMLRev., 1687 (1694 ff.).
151 Dies ist eine Frage der Auslegung der jeweiligen Parteivereinbarung, vgl. *Canaris*, in: *Basedow* (Hrsg.), Europäische Vertragsrechtsvereinheitlichung und deutsches Recht, S. 5 (603); *Michaels*, RabelsZ 62 (1998), 580 (602).
152 Vor staatlichen Gerichten kommt gemäß Art. 4 Abs. 1 EVÜ die Heranziehung von UP und PECL als objektives Vertragsstatut nicht in Betracht; vor Schiedsgerichten is dies jedoch grundsätzlich denkbar; vgl. *Michaels*, RabelsZ 62 (1998), 580 (603 ff.); *Wichard*, RabelsZ 60 (1996), 269 (291 ff.). Durch Art. 4 der Rom I-Verordnung ergibt sich insoweit keine Neuerung.
153 *UNIDROIT* (Hrsg.), UNIDROIT Principles of International Commercial Contracts, 2004, xv.
154 Vgl. Art. 1:101 (2) – (4) PECL.
155 Vgl. *Lando/Beale* (Hrsg.), Principles of European Contract Law, Parts I and II, 2000, xxiii: "The Principles will assist both the organs of the Community in drafting measures and courts, arbitrators and legal advisers in applying Community measures."
156 *Michaels*, RabelsZ 62 (1998), 580 (586).

im Hinblick auf den internationalen Charakter der UP ganz bewusst.[157] Die UP decken dabei den gesamten schuldrechtlichen Bereich des Vertragsrechts ab.[158] Nach eigener Aussage reflektieren die UP zum größten Teil Regelungskonzepte, die in vielen, wenn nicht gar allen Rechtssystemen vorzufinden sind. Gleichzeitig sind sie aber maßgeschneidert für den grenzüberschreitenden Handelsverkehr und representieren die dafür „beste Lösung", auch wenn diese noch nicht in nationalen Rechtssystemen auffindbar ist.[159]

Die PECL beruhen auf einer rechtsvergleichenden Analyse der Rechtsordnungen der Mitgliedstaaten, jedoch unter Einbeziehung auch der internationalen Rechtspraxis, wie des Wiener UN-Kaufrechts (CISG) und der UP, sowie der Grundsätze des amerikanischen Rechts, insbesondere der US-amerikanischen *Restatements of Contract* und *Restitution* sowie des Uniform Commercial Code (UCC); bestehende Divergenzen wurden dabei „kreativ" durch die „optimale" eigene Lösung ersetzt.[160]

Im Gegensatz zu den UP ist der Aufbau der PECL dreigeteilt: die kurzen und pregnanten Vertragsregeln werden jeweils ergänzt durch einen ausführlichen Kommentar (*Comments*), der häufig auch Beispielsfälle enthält, sowie knappen rechtsvergleichenden Hinweisen (*Notes*) mit Angaben zu den relevanten nationalen Gesetzesbestimmungen, häufig auch Gerichtsentscheidungen und Angaben zum Schrifttum. Auch hier wird der gesamte schuldrechtliche Bereich des Vertragsrechts abgedeckt.[161] Dabei besteht verglichen mit den UP inhaltlich weitgehende Übereinstimmung.[162]

b) PECL und UP als Konkretisierungsmaßstäbe

In der Rechtssache *Bonn Fleisch* heißt es bei *Generalanwältin Trstenjak*: „Im Gemeinschaftsrecht ist bezüglich der Auslegung der Willenserklärungen auf die allgemeinen Rechtsgrundsätze zurückzugreifen. Bestimmungen über die allgemeinen Rechtsgrundsätze bezüglich der Auslegung der Willenserklärungen können Kapitel 5, Auslegung des Werks Principles of European Contract Law, der Grundregeln des Europäischen Vertragsrechts entnommen werden. Dabei handelt es sich um

---

157 *UNIDROIT* (Hrsg.), UNIDROIT Principles of International Commercial Contracts, 2004, xv.
158 General Provisions, Formation and Authority of Agents, Validity, Interpretation, Content and Third Party Rights, Performance, Non-Performance, Set-Off, Assignment of Rights, Transfer of Obligations, Assignment of Contracts, Limitation Periods.
159 *UNIDROIT* (Hrsg.), UNIDROIT Principles of International Commercial Contracts, 2004, xv.
160 *Lando/Beale* (Hrsg.), Principles of European Contract Law, Parts I and II, 2000, xxvi; vgl. auch *Drobnig*, in: FS Steindorff, S. 1141 (1154): "In vielen Fällen hat die Kommission aber auch ganz neue Lösungen entwickelt."
161 Parts I and II: Scope of the Principles, General Duties, Terminology, Formation, Authority of Agents, Validity, Interpretation, Contents and Effects, Performance, Non-Performance and Remedies; Part III: Plurality of Parties, Assignment of Claims, Substitution of Debtor, Set Off, Prescription, Illegality, Conditions, Capitalisation of Interest; *Lando/Beale* (Hrsg.), Principles of European Contract Law, Parts I and II, 2000; sowie *Lando/Clive/Prüm/Zimmermann* (Hrsg.), Principles of European Contract Law, Part III, 2003.
162 *Michaels*, RabelsZ 62 (1998), 580 (582).

ein Werk, das den gemeinsamen Kern des Vertragsrechts der Mitgliedstaaten erfasst."[163] Bezugnahmen auf die PECL finden sich weiterhin in der Rechtssache *Quelle*, abermals durch Generalanwältin Trstenjak,[164] sowie bei *Generalanwalt Poiares Maduro* in der Rechtssache *Hamilton.*[165] *Generalanwalt Mengozzi* verweist in der Rechtssache *Hocim* auf die Principles of European Tort Law.[166]

Ebenso wie dem „Gemeinsamen Referenzrahmen" und dem DCFR fehlt es den UP und PECL allerdings an der Geltung im juristischen Sinne.[167] Diese ergibt sich auch nicht daraus, dass die jeweiligen Principles auf Rechtsvergleichung beruhen und nur das wiedergeben, was ohnehin überall gilt, denn mit ihren „progressiven" Lösungen gehen sie über eine bloße Darstellung des in den Mitgliedstaaten geltenden Rechts gerade hinaus.[168] Sie haben auch nicht an der etwaigen Geltung einer neuen *lex mercatoria*[169] Teil, da sie gerade nicht von der internationalen Kaufmannschaft erarbeitet wurden.[170] Es stellt sich daher ebenfalls die Frage nach dem inneren Grund, der inneren Rechtfertigung ihrer Heranziehung als Konkretisierungsmaßstab durch die europäischen Gerichte.

aa) Autorität durch Verfahren

Mißt man UP und PECL anhand der Anforderungen an einen rationalen pragmatischen Diskurs, so müssen beide Regelwerke durchfallen.[171] Beide Kodifikationen wurden durch mehr oder weniger zufällig zusammen gewürfelte, private, zum Großteil aus Professoren bestehende Kommissionen erstellt, denen jegliche demo-

---

163 GA Trstenjak, Schlussanträge v. 6. 3. 2007 – Rs. 1/06 (*Bonn Fleisch*), Slg. 2007, I-5609 Rn. 68.
164 GA Trstenjak, Schlussanträge v. 15. 11. 2007 – Rs. C-404/06 (*Quelle*), Slg. 2008, I-2695 Rn. 44 Fn. 28 (Verweis auf Art. 9:102 der PECL).
165 GA Poiares Maduro, Schlussanträge v. 21. 11. 2007 – Rs. C-412/06 (*Hamilton*), Slg. 2008 I-2383, Rn. 24: „Hierzu ist festzustellen, dass die zeitliche Begrenzung der Rechtsausübung – häufiger als „Verjährung" bezeichnet – einen allgemeinen Grundsatz darstellt, der von den Rechtsordnungen der verschiedenen Mitgliedstaaten geteilt wird. Dieser Grundsatz könnte schließlich sogar mit der Perspektive auf Errichtung eines gemeinsamen Referenzrahmens im Bereich des EU-Vertragsrechts eine Bestätigung auf gemeinschaftsrechtlicher Ebene erfahren."; mit Verweisung auf PECL in Fn. 8 und die Bemühungen zur Erarbeitung eines Gemeinsamenreferenzrahmens in Fn. 9.
166 GA Mengozzi, Schlussanträge v. 11. 1. 2007 – Rs. C-282/05 P (*Holcim*), Slg. 2007, I-2941 Rn. 115 Fn. 58.
167 Vgl. *Canaris*, in: *Basedow* (Hrsg.), Europäische Vertragsrechtsvereinheitlichung und deutsches Recht, S. 5 (13).
168 Vgl. *Canaris*, in: *Basedow* (Hrsg.), Europäische Vertragsrechtsvereinheitlichung und deutsches Recht, S. 5 (15); *Michaels*, RabelsZ 62 (1998), 580 (614).
169 Dazu insbesondere *Goode*, Commercial Law, S. 3 ff.; *Dalhuisen*, Transnational and Comparative Commercial, Financial and Trade Law, S. 209 ff.
170 Vgl. *Canaris*, in: *Basedow* (Hrsg.), Europäische Vertragsrechtsvereinheitlichung und deutsches Recht, S. 5 (14 f.); *Michaels*, RabelsZ 62 (1998), 580 (616 f.).
171 Anders bezüglich der UP *Wichard*, RabelsZ 60 (1996), 269 (271): „Die Überzeugungskraft der PIH [„Prinzipien für internationale Handelsverträge", UP] stützt sich – neben dem Ansehen von UNIDROIT – auf ihre Präsentation, auf das Verfahren ihrer Ausarbeitung und natürlich auf ihre inhaltlichen Qualitäten."

kratische Legitimation fehlt.[172] Die sicherlich erhebliche Sachkompetenz der Beteiligten kann nicht darüber hinweghelfen, dass den tatsächlich Betroffenen, Marktbürgern bzw. Angehörigen der internationalen Kaufmannschaft, nahezu jeglicher Einfluss auf Inhalt und Gestaltung der Prinzipien abgeschnitten war. Nicht einmal ein Konsultationsverfahren zur Beteiligung interessierter Kreise wurde durchgeführt. Aus prozeduraler Sicht erscheint es relativ unwahrscheinlich, dass die jeweilige Kommission ohne Input der Betroffenen gerade die deren Interessen am besten entsprechenden Lösungen entworfen hat.

bb) Inhaltliche Richtigkeit

Mangels einer Legitimation durch Verfahren kommt eine Heranziehung nur in Betracht, wenn das jeweilige Gericht die einzelnen Regelungen der PECL bzw. UP als die für den jeweiligen Sachverhalt richtige Ordnung ansieht und als solche legitimiert.[173] Insoweit scheint allgemein anerkannt, dass sich die Heranziehung beider Regelwerke nur über die ihnen selbst innewohnende Überzeugungskraft legitimieren kann.[174] Die Prinzipien gelten also nicht „ratione imperii“, sondern „imperio rationis“;[175] bzw. für sie gilt der Grundsatz „veritas non auctoritas facit legem“, während für das Gesetzesrecht der Grundsatz „auctoritas non veritas facit legem“ gilt.[176]

Damit stellt sich die Frage, auf wessen Überzeugung bzw. auf wessen Wahrheitsverständnis es ankommt.[177] Man wird auch hier im Sinne der materiellen Rationalität[178] grundsätzlich auf die tatsächliche Anerkennung durch die betroffenen Ver-

---

172 Die UP wurden von einer speziellen Arbeitsgruppe erstellt, der Vertreter aller wichtigen Rechtssysteme der Welt angehörten. Die Arbeitsgruppe bestand überwiegend aus Professoren, beteiligt waren aber auch hohe Richter und Beamte; alle samt führende Experten auf dem Gebiet des Vertragsrechts und des internationalen Handelsrechts. Für die einzelnen Kapitel der UP wurden Rapporteurs ernannt, die die Entwürfe zu erarbeiten hatten, welche dann von der gesamten Gruppe diskutiert und einem weiten Kreis von Experten zugänglich gemacht wurden. Vgl. *UNIDROIT* (Hrsg.), UNIDROIT Principles of International Commercial Contracts, 2004, xivff.
Die PECL wurden von insgesamt drei Kommissionen erstellt, denen jeweils ausschließlich Professoren angehörten. Auch hier erfolgte eine Aufteilung nach Sachgebieten an Berichterstatter, die jeweils Entwürfe der Regeln und zugehörigen Kommentare vorbereiteten, welche dann in sogenannten Drafting Groups, bestehend aus den übrigen Berichterstattern, diskutiert und schließlich der Commission vorgelegt wurden, die den jeweiligen Text entweder annahm, änderte oder an den jeweiligen Berichtererstatter oder Drafting Group für weitere Überlegungen zurücksandte. Die rechtsvergleichenden Hinweise wurden von den Berichterstattern aufgrund von Informationen erstellt, die die Mitglieder der Komission bereitstellten. Vgl. *Lando/Beale* (Hrsg.), Principles of European Contract Law, Parts I and II, 2000, xivf.
173 Vgl. *Mertens*, RabelsZ 56 (1992), 219 (240).
174 Vgl. *Drobnig*, in: FS Steindorff, S. 1141 (1151); *Canaris*, in: *Basedow* (Hrsg.), Europäische Vertragsrechtsvereinheitlichung und deutsches Recht, S. 5 (12, 14, 16).
175 *Drobnig*, in: FS Steindorff, S. 1141 (1151).
176 *Canaris*, in: *Basedow* (Hrsg.), Europäische Vertragsrechtsvereinheitlichung und deutsches Recht, S. 5 (12).
177 Vgl. *Michaels*, RabelsZ 62 (1998), 580 (617f.).
178 Vgl. Kapitel 10 V. 2. c) aa).

kehrskreise abstellen müssen.[179] Wollte man nur auf die Meinung der Richter oder gar der an der Erarbeitung beteiligten oder sonstiger Wissenschaftler abstellen, würde den betroffenen Verkehrskreisen letztendlich eine Regelung aufgezwungen, die inhaltlich keine Akzeptanz findet und an deren Zustandekommen sie nicht einmal über den demokratischen Prozess beteiligt waren.[180]

Was nun die tatsächliche Akzeptanz durch die betroffenen Verkehrskreise anbelangt, so ist es um die PECL schlecht bestellt. Zwar von der Wissenschaft hoch gelobt, hat dieses Regelwerk in der Praxis kaum Bedeutung erlangt.[181] Etwas besser sieht es bezüglich der UP aus. Seit 1990, also noch for dem Erscheinen, ergingen insgesamt 182 Entscheidungen nationaler Gerichte und nationaler und internationaler Schiedsgerichte, die in der einen oder anderen Weise auf die UP Bezug nehmen.[182] Selbst wenn man davon ausgeht, dass die tatsächliche Anzahl der unter Heranziehung der UP ergangenen schiedsrichterlichen Entscheidungen wesentlich höher ist,[183] stellt sich im Hinblick auf die weltweite Geltung der UP und einen Zeitraum von über 15 Jahren die Zahl der veröffentlichten Entscheidungen als relativ bescheiden dar.

Damit bleibt festzuhalten, dass die Heranziehung der Regelungen von PECL und UP als Konkretisierungsmaßstab nicht schon aufgrund deren Zugehörigkeit zu den beiden Regelwerken legitim und gerechtfertigt ist.[184] Dass die immer wieder beschworene Autorität der an der Ausarbeitung beteiligten Kommissionen[185] jedenfalls keine Garantie für die Richtigkeit und Sinnhaftigkeit der Regelungen bietet, soll abschließend noch anhand eines Beispiels aus dem Irrtumsrecht[186] belegt werden.[187]

Gemäß Art. 4:103 (1) PECL[188] kann eine Partei den Vertrag aufgrund eines Tatsachen- oder Rechtsirrtums anfechten, wenn zum einen entweder der Irrtum durch Angaben der anderen Partei hervorgerufen wurde; die andere Partei Kenntnis von dem Irrtum hatte oder haben mußte und es entgegen den Geboten von Treu und

---

179 Vgl. *Mertens*, RabelsZ 56 (1992), 219 (240): „spezifische Akzeptanz“ basierend darauf, das die beteiligten Verkehrskreise eine entsprechende Qualität zubilligen; *Michaels*, RabelsZ 62 (1998), 580 (624): „soziale Akzeptanz durch die von ihnen angesprochenen Handelskreise“.

180 Vgl. *Michaels*, RabelsZ 62 (1998), 580 (624 f.).

181 Vgl. *Grosheide*, in *Grundmann/Mazeaud* (Hrsg.), General Clauses and Standards, S. 197 (202).

182 Vgl. http://www.unilex.info/dynasite.cfm?dssid=2377&dsmid=13618&x=1.

183 Darauf weist die entsprechende Internetseite ausdrücklich hin, vgl. http://www.unilex.info/dynasite.cfm?dssid=2377&dsmid=14311.

184 *Canaris*, in: *Basedow* (Hrsg.), Europäische Vertragsrechtsvereinheitlichung und deutsches Recht, S. 5 (16).

185 Vgl. *Wichard*, RabelsZ 60 (1996), 269 (271); *Berger*, ZEuP 2001, 4 (14).

186 Vgl. zum Folgenden *Harke*, ZEuP 2006, 326 ff.

187 Vgl. auch *Beale*, in *Grundmann/Mazeaud* (Hrsg.), General Clauses and Standards, S. 205 (207): „As a member of the Lando Group when it published Parts I and II (...) I bear collective responsibility for the contents, and should know them well. But I have found some surprises, not all of them pleasant.“, im Hinblick auf die unklare und zum Teil widersprüchliche Verwendung des Konzepts des “good faith and fair dealing” in den PECL.

188 Eine in Aufbau und Inhalt weitgehend identische Regelung findet sich in Art. 3.5 UP; zu den Unterschieden vgl. *Harke*, ZEuP 2006, 326 (327); siehe auch Art. II.-7:201 DCFR.

Glauben und des redlichen Geschäftsverkehrs unterließ, die irrende Partei in ihrem Irrtum aufzuklären; oder die andere Partei demselben Irrtum unterlag; und zum anderen die andere Partei wusste oder wissen musste, dass die irrende Partei, wenn sie die Wahrheit gekannt hätte, den Vertrag nicht oder nur zu wesentlich anderen Bedingungen abgeschlossen hätte. Auch bei Vorliegen dieser Voraussetzungen besteht ein Anfechtungsrecht gemäß Art. 4:103 (2) PECL nicht, soweit der Irrtum unentschuldbar war oder die irrende Partei das Irrtumsrisiko übernommen oder nach den Umständen zu tragen hat. Gleiches gilt für einen Erklärungs- oder Übermittlungsirrtum, Art. 4:104 PECL.[189] Rechtsfolge der Anfechtung ist die Rückabwicklung des Vertrages gemäß Art. 4:115 PECL[190], sowie für den Fall, das der Vertragsgegner den Irrtum kannte oder kennen musste, Schadensersatz auf das negative Interesse, Art. 4:117 (1) PECL. Wird das Anfechtungsrecht nicht ausgeübt, so ist lediglich der konkret durch den Irrtum entstandene Schaden zu ersetzen, Art. 4:117 (2) Satz 1 PECL.[191] Gleiches gilt, wenn der Irrtum zwar kein Anfechtungsrecht gibt, jedoch auf falschen Angaben des Vertragsgegners beruht, Art. 4:106, 4:117 (2) Satz 3.[192]

Eine Anfechtung wegen Inhaltsirrtums kommt aufgrund der Voraussetzungen des Art. 4:103 (1) (a) PECL praktisch nicht in Betracht: Gemäß Art. 5:101 (1) und (2) PECL[193] ist in den Fällen des Art. 4:103 Abs. 1 (a) PECL jeweils die subjektive Fehlvorstellung der irrenden Partei für den Vertragsinhalt maßgeblich.[194] Art. 4:103 PECL erfasst somit nur den Sachverhaltsirrtum als eine Fehlvorstellung über die sonstige tatsächliche oder rechtliche Wirklichkeit. Da die Voraussetzungen des Art. 4:103 (1) (a) PECL entsprechend auch für den Erklärungs- und Übermittlungsirrtum gelten, läuft Art. 4:104 PECL leer.[195]

Die Anfechtung wegen Sachverhaltsirrtums ist nun aber gemäß Art. 4:103 (2) PECL ausgeschlossen, soweit die irrende Partei nach den Umständen das Irrtumsrisiko zu tragen hat. Da in Austauschverträgen der Empfänger einer Leistung alle Eigenschaften des Vertragsgegenstandes und alle rechtlichen Voraussetzungen, auf die er Wert legt, zum Vertragsbestandteil machen und so dafür Sorge tragen kann, dass ein Auseinanderfallen von Vorstellung und Realität entweder den Vertrag am Nichteintritt einer Bedingung scheitern lässt oder mit Rechtsbehelfen gegen die Nichterfüllung bewehrt ist, muss eine Vertragspartei das Risiko einer Fehlvorstellung immer schon dann tragen, wenn sie entsprechende Vereinbarungen unterlässt.[196] Ein solcher Schutz durch vertragliche Vereinbarung kommt lediglich bei

---

189 Inhaltlich identisch Art. 3.6 UP; Art. II.-7:202 DCFR.
190 Inhaltlich identisch Art. 3.17 UP; Art. II.-7:212(2) DCFR.
191 Inhaltlich identisch Art. II.-7:214(1) DCFR. Nach Art. 3.18 UP, kommt es nicht drauf an, ob das Anfechtungsrecht ausgeübt wird. Der Irrende hat Anspruch auf Ersatz des negativen Interesses aber nur, wenn tatsächlich ein Anfechtungsrecht besteht.
192 Art. II.-7:204 DCFR.
193 Inhaltlich identisch Art. 4.1 (1) und Art. 4.2 (1) UP bzw. Art. II.-8:101 DCFR.
194 *Harke*, ZEuP 2006, 326 (327 f.).
195 Nach *Harke*, ZEuP 2006, 326 (328), „kein Zeichen guter Regelungstechnik“.
196 *Harke*, ZEuP 2006, 326 (332); kritisch auch *Bydlinski*, in: FS Stoll, 113 (115, Fn. 6): „besonders nichtssagend“; anders *Kramer*, ZEuP 2007, 247 (255 ff. insbesondere Fn. 75). Die Ansicht *Harkes*

Inhalts- und Erklärungsirrtum nicht in Betracht. Anfechtbarkeit ist insoweit aber schon nach Art. 4:103 (1) PECL ausgeschlossen. Im Ergebnis bedeutet dies den völligen Ausschluss des Sachverhaltsirrtums als Anknüpfungspunkt für einen Rechtsbehelf wegen Fehlvorstellung; Art. 4:103 PECL läuft damit ebenfalls leer.[197] Dies gilt selbst dann, wenn die Fehlvorstellung auf schuldhaft fehlerhaften Angaben des anderen Vertragsteils oder dessen schuldhaft unterlassener Aufklärung beruht. Nach Art. 4:106 und Art. 4:117 (2) hat der Irrende lediglich einen Anspruch auf Ersatz des tatsächlich durch den Irrtum entstandenen Schadens. Ein Recht auf Rückabwicklung des Vertrages oder auf vollständigen Ersatz des negativen Interesses besteht dagegen nicht.[198] Nach *Harke* handelt es sich bei dieser Irrtumsregelung insgesamt um „kein tragfähiges Konzept".[199]

cc) Fazit

Durch die vorstehenden Überlegung soll die zweifelsohne große Leistung und hervorragende Sachkompetenz der jeweils an der Erstellung der Regelwerke Beteiligten keinesfalls in Abrede gestellt werden. Deutlich geworden sein sollte jedoch, dass die pauschale Heranziehung der Kompilationen als Konkretisierungsmaßstab für wertungsoffene Rechtssätze des Europäischen Privatrechts nicht in Betracht kommt. Denkbar ist jedoch die Heranziehung einzelner Regelungen und Grundsätze, sowiet dies im Einzelfall aufgrund deren spezifisch zu begründender Angemessenheit gerechtfertigt erscheint.[200] Auch können die den PECL beigefügten Notes den Einstieg in die rechtsvergleichende Arbeit erleichtern.[201] Gleiches gilt für den DCFR und die beigefügte Kommentierung.[202] Gerade im Hinblick auf die Voraussetzungen der Art. 94, 95 EG dürfte im Bereich der binnenmarktfinalen

---

wird durch Comment und Notes zu Art. 4:103 PECL bestätigt. Als ein Beispiel für einen Vertrag bei dem das Irrtumsrisiko einem der beiden Vertragsteile aufzuerlegen ist wird genannt „where one party is aware that it is entering the contract without full knowledge." Eine Illustration (9) bildet der Verkauf einer Sachgesamtheit, wobei der Verkäufer über den Wert einzelner Gegenstände im Unklaren ist. In den Notes heißt es: „[I]f one party knew or should have known that there was a risk that the subject matter would not have the quality he hoped, he has not made a mistake or the thing is not substantially different from what he expected." Wie Illustration 10 verdeutlicht, dürfte in Verträgen, bei denen eine Partei im Rahmen ihrer beruflichen Tätigkeit handelt, während dies bei der anderen nicht der Fall ist, regelmäßig erstere das Risiko von Fehlvorstellungen zu tragen haben. Vgl. *Lando/Beale* (Hrsg.), Principles of European Contract Law, Parts I and II, 2000, Art. 4:103 Comment J. Risk, Notes 7. Die UP haben hinsichtlich der Risikoübernahmeregelung dagegen vorallem spekulative Verträge vor Augen, vgl. *UNIDROIT* (Hrsg.), UNIDROIT Principles of International Commercial Contracts, 2004, Art. 3.5 Comment 3. Dies überrascht, scheint doch die Risikoübertragungsregel in dem hier verstandenen Sinne internationalen Handelsverträgen am besten angemessen.

197 *Harke*, ZEuP 2006, 326 (332 f.).

198 *Harke*, ZEuP 2006, 326 (333).

199 *Harke*, ZEuP 2006, 326 (334). Nach *Kramer*, ZEuP 2007, 247 (255), handelt es sich dagegen bei den Irrtumsregelungen von UP und PECL um ein „Licht am Horizont".

200 Vgl. *Canaris*, in: *Basedow* (Hrsg.), Europäische Vertragsrechtsvereinheitlichung und deutsches Recht, S. 5 (14).

201 Vgl. *Canaris*, in: *Basedow* (Hrsg.), Europäische Vertragsrechtsvereinheitlichung und deutsches Recht, S. 5 (16).

202 *Schulte-Nölke*, in *Schmidt-Kessel* (Hrsg.), Der gemeinsame Referenzrahmen, S. 16.

Rechtsangleichung allerdings an echter methodengeleiteter Rechtsvergleichung häufig kein Weg vorbei führen.

IV. Zusammenfassung

Rechtsvergleichende Konkretisierung ist aufgrund der systematischen Verschränkung von mitgliedstaatlichen und europäischer Privatrechtsordnung, sowie insbesondere aufgrund der binnenmarktfinalen Rechtsgrundlagen zwingender Bestandteil des gemeinschaftsprivatrechtlichen Konkretisierungsinstrumentariums.

Methodisch wäre ausgehend von dem durch die Vorlagefrage vorgegebenen *tertium comparationis* die tatsächliche Rechtslage in sämtlichen Mitgliedstaaten, soweit deren Rechte für das zu entscheidende Problem etwas hergeben, zu ermitteln und darzustellen. Sodann wäre in einem ersten Schritt mit Hilfe des ökonomischen Instrumentariums zu ermitteln, ob etwaig festgestellte Rechtsunterschiede spürbare Wettbewerbsverzerrungen oder tatsächliche Grundfreiheitenbeschränkungen zur Folge haben (Kompetenzeröffnungsfunktion). Ist dies der Fall, kann mit Hilfe der Rechtsvergleichung diejenige Lösung identifiziert werden, die Transaktionskosten optimal reduziert und die optimale Einpassung der Fallnorm in die mitgliedstaatlichen Rechtsordnungen sicherstellt (Inspirations-, Kontroll-, Akzeptanzfunktion).

Der vom EuGH vor allem im Bereich der Entwicklung allgemeiner Rechtsgrundsätze des Primärrechts praktizierte „wertende Rechtsvergleich“ wird diesen methodischen Vorgaben nicht gerecht. Aufgrund der institutionellen Ausstattung des Gerichtshofs (Besetzung, wissenschaftlicher Dienst) wäre eine weitgehende Annäherung aber durchaus möglich. Im Europäischen Privatrecht selbst spielt die Rechtsvergleichung in der Rechtsprechung des Gerichthofs bisher nur eine untergeordnete Rolle.

Dem auf umfassenden rechtsvergleichenden Untersuchungen basierendem CISG kommt im Hinblick auf die Konkretisierung insbesondere der Verbrauchsgüterkaufrichtlinie kein irgendwie gearteter normativer Vorrang zu. Es kann jedoch in ähnlicher Weise wie mitgliedstaatliche Rechtsordnungen für die Konkretisierung fruchtbar gemacht werden.

Im Hinblick auf im Wege der Rechtsvergleichung entwickelte Modellgesetze, wie die UNIDROIT Principles und die Principles of European Contract Law, verbietet sich ebenfalls eine pauschale Heranziehung als Konkretisierungsmaßstab. Weder kommt diesen Regelwerken juristische Geltung zu, noch streitet eine Vermutung für die innere Richtigkeit. Denkbar ist dagegen die Heranziehung einzelner Regelungen, soweit deren Angemessenheit im konkreten Fall spezifisch dargelegt und begründet wird. Auch können die PECL als Einstieg in eine methodengeleitete Rechtsvergleichung dienen.

Kapitel 12: Konkretisierung unter Heranziehung ökonomischer Kriterien

Die Europäische Gemeinschaft ist ihrer ursprünglichen Konzeption nach und auch noch immer vorrangig Wirtschaftsgemeinschaft und darauf gerichtet, die Märkte der Mitgliedstaaten zu integrieren.[1] Europäisches Privatrecht beruht zu einem ganz überwiegenden Teil auf binnenmarktfinalen Rechtsgrundlagen und verfolgt damit zumindest auch eine wirtschaftspolitische[2] Zielrichtung. Insoweit liegt es nahe, bei der Konkretisierung wertungsoffener Rechtssätze des Europäischen Privatrechts (auch) auf diejenigen Wertungskriterien zurückzugreifen, die durch die Anwendung der Methoden und Denkansätze der Ökonomik[3] im Rahmen einer Ökonomischen Analyse des Rechts[4] geliefert werden. Im folgenden soll daher zunächst untersucht werden, ob und inwieweit die Heranziehung ökonomischer Kriterien im Rahmen der Konkretisierung wertungsoffener Rechtssätze des Europäischen Privatrechts gerechtfertigt erscheint (I.). Anschließend sollen die wichtigsten Denkansätze der ökonomischen Analyse vorgestellt (II.) und deren Anwendung im Rahmen der Konkretisierung demonstriert werden (III.).

I. Legitimität der Heranziehung ökonomischer Konkretisierungskriterien

Die „Ökonomische Analyse des Rechts" entwickelte sich seit den 60iger Jahren des vorigen Jahrhunderts in den USA[5] und hat sich dort mittlerweile zum vorherr-

---

1 Vgl. *Basedow*, in: FS Buxbaum, S. 13 (21 ff.); *Kirchner*, in: *Schuppert/Pernice/Haltern* (Hrsg.), Europawissenschaft, S. 377 ff.; *ders.*, in: *Riesenhuber* (Hrsg.), Europäische Methodenlehre, S. 23 (27 f.).

2 Zum Begriff der Wirtschaftpolitik vgl. *Mertens/Kirchner/Schanze*, Wirtschaftsrecht, S. 33: „Wirtschaftspolitik ist die Gesamtheit aller Bestrebungen, Handlungen und Maßnahmen, die darauf abzielen, den Ablauf des Wirtschaftsgeschehens in einem Gebiet oder Bereich zu ordnen, zu beeinflussen oder unmittelbar festzulegen."

3 Ökonomik lässt sich definieren, „als diejenige Sozialwissenschaft ..., die menschliches Handeln vor dem Hintergrund auftretender Knappheitsprobleme analysiert", vgl. *Erlei/Leschke/Sauerland*, Neue Institutionenökonomik, S. 2; vgl. auch *Posner*, Economic Analysis of Law, S. 3: „[E]conomics is the science of rational choice in a world ... in which resources are limited in relation to human wants." Anders, vornehmlich auf die soziale Dimension abstellend, die Definition bei *Homann/Suchanek*, Ökonomik, S. 4: „Die Ökonomik befasst sich mit Möglichkeiten und Problemen der gesellschaftlichen Zusammenarbeit zum gegenseitigen Vorteil."

4 „Ökonomische Analyse des Rechts" („Economic Analysis of Law", „Law and Economics") wird hier in einem weiten Sinn verstanden, als all diejenigen Ansätze, die das Instrumentarium der Ökonomik auf rechtliche Fragestellungen anwenden, unabhängig vom zugrundeliegenden ökonomischen Theorieansatz; zu den verschiedenen „Schulen" vgl. *MacKaay*, in: *Bouckart/de Geest* (Hrsg.), Encyclopedia of Law and Economics, Volume I, S. 402 ff.; sowie zur Begrifflichkeit *Kirchner*, Ökonomische Theorie des Rechts, S. 5 f.

5 Zur historischen Entwicklung vgl. *Schanze*, in: *Assman/Kirchner/Schanze* (Hrsg.), Ökonomische Analyse des Rechts, S. 1 (2 ff.); *Nobles*, in: *Penner/Schiff/Nobles* (Hrsg.), Introduction to Jurisprudence, S. 855 ff.; *Posner*, Economic Analysis of Law, S. 23 f. Als Ausgangspunkt werden meist die Arbeiten von *Calabresi*, (1961) 70 Yale LJ, 499 ff., und *Coase*, (1960) 3 J Law & Econ., 1 ff., angesehen, in denen das ökonomische Instrumentarium über den traditionellen Bereich des Kartellrechts hinaus, auf weitere, nicht primär ökonomisch orientierte Rechtsgebiete angewendet wurde. Vgl. etwa *Coase*,

schende Ansatz in der juristischen Forschung und Lehre entwickelt[6] und auch vielfach Eingang in die Rechtspraxis der Gerichte gefunden.[7] Nach Anfangs zögerlicher Rezeption in Europa[8] – nicht nur auf dem Kontinent[9], sondern auch in den Common Law – Jursidiktionen[10] – hat sich die ökonomische Analyse mittlerweile auch hier als Forschungsrichtung etabliert.[11] Abgesehen von Rechtsgebieten, wie dem Kartellrecht, dessen Konzepte etwa des „Marktes" oder der „marktbeherrschenden Stellung" nur unter Heranziehung des ökonomischen Instrumentariums handhabbar und verständlich sind,[12] wird die rechtspraktische Bedeutung der ökonomischen Analyse jedoch überwiegend als gering eingeschätzt.[13]

Entsprechend der größeren Offenheit für rechtspolitische Argumente des Rechtsfindungsprozesses im amerikanischen Common Law[14] und der dort in erheblichem Umfang gewährleisteten demokratischen Legitimation der Richter[15], bildet die ethische Rechtfertigung des von der ökonomischen Analyse propagierten Ziels der gesamtgesellschaftlichen Effizienzsteigerung einen Schwerpunkt der Diskussion.[16] In den stärker durch Systemdenken und Dogmatik eingebundenen Jurisdiktionen, zu denen auch das Europarecht gehört, geht es jedoch vornehmlich um die Einbettung des ökonomischen Instrumentariums in die traditionellen Me-

---

(1960) 3 J Law & Econ, 1 (19): „ It would ... seem desirable that the courts should understand the economic consequences of their decisions and should, insofar as this is possible without creating too much uncertainty about the legal position itself, take these consequences into account when making their decisions."

6 Vgl. *Cooter/Ulen*, Law and Economics, S. 2f.

7 Hintergrund ist die Berufung zahlreicher Anhänger des „law and economics movements" in hohe Richterämter, vgl. die Aufstellung bei *Cooter/Ulen*, Law and Economics, S. 3.

8 Vgl. *Mattei/Pardolesi*, (1991) 11 Int. Rev. Law & Econ, 265ff.; für Deutschland vgl. *Kirchner*, (1991) 11 Int. Rev. Law & Econ, 277ff.; sowie für das Gemeinschaftsrecht *Hertig*, (1991) 11 Int. Rev. Law & Econ, 331ff.; ausführliche Begründung bei *Grechenig/Gelter*, RabelsZ 72 (2008), 513ff.

9 Einen besonders schweren Stand schien die ökonomische Analyse in Frankreich zu haben, vgl. *Montagne*, in: *Bouckart/de Geest* (Hrsg.), Encyclopedia of Law and Economics, Volume I, S. 150ff.

10 Vgl. *Nobles*, in: *Penner/Schiff/Nobles* (Hrsg.), Introduction to Jurisprudence, S. 857: "But the real point is to stress that this approach, in the United States, has an importance far beyond that found in the United Kingdom."

11 Vgl. die Länderberichte für Österreich, Belgien, Dänemark, Finnland, Deutschland, Griechenland, Norwegen, Portugal, Spanien und Schweden in *Bouckart/de Geest* (Hrsg.), Encyclopedia of Law and Economics, Volume I.

12 Zu Art. 81, 82 EG vgl. *Wagner – von Papp*, in: *Langenbucher* (Hrsg.), Europarechtliche Bezüge des Privatrechts, § 10 Rn. 21ff.; *Fetsch*, in *Gebauer/Wiedmann* (Hrsg.), Zivilrecht unter europäischem Einfluss, Kapitel 23 Rn. 20ff., 44ff.; *Desai*, [2002] ECLR 524ff.; *Whish*, Competition Law, S. 25ff.

13 Vgl. nur *Taupitz*, AcP 196 (1996), 114 (120): „Es gibt, soweit ersichtlich, keine einzige gerichtliche Entscheidung, in der das Ergebnis ausdrücklich auf die ökonomische Analyse gestützt worden wäre." Nach *S.M. Grundmann*, Auslegung, S. 363, hat der EuGH „in keiner Entscheidung juristische durch ökonomische Erwägungen ersetzt".

14 Zu den Gründen vgl. *Grechenig/Gelter*, RabelsZ 72 (2008), 513ff.: Bedeutung von Rechtsrealismus und Utilitarismus im amerikanischen Rechtsdenken.

15 Dazu *Taupitz*, AcP 196 (1996), 114 (128ff.); *Eidenmüller*, AcP 197 (1997), 80 (87ff.).

16 Vgl. beispielsweise *Dworkin*, (1980) 9 J. Legal Studies., 191ff.; *Calabresi*, (1980) 8 HOFSTRA L Rev., 553; *Dworkin*, (1980) 8 HOFSTRA L. Rev. 563ff.; *Posner*, The Problems of Jurisprudence, 374ff.; *Kaplow/Shavell*, (2001) 114 Harvard L Rev., 961ff.; *Hoffmann/O'Shea*, (2002) 53 Alabama L Rev., 335ff. Aus deutscher Sicht etwa *Fezer*, JZ 1986, 817ff.; *Ott/Schäfer*, JZ 1988, 213ff.; *Fezer*, JZ 1988, 223ff.; *Gerner-Beuerle*, in FS Schwark, S. 3ff.

thodenlehren.[17] Ausgehend von dem Kriterium der teleologischen Interpretation kann mittlerweile als gesichert gelten, dass die Heranziehung des ökonomischen Instrumentariums jedenfalls dann legitim ist, wenn gesetzgeberische Wertungen auf die Zulässigkeit einer ökonomischen Analyse hindeuten.[18] In diesem Falle kann die ökonomische Analyse in ihrer deskriptiven wie in ihrer normativen Variante zum Einsatz kommen, denn mit Hilfe des ökonomischen Instrumentariums können die Folgen verschiedener Auslegungs- und Konkretisierungsvarianten sowohl prognostiziert als auch bewertet werden.[19]

1. Folgenanalyse und Folgenbewertung als Rechtsanwendungsproblem

Die Setzung von Recht erfolgt stets auf einen bestimmten Zweck hin.[20] Recht wirkt insoweit als Anreizsystem für die Normadressaten, die ihr Verhalten entsprechend einstellen sollen.[21] Nur wenn dies tatsächlich geschieht, wird der mit der Regelsetzung verfolgte Zweck erreicht. Im Rahmen des Gesetzgebungsverfahrens erfolgt die Bestimmung des Zwecks nach politischen Zweckmäßigkeitserwägungen durch den demokratisch legitimierten Gesetzgeber. Im Rahmen der Rechtsanwendung ist der Zweck – oder mehrere – dagegen vorgegeben und der Richter entsprechend gebunden.[22]

In beiden Fällen ist jedoch erforderlich, von mehreren Regelungsalternativen, diejenige zu bestimmen, mit welcher der angestrebte Zweck „am besten" erreicht wird.[23] Dabei sind jeweils mit Hilfe sozialwissenschaftlicher Methoden, die mögli-

---

17 Vgl. *Rehbinder*, Rechtssoziologie, S. 21: die teleologische Auslegung als „[d]ie zentrale Einbruchstelle rechtssoziologischer Erkenntnisse in die Rechtsdogmatik"; sowie *Grechenig/Gelter*, RabelsZ 72 (2008), 513 ff.

18 *Grundmann*, RabelsZ 61 (1997), 423 (432), der insoweit von der Frage der „Legalität" spricht. Vgl. auch *Taupitz*, AcP 196 (1996), 114 (127); *Eidenmüller*, AcP 197 (1997), 80 (114): „Überall dort, wo der Gesetzgeber zu erkennen gegeben hat, dass er mit dem Erlass einer bestimmten Regelung das ökonomische Effizienzziel fördern möchte, ist es den Richtern nicht nur erlaubt, bei der Interpretation von Rechtsbegriffen ökonomische Erwägungen anzustellen; sie sind sogar dazu verpflichtet, dies zu tun (Art. 20 III GG)."; ebenso *Kramer*, Methodenlehre, S. 195; anders dagegen *Ladeur*, RabelsZ 64 (2000), 60 (93 f.): „Aber der Zugriff auf Argumente aus der ökonomischen Analyse des Rechts kann nicht allein durch den gesetzgeberischen Willen gesteuert werden, weil der Gesetzgeber auch im übrigen Methoden des Rechts nicht festlegen kann."

19 Vgl. zum erklärenden (positiven) und normativen Aspekt der ökonomischen Analyse *Nobles*, in: *Penner/Schiff/Nobles* (Hrsg.), Introduction to Jurisprudence, S. 863: „Economics offers a model of human behaviour which can be used both to predict what the consequences of any particular scenario might be, and to indicate what ought to be done about it.", sowie *Posner*, Economic Analysis of law, S. 24 ff.; "The theory has normative as well as positive aspects." und *Schäfer/Ott*, Lehrbuch der ökonomischen Analyse des Zivilrechts, S. 11.

20 Grundlegend *Jhering*, Der Zweck im Recht, Band I. S. V, wonach „der Zweck der Schöpfer des gesamten Rechts ist" und „es keinen Rechtssatz gibt, der nicht einem Zweck, das ist einem praktischen Motiv, seinen Ursprung verdankt."

21 Vgl. *Adams*, Ökonomische Theorie des Rechts, S. 15.

22 Vgl. *Larenz*, Methodenlehre, S. 365; *Deckert*, Rechtstheorie 26 (1995), 117.

23 Es geht insoweit um das „Zweck-Mittel-Paradigma", vgl. dazu *Mertens/Kirchner/Schanze*, Wirtschaftsrecht, S. 46 f.; *Kirchner*, in *Riesenhuber* (Hrsg.), Europäische Methodenlehre, S. 23 (31 ff.), der insoweit von einem „Optimierungsprogramm" spricht.

chen Realfolgen jeder Alternative zu prognostizieren und im Hinblick auf die Zielerreichung zu vergleichen.[24] Die Ökonomik stellt insoweit in ihrer positiven, d.h. analytisch-deskriptiven Variante ein Instrumentarium bereit, das die Prognose und Abschätzung menschlichen Verhaltens und Interaktion unter Knappheitsbedingungen bei Änderung des Anreizsystems erlaubt.[25] Zu berücksichtigen ist dabei, dass eine Folgenanalyse im Rahmen der Rechtsanwendung nur dann in Betracht kommt, wenn die Gesetzesbindung des Richters irgendwie gelockert ist und mehrere Interpretationsvarianten zur Verfügung stehen.[26] Dies ist insbesondere dann der Fall, wenn die Entscheidung nicht durch ein striktes Konditionalprogramm vorgegeben, sondern final programmiert ist[27], also insbesondere bei wertungsoffenen Rechtssätzen, die lediglich eine mehr oder weniger grobe Zielvorgabe enthalten bzw. gleichzeitig mehrere, möglicherweise sogar gegenläufige Ziele verfolgen.[28] Vor diesem Hintergrund scheinen das Europäische Gemeinschafts- und Privatrecht für die Anwendung der ökonomischen Analyse in ihrer deskriptiven Variante aus meheren Gründen geradzu prädestiniert. So ist der EG-Vertrag, gleiches gilt für den Vertrag von Lissabon,[29] im Hinblick auf den „immer engeren Zusammenschluss" und die weiten Zielvorgaben der Art. 2 und 3 EG final, auf ganz bestimmte Zwecke hin, programmiert[30], woraus auch die besondere Dyna-

24 Vgl. *Rehbinder*, Rechtssoziologie, S. 21 f.: „Sucht der Rechtsanwender nämlich die gesetzlichen Vorschriften teleologisch zu interpretieren und die Intention des Gesetzes optimal zu verwirklichen, so muss er wissen, bei welcher Auslegung er in der sozialen Wirklichkeit diejenige Wirkung erzielt, die das Gesetz bezweckt."

25 Vgl. *Kirchner*, in *Riesenhuber* (Hrsg.), Europäische Methodenlehre, S. 23 (26).

26 Unter dieser Voraussetzung ist die Folgenorientierung (Folgenanalyse und Folgenbewertung) als ein Kriterium des judikativen Entscheidungsprozesses mittlerweile allgemein anerkannt, vgl. zunächst schon *v. Savigny*, System des heutigen römischen Rechts, Band 1, S. 225: „Der innere Werth des Resultats endlich ist unter allen Hülfsmitteln das gefährlichste, indem dadurch am leichtesten der Ausleger die Gränzen seines Geschäfts überschreiten und in das Gebiet des Gesetzgebers hinüber greifen wird. Daher kann dieses Hülfsmittel lediglich bey der Unbestimmtheit des Ausdrucks (der ersten Art von Mängeln) angewendet werden, nicht zur Ausgleichung des Ausdrucks mit dem Gedanken."; nunmehr *Larenz*, Methodenlehre, S. 365; *Röthel*, Normkonkretisierung, S. 152 f.; *Rüthers*, Rechtstheorie, § 7 Rn. 303 ff.; *Röhl/Röhl*, Allgemeine Rechtslehre, S. 642 ff.; *Koch/Rüßmann*, Juristische Begründungslehre, S. 230 ff. Die insbesondere von *Luhmann*, Rechtssystem und Rechtsdogmatik, S. 31 ff., dagegen vorgebrachte Kritik kann nicht überzeugen, vgl. *Koch/Rüßmann*, Juristische Begründungslehre, S. 233 ff.

27 Die Unterscheidung von „Konditionalprogramm" und „Finalprogramm" geht zurück auf *Luhmann*, Rechtssoziologie, S. 227 ff.

28 Vgl. *Wälde*, Juristische Folgenorientierung, S. 12; *Koch/Rüßmann*, Juristische Begründungslehre, S. 229 f.; *Röthel*, Normkonkretisierung, S. 153; *Röhl/Röhl*, Allgemeine Rechtslehre, S. 644; und speziell für die ökonomische Analyse *Schäfer/Ott*, Lehrbuch der ökonomischen Analyse des Zivilrechts, S. 16 f.; sowie *Ott/Schäfer*, JZ 1988, 213 (214): Im Falle von „offenen Wertbegriffen" bestehe „ein Einfallstor für theoretisch abgeleitete normative Aussagen der ökonomischen Analyse des Rechts. Deren Aussagen und Kriterien bieten sich zur Lösung juristischer Rechtsanwendungs- und insbesondere Wertungsprobleme an, zumindest aber erzwingen sie präzisere Begründungen abweichender Rechtsanwendungen." Vgl. auch schon *Coase*, (1960), 3 J Law & Econ, 1 (22): „The courts do not always refer very clearly to the economic problem posed by the cases brought before them but it seems probable that in the interpretation of words and phrases like 'reasonable' or 'common or ordinary use' there is some recognition, perhaps largely unconscious and certainly not very explicit, of the economic aspects of the question at issue."

29 Vgl. Art. 2, 3 EUV, Präambel AEUV.

30 *Kirchner*, in *Riesenhuber* (Hrsg.), Europäische Methodenlehre, S. 23 (28).

mik und Zukunftsoffenheit des Gemeinschaftsrechts[31] resultieren. Finalität ist auch geradezu das bestimmende Kennzeichen der Richtlinie gemäß Art. 249 EG, dem wichtigsten Regelungsinstrument des Europäischen Privatrechts.[32] Und schließlich ist der beherrschende Auslegungsgrundsatz des „effet utile", der die größtmögliche praktische Wirksamkeit einer Regelung einfordert, ohne fundierte Wirkungsanalyse schlechthin undenkbar.

Problematischer ist die Anwendung der ökonomischen Analyse in ihrer normativen Variante, die grundsätzliche Ausrichtung am Ziel – wie auch immer definierter[33] – gesamtgesellschaftlicher Effizienz also. Dabei ist zu berücksichtigen, dass sich deskriptive und normative ökonomische Analyse nicht immer trennscharf unterscheiden lassen. So ist die Entscheidung für die „best mögliche" Zielerreichung bereits immer schon dann eine Wertungsfrage, wenn zwar nach Konkretisierungsvariante 1 die Zielverwirklichung am weitestgehenden gelingt, damit aber so schwerwiegende Nebenfolgen verbunden sind, dass die gesamtgesellschaftlichen Auswirkungen nicht als wünschenswert erscheinen, während dies nach Konkretisierungsvariante 2 nicht der Fall ist, jedoch die Zielerreichung hinter derjenigen nach Variante 1 zurückbleibt.[34] Dazu kann es leicht kommen, wenn eine Regelung einseitig den Schutz einer bestimmten Personengruppe, etwa der Verbraucher oder Arbeitnehmer, bezweckt, ohne zu berücksichtigen, dass dieser Schutz mit gesamtgesellschaftlichen Kosten verbunden ist, die im Einzelfall den Nutzen, sogar für den geschützten Personenkreis, neutralisieren oder gar überwiegen können.[35] Darf das Gericht in einem solchen Fall, immer vorausgesetzt es besteht überhaupt ein Konkretisierungsspielraum, diese Nebenfolgen in seine Überlegungen einbeziehen oder muss es dies sogar? Beide Fragen wird man jedenfalls dann, und unabhängig von einer ethische Fundierung und Rechtfertigung, bejahen müssen, wenn gesamtgesellschaftliche Effizienzerwägungen bereits in den Inhalt der mit

---

31 Vgl. *S.M. Grundmann*, Auslegung, S. 381.
32 *Kirchner*, in *Riesenhuber* (Hrsg.), Europäische Methodenlehre, S. 23 (27f.).
33 Dazu im Einzelnen unten II.
34 Die Aufdeckung insbesondere der weiteren, über den Einzugsbereich der Verfahrensbeteiligten hinausgehenden „Makro-Folgen" einer Entscheidung für das Gesamtsystem wird gerade als eine besondere Stärke der ökonomischen Analyse angesehen, vgl. *Adams*, Ökonomische Theorie des Rechts, S. 13, wonach der Fehler herkömmlichen juristischen Denkens darin besteht, „von einer Wirkung, die in einer Partialanalyse (Einzelfall) auftritt, auf die gleiche Wirkung im Gesamtsystem zu schließen."
35 Vgl. die Beispiele bei *Adams*, Ökonomische Theorie des Rechts, S. 16ff. Eindrucksvoll ist auch die Analyse des *Bosmann*-Urteils bei *Schellhaaß*, in: *Grundmann* (Hrsg.), Systembildung und Systemlücken, S. 401 (411), wonach die Untersagung der Transferentschädigung für Profifussballer einen funktionsfähigen Arbeitsmarkt zerstört und entgegen der Zielsetzung der Grundfreiheiten die Freizügigkeit der Spieler tatsächlich eingeschränkt habe. Vgl. auch schon *Coase*, (1960), 3 J Law & Econ, 1 (42): „Analysis in terms of divergencies between private and social products concentrates attention on particular deficiencies in the system and tends to nourish the belief that any measure which will remove the deficiency is necessarily desirable. It diverts attention from those other changes in the system which are inevitably associated with the corrective measure, changes which may well produce more harm than the original deficiency."

der Regelung verfolgten Zielsetzung in ihrem jeweiligen systematischen Gesamtzusammenhang[36] aufgenommen sind.

2. Die ökonomische Teleologie des EG-Vertrages

Eine wesentliche Schnittstelle, über die die Denkmodelle der Ökonomik Eingang in das rechtsmethodische Instrumentarium finden können, ist das Konzept der Wirtschaftsverfassung der Gemeinschaft wie sie durch den EG-Vertrag vorgegeben ist.[37] Neben den ökonomischen Zielsetzungen der Präambel[38] und der Art. 2 und 3 EG[39] verpflichtet Art. 4 Abs. 1 EG die Gemeinschaft auf den „Grundsatz einer offenen Marktwirtschaft mit freiem Wettbewerb".[40] Der Vertrag von Lissabon spricht zwar nunmehr von einer „in hohem Maße wettbewerbsfähigen sozialen Marktwirtschaft", vgl. Art. 3 Abs. 3 EUV. Der Hinweis auf den Schutz des Wettbewerbs vor Verfälschungen wurde in das Protokoll über den Binnenmarkt und den Wettbewerb, das Bestandteil der Verträge ist, Art. 51 EUV, verbannt. In der Sache ändert sich dadurch allerdings nichts.[41] „Herzstück der Integration" ist der Binnenmarkt.[42] Über die Grundfreiheiten werden die nationalen Märkte geöffnet und wird Unternehmen der freie Zutritt auf bisher durch diese nicht erschlossene Märkte gewährleistet. Dadurch erhöht sich der Wettbewerbsdruck auf die Unternehmen; gleichzeitig werden Spezialisierung, Ausnutzung von Skalenerträgen und von komparativem Vorteil ermöglicht.[43] Während die Grundfreiheiten so die Funktionsfähigkeit offener Märkte gegen hoheitliche Marktbeschränkungen schützen, greifen im Hinblick auf marktschädigendes Verhalten Privater die wettbewerbsrechtlichen Regelungen nach Art. 81 ff. EG ein.[44] Zielen diese Regelungen

---

36 Vgl. insoweit insbesondere *Kramer*, Methodenlehre, S. 195 f., danach sind Effizienzüberlegungen auch angebracht, „wenn es um die Konkretisierung von Generalklauseln im Gebiet des Vermögensrechts geht, das in unserer Gesellschaft nun einmal in eine marktwirtschaftlich organisierte Ordnung eingebettet ist."

37 Vgl. *Basedow*, in: FS Buxbaum, S. 13 (14).

38 „Wirtschaftlicher und sozialer Fortschritt"; „stetige Besserung der Lebens- und Beschäftigungsbedingungen"; „beständige Wirtschaftsausweitung".

39 Insbesondere Art. 3 Abs. 1 lit. a), b), c), e), f), g), h), k), m), n), u) EG.

40 Vgl. *Basedow*, in: FS Buxbaum, S. 13 (21), der auf die „hermeneutische Bedeutung" dieser „Systementscheidung" bei der Auslegung spezifischer gemeinschaftsrechtlicher Vorschriften hinweist.

41 Dies folgt daraus, dass die den Binnenmarkt konstituierenden Grundfreiheiten sowie die wettbewerbsrechtliche Ordnung unangetastet bleiben, vgl. *Streinz*, Europarecht, Rn. 971 a.

42 *Kirchner*, in *Riesenhuber* (Hrsg.), Europäische Methodenlehre, S. 23 (27); *S.M. Grundmann*, Auslegung, S. 349: Der Binnenmarkt „ist jedoch in den bestehenden Vertragsformen noch immer das gemeinschaftsbestimmende Ziel."; MüKoUWG-*Leible*, Band 1, EG A, Rn. 64: Der Gemeinsame Markt „bildet das Rückgrat der Gemeinschaft."

43 Vgl. *Kirchner*, in: *Schuppert/Pernice/Haltern* (Hrsg.), Europawissenschaft, S. 375 (379 f.): „Als ökonomische Zielsetzung einer Wirtschaftsgemeinschaft stehen in der Regel Effizienzgewinne im Vordergrund. Es können Größenvorteile (*economies of scale*) erzielt werden; zudem sind Synergieeffekte (*economies of scope*) zu erwarten; bei transnationalen Transaktionen kommt es zu Transaktionskostensenkungen. Schließlich ist abzusehen, dass sich der Wettbewerbsdruck auf den nunmehr ‚geöffneten' Märkten erhöht." Auf die mit einer Spezialisierung verbundenen *comparative advantage* weist *Barnard*, The Substantive Law of the EU, S. 3 ff., hin.

44 Vgl. *Basedow*, in: FS Buxbaum, S. 13 (24).

in ihrer Gesamtheit somit darauf ab, die Funktionsfähigkeit des Marktes bei möglichst ungestörtem Wettbewerb zu sichern, und geht man weiter davon aus, dass bei vollständiger Konkurrenz auf allen Märkten im Gleichgewicht Pareto-Effizienz erreicht wird[45], so kann man den Schluss ziehen, dass das Ziel gesamtgesellschaftlicher Effizienz der gemeinschaftlichen Wirtschaftsverfassung vorrangig zugrunde liegt.[46]

Andererseits enthält der Vertrag auch das Ziel des „sozialen Fortschritts" mit hohem Beschäftigungs- und hohem Sozialschutzniveau, sowie einer steten Besserung der Arbeits- und Lebensbedingungen. Dementsprechend hat der Gerichtshof in den Rechtssachen *Viking* und *Laval* ausgesprochen, dass die Gemeinschaft „nicht nur eine wirtschaftliche, sondern auch eine soziale Zielrichtung hat" und damit die sich aus den Grundfreiheiten ergebenden Rechte gegen die mit der Sozialpolitik verfolgten Ziele abgewogen werden müssen.[47]

Eine genauere Untersuchung der europäischen Wirtschaftsverfassung[48] zeigt jedoch, dass diesen sozialen Werten darin nicht die gleiche Bedeutung zukommt. Die optimistischen Ankündigungen in der Präambel und den Art. 2 und 3 EG werden nämlich nicht durch eine robuste Kompetenzgrundlage zur Definition und Förderung eines autonomen europäischen Konzepts der sozialen Gerechtigkeit abgestützt.[49] Die Gemeinschaftsaufgabe zum „schrittweisen Aufbau eines Raums der Freiheit, der Sicherheit und des Rechts" beschränkt sich, für den Bereich des Privatrechts, auf Maßnahmen zur Verbesserung und Vereinfachung der grenzüberschreitenden gerichtlichen Zusammenarbeit in Zivilsachen und der Harmonisierung des internationalen Privat- und Verfahrensrechts.[50] Die Gemeinschaft hat zwar die Kompetenz zur Regelung einer Fülle von Fragen im Bereich der Arbeitsumwelt, einschließlich der sozialen Sicherheit und des sozialen Schutzes der Arbeitnehmer.[51] Allerdings „unterstützt und ergänzt" die Gemeinschaft lediglich die Tätigkeit der Mitgliedstaaten; im Hinblick auf die soziale Sicherheit und den sozialen Schutz der Arbeitnehmer ist die Gemeinschaft auf Minimumharmonisierung

---

45 Vgl. *Schäfer/Ott*, Lehrbuch der ökonomischen Analyse des Zivilrechts, S. 86f.

46 Vgl. *Franck*, in *Riesenhuber* (Hrsg.), Europäische Methodenlehre, S. 49 (51); *Kirchner*, in *Riesenhuber* (Hrsg.), Europäische Methodenlehre, S. 23 (27); ders., in: *Schuppert/Pernice/Haltern* (Hrsg.), Europawissenschaft, S. 375 (379); *Basedow*, in: FS Buxbaum, S. 13 (19); MüKoUWG-*Leible*, Band 1, EG A, Rn. 68: „Ermöglicht wird so eine optimale Allokation wirtschaftlicher Ressourcen." Freilich kann die Gemeinschaft auch in Politikbereichen tätig werden, die wie etwa der Umwelt,- Gesundheits- oder Verbraucherschutz nicht unmittelbar auf Effiziengesichtspunkte rückführbar sind. Effizienzüberlegung sind aber jedenfalls auch, wenn nicht sogar vorrangig, für eine Rechtsentscheidung, heranzuziehen. Nach *Basedow*, in: FS Buxbaum, S. 13 (23), nimmt ein wettbewerblich strukturierter Binnenmarkt in der Hierarchie der Ziele des Vertrages eine „Spitzenstellung" ein.

47 EuGH v. 11. 12. 2007 – Rs. C-438/05 (*Viking Line ABP*), Slg. 2007, I-10779 Rn. 78f.; EuGH v. 18. 12. 2007 – Rs. C-341/05 (*Laval un Partneri Ltd*), Slg. 2007, I-11767, Rn. 104f.

48 *Basedow*, in: FS Buxbaum, S. 13 (14).

49 *Weatherill*, ERCL 2006, 136 (143). Vgl. auch BVerfG, 2 BvE 2/08 vom 30. 6. 2009, Absatz-Nr. 259.

50 Art. 61 lit. c), 65 EG. Der Verweis auf ein 'area of ... justice' in der englischen Version könnte nahelegen, dass auch (soziale) Gerechtigkeit eine Rolle spielt, vgl. *Hesselink*, ERPL 2007, 323 (338). Die Kompetenz der Gemeinschaft ist aber jedenfalls auf die justizielle Zusammenarbeit in Zivilsachen beschränkt.

51 Art. 137 Abs. 1 lit. a)–i) EG.

beschränkt. Rechtsakte der Gemeinschaft dürfen zudem die Grundprinzipien der nationalen sozialen Sicherungssysteme und deren finanzielles Gleichgewicht nicht antasten. Zudem stehen alle Maßnahmen der Gemeinschaft im Bereich der Sozialpolitik unter dem Vorbehalt, der „Notwendigkeit, die Wettbewerbsfähigkeit der Wirtschaft der Gemeinschaft zu erhalten".[52] Art. 42 EG ermächtigt zum Erlass von Maßnhamen im Bereich der sozialen Sicherheit lediglich zum Zwecke der Arbeitnehmerfreizügigkeit. Im Verbraucherschutz ist die Gemeinschaft auf „Maßnahmen zur Unterstützung, Ergänzung und Überwachung" der Politiken der Mitgliedstaaten beschränkt.[53] In den Bereichen Beschäftigung, Bildung, Kultur und Gesundheit kann die Gemeinschaft lediglich Förder- oder Anreizmaßnahmen erlassen.[54] Rechtsangleichung in diesen Bereichen ist nur in dem Maße zulässig als die jeweilige Maßnahme tatsächlich zur Verwirklichung des Binnenmarktes beiträgt. Damit sind diese Politiken dem Binnenmarktziel untergeordnet. Gleiches gilt für Anti-Diskriminierungsmaßnahmen. Nach Art. 13 Abs. 1 EG sind diese nur „im Rahmen der durch den Vertrag auf die Gemeinschaft übertragenen Zuständigkeiten" zulässig. Für den Umweltschutz wird die Gemeinschaft auf Minimumharmonisierung verweisen.[55] Lediglich für den begrenzten Bereich der Gleichbehandlung von Männern und Frauen in Beschäftigung und Beruf nach Art. 141 EG hat die Gemeinschaft eine umfassende Kompetenz auch im Hinblick auf eine soziale Zielsetzung.[56] Davon abgesehen, hat die Gemeinschaft nach dem EG-Vertrag kein Mandat zur umfassenden Regelung und Harmonisierung auf dem Gebiet der Sozialpolitik und des sozialen Schutzes.[57] Selbst die „sozialen Rechte" nach der bislang unverbindlichen Charta der Grundrechte stehen grundsätzlich unter dem Vorbehalt des „Gemeinschaftsrechts und der einzelstaatlichen Rechtsvorschriften und Gepflogenheiten".[58] Dies verdeutlicht, dass sich für den Marktbürger die Qualität des Sozialschutzes, den der jeweilige Mitgliedstaat gewährt, durch Teilnahme an der Europäische Integration nicht ändert.[59] Im Übrigen sind diese Rechte als solche ohnehin nicht in der Lage, eine Gemeinschaftskompetenz für ihren aktiven Schutz zu begründen. Dies bedarf, nach dem Grundsatz der beschränkten Ermächtigung, stets einer anderweitigen Grundlage im Vertrag.[60]

Damit steht es nicht in der Macht des Gemeinschaftsgesetzgebers, ein europäischen Konzept der sozialen Gerechtigkeit zu definieren, welches sodann gegen das Effizienzziel ins Feld geführt werden könnte. Der Gerichtshof unterliegt als Gemeinschaftsorgan insoweit den gleichen Beschränkungen.[61] Hier zeigt sich der

---

52 Art. 136 EG.
53 Art. 153 EG.
54 Art. 129, 149 Abs. 4, 150 Abs. 4, 151 Abs. 5 bzw. 152 Abs. 4 EG.
55 Art. 176 EG.
56 EuGH v. 8. 4. 1976 – Rs. 43/75 *(Defrenne v Sabena)*, Slg. 1976 455 Rn. 10; EuGH 10. 2. 2000 – Rs. C-50/96 *(Deutsche Telekom v Schröder)*, Slg. 2000, I-743 Rn. 56 f.
57 *Meli*, ERCL 2006, 159 (163).
58 Beispielsweise Art. 27, 28, 34 EU-GRCh.
59 *Meli*, ERCL 2006, 159 (161).
60 Vgl. *Schillig*, (2008) 15 MJ 285 (308 f.).
61 Vgl. *Schillig*, (2008) 15 MJ 285 (289).

ordo-liberale Charakter der Europäischen Wirtschaftsverfassung: während die Förderung des Freihandels und eines unverfälschten Wettbewerbs den Kern der supranationalen Regulierungstätigkeit ausmacht, ist der soziale Aspekt der Integration von der Dimension des Markt- und Wettbewerbsrechts abgekoppelt und verbleibt grundsätzlich in der Kompetenz der Mitgliedstaaten.[62] Soweit die Mitgliedstaaten alleine[63] nicht länger in der Lage sind, adäquaten Sozialschutz für ihre Bürger bereitzustellen, sprechen möglicherweise gute Gründe dafür, die Gemeinschaft mit den nötigen Kompetenzen auszustatten, um eine aktivere Rolle im Bereich der „sozialen Gerechtigkeit" zu übernehmen.[64] Dies würde eine umfassende Neuverteilung der Kompetenzen zwischen Gemeinschaft und Mitgliedstaaten bedeuten, die momentan nur für die ferne Zukunft vorstellbar erscheint, wenn überhaupt. Doch selbst wenn sich das gegenwärtige politische Klima drastisch verändern sollte – man denke etwa an globale Wirtschaftskrisen, die die Mitgliedstaaten noch enger zusammen schweissen könnten – und die Mitgliedstaaten entsprechende Kompetenzen auf die Gemeinschaft übertragen würden, so wäre gleichwohl das Europäische Privatrecht, wie gleich noch zu zeigen sein wird, von Erwägungen der sozialen Gerechtigkeit freizuhalten, und abermals im Grundsatz das Ziel gesamtgesellschaftlicher Effizienz maßgeblich.

Durch die binnemarktfinalen Rechtsgrundlagen wird das Effizienzziel der Europäischen Wirtschaftsverfassung in das Sekundärrecht überführt, denn nur die Eignung einer Maßnahme, tatsächliche Grundfreiheitenbeschränkungen abzubauen und spürbare Wettbewerbsverzerrungen zu beseitigen,[65] wirkt insoweit kompetenzbegründend. Daraus ergibt sich, dass der Gemeinschaftsgesetzgeber im Rahmen der Binnenmarktgesetzgebung Rechtssetzungsakte an Effizienzgesichtspunkten ausrichten muss.[66]

3. Die ökonomische Teleologie des Europäischen Privatrechts

Über die binnemarktfinalen Rechtsgrundlagen wirken so Effiziengesichtspunkte in das Europäische Privatrecht hinein und setzen sich dort in den einzelnen Rechtsakten denknotwendig fort. Dies kommt zunächst in den Begründungserwägungen der einzelnen Richtlinien zum Ausdruck.[67] So heißt es etwa in Begründungserwägung 4 der Richtlinie 2005/29/EG über unlautere Geschäftspraktiken bezüglich der

62 *Joerges*, (2005) 30 ELRev. 461 (471). Vgl. auch *Somma, ERCL* 2006, 81(187 f.).
63 Im Zuge fortschreitender Globalisierung wird es für Staaten immer schwieriger, effektiv Regierungsgewalt auszuüben, vgl. *Stieglitz*, Making Globalization Work, S. 20.
64 *Weatherill*, ERCL 2006, 136 (157 f.); *Hesselink*, ERPL 2007, 323 (347).
65 Vgl. Kapitel 2.
66 Vgl. *Franck*, in *Riesenhuber* (Hrsg.), Europäische Methodenlehre, S. 49 (51).
67 Vgl. etwa Begründungserwägung 9, 10 Zahlungsverzugsrichtlinie 2000/35/EG; Begründungserwägung 2, 3 Klauselrichtlinie 93/13/EWG; Begründungserwägung 1, 2 Haustürgeschäfterichtlinie 85/577/EWG; Begründungserwägung 4 Fernabsatzrichtlinie 97/7/EG; Begründungserwägung 12 Fernabsatzfinanzdienstleistungsrichtlinie 2002/65/EG; Begründungserwägung 2–5 Verbrauchgüterkaufrichtlinie 1999/44/EG; Begründungserwägungen 3–7 Verbraucherkreditrichtlinie 2008/48/EG; Begründungserwägungen 1–3 Pauschalreiserichtlinie 90/314/EWG.

insoweit bestehenden nationalen Unterschiede: „Diese Hemmnisse verteuern für die Unternehmen die Ausübung der Freiheiten des Binnenmarktes, insbesondere, wenn Unternehmen grenzüberschreitend Marketing-, Werbe- und Verkaufskampagnen betreiben wollen. Auch für Verbraucher schaffen solche Hemmnisse Unsicherheit hinsichtlich ihrer Rechte und untergraben ihr Vertrauen in den Binnenmarkt." Insbesondere soweit auf eine Stärkung des Verbrauchervertrauens abgehoben wird, um dadurch Anreize für die grenzüberschreitende Nachfrage zu setzen,[68] erscheinen tragfähige soziologische und ökonomische Verhaltensmodelle unverzichtbar, um im Einzelfall den Nachweis der Kompetenzbegründung zu führen bzw. kompetenzgerechte Konkretisierungsentscheidungen zu setzen.

Bisweilen werden ökonomische Erwägungen sogar durch die zu konkretisierende Einzelvorschrift unmittelbar vorgegeben. Ganz deutlich ist insoweit Art. 3 Abs. 3 der Verbrauchsgüterkaufrichtlinie, wonach Abhilfe dann als unverhältnismäßig gilt, „wenn sie dem Verkäufer Kosten verursachen würde, die angesichts des Wertes, den das Verbrauchsgut ohne Vertragswidrigkeit hätte, unter Berücksichtigung der Bedeutung der Vertragswidrigkeit und nach Erwägung der Frage, ob auf die alternative Abhilfemöglichkeit ohne erhebliche Unannehmlichkeiten für den Verbraucher zurückgegriffen werden könnte, verglichen mit der alternativen Abhilfemöglichkeit unzumutbar wären." Damit ist eine Kosten-Nutzen-Analyse explizit vorgegeben.[69]

Ein weiterer Ansatzpunkt für die Einbringung ökonomischer Kriterien ist die Prinzipienstruktur des Europäischen Privatrechts. So steht hinter dem „Informationsmodell" des Europäischen Gesellschaftsrechts letztlich das Ziel, durch die Beseitigung von Informationsasymmetrien als einer Form des Marktversagens[70] die Funktionsfähigkeit des (Binnen-)Marktes wiederherzustellen und die Faktormobilität zu erhöhen.[71] Gleiches gilt, soweit im Europäischen Vertragsrecht auf den Schutz der informierten Vertragsentscheidung abgestellt wird. Auch dort steht der Informationsgedanke im Mittelpunkt und wird zur Rechtfertigung eines regulierenden Eingriffs auf ein konkretes Versagen des Marktes abgestellt.[72] Dies steht im Einklang mit der gemeinschaftlichen Wirtschaftsverfassung, wonach Eingriffe in ungestörte Privatautonomie und Wettbewerb nur dann zuzulassen sind, wenn sie die geringstmögliche Intensität aufweisen und zum Ausgleich einer Funktionsschwäche des Marktes unverzichtbar sind.[73] Auch in neueren Äußerungen der

---

68 Dazu Kapitel 2.

69 Vgl. *Bianca*, in: *Grundmann/Bianca* (Hrsg.), EU-Kaufrechts-Richtlinie, Art. 3 Rn. 33: „Insbesondere kann der Käufer keine Reparatur von Waren verlangen, die nur mit einem Kostenaufwand möglich wäre, der den Wert dieser Ware übersteigt."

70 Vgl. *Schäfer/Ott*, Lehrbuch der ökonomischen Analyse des Zivilrechts, S. 108; *Cooter/Ulen*, Law and Economics, S. 46.

71 Vgl. *Grundmann*, Europäisches Gesellschaftsrecht, § 2 und § 3 Rn. 85–87.

72 Vgl. Kapitel 10 III. 1.

73 Vgl. *Basedow*, in: FS Buxbaum, S. 13 (20 f.).

Kommission scheinen der Effizienzgedanke[74] und sonstige ökonomische Erwägungen[75] ganz deutlich auf.

Allenfalls eingeschränkt Raum für Effizienzerwägungen besteht dagegen, soweit einseitig und bevorzugt auf die berechtigten Erwartungen der Verbraucher abgestellt wird. Zwar ist dieses Prinzip bei *Heiderhoff* auch marktorientiert und marktbezogen,[76] die damit verbundene Offenheit für ökonomische Erwägungen wird jedoch in dem Umfang zurückgenommen, als die einseitigen Interessen der Verbraucher höher und damit ungleichgewichtig bewertet werden. Gerade dies kann den Blick für gesamtgesellschaftlich schädliche Nebenfolgen verstellen. Soweit danach[77] und insbesondere nach *Lurgers* „Prinzip der Rücksichtnahme und Fairness"[78] Gesichtspunkte der Verteilungsgerechtigkeit im Vordergrund stehen, ist dies aus Sicht der ökonomischen Analyse besonders problematisch. Zwar wird vielfach gefordert, dass das Europäische Privatrecht, und insbesondere das Vertragsrecht, vorrangig soziale bzw. Verteilungszwecke verfolgen sollte.[79] Dies gilt etwa auch für den DCFR.[80] Die grundsätzliche Frage, ob Privatrecht überhaupt ein geeignetes Instrument für eine möglicherweise gerechtfertigte Umverteilung ist, wird in der europäischen Literatur dagegen selten gestellt.[81] In den USA stehen sich insoweit zwei unterschiedliche Ansätze gegenüber. Während nach einer Ansicht dem Privatrecht grundsätzlich auch eine Umverteilungsfunktion zukommen soll;[82] reserviert die Gegenansicht die Aufgabe der Umverteilung grundsätzlich für das öffentliche Recht, insbesondere das Steuer- und Sozialrecht; und propagiert eine Ausrichtung des Privatrechts ausschließlich am Effizienzkriterium.[83] Hinter

---

74 Vgl. Mitteilung der Kommission an den Rat und das Europäische Parlament: Modernisierung des Gesellschaftsrecht und Verbesserung der Corporate Governance in der Europäischen Union – Aktionsplan, KOM(2003) 284 endgültig, S. 10: „Effizienz und Wirtschaftswachstum der Unternehmen sind für das Wirtschaftswachstum und die Schaffung von Arbeitsplätzen von zentraler Bedeutung und hängen von vielen Faktoren ab." Sie „sollten unter ordnungsgemäßer Beachtung des Subisdiaritätsprinzips und des Verhältnismäßigkeitsgrundsatzes ... gefördert werden". Dies geht zurück auf den Bericht der Hochrangigen Gruppe von Experten auf dem Gebiet des Gesellschaftsrechts über Moderne Gesellschaftsrechtliche Rahmenbedingungen in Europa, 2002, S. 4: „Der Schwerpunkt des Gesellschaftsrechts sollte in erster Linie auf der Effizienz und der Wettbewerbsfähigkeit der Unternehmen liegen."

75 So wird in der Mitteilung der Kommission an den Rat und das Europäische Parlament zum Europäischen Vertragsrecht, KOM(2001) 398 endgültig, Rn. 72, maßgeblich auf den Gesichtspunkt der Transaktionskosten abgestellt.

76 *Heiderhoff*, Grundstrukturen, S. 280; *dies.*, Gemeinschaftsprivatrecht, S. 101.

77 Deutlich insoweit *Micklitz*, ZEuP 1998, 253 (264).

78 *Lurger*, Grundfragen, S. 370 ff.

79 *Rösler*, Europäisches Konsumentenvertragsrecht, S. 61 ff.; Wilhelmsson, in: ders. (Hrsg.), Perspectives of Critical Contract Law, S. 9 ff.; *Study Group on Social Justice in European Private Law*, (2004) 10 ELJ, 653 ff.; *Sefton -Green*, ERCL 2006, 275 (284); *Hesselink*, ERPL 2007, 323 (347).

80 *Study Group on a European Civil Code/Research Group on EC Private Law (Acquis Group)*, Principles, Definitions and Model Rules of European Private Law: Draft Common Frame of Reference (DCFR), Outline Edition, S. 84.

81 Vgl. jedoch *Smorto*, ERPL 2008, 925 (927–931); *Eidenmüller*, Party Autonomy.

82 *Kennedy*, (1982) 41 Maryland Law Review, 563 (613 ff.); *Kronman*, (1979–1980) 89 Yale LJ, 472 ff.; *Sanchirico*, (2000) 29 J Legal Studies, 797.

83 *Kaplow/Shavell*, (1994) 23 J Legal Studies, 667; *dies.*, (2000) 29 J Legal Studies, 821; *Cooter/Ulen*, Law and Economics, S. 9 ff.

dieser „Arbeitsteilung“ steht der Gedanke, dass ein effizientes Privatrecht die Schaffung von Reichtum begünstigt, der dann an Bedürftige entsprechend der Idee der sozialen Gerechtigkeit verteilt werden kann.[84] Aufgrund der Effizienz des Privatrechts sei der zur Verteilung zur Verfügung stehende Kuchen größer als bei einem ineffizienten, aber sozial gerechten Privatrecht. Beide Ansichten räumen ein, dass unter bestimmten Umständen ausschließlich das Steuerrecht optimale Verteilungsmechanismen zur Verfügung stellt,[85] bzw. umgekehrt, dass Privatrecht legitimerweise Verteilungszwecke verfolgen kann.[86] Welches jeweils diese besonderen Umstände sind, ist für beide Ansätze eine empirische Frage,[87] wobei verläßliche empirische Daten schwer zu ermitteln sind. Eine Reihe von heuristischen Argumenten legt jedoch nahe, dass Privatrecht regelmäßig der falsche Mechanismus zur Durchsetzung einer Umverteilungs-Agenda im Dienste der sozialen Gerechtigkeit ist. So stellen Steuer- und Sozialrecht auf Leistungsfähigkeit und Bedürftigkeit ab, während beispielsweise Verbrauchervertragsrecht den reichen Ferrari-Käufer ebenso schützt und begünstigt, wie es den Inhaber eines kleinen, vor dem Ruin stehenden Ladens benachteiligt.[88] Auch mag der Verkäufer eine Publikumsgesellschaft sein, zu deren Aktionären Versicherungsunternehmen und Rentenfonds gehören. Warum die Interessen der begünstigten Pensionäre, oder auch der Arbeitnehmer des Verkäufers, weniger schutzwürdig sind, als die Interessen der Kunden, entbehrt einer inneren Rechtfertigung.[89] Weiterhin ist es unwahrscheinlich, dass sich mit Hilfe des Privatrechts das gewünschte Ziel einer Umverteilung überhaupt erreichen lässt. Dies liegt zum einen daran, dass Anbieter in der Lage sind, zumindest einen Teil ihrer Kosten über Preiserhöhungen ihren Kunden aufzuerlegen.[90] Damit findet Umverteilung nicht etwa statt zwischen reichem Unternehmer und armem Verbraucher,[91] sondern innerhalb der Gruppe der Verbraucher:[92] diejenigen Verbraucher, die das Wenigste von einer „Verbesserung“ ihrer

---

84 *Rawls*, A Theory of Justice, S. 244: “There must be a division of labor between the parts of the social system in answering to the common sense precepts of justice. Competitive markets properly regulated secure free choice of occupation and lead to an efficient use of resources and allocation of commodities to households; whereas the transfer branch guarantees a certain level of well-being and honors the claims of need.” Dieser Gedanke der Arbeitsteilung ist freilich viel älter und liegt bereits der Aristotelschen Unterscheidung von *iustitia distributive* (öffentliches Recht) und *iustitia commutative* (Vertrag) bzw. *vindicativa* (Delikt) zu Grunde, vgl. *Böckenförde*, Geschichte der Rechts- und Staatsphilosophie, S. 114ff.

85 *Kronman*, (1979–1980) 89 Yale LJ, 472 (507).

86 *Kaplow/Shavell* (2000) 29 J Legal Studies, 821 (825); *Cooter/Ulen*, Law and Economics, S. 9.

87 *Kronman*, (1979–1980) 89 Yale LJ, 472 (507); *Kennedy*, (1982) 41 Maryland Law Review, 563 (614); *Kaplow/Shavell* (2000) 29 J Legal Studies, 821 (833).

88 *Kaplow/Shavell* (2000) 29 J Legal Studies, 821 (823); *dies.*, Fairness versus Welfare, S. 33ff.; *Cooter/Ulen*, Law and Economics, S. 10.

89 *Craswell*, (1991) 43 Stanford Law Review 361 (365).

90 *Kaplow/Shavell*, (1994) 23 J Legal Studies, 667 (674); *dies.*, (2000) 29 J Legal Studies, 821 (823); *dies.*, Fairness versus Welfare, S. 33; *Cooter/Ulen*, Law and Economics, S. 10; *Smith*, Contract Theory, S. 129.

91 Nur im Falle geringer Angebotselastizität kombiniert mit hoher Nachfrageelastizität kann es überhaupt zu einer Umverteilung von Unternehmer hin zum Verbraucher kommen, vgl. *Eidenmüller*, Party Autonomy, sowie *Sunstein*, Willingness to Pay versus Welfare, S. 14.

92 *Kaplow/Shavell*, (1994) 23 J Legal Studies, 667 (675); *Cooter/Ulen*, Law and Economics, S. 10.

Rechtsposition haben, quer-subventionieren die Verbraucher, für die die neue Rechtsposition einen vergleichsweise großen Vorteil bedeutet.[93] Dabei sind es regelmäßig die reichen Verbraucher, die von einer „Verbesserung" des Verbraucherschutzes am meisten profitieren, haben diese doch weit mehr zu verlieren, etwa durch ein gefährliches Produkt, und werden deshalb auch eher bereit sein, für eine Haftung des Verkäufers, die entsprechende Schäden abdeckt, zu bezahlen.[94] Ärmere Verbraucher werden dadurch möglicherweise vom Markt verdrängt, da sie sich die höheren Kosten nicht länger leisten können. Zudem besteht die reale Möglichkeit, dass ein Großteil dessen, was dem Kläger im Urteil zugesprochen wird, letztlich als Rechtsberatungs- und sonstige Kosten abgeführt werden muss. Der Umverteilungseffekt einer privatrechtlichen Regelung wird so erheblich reduziert.[95] Schließlich ist der Verzerrungseffekt eines umverteilenden Privatrechts regelmäßig größer als derjenige einer Einkommensbesteuerung. Die Verzerrung des Arbeitsanreizes – ein höheres Einkommen lohnt sich nicht, da es anderweitig wieder abfließt – mag unter beiden System gleich oder unterschiedlich sein.[96] Ein ineffizientes Privatrecht generiert aber auf jeden Fall zusätzliche Kosten, nämlich diejenigen, die direkt von der Ineffizienz herrühren.[97] Aus diesen Gründen sollte die Argumentationslast bei denen liegen, die im Einzelfall soziale Gerechtigkeit mit den Mitteln des Privatrechts erreichen wollen.[98]

4. Ergebnis

Damit kann festgehalten werden, dass das Europäische Privatrecht jedenfalls im Bereich der binnenmarktfinalen Rechtsangleichung eine ökonomische Zielsetzung verfolgt und die Instrumente der ökonomischen Analyse des Rechts sowohl in ihrer deskriptiven wie in ihrer normativen Ausprägung als Konkretisierungskriterien herangezogen werden können und müssen. Dies gilt nicht nur, soweit die einzelne konkretisierungsbedürftige Vorschrift oder der jeweilige Rechtsakt auf eine effizienzorientierte Zielsetzung verweist, sondern, vermittelt durch das Konzept der gemeinschaftlichen Wirtschaftsverfassung, stets.

---

93 *Eidenmüller*, Party Autonomy.
94 *Craswell*, (1991) 43 Stanford Law Review 361 (377).
95 *Jolls*, (1998) 51 Vanderbilt Law Review, 1653 (1676).
96 Nach dem *behavioural law and economics* Ansatz werden Arbeitsanreize durch Privatrecht möglicherweise weniger stark beeinträchtigt als durch Besteuerung. Dies liegt daran, das der Eintritt privatrechtlicher Haftung unsicher ist, während es zur steuerlichen Haftung in jedem Fall kommt. Aufgrund von Irrationalitäten wird die Wahrscheinlichkeit einer privatrechtlichen Haftung unterschätzt, so dass die Kosten einer solchen privatrechtlichen Regel niedriger erscheinen und Arbeitsanreize damit weniger stark verzerrt werden. Ob dies aber tatsächlich in einer gegebenen Situation zutrifft, ist wiederum eine empirische Frage. Vgl. *Jolls*, (1998) 51 Vanderbilt Law Review, 1653 ff.
97 *Kaplow/Shavell* (2000) 29 J Legal Studies, 821 (823 ff.); (n. 172), at 34; *Cooter/Ulen*, Law and Economics, S. 10 f.
98 *Cooter/Ulen*, Law and Economics, S. 9.

II. Methodische Grundlagen der ökonomischen Analyse des Rechts

Ökonomik ist Theorie der Handlungsfolgen in Abhängigkeit von den Handlungsbedingungen in Interaktionen.[99] Das Recht bestimmt, gemeinsam mit anderen sozialen Regeln und faktischen Gegebenheiten, wie etwa Klima oder Bodenschätze, die Handlungsbedingungen[100] und ist damit Teil der Restriktionen, die den Wünschen des Individuums Grenzen setzen.[101] Gegenstand der ökonomischen Analyse des Rechts ist die Frage, wie sich Änderungen des Rechts – im Wege der Gesetzgebung oder Rechtsprechung – auf die Handlungsfolgen, das Verhalten der Normadressaten, auswirken und welche Handlungsalternative vorzugswürdig erscheint. Insoweit wird die Änderung einer Variablen in Abhängigkeit von einer anderen Variablen untersucht und bewertet.[102] Dies ist zunächst nur möglich, wenn alle anderen Einflussgrößen als konstant vorausgesetzt werden (*ceteris paribus* – Regel). Erforderlich sind weiterhin bestimmte Grundannahmen, die eine Prognose der Handlungsfolgen erst ermöglichen.

1. Methodologischer und normativer Individualismus

Das Prinzip des methodologischen Individualismus besagt, dass alle Eigenschaften, die einem sozialen System zukommen, letztlich von den Eigenschaften und Anreizsystemen der Individuen abhängig sind, die das betrachtete System konstituieren.[103] Angesetzt wird bei den Verhaltensformen, Entscheidungen und Handlungen der Einzelpersonen, um die sozialen Erscheinungen auf der Makro-Ebene zu erklären.[104] Dabei wird betont, dass die Menschen verschieden sind und verschiedene und vielfältige Präferenzen, Ziele, Zwecke und Ideen haben.[105] Zugleich wird holistischen Konzepten eine Absage erteilt, die auf soziale Systeme als ganzes abstellen und diesen Eigenschaften zusprechen, die vom individuellen Verhalten der Organisationsmitglieder unabhängig und mit deren Präferenzen nicht vereinbar sind.[106]

Dies leitet über zum Prinzip des normativen Individualismus. Danach ist der einzelne Mensch die einzige Quelle von Werten.[107] Seine Präferenzen und Zielsetzun-

---

99 *Homann/Suchanek*, Ökonomik, S. 40.
100 *Kirchner*, Ökonomische Theorie des Rechts, S. 7.
101 *Homann/Suchanek*, Ökonomik, S. 28, unterscheiden „Budgetrestriktionen“, dazu werden neben monetären Mitteln etwa auch begrenzte Fähigkeiten, und Zeit gerechnet, „Technische Restriktionen“, wie Naturgesetze und ökologische Gegebenheiten, sowie „Soziale Restriktionen“, die wegen ihrer politischen Veränderbarkeit besonders interessant sind.
102 *Kirchner*, Ökonomische Theorie des Rechts, S. 8.
103 Vgl. *Erlei/Leschke/Sauerland*, Neue Institutionenökonomik, S. 6; *Kirchner*, Ökonomische Theorie des Rechts, S. 18ff.
104 Vgl. *Furubotn/Richter*, Institutions & Economic Theory, S. 3.
105 Vgl. *Richter/Furubotn*, Neue Institutionenökonomik, S. 3.
106 Vgl. *Erlei/Leschke/Sauerland*, Neue Institutionenökonomik, S. 6.
107 Vgl. *Erlei/Leschke/Sauerland*, Neue Institutionenökonomik, S. 3; *Kirchner*, Ökonomische Theorie des Rechts, S. 20; *Schäfer/Ott*, Lehrbuch der ökonomischen Analyse des Zivilrechts, S. 3.

gen bilden den Referenzpunkt für die Beurteilung möglicher Problemlösungen.[108] Abgelehnt werden Auffassungen, die dem Staat oder der Gesellschaft ein von Einzelpräferenzen losgelöstes Gesamtinteresse zusprechen wollen.[109]

2. Analytisch-deskriptives Instrumentarium

Das analytisch-deskriptive Instrumentarium der ökonomischen Analyse des Rechts beruht heute im wesentlichen auf dem Theorieansatz der Neuen Institutionenökonomik[110], die ihrerseits auf dem Apparat der neoklassischen Theorie aufbaut, diesen jedoch an wesentlichen Stellen modifiziert, um Funktionsweise und Entwicklung institutioneller Ordnungen zu erklären.[111]

a) *Homo oeconomicus*-Modell und REM-Hypothese

Das in der Ökonomik gängige Modell zur Analyse menschlichen Verhaltens ist das sogenannte Modell des *homo oeconomicus*. Es setzt sich zusammen aus drei Grundbausteinen: (1) Individuen sind stets in der Lage, zwischen mehreren Handlungsalternativen eine vollständige, transitive und unabhängige Präferenzordnung anzugeben, die als konsistent und stabil in die Überlegungen einzubeziehen ist; (2) die dem Individuum zur Verfügung stehenden Handlungsalternativen, der Handlungsraum, ist durch Restriktionen begrenzt, wodurch eine Knappheitssituation erst entsteht; (3) die Wahlhandlung des Individuums ergibt sich aus dem Zusammenspiel von Präferenzen und Restriktionen.[112] Auf dieser dritten Stufe setzt die REM-Hypothese[113] an. Danach bewertet das Individuum unter Anwendung des Kosten-Nutzen-Kalküls seine Handlungsmöglichkeiten, und wird sich für die Alternative entscheiden, die es innerhalb des durch die Restriktionen gesetzten Handlungsrahmens am meisten präferiert,[114] also seinen individuellen Nutzen

---

108 Vgl. *Erlei/Leschke/Sauerland*, Neue Institutionenökonomik, S. 3.

109 Vgl. *Schäfer/Ott*, Lehrbuch der ökonomischen Analyse des Zivilrechts, S. 3.

110 „The central message of the New Institutional Economics is that institutions matter for economic performance.", vgl. *Furubotn/Richter*, Institutions & Economic Theory, S. 1. Diese verstehen unter „Institutionen" ein System formgebundener (formaler) und formungebundenere (informeller) Regeln einschließlich der Vorkehrungen zu deren Durchsetzung. (S. 6f.). Dazu gehört auch das Recht. Weiteres Wesensmerkmal der neuen Institutionenökonomik ist die Betonung der Kostspieligkeit von Transaktionen, vgl. *Furubotn/Richter*, Institutions & Economic Theory, S. 47.

111 Vgl. *Furubotn/Richter*, Institutions & Economic Theory, S. 2f.

112 Vgl. *Erlei/Leschke/Sauerland*, Neue Institutionenökonomik, S. 2; *Posner*, Economic Analysis of Law, S. 4; *Cooter/Ulen*, Law and Economics, S. 16; *Schäfer/Ott*, Lehrbuch der ökonomischen Analyse des Zivilrechts, S. 58ff.; *Eidenmüller*, Effizienz als Rechtsprinzip, S. 28f.; *Kirchner*, Ökonomische Theorie des Rechts, S. 12f.

113 „REM" steht dabei für „rational egoistischer Mensch"; in der englischen Literatur wird von REMM-Hypothese (resourceful, evaluating, maximizing man) gesprochen, vgl. *Schäfer/Ott*, Lehrbuch der ökonomischen Analyse des Zivilrechts, S. 55 mit Fn. 1.

114 Egoismus schließt dabei Altruismus keineswegs aus; die Präferenzordnung kann auch so festgelegt sein, dass das Wohlergehen anderer den ersten Rang einnimmt, *Posner*, Economic Analysis of Law, S. 3 f.; *Schäfer/Ott*, Lehrbuch der ökonomischen Analyse des Zivilrechts, S. 61 f.

maximiert.[115] So ermöglicht dieses Modell, von Restriktionsänderungen auf Verhaltensänderungen zu schließen.[116]

Die traditionelle neoklassische Auffassung geht dabei von vollkommener individueller Rationalität aus, welche unbeschränkten Zugang zu Informationen und unbeschränkte Informationsverarbeitungskapazitäten voraussetzt.[117] Mit der Einführung positiver Transaktionskosten durch die Neue Institutionenökonomik erfährt die REM-Hypothese insoweit eine Einschränkung, als Information nun nicht mehr kostenlos und damit nur mehr in beschränktem Umfang zur Verfügung steht und auch der Informationsverarbeitungskapazität des Individuums Grenzen gesetzt sind.[118] Ausgegangen wird folglich von einer „eingeschränkten Rationalität" (*bounded rationality*), nach der sich Menschen der Intention nach zwar rational verhalten, allerdings nur im Rahmen und aufgrund der zur Verfügung stehenden Informationen und Informationsverarbeitungskapazitäten.[119] Daraus ergibt sich zugleich, dass Institutionen gezielt zur Verringerung eines Informationsdefizits und damit nutzensteigernd eingesetzt werden können.[120]

Die Rationalitätsthese ist insofern der Kritik ausgesetzt, als tagtägliche Beobachtungen und Erfahrungen nahe zu legen scheinen, dass sich Menschen häufig nicht rational verhalten.[121] Dabei ist jedoch zu berücksichtigen, dass sich die Ökonomik nicht für den Einzelfall interessiert, sondern nach Gesamtzusammenhängen und Tendenzen fragt.[122] Analysiert wird stets das Verhalten einer großen Zahl individueller Akteure danach, wie sie sich „in der Regel" verhalten.[123] Insoweit erscheint das *homo oeconomicus* – Modell grundsätzlich[124] noch immer geeignet, als hinreichende Annäherung an die Wirklichkeit zu aussagkräftigen Prognosen zu gelangen.[125] Zu berücksichtigen ist zudem, dass ohne die Annahme rationalen Verhaltens große Teile des Rechts als Verhaltensanreize sinnlos erscheinen müssten.[126]

---

115 Vgl. *Erlei/Leschke/Sauerland*, Neue Institutionenökonomik, S. 4f.; *Posner*, Economic Analysis of Law, S. 4f.; *Cooter/Ulen*, Law and Economics, S. 16; *Schäfer/Ott*, Lehrbuch der ökonomischen Analyse des Zivilrechts, S. 59ff.; *Eidenmüller*, Effizienz als Rechtsprinzip, S. 29f.; *Kirchner*, Ökonomische Theorie des Rechts, S. 13f.

116 *Kirchner*, Ökonomische Theorie des Rechts, S. 13.

117 Vgl. *Furubotn/Richter*, Institutions & Economic Theory, S. 4.

118 Vgl. *Furubotn/Richter*, Institutions & Economic Theory, S. 4.

119 Vgl. *Furubotn/Richter*, Institutions & Economic Theory, S. 4.

120 Vgl. *Homann/Suchanek*, Ökonomik, S. 7ff.

121 Vgl. *Posner*, Economic Analysis of law, S. 17; *Erlei/Leschke/Sauerland*, Neue Institutionenökonomik, S. 7ff.

122 Vgl. *Erlei/Leschke/Sauerland*, Neue Institutionenökonomik, S. 5; ausführlich *Schäfer/Ott*, Lehrbuch der ökonomischen Analyse des Zivilrechts, S. 62; *Eidenmüller*, Effizienz als Rechtsprinzip, S. 40.

123 Vgl. *Erlei/Leschke/Sauerland*, Neue Institutionenökonomik, S. 5.

124 Für wichtige Ausnahmen vgl. den „Behavioral Law and Economics" – Ansatz unten 4.

125 Vgl. *Schäfer/Ott*, Lehrbuch der ökonomischen Analyse des Zivilrechts, S. 64f.

126 Vgl. *Eidenmüller*, Effizienz als Rechtsprinzip, S. 40, unter Hinweis auf das Steuer- und Vertragsrecht; *ders.*, JZ 2005, 216 (218): „Verhaltenssteuerung durch rechtliche Anreize bzw. Sanktionen lässt sich anders gar nicht sinnvoll denken: Die abschreckende Wirkung etwa von zivil- und strafrechtlichen Sanktionen setzt voraus, dass wir rational handeln und dass erwartete Kosten unseren Entscheidungskalkül beeinflussen."

b) Angebots- und Nachfrageverhalten, mikroökonomisches Gleichgewicht

Aus dem Modell des *homo oeconomicus* lassen sich weitere fundamentale Annahmen der Ökonomik ableiten.[127]

Geht man davon aus, dass jeder Konsument nur ein bestimmtes Einkommen zur Verfügung hat, so folgt aus der Rationalitätshypothese, dass er dieses Einkommen auf die am Markt angebotenen Güter so verteilt, dass er den Nutzen, die diese Güter für ihn haben, maximiert.[128] Geht man weiter davon aus, dass der Grenznutzen[129] des Gutes mit jeder zusätzlichen Einheit abnimmt, so erreicht ein Haushalt sein Nutzenmaximum[130], wenn der am Markt vorgefundene Preis gleich dem Grenznutzen ist.[131] Bei einer Preissteigerung für ein Gut sinkt nun – *ceteris paribus* – der Grenznutzen unter den Preis ab. Der rationale Konsument wird reagieren und die Nachfrage für dieses Gut reduzieren. Daraus ergibt sich das Nachfragegesetz (*Law of Demand*): Mit steigendem (sinkenden) Preis sinkt (steigt) bei Konstanz der übrigen Preise und des Einkommens die nachgefragte Menge für dieses Gut.[132] Wenn alle Haushalte in gleicher Weise reagieren, wird bei einer Preissteigerung die insgesamt nachgefragte Menge zurück gehen. Wie stark die Nachfrage auf Preisänderungen reagiert, hängt ab von der Nachfrageelastizität eines Gutes.[133] Diese wiederum bestimmt sich zu einem großen Teil danach, inwieweit das jeweilige Gut durch andere Güter substituierbar ist. Wenn Gut x leicht durch Gut y ersetzt werden kann, führt eine Preissteigerung für Gut x zu einem steilen Rückgang der Nachfrage für Gut x, verbunden mit einem steilen Anstieg der Nachfrage für Gut y.[134]

Die Angebotsseite des Marktes verhält sich entsprechend.[135] In einem atomistischen Markt mit vollständiger Konkurrenz sind die Preise der produzierten Güter ebenso wie die Preise der Produktionsfaktoren der Kontrolle einzelner Anbieter entzogen. Kurzfristig sind einige Produktionsfaktoren unveränderlich. Die Kosten dieser Produktionsfaktoren werden üblicherweise als fixe Kosten bezeichnet (obwohl die Kosten als solche durchaus veränderlich sein können). Auf lange Sicht sind sämtliche Faktoren veränderlich.[136] Innerhalb des durch die Handlungsre-

127 *Posner*, Economic Analysis of Law, S. 4.
128 Vgl. *Schäfer/Ott*, Lehrbuch der ökonomischen Analyse des Zivilrechts, S. 72.
129 Grenznutzen ist derjenige Nutzen, den eine zusätzliche Gütereinheit dem Haushalt stiftet, vgl. *Schäfer/Ott*, Lehrbuch der ökonomischen Analyse des Zivilrechts, S. 72; *Cooter/Ulen*, Law and Economics, S. 26.
130 Der Nettonutzen ergibt sich aus der Differenz von Gesamtnutzen und Gesamtpreis und wird als Konsumentenrente bezeichnet, vgl. *Schäfer/Ott*, Lehrbuch der ökonomischen Analyse des Zivilrechts, S. 73.
131 Vgl. *Schäfer/Ott*, Lehrbuch der ökonomischen Analyse des Zivilrechts, S. 72; *Cooter/Ulen*, Law and Economics, S. 26.
132 Vgl. *Schäfer/Ott*, Lehrbuch der ökonomischen Analyse des Zivilrechts, S. 74; *Posner*, Economic Analysis of Law, S. 4.
133 *Varian*, Intermediate Microeconomics, S. 272.
134 *Varian*, Intermediate Microeconomics, S. 273.
135 *Furubotn/Richter*, Institutions and Economic Theory, S. 3.
136 *Varian*, Intermediate Microeconomics, S. 330.

striktionen vorgegebenen Rahmens maximieren Unternehmen ihren Gewinn als die Differenz von Umsatz und Kosten.[137] Auf kurze Sicht (unter der Annahme, dass Faktor x unveränderlich ist) maximiert das Unternehmen seinen Gewinn, wenn es eine Menge an Gütern produziert, deren Grenzprodukt (Wert der zusätzlichen Produktionsmenge per zusätzlicher Einheit des Faktors y) gleich der Grenzkosten ist, wobei die Grenzkosten identisch sind mit dem Preis für die zusätzliche Einheit des Faktors y.[138] Mit steigendem Preis für Faktor y sinkt der Bedarf des Unternehmens nach y. Unter der Annahme, dass die Menge von x unveränderlich ist, nimmt bei sinkender Menge von y auch die Produktionsmenge des Unternehmens ab.[139] Auf lange Sicht ist das Unternehmen frei, alle Faktoren entsprechend der vorstehenden Überlegungen abzuändern, wobei zum Zwecke der Gewinnmaximierung stets das Grenzprodukt eines jeden Faktors gleich dem Preis einer zusätzlichen Einheit dieses Faktors ist.[140] Daraus folgt: steigen die Kosten für das Unternehmen wird es zur Gewinnmaximierung die Produktion zurückfahren.

Auf einem Markt mit vollständiger Konkurrenz ergibt sich der Preis eines Produkts aus dem Zusammenwirken aller Anbieter und Nachfrager, ohne dass einzelne Anbieter oder Nachfrager insoweit darauf Einfluss haben. Der Gleichgewichtspreis ist erreicht, wenn die angebotene genau der nachgefragten Menge eines Gutes entspricht.[141] Dies ergibt sich aus der Annahme, dass alle Akteure ihren Nutzen bzw. Gewinn maximieren. Wenn zu einem bestimmten Preis die Nachfrage das Angebot übersteigt, werden einige Anbieter ihre Güter zu einem höheren Preis an entäuschte Nachfrager verkaufen und so den Preis nach oben drücken. Wenn umgekehrt die Nachfrage hinter dem Angebot zurück bleibt, werden einige Anbieter den Preis reduzieren um die von ihnen produzierten Güter doch noch unter die Leute zu bringen; dabei geht der Preis nach unten.[142] Dieses Zusammenwirken von Angebot und Nachfrage erklärt auch, warum Unternehmen nur in begrenztem Umfang Kostensteigerungen auf ihre Kunden abwälzen können. Wenn der Preis eines Gutes steigt, nimmt die Nachfrage ab. Die Auswirkung auf den Umsatz und damit den Gewinn ist abhängig von der Nachfrageelastizität im Verhältnis zur Angebotselastizität.[143] Je größer die Nachfrageelastizität umso eher hat eine Preissteigerung einen Umsatzrückgang zur Folge; und je geringer die Angebotselastizität umso wahrscheinlicher ist es, dass eine Kosteneinsparung aufgrund reduzierter Produktionsmenge die erhöhten Produktionskosten ausgleichen kann. Unter diesen Voraussetzungen wird sich der Preis allenfalls geringfügig erhöhen.[144] Im Falle vergleichsweise geringer Nachfrageelastizität werden Konsumenten ihren Verbrauch eines Gutes bei einer Preissteigerung nur geringfügig zurückfahren; und hohe Angebotselastizität indiziert, dass Produktionskosten durch eine

137 *Varian*, Intermediate Microeconomics, S. 334.
138 *Varian*, Intermediate Microeconomics, S. 340.
139 *Varian*, Intermediate Microeconomics, S. 341 f.
140 *Varian*, Intermediate Microeconomics, S. 343.
141 *Varian*, Intermediate Microeconomics, S. 289.
142 *Varian*, Intermediate Microeconomics, S. 290.
143 *Craswell*, (1991) 43 Stanford Law Review, 361 (367).
144 *Craswell*, (1991) 43 Stanford Law Review, 361 (367).

Reduzierung der Produktionsmenge nicht nennenswert verringert werden.[145] Damit gilt: je geringer die Nachfragelastizität und je höher die Angebotselastizität eines Gutes, umso größer ist der Kostenanteil, den Firmen auf ihre Kunden umlegen.[146] In einem monopolistischen Markt kann der Monopolist in Abhängigkeit von der Gesamtnachfrage Preis und Produktionsmenge einseitig bestimmen. Der Monopolist maximiert seinen Gewinn, wenn der Grenzerlös gleich den Grenzkosten ist. Erhöht der Monopolist die Produktionsmenge, so drückt er den Preis für die gesamte Gütermenge, die er anbietet. Um seinen Gewinn konstant zu halten wird der Monopolist einen Preis festsetzen, der über den Grenzkosten liegt, wobei die Höhe des Aufschlags von der Nachfragelastizität abhängt.[147] Damit wird im Regelfall zum Nachteil der Verbraucher[148] der Monopolpreis höher, und die Produktionsmenge niedriger sein, als in einem Markt mit funktionierendem Wettbewerb.[149]

c) Das *Coase*-Theorem und die Bedeutung von Transaktionskosten

Grundlage der ökonomischen Analyse des Rechts bilden die Überlegungen des Nobelpreisträgers *Ronald Coase*, die er 1960 in seinem Aufsatz „*The Problem of Social Cost*“[150] niedergelegt hat.[151] Basierend auf den vorstehend dargestellten Annahmen[152] und ausgehend von einer Fülle von fiktiven und tatsächlich entschiedenen Rechtsfällen aus dem Bereich der Eigentumsbeeinträchtigungen (*nuisance*) gelangt er zu den Erkenntnissen, die später als „*Coase*-Theorem“ bekannt geworden sind.[153] Das *Coase*-Theorem besagt, dass bei hinreichend klarer Definition der bestehenden Eigentumsrechte bezüglich der vorhandenen Resourcen unter der Bedingung, dass die Transaktionskosten, dass heißt die Kosten der Information und Koordination bei der Übertragung sowie die Kosten der Durchsetzung von Rechten gleich null sind, die Resourcen durch Verhandlung der betroffenen Parteien stets ihrer effizientesten Nutzung zugeführt werden und zwar unabhängig von der ursprünglichen Verteilung der Eigentumsrechte.[154]

---

145 *Craswell*, (1991) 43 Stanford Law Review, 361 (367).

146 *Varian*, Intermediate Microeconomics, S. 273.

147 *Varian*, Intermediate Microeconomics, S. 427.

148 H *Varian*, Intermediate Microeconomics, S. 430.

149 *Schäfer/Ott*, Lehrbuch der ökonomischen Analyse des Zivilrechts, S. 89; *Cooter/Ulen*, Law and Economics, S. 36.

150 Vgl. *Coase*, (1960), 3 J Law & Econ, 1 ff.

151 Vgl. *Schäfer/Ott*, Lehrbuch der ökonomischen Analyse des Zivilrechts, S. 101; *Eidenmüller*, Effizienz als Rechtsprinzip, S. 59 ff.; *Cooter/Ulen*, Law and Economics, S. 85 ff.; *Posner*, Economic Analysis of Law, S. 7.

152 Vgl. beispielsweise *Coase*, (1960), 3 J Law & Econ, 1 (3): The cattle-raiser „will not increase the size of the herd unless the value of the additional meat produced (...), is greater than the additional costs that this will entail, including the value of additional crops destroyed."

153 *Coase* selbst hat nie von einem Theorem gesprochen, vgl. *Schäfer/Ott*, Lehrbuch der ökonomischen Analyse des Zivilrechts, S. 101; kritisch zur Begriffsbildung *Eidenmüller*, Effizienz als Rechtsprinzip, S. 59 Fn. 5.

154 *Coase*, (1960), 3 J Law & Econ, 1 (8): „It is necessary to know whether the damaging business is liable or not for damage caused since without the establishment of this initial delimitation of rights there can be no market transactions to transfer and recombine them. But the ultimate result (which

In der Realität ist nun freilich die Ausführung einer Transaktion am Markt stets mit Such- und Informationskosten, Verhandlungs- und Entscheidungskosten sowie Überwachungs- und Durchsetzungskosten[155] verbunden.[156] Zu einer effizienten Neuverteilung der Eigentumsrechte durch Verhandlung der Parteien kommt es nur dann, wenn der Nutzen aus der Neuverteilung größer ist, als die damit verbundenen Kosten. Ist dieser Nutzen geringer, so wird eine Transaktion scheitern, die im Falle ihrer Kostenlosigkeit durchgeführt worden wäre.[157] Der Markt versagt. Die Gründe für das Marktversagen können vielfältig sein. So kann der Preismechanismus etwa durch die Ausübung von Marktmacht oder durch das Auftreten von Externalitäten außer Kraft gesetzt werden.[158] Von besonderer Bedeutung für das Europäische Privatrecht ist das Vorliegen von Informationsasymmetrien, bei denen für eine Marktseite die Informationskosten prohibitiv hoch sind, während die andere Marktseite entweder voll informiert ist, oder sich die für die andere Marktseite wichtigen Informationen mit geringem Aufwand beschaffen und der anderen Seite mitteilen könnte.[159]

Aus dem Coase-Theorem folgt nun, dass es unter der Voraussetzung prohibitiv hoher Transaktionskosten für die optimale Resourcennutzung auf die ursprüngliche Verteilung der Eigentumsrechte, mit anderen Worten auf die Ausgestaltung der Rechtsordnung, ankommt.[160] Gesetzgeber und Gerichte sollten Handlungsrechte möglichst effizient verteilen, so dass selbst dann, wenn Transaktionskosten nicht prohibitiv hoch sind, resourcenvergeudende Transaktionen möglichst unterbleiben.[161] Die ursprüngliche Verteilung der Handlungsrechte hat dabei anhand

---

maximises the value of production) is independent of the legal position if the pricing system is assumed to work without cost." Vgl. *Furubotn/Richter*, Institutions & Economic Theory, S. 104; *Posner*, Economic Analysis of Law, S. 7; *Eidenmüller*, Effizienz als Rechtsprinzip, S. 59ff.; *Cooter/Ulen*, Law and Economics, S. 89; *Schäfer/Ott*, Lehrbuch der ökonomischen Analyse des Zivilrechts, S. 102, mit Zusammenfassung der Kritik am *Coase*-Theorem auf S. 104ff. Im Lichte dieser Kritik wird vorgeschlagen, das *Coase*-Theorem wie folgt zu ergänzen (S. 107): „Die Verteilungswirkungen alternativer Arrangements von Rechtspositionen sind allokationsneutral, und Einflüsse strategischen Verhaltens wirken sich nicht auf die Allokation aus.".

155 Vgl. zu diesen Kategorien der Markttransaktionskosten *Furubotn/Richter*, Institutions & Economic Theory, S. 51 ff.

156 Vgl. *Coase*, (1960), 3 J Law & Econ, 1 (15).

157 *Coase*, (1960), 3 J Law & Econ, 1 (15 f.): „Once the cost of carrying out market transactions are taken into account it is clear that such a rearrangement of rights will only be undertaken when the increase in the value of production consequent upon the rearrangement is greater than the cost which would be involved in bringing it about. When it is less, the granting of an injunction (...) or the liability to pay damages may result in an activity being discontinued (...) which would be undertaken if market transactions were costless."

158 Vgl. *Schäfer/Ott*, Lehrbuch der ökonomischen Analyse des Zivilrechts, S. 107ff.; *Cooter/Ulen*, Law and Economics, S. 43 ff.

159 Vgl. *Schäfer/Ott*, Lehrbuch der ökonomischen Analyse des Zivilrechts, S. 108f.; *Cooter/Ulen*, Law and Economics, S. 46f.

160 *Coase*, (1960), 3 J Law & Econ, 1 (16): "In these conditions the initial delimitation of legal rights does have an effect on the efficiency with which the economic system operates." Vgl. auch *Cooter/Ulen*, Law and Economics, S. 89.

161 *Coase*, (1960), 3 J Law & Econ, 1 (19): "Even when it is possible to change the legal delimitation of rights through market transactions, it is obviously desirable to reduce the need for such transactions and thus reduce the employment of resources in carrying them out."

der von der ökonomischen Analyse des Rechts vorgeschlagenen normativen Kriterien zu erfolgen.

3. Die normativen Kriterien der ökonomischen Analyse des Rechts

Zur Bewertung der mit Hilfe des analytisch-deskriptiven Apparates ermittelten Folgen verschiedener Regelungen bedarf es der Bennung von Bewertungsmaßstäben. Diese entnimmt die ökonomische Analyse des Rechts zum einen der Wohlfahrstökonomik[162], zum anderen entwickelt sie sie in Fortführung des Coase-Theorems.

a) Wohlfahrstökonomische Effizienzkriterien: *Pareto* und *Kaldor/Hicks*

In Anlehnung an den italienischen Ökonomen und Soziologen *Vilfredo Pareto* wird ein sozialer Zustand als pareto-effizient bzw. pareto-optimal bezeichnet, wenn es keinen anderen Zustand gibt, bei dem sich mindestens ein Individuum besserstellt, ohne dass sich ein anderes Individuum schlechter stellt. Pareto-Effizienz oder Pareto-Optimalität impliziert die Abwesenheit pareto-superiorer Verbesserungen, bei denen sich mindestens ein Individuum besser stellt, ohne dass ein anderes Individuum Nutzeneinbußen erleidet.[163] Das Pareto-Kriterium entspricht dem Einstimmigkeitsprinzip: jedes Mitglied der Gesellschaft enthält ein Veto-Recht, mit dem es belastende Maßnahmen verhindern kann.[164] Insoweit ist der Anwendungsbereich äußerst gering, da rechtspolitische Entscheidungen regelmäßig eine Vielzahl von Personen auch negativ betreffen.[165] Anders ausgedrückt: der status quo ist in der Praxis stets *Pareto* effizient.[166] Im Zwei- (oder Mehr-)personenverhältnis eines Vertrages, der ohne Zwang, Unerfahrenheit oder ähnliche Einflüsse zustande gekommen ist, spricht jedoch eine Vermutung für ein pareto-superiores Ergebnis, da andernfalls die Parteien die Transaktion nicht vorgenommen hätten.[167]

Zur Überwindung des Einstimmigkeitsproblems wird das Effizienz-Kriterium von *Kaldor* und *Hicks* herangezogen. Danach ist ein sozialer Zustand einem anderen dann vorzuziehen, wenn der neue Zustand mindestens einen Akteur soweit bes-

---

162 Vgl. *Eidenmüller*, Effizienz als Rechtsprinzip, S. 41; *Erlei/Leschke/Sauerland*, Neue Institutionenökonomik, S. 15 ff.; *Cooter/Ulen*, Law and Economics, S. 42 ff.

163 *Erlei/Leschke/Sauerland*, Neue Institutionenökonomik, S. 16; vgl. weiterhin *Schäfer/Ott*, Lehrbuch der ökonomischen Analyse des Zivilrechts, S. 24 f.; *Eidenmüller*, Effizienz als Rechtsprinzip, S. 48 f.; *Cooter/Ulen*, Law and Economics, S. 17; *Posner*, Economic Analysis of Law, S. 12.

164 Vgl. *Eidenmüller*, Effizienz als Rechtsprinzip, S. 49; *Schäfer/Ott*, Lehrbuch der ökonomischen Analyse des Zivilrechts, S. 25; *Posner*, Economic Analysis of Law, S. 12.

165 Vgl. *Erlei/Leschke/Sauerland*, Neue Institutionenökonomik, S. 17; *Schäfer/Ott*, Lehrbuch der ökonomischen Analyse des Zivilrechts, S. 25; *Eidenmüller*, Effizienz als Rechtsprinzip, S. 49; *Posner*, Economic Analysis of Law, S. 13.

166 *Calabresi*, (1991) 100 Yale LJ, 1211 (1216); *Furubotn/Richter*, Institutions and Economic Theory, S. 109.

167 Vgl. *Eidenmüller*, Effizienz als Rechtsprinzip, S. 48; *Schäfer/Ott*, Lehrbuch der ökonomischen Analyse des Zivilrechts, S. 25.

serstellt, dass er den Verlust der Verlierer kompensieren könnte und sich nach dieser Kompensation immer noch gegenüber dem Status quo besserstellen würde.[168] Da eine Kompensation nicht tatsächlich stattfinden muss, spricht man auch von potentieller Pareto-Superiorität. Ohne einen interpersonalen Vergleich der von den Gewinnern erzielten Vorteile mit den von den Verlierern erlittenen Nachteile erscheint es aber unmöglich festzustellen, ob eine Maßnahme tatsächlich eine Verbesserung nach dem *Kaldor/Hicks*-Kriterium zur Folge hat.[169] Das Kriterium ist damit dem Vorwurf der Unbestimmtheit ausgesetzt. Gleichwohl kann es ein sinnvolles Instrument zur Untersuchung der mit Rechtsänderungen einhergehenden Kosten und Anreize sein,[170] soweit sich Gewinne und Verluste in Geldeinheiten übersetzen lassen. Auf diese Weise gelangt man zur Kosten-Nutzen-Analyse als einem zentralen Baustein der ökonomischen Analyse des Rechts.[171] Abgesehen davon, dass das *Kaldor/Hicks*-Kriterium unter bestimmten Voraussetzungen zu Inkonsistenzen führen kann,[172] besteht eine wesentliche Schwäche in der mangelnden sozialethischen Legitimierbarkeit *Kaldor/Hicks*-effizienter Entscheidungen gegenüber den Verlierern.[173] Hier setzt die neue Institutionenökonomik an. Eine nachteilige Einzelmaßnahme ist für die Verlierer dann akzeptabel, wenn sie auf Regeln – oder allgemeiner Institutionen – basiert, denen die Individuen implizit oder explizit zustimmen können.[174] Dies dürfte dann der Fall sein, wenn die Respektierung der Personen in ihrem jeweiligen Personsein durch die Beachtung von unveräußerlichen, jedenfalls in ihrem Kern nicht abwägbaren Menschenrechten sichergestellt ist und durch die Anwendung der entsprechenden Regeln über einen bestimmten Zeitraum mittel- oder langfristig eine Generalkompensation eintritt.[175] Fehlt es an letzterem, so kann nur eine tatsächliche Kompensation Abhilfe schaffen, die dann allerdings nicht über den Markt und das zugehörige Transaktionsrecht zu erfolgen hat, sondern über ein leistungsfähiges Sozialsystem.[176]

Insoweit ist der Schutz der Grund- und Menschenrechte auf Gemeinschaftebene in hinreichender Weise gewährleistet:[177] „die Grundrechte [sind] integraler Bestandteil der allgemeinen Rechtsgrundsätze, deren Wahrung der Gerichtshof zu sichern hat."[178] Diese Rechte, die im Europäischen Privatrecht über eine Schutzpflicht der

---

168 Vgl. *Erlei/Leschke/Sauerland*, Neue Institutionenökonomik, S. 17; *Schäfer/Ott*, Lehrbuch der ökonomischen Analyse des Zivilrechts, S. 31 f.; *Eidenmüller*, Effizienz als Rechtsprinzip, S. 51 ff.; *Cooter/Ulen*, Law and Economics, S. 47 f.; *Posner*, Economic Analysis of Law, S. 13.

169 *Calabresi*, (1991) 100 Yale LJ, 1211 (1223).

170 *Kaplow/Shavell*, Fairness versus Welfare, S. 32.

171 Vgl. *Eidenmüller*, Effizienz als Rechtsprinzip, S. 52; *Cooter/Ulen*, Law and Economics, S. 47; *Schäfer/Ott*, Lehrbuch der ökonomischen Analyse des Zivilrechts, S. 34.

172 Vgl. *Schäfer/Ott*, Lehrbuch der ökonomischen Analyse des Zivilrechts, S. 32 mit Fn. 11.

173 Vgl. *Erlei/Leschke/Sauerland*, Neue Institutionenökonomik, S. 18 f.; *Posner*, Economic Analysis of Law, S. 13 f.

174 Vgl. *Erlei/Leschke/Sauerland*, Neue Institutionenökonomik, S. 18 f.

175 Vgl. *Schäfer/Ott*, Lehrbuch der ökonomischen Analyse des Zivilrechts, S. 35 ff., 45 ff.

176 Vgl. *Schäfer/Ott*, Lehrbuch der ökonomischen Analyse des Zivilrechts, S. 36 f., 53.

177 EGMR v. 30. 6. 2005, (*Bosphorus v Ireland*), App. no. 45036/98, Rn. 165.

178 EuGH v. 3. 9. 2008 – verb. Rs. C-402/05 P und C-415/05 P (*Kadi and Al Barakaat*) Slg. 2008, I-0000, Rn. 283.

Gemeinschaftsorgane verwirklicht werden, sind auch in ihrem Kern unveräußerlich und vor unverhältnismäßiger Einschränkung geschützt.[179] Im Hinblick darauf können sie sich von Fall zu Fall gegenüber dem Effizienz-Prinzip durchsetzen.[180] Nach der gegenwärtigen Kompetenzverteilung fällt die Kompensation der Verlierer einer am *Kaldor/Hicks*-Kriterium orientierten Konkretisierung in die Zuständigkeit der Mitgliedstaaten vermöge ihres Steuer- und Sozialrechts. Dies ist eine Folge der gemeinschaftsrechtlichen Systementscheidung und kann damit die Ausrichtung des Europäischen Privatrechts am Effizienzkriterium nicht in Frage stellen.

b) Die Verhandlungslösung als Entscheidungsmodell

Basierend auf dem Coase-Theorem und dem Pareto-Kriterium im Zweipersonenverhältnis, wonach unter Abwesenheit von Transaktionskosten die Verhandlung der Parteien automatisch zu einer pareto-effizienten Resourcenallokation führt, lässt sich eine Entscheidungsregel formulieren, wonach der Richter das Ergebnis einer Transaktion am Markt zu rekonstruieren und sich an dem Ergebnis zu orientieren hat, dass die Parteien bei freier Verhandlung selbst erzielt hätten, wären die Transaktionskosten nicht prohibitiv hoch gewesen.[181] Dies führt zu einer Allokation von Eigentumsrechten zu derjenigen Partei, für die sie den größten Wert darstellen und die sie folglich bei funktionierendem Markt erworben hätte.[182] Da die Feststellung, welche Partei dies ist, regelmäßig mit erheblichen Schwierigkeiten verbunden sein dürfte, scheint eine Entscheidungsregel vorzugswürdig, wonach die Hindernisse für vorteilhafte Austausgeschäfte aus dem Weg geräumt und Transaktionskosten möglichst reduziert werden sollen.[183] Dadurch wird zum einen der Rechtsanwender von der schwierigen Aufgabe der effizienten Allokation von Rechten entbunden und zum anderen der tatsächliche pareto-effiziente Austausch gefördert.[184] Die vorallem für das Vertragsrecht bedeutsamen Denkfiguren des *„cheapest cost avoider"*, *„cheapest insurer"* und *„cheapest risk bearer"*[185] beruhen letztendlich auf diesen beiden Entscheidungsregeln.

Aus dem Coase-Theorem folgt noch ein weiteres: Nur dann, wenn das Marktversagen einen solchen Grad, die Transaktionskosten eine solche Höhe erreichen, dass ein auf Verhandlung basierender Austausch nicht mehr effizient funktioniert, ist ein hoheitlicher korrigierender Eingriff gerechtfertigt.[186] Dies aber nur unter der

---

179 EuGH v. 11. 12. 2007 – Rs. C-438/05 *(Viking Line ABP)*, Slg. 2007, ECR I-10779 Rn. 84; EuGH v. 18. 12. 2007 – Rs. C-341/05 *(Laval un Partneri Ltd)*, Slg. 2007, I-11767 Rn. 108–110.

180 *Schillig*, (2008) 15 MJ 285 (320).

181 Vgl. *Posner*, Economic Analysis of Law, S. 15; *Eidenmüller*, Effizienz als Rechtsprinzip, S. 65 f.; *Cooter/Ulen*, Law and Economics, S. 97: "Structure the law so as to minimize the harm caused by failures in private agreements."; dort bezeichnet als "Normative Hobbes Theorem".

182 Vgl. *Cooter/Ulen*, Law and Economics, S. 98.

183 Vgl. *Cooter/Ulen*, Law and Economics, S. 97: „Structure the law so as to remove the impediments to private agreements."

184 Vgl. *Eidenmüller*, Effizienz als Rechtsprinzip, S. 64.

185 Vgl. dazu *Schäfer/Ott*, Lehrbuch der ökonomischen Analyse des Zivilrechts, S. 415.

186 Vgl. *Cooter/Ulen*, Law and Economics, S. 95.

weiteren Voraussetzung, dass der durch den Eingriff erzielte Nutzen die damit verbundenen Nachteile überwiegt.[187]

4. Die Erkenntnisse des *Behavioral Law and Economics* – Ansatzes

Im Gegensatz zur neoklassichen Theorie geht die Neue Institutionenökonomik vom Konzept der eingeschränkten Rationalität (*bounded rationality*) aus, wonach zwar beschränkte Informationszugangs- und -verarbeitungskapazitäten Berücksichtigung finden, bezüglich der auf deren Grundlage gefällten Entscheidungen jedoch grundsätzlich an der Rationalitätsannahme festgehalten wird. Hieran knüpft die neue Strömung der *Behavioral Law and Economics* an, die die Erkenntnisse der empirischen Verhaltens- und Entscheidungspsychologie für die ökonomische Analyse des Rechts fruchtbar zu machen versucht.[188] Ziel ist es, auf der Grundlage der traditionellen ökonomischen Analyse des Rechts realistischere Annahmen für das menschliche Verhalten bereit zu stellen.[189] Dazu werden bestimmte, jedenfalls auf den ersten Blick von der Rationalitätsannahme abweichende, experimentell nachgewiesene und systematisch auftretende[190] Verhaltensanomalien analysiert und in das traditionelle Instrumentarium einzubauen versucht.[191]

a) Verhaltensanomalien

Eine erste Verhaltenanomalie besteht darin, dass Menschen die mit einem Verlust von Eigentumsrechten verbundenen Nachteile höher bewerten, als die mit dem Erwerb vergleichbarer Rechte verbundenen Vorteile.[192] Dieses Phänomen der Verlustaversion (*loss aversion*) manifestiert sich besonders in einem sogenannten Besitzeffekt (*endowment effect*).[193] Danach wird der Nutzen eines bestimmten Gutes allein deswegen höher bewertet, weil das Individuum es in Besitz hat.[194] Dadurch wird das Coase-Theorem falsch, denn auch bei Transaktionskosten von Null ist wegen des *endowment effects* die ursprüngliche Allokation von Handlungsrechten nun nicht mehr bedeutungslos, da diejenigen in Besitz der Handlungsrechte die-

---

187 Vgl. *Coase*, (1960) 3 J Law & Econ, 1 (42f.).
188 Vgl. *Sunstein*, (1997) 64 Univ. of Chicago Law Rev., 1175: „The future of economic analysis of law lies in new and better understandings of decision and choice."
189 Vgl. *Joss/Sunstein/Thaler*, (1998) 50 Stanford L. Rev., 1471 (1487): „The project of behavioral law and economics, as we see it, is to take the core insights and successes of economics and build upon them by making more realistic assumtions about human behavior."
190 Vgl. *Joss/Sunstein/Thaler*, (1998) 50 Stanford L. Rev., 1471 (1475): „Behavioral economics does not suggest that behavior is random or impossible to predict; rather it suggests, with economics, that behavior is systematic and can be modeled."
191 Vgl. *Joss/Sunstein/Thaler*, (1998) 50 Stanford L. Rev., 1471 (1498): „Once the behavioral analysis is understood, it can often be incorporated into economic analysis using standard concepts such as transaction costs. This should not imply however, that the behavioral analysis is superflous."
192 Vgl. *Sunstein*, (1997) 64 Univ. of Chicago L. Rev., 1175 (1179).
193 Vgl. *Joss/Sunstein/Thaler*, (1998) 50 Stanford. L.Rev., 1471 (1484).
194 Vgl. *Sunstein*, (1997) 64 Univ. of Chicago L. Rev., 1175 (1180): "The legal entitlement creates an endowment effect, that is a greater valuation stemming from the mere fact of endowment."

sen einen höheren Wert zumessen.[195] Verkompliziert wird die Sachlage dadurch, dass die Einschätzung, ob ein bestimmtes Ergebnis als Verlust oder Erwerb angesehen wird, zum einen davon abhängt, was als Referenzpunkt, meist der Status quo, gewählt wird (*anchoring effect*), zum anderen davon, wie das Ereignis präsentiert wird (*framing effect*).[196]

Eine weitere experimentell nachgewiesene Anomalie besteht darin, dass sich Individuen häufig entgegen ihrem wirtschaftlichen Eigeninteresse gegenüber anderen „fair" verhalten bzw. unter Aufopferung eigener wirtschaftlicher Vorteile „unfaires" Verhalten bestrafen.[197] Die Berücksichtigung von „Fairness" scheint somit Bestandteil der Nutzenfunktion der meisten Akteure zu sein.[198] Die Fairness einer Transaktion wird dabei anhand einer Referenztransaktion beurteilt, die meist dem entspricht, was in der jeweiligen Situation als üblich erscheint.[199] Diese Beurteilung erfolgt dabei aufgrund eines eigennützigen Vorurteils (*self-serving bias*) in dem Glauben, dem jeweiligen Akteur stünde mehr zu, als die anderen ihm zuzugestehen bereit sind.[200] Dieser Effekt erfasst beide Parteien einer Transaktion und erschwert parato-effiziente Austauschgeschäfte.[201]

Dies hat insbesondere Auswirkungen darauf, wie etwaige Informationsdefizite durch die Bereitstellung von Information ausgeglichen werden können. Aufgrund des *framing effects* etwa, ist die schlichte Bereitstellung von Information nicht genug; für deren Wahrnehmung kommt es entscheidend darauf an, wie die Information verpackt wird.[202] Hinzu kommen weitere, die rationale Informationsverarbeitung beeinflussende Phänomene. Akteure überschätzen häufig die eigenen Fähigkeiten (*overconfidence*) und zeigen einen unrealistischen Optimismus (*unrealistic optimism*).[203] Dies führt dazu, dass ein persönliches Risiko als zu gering und

---

195 Vgl. *Sunstein*, (1997) 64 Univ. of Chicago L. Rev., 1175 (1179); *Joss/Sunstein/Thaler*, (1998) 50 Stanford L. Rev., 1471 (1497).

196 Vgl. *Sunstein*, (1997) 64 Univ. of Chicago Law Rev., 1175 (1180); *ders.* in: *ders.* (Hrsg.), Behavioral Law and Economics, S. 1 (5).

197 Vgl. *Joss/Sunstein/Thaler*, (1998) 50 Stanford L. Rev., 1471 (1489 ff.). Der empirische Nachweis erfolgt über das sogenannte Ultimatum Spiel. Spieler 1 erhält vom Spielleiter einen bestimmten Geldbetrag. Macht Spieler 1 nun Spieler 2 einen Vorschlag zur Aufteilung des Geldbetrages, den dieser annimmt, darf jeder Spieler seinen Anteil behalten; wird der Aufteilungsvorschlag abgelehnt, gehen beide Spieler leer aus. Rational wäre es für Spieler 1 den geringst möglichen Anteil anzubieten und für Spieler 2, diesen Vorschlag anzunehmen. Tatsächlich werden jedoch Angebote unter 20% des Gesamtbetrages regelmäßig abgelehnt; angeboten werden meist zwischen 40% und 50% des Gesamtbetrages.

198 Vgl. *Joss/Sunstein/Thaler*, (1998) 50 Stanford L. Rev., 1471 (1493).

199 Vgl. *Joss/Sunstein/Thaler*, (1998) 50 Stanford L. Rev., 1471 (1496): „People judge outcomes to be 'unfair' if they depart substantially from the terms of a 'reference transaction' – a transaction that defines the benchmark for the parties' interactions."

200 Vgl. *Joss/Sunstein/Thaler*, (1998) 50 Stanford L. Rev., 1471 (1501): „ [P]arties may tend to see things in the light most favourable to them; while people care about fairness, their assessments of fairness are distorted by their own self-interest."; *Sunstein*, (1997) 64 Univ. of Chicago L. Rev., 1175 (1183).

201 Vgl. *Sunstein*, (1997) 64 Univ. of Chicago L. Rev., 1175 (1183).

202 Vgl. *Joss/Sunstein/Thaler*, (1998) 50 Stanford L. Rev., 1471 (1533 f.).

203 Vgl. *Joss/Sunstein/Thaler*, (1998) 50 Stanford L. Rev., 1471 (1524); *Sunstein*, (1997) 64 Univ. of Chicago L. Rev., 1175 (1182 ff.).

fernliegend eingeschätzt wird, während andererseits die Wahrscheinlichkeit eines Risikoeintritts überschätzt wird, wenn entweder ein entsprechendes Ereignis noch frisch in der Erinnerung ist (*availability bias*) bzw. wenn die Eintrittswahrscheinlichkeit im Nachhinein beurteilt werden soll (*hindsight bias*).[204] Informationsbereitstellung ist daher nur begrenzt dazu in der Lage, Marktversagen auszugleichen. Aufgrund der begrenzten Informationsverarbeitungskapazitäten sinkt der Grenznutzen zusätzlicher Information und wird ab einer bestimmten Informationsmenge sogar negativ; es kommt zu einem *information overload*, der rationalen Entscheidungen eher im Wege steht.[205] Führt irrationales Verhalten zu Marktversagen und lässt sich dieses auch durch Informationsbereitstellung nicht oder nur unzureichend auffangen, so scheint danach einiges für eine zwingende gesetzliche Regelung zu sprechen.[206] Zu berücksichtigen ist dabei allerdings, dass auch die Gesetzgebungs- und Rechtsprechungsorgane grundsätzlich den gleichen Verhaltensanomalien unterliegen, womit wiederum die Zweckmäßigkeit einer Regelung durchaus zweifelhaft sein kann, jedenfalls aber besondere Prüfung verlangt.[207]

b) Heuristischer Wert

Die Bedeutung dieser Erkenntnisse für die ökonomische Analyse des Rechts ist noch stark umstritten. Selbst Anhänger der neuen Richtung weisen darauf hin, dass sich die Verhaltensanomalien vor allem im Nichtmarktbereich zeigen.[208] Was das Marktverhalten angeht, so sind diese Phänomene möglicherweise vernachlässigbar. Zum einen kann irrationales Verhalten am Markt durch rationale Marktakteure zu deren Vorteil ausgenutzt werden, so dass irrationale Akteure entweder aufgrund von Lerneffekten zu rationalen werden oder auf Dauer vom Markt verschwinden.[209] Zum anderen ist es möglich, dass sich verschiedene Anomalien von Individuen gegenseitig aufheben, so dass die Ergebnisse auf der Makroebene den Voraussagen des traditionellen Ansatzes durchaus entsprechen mögen.[210] Auch ansonsten gibt es keinen Grund, die Rationalitätsannahme vorschnell aufzugeben. Scheinbar irrationales Verhalten sollte vielmehr Anlass sein, die Entscheidungsstruktur der betreffenden Akteure genau zu analysieren; möglicherweise zeigt sich dabei, dass sich angesichts spezifischer Präferenzen und Erwartungshaltungen die entsprechenden Entscheidungen durchaus als rational begreifen lassen, so dass dann Prognosen aufgrund der Rationalitätsannahme in Verbindung mit An-

---

204 Vgl. *Joss/Sunstein/Thaler*, (1998) 50 Stanford L. Rev., 1471 (1523); *Sunstein*, (1997) 64 Univ. of Chicago L. Rev., 1175 (1188).
205 Vgl. *Eidenmüller*, JZ 2005, 216 (218).
206 Vgl. *Joss/Sunstein/Thaler*, (1998) 50 Stanford L. Rev., 1471 (1541).
207 Vgl. *Joss/Sunstein/Thaler*, (1998) 50 Stanford L. Rev., 1471 (1543).
208 *Sunstein*, (1997) 64 Univ. of Chicago L. Rev., 1175 (1176).
209 Vgl. *Schäfer/Ott*, Lehrbuch der ökonomischen Analyse des Zivilrechts, S. 70.
210 Vgl. *Schäfer/Ott*, Lehrbuch der ökonomischen Analyse des Zivilrechts, S. 70 f.; *Posner*, (1998) 50 Stanford L. Rev., 1551 (1556 f.).

nahmen zur Präferenzstruktur der betreffenden Akteure gemacht werden können.[211]

Bedeutsam sind Rationalitätsdefizite aber jedenfalls immer dann, wenn sie systematisch auftreten und bei allen relevanten Akteuren in die gleiche Richtung weisen. Dies ist etwa der Fall, wenn eine Regelung nur einen ganz bestimmten Ausschnitt der Bevölkerung und in einer ganz bestimmten Situation erfasst,[212] wie häufig im Bereich des europäischen Verbraucherrechts. Gelegentlich wird sogar die Annahme vertreten, jedwede Geschäftspraktik gegenüber Verbrauchern ziele darauf ab, diese Verhaltensanomalien auszunutzen und bestimmte Vorurteile zu manipulieren.[213] Um die Folgen der entsprechenden Reglungen in diesen Bereichen und deren Eignung zur Zielerreichung abschätzen zu können, bedarf es der Heranziehung realistischer Verhaltensmodelle unter Berücksichtigung von Irrationalitäten.[214] Dies gilt in besonderem Maße für die Statuierung von Informationspflichten zum Schutz der Verbraucher. Nur so kann verhindert werden, dass sich dieser Schutz aufgrund der begrenzten Informationserfassungs- und -verarbeitungskapazität nicht in sein Gegenteil verkehrt.

III. Zur Rolle ökonomischer Kriterien im Rahmen der Konkretisierung

Im Rahmen der binnenmarktfinalen Rechtsgrundlagen kommt der ökonomischen Analyse in Verbindung mit den Grundfreiheiten und der Rechtsvergleichung zunächst eine kompetenzeröffnende Funktion zu. Nur wenn Rechtsunterschiede in den Mitgliedstaaten Transaktionskosten zur Folge haben, die zu einer tatsächlichen Beschränkung des Binnenmarktes führen, ist eine gemeinschaftseinheitliche Konkretisierung angezeigt.[215]

Die Maßstabsfunktion der ökonomischen Analyse soll an den nachfolgenden Beispielen verdeutlicht werden.[216]

1. Die Kontrolle missbräuchlicher Klauseln in Verbraucherverträgen

Nach wohl überwiegender Ansicht wird der rechtspolitische Grund für das Vorhandensein verbraucherschützenden Privatrechts im Allgemeinen und einer Gültigkeitskontrolle von Allgemeinen Geschäftsbedingungen im Besonderen in der ungleichen Verhandlungsstärke der Parteien und der wirtschaftlichen, psychologischen und intellektuellen Überlegenheit des Unternehmers gesehen, die es ihm er-

---

211 Vgl. *Kirchner*, Ökonomische Theorie des Rechts, S. 18; *Posner*, (1998) 50 Stanford L. Rev., 1551 (1567): "It is possible that the major fruit of behavioral economics will be the stimulus it provides to new and better rational-choice theorizing.".
212 Vgl. *Eidenmüller*, JZ 2005, 216 (221).
213 Vgl. *Gomez*, ERCL 2006, 4 (11) mit Nachweisen.
214 Vgl. *Eidenmüller*, JZ 2005, 216 (221).
215 Vgl. Kapitel 9 I. 4. a) aa); Kapitel 11 II. 1. a).
216 Vgl. auch schon Kapitel 9 I. 4. b) bb).

lauben, die Vertragsbedingungen einseitig zu Lasten des Verbrauchers zu diktieren.[217] Auch bei nationalen Gerichten[218] und insbesondere dem EuGH erfreut sich dieses Paradigma der ungleichen Verhandlungsstärke großer Beliebtheit. So hat der EuGH in der Rechtssache *Océano* ausgeführt, dass „das durch die Richtlinie eingeführte Schutzsystem davon ausgeht, daß der Verbraucher sich gegenüber dem Gewerbetreibenden in einer schwächeren Verhandlungsposition befindet und einen geringeren Informationsstand besitzt, was dazu führt, daß er den vom Gewerbetreibenden vorformulierten Bedingungen zustimmt, ohne auf deren Inhalt Einfluß nehmen zu können."[219] In *Claro* heißt es, dass Art. 6 Abs. 1 der Klauselrichtlinie „wegen der Unterlegenheit einer der Vertragsparteien darauf ziel[e], die formale Ausgewogenheit der Rechte und Pflichten der Vertragsparteien als solcher durch eine materielle Ausgewogenheit zu ersetzen und so deren Gleichheit wiederherzustellen."[220]

Das Paradigma der ungleichen Verhandlungsstärke sieht sich generell zahlreichen Einwänden ausgesetzt, im Zusammenhang mit allgemeinen Geschäftsbedingungen kann es aber schon aus rechtstatsächlichen Gründen nicht überzeugen. Zunächst akzeptieren auch Kaufleute und selbst marktführende Unternehmen meist unbesehen die AGB's ihrer Zulieferer. Und auch der Rechtsanwalt oder Juraprofessor verhandelt beim Neuwagenkauf meist nicht über das „Kleingedruckte", obwohl in den meisten Fällen intellektuell und wirtschaftlich sicherlich dazu in der Lage.[221] Auch bestehen bei Verbraucherverträgen häufig sehr gute Gründe für den Einsatz von vorformulierten Vertragsbedingungen. Wollte man im Bereich der Massengeschäfte für jede neue Transaktion die Vertragsbedingungen jeweils im Einzelnen insgesamt neu verhandeln und formulieren, würden die Transaktionskosten für alle Parteien dramatisch ansteigen. Dieser kostensenkende Effekt von allgemeinen Geschäfstbedingungen wird selbst von Kritikern anerkannt. Daraus folgt, dass die Verwendung allgemeiner Geschäftsbedingungen als solche über die Verhandlungsstärke der Parteien nichts aussagt.[222]

Überzeugend ist dagegen der Ansatz der ökonomischen Theorie des Rechts. Danach akzeptiert der Kunde die AGB des Anbieters regelmäßig deshalb, weil es sich für ihn nicht lohnt, Zeit und Geld zu investieren, um eine Abänderung zu erreichen bzw. Konkurrenten des Anbieters mit günstigeren AGB ausfindig zu machen. Der Kunde wird die anfallenden Such- und Verhandlungskosten nur bis zu dem

---

217 Der „Klassiker" ist *Kessler*, (1943) 43 Columbia Law Review 629 (632, 640): „Standard contracts are typically used by enterprises with strong bargaining power. Standard contracts (...) could (...) become effective instruments in the hands of powerful industrial and commercial overlords enabling them to impose a new feudal order of their own making upon a vast host of vassals."

218 *Schroeder Music Publishing Co Ltd v Macaulay* [1974] 1 WLR 1308 at p. 1316 per Lord Diplock: "To be in a position to adopt this ['take it or leave it'] attitude toward a party desirous of entering into a contract to obtain goods or services provides a classic instance of superior bargaining power".

219 EuGH v. 27. 6. 2000 – verb. Rs. C-240–244/98 (*Océano*), Slg. 2000, I-4941 Rn. 25.

220 EuGH v. 26. 10. 2006 – Rs. C-168/05 (*Mostaza Claro/Centro Movil Milenium SL*), Slg. 2006, I-10421 Rn. 36.

221 Vgl. *Kötz/Flessner*, Europäisches Vertragsrecht, S. 212 f.

222 Zum ganzen *Schillig*, (2008) 33 ELRev. 336 (339 f.).

Punkt auf sich nehmen, zu dem der erwartete Grenznutzen gleich den Grenzkosten ist.[223] Die Kosten, die dem Kunden durch die Verhandlungen, die Beschaffung der dafür nötigen Informationen oder die Suche nach günstigeren Angeboten entstehen, überwiegen in vielen Fällen den dadurch erzielbaren Nutzen, insbesondere dann, wenn die Verwirklichung des fraglichen Risikos unwahrscheinlich ist und die in diesem Falle entstehenden Nachteile geringfügig sind. Zu berücksichtigen ist auch, dass die Suche nach und die Bewertung von Vertragsbestimmungen verhältnismäßig teuer ist und der Kunde aufgrund von Irrationalitäten (unrealistischer Optimismus, gesteigertes Selbstvertrauen), die Risikoeintrittswahrscheinlichkeit möglicherweise als zu gering einschätzt. Dies erklärt, warum eine reine Informationslösung nicht weiterhilft. Selbst wenn die Vertragsbedingungen klar und unzweideutig zur Verfügung stehen, hat doch der Kunde (jedenfalls aus seiner Sicht) keinen Grund, diese zur Kenntnis zu nehmen.[224]

Von den Unternehmern wird dieser Umstand ausgenutzt, indem unliebsame Risiken durch AGB auf den Kunden abgewälzt werden.[225] Durch eine solche „Verschlechterung" seiner AGB reduziert der Unternehmer seine Kosten und erhöht damit bei gleichbleibendem Marktpreis seinen Gewinn. Mit einer Gewinneinbuße durch Kundenabwanderung braucht er nicht zu rechnen, weil den Kunden aufgrund der hohen Transaktionskosten gar nicht bewusst ist, dass die Konkurrenz möglicherweise ihre Rechte für sie günstiger ausgestaltet hat und daher bei gleichem Marktpreis ein besseres Preis-Leistungs-Verhältnis bietet.[226] Es kommt zum *Akerlofschen „market for lemons"*.[227] Da aufgrund prohibitiv hoher Informationskosten für den Kunden günstige AGB nicht honoriert werden, erlangen die Verwender nachteiliger AGB auf dem Markt einen Vorteil. Den anderen Anbietern bleibt nichts anderes übrig als nachzuziehen bzw. die Konkurrenten noch zu übertreffen.[228] So kommt es auf dem Markt zu einem *„race to the bottom"*, bei dem sich langfristig die für den Kunden ungünstigtigsten AGB's durchsetzen.[229] Zwar sinkt dadurch auch der Produktpreis; dies entspricht jedoch nicht, wie gleich noch zu zeigen sein wird, den Präferenzen der Käufer.[230] Dies kann soweit gehen, dass der Markt zum Erliegen kommt. Aus ökonomischer Sicht ist es deshalb geboten, durch zwingendes Recht für eine bestimmte Mindestqualität der Allgemeinen Geschäftsbedingungen zu sorgen.[231] Dafür notwendig aber auch ausreichend ist ein Regime, das effektiv eine unabhängige Kontrolle der fraglichen Vertragsklausel

---

223 *Goldberg*, (1974) 17 J. Law & Econ., 461 (484).
224 *Schillig*, (2008) 33 ELRev. 336 (340 f.).
225 Vgl. *Kötz*, JuS 2003, 209 (211 f.); *ders./Flessner*, Europäisches Vertragsrecht, S. 212 f.
226 Vgl. *Schäfer/Ott*, Lehrbuch der ökonomischen Analyse des Zivilrechts, S. 515.
227 Vgl. *Akerlof*, (1970) 84 QJE, 488 (495): „The purchaser's problem, of course, is to identify quality. The presence of people in the market who are willing to offer inferior goods tends to drive the market out of existence ... There may be potential buyers of good quality products and there may be potential sellers of such products in the appropriate price range; however the presence of people who wish to pawn bad wares as good wares tends to drive out the legitimate business."
228 Vgl. *Kötz*, JuS 2003, 209 (213).
229 Vgl. *Schäfer/Ott*, Lehrbuch der ökonomischen Analyse des Zivilrechts, S. 515.
230 Vgl. *Schäfer/Ott*, Lehrbuch der ökonomischen Analyse des Zivilrechts, S. 515.
231 Vgl. *Kötz*, JuS 2003, 209 (213).

sicherstellt, wobei aus Sicht des Kontrollregimes lediglich erforderlich ist, dass der Ausgang der Klauselkontrolle für beide Seiten jeweils unvorhersehbar ist.[232]

a) Inhaltliche Kriterien der Klauselkontrolle

Der Kontrollmaßstab ist damit keine Frage des Kontrollregimes, sondern des je anwendbaren Vertragsrechtsgebiets. Vorbehaltlich einer spezifischen europarechtlichen Determinierung, ist der EuGH zur Feststellung der Missbräuchlichkeit einer bestimmten Vertragsklausel grundsätzlich nicht berufen.[233] Die Frage, wie die Qualität von Allgemeinen Geschäftsbedingungen zu bestimmen ist, stellt sich aber gleichwohl, wenn auch vorrangig für die mitgliedstaatlichen Gerichte. Dabei ist zu beachten, dass jede Verbesserung der Rechtstellung des Verbrauchers mit Kosten und daher mit Preissteigerungen verbunden ist. Maßstab für die Beurteilung einer Klausel kann daher nicht die bestmögliche Rechtstellung des Verbrauchers sein, sondern diejenige Vereinbarung, die die Parteien über den fraglichen Punkt in einer Welt ohne Transaktionskosten getroffen hätten.[234] Dies entspricht der obigen Verhandlungslösung und führt hin zur Theorie des „vollständigen Vertrages“. Ein vollständiger Vertrag liegt dann vor, wenn sich die Parteien vor Vertragsabschluss über die Zuordnung aller denkbaren Risiken geeinigt haben.[235] In der Realität scheitert ein vollständiger Vertrag an den prohibitiv hohen Transaktionskosten. Als Referenzmodell zur Bewertung von gesetzlichen und vertraglichen Regelungen ist er jedoch zentral.[236]

Ausgangspunkt ist die Überlegung, dass sich die Zuordnung von Risiken auf den Preis der Leistung auswirkt. Wenn alle Risiken auf den Anbieter entfallen, wird er einen hohen Preis für seine Leistung verlangen, der mindestens dem Erwartungswert – Höhe des Schaden im Falle des Schadenseintritts multipliziert mit der Schadenswahrscheinlichkeit – entspricht. Durch die Risikoübernahme des Nachfragers verringert sich der Preis entsprechend. Bei rationalem Verhalten werden die Pareien ihren gemeinsamen Nutzen aus dem Vertrag dadurch vergrößeren, dass jeweils derjenige ein spezifisches Risiko übernimmt, der dieses Risiko mit den geringsten Kosten bewältigen kann.[237] Insoweit ist zu differenzieren: Ist das Risiko vermeidbar, so wird es demjenigen zugeordnet, der es mit dem geringsten Aufwand beherrschen kann, vorausgesetzt, die Risikovermeidungskosten sind niedri-

---

232 Vgl. Kapitel 7, sowie ausführlich *Schillig*, (2008) 33 ELRev. 336 (342 ff.).

233 Vgl. Kapitel 7.

234 Vgl. *Schäfer*, in: *Grundmann* (Hrsg.), Systembildung und Systemlücken, S. 559 (563); *Kötz*, JuS 2003, 209 (213 f.); *ders./Flessner*, Europäisches Vertragsrecht, S. 225; *Unberath/Cziupka*, AcP 209 (2009), 37 (48 ff.).

235 Vgl. *Schäfer/Ott*, Lehrbuch der ökonomischen Analyse des Zivilrechts, S. 400; *Cooter/Ulen*, Law and Economics, S. 217 ff.

236 Vgl. *Schäfer/Ott*, Lehrbuch der ökonomischen Analyse des Zivilrechts, S. 401; *Unberath/Cziupka*, AcP 209 (2009), 37 (44 ff.).

237 Vgl. *Schäfer/Ott*, Lehrbuch der ökonomischen Analyse des Zivilrechts, S. 400; *Cooter/Ulen*, Law and Economics, S. 221.

ger als der Erwartungswert des Risikos.[238] Man spricht vom *„cheapest cost avoider"*.[239] Ist das Risiko von keiner der Vertragsparteien vermeid- oder beeinflussbar, so ist es derjenigen Partei aufzuerlegen, die es mit der geringsten Versicherungsprämie hätte versichern können. Man spricht vom *„cheapest insurer"*.[240] Die Risikotragung durch den cheapest insurer ist allerdings nur dann effizient, wenn die andere Vertragspartei risikoavers ist, also bereit gewesen wäre, die anfallende Versicherungsprämie zu zahlen bzw. eine entsprechende Preiserhöhung hinzunehmen, um an den Versicherungsschutz zu gelangen. Im Bereich des Verbraucherschutzes wird man davon ausgehen können, dass die überwältigende Mehrzahl der Nachfrager relativ risikoavers ist. Selbst wenn man davon ausgeht, dass eine nicht unerhebliche Anzahl von Verbrauchern im konkreten Fall risikoneutral oder sogar risikogeneigt ist, wird der Unternehmer aber jedenfalls für den Risikoaversen die Möglichkeit einer Versicherung eröffnen.[241] Ist das Risiko weder vermeidbar noch (fremd-)versicherbar, ist es derjenigen Vertragspartei aufzubürden, die am besten dazu in der Lage ist, durch eine „Selbstversicherung" Vorsorge zu treffen. Insoweit kommt es darauf an, welche Partei etwa aufgrund der Vielzahl vergleichbarer Geschäftsvorgänge das Risiko besser einschätzen, die entstehenden Kosten auf eine Vielzahl von Kunden umlegen bzw. Rückstellungen bilden kann. Man spricht vom *„superior risk bearer"*.[242] Die Überlegungen zur Risikoaversion gelten entsprechend. Bei der Kontrolle allgemeiner Geschäftsbedingungen hat das Gericht anhand der vorstehenden Grundsätze den Vertrag zu rekonstruieren. Eine Vertragsbedingung sollte immer dann verworfen werden, wenn sie zum Nachteil des Kunden von den Vereinbarungen des vollständigen Vertrages abweicht.[243]

b) Zur Anwendung im Rahmen des Artikel 3 Abs. 1 Klauselrichtlinie

Nach Art. 3 Abs. 1 der Klauselrichtlinie ist eine nicht im einzelnen ausgehandelte Vertragsklausel missbräuchlich, wenn sie entgegen dem Gebot von Treu und Glauben zum Nachteil des Verbrauchers ein erhebliches und ungerechtfertigtes Missverhältnis der vertraglichen Rechte und Pflichten der Vertragspartner verursacht.[244] Dabei handelt es sich nach Ansicht von *Kötz* um Leerformeln ohne „greif-

---

238 Das ist das sogenannte *Learned Hand*-Kriterium, vgl. *United States v. Carroll Towing Co*, 159 F.2d 169 (2d Cir. 1947) S. 173. Dazu *Cooter/Ulen*, Law and Economics, S. 349ff.

239 Vgl. *Schäfer/Ott*, Lehrbuch der ökonomischen Analyse des Zivilrechts, S. 406; *Cooter/Ulen*, Law and Economics, S. 289: „If a contingency makes performance impossible, assign liability to the party who could reduce or spread the risk at least cost."

240 Vgl. *Schäfer/Ott*, Lehrbuch der ökonomischen Analyse des Zivilrechts, S. 406f.

241 Vgl. *Schäfer/Ott*, Lehrbuch der ökonomischen Analyse des Zivilrechts, S. 408ff.

242 Vgl. *Schäfer/Ott*, Lehrbuch der ökonomischen Analyse des Zivilrechts, S. 412f.; *Cooter/Ulen*, Law and Economics, S. 291: „If a contingency makes performance pointless, assign liability to the party who could bear the risk at least cost."

243 Vgl. *Schäfer/Ott*, Lehrbuch der ökonomischen Analyse des Zivilrechts, S. 403; *Kötz*, JuS 2003, 209 (213f.); *ders./Flessner*, Europäisches Vertragsrecht, S. 225.

244 Vgl. Art. 32 Abs. 1 Vorschlag für eine Richtlinie des Europäischen Parlaments und des Rates über Rechte der Verbraucher, KOM(2008) 614 endg. Art. II.-9:403, II.-9:404 und II.-9:405 DCFR sehen unterschiedliche Maßstäbe vor, je nach dem ob es sich um einen Vertrag zwischen Unternehmer und Verbraucher, von Nicht-Unternehmern untereinander bzw. von Unternehmern untereinander handelt. In den ersten beiden Fällen ist der Kontrollmaßstab mit Art. 3 Abs. 1 der Klauselbaren rationalen Gehalt".[245] Zu deren Konkretisierung bieten sich die Grundsätze der ökonomische Analyse des Rechts an.

In der Entscheidung *Océano* qualifizierte der EuGH eine Vertragsklausel, die alle Rechtsstreitigkeiten aus dem Vertrag ausschließlich dem Gericht am Ort der Niederlassung des Gewerbetreibenden zuwies, als missbräuchlich im Sinne des Art. 3 der Klauselrichtlinie.[246] Die Aufwendungen des Verbrauchers für sein Erscheinen vor Gericht an einem möglicherweise von seinem Wohnsitz weit entfernten Ort, könnten diesen davon abhalten, den Rechtsweg zu beschreiten oder sich zu verteidigen. Die fragliche Klausel unterfiele somit Nummer 1 Buchstabe q des Anhangs zur Richtlinie, sei also eine Klausel, die darauf abziele oder zur Folge habe, dass dem Verbraucher die Möglichkeit genommen oder erschwert wird, Rechtsbehelfe vor Gericht einzulegen.[247] Andererseits ermögliche die Bündelung sämtlicher Rechtsstreitigkeiten am Ort seiner Niederlassung dem Gewerbetreibenden, sein Erscheinen organisatorisch zu erleichtern und die damit verbundenen Kosten zu verringern.[248] Dies begründe ein gegen Treu und Glauben verstoßendes erhebliches und ungerechtfertigtes Missverhältnis der vertraglichen Rechte und Pflichten zum Nachteil der Verbraucher.[249] Später stellte der EuGH fest, dass es sich bei der fraglichen Klausel um eine solche handelte, „die ausschließlich und ohne Gegenleistung zugunsten des Verbrauchers für den Gewerbetreibenden vorteilhaft war, da sie unabhängig vom Vertragstyp die Wirksamkeit des gerichtlichen Schutzes der Rechte in Frage stellte, die die Richtlinie dem Verbraucher zuerkennt. Daher konnte die Missbräuchlichkeit dieser Klausel festgestellt werden, ohne dass alle Umstände des Vertragsschlusses geprüft und die mit dieser Klausel verbundenen Vor- und Nachteile im Rahmen des auf den Vertrag anwendbaren nationalen Rechts gewürdigt werden mussten."[250]

Aus Sicht der ökonomischen Analyse des Rechts ist diese Argumentation im Ansatz verfehlt. Die Konzentration der Rechtsstreitigkeiten am Ort der Niederlassung des

---

richtlinie weitgehend identisch, im letzteren Fall kommt es dagegen auf einen groben Verstoß gegen die Redlichkeit im Handelsverkehr an.

245 *Kötz/Flessner*, Europäisches Vertragsrecht I, S. 224.

246 EuGH v. 27. 6. 2000 – verb. Rs. C-240–244/98 (*Océano*), Slg. 2000, I-4941 Rn. 21. Es handelte sich um einen reinen Binnensachverhalt. Im Falle eines grenzüberschreitenden Elements wäre das Verhältnis der Kontrolle von Gerichtsstandsvereinbarungen anhand der Klauselrichtlinie einerseits und Art. 23 EuGVVO andererseits problematisch. Da Art. 23 EuGVVO im Interesse der Rechtssicherheit eine allgemeine Missbräuchlichkeitskontrolle von Gerichtsstandsklauseln nicht vorsieht, ist fraglich, ab die EuGVVO die Anwendung der Klauselrichtlinie insoweit ausschließt. Art. 67 EuGVVO ist nicht eindeutig. In teleologischer Hinsicht besteht für die Anwendung der Klauselrichtlinie kein Bedürfnis, da Art. 23 Abs. 5, 17 EuGVVO praktisch jeder für den Verbraucher nachteiligen Prorogation eine Absage erteilen, vgl. zum Ganzen *Gottschalk/Breßler*, ZEuP 2007, 56 (75 ff.).

247 EuGH v. 27. 6. 2000 – verb. Rs. C-240–244/98 (*Océano*), Slg. 2000, I-4941 Rn. 22.

248 EuGH v. 27. 6. 2000 – verb. Rs. C-240–244/98 (*Océano*), Slg. 2000, I-4941 Rn. 23.

249 EuGH v. 27. 6. 2000 – verb. Rs. C-240–244/98 (*Océano*), Slg. 2000, I-4941 Rn. 24.

250 EuGH v. 1. 4. 2004 – Rs. C-237/02 (*Freiburger Komunalbauten*), Slg. 2004, I-3403 Rn. 23. Vgl. *GA Tizzano*, Schlussanträge v. 27. 4. 2006 – Rs. C-168/05 (*Mostaza Claro/Centro Movil Milenium SL*), Slg. 2006, I-10421 Rn. 31.

Gewerbetreibenden hat für diesen niedrigere Kosten zur Folge.[251] Handelt er rational, wird er die Produktion erhöhen; dies wiederum führt zu niedrigeren Preisen, was dem Verbraucher zu Gute kommt.[252] Aus Sicht der ökonomischen Analyse des Rechts ist daher mit einer Gerichtsstandsklausel durchaus auch ein Vorteil verbunden. Dies heißt aber nicht auch schon, dass die Klausel als wirksam anzusehen wäre. Entscheidend ist vielmehr, wie rationale Vertragsparteien im konkreten Fall das Risiko verteilt hätten. Bevor darauf näher einzugehen ist, stellt sich jedoch die Frage, ob im konkreten Fall ökonomische Erwägungen überhaupt herangezogen werden können; dies ist ja nach dem oben Gesagten nur dann der Fall, wenn ein irgendwie gearteter Konkretisierungsspielraum besteht.

Daran könnte es hier zunächst deshalb fehlen, weil die fragliche Klausel Nummer 1 q des Richtlinienanhangs unterfällt. Da nach Art. 3 Abs. 3 der Klauselrichtlinie der Anhang lediglich als „Hinweis" dienen soll, ist seine Bedeutung umstritten.[253] Die Rechtsprechung des Gerichtshofs ist nicht eindeutig. Einerseits hat er die Missbräuchlichkeit der Gerichtsstandsklausel in *Océano* unter anderem auch unter Hinweis auf den Anhang begründet;[254] andererseits in der Entscheidung *Kommission/Schweden* festgestellt, dass die Liste den „Ermessenspielraum" der Mitgliedstaaten nicht einschränke und ihr lediglich „Hinweis- und Beispielscharakter" zukomme.[255] In der Literatur wird dem Anhang zum Teil eine lediglich informative Funktion beigemessen. Auch Klauseln, die den im Anhang genannten Beispielen entsprächen, müssten nicht notwendig missbräuchlich sein.[256] Die Gegenmeinung geht demgegenüber davon aus, dass die Klauselbeispiele als Indizien bzw. als Sollvorschriften zu verstehen seien, wonach die aufgelisteten Klauseln, soweit nicht besondere Umstände vorliegen, als missbräuchlich einzustufen wären.[257] Versteht man unter diesen besonderen Umständen auch eine wirtschaftlich sinnvolle, im konkreten Fall vom Klauselkatalog abweichende Risikoverteilung, so

---

251 Vgl. auch *Gottschalk/Breßler*, ZEuP 2007, 56 (74), allerdings bezüglich des grenzüberschreitenden Handelsverkehrs: „Auf der anderen Seite ist jedoch das Interesse des anderen Teils daran zu berücksichtigen, Rechtsstreitigkeiten zu rationalisieren und eine Vielzahl gleicher Prozesse bei einem Gericht zu konzentrieren. Insoweit ist durchaus auch ein Schutzbedürfnis der anderen Partei festzustellen."

252 So offenbar der spanische Tribunal Supremo, vgl. *Leible*, RIW 2001, 422 (423 mit Fn. 12); und auch der US Supreme Court, vgl. *Carnival Cruise Lines Inc. v. Shute*, 499 U.S. 585 (1991), (593 f.): „ [I]t stands to reason that passengers who purchase tickets containing a forum clause like that at issue in this case benefit in the form of reduced fares reflecting the savings that the cruise line enjoys by limiting the fora in which it may be sued."

253 Der Vorschlag für eine Richtlinie des Europäischen Parlaments und des Rates über Rechte der Verbraucher, KOM(2008) 614 endg. unterscheidet in Art. 34 mit Anhang II Klauseln, die unter allen Umständen als missbräuchlich gelten, und in Art. 35 mit Anhang III Klauseln, deren Missbräuchlichkeit vermutet wird. Art. II.-9: 410 DCFR enthält ebenfalls eine Liste mit Klauseln, deren Missbräuchlichkeit in B2C-Verträgen vermutet wird. Entsprechend der Entscheidung in *Océano* findet sich in Art. II.-9:409 Abs. 1 DCFR eine Vorschrift, die Gerichtsstandsklaueln zugunsten des Sitzes des Unternehmers in B2C-Verträgen stets für missbräuchlich erklärt.

254 EuGH v. 27. 6. 2000 – verb. Rs. C-240–244/98 (*Océano*), Slg. 2000, I-4941 Rn. 22.

255 EuGH v. 7. 5. 2002 – Rs. C-478/99 (*Kommission/Schweden*), Slg. 2002, I-4147 Rn. 20.

256 Vgl. *Heiderhoff*, Gemeinschaftsprivatrecht, S. 169; *Pfeiffer*, in *Grabitz/Hilf* (Hrsg.), Recht der EU, Band IV, A5 Art. 3 Rn. 78; Palandt-*Grüneberg*, § 310 BGB Rn. 28 f.

257 Vgl. *Riesenhuber*, Europäisches Vertragsrecht, Rn. 641.

lässt auch die engere Ansicht genügend Spielraum für die Anwendung ökonomischer Kriterien.

Aus Art. 4 Abs. 1 der Klauselrichtlinie, wonach bei der Inhaltskontrolle die Umstände des Vertragsschlusses und insbesondere die individuellen Fähigkeiten des Verbrauchers berücksichtigt werden sollen,[258] wird bisweilen gefolgert, dass es nicht darauf ankommen kann, ob entsprechende Gestaltungen gesamtwirtschaftlich sinnvoll sind, insbesondere der Gewerbetreibende günstiger kalkulieren und billiger anbieten könnte. Dies sei nur insoweit erheblich, als ein konkreter Sachzusammenhang zwischen der Klausel und dem Preis erkennbar wird, etwa durch die Einräumung einer teureren aber schutzintensiveren Regelungsalternative.[259] Insoweit ist zu berücksichtigen, dass es bei der Lehre vom vollständigen Vertrag primär nicht um gesamtwirtschaftliche Effizienzgesichtpunkte geht, sondern darum, wie die konkreten Parteien den konkreten Vertrag bei Transaktionskosten von null gestaltet hätten und dies entspricht Art. 4 Abs. 1 der Klauselrichtlinie durchaus.[260]

Damit ist der Weg frei für die Anwendung des Instrumentariums der ökonomischen Analyse des Rechts. Die Gerichtsstandsklausel im konkreten Fall deckte grundsätzlich zwei unterschiedliche Risiken ab: (i) das Risiko des Gewerbetreibenden, wegen einer irgendwie gearteten Vertragsverletzung vom Verbraucher vor dem Gericht an dessen Wohnsitz in Anspruch genommen zu werden; (ii) das Risiko des Gewerbetreibenden, den Verbraucher wegen einer irgendwie gearteten Vertragsverletzung vor dem Gericht an dessen Wohnsitz in Anspruch nehmen zu müssen. „*Cheapest cost avoider*" ist für Risiko (i) der Gewerbetreibende, da er seinerseitige Vertragsverletzungen kostengünstiger beherrschen kann, als der Verbraucher. Für Risiko (ii) verhält es sich genau umgekehrt. Die „*cheapest cost avoider*"-Regel führt somit nicht weiter. Auch die „*cheapest insurer*"-Regel dürfte im konkreten Fall nicht weiterhelfen. Aufgrund der Gefahr des Opportunismus (*moral hazard*) auf beiden Seiten, der Gefahr also, dass im Falle der Versicherung nicht genügend Vorsorge gegen die eigene Vertragsverletzung getroffen wird, ist die Herausbildung eines Versicherungsmarkts insoweit äußerst unwahrscheinlich.[261] Damit ist entscheidend die Denkfigur des „*superior risk bearers*". Der Gewerbetreibende ist in der Lage, die ihm durch die Realisierung der abgedeckten Risiken entstehenden Kosten über den Preis auf die Vielzahl seiner Kunden umzulegen. Für den Gewerbetreibenden besteht somit die Möglichkeit der Selbstversicherung. Er ist der „*superior risk bearer*", während den Verbraucher die entstehenden Kosten in voller Härte treffen würden. Dies spricht für die Missbräuchlichkeit der fraglichen Klausel. Allerdings gilt dies nur dann, wenn der Verbraucher bereit gewesen wäre, den um die Selbstversicherungsprämie erhöhten Preis auch zu zahlen.

---

258 Vgl. Art. 32 Abs. 2 Vorschlag für eine Richtlinie des Europäischen Parlaments und des Rates über Rechte der Verbraucher, KOM(2008) 614 endg., sowie Art. II.-9:407 DCFR.

259 Vgl. *Basty*, DNotZ 2004, 767 (773); ähnlich wohl auch *Heiderhoff*, Gemeinschaftsprivatrecht, S. 169 f.

260 Vgl. allgemein zum konkret-individuellen Beurteilungsmaßstab der Richtlinie *Herresthal*, in: *Langenbucher* (Hrsg.), Europarechtliche Bezüge, § 2 Rn. 114.

261 Vgl. *Schäfer/Ott*, Lehrbuch der ökonomischen Analyse des Zivilrechts, S. 412.

Dies ist der Fall, soweit der Verbraucher im konkreten Fall risikoavers ist. Davon wird man im konkreten Fall tatsächlich, jedenfalls für die überwiegende Mehrzahl der Kunden, ausgehen können. Für die anderen, risikoneutralen oder -geneigten Verbraucher, hätte eine kostengünstigere Alternativklausel angeboten werden können. Dies war jedoch nicht der Fall. Damit hat der EuGH die fragliche Klausel im Ergebnis zu Recht als missbräuchlich und damit unwirksam angesehen.

c) Fazit

Man könnte nun freilich einwenden, dass der EuGH das gleiche Ergebnis auf einem viel schnelleren und effizienteren Weg erreicht habe und der Argumentationsaufwand der ökonomischen Analyse sich daher nicht lohnte.[262] Es sollte jedoch deutlich geworden sein, dass die ökonomische Analyse jedenfalls davor bewahrt, aufgrund pauschaler Behauptungen zu einem möglicherweise kontraproduktiven Ergebnis zu gelangen und den Blick für Fern- und Nebenfolgen schärft. Zudem macht die Offenlegung der einzelnen Schritte der Analyse diese diskutier- und kritisierbar und fördert damit letztendlich die Akzeptanz des Konkretisierungsergebnisses.

2. Betriebsübergang im Sinne von Artikel 1 Betriebsübergangsrichtlinie

Aus Sicht der ökonomischen Analyse des Rechts problematisch ist die Betriebsübergangsrichtlinie 2001/23/EG. Diese dient, ebenso wie die Vorgängerrichtlinie 77/187/EWG,[263] dem Schutz des Besitzstandes der Arbeitnehmer im Falle eines Inhaberwechsels,[264] indem den Arbeitnehmern die Möglichkeit eingeräumt wird, ihr Beschäftigungsverhältnis zu denselben Bedingungen mit dem neuen Arbeitgeber fortzusetzen. Aus betriebswirtschaftlicher Sicht kommt ein Betriebsübergang nur dann zustande, wenn sich der Erwerber aufgrund einer überlegenen Marketingstrategie, Betriebsorganisation oder Produktionsverfahren eine Steigerung des Ertragswerts des Unternehmens verspricht.[265] Im Falle eines Verlustunternehmes ist der Ertragswert negativ, als Kaufpreis wird daher meist ein symbolischer Betrag vereinbart. Der Erwerber hat jedoch eine Idee, wie er das Unternehmen sanieren und wieder in die Gewinnzone führen und so wenigstens einen Teil der Arbeitsplätze retten kann.[266] Ist er jedoch gezwungen, sämtliche Arbeitsverhältnisse zu

---

262 Skeptisch *Pfeiffer*, in *Grabitz/Hilf* (Hrsg.), Recht der EU, Band IV, A5 Art. 3 Rn. 45: die Leistungsfähigkeit des Prinzips der Beherrschungs- und Steuerungsmöglichkeiten werde (wohl) überstrapaziert, wenn man den Regelungsgehalt der Richtlinie insgesamt oder doch vorrangig auf dieses Konzept stützen wollte.

263 Vgl. Begründungserwägung 2 Richtlinie 77/187/EWG zur Angleichung der Rechtsvorschriften der Mitgliedstaaten über die Wahrung von Ansprüchen der Arbeitnehmer beim Übergang von Unternehmen, Betrieben oder Betriebsteilen v. 14. 2. 1977, ABl. Nr. L 61/26.

264 Vgl. Begründungserwägung 3 Richtlinie 2001/23/EG v. 12. 3. 2001 zur Angleichung der Rechtsvorschriften der Mitgliedstaaten über die Wahrung von Ansprüchen der Arbeitnehmer beim Übergang von Unternehmen, Betrieben oder Betriebsteilen, ABl. EG 2001 Nr. L 82/16.

265 Vgl. *Schellhaaß*, in: *Grundmann* (Hrsg.) Systembildung und Systemlücken, S. 401 (407).

266 Vgl. *Schellhaaß*, in: *Grundmann* (Hrsg.) Systembildung und Systemlücken, S. 401 (408).

übernehmen und dann den nicht benötigten Teil selbst zu entlassen, so fallen aufgrund der regelmäßig besseren Ertragslage des Übernehmers bei diesem höhere Sozialplankosten an, als wenn der Veräußerer die fraglichen Arbeitnehmer selbst entlassen hätte.[267] Es kann nun vorkommen, dass es aus Sicht des Veräußerers kostengünstiger ist, das Unternehmen zu liquidieren, als dass er sich die höheren Sozialplankosten des Erwerbers über den Kaufpreis anrechnen lassen muss. Die Richtlinie bewirkt in diesen Fällen einen Anreiz zur Betriebsstillegung unter Verlust aller Arbeitsplätze, obwohl durch einen Betriebsübergang ein Teil der Arbeitsplätze hätte erhalten werden können.[268]

Im Zentrum der Auslegungsbemühungen des EuGH steht die Frage, was „den Übergang von Unternehmen, Betrieben oder Unternehmens- bzw. Betriebsteilen" ausmacht. Die bishereige Rechtsprechung des EuGH findet sich nunmehr zusammengefasst in Art. 1 lit. b) der Richtlinie. Entscheidend ist danach der Übergang einer wirtschaftlichen Einheit bei Wahrung ihrer Identität. Ob dies vorliegt bestimmt sich im Wege einer wertenden Gesamtbetrachtung unter umfassender Würdigung und Gewichtung einer Reihe von Kriterien, namentlich der Art des Unternehmens, des Übergangs der materiellen Aktiva sowie deren Wert im Zeitpunkt des Übergangs, der Übernahme der Belegschaft, des Übergangs der Kundschaft, der Art der vor und nach dem Übergang ausgeübten Tätigkeit und der Dauer einer etwaigen Unterbrechung dieser Tätigkeit.[269]

Als besonders problematisch hat sich in jüngster Zeit die Abgrenzung des Betriebsübergangs in den Fällen der Neuvergabe eines Auftrags im Dienstleistungsgewerbe erwiesen, bei dem den Betriebsmitteln gegenüber dem Personaleinsatz nur untergeordnete Bedeutung zukommt.[270] In der Rechtssache *Temco* hatte die Volkswagen AG die Reinigung einiger ihrer Produktionsstätten an die BMV vergeben, die wiederum die Auftragsausführung an einen Subunternehmer, die GMC vergab. Nach Kündigung des Reinigungsauftrages durch Volkswagen gegenüber BMV wurde der Reinigungsauftrag an Temco übergeben. GMC entließ daraufhin rechtmäßig ihr gesamtes Personal mit Ausnahme von vier Personen, die einen besonderen Kündigungsschutz genossen. Aufgrund eines Tarifvertrages übernahm Temco in der Folge 42 der insgesamt 80 ehemaligen Arbeitnehmer von GMC.[271]

Zur Beantwortung der Frage, ob Art. 1 Abs. 1 der Richtlinie 77/187/EWG auf diesen Fall Anwendung findet, führt *Generalanwalt Geelhoed* eine nahezu mustergültige ökonomische Analyse durch. Das Vorgehen von Volkswagen sei typisch für die Tendenz, Aufgaben, die nicht zur Kernaktivität gehören, an Unternehmen zu vergeben, die sich auf die Erbringung flankierender Dienstleistungen spezialisiert haben. Auf diesen Dienstleistungsmärkten würden wirtschaftliche Tätigkeiten in-

---

267 Vgl. *Schellhaaß*, in: *Grundmann* (Hrsg.) Systembildung und Systemlücken, S. 401 (409).
268 Vgl. *Schellhaaß*, in: *Grundmann* (Hrsg.) Systembildung und Systemlücken, S. 401 (411).
269 Vgl. Kapitel 7 I. 1. c) cc) (1).
270 Vgl. *Oppertshäuser*, in: *Gebauer/Wiedmann* (Hrsg.), Zivilrecht unter europäischem Einfluss, Kapitel 17 Rn. 167.
271 EuGH v. 24. 1. 2002 – Rs. C-51/00 (*Temco*), Slg. 2002, I-969.

nerhalb relativ kurzer Zeiträume abgewickelt. Nach Ablauf des Vertrages beteilige sich der Auftragnehmer wiederum beim Kampf um die Gunst des Auftraggebers, der sich für einen Konkurrenten entscheiden wird, wenn dieser bessere Leistungen bietet.[272] Wegen der relativ kurzen Vertragsdauer weise der Personalbestand in diesem Sektor eine hohe Fluktuation auf.[273] Wegen der Heterogenität und Dynamik dieser Märkte schlägt der Generalanwalt vor, Zurückhaltung bei der Anwendung der Richtlinie zu üben. Die Dynamik des Marktes könne gestört werden, wenn zu leicht eine Übertragung im Sinne der Richtlinie angenommen werden würde. Das Risiko, die Rechte aller Arbeitnehmer eines Betreibes nur deshalb wahren zu müssen, weil ein Vertrag und ein Teil des angestammten Personals übernommen wurde, könne dazu führen, dass Unternehmen davon Abstand nehmen, sich am Wettbewerb um den Erhalt des Auftrags zu beteiligen. Dies könne zu einem Erstarren des Marktes führen.[274] Da sich die Richtlinie auf Art. 94 EG stützt, dürften Markt- und Wettbewerbserwägungen nicht aus den Augen verloren werden.[275] Der wirtschaftliche Kontext, in dem eine Transaktion erfolgt, sei als weiteres Kriterium im Rahmen der vorzunehmenden Gesamtbetrachtung zu berücksichtigen.[276] Danach sei im vorliegenden Fall ein Betriebsübergang zu verneinen.[277] Dies sei auch deshalb gerechtfertigt, da andernfalls dann, wenn ein Dienstleistender aufgrund wirtschaftlicher Überlegungen einen Auftrag verliert, weil ein anderes Unternehmen bessere Bedingungen bietet, der neue Auftragnehmer ohne weiteres den gesamten Personalbestand des Unternehmens, das den Auftrag verloren hätte, behalten müsste, nur weil zufällig die menschliche Arbeitskraft bei der wirtschaftlichen Tätigkeit der wichtigste Faktor wäre. So könne beim Wechsel eines Cateringunternehmens in der Betriebskantine wegen schlechter Bedienung des Personals der neue Auftragnehmer mit dem Personal konfrontiert werden, mit dem der Auftraggeber nicht zu frieden war.[278] Unter Marktgesichtspunkten wäre eine zu weite Auffassung unverantwortlich und müsste zu irreführenden und unvorhersehbaren Folgen in der dynamischen wirtschaftlichen Wirklichkeit führen und hätte unvermeidlich Willkür und Rechtsunsicherheit zur Folge.[279]

Der EuGH selbst gelangt, gestützt auf seine bisherige Rechtsprechung und ohne Berücksichtigung dieser ökonomischen Erwägungen zu dem Ergebnis, dass ein Betriebsübergang im vorliegenden Fall dann gegeben ist, wenn der neue Unternehmer einen Teil des Personals des Subunternehmers übernimmt, sei es auch aufgrund eines Tarifvertrages, sofern nur die Übernahme des Personals einen nach

---

272 *GA Geelhoed*, Schlussanträge v. 27. 9. 2001 – Rs. C-51/00 (*Temco*), Slg. 2002, I-969 Rn. 34.
273 *GA Geelhoed*, Schlussanträge v. 27. 9. 2001 – Rs. C-51/00 (*Temco*), Slg. 2002, I-969 Rn. 35.
274 *GA Geelhoed*, Schlussanträge v. 27. 9. 2001 – Rs. C-51/00 (*Temco*), Slg. 2002, I-969 Rn. 38.
275 *GA Geelhoed*, Schlussanträge v. 27. 9. 2001 – Rs. C-51/00 (*Temco*), Slg. 2002, I-969 Rn. 40.
276 *GA Geelhoed*, Schlussanträge v. 27. 9. 2001 – Rs. C-51/00 (*Temco*), Slg. 2002, I-969 Rn. 57.
277 *GA Geelhoed*, Schlussanträge v. 27. 9. 2001 – Rs. C-51/00 (*Temco*), Slg. 2002, I-969 Rn. 64.
278 Vgl. auch *Schlachter*, Der Europäische Gerichtshof und die Arbeitsgerichtsbarkeit, S. 14: „Wenn einem Auftragnehmer ein Auftrag zugunsten eines Dritten entzogen würde, müsste dieser erfolgreiche Wettbewerber auch diejenigen Beschäftigten übernehmen, mit deren Leistungen sein Vorgänger den Auftraggeber nicht halten konnte."
279 *GA Geelhoed*, Schlussanträge v. 27. 9. 2001 – Rs. C-51/00 (*Temco*), Slg. 2002, I-969 Rn. 67.

Zahl und Sachkunde erheblichen Teil des vom Subunternehmer für die Durchführung des untervergebenen Auftrags verwendeten Personals erfasst.[280] Später wurde ein Betriebsübergang auch für das Cateringgewerbe bejaht. In der Rechtssache *Abler* kündigte ein Krankenhausträger dem Cateringunternehmen, dass bisher Patienten und Personal mit Getränken und in den Räumen des Krankenhaus zubereiteten Speisen versorgte, und vergab den Auftrag an ein anderes Unternehmen. Personal wurde nicht übernommen. Nach Ansicht des EuGH reicht es aus, dass das zweite Unternehmen, die vom Krankenhaus zur Verfügung gestellten notwendigen Betriebsmittel, Wasser, Energie sowie Wirtschaftsräume samt Inventar, in gleicher Weise verwendet, wie dies durch das erste Unternehmen erfolgte.[281] Folge ist, dass das zweite Unternehmen nunmehr die doppelte Belegschaft hat.[282] Der Anbieter der besseren Leistung wird auf diese Weise bestraft.

Die Nichtberücksichtigung des ökonomischen Kontextes durch den EuGH bewirkt somit, dass Kündigung und Neuvergabe eines Dienstleistungsauftrages für die beteiligten Dienstleister unkalkulierbar werden.[283] Die damit verbundene Markt- und Wettbewerbsschädigung hätte durch die Heranziehung ökonomischer Argumentationskriterien, wie durch *Generalanwalt Geelhoed* geschehen, verhindert werden können, ohne mit der etablierten Rechtsprechung des Gerichtshofs brechen zu müssen.

3. Die Konkretisierung von Informationspflichten des Europäischen Privatrechts

Die Bereitstellung von Information spielt im Europäischen Privatrecht eine herausragende Rolle. Dies folgt schon aus dem Primärrecht, wonach ein regulativer Eingriff durch zwingendes Recht nur dann in Betracht kommt, wenn das angestrebte Ergebnis nicht durch die Bereitstellung von Information erreicht werden kann, und insbesondere aus Art. 153 Abs. 1 EG, der ein Recht der Verbraucher auf Information ausdrücklich festschreibt. Demgemäß finden sich im Europäischen Privat-, insbesondere Vertragsrecht eine Fülle von Informationspflichten zugunsten der Nachfrager. Diese dienen überwiegend dazu, in Fällen, in denen aufgrund der Absatzmethode[284] oder der Komplexität des Vetragsgegenstandes[285] die Transparenz des Marktes besonders gefährdet erscheint bzw. tatsächlich nicht gewährleistet ist,[286] dem Nachfrager eine informierte und selbstverantwortliche Marktentscheidung zu ermöglichen.[287] Neben relativ präzisen Informationspflich-

280 EuGH v. 24. 1. 2002 – Rs. C-51/00 (*Temco*), Slg. 2002, I-969 Rn. 22–39.
281 EuGH v. 20. 11. 2003 – Rs. C-340/01 (*Abler*), Slg. 2003, I-14023, Rn. 36f.
282 Vgl. *Neumann*, in: *Langenbucher* (Hrsg.), Europarechtliche Bezüge, § 7 Rn. 91 mit Fn. 189.
283 Vgl. *Neumann*, in: *Langenbucher* (Hrsg.), Europarechtliche Bezüge, § 7 Rn. 91 mit Fn. 189.
284 Vgl. Art. 4, 5 Fernabsatzrichtlinie; Art. 3, 5 Fernabsatzfinanzdienstleistungsrichtlinie; Art. 10, 11 e-commerce-Richtlinie.
285 Vgl. Art. 3, 4 Pauschalreiserichtlinie; Art. 4 Time-Sharing-Richtlinie.
286 Vgl. Art. 3, 4 Überweisungsrichtlinie; Art. 4–7 Verbraucherkreditrichtlinie.
287 Ausführlich *Riesenhuber*, Europäisches Vertragsrecht, Rn. 278–316; *Heiderhoff*, Gemeinschaftsprivatrecht, S. 140ff.; *Fleischer*, ZEuP 2000, 772 (777).

ten[288] finden sich dabei häufig auch konkretisierungsbedürftige, wertungsoffenen Tatbestände. So ist im Fernabsatz der Verbraucher über die „wesentlichen Eigenschaften der Ware oder (Finanz-)Dienstleistung“ zu informieren, Art. 4 Abs. 1 lit. b) Fernabsatzrichtlinie, bzw. Art. 3 Abs. 2 lit. a) Fernabsatzfinanzdienstleistungsrichtlinie. Die Bereitstellung der Information hat unter Wahrung der „Grundsätze der Lauterkeit des Handelsverkehrs“ bzw. des „Grundsatzes von Treu und Glauben im Geschäftsverkehr“ zu erfolgen, Art. 4 Abs. 2 Fernabsatzrichtlinie bzw. Art. 3 Abs. 2 Fernabsatzfinanzdienstleistungsrichtlinie; alle Informationen, die eine Wertpapierfirma ihren Kunden erteilt müssen „redlich, eindeutig und nicht irreführend“ sein, Art. 19 Abs. 2 Finanzmarktrichtlinie.[289]

Eine über sektorspezifische Informationspflichten hinausgehende allgemeine Offenbarungspflicht wurde bisher überwiegend nicht anerkannt.[290] Sie findet sich nun aber möglicherweise in Art. 7 Richtlinie 2005/29/EG über unlautere Geschäftspraktiken.[291]

a) Insbesondere Artikel 7 Abs. 1 Richtlinie unlautere Geschäftspraktiken

Gemäß Art. 7 Abs. 1 Richtlinie 2005/29/EG über unlautere Geschäftspraktiken gilt eine Geschäftspraxis als irreführend, „wenn sie im konkreten Fall unter Berücksichtigung aller tatsächlichen Umstände und der Beschränkungen des Kommunikationsmediums wesentliche Informationen vorenthält, die der durchschnittliche Verbraucher je nach den Umständen benötigt, um eine informierte geschäftliche Entscheidung zu treffen, und die somit einen Durchschnittsverbraucher zu einer geschäftlichen Entscheidung veranlasst oder zu veranlassen geeignet ist, die er sonst nicht getroffen hätte.“ Als irreführend gilt es auch, wenn die Information „auf unklare, unverständliche, zweideutige Weise oder nicht rechtzeitig bereitgestellt“ wird, Art. 7 Abs. 2. Für eine „Aufforderung zum Kauf“ werden in Abs. 4 die „wesentlichen Informationen“ näher bestimmt. Dazu gehören u. a. „die wesentlichen Merkmale des Produkts“, der Preis bzw. die Art der Preisberechnung, Zahlungs-, Liefer- und Leistungsbedingungen und etwaige Widerrufs- und Rücktrittsrechte. Schließlich gelten nach Abs. 5 alle diejenigen Informationen als wesentlich, die sich aus gemeinschaftsrechtlichen Informationsanforderungen bezüglich der kommerziellen Kommunikation ergeben, inbesondere die in der nichterschöpfenden Liste des Anhangs II zur Richtlinie aufgezählten. Auch wenn nach Art. 3 Abs. 2 der Richtlinie das Vertragsrecht der Mitgliedstaten unberührt bleiben soll, wird man doch davon ausgehen müssen, dass gerade auch aufgrund der in Art. 7 postulierten „allgemeinen vorvertraglichen Informationspflicht“[292] einschneidende

288 Vgl. etwa Art. 3 Abs. 2 Pauschalreiserichtlinie.
289 Vgl. zu Art. 19 der Richtlinie *Riesenhuber*, Europäisches Vertragsrecht, Rn. 296–298.
290 Vgl. *Riesenhuber*, Europäisches Vertragsrecht, Rn. 302–304; *Heiderhoff*, Gemeinschaftsprivatrecht, S. 111.
291 Vgl. auch Art. 5 und 6 des Vorschlags für eine Richtlinie des Europäischen Parlaments und des Rates über Rechte der Verbraucher, KOM(2008) 614 endg., sowie Art. II.-3:101 – II.-3:109 DCFR, wo umfassende vorvertragliche Informationspflichten festgeschrieben werden.
292 *Riesenhuber*, Europäisches Vertragsrecht, Rn. 277 e.

Folgewirkungen für das nationale und Europäische Vertragsrecht nicht ausbleiben werden.[293]

Jedenfalls aber obliegt es dem Richter[294] festzulegen, welche Informationen durch den Unternehmer dem Verbraucher zugänglich zu machen sind, und auf welche Art und Weise dies zu geschehen hat.[295] Zur Beantwortung beider Frage könnte die ökonomische Analyse des Rechts einen wichtigen Beitrag leisten.

aa) Inhalt und Umfang der Informationspflicht

Perfekte Verbraucherinformation ist ein Ding der Unmöglichkeit. Die Gerichte müssen deshalb entscheiden, an welchem Punkt auf einer Skala zwischen perfekter Informiertheit und perfekter Ignoranz der Verbraucher eine Informationspflicht der Vertragsgegenseite einsetzen soll.[296] Ausgangspunkt muss dabei die Erkenntnis sein, dass Informationsbeschaffung und -weitergabe Kosten verursacht und somit eine Informationspflicht zu Lasten der Unternehmer deren Produktionskosten erhöht. Gewinnmaximierende Unternehmen werden ihre Produktion reduzieren bzw. einen Teil ihrer Kosten an die Verbraucher weiterreichen. In der Folge erhöht sich der Preis für alle Verbraucher in Bezug auf die von der Informationspflicht erfassten Produkte. Daraus folgt als ein allgemeiner (und offensichtlicher) Grundsatz: Informationspflichten sollten nur solange weiter ausgedehnt werden, wie die zusätzlichen Erträge (Grenznutzen), die durch die Beseitigung einer Informationsasymmetrie erzielt werden, höher sind als die zusätzlichen Kosten (Grenzkosten).[297] Dabei ist die zuverlässige Bestimmung der Kosten und Erträge eine schwierige Aufgabe. Informationspflichten können sicherlich die Entscheidungssituation für Verbraucher verbessern, etwa dadurch, dass Verbrauchern die Existenz konkurrierender Produkte erst zur Kenntnis gebracht wird bzw. Unter-

---

293 Vgl. *Riesenhuber*, Europäisches Vertragsrecht, Rn. 304a; *Stuyck/Terrin/Van Dyck*, (2006) 43 CMLRev, 107 (130): „major and shaping impact on general private law". Als problematisch erscheint insbesondere Begründungserwägung 15, die Art. 7 Abs. 5 näher erläutert. Danach können die Mitgliedstaaten die Informationsanforderungen in Bezug auf das Vertragsrecht oder mit vertragsrechtlichen Auswirkungen aufrechterhalten oder erweitern, wenn dies aufgrund der Mindestklauseln in den bestehenden gemeinschaftlichen Rechtsakten zulässig ist. Dies könnte bedeuten, dass außerhalb solcher Mindestklauseln mitgliedstaatliche Offenbarungspflichten in B2C-Verträgen nur dann aufrechterhalten werden können, wenn die Nichtoffenbarung als unlautere Geschäftspraxis im Sinne der Richtlinie zu qualifizieren wäre. Nach *Stuyck/Terrin/Van Dyck*, (2006) 43 CMLRev, 107 (130), wäre ein solches Verständnis allerdings wegen der tiefreichenden Auswirkungen auf die nationalstaatlichen vorvertraglichen Pflichtenregime „disproportionate".

294 Vgl. *Riesenhuber*, Europäisches Vertragsrecht, Rn. 277e: „Die Generalklausel überantwortet die schwierige Aufgabe der Grenzziehung den Gerichten, deren Aufgabe es sein wird, den im Leitbild des mündigen Verbrauchers breit angelegten Selbstverantwortungsgrundsatz auch künftig zu beachten."

295 Diese Unterscheidung ist nicht nur in Art. 7 Abs. 1 und 2 der Richtlinie 2005/29/EG, sondern auch in Art. 4 Abs. 1 und 2 der Fernabsatzrichtlinie bzw. Art. 3 Abs. 1 und 2 der Fernabsatzfinanzdienstleistungsrichtlinie angelegt.

296 *Schwartz/Wilde*, (1979) 127 University of Pennsylvania Law Review 630; *Beales/Craswell/Salop*, (1981) 24 J Law & Econ 491 (512).

297 Vgl. *van den Bergh*, in: Ott/Schäfer (Hrsg.), Effiziente Verhaltenssteuerung und Kooperation im Zivilrecht, S. 77 (84 f.); *Fleischer*, ZEuP 2000, 772 (788); *Beales/Craswell/Salop*, (1981) 24 J Law & Econ 491 (522).

nehmer angehalten werden, eine größere Auswahl an Produkten anzubieten. Auf der Kostenseite stehen neben Informationsbeschaffungs-, -verteilungs- und Rechtsdurchsetzungskosten, auch unerwartete Nebenfolgen wie etwa die Fehlleitung des Wettbewerbs hin zu Produktattributen, die für die Verbraucher weniger wichtig sind.[298] Empirische Studien belegen, dass Informationspflichten erhebliche Kosten zeitigen können, ohne dass nennenswerte Vorteile für Verbraucher dabei herauskommen.[299]

Die durch Informationspflichten erzeugten Kosten sowie die Schwierigkeit einer verläßlichen Kosten/Nutzen-Analyse bewirken nun freilich nicht, dass Informationspflichten überhaupt nicht auferlegt werden sollten.[300] Der Entscheider muss sich aber der potentiellen schädigenden Nebeneffekte und Verzerrungen bewusst sein. Intervention sollte sich daher auf Situationen beschränken, in denen eine Informationsasymmetrie tatsächlich zu einer substantiellen Schädigung der Verbraucher führt und dem mittels einer Informationspflicht in effektiver Weise abgeholfen werden kann.[301] Hier nun stellt die ökonomische Theorie Kriterien bereit, die, ohne Anspruch auf Perfektion, den Entscheider doch in einigermaßen verlässlicher Weise anleiten können.[302]

Schwartz und *Wilde* haben nachgewiesen, dass es nicht darauf ankommen kann, ob ein irgendwie idealisierter Verbraucher ausreichend informiert ist. Maßgeblich muss vielmehr sein, ob imperfekte Information dazu führt, dass der Markt im Hinblick auf Preis- und Produktwettbewerb bzw. Vertragsbedingungen versagt. Entscheidend ist das Wettbewerbsverhalten des jeweiligen Marktes, nicht die Informationssättigung einzelner Verbraucher.[303] Dies liegt daran, dass die Präsenz zumindest einiger Verbraucher im Markt,[304] die informiert sind und aktiv nach besseren Preisen und besserer Qualität suchen, einen positiven externen Effekt auch für die übrigen uninformierten Verbraucher zeitigen kann.[305] Soweit Sucher in ausreichender Zahl vorhanden sind und es für Firmen zu teuer ist, Nicht-Sucher zu diskriminieren,[306] werden die Firmen um die Gunst der Sucher in Wettbewerb

---

298 *Beales/Craswell/Salop*, (1981) 24 J Law & Econ 491 (534). *Baird/Gertner/Picker*, Game Theory and the Law, S. 94ff., beschreiben eine Situation, in der die unbeschränkte Veröffentlichung von Bankrevisionsberichten einen Ansturm auf schwächere Banken zur Folge haben kann, welche andernfalls ihrer Schwierigkeiten hätten Herr werden können.

299 Beispielsweise *McChesney*, (1990–1991) 7 Journal of Law & Politics 1 ff.

300 *Beales/Craswell/Salop*, (1981) 24 J Law & Econ 491 (522).

301 *Beales/Craswell/Salop*, (1981) 24 J Law & Econ 491 (512).

302 Vgl. auch *Rehberg*, in: *Schäfer/Eger* (Hrsg.), Ökonomische Analyse der europäischen Zivilrechtsentwicklung, S. 284 ff.

303 *Schwartz/Wilde*, (1979) 127 University of Pennsylvania Law Review 630 (631, 637).

304 Nach *Schwartz* und *Wilde* ist ein Verhältnis von Suchern zu Nicht-Suchern von 1/3 oder mehr ausreichend; *Schwartz/Wilde*, (1979) 127 University of Pennsylvania Law Review 630 (653, 655).

305 *Beales/Craswell/Salop*, (1981) 24 J Law & Econ 491 (503); *Rehberg*, in: *Schäfer/Eger* (Hrsg.), Ökonomische Analyse der europäischen Zivilrechtsentwicklung, S. 284 (314).

306 Eine Diskriminierung bestimmter Verbraucher ist nur im Himblick auf individualisierte Transaktionen möglich, bei denen ein Firmenvertreter relativ viel Zeit mit dem Kunden verbringt und ihn so kennen lernt; für massenweise auftretende Transaktionen ist Diskriminierung schlicht zu teuer, vgl. *Schwartz/Wilde*, (1979) 127 University of Pennsylvania Law Review 630 (662–665).

treten und dann zu den gleichen Bedingungen auch den Nicht-Suchern anbieten.[307] Solange nicht anzunehmen ist, das Sucher und Nicht-Sucher in ihren jeweiligen Präferenzen weit auseinander liegen, begünstigt der Wettbewerb der Firmen um die Gunst der Sucher auch die Nicht-Sucher; die angebotenen Preise und Produkte sind auch für die Nicht-Sucher nutzenmaximierend.[308] Soweit Markt und Wettbewerb in dieser Weise ausreichend funktionieren, ist eine Intervention im Wege der Auferlegung von Informationspflichten nicht gerechtfertigt.

Ob Sucher in ausreichender Zahl vorhanden sind, ist kontextabhängig, entscheidend sind die Art des jeweiligen Produkts und der jeweiligen Information. Bezüglich Informationen, die ohne weiteres verifizierbar sind,[309] haben Firmen einen Anreiz, selbst die für sie negativen Informationen über bestimmte Produkteigenschaften freiwillig zu offenbaren.[310] Dieses Phänomen wird als *„unravelling result"* bezeichnet.[311] Die Anbieter qualitative hochwertiger Produkte werden zum Zwecke der Gewinnmaximierung sämtliche Eigenschaften ihrer Produkte offenlegen, die diese im Vergleich zu den Produkten der Konkurrenten vorzugswürdig erscheinen lassen. Solange unwahre Informationen verboten sind, wie etwa gemäß Art. 6 Abs. 1 der Richtlinie 2005/29/EG, können rationale Verbraucher dieses Verhalten antizipieren und damit vom Schweigen eines Anbieters darauf schließen, dass sein Produkt im Hinblick auf diese Eigenschaft die schlechteste Qualität aufweist. Im Ergebnis sind so die Anbieter mittlerer Qualität dazu angehalten, die positiven, aber auch die negativen Eigenschaften ihrer Produkte offenzulegen. Schweigen ist keine durchhaltbare Strategie. Am Ende legen alle Anbieter ihre Informationen offen.[312] Dies ist die Umkehrung des *Akerlofschen „market for lemons"*.[313]

Das Phänomen des *unravelling result* kann nur dann auftreten, wenn die fragliche Information hinreichend leicht verifizierbar ist.[314] Dies ist der Fall in Bezug auf Sucheigenschaften eines Gutes. Sucheigenschaften sind diejenigen Eigenschaften eines Produkts, die der Verbraucher vor dem Kauf einigermaßen zuverlässig ermitteln kann.[315] Soweit Suche zu teuer ist, muss sich der Verbraucher auf Erfahrung verlassen.[316] Erfahrungseigenschaften lassen sich nur durch Kauf und Benutzung des Produkts zuverlässig feststellen.[317] Hier kommt es zum *unravelling result* nur, soweit dem Verbraucher effektive Rechtsbehelfe gegen den Verkäufer für den Fall

---

307 *Schwartz/Wilde*, (1979) 127 University of Pennsylvania Law Review 630 (638).
308 *Schwartz/Wilde*, (1979) 127 University of Pennsylvania Law Review 630 (639).
309 *Baird/Gertner/Picker*, Game Theory and the Law, S. 89.
310 *Rubin*, in: *Bouckaert/de Geest* (Hrsg.), Encyclopaedia of Law and Economics, Volume III, S. 280ff.
311 *Baird/Gertner/Picker*, Game Theory and the Law, S. 89. Vgl. auch *Grossman*, (1981) 24 J Law & Econ 461.
312 *Baird/Gertner/Picker*, Game Theory and the Law, S. 90; *Rubin*, in: *Bouckaert/de Geest* (Hrsg.), Encyclopaedia of Law and Economics, Volume III, S. 281.
313 *Akerlof*, (1970) 84 Q.J.Econ., 488ff.; *Rubin*, in: *Bouckaert/de Geest* (Hrsg.), Encyclopaedia of Law and Economics, Volume III, S. 281.
314 Vgl. *Rehberg*, in: *Schäfer/Eger* (Hrsg.), Ökonomische Analyse der europäischen Zivilrechtsentwicklung, S. 284 (312ff.).
315 *Schwartz/Wilde*, (1979) 127 University of Pennsylvania Law Review 630 (659).
316 *Nelson*, (1970) 78 Journal of Political Economy 311 (318).
317 *Schwartz/Wilde*, (1979) 127 University of Pennsylvania Law Review 630 (659).

zur Verfügung stehen, dass die Erwartungen des Verbrauchers im Hinblick auf eine Erfahrungseigenschaft enttäuscht wurden.[318] Dies hängt nicht nur vom materiellen Vertrags- oder Deliktsrecht ab, sondern auch davon, inwieweit Ansprüche vor den Gerichten effektiv durchgesetzt werden können, auch im Hinblick auf Verfahrenskosten und -dauer. Schließlich gibt es Eigenschaften, die überhaupt nicht zuverlässig festgestellt werden können, weder durch Inaugenscheinnahme noch durch Gebrauch.[319] Solche Vertrauenseigenschaften kommen häufig bei Dienstleistungen vor.[320] Hier kommt es nicht zum *unravelling result*. Dies heißt aber nicht, dass die Auferlegung einer Informationspflicht in diesem Fall automatisch gerechtfertigt wäre. Nur wenn das zur Entscheidung berufene Gericht zuverlässig bestimmen kann, ob eine entsprechende Informationspflicht tatsächlich verletzt wurde – ob der Verpflichtete im Besitz der relevanten Information war oder wahrheitswidrige Angaben gemacht hat – kann eine Informationspflicht überhaupt zielführend sein.[321]

Eine weitere Voraussetzung ist, dass der Verbraucher vom Schweigen des Anbieters überhaupt auf die Qualität des Produkts schließen kann. Solch ein Schluss ist etwa dann nicht möglich, wenn der Verbraucher nicht sicher weiss, ob der Anbieter überhaupt im Besitz der relevanten Information ist oder diese nur nicht offenbaren will.[322] Dies kann insbesondere im Hinblick auf relativ neue Produkte vorkommen, deren Eigenschaften noch nicht vollständig bekannt sind, nicht einmal dem Hersteller selbst. Auch in diesem Fall sind Informationspflichten nur dann gerechtfertigt, wenn der Richter die fraglichen Informationen zuverlässig feststellen kann, wenn diese möglicherweise sogar dem Verpflichtungsadressaten nicht zur Verfügung stehen.[323]

Zusammenfassend bedeutet dies für die Konkretisierung des Art. 7 Abs. 1 der Richtlinie 2005/29/EG, dass die Auferlegung von Informationspflichten eine Fülle von Nebenwirkungen zeitigen kann, die in der Summe den potentiellen Nutzen aufwiegen mögen. Intervention im Wege einer Informationspflicht ist nur dann gerechtfertigt, wenn: (i) aufgrund imperfekter Information Wettbewerb nicht ausreichend funktioniert; und (ii) Marktversagen mit Hilfe von Informationspflichten tatsächlich behoben werden kann. Dies erfordert eine eingehende empirische Analyse des jeweiligen Marktes. Die bloße Intuition des Gerichts genügt jedenfalls nicht.

bb) Art und Weise der Informationsvermittlung

Vielfach wird bezweifelt, ob die im Europäischen Vertragsrecht vorgesehenen Informationspflichten zum Schutz des Verbrauchers ihren Zweck tatsächlich erfül-

318 *Baird/Gertner/Picker*, Game Theory and the Law, S. 90.
319 *Darby/Karni*, (1973) 16 J Law & Econ 67 (68 ff.).
320 *Rehberg*, in: *Eger/Schäfer* (Hrsg.), Ökonomische Analyse der europäischen Zivilrechtsentwicklung, S. 284 (315).
321 *Baird/Gertner/Picker*, Game Theory and the Law, S. 89.
322 *Baird/Gertner/Picker*, Game Theory and the Law, S. 95.
323 *Baird/Gertner/Picker*, Game Theory and the Law, S. 95.

len. Aufgrund des Umfangs und der Vielzahl der vom Unternehmer bereitszustellenden Informationen sei es für den Durchschnittsverbraucher kaum möglich, die wesentlichen Inhalte zur Kenntnis zu nehmen; die Flut an Informationen beeinträchtige die Wahrnehmung und Verarbeitung durch den Kunden und könne damit sogar einen kontraproduktiven Effekt haben. Auf der anderen Seite sei fraglich, ob die Informationsanforderungen durch den Unternehmer mit vertretbarem wirtschaftlichem Aufwand bei hinreichender Rechtssicherheit erfüllt werden könnten.[324] Neben der großen Zahl der Pflichten wirke sich vorallem deren zum Teil unpräziser Inhalt aus.[325]

Insoweit ist zunächst zu berücksichtigen, dass Informationen einen abnehmenden Grenznutzen haben.[326] Werden zuviele Informationen angeboten, wird der Grenznutzen irgendwann sogar negativ, es kommt zu einer Informationsüberflutung, die genauso lähmend und verwirrend sein kann, wie ein Informationsdefizit.[327] Dies ist insbesondere im Rahmen des Art. 7 Abs. 2 Richtlinie 2005/29/EG zu beachten, wenn es darum geht, ob Information auf „unklare, unverständliche oder zweideutige Weise" bereitgestellt wird. Insgesamt gilt, dass eine geringere Menge an besseren, klareren, knapperen Informationen gegenüber einer unkontrollierten Menge an Informationen vorzugswürdig ist.[328]

Den Erkenntnissen der *behavioral law and economics* kommt in diesem Zusammenhang besondere Bedeutung zu. Aufgrund des *framing* und *anchoring effects* ist die schlichte Forderung nach Offenlegung nicht ausreichend; vielmehr erlangt die Art und Weise der Informationsbereitstellung entscheidende Bedeutung dafür, inwieweit der mit der Information bezweckte Erfolg auch erreicht wird.[329] Zu berücksichtigen ist insbesondere, dass regelmäßig Verluste gegenüber dem Status quo für die Adressaten stärker ins Gewicht fallen, als Gewinne (*loss aversion*). Information, die dem Verbraucher die möglichen Nachteile einer Transaktion vor Au-

---

324 Vgl. *Grigoleit*, NJW 2002, 1151 (1155); Staudinger-*Thüsing*, Vorbem. zu §§ 312b–f BGB Rn. 9f.; *Heiderhoff*, Gemeinschaftsprivatrecht, S. 109; *Martinek*, in: *Grundmann* (Hrsg.), Systembildung und Systemlücken, S. 511 (520ff.); *Rehberg*, in: *Eger/Schäfer* (Hrsg.), Ökonomische Analyse der europäischen Zivilrechtsentwicklung, S. 284 (293); anders bezüglich der Timesharing-Richtlinie *Riesenhuber*, Europäisches Vertragsrecht, Rn. 284.

325 Dies gelte insbesondere auch für die aufgrund Art. 240f. EGBGB erlassene BGB-InfoV, mit der der Inhalt der verschiedenen Informationspflichten aus dem BGB ausgelagert wurde, vgl. Staudinger-*Thüsing*, Vorbem. zu §§ 312b–f BGB Rn. 10.

326 Vgl. *van den Bergh*, in: Ott/Schäfer (Hrsg.), Effiziente Verhaltenssteuerung und Kooperation im Zivilrecht, S. 77 (84); *Fleischer*, ZEuP 2000, 772 (776); *Martinek*, in: *Grundmann* (Hrsg.), Systembildung und Systemlücken, S. 511 (523ff.).

327 Vgl. *van den Bergh*, in: Ott/Schäfer (Hrsg.), Effiziente Verhaltenssteuerung und Kooperation im Zivilrecht, S. 77 (85); *Martinek*, in: *Grundmann* (Hrsg.), Systembildung und Systemlücken, S. 511 (524); *Rehberg*, in: *Eger/Schäfer* (Hrsg.), Ökonomische Analyse der europäischen Zivilrechtsentwicklung, S. 284 (319).

328 Vgl. *van den Bergh*, in: Ott/Schäfer (Hrsg.), Effiziente Verhaltenssteuerung und Kooperation im Zivilrecht, S. 77 (85); *Fleischer*, ZEuP 2000, 772 (788ff.); speziell zu Art. 7 Richtlinie 2005/29/EG *Gomez*, ERCL 2006, 4 (32).

329 Vgl. *Jolls/Sunstein/Thaler*, (1998) 50 Stanford L. Rev., 1471 (1534): „'Provide more information' says nothing about the way in which the information will be provided, and yet we know ... that this will matter a great deal."

gen führt, erscheint daher effektiver zu sein, zu diesem auch durchzudringen.[330] In ähnlicher Weise erscheinen personalisierte Informationen rein statistischen Angaben überlegen. Und auch die Phänomene des Überoptimismus und des gesteigerten Selbstvertrauens sind zu beachten[331] und können dazu führen, von einer weiteren Ausdehnung der Informationspflichten abzusehen, da deren Effekt ohnehin verpuffen würde.

b) Fazit

Im Rahmen der Informationspflichten des Europäischen Privatrechts schärft die ökonomische Analyse den Blick dafür, dass mehr und bessere Informationen nur zu einem bestimmten Preis zu haben sind und ihren Zweck auch nur unter bestimmten Voraussetzungen und in begrenztem Umfang erreichen können. Auf diese Weise kann die Aufstellung überzogener Anforderungen an die Unternehmer vermieden werden,[332] ein Ergebnis das der Akzeptanz des Gemeinschaftsrechts weit besser dienen dürfte, als Information und Verbraucherschutz um jeden Preis.

4. Ökonomische Überlegungen im Rahmen der Konkretisierung der Verbrauchsgüterkaufrichtlinie

Die ökonomische Analyse des Rechts unterscheidet drei Grundfunktionen der Gewährleistungshaftung: Versicherungsfunktion, Qualitätsanreizfunktion und Signalfunktion. Für den Käufer ist die Mangelhaftigkeit eines Produkts ein unsicheres und unerwünschtes Ereignis.[333] Ist der Käufer risikoavers, wird er bereit sein, das Risiko gegen eine Versicherungsprämie zu versichern, die höher liegt, als der Erwartungswert des drohenden Schadens, und um die sich der Kaufpreis erhöht. Der Verkäufer ist dagegen regelmäßig gegenüber der Inanspruchnahme wegen eines Mangels in bezug auf ein einzelnes Produkt risikoneutral. Unter diesen Voraussetzungen stellen Gewährleitungsregelungen die billigste Form der Käuferversicherung bereit.[334]

Ist der Verkäufer in der Lage, Wahrscheinlichkeit und Ausmaß des Produktversagens zu beeinflussen, so setzt die Gewährleistungshaftung einen Anreiz für den Verkäufer, ein Absinken der Qualität seiner Ware zu verhindern.[335] Auch wenn

---

330 Vgl. *Jolls/Sunstein/Thaler*, (1998) 50 Stanford L. Rev., 1471 (1536): „Exploit loss aversion".
331 Vgl. *Jolls/Sunstein/Thaler*, (1998) 50 Stanford L. Rev., 1471 (1537).
332 Vgl. *Gomez*, ERCL 2006, 4 (32): „[A]ttempting to reach the complete informational content may well be counterproductive, because the real alternative for firms if they are forced to add endless supplementary information may be simply to discontinue the practice, an outcome which may be worse than with a commercial practice incomplete information, because consumers will loose all information, however incomplete, they may have gotten without the legal intervention."
333 *Gomez*, in: *Grundmann/Bianca* (Hrsg.), EU-Kaufrechts-Richtlinie, Einl. Rn. 73.
334 Vgl. *Schäfer/Ott*, Lehrbuch der ökonomischen Analyse des Zivilrechts, S. 478 f.
335 Vgl. *Schäfer/Ott*, Lehrbuch der ökonomischen Analyse des Zivilrechts, S. 479; *Gomez*, in: *Grundmann/Bianca* (Hrsg.), EU-Kaufrechts-Richtlinie, Einl. Rn. 78.

der Unternehmer durch eine Qualitätsverminderung Kosten einsparen könnte, wird er davon solange absehen, wie der Erwartungswert einer etwaigen Mängelhaftung höher ist, als die Kostenersparnis.[336] Andererseits wird selbst ein risikoneutraler Käufer solange bereit sein, Preisaufschläge auf ein bestimmtes Produkt hinzunehmen, wie die dadurch bewirkte Reduktion der Erwartungsschäden diese Preisaufschläge noch marginal übertreffen.[337] Folge ist, dass Verkäufer dazu angehalten werden, ein den Käuferpräferenzen entsprechendes Qualitätsniveau anzubieten.

Hinzu kommt ein weiteres. Häufig wird es dem Käufer nicht möglich sein, die Qualität eines Produkts im Vorhinein verlässlich einzuschätzen.[338] Auf einem Markt, auf dem Produkte unterschiedlicher Qualität angeboten werden, wird der Käufer nur gewillt sein, den Preis für durchschnittliche Qualität zu zahlen, selbst wenn er an sich bereit wäre, in bessere Qualität zu investieren. Aufgrund dieser Informationsasymmetrie kommt es zu dem von *Akerlof* beschriebenen *„market for lemons“*.[339] Dem wirkt die Gewährleistung entgegen, indem sie ein Signal für qualitativ hochwertige Produkte setzt.[340] So entstehen separierte Märkte für gleichartige Produkte unterschiedlicher Qualität, die den Käuferpräferenzen entsprechen.[341]

Zwei gegenläufige Phänomene sprechen jedoch für eine Begrenzung der Gewährleistungshaftung. Zur adversen Selektion kommt es aufgrund eines Informationsdefizits auf Seiten der Verkäufer. Regelmäßig unterscheiden sich die Nachfrager hinsichtlich ihres Risikopotentials, welches der Verkäufer nicht erkennen kann.[342] Folge ist ein einheitlicher Preis. Käufer mit niedrigem Risikopotential finanzieren so die Käufer mit hohem Risiko mit. Wegen des hohen Preises kann sogar ein Teil der Nachfrager mit niedrigem Risiko aus dem Markt ausscheiden.[343] Hinzu kommt ein möglicher *moral hazard* auf Seiten des Käufers. Eine zuweitgehende Gewährleistungsregelung kann dazu führen, dass der Käufer Risiken auf den Verkäufer überwälzt, die nach der Theorie vom vollständigen Vertrag beim Käufer verbleiben sollten, da er der *„cheapest cost avoider“* ist. Typisches Beispiel ist etwa ein Motivirrtum auf Seiten des Käufers.[344]

Vor dem Hintergrund der Heterogenität von Angebots- und Nachfragerseite ist aus ökonomischen Gründen die Gewährleistungshaftung grundsätzlich dispositiv auszugestalten.[345] Die einseitig zwingende Ausgestaltung des Gewährleistungsre-

---

336 Vgl. *Gomez*, in: *Grundmann/Bianca* (Hrsg.), EU-Kaufrechts-Richtlinie, Einl. Rn. 78.
337 Vgl. *Schäfer/Ott*, Lehrbuch der ökonomischen Analyse des Zivilrechts, S. 479 f.
338 Vgl. *Gomez*, in: *Grundmann/Bianca* (Hrsg.), EU-Kaufrechts-Richtlinie, Einl. Rn. 74.
339 Vgl. *Gomez*, in: *Grundmann/Bianca* (Hrsg.), EU-Kaufrechts-Richtlinie, Einl. Rn. 74; *Schäfer/Ott*, Lehrbuch der ökonomischen Analyse des Zivilrechts, S. 480.
340 Vgl. *Gomez*, in: *Grundmann/Bianca* (Hrsg.), EU-Kaufrechts-Richtlinie, Einl. Rn. 75.
341 Vgl. *Schäfer/Ott*, Lehrbuch der ökonomischen Analyse des Zivilrechts, S. 481.
342 Vgl. *Gomez*, in: *Grundmann/Bianca* (Hrsg.), EU-Kaufrechts-Richtlinie, Einl. Rn. 86; *Schäfer/Ott*, Lehrbuch der ökonomischen Analyse des Zivilrechts, S. 481.
343 Vgl. *Schäfer/Ott*, Lehrbuch der ökonomischen Analyse des Zivilrechts, S. 481 f.
344 Vgl. *Gomez*, in: *Grundmann/Bianca* (Hrsg.), EU-Kaufrechts-Richtlinie, Einl. Rn. 82 ff.; *Schäfer/Ott*, Lehrbuch der ökonomischen Analyse des Zivilrechts, S. 482 ff.
345 Vgl. *Gomez*, in: *Grundmann/Bianca* (Hrsg.), EU-Kaufrechts-Richtlinie, Einl. Rn. 118.

gimes der Verbrauchsgüterkaufrichtlinie gemäß Art. 7 ist insoweit bedenklich.[346] Insbesondere im Hinblick auf Gebrauchtwaren erscheint diese unangemessen, geht der Käufer hier doch gerade im Hinblick auf einen niedrigeren Preis bewusst das Risiko einer verringerten Gebrauchstauglichkeit ein.[347] Relativiert wird das Problem dadurch, dass die Bestimmung der Vertragsmäßigkeit zuförderst den Parteien selbst obliegt.[348] Insgesamt dürfte der mögliche Preisanstieg und die damit verbundene schädliche Wirkung bei heterogenen Verbrauchererwartungen aber doch zu einer eher negativen Bewertung führen.[349]

Umso wichtiger scheint es, durch die Heranziehung der ökonomische Analyse des Rechts im Rahmen der Konkretisierung der Verbrauchsgüterkaufrichtlinie weitergehende marktschädigende Wirkungen möglichst im Zaum zu halten.

a) Insbesondere die „geringfügige Vertragswidrigkeit" im Sinne des Artikel 3 Abs. 6 Verbrauchsgüterkaufrichtlinie

In Art. 3 Abs. 3 sieht die Verbrauchsgüterkaufrichtlinie ausdrücklich eine Kosten-Nutzen-Analyse bezüglich der Frage vor, wann der Verkäufer einen Gewährleistungsbehelf der ersten Stufe, Nachbesserung oder Ersatzlieferung, verweigern kann. Dies ist dann der Fall, wenn die Kosten für die verlangte Gewährleistung, unter Berücksichtigung des Wertes der Ware, des Umfangs des Mangels und der Unannehmlichkeiten für den Käufer im Falle der alternativen Gewährleistungsart, verglichen mit den Kosten dieser alternativen Gewährleistungsart als „unverhältnismäßig" erscheinen. Danach kann etwa eine Reparatur dann nicht verlangt werden, wenn deren Kostenaufwand den Wert der Ware übersteigen würde.[350]

Systematische Erwägungen sprechen dafür, dass die gleichen Überlegungen auch für die Abgrenzung der Rechtsbehelfe der ersten Stufe, Nachbesserung und Ersatz-

---

346 Vgl. *Gomez*, in: *Grundmann/Bianca* (Hrsg.), EU-Kaufrechts-Richtlinie, Einl. Rn. 126: „Behindert werden dadurch wertvolle Kräfte des Marktes und auch das Bemühen der Vertragsparteien, durch Verhandlung gegenseitig zufriedenstellende Lösungen zum Gewährleistungsschutz zu finden."

347 Vgl. *Riesenhuber*, Europäisches Vertragsrecht, Rn. 756: „Wer gebraucht kauft, will weniger Geld ausgeben und ist dafür bereit, Risiken in Kauf zu nehmen, sei es, weil er sie selbst tragen kann (Eigenreparatur, bessere Risikoeinschätzung als der Verkäufer) oder schlicht nicht mehr ausgeben kann."

348 Vgl. *Riesenhuber*, Europäisches Vertragsrecht, Rn. 753 f.

349 Vgl. *Gomez*, in: *Grundmann/Bianca* (Hrsg.), EU-Kaufrechts-Richtlinie, Einl. Rn. 124; auch *Riesenhuber*, Europäisches Vertragsrecht, Rn. 757 ff.; *Martinek*, in: *Grundmann* (Hrsg.), Systembildung und Systemlücken, S. 511 (541). Differenziert *Kirstein/Schäfer*, in: *Eger/Schäfer* (Hrsg.), Ökonomische Analyse der Europäischen Zivilrechtsentwicklung, S. 369 ff.: Einerseits könne die Anwesenheit von beschränkt rationalen Konsumenten in „Lemons"-Märkten einen paternalistischen Verbraucherschutz rechtfertigen. Andererseits könne die zwingende Gewährleistung zur Folge haben, dass sich Gebrauchtwagenhändler aus dem Geschäft mit Gebrauchtwagen schlechterer Qualität zurückziehen. Dadurch würde zum einen den Eigentümern älterer Gebrauchtwagen die beliebte Praxis der Inzahlunggabe abgeschnitten, womit sich die Transaktionskosten beim Erwerb eines Neuwagens erhöhen. Weiterhin würden Gebrauchtwagen schlechterer Qualität nunmehr verstärkt direkt von Privat zu Privat gehandelt und damit überhaupt mehr Gebrauchtwagen ohne Einschaltung eines Händlers verkauft. Auf diese Weise könne es zu dem kontraintentionalen Effekt kommen, dass mehr Autos als nach altem Recht ohne jegliche Gewährleistung den „Besitzer" wechseln.

350 Vgl. *Bianca*, in: *Grundmann/Bianca* (Hrsg.), EU-Kaufrechts-Richtlinie, Art. 3, Rn. 33.

lieferung, zu denjenigen der zweiten Stufe, Minderung und Vertragsauflösung nach Art. 3 Abs. 5, anzustellen sind.[351] Der Verkäufer muss sich danach die Gewährleistungsrechte der ersten Stufe solange gefallen lassen, wie seine Kosten gegenüber denjenigen bei Rechtsbehelfen der zweiten Stufe unter Berücksichtigung der genannten Kriterien noch zumutbar sind.[352]

Das Verhältnis der Rechtsbehelfe zweiter Stufe untereinander bemisst sich nach Art. 3 Abs. 6 der Richtlinie. Die Vertragsauflösung ist danach ausgeschlossen, soweit eine „geringfügige Vertragswidrigkeit" vorliegt. Nähere Angaben dazu, was unter Geringfügigkeit in diesem Sinne zu verstehen ist, enthält die Verbrauchsgüterkaufrichtlinie nicht.[353] Ohne eine Vorlage nach Art. 234 EG auch nur zu erwägen[354] hat nunmehr der österreichische Oberste Gerichtshof (OGH) in einer Reihe von Entscheidung die österreichische Umsetzungsvorschrift in § 932 Abs. 4 ABGB dahingehend konkretisiert, dass entsprechende Erwägungen, wie sie durch Art. 3 Abs. 3 der Richtlinie für das Verhältnis der Rechtsbehelfe erster Stufe vorgegeben sind, auch für das Verhältnis der Rechtsbehelfe zweiter Stufe anzustellen sind. Maßgeblich ist damit das Prinzip der Verhältnismäßigkeit, einschließlich einer Abwägung von Kosten und Nutzen.[355]

In der Leitentscheidung[356] ging es um den Kauf eines fabrikneuen PKW, bei dem nach ca. 1.000 gefahrenen Kilometern ein Vibrieren des Schaltknüppels auftrat. Nach Einbau eines Komfortschaltknüppels trat das Vibrationsgeräusch nurmehr bei kaltem Motor im ersten und dritten Gang, insbesondere bei starkem Beschleunigen auf, bei betriebswarmem Motor verblieb lediglich bei „einem atypisch langsamen Schaltvorgang" in den ersten und zweiten Gang ein „kaum hörbares, leichtes ‚Raunzgeräusch'". Der ordentliche Gebrauch des Fahrzeugs war in keiner Weise behindert, ein vorzeitiger Verschleiß war ebenfalls nicht zu besorgen. Nach Ansicht des Berufungsgerichts kam es für die Frage, ob ein Mangel geringfügig sei, darauf an, ob der Käufer bei Kenntnis des Mangels den Vertrag nicht abgeschlossen hätte und dies dem Verkäufer bei Vertragsabschluss erkennbar gewesen sei; hilfsweise habe die Beurteilung an Hand des hypothetischen Parteiwillens vernünfti-

---

351 Gemäß Art. 3 Abs. 5 kann der Käufer dann zu Minderung oder Vertragsauflösung übergehen, wenn er „weder Anspruch auf Nachbesserung oder Ersatzlieferung hat". Dies ist gemäß Begründungserwägung 11 dann der Fall, wenn die Rechtsbehelfe der ersten Stufe wegen Unmöglichkeit oder Unverhältnismäßigkeit ausscheiden, vgl. *Faber*, ZEuP 2006, 676 (684 mit Fn. 29).
352 Vgl. *Faber*, ZEuP 2006, 676 (684).
353 Ob insoweit die zu Art. 25 CISG entwickelten Grundsätze fruchtbar gemacht werden können, ist streitig, vgl. einerseits *Bianca*, in: *Grundmann/Bianca* (Hrsg.), EU-Kaufrechts-Richtlinie, Art. 3, Rn. 45 (bejahend); andererseits *Faber*, ZEuP 2006, 676 (693 f.) (verneinend).
354 Die Vorlage unterblieb, obwohl die Einleitung eines Vorabentscheidungsverfahrens sowohl vor dem Berufungsgericht als auch vor dem OGH angesprochen worden war, vgl. *Faber*, ZEuP 2006, 676 (681 f. mit Fn. 18), der die Entscheidung deswegen kritisiert.
355 Vgl. OGH v. 24. 5. 2005 – 1Ob14/05y; OGH v. 21. 7. 2005 – 8Ob63/05f.; OGH v. 28. 9. 2005 – 7Ob194/05p; OGH v. 15. 2. 2006 – 7Ob239/05f. Die Entscheidungen sind kostenlos abrufbar unter www.ris.bka.gv.at.
356 Vgl. OGH v. 24. 5. 2005 – 1Ob14/05y.

ger und redlicher Parteien zu erfolgen.[357] Dem erteilte der OGH eine deutliche Absage.

Unter Bezugnahme auf den gemeinsamen Standpunkt des Rates zur Verbrauchsgüterkaufrichtlinie[358] sowie den Gesetzesmaterialien zum österreichischen Umsetzungsgesetz[359] und nach ausgiebiger Erörterung der in der Literatur vorgebrachten Ansichten, kommt der OGH zu dem Ergebnis, dass die Grenzziehung zwischen geringfügigen und nicht geringfügigen Mängeln anhand einer auf den konkreten Vertrag bzw. die Umstände des Einzelfalls bezogenen Abwägung der Interessen der Vertragspartner vorzunehmen ist. Da die Geräuscharmut im vorliegenden Fall keine besonders bedungene Eigenschaft gewesen sei, wäre auf Seiten des Klägers in die Abwägung einzustellen, dass weder eine Funktionsbeeinträchtigung gegeben noch eine Verkürzung der Nutzungsdauer zu befürchten sei. Ein etwaiger geringerer Weiterverkaufswert könne durch eine Preisminderung ausgeglichen werden. Dagegen sei auf Seiten des Verkäufers zu berücksichtigen, dass dieser bei einem Wiederverkauf nur einen weitaus geringeren Verkaufspreis erzielen könnte, da der Wert fabrikneuer PKWs nach kurzer Gebrauchsdauer erheblich sinkt. Im Vergleich zum Nachteil, den der Kläger bei Verweigerung des Rechts zur Wandelung erleidet, seien die Nachteile der Beklagten für den Fall des Zugestehens des Wandelungsrechts deutlich höher zu bewerten, sodass die Interessenabwägung eindeutig zu deren Gunsten ausgeht. „Die Vertragsaufhebung hätte hier ... ein gravierendes Missverhältnis zu Lasten der Beklagten zur Folge, die Wandlung wäre als ‚unverhältnismäßige Sanktion' anzusehen." Nicht ankommen könne es dagegen, wie vom Berufungsgericht vorgeschlagen, auf den subjektiven Parteiwillen, der nicht zum Ausdruck gebracht wurde. Dies würde auf die nachträgliche Geltendmachung eines bloßen Motivs hinauslaufen.[360] Dies überzeugt aus Sicht der ökonomischen Analyse, würde doch durch die subjektive Sichtweise einem *moral hazard* des Käufers Vorschub geleistet, der im Falle der Vertragslösungsmöglichkeit die Kosten seines Motivirrtums auf den Verkäufer überwälzen könnte.[361]

In drei Folgeentscheidungen hat der OGH die obigen Abwägungskriterien weiter präzisiert. Danach fällt auf Seiten des Käufers besonders ins Gewicht, wenn der Mangel die Gebrauchstauglichkeit erheblich einschränkt bzw. ein Sicherheitsrisiko zur Folge hat. In der Entscheidung vom 21. 7. 2005 hatte die Klägerin einen fabrikneuen PKW mit elektronischer Klimaanlage erworben, welche außerstande war, das Fahrzeug bei winterlichen Temperaturen auf mehr als 20° C aufzuheizen. Nach Ansicht des OGH werde dadurch die Brauchbarkeit des Fahrzeugs im alpen-

---

357 Vgl. zu den Ausführungen des Berufungsgerichts die Entscheidungsgründe in OGH v. 24. 5. 2005 – 1Ob14/05y.

358 Vgl. Gemeinsamer Standpunkt des Rates zur Verbrauchsgüterkaufrichtlinie, ABl. 1998 C 333/46 S. 53: „Im Sinne dieser Verhältnismäßigkeit hat [der Rat] die Auflösung von Verträgen in Fällen geringfügiger Vertragswidrigkeit ausgeschlossen."

359 Gewährleistungsrechtsänderungsgesetz (GewRÄG), österreichisches BGBl. I 2001/48.

360 Vgl. OGH v. 24. 5. 2005 – 1Ob14/05y.

361 Vgl. *Schäfer/Ott*, Lehrbuch der ökonomischen Analyse des Zivilrechts, S. 484.

ländischen Raum ganz erheblich eingeschränkt.[362] In der Entscheidung vom 28. 9. 2005 gelangte der OGH zu der Einsicht, dass infolge mangelnden Geradeauslaufs ständig erforderliche Lenkkorrekturen und vom Armaturenbrett ausgehende ständige störende Vibrationsgeräusche nicht nur den Fahrkomfort, sondern auch die Fahrsicherheit beeinträchtigten.[363] In beiden Fällen wurde der Mangel nicht als geringfügig angesehen. Dies lässt sich in ökonomischer Hinsicht gut rechtfertigen. Im Fall der eingeschränkten Gebrauchstauglichkeit ist regelmäßig der Verkäufer weit besser in der Lage, entweder die Gebrauchstauglichkeit durch Reparatur doch noch herzustellen oder den Gegenstand an einen Dritten zu veräußern, der den Gegenstand trotz der Einschränkungen gebrauchen kann.[364] In der Hand des Käufers führt der Nicht- oder eingeschränkte Gebrauch dagegen zur Verschwendung von Ressourcen. Im Falle der Realisierung des Sicherheitsrisikos kommt es sogar zur Vernichtung von Ressourcen; der Verkäufer ist regelmäßig besser in der Lage, dieses Risiko zu kontrollieren und abzuwenden.

Schließlich fällt nach Ansicht des OGH zugunsten des Käufers besonders ins Gewicht, wenn dieser bei Vertragsabschluss gegenüber dem Verkäufer sein besonderes Interesse an einer bestimmten Eigenschaft der Sache deutlich gemacht hat bzw. eine bestimmte Eigenschaft konkret vereinbart war. So hatte die Klägerin in der Entscheidung vom 21. 7. 2005 für die Beklagte erkennbar besonderen Wert auf eine elektronische Klimaanlage gelegt.[365] In einer Entscheidung vom 15. 2. 2006 trat an einem Gebrauchtwagen trotz ausdrücklicher Vereinbarung, wonach der erkannte Ölverlust repariert sein sollte, ein solcher weiterhin auf. Nach Ansicht des OGH sei vor dem Hintergrund des von Art. 3 Abs. 6 Verbrauchsgüterkaufrichtlinie postulierten Prinzips der Verhältnismäßigkeit das Fehlen einer ausdrücklich vereinbarten Eigenschaft grundsätzlich so bedeutsam, dass nicht mehr von einer Geringfügigkeit des Mangels ausgegangen werden könne.[366] Auch dies überzeugt, macht doch der Käufer in diesen Fällen seine Risikoaversion bezüglich eines besonderen Risikos deutlich und signalisiert so seine Bereitschaft, eine entsprechende Versicherungsprämie als Kaufpreisaufschlag hinzunehmen.

b) Fazit

Abgesehen von der Verletzung der Vorlagepflicht nach Art. 234 EG ist diese Rechtsprechungslinie des OGH zu begrüßen. Um mit *Faber* zu sprechen: „Der Sache nach hat der OGH einen wichtigen Beitrag zur Entwicklung eines ‚europäischen

362 Vgl. OGH v. 21. 7. 2005 – 8Ob63/05f.
363 Vgl. OGH v. 28. 9. 2005 – 7Ob194/05p.
364 OGH v. 21. 7. 2005 – 8Ob63/05f: „Daher ist das Berufungsgericht zu Recht davon ausgegangen, dass der Beklagten als autorisierter Händlerin wegen der ihr zur Verfügung stehenden Verwertungsmöglichkeiten die Rücknahme, Reparatur und neuerliche Veräußerung des Fahrzeugs wohl eher zumutbar ist, als der Klägerin die Weiterbenützung."
365 OGH v. 21. 7. 2005 – 8Ob63/05f.
366 OGH v. 15. 2. 2006 – 7Ob239/05f.

Privatrechts' geleistet, auf dem auch der EuGH in künftigen Vorabentscheidungsverfahren aufbauen sollte."[367]

5. Ökonomische Analyse durch den EuGH – Rechtssache C-402/03 (*Skov/Bilka*) zur Auslegung der Produkthaftungsrichtlinie

Das der EuGH gegenüber ökonomischen Argumenten durchaus aufgeschlossen zu sein scheint, kann abschließend noch an der Entscheidung *Skov*[368] verdeutlicht werden. Das dänische Gesetz zur Umsetzung der Produkthaftungsrichtlinie sah vor, dass für den durch ein fehlerhaftes Produkt verursachten Schaden auch der Lieferant des Produkts verschuldensunabhängig haftet. Gegen die in der Produktions- und Vertriebskette jeweils unmittelbar vor ihm liegenden Wirtschaftsteilnehmer, Zwischenhändler bis hin zum Hersteller, wurden Regressansprüche eingeräumt. Art. 3 der Produkthaftungsrichtlinie beschränkt den Kreis der Haftenden dagegen grundsätzlich auf den Hersteller und den Importeur; der Lieferant haftet nur dann, wenn er den Hersteller oder Importeur in angemessener Zeit nicht benennt. Der EuGH hatte u.a. darüber zu entscheiden, ob die Richtlinie einer Regelung entgegensteht, die wie das dänische Umsetzungsgesetz die verschuldensunabhängige Haftung des Lieferanten anstelle des Herstellers bei bestehender Regressmöglichkeit vorsieht.[369] Nach Ansicht des EuGH bestimmt Art. 3 der Produkthaftungsrichtlinie den Kreis der Haftenden abschließend und lässt keinen Raum für abweichende mitgliedstaatliche Regelungen. Zur Begründung verweist der Gerichtshof auf seine Rechtsprechung zum Charakter der Produkthaftungsrichtlinie als vollständige Harmonisierungsmaßnahme.[370] Sodann werden die anlässlich des Richtlinienvorschlags[371] gegebenen Gründe für die Herstellerhaftung wie folgt zusammengefasst: „Zwar wird anerkannt, dass die Möglichkeit, den Lieferanten eines fehlerhaften Produkts in der Art, wie es die Richtlinie vorsieht, haftbar zu machen, die Verfolgung der Rechte des Geschädigten erleichtern würde, es wird aber festgestellt, dass diese Erleichterung teuer würde erkauft werden müssen, da jeder Lieferant sich gegen eine solche Haftung würde versichern müssen, was zu einer starken Verteuerung der Produkte führen würde. Darüber hinaus würde diese Erleichterung zu einer zahlenmäßigen Zunahme der Klagen führen, da der Lieferant seinerseits seinen eigenen Lieferanten bis hin zum Hersteller in Anspruch nehmen würde. Da der Lieferant in der überwiegenden Mehrzahl der Fälle lediglich das gekaufte Produkt unverändert weitergebe und nur der Hersteller die Möglichkeit habe, auf die Qualität des Produkts einzuwirken, wird es als

---

367 *Faber*, ZEuP 2006, 676 (694).
368 EuGH v. 10.1.2006 – Rs. C-402/03 (*Skov/Bilka*), Slg. 2006, I-199. Insgesamt kritisch hierzu *Whittaker*, ZEuP 2007, 858 (865 ff.).
369 EuGH v. 10.1.2006 – Rs. C-402/03 (*Skov/Bilka*), Slg. 2006, I-199, Rn. 18 ff.
370 EuGH v. 25.4.2002 – Rs. C-52/00 (*Kommission ./. Frankreich*), Slg. 2002, I-3856, Rn. 14, 17; EuGH v. 25.4.2002 – Rs. C-154/00 (*Kommission ./. Griechenland*), Slg. 2002, I-3887, Rn. 10, 13; EuGH 25.4.2002 – Rs. 183/00 (*Gonzalez Sanchez ./. Medicina Asturiana SA*), Slg. 2002, I-3905, Rn. 23, 26.
371 Vgl. Vorschlag einer Richtlinie des Rates zur Angleichung der Rechts- und Verwaltungsvorschriften der Mitgliedstaaten über die Haftung für fehlerhafte Produkte, Abl. EG 1976 C 241/9.

angebracht angesehen, die Haftung für fehlerhafte Produkte auf den Hersteller zu konzentrieren."[372] Daraus ergebe sich, dass die Richtlinie nicht nur die Haftung des Herstellers regeln, sondern denjenigen Beteiligten innerhalb der Vertreibskette, den die durch die Richtlinie eingeführte Haftung treffen soll, abschließend festlegen wolle.[373]

Zwar übernimmt der EuGH hier letztendlich nur die durch den Richtliniengeber bereits vorgezeichneten ökonomischen Argumente. Anerkannt wird aber doch auch durch den EuGH, dass die Verbesserung der Rechtsstellung des Geschädigten nicht kostenlos zu haben ist und durch Umlage der Kosten auf die Konsumenten zu einer erheblichen Verteuerung führen kann. Weiterhin klingt an, dass der Lieferant nur ganz beschränkt auf Qualität und Sicherheit der verkauften Produkte Einfluss nehmen kann, während der Hersteller insoweit der *cheapest cost avoider* ist.

Der ökonomische Ansatz des Gerichthofs geht freilich nicht weit genug. So gestattet der EuGH den Mitgliedstaaten die Beibehaltung von Haftungsvorschriften, soweit diese sich nur ausreichend vom Haftungsregime der Richtlinie unterscheiden, etwa auf Verschulden beruhen, selbst wenn danach der Lieferant unbeschränkt in die Verschuldenshaftung des Herstellers eintritt.[374] Je nach Verschuldensmaßstab und Verteilung der Beweislast mag zur verschuldensunabhängigen Gefährdungshaftung der Richtlinie nur ein marginaler Unterschied bestehen.[375] Der Angleichungserfolg im Hinblick auf die Beseitigung von Wettbewerbsverzerrungen aufgrund unterschiedlicher Haftungsregelungen in den Mitgliedstaaten[376] und der damit verbundenen Kosten für Unternehmen wird so ernsthaft in Frage gestellt.[377]

6. Abschließende Bewertung

„Für eine umfassende ökonomische *Folgenanalyse* fehlt den Gerichten derzeit die Kompetenz, für eine umfassende ökonomische *Folgenbewertung* fehlt ihnen die Legitimation."[378] So lassen sich die im deutschsprachigen Schrifttum gegen die Heranziehung ökonomischer Argumentationsmuster im Rahmen der Rechtsanwendung vorgebrachten Einwände zusammenfassen.[379]

Dem Richter fehle die demokratische Legitimation, seine Entscheidungen eigenmächtig am Effizienzkriterium auszurichten und so ein rechtspolitisches Programm anderen vorzuziehen.[380] Insoweit wird das Gewaltenteilungsprinzip zu ei-

---

372 EuGH v. 10. 1. 2006 – Rs. C-402/03 (*Skov/Bilka*), Slg. 2006, I-199, Rn. 28.
373 EuGH v. 10. 1. 2006 – Rs. C-402/03 (*Skov/Bilka*), Slg. 2006, I-199, Rn. 36f.
374 EuGH v. 10. 1. 2006 – Rs. C-402/03 (*Skov/Bilka*), Slg. 2006, I-199 Rn. 47.
375 *Whittaker*, ZEuP 2007, 858 (866, 871).
376 Vgl. Erwägungsgrund 1 der Produkthaftungsrichtlinie.
377 *Whittaker*, ZEuP 2007, 858 (868).
378 *Eidenmüller*, Effizienz als Rechtsprinzip, S. 437; *ders.*, AcP 197 (1997), 80 (111), Hervorhebung jeweils im Original.
379 Vgl. nur *Taupitz*, AcP 196 (1996), 114 (144); *Horn*, AcP 176 (1976), 307 (318).
380 Vgl. *Eidenmüller*, Effizienz als Rechtsprinzip, S. 414ff.; *ders.*, AcP 197 (1997), 80 (94ff.).

nem Grundproblem der ökonomischen Analyse des Rechts.[381] Dieser Einwand geht jedenfalls dann fehl, wenn der Effizienzgedanke der Teleologie des Gesetzes bereits zu Grunde liegt. Dies ist im Europäischen Privatrecht, wie gezeigt, der Fall.

Schwerer wiegt daher der Einwand, dass der Richter regelmäßig keine ökonomische Ausbildung genossen habe und somit nicht über den nötigen Sachverstand verfüge. Hinzu komme, dass dem Richter regelmäßig das nötige Tatsachenmaterial nicht zur Verfügung stehe und das gerichtliche Verfahren zu dessen Beschaffung auch ungeeignet sei.[382] Schließlich könne das Effizienzziel regelmäßig nur dann erreicht werden, wenn unterschiedliche Regelungen und Regelungskomplexe aufeinander abgestimmt werden, wozu der Richter aber regelmäßig außer Stande sei.[383] Was den fehlenden Sachverstand angeht, so kann dies die Nichtheranziehung ökonomischer Erwägungen nicht rechtfertigen, soweit deren Heranziehung aufgrund der Teleologie des zu interpretierenden Gesetzes gefordert ist. Geboten ist damit eher, zum einen der Ökonomik einen größeren Stellenwert in der juristischen Ausbildung einzuräumen, zum anderen bei der Richterauswahl ökonomischen Sachverstand entsprechend zu berücksichtigen. Bis dieser allerdings auf der Richterbank in der nötigen Dichte vertreten sein wird, dürfte noch einige Zeit vergehen. Bis dahin muss das Gericht auf externen Sachverstand zurückgreifen. Insbesondere kann der EuGH nach Art. 25 seiner Satzung „jederzeit Personen, Personengemeinschaften, Dienststellen, Ausschüsse oder Einrichtungen seiner Wahl mit der Abgabe von Gutachten betrauen." Auf diese Weise kann grundsätzlich auch dem Defizit bezüglich des nötigen Tatsachenmaterials begegnet werden.[384] Freilich nehmen damit Arbeitsaufwand des Gerichtshofs und Verfahrensdauer weiter zu. Dem kann aber ohnehin nur im Rahmen einer umfassenden Reform der

---

381 Vgl. *Taupitz*, AcP 196 (1996), 114 (130).

382 *Eidenmüller*, Effizienz als Rechtsprinzip, S. 426 ff.; *ders.*, AcP 197 (1997), 80 (103 ff.); vgl. auch *Taupitz*, AcP 196 (1996), 114 (144): Die Rechtsprechung „wäre überfordert in tatsächlicher Hinsicht, weil ihr das notwendige Zahlenmaterial von zugleich ausreichender Breite wie auch konkreter Tiefe fehlt." Anders *Laudenklos*, in: *Rückert* (Hrsg.), Fälle und Fallen in der neueren Methodik des Zivilrechts seit Savigny, S. 291 (308): Die ökonomische Analyse „muss sich aber vor allem den Vorwurf der Unmöglichkeit wissenschaftlicher und richterlicher Kontrolle gerade im zivilrechtlichen Bereich nicht gefallen lassen, ist doch hier durch das rationale Ermitteln ihrer Entscheidungskriterien (Kombination von Produktionsaktivitäten, Schadenswert etc.) eine seltene Transparenz erreicht."

383 *Eidenmüller*, Effizienz als Rechtsprinzip, S. 432 ff.; *ders.*, AcP 197 (1997), 80 (107 ff.).

384 Vgl. insbesondere *Schellhaaß*, in: *Grundmann* (Hrsg.), Systembildung und Systemlücken, S. 401 (416): „Meines Erachtens handelt es sich bei dem Bosmann-Urteil um ein klassisches Fehlurteil, weil die beteiligten Gerichte die ökonomische Funktionsweise von Nicht-Standardverträgen nicht verstanden haben. Um so unverständlicher ist es, dass der EuGH den Antrag der UEFA, sich über die Funktionsweise des Systems der Transferentschädigungen zu informieren, aus einem formalen Grund abgelehnt hat. Bei nahezu jedem Unfall werden technische Sachverständige zur Ermittlung der Schäden herangezogen, bei medizinischen Problemen werden Ärzte um Rat gebeten, nur bei der Erklärung wirtschaftlicher Zusammenhänge scheint für die Gerichte der Rat ökonomischer Sachverständiger entbehrlich zu sein – dabei geht es im konkreten Fall um Millionenbeträge." Selbst wenn sich auf diese Weise nicht alle Daten zuverlässig ermitteln lassen und die Ergebnisse einer ökonomischen Analyse damit ungenau werden, stünde dies ihrer Heranziehung nur dann entgegen, wenn die Ergebnisse unter Anwendung der herkömmlichen Methoden zu zuverlässigeren Aussagen gelangen würden. Dies darf freilich häufig bezweifelt werden. Vgl. *Laudenklos*, in: *Rückert* (Hrsg.), Fälle und Fallen in der neueren Methodik des Zivilrechts seit Savigny, S. 291 (309).

europäischen Gerichtsbarkeit begegnet werden. Hierbei wären die zur Anwendung der ökonomischen Analyse des Rechts erforderlichen institutionellen Rahmenbedingungen in Rechnung zu stellen. Was schließlich das Koordinierungsproblem angeht, so scheint es gerade eine Stärke der ökonomischen Analyse zu sein, dass sie verdeutlicht, wie sich eine bestimmte Entscheidung auch in weiter entfernten Regelungsbereichen auswirken kann, und somit gerade eine widerspruchsfreie, systematische Einpassung des Konkretisierungsergebnisses in besonderem Maße ermöglicht.

Die Heranziehung ökonomischer Konkretisierungskriterien erscheint für das Europäische Privatrecht damit unverzichtbar. Dies auch deshalb, weil das ökonomische Instrumentarium grundsätzlich international und unabhängig von mitgliedstaatlichen Eigenheiten ist. Durch Offenlegung der ökonomischen Bewertungsmaßstäbe würde somit nicht nur eine höhere Nachvollziehbarkeit, Rationalität und Akzeptanz der Entscheidungen,[385] sondern auch dem Grundsatz der einheitlichen Wirksamkeit des Gemeinschaftsrechts in ganz besonderem Maße gedient. Damit ist freilich nicht gesagt, dass sich ökonomische Erwägungen stets gegen rechtsethische Prinzipien durchzusetzen vermögen. Sie verdeutlichen aber in jedem Fall, welcher Preis für eine als gerecht empfundene Entscheidung zu bezahlen ist.[386]

IV. Zusammenfassung

Aufgrund der ökonomischen Zielsetzung des Europäischen Privatrechts insbesondere im Bereich der binnenmarktfinalen Rechtsangleichung ist die Heranziehung des Instrumentariums der ökonomischen Analyse des Rechts sowohl in ihrer deskriptiv-analytischen wie auch in ihrer normativen Variante nicht nur legitim sondern sogar geboten.

Neben ihrer Funktion im Zusammenhang mit den Grundfreiheiten und den binnenmarktfinalen Rechtsgrundlagen diejenigen Rechtsbereiche zu identifizieren, in denen aufgrund von Marktversagen bzw. wegen hoher Transaktionskosten die Gemeinschaftskompetenzen überhaupt erst eröffnet sind, schärft die ökonomische Analyse als Konkretisierungsmethode den Blick für die gelegentlich kontra-intuitiven Fern- und Nebenfolgen einer Maßnahme und kann so davor bewahren, dass die Konkretisierung eines Angleichungsrechtsakts tatsächlich Markt- und Wettbewerbsschädigungen zur Folge hat.

In methodischer Hinsicht hat die ökonomische Analyse den Vorteil, dass sie grundsätzlich international und unabhängig von mitgliedstaatlichen Eigenheiten ist und sich somit für das Europäische Privatrecht im Hinblick auf den Grundsatz der einheitlichen Wirksamkeit des Gemeinschaftsrechts besonders eignet.

---

385 Vgl. *Laudenklos*, in: *Rückert* (Hrsg.), Fälle und Fallen in der neueren Methodik des Zivilrechts seit Savigny, S. 291 (308).
386 Vgl. *Taupitz*, AcP 196 (1996), 114 (145).

Kapitel 13: Das Zusammenwirken der einzelnen Konkretisierungskriterien

Der Bezug der einzelnen Kriterien zueinander und ihr gegenseitiges Zusammenwirken ist in den vorstehenden Kapiteln und Beispielsfällen bereits verschiedentlich angeklungen, soll hier jedoch zusammengefasst und nochmals verdeutlicht werden.

I. Rangfolge und Funktionzuweisung im System der Konkretisierungskriterien

In der nationalen (deutschen) Methodenlehre stellt die Frage der Rangfolge der einzelnen Auslegungsmethoden untereinander eines der ungelösten Grundprobleme der gesamten Auslegungslehre dar.[1] Die neuere Methodenlehre bemüht sich dabei im Hinblick auf die Bindung des Richters an „Gesetz und Recht" gemäß Art. 20 Abs. 3, 97 Abs. 1 GG[2] um die Erarbeitung einer Rang- oder Stufenfolge, bei der dann regelmäßig den die Gesetzesbindung betonenden Auslegungskriterien, wie Wortsinn sowie Zweck- und Systemvorstellungen des historischen Gesetzgebers, gegenüber die Gesetzesbindung auflockernden Elementen, etwa im Sinne einer objektivierten Teleologie, ein relativer Vorrang eingeräumt wird.[3] Stets wird jedoch betont, dass es eine feste Rangordnung nicht gebe.[4] Es bleibt daher im Ergebnis bei der Feststellung von *Larenz*: „Das jeweilige Gewicht der verschiedenen Kriterien hängt nicht zuletzt davon ab, was sie im einzelnen Fall hergeben."[5] Eine Ausnahme ist freilich anerkannt: unter mehreren möglichen Auslegungsvarianten ist derjenigen der Vorrang einzuräumen, die mit der Verfassung im Einklang steht; ist eine solche verfassungskonforme Auslegung nicht möglich, so ist die Norm zu verwerfen.[6]

---

1 Vgl. etwa *Looschelders/Roth*, Juristische Methodik, S. 192; relativierend *Bydlinski*, Juristische Methodenlehre, S. 553 ff.

2 Hierzu *Rüthers*, Rechtstheorie, § 22 Rn. 705 ff.: „Das Grundgesetz ist nicht methodenneutral, Rechtsanwendungsmethoden sind nicht verfassungsneutral."

3 Vgl. *Alexy*, Theorie der juristischen Argumentation, S. 305 ff.; *Müller/Christensen*, Juritische Methodik I, S. 450 ff.; *Looschelders/Roth*, Juristische Methodik, S. 193; *Rüthers*, Rechtstheorie, § 22 Rn. 712: „Die strenge Gesetzesbindung der Gerichte ist zentrales Bauelement für einen demokratisch verfassten Rechtsstaat mit verfassungsgesetzlich verankerter Gewaltentrennung und der Normsetzungsprärogative der gesetzgebenden Organe." Vgl. auch *Bydlinski*, Juristische Methodenlehre, S. 556 ff., der seine „Rangtheorie der juristischen Methoden", wonach die „einfachere Methode" Vorrang gegenüber der „schwierigeren" hat, letztere also nur subsidiär heranzuziehen ist, mit „allgemeinen Zweckmäßigkeitserwägungen" sowie den Gedanken der Gerechtigkeit und Rechtssicherheit abstützt.

4 Etwa *Looschelders/Roth*, Juristische Methodik, S. 193 f.; *Alexy*, Theorie der juristsichen Argumentation, S. 306; *Larenz*, Methodenlehre, S. 345.

5 *Larenz*, Methodenlehre, S. 345.

6 Vgl. *Larenz*, Methodenlehre, S. 344 f.; *Looschelders/Roth*, Juristische Methodik, S. 177 ff.; *Rüthers*, Rechtstheorie, § 22 Rn. 763–765; *Röhl/Röhl*, Allgemeine Rechtslehre, S. 623 f.; *Müller/Christensen*, Juristische Methodik I, S. 451.

Auch die Konkretisierung des Europäischen Privatrechts kann nur innerhalb des durch die gemeinschaftliche Wirtschaftsverfassung vorgegebenen primärrechtlichen Rahmens erfolgen. Damit kommt den primärrechtlichen Wertungen insoweit Vorrang zu, als sie zum einen den Kreis der denkbaren Konkretisierungen auf die primärrechtskonformen beschränken und innerhalb dieses Kreises derjenigen Konkretisierungsvariante zum Durchbruch verhelfen, welche die Durchsetzung der Ziele der Wirtschaftsverfassung „am besten" gewährleistet (Kapitel 8.). Innerhalb dieses primärrechtlichen Rahmens gilt, in Anlehnung an *Savigny*, jedoch: „Es sind [...] nicht vier Arten der [Konkretisierung], unter denen man nach Geschmack und Belieben wählen könnte, sondern es sind verschiedene Tätigkeiten, die vereinigt wirken müssen, wenn die [Konkretisierung] gelingen soll. Nur wird freilich bald die eine, bald die andere wichtiger sein und sichtbarer hervortreten, so dass nur die stete Richtung der Aufmerksamkeit nach allen diesen Seiten unerläßlich ist, wenngleich in vielen einzelnen Fällen die ausdrückliche Erwähnung eines jeden dieser Elemente als unnütz und schwerfällig unterlassen werden kann, ohne Gefahr für die Gründlichkeit der [Konkretisierung]."[7] Bezüglich der einzelnen Konkretisierungsmethoden untereinander handelt es sich dabei nicht eigentlich um ein „System mit beweglichen Bewertungselementen"[8], die im konkreten Fall im Sinne praktischer Konkordanz gegeneinander abzuwägen sind.[9] Vielmehr kommt jeder Konkretisierungsmethode innerhalb des primärrechtlichen Rahmens ihre je eigene, ganz spezifische Funktion zu.

II. Die primärrechtliche Wertungsebene

Die gemeinschaftsrechtliche Wirtschaftsverfassung als primärrechtliche Wertungsebene ist gekennzeichnet durch einen Binnenmarkt, in dem der freie Verkehr von Waren, Dienstleistungen, Personen und Kapital sowie freier Wettbewerb herrschen (sollen).[10] Konstituierende Elemente des Binnenmarktes sind somit vorallem die Grundfreiheiten, die zielgerichtet auf die Öffnung von Märkten und die Erhö-

---

7 Vgl. *v. Savigny*, System des heutigen römischen Rechts, Bd. I., S. 215; im Original steht anstelle von „Konkretisierung" selbstverständlich „Auslegung". Das Zitat bezieht sich auf die Auslegung gesunder Gesetze anhand von grammatischem, logischem, historischem und systematischen Element. Für die Auslegung mangelhafter, insbesondere unbestimmter Gesetze besteht nach *Savigny* dagegen eine strikte Stufenfolge der „Hülfsmittel", wobei auf die nächste Stufe nur dann zugegriffen werden darf, wenn sich die vorherige als unergiebig erweist: (i) „Zusammenhang der Gesetzgebung", (ii) „Grund des Gesetzes", (iii) „Vergleichung des inneren Werthes desjenigen Inhalts, der durch die eine und die andre an sich mögliche Erklärung dem Gesetze zugeschrieben wird." (a. a. O. S. 228 f.).

8 Der Gedanke des „beweglichen Systems" geht zurück auf *Walter Wilburg*, etwa *Wilburg*, AcP 163 (1963), 346 ff.; vgl. dazu *Bydlinski*, Juristische Methodenlehre, S. 529 ff.; sowie *Röhl/Röhl*, Allgemeine Rechtslehre, S. 441, die zutreffend darauf hinweisen, dass nicht das System beweglich ist, sondern lediglich seine Teile. Dies entspricht im wesentlichen der Funktionsweise von gegeneinander auszugleichenden Rechtsprinzipien, vgl. dazu Kapitel 8.

9 Dafür etwa *Flessner*, JZ 2002, 14 (18).

10 Durch den Vertrag von Lissabon dürfte sich hieran nichts ändern, vgl. *Streinz*, Europarecht, Rn. 64 b, 971 a.

hung von Angebotsvielfalt und Wettbewerbsdruck sowie allgemein die Steigerung grenzüberschreitender wirtschaftlicher Aktivität hinwirken.

Der EG-Vertrag kennt freilich auch gegenläufige Ziele, wenn auch der Gemeinschaft insoweit häufig lediglich eine die Politiken der Mitgliedstaaten unterstützende und koordinierende Funktion zukommt.[11] Zu nennen sind etwa der Sozialschutz, Art. 3 Abs. 1 lit. j) und k), 136ff. EG, der Gesundheitsschutz, Art. 3 Abs. 1 lit. p), 152 EG, der Umweltschutz, Art. 3 Abs. 1 lit. l), 6, 174ff. EG, oder der Verbraucherschutz, Art. 3 Abs. 1 lit t), 153 EG. Besondere Bedeutung kommt insoweit jedoch den gemeinschaftsrechtlichen Grundrechten als individualschützende Rechte zu, wie sie durch den Gerichtshof in Anlehnung an die Verfassungstraditionen der Mitgliedstaaten und die Europäische Konvention zum Schutz der Menschenrechte und Grundfreiheiten entwickelt wurden und nunmehr in der Grundrechte-Charta dargestellt sind.

Ein Rangproblem besteht freilich nicht, solange die Grundrechte den durch die Grundfreiheiten gewährten Schutz verstärken. Zum Schwur kommt es jedoch, wenn im Einzelfall die Stoßrichtungen von Grundfreiheit und Grundrecht gegenläufig sind. Aufgrund des geltungsmäßigen Gleichrangs von Grundfreiheiten und Grundrechten als Primärrecht und aufgrund ihres jeweiligen Prinzipiencharakters[12] ist ein solcher Konflikt nur durch eine Abwägung im Sinne praktischer Konkordanz zu bewältigen. Dieser Abwägungsvorgang ist jedoch insofern strukturiert, als im Hinblick auf die auch institutionelle Funktion der Grundfreiheiten deren Verwirklichung den Ausgangspunkt der gemeinschaftsrechtlichen Konkretisierungsbemühungen bilden muss. Den Grundrechten kommt dabei eine einschränkende Funktion zu: die Grundfreiheiten haben zu weichen, soweit dies zum Schutz des grundrechtlichen Individualinteresses vor einem unverhältnismäßigen Zurücksetzen geboten ist.[13]

III. Gemeinschaftskompetenz, Grundfreiheiten und Rechtsvergleichung

Über die binnemarktfinalen Rechtsgrundlagen wird die Teleologie der Grundfreiheiten in das Sekundärrecht übersetzt.[14] Umgekehrt scheidet eine gemeinschaftsautonome Konkretisierung dann aus, wenn für die zu entscheidende Rechtsfrage auch der Gemeinschaftsgesetzgeber keine Kompetenz hätte.[15] Im Bereich der binnenmarktfinalen Rechtsangleichung ist somit Konkretisierungsvoraussetzung, dass die jeweilige Fallnorm erforderlich ist, um tatsächliche Beschränkungen der Grundfreiheiten bzw. spürbare Wettbewerbsverzerrungen zu beseitigen.

---

11 Vgl. *GA Geelhoed*, Schlussanträge v. 16. 3. 2006 – Rs. C-13/05 (*Chacón Navas*), Slg. 2006, I-6467 Rn. 52ff.

12 Vgl. Kapitel 8 III; Kapitel 9 III.

13 Vgl. Kapitel 9 III. 2.

14 Vgl. Kapitel 8 III.

15 Vgl. Kapitel 7 II. 1.

Die Feststellung der Grundfreiheitenrelevanz erfordert nun ihrerseits häufig einen Vergleich der jeweiligen Rechtslage in den einzelnen Mitgliedstaaten. Nur so lassen sich Regelungsunterschiede feststellen, die zu einer Beschränkung der Grundfreiheiten Anlass geben können. Der Rechtsvergleichung kommt somit im Zusammenhang der Grundfreiheiten und der binnenmarktfinalen Rechtsgrundlagen eine die Konkretisierungskompetenz erst eröffnende Funktion zu. Dies wurde am Beispiel der Entscheidung *Leitner* verdeutlicht.[16]

Darüber hinaus liegt der Wert rechtsvergleichender Untersuchungen aber auch darin, sich überhaupt der Vielzahl differierender Lösungsmöglichkeiten für eine Rechtsfrage bewusst zu werden (Inspirationsfunktion) und ein einmal gefundenes Ergebnis vor diesem Hintergrund kritisch zu hinterfragen (Kontrollfunktion). Insoweit kann auf die Ausführungen im Zusammenhang mit der Rechtssache *Mevrona* verwiesen werden.[17] Schließlich dienen rechtsvergleichende Überlegungen auch dazu, die optimale Einpassung der gemeinschaftsrechtlichen Problemlösung in die mitgliedstaatlichen Privatrechtsordnungen zu gewährleisten (Akzeptanzfunktion).[18]

IV. Grundfreiheiten, ökonomische Analyse und Verbraucherschutz

Aufgrund der Teleologie der europäischen Wirtschaftsverfassung (Marktöffnung, Anregung der grenzüberschreitenden Wirtschaftstätigkeit, größere Angebotspalette, gesteigerter Wettbewerbsdruck) sind ökonomische Konkretisierungskriterien im Bereich der binnenmarktfinalen Rechtsangleichung zwingend vorgegeben. Wurden im Wege der Rechtsvergleichung Unterschiede in den mitgliedstaatlichen Rechtsordnungen festgestellt, so ist in einem zweiten Schritt zu ermitteln, ob diese Unterschiede tatsächlich die Grundfreiheiten behindern. Dies ist insbesondere der Fall, wenn die Rechtsunterschiede bei den Unternehmen zu gesteigerten Transaktionskosten in einer Höhe führen, die sie tatsächlich davon abhalten, grenzüberschreitend tätig zu werden. Zur Feststellung, ob dies der Fall ist, bedarf es des Instrumentariums der ökonomischen Analyse des Rechts. Dieser kommt damit ebenfalls kompetenzeröffnende Funktion zu, bei der sie mit der Rechtsvergleichung zusammen wirkt, um eine Grundfreiheitenrelevanz überhaupt erst festzustellen.

Auch inhaltlich vermag die ökonomische Analyse den Konkretisierungsvorgang zu steuern. Das ökonomische Intrumentarium ermöglicht es, die mit einer bestimmten Regelung sowohl für die Angebots- als auch die Nachfragerseite verbundenen Kosten zu verdeutlichen und so diejenige Fallnorm aufzuzeigen, die Transaktionskosten am effektivsten reduzieren hilft und damit der Teleologie der Grundfreihei-

---

16 Vgl. Kapitel 9 I. 4. a) aa).
17 Vgl. Kapitel 11 II. 2. c).
18 Vgl. *Doehner*, Die Schuldrechtsreform vor dem Hintergrund der Verbrauchsgüterkauf-Richtlinie, S. 96.

ten am besten entspricht. Dies ist von herausragender Bedeutung im Hinblick auf das von Art. 95 Abs. 3 und Art. 153 Abs. 1 EG geforderte hohe Verbraucherschutzniveau. So kann die ökonomische Analyse zum einen diejenigen Fälle aufzeigen, in denen im Hinblick auf ein konkretes Marktversagen ein Eingriff in die grundrechtlich geschützte Privatautonomie der Marktgegenseite aus Gründen des Verbraucherschutzes rechtfertigungsfähig ist. Dies wurde im Zusammenhang mit der Kontrolle allgemeiner Geschäftsbedingungen verdeutlicht.[19] Darüber hinaus ermöglicht die ökonomische Analyse des Rechts das hohe Verbraucherschutzniveau über die Denkfiguren der Risikoaversion der Verbraucher und deren Bereitschaft zur Zahlung einer „Zwangsversicherungsprämie" an den tatsächlichen Präferenzen der Verbraucher auszurichten.[20] So gesehen besteht zwischen ökonomischer Analyse und Verbraucherschutz kein Widerspruch, beide zielen in die gleiche Richtung. Verbraucherschutz ist erforderlich, wenn und soweit[21] damit einem tatsächlichen Marktversagen abgeholfen wird. Verbraucherschutz stellt so den Marktmechanismus und den freien Güteraustausch erst wieder her.

Im Hinblick auf das geforderte hohe Verbraucherschutzniveau zieht die ökonomische Analyse eine Grenze ein, nämlich dort, wo die Verbraucher nicht mehr bereit wären, die mit dem verbesserten Verbraucherschutz verbundenen Kostensteigerungen zu übernehmen. Oberhalb dieser Grenze würde ein weiteres Anheben des Schutzniveaus den eigenen Präferenzen der Verbraucher nicht mehr entsprechen und dürfte daher kaum noch als (Verbraucher-)Schutz, sondern eher als Belastung empfunden werden; hierdurch würde zugleich, entgegen der Teleologie der Grundfreiheiten, das auch grenzüberschreitende Umsatzvolumen verringert.

V. Prinzipien des Europäischen Privatrechts

Die sekundärrechtlichen Prinzipien und Prinzipienkonzeptionen, wie sie die Literatur aus den einzelnen Sekundärrechtsakten abzuleiten versucht, weisen gegenüber der primärrechtlichen Wertungsebene insoweit einen relativ höheren Konkretisierungsgrad auf, als sie bereits das Ergebnis des Zusammenwirkens der verschiedenen Bewertungsmaßstäbe sind. So zielt etwa das normative Leitbild des aufmerksamen Durchschnittsverbrauchers entsprechend der Teleologie der Grundfreiheiten auf Marktöffnung und Zurückdrängung von Marktabschottung unter Hintanstellung des Schutzbedürfnisses besonders unvorsichtiger Verbraucher. Das „Informationsmodell" des Gesellschaftsrechts gewährleistet die Rechtssicherheit im grenzüberschreitenden Verkehr, komplettiert durch Minderheitenschutz.

Nach dem Konzept „Schutz der informierten Vertragsentscheidung" wird grenzüberschreitender Verkehr erleichtert durch Wiederherstellung und Stärkung von

---

19 Vgl. Kapitel 12 III. 1.
20 Vgl. Kapitel 9 I. 4. b) bb); Kapitel 12 III. 1. c).
21 Entscheidend ist insoweit die tatsächliche Wirksamkeit der gewählten Verbraucherschutzinstrumente; erinnert sei etwa an das Problem des *information overload* im Rahmen exzessiver Informationspflichten, vgl. Kapitel 12 III. 3.

wirtschaftlicher Selbstverantwortung und Selbstbestimmung der Verbraucher. Regelungs- und Eingriffsvoraussetzung ist nicht eine irgendwie definierte Unterlegenheit des Verbrauchers, sondern ein konkretes „situationsspezifisches Defizit“, meist also Marktversagen in Form einer Informationsasymmetrie. Angestrebt wird ein angemessener Interessenausgleich, nicht einseitiger Verbraucherschutz. Damit werden die durch einen erhöhten Verbraucherschutz zunächst auf Anbieter-, sodann durch Umlegung auf der Nachfragerseite auftretenden Kosten nicht ausgeblendet und vernachlässigt, da diese Kosten entgegen der Binnenmarktteleologie zu einer Verringerung des Umsatzvolumens führen könnten.

Auf Grund ihres relativ hohen Konkretisierungsgrades können die Prinzipien des Sekundärrechts in dem Sinne vorrangig zur Konkretisierung herangezogen werden, als auf die übrigen Methoden erst dann zurückzugreifen ist, wenn sich aufgrund der Prinzipienstruktur kein hinreichend zuverlässiges Ergebnis ermitteln lässt, bzw. um eine gefundene Fallnorm zusätzlich abzusichern.[22] Dies gilt freilich nur dann, wenn die jeweilige Prinzipienkonzeption mit der primärrechtlichen Wertungsebene im Einklang steht.[23] Insoweit begegnen die Prinzipien der „Legitimen Erwartungen“ und der „Rücksichtnahme und Fairness“ wegen der einseitigen Betonung des Verbraucherschutzes bzw. der damit verbundenen Rechtsunsicherheit und des propagierten Paternalismus erheblichen Bedenken.

---

22 Dies entspricht dem Einfachheitskriterium der „Rangtheorie“ von *Bydlinski*, Juristische Methodenlehre, S. 558 ff.

23 Zur „doppelte Hierarchie“ innerhalb der Prinzipien des Europäischen Privatrechts vgl. Kapitel 8.

Literaturverzeichnis

Abbamonte, Guiseppe, The Unfair Commercial Practices Directive and its General Prohibition, in: *Weatherill, Stephen/Bernitz, Ulf* (Hrsg.), The Regulation of Unfair Commercial Practices under EC Directive 2005/29, New Rules and New Techniques, Oxford, 2007, S. 11 ff.

Adams, John/Brownsword, Roger, Key Issues in Contract, London u.a., 1995.

Adams, Michael, Ökonomische Theorie des Rechts, Konzepte und Anwendungen, 2. Auflage, Frankfurt am Main u.a., 2004.

Ackermann, Thomas, Dispositives Vertragsrecht im Vorabentscheidungsverfahren? in: *Furrer, Andreas* (Hrsg.), Europäisches Privatrecht im wissenschaftlichen Diskurs, Bern, 2006, S. 417 ff.

Akerlof, George A., The Market for "Lemons": Quality Uncertainty and the Market Mechanism, (1970) 84 Q.J.Econ., 488 ff.

Alexy, Robert, Begriff und Geltung des Rechts, 4. Auflage, Freiburg u.a., 2005.

Ders., Theorie der juristischen Argumentation, 2. Auflage, Frankfurt am Main, 1991.

Ders., Rechtsregeln und Rechtsprinzipien, in: *MacCormick, Neil/Panou, Stavrous/Lombardi Vallauri, Luigi* (Hrsg.), Geltungs- und Erkenntnisbedingungen im Modernen Rechtsdenken, ARSP 1985, Beiheft 25, Stuttgart, 1985, S. 13 ff.

Ders., Theorie der Grundrechte, Baden-Baden, 1985.

Anagnostaras, Georgios, The application of the harmonized standards on comparative advertising: some recent developments, (2007) 32 ELRev. 246 ff.

André, Achim, Artikel 189 Abs. 3 EWG-Vertrag als politische Norm, EuR 1969, 191 ff.

Anweiler, Jochen, Die Auslegungsmethoden des Gerichtshofs der Europäischen Gemeinschaften, Frankfurt am Main u.a., 1997 [Auslegungsmethoden].

Apostolopoulos, Haris, Das europäische Irreführungsverbot: Liberalisierung des Marktgeschehens oder Einschränkung der Anbieterseite, GRUR Int. 2005, 292 ff.

Armbrüster, Christian, Ein Schuldvertragsrecht für Europa? Bemerkungen zur Privatrechtsangleichung in der Europäischen Union nach „Maastricht" und „Keck", RabelsZ 60 (1996), 72 ff.

Association Henri Capitant des Amis de la Culrure Juridique Française/Société de Législation Comparée, European Contract Law, Materials for a Common Frame of Reference: Terminology, Guiding Principles, Model Rules, München, 2008.

Atiyah, P. S., Law and Modern Society, 2. Auflage, Oxford, 1995.

Ders., Pragmatism and Theory in English Law, London, 1987.

Ders., Common Law and Statute Law, (1985) 48 MLR, 1 ff.

Atiyah, P. S./Summers, Robert S., Form and Substance in Anglo-American Law: A Comparative Study of Legal Reasoning, Legal Theory, and Legal Institutions, Oxford, 1987.

Auer, Marietta, Neues zu Umfang und Grenzen der richtlinienkonformen Auslegung, NJW 2007, 1106 ff.

Dies., Materialisierung, Flexibilisierung, Richterfreiheit, Tübingen, 2005.

Bach, Albrecht, Direkte Wirkungen von EG-Richtlinien, JZ 1990, 1108 ff.

Baird, Douglas/Gertner, Robert/Picker, Randal, Game Theory and the Law, Cambridge (Mass.), 1994.

Baker, J. H., An Introduction to English Legal History, 4. Auflage, London, 2002.

Bamforth, Nicholas, The Limits of European Union Consumer Contract Law, (1999) 24 ELRev, 410 ff.

Bankowski, Zenon/MacCormick, Neil, Statutory Interpretation in the United Kingdom, in: *ders./Summers, Robert S.* (Hrsg.), Interpreting Statutes: a comparative study, Aldershot, 1991, S. 359 ff.

Barber, N. W., Legal Pluralism and the European Union, (2006) 12 ELJ 306 ff.

Barents, René, The Community and the Unity of the Common Market, Some Reflections on the Economic Constitution of the Community, (1990) 33 GYIL, 9 ff.

Barnard, Catherine, The Substantive Law of The EU, The Four Freedoms, 2. Auflage Oxford, 2007.

Basedow, Jürgen, Kodifikationsrausch und kollidierende Konzepte – Notizen zu Marktbezug, Freiheit und System im Draft Common Frame of Reference, ZEuP 2008, 673 ff.

Ders. Freedom of Contract in the European Union, ERPL 2008, 901 ff.

Ders., Der Gemeinsame Referenzrahmen und das Versicherungsrecht, ZEuP 2007, 280 ff.

Ders., Grundlagen des europäischen Privatrechts, JuS 2004, 89 ff.

Ders., Besprechung von Stefan, Grundmann, Europäisches Schuldvertragsrecht. Das europäische Recht der Unternehmensgeschäfte (nebst Texten und Materialien zur Rechtsangleichung), Berlin, New York: Walter de Gruyter 1999. LXI. 1186 S. (Sonderheft 15 der Zeitschrift für Unternehmens- und Gesellschaftsrecht), ZEuP 2000, 741 ff.

Ders., Das BGB im künftigen europäischen Privatrecht: Der hybride Kodex, Systemsuche zwischen nationaler Kodifikation und Rechtsangleichung, AcP 200 (2000), 445 ff.

Ders., Europäische Wirtschaftsverfassung und europäisches Privatrecht, in: *Baums, Theodor/Hopt, Klaus J./Horn, Norbert* (Hrsg.), Corporations, Capital Markets, and Business in the Law: Liber amicorum Richard M. Buxbaum, London u. a., 2000, S. 13 ff. [FS Buxbaum].

Ders. (Hrsg), European Private Law, Sources, Volume I: Company and Labour Law, Den Haag, 1999; Volume II: Contract and Liability, Advertising, Den Haag, 2000.

Ders., Die Klauselrichtlinie und der Europäische Gerichtshof – eine Geschichte der verpassten Gelegenheiten, in: *Schulte-Nölke, Hans* (Hrsg.), Europäische Rechtsangleichung und nationale Privatrechte, Baden-Baden, 1999, S. 277 ff.

Ders., Über Privatrechtsvereinheitlichung und Marktintegration, in: *Immenga, Ulrich/Möschel, Werner/Reuter, Dieter* (Hrsg.), Festschrift für Ernst-Joachim Mestmäcker zum siebzigsten Geburtstag, Baden-Baden, 1996, S. 347 ff. [FS Mestmäcker].

Ders., Der Bundesgerichtshof, seine Rechtsanwälte und die Verantwortung für das europäische Privatrecht, in: *Pfeiffer, Gerd/Kummer, Joachim/Scheuch, Silke* (Hrsg.), Festschrift für Hans Erich Brandner zum 70. Geburtstag, Köln, 1996, S. 651 ff. [FS Brandner].

Ders., Der kollisionsrechtliche Gehalt der Produktfreiheiten im europäischen Binnenmarkt: favor offerentis, RabelsZ 59 (1995), 1 ff.

Basty, Gregor, Anmerkung (zu EuGH v. 1. 4. 2004 – Rs. C-237/02), DNotZ 2004, 768 ff.

Baur, Jobst-Hubertus/Arnold, Christian, Auf „Junk" folgt „Mangold" – Europarecht verdrängt deutsches Arbeitsrecht, NJW 2006, 6 ff.

Baumbach, Adolf/Hopt, Klaus, Handelsgesetzbuch, 32. Auflage, München, 2006 [Baumbach/Hopt-*Bearbeiter*].

Baums, Theodor, European Company Law beyond the 2003 Action Plan, (2007) 8 EBOR, 143 ff.

Beale, Hugh, General Clauses and Specific Rules in the Principles of European Contract Law: The 'Good Faith' Clause, in: *Grundmann, Stefan/Mazeaud, Denis* (Hrsg.), General Clauses and Standards in European Contract Law, Den Haag, 2006, S. 205 ff.

Beales, Howard/Craswell, Richard/Salop, Steven, The Efficient Regulation of Consumer Information, (1981) 24 J. Law & Econ, 491 ff.

Beater, Axel, Europäisches Recht gegen den unlauteren Wettbewerb – Ansatzpunkte, Grundlagen, Entwicklung, Erforderlichkeit, ZEuP 2003, 11 ff.

Ders., Generalklauseln und Fallgruppen (Erwiderung auf Ralph Weber, AcP 1992, S. 516 ff.), AcP 194 (1994), 82 ff.

Bell, John/Engle, George, Statutory Interpretation by the late Sir Rupert Cross, 3. Auflage, London u. a., 1995.

Benedict, Jörg, Responsible Lending – Das europäische Vertragsrecht zwischen *caveat emptor* und *caveat creditor*!, ZEuP 2008, 394 ff.

Ders., Überrumpelung beim Realkredit – Ideologie und Wirklichkeit im deutsch-europäischen Privatrecht, AcP 206 (2006), 56 ff.

Ders., Kodifikation der „Einzelfallgerechtigkeit"? – oder von Geist und (Re-)Form der Zeit, ARSP 2003, 216 ff.

Bengoetxea, Joxerramon, The Legal Reasoning of the European Court of Justice, Towards a European Jurisprudence, Oxford, 1993.

Bennion, F. A. R., Statutory Interpretation, A Code, 4. Auflage, London u. a., 2002.

Ders., Understanding Common Law Legislation, Drafting and Interpretation, Oxford, 2001.

Ders., Bennion on Statute Law, 3. Auflage, London, 1990.

Berger, Klaus Peter, Auf dem Weg zu einem europäischen Gemeinrecht der Methode, ZEuP 2001, 4 ff.

Ders., Vom praktischen Nutzen der Rechtsvergleichung, Die „international brauchbare" Auslegung nationalen Rechts, in: *ders./Ebke, Werner/Elsing, Siegfried/Großfeld, Bernhard/Kühne, Gunther* (Hrsg.), Festschrift für Otto Sandrock zum 70. Geburtstag, Heidelberg, 2000, S. 49 ff. [FS Sandrock].

Bezzenberger, Tilman, Ethische Diskriminierung, Gleichheit und Sittenordnung im bürgerlichen Recht, AcP 196 (1996), 395 ff.

Bieber, Roland, Das Verfahrensrecht von Verfassungsorganen, Ein Beitrag zur Theorie der inner- und interorganschaftlichen Rechtssetzung in der Europäischen Gemeinschaft, im Staatsrecht und Völkerrecht, Baden-Baden, 1992.

Bieber, Roland/Epiney, Astrid/Haag, Marcel, Die Europäische Union, Europarecht und Politik, 8. Auflage, Baden-Baden, 2009.

Bieber, Roland/Salomé, Isabelle, Hierarchy of Norms in European Law, (1996) 33 CMLRev., 907 ff.

Blaurock, Uwe, Lex mercatoria und Common Frame of Reference, ZEuP 2007, 118 ff.

Ders., Europäisches und deutsches Gesellschaftsrecht – Bilanz und Perspektiven eines Anpassungsprozesses, ZEuP 1998, 460 ff.

Bleckmann, Albert, Europarecht, 6. Auflage, Köln u. a., 1997.

Ders., Probleme der Auslegung europäischer Richtlinien, ZGR 1992, 364 ff.

Ders., Probleme der Auslegung von EWG-Richtlinie, RIW 1987, 929 ff.

Ders., Die Rolle der richterlichen Rechtsschöpfung im Europäischen Gemeinschaftsrecht, in: *Lüke, Gerhard/Ress, Georg/Will, Michael* (Hrsg.), Rechtsvergleichung, Europarecht und Staatenintegration, Gedächtnisschrift für Léontin-Jean Constantinesco, Köln u. a., 1983, S. 61 ff. [GS Constantinesco].

Ders., Die Rolle der Rechtsvergleichung in den Europäischen Gemeinschaften, ZVglRWiss 75 (1976), 106 ff.

Bobek, Michal, Learning To Talk: Preliminary Rulings, The Courts of the New Member States and the Court of Justice, (2008) 45 CMLRev., 1611 ff.

Böckenförde, Ernts-Wolfgang, Geschichte der Rechts- und Staatsphilosophie, Tübingen, 2002.

Böhm, Monika, Umfang und Grenzen des europäischen Verbots der Altersdiskriminierung im deutschen Recht, JZ 2008, 324 ff.

Bono, Ricardo Gosalbo, The development of general principles of law at national and community level: achieving a balance, in: *Schulze, Reiner/Seif, Ulrike* (Hrsg.), Richterrecht und Rechtsfortbildung in der Europäischen Rechtsgemeinschaft, Tübingen, 2003, S. 99 ff.

Borchardt, Klaus-Dieter, Richterrecht durch den Gerichtshof der Europäischen Gemeinschaften, in: *Randelzhofer, Albrecht/Scholz, Rupert/Wilke, Dieter* (Hrsg.), Gedächtnisschrift für Eberhardt Grabitz, München, 1995, S. 29 ff. [GS Grabitz].

Borges, Georg, AGB-Kontrolle durch den EuGH, NJW 2001, 2061 ff.

Ders., Die europäische Klauselkontrolle und der deutsche Zivilprozess, RIW 2000, 933 ff.

Ders., Die Inhaltskontrolle von Verbraucherverträgen, Berlin, 2000.

Börner, Bodo, Die Entscheidungen der Hohen Behörde, Tübingen, 1965.

Bouckaert, Boudewijn/de Geest, Gerrit (Hrsg), Encyclopedia of Law and Economics, Volume I. The History and Methodology of Law and Economics, Volume III. The Regulation of Contracts, Cheltenham, 2000.

Bradgate, Robert/Brownsword, Roger/Twigg-Flesner, Christian, The Impact of Adopting a Duty to Trade Fairly, Report prepared for the Department of Trade and Industry, Consumer and Competition Policy Directorate in July 2003.

Brand, Oliver, Grundfragen der Rechtsvergleichung – Ein Leitfaden für die Wahlfachprüfung, JuS 2003, 1082ff.
Brandner, Hans Erich, Maßstab und Schranken der Inhaltskontrolle bei Verbraucherverträgen, MDR 1997, 312ff.
Ders., Auslegungszuständigkeit des EuGH bei der Inhaltskontrolle von Entgeltklauseln der Banken bei Verbraucherverträgen, MDR 1999, 6ff.
Brechmann, Winfried, Die richtlinienkonforme Auslegung, Zugleich ein Beitrag zur Dogmatik der EG-Richtlinie, München, 1993.
Bredimas, Anna, Methods of interpretation and Community law, Amsterdam u.a., 1978.
Bridge, Michael, Good Faith in Commercial Contracts, in: *Brownsword, Roger/Hird, Norma J./Howells, Geraint* (Hrsg.), Good Faith in Contract: Concept and Context, Aldershot, 1998, S. 139ff.
Broberg, Morten, Acte Clair Revisited: Adapting the Acte Clair Criteria to the Demands of the Times, (2008) 45 CMLRev., 1383ff.
Brödermann, Eckart, Betrachtungen zur Arbeit am Common Frame of Reference aus der Sicht eines Stakeholders: Der weite Weg zu einem europäischen Vertragsrecht, ZEuP 2007, 304ff.
Brownsword, Roger, Contract Law, Themes for the Twenty-First Century, 2. Auflage, Oxford, 2006.
Ders., Positive, Negative, Neutral: the Reception of Good Faith in English Contract Law, in: *ders./Hird, Norma J./Howells, Geraint*, Good Faith in Contract: Concept and Context, Aldershot, 1998, S. 13ff.
Brownsword, Roger/Hird, Norma J./Howells, Geraint, Good Faith in Contract: Concept and Context, in: *dies.* (Hrsg.), Good Faith in Contract: Concept and Context, Aldershot, 1998, S. 1ff.
Brugger, Winfried, Konkretisierung des Rechts und Auslegung der Gesetze, AöR 119 (1994), 1ff.
Buck, Carsten, Über die Auslegungsmethoden des Gerichtshofs der Europäischen Gemeinschaften, Frankfurt am Main u.a., 1998 [Auslegungsmethoden].
Büdenbender, Ulrich, Die Bedeutung der Verbrauchsgüterkaufrichtlinie für das deutsche Kaufrecht nach der Schuldrechtsreform, ZEuP 2004, 36ff.
Bueckling, Adrian, Der Fluch der Generalklauseln, Vom Treu- und Glaubenssatz zum Gemeinsamen Erbe der Menschheit, ZRP 1983, 190ff.
Bultmann, Peter Friedrich, Rechtsfortbildung von EG-Richtlinienrecht, JZ 2004, 1100ff.
Bungenberg, Marc, Dynamische Integration, Art. 308 und die Forderung nach dem Kompetenzkatalog, EuR 2000, 879ff.
Bydlinski, Franz, Das österreichische Irrtumsrecht als Ergebnis und Gegenstand beweglichen Systemdenkens, in: *Hohloch, Gerhard/Frank, Rainer/Schlechtriem, Peter* (Hrsg.), Festschrift für Hans Stoll zum 75. Geburtstag, Tübingen, 2001, S. 113ff. [FS Stoll].
Ders., System und Prinzipien des Privatrecht, Wien u.a., 1996.
Ders., Juristische Methodenlehre und Rechtsbegriff, 2. Auflage, Wien u.a., 1991.
Ders., Möglichkeiten und Grenzen der Präzisierung aktueller Generalklauseln, in: *Behrends, Okko/Dieselhorst, Malte/Dreier, Ralf* (Hrsg.), Rechtsdogmatik und praktische Vernunft, Symposium zum 80. Geburtstag von Franz Wieacker, Göttingen, 1990, S. 189ff. [Wieacker Symposium].
Ders., Hauptpositionen zum Richterrecht, JZ 1985, 149ff.

Calabresi, Guido, The Pointlessness of Pareto: Carrying Coase Further, (1991) 100 Yale L.J., 1211ff.
Ders., Some Thoughts on Risk Distribution and the Law of Torts, (1961) 70 Yale L.J., 499ff.
Calliess, Christian, Die grundrechtliche Schutzpflicht im mehrpoligen Verfassungsrechtsverhältnis, JZ 2006, 321ff.
Ders., Grundlagen, Grenzen und Perspektiven europäischen Richterrechts, NJW 2005, 929ff.
Ders., Nach dem „Tabakwerbung-Urteil" des EuGH: Binnenmarkt und gemeinschaftsrechtliche Kompetenzverfassung im neuen Licht, JURA 2001, 311ff.
Calliess, Christian/Ruffert, Matthias (Hrsg.), EUV/EGV, Das Verfassungsrecht der Europäischen Union mit Europäischer Grundrechtecharta, Kommentar, 3. Auflage, München, 2007 [Calliess/Ruffert-*Bearbeiter*], bzw. 2. Auflage, Neuwied u.a., 2002 [Calliess/Ruffert(2. Auflage)-*Bearbeiter*].

Calliess, Gralf-Peter, Kollisionsrecht, Richtlinienrecht oder Einheitsrecht? Zur Modernisierung des Art. 5 EVÜ (Art. 29, 29a EGBGB) im System des europäischen Verbrauchervertragsrechts, ZEuP 2006, 742 ff.

Canaris, Claus-Wilhelm, Handelsrecht, 24. Auflage, München, 2006.

Ders., Die richtlinienkonforme Auslegung und Rechtsfortbildung im System der juristischen Methodenlehre, in: *Koziol, Helmut/Rummel, Peter* (Hrsg.), Im Dienste der Gerechtigkeit: Festschrift für Franz Bydlinski, Wien u. a., 2002, S. 47 ff. [FS Bydlinski].

Ders., Die Stellung der „UNIDROIT Principles" und der „Principles of European Contract Law" im System der Rechtsquellen, in: *Basedow, Jürgen* (Hrsg.), Europäische Vertragsrechtsvereinheitlichung und deutsches Recht, Tübingen, 2000, S. 5 ff.

Ders., Wandlungen des Schuldvertragsrechts – Tendenzen zu seiner „Materialisierung", AcP 200 (2000), 273 ff.

Ders., Grundrechte und Privatrecht: eine Zwischenbilanz, Berlin u. a., 1999.

Ders., Der EuGH als zukünftige privatrechtliche Superrevisionsinstanz?, EuZW 1994, 417.

Ders., Verfassungs- und europarechtliche Aspekte der Vertragsfreiheit in der Privatrechtsgesellschaft, in: *Badura, Peter/Scholz, Rupert* (Hrsg.), Wege und Verfahren des Verfassungslebens, Festschritt für Peter Lerche zum 65. Geburtstag, München, 1993, S. 873 ff. [FS Lerche].

Ders., Grundrechte und Privatrecht, AcP 184 (1984), 201 ff.

Ders., Systemdenken und Systembegriff in der Jurisprudenz (entwickelt am Beispiel des deutschen Privatrechts), Berlin, 1969.

Ders., Die Feststellung von Lücken im Gesetz, Berlin, 1964.

Caspar, Johannes, Das europäische Tabakwerbeverbot und das Gemeinschaftsrecht, EuZW 2000, 237 ff.

Caspary, Tobias, Consequences of Premature Self-Cure: The Lawless Buyer? – A Critical Review of the *Bundesgerichtshof's* Decision of 23 February 2005, (2005) 7 GLJ, 1 ff.

Chalmers, Damian/Hadjiemmanuil, Christos/Monti, Giorgio/Tomkins, Adam, European Union Law, Text and Materials, Cambridge, 2006 [EU Law].

Chamboredon, Anthony, The Debate on a European Civil Code: For an „Open Texture", in: *Van Hoecke, Mark/Ost, François* (Hrsg.), The Harmonisation of European Private Law, Oxford u. a., 2000, S. 63 ff.

Cherednychenko, Olha, Fundamental Rights, Contract Law and the Protection of the Weaker Party: A Comparative Analysis of the Constitutionalisation of Contract Law, with Emphasis on Risky Financial Transactions, München, 2007.

Dies., EU Fundamental Rights, EC Fundamental Freedoms and Private Law, ERPL 2006, 23 ff.

Coase, Ronald H., The Problem of Social Cost, (1960) 3 J Law & Econ., 1 ff.

Coester, Michael, AGB-rechtliche Inhaltskontrolle im Lichte des europäischen Gemeinschaftsrecht, in: *Heldrich, Andreas/Schlechtriem, Peter/Schmidt, Eike* (Hrsg.), Recht im Spannungsfeld von Theorie und Praxis, Festschrift für Helmut Heinrichs zum 70. Geburtstag, München, 1998, S. 99 ff. [FS Heinrichs].

Coester-Waltjen, Dagmar, Änderungen im Recht der Allgemeinen Geschäftsbedingungen, JURA 1997, 272 ff.

Coing, Helmut, Europäisches Privatrecht, Band II, 19. Jahrhundert, Überblick über die Entwicklung des Privatrechts in den ehemals gemeinrechtlichen Ländern, München, 1989.

Ders. (Hrsg.), Handbuch der Quellen und Literatur der Neueren Europäischen Privatrechtsgeschichte, Dritter Band: Das 19. Jahrhundert, Erster Teilband: Gesetzgebung zum Allgemeinen Privatrecht, Einführung Süd- und Westeuropa (Abschnitte 1 bis 7), München, 1982.

Collins, Hugh, Social Rights, General Clauses and the Acquis Communautaire, in: *Grundmann, Stefan/Mazeaud, Denis* (Hrsg.), General Clauses and Standards in European Contract Law, Den Haag, 2006, S. 111 ff.

Ders., The Alchemy of Deriving General Principles of Contract Law from European Legislation: In Search of the Philosopher's Stone, ERCL 2006, 213 ff.

Ders., The Law of Contract, 4. Auflage, London, 2003.

Ders., Regulating Contracts, Oxford, 1999.
Colneric, Ninon, Auslegung des Gemeinschaftsrechts und gemeinschaftsrechtskonforme Auslegung, ZEuP 2005, 225ff.
Cooter, Robert/Ulen, Thomas, Law and Economics, 5. Auflage, Boston u.a., 2008.
Cornu, Gérard, Droit civil: Introduction, Les personnes, Les biens, 13. Auflage, Paris, 2007.
Craig, Paul/De Burca, Gráinne, EU Law, Text, Cases and Materials, 4. Auflage, Oxford, 2008 [EU Law].
Craswell, Richard, Passing On the Costs of Legal Rules: Efficiency and Distribution in Buyer-Seller Relationships, (1991) 43 Stanford Law Review, 361ff.
Cross, Eugene Daniel, Pre-Emption of Member State Law in the European Economic Community: A Framework for Analysis, (1992) 29 CMLRev., 447ff.
Cross, Rupert/Harris, J. W., Precedent in English Law, Oxford, 1991.

Daig, Hans-Wolfram, Zu Rechtsvergleichung und Methodenlehre im Europäischen Gemeinschaftsrecht, in: *Bernstein, Herbert/Drobnig, Ulrich/Kötz, Hein* (Hrsg.), Festschrift für Konrad Zweigert zum 70. Geburtstag, Tübingen, 1981, S. 395ff. [FS Zweigert].
Dalhuisen, Jan, Dalhuisen on Transnational and Comparative Commercial, Financial and Trade Law, 3. Auflage, Oxford u.a., 2007.
Dannemann, Gerhard, Comparative Law: Study of Similarities or Differences?, in: *Reimann, Mathias/Zimmermann, Reinhard* (Hrsg.), The Oxford Handbook of Comparative Law, Oxford, 2006, S. 383ff.
Dänzer-Vanotti, Wolfgang, Der Europäische Gerichtshof zwischen Rechtsprechung und Rechtssetzung, in: *Due, Ole/Lutter, Markus/Schwarze, Jürgen* (Hrsg.), Festschrift für Ulrich Everling, Band 1, Baden-Baden, 1995, S. 205ff. [FS Everling].
Ders., Methodenstreit um die EG-Richtlinien konforme Auslegung, DB 1994, 1052ff.
Ders., Unzulässige Rechtsfortbildung des Europäischen Gerichtshofs, RIW 1992, 733ff.
Ders., Die richtlinienkonforme Auslegung deutschen Rechts hat keinen rechtlichen Vorrang, RIW 1991, 754ff.
Darby, Michael/Karni, Edi, Free Competition and the Optimal Amount of Fraud, (1973) 16 J. Law & Econ., 67ff.
Däubler, Wolfgang/Bertzbach, Martin (Hrsg.), Allgemeines Gleichbehandlungsgesetz, Handkommentar, 2. Auflage, Baden-Baden, 2008.
Dauner-Lieb, Barbara, Auf dem Weg zu einem europäischen Schuldrecht?, NJW 2004, 1431ff.
Dauses, Manfred A., Aufgabenteilung und judizieller Dialog zwischen den einzelstaatlichen Gerichten und dem EuGH als Funktionselemente des Vorabentscheidungsverfahrens, in: *Due, Ole/Lutter, Markus/Schwarze, Jürgen* (Hrsg.), Festschrift für Ulrich Everling, Band 1, Baden-Baden, 1995, S. 223ff. [FS Everling].
Ders., Das Vorabentscheidungsverfahren nach Artikel 177 EG-Vertrag, 2. Auflage, München, 1995.
Davies, Gareth, Subsidiarity: The Wrong Idea, in the Wrong Place, at the Wrong Time, (2006) 43 CMLRev, 63ff.
Ders., Can selling arrangements be harmonised?, (2005) 30 ELRev, 370ff.
De Búrca, Gráinne, The Lisbon Treaty No-Vote: An Irish Problem or a European Problem?, UCD Working Papers in Law, Criminology & Socio-Legal Studies: Research Paper No. 03/2000, http://ssrn.com/abstract=1359042.
Deckert, Martina, Effizienz als Kriterium der Rechtsanwendung, Rechtstheorie 26 (1995), 117ff.
Deckert, Martina/Lilienthal, Nicolas, Die Rechtsetzungskompetenzen der EG im Privatrecht, EWS 1999, 121ff.
Desai, Kiran S., Limitations on the Use of Economic Analysis in EC Competition Law proceedings – Part 1, [2002] ECLR 524ff.
Deutsch, Erwin, Verbraucherschutz gegen den BGH, NJW 2003, 2881f.
De Visscher, Christian/Maiscocq, Olivier/Varone, Frédéric, The Lamfalussy Reform in the EU Securities Markets: Fiduciary Relationships, Policy Effectiveness and Balance of Power, (2008) 28 Jnl Publ. Pol., 19ff.

De Weerth, Jan, Bilanzrecht und Europarecht, Zugleich eine Anmerkung zur EuGH-Entscheidung „Tomberger", RIW 1996, 763 ff.

Diederichsen, Uwe, Das Bundesverfassungsgericht als oberstes Zivilgericht – Ein Lehrstück der juristischen Methodenlehre, AcP 198 (1998), 171 ff.

Di Fabio, Udo, Richtlinienkonformität als ranghöchstes Normauslegungsprinzip? Überlegungen zum Einfluss des indirekten Gemeinschaftsrechts auf die nationale Rechtsordnung, NJW 1990, 947 ff.

Doehner, Rupert, Die Schuldrechtsreform vor dem Hintergrund der Verbrauchsgüterkauf-Richtlinie, Baden-Baden, 2004.

Ders., Anmerkung (zu EuGH v. 12. 3. 2002 – Rs. C-168/00 Simone Leitner/TUI Deutschland GmbH & Co. KG), EuZW 2002, 340 ff.

Dougan, Michael, Minimum Harmonization and the Internal Market, (2000) 37 CMLRev, 853 ff.

Douglas-Scott, Sionaidah, A Tale of Two Courts: Luxembourg, Strasbourg and The Growing European Human Rights *Acquis*, (2006) 43 CMLRev, 629 ff.

Drexl, Josef, Community Legislation Continued: Complete Harmonisation, Framework Legislation or Non-Binding Measures – Alternative Approaches to European Contract Law, Consumer Protection and Unfair Trade Practices?, [2002] EBLR, 557 ff.

Ders., Der Bürge als deutscher und europäischer Verbraucher, JZ 1998, 1046 ff.

Drobnig, Ulrich, Ein Vertragsrecht für Europa, in: *Baur, Jürgen/Hopt, Klaus/Mailänder, Peter* (Hrsg.), Festschrift für Ernst Steindorff zum 70. Geburtstag am 13. März 1990, Berlin u.a., 1990, S. 1141 ff. [FS Steindorff].

Ders., Rechtsvergleichung in der deutschen Rechtsprechung, RabelsZ 50 (1986), 610 ff.

Drygala, Tim, Stand und Entwicklung des europäischen Gesellschaftsrechts, ZEuP 2004, 337 ff.

Dworkin, Ronald, Law's Empire, Reprint, Oxford, 1998.

Ders., Why Efficiency? A Response to Professors Calabresi and Posner, (1979/80) 8 Hofstra L Rev, 563 ff.

Ders., Is Wealth a Value?, (1980) 9 J. Legal Studies, 191 ff.

Ders., Taking Rights Seriously, London, 1977.

Dyrberg, Peter, What should the Court of Justice be doing?, (2001) 26 ELRev, 291 ff.

Ebenroth, Carsten Thomas/Kräutter, Thomas, Der Einfluß der 2. gesellschaftsrechtlichen EG-Richtlinie auf die Lehre von der verdeckten Sacheinlage bei der Aktiengesellschaft, DB 1990, 2153 ff.

Ebenroth, Carsten Thomas/Neiß, Ellen, Zur Vereinbarkeit der Lehre von der verdeckten Sacheinlage mit EG-Recht, BB 1992, 2085 ff.

Ebert, Ina, Das Recht des Verkäufers zur zweiten Andienung und seine Risiken für den Käufer, NJW 2004, 1761 ff.

Eckert, Hans-Werner, Das neue Recht der Handelsvertreter – Die Umsetzung der EG-Richtlinie in deutsches Recht, NZA 1990, 384 ff.

Eckert, Jörn, Sittenwidrigkeit und Wertungswandel, AcP 199 (1999), 337 ff.

Editorial Comments, Horizontal direct effect – A law of diminishing coherence?, (2006) 43 CMLRev, 1 ff.

Editorial Comments, Taking (the limits of) competences seriously, (2000) 37 CMLRev, 1301 ff.

Edward, David, Shifting Power from Legislation to Judges and from Central Level to the National Level, in: *Grundmann, Stefan/Mazeaud, Denis* (Hrsg.), General Clauses and Standards in European Contract Law, Den Haag, 2006, S. 79 ff.

Edwards, Vanessa, The European Company – Essential Tool or Eviscerated Dream?, (2003) 40 CMLRev., 443 ff.

Dies., EC Company Law, Oxford, 1999.

Ehlers, Dirk (Hrsg.), Europäische Grundrechte und Grundfreiheiten, 2. Auflage, Berlin, 2005.

Ders., Die Grundfreiheiten des europäischen Gemeinschaftsrechts (Teil I), JURA 2001, 266 ff.

Ehricke, Ulrich, Die richtlinienkonforme Auslegung nationalen Rechts vor Ende der Umsetzungsfrist einer Richtlinie, EuZW 1999, 553 ff.

Ders., Die richtlinienkonforme und die gemeinschaftsrechtskonforme Auslegung nationalen Rechts, Ein Beitrag zu ihren Grundlagen und zu ihrer Bedeutung für die Verwirklichung eines „europäischen Privatrechts", RabelsZ 59 (1995), 598 ff.

Eidenmüller, Horst, Party Autonomy, Distributive Justice and the Conclusion of Contracts in the DCFR, abrufbar unter http://ssrn.com/abstract=1334648.

Ders. Der homo oeconomicus und das Schuldrecht: Herausforderungen durch Behavioral Law and Economics, JZ 2005, 216 ff.

Ders., Effizienz als Rechtsprinzip, Möglichkeiten und Grenzen der ökonomischen Analyse des Rechts, 3. Auflage, Tübingen, 2005.

Ders., Rechtsanwendung, Gesetzgebung und ökonomische Analyse, AcP 197 (1997), 80 ff.

Eidenmüller, Horst/Engert, Andreas/Hornuf, Lars, Incorporating Under European Law: The Societas Europaea as a Vehicle for Legal Arbitrage, 2008, abrufbar unter http://ssrn.com/abstract=1316430.

Eidenmüller, Horst/Faust, Florian/Grigoleit, Hans Christoph/Jansen, Nils/Wagner, Gerhard/Zimmermann, Reinhard, The Common Frame of Reference for European Private law – Policy Choices and Codification Problems, (2008) 28 Oxford Journal of Legal Studies, 659 ff.

Eisenführ, Günter/Schennen, Detlef, Gemeinschaftsmarkenverordnung, Kommentar, 2. Auflage, Köln u. a., 2007 [GMV].

Endicott, Timothy A. O., Vagueness in Law, Oxford, 2000.

Engisch, Karl, Einführung in das juristische Denken, 9. Auflage, herausgegeben und bearbeitet von *Würtemberger, Thomas/Otto, Dirk*, Stuttgart u. a., 1997 [Einführung].

Ders., Die Idee der Konkretisierung in Recht und Rechtswissenschaft unserer Zeit, Heidelberg, 1953.

Enneccerus, Ludwig/Nipperdey, Hans Karl, Allgemeiner Teil des Bürgerlichen Gesetzbuchs, 15. Auflage, Tübingen, 1959 [BGB Allgemeiner Teil].

Erlei, Mathias/Leschke, Martin/Sauerland, Dirk, Neue Institutionenökonomik, 2. Auflage, Stuttgart, 2007.

Ernst, Wolfgang, Der ‚Common Frame of Reference' aus juristischer Sicht, AcP 208 (2008), 248 ff.

Esser, Josef, Grundsatz und Norm in der richterlichen Fortbildung des Privatrechts, 4. Auflage, Tübingen, 1990.

Ders., Vorverständnis und Methodenwahl in der Rechtsfindung, Rationalitätsgrundlagen richterlicher Entscheidungspraxis, Frankfurt am Main, 1972.

Everling, Ulrich, Richterliche Rechtsfortbildung in der Europäischen Gemeinschaft, JZ 2000, 217 ff.

Ders., Die Einwirkung der Grundfreiheiten des EWG-Vertrages auf das Werberecht der Mitgliedstaaten, Zentrum für Europäisches Wirtschaftsrecht, Vorträge und Berichte, Nr. 17, 1992.

Ders., Zur Auslegung des durch EG-Richtlinien angeglichenen nationalen Rechts, ZGR 1992, 376 ff.

Ders., Zur Bedeutung der Rechtsprechung des Europäischen Gerichtshofs für die Werbung in Europa, in: *Zentralausschuss der Werbewirtschaft (ZAW)* (Hrsg.), Irreführende Werbung in Europa, Maßstäbe und Perspektiven, Bonn 1990, S. 43 ff.

Ders., Das Vorabentscheidungsverfahren vor dem Gerichtshof der Europäischen Gemeinschaften, Baden-Baden, 1986.

Ders., Rechtsvereinheitlichung durch Richterrecht in der Europäischen Gemeinschaft, RabelsZ 50 (1986), 193 ff.

Faber, Wolfgang, Zur „geringfügigen Vertragswidrigkeit" nach Art. 3 Abs. 6 der Verbrauchsgüterkauf-Richtlinie 1999/44/EG, Beschluss des österreichischen Obersten Gerichtshofs vom 24. Mai 2005, ZEuP 2006, 676 ff.

Ders., Elemente verschiedener Verbraucherbegriffe in EG-Richtlinien, zwischenstaatlichen Übereinkommen und nationalem Zivil- und Kollisionsrecht, ZEuP 1998, 854 ff.

Faust, Florian, Comparative Law and Economic Analysis of Law, in *Reimann, Mathias/Zimmermann, Reinhard* (Hrsg.), The Oxford Handbook of Comparative Law, Oxford, 2006, S. 837 ff.

Ferid Murad/Sonnenberger, Hans Jürgen, Das Französische Zivilrecht, Band 1/1 Erster Teil: Allgemeine Lehren des Französischen Zivilrechts: Einführung und Allgemeiner Teil des Zivilrechts, bearbeitet von *Hans Jürgen Sonnenberger*, 2. Auflage, Heidelberg, 1994.

Ferrarini, Guido/Recine, Fabio, The MIFID and Internalisation, in: *Ferrarini, Guido/Wymeersch, Eddy* (Hrsg.), Investor Protection in Europe. Corporate Law Making, the MiFID and Beyond, Oxford, 2006, S. 235 ff.

Fezer, Karl-Heinz, Nochmals: Kritik an der ökonomischen Analyse des Rechts, JZ 1988, 223 ff.

Ders., Aspekte einer Rechtskritik an der economic analysis of law und am property rights approach, JZ 1986, 817 ff.

Ficker, Hans G., Zur Internationalen Gesetzgebung, in: *Von Caemmerer, Ernst/Nikisch, Arthur/Zweigert, Konrad* (Hrsg.), Vom Deutschen zum Europäischen Recht, Festschrift für Hans Dölle, Band II, Internationales Recht, Kollisionsrecht und Internationales Zivilprozessrecht, Europäisches Recht, Tübingen, 1963, S. 35 ff. [FS Dölle].

Fikentscher, Wolfgang, Präjudizienbindung, ZfRV 1985, 163 ff.

Ders., Eine Theorie der Fallnorm als Grundlage von Kodex- und Fallrecht (code law und case law), ZfRV, 1980, 161 ff.

Ders., Methoden des Rechts in vergleichender Darstellung, Band I, Frühe und Religiöse Rechte, Romanischer Rechtskreis, Tübingen, 1975; Band III, Mitteleuropäischer Rechtskreis, Tübingen, 1976; Band IV, Dogmatischer Teil, Tübingen, 1977.

Fikentscher, Wolfgang/Heinemann, Andreas, Schuldrecht, 10. Auflage, Berlin, 2006.

Fischer, Michael, Der Handelsvertreter im deutschen und europäischen Recht, ZVglRWiss 102 (2002), 143 ff.

Fleischer, Holger, Der Rechtsmissbrauch zwischen Gemeineuropäischem Privatrecht und Gemeinschaftsprivatrecht, JZ 2003, 865 ff.

Ders., Informationsasymmetrie im Vertragsrecht, München, 2001.

Ders., Vertragsschlussbezogene Informationspflichten im Gemeinschaftsprivatrecht, ZEuP 2000, 772 ff.

Flessner, Axel, Der Gemeinsame Referenzrahmen im Verhältnis zu anderen Regelwerken, ZEuP 2007, 112 ff.

Ders., Juristische Methode und europäisches Privatrecht, JZ 2002, 14 ff.

Frankenberg, Günter, How to do Projects with Comparative Law – Notes of an Expedition to the Common Core, (2006) 6 Global Jurist Advances, 1 ff.

Ders., Critical Comparisons: Re-thinking Comparative Law, (1985) 26 Harvard Int.L.J., 411 ff.

Franzen, Martin, Anmerkung (zu EuGH v. 4. 7. 2006 – Rs. C-212/04 Adeneler u. a. ./. ELOG), JZ 2007, 191 ff.

Ders., „Heininger" und die Folgen: ein Lehrstück zum Gemeinschaftsprivatrecht, JZ 2003, 321 ff.

Ders., Der EuGH und das Bürgerliche Recht – dargestellt am Beispiel der EuGH-Urteile „Dietzinger" und „Draehmpaehl", in: *Geis, Max-Emanuael/Lorenz, Dieter* (Hrsg.), Staat – Kirche – Verfassung, Festschrift für Hartmut Maurer zum 70. Geburtstag, München, 2001, S. 889 ff. [FS Maurer].

Ders., Privatrechtsangleichung durch die Europäische Gemeinschaft, Berlin u. a., 1999.

Ders., Auslegung und Fortbildung von privatrechtsangleichenden Richtlinien, JjZRWiss 1997, 285 ff.

Ders., Rechtsangleichung der Europäischen Union im Arbeitsrecht, ZEuP 1995, 796 ff.

Freitag, Robert, Kurzkommentar (EuGH v. 1. 4. 2004 – Rs. C-237/02), Art. 3 RL 93/13/EWG 1/04, EWiR 2004, 397 ff.

Ders., Kurzkommentar (EuGH, 27. 6. 2000 – verb. Rs. C-240/98 bis C-244/98) Art. 3 RL 93/13/EWG 1/2000, EWiR 2000, 783 ff.

Freitag, Robert/Riemenschneider, Markus, Vollstreckbare Schuldanerkenntnisse in der deutschen und europäischen Klauselkontrolle – zugleich Besprechung von EuGH WM 2004, 989 (Freiburger Kommunalbauten) –, WM 2004, 2470 ff.

Frenz, Walter, Grundfreiheiten und Grundrechte, EuR 2002, 603 ff.

Frey, Kaspar, Wie ändert sich das AGB-Gesetz?, ZIP 1993, 572 ff.

Friedmann, Dan/Barak-Erez, Daphne (Hrsg.), Human Rights in Private Law, Oxford, 2001.

Furmston, M. P., Cheshire, Fifoot and Furmston's Law of Contract, 15. Auflage, Oxford, 2007.

Gadamer, Hans-Georg, Wahrheit und Methode, Grundzüge einer philosophischen Hermeneutik, 6. Auflage, Tübingen, 1990.
Gambaro, Antonio, The Plan d'Action of the European Commission – A Comment, ERPL 2003, 768 ff.
Ganten, Ted Oliver, Die Drittwirkung der Grundfreiheiten, Die EG-Grundfreiheiten als Grenze der Handlungs- und Vertragsfreiheit im Verhältnis zwischen Privaten, Berlin, 2000.
Garstka, Hansjürgen, Generalklauseln, in: *Koch, Hans-Joachim* (Hrsg.), Juristische Methodenlehre und analytische Philosophie, Kronberg, 1976, S. 96–122.
Geary, David, Notes on Family Guarantees in English and Scottish Law – A Comment, ERPL 2000, 25 ff.
Gebauer, Jochen, Die Grundfreiheiten des EG-Vertrages als Gemeinschaftsgrundrechte, Berlin, 2004.
Gebauer, Martin, Grundfragen der Europäisierung des Privatrechts, Eine Untersuchung nationaler Ansätze unter Berücksichtigung des italienischen und des deutschen Rechts, Heidelberg, 1998.
Gebauer, Martin/Wiedmann, Thomas (Hrsg.), Zivilrecht unter europäischem Einfluss, Stuttgart u. a., 2005.
Geiger, Rudolf, EUV/EGV, Vertrag über die Europäische Union und Vertrag zur Gründung der Europäischen Gemeinschaft, Kommentar, 4. Auflage, München, 2004.
Gerner-Beuerle, Carsten, Recht, Effizienz und Calabresis Trugschluss, in: *Grundmann, Stefan/Kirchner, Christian/Raiser, Thomas/Schwintowski, Hans-Peter/Weber, Martin/Windbichler, Christine* (Hrsg.), Unternehmensrecht zu Beginn des 21. Jahrhunderts, Festschrift für Eberhard Schwark zum 70. Geburtstag, München, 2009, S. 3 ff. [FS Schwark].
Gerner-Beuerle, Carsten/Schillig, Michael, The Mysteries of Freedom of Establishment after Castesio, Working Paper February 2009, abrufbar unter http://ssrn.com/abstract-1340964.
Gernhuber, Joachim, § 242 BGB – Funktionen und Tatbestände, JuS 1983, 764 ff.
Gerstenberg, Oliver, Private Law and the New European Constitutional Settlement, (2004) 10 ELJ, 766–786.
Gewirth, Alan, Reason and Morality, London u. a., 1978.
Ghestin, Jacques/Goubeaux, Gilles, Traité de Droit Civil, Introduction Générale, Paris, 1977.
Glenn, Patrick H., Comparative Legal Families and Comparative Legal Traditions, in: *Reimann, Mathias/Zimmermann, Reinhard* (Hrsg.), The Oxford Handbook of Comparative Law, Oxford, 2006, S. 421 ff.
Ders., Legal Traditions of the World, 2. Auflage, Oxford, 2004.
Glöckner, Jochen, Europäisches Lauterkeitsrecht, München, 2006.
Goldberg, Victor, Institutional Change and the Quasi-Invisible Hand, (1974) 17 J. Law & Econ., 461 ff.
Göldner, Detlef Christoph, Verfassungsprinzip und Privatrechtsnorm in der verfassungskonformen Auslegung und Rechtsfortbildung, Verfassungskonkretisierung als Methoden- und Kompetenzproblem, Berlin, 1969.
Gomez, Fernando, The Unfair Commercial Practices Directive: a Law and Economics perspective, ERCL 2006, 4 ff.
Goode, Roy, Commercial Law, 3. Auflage, London, 2004.
Ders., Commercial Law in the Next Millenium, London, 1998.
Goodhart, Arthur L., Determining the Ratio Decidendi of a Case, (1930/31) 40 Yale LJ, 161 ff.
Gottschalk, Eckart/Breßler, Steffen, Missbrauchskontrolle von Gerichtsstandsvereinbarungen im europäischen Zivilprozessrecht, ZEuP 2007, 56 ff.
Götz, Volkmar, Rechtsstaatliche Grundsätze des Gemeinschaftsrechts als Grund und Grenze der innerstaatlichen Anwendung von EG-Richtlinien, in: *Bröhmer, Jürgen/Bieber, Roland/Calliess, Christian/Langenfeld, Christine/Weber, Stefan/Wolf, Joachim* (Hrsg.), Internationale Gemeinschaft und Menschenrechte, Festschrift für Georg Ress zum 70. Geburtstag am 21. Januar 2005, Köln u. a., 2005, S. 485 ff. [FS Ress].
Ders., Anmerkung (zu EuGH v. 5. 10. 2000 – Rs. C-376/98 Bundesrepublik Deutschland/Europäisches Parlament und Rat der EU), JZ 2001, 34 ff.
Ders., Das Maastricht-Urteil des Bundesverfassungsgerichts, JZ 1993, 1081 ff.
Ders., Europäische Gesetzgebung durch Richtlinien – Zusammenwirken von Gemeinschaft und Staat, NJW 1992, 1849 ff.
Goyder, Daniel G., EC Competition Law, 4. Auflage, Oxford, 2003.

Grechenig, Kristoffel/Gelter, Martin, Divergente Evolution des Rechtsdenkens – Von amerikanischer Rechtsökonomie und deutscher Dogmatik, RabelsZ 72 (2008), 513 ff.

Griffiths, John, What is legal Pluralism?, (1986) 24 Journal of Legal Pluralism & Unofficial Law, 1 ff.

Grigoleit, Christoph, Besondere Vertriebsformen im BGB, NJW 2002, 1151 ff.

Groh, Thomas, Die Auslegungsbefugnis des EuGH im Vorabentscheidungsverfahren, Plädoyer für eine zielorientierte Konzeption, Berlin, 2005 [Auslegungsbefugnis].

Ders., Auslegung des Gemeinschaftsrechts und Vorlagepflicht nach Art. 234 EG, EuZW 2002, 460 ff.

Grosheide, Willem, The Duty to Deal Fairly in Commercial Contracts, in: *Grundmann, Stefan/Mazeaud, Denis* (Hrsg.), General Clauses and Standards in European Contract Law, Den Haag, 2006, S. 197 ff.

Grossfeld, Bernhard, Comparatists and languages, in: *Legrand, Pierre/Munday, Roderick* (Hrsg.), Comparative Legal Studies: Traditions and Transitions, Cambridge, 2003, S. 154 ff.

Grossmann, Sanford, The Informational Role of Warrenties and Private Disclosure About Product Quality, (1981) 24 J. Law & Econ., 461 ff.

Grosswald Curran, Vivian, Cultural Immersion, Difference and Categories in U.S. Comparative Law, (1998) 46 Am.J.Comp.L., 43 ff.

Grundmann, Stefan, The General Clause or Standard in EC Contract Law Directives – A Survey on Some Important Legal Measures and Aspects in EC Law, in: *ders./Mazeaud, Denis* (Hrsg.), General Clauses and Standards in European Contract Law, Den Haag, 2006, S. 141 ff.

Ders., Europäisches Vertragsrecht – Quo vadis?, JZ 2005, 860 ff.

Ders., Europäisches Gesellschaftsrecht, Heidelberg, 2004.

Ders., The Optional European Code on the Basis of the Acquis Communautaire – Starting Point and Trends, (2004) 10 ELJ, 698 ff.

Ders., Zum Harmonisierungskonzept im Europäischen Arbeitsrecht, in: *Krause, Rüdiger/Veelken, Winfried/Vieweg, Klaus* (Hrsg.), Recht der Wirtschaft und der Arbeit in Europa, Gedächtnisschrift für Wolfgang Blomeyer, Berlin, 2004, S. 71 ff. [GS Blomeyer].

Ders., Verbraucherrecht, Unternehmensrecht, Privatrecht – warum sind sich UN-Kaufrecht und EU-Kaufrechts-Richtlinie so ähnlich?, AcP 202 (2002), 40 ff.

Ders., Europäisches Schuldvertragsrecht: Standort, Gestalt und Bezüge, JuS 2001, 946 ff.

Ders., Wettbewerb der Regelgeber im Europäischen Gesellschaftsrecht – jedes Marktsegment hat seine Struktur, ZGR 2001, 783 ff.

Ders., Binnenmarktkollisionsrecht – vom klassischen IPR zur Integrationsordnung, RabelsZ 64 (2000), 457 ff.

Ders., Das Thema Systembildung im Europäischen Privatrecht – Gesellschafts-, Arbeits- und Schuldvertragsrecht, in: *ders.* (Hrsg.), Systembildung und Systemlücken in Kerngebieten Europäischen Privatrechts, Gesellschafts-, Arbeits- und Schuldvertragsrecht, Tübingen, 2000, S. 1 ff.

Ders., Europäisches Schuldvertragsrecht, NJW 2000, 14 ff.

Ders., General Principles of Private Law and Ius Commune Modernum as Applicable Law, in: *Baums, Theordor/Hopt, Klaus/Horn, Norbert* (Hrsg.), Corporations, Capital Markets and Business in the Law, Liber Amicorum Richard M. Buxbaum, London u. a., 2000, S. 213 ff. [FS Buxbaum].

Ders., Europäisches Schuldvertragsrecht, Das europäische Recht der Unternehmensgeschäfte (nebst Texten und Materialien zur Rechtsangleichung), Berlin u. a., 1999.

Ders., Law merchant als lex lata Communitatis – insbesondere die Unidroit-Principles, in: *Diedrichsen, Uwe/Fischer, Gerfried/Medicus, Dieter/Pirrung, Jörg/Wagenitz, Thomas* (Hrsg.), Festschrift für Walter Rolland zum 70. Geburtstag, Köln, 1999, S. 145 ff. [FS Rolland].

Ders., Europäisches Handelsrecht – vom Handelsrecht des laissez faire im Kodex des 19. Jahrhunderts zum Handelsrecht der sozialen Verantwortung –, ZHR 163 (1999), 635 ff.

Ders., Ius Commune und Ius Communitatis – ein Spannungsverhältnis, in: *Großfeld, Bernhard/Sack, Rolf/Möllers, Thomas M.J./Drexl, Josef/Heinemann, Andreas* (Hrsg.), Festschrift für Wolfgang Fikentscher zum 70. Geburtstag, Tübingen, 1998, S. 671 ff. [FS Fikentscher].

Ders., Methodenpluralismus als Aufgabe, Zur Legalität von ökonomischen und rechtsethischen Argumenten in Auslegung und Rechtsanwendung, RabelsZ 61 (1997), 423 ff.

Ders., EG-Richtlinie und nationales Privatrecht, JZ 1996, 274 ff.

Ders., Richtlinienkonforme Auslegung im Bereich des Privatrechts – insbesondere: der Kanon der nationalen Auslegungsmethoden als Grenze?, ZEuP 1996, 399 ff.

Grundmann, Stefan/Bianca, Cesare Massimo (Hrsg), EU-Kaufrechts-Richtlinie, Kommentar, Köln 2002.

Grundmann, Stefan/Riesenhuber, Karl, Die Auslegung des Europäischen Privat- und Schuldvertragsrechts, JuS 2001, 529 ff.

Grundmann, Stefan M., Die Auslegung des Gemeinschaftsrechts durch den Europäischen Gerichtshof, zugleich eine rechtsvergleichende Studie zur Auslegung im Völkerrecht und im Gemeinschaftsrecht, Konstanz, 1997 [*S.M. Grundmann*, Auslegung].

Gsell, Beate, Kaufrechtsrichtlinie und Schuldrechtsmodernisierung, JZ 2001, 65 ff.

Gundel, Jörg, Neue Grenzlinien für die Direktwirkung nicht umgesetzter EG-Richtlinien unter Privaten, EuZW 2001, 143 ff.

Gusy, Christoph, Richterrecht und Grundgesetz, DÖV 1992, 461 ff.

Habermas, Jürgen, Ein Lob den Iren, Süddeutsche Zeitung, 16. 6. 2008.

Ders., Faktizität und Geltung, Frankfurt am Main, 1992.

Ders., Legitimationsprobleme des Spätkapitalismus, Frankfurt am Main, 1973.

Ders., Wahrheitstheorien, in: *Fahrenbach, Helmuth* (Hrsg.), Wirklichkeit und Reflexion, Walter Schulz zum 60. Geburtstag, Pfullingen, 1973, S. 211 ff. [FS Schulz].

Habermann, Norbert (Redaktor), J. von Staudingers Kommentar zum Bürgerlichen Gesetzbuch mit Einführungsgesetzen und Nebengesetzen, Buch 1, Allgemeiner Teil, §§ 134–163 (Allgemeiner Teil 4), Neubearbeitung, Berlin, 2003 [Staudinger-*Bearbeiter*].

Habersack, Mathias, Anmerkung (zu EuGH v. 25. 10. 2005 – Rs. C-350/03 (*Schulte*) sowie EuGH v. 25. 10. 2005 – Rs. C-229/04 (*Crailsheimer Volksbank*)), JZ 2006, 91 ff.

Ders., Europäisches Gesellschaftsrecht im Wandel, NZG 2004, 1 ff.

Ders., Europäisches Gesellschaftsrecht, 3. Auflage, München, 2006.

Habersack, Mathias/Mayer, Christian, Die überschießende Umsetzung von Richtlinien, JZ 1999, 913 ff.

Häde, Ulrich/Puttler, Adelheid, Zur Abgrenzung des Art. 235 EGV von der Vertragsänderung, EuZW 1997, 13 ff.

Haft, Fritjof, Generalklauseln und unbestimmte Begriffe im Strafrecht, JuS 1975, 477 ff.

Hager, Johannes, Grundrechte im Privatrecht, JZ 1994, 373 ff.

Hähnchen, Susanne, Die Rechtsform des CFR und die Frage nach der Kompetenz, in: *Schmidt-Kessel, Martin* (Hrsg.), Der Gemeinsame Referenzrahmen, München, 2009, S. 147 ff.

Hakenberg, Waltraud, Vorabentscheidungsverfahren und europäisches Privatrecht, Erfahrungen aus europäischer Sicht, RabelsZ 66 (2002), 367 ff.

Dies., Der Dialog zwischen nationalen und europäischen Richtern: das Vorabentscheidungsverfahren zum EuGH, DRiZ 2000, 345 ff.

Dies., Vorschläge zur Reform des Europäischen Gerichtssystems, ZEuP 2000, 860 ff.

Hakenberg, Waltraud/Seyr, Sibylle, Gemeinschaftsrecht und Privatrecht, Zur Rechtsprechung des EuGH im Jahre 2004, ZEuP 2005, 832 ff.

Hakenberg, Waltraud/Seyr, Sibylle, Gemeinschaftsrecht und Privatrecht, Zur Rechtsprechung des EuGH im Jahre 2003, ZEuP 2004, 986 ff.

Halberstam, Daniel, Constitutionalism and Pluralism in Marbury and Van Gend, University of Michigan Law School, Public Law and Legal Theory Working Paper Series, Working Paper No. 104, March 2008, abrufbar unter http://ssrn.com/abstract=1103253.

Hallstein, Walter, Die Europäische Gemeinschaft, Düsseldorf u. a., 1973.

Ders., Angleichung des Privat- und Prozessrechts in der Europäischen Wirtschaftsgemeinschaft, RabelsZ 28 (1964), 211 ff.

Haltern, Ulrich, Pathos and Patina: The Failure and Promise of Constitutionalism in the European Imagination, (2003) 9 ELJ, 14 ff.

Handig, Christian, The Unfair Commercial Practices Directive – A Milestone in The European Unfair Competition Law?, [2005] EBLR, 1117 ff.

Handler, Milton, Unfair Competition, (1936) 21 Iowa L. Rev. 175 ff.

Hanson, Jon D./Kysar, Douglas A., Taking Behaviorlasim Seriously: The Problem of Market Manipulation, (1999) 74 NYU L. Rev. 630 ff.

Haratsch, Andreas, Anmerkung (zu EuGH v. 13. 6. 2006 – Rs. C-173/03 TDM ./. Italienische Republik), JZ 2006, 1176 ff.

Harrison, Raziya, Good Faith in Sales, London, 1997.

Harke, Jan Dirk, Irrtum und culpa in contrahendo in den Grundregeln des Europäischen Vertragsrechts: Eine Kritik, ZEuP 2006, 326 ff.

Harpaz, Guy, The European Court of Justice and its Relations with the European Court of Human Rights: The Quest for Enhanced reliance, Coherence and Legitimacy, (2009) 46 CMLRev. 105 ff.

Hartley, T. C., The Foundations of European Community Law, 6. Auflage, Oxford, 2007 [EC Law].

Hassemer, Winfried, Juristische Hermeneutik, ARSP 1986, 195 ff.

Hassold, Gerhard, Strukturen der Gesetzesauslegung, in: *Canaris, Claus-Wilhelm* (Hrsg.), Festschrift für Karl Larenz zum 80. Geburtstag am 23. April 1983, München, 1983, S. 211 ff. [FS Larenz zum 80. Geburtstag].

Hart, H. L. A., The Concept of Law, 2. Auflage, Oxford, 1994.

Ders., Positivism and the Separation of Law and Morals, (1958) 71 Harvard L.Rev., 593 ff.

Hartkamp, Arthur S., Judicial Discretion under the New Civil Code of the Netherlands, (1992) 40 Am.J.Comp.L., 551 ff.

Hartmann, G., Der Civilgesetzentwurf, das Aequitätsprincip und die Richterstellung, AcP 73 (1888), 21 ff.

Hau, Wolfgang, Vorgaben des EuGH zur Klauselrichtlinie (zu EuGH, 27. 6. 2000 – verb. Rs. C-240/98 bis C-244/98 – Océano Grupo Editorial/Rocio Murciano Quintero, unten S. 128, Nr. 7), IPRax 2001, 96 ff.

Hayton, D. J., The Law of Trusts, 4. Auflage, London, 2003.

Heck, Phillip, Das Problem der Rechtsgewinnung, Gesetzesauslegung und Interessenjurisprudenz, Begriffsbildung und Interessenjurisprudenz, redigiert von *Dubischar, Roland,* Bad Homburg vor der Höhe u. a., 1968 [Begriffsbildung und Interessenjurisprudenz].

Ders., Gesetzesauslegung und Interessenjurisprudenz, AcP 112 (1914), 1 ff.

Hedemann, Justus Wilhelm, Die Flucht in die Generalklauseln, Eine Gefahr für Recht und Staat, Tübingen, 1933.

Heermann, Peter W./Hirsch, Günter (Hrsg.), Münchner Kommentar zum Lauterkeitsrecht, Band 1, Grundlagen des Wettbewerbsrechts, Internationales Wettbewerbs- und Wettbewerbsverfahrensrecht, Europäisches Gemeinschaftsrecht – Grundlagen und sekundärrechtliche Maßnahmen, §§ 1–4 UWG, München, 2006 [MüKoUWG-*Bearbeiter*].

Heiderhoff, Bettina, Gemeinschaftsprivatrecht, 2. Auflage, München, 2007.

Dies., Grundstrukturen des nationalen und europäischen Verbrauchervertragsrechts, München 2004 [Grundstrukturen].

Dies., Die Berücksichtigung des Art. 3 Klauselrichtlinie bei der AGB-Kontrolle, WM 2003, 509 ff.

Dies., Vertrauen versus Vertragsfreiheit im europäischen Verbraucherrecht, ZEuP 2003, 769 ff.

Heinemann, Andreas, Anmerkung (zu EuGH v. 6. 2. 2003 – Rs. C-245/00 SENA ./. NOS), JZ 2003, 678 ff.

Heinrich, Christian, Formale Freiheit und materiale Gerechtigkeit, Die Grundlagen der Vertragsfreiheit und Vertragskontrolle am Beispiel ausgewählter Probleme des Arbeitsrechts, Tübingen, 2000.

Heinrichs, Helmut, Die Entwicklung des Rechts der Allgemeinen Geschäftsbedingungen im Jahre 1997, NJW 1998, 1447 ff.

Ders., Das Gesetz zur Änderung des AGB-Gesetzes, NJW 1996, 2190 ff.

Heiss, Helmut, Verbraucherschutz im Binnenmarkt: Art. 129 a EGV und die wirtschaftlichen Verbraucherinteressen, ZEuP 1996, 625 ff.

Henning-Bodewig, Frauke, Unfair Competition Law: European Union and Member States, Den Haag, 2006.

Dies., Das neue Gesetz gegen den unlauteren Wettbewerb, GRUR 2004, 713 ff.
Dies., Richtlinienvorschlag über unlautere Geschäftspraktiken und UWG-Reform, GRUR Int. 2004, 183 ff.
Hennrichs, Joachim, Die Bedeutung der EG-Bilanzrichtlinie für das deutsche Handelsbilanzrecht, ZGR 1997, 66 ff.
Herdegen, Matthias/Klein, Hans (geschäftsführende Hrsg.), Grundgesetz Kommentar begründet von *Maunz, Theodor/Dürig, Günter*, Band I, Art. 1–5, München, 2007 [Maunz/Dürig-*Bearbeiter*].
Hergenröder, Curt Wolfgang, Richtlinienwidriges Gesetz und richterliche Rechtsfortbildung, in: *Lieb, Manfred/Noack, Ulrich/Westermann, Harm Peter* (Hrsg.), Festschrift für Wolfgang Zöllner zum 70. Geburtstag, Köln u.a., 1998, S. 1139 ff. [FS Zöllner].
Hertig, Gérard, The European Community, (1991) 11 Int. Rev. Law & Econ., 331 ff.
Hess, Burkhard, Die Konstitutionalisierung des europäischen Privat- und Prozessrechts, JZ 2005, 540 ff.
Ders., Rechtsfragen des Vorabentscheidungsverfahrens, RabelsZ 66 (2002), 470 ff.
Hesse, Konrad, Grundzüge des Verfassungsrechts der Bundesrepublik Deutschland, 20. Auflage, Heidelberg, 1999.
Hesselink, Martijn, European Contract Law: A Matter of Consumer Protection, Citizenship, or Justice?, ERPL 2007, 323 ff.
Ders., The Ideal of Codification and the Dynamics of Europeanisation: The Dutch Experience, (2006) 12 ELJ, 279 ff.
Ders., The European Commission's Action Plan: Towards a More Coherent European Contract Law?, ERPL 2004, 397 ff.
Ders., The Politics of a European Civil Code, (2004) 10 ELJ, 675 ff.
Ders., The Concept of Good Faith, in: *Hartkamp, Arthur/Hesselink, Martijn/Hondius, Ewoud/Joustra, Carla/du Perron, Edgar/Veldmann, Muriel* (Hrsg.), Towards a European Civil Code, 3. Auflage, Nijmegen, 2004, S. 471 ff.
Hilf, Meinhard, Die Richtlinie der EG – ohne Richtung, ohne Linie?, EuR 1993, 1 ff.
Hilf, Meinhard/Frahm, Katharina, Nichtigerklärung der Richtlinie zum Tabakwerbeverbot: Das letzte Wort? Besprechung des EuGH-Urteils vom 5. 10. 2000 – Rs. C-376/98, RIW 2000, 951, RIW 2001, 128 ff.
Hiller, Jack/Grossfeld, Bernhard, Comparative Legal Semiotics And The Divided Brain: Are We Producing Half-Brained Lawyers? (2002) 50 Am.J.Comp.L, 175 ff.
Hillgruber, Christian, Grundrechtsschutz im Vertragsrecht – zugleich: Anmerkung zu BVerfG NJW 1990, 1469, AcP 191 (1991), 69 ff.
Hilty, Reto M., The Law Against Unfair Competition and Its Interfaces, in: *ders./Henning-Bodewig, Frauke* (Hrsg.), Law Against Unfair Competition: Towards a New Paradigm in Europe?, Berlin, Heidelberg, 2007, 1 ff.
Hirsch, Günter, Das Subsidiaritätsprinzip, Architekturprinzip oder Sprengsatz für die Europäische Union?, in: *Böttcher, Reinhard/Hueck, Götz/Jähnke, Burckhard* (Hrsg.), Festschrift für Walter Odersky zum 65. Geburtstag am 17. July 1996, Berlin u.a., 1996, S. 197 ff. [FS Odersky].
Ders., Europäischer Gerichtshof und Bundesverfassungsgericht – Kooperation oder Konfrontation?, NJW 1996, 2457 ff.
Hirte, Heribert, Die Vorlagepflicht auf teilharmonisierten Rechtsgebieten am Beispiel der Richtlinien zum Gesellschafts- und Bilanzrecht, RabelsZ 66 (2002), 553 ff.
Hoffmann, David A./O'Shea Michael P., Can Law and Economics be both Practical and Principled?, (2002) 53 Alabama L. Rev., 335 ff.
Hoffmann, Jan, Verbrauchsgüterkaufrichtlinie und Schuldrechtsmodernisierungsgesetz, ZRP 2001, 347 ff.
Hoffmann, Jochen, Die Rechtsfolgen des Verbraucherwiderrufs und die Haustürgeschäfterichtlinie – Unbeschränkter Gestaltungsspielraum des nationalen Rechts?, ZIP 2004, 49 ff.
Homann, Karl/Suchanek, Andreas, Ökonomik: Eine Einführung, 2. Auflage, Tübingen, 2005.
Hommelhoff, Peter, Zivilrecht under dem Einfluss europäischer Rechtsangleichung, AcP 192 (1992), 71 ff.

Höpfner, Clemens/Rüthers, Bernd, Grundlagen einer europäischen Methodenlehre, AcP 209 (2009), 1 ff.
Hopt, Klaus J., Handelsvertreterrecht, §§ 84–92c, 54, 55 HGB mit Materialien, 3. Auflage, München, 2003.
Ders., Reform der europäischen Gerichtsbarkeit, Überlegungen zur aktuellen Reformdiskussion, RabelsZ 66 (2002), 589 ff.
Horn, Norbert, Zur ökonomischen Rationalität des Privatrechts. – Die privatrechtstheoretische Verwertbarkeit der Economic Analysis of Law', AcP 176 (19976), 307 ff.
Howells, Geraint, Unfair Commercial Practices Directive – A Missed Opportunity? in: *Weatherill, Stephen/Bernitz, Ulf* (Hrsg.), The Regulation of Unfair Commercial Practices under EC Directive 2005/29, New Rules and New Techniques, Oxford, 2007, 103 ff.
Ders., ECJ 10 May 2001, Henning Veedfald v. Århus Amtskommune, C-203/99 (Danish product liability kidney case), ERPL 2002, 847 ff.
Ders., European Consumer Law – The Minimal and Maximal Harmonisation Debate and Pro Independent Consumer Law Competence, in: *Grundmann, Stefan/Stuyck, Jules* (Hrsg.), An Academic Green Paper on European Contract Law, The Hague, 2001, S. 74 ff.
Howells, Geraint/Weatherill, Stephen, Consumer Protection Law, 2. Auflage, Aldershot, 2005.
Huber, Ulrich, Modellregeln für ein Europäisches Kaufrecht, ZEuP 2008, 708 ff.
Hueck, Götz/Windbichler, Christine, Gesellschaftsrecht, 21. Auflage, München, 2008.
Hume, David, A Treatise of Human Nature, heraugegeben von *L.A. Selby-Bigge*, 2. Auflage, Oxford, 1978.
Hummer, Waldemar/Obwexer, Walter, Vom „Gesetzesstaat zum Richterstaat" und wieder retour? Reflexionen über das britische Memorandum über den EuGH vom 23. 7. 1996 zur Frage der „korrigierenden Kodifikation" von Richterrecht des EuGH, EuZW 1997, 295 ff.
Hummer, Waldemar, Das „Institutionelle Gleichgewicht" als Strukturdeterminante der Europäischen Gemeinschaften, in: *Miehsler, Herbert/Mock, Erhard/Simma, Bruno/Tammelo, Ilmar* (Hrsg.), Ius Humanitatis, Festschrift zum 90. Geburtstag von Alfred Verdross, Berlin, 1980, S. 459 ff. [FS Verdross].

Ipsen, Hans Peter, Europäisches Gemeinschaftsrecht, Tübingen, 1972.
Ders., Richtlinien-Ergebnisse, in: *Hallstein, Walter/Schlochauer, Hans-Jürgen* (Hrsg.), Zur Integration Europas, Festschrift für Carl Friedrich Ophüls aus Anlass seines siebzigsten Geburtstages, Karlsruhe, 1965, S. 67 ff. [FS Ophüls].
Ipsen, Jörn, Richterrecht und Verfassung, Berlin, 1975.

Jakobs, Horst Heinrich/Schubert, Werner (Hrsg.), Die Beratung des Bürgerlichen Gesetzbuchs in systematischer Zusammenstellung der unveröffentlichten Quellen, Recht der Schuldverhältnisse I, §§ 41 bis 432, Berlin u.a., 1978.
Jansen, Nils, Traditionsbegründung im europäischen Privatrecht, JZ 2006, 536 ff.
Ders., Dogmatik, Erkenntnis und Theorie im europäischen Privatrecht, ZEuP 2005, 750 ff.
Jarass, Hans D., EU-Grundrechte, München, 2005.
Ders., Elemente einer Dogmatik der Grundfreiheiten II, EuR 2000, 705 ff.
Ders., Die Kompetenzverteilung zwischen der Europäischen Gemeinschaft und den Mitgliedstaaten, AöR 121 (1996), 173 ff.
Ders., Bausteine einer umfassenden Grundrechtsdogmatik, AöR 120 (1995), 354 ff.
Ders., Elemente einer Dogmatik der Grundfreiheiten, EuR 1995, 202 ff.
Ders., EG-Kompetenzen und das Prinzip der Subsidiarität nach Schaffung der Europäischen Union, EuGRZ 1994, 209 ff.
Ders., Richtlinienkonforme bzw. EG-rechtskonforme Auslegung nationalen Rechts, EuR 1991, 211 ff.
Jarass, Hans D./Beljin, Saša, Grenzen der Privatbelastung durch unmittelbar wirkende Richtlinien, EuR 2004, 714 ff.
Jarass, Hans D./Beljin, Saša, Unmittelbare Anwendung des EG-Rechts und EG-rechtskonforme Auslegung, JZ 2003, 768 ff.

Jarass, Hans D./Pieroth, Bodo, Grundgesetz für die Bundesrepublik Deutschland, Kommentar, 7. Auflage, München, 2004 [Jarass/Pieroth-*Bearbeiter*].

Jauernig, Othmar (Hrsg.), Bürgerliches Gesetzbuch, 10. Auflage, München, 2003 [Jauernig-*Bearbeiter*].

Jauffret-Spinosi, Camille, Theorie et Pratique de la Clause Générale en Droit Français Et Dans Les Autres Systèmes Juridiques Romanistes, in: *Grundmann, Stefan/Mazeaud, Denis* (Hrsg.), General Clauses and Standards in European Contract Law, Den Haag, 2006, S. 23 ff.

Jesch, Dietrich, Unbestimmter Rechtsbegriff und Ermessen in rechtstheoretischer und verfassungsrechtlicher Sicht, AöR 82 (1957), 163 ff.

Joerges, Christian, What is left of the European Economic Constitution? A melancholic eulogy, (2005) 30 ELRev, 461 ff.

Ders., Interactive Adjudication in the Europeanisation Process? A Demanding Perspektive and a Modest Example, ERPL 2000, 1 ff.

Ders., The Europeanisation of Private Law as a Rationalisation Process and as a Contest of Disciplines – an Analysis of the Directive on Unfair Terms in Consumer Contracts, ERPL 1995, 175 ff.

Ders., Die Europäisierung des Privatrechts als Rationalisierungsprozess und als Streit der Disziplinen, ZEuP 1995, 181 ff.

Johnston, Angus/Unberath, Hannes, Law at, to or from the Centre? The European Court of Justice and the Harmonization of Private Law in the European Union, in: *Cafaggi, Fabrizio* (Hrsg.), The Institutional Framework of European Private Law, Oxford, 2006, S. 149 ff.

Jolls, Christine, Behavioral Economics Analysis of Redistributive Legal Rules, (1998) 51 Vanderbilt Law Review, 1653 ff.

Jolls, Christine/Sunstein Cass R./Thaler, Richard, A Behavioral Approach to Law and Economics, (1998) 50 Stanford L.Rev. 1471 ff.

Jung, Peter, Die Generalklausel im deutschen und französischen Vertragsrecht, in: *Baldus, Christian/Müller-Graff, Peter-Christian* (Hrsg.), Die Generalklausel im Europäischen Privatrecht, München, 2006, S. 37 ff.

Ders., Der Beitrag des Europäischen Gesellschaftsrechts zum System des Gemeinschaftsprivatrechts, GPR 2003/04, 233 ff.

Junker, Abbo, Europäisches individuelles Arbeitsrecht, in: *Grundmann, Stefan* (Hrsg.), Systembildung und Systemlücken in Kerngebieten Europäischen Privatrechts, Gesellschafts-, Arbeits- und Schuldvertragsrecht, Tübingen, 2000, S. 357 ff.

Kadelbach, Stefan/Petersen, Niels, Europäische Grundrechte als Schranken der Grundfreiheiten, Anmerkung zum EuGH-Urteil in der Rs. C-112/00, Schmidberger/Republik Österreich (Brennerblockade), EuGRZ 2003, 492, EuGRZ 2003, 693 ff.

Kamanabrou, Sudabeh, Die Interpretation zivilrechtlicher Generalklauseln, AcP 202 (2002), 662 ff.

Kant, Immanuel, Kritik der reinen Vernunft 1, Werkausgabe Band III, herausgegeben von *Weischedel, Wilhelm*, 13. Auflage, Frankfurt am Main, 1995.

Kaplow, Louis/Shavell, Steven, Fairness versus Welfare, Cambridge (Mass.), 2004.

Dies., Fairness versus Welfare, (2001) 114 Harvard L Rev, 961 ff.

Dies., Should Legal Rules Favor the Poor? Clarifying the Role of Legal Rules and the Income Tax in Redistributing Income, (2000) 29 J. Legal Studies, 821 ff.

Dies., Why the Legal System is Less Efficient than the Income Tax in Redistributing Income, (1994) 23 J. Legal Studies, 667 ff.

Kapnopoulou, Elissavet, Das Recht der missbräuchlichen Klauseln in der Europäischen Union, Tübingen, 1997.

Karoff, Martina, Richtlinie und Umsetzungspraxis, Eine Bestandsaufnahme anhand der Freizügigkeitsrichtlinien, RabelsZ 48 (1984), 649 ff.

Kaufmann, Arthur, Analogie und „Natur der Sache", Heidelberg, 1982.

Kaufmann, Arthur/Hassemer, Winfried/Neumann, Ulfrid (Hrsg.), Einführung in Rechtsphilosophie und Rechtstheorie der Gegenwart, 7. Auflage, Heidelberg, 2004.

Kebbedies, Astrid, Vergleichende Werbung, Osnabrück, 2005.
Kennedy, Duncan, Distributive and Paternalistic Motives in Contract and Tort Law, with Special Reference to Compulsory Terms and Unequal Bargaining Power, (1982) 41 Maryland Law Review 563 ff.
Kelsen, Hans, Reine Rechtslehre, 2. Auflage, Wien, 1960.
Ders., Allgemeine Staatslehre, Berlin, 1925.
Kerr, Michael, Law Reform in Changing Times, (1980) 96 LQR, 515 ff.
Kessler, Friedrich, Contracts of Adhesion – Some Thoughts About Freedom of Contract, (1943) 43 Columbia Law Review, 629 ff.
Kieninger, Eva-Maria, Internationales Gesellschaftsrecht nach „Centros", „Überseering" und „Inspire Art": Antworten, Zweifel und offene Fragen, ZEuP 2004, 685 ff.
Kindler, Peter, Neues deutsches Handelsvertreterrecht aufgrund der EG-Richtlinie, RIW 1990, 358 ff.
Kingreen, Thorsten, Theorie und Dogmatik der Grundrechte im europäischen Verfassungsstaat, EuGRZ 2004, 570 ff.
Kingreen, Thorsten/Störmer, Rainer, Die subjektiv-öffentlichen Rechte des primären Gemeinschaftsrechts, EuR 1998, 263 ff.
Kirchner, Christian, Europa als Wirtschaftsgemeinschaft, in: *Schuppert, Gunnar Folke/Pernice, Ingolf/Haltern, Ulrich* (Hrsg.), Europawissenschaft, Baden-Baden, 2005, S. 375 ff.
Ders., Ökonomische Theorie des Rechts, Berlin u. a., 1997.
Ders., The difficult Reception of Law and Economics in Germany, (1991) 11 Int. Rev. Law & Econ., 277 ff.
Kirstein, Roland/Schäfer, Hans-Bernd, Erzeugt der Europäische Verbraucherschutz Marktversagen: Eine informationsökonomische und empirische Analyse, in: *Eger, Thomas/Schäfer, Hans-Bernd* (Hrsg.), Ökonomische Analyse der europäischen Zivilrechtsentwicklung, Beiträge zum X. Travemünder Symposium zur ökonomischen Analyse des Rechts (29. März bis 1. April 2006), Tübingen, 2007, S. 369 ff.
Kischel, Uwe, Die Kontrolle der Verhältnismäßigkeit durch den Europäischen Gerichtshof, EuR 2000, 380 ff.
Klauer, Irene, General Clauses in European Private Law and 'Stricter' National Standards: The Unfair Terms Directive, ERPL 2000, 187 ff.
Koch, Hans-Joachim, Das Postulat der Gesetzesbindung im Lichte sprachphilosophischer Überlegungen, ARSP 1975, 27 ff.
Koch, Hans-Joachim/Rüßmann, Helmut, Juristische Begründungslehre, Eine Einführung in Grundprobleme der Rechtswissenschaft, München, 1982.
Koch, Harald, Internationale Produkthaftung und Grenzen der Rechtsangleichung durch die EG-Richtlinie, ZHR 152 (1988), 537 ff.
Koch, Harald/Magnus, Ulrich/Winkler von Mohrenfels, Peter, IPR und Rechtsvergleichung, 3. Auflage, München, 2004.
Kohler, Christian/Knapp, Andreas, Nationales Recht in der Praxis des EuGH, ZEuP 2002, 701 ff.
Köhler, Helmut, Was ist „vergleichende Werbung"?, GRUR 2005, 273 ff.
Ders., Irreführungs-Richtlinie und deutsches Wettbewerbsrecht, GRUR Int. 1994, 396 ff.
Köhler, Helmut/Bornkamm, Joachim, Wettbewerbsrecht, Gesetz gegen den unlauteren Wettbewerb, Preisangabenverordnung, Unterlassungsklagengesetz, Kommentar begründet von *Baumbach, Adolf/Hefermehl, Wolfgang*, 25. Auflage, München, 2007 [Baumbach/Hefermehl-*Bearbeiter*].
Kokott, Juliane, Der Grundrechtsschutz im europäischen Gemeinschaftsrecht, AöR 12 (1996), 599 ff.
Koller, Ingo/Roth, Wulf-Henning/Morck, Winfried, Handelsgesetzbuch, Kommentar, 5. Auflage, München, 2005.
Kombos, Costas, Fundamental Richts and Fundamental Freedoms: A Symbiosis on the Basis of Subsidiarity, (2006) 12 EPL, 433 ff.
Körber, Torsten, Grundfreiheiten und Privatrecht, Tübingen, 2004.
Kötz, Hein, Der Schutzzweck der AGB-Kontrolle – Eine rechtsökonomische Skizze, JuS 2003, 209 ff.

Ders., Towards a European Civil Code: The Duty of Good Faith, in: *Cane, Peter/Stapelton, Jane* (Hrsg.), The Law of Obligations, Essays in Celebration of John Fleming, Oxford, 1998, S. 243 ff. [FS Fleming].

Kötz, Hein/Flessner, Axel, Europäisches Vertragsrecht, Band I: Abschluß, Gültigkeit und Inhalt des Vertrages, Die Beteiligung Dritter am Vertrag, Tübingen, 1996.

Kramer, Ernst, Bausteine für einen "Common Frame of Reference" des europäischen Irrtumsrechts, ZEuP 2007, 247 ff.

Ders., Juristische Methodenlehre, Bern, 1998.

Krebs, Peter, Die Begründungslast, AcP 195 (1995), 171 ff.

Kriele, Martin, Theorie der Rechtsgewinnung (entwickelt am Problem der Verfassungsinterpretation), Berlin, 1976.

Krimphove, Dieter, Europäisches Arbeitsrecht, 2. Auflage, München, 2001.

Kronman, Anthony, Contract Law and Distributive Justice, (1980) 89 Yale L.J., 472 ff.

Kropff, Bruno, Phasengleiche Gewinnvereinnahmung aus der Sicht des Europäischen Gerichtshofs – zugleich Besprechung der Entscheidung EuGH ZIP 1996, 1168 –, ZGR 1997, 115 ff.

Kropholler, Jan, Internationales Einheitsrecht, Allgemeine Lehren, Tübingen, 1975.

Krüger, Wolfgang (Redakteur), Münchner Kommentar zum Bürgerlichen Gesetzbuch, Band 2a, Schuldrecht Allgemeiner Teil, §§ 241–432, 4. Auflage, München, 2003 [MüKo-*Bearbeiter*].

Krüger, Wolfgang/Westermann, Harm Peter (Redakteure), Münchner Kommentar zum Bürgerlichen Gesetzbuch, Band 3, Schuldrecht Besonderer Teil I, §§ 433–610, Finanzierungsleasing, HeizkostenV, BetriebskostenV, CISG, 5. Auflage, München, 2008 [MüKo-*Bearbeiter*].

Kübler, Friedrich, Effizienz als Rechtsprinzip, Überlegungen zum rechtspraktischen Gebrauch ökonomischer Argumente, in: *Baur, Jürgen F./Hopt, Klaus J./Mailänder, K. Peter* (Hrsg.), Festschrift für Ernst Steindorff zum 70. Geburtstag am 13. März 1990, Berlin u.a., 1990, S. 687 ff. [FS Steindorff].

Kumm, Mattias, The Jurisprudence of Constitutional Conflict: Constitutional Supremacy in Europe before and after the Constitutional Treaty, (2005) 11 ELJ, 262 ff.

Ladeur, Karl-Heinz, Die rechtswissenschaftliche Methodendiskussion und die Bewältigung des gesellschaftlichen Wandels, Zugleich ein Beitrag zur Bedeutung der ökonomischen Analyse des Rechts, RabelsZ 64 (2000), 60 ff.

Lambers, Hans-Jürgen, Subsidiarität in Europa – Allheilmittel oder juristische Leerformel?, EuR 1993, 229 ff.

Lando, Ole, Der Aktionsplan der EG-Kommission zum europäischen Vertragsrecht, RIW 2005, 1 ff.

Lando, Ole/Beale, Hugh (Hrsg.), Principles of European Contract Law, Parts I and II, Den Haag, 2000.

Lando, Ole/Nielsen, Arnt, The Rome I Regulation, (2008) 45 CMLRev., 1687 ff.

Langenbucher, Christine, Zur Direktwirkung von EG-Richtlinien, DÖV 1992, 955 ff.

Langenbucher, Katja (Hrsg.), Europarechtliche Bezüge des Privatrechts, 2. Auflage, Baden-Baden, 2008.

Dies., Vorüberlegungen zu einer Europarechtlichen Methodenlehre, JjZRWiss 2000, 65 ff.

Dies., Die Entwicklung und Auslegung von Richterrecht, Eine methodologische Untersuchung zur richterlichen Rechtsfortbildung im deutschen Zivilrecht, München, 1996.

Langner, Olaf, Das Kaufrecht auf dem Prüfstand der Warenverkehrsfreiheit des EG-Vertrages, RabelsZ 65 (2001), 222 ff.

Larenz, Karl, Methodenlehre der Rechtswissenschaft, 6. Auflage, Berlin u.a., 1991.

Ders., Lehrbuch des Schuldrechts, Erster Band, Allgemeiner Teil, 14. Auflage, München, 1987 [Schuldrecht I].

Ders., Richtiges Recht, Grundzüge einer Rechtsethik, München, 1979.

Ders., Entwicklungstendenzen der heutigen Zivilrechtsdogmatik, JZ 1962, 105 ff.

Ders., Wegweiser zu Richterlicher Rechtsschöpfung, Eine rechtsmethodologische Untersuchung, in: *Nöttischer, Eduard* (Hrsg.), Festschrift für Arthur Nikisch, Tübingen, 1958, S. 275 ff. [FS Nikisch].

Larenz, Karl/Canaris, Claus-Wilhelm, Methodenlehre der Rechtswissenschaft, Studienausgabe, 3. Auflage, Berlin u.a., 1995.

Larenz, Karl/Wolf, Manfred, Allgemeiner Teil des Bürgerlichen Gesetzbuchs, 9. Auflage, München, 2004 [BGB Allgemeiner Teil].

Larroumet, Christian, Droit Civil: Introduction a l'etude du droit privé, tome I, Paris, 1984.

Laudenklos, Frank, Methode und Zivilrecht in der ökonomischen Analyse des Rechts, in: *Rückert, Joachim* (Hrsg.), Fälle und Fallen in der neueren Methodik des Zivilrechts seit Savigny, Baden-Baden, 1997, S. 292ff.

Legrand, Pierre, Comparative Legal Studies and Commitment to Theory, (1995) 58 MLR, 262ff.

Ders., European legal systems are not converging, (1996) 45 ICLQ, 52ff.

Leible, Stefan, Niederlassungsfreiheit und Sitzverlegungsrichtlinie, ZGR 2004, 531ff.

Ders., Anmerkung (zu EuGH v. 10. 5. 2001 – Rs. C-144/99 Kommission/Niederlande), EuZW 2001, 438ff.

Ders., Die Mitteilung der Kommission zum Europäischen Vertragsrecht – Startschuss für ein Europäisches Vertragsgesetzbuch?, EWS 2001, 471ff.

Ders., Gerichtsstandsklauseln und EG-Klauselrichtlinie, RIW 2001, 422ff.

Ders., Die Rolle der Rechtsprechung des Europäischen Gerichtshofs bei der europäischen Privatrechtsentwicklung, in: *Martiny, Dieter/Witzleb, Norman* (Hrsg.), Auf dem Wege zu einem Europäischen Zivilgesetzbuch, Berlin u.a., 1999, S. 53ff.

Ders., Kollisionsrechtlicher Verbraucherschutz im EVÜ und in EG-Richtlinien, in: *Schulte-Nölke, Hans/Schulze, Reiner* (Hrsg.), Europäische Rechtsangleichung und nationale Privatrechte, Baden-Baden, 1999, S. 353ff.

Ders., Anmerkung (zu EuGH v. 16. 7. 1998 – Rs. C-210/96 Gut Springenheide GmbH u. Rudolf Tusky/Oberkreisdirektor des Kreises Steinfurt), EuZW 1998, 528f.

Leible, Stefan/Sosnitza, Olaf, Richtlinienkonforme Auslegung vor Ablauf der Umsetzungsfrist und vergleichende Werbung, NJW 1998, 2507ff.

Leisner, Walter, Unterscheidung zwischen privatem und öffentlichem Recht, JZ 2006, 869ff.

Leistner, Matthias, Bestand und Entwicklungsperspektiven des Europäischen Lauterkeitsrechts, ZEuP 2009, 56ff.

Ders., Harmonization of Intellectual Property Law in Europe: The European Court of Justice's Trade Mark Case Law 2004–2007, (2008) 45 CMLRev, 69ff.

Lenaerts, Koen, Interlocking Legal Orders in the European Union and Comparative Law, (2003) 52 ICLQ, 873ff.

Ders., Form and Substance of the Preliminary Rulings Procedure, in: *Curtin, Deirdre/Heukels, Ton* (Hrsg.), Institutional Dynamics of European Integration, Essays in Honour of Henry G. Schermers, Volume II, Dordrecht u.a., 1994, S. 355ff.

Lenaerts, Koen/Corthaut, Tim, Of birds and hedges: the role of primacy in invoking norms of EU law, (2006) 31 ELRev., 287ff.

Lenckner, Theodor, Werausfüllungsbedürftige Begriffe im Strafrecht und der Satz "nullum crimen sine lege", JuS 1968, 249ff.

Lipp, Volker, Europäische Justizreform, NJW 2001, 2657ff.

Llewellyn, Karl N., The Common Law Tradition: Deciding Appeals, Boston u.a., 1960.

Loos, Marco, The case for a uniform and efficient right of withdrawal from consumer contracts in European Contract Law, ZEuP 2007, 5ff.

Looschelders, Dirk, Schuldrecht Allgemeiner Teil, 3. Auflage, Köln u.a., 2005 [Schuldrecht AT].

Looschelders, Dirk/Roth, Wolfgang, Juristische Methodik im Prozess der Rechtsanwendung, Zugleich ein Beitrag zu den verfassungsrechtlichen Grundlagen von Gesetzesauslegung und Rechtsfortbildung, Berlin, 1996.

Lorenz, Stefan, Fünf Jahre „neues" Schuldrecht im Spiegel der Rechtsprechung, NJW 2007, 1ff.

Ders., Nacherfüllungsanspruch und Obliegenheiten des Käufers: Zur Reichweite des „Rechts zur zweiten Andienung", NJW 2006, 1175ff.

Ders., Schuldrechtsreform 2002: Problemschwerpunkte drei Jahre danach, NJW 2005, 1889ff.

Ders., Voreilige Selbstvornahme der Nacherfüllung im Kaufrecht: Der BGH hat gesprochen und nichts geklärt, NJW 2005, 1321ff.

Ders., Selbstvornahme der Mängelbeseitigung im Kaufrecht, NJW 2003, 1417 ff.

Ders., Richtlinienkonforme Auslegung, Mindestharmonisierung und der „Krieg der Senate", Zur Anwendung des Haustürgeschäftewiderrufsgesetz auf Bürgschaften, NJW 1998, 2937 ff.

Lorenz, Tanja/Pühs, Wolfgang, Die Generalermächtigung im Wandel der Zeit: Art. 235 EG-Vertrag, ZG 1998, 142 ff.

Ludwigs, Markus, Case C-380-03, Federal Republic of Germany v. European Parliament and Council of the European Union (Tobacco Advertising II). Judgment of the Court (Grand Chamber) of 12 December 2006, [2006] ECR I-11573, (2007) 44 CMLRev. 1159 ff.

Luhmann, Niklas, Rechtssystem und Rechtsdogmatik, Stuttgart u. a., 1974.

Ders., Rechtssoziologie, 3. Auflage, Opladen, 1987.

Lurger, Brigitta, The "Social" Side of Contract Law and the New Principle of Regard and Fairness, in: *Hartkamp, Arthur/Hesselink, Martijn/Hondius, Ewoud/Joustra, Carla/du Perron, Edgar/Veldmann, Muriel* (Hrsg.), Towards a European Civil Code, 3. Auflage, Nijmegen, 2004, S. 273 ff.

Dies., Grundfragen der Vereinheitlichung des Vertragsrecht in der Europäischen Union, Wien u. a., 2002 [Grundfragen].

Dies., Vertragliche Solidarität, Entwicklungschancen für das allgemeine Vertragsrecht in Österreich und der Europäischen Union, Baden-Baden, 1998.

Lutter, Markus, Das Europäische Unternehmensrecht im 21. Jahrhundert, ZGR 2000, 1 ff.

Ders., Konzepte, Erfolge und Zukunftsaufgaben Europäischer Gesellschaftsrechtsharmonisierung, in: *Grundmann, Stefan* (Hrsg.), Systembildung und Systemlücken in Kerngebieten des Europäischen Privatrechts, Tübingen, 2000, S. 121 ff.

Ders., Zum Umfang der Bindung durch Richtlinien, in: *Due, Ole/Lutter, Markus/Schwarze, Jürgen* (Hrsg.), Festschrift für Ulrich Everling, Band 1, Baden-Baden, 1995, S. 765 ff. [FS Everling].

Ders., Europäisches Unternehmensrecht, 4. Auflage, Berlin u. a., 1996.

Ders., Die Auslegung angeglichenen Rechts, JZ 1992, 593 ff.

Ders., Europäische Handelsgesellschaft und Angleichung des nationalen Gesellschaftsrechts, Frankfurt am Main,1968.

Lutter, Marcus/Gehling, Christian, Verdeckte Sacheinlagen, Zur Entwicklung der Lehre und zu den europäischen Aspekten, WM 1989, 1445 ff.

Maasch, Beate, Der EuGH und das Chaos, in: *Schmidt, Karsten/Schwark, Eberhard* (Hrsg.), Unternehmen, Recht und Wirtschaftsordnung, Festschrift für Peter Raisch zum 70. Geburtstag, Köln u. a., 1995, S. 417 [FS Raisch].

MacCormick, Neil, The Maastricht Urteil: Sovereignty Now, (1995) 1 ELJ, 259 ff.

Ders., Das Maastricht-Urteil: Souveränität heute, JZ 1995, 797 ff.

Ders., Why Cases have *Rationes* and what these are, in: *Goldstein, Laurence* (Hrsg.), Precedent in Law, Oxford, 1987, S. 155 ff.

Ders., Legal Reasoning and Legal Theory, Oxford, 1978.

Mager, Ute, Anmerkung (zu EuGH v. 11. 7. 2002 – Rs. C-60/00 Mary Carpenter), JZ 2003, 204 ff.

Magnus, Ulrich, Das Recht der vertraglichen Leistungsstörungen und der Common Frame of Reference, ZEuP 2007, 260 ff.

Ders. (Hrsg.), Europäisches Schuldrecht, Verordnungen und Richtlinien, München, 2001.

Ders., Zweispurigkeit im Binnenmarkt, JZ 1990, 1100 ff.

Maierhöfer, Christian, Anmerkung (zu EuGH v. 12. 12. 2006 – Rs. C-380/03 Bundesrepublik Deutschland ./. Europäisches Parlament und Rat der EU), JZ 2007, 463 ff.

Maier-Reimer, Georg, Das Allgemeine Gleichbehandlungsgesetz im Zivilrechtsverkehr, NJW 2006, 2577 ff.

Maihofer, Werner, Die Natur des Rechts, in: *Kaufmann, Arthur* (Hrsg.), Die ontologische Begründung des Rechts, Darmstadt, 1965, S. 52 ff.

Mak, Chantal, Fundamental rights in European contract law: a comparison of the impact of fundamental rights on contractual relationships in Germany, the Netherlands, Italy and England, Austin, 2008.

Mak, Vanessa, Review of the Consumer Acquis: Towards Maximum Harmonization?, ERPL 2009, 55 ff.
Maley, Yon, The language of the law, in: *Gibbons, John* (Hrsg.), Language and the law, London u.a., 1994, S. 11 ff.
Mankowski, Peter, CFR und Rechtswahl, in: *Schmidt-Kessel, Martin* (Hrsg.), Der Gemeinsame Referenzrahmen, München, 2009, S. 389 ff.
Mansel, Heinz-Peter, Kaufrechtsreform in Europa und die Dogmatik des deutschen Leistungsstörungsrechts: Kaufrecht in Europa nach der Umsetzung der Verbrauchsgüterkauf-Richtlinie, RabelsZ 204 (2004), 396 ff.
Ders., Rechtsvergleichung und europäische Rechtseinheit, JZ 1991, 529 ff.
Mancini, G. Frederico, Europe: The Case for Statehood, (1998) 4 ELJ, 29 ff.
Markwardt, Karsten, Inhaltskontrolle von AGB-Klauseln durch den EuGH, ZIP 2005, 152 ff.
Martinek, Michael (Redaktor), J. von Staudingers Kommentar zum Bürgerlichen Gesetzbuch mit Einführungsgesetzen und Nebengesetzen, Buch 2, Recht der Schuldverhältnisse, §§ 305–310; UKlaG, Neubearbeitung 2006, Berlin, 2006 [Staudinger-*Bearbeiter*].
Ders. (Redaktor), J. von Staudingers Kommentar zum Bürgerlichen Gesetzbuch mit Einführungsgesetzen und Nebengesetzen, Buch 2, Recht der Schuldverhältnisse Einl zu §§ 241 ff., §§ 241–243 (Einleitung zum Schuldrecht, Treu und Glauben), Neuberabeitung 2005, Berlin, 2005 [Staudinger-*Bearbeiter*].
Ders. (Redaktor), J. von Staudingers Kommentar zum Bürgerlichen Gesetzbuch mit Einführungsgesetzen und Nebengesetzen, Wiener UN-Kaufrecht (CISG), Neubearbeitung 2005, Berlin, 2005 [Staudinger-*Bearbeiter*].
Ders., Unsystematische Überregulierung und kontraintentionale Effekte im Europäischen Verbraucherschutzrecht oder: Weniger wäre mehr, in: *Grundmann, Stefan* (Hrsg.), Systembildung und Systemlücken in Kerngebieten Europäischen Privatrechts, Gesellschafts-, Arbeits- und Schuldvertragsrecht, Tübingen, 2000, S. 511 ff.
Martinek, Michael/Semler, Franz-Jörg/Habermeier, Stefan (Hrsg), Handbuch des Vertriebsrechts, 2. Auflage, München, 2003.
Martiny, Dieter, Common Frame of Reference und Internationales Vertragsrecht, ZEuP 2007, 212 ff.
Mäsch, Gerald, Europäisches Lauterkeitsrecht – von Gesetzen und Würsten, EuR 2005, 625 ff.
Mastronardi, Philippe, Juristisches Denken, Eine Einführung, 2. Auflage, Bern u.a., 2003.
Mattei, Ugo/Pardolesi, Roberto, Law and Economics in Civil Law Countries: A Comparative Approach, (1991) 11 Int. Rev. Law & Econ., 265 ff.
Maurer, Hartmut, Allgemeines Verwaltungsrecht, 17. Auflage, München, 2009.
Mayer-Mali, Theo, Was leisten die guten Sitten?, AcP 194 (1994), 105 ff.
McChesney, Fred, Consumer Ignorance and Consumer Protection Law: Empirical Evidence from the FTC Funeral Rule, (1990) 7 Journal of Law & Politics, 1 ff.
Mcleod, Ian, Legal Method, 6. Auflage, Basingstoke, 2007.
Medicus, Dieter, Der Grundsatz der Verhältnismäßigkeit im Privatrecht, AcP 192 (1992), 35 ff.
Meier, Gert, Zum gemeinschaftsrechtlichen Schutz des Verbrauchers gegen irreführende Kennzeichnung, Aufmachung und Werbung, EuZW 1994, 391 ff.
Meilicke, Wienand, Vereinbarkeit der Inhaltskontrolle des Bezugsrechtsausschlusses mit europäischem Recht, DB 1996, 513 ff.
Ders., „Verschleierte Sacheinlage" und EWG-Vertrag, DB 1990, 1173 ff.
Ders., Die Kapitalaufbringungsvorschriften als Sanierungsbremse – ist die deutsche Interpretation des § 27 Abs. 2 AktG richtlinienkonform (Teil I), DB 1989, 1067 ff.
Meli, Marisa, Social Justice, Constitutional Principles and Protection of the Weaker Contractual Party, ERCL 2006, 159 ff.
Menski, Werner, Comparative Law in a Global Context, The Legal Systems of Asia and Africa, 2. Auflage, Cambridge, 2006.
Merkl, Adolf Julius, Prolegomena einer Theorie des rechtlichen Stufenbaus, in: *Mayer-Maly, Dorothea/Schambeck, Herbert/Grussmann, Wolf-Dietrich* (Hrsg.), Adolf Julius Merkl, Gesammelte Schriften, Erster Band, Grundlagen des Rechts, Erster Teilband, Berlin, 1993, S. 437 ff.

Merkt, Hanno, Europäische Rechtsetzung und strengeres autonomes Recht, Zur Auslegung von Gemeinschaftsnormen als Mindeststandards, RabelsZ 61 (1997), 647 ff.

Merten, Detlef, Subsidiarität als Verfassungsprinzip, in: *ders.* (Hrsg.), Die Subsidiarität Europas, 2. Auflage, Berlin, 1994, S. 77 ff.

Mertens, Hans-Joachim, Nichtlegislatorische Rechtsvereinheitlichung durch transnationales Wirtschaftsrecht und Rechtsbegriff, RabelsZ 56 (1992), 219 ff.

Mertens, Hans-Joachim/Kirchner, Christian/Schanze, Erich, Wirtschaftsrecht, Eine Problemorientierung, 2. Auflage, Opladen, 1982.

Michaels, Ralf, The Functional Method of Comparative Law, in: *Reimann, Mathias/Zimmermann, Reinhard* (Hrsg.), The Oxford Handbook of Comparative Law, Oxford, 2006, S. 339 ff.

Ders., Privatautonomie und Privatkodifikation, Zu Anwendbarkeit und Geltung allgemeiner Vertragsrechtsprinzipien, RabelsZ 62 (1998), 580 ff.

Michaels, Ralf/Jansen, Nils, Private Law Beyond the State? Europeanization, Globalization, Privatization, Duke Law School Legal Studies Research Paper Series, Research Paper No. 137, 2007.

Micklitz, Hans-W., The General Clause on Unfair Practices, in *Howells, Geraint/Micklitz, Hans-W./Wilhelmsson, Thomas*, European Fair Trading Law, The Unfair Commercial Practices Directive, Aldershot, 2006, S. 83 ff.

Ders., Zum englischen Verständnis von Treu und Glauben in der Richtlinie 93/13/EWG, Entscheidung des Englischen House of Lords vom 25. Oktober 2001, ZEuP 2003, 865 ff.

Ders., Perspektiven eines Europäischen Privatrechts, Ius commune praeter legem?, ZEuP 1998, 253 ff.

Ders., Legitime Erwartungen als Gerechtigkeitsprinzip des Europäischen Privatrechts, in: *Krämer, Ludwig/Micklitz, Hans-W./Tonner, Klaus* (Hrsg.), Recht und diffuse Interessen in der Europäischen Rechtsordnung, Liber amicorum Norbert Reich, Baden-Baden, 1997, S. 245 ff. [FS Reich].

Ders., AGB-Gesetz und die EG-Richtlinie über missbräuchliche Vertragsklauseln in Verbraucherverträgen, ZEuP 1993, 522 ff.

Micklitz, Hans-W./d'Usseaux, Brunetta, Die Umsetzung der Richtlinie 93/13 in das italienische Recht, ZEuP 1998, 104 ff.

Micklitz, Hans-W./Radeideh, Malek, CLAB Europa – Die europäische Datenbank missbräuchlicher Klauseln in Verbraucherverträgen, ZEuP 2003, 85 ff.

Micklitz, Hans.-W./Reich, Norbert, Verbraucherschutz im Vertrag über die Europäische Union – Perspektiven für 1993, EuZW 1992, 593 ff.

Möllers, Thomas M. J., Europäische Methoden- und Gesetzgebungslehre im Kapitalmarktrecht, Vollharmonisierung, Generalklauslen und *soft law* im Rahmen des Lamfalussy-Verfahrens als Mittel zur Etablierung von Standards, ZEuP 2008, 480 ff.

Ders., Einschränkung der Vertrags- und Gestaltungsfreiheit durch europäische Richtlinien, in: *Bottke, Wilfried/Möllers, Thomas M. J./Schmidt, Reiner* (Hrsg.), Recht in Europa, Festgabe zum 30-jährigen Bestehen der Juristischen Fakultät Augsburg, Baden-Baden, 2003, S. 189 ff. [Recht in Europa].

Ders., Europäische Richtlinien zum Bürgerlichen Recht, JZ 2002, 121 ff.

Ders., Die Rolle des Rechts im Rahmen der europäischen Integration, Tübingen, 1999.

Ders., Doppelte Rechtsfortbildung contra legem?, EuR 1998, 20 ff.

Mortelmans, Kamiel, The Relationship between the Treaty Rules and Community Measures for the Establishment and Functioning of the Internal Market – Towards a Concordance Rule, (2002) 39 CMLRev., 1303 ff.

Möstl, Markus, Grenzen der Rechtsangleichung im europäischen Binnenmarkt – Kompetenzielle, grundfreiheitliche und grundrechtliche Schranken des Gemeinschaftsgesetzgebers – , EuR 2002, 318 ff.

Moxter, Adolf, Zum Umfang der Entscheidungskompetenz des Europäischen Gerichtshofs im Bilanzrecht, BB 1995, 1463 ff.

Mugdan, Benno (Hrsg.), Die gesammelten Materialien zum Bürgerlichen Gesetzbuch für das Deutsche Reich, Band 1 Einführungsgesetz und Allgemeiner Teil; Band 2, Recht der Schuldverhältnisse, jeweils Neudruck der Ausgabe Berlin 1899, Aalen, 1979.

Mülbert, Peter O., Privatrecht, die EG-Grundfreiheiten und der Binnenmarkt, Zwingendes Privatrecht als Grundfreiheitenbeschränkung im EG-Binnenmarkt, ZHR 159 (1995), 2 ff.

Müller, Friedrich, Strukturierende Rechtslehre, 2. Auflage, Berlin, 1994.

Ders., Richterrecht' Elemente einer Verfassungstheorie IV, Berlin, 1986.

Müller, Friedrich/Christensen, Ralph, Juristische Methodik, Band II, Europarecht, 2. Auflage, Berlin, 2007.

Müller, Friedrich/Christensen, Ralph, Juristische Methodik, Band I, Grundlagen, Öffentliches Recht, 9. Auflage, Berlin, 2004.

Müller-Graff, Peter-Christian, Schlusswort: Elemente einer gemeinschaftsprivatrechtlichen Dogmatik der Generalklausel – Was leistet die deutsche Wissenschaft vom Europäischen Privatrecht?, in: *Baldus, Christian/Müller-Graff, Peter-Christian* (Hrsg.), Die Generalklausel im Europäischen Privatrecht, München, 2006, S. 131 ff.

Ders., EC Directives as a Means of Private Law Unification, in: *Hartkamp, Arthur/Hesselink, Martijn/Hondius, Ewoud/Joustra, Carla/du Perron, Edgar/Veldmann, Muriel* (Hrsg.), Towards a European Civil Code, 3. Auflage, Nijmegen, 2004, S. 77 ff.

Ders., Grundfreiheiten und Gemeinschaftsgrundrechte, in: *Cremer, Hans-Joachim/Giegerich, Thomas/Richter, Dagmar/Zimmermann, Andreas* (Hrsg.), Tradition und Weltoffenheit des Rechts, Festschrift für Helmut Steinberger, Berlin, 2002, S. 1281 ff. [FS Steinberger].

Ders., Gemeinsames Privatrecht in der Europäischen Gemeinschaft – Ansatzpunkte, Ausgangsfragen, Ausfaltungen – , in: *ders.* (Hrsg.), Gemeinsames Privatrecht in der Europäischen Gemeinschaft, 2. Auflage, Baden-Baden, 1999, S. 9 ff.

Ders., Binnenmarktauftrag und Subsidiaritätsprinzip?, ZHR 159 (1995), 34 ff.

Ders., Europäisches Gemeinschaftsrecht und Privatrecht, NJW 1993, 13 ff.

Ders., Gemeinsames Privatrecht in der Europäischen Gemeinschaft: Ebenen und gemeinschaftsprivatrechtliche Grundfragen, in: *Baur, Jürgen F./Müller-Graff, Peter-Christian/Zuleeg, Manfred* (Hrsg.), Europarecht, Energierecht, Wirtschaftsrecht, Festschrift für Bodo Börner, Köln u.a., 1992, S. 303 ff. [FS Börner].

Nassall, Wendt, Die Anwendung der EU-Richtlinie über missbräuchliche Klauseln in Verbraucherverträgen, JZ 1995, 689 ff.

Ders., Die Auswirkungen der EU-Richtlinie über missbräuchliche Klauseln in Verbraucherverträgen auf nationale Individualprozesse, WM 1994, 1645 ff.

Nebbia, Paolisa, Director General of Fair Trading v. First National Bank, House of Lords, [2001] 3 WLR 1297, (2003) 40 CMLRev, 983 ff.

Nelson, Phillip, Information and Consumer Behaviour, (1970) 78 Journal of Political Economy, 311 ff.

Nettesheim, Martin, Der Grundsatz der einheitlichen Wirksamkeit des Gemeinschaftsrechts, in: *Randelzhofer, Albrecht/Scholz, Rupert/Wilke, Dieter* (Hrsg.), Gedächtnisschrift für Eberhardt Grabitz, München, 1995, S. 447 ff. [GS Grabitz].

Ders., Auslegung und Fortbildung nationalen Rechts im Lichte des Gemeinschaftsrechts, AöR 119 (1994), 261 ff.

Neuner, Jörg, Vertragsfreiheit und Gleichbehandlungsgrundsatz, in: *Leible, Stefan/Schlachter, Monika* (Hrsg.), Diskriminierungsschutz durch Privatrecht, München, 2006, S. 73 ff.

Ders., Diskriminierungsschutz durch Privatrecht, JZ 2003, 57 ff.

Ders., Privatrecht und Sozialstaat, München, 1999.

Niessen, Hermann, Bindungen und Freiheiten der Mitgliedstaaten der Europäischen Union bei der Umsetzung von Richtlinien am Beispiel der Angleichung des Bilanzrechts, in: *Due, Ole/Lutter, Markus/Schwarze, Jürgen* (Hrsg.), Festschrift für Ulrich Everling, Band 2, Baden-Baden, 1995, S. 971 ff. [FS Everling].

Nipperdey, Hans Karl, Gleicher Lohn der Frau für gleiche Leistung, RdA 1950, 121 ff.

Nobles, Richard, Economic Analysis of Law, in: *Penner, James/Schiff, David/Nobles, Richard* (Hrsg.), Introduction to Jurispridence and Legal Theory, Commentary and Materials, London, 2002, S. 855 ff.

Nordhausen, Annette, Information Requirements in the E-Commerce Directive and the Proposed Directive on Unfair Commercial Practices, in: *Howells, Geraint/Janssen, André/Schulze, Reiner* (Hrsg.), Information Rights and Obligations: a challenge for party autonomy and transactional fairness, Aldershot, 2005, S. 93 ff.

Oechsler, Jürgen, Praktische Anwendungsprobleme des Nacherfüllungsanspruchs, NJW 2004, 1825 ff.
Ohly, Ansgar, Das neue UWG – Mehr Freiheit für den Wettbewerb?, GRUR 2004, 889 ff.
Ders., Generalklausel und Richterrecht, AcP 201 (2001), 1 ff.
Ders., Richterrecht und Generalklausel im Recht des unlauteren Wettbewerbs, Ein Methodenvergleich des englischen und des deutschen Rechts, Köln u. a., 1997 [Richterrecht].
Oldekopp, Dieter, Die Richtlinien der Europäischen Wirtschaftsgemeinschaft, JöR 1972, 55 ff.
Oliver, Peter, Free Movement of Goods in the European Community under Articles 28 to 30 of the EC Treaty, London, 2003.
Oliver, Peter/Roth, Wulf-Henning, The Internal Market and the Four Freedoms, (2004) 41 CMLRev., 407 ff.
Oppermann, Thomas, Europarecht, 3. Auflage, 2005.
Ott, Claus, Systemwandel im Wettbewerbsrecht, Die Generalklausel des § 1 UWG und ihre Rückwirkungen auf Rechtsprechung und Dogmatik, in: *Baur, Fritz/Esser, Josef/Kübler, Friedrich/Steindorff, Ernst* (Hrsg.), Funktionswandel der Privatrechtsinstitutionen, Festschrift für Ludwig Raiser zum 70. Geburtstag, Tübingen, 1974, S. 403 ff.[FS Raiser].
Ott, Claus/Schäfer, Hans-Bernd, Die ökonomische Analyse des Rechts – Irrweg oder Chance wissenschaftlicher Rechtserkenntnis?, JZ 1988, 213 ff.

Pache, Eckhard/Knauff, Matthias, Wider die Beschränkung der Vorlagebefugnis unterinstanzlicher Gerichte im Vorabentscheidungsverfahren – zugleich ein Beitrag zu Art. 68 I EG, NVwZ 2004, 16 ff.
Palandt, Otto, Bürgerliches Gesetzbuch, bearbeitet von *Bassenge, Peter* u. a., 68. Auflage, München, 2009 [Palandt-*Bearbeiter*].
Palmer, Vernon Valentine, From Lerotholi to Lando: Some Examples of Comparative Law Methodology, (2004) 4 Global Jurist Frontiers, 1 ff.
Paschke, Marian, Begriff und Bedeutung des Europäischen Privatrechts, in: *dies./Iliopoulus, Constantin* (Hrsg.), Europäisches Privatrecht, Hamburg, 1998, S. 1 ff.
Pawlowski, Hans-Martin, Einführung in die Juristische Methodenlehre, Ein Studienbuch zu den Grundlagenfächern Rechtsphilosophie und Rechtssoziologie, 2. Auflage, Heidelberg, 2000.
Ders., Die Aufgabe des Richters bei der Bestimmung des Verhältnisses von Recht, Sittlichkeit und Moral, ARSP 1964, 503 ff.
Peel, Edwin, Treitel's The Law of Contract, 12. Auflage, London, 2007.
Pernice, Ingolf, Kompetenzabgrenzung im Europäischen Verfassungsverbund, JZ 2000, 866 ff.
Ders., Die Dritte Gewalt im europäischen Verfassungsverbund, EuR 1996, 27 ff.
Pescatore, Pierre, Mit der Subsidiarität leben, in: *Due, Ole/Lutter, Markus/Schwarze, Jürgen* (Hrsg.), Festschrift für Ulrich Everling, Band 2, Baden-Baden, 1995, S. 1071 ff. [FS Everling].
Peters, Anne/Schwenke, Heiner, Comparative Law beyond Post-Modernism, (2000) 49 ICLQ, 800 ff.
Pfeiffer, Thomas, Von den Principles of European Contract Law zum Draft Common Frame of Reference, ZEuP 2008, 679 ff.
Ders., Die Generalklausel auf der Agenda der europäischen Privatrechtsangleichung, in: *Baldus, Christian/Müller-Graff, Peter-Christian* (Hrsg.), Die Generalklausel im Europäischen Privatrecht, München, 2006, S. 25 ff.
Ders., Anmerkung (zu EuGH v. 7. 5. 2002 – Rs. C-478/99 Kommission der EG/Königreich Schweden), EuZW 2002, 467 ff.
Picker, Eduard, Richterrecht oder Rechtsdogmatik – Alternativen der Rechtsgewinnnung? – Teil 1, JZ 1988, 1 ff.; Teil 2, JZ 1988, 62 ff.
Ders., Richterrecht und Richterrechtssetzung – zu neuen Rechtsbildungsmethoden des Bundesarbeitsgerichts –, JZ 1984, 153 ff.

Pieroth, Bodo/Tobias, Aubel, Die Rechtsprechung des Bundesverfassungsgerichts zu den Grenzen richterlicher Entscheidungsfindung, JZ 2003, 504 ff.
Piris, Jean-Claude, The Constitution for Europe, A Legal Analysis, Cambridge, 2006.
Poiraes Maduro, Miguel, Interpreting European Law – Judicial Adjudication in a Context of Constitutional Pluralism, Working Paper IE Law School, WPLS08-02, 05-02-2008, abrufbar unter http://ssrn.com/abstract=1134503.
Posner, Richard, Economic Analysis of Law, 7. Auflage, New York, 2007.
Ders., Rational Choice, Behavioral Economics and the Law, (1998) 50 Stanford LRev, 1551 ff.
Ders., The Problems of Jurisprudence, Cambridge (Massachusetts) u. a., 1990.
Prechal, Sacha, Directives in EC Law, 2. Auflage, Oxford, 2005.
Ders., Joined Cases C-397/01 to C-403/01, Bernhard Pfeiffer et al., judgment of the Court (Grand Chamber) of 5 October 2004, nyr, (2005) 42 CMLRev., 1445 ff.
Preedy, Kara, Die Bindung Privater an die europäischen Grundfreiheiten, Zur sogenannten Drittwirkung im Europarecht, Berlin, 2005.

Raaijmakers, Theo, The Statute for a European Company: Its Impact on Board Structures, and Corporate Governance in the European Union, (2004) 5 EBOR, 159 ff.
Radbruch, Gustav, Rechtsphilosophie, Studienausgabe, herausgegeben von *Dreier, Ralf/ Paulson, Stanley L.*, 2. Auflage, Heidelberg, 2003.
Raisch, Peter, Zur Abgrenzung von Gewohnheitsrecht und Richterrecht im Zivil- und Handelsrecht, ZHR 150 (1986), 117 ff.
Ranieri, Filippo, Europäisches Obligationenrecht, 2. Auflage, Wien, 2003.
Rasmussen, Hjalte, Remedying the Crumbling EC Judicial System, (2000) 37 CMLRev., 1071 ff.
Rawls, John, A Theory of Justice, Oxford, 1999.
Raz, Joseph, Authority and Justification, in: *ders.* (Hrsg.) Authority, New York, 1990, S. 115 ff.
Rehberg, Markus, Der Staatliche Umgang mit Information: das europäische Informationsmodell im Lichte von Behavioral Economics, in: *Eger, Thomas/Schäfer, Hans-Bernd* (Hrsg.), Ökonomische Analyse der europäischen Zivilrechtsentwicklung, Beiträge zum X. Travemünder Symposium zur ökonomischen Analyse des Rechts (29. März bis 1. April 2006), Tübingen, 2007, S. 284 ff.
Rehbinder, Manfred, Rechtssoziologie, 5. Auflage, München, 2003.
Reich, Norbert, Der Common Frame of Reference und Sonderprivatrechte im „Europäischen Vertragsrecht", ZEuP 2007, 161 ff.
Ders., Die Vorlagepflicht auf teilharmonisierten Rechtsgebieten am Beispiel der Richtlinien zum Verbraucherschutz, RabelsZ 66 (2002), 531 ff.
Ders., Zur Theorie des Europäischen Verbraucherrechts, ZEuP 1994, 381 ff.
Reich, Norbert/Micklitz, Hans-W., Europäisches Verbraucherrecht, 4. Auflage, Baden-Baden, 2003.
Reichold, Hermann, Aktuelle Rechtsprechung des EuGH zum Europäischen Arbeitsrecht, JZ 2006, 549 ff.
Reichold, Hermann/Heinrich, Martin, Anmerkung (zu EuGH v. 11. 7. 2006 – Rs. C-13/05 Chacón Navas), JZ 2007, 196 ff.
Reinhardt, Michael, Konsistente Jurisdiktion, Grundlegung einer verfassungsrechtlichen Theorie der rechtsgestaltenden Rechtsprechung, Tübingen, 1997.
Reinhart, Gert, Rechtsvergleichung und richterliche Rechtsfortbildung auf dem Gebiet des Privatrechts, in: Richterliche Rechtsfortbildung, Erscheinungsformen, Auftrag und Grenzen, Festschrift der Juristischen Fakultät zur 600-Jahr-Feier der Ruprecht-Karls-Universität Heidelberg, herausgegeben von den *Hochschullehrern der Juristischen Fakultät der Universität Heidelberg*, Heidelberg, 1986, S. 599 ff. [FS Uni Heidelberg].
Remien, Oliver, Europäisches Privatrecht als Verfassungsfrage, EuR 2005, 699 ff.
Ders., Zwingendes Vertragsrecht und Grundfreiheiten des EG-Vertrages, Tübingen, 2003.
Ders., Die Vorlagepflicht bei Auslegung unbestimmter Rechtsbegriffe, RabelsZ 66 (2002), 503 ff.
Ders., Einheit, Mehrstufigkeit und Flexibilität im europäischen Privat- und Wirtschaftsrecht, RabelsZ 62 (1998), 627 ff.

Ders., AGB-Gesetz und Richtlinie über missbräuchliche Verbrauchervertragsklauseln in ihrem europäischen Umfeld, ZEuP 1994, 34ff.

Ders., Grenzen der gerichtlichen Privatrechtsangleichung mittels der Grundfreiheiten des EG-Vertrages, Bemerkungen zu den Urteilen des EuGH vom 24.11. 1993 (Keck und Mithouard) und 15.12.1993 (Hühnermund u.a.), JZ 1994, 349ff.

Remmert, Barbara, Grundfreiheiten und Privatrechtsordnung, JURA 2003, 13ff.

Rengeling, Hans-Werner/Szczekalla, Peter, Grundrechte in der Europäischen Union, Charta der Grundrechte und Allgemeine Rechtsgrundsätze, Köln u.a., 2004.

Research Group on the Existing EC Private Law (Acquis Group) (Hrsg.), Principles of the Existing EC Contract Law (Acquis Principles), Contract I: Pre-contractual Duties, Conclusion of Contract, Unfair Terms, 2007.

Reuter, Dieter (Redaktor), J. Von Staudingers Kommentar zum Bürgerlichen Gesetzbuch mit Einführungsgesetz und Nebengesetzen, Buch 2, Recht der Schuldverhältnisse §§ 311, 311a, 312, 312a–f (Vertragsschluss), Neubearbeitung 2005, Berlin, 2005 [Staudinger-*Bearbeiter*].

Richter, Klaus, Privatautonomie und Verbraucherschutz im Lichte der Pläne zur Schaffung eines Europäischen Zivilgesetzbuches, Dargestellt am Beispiel des Letztverkäuferregresses, AcP 206 (2006), 3ff.

Furubotn, Eirik/Richter, Rudolf, Institutions & Economic Theory: The Contribution of the New Institutional Economics, 2. Auflage, Ann Arbor, 2005.

Riesenhuber, Karl, Systembildung durch den CFR – Wirkungen auf die systematische Auslegung des Gemeinschaftsrechts, in: *Schmidt-Kessel, Martin* (Hrsg.), Der Gemeinsame Referenzrahmen, München, 2009, S. 173ff.

Ders., Das Verbot der Diskriminierung aufgrund der Rasse oder der ethnischen Herkunft sowie aufgrund des Geschlechts beim Zugang zu und der Versorgung mit Gütern und Dienstleistungen, in: *Leible, Stefan/Schlachter, Monika* (Hrsg.), Diskriminierungsschutz durch Privatrecht, München, 2006, S. 123ff.

Ders. (Hrsg.), Europäische Methodenlehre, Grundfragen der Methoden des Europäischen Privatrechts, Berlin, 2006.

Ders., Europäisches Vertragsrecht, 2. Auflage, Berlin, 2006.

Ders., Schlußwort, JZ 2006, 404ff.

Ders., Kein Zweifel für den Verbraucher, JZ 2005, 829ff.

Ders., System und Prinzipien des Europäischen Vertragsrechts, Berlin, 2003.

Riesenhuber, Karl/Domröse, Ronny, Richtlinienkonforme Rechtsfindung und nationale Methodenlehre, RIW 2005, 47ff.

Riesenhuber, Karl/Franck, Jens-Uwe, Verbot der Geschlechtsdiskriminierung im Europäischen Vertragsrecht, JZ 2004, 529ff.

Rittner, Fritz, Das Gemeinschaftsprivatrecht und die europäische Integration, JZ 1995, 849ff.

Robbers, Gerhard, Für ein neues Verhältnis zwischen Bundesverfassungsgericht und Fachgerichtsbarkeit, Möglichkeit und Inhalt von „Formeln" zur Bestimmung von verfassungsgerichtlicher Kompetenzweite, NJW 1998, 935ff.

Rodriguez Iglesias, Gil Carlos, Gedanken zum Entstehen einer Europäischen Rechtsordnung, NJW 1999, 1ff.

Rohe, Mathias, Binnenmarkt oder Interessenverbund? Zum Verhältnis von Binnenmarktziel und Subsidiaritätsprinzip nach dem Maastricht-Vertrag, RabelsZ 61 (1997), 1ff.

Röhl, Klaus/Röhl, Hans Christian, Allgemeine Rechtslehre, 3. Auflage, Berlin u.a., 2008.

Rösler, Hannes, Auslegungsgrundsätze des Europäischen Verbraucherprivatrechts in Theorie und Praxis, RabelsZ 71 (2007), 495ff.

Ders., Die Anwendung von Prinzipien des europäischen Verbraucherprivatrechts in der jüngeren EuGH-Rechtsprechung, ZEuS 2006, 341ff.

Ders., Die europarechtlichen Vorgaben bei der Bewältigung der „Schrottimmobilien"-Problematik, Entscheidungen des Europäischen Gerichtshofs vom 25. Oktober 2005, ZEuP 2006, 869ff.

Ders., Erwiderung auf Karl Riesenhuber: kein Zweifel für den Verbraucher JZ 2005, 829, JZ 2006, 400ff.

Ders., Europäisches Konsumentenvertragsrecht – Grundkonzeption, Prinzipien und Fortentwicklung, München, 2004.
Ders., Zur Zukunft des Gerichtssystems der EU, ZRP 2000, 52 ff.
Ders., Rechtsvergleichung als Erkenntnisinstrument in Wissenschaft, Praxis und Ausbildung, JuS 1999, 1084 ff.
Roth, Herbert, EG-Richtlinien und Bürgerliches Recht, JZ 1999, 529 ff.
Roth, Wulf-Henning, Case C-168/00, Simone Leitner v. TUI Deutschland GmbH & Co. KG, Judgment of 12 March 2002 (Sixth Chamber), ECR 2002, I-2631, (2003) 40 CMLRev, 937 ff.
Ders., Europäischer Verbraucherschutz und BGB, JZ 2001, 475 ff.
Ders., Der nationale Transformationsakt: Vom Punktuellen zum Systematischen, in: *Grundmann, Stefan/Medicus, Dieter/Rolland, Walter* (Hrsg,), Europäisches Kaufgewährleistungsrecht, Reform und Internationalisierung des deutschen Schuldrechts, Köln u. a., 2000, S. 113 ff.
Ders., Europäisches Recht und nationales Recht, in: *Heldrich, Andreas/Hopt, Klaus* (Hrsg.), 50 Jahre Bundesgerichtshof, Festgabe aus der Wissenschaft, Band II. Handels- und Wirtschaftsrecht Europäisches und Internationales Recht, München, 2000, S. 847 ff. [FS 50 Jahre BGH II].
Ders., Berechtigte Verbrauchererwartungen im Europäischen Gemeinschaftsrecht, in: *Schulte-Nölke, Hans/Schulze, Reiner* (Hrsg.), Europäische Rechtsangleichung und nationale Privatrechte, Baden-Baden, 1999, S. 45 ff.
Ders., Freier Warenverkehr nach „Keck", in: *Hübner, Ulrich/Ebke, Werner F* (Hrsg.), Festschrift für Bernhard Großfeld zum 65. Geburtstag, Heidelberg, 1999, S. 929 ff. [FS Großfeld].
Ders., Generalklauseln im Europäischen Privatrecht – Zur Rollenverteilung zwischen Gerichtshof und Mitgliedstaaten bei ihrer Konkretisierung – , in: *Basedow, Jürgen/Hopt, Klaus J./Kötz, Hein* (Hrsg). Festschrift für Ulrich Drobnig zum 70. Geburtstag, Tübingen, 1998, S. 135 ff. [FS Drobnig].
Ders., Die Freiheiten des EG-Vertrages und das nationale Privatrecht, Zur Entwicklung internationaler Sachnormen für europäische Sachverhalte, ZEuP 1995, 5 ff.
Ders., Drittwirkung der Grundfreiheiten, in: *Due, Ole/Lutter, Markus/Schwarze, Jürgen* (Hrsg.), Festschrift für Ulrich Everling, Band 2, Baden-Baden, 1995, S. 1231 ff. [FS Everling].
Ders., Der Einfluß des Europäischen Gemeinschaftsrechts auf das Internationale Privatrecht, RabelsZ 55 (1991), 623 ff.
Röthel, Anne, Vorwirkung von Richtlinien: viel Lärm um Selbstverständliches, ZEuP 2009, 34 ff.
Dies., Missbräuchlichkeitskontrolle nach der Klauselrichtlinie: Aufgabenteilung im supranationalen Konkretsierungsdialog – Urteil des Europäischen Gerichtshof vom 1. April 2004, ZEuP 2005, 418 ff.
Dies., Normkonkretisierung im Privatrecht, Tübingen, 2004.
Rott, Peter, Harmonising Different Rights of Withdrawal: Can German Law Serve as an Example for EC Consumer Law?, (2006) 7 GLJ, 1109 ff.
Ders., Ein teurer Widerruf! – Besprechung von OGH, Urteil vom 27. 9. 2005 – 1 Ob 110/05s, VuR 2006, 218 ff.
Ders., What is the Role of the ECJ in EC Private Law? – A Comment on the ECJ judgments in *Océano Grupo*, *Freiburger Kommunalbauten*, *Leitner* and *Veedfald*, (2005) 1 Hansa L Rev., 6 ff.
Ders., Minimum Harmonization for the Completion of the Internal Market? The Example of Consumer Sales Law, (2003) 40 CMLRev., 1107 ff.
Ders., Effektiver Rechtsschutz vor missbräuchlichen AGB – Zum Cofidis Urteil des EuGH, EuZW 2003, 5 ff.
Rüffler, Friedrich, Aspekte primärrechtskonformer und sekundärrechtskonformer Auslegung nationalen Lauterkeitsrechts, in: *Schulze, Reiner* (Hrsg.), Auslegung europäischen Privatrechts und angeglichenen Rechts, Baden-Baden, 1999, S. 97 ff.
Rüthers, Bernd, Methodenrealismus in Jurisprudenz und Justiz, JZ 2006, 53 ff.
Ders., Rechtsheorie, 4. Auflage, München, 2008.
Ders., Die unbegrenzte Auslegung, 6. Auflage, Tübingen, 2005.

Sacco, Rudolfo, Legal Formants: A Dynamic Approach To Comparative Law, (1991) 39 Am.J.Comp.Law, 1 ff. (Instalment I), 343 ff. (Instalment II).
Sack, Jörg, Zur künftigen europäischen Gerichtsbarkeit nach Nizza, EuZW 2001, 77 ff.
Sack, Rolf, Irreführende vergleichende Werbung, GRUR 2004, 89 ff.
Ders., Die Bedeutung der EG-Richtlinien 84/450/EWG und 97/55/EG über irreführende und vergleichende Werbung für das deutsche Wettbewerbsrecht, GRUR Int. 1998, 263 ff.
Ders., Die lückenfüllende Funktion der Sittenwidrigkeitsklauseln, wrp 1985, 1 ff.
Säcker, Franz Jürgen (Redakteur), Münchner Kommentar zum Bürgerlichen Gesetzbuch, Band 1, Allgemeiner Teil, 1. Halbband: §§ 1–240, ProstG, 5. Auflage, München 2006 [MüKo-*Bearbeiter*].
Ders., Die Konkretisierung vager Rechtssätze durch Rechtswissenschaft und Praxis, Rechtsquellentheoretische und methodologische Bemerkungen, ARSP 1972, 215 ff.
Saenger, Ingo (Hrsg.), Casebook Europäisches Gesellschafts- und Unternehmensrecht, Baden-Baden, 2002.
Sanchirico, Chris William, Taxes versus Legal Rules as Intstruments for Equity: A More Equitable View, (2000) 29 J Legal Studies, 797 ff.
Sandrock, Otto, Die Europäischen Gemeinschaften und die Privatrechte ihrer Mitgliedstaaten: Einheit oder Vielfalt?, EWS 1994, 1 ff.
Schäfer, Hans-Bernd, Grenzen des Verbraucherschutzes und adverse Effekte des Europäischen Verbraucherrechts, in: *Grundmann, Stefan* (Hrsg.), Systembildung und Systemlücken in Kerngebieten Europäischen Privatrechts, Gesellschafts-, Arbeits- und Schuldvertragsrecht, Tübingen, 2000, S. 559 ff.
Ders., Ökonomische Analyse von Aufklärungspflichten, in: *Ott, Claus/Schäfer, Hans-Bernd* (Hrsg.), Ökonomische Probleme des Zivilrechts, Berlin u. a., 1990, S. 117 ff.
Schäfer, Hans-Bernd/Ott, Claus, Lehrbuch der ökonomischen Analyse des Zivilrechts, 4. Auflage, Berlin, 2005.
Schanze, Erich, Ökonomische Analyse des Rechts in den USA, Verbindungslinien zur realistischen Tradition, in: *Assmann, Heinz-Dieter/Kirchner, Christian/Schanze, Erich* (Hrsg.), Ökonomische Analyse des Rechts, Tübingen, 1993, S. 1 ff.
Schatz, Ulrich, Zur rechtlichen Bedeutung von Art. 189 Abs. 3 EWGV für die Rechtsangleichung durch Richtlinien, NJW 1967, 1694 ff.
Schaub, Renate, Abschied vom nationalen Produkthaftungsrecht? Anspruch und Wirklichkeit der EG-Produkthaftung – Zugleich Besprechung der Urteile des EuGH vom 25. 4. 2002, Rs. C-52/00, C-154/00 und C-183/00 –, ZEuP 2003, 562 ff.
Schellhaaß, Horst M., Das Europäische Arbeitsrecht aus ökonomischer Perspektive, in: *Grundmann, Stefan* (Hrsg.), Systembildung und Systemlücken in Kerngebieten Europäischen Privatrechts, Gesellschafts-, Arbeits- und Schuldvertragsrecht, Tübingen, 2000, S. 401 ff.
Scheuing, Dieter H., Zur Grundrechtsbindung der EU-Mitgliedstaaten, EuR 2005, 162 ff.
Scherzberg, Arno, Die innerstaatliche Wirkung von EG-Richtlinien, JURA 1993, 225 ff.
Scheyhing, Robert, Pluralismus und Generalklauseln: betrachtet auf dem Hintergrund gesellschaftlichen Wandels, Tübingen, 1976.
Schiek, Dagmar, Europäisches Arbeitsrecht, 3. Auflage, Baden-Baden, 2007.
Schillig, Michael, The Interpretation of European Private Law in the Light of Market Freedoms and EU Fundamental Rights, (2008) 15 MJ 285 ff.
Ders., Inequality of bargaining power versus market for lemons: Legal paradigm change and the Court of Justice' jurisprudence on Directive 93/13 on unfair contract terms, (2008) 33 ELRev. 336 ff.
Schima, Bernhard, Das Vorabentscheidungsverfahren vor dem EuGH, Wien, 1997.
Schlachter, Monika (Hrsg.), Casebook Europäisches Arbeitsrecht, Baden-Baden, 2005.
Dies., Richtlinienkonforme Rechtsfindung – ein neues Stadium im Kooperationsverhältnis zwischen EuGH und den nationalen Gerichten, RdA 2005, 115 ff.
Dies., Der Europäische Gerichtshof und die Arbeitsgerichtsbarkeit, Schwierigkeiten bei der Begründung eines Kooperationsverhältnisses, Stuttgart u. a., 1995.

Schlechtriem, Peter, The Functions of General Clauses, Exemplified by Regarding Germanic Laws and Dutch Law, in: *Grundmann, Stefan/Mazeaud, Denis* (Hrsg.), General Clauses and Standards in European Contract Law, Den Haag, 2006, S. 41 ff.

Schliesky, Utz, Die Vorwirkung von gemeinschaftsrechtlichen Richtlinien – Ein Beitrag zu Geltung und Vorrang des sekundären Gemeinschaftsrechts am Beispiel des Wirtschafts- und Umweltrechts – DVBl. 2003, 631 ff.

Schlüchter, Ellen, Mittlerfunktion der Präjudizien, Eine rechtsvergleichende Studie, Berlin u.a., 1986.

Schmalz, Dieter, Methodenlehre für das juristische Studium, Baden-Baden, 1997.

Schmid, Christoph, Legitimitätsbedingungen eines Europäischen Zivilgesetzbuchs, JZ 2001, 674 ff.

Schmidt, Jörg, Vertragsfreiheit und EG-Handelsvertreterrichtlinie, ZHR 156 (1992), 512 ff.

Schmidt, Jürgen, Präzisierung des § 242 BGB – eine Daueraufgabe?, in: *Behrends, Okko/Dieselhorst, Malte/Dreier, Ralf* (Hrsg.), Rechtsdogmatik und praktische Vernunft, Symposium zum 80. Geburtstag von Franz Wieacker, Göttingen, 1990, S. 231 ff. [Wieacker Symposium].

Schmidt, Marek, Privatrechtsangleichende EU-Richtlinien und nationale Auslegungsmethoden, RabelsZ 59 (1995), 569 ff.

Schmidt, Marlene, Das Arbeitsrecht der Europäischen Gemeinschaft, Baden-Baden, 2001.

Schneider, Hans, Gesetzgebung, Ein Lehr- und Handbuch, 3. Auflage, Heidelberg, 2002.

Schnorbus, York, Die richtlinienkonforme Rechtsfortbildung im nationalen Privatrecht, Eine Untersuchung zur europarechtlich bedingten Lücke im Gesetz, AcP 201 (2001), 860 ff.

Ders., Autonome Harmonisierung in den Mitgliedstaaten durch die Inkorporation von Gemeinschaftsrecht, Eine Untersuchung zur einheitlichen Anwendung und Auslegung europäischen und autonomen nationalen Rechts und zur entsprechenden Zuständigkeit des EuGH im Vorabentscheidungsverfahren, RabelsZ 65 (2001), 654 ff.

Schöbener, Burkhard/Stork, Florian, Anti-Diskriminierungsregelungen der Europäischen Union im Zivilrecht – zur Bedeutung der Vertragsfreiheit und des Rechts auf Privatleben, ZEuS 2004, 43 ff.

Scholz, Rupert, Zum Verhältnis von europäischem Gemeinschaftsrecht und nationalem Verwaltungsverfahrensrecht – Zur Rechtsprechung des EuGH im Fall „Alcan" –, DÖV 1998, 261 ff.

Scholz, Rupert/Hofmann, Hans, Perspektiven der europäischen Rechtsordnung, ZRP 1998, 295 ff.

Schön, Wolfgang, Das Bild des Gesellschafters im Europäischen Gesellschaftsrecht, RabelsZ 64 (2000), 1 ff.

Ders., Anmerkung (zu EuGH v. 4. 12. 1997 – Rs. C-97/96 Daihatsu), JZ 1998, 194 ff.

Ders., Mindestharmonisierung im Gesellschaftsrecht, in: *Everling, Ulrich/Roth, Wulf-Henning* (Hrsg.), Mindestharmonisierung im Europäischen Binnenmarkt, Baden-Baden, 1997, S. 55 ff.

Ders., Mindestharmonisierung im europäischen Gesellschaftsrecht, ZHR 160 (1996), 221 ff.

Schroeder, Werner, Die Auslegung des EU-Rechts, JuS 2004, 180 ff.

Ders., Das Gemeinschaftsrechtssystem, Eine Untersuchung zu den rechtsdogmatischen, rechtstheoretischen und verfassungsrechtlichen Grundlagen des Systemdenkens im Europäischen Gemeinschaftsrecht, Tübingen, 2002.

Schroeter, Ulrich G., Europäischer Verfassungsvertrag und Europäisches Privatrecht, ZEuP 2006, 515 ff.

Schulte-Braucks, Reinhard, Zahlungsverzug in der Europäischen Union, NJW 2001, 103 ff.

Schulte-Nölke, Hans, Ziele und Arbeitsweisen von Study Group und Acquis Group bei der Vorbereitung des DCFR, in: *Schmidt-Kessel, Martin* (Hrsg.), Der Gemeinsame Referenzrahmen, München, 2009, S. 9 ff.

Ders., Ein Vertragsgesetzbuch für Europa?, JZ 2001, 917 ff.

Schulte-Nölke, Hans/Busch, Christoph W., Der Vorschlag der Kommission für eine Richtlinie über unlautere Geschäftspraktiken KOM (2003) 356 endg., ZEuP 2004, 99 ff.

Schulz, Alexander, Das Verhältnis von Gemeinschaftsgrundrechten und Grundfreiheiten des EGV, Berlin, 2005.

Schulze, Reiner, Gemeinsamer Referenzrahmen und acquis communautaire, ZEuP 2007, 130 ff.

Ders. (Schriftleitung), Bürgerliches Gesetzbuch, Handkommentar, 4. Auflage, Baden-Baden, 2005 [Hk-BGB/*Bearbeiter*].

Schulze, Reiner/Schulte-Nölke, Hans (Hrsg.), Casebook Europäisches Verbraucherrecht, Basen-Baden, 1999.

Schulze-Osterloh, Joachim, Vorabentscheidung des Europäischen Gerichtshofs zum Handelsbilanzrecht – zugleich Besprechung der Entscheidung BGH ZIP 1994, 1529 – ZGR 1995, 170 ff.

Schünemann, Wolfgang B., Generalklausel und Regelbeispiele, JZ 2005, 271 ff.

Schütze, Robert, Supremacy without Pre-emption? The very slowly emergent Doctrine of Community Pre-emption, (2006) 43 CMLRev., 1023 ff.

Schwab, Martin, Der Dialog zwischen dem EuGH und nationalen Exegeten bei der Auslegung von Gemeinschaftsrecht und angeglichenem Recht, ZGR 2000, 446 ff.

Schwabe, Jürgen, Erwiderung auf Christian Calliess JZ 2006, 321, JZ 2007, 135 ff.

Schwartz, Alan/Wilde Louis, Intervening in Markets on the Basis of Imperfect Information: A Legal and Economic Analysis, (1979) 127 University of Pennsylvania Law Review, 630 ff.

Schwartz, Ivo, Artikel 235 EG-Vertrag nach „Maastricht", in: *Immenga, Ulrich/Möschel, Wernhard/Reuter, Dieter* (Hrsg.), Festschrift für Ernst-Joachim Mestmäcker zum siebzigsten Geburtstag, Baden-Baden, 1990, S. 467–482 [FS Mestmäcker].

Ders., EG-Kompetenzen für den Binnenmarkt: Exklusiv oder konkurrierend/subsidiär?, in: *Due, Ole/Lutter, Markus/Schwarze, Jürgen* (Hrsg.), Festschrift für Ulrich Everling, Band 2, Baden-Baden, 1995, S. 1331–1354 [FS Everling].

Schwarz, Günter Christian, Europäisches Gesellschaftsrecht, Ein Handbuch für Wissenschaft und Praxis, Baden-Baden, 2000.

Schwarze, Jürgen, Der Schutz der Grundrechte durch den EuGH, NJW 2005, 3459 ff.

Schwemer, Rolf-Oliver, Die Bindung des Gemeinschaftsgesetzgebers an die Grundfreiheiten, Frankfurt am Main, 1995.

Seelmann, Kurt, Rechtsphilosophie, 4. Auflage, München, 2007.

Sefton-Green, Ruth, Social Justice and the European Identity in European Contract Law, ERCL 2006, 275 ff.

Seiler, Christian, Auslegung als Normkonkretisierung, Heidelberg, 2000.

Seyr, Sibylle, Die Auslegung unbestimmter Rechtsbegriffe durch den EuGH in privatrechtsharmonisierenden Richtlinien, ZEuS 2003, 533 ff.

Siems, Mathias M., Effektivität und Legitimität einer Richtlinienumsetzung durch Generalklauseln, ZEuP 2002, 747 ff.

Slapper, Gary/Kelly, David, English Law, 2. Auflage, Abingdon, 2006.

Dies., The English Legal System, 8. Auflage, Abingdon, 2006.

Slot, Piet Jan, Harmonisation, (1996), 21 ELRev., 378 ff.

Smith, Stephen, Contract Theory, Oxford, 2004.

Smorto, Guido, Efficiency and Justice in European Contract Law, ERPL 2008, 925 ff.

Soergel, Th., Bürgerliches Gesetzbuch mit Einführungsgesetz und Nebengesetzen, Kohlhammer-Kommentar, Allgemeiner Teil 2, bearbeitet von *Hefermehl, Wolfgang* u. a., 13. Auflage, Stuttgart, 1999 [Soergel-*Bearbeiter*].

Somma, Alessandro, Social Justice and the Market in European Contract Law, ERCL 2006, 181 ff.

Sonnenberger, Hans Jürgen, Treu und Glauben – ein supranantionaler Grundsatz? Deutsch-französische Schwierigkeiten der Annäherung, in: *Böttcher, Reinhard/Hueck, Götz/Jähnke, Burckhard* (Hrsg.), Festschrift für Walter Odersky zum 65. Geburtstag am 17. July 1996, Berlin u. a., 1996, S. 703 ff. [FS Odersky].

Sonnenberger, Hans Jürgen/Autexier, Christian, Einführung in das französische Recht, 3. Auflage, Heidelberg, 2000.

Spetzler, Eugen, Die richtlinienkonforme Auslegung als vorrangige Methode steuerjuristischer Hermeneutik, RIW 1991, 579 ff.

Staudenmayer, Dirk, Ein optionelles Instrument im Europäischen Vertragsrecht?, ZEuP 2003, 828 ff.

Ders., The Directive on the Sale of Consumer Goods and Associated Guarantees - a Milestone in the European Consumer and Private Law, ERPL 2000, 547ff.

Ders., Europäisches Verbraucherschutzrecht nach Amsterdam – Stand und Perspektiven, RIW 1999, 733ff.

Staudinger, Ansgar, Die Zukunft der „Schrottimmobilien" nach den EuGH-Entscheidungen vom 25. 10. 2005, NJW 2005, 3521ff.

Ders., Der Bauträgervertrag auf dem Prüfstand des Gemeinschaftsrecht, DNotZ 2002, 166ff.

Stein, Torsten, Richterrecht wie anderswo auch? Der Gerichtshof der Europäischen Gemeinschaften als „Integrationsmotor", in: Richterliche Rechtsfortbildung, Erscheinungsformen, Auftrag und Grenzen, Festschrift der Juristischen Fakultät zur 600-Jahr-Feier der Ruprecht-Karls-Universität Heidelberg, herausgegeben von den *Hochschullehrern der Juristischen Fakultät der Universität Heidelberg*, Heidelberg, 1986, S. 619ff. [FS Uni Heidelberg].

Steindorff, Ernst, EG-Vertrag und Privatrecht, Baden-Baden, 1996.

Ders., Anmerkung (zu EuGH v. 2. 6. 1983 – C 295, 331 u. 332/91 Allué II), JZ 1994, 95ff.

Ders., Vorlagepflicht nach Art. 177 Abs. 3 EWGV und Europäisches Gesellschaftsrecht, ZHR 156 (1992), 1ff.

Ders., Gesellschaftsrechtliche Richtlinien der EG und strengeres staatliches Recht, EuZW 1990, 251ff.

Stern, Klaus, Das Staatsrecht der Bundesrepublik Deutschland, Band III/1: Allgemeine Lehren der Grundrechte, München, 1988.

Steyn, Johan, Contract Law: Fulfilling the Reasonable Expectations of Honest Men, (1997) 113 LQR, 433ff.

Stone, Julius, Precedent and Law: Dynamics of Common Law Groth, Sydney u.a., 1985.

Streinz, Rudolf, Die Kompetenzen der EG zur Verwirklichung des Gleichbehandlungsgrundsatzes im Zivilrecht, in: *Leible, Stefan/Schlachter, Monika* (Hrsg.), Diskriminierungsschutz durch Privatrecht, München, 2006, S. 11ff.

Ders., Europarecht, 8. Auflage, Heidelberg, 2008.

Ders. (Hrsg.), EUV/EGV, Vertrag über die Europäische Union und Vertrag zur Gründung der Europäischen Gemeinschaft, München, 2003 [Streinz-*Bearbeiter*].

Ders., Fehlende EG-Kompetenz für Tabakwerberichtlinie (Anmerkung zu EuGH v. 5. 10. 2000 – Rs. C-376/98, Bundesrepublik Deutschland/Europäisches Parlament und Rat), JuS 2001, 288ff.

Ders., Mindestharmonisierung im Binnenmarkt, in: *Everling, Ulrich/Roth, Wulf-Henning* (Hrsg.), Mindestharmonisierung im Europäischen Binnenmarkt, Baden-Baden, 1997, S. 9ff.

Streinz, Rudolf/Leible, Stefan, Die Zukunft des Gerichtssystems der Europäischen Gemeinschaft – Reflexionen über Reflexionspapiere, EWS 2001, 1ff.

Streinz, Rudolf/Leible, Stefan, Die unmittelbare Drittwirkung der Grundfreiheiten, Überlegungen aus Anlass von EuGH, EuZW 2000, 468 (in diesem Heft) – Angonese, EuZW 2000, 459ff.

Study Group on a European Civil Code/Research Group on EC private law (Acquis Group), Principles, Definitions and Model Rules of European private Law: Draft Common Frame of Reference (DCFR), Outline Edition, Müchen, 2009.

Study Group on a European Civil Code/Research Group on EC Private Law (Acquis Group), Principles, Definitions and Model Rules of European Private Law: Draft Common Frame of Reference (DCFR), Interim Outline Edition, München, 2008.

Study Group on Social Justice in European Private Law, Social Justice in European Contract Law: a Manifesto, (2004) 10 ELJ, 653ff.

Stuyck, Jules, European Consumer Law after the Treaty of Amsterdam: Consumer Policy in or beyond the Internal Market?, (2000) 37 CMLRev., 367ff.

Stuyck, Jules/Terryn, Evelyn/Van Dyck, Tom, Confidence Through Fairness? The New Directive on Unfair Business-to-Consumer Commercial Practices in the Internal Market, 43 (2006) CMLRev., 107ff.

Sunstein, Cass R., Willingness to Pay versus Welfare, John M. Olin Law & Economics Working Paper No. 326 (2d Series) (2007), abrufbar unter http://ssrn.com/abstract—id=959724.

Ders., Introduction, in: *ders.* (Hrsg), Behavioral Law and Economics, Cambridge, 2000, S. 1ff.

Ders., Behavioural Analysis of Law, (1997) 64 Univ. of Chicago L.Rev., 1175 ff.
Sypris, Phil, The Treaty of Lisbon: Much Ado ... But About What?, (2008) 37 ILJ, 219 ff.
Szczekalla, Peter, Die sogenannten grundrechtlichen Schutzpflichten im deutschen und europäischen Recht, Inhalt und Reichweite einer „gemeineuropäischen Grundrechtsfunktion", Berlin, 2002 [Schutzpflichten].
Ders., Grundfreiheitliche Schutzpflichten – eine "neue" Funktion der Grundfreiheiten des Gemeinschaftsrechts – Zugleich Besprechung von EuGH vom 9. Dezember 1997 – Rs. C-265/95 (Kommission/Frankreich) –, DVBl. 1998, 219 ff.

Tamanaha, Brian Z., A General Jurisprudence of Law and Society, Oxford, 2001.
Taschner, Hans Claudius, Case C-203/99, Henning Veedfald v. Arhus Amtskommune, judgment of the Court (Fifth Chamber) of 10 May 2001, nyr., (2002) 39 CMLRev, 385 ff.
Ders., Zur Fortentwicklung des in der Europäischen Union angeglichenen Privatrechts durch die Gerichte der Mitgliedstaaten, in: *Deutsch, Erwin/Klingmüller, Ernst/Kullmann, Hans Josef* (Hrsg.), Festsschrift für Erich Steffen zum 65. Geburtstag am 28. Mai 1995, Der Schadensersatz und seine Deckung, Berlin u.a., 1995, S. 479 ff. [FS Steffen].
Ders., Mindestharmonisierung im Verbraucherschutzrecht, in: *Everling, Ulrich/Roth, Wulf-Henning* (Hrsg.), Mindestharmonisierung im Europäischen Binnenmarkt, Baden-Baden, 1997, S. 159 ff.
Taupitz, Jochen, Europäisches Gemeinschaftsrecht versus nationales IPR? Vorgaben der Warenverkehrsfreiheit für den Gestaltungsspielraum des Internationalen Produkthaftungsrechts, ZEuS 1998, 18 ff.
Ders., Ökonomische Analyse und Haftungsrecht – Eine Zwischenbilanz, AcP 196 (1996), 114 ff.
Teubner, Gunther, Standards und Direktiven in Generalklauseln, Möglichkeiten und Grenzen der empirischen Sozialforschung bei der Präzisierung der Gute-Sitten-Klauseln im Privatrecht, Frankfurt am Main, 1971.
Thibierge-Guelfucci, Catherine, Libre propos sur la transformation du droit des contracts, RTDC, 1997, 357 ff.
Thüsing, Gregor, Zu den Grenzen richtlinienkonformer Auslegung, ZIP 2004, 2301 ff.
Ders., Richtlinienkonforme Auslegung und unmittelbare Geltung von EG-Richtlinien im Anti-Diskriminierungsrecht, NJW 2003, 3441 ff.
Tilmann, Winfried, Grenzüberschreitende vergleichende Werbung, GRUR Int. 1993, 133 ff.
Tjong Tjin Tai, Erik/Teuben, Karlijn, European Precedent Law, ERPL 2008, 827 ff.
Tonner, Klaus, Die teleologische Auslegung der Pauschalreise-Richtlinie, JZ 2006, 402 ff.
Ders., Der Umfang des Schadensersatzes nach der Pauschalreise-Richtlinie, Urteil des Europäischen Gerichtshofs vom 12. März 2002, ZEuP 2003, 623 ff.
Ders., Die Rolle des Verbraucherrechts bei der Entwicklung eines europäischen Zivilrechts, JZ 1996, 533 ff.
Tonner, Klaus/Lindner, Beatrix, Immaterieller Schadenersatz und der EuGH, NJW 2002, 1475 ff.
Toth, A. G., The Principle of Subsidiarity in the Maastricht Treaty, (1992) 29 CMLRev., 1079 ff.
Ders., The Authority of Judgments of the European Court of Justice: Binding Force and Legal Effects, (1984) 4 YEL, 1 ff.
Tridimas, Takis, The General Principles of EU Law, 2. Auflage, Oxford, 2006.
Tritton, Guy, Intellectual Property in Europe, 4. Auflage, London, 2008.
Tröger, Tobias, Zum Systemdenken im europäischen Schuldvertragsrecht – Probleme der Rechtsangleichung durch Richtlinien am Beispiel der Verbrauchsgüterkauf-Richtlinie –, ZEuP 2003, 525 ff.
Trstenjak, Verica, Der Gemeinsame Referenzrahmen und der Europäische Gerichtshof, in: *Schmidt-Kessel, Martin* (Hrsg.), Der Gemeinsame Referenzrahmen, München, 2009, S. 234 ff.
Dies., Die Auslegung privatrechtlicher Richtlinien durch den EuGH: Ein Rechtsprechungsbericht unter Berücksichtigung des Common Frame of Reference, ZEuP 2007, 145 ff.
Twining, William/Miers, David, How To Do Things With Rules, 4. Auflage, London u.a., 1999.

Ukrow, Jörg, Richterliche Rechtsfortbildung durch den EuGH, Baden-Baden, 1995.
Ullmann, Eike, Die Europäische Union und das nationale Wettbewerbs- und Urheberrecht, JZ 1994, 928 ff.
Ulmer, Peter (Redakteur), Münchner Kommentar zum Bürgerlichen Gesetzbuch, Band 5, Schuldrecht Besonderer Teil III (§§ 705–853), Partnerschaftsgesellschaftsgesetz, Produkthaftungsgesetz, 3. Auflage, München, 1997 [MüKo(3. Auflage)-*Bearbeiter*].
Ulmer, Peter/Brandner, Hans Erich/Hensen, Horst-Diether (Hrsg.), AGB-Recht, 10. Auflage, Köln, 2006.
Ultsch, Michael L., Widerrufbarkeit von Mietwagenbuchungen, Entscheidung des Europäischen Gerichtshofs vom 10. 3. 2005, ZEuP 2006, 170 ff.
Unberath, Hannes/Cziupka, Johannes, Dispositives Recht welchen Inhalts? Antworten der ökonomischen Analyse des Rechts, AcP 209 (2009), 37 ff.
Unberath, Hannes/Johnston, Angus, The Double-Headed Approach of the ECJ Concerning Consumer Protection, (2007) 44 CMLRev., 1237 ff.
UNIDROIT *International Institute for the Unification of Private Law* (Hrsg.), UNIDROIT Principles of International Commercial Contracts, Rome 2004.
Usher, John A., Case C-376/98, Germany v. European Parliament and Council (tobacco advertising), Judgment of the Full Court of 5 October 2000, [2000] ECR I-8419, (2001) 38 CMLRev, 1519 ff.

Van den Bergh, Roger, Wer schützt den europäischen Verbraucher vor dem Brüssler Verbraucherschutz? Zu den möglichen adversen Effekten der europäischen Richtlinien zum Schutze des Verbrauchers, in: *Ott, Claus/Schäfer, Hans-Bernd* (Hrsg.), Effiziente Verhaltenssteuerung und Kooperation im Zivilrecht, Beiträge zum V. Travemündener Symposium zur ökonomischen Analyse des Rechts (27. – 30. März 1996), Tübingen, 1997, S. 77 ff.
Van Gerven, Walter, Codifying European Private Law? Yes, If, (2002) 27 ELRev, 156 ff.
Varian, Hal, Intermediate Microeconomics, 7. Auflage, New York, 2006.
Vieweg, Klaus/Röthel, Anne, Verbandsautonomie und Grundfreiheiten, ZHR 166 (2002), 6 ff.
Vieweg, Theodor, Topik und Jurisprudenz, Ein Beitrag zur rechtswissenschaftlichen Grundlagenforschung, 5. Auflage, München, 1974.
Vogenauer, Stefan, Sources of Law and Legal Method in Comparative Law, in: *Reimann, Mathias/Zimmermann, Reinhard* (Hrsg.), The Oxford Handbook of Comparative Law, Oxford, 2006, S. 869 ff.
Ders., Eine gemeineuropäische Methodenlehre des Rechts – Plädoyer und Programm, ZEuP 2005, 234 ff.
Ders., Die Auslegung von Gesetzen in England und auf dem Kontinent, Eine vergleichende Untersuchung der Rechtsprechung und ihrer historischen Grundlagen, Band I und II, Tübingen, 2001.
Vogenauer, Stefan/Weatherill, Stephen, Eine empirische Untersuchung zur Angleichung des Vertragsrechts in der EG, JZ 2005, 870 ff.
Vogenauer, Stefan/Weatherill, Stephen, The European Community's Competence for a Comprehensive Harmonisation of Contract Law – An Emprirical Analysis, (2005) 30 ELRev, 821 ff.
Von Aaken, Anne Sophie-Maria, Vom Nutzen der ökonomischen Theorie des Rechts für die Rechtsvergleichung, JjZRWiss 2001, 127 ff.
Von Bogdandy, Armin/Bast, Jürgen, Die vertikale Kompetenzverteilung der Europäischen Union, Rechtsdogmatischer Bestand und verfassungspolitische Reformperspektiven, EuGRZ 2001, 441 ff.
Von Bar, Christian, Die Funktionen des Gemeinsamen Referenzrahmens aus der Sicht der Verfasser des wissenschaftlichen Entwurfs, in: *Schmidt-Kessel, Martin* (Hrsg.), Der Gemeinsame Referenzrahmen, München, 2009, S. 23 ff.
Von Bar, Christian/Mankowski, Peter, Internationales Privatrecht, Band I, Allgemeine Lehren, München, 2003.
Von Bar, Christian/Schulte-Nölke, Hans, Gemeinsamer Referenzrahmen für europäisches Schuld- und Sachenrecht, ZRP 2005, 165 ff.

Von Borries, Reimer, Das Subsidiaritätsprinzip im Recht der Europäischen Union, EuR 1994, 263 ff.
Von Danwitz, Thomas, Rechtswirkungen von Richtlinien in der neueren Rechtsprechung des EuGH, JZ 2007, 697 ff.
Ders., Wege zu besserer Gesetzgebung in Europa, JZ 2006, 1 ff.
Von der Groeben, Hans/Schwarze, Jürgen (Hrsg.), Kommentar zum Vertrag über die Europäische Union und zur Gründung der Europäischen Gemeinschaft, Band 1, Art. 1–53 EUV, Art. 1–80 EGV, 6. Auflage, Baden-Baden, 2003; Band 3, Art. 98–188 EGV, 6. Auflage, Baden-Baden, 2003; Band 4, Art. 189–314 EGV, 6. Auflage, Baden-Baden, 2004 [*von der Groeben/Schwarze-Bearbeiter*].
Von Jhering, Rudolf, Der Zweck im Recht, Erster Band, herausgegeben von *Helfer, Christian*, Hildesheim u.a., 1970.
Von Mühlendahl, Alexander/Ohlgart, Dietrich/von Bomhard, Verena, Die Gemeinschaftsmarke, Bern, München, 1998.
Von Oettingen, Anna/Rabenschlag, David, Europäische Richtlinien und allgemeiner Gleichheitssatz im innerstaatlichen Recht – Anmerkungen anlässlich des Mangold-Urteils des EuGH, ZEuS 2006, 363 ff.
Von Savigny, Friedrich Karl, System des heutigen römischen Rechts, Band 1, 2. Neudruck der Ausgabe Berlin 1840, Aalen, 1981.
Von Wilmowsky, Peter, EG-Freiheiten und Vertragsrecht, JZ 1996, 590 ff.

Wägenbaur, Bertrand, Anmerkung (zu EuGH v. 5. 10. 2000 – Rs. C-376/98 Bundesrepublik Deutschland/Europäisches Parlament und Rat der EU), EuZW 2000, 701 ff.
Ders., Stolpersteine des Vorabentscheidungsverfahrens, EuZW 2000, 37 ff.
Wagner, Gerhard, Die soziale Frage und der Gemeinsame Referenzrahmen, ZEuP 2007, 180 ff.
Wälde, Thomas W., Juristische Folgenorientierung, „Policy Analysis" und Sozialkybernetik: Methodische und organisatorische Überlegungen zur Bewältigung der Folgenorientierung im Rechtssystem, Königstein/Ts., 1979.
Walker, Neil, The Idea of Constitutional Pluralism, (2002) 65 MLR, 317 ff.
Wallis, Diana, Is it a Code?, ZEuP 2006, 513 ff.
Walter, Julien, Die Konkretisierung von Generalklauseln am Beispiel der französischen deliktischen Haftung, in: *Baldus, Christian/Müller-Graff, Peter-Christian* (Hrsg.), Die Generalklausel im Europäischen Privatrecht, München, 2006, S. 63 ff.
Walter, Michael (Hrsg.), Europäisches Urheberrecht, Kommentar, insbesondere Software-, Vermiet- und Verleih-, Satelliten- und Kabel-, Schutzdauer-, Datenbank-, Folgerecht-, Informationsgesellschaft-Richtlinie, Produktpiraterie-Verordnung, Wien, 2001.
Wank, Rolf, Die Rechtsfortbildung durch den Europäischen Gerichtshof, in: *Fahrtmann/Hanau/Isenhardt/Preis* (Hrsg.), Arbeitsgesetzgebung und Arbeitsrechtsprechung, Festschrift zum 70. Geburtstag von Eugen Stahlhacke, Neuwied u.a., 1995, S. 633 [FS Stahlhacke].
Ders., Grenzen richterlicher Rechtsfortbildung, Berlin, 1978.
Weatherill, Stephen, Cases & Materials on EU Law, 8. Auflage, Oxford, 2007 [EU Law]
Ders., Who is the 'Average Consumer'?, in: *ders./Bernitz, Ulf* (Hrsg.), The Regulation of Unfair Commercial Practices under EC Directive 2005/29, New Rules and New Techniques, Oxford, 2007, 115 f.
Ders., European Private Law and the Constitutional Dimension, in: *Cafaggi, Fabrizio* (Hrsg.), The Institutional Framework of European Private Law, Oxford, 2006, S. 79 ff.
Ders., The Constitutional Competence of the EU to Deliver Social Justice, ERCL 2006, 136 ff.
Ders., Recent developments in the law governing the free movement of goods in the EC's internal market, ERCL 2006, 90 ff.
Ders., Reflections on the EC's Competence to Develop a 'European Contract Law', ERPL 2005, 405 ff.
Ders., Better Competence Monitoring, (2005) 30 ELRev, 23 ff.
Ders., Harmonisation: How Much, How Little?, [2005] EBLR 533 ff.
Ders., European Contract Law: Taking the Heat Out of Questions of Competence, [2004] EBLR, 23 ff.
Ders., The Commission's Options for Developing EC Consumer Protection and Contract Law: Assessing the Constitutional Basis, [2002] EBLR, 497 ff.

Ders., Prospects for the Development of European Private Law Through 'Europeanisation' in the European Court – the Case of the Directive on Unfair Terms in Consumer Contracts, ERPL 1995, 307 ff.

Ders., Beyond Preemption? Shared Competence and Constitutional Change in the European Community, in: *O'Keeffe, David/Twomey, Patrick M.* (Hrsg.), Legal Issues of the Maastricht Treaty, London u.a., 1994, S. 13 ff.

Weber, Ralph, Einige Gedanken zur Konkretisierung von Generalklauseln durch Fallgruppen, AcP 192 (1992), 516 ff.

Ders., Entwicklung und Ausdehnung des § 242 BGB zum „königlichen Paragraphen", JuS 1992, 631 ff.

Weiler, Joseph, The Constitution of Europe, Cambridge, 1999.

Weir, Tony, Difficulties in Transposing Directives, ZEuP 2004, 595 ff.

Ders., The Common Law System, in: *David, René* (Hrsg.), International Encyclopedia of Comparative Law, Volume II: The Legal Systems of the World, Their Comparison and Unification, Chapter 2: Structure and the Division of Law, Tübingen, S. 77 ff.

Wendehorst, Christiane, The CFR and the Review of the Acquis Communautaire, in: *Schmidt-Kessel, Martin* (Hrsg.), Der Gemeinsame Referenzrahmen, München, 2009, S. 323 ff.

Werner, Fritz, Zum Verhältnis von gesetzlichen Generalklauseln und Richterrecht, Karlsruhe, 1966.

Wernsmann, Rainer, Bindung Privater an Diskriminierungsverbote durch Gemeinschaftsrecht, JZ 2005, 224 ff.

Weyland, Ines, The Application of Kelsen's Theory of the Legal System to European Community Law – The Supremacy Puzzle Resolved, (2002) 21 L & P, 1 ff.

Whish, Richard, Competition Law, 6. Auflage, Oxford, 2009.

Whittaker, Simon, Form and Substance in the Harmonisation of Product Liability in Europe, ZEuP 2007, 858 ff.

Ders., Theory and Practice of the General Clause' in English Law: General Norms and the Structuring of Judicial Discretion, in: *Grundmann, Stefan/Mazeaud, Denis* (Hrsg.), General Clauses and Standards in European Contract Law, Den Haag, 2006, S. 57 ff.

Ders., Assessing the Fairness of Contract Terms: The Parties' "Essential Bargain", its Regulatory Context and the Significance of the Requirement of Good Faith, ZEuP 2004, 75 ff.

Whittaker, Simon/Zimmermann, Reinhard, Coming to terms with good faith, in: *dies.* (Hrsg.), Good Faith in European Contract Law, Cambridge, 2000, S. 653 ff.

Wieacker, Franz, Privatrechtsgeschichte der Neuzeit (unter besonderer Berücksichtigung der deutschen Entwicklung), 2. Auflage, Göttingen, 1967.

Ders., Gesetz und Richterkunst, Karlsruhe, 1958, zitiert nach: *Simon, Dieter* (Hrsg), Ausgewählte Schriften – Franz Wieacker, Band II: Theorie des Rechts und der Rechtsgewinnung, Frankfurt am Main, 1983, S. 41 ff.

Ders., Zur rechtstheoretischen Präzisierung des § 242 BGB, Tübingen, 1956, zitiert nach: *Simon, Dieter* (Hrsg), Ausgewählte Schriften – Franz Wieacker, Band II: Theorie des Rechts und der Rechtsgewinnung, Frankfurt am Main, 1983, S. 195 ff.

Wichard, Johannes Christian, Die Anwendung der UNIDROIT-Prinzipien für internationale Handelsverträge durch Schiedsgerichte und staatliche Gerichte, RabelsZ 60 (1996), 269 ff.

Wilburg, Walter, Zusammenspiel der Kräfte im Aufbau des Schuldrechts, AcP 163 (1963), 346 ff.

Wilhelmsson, Thomas, Full Harmonisation of Consumer Contract Law?, ZEuP 2008, 225 ff.

Ders., 'Misleading Practices', in: *Howells, Gerraint/Micklitz, Hans-W./Wilhelmsson, Thomas*, European Fair Trading Law, The Unfair Commercial Practices Directive, Aldershot, 2006, S. 123 ff.

Ders., Questions for a Critical Contract Law – and a Contradictory Answer: Contract as Social Cooperation, in: *ders.* (Hrsg.), Perspectives of Critical Contract Law, Brookfield, 1992, S. 9 ff.

Ders., Social Contract Law and European Integration, Brookfield, 1995.

Witt, Carl-Heinz, Nutzungsersatz bei Nachlieferung – BGH-Vorlage an den EuGH, NJW 2006, 3322 ff.

Wolf, Manfred, Vertragsfreiheit und Vertragsrecht im Lichte der AGB-Rechtsprechung des Bundesgerichtshofs, in: *Canaris, Claus-Wilhelm/Heldrich, Andreas* (Hrsg.), 50 Jahre Bundesgerichtshof, Festgabe aus der Wissenschaft, Band I. Bürgerliches Recht, München, 2000, S. 111 ff. [FS 50 Jahre BGH I].

Wolf, Manfred (Hrsg.), Das Recht der Europäischen Union, herausgegeben von *Grabitz, Eberhard/Hilf, Meinhard*, Band III, Sekundärrecht, A. Verbraucher- und Datenschutzrecht, München, Stand 2006 [Grabitz/Hilf-*Bearbeiter*].

Wolff, Inke, Die Verteilung der Konkretisierungskompetenz für Generalklauseln in privatrechtsgestaltenden Richtlinien, Baden-Baden, 2002.

Wurmnest, Wolfgang, Common Core, Grundregeln, Kodifikationsentwürfe, Acquis-Grundsätze – Ansätze internationaler Wissenschaftlergruppen zur Privatrechtsvereinheitlichung in Europa, ZEuP 2003, 714 ff.

Zander, Michael, The Law-Making Process, 6. Auflage, Cambridge, 2004.

Zimmermann, Reinhard, Der Gemeinsame Referenzrahmen: ZEuP-Symposium in Graz, ZEuP 2007, 109 ff.

Ders., Comparative Law and the Europeanization of Private Law, in: *Reimann, Mathias/Zimmermann, Reinhard* (Hrsg.), The Oxford Handbook of Comparative Law, Oxford, 2006, S. 540 ff.

Ders., The Law of Obligations, Oxford, 1990.

Zippelius, Reinhold, Juristische Methodenlehre, 10. Auflage, München, 2006.

Ders., Rechtsphilosophie, 4. Auflage, München, 2003.

Zoll, Fryderyk, UN-Kaufrecht und Common Frame of Reference im Bereich der Leistungsstörungen: Ein Beitrag aus der Perspektive der Acquis Group, ZEuP 2007, 229 ff.

Zöllner, Wolfgang, Regelungsspielräume im Schuldvertragsrecht, Bemerkungen zur Grundrechtsanwendung im Privatrecht und zu den sogenannten Ungleichgewichtslagen, AcP 196 (1996), 1 ff.

Zuleeg, Manfred, Die gemeinschaftskonforme Auslegung und Fortbildung mitgliedsstaatlichen Rechts, in: *Schulze, Reiner* (Hrsg.), Auslegung europäischen Privatrechts und angeglichenen Rechts, Baden-Baden, 1999, S. 163 ff.

Ders., Die Rolle der rechtsprechenden Gewalt in der europäischen Integration, JZ 1994, 1 ff.

Zweigert, Konrad, Rechtsvergleichung als universale Auslegungsmethode, RabelsZ 15 (1949/50), 5 ff.

Zweigert, Konrad/Kötz, Hein, Einführung in die Rechtsvergleichung, 3. Auflage, Tübingen, 1996.

Stichwortverzeichnis

Acquis Group 16
Acquis Principles 421; 426.
Adeneler-Urteil 81 f.
agency 423 f.
Analogie 161 f.
Anwendung:
- einheitliche Anwendung des Gemeinschaftsrechts 95;
- und Auslegung im Vorabentscheidungsverfahren 94 f.
- und Subsumtionsmodell 149 ff.
Arbeitnehmer:
- Begriff 140; 227; 232 f.
- Freizügigkeit 232; 305; 335; 444.
- Schutz 335 f.; 443 f.
Arbeitsrecht siehe Europäisches Arbeitsrecht.
Auslegung:
- autonom-gemeinschaftsrechtliche Auslegung 95 f.
- historische Auslegung 97 f.
- nach dem Wortlaut 96 f.
- primärrechtskonforme Auslegung 53; 61; 64; 99; 239.
- systematische Auslegung 98 f.
- systematisch-teleologische Auslegung 162; 163; 164; 181 ff.; 235 ff.; 277 ff.
- teleologische Auslegung 100 f.
- und Anwendung siehe Anwendung.
- und Rechtsfortbildung 101 f.
- und Rechtsvergleichung 99.

behavioral law and economics 460 ff.; 480 ff.
Beschränkungsverbot 287 f.; 295; 299; 305; 308.
Bestimmtheit 72; 125; 136; 196.
Bestimmtheitsgrundsatz 187; 195 ff.; 424.
Betriebsübergang:
- im Reinigungsgewerbe 215 ff.
- und ökonomische Analyse des Rechts 471 ff.
Beurteilungsspielraum 28; 79; 130; 176; 264.
Binnenmarkt:
- binnenmarktfinale Rechtsangleichung 8; 42 f.; 50 ff.; 239 ff.; 410 ff.; 437; 449; 463; 490.
- binnenmarktfinale Rechtsangleichungskompetenzen 23 ff.
- und Gemeinsamer Markt 23.
bounded rationality 452; 460.
Bundesverfassungsgericht; BVerfG 77; 187; 271; 284; 301; 324; 371.

C.I.L.F.I.T.-Urteil 88 f.; 93.
CISG 28; 387; 394; 402; 412; 426 ff.
CESR (Committee of European Securities Regulators) 70.
Centros-Urteil 346.
Coase-Theorem 455 ff.; 459 f.
Code Civil 112.
Commission on European Contract Law 16.
Common Core-Group 394.
common law 109; 126 ff.; 137; 147; 170 ff.; 249 ff.; 281 f.; 401; 423 f.; 438.
Crailsheimer Volksbank-Urteil 363 ff.

DCFR 7; 17; 204; 358; 384 ff.; 426; 431; 435; 447.
Delegationsfunktion 121 ff.; 135 f.
Demokratie 1; 64; 102.
Demokratieprinzip 101; 107; 393; 397.
deutschsprachige Methodenlehre siehe Methodenlehre
Dietzinger-Urteil 323 ff.
Diskriminierung:
- Altersdiskriminierung 116; 271;
- Anti-Diskriminierungskompetenz 22; 35.
- Anti-Diskriminierungsmaßnahmen 444.
- Anti-Diskriminierungsrichtlinien 326.
Diskriminierungsverbot 270; 287; 299; 305; 319 f.; 322; 328 f.; 344; 350;
doctrine of consideration 130 f.
doctrine of repudiatory breach 130 f.
Draft Common Frame of Reference siehe DCFR.
Drittwirkung 160; 284 f.; 294 ff.; 317 ff.
Dynamik des Gemeinschaftsrechts 102 f.; 187.

Eckpunktemodell 279 f.
economic analysis of law siehe ökonomische Analyse des Rechts.
effet utile 100; 441.

Effizienz 29; 65; 400; 441; 443 f.
Effizienzkriterium 165; 185; 457 ff.; 488 ff.
- *Kaldor-Hicks*-Kriterium 457 ff.
- *Pareto*-Kriterium 443; 457 ff.
EMRK 313 ff.; 321; 327; 419.
Entstehungsgeschichte 96; 97; 325.
Einzelfallgerechtigkeit 122; 180.
Einzelfallentscheidung 6; 122; 167 ff.
Erforderlichkeitsgrundsatz 21; 45 ff.; 190; 211 ff.
ESC (European Securities Committee) 69.
Europäische Methodenlehre siehe Methodenlehre.
Europäische Rechtsordnung 64; 95; 109; 183; 285.
Europäische Union:
- Vertrag über eine Verfassung für Europa 1.
- Vertrag von Lissabon 1; 261; 314; 333; 440; 442.
Europäisches Arbeitsrecht 12;
- Arbeitnehmerbegriff siehe Arbeitnehmer.
- Kompetenz 35; 39 ff..
- Gleichbehandlung der Geschlechter 343 ff.
Europäischer Gerichtshof:
- Besetzung 416 f.; 436;
- Rolle im Europäischen Privatrecht 84 ff.
- Vorabentscheidungsverfahren siehe Vorabentscheidungsverfahren.
- Wissenschaftlicher Dienst 417; 436.
Europäisches Gesellschaftsrecht 12; 141 f.
- Gesellschaftsrechtsharmonisierung 38; 62 ff.
- Gesellschaftsrechtsstatut 37.
- Gleichbehandlungsgrundsatz 346 f.
- Informationsmodell 345 f.
- Kompetenz 35 ff.
- Niederlassungsfreiheit 37 f.
- Rechtsmissbrauch 347 f.
Europäisches Kapitalmarktrecht 141 f.
- Aktionsrahmen für Finanzdienstleistungen 69.
- Insider-Handel 142.
- *Lamfalussy*-Verfahren 69 ff.; 142.
- Marktmanipulation 142.
Europäisches Lauterkeitsrecht 7; 18; 141; 197; 255 ff.; 307 ff.; 340 ff.
Europäisches Markenrecht 143; 233 ff.; 286; 330; 419 f.
Europäisches Privatrecht:
- Begriff 11 ff.
- Gemeinschaftsprivatrecht 11 ff.
- gemeineuropäisches Privatrecht 16 f.
- Rechtsquellen 17 ff.
Europäisches Vetragsrecht:
- Kompetenz 28.
- legitime Erwartungen 352 ff.
- Mitteilungen zum Europäischen Vertragsrecht 27 f.; 58 f.; 67 f.; 139;
- Prinzipien des Europäischen Vertragsrechts 348 ff.; 359 ff.
- Rücksichtnahme und Fairness 355 ff.
- Verbrauchervertragsrecht 353 f.; 383; 448.
- vertragliche Rationalität 397 ff.
- Vertragsfreiheit 349 ff..
EVÜ 54; 267; 387.

Fallgruppen 119; 161; 167 ff.; 178; 261.
Fernabsatzrichtlinie 55 ff.; 138; 366 ff.; 403; 475.
Fernabsatzfinanzdienstleistungsrichtlinie 48; 138; 139; 235; 475.
Finanzmarktrichtlinie 13; 138; 202 f.; 363; 475.
Flexibilitätsfunktion 121 f.
Folgenanalyse 439 ff.; 488.
Folgenbewertung 439 ff; 488.
FreiburgerKommunalbauten-Urteil 220 ff.; 246 ff.
Funktionale Rechtsvergleichung siehe Rechtsvergleichung.
funktional-historischer Ansatz 122.

Geltung 388 ff.
- Geltung im juristischen Sinne 388 f.
- Geltung im ethischen (moralischen) Sinne 389.
- Geltungsgrund 182.
- Geltungskonflikt 148.
- Geltungsvorrang 284.
- Gemeinsamer Referenzrahmen (und DCFR) 389 ff.
- Principles of European Contract Law 431 ff.
- soziologische Geltung 389.
- UNIDROIT Principles 431 ff.
- unmittelbare Geltung 294 ff.
gemeineuropäisches Privatrecht siehe Europäisches Privatrecht.
Gemeinschaftsprivatrecht siehe Europäisches Privatrecht.
Gemeinsamer Referenzrahmen 1, 9; 16; 72; 204 ff.; 262; 270; 383 ff.; 421.
- Entwurf eines Gemeinsamen Referenzrahmens siehe DCFR.
- Konkretisierung 404 ff.
- und optionelles Instrument siehe optionelles Instrument.

Gemeinschaftsautonome Auslegung 3; 207; 268.
Gemeinschaftsautonome Konkretisierung 8; 184; 208; 210; 493.
Gemeinschaftsgrundrechte 99; 283; 288; 301; 312 ff.; 406; 409; 458 f.; 493.
- Grundrechtecharta 314; 390; 444; 493.
- und Grundfreiheiten 333 ff.
- und Konkretisierung 323 ff.
- und Privatrecht 284 f.; 315 ff..
- und Schutzpflicht 317 ff..
- unmittelbare Drittwirkung 317 ff.
- wertende Rechtsvergleichung 418 f.
Gemeinschaftsrechtliche Staatshaftung siehe Staatshaftung.
Gemeinschaftsrechtsordnung 100 f.; 105 f.; 224; 262; 277; 282; 419.
Generalklauseln 2; 5; 7; 9; 109;
- Begriff und Abgrenzung 116 ff.;
- Konkretisierung 144 ff.
- Konkretisierungskompetenz 206 ff.
- in Richtlinien 209 ff.
- im Gemeinschaftsrecht 136 ff.; 199 ff.
- Zulässigkeit 187 ff.
Gesellschaftsrecht siehe Europäisches Gesellschaftsrecht.
- gesellschaftsrechtliche Treuepflicht 116.
Gestaltungsspielraum 8; 104; 199; 212; 243.
Gewaltenteilung 6; 64 f.; 101; 148; 187; 488.
Gleichheit 282; 355; 379; 416 f.; 464.
Gleichheitssatz 95; 206; 224; 315; 318.
good faith 128 ff.; 131; 404 f.
Grundfreiheiten 285 ff.; 349; 382; 405; 442 f.; 463; 492 ff.
- Adressaten 298 ff.
- Beschränkungsverbot siehe Beschränkungsverbot.
- Diskriminierungsverbot siehe Diskriminierungsverbot.
- und Grundrechte 333 ff.
- und Konkretisierung 302 ff.
- und Rechtsangleichung 50 ff.
- und Privatrecht 290 ff.
- und Vertragsrecht 292 ff.
- unmittelbare Wirkung 294 ff.
- Schutzpflicht 297 f.
Grundrechte siehe Gemeinschaftsgrundrechte; verfassungsrechtliche Wertordnung.

Habermas 391 ff.
Hamilton-Urteil 351; 421; 431.
Handelsvertreterrichtlinie 5; 98; 138 f.; 188; 203 f.; 229; 242 f.; 421 ff.
Harmonisierung siehe Rechtsangleichung.
Haustürgeschäfterichtlinie 55; 140; 204; 228; 263; 324; 351; 359 ff.; 421.
Heininger-Urteil 263; 359.
Hermeneutik 123; 150 ff.; 222.
historische Auslegung siehe Auslegung.
horizontale Kompetenzverteilung 9; 64 ff.; 182; 187; 192 ff.; 268 ff..
horizontales Verbraucherschutzinstrument 7; 126; 206; 357.

Information:
- Informationsasymmetrie 361; 446; 456; 482; 496.
- Informationskosten 52; 63; 252; 456; 465.
- Informationsmodell 345 ff.; 361; 446; 495.
- Informationspflichten 202; 343; 349; 351; 355 f.; 395; 463; 474 ff.
- Informationsverarbeitungskapazität 452; 460; 462.
- Insider-Information 142.
Inhaltskontrolle 246 ff.; 350; 387; 470.
Inspire Art-Urteil 63; 346.
Institutionelles Gleichgewicht 64 ff.; 105; 192 ff.; 258; 268 ff.; 320.
Institutionenökonomik siehe Neue Institutionenökonomik.

Judikativ-legislatorischer Ansatz 157; 163 ff.
juristische Hermeneutik siehe Hermeneutik.

Kapitalrichtlinie 62 ff.; 141; 347.
Keck-Urteil 55 f.; 288 ff.; 292; 300 ff.; 316.
Klauselrichtlinie 5; 7; 71; 76; 128; 138; 139; 144; 188; 197; 199 f.; 208; 213; 219 ff.; 227; 246 ff.; 274; 304 f.; 341; 388; 426; 464; 467 ff.
Kodifikation 106; 111 ff.; 126 f.; 404; 431.
Komitologie 71; 203.
Kompetenz-Kompetenz 272.
Konkretisierung 2; 8; 9; 46; 84; 95; 117; 122; 129; 133; 137;
- Begriff 144 ff.
- von Generalklauseln siehe Generalklauseln.
- Konkretisierungskompetenz 3; 7; 109; 182 f.; 187 ff.;
- Konkretisierungsmethoden 3; 119; 157 ff.; 184 f.; 277 ff.
- und Anwendung 152 ff.

- und Auslegung 150 ff.
- und Subsumtion 149 ff.

Lamfalussy-Verfahren siehe Europäisches Kapitalmarktrecht.
Lauterkeitsrecht siehe Europäisches Lauterkeitsrecht.
law and economics siehe ökonomische Analyse des Rechts.
Leitbild 286; 307 f.; 340 ff.; 495.
Leitner-Urteil 266 ff.; 270; 303; 310; 420; 494.
Lücke siehe Regelungslücke.

Mangold-Urteil 270 f.; 318 f.
Marktbürger 8; 14; 65; 224; 286; 301; 304; 313; 318; 322, 336, 397; 432, 444.
Marktmißbrauchsrichtlinie 142.
Marktwirtschaft, marktwirtschaftlich 255; 301; 382; 406; 442.
Mehrsprachigkeit 137.
Methodenlehre:
- europäische Methodenlehre 145.
- gemeinschaftsrechtliche Methodenlehre 95; 282.
- deutschsprachige Methodenlehre 101; 111 ff., 135; 144.
- englische Methodenlehre 145.
- nationale Methodenlehren 82; 96; 105; 109; 223; 284; 491.
Methodologischer Individualismus 450.
Mindestharmonisierung siehe Rechtsangleichung.
Missbräuchlichkeit 6 f.; 76; 139; 200; 214; 220 ff., 228; 247 ff.; 274; 305; 341; 466 ff.
mitgliedstaatliche Gerichte 2; 15; 80; 82; 207 f.; 221; 244; 259; 261 f.; 272; 299; 321; 466.
Modellgesetz 9; 385; 425 ff.

Neue Institutionenökonomik 451 f.; 458; 460.
Nichtigkeitsklage 24; 43; 62.
nicht-positivistischer Rechtsbegriff 126; 147; 389;
Niederlassungsfreiheit 36 ff.; 62 f.; 292; 346,
Normativer Individualismus 450.

Öffnungsklauseln 50 ff.; 61 f.; 236 ff.; 310; 316 f.
Ökonomik 437; 440; 442, 450 ff.; 489.
Ökonomische Analyse des Rechts 9; 165; 185; 415; 437 ff.
- Angebots- und Nachfrageverhalten 453 ff.
- *behavioral law and economics* siehe *behavioral law and economics*.
- *cheapest cost avoider* 311; 459; 467; 470; 482; 488.
- *cheapest insurer* 459; 467; 470.
- *Coase*-Theorem siehe *Coase*-Theorem.
- deskriptiv-analytisches Instrumentarium 451 ff.
- Effizienzkriterien siehe Effizienzkriterium.
- *homo oeconomicus* 451 f.
- mikrookonomisches Gleichgewicht 453 ff.
- normativer Ansatz 457 ff.
- REM-Hypothese 451 ff.
- *superior risk bearer* 311; 459; 467; 470.
Océano-Urteil 219 ff.; 464 ff.
Optionelle Harmonisierung siehe Rechtsangleichung.
Optionelles Instrument 383 ff.

PECL 16; 204; 395; 405; 428 ff.
Planwidrige Lücke siehe Regelungslücke.
positivistische Rechtstheorie 145; 416.
positivistischer Rechtsbegriff 389.
Präjudizien 166 ff.; 193; 214.
- *distinguishing* 130; 176; 178; 180
- *doctrine of binding precendent* 171 ff.
- Fallvergleich 151; 166 ff.; 178 ff.
- *obiter dictum* 174; 179.
- *per incuriam* 172 f.
- Präjudizienbindung 163; 171 ff;
- präjudizien-orientierter Ansatz 157; 170 ff.; 178 ff.
- *ratio decidendi* 174 ff.; 178 f.
- Spezifizierung 168.
- *stare decisis* 171 ff.
- Typisierung 168 f.
Primärrechtskonforme Auslegung siehe Auslegung.
Primärrechtskonforme Konkretisierung 9; 282; 284 ff.; 382 ff.; 492.
Principles of European Contract Law siehe PECL.
Prinzipien 9; 126; 147; 159; 160 f.; 164; 168; 177; 181 f.; 184; 187; 204; 225; 253; 258; 278 ff.; 414; 493.
- Entdeckungsverfahren 338 ff.
- Prinzipiendichte 340;
- prinzipienorientierte Konkretisierung 338 ff.
Produkthaftungsrichtlinie 4; 32; 47; 140; 231; 241 ff.; 268 f.; 487 ff.

Quelle-Urteil 374 ff.
Querschnittskompetenzen 22 ff.; 42.

reasonableness-Test 131 ff.
Rechtsangleichung 47 ff.; 188; 192; 209 ff.; 290.
- Minimumharmonisierung 50 ff.; 239; 310; 443.
- optionelle Harmonisierung 49; 51 ff.; 239; 307; 310 ff.
- Rechtsangleichungsintensität 50 ff.; 226 ff.;
- Rechtsangleichungskompetenzen 22 ff.
- Teilangleichung 48 f.
- Totalangleichung 47 f.; 236.
- Vollharmonisierung 47 f.
Rechtsfortbildung 79; 81; 95; 101 ff.; 153; 160; 163; 190; 380; 410.
Rechtsquellen 11, 17 ff.
Rechtspluralismus 148.
Rechtstaatlichkeit 1; 6; 64 f.; 102; 424.
Rechtsvergleichung 9; 16; 99; 184; 258; 303; 314; 394; 405 f.; 493 f.
- Akzeptanzfunktion 415.
- funktionale Rechtsvergleichung 412 ff.
- Inspirations- und Kontrollfunktion 415; 421 ff.
- kompetenzeröffnende Funktion 414; 463.
- postmoderne Kritik 415 ff.
- rechtsvergleichende Konkretisierung 407 ff.
- wertende Rechtsvergleichung 417 ff.
Regelungslücke 80; 105 ff.; 116; 127; 205.
Rezeptionsfunktion 121; 123 f.
Richtlinie 6; 13; 15; 17; 73 ff.; 188 ff.; 209 ff.
- richtlinienkonforme Auslegung 80 ff.
- Richtlinienumsetzung 196 ff.
- unmittelbare Wirkung 77 ff.; 198 ff.
Rom-I-Verordnung 31 f.; 54; 61; 303 f.; 387.

Savigny 492
Schadensersatz 83; 139; 243 f.; 249; 266 ff.; 303 f.; 371 f.; 421; 434.
Schulte-Urteil 204; 263 f.; 359 ff.; 381.
SE 72 f..
Selbstbestimmung 14; 115; 349 ff.; 496.
Societas Europeae siehe SE.
soft law 390; 428.
stare decisis siehe Präjudizien.
Study Group on a European Civil Code 16; 394 f.; 426.
Subsidiaritätsprinzip 6; 7; 21; 41 ff.; 61; 70; 190; 211 ff.; 265; 298; 300.
Staatshaftung 83 ff.; 102; 211; 410.
Stellvertretung 422 ff.
Systemdenken 277 ff.
- äußeres System 277.
- im Europäischen Privatrecht 279 ff.
- inneres System 278 f.
systematische Auslegung siehe Auslegung.

Tabakwerbe-Urteile 24 ff.; 34; 36; 38 f.; 57 f.; 62.
teleologische Auslegung siehe Auslegung.
teleologische Reduktion 61; 79 f.; 178 f.; 192.
Transaktionskosten 27; 52; 303; 311; 414 f.; 436; 452; 455 ff.; 459; 463 ff.; 494 f.
Treu und Glauben 119; 121; 126; 128; 138; 141; 158; 203 ff.; 207; 213 f., 229; 248; 251; 357 f.; 382; 401; 404; 467 f.; 475.

Übernahmerichtlinie 142; 347.
überschießende Umsetzung 82 f.; 87.
Unbestimmtheit 5; 109 ff.; 136.
- unbestimmte Rechtsbegriffe 113 ff.
Unfair Contract Terms Act 1977 131 ff.
UNIDROIT Principles 426; 428 ff.
unlautere Geschäftspraktiken (Richtlinie über) 7; 48; 60; 141; 191; 197; 200 ff.; 228; 235; 253 ff.; 308; 445; 475 ff.
unmittelbare Wirkung siehe Richtlinie.

Verbraucher:
- Begriff 342 f.
- Durchschnittsverbraucher siehe Leitbild.
- Rechte der Verbraucher (Richtlinienentwurf) 7; 28; 31 f.; 59 f.; 67; 71; 204 f.; 358; 384; 386.
- Überprüfung des gemeinschaftlichen Besitzstandes 7; 49; 67; 71, 204; 357.
- Verbraucherleitbild siehe Leitbild.
- Verbraucherschutz 25; 28; 35; 40 f.; 52; 57 ff.; 444.
- Verbrauchervertrauen 29 ff.; 252; 267; 353; 382; 446.
Verbraucherkreditrichtlinie 48; 59 f.; 139; 363.
Verbrauchsgüterkaufrichtlinie 79; 139 f.; 341; 350; 370 ff.; 426 ff.; 446; 481 ff.
Verfassungsrechtliche Wertordnung 160.
Verfassungsvertrag siehe Europäische Union.
Verordnung 6; 46; 69; 72 f.; 183; 189; 206; 209; 232 ff.; 387 f.
Vertrag von Lissabon siehe Europäische Union.
Vertragsfreiheit siehe Europäisches Vertragsrecht.
Verweisungsfunktion 121; 123 f.; 157.

Vollharmonisierung siehe Rechtsangleichung.
Vorabentscheidungsverfahren 3; 6; 7; 9; 83; 84 ff.; 192; 207; 213 ff.

Werberichtlinie 4; 8; 48; 55; 141; 195; 217 f.; 237 ff.; 246; 257; 316; 330 ff.
wertungsoffene Rechtssätze 125; 126 ff.; 137 ff.; 144; 189; 191 f.; 196; 198; 254; 261.
Wettbewerb der Regelgeber 52, 61; 63.
Widerrufsrecht 204; 228; 323; 350; 353; 359 ff.; 395; 421.
Wirtschaftsverfassung 301; 308; 382; 406; 442 ff.; 492; 494.
Wortlautauslegung siehe Auslegung.

Zweiebenensystem 279; 407.

Kolibri 360 GmbH
Ferdinand-Jühlke-Straße 7
99095 Erfurt, Deutschland
produktsicherheit@kolibri360.de